D1721786

WIESFLECKER · KAISER MAXIMILIAN I.

BAND IV

Hermann Wiesflecker

KAISER MAXIMILIAN I.

Das Reich, Österreich und Europa an der Wende
zur Neuzeit

Band IV

Gründung des habsburgischen Weltreiches
Lebensabend und Tod
1508—1519

Verlag für Geschichte und Politik Wien 1981

© 1981. Verlag für Geschichte und Politik Wien
Druck: R. Spies & Co., 1050 Wien
Umschlag und Einband: Maria E. Wessely

ISBN 3-7028-0167-7
Auch erschienen im R. Oldenbourg Verlag München
ISBN 3-486-49971-8

INHALT

insbesondere für Deutschen Orden, Dänemark und Schweden. Deutschherren lehnen Lehenshuldigung für Polen ab 165 — Ersuchen um Reichshilfe. Wormser Reichstag (1509) rät zum Ausgleich. Vergleichstag zu Posen (Juni 1509) ohne Erfolg 167 — Maximilian verhandelt mit Moldau und Walachei; versucht Einkreisung Polens. Tod des Hochmeisters Friedrich von Sachsen (14. Dezember 1510). Wahl Albrechts von Brandenburg. Polen fordert Lehenshuldigung 169 — Widerstand des Hochmeisters. Maximilian trifft Hochmeister in Nürnberg. Polens antihabsburgische Politik. Geringes Interesse der Reichsstände für den Orden. Vergeblicher Vergleichstag zu Petrikau (November 1512). Hochmeister plant bewaffneten Widerstand. Einkreisungsbündnis gegen Polen? 174 — Kaiser verhandelt mit Moskau. Gesandtschaft Schnitzenbaumers (1514). Russischer Vorschlag eines Sonderbündnisses zwischen „Zar" Wassilij und Maximilian von diesem abgeändert. Rußland greift Polen an. König Sigismund, von allen Seiten eingekreist, verhandlungsbereit 177 — Polen besiegen Russen bei Orscha (1514). Antipolnische Koalition zerfällt. Vergleichstag zu Lübeck scheitert. Reichsfürsten versagen sich dem Orden. „Zar" lehnt abgeänderten Vertrag mit Kaiser ab. Maximilians Ausgleichsverhandlungen mit Polen und Ungarn in Preßburg 180.

V. DIE INNERE LAGE DES REICHES UND DER HABSBURGISCHEN LÄNDER

1. *Der Kaiser und die Reichstage 1509—1517. Streit um die Reichshilfe für Italien. Maximilians letzte Reichsreformbemühungen*

1.1. *Der Wormser Reichstag 1509* 259—264

1.2. *Reichstag zu Augsburg 1510* 264—269

scher Ausschußlandtag zu Mürzzuschlag (November 1508) fordert landesfürstlich-ständisches Regiment, Abstellung der Mißstände und Zurückdrängung der landesfürstlichen Beamten. Maximilian erneuert Regimente teilweise mit Ständevertretern 294 — Generallandtag zu Salzburg (Februar 1509). Kaiser fordert hohe Truppenhilfe. Widerstand der Stände. Kaiser erzwingt Bewilligungen durch die einzelnen Landtage. Generallandtag zu Augsburg. Augsburger Libell (10. April 1510) berücksichtigt Sonderwünsche der Länder 296 — Tiroler Landlibell (23. Juni 1511) als neue Wehrverfassung des Landes. Ausschußlandtag zu Graz (Februar 1512) vereinbart Verteidigungsgemeinschaft der innerösterreichischen Länder 298 — Immer neue Landtage, neue Geldforderungen, ständische Klagen, Reformforderungen und Unruhen. Bauernaufstand in Krain (1514/15) 301 — Neue Haushaltsplanungen. Villinger wird Generalschatzmeister. Leistungen der Länder für Wiener Kongreß. Plan eines „Königreiches Österreich". Widerstand Karls und der österreichischen Länder? 303 — Leistungen Tirols (1516). Hohe Steuerleistungen aller österreichischen Länder 305.

XVIII

VERZEICHNIS UND NACHWEIS DER ABBILDUNGEN

Für den Umschlag diente ein Holzschnitt von Albrecht Dürer aus der Triumphpforte als Vorlage.

Vorlagen für die Abbildungen:

Alte Galerie am Landesmuseum Joanneum, Graz: Abb. 13. Graphische Sammlung Albertina, Wien: Umschlag. Historisches Institut der Universität Graz: Abb. 2, 6, 10. Kunsthistorisches Museum, Wien: Abb. 8. National Portrait Gallery, London: Abb. 3. Österreichische Nationalbibliothek, Wien, Bildarchiv: Abb. 9 (Sammlung Reinhart, Winterthur), 11; Bildarchiv, Fonds Albertina: Abb. 1, 4, 7, 12. Réunion des Musées Nationaux, Paris, Musée Louvre: Abb. 5.

Dem Andenken
an
Freiherrn Günther Probszt von Ohstorff
gewidmet

VORWORT

In der Einleitung zum ersten Band versuchte ich, das Bild des Kaisers nach den Darstellungen zu umreißen, die bis dahin erschienen waren, und dabei die Fragen — vor allem die Streitfragen — anzudeuten, um die es in den folgenden Bänden gehen werde. Einige Kritiker sahen darin bereits das fertige Porträt des Kaisers, wie ich ihn angeblich sehen möchte. Tatsächlich konnten aber erst die folgenden Bände das vielfach übermalte und stark entstellte Bild des Kaisers mittels der primären Quellen abwaschen — keineswegs beschönigen —, willkürliche Übermalungen abdecken und versuchen, das Bild möglichst in seiner eigentlichen Gestalt wieder herzustellen.

Die erneuerte österreichische Geschichtswissenschaft seit dem 19. Jahrhundert brachte der Geschichte Maximilians und der Vorbereitung des habsburgischen Weltreiches nur wenig Beachtung entgegen, obwohl es sich um die Anfänge des „Jahrhunderts des Hauses Österreich" (Lhotsky) handelt. Die Monumenta Habsburgica von Chmel kamen über Friedrich III. kaum hinaus und erlagen der damals allgemeinen Geringschätzung unserer übernationalen Vergangenheit. Reichsdeutsche, Italiener, Spanier, Franzosen, Schweizer, Engländer, Polen und Ungarn haben zur wissenschaftlichen Erforschung dieses Zeitalters von ihren Standpunkten aus weit mehr und Besseres beigetragen als wir. Nur im Bereich der österreichischen Verwaltungsgeschichte, der Kunst- und Kulturgeschichte des Maximilianischen Zeitalters ist auch in Österreich Hervorragendes geleistet worden. Ganz natürlich ließ die durch ein Jahrhundert vorherrschende Leidenschaft für die Reformationsgeschichte die Beschäftigung mit der politischen Geschichte der vorhergehenden Zeiten stark zurücktreten.

Für die Biographie und die politische Geschichte des Kaisers waren vielfach erst die dokumentarischen Grundlagen zu erforschen und die äußere Ereignisgeschichte zu sichern. Ulmann, der in seinem ersten Band manche Fragen noch sehr eingehend behandelte, hat im zweiten Band Übersicht und Herrschaft über die von Jahr zu Jahr gewaltig ansteigenden Dokumentenmassen weithin verloren und wichtige Probleme sehr stark vereinfacht oder überhaupt nicht behandelt; zumal die österreichischen Belange traten fast ganz zurück. Daher war Ulmanns Werk in diesem letzten Abschnitt weithin zu ergänzen. Gleichwohl wird seine Leistung stets Anerkennung verdienen, da er als erster im Alleingang, fast ohne brauchbare Vorarbeiten, dieses große Thema aus den primären Dokumenten zu entwerfen versuchte — wenn auch seine Urteile manchmal sehr einseitig und parteiisch ausfielen.

Wäre die Faktengeschichte etwas besser erforscht gewesen, hätte ich mich kürzer fassen und mein Werk lesbarer gestalten können. So war ich zu einer Fülle weitausholender Einzeluntersuchungen genötigt, ehe ich Zusammenfassungen, Urteile und Wertungen aus tieferer Schau wagen durfte. Es ging ja nicht nur um die Geschichte eines Kaiserlebens, sondern eines ganzen Zeitalters. Unverantwortlich wäre es gewesen zu urteilen, ehe man die Tatsachen bis ins Einzelne kannte. Nicht Theaterkulissen hat der Historiker zu malen, sondern der Wahrheit ein Haus zu bauen.

Der vorliegende vierte Band schließt die politische Geschichte und die kriegerischen Unternehmungen Maximilians ab und behandelt die Gründung des habsburgischen Weltreiches, den Erbgang in Spanien und die Vorbereitung der Erbfolge in Ungarn und Böhmen, Lebensabend und Tod des Kaisers. Im Vordergrund steht das militärische und politische Ringen um Italien, das größte Anliegen des Kaisers, das er mit der ihm eigenen Hartnäckigkeit von den Anfängen seiner Regierung bis ans Ende verfolgte. Da die Zusammenhänge besonders verwickelt erscheinen, habe ich die politische Geschichte von den Kriegshandlungen getrennt dargestellt, obwohl beide auf das engste miteinander verklammert waren. Die Ausführlichkeit mag gerechtfertigt erscheinen, denn die äußerst verworrenen und schwer durchschaubaren Ereignisse des Kampfes aller europäischen Großmächte um Italien, welche für die österreichische und europäische Geschichte der nächsten Jahrhunderte von nachhaltigen Folgen waren, sind niemals eingehender erforscht und dargestellt worden. Sie haben außerdem auf den Kaiser und seine Welt tief eingewirkt.

Die innere Geschichte des Reiches, zumal die Reichstagsgeschichte, welche ja die besondere Aufgabe der Reichstagsakten-Forschung darstellt, konnte in diesem Abschnitt mehr zurücktreten, weil der Verfassungskampf im Wesen ausgetragen war. Außer dem ständigen Streit um die Reichssteuern habe ich nur jene Reformhandlungen hervorgehoben, an denen der Kaiser maßgebend mitwirkte: die Entwürfe einer neuen Wehrverfassung und Landfriedenssicherung, die Verbesserung des Kammergerichtes und die Einrichtung der Reichskreise. Es fällt auf, wie sogar Ulmann gerade des Kaisers Reformtätigkeit in diesen letzten Jahren wesentlich anders und zustimmender beurteilt als in seinem ersten Band.

Für den großen Augsburger Reichstag (1518) und für die Vorbereitung der Königswahl Karls V. bot mir der von Kluckhohn gediegen gearbeitete erste Band der Reichstagsakten (Jüngere Reihe), reiche Materialien, obschon auch da für die Haltung des Kaisers manches Neue aus den Archiven beigebracht werden konnte.

Die habsburgische Ostpolitik dieses Jahrzehntes, die dem Kaiser den dauerhaftesten Erfolg seines Lebens, die Grundlegung der Donaumonarchie einbrachte, tritt — ihrer Bedeutung entsprechend — in diesem Band stärker hervor. Auch dafür sind die einschlägigen Archivalien und erzählenden Quellen niemals planmäßig verarbeitet worden. Die wertvolle polnische Untersuchung von Baczkowsky über den Wiener Kongreß ist hierzulande bisher völlig unbeachtet geblieben; ebenso die Quelleneditionen von Gorski-Biskup, Theiner u. a., die manches Neue bringen. Gut erforscht ist indes die Geschichte des Deutschen Ordens und die Politik seines letzten Hofmeisters Albrecht von Brandenburg. In der Ordensfrage ergaben sich im Zusammenhang mit dem Wiener Kongreß (1515) bei genauerer Betrachtung der Quellen neue Einsichten und Urteile, die vielleicht überzeugen dürften.

Da die türkischen Dokumente des kaiserlichen Archivs vor den Zeiten Ferdinands I. samt und sonders vernichtet zu sein scheinen, und die Benützung türkischer Archive — wiederholten Anstrengungen zum Trotz — derzeit noch auf große Schwierigkeiten stößt, war ich in diesem Bereich fast durchwegs auf venezianische Quellen angewiesen. Schon Babinger mußte seine Geschichte Mehmeds des Weltenstürmers ausschließlich auf Grund italienischer, vorzüglich venezianischer Quellen schreiben, wie er mir versicherte.

Selbst zur mehrfach und sehr eingehend behandelten Krankheitsgeschichte des Kaisers war infolge eingehender Archivforschungen aus dem Staatsarchiv in Brünn — völlig überraschend — ganz Neues zu erfahren: insbesondere über die geheime Krankheit des Kaisers, der auch er wie viele hervorragende Zeitgenossen hilflos ausgeliefert war. Auch die Abstoßung der kaiserlichen

Schulden durch den Generalschatzmeister Ferdinands I., Gabriel Salamanca, dürfte etwas anders zu beurteilen sein, als dies bisher geschehen ist. Daß die Biographen Karls V. wesentliche Zusammenhänge mit Maximilian kaum beachteten, ja eigentlich übersahen, scheint in den besonderen Schwierigkeiten jeden Übergangs begründet zu sein.

Die vorliegenden Bände, zumal dieser vorletzte, behandeln zwar vorwiegend die politische Geschichte und die kriegerischen Unternehmungen des Kaisers, rücken aber gegebenen Ortes auch schon wirtschaftliche, soziale und kulturelle Erscheinungen ins Licht: etwa die wirtschaftlichen und sozialen Nöte der österreichischen Länder infolge der langen Kriegszeit, die sehr aufschlußreichen Beschwerden des Innsbrucker Generallandtages, das Erwachen der revolutionären Massen, die Rebellion der Stände und der österreichischen Bauern, die ungeheure Schuldenlast und die Art ihrer Tilgung nach dem Tode des Kaisers; aber auch die Festlichkeiten des Wiener Kongresses von 1515 oder die Kunstbestrebungen des kaiserlichen Hofes, wenngleich Fragen dieser Art erst im letzten Band eingehender behandelt werden sollen.

Der Gründer eines Weltreiches mußte zunächst als Politiker und Feldherr innerhalb der Staatenwelt seiner Zeit gesehen werden: im Rahmen seiner österreichischen Länder, des Reiches und Europas. Aber der Mensch, der Kunstmäzen, Dichter, Jäger etc. sollte daneben nicht übersehen werden. Obwohl sich das Reich bei der damaligen Neuverteilung der Welt seiner Macht völlig enthielt, stand doch der Kaiser kraft seiner persönlichen Autorität, weniger kraft seiner schwachen Hausmacht im Mittelpunkt aller Auseinandersetzungen. Er versuchte stets durch Koalitionen zu ersetzen, was ihm an eigenen Kräften fehlte. Einerseits war zu zeigen, wie der Kaiser die große Politik sah, anderseits wie sie wirklich gewesen ist. Um eine enge österreichische oder deutsche Sicht zu vermeiden, sind die Quellen nicht nur der kaiserlichen Registratur, sondern aus allen großen europäischen Archiven, außerdem die Literaturen aller beteiligten Nationen herangezogen worden.

Um ein „ruhmreiches Persönlichkeitsbild zu entwerfen", hätte ich mich vor allem kürzer fassen müssen und nicht mehr als 30 Jahre arbeiten brauchen. Die Fülle des Stoffes bietet ganz natürlich neben dem Guten stets auch sehr viel weniger Gutes. Gerade dieser Band zeigt keinen im Glanz der Erfolge strahlenden Kaiser. Zwar gelang es ihm, das spanische Erbe festzuhalten, die böhmisch-ungarische Erbfolge und die Kaiserwahl Karls V. vorzubereiten; aber der Kaiser mußte doch ganz unter dem Eindruck der Niederlage in Italien und der Finanzkatastrophe in seinen österreichischen Ländern aus dieser Welt scheiden, als seine Erfolge noch nicht abzusehen waren. Er hatte zwar eine Weltmacht begründet, aber selber nichts davon gehabt als Opfer und Enttäuschungen. Persönlichkeiten gerecht zu werden, die trotz schwerer Mißerfolge und Niederlagen dem großen geschichtlichen Ablauf neue Wege wiesen, ist nicht leicht, zumal wenn ihre Gründungen heute noch manche Kreise zu stören scheinen.

Sachkundige Kritik kann nie ernst genug genommen werden. So habe ich im Vorwort des dritten Bandes auf die Einwendungen von Herrn Schröcker/Würzburg zur Rolle des Kaisers im Verfassungskampf und in der Reichsreform ausführlich geantwortet. Aber was soll ich Herrn Brauneder/Wien erwidern, der ebenso kurz wie selbstsicher bemerkte, ich wüßte den Römischen Kaiser vom Römischen König nicht zu unterscheiden. — Geziemenden Dank sage ich den Rezensenten der zahlreichen nationalen und internationalen wissenschaftlichen Zeitschriften und Zeitungen, welche dieses Werk durch sachliche Berichterstattung und kundige Kritik gefördert haben. Wie mir zahlreiche Zuschriften und wissenschaftliche Anfragen beweisen, wird das Werk in der Fachwelt viel benützt, was ja der eigentliche Zweck meiner langen Arbeit war. Besonderer Dank gebührt allen jenen, die meine Bände durch Zusendung einschlägiger Sonderdrucke und brauchbare Anregungen unterstützten. Manches vom Allerneuesten wäre mir ohne diese Hilfe zunächst entgangen.

Diesen Band widme ich dem Andenken an Professor, Major a. D. Dr. phil. Freiherrn Probszt von Ohstorff (1887—1973), der das österreichische Offiziersschicksal seiner Zeit durchlebte. Als aktiver Rittmeister des k. u. k. Ersten Husarenregimentes „Kaiser Franz Joseph" pensioniert, ergriff er nach dem Ersten Weltkrieg das Studium der Geschichte und Kunstgeschichte an der Universität Wien und am Institut für Österreichische Geschichtsforschung. Soweit es ein ungeliebter Brotberuf zuließ, widmete er sich zeitlebens historischen, vor allem numismatischen und wirtschaftsgeschichtlichen Forschungen; außerdem der gründlichen Vorbereitung einer großen Maximilian-Biographie, die er infolge schwieriger Lebensumstände und vorgerückten Alters nicht mehr abschließen konnte. Er machte mir seine große Maximilian-Sammlung zum Geschenk, „damit sie doch irgendwie fruchtbar würde", wie er bescheiden meinte. Über Umfang, Art und Wert dieser Sammlung habe ich bereits im Vorwort zum ersten Band berichtet. Sie führte mit ihren Materialien bereits weit über Ulmann hinaus; zwar nicht im Bereich der Archivforschung, die Probszt mangels der nötigen Mittel ausschloß, aber in der Aufsammlung der gedruckten Editionen und Literaturen, die er mit großer Genauigkeit verarbeitete. Seine etwa 10 000 Zettel waren mir und meinen Mitarbeitern ein wertvoller zusätzlicher Behelf, der in der Dokumentation meiner Bände immer wieder aufscheint. Möge diese Widmung stets an die bedeutenden Leistungen des Herrn Probszt von Ohstorff auf diesem Forschungsgebiet erinnern.

Am Schluß dieses Bandes wiederhole ich die schuldigen Danksagungen an die Österreichische Akademie der Wissenschaften, an die Mainzer Akademie der Wissenschaft und Literatur und an die deutsch-österreichische Regestenkommission bei beiden Akademien, an den österreichischen Forschungsförderungsfonds, an meinen unvergeßlichen Landsmann und Freund Leo Santifaller (†), an Hermann Heimpel, Helmut Beumann und Heinrich Appelt für die Unterstützung der vorbereitenden Quellenarbeiten im Rahmen der Maximilian-Regesten.

Gleichzeitig mit diesem Werk werden auch die Maximilian-Regesten im Wesen abgeschlossen sein, welche in einer neuen Kurzform als Itineraria et Diaria Maximilians veröffentlicht werden sollen. Mit ihren etwa 35 000 Regestennummern — Auswahl einer ungleich größeren Dokumentenmasse aus allen großen europäischen Archiven — werden sie eine feste Grundlage der Maximilian-Forschung bilden und einen noch besseren Zugang zur gesamten archivalischen und editorischen Überlieferung und zur einschlägigen deutschen und fremdsprachigen Literatur eröffnen als meine vorliegenden Forschungsbände.

Die vielen wissenschaftlichen Einrichtungen, Archive und Bibliotheken, denen ich Dank schulde, sind wiederholt genannt worden; ebenso meine beständigen Mitarbeiter an der Quellenforschung. Frau Wiss.-Oberrat Dr. I. Friedhuber, Wiss.-Rat Dr. J. Gröblacher, Dr. P. Krendl und Dr. K. Riedl haben sich um die Korrekturen und das Register bemüht; Herr Dr. P. Krendl hat außerdem die beiliegenden Karten gezeichnet, wofür ich allen herzlich danke.

Stronach, im Dezember 1980   *Hermann Wiesflecker*

I. Kapitel

AUSBRUCH DES VENEZIANERKRIEGES

1. Kriegsvorbereitungen. Aufmarsch an der Etsch

Nach Abschluß des Konstanzer Reichstages (1507) und den folgenden Kriegsvorbereitungen[1] schien es sicher, daß ein Zusammenstoß mit der französischen Großmacht in Geldern und in Italien unvermeidlich sein werde. Ludwig XII., der den Vertrag von Hagenau gebrochen hatte, mußte fürchten, daß Maximilian versuchen werde, auf seinem Romzug das Mailänder Lehen zurückzunehmen. Mailand aber war für Frankreich das Sprungbrett nach Italien. Ludwig XII. erneuerte das Bündnis mit der Signorie von Venedig, und beide suchten dem Kaiser mit vereinten Kräften die Tore nach Italien, Mailand und die Veroneser Klause, zu schließen und ihm den Romzug zu verwehren. Alle Versuche, von der Signorie eine Erlaubnis zum Durchzug zu erwirken, waren umsonst. Gestützt auf das französische Bündnis, wiesen sie Maximilians Bitten und Drohungen zurück[2]. Vergebens hatte der venezianische Gesandte Vicenzo Quirini seine Herrschaft gewarnt, den Kaiser zu reizen.

Während sich die Signorie gegen alle kaiserlichen Vorschläge sperrte, plante Ludwig XII. bereits einen Bündniswechsel auf Kosten Venedigs; offenbar fürchtete er die Kriegsmacht des Reiches mehr, als sie tatsächlich zu fürchten gewesen wäre. Beim Treffen zu Savona (Juni 1507) hatte der König von Frankreich auch Ferdinand von Aragon für sich gewonnen[3], und beide bemühten sich, auch den Kaiser durch hohe Angebote an ihre Seite zu ziehen. Der Papst suchte den Kaiser zwar von einem bewaffneten Romzug abzubringen, ihn aber auch für ein Bündnis gegen Venedig zu gewinnen und mit Frankreich zu versöhnen. Aber Kardinal Santa Croce, der in dieser Sache beim Kaiser erschien, konnte zunächst nicht viel erreichen.

Gleichwohl wurden schon im Sommer 1507 zwischen Ludwig XII.

und Maximilian vorsichtige Verhandlungen aufgenommen, wobei die spanischen Gesandten[4], aber auch Markgraf Gian Francesco von Mantua über Niccolò Frisio gute Dienste leisteten[5]. In der kaiserlichen Kanzlei lagen bereits im Januar 1508 Artikel einer Liga gegen Venedig[6] bereit, die ganz den Artikeln der späteren Liga von Cambrai glichen. Maximilian hatte damals nur eines im Sinn: entweder mit Duldung Venedigs oder mit Hilfe Frankreichs nach Italien zu kommen, zur Krönung nach Rom zu ziehen und wenigstens formal die Reichsherrschaft über Italien zu erneuern. Noch schwankte er zwischen Venedig und Frankreich und wußte nicht, nach welcher Seite er sich endgültig wenden könne. Da Ludwig XII. seinen Vorteil derzeit noch an der Seite Venedigs sah, kam es zunächst zu keiner Einigung. Der Kaiser mußte zusehen, sich anderwärts durch Bündnisse abzusichern. So war die Rede von einer Heirat Heinrichs VII. mit der verwitweten Juana, die dem ehrgeizigen Engländer Einfluß in Kastilien und Burgund eingeräumt hätte. Sie erwies sich als unmöglich[7]. Ebenso sträubte sich Erzherzogin Margarethe, dem alternden König von England die Hand zu reichen. Daher blieb man beim schon lange geplanten Ehebund zwischen Erzherzog Karl und Prinzessin Maria, der Tochter Heinrichs VII. Langwierige Verhandlungen führte der Kaiser auch mit den Eidgenossen, die er für den Romzug dringend gebraucht hätte. Aber die Tagsatzung legte sich auf Neutralität zwischen dem Kaiser und Frankreich fest[8]. Gleichwohl folgten einige, wenn auch wenige, den kaiserlichen Fahnen.

Die Aussichten Maximilians, nach Rom vorzustoßen, waren gering, da alle bedeutenden Mächte Europas eifrig rüsteten, um ihn daran zu hindern; er mußte vielmehr mit einem Zweifrontenkrieg in Italien und Burgund rechnen. Die Kriegshilfe des Konstanzer Reichstages — an sich gering — floß nur sehr langsam ein; viele Reichsstände zahlten überhaupt nichts. Die Söldner über die allzu knapp bemessenen sechs Monate hinaus zu erhalten, fehlte dem Kaiser das Geld. Als Freund des Wagnisses und Feind alles Berechenbaren ließ er sich dennoch auf das Abenteuer ein. Er mochte hoffen, daß ihm der Einbruch nach Italien neue Geldquellen erschließen werde, die ihm weiterhalfen.

Was ihm das Reich versagte, versuchte er aus seinem Kammergut und aus den Erbländern herauszuholen. Dem Jakob Fugger verkaufte er die Grafschaft Kirchberg und andere Herrschaften für 50.000 Gulden[9]. Aber das Geld war bereits versickert, noch ehe der große Krieg begann. Andere Herrschaftsverkäufe folgten: darunter die eben erst erworbene vordere Grafschaft Görz mit der Hauptstadt Lienz für 20.000 Gulden an Michael von Wolkenstein[10]. Von den Augsburger Handelsgesellschaften erhoffte man sich eine Zwangsanleihe von 150.000 Gulden und ähnliche Summen von Ulm und anderen deutschen Städten[11]. Aber nur unter Druck und Drohungen vermochte der Kaiser die Städte zu dieser „freiwilligen" Anleihe zu bewegen[12]. Immerhin fanden sich die großen Gesellschaften, vor allem die Fugger, bereit, dem König die vom Reichstag bewilligten Summen vorzuschießen, so unsicher auch die Rückstellung sein mochte. Das Kupfer und Silber in den Tiroler Bergwerken war ihnen Garantie genug.

Von der Konstanzer Kriegshilfe — im ganzen 120.000 Gulden — waren zu Kriegsbeginn nur etwa 40.000 Gulden eingegangen[13]. Anstatt der 3000 Reiter und 9000 Knechte standen nur etwa 1000 Reiter und Knechte bereit[14]. Kaiserliche Forderungsmandate blieben ohne Wirkung, so daß der Reichsschatzmeister Landau klagte: „... wir haben ganz kein Geld, sein ärmer denn arm"[15]. Der Schwäbische Bund antwortete auf die kaiserlichen Forderungen, der Krieg gehe das ganze Reich an und sei nicht Bundessache[16]. Bitter beschwerte sich der Kaiser, wie ihn die Stände „zu ewiger Schmach und übler Nachrede im Stiche ließen".

Größte Hoffnung setzte der Kaiser auf die Reichtümer Italiens. Der getreue Hans von Königseck, den Maximilian bereits zum „obersten Hauptmann in Italien" bestellt hatte[17], sollte mit seinen Eidgenossen durch das Veltlin gegen Mailand vorstoßen[18]. Wenn seine Armee erst die Lombardei erreicht hätte, sollte Italien allein die Gesamtlast dieses Krieges tragen, wie Maximilian den Reichsständen in aller Offenheit sagte. Machiavelli verhandelte mit dem Kaiser bereits über die Kriegshilfe von Florenz: man feilschte um 20.000 oder 40.000 Gulden[19]. Vorerst freilich hielten sich auch die Florentiner aus Furcht vor Frankreich und Venedig noch zurück. Sie taten klug daran, wie die weiteren Ereignisse zeigen sollten.

Zunächst mußte sich der Kaiser fast ganz an seine österreichischen Länder halten. Allenthalben wurden Landtage ausgeschrieben; Geldtage, die zwar nicht alle Forderungen erfüllten, aber doch bedeutende Mittel zur Verfügung stellten[20]. Am meisten die Tiroler: Sie bewilligten 1000 Mann für drei Monate, im Kriegsfall 5000 und im Fall der Landesnot gar 10.000 Mann[21]. Die vom Konstanzer Reichstag veranschlagten Truppen trafen nicht zum gesetzten Termin auf dem Kriegsschauplatz ein[22]. Im Oktober 1507 hätten sie versammelt sein sollen; zu Jahresbeginn 1508 versuchte sie der König durch Aufgebotsmandate nach Trient zu befehlen[23]. Ebenso wurden die Erbländer aufgemahnt, die veranschlagten Truppen bereitzuhalten[24]. Geschütze, Waffen, Kriegsgerät und Verpflegung wurden in großen Mengen nach Trient geführt. Das Regiment als oberste Kriegsbehörde sollte von Innsbruck nach Bozen übersiedeln; aber man begnügte sich schließlich mit der Einrichtung eines Kriegsrates in Trient. Dort wurde das Hauptquartier der gesamten südwestlichen Front eingerichtet. Während der Abwesenheit des Kaisers hatte Bischof Georg von Neudegg[25] zusammen mit dem Kriegsrat und mit dem obersten Feldhauptmann den Krieg zu führen.

Die Nachrichten[26] über den Feind waren wenig ermutigend. Man wollte von etwa 10.000 französischen Knechten wissen, die von Mailand heranmarschierten; von 8000 bis 10.000 Venezianern, die sich in Rovereto bereitstellten. Der Grenzbevölkerung, insbesondere auch der großen Feudalherren an der Grenze, war man sich keineswegs ganz sicher[27]: Sie unterhielten verdächtige Beziehungen zu Venedig. Ähnliche Meldungen kamen aus Görz, Friaul und Triest[28]. Schloß und Stadt Görz seien ganz ungerüstet, ohne Büchsen, Pulver und Kriegsvolk; es sei zu befürchten, daß die Venezianer dort mit etwa 20.000 Mann angreifen, Görz und den Karst überrennen und vielleicht nach Krain vordringen. Wie recht behielt der Verweser von Görz mit seiner düsteren Prognose!

Im südlichen Alpenvorland vor Cadore vermutete man etwa 8000 Venezianer. Die feindlichen Truppen umgaben nicht nur Tirol, sondern auch die innerösterreichische Grenze am Isonzo, am Karst und in Istrien mit einem dichten Sperrgürtel. Alle Pässe waren bereits geschlossen, und jeden Augenblick konnte der Krieg losbrechen.

Der Kaiser plante ursprünglich, die Franzosen durch das Veltlin gegen Mailand hin und die Venezianer durch die Veroneser Klause und das Cadore zugleich anzugreifen[29], damit sie sich gegenseitig nicht unterstützen konnten. Am Isonzo wollte er sich nur verteidigen. Die Reichstruppen und der Schwäbische Bund sollten vom Sundgau aus durch die Burgundische Pforte nach Frankreich einbrechen und über Savoyen nach Italien nachstoßen. Aber man sah bald ein, daß man nicht einmal den Venezianern an der Etsch gewachsen war. Da die Franzosen alle Kräfte in die Lombardei führten, zog auch Maximilian seine Truppen in Trient zusammen. Der Vorstoß durch das Veltlin wurde durch einen besonders schneereichen und harten Winter unmöglich[30]. Auch war die trotz allem erwartete Hilfe der Eidgenossen fast völlig ausgeblieben[31].

Entgegen dem ursprünglichen Plan entschloß sich der Kaiser, seine gesamte Kriegsmacht um Trient zu sammeln. Anton Brandisser hatte als oberster Liefermeister Verpflegung und Nachschub sicherzustellen[32] und den Aufmarsch voranzutreiben. Das erste Mal in der österreichischen Geschichte werden alle Einzelheiten eines großen militärischen Aufmarsches, alle Schwierigkeiten der Verpflegung, Ausrüstung und des Nachschubes eines größeren Heeres aus zahlreichen Dokumenten deutlich[33]. Der Kaiser mochte hoffen, vielleicht durch Schnelligkeit und Überraschung einen Vorstoß gegen die Veroneser Klause und damit wenigstens einen lokalen Erfolg zu erzwingen.

Vielleicht würde man die Venezianer durch einen wuchtigen Angriffsstoß schrecken und für den „friedlichen" Durchzug gewinnen, worauf der Kaiser immer noch hoffte. Er schickte einen Herold nach Verona, der für 3500 Reisige Quartier forderte[34]. Die Signorie antwortete wie stets: Der Kaiser müsse ohne Truppen kommen. Da wußte er, woran er war.

Anfang Februar 1508 standen im Raum von Trient insgesamt etwa 7000 Mann bereit: 4000 Reiter und 3000 Knechte[35]. Verglichen mit der vereinigten Kriegsmacht der Venezianer und Franzosen ein klägliches Aufgebot eines so großen Reiches. Machiavelli, damals florentinischer Gesandter am Kaiserhof, beschreibt den ganzen Jammer des reichsständischen Versagens[36]. Während ganz Oberitalien einem Heerlager glich, betrug die Reichshilfe zu Roß und zu Fuß kaum 1000 Mann. Nur starke Artillerie hatte der Kaiser aus seinen Zeughäusern herangeführt. Für einen Romzug reichte dieses Heer keinesfalls aus. Ja, der Kaiser mußte froh sein, wenn die Venezianer nicht einen Einbruch nach Tirol versuchten; jedenfalls ließ er die Grenzplätze befestigen[37]. Gleichwohl mußte er, nachdem der Aufmarsch der Truppen einmal vollzogen war, wenigstens ein lokales Unternehmen wagen, wenn er nicht ähnlich dem lächerlichen Caligula sich damit begnügte, das aufmarschierte Reichsheer Holz sammeln zu schicken.

Als der Kaiser in Trient eingetroffen war, sah er bald, daß es ihm nicht einmal gelingen werde, die Veroneser Klause aufzubrechen, geschweige denn nach Rom zu ziehen. Schon Ende 1507 hatte er versucht, 1000 Knechte durch die Veroneser Klause nach Mantua zu schicken, von wo aus sie dem Papst zu Hilfe kommen sollten. Die Venezianer hatten die Knechte entwaffnet und dem Kaiser nach Trient zurückgeschickt[38]. Um sich nicht ganz lächerlich zu machen, griff Maximilian auf den päpstlichen Plan zurück, die Kaiserkrone im Reich zu empfangen. Aber auch dabei machte Julius II. Schwierigkeiten. Da die Zeit drängte und die Truppen ohne Geld nicht beisammengehalten werden konnten, entschloß sich Maximilian zur sofortigen Annahme des Kaisertitels, zunächst ohne Krönung. Ein staatsrechtlich so bedeutsamer Festakt konnte über die Kosten des Aufmarsches hinwegtäuschen und die Beschlüsse von Konstanz einigermaßen rechtfertigen. Später würde es gewiß einmal möglich sein, die Krönung nachzuholen.

2. Kaiserproklamation[1] in Trient

Seit er die Regierung übernommen, setzte sich Maximilian das Ziel, die Reichsrechte in Italien wiederherzustellen und die Kaiserkrone zu gewinnen. Ein Angebot Papst Alexanders VI. (1496), sich in Mailand durch einen Legaten krönen zu lassen, hatte er zurückgewiesen[2]. Vom Papst in Rom wollte er gesalbt und gekrönt werden. Unter Pius III. schien endlich die günstige Gelegenheit dazu gekommen[3]. Aber der kaiserfreundliche Papst starb innerhalb weniger Wochen. Der große Ausgleich mit Frankreich zu Blois-Hagenau wurde vor allem geschlossen, um mit französischer Duldung die Kaiserkrönung zu erreichen. Aber die plötzliche Schwenkung der französischen Politik und der Tod König Philipps (September 1506) warfen alle diese Pläne wieder um, zumal sich der Papst und die europäischen Mächte den kaiserlichen Italienplänen einmütig widersetzten. Gleichwohl galt das ganze Jahr 1507, besonders der Konstanzer Reichstag, den Vorbereitungen eines Romzuges, der den Kaiser an das Ziel seiner höchsten Wünsche bringen sollte. Aber alles war vergebens.

Entscheidend war zweifellos die Haltung des Papstes: Obwohl er nach alter Auffassung verpflichtet gewesen wäre, den rechtmäßig gewählten Römischen König auf Ersuchen zum Kaiser zu krönen, leistete er doch hinhaltenden Widerstand[4]. Er schickte den Kardinallegaten Bernardino Carvajal von Santa Croce ins Reich[5], um den Kaiser von seinen Krönungsplänen abzubringen und ihn vielmehr für einen Ausgleich mit Frankreich zu gewinnen; denn der Papst fürchtete nichts so sehr, als daß sich der Kaiser mit der Signorie von Venedig auf Kosten der Römischen Kurie verständigen könne. Maximilian sollte die Venezianer zur Rückgabe der Pentapolis, der päpstlichen Städte in der Romagna, an den Kirchenstaat bewegen. Zu allen Zeiten hatten die Päpste als Vorbedingung für die römische Krönung die Hilfe des Kaisers gegen ihre Feinde in Anspruch genommen. Um den Römischen König nicht vorzeitig aus der Hilfsverpflichtung gegen die Kirche zu entlassen und wohl auch aus grundsätzlichen Erwägungen wollte der Papst auch von einer Kaiserkrönung in Deutschland jetzt nichts mehr wissen. Aber Maximilian, der mit seinen Truppen bereits an den Grenzen Italiens aufmarschiert war, konnte nicht mehr zurück. Da entschloß er sich, wenigstens eine große politische Geste zu setzen und sich zum „Erwählten Kaiser" proklamieren zu lassen. Damit wären der Aufmarsch der Reichstruppen, deren freilich nicht viele erschienen waren, und die Anstrengungen der Erbländer wenigstens einigermaßen gerechtfertigt.

Dies war die Lage, als der König um die Jahreswende 1507/08 den Brenner überstieg und sich den Grenzen Italiens näherte[6]. Wie die Dinge lagen, konnte Maximilian bestenfalls an ein örtlich begrenztes Unternehmen denken, etwa an einen Vorstoß ins Lombardisch-Venetische, um die Gebirgsausgänge aufzubrechen und für ein künftiges größeres Unternehmen offenzuhalten.

Voll Mißtrauen gegen den Ausgang dieses Krönungszuges hatte der Römische König schon seit längerer Zeit beim Papst verhandeln lassen, er möge ihm die Kaiserkrone durch einige Kardinäle „ins Heer" schicken[7]. Maximilian dachte Ende Januar 1508 noch immer an eine richtige Kaiserkrönung: Eine reichsfürstliche Abordnung sollte die Kaiserkrone aus Rom einholen[8]. Aber auch davon wollte der Papst nichts mehr wissen, obwohl er es früher — wenn auch in recht allgemeinen Worten — angeregt hatte[9]. Er tadelte die Stadt Siena, die sich zu einer Geldhilfe von 20.000 Gulden für den Romzug des „künftigen Kaisers" bereitgefunden hatte; er stellte die kaiserlichen Gesandten, Kardinal Melchior von Brixen und Constantin Areniti, wegen des vorweggenommenen Titels eines „imperator futurus" zur Rede[10], und ihre Verteidigung: „. . . qui de proximo cingendus est (Imperator) accinctus videtur", wollte er gar nicht hören.

Weil der Papst die Übersendung der Kaiserkrone ins Reich verweigerte, schritt Maximilian, der bereits mit seinem Heer ungeduldig und erwartungsvoll an den Grenzen Italiens stand, zur Tat, um dem Papst durch vollzogene Tatsachen wenigstens einige bescheidene, ganz in der Gewohnheit begründete Zugeständnisse abzuringen, sich selbst angesichts des aufmarschierten Heeres den Schein eines Erfolges zu sichern und seinen verletzten Ehrgeiz zu beruhigen.

Maximilians einfallsreicher Kopf plante die übliche Ankündigung des kaiserlichen Romzuges als feierliche Proklamation des kaiserlichen Namens, als öffentliche Einmahnung der Krönungspflicht des Papstes und der Romhilfe des Reiches. Der Krönungszug war nicht nur das Recht, sondern die heilige Pflicht jedes „Erwählten Kaisers". Maximilian hatte bereits öffentliche Gebete angeordnet, um das ganze Reich auf das heilige Unternehmen hinzuweisen. Die feierliche Zeremonie im Dom, die Proklamation des kaiserlichen Namens, seines Rechtes auf die Krönung und auf Reichshilfe sollten den Papst und die Reichsstände wenigstens zu bescheidenem Entgegenkommen moralisch zwingen. Die feierliche Proklamation des kaiserlichen Namens machte zwar keinen echten Kaiser, war aber zumindest ein scheinbarer Erfolg, der den Eindruck einer Niederlage verwischen konnte.

Am 3. Februar begab sich Maximilian nach Trient, während der Kardinallegat Carvajal, der offenbar immer noch auf päpstliche Weisungen wartete, in Bozen zurückblieb[11]. Der König hatte die wenigen geistlichen und weltlichen Fürsten, die sich seinem Romzug angeschlossen hatten, und alle Truppen aus der Umgebung nach Trient befohlen. In der Stadt und an den nahen Grenzen lagen insgesamt nur gegen 7000 Reiter und Knechte; man sprengte übertriebene Gerüchte aus, die von 30.000 Mann faselten[12].

Am Abend zog Maximilian mit seinem Gefolge und etwa 1000 Reitern in die alte Bischofsstadt ein[13]. Er und seine nächste Begleitung trugen Pilgerkleidung, breitkrempigen Muschelhut, langen Mantel, Pilgerstab in der Hand und Rosenkränze um den Hals, um das bevorstehende Unternehmen aller Welt als fromme „Kirchfahrt" anzukündigen und jeden Widerstand als frevelhafte Behinderung eines gottgefälligen Werkes hinzustellen. Am Stadttor besichtigte der König die dort aufgestellten Geschütze, nahm eine Bombardenkugel wie den kaiserlichen Reichsapfel in die linke Hand und zog damit in die Stadt ein; die Kanonenkugel, die jeden Widerstand zerschmettert, als Zeichen der kaiserlichen Weltherrschaft.

Schon für den nächsten Tag, den 4. Februar[14], war die feierliche Zeremonie im Dom festgesetzt. Es war nichts ganz Neues, was da geschah; vielmehr eine in überlieferten Formen gehaltene Kundgebung des Rechtes eines Römischen Königs auf die Kaiserkrone; zur Zeit aber der beste politische Zug, den der König in seiner aussichtslosen Lage tun konnte, um von seinem Mißgeschick abzulenken. Die Zeremonie schien für den Augenblick so wichtig, daß man sie so feierlich wie nur immer möglich gestaltete.

Noch ehe der kirchliche Festakt begann, versammelte der Kaiser die anwesenden Fürsten, Grafen und Feldhauptleute im Schloß. In feuriger Ansprache kündigte er den Krönungszug an und fragte, ob sie ihn unterstützen wollten. Sie antworteten nach kurzer Beratung, sie würden für die kaiserliche Majestät Gut und Blut einsetzen und mit ihm leben und sterben[15].

Seit den frühen Morgenstunden zogen Truppen aus der ganzen Umgebung nach Trient[16]. Der Klerus der Stadt, aus den benachbarten Stiften, Klöstern und Pfarren, und viel Volk versammelte sich vor dem Schloß, um den König feierlich einzuholen. Sie ordneten sich zu einer großen Prozession, die vom Schloß zur Peterskirche zog, dort die Reliquien des seligen Simon von Trient einholte[17], die von zwei Geistlichen in einem kostbaren Schrein mitgetragen wurden. Was es an Reliquien in den Kirchen der Stadt und Umgebung gab, wurde mitgeführt. Ähnlich wie die großen Staats- und Krönungshandlungen in Rom oder Aachen sollte auch die folgende Kaiserproklamation im Angesicht der Reliquien der Heiligen stattfinden.

Der König ritt in schwarzen Samt gekleidet, auf weißem Roß[18]. Der Reichsherold trug ihm als Zeichen der kaiserlichen Machtvollkommenheit das entblößte Reichsschwert voran[19]. Von den Reichsfürsten waren nur Markgraf Friedrich von Brandenburg-Ansbach und dessen Söhne Kasimir und Georg, Herzog Ulrich von Württemberg, die Herzoge von Mecklenburg und Liegnitz erschienen; dazu einige Grafen, Freie Herren und die Botschafter befreundeter Mächte, unter ihnen Niccolò Machiavelli[20], der zusammen mit seinem Landsmann Francesco Vettori die Republik Florenz vertrat. Es folgten Matthäus Lang, der Bischof von Gurk, Maximilians persönlicher Sekretär und geheimer Berater. Königin Bianca Maria fehlte. Kein einziger Kurfürst war anwesend, das „Reich" fehlte bei dieser reichsrechtlich gewiß nicht unbedeutenden Handlung fast ganz[21]. Die Herolde und etwa 1000 Reiter mit den Fahnen des Reiches und des heiligen Georg, die den Zug anführten und schlossen, gaben dem Fest etwas Glanz und Farbe. Als die Prozession den Sankt-Vigilius-Dom erreichte[22], wurde der König an der prächtigen romanischen Pforte wohl feierlich eingeholt und in die Kirche geleitet; aber zunächst nicht an den Hochaltar. Beim Kreuzaltar vor dem Lettner hielt er inne[23], um die dort niedergestellten Reliquien des seligen Simon zu verehren und in kurzem Gebet zu verharren. Dann ließ er sich in den vollen Ornat einkleiden und schritt zum Zeichen seiner kaiserlichen Würde im Schmuck der Staatskleider mit Alba, Stola, Kaisermantel und Krone gegen den Chor, der sich damals noch über der Krypta erhob. Er trug wohl seinen Hausornat und eine der prunkvollen Hauskronen[24], wie er sie stets mit sich führte, vielleicht Karls des Kühnen besonders prächtiges und kostbares Lehensgewand, das er schon immer für die römische Krönung vorgesehen hatte[25].

An den Chorstufen hielt er wiederum inne, um Fürsten, Grafen, Freiherren und Ritter aufzufordern, den Sankt-Georgs-Orden anzunehmen[26]. Der König hatte die Ritterschaft vom Georgenschild im Jahre 1503 als Kerntruppe für den Türkenkrieg erneuert[27] und seither Fürsten, Herren und Städte immer wieder aufgefordert, den einen oder anderen von ihnen als Georgsritter auf ihre Kosten auszustatten und zum heiligen Krieg abzustellen. Dieser Romzug sollte, wie es der Kaiser stets plante, den Kreuzzug einleiten, der die höchste Pflicht des Kaisertums darstellte. So schien es passend, die Kaiserproklamation mit der Sankt-Georgs-Zeremonie einzuleiten. Ähnlich wie es bei den Krönungen in Rom auf der Tiberbrücke üblich war, erteilte Maximilian vielen Fürsten, Grafen, Herren und Edelknechten an den Chorstufen den Sankt-Georgs-Ritterschlag[28].

Dann erst stieg er die Treppe empor, um im kaiserlichen Ornat im Chor Platz zu nehmen. Im Sinne des bekannten Reichsgesetzes von 1338 (Licet juris) durfte sich Maximilian auch ohne päpstliche Krönung als wahrer Kaiser fühlen und gedachte dies nun der im Dom versammelten Heeresgemeinde mitzuteilen. Also trat Bischof Matthäus Lang an den Chorambo, eine Art Kanzel, und verkündete, daß Maximilian willens sei, den Krönungszug nach Rom anzutreten, daß er daher nach alter Gewohnheit fortan nicht mehr

Römischer König, sondern „Erwählter Römischer Kaiser" zu nennen sei. Das sollte heißen, daß auch der Papst nunmehr zur Krönung und das Reich zum Romzug verpflichtet seien.

Außerdem wurde verkündet, daß der Kaiser den Markgrafen Friedrich von Brandenburg für den kommenden Romzug zum Reichshauptmann und den Kurfürsten Friedrich von Sachsen während seiner Abwesenheit zum Reichsvikar[29] bestellt habe. Das bedeutete den Anspruch des Kaisers auf „Römermonate", die immer noch das Maß der höchsten Reichsverpflichtung gegenüber dem Kaiser darstellten.

Dann richtete Lang an die Abordnungen der im Dom versammelten kaiserlichen Kriegsvölker, insbesondere an die neuen Sankt-Georgs-Ritter, die Frage, ob sie dem Kaiser zum Romzug helfen wollten. Was bereits morgens im Schloß versprochen worden war, wurde nun in öffentlicher Kundgebung wiederholt. In wohlgesetzter Rede verkündete der kaiserliche Rat Dr. Hayden das Hilfsversprechen der Heeresgemeinde, das wohl in den Kaiserzurufen, Glückwünschen, im Orgelbrausen, Paukenschlag und Trompetengeschmetter unterging, wovon die biederen Eßlinger und Frankfurter Berichterstatter so benommen waren, daß sie manches andere zu berichten vergaßen.

Die Kirche hielt sich angesichts der Tatsache, daß eine päpstliche Weisung noch nicht eingetroffen war, auf das vorsichtigste zurück. Nicht Fürstbischof Georg von Neudegg, sondern nur der Weihbischof las zu diesem großen Anlaß die Kaisermesse und betete die Benediktionen. Wohl nach der Epistel, wo sonst die Krönung vorgenommen wurde, las man über den Erwählten jene feierlichen Fürbitten für den Kaiser, Kollekten, wie sie im Aachener Krönungsritus heißen: Der Herr möge den Kaiser über alle Könige der Erde erheben. Der neue Kaiser versprach wohl, Kirche und Papst zu schützen, ihm die schuldige Ehrfurcht zu erweisen und die überlieferten Rechte zu wahren. Dies mochte an die Sicherungseide erinnern, welche die alten Könige beim Betreten Italiens der Kirche zu schwören hatten. Ob die Domkleriker und die kaiserliche Kapelle auch die traditionellen Kaiserlaudes „imperatori salus et victoria" sangen, ist nicht überliefert; nur das feierliche Tedeum wird erwähnt. Die spanischen Gesandten berichteten nach Hause, es sei in Trient so gewesen, wie es die Römischen Könige stets beim Betreten Italiens gehalten hätten.

Der Römische König wurde in Trient weder gekrönt noch

gesalbt[30]. Es blieb bei der Proklamation, bei den Kaiserzurufen und Glückwünschen der Heeresgemeinde und den kirchlichen Segensgebeten. Der sonst kaiserfreundliche Kardinallegat Carvajal wagte nicht, den Zeremonien — wohl aus Furcht vor dem Zorn Julius' II. — beizuwohnen[31], weil eine Weisung des Papstes immer noch nicht eingetroffen war.

Nach der Rückkehr aus dem Dom mag jene Truppenschau stattgefunden haben[32], wie sie der Kaiser liebte. Unmittelbar darauf befahl er den versammelten Streitkräften, nach Pergine und durch die Valsugana gegen die Sieben Gemeinden vorzurücken; offenbar sollten sie der venezianischen Armee um Verona in den Rücken fallen. Noch in der gleichen Nacht verließ der Kaiser Trient, um die Truppen gegen die venezianischen Grenzen in Bewegung zu setzen, nachdem er noch einmal vergebens um friedlichen Durchzug gebeten hatte. Markgraf Friedrich von Brandenburg rückte mit seinen Abteilungen gegen Rovereto vor. In einer Zangenbewegung hoffte der Kaiser offenbar, die Veroneser Klause zu nehmen. Damit war der große Krieg ausgebrochen, der nicht nur den Kaiser und seine Erbländer, sondern auch Europa acht Jahre lang in beklemmender Spannung hielt.

Erst am 8. Februar fand der Kaiser Zeit, die Reichsstände von der Annahme des Kaisertitels zu verständigen[33]. In besonderen Ausschreiben wurde ihnen kundgetan[34], daß sie ihren König fortan schriftlich als „Erwählten Römischen Kaiser", mündlich aber kurz als „Römischen Kaiser" bezeichnen sollten. Die Einschränkung „Erwählter Kaiser" geschehe mit Rücksicht auf den Papst, dem das Krönungsrecht nicht bestritten werden solle, denn Maximilian wolle auf die Kaiserkrönung keineswegs verzichten, sondern sie mit Gottes Hilfe nachholen. Das Innsbrucker Regiment wurde gar erst am 17. Februar von dieser Neuigkeit benachrichtigt[35]; so wenig wichtig erschien sie dem Kaiser offenbar.

Nachdem Ranke[36] als erster die Ansicht ausgesprochen, daß in der Trienter Kaiserproklamation eine Entfernung der deutschen Krone vom Papsttum, die Idee der Selbständigkeit und des Übergewichtes der Deutschen Nation (gegenüber dem universalen Kaisergedanken des Mittelalters) zu erkennen sei, haben fast alle Autoren diese Grundauffassung in verschiedenen Tonarten abgewandelt.

In Trient ist indes nichts geschehen, was aus dem Rahmen der mittelalterlichen Kaisertradition herausgefallen wäre[37]. Nicht einmal der feierlich proklamierte Name eines „electus imperator" war etwas Neues[38]. Der Kaiser tat in Trient nur, was auch andere Könige und künftige Kaiser getan hatten, wenn sie auf dem Romzug Italien betraten: Er ließ in feierlicher Weise den Romzug verkünden, um einerseits das Reich zur Heeresfolge zu verpflichten, anderseits den Papst zur schuldigen Unterstützung des gottgewollten Unternehmens zu bewegen und dessen Zustimmung zum friedlichen Eintritt in Italien einzuholen, den Reichsständen Italiens aber die Ankunft ihres kaiserlichen Herrn anzukündigen und jeden Widerstand gegen den Romzug als Frevel gegen die gottgesetzte kaiserliche Autorität zu brandmarken.

Der Kaiser mochte hoffen, daß der Papst die traditionelle Proklamation vielleicht doch noch mit der ebenso traditionellen Einladung nach Italien und dem üblichen Krönungsversprechen erwidern, oder doch wenigstens einen Legaten zur Krönung ins Reich oder an die Grenzen Italiens abordnen werde. Tatsächlich erreichte der Kaiser durch seine traditionelle Handlung nur, daß der Papst wenigstens den Titel des „Erwählten Kaisers" rasch bestätigte[39], womit er sein Krönungsrecht in keiner Weise schmälerte.

Der Kaiser selbst hat die Trienter Proklamation offenbar als das genommen, was sie war: als Ausflucht aus der Not des Augenblicks. Er hat den „Erwählten Kaiser" etwas stärker gefeiert, um wenigstens den Anschein eines Erfolges heimzubringen. In seinen autobiographischen Werken, weder im Weißkunig noch in der Ehrenpforte, erwähnt er die Kaiserproklamation mit einem einzigen Wort[40] — wohl aber die gleichzeitigen Kriegsereignisse. Von den zeitgenössischen Geschichtsschreibern erwähnt der gut unterrichtete Guicciardini[41] das Traditionelle an dieser Feier, während Petrus Martyr meinte, der Papst habe den Kaiser in Trient anstatt einer zweiten goldenen Krone mit einem Stück Papier abgefunden[42].

Niemals hat der erwählte Kaiser aus der Trienter Zeremonie echte kaiserliche Rechte abzuleiten vermocht, wie die Wahlhandlungen für Karl (V.) während des Jahres 1518 allzu deutlich zeigen[43]. Ganz selbstverständlich mußte sich Maximilian der kurialen Auffassung unterwerfen, daß es im Reich keinen gekrönten Kaiser gebe und daher auch keinen zweiten Römischen König geben könne.

Die Trienter Proklamation hat sich wohl gehütet, die Ansprüche des Reichsstaatsrechtes über päpstliche und kaiserliche Gewalt, wie sie etwa im „Licet juris" von 1338 niedergelegt waren[44], schroff hervorzukehren: daß die kaiserliche Gewalt unmittelbar und allein von Gott stamme; wenn jemand von den Kurfürsten des Reiches einmütig zum Kaiser oder König gewählt wird ... dann ist er allein auf Grund dieser Wahl als wahrer Römischer König und Kaiser anzuerkennen, und er soll damit die kaiserliche Vollgewalt besitzen ...

Der Kaiser war klug genug, in der schwierigen politischen und militärischen Lage zu Trient diese Ansprüche nicht hervorzukehren; vielmehr wurde alles Strittige behutsam übergangen[45]: kein Wort über die Unmittelbarkeit des Kaisertums zu Gott, über seine Unabhängigkeit von der päpstlichen Prüfung, Bestätigung und Krönung. Nur der Name des Kaisertums wurde in Anspruch genommen und auch dafür, obwohl gar nicht neu, die päpstliche Bestätigung eingeholt. Ausdrücklich wurde das päpstliche Krönungsrecht anerkannt und der Wunsch nach den „infulae imperiales", nach Salbung und Krönung durch den Papst, bekundet[46]. Nicht um eine Trennung seines Kaisertums von Rom ging es Maximilian, sondern um eine engere Verbindung[47].

Nichts lag Maximilian ferner als ein „romfreies" Kaisertum. Gerade sein Streben nach Wiederherstellung Reichsitaliens und der Kaiserkrönung in Rom, das Maximilian durch Jahrzehnte so beharrlich verfolgte, mußte einem Papst vom Schlage Julius' II. veranlassen, ihn von Rom möglichst fernzuhalten, wie das in ähnlichen Lagen auch Päpste des hohen Mittelalters nicht selten taten. Mehr als andere wollte Maximilian ein priesterlicher Kaiser im Sinne der Prophetien der Reformatio Sigismundi sein[48]. Vor wenigen Monaten noch hatte er gegenüber päpstlichen Ausflüchten die Drohung ausgesprochen, er werde nach Rom ziehen, um Papst und Kaiser zugleich zu werden[49]. Bei anderer Gelegenheit hat er dies tatsächlich versucht. Sosehr lag ihm an der engsten Verbindung der beiden höchsten Gewalten. Nicht in ihrer Trennung, sondern in ihrer höchstmöglichen Einheit sah Maximilian seine Aufgabe. Die Trienter Kundgebung steht am Anfang eines zehnjährigen Krieges um die Wiederherstellung Reichsitaliens. Der kaiserliche Universalismus und nicht der „Rückzug der Deutschen Nation auf den engeren Bereich ihres nationalen Lebens" war damals wie stets Maximilians höchstes Ziel.

Erst viel später, nach der Abdankung Karls V. und der Kaiserwahl Ferdinands I., ist dieser Bruch mit der mittelalterlichen Tradition entstanden, als infolge der Glaubensspaltung an einen Romzug und an eine päpstliche Krönung nicht mehr zu denken war. Maximilians Trienter Kundgebung hingegen liegt noch ganz in der Tradition der mittelalterlichen Kaiserpolitik.

Es war ein politischer Meisterzug Julius' II., wie er die Trienter Proklamation und die Mahnung des Kaisers an die Krönungspflicht beantwortete, indem er die kaiserliche Schutzpflicht gegenüber der Kirche anrief und für die Kaiserkrönung zuerst Hilfe gegen die Venezianer forderte. Den leeren Titel bestätigte er sofort, versäumte allerdings nicht zu betonen, daß es sich nur um den „kaiserlichen Namen" handle, was für die Kirche nichts Neues sei, denn schon bisher habe sie am Karfreitag für den „Kaiser" gebetet; ausdrücklich hob er hervor, daß dadurch den päpstlichen Krönungsrechten kein Abbruch geschehen sei. Das Wesentliche aber, den Eintritt nach Italien und die Unterstützung des Romzuges und die Krönung, worum der Kaiser gebeten hatte, überging der Papst mit Schweigen. Der Papst hatte einen vollen Sieg errungen: einerseits den Kaiser aus Italien ferngehalten, anderseits doch mit dem kaiserlichen Namen ausgezeichnet, sich das Krönungsrecht aber vorbehalten. Der Kaiser hatte durch die Trienter Kundgebung inmitten der allgemeinen Niederlage eben noch sein Gesicht wahren können.

3. Kriegsausbruch. Kämpfe im Trentino. Niederlage im Cadore. Verlust von Görz, Triest und Istrien

Noch am Tag der Trienter Kundgebung eröffnete der Kaiser den Feldzug[1] gegen Venedig. In der Nacht auf den 5. Februar rückte er mit 2000 bis 3000 Knechten in die Valsugana nach Pergine. Erfahrene österreichische Spähtruppen, mit Steigeisen ausgerüstet, stießen gegen die Sieben Gemeinden vor und besetzten die völlig überraschten Dörfer[2]. Die Spitzen führten Erkundungsvorstöße bis gegen Vicenza. Der Kaiser folgte seinen Vorausabteilungen, um zu erkunden, ob man hier Knechte und Geschütze über die Pässe in die Ebene von Vicenza in den Rücken der Feinde führen könne. Wegen der starken Schneefälle blieb die Hauptmacht in den Sieben Gemeinden liegen[3], führte aber immer wieder Vorstöße gegen die Ebene. Auf einem Erkundungsritt wäre der Kaiser beinahe in die Hand eines venezianischen Spähtrupps gefallen. Am 7. Februar kehrte er ins Etschtal zurück, um Nachschub heranzubringen[4].

Zur gleichen Zeit, Anfang Februar 1508, unternahm auch Markgraf Kasimir von Brandenburg mit 2000 bis 3000 Knechten einen Vorstoß gegen Rovereto. Wiederholt forderte er für den Kaiser freien Durchzug nach Rom: „Sonst werde in Rovereto kein Hahn mehr krähen." Aber der Podestà wies ihn jedesmal ab[5]. Man schätzte im Raume von Verona gegen 10.000 Venezianer und 7000 Franzosen[6], während die kaiserliche Kriegsmacht immer schwächer wurde, denn Mitte Februar 1508 lief für viele Verbände die Dienstzeit ab. Da immer wieder das Soldgeld ausblieb, hatte niemand Lust, länger zu dienen. Auch die wenigen Schweizer, welche dem Kaiser zugezogen waren, liefen davon; dies zu einer Zeit, da sie am nötigsten gebraucht worden wären. Die Front wurde von Tag zu Tag dünner. Die Knechte machten sich zum Teil heimlich davon, so daß der Kaiser befehlen mußte, Fahnenflüchtige ohne Entlassungspapiere („Boleten") zu verhaften[7]. Da ein Angriff auf Rovereto wegen der starken Besatzung und der venezianischen Hauptmacht im nahen Verona aussichtslos erschien, zog sich der Markgraf mit seinem Kriegsvolk wieder hinter Calliano zurück.

Der Kaiser hatte bereits am 12. Februar 1508 den Kriegsschauplatz um Trient verlassen. „Er hatte Rom in Trient gesehen", wie seine Feinde spotteten. Über Bozen und Brixen wandte er sich ins Reich[8], um für die abziehenden Kriegsvölker Ersatz anzufordern. Ganz Italien verhöhnte den „flüchtigen" Kaiser. Vielleicht wollte er sich auch persönlich mit diesem aussichtslosen Feldzug nicht mehr belasten und überließ die Kriegführung seinen Hauptleuten. Kardinal Carvajal wich nicht von seiner Seite[9], um ihn gegen Venedig einzunehmen und für eine Liga mit Frankreich und dem Papst zu gewinnen. Offenbar rechnete der Kaiser bereits mit einem politischen Umschwung, der den gegenwärtigen Krieg bedeutungslos machte, die Karten neu mischte und verteilte. Um eine Atempause zu gewinnen, nahm er neuerdings Verhandlungen mit Venedig auf[10], während auch Verhandlungen mit Frankreich über Erzherzogin Margarethe im Gange waren[11].

Die Truppen an der Südfront mußten indes stehen bleiben, ja verstärkt werden; denn eines stand für den Kaiser fest: Der Krieg um Italien mußte mit der einen oder anderen Koalition, mit Hilfe Venedigs oder Frankreichs, fortgesetzt werden.

Um die Tiroler Grenzen zu sichern, wurde neben dem Kriegsrat in Trient auch eine Kriegskammer in Lienz[12] eingerichtet und Herzog Erich von Braunschweig zum Befehlshaber im Pustertal und im Cadore ernannt. Aber eine wirksame Zusammenarbeit zwischen den Heeresgruppen im Trentino und im Pustertal, die sich gegenseitig hätten entlasten können, kam nicht zustande. Der Kaiser bemühte sich indes vergeblich, im Reich und im Schwäbischen Bund die ablaufende Kriegshilfe zu verlängern.

Markgraf Kasimir von Brandenburg hatte am Stein bei Calliano sein festes Lager bezogen und führte von hier aus Plünderzüge in die Umgebung von Rovereto, konnte aber keine größeren Erfolge erringen[13]. Allein im Monat März 1508 hatte der Krieg im Trentino 40.000 Gulden verschlungen[14], ohne daß etwas Besonderes erreicht worden wäre. Gleichwohl herrschte Mangel an Sold, Lebensmitteln und Futter, so daß Reiter und Knechte zeitweilig den Gehorsam verweigerten[15]; die Reichstruppen drängten nach Hause[16]. Wo das fremde Kriegsvolk abzog, mußten die Tiroler in die Bresche springen[17], handelte es sich doch um die Verteidigung ihrer Heimat. Der Tiroler Landtag beschloß als letztes Aufgebot die Aufstellung von 10.000 Mann, das Zehnfache dessen, was das Reich bisher gesandt hatte. Aber die Venezianer führten im Trentino nur bescheidene Fesselungsangriffe, welche die Vorbereitung eines größeren Unternehmens vortäuschen sollten, um die Kaiserlichen hier zu binden. Tatsächlich planten sie ihre Hauptschläge im Cadore, am Isonzo und in Istrien.

Nach einem geglückten Plünder- und Schleifzug gegen Brentonico und Mori (30. März)[18] bereitete Markgraf Kasimir einen Überfall auf die Festung Riva am Gardasee vor[19]. Die Umgebung wurde verwüstet und gebrandschatzt, aber Riva konnte nicht genommen werden, weil die Knechte, da sie ihren Sold nicht erhielten, größtenteils davonliefen. Ebenso wurde über die Sieben Gemeinden hinweg ein Plünderzug gegen Schio in Richtung Vicenza vorgetragen[20]. Man brachte zwar hohe Brandschatzungssummen ein, aber keine dauernden Erfolge[21].

Die Venezianer und ihr Generalkapitän Graf Pitigliano hielten ihre Armee um Verona zurück, um die Klause zu sichern, und führten von hier aus bescheidene Angriffe gegen Arco, Agresta und Calliano[22]. So gab es im Trentino durch Wochen kleine Scharmützel, während im Cadore, am Isonzo und in Istrien sich große Dinge vorbereiteten. Als die Venezianer im Mai 1508 einen stärkeren Angriff gegen den Hauptstützpunkt der Kaiserlichen bei Calliano führten[23], wurden sie mit Verlusten zurückgeschlagen, so daß sie ihr Lager anzündeten und abzogen. Inzwischen hatten bereits Verhandlungen eingesetzt, die den Waffenstillstand zu Santa Maria delle Grazie herbeiführten.

Weit gefährlicher als im Trentino entwickelte sich die Lage im Cadore, am Isonzo nächst Görz und in Istrien. Der Kaiser dürfte erkannt haben, daß die Venezianer einen Hauptstoß gegen Görz vorbereiteten, das erst vor wenigen Jahren an Österreich gefallen war und das die Signorie auf Grund höchst windiger Verträge für sich in Anspruch nahm. In der Tat hätte Görz samt den Herrschaften auf dem Karst und in Istrien die venezianische Terra ferma bestens abgerundet.

Der Kaiser befahl seinem Hauptmann Sixt Trautson, vom Pustertal (Toblach) aus in das Cadore einzufallen, um die venezianischen Armeen in der Flanke und im Rücken zu bedrohen und von Unternehmungen gegen Görz und Triest abzuhalten. Flugblätter[24] riefen die venezianischen Untertanen zum Abfall auf und versprachen ihnen alles Gute. Ohne Widerstand erreichte Trautson mit seiner Truppe Pieve di Cadore am Tor in die Ebene (24./25. Februar)[25], denn die Venezianer hatten sich überrascht zurückgezogen. Durch diesen Erfolg ermutigt, plante der Kaiser, hier einen Schwerpunkt zu bilden und das Cadore ganz dem Lande Tirol anzuschließen. Erich von Braunschweig sollte als oberster Feldhauptmann im Pustertal sein Hauptquartier auf Heunfels bei Sillian aufschlagen[26] und vom Cadore aus die Venezianer in Friaul im Schach halten. Voll übertriebener Hoffnungen schrieb der Kaiser damals dem Kurfürsten von Sachsen[27], er habe dem venezianischen Löwen bereits die drei Klauen, die er auf das Festland setzte, abgehauen; auch die vierte werde er bald haben. Welch verhängnisvolle Zuversicht!

Sixt Trautson sollte sich in Pieve und Peutelstein, das noch zu erobern war, so fest wie möglich verschanzen[28] und von hier aus Belluno, Feltre und die Terra ferma bedrohen. Aber die Venezianer rüsteten sofort zum Gegenschlag. Auf heimlichen Gebirgspfaden umging der venezianische Hauptmann Bartholomeo d'Alviano die kaiserlichen Stellungen bei Pieve von drei Seiten. Mit großer Übermacht sperrte er Trautson und seinen Leuten alle Rückzugsstraßen ab. So geschickt vermochte er die Kaiserlichen einzuschließen, daß sie viel zu spät ihre aussichtslose Lage erfaßten.

Trautson verließ unklugerweise die Festung Pieve und versuchte sich mit seinen 1500 Knechten und den Geschützen nach Toblach durchzuschlagen. Vergebens. Sie wurden in einer engen Klause umstellt, durch Steinlawinen verschüttet, zusammengedrängt und die meisten erschlagen[29] (2. März 1508). Trautson fiel an der Spitze seiner Knechte. Hunderte wurden geköpft, weil die Stradioten angeblich für jeden Kopf einen Gulden erhielten, nur ein kleiner Rest gefangen. D'Alviano meldete — weit übertrieben —, 1800 gefallene Feinde auf dem Schlachtfeld bestattet zu haben[30]. Solcher Schreck erfaßte die ganze Gegend, daß man in Tirol das allgemeine Landesaufgebot erließ. Der Kaiser, der eben noch dem Kurfürsten von Sachsen einen prahlerischen Brief geschrieben hatte, war über diese Niederlage schwer betroffen[31]. Bis Rom spottete man über den sieglosen Kaiser[32]. Der vorsichtige Ferdinand von Aragon, der sein Lebtag keine Feldschlacht aus der Nähe erlebt hatte, meinte angesichts dieser Niederlage wegwerfend, der Römische König verdiene nicht, einen Staat zu regieren[33].

Mit der Niederlage im Cadore war der kaiserliche Angriffsstoß gegen Friaul vereitelt; ja, man mußte fürchten, daß die Venezianer ins Pustertal einbrachen, was indes nicht ihr Ziel war. Der Kaiser dagegen befahl einen Rachezug[34]: Im ganzen Pustertal wurden nach dem vernichtenden Schlag von Pieve di Cadore die Sturmglocken geläutet, die Kreidfeuer angezündet und der Landsturm aufgeboten. Mit den 2000 Bauern, die herbeieilten, unternahm Erich von Braunschweig einen Schleif- und Plünderzug über den Sextener Kreuzberg nach Comelico (8. bis 10. April), wobei man einige venezianische Wachtruppen fing, acht Dörfer und 200 Höfe niederbrannte und mehr als 1000 Stück Vieh wegtrieb. Gewiß keine Heldentat, aber eine Aktion nach den Kriegsbräuchen damaliger Zeit. Damit meinte sich der Kaiser an den venezianischen Bauern gerächt zu haben, denen er die Hauptschuld an der Niederlage Trautsons zuschrieb[35].

Nach dem Sieg im Cadore überkam die Venezianer ein Gefühl der Überlegenheit, das sie völlig verblendete. Jetzt ging der Krieg erst richtig los. Die Signorie warf ihre ganze Streitmacht gegen Görz, Triest und Istrien. Hier gab es keine ständige Kriegsbereitschaft wie in Tirol: Städte, Schlösser und Festungen waren in schlechtem Zustand und fielen der Reihe nach in venezianische Hand. Bereits am 10. April fiel Cormons[36]; am 14. April das gut befestigte Pordenone[37]. Während sich Kasimir von Brandenburg und Erich von Braunschweig über ein gemeinsames Unternehmen im Trentino stritten[38], fielen Stadt (17. April) und Schloß von Görz (22. April) in die Hand der Feinde[39]. Da und dort mag Verrat im Spiele gewesen sein. Als sich der Braunschweiger entschloß, die innerösterreichischen Länder aufzubieten, um die Stadt Görz zu retten, war es bereits zu spät. Er mußte froh sein, den Einbruch der Venezianer nach Krain zu verhindern[40]. Rasch überschritten sie den Karst und nahmen Wippach (25. April) und Adelsberg. Mit Recht sah man bereits Laibach bedroht. Aber die Venezianer wandten sich zuerst gegen Triest und Istrien. Am 6. Mai ergaben sich Stadt und Hafen von Triest[41], der wichtigste österreichische Seestützpunkt. Venezianische Stoßtruppen drangen ins Innere Istriens vor und besetzten am 19. Mai das österreichische Mitterburg — Pisino[42]. Am 26. Mai liefen venezianische Schiffe in den Hafen von Fiume[43] ein. Nur der Waffenstillstand setzte dem venezianischen Siegeszug ein Ende und rettete die Kaiserlichen vor dem vollständigen Zusammenbruch der innerösterreichischen Grenze.

Diese Eroberungen trugen der Signorie von Venedig zum alten Odium des Raubes päpstlicher Städte auch noch den Vorwurf ein, nicht nur altes Reichsgebiet besetzt zu halten, sondern sogar die kaiserlichen Erblande zu überfallen. Das Gefühl war allgemein, daß Venedigs Ländergier gezähmt werden müsse. Die Signorie hatte den gemeinsamen Zorn des Papstes, des Kaisers und des Königs von Frankreich herausgefordert. Was war dies für ein Staat, der es sogar wagte, nicht nur dem Papst, sondern auch dem Kaiser Herrschaften und Städte wegzunehmen?

4. Waffenstillstand von Santa Maria delle Grazie

Die Venezianer hätten im ganzen etwa 60.000 Mann im Felde, erzählte man gewiß etwas übertrieben, die Kaiserlichen dagegen kaum noch 6000; so viele hatten sich bereits verlaufen[1]. Man mußte fürchten, daß die Venezianer nach Tirol, Krain oder Kärnten einbrachen[2]. Der Waffenstillstand war für den Kaiser der einzige Ausweg aus fataler Lage. Er kam dem Kaiser nicht nur wegen der Fehlschläge im Trentino, in Görz, Triest und Istrien gelegen, sondern auch im Hinblick auf einen möglichen politischen Szenenwechsel. Maximilian mußte zusehen, auf günstige und ehrenvolle Weise zu einem Stillstand zu kommen, und schickte bereits am 27. Februar 1508 Luca de Renaldis[3] nach Venedig, um über einen freien Durchzug zu verhandeln. Da die Signorie von ihrer alten Formel nicht abwich, mußte man nachgeben.

Am 26. März 1508 bestellte der Kaiser den Bischof Georg von Trient, Paul von Liechtenstein und Zyprian von Serntein zusammen mit drei anderen Anwälten zur Führung von Waffenstillstands- oder Friedensverhandlungen[4] mit Venedig. Luca de Renaldis führte die Vorgespräche[5] und bot den Venezianern entweder einen Waffenstillstand für ein Jahr oder einen ewigen Frieden unter der Bedingung des friedlichen Romzuges mit 2000 Reitern, 4000 Knechten und 12 Geschützen. Die Signorie versicherte den Gesandten freundliche Gesinnung und entschied sich für einen Waffenstillstand auf ein Jahr. Aber da die Venezianer eben zu ihrem Großangriff gegen Görz, Triest und Istrien ansetzten und ihre Erfolge abwarten wollten, ließen sie sich mit den Verhandlungen zunächst noch Zeit.

Angesichts der schweren Landverluste im Osten und der Gefahr, daß der König von Frankreich in den Krieg eintreten könne[6], wandte sich der Bischof von Trient Anfang Mai noch einmal an die Signorie, um Waffenstillstandsverhandlungen einzuleiten[7]: er habe vom Kaiser alle Vollmachten. Aber erst am 19. Mai wurde der Gesandte Contarini von der Signorie zu umfassenden Verhandlungen und Abschlüssen bevollmächtigt[8]. Der Kaiser und die Venezianer zogen nun ihre Truppen von den Fronten zurück[9]. Am 27. Mai kam es zu den ersten Beratungen im Kloster Santa Maria delle Grazie[10] zwischen Riva und Arco. Der Kaiser hatte diesmal Bischof Georg von Trient, Niklas von Firmian, Zyprian von Serntein und den „politischen" Mönch Landriano, einen Mailänder Flüchtling, zu den Verhandlungen abgeordnet.

Die Venezianer boten einen Waffenstillstand von fünf Jahren: Während dieser Zeit hofften sie ihre Eroberungen im Osten zu festigen und zu sichern. Die Kaiserlichen wollten sich nur auf ein Jahr einlassen. Man einigte sich schließlich auf drei Jahre. Die Franzosen verfolgten scheelen Auges die Erfolge der Venezianer, zumal sie selbst für diesen Krieg zwar große Geldopfer gebracht, aber keinen Vorteil gezogen hatten. Sie wünschten daher, entweder den Krieg weiterzuführen oder aber samt dem Herzog von Geldern in den Waffenstillstand einbezogen zu werden. Beide Forderungen lehnten die Kaiserlichen entschieden ab, denn sie wünschten zumindest freie Hand gegen Geldern. Als die Franzosen nicht nachgaben, drohten die Kaiserlichen, die Verhandlungen abzubrechen. Da die Signorie die reiche Beute dieses Krieges rasch in die sichere Scheune bringen wollte, befahl sie ihrem Gesandten Contarini, „in Gottes Namen" ohne Zustimmung der Franzosen abzuschließen[11].

Am 6. Juni 1508 wurde nach siebenstündigen Verhandlungen im Kloster Santa Maria delle Grazie der Waffenstillstand unterzeichnet[12]. Er sollte drei Jahre dauern und auf Wunsch des Kaisers den Papst, Ungarn, Aragon, England und alle Reichsstände einschließen; Venedig wollte für sich den König von Frankreich, Aragon und die italienischen Verbündeten eingeschlossen wissen. Der territoriale Status quo sollte gelten; Eroberungen nach dem 6. Juni mußten zurückgestellt werden. Von Gebietsabtretungen war aber keine Rede. Venedig konnte nicht sicher rechnen, das Eroberte zu behalten.

Am 10. Juni wurden die gesiegelten und unterschriebenen Urkunden ausgetauscht[13]. Die französischen Gesandten hatten es abgelehnt, an der feierlichen Veröffentlichung des Vertrages teilzunehmen[14]. In Venedig jubelte man über den Erfolg des Augenblicks und übersah darüber, daß man auf lange Sicht einen schweren Fehler gemacht hatte: daß man sich von Frankreich trennen ließ.

Für Österreich brachte der Waffenstillstand einstweilen zwar den schmerzlichen Verlust wertvoller Herrschaften in Friaul, Görz und in Istrien; am schlimmsten wohl den Verlust von Triest. Aber der Kaiser hatte offenbar schon den nahen Umschwung im Auge. Als Herzog Erich von Braunschweig in Laibach die Nachricht vom Waffenstillstand erhielt, trat er das Papier mit Füßen und verwünschte die Unterhändler[15]. Beweis der politischen Ahnungslosigkeit dieses zornigen Haudegens, der sich auch als Hauptmann bestenfalls durch Treue, aber kaum durch Klugheit auszeichnete.

Der Waffenstillstand bedeutete für den Kaiser inmitten seines gegenwärtigen Mißgeschickes eher einen Glücksfall, denn er stand vor der völligen Niederlage; seine Armee im Osten war geschlagen und auch jene im Westen in voller Auflösung. Die Venezianer dagegen begaben sich einer nicht wiederkehrenden günstigen Gelegenheit, dem Kaiser mit Hilfe der Franzosen schwere Schläge zu versetzen. Sie hatten sich dagegen voreilig von ihrem Bundesgenossen Frankreich trennen lassen, obwohl sie nicht damit rechnen

konnten, durch diesen Waffenstillstand den Kaiser für sich zu gewinnen, dessen Rache sie durch ihre Eroberungen und Prahlereien
herausgefordert hatten. Vielmehr mußten sie einen neuen Waffengang gegen den Kaiser gewärtigen und hätten um jeden Preis
Frankreich als Bundesgenossen festhalten müssen. Nur mit Hilfe
Ludwigs XII. hätten sie die Möglichkeit gehabt, ihre großen Eroberungen zu behaupten.

Der König von Frankreich gab sich tief verletzt[16]. „Er weinte
fast vor Schmerz und Zorn." Dieser Friedensschluß füge ihm einen
Schaden von einer Million Dukaten zu. Er tadelte die Treulosigkeit der Venezianer, obwohl er selbst die Verhandlungen mit dem
Kaiser, die der Papst eingefädelt, niemals abgebrochen hatte. Die
Signorie machte es ihm nun leicht, zu tun, was er eigentlich schon
vorhatte: den Vertrag mit Venedig zu brechen[17], gemeinsam mit
dem Papst ein Bündnis mit dem Kaiser abzuschließen und den
venezianischen Festlandbesitz aufzuteilen. Von Erzherzogin Margarethe unterstützt, fand der Kaiser nun raschen Anschluß an den
König von Frankreich. Die Verhandlungen führten geradewegs
zur Liga von Cambrai, zu einem Angriffsbündnis gegen Venedig.

Die aufreizenden Siege der Venezianer, ihre Macht, ihr Ausdeh-
nungsstreben und ihr Hochmut erfüllten alle Nachbarn mit
Neid. Daß sie ihrem siegreichen Feldherrn d'Alviano eine Art
Triumphzug bereiteten[18], machte dem Kaiser die Niederlage noch
schmerzlicher; daß sie Ludwig XII. beim Waffenstillstand einfach
übergangen hatten, beleidigte den Stolz der Franzosen. Man
wollte den Eroberern im Namen des Gleichgewichtes entgegentreten und „die Frösche ins Meer zurückwerfen".

5. Die Liga von Cambrai[1] (10. Dezember 1508)

Zutiefst enttäuscht über den unglücklichen Verlauf seines Angriffes gegen Venedig, verletzt durch Schaden und Schande der
Niederlage, hatte Maximilian bereits im März/April 1508 den
Kriegsschauplatz verlassen und sich über Süddeutschland an den
Rhein und in die Niederlande gewandt. Die venezianischen Sieges-
meldungen und Prahlereien[2] verfolgten ihn von Ort zu Ort und
steigerten seine Haß- und Rachegefühle gegen die „venetischen
Verräter"[3]. Der Doge schrieb dem Erzkanzler von Mainz, daß er
sich mit Frankreich verständigt habe, den Deutschen die Kaiser-

krone zu nehmen und Maximilian den Romzug zu sperren[4]. Um so leichter war es für den päpstlichen Legaten Carvajal[5], der den Kaiser begleitete, ihn für eine Liga gegen Venedig zu gewinnen. Jahrelange, beharrliche Mühe des Papstes um einen Ausgleich zwischen Frankreich und dem Kaiser führte nun plötzlich zum Erfolg. Zwar stand der König von Frankreich immer noch, wenn auch halbherzig, an der Seite der Venezianer; aber schon seit 1507 ließ er am deutschen Hof immer wieder wegen eines Friedens vorfühlen[6], was Maximilian freundlich aufnahm. Vom Reich, das die Konstanzer Beschlüsse nicht einhielt, völlig im Stiche gelassen, hatte Maximilian mit den Venezianern Waffenstillstand abgeschlossen und damit freie Hand gewonnen, sich in Ruhe seine neue Politik zu überlegen. Schon im März 1508 hatte er dem König von Ungarn ein gesamteuropäisches Bündnis gegen das verhaßte Venedig vorgeschlagen und ihm die Eroberung Dalmatiens und Kroatiens empfohlen[7]. Nun gewann Kardinallegat Carvajal ganz das Ohr des Kaisers[8]: was ihm die Venezianer abgeschlagen hatten, ließ sich vielleicht durch ein Bündnis mit Frankreich erreichen; der Eintritt nach Italien, die Rückeroberung der verlorenen Gebiete und die Wiederherstellung seiner kaiserlichen Ehre.

Nicht weniger wichtig als der Romzug schien dem Kaiser die Sicherung seiner Niederlande und die endgültige Unterwerfung Karls von Geldern[9], der, von Frankreich unterstützt, die burgundische Stellung des Hauses ernstlich gefährdete. Man mußte sich fragen, wie es dort weitergehen werde, wenn sich Ludwig XII. mit seiner gesamten Macht an die Seite der geldrischen Rebellen stellte, zumal die Generalstaaten für Rüstungsforderungen nur wenig Verständnis aufbrachten. Der vergangene Reichstag zu Worms hatte dem Kaiser wiederum gezeigt, daß er vom Reich nichts zu erwarten hatte. Gattinara befürchtete das schlimmste, wenn der Kaiser nicht persönlich eingreife[10]. Maximilian war also in Italien wie in Geldern auf den König von Frankreich angewiesen. Aber er versuchte seiner Verhandlungsbereitschaft durch große Rüstungen[11] gegen Geldern Nachdruck zu geben.

Auch Spaniens wegen schien ein Friede mit Frankreich geraten. Allzu leicht hätte ein französisch-spanisches Bündnis die habsburgische Erbfolge in Kastilien etc. gefährden können, zumal König Ferdinand eben damals von Germaine Nachwuchs erwartete. Da der König den Venezianern die apulischen Küstenstädte streitig machte und zu einem Bündnis mit Frankreich und dem Papst gegen die Signorie bereit war, empfahl es sich auch für den Kaiser beizutreten, zumal ihm der Papst und sein Legat Carvajal ihre guten Dienste auch bei König Ferdinand anboten[12], der die Regentschaft über Kastilien zu Lebzeiten mit niemandem teilen wollte. Da der Kaiser sowohl in Italien wie in Geldern und Spanien auf das Wohlwollen Frankreichs angewiesen war[13], schien sich der Ausgleich mit Ludwig XII. als einziger Ausweg anzubieten. Eine andere Möglichkeit, sich England zu verpflichten, schien weniger günstig. Heinrich VII. bewarb sich um die Hand Erzherzogin Margarethes und um die Vormundschaft über den minderjährigen Erzherzog Karl. Er schlug dem Kaiser sogar die Eroberung Kastiliens vor[14]. Aber die Niederländer fürchteten mit Recht, die Engländer könnten sich für immer in ihrem Land festsetzen. Alle englischen Heiratspläne, die der Kaiser und sein vertrauter Ratgeber Lang eifrig betrieben[15], scheiterten am entschiedenen „Nein" Erzherzogin Margarethes. Man versuchte den König von England durch eine Heirat seiner Tochter Maria mit Erzherzog Karl zufriedenzustellen.

Erzherzogin Margarethe setzte auf den Frieden mit Frankreich. Als Statthalterin wollte sie ihren Niederlanden die Heimsuchungen eines langen Krieges ersparen und drängte den Vater auf dem französischen Weg voran. Um dem Vater die Peinlichkeit des ersten Schrittes zu ersparen, bot sie sich geradezu als Vermittlerin an. Was ihr und dem niederländischen Rat kaum geglückt wäre, gelang ihr zusammen mit dem Papst, der den Kaiser und den König von Frankreich unablässig bedrängte[16], sich zu versöhnen, um sie als Bundesgenossen gegen Venedig zu gewinnen. Wie dies damals allgemein üblich war, wurde das Angriffsbündnis gegen Venedig unter dem Vorwand einer „Liga gegen die Türken" vorbereitet[17]: nur dazu sei Kardinal Santa Croce (Carvajal) unterwegs in Deutschland. Julius II. verstand es, seine diplomatischen Unternehmungen gegen Venedig so zu verbergen, daß sie nur schwer faßbar wurden.

Venedigs einseitiges Vorgehen bei den Waffenstillstandsverhandlungen zu Santa Maria delle Grazie gab dem König von Frankreich den erwünschten Vorwand, sich stillschweigend von der Signorie abzuwenden, wie sehr er dies auch bis zum letzten Augenblick ableugnete. Nicht nur Gefühle gekränkten französischen Stolzes, sondern auch die Hoffnung auf Landgewinne in Italien veranlaßten Ludwig XII. zu diesem Treuebruch; war doch die Teilung

Italiens mit dem Reich auf Kosten Venedigs ein alter, stets wiederkehrender Plan gewesen. Der Kaiser und der König von Frankreich trafen sich in der Mißgunst gegen die aufstrebende Signorie und in der Gier nach ihren Landgebieten, die freilich nicht durchaus rechtmäßig erworben waren.

So gelang es Julius II., die alten Feinde einander näherzubringen. Venedig hatte sich während der letzten Jahre durch seine fortschreitenden Eroberungen bei allen Nachbarn — vor allem bei Florenz, Ferrara und Mantua — mißliebig, ja verhaßt gemacht. Alle hatten mehr oder minder berechtigte territoriale Forderungen, weswegen sich alle Gegner der Republik, Papst, Kaiser, Frankreich und Spanien, zur Freude der schadenfrohen italienischen Nachbarn zusammenfanden.

Bereits im Sommer 1508 entschloß sich Maximilian, zur französischen Politik zurückzukehren[18], die allein universale Lösungen zu ermöglichen schien. Matthäus Lang sollte die Vorverhandlungen mit Erzherzogin Margarethe und den Franzosen aufnehmen. Der Kaiser legte alles in die bewährten Hände Langs[19], der den schicksalsschweren Verhandlungen nicht ohne große Sorge entgegenblickte[20]. Sofort stellte der Kaiser seine Angriffe gegen Geldern ein und bot dem König von Frankreich die Erneuerung der Verträge von Blois und Hagenau[21] — jedoch ohne die Heirat Karls mit Claudia. Er wollte Mailand Ludwig XII. überlassen und sich dafür mit Hilfe Frankreichs an Venedig schadlos halten. Eine Teilung Italiens auf Kosten Venedigs schien das schwierige Problem am ehesten zu lösen, zumal auch die Unterstützung durch den Papst und Spanien gegeben schien.

Bald schloß der Kaiser mit Frankreich und Geldern einen Waffenstillstand (18. Oktober 1508), den Erzherzogin Margarethe vermittelt hatte[22]: er sollte dauern, bis ein endgültiger Friede an seine Stelle trete. Die französischen Gesandten wandten sich mit freundlichen Briefen, „mit vil suessen worten"[23], an Lang und den Kaiser, um gutes Wetter zu machen. Sofort begann man mit der Vorbereitung des Kongresses[24]. Erzherzogin Margarethe und Maximilian bemühten sich auch um die Teilnahme Englands[25]. Eine englische Anleihe von 50.000 Gulden sollte die Unkosten des Kongresses und ältere Schulden decken, wofür man die berühmte „riche fleur de liz", ein Wunderstück aus Diamanten, Perlen, Saphiren und Smaragden, opferte, das man nie mehr rückzulösen vermochte[26].

Als Verhandlungsort war Cambrai vorgesehen. Aus Mißtrauen und Gründen der Sicherheit hatte man diesen Ort hart an der Grenze Frankreichs und der Niederlande gewählt. Die Stadt und die Quartiere waren von beiden Seiten auf alle mögliche Art gesichert worden. Kardinal d'Amboise erschien in Begleitung hervorragender Persönlichkeiten, Politiker und Kriegsleute. Schon aus der Zusammensetzung der Gesandtschaft konnte man erkennen, daß Ludwig XII. den Abschluß eines großen Vertragswerkes wünschte. An die französische Botschaft hatte sich auch ein Gesandter König Ferdinands angeschlossen, während der Kaiser einen englischen Gesandten beizog.

Maximilian hatte seine staatskluge Tochter Margarethe, seinen ersten Ratgeber Matthäus Lang und — zum Verdruß der Franzosen — auch den gewandten Gattinara, den später berühmt gewordenen Großkanzler Karls V., und andere hohe Herren nach Cambrai abgeordnet[27], nachdem er sie vorher eingehend belehrt hatte. In Mecheln, nur drei Tagesreisen vom Verhandlungsort entfernt, lenkte Maximilian mit gebotenem Mißtrauen die spannenden Vorgänge mit Anweisungen und Befehlen. Daß der Kaiser seine Kurfürsten, Fürsten und Ständevertreter in Worms hatte sitzen lassen und keinen von ihnen den Verhandlungen beizog, war gewiß nicht klug. Nur Kurfürst Friedrich der Weise war von Lang flüchtig und ganz ungenau verständigt worden[28]. Dies bot dem folgenden Reichstag den erwünschten Vorwand, das ganze Vertragswerk von Cambrai abzulehnen.

Ende November 1508 begannen die Vorverhandlungen zwischen d'Amboise und Lang; jeder auf seine Art ein „König". Das Vertragswerk trägt das Siegel ihrer Härte. Die Signorie gab sich lange Zeit verhängnisvollen Täuschungen hin, denn es war in der Öffentlichkeit stets nur die Rede von einem Frieden zwischen Burgund und Geldern. Sie konnte es einfach nicht glauben, daß ihr altes Bündnis mit Frankreich null und nichtig sein sollte, so völlig vermochte sie Ludwig XII. über den Wandel der Lage hinwegzutäuschen. Auch der Papst hatte Kardinal Carvajal, einen ausgesprochenen Feind Venedigs, über Wunsch der Franzosen abberufen[29], um die Venezianer in Sicherheit zu wiegen. Der Kaiser dagegen schickte seinen Gesandten Luca de Renaldis, einen besonderen Freund der Venezianer, mit Geschenken, freundschaftlichen Versicherungen und falschen Berichten nach Venedig[30]. Wahrscheinlich wollte er immer noch mehrere Eisen im Feuer halten. Offenbar blieb das politische Spiel längere Zeit so verworren, daß selbst Lang nicht genau wußte, woran er war. Aber schon bei den ersten Vorverhandlungen (19. November 1508) im Schloß „Ledin", nächst Cambrai, scheint sich Kardinal d'Amboise gegenüber Lang, der den Kaiser vertrat, recht freimütig ausgesprochen zu haben[31]: „er pand den sack fasst auf". Lang ging offenbar sofort auf den Hauptpunkt — Krieg gegen Venedig — los und stieß damit beim Kardinal auf volles Verständnis. Alles sprach dafür, daß auch die Franzosen einen Angriffsvertrag gegen Venedig wünschten.

Die zeremonielle Hauptverhandlung zwischen der Erzherzogin und dem Kardinal von Frankreich wurde am 23. November zu Cambrai eröffnet[32]. Margarethe ließ alle Verhandlungskünste spielen: bezaubernde Liebenswürdigkeit, aber auch Entschiedenheit und Drohung[33]. Sie verband die Talente eines Mannes mit den Reizen einer schönen Frau. Ihr Anteil an den Verträgen ist gewiß nicht zu unterschätzen. In allem stand ihr der unübertreffliche Lang zur Seite, der mit dem Kaiser enge Verbindung hielt. Man bezeichnete ihn später geradezu als den Urheber („fundator") der Liga von Cambrai[34].

Der englische und spanische Gesandte wurden zwar zugezogen, nahmen an den Verhandlungen aber keinen unmittelbaren Anteil. König Ferdinand wollte nur seine apulischen Häfen und Städte; im übrigen dachte er an die Niederkunft seiner Gemahlin Germaine, an männliche Erben, an seinen Kreuzzug in Afrika[35], an die Eroberung von Oran, Bougie und Tunis, wofür er rückenfrei sein wollte. Den Engländern erschien die geplante Beraubung Venedigs im Grunde widerwärtig. Vor allem die gebildeten Engländer, die vielfach in Italien studiert hatten, liebten diese Stadt. Der englische Gesandte Wingfield riet vielmehr[36], man solle den König von Aragon aus der Liga ausschließen und ihm Kastilien wegnehmen, damit es König Karl nicht verlorengehe. Man hörte glücklicherweise nicht auf ihn. König Ferdinand abzustoßen, wäre auf weite Sicht das Dümmste gewesen, was der Kaiser hätte tun können. Maximilian schätzte man offenbar weit mächtiger ein, als er tatsächlich war. So gab es geheime Absprachen der anderen Mächte hinter seinem Rücken, in denen man sich gegen ihn verband für den Fall, daß er sich mit den vereinbarten Landzuteilungen nicht begnügen sollte[37]. Wer konnte wissen, daß das Reich auch diesmal völlig versagen werde.

Auffallenderweise vertrat der französische Kardinalminister d'Amboise, dem nur ein kleiner Kuriale zur Seite stand, auch die päpstlichen Interessen; denn Nuntius Carvajal war offenbar im Einverständnis mit dem Papst und Ludwig XII. abgelehnt worden[38]. Julius II. und die Kurie wünschten sich offenbar, genau wie einst in Hagenau, von diesem bedenklichen Vertragswerk zurückzuhalten. Die Verhandlungen wurden streng geheim geführt. Öffentlich redete man nur von einem Frieden zwischen Burgund und Geldern. Die Hauptsache, der geheime Angriffspakt gegen Venedig, war wohl schon in den Vorverhandlungen zwischen Lang und d'Amboise in gutem Einvernehmen abgesprochen worden, ohne daß ein schroffes Wort gefallen wäre. Die freundliche Stimmung begünstigte den raschen Fortschritt des Friedenswerkes. Lang fand die Franzosen durchaus entgegenkommend, weder „pocherisch" noch prunkvoll[39]. Der Vertragsabschluß schien von Anfang an sicher.

Härtere Gegensätze gab es erst über die Friedensgarantie für Geldern und Navarra[40]. Ludwig XII. wünschte freie Hand gegen den König von Navarra: Maximilian wollte den alten Freund nicht im Stiche lassen, dagegen aber Karl von Geldern aus dem Frieden ausschließen. Erzherzogin Margarethe drohte abzureisen. Um die Verhandlungen zu retten, einigte man sich auf halbem Weg und vertagte die Streitpunkte über Geldern und Navarra auf ein Jahr. Der Kaiser wünschte auch die kastilische Frage zu lösen, konnte aber mit seinen Forderungen gegenüber Aragon und Frankreich zunächst nicht völlig durchdringen. Hauptsache blieb doch der Überfall auf Venedig.

Erzherzogin Margarethe war mit dem Erfolg von Cambrai sehr zufrieden und des väterlichen Lobes sicher. Dem Kardinal von Frankreich schenkte sie einen goldenen, edelsteinbesetzten Pokal von solcher Schönheit, daß er glaubte, ihn seinem König weiterschenken zu sollen. Nicht minder glücklich war der Kaiser. Er schrieb dem König von Frankreich aus Trient, er habe zum Zeichen des ewigen Dankes „sein rotes Buch verbrannt, das in Speyer aufbewahrt wurde, worin seine Beschwerden gegen Frankreich verzeichnet waren"[41].

Am 10. Dezember 1508 konnten zwei Verträge abgeschlossen werden: ein Friedens- und Freundschaftsvertrag[42] auf Lebenszeit zwischen Maximilian und Karl einerseits, mit dem König von

Frankreich anderseits, der die gesamteuropäischen Verhältnisse regelte und zugleich ein Angriffsbündnis gegen die Türken und „andere Feinde der christlichen Religion" enthielt — gemeint war Venedig. Der Papst und die Könige von England, Ungarn und Aragon und alle Bundesgenossen „diesseits und jenseits des Meeres und der Alpen" sollten eingeschlossen sein. Über Geldern und Navarra[43], über die französischen Ansprüche in Flandern und Artois wollte man sich binnen Jahresfrist schiedlich und friedlich verständigen, ohne sie in den Vertrag einzubeziehen. Maximilian wollte den König von Frankreich für sich und seine männlichen und weiblichen Erben mit dem Herzogtum Mailand belehnen und verzichtete auf die zwischen Claudia und Erzherzog Karl vereinbarte Heirat. Für diese und jede neuerliche Belehnung werde Ludwig XII. dem Kaiser 100.000 Kronen bezahlen. Im übrigen sollten die Vereinbarungen von Trient, Blois und Hagenau, soweit sie nicht durch diesen Vertrag überholt waren, ausdrücklich erneuert werden und gelten. Der Papst, die Könige von England und Aragon sollten diesen Vertrag garantieren. Die Autorität des Papstes hätte den geplanten Gewaltvertrag in den Mantel des Rechtes kleiden sollen.

Schon dieser erste Vertrag stellte die Venezianer als die „anderen Feinde der christlichen Religion" hin. Er schuf den großen Rahmen für den zweiten Vertrag, einen geheimen Angriffspakt[44], der sich die Unterwerfung und Aufteilung des venezianischen Festlandes zum Ziele setzte und ganz an die Verträge von Blois und Hagenau (1504/05) erinnerte[45]. Die Signorie von Venedig, welche sich Herrschaften und Rechte des Apostolischen Stuhles, des Römischen Reiches, des Hauses Österreich, des Königs von Frankreich im Gebiete von Mailand und des Königs von Aragon im Königreich Neapel angeeignet hatte, wurde aus dem Frieden der christlichen Mächte ausdrücklich ausgeschlossen, die eine Liga zur Rückgewinnung ihrer verlorenen Gebiete gegen Venedig abschließen. Sie wollten die Venezianer bis längstens 1. April 1509 angreifen und den Kampf erst einstellen, wenn der Papst die von Venedig geraubten Städte in der Romagna, wenn Maximilian Rovereto, Verona, Padua, Vicenza, Treviso, Friaul und das Patriarchat von Aquileia, außerdem die Verluste des letzten Krieges zurückerhalten habe. Der König von Frankreich solle sich alles zurücknehmen, was früher zum Herzogtum Mailand gehörte, und König Ferdinand die venezianischen Eroberungen im Königreich Neapel. Da

Maximilian erst jüngst einen dreijährigen Waffenstillstand mit Venedig geschlossen habe, den er nicht ohne weiteres brechen könne, dürfe er mit dem Kriegseintritt warten, bis ihn der Papst als Vogt und Schützer der Kirche zu Hilfe rufe; nach längstens vierzig Tagen müsse auch der Kaiser die Venezianer angreifen. Um den Überfall mit dem Schein des Rechtes zu umhüllen, solle der Papst mit geistlichen Waffen, Kirchenbann und Interdikt, gegen Venedig vorgehen und noch vor dem Angriffstag die Hilfe des Kaisers, des Königs von Frankreich und der anderen Bundesgenossen anrufen. Man wollte auch den König von Ungarn zum Kriegseintritt und zur Rückeroberung Dalmatiens bewegen. Der Kampf dürfe erst eingestellt werden, wenn alle Parteien ihre Gebiete zurückerhalten hätten, wobei die Bundesgenossen einander unterstützen sollten. Die Herzoge von Savoyen und Ferrara sowie der Markgraf von Mantua[46] wurden als Bundesgenossen in Aussicht genommen. Auch den Königen von England und Ungarn sollte die Liga offenstehen. Der Streit mit König Ferdinand um Regierung und Verwaltung des Königreiches Kastilien, das Erzherzog Karl als Erbe zusteht, solle einstweilen ruhen, um den Krieg gegen Venedig nicht zu stören. Erst nach Abschluß des Feldzuges werde man die kastilische Frage durch Schiedsrichter friedlich regeln. Der König von Frankreich werde mit Mailand belehnt werden, wenn er den Angriff gegen Venedig eröffnet habe. Bei dieser Gelegenheit solle er dem Kaiser die 100.000 Kronen Lehenstaxe ausbezahlen, damit sie ihm für den Krieg gegen Venedig zur Verfügung stehe. Der König von Frankreich solle den Kaiser unterstützen bis zur völligen Rückeroberung aller seiner Gebiete[47]. Diese Liga könne weder durch den Tod oder den Austritt eines Partners gelöst werden, sondern bleibe in Kraft bis zur Erreichung ihrer Ziele. Friede oder Waffenstillstand mit Venedig solle nur mit ausdrücklicher Zustimmung aller Verbündeten möglich sein. Sollten die Venezianer die Türken zu Hilfe rufen, müßten alle Bundesgenossen gemeinsam und mit vereinten Kräften den Krieg gegen die Türken führen.

Der Vertrag wurde von Erzherzogin Margarethe und Kardinal d'Amboise — auch namens des Papstes — unterzeichnet, der allerdings mit der Ratifikation sehr lange zögerte. Auch der spanische Gesandte unterschrieb angeblich nur, weil der Artikel über Kastilien seinem Herrn günstig sei[48]. Dabei wußte jedermann, wie sehr gerade König Ferdinand auf die apulischen Häfen und Küstenplätze erpicht war. Von einer Vernichtung Venedigs oder einseitigen Teilung Italiens wollte der Katholische König allerdings nichts wissen[49], er wünschte vielmehr, ähnlich wie der Papst, die Franzosen aus Italien fernzuhalten. Im übrigen kam ihm die Liga gegenwärtig sehr gelegen, weil sie ihm für seine afrikanischen Eroberungen gegen Oran und Bougie, die er eben vorbereitete, den Rücken freihielt[50]. So war König Ferdinand neben dem Papst der eigentliche Nutznießer dieser Liga[51], ohne daß er dafür zunächst etwas Besonderes geleistet hätte.

Am 10. Dezember 1508 wurde der Vertrag von Cambrai bei einem Festgottesdienst in der Kathedrale feierlich verkündet, allerdings nur der öffentliche Bündnisvertrag gegen die Türken; die Artikel gegen Venedig blieben geheim. Der Kaiser ratifizierte das folgenreiche Vertragswerk bereits am 26. Dezember 1508[52]. Er mochte diesen Vertrag als großen Erfolg betrachten. Auf dem Pergament sah die Sache für ihn glänzend aus; besser als für die Franzosen, deren geheime Ziele aber gewiß weit über Brescia und Bergamo hinausreichten. Vieles war so unbestimmt geregelt, daß die Franzosen den Kaiser stets in der Hand hatten. Mailand sollte wohl nur der erste Schritt sein, der über Mittelitalien, über das befreundete Florenz und über Rom weiterführen sollte nach Neapel, das die Franzosen schon einmal besessen hatten und worauf sie seit den Tagen der Anjous unvergessene Ansprüche erhoben. Hatten die Verträge von Blois und Hagenau Maximilian noch Hilfe zum Romzug und zur Kaiserkrönung versprochen, so war in Cambrai davon nicht mehr ausdrücklich die Rede. Der König von Frankreich unterzeichnete[53] erst am 14. März 1509; der Papst[54] gar erst am 23. März, obwohl er den Vertrag eigentlich eingefädelt hatte.

Die Venezianer erfuhren zunächst nichts Genaueres von einem Angriffspakt gegen ihren Staat. Der Doge meinte, die Republik könne mehr denn je auf das Bündnis mit Frankreich zählen. Erst gegen Jahresende hörte man durch die Geschwätzigkeit einiger Italiener und Spanier Einzelheiten[55]; aber man wollte weder an einen Angriff des Papstes noch des Königs von Frankreich glauben, der immer wieder die friedfertigsten Absichten beteuerte[56]. Die Kriegsmacht des Kaisers schätzte man nach den letzten Niederlagen nicht allzu hoch ein. Erst im Laufe des Januar 1509 erfaßte die Signorie allmählich die ungeheure Gefahr eines vereinten Angriffes aller Großmächte, der auf sie zurollte[57].

Der Kaiser fühlte, daß es höchste Zeit sei, auch die Reichsstände vom Abschluß dieser Verträge zu unterrichten. Am 5. Januar 1509 teilte er das erstemal die wichtigsten Punkte dieses Angriffspaktes mit, und zwar in einem offenbar geheimen Bericht[58], der zunächst wohl nur für die Reichsfürsten gedacht war: Der Papst habe den Kaiser, die christlichen Könige und Fürsten ermahnt, ihm gegen die Untaten der Venezianer zu helfen. Der Kaiser rufe alle auf, die unersättliche Herrschsucht der Venezianer zu zähmen und ihnen ihre unrechtmäßigen Eroberungen mit vereinten Kräften wieder abzunehmen. Aber seine Pläne stießen auf geschlossenen Widerstand. Der Reichstag zu Worms[59] lehnte die Hilfsforderungen glatt ab, so daß es dem Kaiser unmöglich wurde, rechtzeitig auf dem Kriegsschauplatz zu erscheinen.

Als Julius II. den Kaiser und den König von Frankreich zur Liga von Cambrai zusammenführte, hatte er die Gefahren offenbar zu wenig bedacht[60]: einerseits durfte er sich von dieser Liga die Rückgabe der Pentapolis erwarten, die er allein nie hätte zurückerobern können; anderseits mußte er aber befürchten, daß die Großmächte Italien nicht mehr verlassen würden. Wer konnte den vereinten Mächten überhaupt noch widerstehen, wenn sie zusammenhielten? Noch erhoben sie das Schwert angeblich für die Rechte der Kirche. Konnten sie unter dem Titel „Kirchenreform" nicht auch den Papst bedrohen, wie es bereits geschehen war? Durfte man Venedig den „Barbaren" völlig ausliefern? Die Markusrepublik war nächst dem Kirchenstaat das mächtigste Gemeinwesen der italienischen Halbinsel und stets eine Schützerin der italienischen Freiheit gewesen. Die Vernichtung dieser Stadt konnte nur die Vorherrschaft der Ausländer auf der Halbinsel fördern. Unbehagen, ja Unpäßlichkeit erfaßte den Papst, als er vom Abschluß der Liga hörte[61]. Plötzlich schreckte ihn die Größe der Gefahr, die sich an den Alpengrenzen gegen Italien zusammenbraute. Er fürchtete den alten Vorwurf, die Barbaren gerufen zu haben.

Gerne hätte Julius II. mit der Signorie einen Frieden geschlossen. Aber mit einer gewissen Überheblichkeit schlugen die Venezianer alle Warnungen hochmütig in den Wind[62]. Sie dachten nicht daran, alte Gewalttaten gutzumachen. Als der Papst dem venezianischen Botschafter Pisani die Übergriffe der Signorie vorhielt und drohte, sie werde ihr Verhalten noch einmal bereuen, antwortete der Venezianer, Seine Heiligkeit müsse erst zu Kräften kommen, um der Republik etwas anhaben zu können. Darauf der erzürnte Papst: „Ich werde nicht ablassen, bevor ich euch wieder zu demütigen Fischern gemacht habe, die ihr vordem wart." Der Gesandte erwiderte: „Und wir werden den Heiligen Vater zu einem kleinen Pfarrer machen, wenn er sich nicht vorsieht."[63] Im Senat wurden Stimmen laut, es könne nicht Gottes Wille sein, daß ein habsüchtiger, übermütiger, dem Trunk und anderen Lastern ergebener Papst den Schiedsrichter in der Christenheit spiele[64].

Die Venezianer hielten es zunächst für unnötig, den einen oder anderen Gegner durch Gebietsabtretung freundlicher zu stimmen. Als sie sich zu kleineren Zugeständnissen bereit fanden, war es bereits zu spät[65]. Ungern entschloß sich der Papst zum Eintritt in einen Krieg, der die Freiheit Italiens — vielleicht auch des Heiligen Stuhles — ernstlich gefährden konnte[66]. Als letzter unterzeichnete er die Liga, die er eigentlich begründet hatte, um sie sofort wieder zu verlassen, als er sein Ziel erreicht sah.

Ganz anders lagen die Dinge für den Kaiser: Ihm war es gelungen, durch diese Verträge seine Erzfeinde, Frankreich und Venedig, zu trennen. Schon das konnte als Erfolg gelten. Gewiß mußte er den Franzosen das Herzogtum Mailand als Lehen überlassen; aber dies war doch nur die Bestätigung eines Zustandes, den Ludwig XII. längst mit Waffengewalt erzwungen hatte. Anderseits durfte Maximilian hoffen, sich mit französischer Waffenhilfe an Venedig schadlos zu halten, nicht nur die Verluste des letzten Feldzuges, sondern auch den alten Reichsbesitz in Italien und das habsburgische Hausgut im südlichen Alpenvorland zurückzuerobern. Auf einen langen Bestand dieses windigen Vertrages konnte er freilich nicht rechnen; aber mit Hilfe Spaniens, das seinem Enkel Karl früher oder später als Erbe zufallen mußte, durfte er hoffen, mit überlegenen Kräften die Hegemonie über ganz Italien zu behaupten und Frankreich allmählich von der Halbinsel zu verdrängen. Das waren Rechnungen, nicht nur Phantasien des Kaisers, die Karl (V.) in der Tat verwirklichte — allerdings als König von Spanien für die spanischen Länder, weil sich das Reich der Italienpolitik völlig versagte. Die spanische Hegemonie über Italien und Europa hat Maximilian gewiß nicht gewünscht und wohl auch nicht kommen sehen; was ihm vorschwebte, war die Wiederherstellung des Kaisertums und der Reichshoheit über Italien.

Die französischen Siege in den ersten Kriegswochen warfen Kaiser und Reich alle geforderten Gebiete fast kampflos in den

Schoß. Niemals hatte Maximilian eine größere und stärkere Koalition zum Vorteil des Reiches und seines Hauses für sich nützen können. Was ihm an *eigenen* Kräften fehlte, schien das französische Bündnis zu ersetzen. Allerdings wie lange? Wenn das Reich nur geringe Hilfe geleistet hätte, um die Städte und Herrschaften, welche ihm die französischen Siege zuspielten, wenigstens zu behaupten, wäre ein voller Erfolg sicher gewesen. In der Hilfsverweigerung des Reiches lag die eigentliche Ursache für die Niederlage des Kaisers in diesem Krieg[67]; außerdem in der Tatsache, daß der Papst im entscheidenden Augenblick die Liga verließ, was ihm der Kaiser nie verzieh.

Maximilian gab sich über seine eigene finanzielle und militärische Schwäche niemals Täuschungen hin. Hätte er sich aber allein vom Bewußtsein seiner Schwäche leiten lassen, hätte er sich von der damals fälligen Neuverteilung Europas völlig fernhalten, hätte er Franzosen, Spaniern, Venezianern und Türken allenthalben freie Hand gewähren müssen. Dies hätte gewiß dem politischen Naturgesetz des Gleichgewichtes widersprochen, wäre politischer Selbstmord gewesen. Ähnlich wie der Papst mußte auch der Kaiser zusehen, seine eigene Schwäche durch mächtige Koalitionen zu ersetzen, die er seinen Interessen vorspannte. Das Reich versagte ihm allerdings auch jenes Mindestmaß an Mitteln, das nötig gewesen wäre, die Vorteile zu behaupten, die ihm diese Koalition kampflos einbrachte. Man konnte vom französischen König wirklich nicht erwarten, daß er Kaiser und Reich alle militärischen Lasten abnahm und für sie Reichsitalien eroberte.

Die Stellung Maximilians innerhalb der Liga von Cambrai wäre ungleich stärker gewesen, hätten nicht die Streitigkeiten mit König Ferdinand um Regierung und Verwaltung Kastiliens ihre Zusammenarbeit jahrelang vereitelt. Würde sich König Ferdinand mit der habsburgischen Erbfolge in Spanien rascher abgefunden haben, wäre die vereinigte habsburgisch-burgundisch-spanische Großmacht wohl imstande gewesen, dem großen Krieg — mit oder ohne Hilfe Frankreichs — von vornherein eine ganz andere Wendung zu geben. So aber beschränkte sich der Katholische König zunächst auf die Rücknahme der venezianischen Städte und Häfen in Apulien und auf seinen Kreuzzug in Afrika. Auch später bemühte er sich viel mehr, den Papst und Venedig zu unterstützen als seine habsburgischen Verwandten in Österreich und Burgund. Immerhin — die Gegensätze zu König Ferdinand, wenn schon nicht beigelegt, so doch gemäßigt zu haben, war ein wesentlicher Erfolg des Kaisers in Cambrai.

Das französische Bündnis, das Maximilian schon seit 1501 im Auge hatte — wollte er doch alle christlichen Staaten, auch Frankreich, durch Wechselheiraten mit seinem Familiensystem vereinigen —, war angesichts der Lage gewiß nicht schlecht gewählt. Entscheidend dafür, daß der Kaiser in diesem „Krieg der Liga von Cambrai" schließlich unterlag, war die Haltung der Reichsstände[68], was sich in vielen Kriegslagen zeigen sollte. Sie dachten nicht daran, dieses an sich günstige, wenn auch gewalttätige Bündnis für das Reich zu nützen, weil sie Sorge hatten, damit die kaiserliche Stellung zu stärken. Karl V. wird als Kaiser den Faden genau dort aufnehmen, wo ihn Maximilian fallenlassen mußte, um die italienische Frage — allerdings mit den Hilfsmitteln Spaniens — einer Lösung zuzuführen, welche Österreich und das Reich zumindest nicht ganz ausschloß und über drei Jahrhunderte dauerte, bis Italien stark genug war, sein Geschick wieder selbst zu bestimmen. Gerade die Entwicklung der späteren Jahrhunderte dürfte den Sinn der maximilianischen Italienpolitik bestätigen. Denn das, was eine anachronistische Historik[69] bereits den Ottonen, Staufern und Habsburgern empfiehlt, sich Italiens zu enthalten, wurde im Zug der politischen Gesamtentwicklung erst im 19. Jahrhundert sinnvoll und möglich.

6. Die Mächte und der Ausbruch des großen Krieges um Italien.
Die Frage der Kriegsschuld

Wem ist die eigentliche Schuld am Ausbruch dieses achtjährigen Krieges[1] um Italien zuzuschreiben, der — abgesehen von den durch Jahrhunderte nicht abreißenden Türkenkriegen — einer der verheerendsten, verlust- und folgereichsten gewesen ist, die bis zum Ausbruch des Dreißigjährigen Krieges geführt worden sind? Die Frage der Kriegsschuld ist von den Zeitgenossen wenig erörtert worden, denn Kriege galten als das natürliche, unanfechtbare Recht der Könige, Fürsten und Obrigkeiten. Die Nachwehen dieses Krieges erkennen wir in den europäischen Bauernkriegen ebenso wie in den großen geistigen Revolutionen der nächsten Jahrzehnte. Es war nur eine, wenn auch eine der blutigsten Phasen in den jahrhundertelangen Machtkämpfen um den Besitz Italiens, die

1494/95 mit dem Zug Karls VIII. begannen, den Italienzug Maximilians (1496) nach sich zogen, 1499/1500 zur Eroberung Mailands durch die Franzosen und zu den Kämpfen zwischen Frankreich und Spanien um das Königreich Neapel (1501—1503) führten. Das politische Vakuum Italien, dessen unermeßliche Wirtschaftskraft die Vorherrschaft über Europa zu verbürgen schien, war die tiefste machtpolitische und damit fast naturgesetzliche Ursache der folgenden Kriege zwischen den europäischen Großmächten. Das Reich, das seit sieben Jahrhunderten die Pflicht gehabt hätte, das Königreich Italien als einen Teil des Imperiums zu schützen, war dieser Aufgabe in keiner Weise mehr gewachsen. Das Versagen des Reiches rief zwangsläufig die mächtigen Nachbarstaaten, vor allem Frankreich und Spanien, auf den Plan.

In Italien[2] selbst gab es keine Macht, welche die Ordnung des sich vom Reich lösenden Regnum Italicum hätte übernehmen, den altwüchsigen Separatismus der Mittel- und Kleinstaaten dieser Halbinsel überwinden und die Halbinsel hätte einigen können. Am ehesten wäre noch die Signorie von Venedig in Fortsetzung ihrer Terra-ferma-Politik dazu fähig gewesen. Aber auch sie vermochten sich gegen die Mißgunst der Nachbarn nicht durchzusetzen. Ebensowenig konnten die Päpste die Halbinsel einigen; anderseits war die Autorität Roms zu stark, sich irgend einer weltlichen Macht zu unterwerfen. Als das Gleichgewichtsspiel innerhalb der Halbinsel versagte, rief Julius II. die auswärtigen Mächte, um sich der gewalttätigen Venezianer zu erwehren. Die Intervention der Fremden schien das einzige Mittel, die Ordnung der Halbinsel zu sichern.

Darin lag die tiefste Ursache dieses Krieges. Die zeitbedingte Unfähigkeit Italiens, sein Schicksal selbst zu bestellen, die Unlust und das Unverständnis des Reiches für seine traditionellen Aufgaben in Italien und die politische Naturgewalt der mächtigen Nachbarn Frankreich und Spanien, die mit aller Macht in dieses politische Vakuum vorstießen, dessen Besitz Reichtum und Größe in sichere Aussicht stellte, forderten diesen Krieg heraus.

Die Venezianer bezeichneten den folgenden achtjährigen Waffengang als „Krieg der Liga von Cambrai" (bellum Cameracense) und wollten damit die Kriegsschuld ausschließlich auf die Liga[3] abschieben. Gewiß erschien Venedig zunächst als armes Opfer einer gewalttätigen Übermacht. Aber die Signorie war keineswegs ganz unschuldig an diesem Krieg, der sie beinahe an den Rand des Abgrundes brachte; hätten der Papst und Spanien nach Agnadello nicht aus Furcht vor den übermächtigen Franzosen die Liga preisgegeben und den Venezianern die Hand gereicht, wäre die Republik wohl verloren gewesen.

Seit die Signorie in der Levante von den Türken zurückgedrängt wurde, suchte sie um so festeren Halt auf dem italienischen Festland: Sie begann auf Kosten der Nachbarn ihre Terra-ferma-Stellung in Italien auszubauen. Schon vor längerer Zeit hatte Venedig dem Reich die Markgrafschaft Verona weggenommen, die Carrara aus Padua vertrieben, das Herzogtum Friaul den Patriarchen von Aquileia und dem Reich entrissen. Es handelte sich größtenteils um alte Reichslehen, wofür die Signorie nicht einmal die Investitur erbat. Mantua hatte sich in der Hand tüchtiger Markgrafen unter dem Schutz des Reiches eben noch halten können. Ferrara, wiewohl Reichslehen, zog es seit 1500 vor, sich gegenüber dem Zugriff Venedigs unter den Schutz des Königs von Frankreich zu flüchten. Nach dem Sturz Cesare Borgias legte Venedig sofort die Hand auf dessen geraubte Landgebiete, hauptsächlich Teile des Kirchenstaates in der Romagna⁴. Nur Bologna hatte der Papst in einem kühnen Feldzug dem Kirchenstaat zurückgewonnen, um den venezianischen Eroberungen Grenzen zu setzen. Auch Florenz und die Toskana fürchteten den Zugriff Venedigs, hatte die Signorie doch den Italienzug Maximilians (1496) dazu benützt, um sich im Bereich des Tyrrhenischen und Ligurischen Meeres feste Plätze zu sichern. Florenz hatte sich daher eng an Frankreich angeschlossen. Allgemein fürchtete man, Venedig könne von der Adria aus eine Landbrücke an die tyrrhenische Küste schlagen. Ebenso hatte die Signorie die Auflösung des alten Königreiches Neapel (1495) benützt, um sich an der apulischen Küste einige Seestützpunkte zu sichern. Sogar das ferne Herzogtum Savoyen in den Westalpen hatte Streit mit der Seerepublik, denn die Herzoge erhoben Erbansprüche auf das Königreich Cypern, das Venedig besetzt hielt.

Nun hatte es die Signorie neuerdings sogar gewagt, nicht nur dem Papst, sondern auch dem Kaiser Herrschaften und Städte, darunter Görz, Triest und Fiume, wegzunehmen. Was war vor der Pranke des Markuslöwen noch sicher? Die Liga, welche die Angst der italienischen Mittel- und Kleinstaaten wohl kannte, versäumte es nicht, Ferrara, Mantua, Savoyen und Florenz den Schutz der Verbündeten anzubieten und ihnen den Eintritt in die

Liga offenzuhalten. Kaum je gab es eine so geschlossene Front des Hasses und der Feindschaft aller Nachbarn gegen Venedig wie damals. Der kaltberechnete Überfall von 1509 traf daher gewiß keinen ganz Unschuldigen. Aber die Republik kämpfte um ihr Leben. Das gab ihr die Kraft zu überstehen.

Der äußere Anlaß dieses Krieges war die Forderung Maximilians, nach Gewohnheit der alten Kaiser zur Krönung nach Rom zu ziehen, was nicht nur Venedig, sondern auch der Papst und Frankreich gegen alles traditionelle Recht zu verhindern suchten. Maximilian wollte nicht zur Kenntnis nehmen, daß die Kaiser schon seit zweihundert Jahren diese Tradition eigentlich aufgegeben hatten und daß auch sein Vater Friedrich den Romzug eher als friedlicher Rompilger unternommen hatte. Das Streben Maximilians, die universalkaiserliche Tradition wiederherzustellen, hat den Waffengang von 1508 wohl ausgelöst, aber kaum allein verschuldet. Der kurze Krieg mit Venedig war bereits wieder beigelegt, als Papst Julius II. zur Rückgewinnung seines Kirchengutes in der Romagna die Liga von Cambrai und das Kriegsbündnis mit Frankreich zustande brachte, das erst einen Krieg europäischen Ausmaßes entzündete, der dann von niemandem mehr angehalten werden konnte, bis er in der völligen Erschöpfung aller Beteiligten verendete, ohne daß die strittigen Fragen eine endgültige Lösung gefunden hätten.

Gern würde Julius II. diesen Krieg abgebrochen haben, nachdem er seine Ziele erreicht hatte; er war dazu nicht mehr imstande. Kriege sind rasch entfesselt; aber ihr rasender Lauf ist meist erst anzuhalten, wenn die völlige Ermattung den Beteiligten die letzte Kraft geraubt hat. Rechtfertigte die Rückgewinnung von Faenza und Rimini an den Kirchenstaat die Förderung der Liga von Cambrai⁵ und den Einbruch der fremden Heere in Italien? Dies hätte sich Julius II. fragen müssen. Aber wären die Fremden angesichts der Gesamtlage Italiens nicht früher oder später doch gekommen, ohne vom Papst gerufen zu sein?

Der Kriegsbrand zog die politische Nachbarschaft übermächtig an. Kriege bringen Veränderungen und bedeuten Möglichkeiten für alle Nachbarn. Von machtpolitischem Streben getrieben, waren die Tudors unter Umständen bereit, an der Seite Habsburgs und Spaniens an der Einkreisung und Vernichtung Frankreichs mitzuwirken. Es folgten englisch-spanische Heiraten, die zu rascher Annäherung an Maximilian führten, zumal seit Karl (V.) das spani-

sche Erbe zu erwarten hatte. Maximilian hätte nichts mehr gewünscht, als daß Erzherzogin Margarethe dem alternden Heinrich VII. die Hand zur Ehe reichte, um sich dadurch die englischen Waffen und englisches Geld zu verpflichten; umgekehrt
wünschten die Tudors, ihren Thronraub vergessen zu machen,
indem sie sich mit dem Kaiserhaus versippten. So einigte man sich
im Dezember 1508 auf die Verlobung Karls (V.) mit Maria von
England. Wenn diese Heirat später auch nicht zustande kam, war
sie doch geeignet, England für die nächsten Jahre kaiserlichen
Wünschen entgegenkommender zu stimmen. Bereits in Cambrai
stand England[6] an der Seite des Kaisers und unterstützte die Ansprüche Karls auf Kastilien. Der Liga ist Heinrich VII. allerdings
nicht beigetreten, denn die Feindschaft gegen Frankreich saß doch
so tief, daß er eher einen Krieg gegen Ludwig XII. als gegen die
Signorie gewünscht hätte, war doch Venedig gerade bei den huma-
nistisch gebildeten englischen Diplomaten ungemein beliebt.

Für Maximilian bedeutete England nicht nur Sicherung, sondern auch tatkräftige Hilfe im Norden, besonders seit der junge
ehrgeizige Heinrich VIII. geneigt schien, die Kriegspolitik seiner
Ahnen gegen Frankreich wieder aufzunehmen: Heinrich V., der
große Schlachtenkönig des Hundertjährigen Krieges, war sein be-
wundertes Vorbild.

Der große Krieg zog alsbald auch die Eidgenossen in seinen
Bann. Sie stürzten sich als entscheidende Macht in die Kämpfe um
Italien: Einerseits drängten die Schweizer selbst aus den wirtschaftlich kargen Tälern heraus in den fruchtbaren Süden, um ihren
Alpenstaat durch die reiche und wirtschaftlich kräftige lombardische Ebene zu stärken und zu vergrößern; anderseits verkauften
die Schweizer Orte ihre Reisläufer um hartes Geld an alle kriegführenden Mächte, am ehesten jenen, die am besten zahlten. Bei
der Armut des heimischen Bodens waren die jüngeren Bauern-
söhne angewiesen, ihr geringes Einkommen durch Solddienst zu
verbessern, und wohl auch bereit, für mehr Geld gelegentlich den
Kriegsherrn zu wechseln. Reislaufverbote, welche die Orte aus
Gründen der Neutralität fallweise erließen, waren dagegen wirkungslos. Seit den Burgunderkriegen, noch mehr seit sie im
Schwabenkrieg das Reich und seine Landsknechtheere zurückgeschlagen hatten, standen die Eidgenossen im Rufe der besten Sol-
daten ganz Europas. Von ihrer Kriegskunst, ihrer eisernen Diszi-
plin und ihrer Stoßkraft erzählte man sich Wunder. Die deutschen

Landsknechte, die ihnen Maximilian nachgebildet hatte, vermochten es ihnen — obwohl durchwegs tüchtige Truppen — kaum gleichzutun. Man sagte, daß man eidgenössische Knechte brauche, wenn man siegen wolle. Ein hartnäckiges Ringen zwischen den kriegführenden Mächten um eidgenössische Knechte setzte ein, bei dem der Walliser Bischof Matthäus Schiner mit leidenschaftlichem Eifer für die Sache des Papstes und des Kaisers wirkte. Die Schweizer Orte und ihre Tagsatzungen wurden zum Tummelplatz französischer, kaiserlicher, päpstlicher und englischer Werber. Als es zum Bruch der ersten Liga, zur Trennung des Kaisers von den Franzosen kam, schlugen sie sich als Bundesgenossen auf die Seite des Kaisers und des Reiches. Vorübergehend traten sie sogar als selbständige Kriegsmacht gegen Frankreich ins Feld und vermochten sich durch den glänzenden Sieg von Novara für kurze Zeit zu den eigentlichen Herren der Lombardei aufzuwerfen.

Im Mittelpunkt des Kriegsgetümmels der folgenden acht Jahre kämpften Papst und Kaiser, die Könige von Frankreich und Spanien und natürlich die Republik Venedig. Dem Papst[7] ging es zunächst um die Romagna, um die Rückstellung der sogenannten Pentapolis. Rechtfertigte dies die Liga von Cambrai und den Hilferuf an die auswärtigen Mächte? Konnte Julius II. wissen, welch furchtbare Lawine er auslöste? Zu spät erfand der Papst den Kampfruf für die Unabhängigkeit der Römischen Kurie und die Freiheit Italiens von den Fremden.

Der Kaiser kämpfte für die 700 Jahre alten Reichsrechte in Italien, für das universale christliche Kaisertum, das er wiederherstellen und in seinem Enkel Karl zu vollenden hoffte. Es kümmerte ihn nicht, daß die Kaiser- und Reichstraditionen den Fürsten seiner Zeit und ihrer fürstenstaatlichen Souveränität eher gefährlich, daher nicht wünschenswert erschienen. Er wollte auch nicht sehen, daß die Zeiten des Universalismus im politischen wie im religiösen Bereich zu Ende gingen. Er konnte nicht wissen, daß die gewaltigen Anstrengungen, die er vollbrachte, die kaiserliche Weltreichsidee wenigstens als Anspruch für seinen Enkel Karl zu verfechten, letzten Endes — soweit es Italien betraf — nur den spanischen Königen und nicht dem Reich zugute kommen würden. Und wenn er es gewußt hätte, wäre es ihm gewiß auch *so* recht gewesen, im Hinblick auf die universale Sendung, die er seinem Haus zudachte.

Auch für Frankreich ging es um alte Traditionen, die man auf Karl den Großen zurückführte, den man als Franzosen betrachtete[8]; Traditionen, die sich mit den Anjous und ihrer Herrschaft über Neapel und Sizilien, neuerdings mit dem Zuge Karls VIII. (1494/95) und mit der Eroberung Mailands fortsetzten. Man besaß Mailand und beherrschte Oberitalien; man hatte immer noch Ansprüche auf Neapel; man hielt Florenz und andere Staaten Mittelitaliens in Abhängigkeit; man übte stets wachsenden Einfluß auf Rom und das Papsttum. Warum sollte man nicht den höchsten Ehrentitel der Christenheit, das Kaisertum, anstreben? Man würde ihm durch die geschlossenen Machtmittel des französischen Nationalstaates ganz anderen Inhalt gegeben haben als das in seiner Zerrissenheit völlig ohnmächtige Reich. Für Frankreich wäre der Besitz Italiens und des Kaisertums sichere Garantie der europäischen Vorherrschaft gewesen. Für eine ritterlich-adelige Gesellschaft höchste Ziele, wohl wert, für sie zu kämpfen.

Spanien[9] kämpfte um die Erhaltung des eben erst gewonnenen Neapel gegen stets wiederholte französische Ansprüche. Lange Zeit wollte König Ferdinand vom Kaiser und dessen habsburgischer Politik nichts wissen. Als Spanier aber mußte ihm jede weitere Ausdehnung Frankreichs, sei es in Richtung Italien oder in Richtung Burgund, gefährlich erscheinen. Da boten sich die Habsburger doch als die natürlichen Bundesgenossen an. Je mehr er sich mit der Tatsache der habsburgischen Erbfolge in Spanien abzufinden begann, desto entschiedener wollte er neben Unteritalien auch Oberitalien für den spanischen Zweig des Hauses in Besitz nehmen. Obwohl im Mittelpunkt der italienischen Politik, nahm er an der Liga von Cambrai nur sehr beschränkten Anteil. Nachdem er seine apulischen Küstenstädte hatte, wandte er sich zusammen mit dem Papst sofort gegen Frankreichs italienische Eroberungspläne, versuchte den Kaiser mit Venedig auszusöhnen und gegen Frankreich „umzudrehen". Erst ganz allmählich, seit 1512/13, schwenkte König Ferdinand auf die Politik der spanisch-habsburgischen Hausgemeinschaft ein, welche sich die Eroberung ganz Italiens und die völlige Verdrängung der Franzosen zum Ziele setzte.

Während der Kaiser nur mit geringen Mitteln seine alten Reichs- und Kaiserrechte verfocht, bzw. für seinen Enkel Karl offenhielt, während sich das Reich der Waffen fast ganz enthielt, suchten Frankreich und Spanien mit starken Armeen neue Eroberungen in Italien, die ihnen den Weg zur Vorherrschaft ebnen sollten. Julius II. hatte ihr Vorgehen in Cambrai um eines verhältnismäßig geringen Vorteils willen mit seiner geistlichen Autorität unterstützt; ohne es in diesem Umfang zu wollen, hatte er den Ausbruch eines Krieges von unabsehbaren Ausmaßen gefördert.

Freilich kann niemand sagen, ob sich die machtpolitischen Spannungen der Halbinsel nicht auch auf andere Weise würden entladen haben; denn Macht ist der Natur selbst wenn schon nicht gleich, so doch ähnlich: politische Hochspannungen führen meist zu kriegerischen Entladungen. Das erste Opfer sollte Venedig sein; kein ganz unschuldiges Opfer, wie wir sahen. Die Republik hatte sich viel unrechtes Gut angeeignet, hatte Rache und Vergeltung der Nachbarn wiederholt herausgefordert. Seit 1509 hatte die Signorie ihre Existenz gegen eine ungeheure Übermacht verteidigt und mit bewundernswerter Zähigkeit durchgehalten. Als man Waffenstillstand und Frieden schloß, waren allerdings auch Reichtum und Macht der alten Kaufmannsrepublik dahin, zumal inzwischen auch der Welthandel neue Wege eingeschlagen hatte.

Wenn man Entstehung und Ursache dieses Krieges betrachtet, wird man viele mehr oder weniger Schuldige, aber keinen ganz Unschuldigen finden. Alle Mächte standen offenbar unter dem Einfluß einer Machtpolitik, die wie ein Naturgesetz auf sie einwirkte, dessen Einhaltung ihnen als „heilige" Pflicht erscheinen mochte. Im Reich belastete der biedere Augsburger Chronist Rem den Kaiser, der gewiß nicht zu den Hauptschuldigen gehörte, mit der Verantwortung für 500.000 bis 600.000 Tote[10].

II. Kapitel

DER GROSSE EUROPÄISCHE KRIEG UM ITALIEN

1. Überfall der Heiligen Liga auf Venedig.
Der Kaiser besetzt Verona, Padua etc.
Sonderpolitik des Papstes

Der folgende Krieg war einer der verwirrendsten, die je geführt wurden[1]. Man kämpfte wie unter Räubern; keiner war des
anderen sicher. Die Bündnisse wechselten wie Laufbilder im Schaukasten. Ehe man sich dessen versah, war die Lage verändert und
der Bundesgenosse auf der Gegenseite. Oft wechselte man binnen
Monatsfrist die Partei — besonders späterhin —, um sich jener
Macht anzuschließen, die größeren Vorteil zu bieten schien. Gleichwohl wird man nicht sagen können, daß es nur Raubpolitik ohne
höhere Zielsetzungen gewesen sei. Im Papst lebte der Eifer für den
Kirchenstaat und die Vertreibung der „Barbaren" aus Italien; in
Frankreich die Erinnerung an Neapel und an die große Politik der
Anjous; bei den Spaniern war es, nach der Überquerung des
Ozeans, der Drang, auch das Mittelmeer zu beherrschen; bei Maxi-
milian das Gefühl der Verpflichtung zur Wiederherstellung des
Reiches und zur weltkaiserlichen Aufgabe; bei allen die Überzeu-
gung, daß die Herrschaft über Italien die Weltherrschaft nach sich
ziehen werde. Dazu kam die stark gewachsene Volkskraft der letzten Jahrzehnte, die stürmisch nach außen drängte, wenn sie sich
nicht in inneren Kämpfen entladen sollte. Massen streunender
Landsknechte und eidgenössischer Reisläufer warteten Sommer für
Sommer auf Anwerbung, Kriegsdienst, guten Sold und reiche
Beute. So erklärt sich jene eigene Mischung von Raubkriegen mit
politischen Idealen, die es zu allen Zeiten gegeben und die man nie
völlig durchschauen wird.

Schon wenige Wochen nach dem Abschluß von Cambrai erfuhren die Venezianer einiges von den geheimen Raubverträgen,
die gegen sie gerichtet waren[2]. Der König von Frankreich lehnte
es bereits ab, einen venezianischen Gesandten zu empfangen, und

berief auch seine Gesandten aus Venedig ab: Er werde „dem Markuslöwen den Schwanz abschneiden"[3], erklärte er vertrauten Freunden. Kaum waren sich die Venezianer im klaren, daß sich die Mächte zu ihrer Vernichtung verbündet hatten, versuchten sie die Liga durch Sonderverhandlungen mit Kaiser und Papst zu sprengen. Lange Zeit vergebens. Der kaiserliche Gesandte Prè Luca de Renaldis, der stets eine venedigfreundliche Politik vertreten hatte und auch diesmal — für gute dreihundert Gulden Schmiergeld — seine eigene Politik zu machen versuchte[4], wurde vom Kaiser in den Arrest gesteckt[5]. Maximilian wagte nicht mehr, einen Venezianer auch nur anzuhören — hätten doch der Papst oder König Ludwig davon erfahren können[6]; abgesehen davon, daß er sich mit voller Überzeugung mit Frankreich zur Teilung Italiens auf Kosten Venedigs geeinigt hatte. Vor allem Lang dürfte ganz hinter der Kriegspolitik des Kaisers gestanden sein. Ein persönlicher Friedensschritt des Dogen[7] beim Innsbrucker Marschall Paul von Liechtenstein schlug fehl. Ebensowenig Glück hatte die Signorie bei den Eidgenossen[8]. Den König von Ungarn hingegen vermochten sie durch eine Jahrespension von 30.000 Gulden neutral zu halten[9]. Venedig mußte erkennen, daß der Krieg unvermeidlich sein würde, und begann nun verspätet zu rüsten. Die unkriegerischen Gewohnheiten der reichen Handelsleute sollten sich in den kommenden Zeiten der Not bitter rächen.

Am 23. März 1509 hatte der Papst als letzter die Liga von Cambrai ratifiziert[10]. Man hörte, daß französische Truppen bereits die Alpen überstiegen. Ein Brand des Arsenals von Venedig und eine fürchterliche Pulverexplosion — schlechte Vorzeichen? — versetzten die Bevölkerung in abergläubische Furcht[11]. Daß dabei zehn in Bau befindliche Galeeren zerstört wurden und ein Schiff mit angeworbenen Stradioten und reichen Soldgeldern versank, war schlimmer. Am 17. April ließ Ludwig XII. der Signorie durch seinen Wappenherold den Krieg erklären, und zehn Tage später verkündete Papst Julius II. gegen die Republik, die seine Forderungen beharrlich zurückgewiesen hatte, eine Bannbulle[12] voll härtester Verfluchungen. Gleichzeitig forderte er den Kaiser, dem der Bruch des Waffenstillstandes von Santa Maria wohl Gewissensbisse bereitete, in aller Form auf, zum „Schutz der Kirche" einzugreifen.

Inzwischen hatten sich in der Lombardei gewaltige französische Truppenmassen zum Angriff gegen Venedig versammelt; eine

Kriegsmacht solchen Ausmaßes in so kurzer Zeit hatte der Papst kaum erwartet und begann sich besorgt zu fragen, ob sie in der Lombardei stehenbleiben oder sich ganz Italiens bemächtigen würden. Waren diese Franzosen nicht die gefährlichsten Feinde der „Freiheit Italiens"? Würde vielleicht gar Kardinalminister d'Amboise seine Hand nach der Tiara ausstrecken? Dagegen mußten sich — nach Auffassung Julius' II. — Papst, Kaiser und Spanien früh genug enger zusammenschließen[13]. In diesem Mißtrauen lag bereits der Zerfall der Liga begründet.

Inzwischen hatten die Franzosen unter Führung Chaumonts, des Grand Maître, wie man ihn nannte, mit etwa 20.000 Knechten und 2000 Reitern die Adda überschritten, um über Brescia an den Gardasee und die Etsch vorzustoßen. Die Venezianer, angeführt von zwei höchst ungleichen Feldherrn, dem feurigen Bartolomeo d'Alviano und dem zaudernden Grafen Niccolò Pitigliano, traten den Franzosen mit etwa 30.000 Mann bei Agnadello[14] entgegen (14. Mai 1509) und wurden vernichtend geschlagen. 8000 Venezianer waren gefallen, die meisten anderen verwundet oder gefangen; selbst der Feldherr d'Alviano geriet in französische Gefangenschaft. Fast die gesamte Artillerie fiel in die Hände der Franzosen; außerdem viele Fahnen, darunter auch eine, die den Markuslöwen zeigte, wie er den Kaiseradler zerriß. Als Zeichen der Überheblichkeit und des Unglücks der einen und des Siegesglückes der andern wurden sie im Mailänder Dom aufgehängt.

Agnadello war für Venedig ein wahres Cannae, und die Republik wie vom Schlag gelähmt. Bergamo, Brescia, Cremona und Peschiera fielen rasch in die Hand der Franzosen, die innerhalb von zwei Wochen alles in ihren Besitz brachten, was ihnen der Vertrag von Cambrai zugesprochen hatte, weshalb Ludwig XII. seine Armee nun anhalten konnte. Der Weg nach Venedig stand offen; ein einziger Stoß ins Herz des Gegners hätte diesen Krieg rasch beendet und eine einvernehmliche Teilung Italiens auf lange Zeit ermöglicht. Aber der Kaiser war noch weit, denn der Reichstag hatte ihm keinen einzigen Fußknecht bewilligt; und Frankreich hatte kein Interesse, Venedig, den Hauptgegner des Kaisers und einen möglichen französischen Bundesgenossen, völlig zu vernichten.

Eine so günstige Gelegenheit zur Wiederherstellung des Reichsbesitzes in Italien hatte es seit Jahrhunderten nicht gegeben und konnte auch kaum wiederkehren. Sie versäumt zu haben, war zweifellos die Hauptleistung des Wormser Tages. Hätte das Reich dem Kaiser in der damaligen Lage nur ein kleines Heer bewilligt, würde er ohne Mühe die Zuteilungen von Cambrai, die ihm kampflos in die Hände fielen, gesichert und den Reichsbesitz in Italien wiederhergestellt haben. Während der Papst, Frankreich und Spanien ihre Ansprüche befriedigten, erklärten die damals recht wohlhabenden Reichsstände, ihre Taschen seien leer und sie wünschten nicht so hoch wie in Konstanz (1507) besteuert zu werden. Indes wußte jedermann, daß die Konstanzer Anschläge bis zur Stunde nicht völlig eingegangen waren.

Die Lage schien für Venedig zunächst hoffnungslos, da auch König Ferdinand von Aragon die venezianischen Städte in Apulien eroberte, die päpstliche Armee in der Romagna vorrückte, Ravenna und Faenza dem Kirchenstaat einverleibte. Augenblicklich fielen alle Nachbarn über die verhaßte Republik her; auch Ferrara, Mantua und Savoyen stellten sich auf die Seite der Liga. Der Papst allerdings, nachdem er seine territorialen Ansprüche erfüllt sah, ließ erkennen, daß er den Krieg der Liga gegen Venedig zu beenden und die Mächte gegen die Türken zu senden wünsche[15]. Ein erster Hoffnungsstrahl für die bedrängten Venezianer.

Unter dem Eindruck dieser Niederlage entschloß sich die Signorie, Verona und Vicenza, Görz und Triest ohne Schwertstreich den Kaiserlichen zu übergeben, um alle Kräfte zur Verteidigung ihrer Hauptstadt zu sammeln. Am 2./3. Juni wurde Verona von den Kaiserlichen besetzt und vereidigt; ebenso widerstandslos ergaben sich Vicenza und Padua kaiserlichen Kommissären[16], zumal Maximilian den Adel des Festlandes mit größten Versprechungen für sich zu gewinnen und gegen die venezianischen Nobili aufzustacheln suchte. So waren Kaiser und Reich ihre italienischen Ansprüche und Rechte infolge der französischen Siege kampflos in den Schoß gefallen. Ohne das Reich „in kriegerische Abenteuer zu stürzen"[17], kam der Kaiser nach Italien, um die Geschenke der französischen Waffen in Empfang zu nehmen und zu sichern. Aber nicht einmal dafür hatte ihm der Reichstag die nötigen Truppen bereitgestellt. Das gehörte zwar zur Tradition reichsständischer Außenpolitik, trug aber nicht zum Frieden Europas bei, sondern machte das Reich später zum allgemeinen Kriegsschauplatz. Kein Staat entzieht sich ungestraft den natürlichen Aufgaben des politischen Gleichgewichtes.

Die Signorie von Venedig, völlig außerstande, dem anrückenden Kaiser ein zweites Heer entgegenzustellen, schickte ihm den Gesandten Giustinian; er sollte Frieden, Rückgabe aller von Venedig besetzten österreichischen Städte und Landschaften und die Investitur und Zinsleistung für einige Gebiete anbieten, die einst zum Reich gehört hatten[18]. Guicciardini berichtet[19], der Gesandte habe dem Kaiser zu Bassano in demütiger Haltung die Unterwerfung angeboten, der Kaiser aber habe abgelehnt. Die Sage hat diese Zusammenkunft nach Weiherburg bei Innsbruck verlegt und weiter ausgeschmückt. Diese Audienz mit der bescheidenen Rede des Venezianers und der hochmütigen Antwort des Kaisers ist wohl Erfindung der venezianischen Propaganda und hat nie stattgefunden.

Der Kaiser hatte angesichts der Lage keinen Anlaß entgegenzukommen und war fest entschlossen, Venedig aufzuteilen. Gleichwohl setzte die Signorie ihre Friedensversuche im Reich, zumal bei Kurfürsten und Reichsstädten, beharrlich fort[20]: Man verwies auf Venedigs Verehrung für Kaiser und Reich, seinen Eifer für den Frieden, auf den Bruch des Waffenstillstandes durch Maximilian, auf die Störung des lebenswichtigen Handels durch den Krieg und auf die nötige Rettung des venezianischen Staates, die nicht weniger im Interesse des Reiches als der Venezianer selbst liege[21]. Schon sehr bald erfuhr die Signorie, welch tiefen Eindruck ihre Vorstellungen bei den Reichsständen gemacht hatten: Denn unmißverständlich gab man zu verstehen, daß sie vom Wormser Reichstag keine Unterstützung des Kaisers zu befürchten hätte, was ihren Widerstand gewiß nicht wenig ermutigte.

Immer stärker offenbarten sich die Schwächen der Liga. Der König von Ungarn, kein Freund des Krieges, hatte einen Angriff auf das venezianische Dalmatien, das ehemals zur Stephanskrone gehört hatte, von vornherein abgelehnt[22], indem er Bedrohung durch die Türken vorschützte. Auch König Ferdinand von Aragon, der ähnlich wie Julius II. fürchtete, die Franzosen könnten nach ihren großen Siegen vielleicht ganz Italien erobern[23], ja Imperium und Papsttum unterwerfen, unterstützte die Friedensanstrengungen der Venezianer und stärkte ihren Widerstand, indem er ihnen große Mengen Getreide aus Sizilien lieferte. Noch ehe der Kaiser in Italien erschienen war, empfahl ihm Ferdinand einen Bündniswechsel: den Ausgleich mit Venedig, dem sich gewiß auch der Papst anschließen werde, der den Vorstoß der Franzosen gegen

Rom, die „Kirchenreform" und vielleicht sogar die Erhebung des Amboise zum Papst fürchte. Papst, Kaiser, Spanier und Venezianer müßten sich zusammenschließen, um die Vorherrschaft der Franzosen in Italien zu verhindern[24]. Nachdem die Signorie ihr außenpolitisches System offensichtlich geändert und Ausdehnungen auf Kosten der Nachbarn aufgegeben habe, wäre sie ein wertvoller Bundesgenosse. Auch der König von England wollte von einer Vernichtung Venedigs nicht das geringste wissen; er hielt sich immer enger an den Katholischen König. Ähnlich begann Julius II., nachdem er die Kirchenherrschaft in der Romagna wiederhergestellt hatte, sich von der Liga abzuwenden und gegen den, wie ihm schien, gefährlichsten Feind der „Freiheit Italiens" bereitzumachen, gegen Frankreich. Mit Recht erkannte er nun Venedig als eine wesentliche Stütze Italiens und des Heiligen Stuhles.

Flüchtige Bündniswechsel sind des Kaisers Sache nie gewesen. Entgegen allen Einflüsterungen hielt er beharrlich am französischen System fest, zu dem er sich bereits seit 1503/04 nach langen Überlegungen entschieden hatte, das zwischendurch von den Franzosen einseitig gebrochen, in der Liga von Cambrai aber erneuert wurde.

Das Reich freilich ließ den Kaiser diesmal völlig im Stich. Seine Kriegsvorbereitungen stießen allenthalben auf Widerstand und verzögerten sich in einer Weise, daß der Kaiser seinen Bundesgenossen gegenüber in peinliche Lage geriet. Zunächst hielt ihn schon Karl von Egmont, der wiederum die Fahne des Aufruhrs erhoben hatte, lange Zeit in Geldern fest. Nur ungern ließ der Kaiser seine Tochter Margarethe als Statthalterin mit dem ständigen Kleinkrieg allein zurück[25], wußte er doch, daß Ludwig XII. jede Gelegenheit benützen werde, die Rebellen zu unterstützen.

Noch schwieriger gestalteten sich die Hilfsverhandlungen mit dem Wormser Reichstag[26]. Die Stände ließen sich durch den prachtvollen Einzug des Kaisers (21. April) und seine persönliche Hilfsbitte nicht beeindrucken und leisteten ihm heftigen Widerstand. Was er in den kurzen drei Tagen erlebte, die er Zeit fand, der Reichsversammlung seine Bitte vorzutragen, mochte ihn an die härtesten Zeiten des Verfassungskampfes in Worms (1495), Freiburg (1498) oder Augsburg (1500) erinnern. Diesmal stellten sich vor allem die Reichsstädte entschieden gegen den Krieg mit Venedig, da er ihren Handel zu vernichten drohe. Auch die höheren Stände lehnten die kaiserlichen Hilfsbitten ab. Sie zeigten sich ungehalten, daß man sie mit den Verträgen von Cambrai nicht befaßt habe. Eine „Vernichtung Venedigs" erschien zumal den Städten — ganz mit Recht — als Widersinn. Wenn der Kaiser gehofft hatte, die Verhandlungen günstig zu beeinflussen, indem er den Mainzer Erzkanzler „wie zu Zeiten Bertholds" in seine alten Rechte wiedereinsetzte[27], sollte er sich täuschen. Kühner denn je erhob die Opposition ihr Haupt: Man flüsterte, wenn auch hinter vorgehaltener Hand, von der Absetzung des Kaisers und von einer Neuwahl. Offen wagte sich allerdings niemand hervor. Von den Großen hielt nur der Kurfürst von Brandenburg zum Kaiser[28].

Der Reichsabschied[29] vom 9. Juni 1509 versagte Maximilian jede Kriegshilfe. Die höheren Stände schützten ihre „Armut" vor, obwohl sie damals in Wohlstand lebten, und bekundeten nicht das geringste Verständnis[30] für Steuerhilfe und Kriegsaufgebot, welche die fällige Neuverteilung Europas den einzelnen Völkern auferlegte; verweigerten Leistungen, welche Staaten wie Frankreich, Spanien, England, die italienischen Kleinstaaten, der Papst, ja sogar die Eidgenossenschaft als Forderungen ihrer Zeit selbstverständlich auf sich nahmen. Sie entrüsteten sich vielmehr, wie der Kaiser, der eben noch gegen Frankreich gekämpft habe, sich mit Ludwig XII. verbünden könne. Die große Politik eines Reiches war ihnen fremd. Allerdings verstanden sie es sehr wohl, das wechselvolle Spiel des sich ausbildenden modernen Staatensystems zum Vorteil des inneren Verfassungs- und Machtkampfes für sich zu nützen. Daher erschien es ihnen politisch vorteilhaft, die militärischen und politischen Erfolge, die sich dem Reich in Italien damals geradezu aufdrängten, als Erfolge des Kaisers vorsätzlich zu verhindern. So wurde eine nie wiederkehrende Gelegenheit versäumt, Reichsitalien wiederherzustellen, die wirtschaftlichen und kulturellen Verbindungen mit den italienischen Staaten politisch zu sichern; dies zu einem Zeitpunkt, da andere Staaten, wie Spanien, Frankreich, selbst die Eidgenossen, sich dafür stark machten; denn es sollte noch Jahrhunderte dauern, bis Italien sein Haus allein bestellen konnte.

Nicht anders verhielt sich der Schwäbische Bund auf dem Ulmer Tag[31] im April 1509: Er berief sich einfach auf die Reichsversammlung. Nur das Reichskammergericht hatte überraschenderweise auf Grund eines längst verjährten Anspruches der Brüder della Scala auf das Reichsvikariat von Verona und Vicenza gegen den nicht erschienen Dogen die Reichsacht ausgesprochen[32]; eine leere Geste, welche auf die Reichsstände keinerlei Eindruck machte. Welcher Zwiespalt zwischen Idee und Wirklichkeit des damaligen Reiches!

Wirksame Truppenhilfe leisteten nur Tirol und die österreichischen Erbländer[33], die den Venezianerkrieg schon der Grenzlage wegen als Verteidigungskrieg ansehen mußten. Freilich auch sie nur widerwillig. Die Tiroler erklärten auf dem Bozner Landtag freimütig, der Kaiser solle lieber seine Gemahlin bei den Wirten auslösen als einen neuen Krieg anfangen[34], sie hätten sich vom letzten noch kaum erholt. Aber sie bewilligten schließlich doch 10.000 Mann. Auch die niederösterreichischen Länder konnten gegen gewisse politische Zugeständnisse gewonnen werden[35]. Die Niederlande halfen mit 300.000 Kronen[36]. Freilich hatte der Kaiser gehofft, aus den burgundischen Ländern mehr herauszuziehen — etwa eine alljährliche Rente; die Statthalterin Margarethe aber hatte es verstanden, dieser Forderung klug auszuweichen.

Die Einheit der Liga war auch gestört durch den Streit mit König Ferdinand um die Regentschaft in Kastilien. Erzherzogin Margarethe hatte unter französischer Vermittlung die kastilische Erbschaftsfrage[37] zu bereinigen begonnen. Mehr als besorgt sah Maximilian der Niederkunft der Königin Germaine entgegen, die „der Teufel geschwängert habe", wie er sich in der ihm eigenen Grobheit ausdrückte. Die Frau gebar am 3. Mai 1509 einen Knaben, der aber binnen weniger Stunden starb. Erst jetzt ließ sich König Ferdinand zu ernsteren Verhandlungen über die Regentschaft herbei. Je mehr er sich aber innerlich mit dem Gedanken abfand, daß ihm die Habsburger in allen spanischen Königreichen folgen würden, desto rascheren Verlauf nahmen die Ausgleichsverhandlungen, die allerdings erst im Dezember 1509 zu einem ersten Abschluß führten.

Von König Ludwig XII. zu rascherem Kriegseintritt gedrängt, beschämt von den französischen Siegen[38], bemüht, den Schock der Venezianer für sich zu nützen, befahl der Kaiser Georg von Liechtenstein, den Feldzug zu eröffnen, obwohl Truppen und Geldmittel keineswegs zureichten. Am 1. Juni 1509 — viel später als versprochen — überschritt das kaiserliche Heer, größtenteils Tiroler — insgesamt kaum 10.000 Mann und 1500 Reiter —, mit drei sehr schwachen Heeresgruppen die venezianischen Grenzen im

Etschtal, Valsugana und Cadore; sie besetzten Rovereto, Riva und Ala[39]. Große Städte wie Verona, Vicenza und Padua unterwarfen sich ohne Schwertstreich. Der vielfach bewährte Bischof von Trient, Georg von Neudegg, wurde zum Statthalter von Verona bestellt[40]. Nach einigem Widerstand fielen auch Feltre und Belluno. Die Übergabe von Treviso scheiterte nur am Ungeschick des kaiserlichen Bevollmächtigten. Die Venezianer warfen Truppen in diese Stadt und vermochten sie zu behaupten[41]. Der Kaiser bemühte sich, den Stadtadel und die Bürgerschaft der größeren Städte durch Zugeständnisse zu gewinnen und sie gegen die venezianischen Nobili auszuspielen. Indem er ihnen, mehr noch seinen eigenen Hauptleuten und Beamten, die eingezogenen Güter der flüchtigen Venezianer als Beute hinwarf, erweckte er alsbald unversöhnliche Feindschaften — abgesehen davon, daß er die Mittel, die er zur Fortführung des Krieges dringend gebraucht hätte, allzu rasch vergeudete. Insbesondere die kleinen Leute und die Bauern hielten innerlich an der venezianischen Herrschaft fest.

Erst am 12. Juni 1509 erschien der Kaiser persönlich in Trient[42]. In Sterzing hatte es letzte Verzögerungen gegeben, weil er den Landtag für die Aufstellung eines größeren Heeres gewinnen wollte. Die Tiroler sollten ersetzen, was das Reich versagte.

Daß Maximilian in diesen ruhelosen Tagen Zeit fand, sich bei Peutinger für ein historisches Kartenwerk zu interessieren[43] — war es die berühmte Tabula Peutingeriana oder eine Europakarte des Kusaners? —, gehört zu seinen Eigenarten. In Trient schlug der Kaiser nun für längere Zeit sein Hoflager auf.

Schon am 13. Juli erschien der französische Kardinalminister bei Maximilian, um die geplante Zusammenkunft mit König Ludwig vorzubereiten, worüber der Papst in größte Sorge geriet. Julius II. hätte nun, da Venedig geschlagen war, den Krieg am liebsten rasch beendet. Der Kaiser und die Franzosen dagegen meinten nach wie vor, daß Venedig völlig vernichtet werden müßte, und Maximilian entwarf einen großangelegten Plan zur Belagerung der Seestadt, die man von Land- und Seeseite her angreifen und erobern könne; man solle sie in vier Viertel aufteilen, diese durch Festungen sichern, die venezianische Regierung und das Patriziat verbannen und die Stadt durch die Besatzungen verwalten lassen[44]. Der Kaiser war freilich, ohne ausreichende Kriegsmacht, von seinen Reichsständen völlig im Stich gelassen, ganz vom guten Willen der Bundesgenossen abhängig. Der päpstliche

Nuntius und die Spanier wollten von so weitgehenden Plänen nichts mehr wissen, und auch die Franzosen spielten ein eigennütziges Doppelspiel. Die Lage Maximilians in Trient war beschämend. Inzwischen wurde allgemein bekannt, daß er vom Reichstag nicht die geringste Hilfe zu erwarten hatte, weswegen er kaum imstande war, die Gebiete, die ihm kampflos zugefallen waren, zu behaupten und zu sichern. In einer zornigen Rechtfertigungsschrift[45], die er durch Flugblätter im ganzen Reich verbreiten ließ, warf er alle Schuld für Schimpf und Schande auf die Reichsstände, die ihn völlig im Stich gelassen hätten. In der Tat war das Reich als Bundesgenosse in Europa nicht mehr ernst zu nehmen. Die Franzosen hielten an der Liga nur noch fest, da sie sonst völlig isoliert gewesen wären. Es kam ihnen weniger auf die „Kriegsmacht" des Reiches, vielmehr auf die Autorität des Kaisertums an, die sich gegen den Papst sehr gut gebrauchen ließ. Die Spanier dagegen zogen ihre Flotte aus der Adria zurück, und der Papst verhandelte bereits heimlich mit den Venezianern. England war schon immer für die Erhaltung Venedigs eingetreten.

Der Kaiser hielt indes treu zu Frankreich. Am 14. Juni erteilte Maximilian dem Kardinalminister d'Amboise als Stellvertreter seines Herrn die Belehnung mit Mailand, Pavia und mit den Eroberungen in Brescia, Cremona und Bergamo und empfing von ihm den schuldigen Treueid. Die Investitur lautete auf Ludwig XII.[46] und dessen männliche und weibliche Leibeserben, zumal auf seine Tochter Claudia und deren Erben, im weiteren auf alle männlichen Nachkommen des Königs von Frankreich, besonders auf Franz von Valois. Die Belehnung an Ludovico Sforza und dessen Erben wurde für null und nichtig erklärt. Dafür erhielt der Kaiser noch am gleichen Tag 100.000 Golddukaten ausgehändigt[47], deren er bei Kriegsbeginn dringend bedurfte. Es war der Rest jener 200.000 Dukaten, die einst zu Hagenau vereinbart und nicht ausbezahlt worden waren. Feierlich beschwor man Frieden und Eintracht der christlichen Staaten, vor allem des Kaisers mit Frankreich.

Eine persönliche Aussprache[48] zwischen Maximilian und Ludwig XII. sollte die neue Freundschaft bestätigen. Aber schon über den Ort des Treffens — man dachte zunächst an Riva am Gardasee — konnte man sich nicht einigen. Es müsse „der große Teufel dabei im Spiel gewesen sein", meinte der Gesandte da Borgo[49].

Der mißtrauische Kaiser scheint einen französischen Handstreich gegen seine Person für möglich gehalten zu haben. Mehr als dies mochte es ihm peinlich gewesen sein, mit seinem ärmlichen Hofstaat und seinen wenigen Truppen dem König von Frankreich im vollen Siegesglanz zu begegnen. Auch dürften der päpstliche und der spanische Gesandte nichts unterlassen haben, diese Zusammenkunft zu vereiteln.

Matthäus Lang besuchte Ludwig XII. in Peschiera und Cremona, um die „Verhinderung" des Kaisers zu entschuldigen, den tief verstimmten König zu versöhnen und das weitere Vorgehen gegen Venedig zu beraten[50]. Es zeigte sich bald, daß der Plan einer völligen Vernichtung Venedigs als gescheitert gelten konnte. Frankreich machte das Unternehmen von der Mitwirkung einer spanischen Flotte abhängig, woran beim allgemeinen Mißtrauen aller gegen alle nicht mehr zu denken war. Der Kaiser dachte sogar daran, niederländische Schiffe, die er bei seiner Tochter Margarethe angefordert hatte[51], gegen Venedig zu führen. Aber auch die Franzosen begannen mit ihrer in Cambrai versprochen Kriegshilfe bereits sichtbar zurückzuhalten[52] und dem Kaiser nur gerade so viel Hilfe zu gewähren, daß er den Krieg zur Not fortfristen konnte.

Im Juli zog Maximilian durch die Valsugana nach Feltre und Belluno, dann über Bassano in Richtung Padua[53]. Er stellte sich nicht mehr wie früher an die Spitze der Kampftruppen, sondern versuchte offenbar, von Ivano und Bassano aus die Unternehmungen um Verona und Padua und im östlichen Friaul zu leiten und aufeinander abzustimmen. Der Kaiser war nicht mehr der alte, nicht mehr inmitten seiner kämpfenden Knechte und Reiter. Zwar versicherte er der Tochter in seinen häufigen Berichten und Briefen, wie gesund er sich fühle, bat sie anderseits aber doch um einen erprobten Arzt, der ihn während des Feldzuges betreuen solle[54]. Die Führung der Kampftruppen übertrug er dem Fürsten Rudolf von Anhalt[55], dem die Markgrafen Kasimir von Brandenburg, Christoph von Baden, die Brüder Gonzaga von Mantua, Heinrich Graf von Mansfeld, Eitelfritz von Zollern, Wilhelm von Rogendorf und Georg von Liechtenstein zugeteilt waren.

Es galt nun, die Verbindungslinien durch das Etschtal, Valsugana und Cadore zu sichern, was mit den schwachen kaiserlichen Truppen nur mehr schwer möglich war. Vor allem sollte möglichst bald die Verbindung zur östlichen Heeresgruppe am Isonzo, in

Friaul und Görz hergestellt und das dazwischenliegende Land erobert werden. In feurigen Aufrufen[56] forderte der Kaiser die venezianischen Untertanen auf, die Tyrannei der Nobili, die meist gar keine Venezianer, sondern zugewanderte Kreter seien, abzuschütteln, mit Hilfe des Kaisers die Knechtschaft zu brechen und die milde Herrschaft des Reiches anzunehmen.

Aber Flugblätter vermochten keineswegs zu ersetzen, was an Truppen fehlte. Man konnte Städte und Festungen nicht stark genug sichern, so daß die Eroberungen der ersten Wochen meist schon innerhalb kurzer Zeit wieder verlorengingen. Besonders die Bauern[57], treue Anhänger der venezianischen Herrschaft, verschanzten sich oft in ihren Dörfern, lieferten den Verpflegung und Beute suchenden Truppen förmliche Schlachten und wurden da und dort samt Hab und Gut in ihren Häusern verbrannt. Obdachlos geworden schlossen sie sich zu Kampfgruppen zusammen, umschwärmten das kaiserliche Heer, überfielen den Nachschub, zerstörten Straßen und Brücken und konnten schließlich nur durch einen erbarmungslosen Wüstungskrieg unschädlich gemacht werden, der die Dörfer von der Ebene bis ins Gebirge verbrannte und das Landvolk auf das schwerste heimsuchte. Wiederholt erwähnt der Kaiser[58] in seinen Berichten die „bösen Bauern", die man einfach erschlagen müsse. Das vormals reiche und blühende Land wurde bald zur Wüste. Dem Geschlecht, das solches erlebte, erwachte ein immer größerer Abscheu vor dem Krieg und tiefe Sehnsucht nach dem Frieden.

Maximilian verfolgte den Plan, Erich von Braunschweig, der durch das Cadore an den Isonzo vorgestoßen war, heranzubefehlen[59]: Er sollte sich mit der westlichen Heeresgruppe vereinigen, um gemeinsam gegen das Straßenkreuz von Treviso vorzustoßen. Aber das Unternehmen ließ sich nicht durchführen, denn der allgemeine Bauernaufstand machte eine Vereinigung unmöglich. Treviso blieb venezianisch, und Venedig begann sich allmählich wieder aufzurichten. Während die Signorie den Papst mit großen Zugeständnissen diplomatisch zu gewinnen versuchte, richtete sich ihre gesamte militärische Kraft nun gegen den schwachen Kaiser.

Die Venezianer hatten inzwischen die Rückeroberung Paduas vorbereitet[60]. Aus Mangel an Knechten hatte der Kaiser weder diese wichtige Stadt noch die umliegenden Festungen und Schlösser, wie Stra, Pieve di Sacco, Bovolenta, Limena und Legnago, ausreichend besetzen können — eine von den Reichsständen verschuldete Notlage, die sich bitter rächen sollte. Vor allem konnten die Verbindungen mit Venedig nicht genügend überwacht und keineswegs unterbunden werden.

Am 17. Juli gelang es 800 Venezianern, teilweise in Getreidewagen versteckt, die aus Achtlosigkeit offenstehende Porta Codalunga zu überrumpeln und Padua zu erobern[61]. Die kaiserliche Besatzung zog sich in die Zitadelle zurück, mußte sich aber bald ergeben. Sofort warfen die Venezianer starke Streitkräfte und ihre Artillerie bis auf die letzte Kanone in die eroberte Stadt und bauten sie zu einem Hauptbollwerk ihrer Verteidigung aus.

Fürchterlich wüteten die Venezianer gegen die zahlreichen Anhänger des Kaisers in der Stadt: Sie wurden völlig ausgeraubt und viele von ihnen hingerichtet. Auch der Schatzmeister des Kaisers, Jean Bontemps, geriet in venezianische Gefangenschaft — sicher ohne Schatz. Immerhin sei Plündergut im Wert von 150.000 Dukaten aus der Stadt fortgeschafft worden, berichtet der genaue Sanuto und vergißt nicht, getreulich zu erwähnen, daß auch er aus dem Beutegut eine jüdische Bibel erworben habe[62].

Um den Erfolg zu nützen, eroberten die Venezianer gleichzeitig Stadt und Schloß von Legnago und damit den wichtigsten Brückenkopf am Unterlauf der Etsch. Als Markgraf Gian Francesco von Mantua zur Hilfe hereilte, wurde er geschlagen und gefangengenommen — für den Kaiser neuer Anlaß zu großem Ärger[63]. Gleichzeitige Anschläge gegen Verona und Vicenza scheiterten allerdings an der Achtsamkeit der Besatzung. Friedensgespräche mit Venedig, die der Kaiser nach den gescheiterten französischen Verhandlungen hatte einleiten lassen, wurden augenblicklich abgebrochen[64]. Maximilian legte sich nun ganz auf den Krieg gegen Venedig und die Wiedereroberung von Treviso und Padua fest.

Maximilian selbst verfügte im ganzen nur über etwa 8000 Knechte und 1500 Reiter[65]; dazu kamen etwa 500 Reisige aus Burgund, 4000 Franzosen unter La Palice, die der König von Frankreich zur Unterstützung gesandt hatte, und 1000 Schweizer; auch der Papst, Ferrara und Mantua stellten einige hundert Mann Hilfstruppen. Im ganzen waren es etwa 15.000 bis 16.000 Mann[66]. Da der König von Frankreich Italien alsbald verließ und einen großen Teil seiner Truppen abzog, waren die Venezianer den Kaiserlichen an Truppen weit überlegen. Abfällig äußerte sich Ludwig XII., die Franzosen hätten dem Kaiser bereits solche

Truppenhilfe geleistet, er aber sei nicht einmal imstande, Padua
mit eigenen Kräften zu erobern[67]. Die Schuld traf diesmal zweifellos den Reichstag.

Am 10. August rückte der Kaiser mit seinen Truppen vor
Padua[68] und hoffte, die Stadt in längstens vierzehn Tagen zu bezwingen[69]. Vielleicht hätte ein rascher Angriff die damals noch
nicht allzu stark gesicherte Stadt zu überwältigen vermocht; aber
wertvolle Zeit verstrich, weil man auf die schwere Artillerie und
auf französische Hilfstruppen warten mußte. Inzwischen versuchte der Kaiser, die Paduaner zur Übergabe zu zwingen, indem
er ihnen das Trinkwasser abschneiden und den Bacchiglione ab-
leiten ließ[70], der die Stadt in mehreren Armen durchfloß — ein
Riesenunternehmen, das die Paduaner durch gut geplante Überfälle immer wieder störten: Zwar standen zeitweilig die Mühlen
still, aber niemals gelang es, der Stadt das Trinkwasser völlig
abzugraben.

Die Venezianer hatten die Versäumnisse der Belagerer erfolgreich genützt, alle ihre Gegner, außerdem Frauen und Kinder aus
der Stadt entfernt und sie durch Kriegsvolk und Geschütze laufend
verstärkt[71]. Die Befehlsgewalt übertrugen sie ihrem besten Feldherrn, dem vorsichtigen Grafen Pitigliano, der nur darauf brannte,
die Schande von Agnadello auszulöschen. Selbst die Söhne des
Dogen und die Blüte des venezianischen Adels meldeten sich freiwillig zur Verteidigung von Padua. Außerdem wurden kampfbe-
reite Bauern aus der Umgebung in die Stadt aufgenommen, die
nun über 15.000 Knechte und 2000 schwere und leichte Reiter
verfügte; die Mauern wurden mit Artillerie stark gesichert. So war
aus der ruhigen Universitätsstadt in wenigen Wochen eine waffen-
starrende, uneinnehmbare Festung geworden. Man wußte, wenn
diese Stadt fiel, wäre Venedig verloren, und war entschlossen, sie
um jeden Preis zu halten. Ganz Italien schaute nun auf Padua:
Hier schien sich das Schicksal des Krieges zwischen dem Kaiser
und Venedig zu entscheiden.

Am 17. August wurde der erste Sturm gegen die Mauern geführt — allerdings an der stärksten Stelle, bei der Porta Codalunga[72], im Nordosten der Stadt. Ganz vergebens. Wiederholt
hatte der Kaiser während der Nacht die Stadtmauern besichtigt
und die schwächste Stelle im Süden, nächst der Porta Santa Croce,
erkundet, aber die Franzosen nicht zum Stellungswechsel und zur
Änderung der Pläne bewegen können. Die Truppen lagen, nach

Nationen getrennt, in vier Lagern rings um die Stadt und taten, was sie wollten. Der Kaiser, keineswegs als Oberbefehlshaber anerkannt, konnte ihnen nichts befehlen. Das Artilleriefeuer aus der Stadt wurde immer gefährlicher, so daß selbst Maximilian sein Quartier wechseln mußte, weil sich die Paduaner darauf einschossen[73]. Die Lagerseuche griff bedenklich um sich; dazu kam Mangel an Lebensmitteln und Sold — man zahlte die Knechte bereits mit Falschgeld, so daß sie abzuziehen begannen. Padua dagegen war bestens versorgt, teilweise durch sizilianisches Getreide, das die Spanier geliefert hatten.

Nach diesem Mißerfolg verlegte man die Truppen zunächst an die Westseite der Stadt nächst Tencarolo[74] (18. August) und riegelte schließlich auch die Südseite der Stadt, die schwache Porta Santa Croce, ab, die inzwischen aber auch stärker ausgebaut worden war. So konnten die Venezianer alle Angriffe der Belagerer zurückschlagen, denn das schwere Geschütz lag noch immer in Trient und mußte erst unter Geleitschutz mühsam herangebracht werden.

Um die Zwischenzeit bis zur Ankunft der Artillerie zu nützen, eroberte die kaiserliche Armee Stadt und Bergfestung von Monselice[75] (15.—27. August) und Bovolenta (11. September) südlich von Padua, desgleichen Este und Montagnana, welche Orte der Kaiser dem verbündeten Herzog von Ferrara überließ. Hart berichtete er seiner Tochter, an einem einzigen Tag habe man mehr als 5000 Feinde erschlagen und viele Tausend gefangengenommen[76].

Nach der Eroberung von Bovolenta hielt der Kaiser noch einmal Truppenschau, ehe er den Großangriff gegen Padua begann. Auf herrlichem Schimmel, mit silberglänzender Rüstung und prächtigem „Geliger", unter fliegender Sankt-Jörgen-Fahne ließ er seine Deutschen, Franzosen, Burgunder, Spanier, Italiener und dalmatischen Stradioten in Blöcken von sechzig Mann Frontbreite mit wehenden Fähnlein vorbeimarschieren. Adel, Ritterschaft und Knechte im Schmuck ihrer Rüstung und Waffen, auf das köstlichste herausgeputzt, wobei seine Deutschen angeblich besonders hervorstachen[77]. Von tausend Zweifeln und Sorgen gepeinigt, seiner schwachen Kriegsmacht voll bewußt, empfand er offenbar das Bedürfnis, sein Herz am Anblick einer so prächtigen Truppe und am begeisterten Zuruf seiner Knechte und Reiter zu erheben. Die Trompeter bliesen auf, die Trommler schlugen an, und in gewaltigen Marschblöcken zogen seine Panzerreiter, die Lanzenigel seiner Knechte, die bespannten kleinen und mittleren Geschütze und der Troß vorüber. Ein überwältigendes Schauspiel für einen alten Kriegsmann, aber doch nur trügerischer Schein, wenn man bedachte, daß kaum die Hälfte der Truppen dem kaiserlichen Befehl unterstand.

Erst Mitte September trafen die schweren Geschütze ein, die man größtenteils vor der Porta Codalunga in Stellung brachte. Am 16. September wurde aus allen Rohren, teils mit schwersten Hauptstücken, das Feuer auf die Stadt eröffnet[78] und durch mehrere Tage und Nächte ununterbrochen fortgesetzt. Nachdem man an einigen Stellen Bresche geschossen hatte, wurde Sturm auf Sturm gegen die südöstlichen Mauern angesetzt, aber ohne größeren Erfolg. Die Paduaner legten ganze Häuserreihen nieder, um sie rasch in die beschädigten Mauern zu verbauen. In kühnen Ausfällen gelang es ihnen, das kaiserliche Lager zu bedrohen, Laufgräben und Schanzarbeiten, vor allem die Ableitung des Bacchiglione völlig zu zerstören. Beinahe wäre bei einem dieser Ausfälle der Kaiser überrascht und gefangen worden. Die Paduaner wurden immer übermütiger und verhöhnten die Belagerer mit einer toten Katze, die sie auf die Mauer hängten. Wiederholte Versuche der Kaiserlichen, bei der Porta Codalunga in die Stadt einzudringen, brachen meist schon im Vorfeld im scharfen Abwehrfeuer der venezianischen Geschütze zusammen. Fürst Rudolf von Anhalt wurde verwundet. Vergeblich versuchte man, die Knechte durch hohe Geldpreise anzufeuern. Als die Spanier am 20. September die Mauern bereits erstiegen hatten, wurden sie durch vorbereitete Pulverminen in die Luft gesprengt; gegen 500 Knechte fanden dabei den Tod. Man setzte die Beschießung bei Tag und Nacht fort. Am 29. September[79] wagte man einen letzten Sturm; tausend Mann fielen.

Seither war der Angriffsgeist der Belagerer gebrochen. Die Truppen weigerten sich, gegen die feuerspeienden Mauern vorzugehen. Sie wollten nur in offener Feldschlacht kämpfen, sagten angeblich die Spanier. Die französischen Ritter aber erfanden den feinen Vorwand, neben den Landsknechten — gewöhnlichen Schneidern, Schustern und Stallknechten — nicht stürmen zu wollen. Streit und Meinungsverschiedenheiten entzweiten vor allem Deutsche und Franzosen, und der Kaiser hatte keinerlei Machtmittel, sie zu schlichten. Hätte der König von Frankreich gewollt, würde man Padua genommen haben, grollte Maximilian in vertrautem Kreis.

Vor allem gingen Lebensmittel und Sold zu Ende. Der Kaiser mußte sich bereits wieder mit kleinen und kleinsten Darlehen weiterhelfen[80] und Schmuckstücke aus seinem Hausschatz verpfänden. Die Stadt Frankfurt bestürmte er um ein Darlehen von 1000 Gulden, damit er sich in Padua behaupten könne[81]. Um seine Knechte bezahlen zu können, ließ er große Mengen falscher „Mocenighi" ausprägen[82], wodurch auch die Venezianer schwer geschädigt wurden.

Der Papst, der bisher mit namhaften Summen ausgeholfen hatte, war so enttäuscht, daß er den kaiserlichen Gesandten, der um ein Darlehen bat, mit Vorwürfen aus der Kammer jagte[83]: Das ganze Geld der Welt würde für den Kaiser nicht reichen[84]! 200.000 Dukaten habe er Maximilian zugesteckt; nun sei es genug; der Kaiser sei ein Schlund, den niemand füllen könne[85]. Nur Florenz verpflichtete sich in seinem grenzenlosen Haß gegen die Rivalin Venedig, dem Kaiser mit 40.000 Dukaten auszuhelfen[86], und sandte als Unterhändler den berühmten Machiavelli. Aber die Franzosen drängten zum Abbruch der Belagerung; ebenso zogen die Spanier und die päpstlichen Truppen ab. Für den Papst war die Niederlage des Kaisers vor Padua das Zeichen zum Stellungswechsel.

Angesichts der Uneinigkeit der Bundesgenossen, des Mangels an Mitteln und des schier unüberwindlichen Widerstandes der Festung hob der Kaiser am 1. Oktober 1509 die Belagerung auf[87] — für ihn um so bitterer, da er die Eroberung Paduas als sein ganz persönliches Anliegen betrachtet hatte. Nie zuvor sei er Befestigungen, Geschützen und Kriegsvölkern von solcher Stärke gegenübergestanden, schrieb der Kaiser seiner Tochter[88]. In der Tat wäre nichts unrichtiger gewesen, als in solcher Lage an diesem nunmehr aussichtslos gewordenen Unternehmen festzuhalten und sich in dieser Blutmühle zu verbrauchen.

Sofort teilten die Venezianer den großen Städten Augsburg, Nürnberg, Straßburg, Ulm, Kempten, Memmingen und Salzburg Maximilians Niederlage vor Padua[89] mit und baten sie um Friedensvermittlung, damit der für beide Nationen so nützliche Handel wiederaufgenommen werden könne. Die Signorie verständigte sich mit den deutschen Reichsstädten inmitten des Krieges wie mit alten Bundesgenossen.

Maximilian gab das Spiel zwar nicht verloren, aber tief enttäuscht zog er von Padua ab und wandte sich zunächst über Vicenza nach Verona. Diesmal konnte kein Zweifel bestehen, daß ein großer militärischer und politischer Erfolg, den ihm Ludwig XII. fast kampflos zugespielt hatte, die Wiederherstellung Reichsitaliens, nur durch den Wormser Reichstag verhindert worden war, der ihm keinen einzigen Fußknecht bewilligt hatte. Das persönliche Ansehen des Kaisers hatte angesichts des völligen Versagens des Reiches schwer gelitten. Der Papst, Frankreich und Spanien hatten ihre Landanteile besetzt; der Kaiser aber war kaum imstande, das, was ihm kampflos zugefallen war, zu sichern und zu erhalten. Wie beschämend, daß er, völlig in die Defensive zurückgeworfen, ohne die Franzosen nicht einmal imstande war, Verona und die wenigen verbliebenen Plätze zu verteidigen. Engster Anschluß an Frankreich, das war derzeit die einzig mögliche Politik, wenn er nicht auch Verona verlieren wollte.

Ähnlich schwankend wie in Verona und Padua waren Erfolge und Mißerfolge auf dem östlichen Kriegsschauplatz. Dort befehligte Herzog Erich von Braunschweig, ein unangenehmer Oberst, wie Siegmund von Herberstein versichert. Ihm unterstanden Graf Frangipane, Christoph Rauber, Bischof von Laibach, Marx Sittich von Ems, Hans von Auersperg, Jörg von Eck und Hans von Reichenburg, die ihrem Obersten aber kaum gehorchten[90]. Außerdem fehlte es auch hier an allem Nötigen, zumal an Truppen und Geld. Man suchte die fehlenden Kriegsknechte durch zusammengefangene Bauern zu ersetzen, die sich ungern auf die Schlachtbank führen ließen. Wenn es im Westen an vielem fehlte, so im Osten an allem. Dennoch hatte man einigen Erfolg.

Zunächst hatten die Venezianer, von der Niederlage durch die Franzosen betäubt, um den Kaiser zu gewinnen, die besetzten Plätze Görz, Triest, Cormons, Fiume und das innere ehemals österreichische Istrien geräumt[91] und ihre Truppen in Oberitalien gegen die siegreichen Franzosen zusammengezogen. So vermochten die schwachen österreichischen Verbände die verlassenen Orte leicht zu besetzen. Hätte man anfangs nur 6000 Knechte zur Verfügung gehabt, würde es leicht gewesen sein, ganz Friaul zu erobern[92]. Aber die Gelegenheit konnte kaum genützt werden, weil die erbländischen Truppen nicht anrückten. Gleichwohl verfolgte der kühne Marx Sittich die weichenden Venezianer bis unter die Tore von Udine und besetzte Cormons und Rosazzo.

Während der Kaiser gegen Vicenza und Padua vorstieß, zog Erich von Braunschweig mit etwa 9000 Mann durch das Cadore zunächst ostwärts an den Isonzo, um die dazwischen liegenden Gebiete zu unterwerfen. Da befahl ihm der Kaiser[93], mit seiner Armee kehrtzumachen, westwärts zu marschieren und gemeinsam mit dem Hauptheer Treviso anzugreifen[94].

Aber es kam nicht dazu: Truppenmangel, Nachschubschwierigkeiten und Streitigkeiten mit den Unterhauptleuten behinderten das Unternehmen[95]. Bischof Rauber wollte nur Patriarch von Aquileia werden, sagten seine Neider und ließen ihn im Stich. Angriffe gegen Gradisca, Marano, Udine und Cividale schlugen fehl[96]. Die Venezianer hatten inzwischen den Schock von Agnadello überwunden, und die Friauler Bauern hielten treu zur Republik. Ihr Widerstand wurde um so heftiger, je grausamer man ihnen begegnete. Doge Lauredano führte lebhafte Klage[97] über die Grausamkeiten der kaiserlichen Armee, über ihre Gewalttaten, Räubereien, Plünderungen, Brandstiftungen, Mord an Frauen und Kindern, Schändungen von Jungfrauen und Nonnen, Sakrilegien ohne jede Gottesfurcht. Die Untaten der venezianischen Truppen hat er natürlich verschwiegen. Was kümmerte dies alles einen Feldherrn, der mit seinen schwachen Verbänden den Friauler Aufstand nicht zu überwältigen, den Anschluß an das Hauptheer nicht zu finden vermochte[98], weswegen auch die Belagerung von Treviso unterbleiben mußte, welche die Schlacht um Padua hätte entlasten sollen? Gewiß hat auch der Kriegsrat zu Görz nichts unterlassen, um seine Truppen zum Schutz der innerösterreichischen Grenzen zurückzuhalten.

Herzog Erich versuchte nun, die Gebiete um den Isonzo und am Karst für den Kaiser zu erobern und zu sichern. Um Padua zu entlasten, führten die Venezianer mit zwanzig Galeeren, acht Lastschiffen und hundert kleineren Einheiten einen Überraschungsangriff gegen Fiume[99], drangen in die Stadt ein, brannten sie nieder, ließen die gefangenen Mannschaften köpfen, Frauen und Kinder auf den Schiffen wegführen. Ein ähnlicher Anschlag gegen Triest ging allerdings fehl, weil Herzog Erich zum Schutz der bedrohten Stadt heranzog[100].

Damit waren auch im Osten die Unternehmungen beendet. Die erbländischen Kriegsvölker begannen abzuziehen, weil die Landtage die Truppenhilfe nur für vier Monate bewilligt hatten. Der Herzog vermochte gegen den heimlichen Widerstand seiner Hauptleute nicht durchzudringen, die „keineswegs alle an einem Seil zogen", wie er klagte. Gleichwohl anerkannte der Kaiser seine treuen Dienste[101] und den guten Willen.

Der Hauptkampfplatz lag nach wie vor um Padua, Vicenza und Verona. Der Kaiser hoffte, die gut befestigte Stadt Padua durch planmäßige Verwüstung der Umgebung und geschickten Stellungswechsel seiner Truppen von aller Hilfe und Verpflegung abzuschneiden und schließlich doch zur Übergabe zu zwingen[102]. Ein Teil der Armee blieb daher in der Gegend von Padua, wo die Kriegsfurie das Land bald in eine einzige Wüste verwandelte; den Rest führte der Kaiser nach Vicenza und Verona zurück, wo er von der Priesterschaft, dem Adel und den Bürgern mit goldenem Baldachin eingeholt, in prunkvoller Rüstung feierlichen Einzug hielt und die Huldigung der Stadt entgegennahm[103] (20. Oktober).

In dieser Lage trat erstmals ein kaiserlicher Gesandter als kluger und mutiger Ratgeber hervor: Mercurino Gattinara, der spätere Großkanzler Karls V. Er warnte davor, nach der Niederlage vor Padua klein beizugeben. Der Kaiser müsse vielmehr Furcht verbreiten, sich tapfer zeigen, auf Gott vertrauen und die Feinde nicht zur Ruhe kommen lassen. Keineswegs dürfe er Italien aufgeben, müsse vielmehr die verbliebenen Festungen und Pässe sichern. In Verona sei sein Platz; von hier aus könne er sich jederzeit das nötige Geld bei den italienischen Fürsten verschaffen. Verlasse er Italien, so werde man sagen, er sei geflohen. In Deutschland könne er keinen Pfennig erwarten, nur alles verlieren, was erobert worden sei. Abschließend bittet Gattinara um Entschuldigung für seine offenherzigen Ratschläge; „der Eifer habe ihn fortgerissen"[104]. Es war der Rat eines Mannes, der zweifellos etwas zu sagen hatte.

Gleichwohl verließ der Kaiser Ende Oktober die Stadt Verona, nachdem er sie mit 4000 Knechten und 2000 Reitern genügend gesichert glaubte. Er hoffte in den Erbländern und im Reich Truppen und Geldmittel für die Fortsetzung des Krieges aufzubringen, denn der Stellvertreter des Königs von Frankreich, der Grand Maître[105], lehnte jede Kriegführung während des Winters ab und vertröstete den Kaiser auf nächstes Frühjahr: Da werde man den Venezianern gemeinsam ein Ende bereiten. Indes war die Not des Kaisers so groß, daß er nicht wußte, womit er seine Armee in den Winterquartieren verpflegen und bezahlen sollte.

Die Venezianer, durch den Erfolg von Padua ermutigt, versuchten nun, den Rückzug und die teilweise Auflösung des kaiserlichen Heeres zu nutzen, rückten gegen Vicenza und vermochten Rudolf von Anhalt mit seiner Besatzung von 4000 Knechten aus der Stadt zu vertreiben[106] (13. November). Die venezianischen Truppen bei Vicenza anzugreifen und zurückzuschlagen, lehnte der Grand Maître ab[107]. Die Franzosen hatten das Ihrige und brauchten sich um die Anteile des Kaisers und des Reiches nicht zu kümmern. Bald darauf fielen auch Bassano, Feltre, Belluno, Cividale und delle Scala in die Hand der Gegner.

Ein Vorstoß gegen Verona, wo die gequälte Bevölkerung die Rückkehr der Venezianer begrüßt hätte[108], schlug indes fehl, denn der Kaiser hatte die Stadt durch eigene, französische und spanische Truppen genügend verstärkt[109]. Gegen Anleihen und Soldvorschüsse hatte er den Franzosen sogar die Zitadelle von Verona verpfänden müssen. Ludwig XII. rühmte sich, er tue für Maximilian weit mehr als seine Pflicht und werde als „Schützer und Kurator des Kaisers" dafür sorgen, daß er das Seinige behalte[110]. Welche Beschämung lag in solchen Worten!

Nach dem Urteil Gattinaras[111] war Maximilians Ansehen nie so gering, seine Lage nie so gefährlich wie jetzt. Ein wahrer Triumph der reichsständischen Opposition. Nur das Bündnis mit Frankreich konnte den Kaiser derzeit retten, denn der Papst näherte sich offensichtlich einem Ausgleich mit Venedig, während Spanien und England schon bisher die Signorie heimlich unterstützt hatten. Da auch Ludwig XII. fürchten mußte, vom Papst zum Feind der Kirche und Italiens erklärt, allein dazustehen, suchte er den Kaiser um jeden Preis festzuhalten, bot ihm die Vermittlung eines Ausgleiches mit Ferdinand von Aragon an und stellte Verhandlungen zu Blois in Aussicht[112], welche die Vereinbarungen von Cambrai auch zugunsten des Kaisers vollstrecken und die Fortführung des Krieges im nächsten Jahr beraten sollten, um die „schädliche Republik" bis in den Grund zu zerstören und zu verhüten, daß „diese Hydra sich nochmals erhebe und zu Kräften komme"; das „verfluchte Venedig ... Feindin aller Aristokratien", müsse vernichtet werden.

Um die Jahreswende 1509/10 hatte Venedig, das wirtschaftlich und militärisch sehr erschöpft war, Friedensverhandlungen[113] angeboten, die der Kaiser mit Vorwissen der Franzosen zu Ospedaletto versuchsweise führen ließ. Die Signorie rechnete dabei vor allem auf die deutschen Reichsstädte[114], für die der ungestörte

Handel mit Venedig lebenswichtig war. In der Tat hatte der Kaiser einigen deutschen Kaufleuten bereits erlaubt, venezianische Waren auf Seitenstraßen einzuführen[115]. In guter Hoffnung verlud man auf dem ausgestorbenen Fondaco dei Tedeschi nach langer Zeit wieder die ersten Warenballen nach Deutschland. Aber es war kein Ernst bei diesen Gesprächen, denn die Signorie verhandelte gleichzeitig mit den Türken und dem Papst, und manche Venezianer fürchteten, daß es ihnen ohne türkische Hilfe schlecht ergehen werde.

Den Kaiser hofften die Venezianer mit Geld abzufinden und ihn vielleicht gegen das französische Mailand abzulenken. Auf Landabtretungen im Sinne der Zuteilungen von Cambrai wollten sie sich nicht einlassen. Sie zeigten sich äußerstenfalls bereit, für diese Gebiete die Reichshoheit anzuerkennen, und boten für die Investitur 100.000 Gulden und als jährlichen Tribut 10.000 Gulden; unter Umständen auch etwas mehr. Die kaiserlichen Unterhändler wiesen dies als „Spott" empört zurück, denn sie erkannten wohl, daß die Venezianer bereits andere, für sie günstigere Aussichten verfolgten. Anderseits war man in Venedig überzeugt, Matthäus Lang, Maximilians allmächtiger Rat (magnus consiliarius), fühle „tutto francese".

Inzwischen waren die Friedensverhandlungen mit dem Papst so weit gediehen, daß die Signorie die Gespräche mit dem Kaiser unvermittelt abbrechen konnte. Julius II. löste die Markusrepublik am 24. Februar 1510 feierlich vom Kirchenbann[116], obwohl mehrere Kardinäle dagegen laut protestierten. Zornentbrannt soll der Kaiser die Absolutionsbulle zu Boden geschleudert haben[117]. Er konnte dem Papst diesen plötzlichen Stellungswechsel nie verzeihen und sah darin später eine Hauptursache seiner Niederlage.

Der Papst redete die venezianischen Gesandten gelegentlich der Versöhnung auf das herzlichste an[118]: Venedig sei die Schutzmacht Italiens gegen die Türken; wenn dieser Staat nicht bestünde, müsse man ihn schaffen. Er, der Papst, fürchte den König von Frankreich, schätze den König von England; Spanien bedeute ihm nicht viel, der Kaiser aber sei ein „blödes Schaf (bestia), ein dummes Kind (infans nudus)", dazu geschaffen, geführt zu werden, nicht andere zu führen; man werde ihn leicht herumkriegen. — Auch in den Briefen des Kaisers brach nun öfter der Haß gegen den verfluchten Pfaffen, den Papst, durch, der ihn daran hindere, mit Hilfe der Franzosen nach Rom zu ziehen und sich krönen zu lassen[119]. Die vornehmer denkende Margarethe verwies dem Vater diesen groben Ton. Aber weder Papst noch Kaiser hatten einander in dieser Hinsicht etwas vorzuwerfen.

Die Liga konnte mit dem Austritt des Papstes als erloschen gelten. Julius II. äußerte ganz offen den Wunsch, die Franzosen aus Italien zu vertreiben; die Venezianer hingegen sollten dem Kaiser Verona wegnehmen und einen Ausgleich aufzwingen, den der Papst unterstützen wolle[120].

Ludwig XII. und der Kaiser verfielen nun auf den verwegenen Plan, den abtrünnigen Papst mit einem Reformkonzil und der Absetzung zu bedrohen, während Julius II. gemeinsam mit Spanien und England versuchte, den Kaiser von Frankreich abzuziehen und womöglich beide getrennt und um so leichter aus Italien zu verdrängen. Ludwig XII., der fürchten mußte, seinen Bundesgenossen zu verlieren, stachelte heimlich Karl von Geldern zum Aufstand, um den Kaiser durch die doppelten Schwierigkeiten in Geldern und in Italien fester an Frankreich zu fesseln, was tatsächlich gelang. Der Franzose durfte es bereits wagen, dem Kaiser Verhandlungen mit dem Papst zu untersagen. Wenn ihre Freundschaft dauern solle, müsse der Kaiser Constantin Areniti von seinem Hofe weisen. Die Franzosen hatten einen Brief aufgefangen, worin sich dieser Verbindungsmann zwischen Papst und Kaiser abfällig über ihren König geäußert hatte. Maximilian mußte ihn nach Rom entlassen, um Ludwig XII. zufriedenzustellen[121], und die Verhandlungen mit Julius II. abbrechen. Eine große Wendung der Dinge in Italien bereitete sich vor.

Aber der Katholische König und Heinrich VIII. gaben nicht auf: Sie wollten den Kaiser aus dem französischen Bündnis lösen, mit Venedig aussöhnen und eine Liga zwischen Papst, Kaiser, Spanien und England zur Vertreibung der Franzosen aus Italien begründen. Von allen Seiten, besonders von Erzherzogin Margarethe, gedrängt, entsandte Heinrich VIII. am 16. Mai 1510 Robert Wingfield[122], einen sehr gebildeten und taktvollen Edelmann, als ersten ständigen Botschafter Englands an den Kaiserhof. So groß war die Anteilnahme Englands an der Politik des europäischen Gleichgewichts! Volle sieben Jahre, bis 1517, blieb Wingfield auf diesem aufreibenden Posten an der Seite des Kaisers. Seine Bewunderung für Maximilian hat ihm bei den Engländern manchen Tadel[123] eingetragen. Offenbar sah er seine Aufgabe darin, dem englisch-habsburgischen Bündnis mit Hingabe zu dienen.

2. Parteiwechsel des Papstes. Der Kaiser bleibt bei Frankreich. Die Sommerfeldzüge 1510/11

Das kommende Jahr 1510[1] galt zunächst mehr dem diplomatischen Ringen der Mächte um neue Koalitionen, während man sich auf dem Kriegsschauplatz nur um kleinere Verbesserungen und Sicherung der gewonnenen Stellungen bemühte, denn die allgemeine Erschöpfung empfahl allen kriegführenden Mächten eine Ruhepause. Der Kaiser konnte während des ganzen Jahres nicht auf dem italienischen Kriegsschauplatz erscheinen, weil er die Mittel für eine ehrenvolle Führung des Krieges oder gar für einen erfolgreichen Abschluß nicht aufbringen konnte, denn nur tropfenweise kam der Nachschub aus den Erbländern und dem Reich. Durch laufende kleinere Darlehen und wiederholte Hilfsbitten geriet der Kaiser immer mehr in militärische und politische Abhängigkeit von den Franzosen und lief schließlich Gefahr, ganz Verona an sie zu verlieren, nachdem er ihnen die Zitadelle bereits hatte verpfänden müssen. So versuchte er, vom Reich aus die ersehnte Kriegsentscheidung diplomatisch und militärisch vorzubereiten, die nach den versäumten Gelegenheiten des vergangenen Jahres allerdings in immer weitere Ferne rückte.

Hauptursache des politischen Umschwungs war die Politik Julius' II., der den Frieden Italiens durch die Vertreibung der „Barbaren", zunächst der Franzosen, zu erreichen hoffte. Für den Fall, daß sie wieder über die Alpen kamen, wollte er ihnen eine neue Heilige Liga[2] entgegenstellen und glaubte, den Kaiser für sich gewinnen zu können. Um keinen Preis sollte Venedig weiter geschwächt oder gar vernichtet werden. Julius II. sandte daher Achilles de Grassis, den Bruder seines Zeremonienmeisters, und Constantin Areniti als Friedensgesandte zu Kaiser und Reichstag[3]. Aber alle Versuche, Maximilian mit Venedig zu versöhnen und von Frankreich zu trennen, scheiterten an den hohen Forderungen des Kaisers und der hartnäckigen Weigerung der Signorie. Ebenso versuchte der Papst, den neuen König von England zu gewinnen, um Frankreich auch im Rücken zu fassen. Aber Heinrich VIII. hielt sich zunächst neutral, vertrug sich mit Frankreich, blieb aber auch Venedig gewogen.

Wie der Papst arbeitete auch König Ferdinand von Aragon unentwegt an einem Bündnis zwischen Papst, Kaiser, England und Spanien zur Erhaltung Venedigs und zur Vertreibung der

Franzosen, denn Ludwig XII. erschien allen als der einzig wirklich gefährliche Feind Italiens. Dieser Hahn (gallus) möchte alle Hennen für sich allein[4], schalt der Papst. Er belohnte die spanischen Bemühungen, indem er König Ferdinand die gewünschte Belehnung mit Neapel gewährte (3. Juli 1510)[5] — allerdings mit der Klausel, daß die Könige von Neapel niemals die Kaiserkrone oder die Herrschaft über die Lombardei oder Toskana mit ihrem Königreich vereinigen dürften.

Der Kaiser indes hielt gegen alle Lockungen des Papstes an Frankreich fest. Ihm schien die Vernichtung Venedigs, die Teilung Italiens mit Frankreich und Spanien, die Einigung der Mächte auf Grund der Liga von Cambrai mit dem Fernziel eines gemeinsamen Kreuzzuges die beste Lösung. Aber Ludwig XII. dachte nicht daran — und das war verständlich —, mittels französischer Waffen für den Kaiser Reichsitalien wiederherzustellen. Vielmehr suchte er Kaiser und Reich seinen Wünschen gefügig zu machen und half bestenfalls mit kleineren Aktionen, noch lieber mit schönen Worten[6]. Bald drohte er, Maximilian im Stich zu lassen, was den Verlust Veronas bedeutet hätte; bald versprach er großartig, ihn „zum größten Kaiser nach Karl dem Großen zu machen"[7]. Tatsächlich aber zögerten die Franzosen, immer wieder ins Feld zu rücken[8], obwohl sie für das Frühjahr kriegsentscheidende Unternehmungen gegen Venedig versprochen hatten.

Ludwig XII. versuchte seine Liga zu sichern und zu stärken. Seit dem Sommer 1509 bemühte er sich, den Kaiser und König Ferdinand von Aragon zu versöhnen und ihre Gegensätze wegen der kastilischen Regentschaft auszugleichen[9]. Als Germaine, Königin von Aragon, ihr Söhnchen schon wenige Stunden nach der Geburt verlor und die Aussicht auf eheliche Leibeserben geschwunden schien, zeigte sich auch Ferdinand der habsburgischen Erbfolge in den spanischen Königreichen etwas geneigter. Der Fall von Padua machte es den stolzen Spaniern freilich nicht leicht, den sieglosen Kaiser und dessen Familie als kommende Erben ihres Reiches ernst zu nehmen. Aber Ludwig XII. gelang es, in langen und schwierigen Verhandlungen die Aussöhnung Maximilians und König Ferdinands in den Vertrag von Blois[10] (12. Dezember 1509) einzubeziehen. Maximilian hütete sich, die bekannte Geldgier Ferdinands durch allzu große Forderungen zu reizen. Daher verzichtete er auf die einträglichen Großmeisterwürden der Ritterorden von Santiago, Calatrava und Alcantara[11] und überließ ihm die vormundschaftliche Regierung bis zur Großjährigkeit Karls (V.), wenn nur die Erbfolge gesichert war[12]. Ferdinand näherte sich Maximilian und ermunterte ihn sogar, Verona, das Tor nach Italien, zu behaupten, damit das Reich und Spanien von der Lombardei und Neapel aus sich gegenseitig besser unterstützen könnten[13], er versprach, den Krieg gegen Venedig nicht nur mit einem spanischen Landheer, sondern auch mit seiner Flotte zu unterstützen.

Der König von Frankreich aber versprach in Blois — weit über die Pläne von Cambrai hinaus —, an der völligen Vernichtung und Aufteilung Venedigs mitzuwirken. Was in Cambrai noch nicht vergeben worden war, sollte unter den Bundesgenossen aufgeteilt werden und den Aufmarschraum für einen gemeinsamen Türkenkrieg abgeben. Es war der Rückgriff auf maßlose Pläne, die Maximilian schon 1498 vertreten hatte[14]. Falls der Papst und Spanien nicht mitmachten, wollte sich der Kaiser mit Frankreich allein darüber verständigen[15]; denn die Vernichtung Venedigs schien ihm die nötige Voraussetzung für jeden Türkenkrieg. Auch Ungarn hoffte er in den Krieg gegen die Signorie hineinzuziehen. So weit ging sein Haß, daß er sogar die Türken aufforderte, die Venezianer anzugreifen; eine jener politischen und militärischen Maßlosigkeiten, denen der Kaiser öfter unterlag, wenn er sich in eine Sache verbohrt hatte.

Maximilian war von Verona in die Erbländer und ins Reich zurückgekehrt und hatte einen Reichstag nach Augsburg ausgeschrieben[16], der ihm Truppen und Geld für den nächsten Waffengang bereitstellen sollte. Er berichtete über den bisherigen Verlauf des Feldzuges und klagte über den Verlust von Padua: Die Feinde seien inzwischen stärker geworden, weil die Reichsstände die nötige Hilfe zur rechten Zeit versagt hätten. Innerhalb weniger Tage hoffe der Kaiser, Fürsten und Stände in Augsburg zu ausgiebiger Hilfe bewegen zu können[17] — wenigstens im Ausmaß des Konstanzer Anschlages von 1507. Wenn auch *diese* Hilfe verweigert werde, dann sei der Kaiser vor Gott und aller Welt entschuldigt. Seinen Hauptleuten aber kündigte er große Kriegstaten für das kommende Frühjahr an[18]. Bis dahin müsse man zusammen mit Frankreich die Republik Venedig vernichten, Italien unterwerfen und aus diesem Land jährlich 500.000 Gulden an Steuern herausziehen. Fortan würden die „Welschen" die Kriegssteuern zu tragen haben und das Reich diese Lasten los sein — einer jener unverblümten, stets wiederholten Wünsche der Reichsstände, denen der Kaiser zu entsprechen suchte. Außerdem wollte Maximilian den Juden pro Kopf die horrende Summe von zwei Gulden abnehmen.

Erst am 2. März 1510 konnte der Reichstag zu Augsburg[19] eröffnet werden. Es gab einen großartigen Einzug, glänzende Feste und Turniere, um die Stände bei guter Stimmung zu halten. In einem Scharfrennen mit Kurfürst Friedrich von Sachsen schien der Kaiser beweisen zu wollen, daß seine Kraft noch ungebrochen sei.

Bei den folgenden Reichstagshandlungen stieß Maximilian aber auf geschlossenen Widerstand. Der päpstliche Nuntius de Grassis verstand es, dem Kaiser die geistlichen Kurfürsten und Friedrich von Sachsen abzuwerben: Er führe den Krieg zur Vergrößerung des Hauses Österreich und nicht für das Reich[20]. Auch die heimlichen Werbungen der Venezianer unter den Reichsstädten blieben nicht ohne Erfolg. Dagegen verhallte eine übertriebene Hetzrede des französischen Gesandten Helianus gegen die Signorie von Venedig fast wirkungslos, ebenso die Italienpropaganda der Humanisten.

Die Stände setzten sich über die kaiserlichen Vorschläge einer neuen Kriegsordnung hinweg und erinnerten ihn vielmehr, daß er ohne ihre Zustimmung keinen Krieg führen dürfe. Es war wieder ganz wie in Worms (1495) oder Augsburg (1500). Schließlich bewilligten sie wenigstens den geringen Kölner Anschlag von 1505; aber wie stets konnte auch dieser nicht hereingebracht werden — zumindest nicht rechtzeitig. Machiavelli, damals als Gesandter von Florenz zum Kaiser unterwegs, hatte es nicht anders erwartet[21]: Es lohne sich nicht, nach Augsburg zu gehen, denn es werde nichts anderes herauskommen als auf früheren Reichstagen. Er leitete für sich die Lehre ab, daß Staaten ohne stehendes Heer nicht mit Erfolgen rechnen könnten.

Eine kräftigere Unterstützung des Kaisers hätte diesmal, wie auch im vergangenen Jahr, dem Reich infolge ungewöhnlich günstiger Umstände größte Vorteile in Italien bringen müssen. Aber die Stände konnten aus der Sicht des Verfassungskampfes an einem Erfolg des Kaisers kein Interesse haben. Ihr Blick für die Weltlage war allzu kleinstaatlich beschränkt, um zu erkennen, daß sie nicht zuschauen durften, wie die traditionellen Reichsrechte in Italien mißachtet wurden, während sich andere Mächte, selbst kleine, auf der Apenninenhalbinsel für die Dauer seßhaft machten. In der Tat sollte es noch Jahrhunderte dauern, bis Italien imstande war, seine

Halbinsel selbst zu regieren. Bis dahin hätte auch das Reich nach allen Gesetzen der politischen Erfahrung an seinen traditionellen Rechten festhalten müssen.

Etwas mehr, aber doch unzureichende Hilfe gewährten die Erbländer. Tirol bewilligte 5000 Mann[22], die allerdings auch nicht vollständig aufgebracht werden konnten. Das Land war maßlos überfordert: Es gab kein einziges Gericht, das nicht verpfändet gewesen wäre. Noch weniger bewilligten die niederösterreichischen Länder, die sich dafür im Augsburger Libell gewisse Zugeständnisse der Selbstverwaltung ihrer Länder zu sichern verstanden[23]. Das Gesamtergebnis war so dürftig, daß sich der Kaiser nicht zum Heer wagte, obwohl er es wiederholt versprochen hatte[24].

Auch die Lage der Venezianer war verzweifelt. Sie dachten bereits daran, die Kirchengeräte einzuschmelzen[25], um daraus Geld zu machen. Ihr neuer Freund, der Papst, war von größten Sorgen gedrückt[26] und riet immerzu, die Signorie solle sich wenigstens mit dem Kaiser ausgleichen. Immerhin hatte der deutsche Reichstag eine mäßige Kriegshilfe gewährt; man mußte auch den Anmarsch österreichischer Truppen erwarten. Außerdem hatten französische Verstärkungen die Alpen überstiegen, weswegen das Schlimmste zu gewärtigen war. Die Venezianer bemühten sich zwar ernsthaft um einen Frieden, waren aber nicht bereit, dafür mit ihren Städten und Gebieten zu bezahlen, die sie — zu Recht oder Unrecht — seit längerer Zeit besaßen; dies um so weniger, als ihr wirtschaftlicher Lebensraum in der Levante durch die türkische Großmacht immer mehr eingeschränkt wurde. Als Großkaufleute an ständiges Risiko gewöhnt, entschlossen sie sich, den Kampf um Sein oder Nichtsein mutig und verbissen fortzuführen. Der Kaiser, der die Kriegstugend von Kaufmannsrepubliken gerne unterschätzte, hätte an Karthago denken müssen, um sich eines Besseren zu belehren.

Anfang April 1510 hatte der Kaiser die Venezianer mit einem Flugblatt[27] gegen die herrschenden Nobili aufzuwiegeln versucht und die Stadt eingeladen, die Privilegien von Reichsuntertanen zu genießen, sonst aber völlig unabhängig zu sein. Dieser Vorschlag kam für sie nicht in Frage. Vielmehr eröffneten sie die Feindseligkeiten durch Überfälle auf Verona, die jedoch an der Abwehr des Kriegsvolkes scheiterten. „Der Teufel habe das verhindert"[28], schalt der Papst.

Erst im Mai 1510 begannen die Verbündeten ihren Sommerfeldzug[29], der die Rückeroberung von Treviso und Padua zum

Ziele hatte. Der Kaiser klagte über die Verspätung der Franzosen; sie dagegen hielten ihm vor[30], daß er selbst noch immer nicht auf dem Kriegsschauplatz erschienen sei. Was kümmerten sie seine Schwierigkeiten? Sollten sie ihm seine Anteile erobern?

Der Kaiser verfügte über 9000 Knechte und 2000 Reiter[31]; der Grand Maître führte 12.000 Knechte und 1200 schwere und leichte Reiter zur Unterstützung heran[32]; gerade soviel, daß Maximilian nicht aus Verzweiflung aufgab[33]. Immer wieder mußte er Hilfeleistungen der Franzosen erbitten und erfeilschen, weil Reichstruppen völlig fehlten.

Nächstes Ziel war Vicenza, das Rudolf von Anhalt, den Maximilian zum obersten Feldhauptmann bestellt hatte, am 25. Mai 1510 erstürmte[34]. Er preßte der völlig verarmten Stadt eine Brandschatzung von 10.000 Gulden ab und ließ einen Teil der Mauern niederlegen, um den Widerstand der unverläßlichen Bürger zu brechen.

Eine Untat ungewöhnlicher Art machte damals von sich reden. Bewohner von Vicenza, auch Frauen und Kinder, die sich mit Hab und Gut in benachbarte Höhlen geflüchtet hatten und die engen Zugänge verteidigten, wurden von den Söldnern, „leibhaftigen Teufeln"[35], die vor den Höhlen Feuer anzündeten, durch den Rauch qualvoll erstickt. Wie ein Lauffeuer durcheilte die Nachricht von diesem furchtbaren Verbrechen ganz Europa. Nun wollte es niemand gewesen sein: Die Deutschen schoben es auf die Franzosen und umgekehrt. Das Haupheer rückte indes in die Gegend von Padua ab, aber der König von Frankreich wünschte nicht, diese Stadt anzugreifen, vielleicht gar für den Kaiser zu erobern.

Maximilian hatte befohlen, daß Anhalt mit Hilfe der Franzosen von Vicenza aus über die Brenta und den Piave hinweg an die Livenza vorstoße und sich bei Sacile mit den Truppen Erichs von Braunschweig vereinige[36], die vom Isonzo hätten heranmarschieren sollen. Gemeinsam sollten die Armeen die großen Festungen, zuerst Treviso, dann Padua, angreifen. Aber die Franzosen bogen nach Süden ab; anstatt das stark befestigte Padua anzugreifen[37], eroberten sie Legnago (3. Juni) und unterwarfen das Gebiet zwischen Etsch und Brenta. Aus naheliegenden Gründen ließen sie sich viel mehr die Unterstützung des Herzogs von Ferrara angelegen sein als die des Kaisers. Allzu gern hätten sie Maximilian Verona abgenommen[38]. Nachdem sie die Zitadelle bereits besaßen, hätten sie auch Castelvecchio durch Verpfändung gerne in ihre Hand gebracht, damit die ganze Stadt besetzt und den Kaiser nach Friaul abgedrängt. Aber Maximilian dachte nicht daran, diesen Hauptstützpunkt den Franzosen zu überlassen — ein beständiger Anlaß zu Verstimmungen zwischen den Bundesgenossen.

Immerhin deckten die Franzosen die Südflanke der kaiserlichen Armee, so daß Rudolf von Anhalt von Vicenza aus die Städte Cittadella, Bassano und Marostica erobern konnte[39], dann an den Piave vorstieß, Feltre und Belluno besetzte[40], außerdem die Bergfestungen von La Scala nächst Primolano nahm und damit alle Ausgänge aus den Alpen nach Oberitalien wieder freikämpfte. Aber der Vorstoß an die Livenza scheiterte am Abmarsch der Franzosen und am Truppen- und Materialmangel Erichs von Braunschweig, der vom Isonzo aus nicht westwärts vorzustoßen vermochte. Daher mußte sich Anhalt gegen Ende des Sommers allmählich auf seine Ausgangsstellungen zurückziehen, wobei das verlassene Land fürchterlich verwüstet wurde.

Die Franzosen, welche nach Süden abgerückt waren, besetzten im Juli mit Hilfe der Kaiserlichen die Bergfestung Monselice[41] und hängten die Hauptträdelsführer des Abfalles vor den Toren der Stadt Padua auf — aus Rache für ähnliche Untaten der Venezianer. Indes kamen schlechte Nachrichten aus dem Westen. Mitten in der besten Jahreszeit mußten die Franzosen nach Mailand abziehen[42], weil das Herzogtum von den Eidgenossen bedroht wurde.

An einen Angriff auf Padua und Treviso war nicht mehr zu denken. Ebensowenig waren Maximilians Pläne zu verwirklichen, Venedig von der See her gemeinsam mit der spanischen und französischen Flotte anzugreifen[43]. Vielmehr gingen im Verlaufe des Herbstes die meisten Eroberungen dieses Sommerfeldzuges wieder an Venedig verloren, unter anderem auch das wichtige Vicenza[44]. Der Kaiser hatte befohlen, das Feindesland zu verwüsten, ehe man es verließ. Dies wurde nur zu gründlich besorgt.

Auch auf dem östlichen Kriegsschauplatz war der Kaiser während des Jahres 1510 ohne Erfolg geblieben[45], obwohl Erich von Braunschweig persönlich große Opfer brachte und sogar sein eigenes Silber und den Schmuck seiner Frau verpfändete, um die Knechte besolden zu können[46]. Seine Armee zählte kaum mehr als 4000 Knechte und Reiter. Der Herzog hatte alle Nöte des

Nebenkriegsschauplatzes zu ertragen. Die Städte der niederösterreichischen Länder stellten nur wenig Truppen, und auch sie nur
auf beschränkte Zeit. Immer wieder gab es Soldschwierigkeiten,
Mangel an Verpflegung, und die Knechte konnten nur mit Mühe
bei den Fahnen gehalten werden[47]. Der Herzog mußte sich fallweise mit Zwangsaufgeboten von Bauern behelfen. Durch Han-
dels- und Durchfuhrprivilegien für Großkaufleute[48] suchte er die
nötigen Gelder aufzubringen. Er mußte froh sein, wenn es ihm
gelang, die Stellungen, vor allem das stets gefährdete Triest, zu
halten. Durch „fliegenden Krieg" verwüstete man sich gegenseitig
das offene Land. Außerhalb der Städte und Festungen gab es fast
nur mehr Wüste[49]. Fürchterlich war die Grausamkeit der Kroaten
und Albaner, der sogenannten „Stradioten", die sowohl vom Kaiser als auch von den Venezianern angeworben wurden: „Sie mor-
deten alles und machten keine Gefangenen." Keine Seite verhielt
sich besser als die andere[50]. Fürchterlich war das Los der armen
Bauern.

Der Durchstoß durch Friaul, um Anhalt an der Livenza die
Hand zu reichen und alles dazwischenliegende Land zu unterwerfen, war auch dieses Jahr nicht gelungen. Vielmehr wagten
die Venezianer bereits im Herbst, Verona in wiederholten An-
stürmen anzugreifen. Nur auf weitem Umweg konnte Herzog
Erich etwa 2000 Knechte und kroatische Husaren über Tarvis,
Oberkärnten und das Pustertal zum Entsatz heranführen[51]. Aber
nur wenige Knechte und etwa 50 Reiter erreichten, von Seuchen
verfolgt, von Streitigkeiten mit den lokalen Behörden und Soldschwierigkeiten aufgehalten, die bedrohte Stadt.

Kaum waren Anhalt und Chaumont abgezogen, vermochten
die Venezianer ihre verlorenen Städte größtenteils wieder zurückzugewinnen[52]. Auch Verona geriet gegen die doppelte venezianische Übermacht in größte Gefahr. Venezianische Reiter schwärm-
ten fast täglich bis an die Tore. Der ewige Soldmangel löste unter
den Landsknechten alle Bande des Gehorsams. Sie betrachteten
den Kriegsdienst wie einen Arbeitsvertrag: Blieb der Sold aus,
forderten sie durch Aufruhr und Meuterei ihr Geld oder verließen
kurzerhand die Fahne — ein Übelstand, der dem kaiserlichen
Heer immer wieder zu schaffen machte.

Die allgemeine Verwirrung wuchs, als der oberste Befehlshaber, Rudolf von Anhalt, an der Lagerseuche starb[53]. Nun setzte
man Hoffnung auf die Ankunft Herzog Erichs. Aber auch er ver-

fügte nicht über die nötigen Soldgelder. Die unzufriedenen Knechte stürmten Kirchen, Klöster und Läden. Herzog Erich und Bischof Georg von Trient wurden in ihren Häusern belagert. Müsse er noch einmal Musterung halten, werde er zur Vorsicht einen zweiten Kopf mitnehmen, meinte der Herzog bitter. Die Venezianer rechneten bereits, daß sich die aufsässige Bürgerschaft gegen die Kaiserlichen erheben werde. Aber ein Überfall, den die venezianische Armee im September 1510 versuchte, schlug fehl[54].

Herzog Erich hatte genug; seine Dienstzeit war abgelaufen[55]. Obwohl er eigene Mittel eingesetzt hatte, wurde sein Vertrag nicht verlängert, so daß er empört abreiste[56]. Wenige Tage später verließen auch die spanischen Hilfstruppen Verona[57], um den Papst gegen die Schismatiker zu unterstützen, wie man hörte.

Nach dem Abzug dieser Verbände versuchten die Venezianer im November 1510 einen zweiten Überfall auf die Stadt[58] und führten gleichzeitig Fesselungsangriffe gegen La Scala und Kofel. Rettung brachte diesmal der Grand Maître, der mit seinen Franzosen zum Entsatz von Verona heranmarschierte. Er übernahm die Hälfte der unbesoldeten deutschen Knechte in seine Dienste und versuchte, durch laufende Verpfändungen allmählich die ganze Stadt in seine Hand zu bringen, was allerdings nicht gelang. Verona war innerhalb von zwei Kriegsjahren völlig ausgeplündert worden. Scharenweise verließ die Bevölkerung die umkämpfte Festung und fragte sich verzweifelt, ob es des Kaisers Wille sein könne, ihre schöne Stadt ganz zu verderben. Sehnsüchtig wünschte man sich die Zeiten der venezianischen Herrschaft zurück.

Inzwischen hatte auch der Papst offen in den Krieg eingegriffen, nachdem er ihn klug vorbereitet glaubte. Am 25. Mai 1510 war zu Lyon der französische Kardinalminister d'Amboise gestorben[59], der einflußreiche Ratgeber Ludwigs XII., Freund des Bündnisses mit Habsburg und Antreiber der neuen französischen Italienpolitik. Der Papst und die Kurie jubelten. Hätte d'Amboise länger gelebt, würde er die französische Armee nach Rom geführt haben, meinte sein Nachfolger Robertet. Ludwig XII., seines ebenso klugen wie tüchtigen Kardinalministers beraubt, schien eine Zeitlang unsicher zu zögern. Um so entschiedener trat Papst Julius II. nun gegen Frankreich auf. Dank der Hilfe Schiners, des Bischofs von Sitten, war es dem Papst gelungen, die Eidgenossen für gutes Geld zur „Verteidigung der Kirche" gegen Frankreich zu gewinnen[60]. Der Papst hatte gewaltige Geldmittel für den erwarteten Krieg angesammelt[61].

An drei Seiten wollte er die Franzosen fassen: Die venezianisch-päpstliche Flotte sollte Genua angreifen und die Stadt zum Abfall von Frankreich bewegen, während die Eidgenossen in das Herzogtum Mailand einmarschierten und den Grand Maître Chaumont zum Rückzug aus dem Gebiet von Padua und Verona zwangen. Die Venezianer hingegen sollten dem Kaiser alle seine Eroberungen, vor allem Verona, wegnehmen und ihn aus Italien vertreiben. Mit dem Herzog von Ferrara glaubte der kriegslustige Papst allein fertigzuwerden. Man fürchtete sogar, Julius II. wolle mit Hilfe des von ihm aus venezianischer Gefangenschaft befreiten Markgrafen Gian Francesco auch Mantua in seine Hand bringen. Wo immer die päpstlichen Agenten auftraten, nannten sie ihren Herrn den Papst-Kaiser „Julius Cäsar" und verkündeten die „Freiheit Italiens und die Vertreibung der Franzosen"[62]. War es so überraschend, daß umgekehrt der Kaiser auf den Gedanken kam, sich selbst als Papst anzupreisen?

Aber der Plan des Papstes mißlang. Maximilian bedrohte die Schweizer mit dem Reichskrieg und vermochte sie von der Unterstützung Venedigs und des Papstes zurückzuhalten[63] — ein bedeutender Dienst, den er dem König von Frankreich erwies. Vor Ärger darüber sei der Papst fast gestorben. Auch der Angriff gegen Genua unterblieb. Der Kaiser, die Franzosen und der Herzog von Ferrara vermochten ihre Stützpunkte zu behaupten. Nur Modena, ein Reichslehen, konnten die Päpstlichen erobern.

Nachdem die Schweizer sich über das Gebirge zurückgezogen hatten, stieß Chaumont, um Julius II. einzuschüchtern, sofort gegen Bologna[64] vor. Wie so oft, begab sich der Papst selbst auf den Kriegsschauplatz, um seine Truppen anzufeuern und das Herzogtum Ferrara — obwohl Reichslehen — dem Kirchenstaat einzuverleiben. Der alte Feuerkopf, zwischendurch so schwer krank, daß man zeitweilig mit seinem Tode rechnete, erschien im September 1510 in Bologna und vermochte hier der Belagerung durch Chaumont standzuhalten, wobei ihn überraschenderweise der kaiserliche Gesandte Dr. Veit Fürst wirksam unterstützte. Angeblich rühmte er sich, den Papst gerettet zu haben, weswegen ihn der Kaiser ernstlich tadelte[65].

Julius II. versuchte nach wie vor, das Bündnis des Kaisers mit dem König von Frankreich zu sprengen und ihn mit der Signorie von Venedig zu versöhnen. Zu diesem Zweck waren im Sommer 1510 der Gesandte Areniti zum Kaiser und Dr. Veit Fürst zum Papst[66] gegangen. Maximilian bot sogar eine persönliche Zusammenkunft in Rom oder in Bologna an. Gerne hätte der Kaiser die alte Liga von Cambrai, das Bündnis aller Mächte gegen Venedig, wiederhergestellt, um die Republik zum Nachgeben zu zwingen. Er wolle die alten Freundschaften treu halten; einen Frieden mit Venedig könne es für ihn nur auf Grund der Abtretungen von Cambrai geben. Aber zwischen den Gebietsforderungen des Kaisers und den Weigerungen der Signorie vermochte auch Julius II. keinen Ausgleich zu finden. Da sich die Verhandlungen in die Länge zogen, fühlte sich der Kaiser vom Papst hingehalten, während ihn die Franzosen mit großartigen Angeboten überhäuften. Mißtrauisch verhandelte der Kaiser langehin gleichzeitig mit beiden Seiten. Nach den Enttäuschungen des Sommerfeldzuges von 1510 wäre er einer Verständigung nicht ganz abgeneigt gewesen. Als ihm aber die Venezianer die bescheidenen Eroberungen dieses Sommers wieder abnahmen und außerdem Verona bedrohten, sandte er Matthäus Lang, „der die Dinge besser kannte als jeder andere", den entschiedenen Vertreter des französischen Bündnisses, als Sondergesandten nach Frankreich ab, um die alte Liga noch fester zu knüpfen[67].

Vergebens versuchte Julius II., Lang durch das lockende Angebot des Kardinalspurpurs[68] von der französischen Politik abzubringen. Aber des Kaisers „allmächtiger Rat" war „schwierig". Mehr als alle andern hielt er an der Liga von Cambrai, die er eigentlich begründet hatte, und am französischen Bündnis fest. Er wußte auch seinen Herrn darauf festzulegen. Der Kaiser — „dieser Hammel", wie ihn der leidenschaftliche Papst öfter schalt[69] — brach die Verhandlungen ab und war nicht mehr bereit, den Gesandten Areniti zu empfangen. Ja, er nahm sogar eine persönliche Zusammenkunft mit dem König von Frankreich in Aussicht[70], um sich seiner zu vergewissern, da er ihm immer noch jede Art von Verrat zutraute[71].

Ludwig XII. war längst auf den Gedanken verfallen, Julius II., der Kirchenbann und Interdikt so oft mißbraucht hatte, selbst mit „geistlichen Waffen" anzugreifen. Man kannte die starke Opposition gegen diesen Papst innerhalb des Kardinalkollegiums[72]. Der König von Frankreich konnte sich nicht nur der französischen und deutsch gesinnten Kardinäle, sondern auch mancher Italiener sicher sein und berief im September 1510 eine Synode der gallikanischen Kirche nach Tours[73], woran er selbst teilnahm, um das Vorgehen gegen den Papst zu beraten. Mit Ungeduld erwartete man die Ankunft Matthäus Langs, des kaiserlichen Bevollmächtigten, der am 27. September feierlich empfangen wurde[74]. Bereits anderntags faßte die Synode — wohl unter dem Einfluß Langs — eher vorsichtige Beschlüsse: Zwar wurde der Papst förmlich angeklagt, aber man wolle ihn nur zu Frieden und Eintracht und zur Einberufung eines Konzils bewegen; erst wenn er nicht darauf eingehe, wolle man nächstes Jahr in Lyon über ein allgemeines Konzil beraten.

Die Kirchen- und Papstfrage begann auch die deutsche Öffentlichkeit in steigendem Maße zu beschäftigen. Maximilian ließ von Jakob Wimpfeling ein kirchenpolitisches Gutachten[75] über eine Pragmatische Sanktion nach Art der französischen ausarbeiten. Er dachte an die verlockende Möglichkeit, die deutschen Kirchengelder einzuziehen und damit ihren Abfluß nach Rom zu sperren.

Wichtiger waren die Bündnisverhandlungen[76] mit dem König von Frankreich, die sich sechs Wochen hinzogen. Immer noch hofften beide Herrscher, den Papst zur Liga zurückzuzwingen; für das treulose Verlassen des Bündnisses sollte er ein Strafgeld bezahlen. Erst wenn alles nichts nütze, wollte man gegen den Papst Gewalt gebrauchen. Aber König Ferdinand bestärkte den Widerstand Julius' II. und zog sogar die spanischen Truppen von Verona ab. Alle Vorstellungen des Kaisers nützten nichts.

Am 17. November erneuerte Matthäus Lang zu Blois die alte Liga[77]. Ludwig XII. versprach dem Kaiser im nächsten Jahr 10.000 Knechte und 1200 Reiter gegen Venedig; er solle die zugesprochenen Städte und Herrschaften endlich erhalten. Als Herzog von Mailand werde ihn der König von Frankreich zur Kaiserkrönung nach Rom begleiten und ihn zum „größten Kaiser nach Karl dem Großen machen"; wenn alle andern ihn verließen, wolle er ihm helfen mit allen seinen Kräften als wahrer Freund, Bruder und Bundesgenosse. Solche Töne pflegte der König jedesmal anzuschlagen, wenn er für den Bestand des Bündnisses fürchtete. Die Liga solle nicht nur für ihre Lebenszeit geschlossen sein, sondern auch für ihre Nachfolger gelten. Tatsächlich war sie innerhalb Jahresfrist wertlos. Auch war es kein Vierbund wie die große Liga von Cambrai, sondern nur ein Zweibund zwischen dem

Kaiser und dem König von Frankreich; für beide eine lustlose Sache.

Der mißtrauische Kaiser aber, für Schmeicheleien dieser Art nicht ganz unempfänglich, unterstützte dafür den französischen Kirchenkampf mit der ihm eigenen polternden Leidenschaftlichkeit und wetterte gegen den Papst, diesen reißenden Wolf („lupus rapax"), der alles Göttliche und Menschliche zuschanden mache; ohne Spur von Gottesfurcht stürze dieser grausame Tyrann die Christenheit in Unruhe, lechze nach Christenblut und ziehe beide Schwerter, das geistliche und das weltliche, ohne Unterschied gegen alle; kein Versprechen, keine Treue, keine Religion halte er. Man solle sofort ein allgemeines Konzil berufen, denn sonst gerieten der Apostolische Stuhl und die christliche Religion in Gefahr[78]. Der Kaiser und der König von Frankreich sollten sich auf einen guten Nachfolger einigen, der das Schifflein Petri besser lenke als seine Vorgänger.

Hatte Julius II. den König von Frankreich bereits am 14. Oktober mit dem Kirchenbann belegt, so hielt er sich dem Kaiser gegenüber etwas vorsichtiger zurück: Er sei ein dummer Hammel, nicht einmal imstande, mit einem Fäßchen Wein fertig zu werden — der trinkfeste Papst spielte dabei offenbar auf Maximilians sprichwörtliche Nüchternheit an —, geschweige denn mit größeren politischen Geschäften[79]. Die Brücken zum Kaiser wünschte Julius II. offenbar nicht ganz abzubrechen, hoffte er doch immer noch, ihn für sich zu gewinnen.

Maximilian aber war damals militärisch und finanziell ganz von Frankreich abhängig und von seinen Kriegszielen, der Niederwerfung Venedigs, der Eroberung Paduas, Trevisos und Friauls, weiter denn je entfernt. Er dachte immerfort an seine Kriegsehre[80], an Schmach und Schande einer möglichen Niederlage. All das, was ihm der Reichstag an Hilfe versagte, hoffte er am ehesten von der Unterstützung Ludwigs XII. zu erhalten, der ihn bald mit großartigen Versprechungen, bald mit Schmeicheleien bedachte und für kommenden Sommer das ersehnte siegreiche Ende dieses Krieges vorgaukelte. Immerhin waren der Kaiser und Lang vorsichtig genug, sich in Blois das Recht zu weiteren Verhandlungen mit dem Papst offenzuhalten, um die alte Liga von Cambrai wieder zum Leben zu erwecken, den allgemeinen Frieden der Christenheit und den „Türkenzug" vorzubereiten. Zu tief saß das Mißtrauen, als daß sich der Kaiser einzig auf Frankreich ganz und gar verlassen hätte.

Zu Jahresende 1510 starb nach längerem Siechtum, selbst von ihrem Gemahl fast unbemerkt, Kaiserin Bianca Maria[81], die sich seit dem Ausbruch des Krieges für den Frieden mit Venedig und die Rückeroberung Mailands aus der Hand der Franzosen einge-setzt hatte. Aber ihr Einfluß galt wenig oder nichts.

Maximilian versuchte, sich angesichts der beständigen Schwierigkeiten und Rückschläge, die ihm nicht einmal das Erscheinen auf dem Kriegsschauplatz erlaubten, mit Aufträgen für die Genealogie seines Hauses und die künstlerische Gestaltung seines Grabmals abzulenken. Mehr als sonst gab er sich dem Jagdvergnügen hin und, wenn man venezianischen Stimmen glauben darf, auch den Frauen[82].

Julius II. hatte offenbar das Wunder gewirkt, das niemand von ihm erwartete: den Feldzug gegen Ferrara und Mirandola auch während des Winters fortzusetzen[83]. Ohne Rücksicht auf sein hohes Amt hatte der Papst persönlich die Beschießung von Mirandola geleitet und die Stadt am 20. Januar 1511 erobert[84]. Um den Kaiser zu gewinnen, überließ er ihm das Reichslehen Modena[85], einerseits um es gegen den Zugriff der Franzosen zu sichern, anderseits um deren Mißtrauen gegen Maximilian zu schüren. Veit von Fürst zog als Statthalter in Modena ein und nahm die Stadt für das Reich in Besitz[86] — zum größten Ärger der Franzosen.

Spannungen gab es unter den Verbündeten in der Tat genug: Während die Franzosen nicht verstehen konnten, daß der Kaiser den deutsch-venezianischen Handel freigab[87] und damit Venedig begünstigte, klagte Erzherzogin Margarethe immerfort über die französische Truppenhilfe für Karl von Geldern. Maximilian, auf der Suche nach einem günstigen Frieden, schwankte zwischen Frankreich und dem Papst.

Als Julius II. beharrlich auf einen Besuch Langs drängte, der bisher am französischen Hof verhandelt hatte, fürchtete der Kaiser, die Empfindlichkeit Ludwigs XII. zu reizen, und fand daher den Ausweg, einen Gesandtenkongreß der Verbündeten von Cambrai im Frühjahr 1511 in Mantua anzuregen. Vielleicht würde es möglich sein, die Liga, die sich inzwischen aufgelöst hatte, wieder zusammenzubringen und mit ihrer Kriegshilfe den allgemeinen Frieden auf Kosten Venedigs wiederherzustellen. Sogar Ungarn werde in den Krieg eintreten und Dalmatien erobern — eine törichte Hoffnung! Die letzten Mittel wollte Maximilian aus seinen Erbländern herausholen, um ans Ziel zu kommen[88]. Wie sehr er auch den Frieden wünschte, noch war er nicht bereit, den Venezianern dafür größere Zugeständnisse zu machen. Serntein und Lang unterstützten ihn bei dieser harten Politik[89].

Aber der König von Frankreich gab sich über die Möglichkeiten eines allgemeinen Friedens, insbesondere über die Haltung des Papstes, keiner Täuschung hin und riet vielmehr, der Kaiser solle dem Papst einfach die deutschen Kirchengelder sperren; dann werde er beigeben. Ein Friede mit Venedig sei am ehesten zu erreichen, wenn Maximilian auf die eine oder andere ihm zugesprochene Stadt verzichte, deutete man ihm durch die Blume an. Vor allem müsse Ferrara gegen den Papst in Schutz genommen werden. Lang solle den Kaiser vertreten. Komme der Friede nicht zustande, müsse man das allgemeine Konzil versammeln. Wie wenig mochte sich Ludwig XII. vom Papst erwarten, da er doch in Mantua auch den skandalösen Lebenswandel Julius' II. zu beraten[90] wünschte.

König Ferdinand versprach, die Sache des Kaisers zu unterstützen, empfahl ihm aber nachdrücklich einen Frieden mit den Venezianern und lehnte als „Lehensmann der Kirche" jede Kriegshandlung gegen den Papst ab[91]. Ziel müsse ein allgemeiner Friede sein, damit die Christenheit ihre Waffen gegen die Türken wenden könne. Der Katholische König war der entschiedenste Gegner des französischen Schismas.

Julius II. kam es darauf an, zunächst die Franzosen, dann der Reihe nach alle anderen „Barbaren" aus Italien zu vertreiben[92]. Er versuchte daher, den Kaiser von Ludwig XII. zu trennen, und wurde dabei wie stets von Spanien unterstützt. Den kaiserlichen Gesandten Lang hoffte sich der Papst wohl zu kaufen. Er sollte sich täuschen. Lang versuchte vielmehr, den Papst mit dem Franzosen auszusöhnen, die alte Liga gegen Venedig wiederherzustellen, vielleicht auch England dafür zu gewinnen und die Anteile des Reiches in Italien durch friedliche Verhandlungen zu sichern. Paul von Liechtenstein wollte an einen Erfolg Langs in dieser schwierigen Sache kaum glauben.

Maximilian kannte seinen vertrauten Rat und geheimen Sekretär und mochte hoffen, daß er alles „vite et sancte" lösen werde[93]. Am 12. März 1511 traf Lang mit großem Gefolge, begleitet vom spanischen Gesandten und vom Markgrafen Giovanni Gonzaga, in Mantua ein[94], wo allmählich auch Gesandtschaften Frankreichs, Englands, Schottlands u. a. sich einfanden. Aber noch ehe die Verhandlungen recht begonnen hatten, ließ der Papst bestellen, daß er mit Lang allein in Bologna verhandeln wolle. Obwohl der Gurker im Interesse des Kaisers einen Frieden gewünscht hätte[95] und besonders von den spanischen Gesandten dahin gedrängt wurde, versprach er sich von den Verhandlungen wohl nicht allzu viel und war keineswegs bereit, sich hinhalten zu lassen und den Vormarsch der französischen Armee gegen Bologna zu behindern. Keinesfalls durfte er Ludwig XII. bedingungslos preisgeben.

So ging Lang im engen Einverständnis mit dem französischen Gesandten, dem Bischof von Paris, nach Bologna, wo er am 10. April 1511 vom Papst besonders feierlich empfangen wurde[96], obwohl er sich das wegen des Mißtrauens der Franzosen verbeten hatte. Vorher war er in geheimer Audienz empfangen worden, wobei ihm Julius II. die Kardinalswürde und das Patriarchat Aquileia antrug; die Venezianer boten ihm angeblich 10.000 Gulden für den Frieden und eine Jahrespension von 4000 Gulden[97]. Aber Lang wies alles zurück, denn er „hatte einzig das Wohl und die Ehre seines Kaisers im Auge". Er „stand gerade wie eine Kerze". Allerdings hatte ihn Maximilian vorher vorsorglich mit einer „merklich suma begnadet"[98].

Wahrscheinlich vermochte Lang den päpstlichen und venezianischen Angeboten nicht zu trauen. Der Papst wollte offenbar keinen Frieden mit Frankreich und nur Ferrara behalten; den Kaiser von Frankreich trennen und schließlich beide aus Italien vertreiben.

Am folgenden Tag erschien der Bischof von Gurk in weltlichen Kleidern zur üblichen öffentlichen Audienz vor dem Papst und dem versammelten Konsistorium. Überraschenderweise erregte er, dessen diplomatische Klugheit allerorten gelobt wurde, in Bologna durch sein hochfahrendes Auftreten immer wieder Ärgernis und Aufsehen. Entgegen der Empfehlung des Zeremonienmeisters weigerte er sich beharrlich, die weltliche Kleidung mit der geistlichen zu vertauschen; wohl, um von vornherein jede kirchliche Rücksicht gegenüber dem Papst auszuschließen. Lang forderte in öffentlicher Rede Verona und Vicenza für den Kaiser; Padua und Treviso als Reichslehen gegen hohe Lehenstaxe und jährlichen Tribut für Venedig; Friaul als Reichslehen für den Patriarchen von Aquileia[99]; angeblich 700.000 Dukaten Kriegsentschädigung und Schadenersatz. Für die Venezianer standen die Erwerbungen von mehr als hundert Jahren auf dem Spiele.

Julius II. weigerte sich „mit teuflischer Hartnäckigkeit", wie Lang berichtete, Venedig im Stich zu lassen oder auf Ferrara zu verzichten. Anderseits zeigte sich auch Lang unnachgiebiger denn je[100], offenbar weil er der ganzen Sache mißtraute. Als der Papst drei Kardinäle bestellte, die Verhandlungen fortzuführen, bestimmte Lang drei seiner Edelleute, denn es sei für den Stellvertreter des Kaisers nur möglich, mit dem Papst persönlich zu verhandeln[101] — und zwar sitzend und bedeckten Hauptes. Der Zeremonienmeister Paris de Grassis meinte verärgert: „Er ist ein Barbar und handelt wie ein Barbar."

Lang hatte offenbar das Gefühl, vom Papst nur hingehalten zu werden, und legte es daher wohl auf einen raschen Abbruch der Verhandlungen an[102]. Der Kaiser habe der Welt bewiesen, daß er den Frieden ehrlich suche. Er hatte den Papst und König Ferdinand gezwungen, Farbe zu bekennen, außerdem Zeit für die nötigen Rüstungen gewonnen[103]. Nun galt es rasch zu handeln[104]. Ludwig XII. drängte, und die französische Armee befand sich in zügigem Vormarsch auf Bologna. Lang empfahl seinem Kaiser, dem Papst die deutschen Kirchengelder zu sperren, rasch Truppen zu sammeln und persönlich in Italien zu erscheinen, denn nun gelte es, den Venezianern und Päpstlichen mit den Waffen zuvorzukommen.

Da die Hauptfragen nicht gelöst werden konnten, ließ sich Lang auf kleinere Angelegenheiten gar nicht mehr ein. Er hatte den Eindruck, daß der Papst nur gegenüber der vorrückenden französischen Armee Zeit gewinnen wollte und keine Aussicht auf einen echten Frieden bestand[105]. Bereits nach vierzehn Tagen, am 25. April, verließ Lang die Stadt Bologna[106], während sein Gefolge den Zuschauern herausfordernd zurief: „Es lebe der Kaiser, es lebe Frankreich, es leben die Bentivogli."[107] Bald verbreitete sich das Gerücht, man werde den Papst vor ein allgemeines Konzil laden und absetzen. Das waren keine leeren Worte. Die Franzosen waren von Lang begeistert und priesen ihn bei ihrem König „wie den lieben Gott". Auch Ludwig XII. lobte dessen „bekannte Treue" und war sehr zufrieden.

Es fragt sich allerdings, ob Lang in Bologna nicht doch eine Gelegenheit versäumte, früher und günstiger aus diesem verheerenden Krieg zu kommen, als es später möglich sein sollte. Paul von Liechtenstein, der wie alle Finanzräte des Innsbrucker Regimentes den Frieden wünschte, gewann den Eindruck, daß der französenfreundliche Gurker für diese Friedensverhandlungen vielleicht doch nicht der richtige Mann gewesen sei[108].

Der Mißerfolg von Bologna festigte die Verbindung zwischen dem König von Frankreich und dem Kaiser, der den französischen Feldzug in der Romagna und den Kirchenkampf gegen Julius II. nun unterstützte, zumal es ihm gelungen war, Ludwig XII. einen dringend nötigen Vorschuß von 100.000 Kronen zu entlocken[109]. Man hatte sich allzu billig an Frankreich verkauft.

Der Bischof von Gurk verhandelte nun mit dem französischen Gesandten in Modena über die Vorbereitung eines allgemeinen Konzils[110]. Angesichts der „Verderbtheit des Papstes" seien der Kaiser und der König von Frankreich berechtigt, ein Reformkonzil zu berufen. Bereits am 16. Mai 1511 wurde auf Grund von Edikten des Kaisers und des Königs von Frankreich von den schismatischen Kardinälen für den 1. September ein Konzil nach Pisa einberufen[111]. Spanien und England lehnten allerdings ab.

Ein ungeheuerlicher Plan, in den sich der Kaiser durch Ludwig XII. und nicht zuletzt durch seinen vertrauten Ratgeber, den Bischof von Gurk, hineinreißen ließ. Würde die deutsche Kirche ihm ins Schisma folgen? Konnte es ihm Vorteil bringen, ein französisches Konzil, vielleicht gar einen französischen Papst zu unterstützen? Bald begann der Kaiser zu zögern und sich vom Schisma zurückzuziehen.

Der Krieg näherte sich nun einem neuen Höhepunkt: Rasch stürmte Trivulzio, der dem inzwischen verstorbenen Grand Maître als Führer der Franzosen folgte, gegen die päpstliche Armee vor, eroberte Concordia und näherte sich Bologna. Jörg von Frundsberg begleitete das Unternehmen mit etwa 1800 kaiserlichen Knechten — weniger als Maximilian versprochen hatte. Ein Volksaufstand öffnete den Franzosen die Tore der Stadt und führte die Bentivogli zurück (22. Mai 1511)[112], keineswegs zur reinen Freude des Kaisers, der Bologna als Reichslehen stets für sich gefordert hatte. Die bronzene Ehrenstatue des Papstes, von Michelangelo 1508 geschaffen, wurde vom empörten Volk zertrümmert. Die Franzosen feierten ihren Erfolg wie die Eroberung von Mailand oder den Sieg von Agnadello. Die päpstliche Armee hatte auf der Flucht viele Gefangene, Artillerie, Gepäck und Fahnen zurücklassen müssen. Julius II. fand allerorten an den Kirchentüren die Vorladung zum Konzil und schwere Vorwürfe gegen seine Kirchenpolitik angeschlagen.

Der Kirchenstaat wäre nun dem Vormarsch der Franzosen offengestanden, aber der König von Frankreich dachte nicht daran, Maximilian jetzt, wie er es versprochen hatte, zur Kaiserkrönung nach Rom zu führen. Trivulzio hielt seine Truppen an[113], und Ludwig XII. suchte seinen Frieden mit dem geschlagenen Papst. Allerdings vergebens.

Das Mißtrauen und der Zorn der Franzosen gegen den Kaiser waren nicht unbegründet. Veit von Fürst, Maximilians Statthalter in Modena, hatte inzwischen auch das von den Päpstlichen geräumte Mirandola für den Kaiser in Besitz genommen[114] und den Franzosen sogar Bologna streitig zu machen versucht, ohne daß größere kaiserliche Verbände mitgekämpft hätten. Die Parteigänger des Kaisers wünschten nun ganz allgemein, daß Maximilian in Italien erscheine[115]; durch einen Waffenerfolg könne der Krieg rasch beendet werden; sonst würden die Franzosen vielleicht ganz Italien an sich reißen. Man müsse die Rückschläge des Papstes und der Venezianer ausnützen, ehe sie wieder zu Kräften kämen. Zwischen Verona und Rom wolle sich jedermann dem Kaiser unterstellen[116]. In der Tat hätte man in den oberitalienischen Städten die milde und sehr ferne Reichsherrschaft den lokalen Tyranneien oft vorgezogen.

Aber die kaiserliche Armee stand mehr als jämmerlich da. Maximilian hatte diesmal darauf verzichtet, einen Reichstag einzuberufen, und die Stände einfach „mit ganzer Macht" nach Trient aufgeboten[117]. Aber weder der Augsburger Anschlag von 1510 war eingegangen noch irgend jemand gerüstet in Trient erschienen. Ungehört verhallte Sebastian Brants pathetischer Aufruf „An Deutschlands heilige Fürsten, die Sprossen des göttlichen Teut". Das Reich stand diesem Krieg völlig teilnahmslos gegenüber. Wie stets mußte der Kaiser auch diesmal seinen Feldzug mit österreichischen Pfändern und Fuggerschen Darlehen finanzieren, wofür Jakob der Reiche in den Adelsstand erhoben wurde[118].

Wieder sollte vor allem Tirol leisten, was das Reich versagte. Auf dem Innsbrucker Juni-Landtag 1511 hatten die Tiroler Stände das Landlibell[119] beschlossen, das für den Notfall je nach Bedarf die Aushebung von 1000, 5000, 10.000 oder 20.000 Mann und deren Verteilung auf alle Landstände und die Bistümer Brixen und Trient vorsah; außerdem hatte der Landesfürst für Lieferung und Fütterung zu sorgen. Allerdings durfte er ohne Zustimmung der Stände mit Tiroler Mannschaften keinen Krieg führen — vor allem nicht außer Landes. Damit hatte dieser Krieg ein Grundgesetz hervorgebracht, das dem Tiroler Volk durch Jahrhunderte sein eigentümliches Gepräge gab. Für das Jahr 1511 bewilligte der Landtag 5000 Mann. Aber konnte der Kaiser hoffen, allein mit seinen Tirolern und den wenigen Innerösterreichern den Krieg gegen die venezianische Großmacht erfolgreich zu beenden[120]?

Die Lage in Verona, dem Hauptstützpunkt der kaiserlichen Armee, war geradezu verzweifelt. Ständig fehlte es an Geld, Kriegsknechten, Verpflegung und Material. Die außerhalb der Mauern streifenden venezianischen Truppen verhinderten Anbau und Ernte. Die kaiserlichen Knechte plünderten nicht selten die wenigen Marktfahrer und Läden, um ihren Hunger zu stillen. Die Reste der Bevölkerung aber verließen die verödete Stadt, denn eine Fieberseuche, „die Pest", die während des ganzen Jahres in der Stadt wütete, raffte mehr als 10.000 Menschen, ein Drittel der gesamten Bevölkerung, hinweg. Und dies sollte der Aufmarschraum für die Kampftruppen sein?

Hätte der Kaiser über eine schlagkräftige Armee verfügt und den französischen Großangriff gegen die Romagna im Frühjahr 1511 für sich nützen können, wäre ihm ein Erfolg sicher gewesen. So aber mußte er aus Mangel an Mitteln wieder einmal die beste Zeit verstreichen lassen und konnte erst mit großer Verspätung den Sommerfeldzug 1511 eröffnen. Auch diesmal wandte er sich mit einem Aufruf an das Volk von Venedig: Es solle sich gegen die unersättliche Habsucht der herrschenden „gentil homeni" erheben und die uralte Knechtschaft abschütteln[121]. Der Aufruf verhallte wirkungslos.

Maximilian bestellte Gian Francesco Gonzaga zum Generalkapitän aller kaiserlichen Truppen in Italien[122] und gab ihm Kasimir von Brandenburg, Giovanni und Ludovico Gonzaga, Hoyer Grafen von Mansfeld, Wilhelm von Rogendorf, Georg von Liechtenstein, Jörg von Frundsberg und Antonio de Moris als Hauptleute zur Seite.

Erst im August konnte der Angriff gegen die venezianischen Stellungen zwischen Etsch und Piave begonnen werden[123]. Entgegen wiederholten Versprechungen war der König von Frankreich auch dieses Jahr daheimgeblieben. Maximilian dagegen leitete von Trient und Pergine aus die Kampfhandlungen, von denen er sich offenbar ein glückliches Ende des Krieges erhoffte[124]. Unermüdlich versuchte er Truppen heranzuführen[125]; die nahegelegenen

Pässe, La Scala und Kofel, sollten geöffnet werden, um den Nachschub sicherzustellen. Im Herbst gelang es den kaiserlichen Truppen auch, Peutelstein, Pieve und das ganze Cadore zu erobern[126].

Das verbündete Hauptheer, insgesamt etwa 10.000 Knechte und über 3000 Reiter — weit weniger als der König von Frankreich versprochen hatte —, eroberte sehr rasch das völlig verwüstete und ausgeplünderte Vicenza zurück[127] und verfolgte die Venezianer bis über den Piave. Dort trennten sich Deutsche und Franzosen. La Palice schwenkte gegen Padua ab[128], um diese Festung in Schach zu halten und die südliche Flanke zu sichern. Liechtenstein stieß mit großem Schwung gegen Friaul vor und warf ohne Erbarmen alles nieder[129], was offenen Widerstand wagte. Den fehlenden Sold für die Knechte hatten die Hauptleute durch Brandschatzung und Plünderung aus der Bevölkerung herauszupressen[130].

Die venezianische Armee vermied jede offene Feldschlacht, räumte die großen Städte, wie Pordenone, Udine, Cividale und Gradisca[131], und zog die Besatzungen auf die Linie Treviso—Padua zurück, um die Hauptstadt Venedig zu decken. Auch die venezianischen Truppen waren seit Monaten ohne Sold, so daß die angeworbenen Stradioten auszureißen begannen. Hätte der Kaiser nur etwas mehr Geld gehabt, sie der Signorie abzuwerben! Er würde seine Armee rasch verstärkt und den Krieg gewonnen haben[132]. In übergroßem Optimismus schrieb Maximilian von Pergine aus dem Frankfurter Rat über seine großen Waffenerfolge: Das Heer ziehe gegen Venedig, um dort ein Johannisfeuer abzubrennen, da man schon lange keines gemacht habe[133]. In der Tat konnten die Kaiserlichen im September/Oktober 1511 ohne allzu große Mühe ganz Friaul und die Ausgänge aus dem Gebirge besetzen.

Aber Treviso, das die Verbindung zwischen Verona und Friaul ständig gefährdete, konnte sich als Vormauer von Venedig behaupten, als Franzosen und Kaiserliche die Stadt Anfang Oktober mit vereinten Kräften im ersten Anlauf zu nehmen hofften[134]. Sie täuschten sich, denn die Venezianer hielten die Festung mit 3500 Knechten und etwa 700 Reitern fest in ihrer Hand. Nach erfolgloser Beschießung brachen die Franzosen schon am 14. Oktober die Belagerung ab: Sie hätten nie eine so starke Festung gesehen.

Ludwig XII. hatte seine Truppen abberufen, weil inzwischen der Abschluß der neuen Heiligen Liga zwischen dem Papst, Venedig, Spaniern und Eidgenossen bekannt geworden war. Trotz schlechten Wetters begannen sich die Schweizer bereits in Varese zum Vorstoß gegen Mailand zu sammeln[135], so daß die Franzosen den Verlust dieser Stadt und des Herzogtums befürchten mußten. Der Kaiser war über den plötzlichen Aufbruch seiner Bundesgenossen sehr erbittert[136]. Wieder war ein Kriegsjahr ergebnislos abgelaufen, die französische Hilfe weit hinter den Versprechungen zurückgeblieben und das Ende des Krieges in weiter Ferne. Dagegen hatte Ludwig XII., wie der Kaiser genau wußte, die Rebellen in Geldern heimlich unterstützt.

Ernsthaft mußte sich Maximilian fragen, ob nicht doch der Ausgleich mit Venedig und dem Papst, der im Frühjahr vertan worden war, bessere Aussichten auf einen ehrenhaften Frieden biete. Wo sollte er die Truppen für ein weiteres Kriegsjahr hernehmen? Um seine schwache Kriegsmacht durch rittermäßige Freiwillige zu verstärken, erneuerte er den Orden vom St.-Jörgen-Schild[137]. Vielleicht würde der reichsritterliche Kriegseifer und die Heeresmacht des Schwäbischen Bundes einigermaßen ersetzen, was ihm der Reichstag versagte.

Die neue Heilige Liga und die vollständige Trennung des Papstes, der Spanier und Eidgenossen von Frankreich und dem Kaiser ließen für das nächste Kriegsjahr nichts Gutes erwarten. Auch der Kirchenkampf und das schismatische Konzil von Pisa erregten vor allem bei den geistlichen Reichsständen eher Mißbilligung. Der letzte Feldzug, vor allem der Rückschlag vor Treviso, hatte die Gegensätze zwischen Kaiserlichen und Franzosen noch mehr entfacht. Die kaiserlichen Kassen waren völlig erschöpft, die Zuversicht auch bei der höfischen Kriegspartei mehr und mehr im Sinken und die allgemeine Stimmung eher verzweifelt. Männer wie Paul von Liechtenstein, Michel von Wolkenstein und Serntein sahen das Heil einzig in einem baldigen Friedensschluß[138], zumal man wußte, daß auch der König von Frankreich mit dem Papst und Venedig verhandelte und heimlich die Venezianer begünstigte[139]. Der Kaiser mußte zusehen, nicht zwischen alle Stühle zu stürzen. Auch Erzherzogin Margarethe drängte zum Frieden und empfahl dem Vater, sich dabei seiner „wahren" Freunde, Englands und Aragons, als Vermittler zu bedienen[140].

Bereits Ende Oktober trafen Alarmnachrichten ein, die Venezianer bedrohten wiederum Cadore und Val Sugana[141]. Der Kaiser plante zwar einen Gegenstoß nach Friaul[142], der aber unterbleiben mußte, weil weder in den Erbländern noch im Reich die nötigen Hilfstruppen zu finden waren. Die Venezianer hingegen warfen ihr gesamtes Kriegsvolk nach Friaul und vermochten im Verlaufe des Monats November die gesamten Verluste des letzten Sommerfeldzuges, wie Udine und Vicenza, zurückzuerobern — ausgenommen nur die Pässe Kofel, La Scala und Peutelstein. Nur mit knapper Not und größten Opfern vermochte man im Osten Tolmein, Görz, Gradisca und Triest zu behaupten[143].

Nach den letzten Erfolgen rückten die Venezianer wiederum unmittelbar vor die Mauern von Verona[144]. Gleichwohl mußte der Kaiser Knechte entlassen, weil er sie nicht mehr bezahlen konnte[145]. Wären nicht das Landlibell und die Verteidigungsbereitschaft Tirols gewesen, man hätte Verona wohl sofort preisgeben müssen. Jedermann sah, daß dieser Krieg mit Waffengewalt nicht mehr gewonnen werden konnte. Auch der Kaiser begann nun seine Hoffnung ganz und gar auf einen Frieden zu richten[146]. Aber die Venezianer waren nach dem Abzug der Franzosen zuversichtlicher denn je und nicht mehr bereit, Friedensbedingungen hinzunehmen, welche sie vor einem Jahr vielleicht noch gebilligt hätten.

Alle brauchten, alle wünschten den Frieden, aber niemand konnte inmitten der rasenden Leidenschaften des Krieges Mittel und Wege finden, ihn wiederherzustellen[147]. Maximilian fühlte sich zwar von Frankreich geprellt, vermochte aber auch dem Papst und Venedig nicht zu trauen. Da der Kaiser fast ohne Geld dastand und nur über geringe Streitkräfte verfügte, hing sein Erfolg ganz von der glücklichen Wahl des tüchtigeren Bundesgenossen ab. Keinesfalls wollte er früher auf die Seite der Heiligen Liga übertreten, als bis der von Venedig zu zahlende Preis gesichert sei; noch hielt es der Kaiser unter seiner Würde, gleichsam als Besiegter ohne Rückstellung einiger Reichsgebiete aus Italien abzuziehen; noch war er fest entschlossen, seine Ehre und seinen Vorteil („honneur et prouffit") zu wahren[148].

3. Der Kirchenkampf gegen Julius II. Schisma von Pisa. Maximilians Kaiser-Papst-Plan von 1511

Bedeutungsvoller als die Kriegsereignisse waren die großen diplomatischen Geschäfte dieses Jahres. Die Friedensgespräche von Mantua und Bologna hatten bekanntlich keinen Erfolg gezeitigt. Daher entschloß sich der Kaiser — nicht zuletzt auf Einflüsterung seines geheimen Rates Matthäus Lang[1] —, gemeinsam mit dem König von Frankreich den Kirchenkampf[2] gegen Julius II. aufzunehmen und ein Konzil zu berufen: Der Papst habe die Schätze, die täglich an seinen Hof fließen, mehr zu Triumph und weltlichen Dingen als zum Gottesdienst verwendet; zusammen mit den Venezianern habe er Kaiser und Reich hinterhältig behandelt; ein allgemeines Konzil sei daher geboten.

Bereits am 16. Mai 1511 hatten die Verbündeten, unterstützt von den schismatischen Kardinälen, für den 1. September 1511 ein „Konzil" nach Pisa[3] einberufen, das „wie die Flüsse des Paradieses die Kirche reinigen und befruchten" sollte. Der Kaiser war sich dieser Sache keineswegs sicher, wie seine Anfrage an Trithemius[4] beweist, der ihn entschieden warnte. Er übte auch keinerlei Druck auf die deutsche Kirche aus, das „Konzil" zu unterstützen. Auch die Statthalterin der Niederlande, Erzherzogin Margarethe, warnte den Vater. Spanien und England[5] aber lehnten die französischen Konzilspläne völlig ab. Vor allem war König Ferdinand[6] immerfort bemüht, den Kaiser von Ludwig XII. und dessen Konzilspolitik abzuziehen, für Julius II. zu gewinnen und mit Venedig auszusöhnen. Verdrängung der Franzosen aus Italien war Hauptziel der spanischen Politik.

Julius II. antwortete am 18. Juli 1511 mit der Einberufung eines ökumenischen Konzils für den 19. April 1512 in den Lateran nach Rom[7]; er verurteilte das Unternehmen der Schismatiker als null und nichtig, drohte allen Teilnehmern mit schweren Kirchenstrafen und enthob sie ihrer Würden. Zwei Konzile traten einander gegenüber, und ein neuerliches Schisma stand drohend bevor. Eine furchtbare Gefahr für Julius II., die er keineswegs unterschätzte.

Anfang November wurde dieses „Konzil" zu Pisa unter wenig freundlichen Vorzeichen und recht geringer Beteiligung eröffnet. Klerus und Volk begegneten den Schismatikern mit offener Feindschaft, versperrten ihnen den Dom, die Kirchen und Gasthäuser. Bald sah man sich gezwungen, das „Konzil" aus der unfreundlichen Stadt nach Mailand zu verlegen. Aber auch dort war die Stimmung für die wenigen „Konzilsväter" kaum freundlicher. Zum größten Verdruß des Königs von Frankreich hatte kein Bischof, kein Vertreter des Kaisers oder der deutschen Kirche, kein Vertreter der burgundischen oder österreichischen Länder an der Eröffnung teilgenommen[8]. Man hatte sich über Maximilians Wunsch, dieses „Konzil" in Verona oder Konstanz[9] abzuhalten, glatt hinweggesetzt, was ihm den günstigen Vorwand gab, sich von dieser schismatischen Synode zurückzuziehen, wenn er sich auch noch nicht öffentlich davon trennte. Das lag bestimmt nicht an Maximilians „Wankelmut", wie Guicciardini meinte, sondern hatte System: Sollte der Kaiser über ein französisches Konzil vielleicht auch einem französischen Papst auf den Stuhl Petri helfen?

Stets hatte der Kaiser versucht, das Papsttum in irgendeiner Form unter seinen persönlichen Einfluß zu bringen — um so mehr im nun ausbrechenden Kirchenkampf. Wollte der König von Frankreich das Papsttum über ein „Konzil" in den Griff bekommen, so trachtete der Kaiser selbst nach der Tiara. Nicht das erste Mal übrigens; schon 1506 hatte Maximilian derart verstiegene Pläne geäußert[10]. Er wollte offenbar um jeden Preis verhindern, daß Frankreich auch die Papstwahl in seinem Sinne lenke.

Als Julius II. am 17. August 1511 plötzlich so schwer erkrankte, daß man ihn bereits totsagte[11], schien für den Kaiser die Gelegenheit gekommen, nach der Tiara zu greifen. Sofort wandte er sich an König Ferdinand von Aragon[12], er möge sich für die Zulassung Langs zur Papstwahl einsetzen, der gewiß auch gegen Frankreich die Vereinigung der getrennten Konzile vertreten werde. Man müsse einen guten und heiligen Papst erwählen, der nicht Zwietracht in der Christenheit säe. Der Kaiser dachte dabei zeitweise offenbar an sich selbst. Gegen die Wahl eines Witwers — Kaiserin Bianca war eben gestorben — bestanden keinerlei kirchenrechtliche Bedenken. Erinnerungen an Ottonen und Salier, die Päpste eingesetzt und abgesetzt hatten, der verwitwete Herzog von Savoyen, der 1439 als Papst Felix V. gewählt worden war, mochten dem Kaiser vorschweben. Nicht zuletzt auch die Weissagung der Reformatio Sigismundi, daß ein Kaiser, der zugleich Priester sei, die Welt einigen werde. Sicher war Lang eine entscheidende Rolle zugedacht: Er sollte die Wahlhandlungen in Rom in die Hand nehmen.

Am 29. August mahnte[13] der Kaiser das Kardinalskollegium

und die Konservatoren der Stadt Rom, nach dem Hinscheiden des Papstes einig zu sein, eine Kirchenspaltung zu verhindern und mit der Wahl eines neuen Papstes zu warten, bis die abwesenden Kardinäle und die Vertreter des Kaisers in Rom eingetroffen seien. Mag sein, daß Maximilian mit der Gunst der Römer und ihrer Abneigung gegen einen französischen oder spanischen Papst rechnete. Lang als „kreierter, aber noch nicht promulgierter Kardinal" sollte zusammen mit Adrian von Corneto in Rom die Sache des Kaisers vertreten. Spanischen Berichten zufolge wäre es tatsächlich Lang gewesen, der Maximilian auf dieser kühnen und gefährlichen Bahn vorantrieb[14].

In einem ausführlichen Brief vom 16. September 1511 an Paul von Liechtenstein[15], Marschall des Innsbrucker Regimentes, legte der Kaiser seine keineswegs neuen Pläne dar, für sich selbst das Papsttum zu erlangen: Er habe die Sache bereits mit dem Kardinal Adrian von Corneto besprochen. Liechtenstein solle die für die Bestechung der Kardinäle nötigen Gelder bei den Fuggern gegen hohe Pfänder und Zinsen aufbringen. Der Kaiser dachte an 400.000 Dukaten, was 533.000 Gulden gleichkam — eine ungeheure Summe, wenn man vergleichsweise an die viel geringeren Steueranschläge des Reiches für mehrere Jahre denkt. So hoch gedachte Maximilian zu spielen.

Es war Simonie allerschlimmster Art. Der Kaiser wäre bereit gewesen, den Fuggern dafür die Hauskleinodien und die zu erwartenden deutschen Kirchengelder als Pfänder hinzugeben. Mit diesen Summen hoffte er, bei den schismatischen Kardinälen von Pisa, die sich ohnedies in großen Schwierigkeiten befanden, durchzudringen, hatten sie ihn doch schon eingeladen, nach Italien zu kommen[16]. Bei den anderen Kardinälen freilich hatte der Kaiser weniger Aussichten, denn die Papstwahlbulle Julius' II. bedrohte simonistische Praktiken mit schwersten Strafen. Selbst simonistisch gewählt, kannte dieser Papst andern gegenüber in diesem Punkte kein Maß der Strenge. Anderseits hatte das kaiserliche Konzept der Wiedervereinigung der getrennten Konzile gerade für ernste Reformer viel Anziehendes. In Rom gab es außerdem die kaiserfreundliche Adelspartei der Colonna und Orsini, welche versprachen, keinen Franzosen, Spanier oder Venezianer zum Papst zu wählen. Man darf auch nicht übersehen, daß selbst der König von Frankreich — wenn auch aus höchst eigennützigen Motiven — diese kühne Absicht des Kaisers unterstützte.

Da nach den Plänen Maximilians die Fugger die gesamte Finanzverwaltung des Reiches und der Kirche übernehmen sollten, gewinnt man den Eindruck, daß bei diesem Papstplan der mögliche Zugriff auf die Kirchengelder — zumindest auf die deutschen Kirchengelder — eine Hauptrolle spielte[17]. Sie sollten offenbar die ausbleibenden Reichssteuern ersetzen und die Unkosten für die Weltreichspolitik bestreiten. Zweifellos trieb den Kaiser auch sein Ehrgeiz voran, „le plus grand du monde" zu sein.

Zwei Tage später schrieb Maximilian auch seiner Tochter Margarethe[18] — diesmal eher scherzhaft —, er wolle durch Verhandlungen der Koadjutor des schwerkranken Papstes werden; dann könne sie ihn als einen Heiligen verehren... König Ferdinand und die spanischen Kardinäle werde man um Unterstützung bitten. Diesmal klang es so, als wolle der Kaiser seine Pläne im Einvernehmen mit Julius II. und Spanien verwirklichen[19].

Es ist indes undenkbar, daß der „papa terribile" auf einen Koadjutor eingegangen wäre, den es neben einem Papst noch niemals gegeben hatte. Empört äußerte sich Julius II., als er nach seiner Genesung von der Kaiser-Papst-Geschichte hörte[20]. Der Koadjutorplan war entweder eine spanische Finte, um Maximilians Pläne scheitern zu lassen, oder der Versuch Maximilians, die schwierige Sache seiner Tochter mundgerecht zu machen.

Eine dritte Möglichkeit hätte für den Kaiser darin bestanden, sich oder eine seiner Kreaturen von den Pisaner Schismatikern zum Gegenpapst wählen zu lassen[21]. Zweifellos stand hinter dieser „Lösung", die unter Umständen — wenn Julius II. länger lebte — sogar dessen Absetzung und die Wahl eines Gegenpapstes vorsah, der Einfluß des Königs von Frankreich, der den Kaiser in ein Abenteuer hineinhetzen, in geistliche und weltliche Kriege ohne Ende verstricken wollte, um ihn an seiner Seite festzuhalten. Lang, ein entschiedener Vertreter der französischen Politik am Kaiserhof, spielte offensichtlich mit, stand doch auch *er* als Papstkandidat im Gespräch[22].

Je nach der wechselnden Lage ließ Maximilian daher verschiedene Papstpläne hören, gehörte es doch zu seinen diplomatischen Gewohnheiten, nicht allen das gleiche zu sagen, um seine eigentlichen Ziele zu verdecken. So sprach er einmal von seiner eigenen Wahl mit Hilfe der Schismatiker, des Fuggerschen Geldes und seiner stadtrömischen Parteigänger; oder von seiner Bestellung zum Koadjutor im Einvernehmen mit Julius II.; oder von der

Wahl eines kaiserfreundlichen Papstes, etwa des Kardinals Lang oder Adrians von Corneto[23], der auf der Flucht vor dem Zorn Julius' II. seit Jahren in der Nähe von Trient lebte und als Vertreter Englands an der Kurie vielleicht König Heinrich VIII. hätte gewinnen sollen. Ein französischer, spanischer oder venezianischer Papst sollte jedenfalls verhindert werden[24]. Genau festzulegen vermochte sich der Kaiser nie, weil sich die Lage immer wieder änderte und der Papst schließlich doch genas und seine politische Handlungsfähigkeit wiedergewann.

Ob der Kaiser bei seinen Papstplänen an eine Kirchenreform im eigentlichen Sinn dachte? Wenn er sich auch mit solchen Problemen mitunter befaßte, so sah er doch vorzüglich deren politische und finanzielle Seite. Julius II., der ihn so oft enttäuscht hatte, den er haßte, vom Stuhle Petri zu verdrängen, hätte dem Kaiser zweifellos persönliche Genugtuung bedeutet. Wenn es ihm schon nicht gelingen sollte, die Römische Kurie in die Hand zu bekommen, so wünschte er für die Reichskirche doch mindestens jene freie Stellung gegenüber Rom, wie sie die französische Kirche unter einem ständigen Legaten längst besaß — vor allem auch jene Besteuerungsrechte, wie sie der König von Frankreich über seine Landeskirche übte. Von der Papstwahl erhoffte sich der Kaiser wenigstens einen „friedfertigen" Papst, der ähnlich Pius III. bereit gewesen wäre, den kaiserlichen Wünschen entgegenzukommen. An Reform der bekannten kirchlichen Mißstände, die zur Reformation führten, dachte der Kaiser wohl in letzter Linie.

König Ferdinand erkannte klar, daß die Papstpläne des Kaisers zu einem Schisma führen mußten, war aber klug genug, sich nicht offen dagegenzustellen. Vielmehr versuchte er, den Kaiser allmählich aus den schismatischen Bindungen an Frankreich zu lösen[25]: Da Julius II. längst bereit war, Lang die Kardinalswürde zu verleihen, würde es leichter sein, die Wahl des Kaisers nach dem Hinscheiden des gegenwärtigen Papstes durchzusetzen[26]. Zeit gewonnen, alles gewonnen. Daher der irreale Koadjutorplan. Auch sollte Maximilian im Falle seiner Papstwahl das Kaisertum an Erzherzog Karl übertragen[27], was ihm gewiß noch weniger gefallen haben dürfte. Diese spanische Zumutung hätte ihm die Lust am Papsttum endgültig verdorben, wollte später Leo X. wissen. Auch die Tochter, Erzherzogin Margarethe, auf deren Rat Maximilian sehr viel hielt, warnte ihn eindringlich, sich in seinen alten Tagen auf so gefährliche Händel einzulassen, da ihn doch die Zukunft seiner minderjährigen Enkel und das Heil seiner Seele mehr bekümmern sollten[28].

Die Nachricht von der Genesung Julius' II. brachte Maximilian zwar nicht unmittelbar von seinen kühnen Plänen ab, denn man rechnete noch lange mit dem baldigen Tod des Papstes; aber allmählich, nach einigem Zaudern, begann er sich doch von Frankreich abzuwenden und dem Papst zu nähern, mit dessen Hilfe er den Krieg gegen Venedig eher zu beenden hoffte.

Ludwig XII. versuchte auch nach der Genesung des Papstes immer noch, den Kaiser bei diesen Plänen festzuhalten. Im September 1511 schickte er Kardinal Sanseverino[29], einen Mann von kühnen Entschlüssen und weiten Verbindungen, einen erbitterten Feind Julius' II., den Anführer der Pisaner Schismatiker, zu Maximilian; er sollte den Kaiser mit größten Versprechungen für das „Konzil" gewinnen, zum Romzug, zur Eroberung des Kirchenstaates und der Stadt Rom, zur Absetzung des Papstes und zur Kandidatur Langs für eine neue Papstwahl anstacheln. Wenn es dem Kaiser Freude mache, werde man auch ihn selbst zum Papste wählen. Mit Hilfe des Pisanums werde Sanseverino alles erreichen, was der Kaiser befehle. Ludwig XII. wolle dafür 50.000 Dukaten gewähren.

Aber der Kaiser ließ sich von Sanseverino nichts mehr vormachen und äußerte angeblich, dieser Kardinal sei ein großer Verräter. Da er sich innerlich vom Kirchenkampf und Papstplan bereits abgewendet hatte, suchte er den König von Frankreich mit neuen unannehmbaren Forderungen[30] zu reizen und zu täuschen: Er verlangte 150.000 Dukaten, außerdem französische Truppenhilfe für den Fall eines Romzuges. Tatsächlich neigte der Kaiser damals schon den Vorschlägen Ferdinands des Katholischen zu[31]. Seit den letzten Niederlagen in Friaul sah er den einzigen Ausweg in einem ehrenvollen und günstigen Frieden mit Venedig, der ihm eher mit Hilfe des Papstes erreichbar schien. Lang sollte die Friedensverhandlungen mit Julius II. in Rom führen.

Ludwig XII., der den Abfall des Kaisers ahnte und fürchtete, sandte Kardinal Sanseverino im Oktober/November 1511 ein zweites Mal zum Kaiser[32]. Denn inzwischen war am 4. Oktober 1511 die neue Heilige Liga des Papstes mit Spanien, England und Venedig gegen den König von Frankreich abgeschlossen und verkündet worden. Auch der Kaiser wurde zum Beitritt eingeladen.

Der König von Frankreich wußte offenbar, daß Maximilian

bereits lebhafte Verhandlungen mit der Kurie und Venedig führte[33], wenn man dies auch noch zu verbergen suchte. Daß sich das Pisanum bereits „in Rauch auflöste", war nicht mehr zu übersehen. Die Schismatiker suchten teils die Unterwerfung, teils nahm ihnen der Papst den Purpur. Daher versuchte Ludwig XII., den Kaiser um jeden Preis an seiner Seite festzuhalten. Vor allem sollte die Sendung Langs nach Rom verhindert werden.

Sanseverino hatte Vollmacht zu noch größeren Versprechungen als das erste Mal: Die Franzosen würden den Kaiser mit 1200 Reitern, wenn nötig auch mit Fußvolk nach Rom begleiten und seine feierliche Kaiserkrönung unterstützen. 150.000 Dukaten wollten sie ihm gewähren. Siena und die ganze Romagna würden ihm als Römischen Kaiser zufallen — vielleicht auch Neapel. Julius II. solle abgesetzt und Maximilian, wenn er es wünsche, zum Papst gewählt werden[34]. Das Reich und Frankreich sollten sich zusammenschließen, um die Kirche zu reformieren.

Aber der Kaiser war inzwischen bereits von König Ferdinand und dem Engländer gegen Frankreich gewonnen. Er wünschte jetzt vor allem einen Ausgleich mit Venedig, das Ende des Krieges und den Frieden in Italien[35]. Durch Ausreden entzog er sich den Angeboten Sanseverinos und gab zu verstehen, daß er die Kaiserkrone nur aus den Händen des (rechtmäßigen) Papstes empfangen wolle[36]. Sanseverino wurde vom Kaiser mit schönen Worten, doch ohne Erfolg entlassen[37]. Auch eine letzte Sendung des Andrea da Borgo blieb erfolglos[38].

Der spanische Gesandte Pedro de Urrea, der seit Herbst 1511 am Kaiserhof wirkte, hatte es verstanden, Maximilian für die neue Liga des Papstes, Spaniens und Englands zu gewinnen[39] und allmählich von Frankreich, das ihn so oft enttäuscht hatte[40], abzuziehen.

4. Die Heilige Liga vom Oktober 1511.
Vertreibung der Franzosen aus Italien.
Der Kaiser tritt zur Heiligen Liga über

Die Heilige Liga des Papstes mit Spanien und Venedig[1] (5. Oktober 1511), der sich alsbald auch England anschloß, bereitete eine große politische und militärische Wendung vor. Die Verbündeten versprachen einander die Aufstellung einer bedeutenden Armee zum Schutze der Kirche: Sie wollten Bologna zurückerobern und die Romagna aus der Hand der Franzosen befreien. Da die Spanier die Hauptmacht stellten, sollte Ramón de Cardona, Vizekönig von Neapel, die vereinigten Streitkräfte anführen, obwohl er wenig Erfahrung und Entschlossenheit besaß, weswegen ihn der Papst nur „Frau Cardona" nannte. Die Venezianer sollten mit ihrer gesamten Macht dem Feind in den Rücken fallen. Die Eidgenossen rüsteten sich bereits, um gegen Mailand vorzustoßen. Die Engländer wollten in Frankreich landen.

Ludwig XII. lief Gefahr, Italien wieder zu verlieren. Alles hing von der Haltung des Kaisers ab[2]. Maximilian legte bereits Ende Januar 1512 seine Karten offen auf den Tisch[3] und erklärte Ludwig, er müsse Frieden schließen, denn er sei mit seinen Kräften am Ende — nicht zuletzt deswegen, weil ihm Frankreich nie rechtzeitig geholfen habe; stets wenn er seinem Ziele nahe gewesen sei, habe der König von Frankreich seine Truppen abgezogen. Nun verhandle er mit Venedig und dem Papst, aber ein Vertrag sei noch nicht abgeschlossen; er wolle Frankreich keineswegs im Stich lassen, vielmehr solle der Bischof von Gurk in Rom auch für Frankreich einen Frieden vermitteln.

Ludwig XII. war über die Ankündigung Maximilians bitter enttäuscht und suchte ihn mit allen immer möglichen Versprechungen an seiner Seite festzuhalten. In der Tat zogen sich die Verhandlungen des Kaisers mit dem Papst und den Venezianern noch lange hin.

Julius II., den gefährlichen Anschlägen der Schismatiker vorderhand glücklich entronnen, von schwerer Krankheit genesen, drängte noch ungeduldiger als vorher auf eine Versöhnung mit dem Kaiser, auf dessen Übertritt an die Seite der Kurie und ihrer neuen Heiligen Liga. Die Signorie aber suchte die Friedensverhandlungen hinauszuzögern, zumal der Papst dem Kaiser mehr als großzügige Zugeständnisse auf Kosten der Republik machte. Maximilian, der schon um die Jahreswende 1511/12 täglich den Ausgleich mit Venedig und den Abschluß eines allgemeinen Friedens erwartete[4], den er wegen seines völligen Geldmangels so dringend herbeisehnte, mußte noch sehr lange warten. Auch in Deutschland sprachen bereits alle sehnsüchtig vom Frieden[5], und die ersten deutschen Kaufleute erschienen wieder auf dem Fondaco zu Venedig. Aber die jüngsten militärischen Erfolge der Venezianer in Friaul schoben den Abschluß eines Waffenstillstandes immer wieder hinaus. Um so klüger schien es dem Kaiser, auch mit dem König von Frankreich weiter gute Freundschaft zu halten.

Zwar hatten sich die Venezianer Ende Januar 1512 mit dem Kaiser über die Punkte eines Waffenstillstandes geeinigt[6], aber eine Unterzeichnung vorerst abgelehnt: Danach sollten Padua und Treviso den Venezianern bleiben. Für die Reichsinvestitur hätten sie 250.000 Dukaten, außerdem 30.000 Dukaten Jahrestribut bezahlen sollen. Verona und Vicenza forderte der Kaiser; von Friaul war nicht mehr die Rede. Die Könige von England und Portugal sollten den Vertrag garantieren. Über weitere Gebietsfragen waren der Papst und Spanien als Schiedsrichter vorgesehen.

Die Signorie empfand die Bedingungen als so hart, daß sie die Unterzeichnung durch Monate hinauszögerte. Indessen führten die Venezianer starke Angriffe gegen Verona, Friaul, besonders gegen Gradisca[7]; ja, sie schickten Mordbrennerbanden in das österreichische Hinterland, die da und dort in Städten und Dörfern Brand legten[8]; alles, um den Gegner mürbe zu machen und bessere Bedingungen herauszuschlagen. Der Papst aber drängte und drohte immerfort[9], wenn die Venezianer nicht nachgäben, würden die Gegner einen neuen Papst erheben; dann wären sie beide vernichtet. Inzwischen schlossen die Schweizer ihre Erbeinigung mit dem Kaiser, was den Eindruck auf die Signorie nicht verfehlte. Ebenso drängten die Engländer zum Frieden.

Noch Ende 1511 eröffnete der Papst den Feldzug der Heiligen Liga gegen die Franzosen[10]. Die Eidgenossen sammelten sich bereits bei Varese (November 1511), um gegen Mailand vorzustoßen. Der harte Winter zwang sie aber, vorzeitig über den St. Gotthard heimzukehren[11] und die bessere Jahreszeit abzuwarten.

Im Januar 1512 marschierten Vizekönig Cardona mit seinen Spaniern und Kardinal Giovanni Medici mit den Päpstlichen — insgesamt etwa 21.000 Reiter und Knechte — gegen Bologna[12], um die Franzosen aus der Stadt zu vertreiben. Aber Gaston de Foix vermochte die Stadt im letzten Augenblick so sehr zu verstärken, daß die Verbündeten abziehen mußten[13] (6. Februar 1512).

Gleichzeitig mit dem päpstlichen und spanischen Vormarsch führten die Venezianer einen Entlastungsangriff gegen Brescia und konnten die Stadt im zweiten Ansturm fast kampflos nehmen[14] (2. Februar 1512). Mit „Triumphspielen" feierten sie ihren Erfolg und erregten damit den ganzen Zorn des Kaisers[15].

Als Gaston in Bologna vom Falle Brescias erfuhr, mußte er für seine rückwärtigen Verbindungen fürchten und eilte mit seiner

Hauptmacht in Gewaltmärschen nach Norden. Von Verona rückte eine kaiserliche Heeresabteilung unter Jörg von Frundsberg, Jakob von Ems und Philipp von Freiberg zur Verstärkung der Franzosen heran. Die vereinigten französisch-kaiserlichen Truppen konnten Brescia am 19. Februar im ersten Anlauf nehmen[16]. Durch sieben Tage wurde die wohlhabende Stadt geplündert, Kirchen und Klöster ausgeraubt und die Besatzung wahllos hingemordet; auch die deutschen Knechte, die zu den Venezianern abgefallen waren. Etwa 11.000 Mann der Besatzung sollen getötet worden sein. Einer der Anführer wurde zur Strafe für den Verrat unter dem Stadttor aufgeknüpft.

Vor Schreck gelähmt unterwarf sich auch Bergamo und mußte sich durch eine hohe Brandschatzung von der Strafe freikaufen. Durch diese Siege hatten die Franzosen die Lombardei wieder fest in ihrer Hand. Hätte der Kaiser eine größere Armee besessen, würde er jetzt Padua und Treviso wohl genommen haben[17]. Aber nichts, gar nichts war vorhanden. Während die ganze Welt in Flammen stand und alle gerüstet waren, mußte Maximilian erst wieder um Hilfe betteln. „Hoffentlich wird das nicht unser Untergang", äußerte besorgt der kaiserliche Gesandte Andrea da Borgo[18].

Während die Venezianer angesichts der französischen Siege nun endlich den Waffenstillstand suchten, begann der Kaiser wieder zu zögern[19], obwohl er von den Franzosen für sich nichts mehr erwarten konnte. Hätte Maximilian in diesem günstigen Augenblick seine Forderungen an Venedig etwas gemäßigt, wäre er wahrscheinlich zu einem besseren Frieden gekommen als später.

Gaston de Foix, „der Blitz Italiens", wie man ihn nannte, kehrte sofort nach Bologna zurück, das von der Liga wiederum gefährlich bedroht wurde. Angesichts der Unsicherheit des Bündnisses mit dem Kaiser mußte er versuchen, den Krieg durch entscheidende Schläge womöglich zu beenden, solange ihm noch die deutschen Landsknechte zur Verfügung standen, die täglich abberufen werden konnten. Er stürmte über Bologna hinaus gegen Ravenna, wo sich die großen Nachschublager der Liga befanden, um auch diese Stadt zu erobern, bevor die Eidgenossen in die Lombardei einbrachen, die Spanier Navarra angriffen und die Engländer in der Normandie landeten[20], was man täglich erwartete.

Am Gründonnerstag, dem 8. April, eröffneten die Franzosen

das Geschützfeuer gegen Ravenna, das die Liga um jeden Preis halten wollte. Bereits am Karfreitag wagte Gaston den ersten Sturm gegen die Mauern, der noch einmal abgeschlagen wurde. Am Ostersonntag, dem 11. April, kam es zur Entscheidungsschlacht[21] vor den Stadtmauern, zur „blutigsten Schlacht seit der Völkerwanderung", die vom Morgen bis in die späten Nachmittag dauerte. Etwa 20.000 Franzosen kämpften mit ihren Hilfsvölkern gegen 16.000 Mann der Liga. In getrennten, miteinander wetteifernden Kampfgruppen führte Gaston seine Franzosen, Italiener und Deutschen persönlich ins Gefecht. Mit einem Feuerschlag der Artillerie wurde die Schlacht eröffnet. Dann stürmten die geschlossenen Schlachtreihen gegeneinander, wobei die tapferen Gascogner und Picarden dem spanischen Stoß nicht standzuhalten vermochten. Erst die Landsknechte — etwa 5000 Mann unter Führung Jakobs von Ems — konnten die Spanier unter großen Verlusten aufhalten, aber nicht werfen. Auch die Reiter an den Flanken vermochten sie nicht zu zersprengen. In geschlossenen Gefechtskörpern und in voller Ordnung zogen sich die Spanier zurück und bewiesen eine Kriegszucht, die das Staunen der Zeitgenossen erregte. Als die Reiterei der Spanier geschlagen, Kardinal Medici, Fabrizio Colonna und der Marchese von Pescara in Gefangenschaft geraten waren, hatten die Franzosen gewonnen. Bei einem letzten Ansturm auf eine Höhenstellung fiel Gaston de Foix an der Spitze seiner Reiter und hauchte unter spanischen Spießen sein junges Leben aus[22]. Gegen 20.000 Leichen sollen das Schlachtfeld bedeckt haben[23]. Der Sieg war zu teuer erkauft. Die französische Armee hatte allzu schwer geblutet, und bald kam der Umschwung.

Die Stadt Ravenna ergab sich den Siegern und wurde unbarmherzig geplündert. Die ganze Romagna fiel in die Hände der Franzosen, und der Weg nach Rom schien ihnen offen. Würden sie das schismatische Konzil nach Rom führen und den Papst absetzen? König Ferdinand dachte bereits daran, den sagenhaften Gran Capitán wieder an die Spitze seiner Truppen zu stellen[24], denn er allein könne die Franzosen aufhalten. Nicht weniger Sorgen machten sich die Engländer.

Aber Julius II. fand nach der ersten Erschütterung alsbald seine Fassung wieder. Schon Anfang Mai 1512 eröffnete er das Laterankonzil[25] gegen die Schismatiker. Er war entschlossener denn je, die Franzosen aus Italien zu vertreiben[26], ja den König von Frankreich zu exkommunizieren, ihm sein Königreich zu entziehen und dem König von England zu übertragen[27]. Der Bannstrahl traf auch den König von Navarra. Julius II. scheute sich nicht, in seinen Auseinandersetzungen immer wieder hochmittelalterliche Kampfformen, „geistliche Waffen", in aufreizender Weise einzusetzen.

Der allgemeine Umschwung der Lage, der sich ankündigte, machte dem Papst Mut, den Krieg gegen Frankreich noch härter fortzusetzen. Man wußte, daß die Schweizer bereits gegen die Lombardei marschierten und daß ihnen Maximilian den Durchmarsch durch Tirol gestattet hatte.

Auch der Kaiser schien nun entschlossen, das Kriegsbündnis mit Ludwig XII. aufzugeben, da er sich von ihm immer wieder im Stich gelassen und in Geldern geradezu verraten fühlte[28]. Vergebens erinnerte ihn der König an ihre alte Waffenbrüderschaft und Freundschaft; vergebens appellierte er an des Kaisers Ehre und Vorteil: Das Wohl Habsburgs sei an der Seite Frankreichs[29]. Vergebens versprach er Geldern preiszugeben: „Schlagt diesem Karl von Egmont endlich den Schädel ein, damit der Krieg beendet wird und mit diesem Teufel von Geldern endlich Ruhe ist", sagte er unwirsch zum kaiserlichen Gesandten Borgo[30]. Wenn der Kaiser seinem bisherigen Bundesgenossen auch die Friedensvermittlung anbot, so war er doch nicht mehr an der Seite Frankreichs zu halten. Die Franzosen mußten mit der Abberufung der deutschen Knechte — etwa 5000 bis 6000 Mann[31] — aus ihrem Heer rechnen, wodurch ihre Schlagkraft wesentlich geschwächt wurde; denn die Deutschen hatten zu den französischen Erfolgen in Italien zweifellos entscheidend beigetragen.

Ein großer Erfolg Julius' II., der Spanier und Engländer war auch die lange hinausgezögerte Unterzeichnung des Waffenstillstandes[32] zwischen dem Kaiser und der Signorie von Venedig am 6. April 1512, der bis Ende Januar 1513 dauern und einen endgültigen Friedensschluß vorbereiten sollte. Alle Einsichtigen begrüßten diese Waffenruhe[33], waren doch die österreichischen Länder, vor allem Tirol, völlig erschöpft[34].

Dem Kaiser wäre ein allgemeiner Friede am liebsten gewesen; zunächst ein Friede mit Venedig, dann ein Friede Frankreichs mit dem Papst, den er für seinen alten Bundesgenossen vermitteln wollte[35]. Der Kaiser wolle sich für einen allgemeinen Frieden der Christenheit Hände und Füße abschneiden lassen, meinte sein Gesandter da Borgo[36]. Aber gerade Venedig wollte sich unter so harten Bedingungen auf einen endgültigen Friedensschluß nicht einlassen. Ein Hoffnungsstrahl für das völlig isolierte Frankreich. Ludwig XII. war inzwischen in die schwierigste Lage geraten und mußte einen gemeinsamen Angriff des Papstes, Spaniens, Englands, der Eidgenossen und vielleicht auch des Kaisers erwarten, der sich zunächst allerdings noch neutral verhielt und Frankreich seine Vermittlung anbot. Auf dem Höhepunkt ihrer militärischen Erfolge traf die Franzosen nun Schlag auf Schlag.

Die Eidgenossen brachten die Lawine ins Rollen. Schon 1511 hatte der Kaiser mit ihnen eine „Erbeinigung" abgeschlossen und sie für April 1512 gegen Frankreich in Pflicht genommen[37]. Ende Mai sammelten sich in Trient 18.000 Eidgenossen zum Vorstoß in die Lombardei[38]. Fluchtartig mußten die Franzosen vor den heranrückenden Schweizern die Zitadelle von Verona räumen. Mit Jubel begrüßte die Liga den Vormarsch der „Retter des Heiligen Stuhles". Gerührt empfingen die Schweizer aus den Händen Kardinal Schiners nicht nur den fälligen Sold, sondern auch den geweihten Hut, das Schwert und die Kriegsbanner, die ihnen der Papst als besondere Auszeichnung übersandt hatte[39].

Die vereinigte eidgenössisch-venezianische Armee schlug die Franzosen bei Valeggio, besetzte Bergamo, Cremona und Pavia (18. Juni 1512). Inzwischen erhob sich auch Mailand[40], und die Franzosen zogen sich in das Kastell zurück, das sie noch lange verteidigten. Genua machte sich frei, und die päpstlichen Truppen rückten wieder in Bologna ein (13. Juni). Jetzt trat auch der Kaiser in aller Form aus der Liga von Cambrai aus[41] und rief seine Landsknechte aus französischen Diensten[42] zurück, wodurch La Palice in äußerst bedrängte Lage geriet. So verloren die Franzosen allmählich ganz Oberitalien und zogen sich geschlagen über Alessandria und Asti nach Frankreich zurück[43]. Da eben damals die Engländer an der französischen Küste landeten[44], war keine Truppenhilfe für Italien zu erwarten. Gleichwohl ließ Ludwig XII. allenthalben verkünden, er werde wiederkehren; lieber verliere er sein Leben als Italien[45].

Der Papst feierte die Befreiung Italiens[46] von den Franzosen mit großen Gottesdiensten und Dankprozessionen; die Verdienste der Eidgenossen, insbesondere Kardinal Schiners, der sich als ihr Führer besonders bewährt hatte, zeichnete er vor allen anderen aus. Raffael erhielt den Auftrag, die Befreiung der Kirche in

Symbolgemälden an den Wänden der vatikanischen Stanzen zu verewigen.

Ungeachtet aller Bitten und Beschwörungen Ludwigs XII. und seiner Gemahlin Anna[47], die sich stets als besondere Freundin einer Verbindung der Häuser Habsburgs und Valois' bewährt hatte, vollzog der Kaiser am 19. Juni 1512 unter dem Eindruck der großen Schweizer Siege seinen endgültigen Austritt aus der Liga von Cambrai[48] und löste sich von Frankreich. Nicht ohne Gewissensbisse beteuerte er immer wieder seine Neutralität und Mittlerstellung: Er habe den Waffenstillstand nur in äußerster Not geschlossen und gedenke nicht, gegen Frankreich Krieg zu führen[49]. Er wünsche Frieden und Einigung aller christlichen Fürsten gegen die Türken, sagte er dem englischen Gesandten[50]; er solle dafür einen eigenen Kongreß einberufen[51], um die Mächte mit Ludwig XII. zu versöhnen; ja er hoffte eine Zeitlang, sein Vermittlungs- und Friedenswerk mit einer großen Heirat zwischen Karl (V.) und Renata von Frankreich zu krönen und damit die Mailänder Frage aus der Welt zu schaffen.

Der Papst sollte dem Kaiser den Übertritt zur Heiligen Liga mit 100.000 Dukaten bezahlen, indem er allen deutschen Benefizien einen Zehent auferlegte. Zwar lehnte Julius II. zunächst einmal ab, denn er wolle sich nicht die Feindschaft der deutschen Kirche zuziehen[52]; später aber stimmte er zu. So wertvoll war ihm der Übertritt des Kaisers, obwohl er nichts mitbrachte als die Autorität seines Namens.

Zur gleichen Zeit, da sich der Kaiser der Heiligen Liga und dem Papst zuwandte, näherte sich auch der König von Frankreich wieder der Signorie von Venedig: Er bedaure es, ließ er sagen, mit Venedig Krieg angefangen zu haben; daran sei nur der verstorbene Kardinalminister d'Amboise schuld gewesen; der König wünsche nichts sehnlicher, als mit der Signorie Frieden zu machen und ein Bündnis abzuschließen[53]; er werde es zu verhüten wissen, daß man die Signorie ihres Staates beraube.

Für Maximilian ergab sich die Frage, ob er durch diesen Bündniswechsel, der den König von Frankreich wieder zu seinem Gegner machte, die Markusrepublik, die er noch immer als seinen Hauptfeind betrachten mußte[54], werde versöhnen und zum Verzicht auf die strittigen Städte und Herrschaften bewegen können; ob vor allem der Papst bereit sein werde, zugunsten des Kaisers auf die Freundschaft mit Venedig zu verzichten.

Im August 1512 versammelten sich die Vertreter der neuen Heiligen Liga in Mantua[55], um nach Vertreibung der Franzosen die Neuordnung Italiens, zumal der Lombardei, zu beraten. Die Ansprüche des Papstes, die Mailänder Frage, die Bestrafung von Florenz und der Friede zwischen Kaiser und Venedig harrten einer Lösung.

Maximilian entsandte Matthäus Lang, „von dessen Rat die Staatsgeschäfte des Reiches wesentlich abhingen"[56]. Grenzenlos schien das Vertrauen des Kaisers in die Verhandlungskunst dieses Mannes, auf den er alle Unternehmungen, alle Gedanken und Hoffnungen stützte. Lang traf am 12. August in Mantua mit den Gesandten des Papstes, Spaniens, Venedigs und fast aller anderen italienischen Klein- und Mittelstaaten zusammen. Vom Erfolg dieser Verhandlungen wollte er seine Reise nach Rom und den Anschluß des Kaisers an die Heilige Liga abhängig machen[57]. Graf Carpi und Andrea da Borgo sollten inzwischen beim Papst die Möglichkeiten eines allgemeinen Friedens, insbesondere die Haltung Venedigs, erkunden[58], denn die Signorie hatte noch nicht einmal die Bedingungen des Waffenstillstandes vom vergangenen April erfüllt: Kein gutes Vorzeichen für den Abschluß eines Friedens. Lang hätte sie am liebsten „in die Sümpfe zurückgetrieben und von allen Verhandlungen ausgeschlossen".

Während man über die Verteilung der eroberten Gebiete langwierig verhandelte, traten die Gegensätze unter den Mächten immer schärfer hervor. Seit Frankreich besiegt schien, verfochten alle nur mehr ihren eigenen Vorteil. Einmütigkeit gab es nur in der Florentiner Frage: Florenz sollte für die Unterstützung des Königs von Frankreich und des Schismas von Pisa bestraft werden. Giuliano dei Medici beantragte namens des Papstes die Rückführung des Hauses Medici und sicherte den Spaniern, die ihre Truppen nicht mehr bezahlen konnten, dafür eine ansehnliche Summe Geldes zu. Der Kaiser mußte die Florentiner, die auch ihm manchen Dienst erwiesen hatten, einfach fallenlassen. Bereits Ende August 1512 rückten spanische und päpstliche Truppen in die Toskana ein, führten Giuliano Medici nach Florenz zurück[59] und legten der Stadt eine hohe Geldstrafe auf. So war nach achtzehnjähriger Verbannung das Haus Medici mittels fremder Waffen wiederhergestellt.

Auf ähnliche Weise wollte der Papst den Herzog von Ferrara bestrafen und ihm sein Herzogtum wegnehmen, was allerdings nicht gelingen sollte. Auch hatte der Papst im Einverständnis mit Venedig dem Herzogtum Mailand die Städte Parma und Piacenza weggenommen und dem Kirchenstaat einverleibt. Der Kaiser und die Eidgenossen forderten die Rückgabe, handelte es sich doch um alte Reichslehen. Aber erst nach dem Tode Julius' II. konnte das Herzogtum seine Städte zurückbekommen.

Bei den Friedensverhandlungen mit Venedig kam man keinen Schritt weiter. Die Signorie forderte nicht nur ihre alten Grenzen, was für den Kaiser den Verzicht auf Verona und Vicenza bedeutet hätte, sondern sie erhob im Einvernehmen mit dem Papst auch Ansprüche auf einige Grenzstädte des Mailänder Staates: und zwar auf Brescia, Bergamo, Crema und Cremona[60], obwohl sie Reichslehen waren. Kardinal Schiner machte sich als Vermittler beiden Seiten verdächtig[61]. Matthäus Lang erkannte bald, daß sich Venedig Gebietsabtretungen nicht gefallen lasse; man werde gegen die Signorie Gewalt brauchen müssen[62].

Die Friedensverhandlungen mit Venedig sollten vertagt und in Rom fortgeführt werden; vielleicht würde die Vermittlung des Papstes diese schwierige Frage lösen können; hatte er doch wiederholt angedeutet, er werde Venedig preisgeben, wenn es die Bedingungen von Bologna nicht annehme.

Die Beziehungen der Signorie von Venedig zum Kaiser hatten sich durch den Waffenstillstand vom April dieses Jahres kaum gebessert. Den Gesandten Capello, den die Venezianer zu Sonderverhandlungen nach England schicken wollten, befahl Maximilian in Landshut (Bayern) aufzuhalten und zurückzuschicken[63]. Peutinger sollte den Gesandten verhören. Der kaiserliche Wappenherold führte in feierlicher Weise Klage, daß der Waffenstillstand nicht eingehalten werde, daß venezianische Edelleute versucht hätten, Maximilian zu vergiften; daß man — und dies sei von Gerichten nachgewiesen — Brandstifterbanden in die Erbländer und in das Reich geschickt habe, daß man die Reichsstände gegen den Kaiser aufhetze. Wenn auch etwas übertrieben — ganz aus der Luft gegriffen waren diese Vorwürfe gewiß nicht. Als in Venedig eine unsichere Nachricht eintraf, der Kaiser sei in Antwerpen vergiftet worden, vertraute der sonst recht biedere Sanuto[64] seinem Tagebuch den bösen Wunsch an: „Gott gebe, daß diese herrliche Neuigkeit auch wahr sei!"

Wie sehr Maximilian den Frieden auch wünschte, so sehr mißtraute er der Signorie, und er war nicht bereit, dem Frieden mit

Venedig gewisse Opfer — etwa gar Verona — zu bringen. Aber auch die Signorie hat es an Maßlosigkeiten auf Kosten des Reiches nicht fehlen lassen.

Besonders schwierig gestaltete sich auch die Mailänder Frage: Schon vor dem Kongreß hatte es lange Auseinandersetzungen über die Wiederherstellung des Mailänder Staates gegeben[65]. Mit päpstlichem Geld hatten die Schweizer das Herzogtum erobert, nahmen aber gleichwohl das Vorrecht des Siegers für sich allein in Anspruch. Anderseits war der Kaiser oberster Lehensherr: Er dachte zunächst an den jungen Massimiliano Sforza, der seit der Vertreibung Ludovicos als sein Schützling im Reiche lebte. Da auch der Papst, die Eidgenossen, König Ferdinand und die Mailänder selbst den schwächlichen Sforza wünschten, wäre dies die einfachste Lösung gewesen. Aber einflußreiche Hofkreise, vor allem Lang, dürften den Kaiser gewarnt haben[66], den König von Frankreich derart vor den Kopf zu stoßen, weswegen er auf den alten Plan zurückkam, Erzherzog Karl mit der zweitgeborenen Tochter Ludwigs XII., Renata zu verheiraten und beiden nicht nur das Mailänder Herzogtum, sondern auch die Rechte auf Neapel zuzuwenden. Damit wären alle großen Streitfragen mit Frankreich einfach aus dem Weg geräumt gewesen. Ein solches Vermittlungsangebot im Sinne der alten Verträge von Blois-Hagenau ließ Ludwig XII. dem Kaiser vortragen[67]. So konnte vielleicht auch Spanien mit Frankreich ausgesöhnt[68] und eine Verbindung der habsburgisch-spanischen Großmacht mit dem Hause Valois vorbereitet werden. Aber die vielberufene Einheit der christlichen Mächte zum Kampf gegen die Türken hatte für den Kaiser stets etwas Verlockendes.

Aber Julius II. widersetzte sich Plänen[69], welche die Einkreisung seines Kirchenstaates bedeutet hätten, ganz entschieden, wobei ihn auch Aragon und Venedig kräftig unterstützten. König Ferdinand warnte den Kaiser vor französischen Versprechungen: Er solle Ludwig XII. endlich preisgeben und sich ganz für die Liga entscheiden[70]. Der Kaiser, den der Abfall von Frankreich offenbar innerlich bedrückte, zögerte die Entscheidung noch lange hinaus. Erst als er begründeten Verdacht schöpfte, daß auch Ludwig XII. ein antikaiserliches Bündnis mit Venedig vorbereitete, gab er seine französische Politik auf und entschied sich endgültig für die Einsetzung des jungen Sforza, die von so vielen Seiten, insbesondere von den Eidgenossen, stürmisch gefordert wurde[71];

dies war der Mindestpreis, den die Schweizer für die Fortsetzung des Krieges gegen Frankreich forderten.

Zu Beginn des Kongresses in Mantua erhielt Lang den Befehl des Kaisers, das Haus Sforza in Mailand wieder einzusetzen[72], und wohl auch die Mahnung, den jungen Herzog mit verläßlichen Beamten, u. a. dem burgundischen Geheimsekretär Marnix, als Stützen und Beobachtern zu umgeben[73] und ihn möglichst für das Reich zu verpflichten. Da man gefährliche Einflüsse des Papstes befürchtete, sollte der Herzog eine der Enkelinnen des Kaisers heiraten und nicht etwa die Nichte Julius' II., der nichts anderes im Kopfe habe, als nun, nach der Vertreibung der Franzosen, womöglich auch den Kaiser und die Spanier aus Italien zu verdrängen[74].

Der Kaiser hatte Massimiliano Sforza Mitte August 1512 zunächst nach Tirol gesandt, wo ihn Lang in seine Obhut nahm und für den Einzug in Mailand vorbereitete[75]. Da Lang vorerst nach Rom mußte, um mit dem Papst den Beitritt des Kaisers zur Heiligen Liga und zum Laterankonzil zu verhandeln, hatten die Spanier größte Mühe, die Schweizer bis zur Rückkehr Langs hinzuhalten. Denn tatsächlich hatten die Eidgenossen das Herzogtum nun ganz in ihrer Macht. Gegen sehr hohe Geldentschädigungen und Abtretung der Orte Lugano, Locarno und Domodossola versprachen sie, den jungen Herzog als Bundesgenossen in ihren mächtigen Schutz zu nehmen[76]. Da sie die Einsetzung Massimilianos als ihre Sache betrachteten, wollten sie damit ungern warten, bis Lang aus Rom zurückkehre.

Julius II. hatte sich offenbar einen klugen Plan zur „Befreiung Italiens von den Barbaren" zurechtgemacht: ein stufenweises Sichfreikämpfen zunächst gegen die übermächtigen Franzosen; dann sollten die Spanier in die Schranken gewiesen werden, die ähnlich den Franzosen in Neapel und in der Lombardei Fuß zu fassen und den Kirchenstaat einzukreisen drohten. Daher suchte der Papst nun das Bündnis mit dem Kaiser, um ihn womöglich gegen die verhaßten Spanier auszuspielen. Waren dann die Spanier wenigstens aus der Lombardei verdrängt, würde es nicht schwer sein, auch den Kaiser mittels der Venezianer aus Italien zu vertreiben und umgekehrt die Venezianer durch den Kaiser zu fesseln.

Maximilian, obwohl ohne Kriegsmacht, trat nur wegen seiner kaiserlichen Autorität für die nächsten Monate in den Mittelpunkt der päpstlichen Pläne. Angesichts des schismatischen Konzils von

Pisa und der kaiserlichen Papstpläne, von denen Julius II. gewiß gehört hatte, war es besonders wichtig, Maximilian von Frankreich und den Schismatikern zu trennen. Der Papst machte dem Kaiser großartige Angebote[77]: Er werde sich mit ihm zur Vernichtung Venedigs verbünden, wenn sich die Signorie den kaiserlichen Friedensbedingungen nicht füge.

Wie oft hatte der rücksichtslose Julius II. den Kaiser früher durch Schmähungen beleidigt! Nun sagte er, es seien nur die Feinde, die Kaiser und Papst durch üble Gerüchte auseinanderbringen möchten; wenn Lang erst in Rom sei, werde er sehen, welch herzliche Zuneigung der Papst dem Kaiser entgegenbringe. Auch an persönlichen Schmeicheleien für Lang ließ es Julius II. nicht fehlen: Maximilian sei alt und cholerisch, daher ein schwieriger Verhandlungspartner; aber mit Lang werde man das große Friedenswerk glücklich vollenden.

Seit Ende August 1512 hielt Lang als kaiserlicher Statthalter in Verona Hof: „ein zweiter Kaiser in Italien", wie ihn Julius II. nannte. Er war zweifellos der führende Kopf der kaiserlichen Politik. In Kaisers Namen empfing er Fürsten, Kardinäle und Gesandte; er wartete nun auf seine Sendung nach Rom. Ein Schauspiel, „Die verlassene Italia und ihr Bräutigam Maximilian", öffentlich aufgeführt[78], sollte aller Welt die Erwartungen der kaiserlichen Politik in Italien kundmachen. Maximilian und sein Statthalter gedachten die Rechte des Reiches in Italien um jeden Preis festzuhalten. Eine Warnung zugleich an den Papst und an Venedig.

Am 1. September 1512 gab der Kaiser seinem Statthalter in Italien die Vollmacht[79], mit dem Papst den Eintritt in die Heilige Liga und die Anerkennung des Laterankonzils zu verhandeln. Lang begab sich zunächst nach Modena, wo er kurz verweilte, um die Haltung des Papstes gegenüber Ferrara zu erkunden[80]. Der Herzog war Lehensmann des Reiches, aber in seiner schwierigen Lage genötigt, sich stets an den Mächtigsten zu halten. Er hatte sich zwar vorzüglich für Frankreich verdient gemacht, in letzter Zeit aber auch für den Kaiser. Julius II. versuchte, sich dieses Reichslehen mit Gewalt zu unterwerfen. Durfte man ihm nachgeben? Der Papst drängte so stürmisch auf Langs baldigen Besuch, daß der Statthalter nicht mehr länger zu zögern wagte[81], war er doch fest entschlossen, diesmal mit dem Papst einig zu werden, Venedig zu isolieren und seinen Herrn „aus dem Labyrinth zu befreien". Er bat daher den Kaiser, die Verhandlungen mit Frankreich sofort abzubrechen, damit man das Vertrauen des Papstes nicht verwirke. Aber Maximilian, der stets mehrere Eisen im Feuer haben wollte, setzte die Verhandlungen mit Ludwig XII. über eine Heirat Karls (V.) mit Renata von Frankreich bis ins nächste Jahr unbekümmert fort. Niemals hätte sich das kaiserliche Selbstbewußtsein einem Beamten — auch nicht dem überragenden Lang — in irgendeiner Sache unterworfen.

Wie im Triumph zog der kaiserliche Statthalter durch den Kirchenstaat und traf am 4. November 1512 in Rom[82] ein. Der Papst hatte ihm sogar die Reise bezahlt: Die ansehnliche Summe von 4000 Dukaten. Noch am gleichen Abend wurde er von Julius II. zu geheimen Gesprächen empfangen. Erst am andern Tag hielt der Fürstbischof von Gurk — wie stets in weltlicher Kleidung, mit dem Schwert umgürtet — feierlichen Einzug in die Ewige Stadt und wurde wie „ein zweiter Kaiser" begrüßt[83]. Ein herrliches Schauspiel, wie es der päpstliche Zeremonienmeister de Grassis während seiner ganzen Amtszeit nicht erlebt hatte. Lang wurde von zwei Kardinälen und den Gesandten von Spanien, Burgund, Venedig, Mailand, Florenz, Siena, Lucca und anderen begleitet. An der Porta del Popolo wurde er von den Behörden der Stadt Rom und dem Vorsteher des päpstlichen Palastes empfangen, die ihn zum Papst geleiteten. Massen Stadtvolkes füllten alle Straßen. Von der Engelsburg feuerten die Geschütze dröhnenden Salut.

Der Papst eilte dem Fürstbischof von Gurk durch die Fluchten der Säle bis in die äußerste Anticamera entgegen, um ihn wie einen Fürsten zu begrüßen. Man war allerseits bestrebt, den kaiserlichen Statthalter für die folgenden schwierigen Verhandlungen durch persönliche Aufmerksamkeiten, vielerlei Unterhaltungen, Bankette, Theateraufführungen, Dichterkrönungen, Jagden und Ausfahrten freundlich zu stimmen. Schon vorher hatten ihm der Papst und König Ferdinand vorsichtshalber das reiche Bistum Cartagena in Spanien zugewendet.

Größte Schwierigkeiten machte Venedig. Entweder gelang es, den Waffenstillstand des Kaisers mit der Signorie durch einen Frieden zu vollenden, oder der Papst mußte die Republik fallenlassen. Unerbittlich beharrte Lang auf den bekannten Vereinbarungen des Waffenstillstandes vom vergangenen April als Bedingung eines Friedens mit Venedig: Verona und Vicenza sollten unter allen Umständen dem Kaiser verbleiben; Padua und Treviso aber würden als Reichslehen der Signorie überlassen, und zwar gegen eine einmalige Lehenstaxe von 250.000 und einen jährlichen Tribut von 30.000 Dukaten[84]; außerdem sollte Venedig die Städte Cremona, Crema, Brescia und Bergamo behalten dürfen. Der Papst forderte Parma, Piacenza und Reggio[85].

Ebenso beharrlich weigerten sich die Venezianer, auf Verona und Vicenza zu verzichten: Verlören sie diese Städte, sei ihr Staat vernichtet. Julius II. geriet über diesen Widerstand in maßlose Wut[86]: „Wenn ihr nicht wollt", schrie er, „dann sind wir alle gegen euch; . . . das ist dann eure Schuld!" Auch von den Kardinälen ließ sich der Papst nicht beruhigen. Der Auftritt war derart, daß ein Ausgleich kaum mehr zu erwarten war. Lang empfahl dem Kaiser[87], die Grenzen zu sichern und sich für die Fortsetzung des Krieges bereitzumachen.

Um jene Zeit verfaßte Ulrich von Hutten — vielleicht im Auftrag Langs oder doch ihm zuliebe — seine „Vermahnung an Kaiser Maximilian, den Krieg gegen Venedig fortzuführen"[88]: Der Kaiser solle keinen Frieden schließen; er sei das Haupt der Welt; es sei Zeit, Venedig zu zerstören; die Venezianer sollten ihren Herrn erkennen, ihn um Verzeihung anflehen und dem Meeresgott berichten, daß sie ihren Hals unter das Joch gebeugt hätten. Klassischer Schwulst, ohne jede tiefere politische Einsicht, geschrieben aus antiker Kaiserschwärmerei für Humanisten und Poeten. Der gewiß sehr gebildete, aber realistische Lang dürfte von der Wirkung dieses Gedichtes wenig gehalten haben. Der erhoffte klingende Lohn blieb jedenfalls aus, und der arme Hutten, aller Mittel entblößt, mußte als Söldner Dienst im kaiserlichen Heer annehmen und den Feldzug des Jahres 1513 mitmachen.

Schon am 7. November 1512 lehnten die Venezianer einen Frieden mit dem Kaiser unter diesen Bedingungen endgültig ab. Sie zogen die Fortsetzung des Krieges — für sie ein Kampf ums Dasein — einem, wie es ihnen schien, ehrlosen Frieden mit Landabtretungen[89] vor. Schweren Herzens entschied sich Julius II. für Maximilian — offenbar aus Furcht vor einem Gegenpapst und dem schismatischen Konzil, wogegen ihm die moralische Autorität des Kaisers mehr zu nützen schien als irgendeine andere noch so kriegsstarke Macht dieser Welt. Dieses Bündnis bringe der Christenheit den Frieden, antwortete er[90] den zurückhaltenden Kardinälen. Sicher gab es dem Papst zu denken, daß auch die Spanier davor warnten, Venedig aus der Liga auszustoßen[91]. Er war Realpolitiker genug, die Schwäche der Kriegsmacht des Kaisers und des Reiches richtig einzuschätzen. Aber es schien ihm keine andere Wahl möglich, als diese neue Heilige Liga mit dem Kaiser und den Spaniern allein abzuschließen; in den Augen König Ferdinands ein verhängnisvoller politischer Fehler des Papstes.

Am 19. November 1512 spätabends wurde der Bundesvertrag zwischen Julius II. und dem Kaiser von Matthäus Lang feierlich unterzeichnet[92]: ein „ewiges" Freundschaftsbündnis[93] zur Verteidigung des Papstes, der Kirche und des Kirchenstaates, aber auch der Reichsgebiete in Italien. Maximilian versprach dem Papst Hilfe wider alle seine Feinde — besonders gegen die Türken — und gab ihm das Haus Este und Ferrara, ebenso die Bentivogli und Bologna völlig preis. Die Forderung, bei der Eroberung von Ferrara mitzuwirken, wies er allerdings zurück[94] und zog die Reichstruppen ab. Der Kaiser widersagte der Pisaner Synode und schloß sich dem Laterankonzil an. Die Venezianer wurden aus der Heiligen Liga ausgeschlossen, weil sie den Waffenstillstand nicht einhielten und den Frieden ablehnten. Julius II. versprach, die Signorie mit Bann und Interdikt zu strafen und nicht Frieden zu schließen, ehe sie Maximilian die Gebiete zurückgegeben habe, die ihm kraft der Liga von Cambrai zustanden. Der Papst versprach dem Kaiser auch 2500 Knechte und 500 Lanzen gegen Venedig, wenn die Spanier ebensoviel ins Feld stellten. Brescia sollte als Reichsstadt dem Kaiser zufallen. Er durfte von allen Fürsten, Ländern und Städten des Reiches in Italien Kriegshilfe gegen Venedig anfordern, wobei ihn der Papst unterstützen werde. Julius II. wollte Maximilian nötigenfalls auch gegen Karl von Geldern mit geistlichen Waffen unterstützen. Diesen Bundesvertrag sollten die Könige von Aragon, England, Ungarn, Polen und Portugal, außerdem das Kardinalskollegium und die deutschen Kurfürsten garantieren. Der Kaiser sollte innerhalb von zwei Monaten ratifizieren.

Als die beiden venezianischen Kardinäle den Papst vorsichtig fragten, ob es dem Recht entspreche, die Signorie mit dem Kirchenbann zu bedrohen, erwiderte er zornig: „Recht oder Unrecht, ich werde es tun."[95] Welche Bedenkenlosigkeit im Gebrauch der geistlichen Waffen! Sie brachte Julius II. um jedes geistliche Ansehen, um jede Glaubwürdigkeit. Mit vollen Händen streute er die Saat für die kommende religiöse Revolution. Auf den Einwand, man solle in dieser Sache nichts übereilen und die Meinung des Kaisers abwarten, antwortete Julius II., Lang sei der Kaiser in Italien. In der Tat war es der Gurker, der unaufhörlich auf schärfstes Vorgehen gegen die Signorie drängte.

In einem ähnlich lautenden Zusatzvertrag[96] verpflichtete sich der Kaiser, der Heiligen Liga beizutreten: Er werde mit den Heeren der Liga gegen Frankreich vorgehen, wofür ihm der Papst 1000 Knechte und 500 Lanzen stellen wollte. Für den Krieg gegen Ferrara oder Venedig sollten dem Kaiser alle Bundesgenossen gemeinsam 24.000 Gulden bezahlen. Als höchstes Ziel der Liga wurde wieder der Kampf gegen die Ungläubigen gepriesen, denn seit Jahrzehnten pflegte man alle möglichen politischen Unternehmungen mit dem „Türkenkrieg" zu tarnen.

Mit großen Gottesdiensten und Festpredigten auf Papst und Kaiser wurde die Liga am 25. November 1512 in der Kirche Santa Maria del Popolo zu Rom feierlich verkündet[97] und unter allgemeinem Jubel des Volkes in der ganzen Stadt gefeiert.

Matthäus Lang, Fürstbischof von Gurk, schon seit zwei Jahren als Kardinal „in pectore" vorgesehen, war im geheimen Konsistorium vom 19. November mit dem Titel Sancti Angeli in das Kardinalskollegium aufgenommen[98] und am 24. November bereits feierlich publiziert worden. Aber der kaiserliche Hofbischof und Statthalter war klug genug, die Annahme des roten Hutes auch diesmal wieder abzulehnen, um bei seinem mißtrauischen Herrn keinen falschen Eindruck über seine Verhandlungsführung zu erwecken. Weder Papst noch Kardinäle, viel weniger der Zeremonienmeister, der gegen Langs Gehaben öffentlich protestierte, konnten ihn bewegen, seine schwarze Amtstracht und das Schwert mit dem Kardinalspurpur zu vertauschen. Weniger Zurückhaltung scheint der Gurker gegenüber den Ehrengeschenken bewiesen zu haben, die ihm der Papst machte — angeblich Juwelen im Werte von 3000 Dukaten[99]. Einen Bestechungsversuch der Venezianer — sie sollen ihm 20.000 Dukaten geboten haben — wies er angeblich zurück[100].

Den Höhepunkt bildete die dritte Session des Laterankonzils am 3. Dezember 1512, wo in Anwesenheit des Papstes der Fürstbischof von Gurk als Stellvertreter des Kaisers dem Pisaner Konziliabulum feierlich widersagte, den Beitritt seines Herrn zum Laterankonzil erklärte[101] und dem Papst öffentlich Obedienz[102] leistete. Fast zehn Jahre hatte Maximilian seine Gehorsamserklärung für das Reich und Burgund aufgeschoben. Nun hatte sich Julius II. in einer besonders schwierigen Lage seines Pontifikats die moralische Unterstützung des Kaisers und damit seine päpstliche Stellung gesichert. Vor versammeltem Konzil wurden Bann und Interdikt gegen den König von Frankreich und die Schismatiker erneuert. Das Konzil sollte sich in zwölf Sessionen bis zum März 1517 hinziehen, ohne daß sich die Deutschen besonders beteiligt hätten, welche damals bereits von ganz anderen Sorgen geplagt waren.

Unmittelbar nach diesen Feierlichkeiten verließ Lang den Papst und die Stadt Rom, um zur Einsetzung des Massimiliano Sforza nach Mailand zu eilen. Die Eidgenossen hatten seine Ankunft kaum erwarten wollen. Als er eintraf, gab es heftige Streitigkeiten, wer dem neuen Herzog die Schlüssel der Hauptstadt zu übergeben, wer ihm den Herzogsmantel umzulegen habe. Die Reichsinvestitur wollte ihm der Kaiser noch nicht förmlich erteilen; sie blieb ihm in der Tat dauernd vorenthalten.

Der Einzug des neuen Herzogs in seine Hauptstadt fand am 29. Dezember 1512 unter großem Gepränge statt[103]. Schließlich überließ man den siegreichen Schweizern die Ehre, dem Herzog die Schlüssel der Stadt zu überreichen. Es war kein gutes Vorzeichen, daß die Franzosen, die immer noch das Kastell besetzt hielten, die Festlichkeiten durch Geschützfeuer peinlich stören konnten. Massimiliano Sforza war und blieb ein Hampelmann der Eidgenossen, der Spanier und der Deutschen, die in ihrer Gier nach Geld[104] und Einfluß dem geplagten Stadtvolk das schlechteste Beispiel gaben.

Die neuen Herren benahmen sich mehr als aufreizend[105]. Man erzählte sich Schauergeschichten[106] über die Gelage und Orgien, die der junge Herzog mit seinen Beschützern, dem kaiserlichen Statthalter Lang und den Spaniern, aufführte: „Sie hätten verdient, nach Art der Gefährten des Odysseus in Schweine verwandelt zu werden." Isabella von Mantua, eine zweite „Circe", habe den feinen Herren dreißig besonders hübsche Damen zugeführt, um ihren Bruder Herzog Alfonso von Ferrara damit von der Rache der Spanier loszukaufen. Da habe man sehen können, wie sich der Kardinal von Gurk mit seiner Dame verliebt auf dem Boden wälzte. Mit Tausenden von Dukaten, welche die Barbaren den armen Leuten herauspreßten, hätten sie ihre Damen entlohnt. So sei es den ganzen Winter gegangen. Wenn man glaubte, die Franzosen seien ein für allemal aus der Lombardei und Italien vertrieben, sollte man sich täuschen.

Obwohl alles zunächst nach einem großen Erfolg des Papstes und der Liga aussah, vermochte Julius II. seiner Sache nicht recht froh zu werden; er fühlte sich angeblich sehr mißgestimmt und elend über den abgeschlossenen Vertrag[107]: Würde der Kaiser als Bundesgenosse halten, was sich der Papst von ihm versprach? Würde er es halten können?

Anderseits mußte auch der Kaiser fürchten, daß sich die Signorie mit Ludwig XII. verband und die vereinigten französisch-venezianischen Waffen ihm weit mehr schadeten, als ihm das Bündnis mit dem Papste nützte. In einer späteren Denkschrift[108] urteilte der Kaiser, das Bündnis mit Frankreich wäre am ehesten geeignet gewesen, Venedig zu vernichten und die italienische Frage zu lösen, wenn Ludwig XII. nur den Kaiser wirksamer unterstützt hätte. Freilich vergaß Maximilian, welch erbärmliche Rolle das Reichsheer in Italien gespielt hatte. Im ersten Anlauf hatten die Franzosen 1509 dem Kaiser Verona, Vicenza, Padua und Treviso erobert und übergeben. Was wollte er mehr? Das Reich aber hatte diese Plätze wegen des völligen Versagens seiner Fürsten und Stände nicht behaupten können.

Bitterste Enttäuschung über die letzten Verträge von Rom äußerte König Ferdinand von Aragon[109]. Er sah im Ausschluß Venedigs aus der Heiligen Liga die Vernichtung alles dessen, „was Gott in seiner Güte gewährt habe", und ein einziges Unglück für die gemeinsame Sache, besonders für den Kaiser. Ähnlich dachte der König von England[110].

5. Tod Julius II. Auflösung der Heiligen Liga und wechselnde Bündnisse 1513/14. Maximilians Feldzüge in Flandern und Italien. Vergebliche Friedensbemühungen

Die Lage Italiens am Jahresende 1512 sah für den Kaiser nicht ungünstig aus. Der Weg zur Wiederherstellung der Reichsherrschaft schien offen[1]. Frankreich war über die Alpen zurückgeworfen. In Mailand saß der junge Sforza, die befreundeten Medici hatten Florenz zurückgewonnen. Der Papst und Spanien waren dem Kaiser in einem engen Interessenbündnis verpflichtet. England hatte zur Unterstützung der Heiligen Liga und des Kaisers

Truppen an der französischen Küste gelandet, um den Schutz der Niederlande[2] und die Niederwerfung des ewig aufsässigen Geldern zu unterstützen. Heinrich VIII. half dem Kaiser mit Darlehen und Geldgeschenken in großzügiger Weise weiter. Venedig war noch immer durch einen Waffenstillstand gebunden; wie es schien, völlig isoliert und vom Papst mit dem Bann bedroht[3], wenn es sich nicht der Liga unterwerfe; Frankreich aber von allen Seiten umstellt. Daher durften die Verbündeten hoffen, mit Frankreich und Venedig endlich fertigzuwerden[4] und in diesem Jahr den Krieg und einen günstigen Frieden zu gewinnen, wonach sich längst alle sehnten.

Aber das war Schein, denn ein völliger Wechsel der politischen Bühne bereitete sich vor. Schon seit Ende Dezember war Julius II. neuerlich schwer erkrankt: Man mußte erkennen, daß es zugleich mit dem gewaltigen Papst auch mit der Heiligen Liga zu Ende gehe[5]. Es war anzunehmen, daß sich Frankreich und Venedig zu einem mächtigen Kriegsbündnis vereinigten, gegen das die äußerst anfällige Heilige Liga einen schweren Stand haben würde. Daher ließen der Kaiser und sein Statthalter Lang den Ausgleich mit Venedig nicht aus dem Auge. Halb scherzend, halb ernst schrieb der Kaiser an die Signorie, sie möge ihm wenigstens die versprochenen cyprischen Falken schicken; vielleicht würden sie den Frieden fördern[6]. Lang bemühte sich, in geheimen Verhandlungen entweder mit Venedig oder mit Ludwig XII. einen Vergleich zu finden[7]. Auch Spanien und England versuchten mit allen Kräften, den Kaiser mit der Signorie auszusöhnen, gegen Frankreich freizumachen[8] und Venedig von Frankreich fernzuhalten. In einem Frieden des Kaisers mit Venedig sah König Ferdinand die Lösung aller Schwierigkeiten; dafür sollte Maximilian Verona und Vicenza opfern. Dazu freilich konnte sich der Kaiser nicht verstehen.

Daß der Krieg mit der einen oder anderen Koalition weitergehen werde, war sicher. Obwohl an Mitteln völlig erschöpft, mußte sich der Kaiser zu neuen Rüstungen entschließen. Wieder hielt er sich vor allem an das nächstgelegene Land Tirol[9], das er im Laufe des Jahres 1513 mit fünf Landtagen und der Forderung von 60.000 Gulden oder 15.000 Knechten heimsuchte, wovon allerdings nur 40.000 Gulden bewilligt wurden. Die Stände baten, der Kaiser möge sie „mit der Menge von Landtagen in Gnaden verschonen" und sich auch an die anderen österreichischen Länder und an das Reich halten. Vom steirischen Landtag wissen wir, daß er 16.000 Gulden bewilligte, womit der Kaiser aber keineswegs zufrieden war[10]. Ähnlich dürften auch die anderen österreichischen Landtage beigesteuert haben. Ebenso forderte der Kaiser von den burgundischen Ständen[11] eine Steuer; desgleichen eine Kriegshilfe des Schwäbischen Bundes[12], die allerdings lächerlich gering ausfiel, was angesichts der Tatsache, daß der Reichstag überhaupt nichts beitrug, nicht weiter auffällt. Von einzelnen Reichsfürsten mag der Kaiser in persönlichen Verhandlungen bescheidene Beiträge erhalten haben. Er brauchte das Geld dringend, um Schweizer[13] anzuwerben.

Am 21. Februar 1513 trat das Ereignis ein, das die politische Bühne völlig veränderte: der Tod Papst Julius' II.[14] Er fand nicht mehr Kraft und Zeit, den Bannstrahl neuerlich gegen die ungehorsame Signorie zu schleudern, wie er dies dem Kaiser fest versprochen hatte. Bis zuletzt quälten ihn Sorgen über das Schisma, um die Zukunft des Kirchenstaates und die Vertreibung der Barbaren aus Italien; wohl auch Zweifel an der Wirksamkeit des Bündnisses mit dem Kaiser. „Ich wünschte, ich wäre nie Papst geworden", soll er auf dem Sterbebett gesagt haben.

Mit dem Tode Julius' II. begann sich die Heilige Liga aufzulösen, was Franzosen und Venezianern eine fühlbare Entlastung[15] brachte; für den Kaiser in dieser Lage eine gefährliche Störung seiner politischen Pläne. Maximilian hatte Julius II. gehaßt; jetzt aber starb er ihm zur ungelegensten Zeit. Der allgemeinen Stimmung der Deutschen gegen diesen Papst entsprachen Huttens scharfe Epigramme[16], haßerfüllte Verse ohne jede Gerechtigkeit. Für ihn war Julius II. kein Nachfolger Christi oder Petri, sondern ein Kaufmann, der die ganze Welt betrügt und den Himmel verkauft, der ihm gar nicht gehört; er war ihm, ohne daß das Wort ausgesprochen wurde, der Antichrist, so wie ihn später Luthers Pamphlete zeichneten. Weltlich gesehen war Julius II. ein gewaltiger Fürst, in manchen seiner Tugenden und Untugenden dem Kaiser ähnlich; ein Papst, der den Kirchenstaat wiederherstellte und durch ein Jahrzehnt das christliche Staatensystem entscheidend mitbestimmte.

Schon am 11. März 1513 wurde Giovanni dei Medici zum Papst gewählt[17]. Die Absicht des Kaisers, selbst Papst zu werden, war auch diesmal erwähnt[18], aber nicht ernsthaft vertreten worden. Immerhin gelang es, die Wahl eines Freundes der Venezianer oder

Franzosen zu verhindern. Sehr enttäuscht war der Kardinalprimas von Ungarn, Thomas Bakócz, der sich als Parteigänger des Kaisers Hoffnungen gemacht hatte.

Zugunsten des allgemeinen Friedens suchte man nach einem friedfertigen, jüngeren Kardinal, der noch nicht von den eingewurzelten Parteileidenschaften vergiftet war, und wählte schließlich den jungen Mediceer. Obwohl eher ein Lamm als ein Löwe[19], nahm Giovanni den Namen Leo X. an. Er besaß nichts von der Kampflust und Kühnheit seines Vorgängers Julius. „Laßt uns das Papsttum genießen, da es Gott uns gegeben hat", soll er den glückwünschenden Kardinälen in unbeschwerter Heiterkeit und Einfalt geantwortet haben. Mit ungewöhnlichem Prunk fand die Papstkrönung statt, bei der sich noch einmal — zum letzten Mal — Christentum und humanistisches Neuheidentum fast selbstverständlich mischten, ohne eigentlich Anstoß zu erregen.

Obwohl der neue Papst dem Kaiser seine freundschaftliche Gesinnung besonders eindringlich bekunden ließ[20] und dem Gesandten Carpi die Fortführung der Heiligen Liga in liebreichen Worten versprach, schlug er doch eine andere politische Linie ein als sein gewalttätiger Vorgänger. Nur so weit stimmte er mit Julius II. überein, daß er die Fremden aus Italien fernhalten wollte. Aber von der Kriegspolitik Julius' II. gegen Frankreich und Venedig, womit er die päpstlichen Kassen ausgeleert hatte, wollte Leo zunächst nichts wissen: Er hoffte sich vielmehr mit einer klugen Schaukelpolitik zu helfen, indem er sich jeweils auf die Seite des Stärkeren schlug. So glaubte er den Frieden in der Christenheit wiederherzustellen, das Schisma zu überwinden, die christlichen Mächte gegen die Türken zu einigen, Italien zu befreien, den Kirchenstaat zu erhalten[21] — und auch das Glück des Hauses Medici zu mehren; seiner Familie wenigstens Florenz zu erhalten, war gewiß nicht seine geringste Sorge. Päpstliche Friedensmissionen an den Kaiser, an die Könige von Frankreich, Spanien, England und an die Signorie von Venedig sollten die christlichen Mächte miteinander versöhnen[22]. Aber sie waren zum Frieden noch nicht bereit.

Matthäus Lang hatte zwar die Friedensverhandlungen mit den Venezianern fortgeführt und gleichzeitig auch mit dem König von Frankreich verhandelt[23]. Aber von seinen Forderungen wollte er da wie dort nicht das Geringste nachlassen, so daß die Republik auf die günstigeren Angebote des Königs von Frankreich einging. Wie sehr auch Engländer und Spanier sich bemühten, den Kaiser mit Venedig auszugleichen, alle Bemühungen schlugen fehl. Maximilian ging nicht ab von der „Wiederherstellung der Reichsrechte in Italien". Die Spanier, in diesem Fall neutrale Beobachter, gaben dem Kaiser die Hauptschuld[24] am Absprung der Venezianer. Wieder war eine gute Gelegenheit zum Frieden versäumt worden.

Die Venezianer und der König von Frankreich wurden in ihrer schwierigen Lage rasch handelseins und schlossen bereits am 23. März 1513 zu Blois einen „ewigen" Friedens- und Bündnisvertrag[25] wider jedermann, auch gegen den Kaiser; sie versprachen, einander bei der Rückeroberung ihrer verlorenen Gebiete zu helfen. Nun stand die Signorie von Venedig, durch die französische Kriegsmacht verstärkt, womöglich noch mächtiger im Felde als vorher. D'Alviano, der tapfere, aber unglückliche Feldherr von Agnadello, wurde aus französischer Kriegsgefangenschaft entlassen, von der Signorie zu ihrem Generalkapitän bestellt und mit der Kriegführung gegen den Kaiser betraut.

Von einem Fortbestand der Heiligen Liga konnte längst nicht mehr die Rede sein. Als der Kaiser und Spanien den neuen Papst um Geld- und Truppenhilfe baten, lehnte er vorerst jede Parteinahme ab[26]: Er sei nicht Papst geworden, um Krieg zu führen, sondern um Frieden zu stiften und die Mächte gegen die Türken zu einigen. Anderseits bat Leo X. aber auch den König von Frankreich, Mailand in Ruhe zu lassen. Dem Papst erschienen die Franzosen allerdings als die gefährlicheren Feinde Italiens, weswegen er Ludwig XII. mit allen Mitteln daran hindern wollte, Mailand zurückzuerobern[27]. Diese gemeinsame Sorge führte Leo X. allmählich etwas näher an den Kaiser heran. Aber zu einer Liga im alten Sinn kam es nicht mehr, weil sowohl der Papst als auch König Ferdinand von Aragon ihre Sonderpolitik betrieben.

Als Antwort auf das französisch-venezianische Kriegsbündnis von Blois (23. März) schloß Maximilian über eifrige Vermittlung seiner Tochter Margarethe bereits am 5. April 1513 mit Heinrich VIII. von England eine neue Heilige Liga zu Mecheln[28], in die man den Papst einbezog[29], ohne sich um seine Zustimmung oder Ablehnung zu kümmern. Maximilian wollte als oberster Hauptmann die vereinigte kaiserlich-englische Armee gegen Frankreich anführen[30], während Heinrich VIII. gleichsam als Schatzmeister das große Unternehmen zu bezahlen versprach[31]. Dieses Bündnis sollte durch den Abschluß einer Heirat zwischen Karl (V.)

und Prinzessin Maria, einer Schwester des Königs von England, familienpolitisch gesichert werden[32]. Der Kaiser fühlte sich so glücklich, daß er Heinrich VIII. einen Prunkharnisch schenkte.

Auch die Heilige Liga von Mecheln gab sich als „ewiger" Friedens-, Freundschafts- und Bündnisvertrag zwischen Kaiser, Papst, England und Spanien gegen den König von Frankreich zur Verteidigung der römischen Kirche und aller Vertragspartner. Leo X. sollte gegen alle Feinde der Liga mit Kirchenstrafen vorgehen. Binnen zwei Monaten hatten die vereinigten Mächte Frankreich von vier Seiten anzugreifen: Der Kaiser wollte von Nordosten her mit Hilfe englischer Subsidien das Herzogtum Burgund zurückerobern; der Papst und die italienischen Mächte sollten über die Alpen hinweg nach Frankreich vorstoßen; Heinrich VIII. die alten englischen Besitzungen in Aquitanien und in der Normandie zurückgewinnen, während der König von Spanien in Südfrankreich einzufallen versprach.

Es war eine Neuauflage des großen Planes von 1496 zur Vernichtung Frankreichs[33] durch einen gemeinsamen Überfall aller seiner Nachbarn. Diese Liga wies ganz die Handschrift des Kaisers auf und glich in der Raubgesinnung jener von Cambrai. Sie war auch nicht weniger brüchig und kurzlebig, denn Spanien ging von Anfang an schwer durchschaubare, eigene Wege. Der Papst, obwohl von den Mächten unablässig gedrängt, hatte sich an den Verhandlungen kaum beteiligt und entschloß sich schwer, Partei zu ergreifen. Erst unter dem Eindruck des neuerlichen französischen Einfalls in die Lombardei mußte sich Leo X. zum Beitritt entschließen.

Am auffallendsten war die Sonderpolitik König Ferdinands[34]: Während seine Gesandten in Mecheln und England ein Angriffsbündnis gegen Frankreich verhandelten, schloß er am 1. April 1513 mit Ludwig XII. einen Waffenstillstand[35] für ein Jahr, und zwar für die Pyrenäengrenze, an welcher er nach der Liga von Mecheln hätte angreifen sollen. Italien dagegen war von diesem Waffenstillstand ausgenommen. Offenbar wollte Ferdinand seine Kräfte in Italien zusammenziehen, Venedig zum Frieden zwingen, zusammen mit dem Kaiser die Lombardei erobern und als Königreich seinem jüngeren Enkel Ferdinand zuwenden, in dem er seinen eigentlichen Nachfolger sah, während er Karl (V.) auf das Reich und die österreichischen Länder abzuschieben hoffte. Ein lombardisches Königreich für den Infanten Ferdinand war offenbar Ziel dieser Politik. Der unübertreffliche politische Spieler hütete sich wohl, vor den Bundesgenossen seine Karten aufzudecken. König Ferdinand schienen — anders als Maximilian[36] — beide Verträge durchaus vereinbar; er ließ tatsächlich beide unterzeichnen und zog sich mit einer handgreiflichen Lüge aus der Klemme.

Der Kaiser war über die undurchsichtige Haltung König Ferdinands überrascht, bestürzt, ja verzweifelt[37]. Wie schon öfter sprach er davon, Mönch zu werden. Die politischen Winkelzüge Ferdinands verwirrten selbst den Kaiser, der sich auf die Künste des Simulierens und Dissimulierens sehr wohl verstand. Aber Margarethe beschwichtigte das Mißtrauen des Vaters[38]: Ferdinand sei nach Maximilian der erfahrenste Fürst dieser Welt und lasse sich von niemandem täuschen; sie seien „Väter eines Sohnes und Erben"; Ferdinand werde gewiß nichts tun, sein eigen Blut zu schädigen. Offenbar suche er Frieden mit Venedig, und dies sei nötig, wenn man Größeres vorhabe. Auch Lang war stets bereit, die spanische Politik zu unterstützen; erkannte er doch in der Zusammenarbeit mit dem Katholischen König den Vorteil des gemeinsamen Erben Karl.

Seit geraumer Zeit hatte Maximilian Grund zu glauben, daß sich König Ferdinand ganz auf die habsburgische Erbfolge eingestellt habe; er wollte ihm daher „ein guter und getreuer Bruder" sein[39]. Also ließ er sich von der spanischen Sonderpolitik bestimmen, die Ratifikation von Mecheln so lange zu verzögern, bis sich die Lage klärte, obwohl ihn der König von England drängte und mit großen Darlehensangeboten lockte. Sollte Maximilian dem spanischen König folgen, der zunächst Venedig zum Frieden bewegen[40], dann Oberitalien unterwerfen wollte? Offenbar hoffte er, auf diese Weise kampflos zur habsburgisch-spanischen Vorherrschaft über Italien zu gelangen[41]. Ganz sicher fühlte sich Maximilian dieses Herrschers, der ihm zeitlebens so viele Rätsel aufgegeben, noch immer nicht, obwohl ihm Ferdinand in jüngerer Zeit manchen Freundschaftsdienst erwiesen hatte. — Oder wäre es besser, zusammen mit England den König von Frankreich zu vernichten, die Verluste des Friedens von Arras (1482) zurückzugewinnen, Geldern zu unterwerfen[42] und den Niederlanden den so heiß ersehnten Frieden zurückzugeben? Der Kaiser und Lang waren zunächst eher geneigt, den Plänen König Ferdinands zu folgen: zunächst Frankreich zu schonen, Venedig zu unterwerfen und die italienische Frage zu lösen.

Am 1. April 1513 war der Waffenstillstand mit Venedig abgelaufen. Nach Abschluß des venezianisch-französischen Bündnisses drohte die ganze Last des Krieges in Italien auf die kleine kaiserliche Armee zu fallen. Der Papst, Mailand und Florenz blickten wie gebannt auf Frankreich. Wenn Ludwig XII. die Alpen überstieg, konnte man nur hoffen, daß der ganz unberechenbare König Ferdinand mit seinen Spaniern dem Kaiser zu Hilfe kommen werde[43].

Da führte der überraschende Kriegseintritt der Schweizer eine neue Lage herbei. Die Liga von Mecheln hatte mit ihnen gar nicht sicher zu rechnen gewagt und sie nur am Rande erwähnt; wußte man doch nie, ob sie nicht mit Frankreich marschieren würden. Papst und Kaiser war es nach zähem Ringen gegen das französische Geld schließlich doch gelungen, sie mit hohen Geldzahlungen für die Liga zu gewinnen[44]. Sie sollten ihren alten Ruf bestätigen, daß man nur die Schweizer einsetzen müsse, wenn man siegen wolle. Sie gaben dem Krieg und der europäischen Politik im Jahre 1513 durch ihren glänzenden Sieg bei Novara eine völlige Wendung. Unter dem Eindruck dieses Erfolges fiel den Mächten die Entscheidung leicht. Nun ratifizierte der Kaiser rasch den Vertrag von Mecheln[45], und die Verbündeten warfen sich mit vereinten Kräften auf die geschlagenen Franzosen.

Ludwig XII. hatte den Plan einer Wiedereroberung Mailands nie aufgegeben. Durch den Waffenstillstand mit Spanien an der Pyrenäengrenze gesichert, konnte er sich nun gegen Mailand um so stärker machen. Er hoffte, daß sich König Ferdinand vielleicht auch in Italien neutral stellen werde. Eine verhängnisvolle Täuschung. Auch der Versuch, die Schweizer für die französische Politik zu gewinnen, scheiterte an deren allzu hohen Forderungen[46].

Die französische Armee unter La Trémoille und Trivulzio rückte über Asti gegen Alessandria vor, um sich hier zu sammeln und den entscheidenden Stoß gegen die Schweizer zu führen, die sich, durch Spanier verstärkt, zum Schutze Mailands hier aufgestellt hatten[47] — fürs erste 1200 Lanzen, 1000 leichte Reiter, 8000 spanische, 3000 lombardische und 7000 Schweizer Knechte, die gutenteils der Papst bezahlte. Gleichzeitig rückten von Osten her die Venezianer an: Sie marschierten an Verona vorbei, das sie vergebens zu stürmen versuchten, über Peschiera und Brescia nach Cremona (27. Mai)[48]. Von dort wurden sie von der spanischen

Armee des Vizekönigs Cardona vertrieben und an der Vereinigung mit den Franzosen gehindert. D'Alviano blieb stehen und wagte nicht, den Franzosen noch weiter entgegenzuziehen.

Auch in Genua waren Franzosen gelandet, hatten Stadt und Fürstentum besetzt und sich mit dem Hauptheer bei Alessandria vereinigt. Über 10.000 Mann stark, nahmen sie den Vormarsch in Richtung Novara auf, wohin Massimiliano Sforza unter den Schutz der Eidgenossen geflüchtet war, denn in Mailand hatte sich das Volk gegen die Mißwirtschaft der neuen Herrn erhoben und den obersten Staatsrat Andrea da Borgo, einen Vertrauensmann des Kaisers, verjagt[49]. Der größere Teil des Herzogtums war bereits unter französische Herrschaft zurückgekehrt.

Angesichts der drohenden Gefahr hatten sich auch die Streitkräfte der Liga rasch gesammelt[50]. Was niemand erwartet hatte, geschah: Die Spanier ergriffen die Waffen gegen die Franzosen. Der Kaiser hatte die Tiroler nach Verona aufgeboten[51], um den Vormarsch der Venezianer in die Lombardei und ihre Vereinigung mit den Franzosen zu verhindern. Der Schwäbische Bund gewährte die halbe Hilfe[52] — sage und schreibe 6237 Gulden. Das Reich tat gar nichts. Kurfürst Friedrich der Weise, der führende Kopf unter den Fürsten, hatte eine Hilfe abgelehnt. Der Kaiser hätte jeden einzelnen Fürsten persönlich besuchen und anbetteln müssen, klagte er dem Würzburger Gesandten und drohte zornig, wenn er nicht gesalbt wäre, würde er gerne „ein oder zwei große Hansen schnellen, daß ihnen Nase und Maul abfielen"[53].

Mailand wäre verloren gewesen, wenn nicht die Eidgenossen das Herzogtum des jungen Sforza und ihre eigenen Eroberungen durch die siegreiche Schlacht bei Novara[54] vor den Franzosen gerettet hätten. Ihre Schutztruppen hatten sich mit Massimiliano Sforza nach Novara zurückgezogen und dort eingeschlossen, um das aus der Heimat anmarschierende Hilfsheer abzuwarten. Die Franzosen hofften, die Festung zu stürmen und den jungen Herzog wie einst seinen Vater gefangenzunehmen, ernteten aber nur den Spott der übermütigen Eidgenossen. Als sie hörten, daß die Schweizer Verstärkungen in Eilmärschen von den Pässen heranrückten, ließen sie von den bereits angeschlagenen Festungsmauern ab, um sich in ein festes Lager zurückzuziehen. Da griffen die Schweizer — ohne ihre Verstärkungen abzuwarten, ohne Geschütze und ohne Reiterei — die Feinde im Morgengrauen des 6. Juni 1513 überraschend an und vermochten sie vor den Mauern der Stadt, in ihrem noch unbefestigten Lager, innerhalb von drei Stunden vernichtend zu schlagen. Es war ein Überfall wie bei Murten (1476) oder Dorneck (1499). Die Schweizer waren da, ehe die französische Artillerie recht zum Feuern kam und bevor die schweren Reiter sich bereitmachen konnten. Ihr ganzer Haß entlud sich gegen die deutschen Landsknechte, welche für die Franzosen kämpften. Die Eidgenossen wollten beweisen, um wieviel sie tüchtiger wären als die Deutschen; die Schande von Novara (1500) wollten sie auslöschen und am Sohn gutmachen, was sie am Vater gefehlt hatten. Die Hälfte der französischen Armee wurde niedergemacht, der Rest zerstreut. Das Lager mit den schweren Waffen und den Geldvorräten fiel in die Hand der Sieger. Die Franzosen mußten Italien räumen. Für immer?

Der Sieg bei Novara veränderte die militärische und politische Lage mit einem Schlag und führte die Eidgenossen auf den Höhepunkt ihrer Erfolge. Sie eroberten rasch das ganze Herzogtum zurück und sicherten ihre Schutzherrschaft über den Mailänder Staat und ihre Orte Lugano, Locarno und Domodossola. Durch mehrere Jahre beherrschte ihre starke Kriegsmacht die ganze Lombardei, ja sie gewannen den Anschein einer europäischen Großmacht. Aber schon bald begannen sich die kleinen Leute gegen diese überhebliche Kriegspolitik der eidgenössischen Großköpfe zu wehren, und das ließ sich auf die Dauer auch mit Schwert und Galgen nicht unterdrücken; vor allem nach dem mißglückten Unternehmen gegen Dijon, bei dem sich die Schattenseiten des Reislaufes und einer überspannten Außenpolitik deutlich offenbarten.

Der Sieg von Novara erweckte auch in der Liga größte Hoffnungen und neuen Mut. Selbst der Papst, der sich bisher vorsichtig zurückgehalten und nur heimlich die Schweizer und Mailänder mit Geld unterstützt hatte, wagte es nun, ihnen öffentlich Glück zu wünschen[55].

Maximilian, der in den Schweizer Feldzug kaum eingriff, weil er, aller Mittel entblößt, die Entwicklung abwarten mußte, wurde durch die Schweizer Erfolge gezwungen, den Krieg auch in der Lombardei und in Venezien wieder zu erneuern. Cardona verfolgte mit einem Teil seiner Truppen die geschlagenen Franzosen bis an das Grenzgebirge, versäumte es aber, die Schwäche der Venezianer nach der Niederlage von Novara zu nützen und d'Alviano zu schlagen. Mit Recht warf man dem Spanier vor, eine günstige Gelegenheit versäumt zu haben. Aber es gehörte zur spanischen Politik, die Venezianer zu schonen, um sie einer Friedensvermittlung geneigter zu stimmen.

So konnte sich d'Alviano mit seinen Truppen unbehelligt an die Etsch zurückziehen[56], das gesamte Getreide im Veroneser Land abschneiden und nach Venedig bringen. Ja, er versuchte sogar, um die französische Niederlage wettzumachen, Verona zu belagern und zu stürmen (18. Juni 1513)[57]. Die Venezianer waren bereits durch eine Bresche eingedrungen, wurden aber von der schwachen Besatzung unter Wilhelm von Rogendorf wieder hinausgeworfen. Jetzt erst brachte Cardona verspätete Hilfe, besetzte Bergamo, Brescia, Peschiera und Legnago[58] und begann auf Befehl des Kaisers, einen Vorstoß gegen Mestre und Venedig vorzubereiten. Aber England versuchte wie stets, den Kaiser mit Venedig auszusöhnen und ganz gegen Frankreich einzusetzen.

Ludwig XII. hatte nicht nur die Lombardei verloren, sondern sah sich auch in Frankreich selbst bedroht, denn der Sieg von Novara hatte die Liga neu belebt. Der Kaiser, die Engländer und die Eidgenossen fielen nun gemeinsam in Flandern und im Herzogtum Burgund ein. Hätten die Spanier an der Pyrenäenfront ein Gleiches getan, wäre Europa wohl schon im Jahre 1513 habsburgisch-spanisch geworden. Aber das Unternehmen sollte an der Erbkrankheit aller Koalitionen scheitern: am Mißtrauen aller gegen alle.

Ohne einen Reichstag in Worms oder Koblenz mit seinen langwierigen, meist vergeblichen Hilfsverhandlungen abzuwarten, eilte Maximilian in die Niederlande, um den englischen Bundesgenossen[59], König Heinrich VIII., persönlich zu begrüßen. Hier hoffte der Kaiser, mit englischer Hilfe den Krieg gegen Frankreich zu entscheiden, das Herzogtum Burgund zurückzuerobern und gleichzeitig Geldern zu unterwerfen, worum ihn seine Tochter Margarethe seit Jahren beharrlich bat. Der König von England aber brannte vor Ehrgeiz und Haß gegen Frankreich. Die Heldentaten seiner Ahnen, des legendären Königs Heinrich V., trieben ihn voran. Weder der Abfall des Königs von Spanien noch die Drohungen des Königs von Schottland konnten ihn von seinem Abenteuer abbringen.

Anfang Juni 1513 war die englische Armee in Calais gelandet[60]; eine Flotte ankerte vor dem Hafen, „wie sie Neptun noch nie gesehen hatte". Erst Ende Juni erschien der König selbst, um die altenglischen Besitzungen auf dem Festland zurückzuerobern.

Gleich vielen seiner Vorgänger nahm jetzt auch er den Titel eines Königs von Frankreich an, den ihm sogar der Papst bestätigte. Der Aufmarsch und die Rüstungen[61] waren so gewaltig, daß ein venezianischer Beobachter meinte, wenn Ludwig XII. diesen Sturm überstehe, dann verdiene er mit Recht den Namen eines Königs. Der Kaiser und Erzherzogin Margarethe halfen dem König von England mit Leuten und Schiffen[62], obwohl die Niederlande dem Buchstaben nach neutral waren. Heinrich brachte seine Armee mittels reichlichen Geldes bald auf 30.000 Mann. Die Artillerie reichte, um „die Hölle zu erobern". Er hatte die Blüte der englischen Ritterschaft, seinen ganzen pomphaften Hofstaat mitgebracht, auch seine Hofkapelle und den ganzen Schwarm seiner persönlichen Bedienung. Der Mann, der an der Seite des Königs das ganze Unternehmen eigentlich leitete, war Thomas Wolsey, der alsbald zum allmächtigen Kardinalminister aufsteigen sollte.

Mitte Juli hatten die Engländer die Belagerung von Thérouanne begonnen[63], waren aber mangels Kriegserfahrung nicht recht weitergekommen. Vergebens hatte Maximilian geraten[64], an der Sommemündung zu landen und von dort aus, durch viele Umstände begünstigt, entweder in Richtung auf St. Quentin oder gegen die Normandie vorzustoßen. Auf den alten Schlachtfeldern des Hundertjährigen Krieges sollten sich die Heere der Engländer, des Kaisers und der Schweizer vereinigen, um die französische Macht ins Herz zu treffen. Maximilian spielte den Generalkapitän der Verbündeten; die Engländer dagegen sollten den Feldzug bezahlen. Immerfort mahnte der Kaiser das Hilfsgeld von 100.000 Goldkronen ein, das er für die Bezahlung der Schweizer dringend brauchte. Sie sollten ihren Vorstoß gegen die Champagne richten und von dort dem König von England die Hand reichen. In Reims wollte sich Heinrich VIII. zum König von Frankreich krönen lassen. In der Tat fühlten sich die Schweizer durch den englischen Vormarsch ermutigt und beflügelt. Aber König Heinrich wollte sich nicht allzu weit von der sicheren Küste entfernen. Am 10. August 1513 traf Maximilian mit Heinrich VIII. zwischen Aire, seinem Hoflager, und dem englischen Feldlager zusammen[65]. Diese erste Zusammenkunft des Kaisers mit einem christlichen König erregte größtes Aufsehen und wurde daher in Liedern und „Zeitungen" entsprechend gefeiert. Maximilian hatte die Zusammenkunft nicht vermeiden können, wie gerne er es auch seiner „Armut" wegen getan hätte.

Der König von England erschien mit 2500 Reisigen, die auf das glänzendste ausgestattet waren: Eine Schaustellung von Pracht und Reichtum, die für den Kaiser eher beschämend war. Maximilian hatte seine burgundischen Lehensleute aufgeboten und die Truppen heranbefohlen, die eben gegen Geldern kämpften: im ganzen etwa 1000 Reisige[66]. Er gab sich vorsätzlich einfach und arm, brauchte er doch vom englischen König vor allem Hilfsgelder und Darlehen.

Unter strömendem Regen trafen die hohen Herren auf freiem Feld zusammen. Maximilian verbat sich alle übermäßigen Ehrenbezeugungen, wie sie sonst für den Kaiser üblich waren. Man begrüßte sich hoch zu Roß mit Handschlag und Umarmung. Es gab ein kurzes Gespräch, worauf man sich der Regengüsse wegen bald wieder trennte. Heinrich VIII. hatte großen Eindruck gemacht: ein strahlender König in voller Jugendkraft, vernünftig, freundlich und unternehmend; er ritt einen braunen Hengst, trug glänzende Rüstung mit goldenem Überwurf und goldenem Kronhelm, aus dem die Edelsteine blitzten. Zaumzeug und Geliger waren reich mit Goldblech beschlagen und mit Glöcklein aus purem Gold behängt. Seine nächste Begleitung führte silberne Glöcklein am Zaumzeug. Die Deutschen, die in größter Einfachheit, bestenfalls in schwarzer Seide oder Wolle erschienen waren, durften sich diese Glöcklein aus Gold und Silber abreißen und als Andenken mitnehmen. Allein des Königs Pferd und Sattelzeug schätzte man auf 150.000 Kronen. Auch die Reisigen und Trabanten des Königs erschienen in köstlichen Stoffen mit viel Gold und Silber. Der Kaiser dagegen hatte inmitten der Nöte des sechsten Kriegsjahres das Prunken verlernt.

Am 12. und 14. August besichtigte der Kaiser gemeinsam mit Heinrich VIII. das englische Lager, die prunkvolle königliche Zeltstadt, die Belagerungstruppen und die Festungsanlagen von Thérouanne mit ihren achtundachtzig starken Türmen und sieben mächtigen Bollwerken[67]. Nach dem gemeinsamen Mahl gab es langen Kriegsrat: Der Kaiser war nicht glücklich über den kleinen Festungskrieg, der nichts brachte, und hätte die englische Armee gerne zu weitreichenden Feldzügen und zur Vereinigung mit den Schweizern bewogen. Aber nun mußte die begonnene Belagerung wohl oder übel vollendet werden — und zwar rasch, wenn dieses Jahr noch etwas Größeres geschehen sollte. Mit Artilleriefeuer und Minensprengungen war man bisher nicht ans Ziel gekommen[68]. Daher riet der Kaiser, die Belagerung neu zu planen. Er übernahm fortan die Führung des Feldzuges, ohne sein eigenes Banner aufzupflanzen: Er wolle dem heiligen Georg und dem König von England dienen. Es gefiel ihm, hier als Lehrer der Kriegskunst aufzutreten, was sich der junge König nicht ungern gefallen ließ, weil er sich als Feldherr doch recht unsicher fühlte und bisher nur wenige Erfolge gehabt hatte. Überhaupt gab sich Heinrich eher als Maximilians „Sohn" denn als sein königlicher „Bruder".

Anderntags (15. August) erschien der Kaiser wiederum im Felde. Obwohl er selbst nur wenige Truppen mitgebracht hatte, wußte er seine Pläne durchzusetzen. Er ließ den größeren Teil der Belagerungsarmee die Lys übersetzen, um die Festung auch von Süden her zu umfassen und so jede Zufuhr abzuschneiden. Auf höher gelegenem Platz wurde das Hauptlager aufgeschlagen, die Artillerie in bessere Stellungen gebracht und die Festung rundum eingeschlossen. Dieser klug geplante Stellungswechsel sollte den Erfolg der nächsten Tage vorbereiten.

Die französischen Truppen zeigten sich bald da, bald dort, um das Belagerungsheer von der Festung, der sie Verstärkungen und Verpflegung zuführen sollten, abzulenken. Am 16. August versuchte ein französisches Schwadron, die Engländer nördlich von Thérouanne zu binden, während südlich der Stadt auf den Höhen nach Guinegate hin etwa 7000 französische Reisige einen Verpflegungszug für die Festung heranführten[69]. Sofort hatte man sich bereitgestellt. Während schwere englische und burgundische Reiter den französischen Heereszug überraschend von vorne angriffen und über den Haufen warfen, noch eher er sich zur Schlacht hatte ordnen können, schickte der Kaiser leichte deutsche Reiterei gegen beide Flanken der kopflos flüchtenden Franzosen, die offenbar Befehl hatten, sich angesichts der allseitigen Bedrohung ihres Königreiches auf das Wagnis einer Schlacht nicht einzulassen. Von den Verfolgern an beiden Flanken bedrängt, fanden die Flüchtigen erst vor ihrem Hauptlager südlich der Somme ihre Ruhe und Ordnung wieder. 200 französische Edelleute waren gefangen worden, 50 gefallen; 150 Verpflegungswagen und viele Fahnen hatten die Verfolger erbeutet.

Ein großartiger Sieg war es nicht gewesen; aber die Verstärkung für Thérouanne war abgeschlagen und damit das Schicksal der Festung besiegelt. Die Sieger nannten sie spöttisch die „Sporenschlacht", weil die französischen Reiter mehr die Sporen zur Flucht als das Schwert zum Kampf gebraucht hätten. Zweifellos hatte sich Maximilian als erfahrener und überlegener Feldherr erwiesen, während der König von England an diesem Tag nicht einmal bei seinen Truppen weilte. Das letzte Mal erlebte der Kaiser auf dem Schlachtfeld das Hochgefühl eigenen Sieges und feindlicher Niederlage — und dies an einem Ort, wo er den ersten großen Erfolg seines Lebens errungen hatte. In Volksliedern und Zeitungen ließ er sich als Sieger preisen und mit Julius Cäsar vergleichen[70].

Die nächste Folge war der Fall von Thérouanne, denn die Franzosen wagten nicht mehr, die Festung zu entsetzen. Auch gab es unter den 3000 Söldnern viele deutsche Landsknechte, die nicht gegen den Kaiser kämpfen wollten. Daher übergaben die verzweifelten Bürger am 23. August ihre Stadt[71] und erhielten samt den Knechten freien Abzug. Der Kaiser und der König von England hielten frohlockenden Einzug, wobei der Kaiser dem eitlen König den Vortritt ließ, und feierten den Sieg durch ein Tedeum in der Hauptkirche. Die Festungsanlagen wurden zerstört, Mauern, Türme und Basteien abgeworfen, die Gräben ausgefüllt und die Stadt in ein offenes Dorf verwandelt. Die Propaganda hat den Erfolg maßlos übertrieben: Man tat, als ob der Fall Frankreichs unmittelbar zu erwarten sei.

Der König von England zeigte sich dem Kaiser sehr dankbar und zahlte ihm jetzt das sehnlich erwartete Hilfsgeld von 100.000 Goldkronen aus[72]: Der Kaiser habe ihm nicht nur durch guten Rat und kluge Truppenführung geholfen, sondern auch seine eigene Person und sein Kriegsvolk eingesetzt, wie es ein leiblicher Vater nicht besser hätte tun können[73]. Nun sehe die staunende Welt, welch ein Kriegsmann der Kaiser sei, schrieb die Königin von England. Jetzt — ausnahmsweise — lobten ihn die Engländer über alles Maß. Maximilian hoffte, man werde den Feldzug während des ganzen Winters weiterführen und „den Hochmut der Franzosen mit Hilfe Gottes brechen"[74]. Er plante bereits einen engen Bund des Reiches mit Spanien und England: Da er sich alt und müde fühlte, dachte er an Heinrich VIII. als Römischen König[75] und nächsten Kaiser, dem dann der junge Karl (V.) folgen sollte.

Es folgten frohe Festtage in Lille: der feierliche Einzug unter der Krone, Gastmähler, Turniere und Verhandlungen. Alle waren

Die Belagerung von Padua

Heinrich VIII.

bester Hoffnung; der Siegesfreude und des Prahlens kein Ende. Ein Fest folgte dem andern. Der König von England, der gerne den großen Musiker spielte, sang zur Laute und blies Horn und Flöte. Zwischendurch gab es freilich Mißtöne: etwa den Streit um die französischen Gefangenen. Erzherzogin Margarethe scherzte, wenn ein Reisiger einen anderen fange, sei dies gar nichts; wenn aber sie als Dame dem König von England drei Gefangene überlasse, sei das eine große Sache; wenn ihr der König von England dafür einen gefangenen Herzog überlasse, werde sie ihm bald einen gefangenen König schicken — sie meinte wohl den König von Frankreich.

So war das Einvernehmen meistens ungetrübt. Kaiser und König nannten sich nicht anders als Vater und Sohn[76]. Maximilian spielte den Feldhauptmann und Heinrich VIII. seinen Schatzmeister[77]; der König von England habe Kaiser und Reich in seiner Tasche, meinten die Venezianer. Welche Täuschung! Soweit jemand den Kaiser zu lenken vermochte, war es der schlaue Ferdinand von Aragon, der ihn stets mit dem spanischen Erbe erpreßte. Er sollte Maximilian alsbald in eine Richtung lenken, die niemand erwartet hätte, die einem Treubruch gegenüber dem verläßlichsten seiner Bundesgenossen, dem König von England, gleichkam.

Maximilian hatte stets einen Feldzug der Engländer ins Innere Frankreichs gefordert. Aber Heinrich VIII. wollte sich von seinen Stützpunkten an der Küste nicht allzu weit entfernen[78] — wohl auch wegen des Krieges mit Schottland. Offenbar auf Bitten Margarethes marschierte man von Thérouanne gegen Tournai, um dieses Einfallstor in die Niederlande in die Hände zu bekommen. Wieder gab es glänzende Empfänge und Festlichkeiten in Brüssel und große Geschenke von allen Seiten. Gerne hätte Maximilian den König von England mit dem neuen Gebetbuch für die Georgs-ritter überrascht, das Schönsperger in Augsburg eben druckte; leider war es nicht zur Zeit fertig geworden[79].

Tournai[80] ergab sich bereits am 23. September 1513 unter den Feuerschlägen der schweren Artillerie. Zur größten Enttäuschung des Kaisers behielt König Heinrich diese Festung für sich; nicht unbedankt wollte er einen Teil seiner Armee an den Grenzen Frankreichs stehen lassen. Vergebens versuchte Maximilian, die Engländer weiter nach Südosten zu locken und mit den Schweizern zusammenzuführen.

Da traf Ende September die Nachricht ein, daß die Eidgenossen mit Ludwig XII. überraschend Frieden geschlossen hätten. Maßlos waren des Kaisers Zorn und Enttäuschung: Nun, wo er Frankreich in der Zange zu haben glaubte, sprangen die Eidgenossen aus. Damit hing auch das burgundische Unternehmen in der Luft. Der Schweizer Friede war auch für den König von England, der obendrein von den Schotten bekriegt wurde, das Zeichen zur Heimkehr. Da die englische Armee über die Schotten gesiegt hatte, mochte Heinrich VIII. hoffen, sich die ganze Insel zu unterwerfen. Er ließ sich auch durch die kühnsten Angebote nicht mehr zurückhalten[81]; ein Wermutstropfen für den Kaiser. Der englische Feldzug war in der Tat nicht mehr gewesen als eine kriegerische Schaustellung ohne nachhaltige Wirkung. Nicht einmal in Flandern oder Geldern war die französische Gefahr gebannt. Von der allseitigen Umfassung Frankreichs war nicht mehr die Rede und Ludwig XII. gerettet.

Während Maximilian rasch ins Reich zurückkehrte, hielt sich König Heinrich noch einige Zeit in den Niederlanden auf. Wieder gab es große Feste, aber auch ernste Verhandlungen und wichtige Verträge. Am 16. und 17. Oktober 1513 wurde das Vertragswerk von Lille abgeschlossen: Prinz Karl (V.) sollte Prinzessin Maria, die Schwester des Königs von England, heiraten; die Hochzeit bereits im kommenden Jahr stattfinden. Heinrich VIII. unterzeichnete außerdem einen Schutz- und Handelsvertrag[82], der den Niederlanden große Erleichterungen für den Handel mit Tuch, Leinwand, Wandteppichen, außerdem Vorteile für die niederländischen Häfen und die Fischerei einräumte. Heinrich VIII. unterzeichnete als „Allerchristlichster König von Frankreich etc.".

Das wichtigste aber war der Bündnisvertrag von Lille[83] zwischen dem Kaiser, den Königen von England und Aragon, der die Liga von Mecheln (April 1513) erneuerte. Mit Beginn des nächsten Sommers wollten die Bundesgenossen den Krieg gegen Frankreich wiederaufnehmen. Bis dahin versprach Heinrich VIII., monatlich 20.000 Goldkronen für die Verteidigung der Niederlande auszulegen bis zu einer Gesamthöhe von 200.000 Kronen. Er ließ eine englische Besatzung in Tournai zurück — eine große Hilfe für Erzherzogin Margarethe und den Kaiser im Kampf gegen Geldern und Frankreich.

Nie war den Habsburgern von einem Bundesgenossen größere Hilfe widerfahren. Die schönsten Hoffnungen Margarethes schienen sich zu erfüllen: Die drei verbündeten, bald noch enger verschwägerten Häuser vereinigten sich in engster Waffenbrüderschaft gegen den französischen Erbfeind. So schien es allerdings nur; denn König Ferdinand bereitete heimlich bereits einen Sondervertrag mit Ludwig XII. und eine habsburgisch-französische Heirat vor, die den englischen Heiratsvertrag vereiteln mußte. Heinrich VIII. sonnte sich in der Freundschaft des kaiserlichen Hauses, die das Ansehen seiner jungen Dynastie erhöhte. Hatte man ihm nicht sogar die Römische Krone in Aussicht gestellt? Man veranstaltete ihm zu Ehren Bankette, Turniere, Feste und Maskeraden; eine wahre Lust für den vergnügungssüchtigen König. Der galante Sir Charles Brandon, spätere Herzog von Suffolk, besonderer Vertrauensmann Heinrichs VIII., umwarb Erzherzogin Margarethe[84] so unverschämt, daß man an allen Höfen davon sprach. Sollte sie es als Auszeichnung betrachten? Brandon war einer der ersten in der Gunst des Königs und heiratete später dessen Schwester.

Gesättigt an Kriegsruhm, Erfolgen und Lustbarkeiten kehrte der König Ende Oktober als „Sieger" nach England zurück. Würde er wiederkehren? Wenn er die Kosten berechnete, welche dieser Feldzug seinem Lande auferlegte, wie wenig er im Grunde eingebracht hatte und was erst die Fortführung des Krieges kosten werde, mußte er zögern. Die treulose Sonderpolitik König Ferdinands und des Kaisers sollten es ihm leicht machen, dieses kostspielige Bündnis zu verlassen und zur alten Friedenspolitik zurückzukehren. Denn die Verträge von Lille waren noch nicht trocken, als sich Ludwig XII. dem Katholischen König anbiederte[85], um das Bündnis mit England zu sprengen, wodurch im kommenden Jahr ein neuer Umsturz der bestehenden Allianzen eintreten sollte.

Auch die Eidgenossen hatten sich nach ihrem Sieg bei Novara für einen Feldzug nach Burgund gewinnen lassen[86], hofften sie doch, damit ihre Herrschaft über die Lombardei zu sichern und den König von Frankreich zum Frieden zu zwingen. Ein Flankenstoß gegen Hochburgund in Richtung Dijon konnte für Ludwig XII. sehr gefährlich werden, da seine Hauptmacht im Norden durch die Engländer und den Kaiser gebunden war. Maximilian wäre am liebsten selbst mit den Eidgenossen ins Feld gezogen, hoffte er doch, sein altes Herzogtum Burgund zurückzugewinnen. Da er sich aber der Zusammenkunft mit Heinrich VIII. nicht entziehen konnte, versuchte er wenigstens, die Unternehmungen der

Engländer und Schweizer aufeinander abzustimmen. Herzog Ulrich von Württemberg führte den Schweizern namens des Kaisers 1000 Reisige und viele Geschütze zu. Obwohl sie nicht zuletzt zum eigenen Vorteil und für eigene Ziele ins Feld zogen, versprach ihnen der Kaiser monatlich 16.000 Gulden Hilfsgeld[87].

Am 7. September 1513 erreichten die Eidgenossen mit etwa 20.000 Mann das schwach befestigte Dijon[88] und begannen sofort mit der Belagerung. Schon nach zwei Tagen war ein Teil der Mauern zertrümmert und die Stadt sturmreif. Da gelang es den Franzosen, die Hauptleute mit Geldgeschenken und großartigen Versprechungen zu bestechen, wofür sie um so empfänglicher waren, als die kaiserlichen Zahlungen infolge der Verzögerung des englischen Hilfsgeldes auf sich warten ließen. Die Räte Maximilians konnten dies üble Geschäft nicht verhindern; angeblich hätte auch der bedenkenlose Württemberger 10.000 Kronen Schmiergeld angenommen. Der Kaiser und die Engländer hatten die Eidgenossen unterschätzt, die nun den ganzen Feldzug gegen Frankreich zu Fall brachten und ihr Geschäft mit König Ludwig versuchten.

Bereits am 13. September gelang es La Trémoille, die Schweizer zum Frieden[89] zu bewegen. Er versprach, die Herrschaft der Eidgenossen in der Lombardei anzuerkennen, die letzten lombardischen Stützpunkte zu räumen und obendrein 400.000 Goldkronen Entschädigung zu zahlen. Es war ein „Tintenfriede" ohne Dauer; nur geschlossen, um die Eidgenossen vom weiteren Vormarsch abzuhalten. Ludwig XII. dachte nicht daran, auf Mailand zu verzichten oder die Entschädigung zu zahlen, und weigerte sich, diesen Frieden zu ratifizieren. Frankreich war damit aus ärgster Bedrängnis gerettet.

Die umfassende Kriegführung gegen Frankreich, die der Sieg von Novara herausgefordert hatte, bestimmte den Kaiser auch zu einer äußersten Kraftanstrengung gegen Venedig[90]. Der spanische Vizekönig Cardona als Generalkapitän und Lang als Statthalter[91] sollten durch einen raschen, harten Feldzug Venedig in die Knie zwingen. Der Kaiser erließ eine vollkommene Handelssperre[92], so straff, wie sie bisher niemals gehandhabt worden war, um die Republik wirtschaftlich zu vernichten. Freilich ließen sich die deutschen Handelsgesellschaften, die Geldgeber des Kaisers, ihr Geschäft nicht völlig verderben[93]. Der Großangriff in Venezien sollte von Friedensversuchen[94] des Kaisers, des Papstes und Englands begleitet werden. So hoffte Maximilian zu einem siegreichen Ende des Krieges zu kommen und die alten Reichsgebiete in Oberitalien und Friaul zu behalten.

Matthäus Lang drängte auf eine Belagerung Paduas, des „Vorortes von Venedig": Gelinge es, diese Stadt zu nehmen, sei die Sache der Venezianer verloren. Er konnte den widerstrebenden Feldherrn Cardona dazu bewegen[95], das gefährliche, fast aussichtslose Unternehmen gegen die stark befestigte Stadt zu wagen. Anfang Juli sammelten sich Kaiserliche und Spanier — im ganzen etwa 10.000 Mann[96] — im Raum von Montagnana und begannen am 11. Juli den üblichen Wüstungskrieg rings um Padua[97]. Sie lagerten in vorsichtiger Entfernung von zwei Meilen, außerhalb des Sperrfeuergürtels der Festung. Es fehlte Cardona am nötigen Ernst: Er gab unter anderem vor den Toren der Stadt Schaukämpfe der tüchtigsten Turnierreiter beider Kriegsparteien, um seine Knechte zu unterhalten. Nach fünf Wochen, am 17. August, brach er die Belagerung der Stadt ab, um sich vor den ständigen Angriffen der Venezianer an die Etsch zurückzuziehen.

Die neuen Friedensgespräche, welche Leo X. bald nach Novara eingeleitet hatte, weil er hoffte, die Venezianer nach der Niederlage der Franzosen bereitwilliger zu finden, wurden nun, nach dem Rückzug der Kaiserlichen und der Spanier, von der Signorie stolz zurückgewiesen: Ein Friede komme nur in Frage, wenn der Kaiser Verona und Vicenza zurückstelle[98]. Die störrische Haltung der Republik bewog den verärgerten Papst sogar, die kaiserlich-spanische Armee mit Geld und Truppen zu unterstützen[99]; die Hoffnung auf einen Vermittlungsfrieden gab er indes nicht auf.

Um die Venezianer mürbe zu machen, beschloß man im kaiserlich-spanischen Lager einen Vorstoß gegen das Herz der Republik, gegen Venedig selbst, wobei die gesamte nähere und weitere Umgebung der Stadt, das ganze flache Land zwischen Etsch und Brenta verbrannt und verwüstet[100] werden sollten. Am 23. September brach die Armee — nunmehr etwa 15.000 Spanier, Kaiserliche und Päpstliche — unter Führung von Cardona, Colonna, Pescara und Frundsberg auf und stieß gegen Mestre vor, das niedergebrannt wurde (30. September 1513). Sanuto konnte vom Campanile aus die Brände beobachten, die den Weg der sengenden und brennenden Armee anzeigten. Man vermochte mit der Artillerie sogar einige Kugeln nach Venedig hineinzuschießen[101]; aber die Stadt in ihrer herrlichen Insellage blieb unangreifbar. Das

Festland freilich wurde in der Pracht der Erntezeit zur verbrannten Erde. Da aber die Besatzungen von Padua und Treviso ständig die Flanken bedrohten und sich im Rücken der Kaiserlichen vereinigten, um ihnen, beutebeladen wie sie waren, den Rückzug abzuschneiden, schlug sich Cardona in Richtung Vicenza—Verona durch. Alle Höhen waren besetzt, die Straßen teilweise gesperrt, die Brücken zerstört; nur der Fluchtweg ins unwegsame Gebirge schien noch offen und die Armee verloren. Von den Venezianern ständig umschwärmt und umstellt, übermüdet und halb verhungert, stellten sich die kaum 10.000 Deutschen und Spanier zwischen den Dörfern Motta und Creazzo, westlich von Vicenza[102], zum Verzweiflungskampf und vermochten ihre überlegenen Verfolger zu schlagen (7. Oktober 1513). Gegen den wütenden Ansturm der Landsknechte und Spanier, die hier um ihr Leben und ihre Beute kämpften, konnten die venezianischen Söldner nicht standhalten. Sie erlitten wie bei Agnadello eine vollständige Niederlage. Die ganze Artillerie und die Fahnen fielen in die Hand der Sieger. Sogar der zweite Feldherr, Paolo Baglioni, geriet in Gefangenschaft; d'Alviano konnte entkommen. Die Venezianer verloren an Toten und Verwundeten angeblich gegen 5000 Mann, ein Viertel ihrer Armee[103]. Die Republik war auf das schwerste erschüttert, bat den Papst und Heinrich VIII., den Frieden zu vermitteln[104]. Lang eilte nach Rom, um für den Kaiser alles immer Mögliche herauszuschlagen.

Auch die Sieger waren am Ende. Obwohl sie nur gegen 500 Mann verloren hatten, besaßen sie nicht mehr die Kraft, den geschlagenen Feind zu verfolgen. Zwar besetzten sie mühelos das verlassene Vicenza, aber die entblößten Festungen von Padua[105] und Treviso anzugreifen, wagten sie nicht. Die Festungsanlagen, die sie wiederholt fürchten gelernt hatten, Mangel an Belagerungsgerät, Ausrüstung und Verpflegung und der einbrechende Spätherbst mochten vor einem solchen Unternehmen abschrecken[106]. Cardona zog sich zum großen Ärger des Kaisers ins Winterquartier nach Verona zurück[107] und fand sich nicht einmal mehr bereit, die recht aussichtsreichen Kämpfe in Friaul zu unterstützen. König Ferdinand hatte ihm befohlen, die Armee zu schonen; denn auch ihm ging das Geld aus.

Obwohl der Papst als Vermittler schon Anfang November Waffenstillstand geboten hatte[108], ging der Krieg in Friaul noch immer weiter. Am 13. Dezember verloren die Venezianer auch noch Marano[109], einen ihrer Hauptstützpunkte an der Küste Friauls, an die Kaiserlichen. Um Venedig selbst zu treffen, versuchte Lang die Hungerblockade[110] noch zu verschärfen, indem er auch den Antrieb von ungarischen Ochsenherden und damit die Fleischversorgung für das Stadtvolk und die Söldner völlig sperrte. Daß Maß des Unglücks füllte sich, als im Januar 1514 eine Feuersbrunst die Seestadt heimsuchte[111], die durch mehrere Tage wütete und 300 Häuser in Schutt und Asche legte. Davon wurde Venedig härter betroffen als durch die Verluste der letzten Kriegsjahre. Aber auch der Kaiser war nach den übermäßigen Kriegsanstrengungen dieses Jahres nicht mehr imstande, die Notlage Venedigs für sich zu nützen.

Der größte und umfassendste Angriffsplan des ganzen Krieges gegen Frankreich und Venedig war schließlich zusammengebrochen. Der Schweizer Sieg bei Novara hatte große Hoffnungen erweckt. Die Franzosen schienen für immer aus Italien vertrieben. Die Landung Heinrichs VIII. in Flandern, sein Vorstoß gegen Thérouanne und Tournai setzte die Reihe der Erfolge fort; der Schweizer Vorstoß gegen Dijon drohte Frankreich ins Herz zu treffen. Gleichzeitig feuerten kaiserliche Geschütze von Mestre nach Venedig. Die venezianische Hauptmacht wurde bei Vicenza geschlagen. Der Kaiser suchte alle Fäden in der Hand zu halten, um die weit entfernten Unternehmungen aufeinander abzustimmen; dabei fehlte ihm selbst das Geld für die so dringende Post[112]. Ohne eigene Mittel, aber mit zäher Folgerichtigkeit versuchte er seinen „großen Plan" durchzuführen und das Kriegsbündnis zusammenzuhalten. Da ließen sich die Eidgenossen vor Dijon von den Franzosen kaufen. Der König von England beschloß heimzukehren, und in Italien begann der Krieg durch seine eigenen Verwüstungen an völliger Auszehrung zu verenden. Man hätte auf allen Seiten erkennen müssen, daß ein siegreicher Friede nicht mehr zu erzwingen war.

Der Kaiser fühlte sich allmählich müde. 1513 war für ihn eines der schwersten Kriegsjahre gewesen. Mitunter hatte er noch zehn Stunden im Sattel seines Hengstes das Schlachtfeld abgeritten. Die Folgen ständiger Überanstrengung begannen sich zu melden. Ein altes Fußleiden machte ihm zu schaffen. Die Venezianer sprachen von „mal de la lova in una gamba". Der Tochter klagte er seine Sorgen: Sein Unglück sei groß; die Lasten dieser endlosen Kriege bedrückten ihn schwer; Freunde und Bundesgenossen hätten ihn mutwillig im Stich gelassen[113]. Dem Kurfürsten Ludwig von der Pfalz sagte der Kaiser[114] damals, er sei bereits zu alt und dem Tode nahe; viele Kriege habe er für das Reich geführt und die Schätze seines Hauses so erschöpft, daß er arm sei; er wünsche nichts so sehr als die Wahl eines Römischen Königs und sei gern bereit, dem zu weichen, der besser und tüchtiger sei als er; das Kaisertum sei eine Last, unter der seine Ahnen und er selbst fast zugrunde gegangen wären; welche Summen verschlinge allein dieser Italienkrieg! Dabei müsse er, so klagte er ein andermal dem Würzburger Gesandten, um Reichshilfe bei jedem einzelnen Fürsten betteln gehen.

Der Kaiser wäre für einen Frieden bereit gewesen; aber nicht für einen Frieden „ohne Ehren und Gewinne". Der letzte große Sieg bei Vicenza hatte die Zuversicht und leider auch die Begehrlichkeit der kaiserlichen Partei wieder gesteigert. Lang, den der Kaiser im August zu seinem Generalanwalt für alle Verhandlungen eingesetzt, aber mit sehr bestimmten Aufträgen ausgestattet hatte, wollte nichts von den alten Forderungen nachlassen, ja, er wollte sie noch verschärfen[115]. Er fordere ihren ganzen Staat, behaupteten die Venezianer. Man war allgemein überzeugt, der Kaiser ziele auf die Vernichtung Venedigs. — Als sich die militärische Lage für die Signorie wieder besserte, zeigte sie sich härter als vorher. Damit hatte der Kaiser die letzte günstige Gelegenheit verpaßt, zu einem guten Frieden zu kommen.

Der Papst hatte die Friedensvermittlung zwischen den Mächten von langer Hand vorbereitet und schon im August 1513 Friedensmissionen zum Kaiser, nach England und Frankreich angekündigt[116]. Spaniens konnte er in der Friedenssache sicher sein, und die Verhandlungen mit Venedig waren niemals unterbrochen worden. Im Oktober 1513 besuchte Nuntius Lorenzo Campeggio[117] den Kaiser, um für Matthäus Lang den Weg nach Rom zu bereiten: Maximilian solle sich zunächst mit Venedig, dem weniger gefährlichen Gegner, ausgleichen. Da nun auch Frankreich einlenkte, Kirchenkampf und Schisma entsagte und dem Laterankonzil beitrat[118], schien geradezu ein Wettlauf um den allgemeinen Frieden einzusetzen, bei dem der Kaiser nicht zu spät kommen durfte.

Am 17. November 1513 traf Matthäus Lang als kaiserlicher Friedensgesandter in der Ewigen Stadt ein[119] und hielt anderntags öffentlichen Einzug — diesmal ohne jeden Pomp, aber wie stets in weltlicher Kleidung, was bei einem Kardinal „in petto" übel vermerkt wurde. Aber der Papst war bestrebt, dem geheimen Rat des Kaisers jede mögliche Ehre zu erweisen[120]. Wieder bot er ihm die Kardinalswürde an, die Lang früher stets abgelehnt hatte. Diesmal nahm er an. Aber der Kardinal zeigte sich dem Papst keineswegs zugänglicher als der Bischof. Im Gegenteil: Im Auftrag des Kaisers forderte er die Würde eines ständigen Legaten für das Reich[121] und damit größere Unabhängigkeit der deutschen Kirche von Rom.

Am 19. November eröffnete der Papst die Friedensverhandlungen[122], bei denen Lang selbstbewußt wie immer auftrat; nicht willens, einem Frieden mit Venedig größere Zugeständnisse zu machen. Die Venezianer meinten, der Kardinal werde Dinge tun, die der Kaiser gar nicht wolle; daher werde es auch keine Lösung geben.

Um den Papst zu gewinnen, der die Forderungen der Venezianer begünstigte, bot ihm Lang die Reichslehen Lucca, Pisa und Siena, also eine bedeutende Vergrößerung des Florentiner Staates für Giuliano Medici. Dagegen wollte er aber für den Kaiser Verona, Vicenza, Brescia und Bergamo auf jeden Fall behaupten. Padua und Treviso sollten gegen eine hohe Lehenstaxe und einen Jahrestribut der Signorie verbleiben[123]. Der Papst hätte größere Zugeständnisse an Venedig erwartet und empfahl den Verzicht auf Verona und Treviso für die gewaltige Summe von 1 Million Dukaten. Aber Lang besaß vom Kaiser nur ganz eng beschränkte Vollmachten und ging von seinem Angebot nicht ab[124]. Die Venezianer sprachen von „bestialischen Forderungen": Der Kaiser wolle keinen Frieden[125]; er begehre ihren ganzen Staat. Auch der Papst fürchtete eine „Zerstörung Venedigs".

In der Tat faßte die habsburgisch-spanische Geheimpolitik, vor allem König Ferdinand von Aragon, damals ein lombardisches Königreich für den jüngeren Infanten Ferdinand ins Auge[126], der die französische Prinzessin Renata heiraten und Ludwig XII. mit dieser Lösung versöhnen sollte. Bedenkenlos hätte man dem jungen Sforza Mailand wieder weggenommen, und auch Venedig wollte man vom Festland womöglich ganz verdrängen. Zunächst mußte man sich freilich mit einem Waffenstillstand von drei Monaten und einer venezianischen Kriegsentschädigung von etwa 30.000 Dukaten zufriedengeben[127].

Am 8. Dezember 1513 wurde Lang der rote Hut zugesandt.

An einem der folgenden Tage sollte er feierlich eingeholt und in das Konsistorium eingeführt werden[128], ein Ereignis, welches das Verhandlungsklima zweifellos hätte bessern können. Lang erschien als „illustrissimo Cesareo" wie stets bewaffnet, in weltlichen Kleidern und mit modisch bekränztem Birett. Er forderte, von den Kardinälen, Senatoren und allen Behörden der Stadt feierlich begleitet zu werden. Der spanische Gesandte meinte ärgerlich, dieser Mensch benehme sich, als ob er mehr sei als der Papst; ähnlich äußerte sich der Kardinal von England. Im Konsistorium verlangte Lang als Vertreter des Kaisers den ersten Platz vor allen Kardinälen. Daher gab es Streit mit dem päpstlichen Zeremonienmeister, der auch Langs allzu kleine Tonsur und dessen wallende Haare bemängelte, was der Kardinal-Minister mit einem Scherz abtat: Er trage die Haare wie Jesus Christus. Von 300 Reitern und den Gesandten aller Mächte begleitet, begab sich Lang in den Vatikan, um vom Papst im Konsistorium die neue Würde in Empfang zu nehmen.

Am 11. Dezember erschien die kaiserliche Obedienzgesandtschaft[129] vor dem Papst und huldigte namens Maximilians, des Reiches, der österreichischen und burgundischen Länder und des Herzogtums Mailand. Was Julius II. erst in seinem letzten Regierungsjahr hatte durchsetzen können, den Gehorsamseid des Kaisers, das erreichte der milde Leo bereits in seinem ersten Jahr. Der Erfolg des Papstes war um so größer, als sich wenige Tage später auch der König von Frankreich unterwarf, das Schisma preisgab und dem Laterankonzil beitrat. Angesichts der Härte des Kaisers und Langs erschien König Ludwig nun im besten Lichte.

Am 17. Dezember hatte Kardinal Lang die Ehre, mit dem Papst zu speisen; aber er zeigte sich bei den folgenden Friedensverhandlungen deshalb nicht milder. Allenthalben tadelte man Langs Überheblichkeit: Er tue, als wäre er der Kaiser[130]; er wolle mehr sein als der Papst; er sei der ewige Kriegstreiber[131]. Es werde mit diesem hochmütigen Menschen nichts zu machen sein, fürchtete der Papst und riet, ihn mit 15.000 Gulden abzuschmieren[132]. Es dürfte kaum gelungen sein. Allerdings benützte Lang die günstige Gelegenheit, seine Salzburger Pläne zu fördern.

Leo X. wünschte einen allgemeinen Frieden der christlichen Mächte, der Frankreich aus Italien fernhielt, Venedig als italienische Macht in Friaul und in der Lombardei sicherte und die italienischen Mittelstaaten unter Führung des Papstes zu einem

Bund zusammenschloß[133], wobei dem Hause Medici-Florenz eine
wichtige Stellung zugedacht war. Gerne hätte Leo X. seiner Familie
auch das Königreich Neapel zugewendet. Der Kaiser sollte das
Alpenvorland mit Bergamo, Brescia und Verona behalten; ein
lombardisches Königreich der Habsburger und Spanier aber suchte
der Papst zu verhindern. Als nächstes Ziel strebte er den Frieden
zwischen dem Kaiser und Venedig an. Heinrich VIII. und Erzherzogin Margarethe unterstützten den Papst, um den Kaiser für
den Entscheidungskampf gegen Frankreich freizumachen.

Da Leo X. mit Kardinal Lang nicht weiterkam, versuchte er es
über Nuntius Campeggio mit den Kurfürsten und dem Kaiser
selbst[134]. Er täuschte sich, wenn er glaubte, den Statthalter übergehen und vom Kaiser trennen zu können. Maximilian überlegte,
ob er dem Nuntius unmittelbare Verhandlungen mit Kurfürsten
und Fürsten überhaupt gestatten solle. Durch Monate zogen sich
die Verhandlungen ohne Ergebnis hin. Auch Maximilian wich von
seinen harten Forderungen nicht zurück; vor allem über Verona
wollte er nicht mit sich reden lassen. Lang fühlte sich zwischen
Papst und Kaiser in einer „Enge und Verwirrung, daß er nicht
wußte, was er tun sollte". Der Papst gab schließlich zu verstehen,
daß er seine Freundschaft mit dem Kaiser aufgeben müsse, wenn
dieser eine Vernichtung Venedigs im Sinne habe[135], worauf der
Großangriff gegen Friaul hinzuweisen schien.

Erst am 4. März 1514 konnte Leo X. nach wechselvollen,
zähen Verhandlungen[136] seinen Schiedsspruch verkünden: Er gebot
einen Waffenstillstand[137] für ein Jahr. Verona, Brescia und Bergamo wurden dem Kaiser vorläufig zugesprochen; Venedig sollte
Padua und Treviso behalten und dem Kaiser innerhalb von drei
Monaten 50.000 Dukaten Kriegsentschädigung zahlen. Der Papst
aber hatte Vicenza und Crema als Vermittlungspfänder zu verwalten und sollte binnen Jahresfrist über deren Zuteilung entscheiden, falls ein Friede zustande käme.

Dieser Stillstand war „weder kalt noch warm". Niemand war
mit diesen Bedingungen zufrieden. Aber Lang riet dem Kaiser
anzunehmen, denn etwas Besseres sei nicht mehr herauszuschlagen[138]; man könne den Krieg ja jederzeit wieder beginnen, wenn
es die Lage empfehle. In der Tat gingen Krieg und Rüstung weiter.
Bereits im Januar 1514 hatte der Tiroler Landtag 50.000 Gulden
für 1000 Knechte auf drei Monate bewilligt[139], wofür sich der
Kaiser sehr bedankte: Dies werde er dem Lande nie vergessen.

Bereits im Sommer 1514 trat er mit neuen Hilfsbitten an die Tiroler heran, als die „ersten und trefflichsten unter den anderen seiner Majestät Landschaften und Untertanen".

Sehr rasch, bereits am 1. April 1514, ratifizierte der Kaiser[140] diesen ungewissen Waffenstillstand, denn er wünschte und brauchte diesen Frieden dringend[141]. Der Papst unterzeichnete am 4. Mai[142] — allerdings nur mehr für drei Monate, weil er der Sache bereits mißtraute. Die Signorie aber lehnte unter dem Eindruck der neuen Kriegslage in Friaul die Ratifikation rundweg ab[143], worüber der Kaiser, der eine Ruhepause dringend gebraucht hätte, nicht wenig enttäuscht war. Die Venezianer hatten die Kaiserlichen inzwischen bei Pordenone geschlagen, ihre Zuversicht wiedergewonnen und wollten nun von Zugeständnissen, Waffenstillstand oder Frieden zunächst nichts mehr wissen. Die allerletzte Gelegenheit zu einem Frieden mit Venedig war damit dahin.

Als Lang am 12. Mai 1514 aus Rom enttäuscht nach Deutschland abreiste[144], wußte er, daß im Verhandlungsweg mit Venedig nichts zu erreichen war. Auch der Papst ließ sich für ein Kriegsbündnis gegen Venedig oder Frankreich nicht gewinnen. Schon seit längerem spielte der Kardinal-Minister mit dem Gedanken, an die Seite Ludwigs XII. zurückzukehren, mit Frankreich Frieden zu machen, Venedig zu vernichten und Italien mit den Spaniern zu teilen; ein Plan, den neuerdings auch König Ferdinand vertrat. Der Kaiser aber sträubte sich lange gegen diese neue politische Wendung, die dem jungen Sforza unrecht tat und vor allem den König von England abstoßen mußte. Darüber gab es auch zwischen dem Kaiser und dem selbstbewußten Kardinal-Minister[145] manch harte Gegensätze, denn ein gefügiger Höfling ist Lang gewiß nie gewesen. Aber gerade das machte ihn seinem Herrn wertvoll. Durch die Hände dieses allergeheimsten Rates gingen nach wie vor alle großen Geschäfte, und wer auf den Kaiser Einfluß gewinnen wollte, konnte es nur über Lang[146].

Inzwischen war der Krieg in Friaul weitergegangen. Noch während der Friedensverhandlungen wurde ein Großangriff gegen Venedig geführt, um die Republik friedenswilliger zu stimmen. Während des Januar/Februar 1514 eroberte das kaiserliche Heer unter Christoph Frangipane, oberstem Feldhauptmann in Friaul, Udine (12. Februar), Cividale (13. Februar), Monfalcone und unterwarf ganz Friaul bis an den Tagliamento[147]. Nur die Festung Osoppo[148] leistete den Kaiserlichen Widerstand und konnte sich halten, bis die Venezianer zum Entsatz heranrückten. Schon im März 1514 erschien d'Alviano mit 15.000 Mann und vermochte die weit schwächeren Kaiserlichen bei Pordenone zurückzuschlagen[149] (25. März) und den kaiserlichen Vorstoß an Piave und Brenta aufzuhalten. Diese Siege veranlaßten die Venezianer, Waffenstillstand und Frieden mit dem Kaiser derzeit wieder zurückzuweisen.

Die Kaiserlichen konnten Friaul nicht halten und verloren Udine, Venzone und Cividale[150], so rasch wie sie gewonnen worden waren. Versuche Maximilians, die Besatzungen von Verona und Brescia zur Rettung Friauls heranzuführen, schlugen fehl. Gerne wäre er selbst von Krain aus zur Hilfe angerückt, aber ein altes Fußleiden hinderte ihn daran[151]. Immerhin konnte Marano[152], das der Kaiser durch Truppen verstärkt hatte, trotz Mangels an Lebensmitteln und Kriegsmaterial die Belagerung überstehen, obwohl der Befehlshaber, Christoph Frangipane, in venezianische Gefangenschaft geraten war. Der Kaiser bestätigte der tapferen Stadt ihre Privilegien und Freiheiten[153]. Ebenso vermochten sich Görz und Gradisca ihrer Feinde zu erwehren. Der Kaiser hatte aus Tirol, Kärnten und Krain das letzte an Hilfstruppen aufgeboten und den völligen Zusammenbruch seiner Armee verhindern können. Aber die Erbländer waren durch den langen Krieg sehr erschöpft, zumal Tirol war völlig fertig[154].

Der Widerstand der Venezianer versteifte sich noch mehr, als der englisch-französische Friede bekannt wurde und sie hoffen durften, Ludwig XII. werde nach Italien zurückkehren. Im Oktober 1514 versuchten die Venezianer noch einmal, Verona anzugreifen[155], das nur von 2000 Spaniern und 1000 deutschen Knechten verteidigt wurde. Sie mußten aber von der Stadt ablassen, als die Spanier mit 1000 Reitern und 6000 Knechten den Brückenkopf von Legnago bedrohten[156] und den Belagerern die Zufuhr abschnitten. Nur mit spanischer Hilfe vermochte der Kaiser Verona und Brescia zu behaupten und Bergamo zurückzuerobern[157] (15. November 1514).

Der Krieg wies zwar schon alle Anzeichen der völligen Erschöpfung, aber die Mächte fühlten sich noch nicht so abgekämpft, daß sie zum Frieden gezwungen gewesen wären. Für den Kaiser ging es um Reichsitalien, um den Besitz von Verona, Vicenza, Brescia, Bergamo und um die Lehenshoheit über Padua und Treviso. Für ihn war es Ehrensache und Machtfrage, die Zuteilungen des Vertrages von Cambrai zu behaupten, wo doch auch Frankreich keinen Augenblick daran dachte, das Herzogtum Mailand preiszugeben; wo sogar die Eidgenossen Ansprüche in der Lombardei erhoben und die Spanier ganz selbstverständlich Neapel und Sizilien besetzten. Durfte das Reich seine Ansprüche hinter jene der Eidgenossenschaft zurückstellen?

Für Venedig ging es zweifellos um die Existenz; es war ein Kampf, der die äußerste und letzte Kraftanstrengung wert schien. Nun, da die Seeherrschaft in der Levante durch die Türken in Frage gestellt war, mußte die Signorie wenigstens ihre Terra ferma behaupten. Für die anderen war es gewiß kein Kampf ums Dasein, sondern nur eine Machtfrage: „honneur et proufsit", wie Maximilian es nannte. Frankreich verfocht sein Recht auf Mailand mit gleicher Überzeugung wie der Kaiser sein Recht auf Reichsitalien; obwohl er aus Geldnot fast alle Landsknechte entlassen mußte, dachte er nicht daran, aufzugeben: Die Spanier würden ihm weiterhelfen. Daher war die Lage — trotz aller Erschöpfung der Mächte — für den Frieden immer noch nicht reif.

Als sich Anfang 1514 eines Tages drei Sonnen mit leuchtenden Höfen am Himmel zeigten, als man am gleichen Abend drei Monde mit merkwürdigen Zeichen beobachtete, deuteten dies gescheite Leute wie Mercurino Gattinara auf große Veränderungen in der Welt, Schisma oder Papstwahl oder Kaiserwahl oder neue große Kriege oder Veränderung der Herrschaften hin zur Universalmonarchie wie zu Zeiten Julius Cäsars[158]. Die geheimen Wünsche des großen kaiserlichen Diplomaten suchten Bestätigung durch Himmelszeichen.

Der Papst dagegen wünschte nichts sehnlicher, als die großen Mächte von Italien fernzuhalten. Schon zu Jahresbeginn entwickelte er einen großen europäischen Friedensplan[159]: Er versuchte England mit Frankreich auszusöhnen[160], damit sie den Kaiser und Spanien bänden; anderseits wollte er den Kaiser und den König von Frankreich mit Geldern, Burgund und den alten Reichsgebieten in der Provence und Dauphiné beschäftigen; in Italien sollte sich der Kaiser auf das Alpenvorland zwischen Adda und Etsch beschränken, diese Gebiete aber nicht durch Spanier verwalten lassen, sondern durch seinen Statthalter Lang. Mailand sollte den Sforza bleiben, denn ein Übergreifen des Kaisers und der Spanier auf ganz Oberitalien würden weder der Papst noch die anderen italienischen Staaten dulden; ebenso sollte der Kaiser den

Kirchenstaat garantieren und Florenz für das Haus Medici sichern. Dieses neue europäische Friedenssystem, in dem der Papst sich und seiner Familie eine besondere Rolle zudachte, sollte durch Heiratsverbindungen zwischen den großen Dynastien stärker gesichert werden. Einerseits fürchtete Leo X. eine habsburgisch-spanische Hegemonie in Italien, anderseits eine französische Vorherrschaft; am allermeisten aber eine Verständigung zwischen den beiden großen Machtblöcken und die einvernehmliche Aufteilung Italiens zu Lasten Venedigs und der anderen italienischen Mittelstaaten. Venedig sollte als Bollwerk der italienischen Freiheit erhalten werden.

Eine treibende Kraft im politischen Umschwung dieses Jahres war König Ferdinand von Aragon. Zwar wollte auch er, alt, abgekämpft und dem Ende nahe, den Frieden; aber er hoffte, aus der allgemeinen Erschöpfung einen Vorteil für seinen Liebling und angenommenen Haupterben, den Erzherzog-Infanten Ferdinand, Bruder Karls (V.), zu ziehen. Der alte König schickte seinen Gesandten Quintana in geheimer Mission[161] zum Kaiser, um ihn zu überzeugen, daß man das politische System ändern und zum französischen Bündnis zurückkehren müsse, bevor sich der Papst mit Ludwig XII. und den Schweizern verständige und Spanier wie Habsburger aus Mailand und Italien vertreibe.

Ausnahmsweise merkte der überkluge alte Herr nicht, wie er selbst das Opfer einer einzigartigen politischen Täuschung wurde. Ludwig XII. hatte es in unübertrefflicher Schlauheit verstanden, den Spanier durch das alte Angebot einer politischen Heirat seiner Tochter Renata mit dem Erzherzog-Infanten Ferdinand zu ködern. Der König von Frankreich tat, als ob er seiner Tochter die französischen Ansprüche auf Mailand, Neapel und Genua als Mitgift überlassen und damit die großen Streitfragen der Zeit aus der Welt schaffen wolle. Der sonst so schlaue Ferdinand nahm — aus welchen Gründen immer — den vergifteten Köder an und gab auch dem Kaiser davon zu kosten, indem er ihm die Lockung eines spanisch-habsburgischen Königreiches Oberitalien für Prinz Ferdinand vor Augen hielt[162]. Dem vermochte sich der Kaiser nicht ganz zu verschließen, wenn er sich der Sache auch sehr mißtrauisch näherte und zunächst weder seine Tochter noch seinen allergeheimsten Rat Matthäus Lang ins Vertrauen zog. Selbstverständlich wurde die Sache auch dem englischen Bundesgenossen verschwiegen, der sich darüber besonders verletzt fühlte. Durch diesen klugen Kunstgriff gelang es Ludwig XII., die Gegner zu täuschen und aus einer schier tödlichen Umklammerung auszubrechen, indem er Habsburg-Spanien von England trennte und zugleich den Frieden mit dem Papst schloß. Es war der politische Meisterstreich seines letzten Lebensjahres: Es gelang ihm, König Ferdinand zu betrügen, der sich rühmte, Frankreich zehnmal betrogen zu haben.

Am 13. März 1514 schlossen König Ferdinand und ein Vertreter des Kaisers mit dem König von Frankreich den Waffenstillstand zu Orléans[163]. Frankreich verzichtete für die Dauer eines Jahres, das Herzogtum Mailand oder Länder und Untertanen des Kaisers und Spaniens anzugreifen. Damit zersprengte Ludwig XII. die lebensgefährliche Koalition seiner Feinde; für Habsburger und Spanier bedeutete dieser Vertrag eine Atempause, vielleicht das Ende des großen Krieges und die Hoffnung auf eine großartige Heiratsverbindung, die ihnen ohne Schwertstreich die Vorhand in Oberitalien einräumen sollte. So ließ sich Maximilian nach längerem Zögern doch verlocken, den eben erst geschlossenen Vertrag von Lille (Oktober 1513) wieder preiszugeben und die englische Heirat zwischen Karl und Maria mit einer französischen Eheverbindung zwischen Ferdinand und Renata zu vertauschen.

Erzherzogin Margarethe warnte[164] den Vater vor Ludwig XII., der nur das gefährliche Kriegsbündnis sprengen wolle; niemals werde er den Vertrag einhalten; auf den König von England dagegen sei sicherer Verlaß; innerhalb einer Minute habe er das Hilfsversprechen gegen Frankreich eigenhändig unterzeichnet. Das Heil des Kaisers, Spaniens und Englands bestehe in ihrem Zusammenhalt. Hatte man nicht versprochen, Heinrich VIII. zum Reichsvikar, zum Römischen König und zum König von Frankreich zu machen[165]? Jetzt müßten sie den Krieg gemeinsam fortsetzen, denn das englische Landungsheer stehe schon bereit. Es sei gefährlich, Heinrich VIII. durch Treulosigkeit zu reizen; ihm stehe jedes gute Bündnis offen.

Aber der Kaiser hörte nicht auf die Warnungen seiner Tochter: Zu sehr verließ er sich auf König Ferdinand, der die gleichen familienpolitischen Ziele zu verfolgen schien; zu verlockend war ihm die Aussicht auf einen allgemeinen Frieden und auf eine aussichtsreiche französische Heirat, die ihm Mailand und Italien sichern konnte. Maria von England dagegen hätte Karls Mutter

Leo X.

Franz I.

sein können. Würde sie ihm noch Kinder schenken? Zu wichtig schien es dem Kaiser, wenigstens einen seiner Enkel, Karl (V.), für eine ungarische Heirat und seine jahrzehntelang vorbereitete Ostpolitik freizuhalten. Keinesfalls wollte er diese ungarische Heirat fahren lassen, wie ihm König Ferdinand empfahl. Die Zukunft wird ihm recht geben.

Heinrich VIII., von Ludwig XII. über die Waffenstillstands-verhandlungen umgehend unterrichtet, wußte bereits Ende Februar 1514, was er zu erwarten hatte[166]. Durch diese Geheimver-handlungen, von denen er völlig ausgeschlossen war, mußte er sich von seinen nächsten Bundesgenossen hintergangen fühlen. Er hatte bereits die Hochzeit mit dem kaiserlichen Haus aufwandreich und glänzend vorbereitet[167], unter Umständen sogar mit einer Doppel-hochzeit gerechnet. Nun sollte seine Schwester Maria vor den Augen der Welt sitzenbleiben. König Heinrich fühlte sich auf das tiefste gedemütigt, „wie ein Knabe behandelt". Bitter beklagte er sich über Maximilians Treubruch[168]. Ferdinand drohte er, seine Ehe mit dessen Tochter Katharina von Aragon aufzulösen, da sie ihm keinen Sohn schenke.

König Ferdinand von Aragon hatte diese Politik eingefädelt, und der Kaiser war ihm, wenn auch widerstrebend, gefolgt. Allzu sehr hatte sich Maximilian auf die Geschicklichkeit Ferdinands verlassen, der inzwischen nur mehr an die Größe des Kaisertums und der Herrschaften seiner Enkel zu denken schien. Der Eifer für dieses gemeinsame Ziel machte Maximilian blind gegen die Fallstricke Ludwigs XII. Daher ließ er sich verleiten, seinem treuesten Verbündeten, dem König von England, den Rücken zu kehren.

Es ist viel geschrieben worden über des Kaisers „Torheit", seinen „Verrat", seine „fahrige Politik" und daß er sich wieder einmal nicht entscheiden konnte[169]. Maximilian mußte zunächst auf König Ferdinand und dessen spanische Erbpolitik Rücksicht nehmen; auch konnte er einen großen Krieg gegen Frankreich nicht mehr länger durchhalten. Vor allem aber bestimmte ihn seine Ost-politik: Wenn schon Prinz Ferdinand nach dem Willen seines spa-nischen Großvaters nach Frankreich heiraten sollte, so mußte wenigstens Karl für die ungarische Heirat freibleiben, die un-mittelbar vor dem Abschluß stand. Der Kaiser hätte England zuliebe entweder die Zusammenarbeit mit Spanien oder seine Ost-politik aufgeben müssen. König Ferdinand und Spanien betrachtete der Kaiser seit geraumer Zeit mit Recht als Hauptstützen seiner großen Politik[170]; im Osten aber bereitete er die dauerhafteste Gründung seines Lebens vor. Auf dieser Linie hat ihn offenbar auch sein Statthalter Lang bestärkt, der eben aus Italien zurückgekehrt war.

Alsbald enthüllte sich die große Täuschung: Ludwig XII. dachte nicht daran, mit dem Kaiser oder Spanien einen Heiratsvertrag abzuschließen und mit der Hand seiner Tochter Renata die Ansprüche auf Italien aufzugeben. Vielmehr wandte er sich über Vermittlung des Papstes dem König von England zu. Mit diplomatischer Meisterschaft verstand er es, Heinrich VIII. zu gewinnen, indem er, eben verwitwet, um die sitzengebliebene Schwester des Königs, Prinzessin Maria, warb und die Enkelin des Kaisers, Eleonore, zurückwies: Ein doppelter Triumph für den beleidigten englischen König, der das ehrenvolle französische Angebot mit Vergnügen annahm.

Schon Anfang April 1514 hatte sich Heinrich VIII. dem König von Frankreich genähert[171]. Beteuerungen des Kaisers, den französischen Waffenstillstand nicht zu ratifizieren, nützten nichts mehr. Um dem Spott der Welt zuvorzukommen, verzichtete König Heinrich von sich aus auf eine Heirat seiner Schwester mit Karl (V.)[172] und schloß bereits am 7. August 1514 mit Ludwig XII. den Vertrag von London[173]: Frankreich wurde das Recht eingeräumt, seine „rechtmäßigen Besitzungen" zurückzugewinnen. Während man dem Papst den Beitritt offenhielt, wurden der Kaiser und Spanien ausdrücklich ausgeschlossen und obendrein mit Schmähungen bedacht. — Schamlos schob König Ferdinand die Schuld an diesem Umsturz der Bündnisse dem Kaiser in die Schuhe.

Das neue Bündnis zwischen Frankreich und England wurde durch die Heirat[174] Ludwigs XII. mit Maria von England vollendet, während man die Heiratsverhandlungen um Eleonore und Renata abbrach. Es war für den Kaiser eine Demütigung, ähnlich den Ehe- und Scheidungshändeln von 1491; für England eine große Genugtuung. Prinzessin Maria erheiratete anstatt der Zukunftshoffnungen des jungen Karl (V.) eine der ältesten und ehrwürdigsten Kronen der Christenheit. Rein menschlich gesehen war es freilich ein wunderlicher Tausch: Anstatt eines jungen Mannes bekam sie einen um vierunddreißig Jahre älteren, gichtleidenden, hinfälligen Greis. Die leichtlebige Dame verstand es allerdings, sich schadlos zu halten. Der Kaiser meinte zu dieser Heirat[175], wenn man einen alten Mann ins Grab bringen wolle, gebe man ihm eine junge Frau. In der Tat war Ludwig XII. binnen weniger Monate unter der Erde.

Die Nachrichten über den Vertrag von London und die folgende Heirat trafen den Kaiserhof wie ein schwerer Schlag[176]. Diese Antwort Heinrichs VIII. hatte niemand erwartet. Aber auch der Papst geriet über dieses neue Kriegsbündnis, das über seine Friedenspläne weit hinausging und offensichtlich die Wiedereroberung von Mailand zum Ziele hatte, in größte Aufregung. Die französischen Ansprüche auf Mailand und Genua veranlaßten Leo X. zu einer völligen Änderung seiner Politik: Lieber als die weit gefährlicheren Franzosen sah er doch den schwachen Kaiser in Italien, den er mit Venedig zu versöhnen und für sich zu gewinnen hoffte[177].

Frankreich war durch diesen Wechsel der Bündnisse wieder in den Mittelpunkt eines neuen politischen Systems getreten. Ludwig XII. hatte es verstanden, Venedig als Waffengefährten festzuhalten, bald auch das von Spanien und vom Kaiser enttäuschte und verärgerte England zu gewinnen und die Liga der Feinde zu sprengen. Während Ludwig XII. seine Handlungsfreiheit wiedergewann, drohte der Kaiser politisch zu vereinsamen. Er fühlte sich durch die französische List am meisten geprellt. Ein Friede mit Venedig war infolge der Schwäche der kaiserlichen Waffen nicht zu erzwingen gewesen. Die Beziehungen zu Frankreich waren nach dem Waffenstillstand, den der Kaiser nie ratifizierte, eher schlechter geworden; jene zu England ganz abgebrochen. Der einzige Bundesgenosse, Spanien, war weit entfernt und die Freundschaft König Ferdinands ganz unberechenbar. Der Papst hielt sowohl engen Anschluß an Spanien als auch gute Beziehungen zu Venedig und Frankreich, um im Notfall leicht die Partei wechseln zu können. Leo X. wünschte zugunsten eines allgemeinen Friedens und der Ruhe Italiens sowohl eine Vorherrschaft der Franzosen wie der habsburgisch-spanischen Großmacht auf der Apenninenhalbinsel zu verhindern.

Hatte der Papst ein Kriegsbündnis mit dem Kaiser zunächst abgelehnt[178], so überwog schließlich doch die Sorge, Maximilian und Spanien könnten sich mit Frankreich verbünden, vielleicht gar Italien mit Ludwig XII. teilen, was nur auf Kosten Venedigs, der Schweizer, aber auch des Papstes und der „Freiheit Italiens" geschehen konnte. Durch kein noch so schönes Angebot ließ sich Leo X. für solche Pläne gewinnen[179], die aus dem Papst einen „schlechten Bischof" gemacht hätten. Er tat alles, um diese habsburgisch-französische Freundschaft zu verhindern, sich die Schweizer durch hohe Angebote zu verpflichten und den unschlüssigen Kaiser durch einen Vertrag an sich zu fesseln.

So schloß Leo X. am 29. April 1514 ein Verteidigungsbündnis[180] zur Erhaltung des Friedens, das am 4. Mai veröffentlicht wurde: Der Kaiser und der König von Spanien verpflichteten sich zum Schutz des Apostolischen Stuhles und des Papstes, verzichteten für sich und ihre Erben auf Mailand und die venezianische Terra ferma und garantierten den Bestand von Florenz, während der Papst dem Kaiser das Gebiet zwischen Adda und Etsch mit der Stadt Verona zusicherte. Maximilian versprach, sich mit den Franzosen nicht ohne Zustimmung des Papstes zu verständigen. Dieser Vertrag, der gleichzeitig mit dem hinfälligen venezianischen Waffenstillstand abgeschlossen wurde, stand freilich auf sehr „dünnem" Pergament.

Der Kaiser und sein Statthalter Lang hielten von diesem Bündnis nicht viel mehr als vom gleichzeitigen Waffenstillstand, der niemals wirksam wurde. Auch sonst hatte es in Rom Verdruß gegeben: Der Kaiser wünschte, daß Kardinal Lang die Legation für Deutschland übertragen werde[181]. Aber Leo X. verstand es, das Konsistorium gegen die deutschen Forderungen vorzuschieben und alles abzulehnen. Unter Drohungen gegen die Kardinäle — sie galten wohl dem Papst selbst — verließ Lang die Kurie. Mehr denn je hätte der Kardinal-Minister die Rückkehr des Kaisers in das französische Bündnis und die Vernichtung Venedigs gewünscht; zumal der Kaiser Frieden im Westen brauchte, wenn er seine sorgfältig vorbereiteten Erfolge im Osten einbringen und Venedig unterwerfen wollte.

Erst der Abschluß des französisch-englischen Vertrages vom August 1514 und die drohende Wiedereroberung Mailands führten Papst, Kaiser und Spanien wieder eng zusammen. Einerseits sah sich Leo X. gezwungen, aus seiner Neutralität herauszutreten und sich offener zum Kaiser zu bekennen; andererseits bedurfte auch der Kaiser gegen das englisch-französisch-venezianische Bündnis der Hilfe des Papstes. Um Leo X. fester an sich zu binden, verkaufte ihm Maximilian um 40.000 Dukaten, die er dringend brauchte, die Investitur für Modena[182] — ohne Rücksicht darauf, daß er bereits 1509 gegen die gleiche Summe den Herzog Alfonso d'Este damit belehnt hatte. Der Papst dachte daran, die strittigen Reichs- und Kirchenlehen von Parma, Piacenza, Reggio und Modena ge- schlossen seinem Bruder Giuliano und dem Hause Medici zuzu- wenden[183]. Zeitweilig verirrte sich Leo X., ähnlich Julius II., zu gemeinem Länderraub für die eigene Familie: Da der Herzog von Ferrara stets den König von Frankreich unterstützte, sollte Maxi- milian dazu helfen, dem Papst auch dieses Fürstentum zu unter- werfen. Der Kaiser dachte nicht daran.

Leo X. war angesichts der undurchsichtigen Lage so ratlos, daß er bei seinem Landsmann Machiavelli nachfragen ließ, was zu tun sei, wenn Ludwig XII., gesichert durch das englische Bündnis und verstärkt durch die Venezianer, den Krieg gegen Mailand wieder eröffne. Der kluge Florentiner antwortete[184], Neutralität sei das schlechteste; da aber sicher ein französischer Sieg zu erwarten sei, empfehle sich der Anschluß an Ludwig XII. Nur wenn es gelinge, Venedig von Frankreich zu trennen, sei Widerstand gegen einen französischen Überfall sinnvoll. Aber der Weg nach Frankreich war dem Papst bereits verbaut.

Daher schlug Leo X. eine neue Liga zwischen Papst, Kaiser, Spanien, Eidgenossen, Mailand und den anderen Staaten Italiens vor. Seit sich Frankreich und England so eng verbündet hatten, zeigten sich auch der Kaiser[185] und König Ferdinand der Liga mit dem Papst geneigter. Von einer allzu festen Bindung scheuten sie jedoch zurück, denn immer noch schwebte ihnen die Möglichkeit eines Ausgleiches mit Frankreich vor Augen.

Der Papst ließ nichts unversucht, um den Kaiser mit der Si- gnorie auszusöhnen, Franzosen und Venezianer zu trennen. Er schickte Pietro Bembo, den bekannten Geschichtschreiber und spä- teren Kardinal, als Unterhändler nach Venedig[186], um den Frieden mit dem Kaiser und Spanien vorzubereiten: Die Venezianer soll- ten die gesamte Terra ferma, ausgenommen Verona, gegen eine Geldentschädigung zurückbekommen; selbst Verona würden sie dem Kaiser später abkaufen können, meinte der Papst.

Aber Venedig lehnte alle Angebote Bembos ab. So sehr hatte das französisch-englische Bündnis die Lage verändert. Auch der Hinweis auf die mächtige Liga, gegen die es Ludwig XII. nicht mehr wagen könne, die Alpen zu überschreiten, machte keinen Eindruck. Die Signorie blieb hart: Man wolle sich auf keinen Ver- trag einlassen, der den Verzicht auf Verona enthalte, selbst wenn alle sich gegen Venedig verbündeten und der Verlust von Padua, Treviso, ja, des ganzen Staates zu befürchten sei[187].

Gegenüber dem geschlossenen französisch-venezianischen Machtblock konnte die Liga zwischen Papst und Kaiser lange Zeit kaum festere Gestalt gewinnen. Zwar hatte König Ferdinand am 21. September 1514 mit dem Papst einen Geheimvertrag[188] zum Schutz der italienischen Staaten abgeschlossen, aber wenig später auch den Waffenstillstand mit Frankreich wieder erneuert[189]. Sollten diese Abschlüsse einander ergänzen oder dem klugen Spanier alle Türen offenhalten? Wahrscheinlich wollte König Ferdinand die Franzosen durch Waffenstillstände hinhalten und von Venedig trennen, bis die Stunde Habsburg-Spaniens gekommen sei.

Eine endgültige Koalition in diesem diplomatischen Ringelspiel war noch keineswegs abzusehen, als die Nachricht vom Tode König Ludwigs XII. (1. Januar 1515) eintraf[190]. Papst und Kaiser mochten hoffen, daß Ludwigs Hinscheiden zu einer Änderung der französischen Politik in Italien führen werde. Einerseits arbeitete man an der großen Liga, die dem französischen Thronfolger Franz I. Vorsicht und Mäßigung nahelegen sollte, und bemühte sich mit allem Eifer um die Kriegshilfe der Eidgenossen[191]; anderseits hoffte man am Kaiserhof, daß sich der neue König vielleicht doch für ein habsburgisches Bündnis, vielleicht sogar für die geplante Heirat gewinnen lasse[192]. In einer Denkschrift[193], die Maximilian zu Jahresbeginn 1515 für Franz I. vorbereitete, suchte er ihm die Zweckmäßigkeit eines Bündnisses mit Habsburg nahezulegen. Wie stets sollten zwei Eisen im Feuer bleiben.

Das Staatensystem war eben noch in voller Bewegung, Fragen der Vorherrschaft oder Mitbestimmung in weiten Gebieten offen und alle Partner von größtem Mißtrauen gegeneinander erfüllt. Die Großmächte umlauerten und maßen einander wie Raubtiere; jeder begierig, bei der Neuverteilung Italiens das Meistmögliche an sich zu reißen und dafür nicht nur seine ganze Macht einzusetzen, sondern auch jede List, jeden möglichen Betrug. Hierin waren sich alle Mächte gleich. Sie fühlten sich zwar erschöpft, aber keineswegs so abgekämpft, daß sie die Waffen nicht mehr hätten führen können. In dieser Welt der Gewalt und Hinterlist konnte nur bestehen und überleben, wer auf dem Schlachtfeld Meister blieb.

Ein Zeitalter des Kampfes der Waffen und der Geister kündigte sich an. Der Krieg gewann neue Formen und trat in den Mittelpunkt des Kräftespieles aller europäischen Mächte. Der Hundertjährige Krieg zwischen Frankreich und England oder die spanische Reconquista oder der burgundische Erbfolgekrieg hatten nur die westlichen Mächtegruppen beschäftigt; die Türkenkriege bisher nur die östlichen. Der Machtkampf um Italien begann nun das gesamte christliche Europa zu verstricken, zeitweilig sogar den Großtürken einzubeziehen und sollte erst mit der politischen Einigung der apenninischen Halbinsel im 19. Jahrhundert sein Ende finden.

Wer hat diesen Krieg um Italien verschuldet? Seit den Zeiten der Völkerwanderung hatte es Kämpfe um diese begehrenswerte Halbinsel gegeben. In unserer Zeit hat zwar der Marsch Karls VIII. nach Neapel (1494/95) diesen Krieg ausgelöst; aber man wird nicht sagen können, Frankreich allein sei daran schuld gewesen. Die Neuverteilung der „Welt" war nach dem Versagen des Reiches eben fällig. Macht ist der Natur selbst gleich: Unwiderstehlich dringt sie in jedes politische Vakuum ein. Die Schwäche Italiens einerseits, anderseits die hohe politische und wirtschaftliche Bedeutung der Halbinsel zogen die Mächte magisch an. Da Frankreich, Spanien, selbst die kleine Eidgenossenschaft Eroberungen in Italien suchten, hätte das Reich wenigstens seine traditionellen Rechte dort verteidigen müssen. Fürsten und Stände lehnten ab. Nur der Kaiser nahm mit Hilfe seiner Erbländer und seiner dynastischen Verbindungen den Machtkampf um Italien auf und hat diesem Krieg zweifellos mehr geopfert, als die Wirtschaftskraft Österreichs erlaubt hätte. Karl V. hat ihn mit Hilfe spanischen Geldes schließlich für Spanien entschieden. Das Reich aber begann aus der Reihe der Machtstaaten auszuscheiden, und schon im nächsten Jahrhundert wurden die Machtkämpfe Europas auf dem Boden des Reiches ausgetragen.

Maximilian hat den Krieg nicht als *letztes* Mittel der Politik (ultima ratio), sondern als das *erste* und ursprünglichste angewandt. Die Politik der Verhandlungen blieb hinter der des Schwertes weit zurück, das alle Knoten zu lösen schien. Man betrachtete den Krieg als Kräftespiel der Mächtigen, ja, als Kunst und Wissenschaft. Wie alle Mächtigen seiner Zeit freute er sich an den Gewalthaufen seiner Landsknechte, an den glänzenden Schwadronen seiner Panzerreiter und am Feuerzauber der schweren Artillerie. Der junge Kapitalismus führte dem Krieg Geldmittel in bisher unbekannten Größen zu: Sie flossen um so reicher, je mehr daran verdient wurde. Auch gehörten Eroberungen zur „Größe" eines

Herrschers. Da man die Dämonie des Krieges nicht so völlig bedachte, brach man ihn allzu rasch vom Zaun und vermochte ihn, nachdem er einmal seine Eigengesetzlichkeit gewonnen, kaum mehr beizulegen, selbst wenn man es gerne gewollt hätte. Das zeigte sich schon im Venezianerkrieg. Der Krieg wurde zum Dauerzustand. Die Kämpfe Maximilians und Karls V. um Italien, die als Einheit zu sehen sind, dauerten 50 Jahre (1494—1544), denn die dazwischenliegenden Friedensschlüsse waren eigentlich nur Waffenstillstände.

Der Krieg griff alsbald weit über Italien hinaus, erfaßte die süddeutschen Länder, Frankreich, England, Nordafrika, das Mittelmeer, den Balkan, Ungarn und drohte ganz Europa zu einem Schlachtfeld zu machen. Dies etwa waren die Aussichten, als Maximilian die Augen schloß und Karl V. dort fortsetzte, wo sein Großvater hatte abbrechen müssen: in Italien.

Die Auswirkungen dieses Krieges auf das Innere des Reiches sind häufig übersehen worden. Ich spreche hier nicht von den wirtschaftlichen Folgen, welche eigentlich nur die österreichischen Länder härter trafen. Schon seit dem Ende des 15. Jahrhunderts hatten die abgedankten, streunenden Söldner die Reichstage beschäftigt. Nun aber gehen von den Kriegsheimkehrern geradezu neue gesellschaftliche Bewegungen aus. In den italienischen Kriegen war die „Masse" zu einer Macht herangewachsen, die Geschichte machen sollte. In den geschlossenen Verbänden der Landsknechte, die durch lange Zeit in engster Fühlung miteinander lebten, die unter ständigem Eindruck gleicher Wünsche und Ziele, gleicher Gefahren und Siege standen, an die Uniform des Denkens und Handelns gewöhnt und überzeugt waren, daß sich die größten Widerstände durch gemeinsames Handeln, entschlossene Führung und soldatischen Gehorsam am leichtesten lösen ließen, erwachte so etwas wie die „Massenseele". Allgemein wurde der Ruf nach Gerechtigkeit, Gleichheit und Freiheit aller angesichts des Todes; der Haß gegen die adeligen Hauptleute, deren Sold und Hochmut ungleich größer waren; der Haß gegen die Welschen, gegen welche man kämpfte; der Haß gegen die Pfaffen und den Papst (Julius II.), der den Deutschen so oft als Feind begegnete; der Haß gegen alle Großen, die von den Kleinen lebten und sich dem Gottesgericht der Feldschlacht meist entzogen. In den Feldlagern haben sich diese „Urgefühle", durch Lied und Schlagwort zugespitzt, als öffentliche Meinung ausgebreitet. Auf den Schlachtfeldern Italiens wurden die Bauernführer und Rebellen der kommenden Jahrzehnte erweckt. Wie man im Felde der Blutfahne des Reiches folgte, so in der Heimat dem Banner des Bundschuhs oder des armen Konrads. Symbol und Schlagwort gewannen mitreißende Gewalt. So wirkte das Massenerlebnis des Krieges durch Tausende und Abertausende von Heimkehrern während der nächsten Jahrzehnte in der Heimat fort.

III. Kapitel

MAXIMILIANS OSTPOLITIK 1506—1518.
GRÜNDUNG DER DONAUMONARCHIE

1. Maximilians ungarische Politik 1506 bis 1515. Vorbereitung des
Doppelheiratsvertrages und des Wiener Kongresses von 1515

Allbekannt ist das „Bella gerant alii, tu felix Austria nube". Oft
wurde es verständnislos dahin gedeutet, daß ein Weltreich einfach zusammengeheiratet worden sei. Dagegen zeigt schon das
folgende Kapitel[1], welche Mühe es kostete, welche diplomatischen,
politischen und militärischen Anstrengungen nötig waren, um die
gewiß folgenreiche ungarische Doppelheirat überhaupt zustande
zu bringen und ihre von vornherein nicht so rasch zu erwartenden
Ergebnisse vorzubereiten, zu sichern und schließlich durchzusetzen.

Die Heiratsverhandlungen mit Ungarn, seit langem geführt,
gediehen im März des Jahres 1506 zu einem vorläufigen Erfolg[2]:
Ein erster Doppelheiratsvertrag wurde abgeschlossen, in den auch
schon der ungarische Thronerbe, falls er geboren würde, einbezogen war. Um die Pläne Johann Zapolyas und die habsburgfeind-
lichen Beschlüsse des Rákos von 1505 zu durchkreuzen, wurde
Maximilian überdies zum Vormund der ungarischen Königskinder
bestellt, falls Wladislaw vorzeitig sterben sollte. Freilich waren all
diese Verträge geheim, und Maximilian galt trotz des Preßburger
Friedens durch den Rákos von 1505 als Ausländer von der Thronfolge ausgeschlossen[3].

Aber der Aufmarsch des Reichsheeres an den ungarischen Grenzen und der kühne Vorstoß gegen Preßburg, Ödenburg und Eisen-
burg[4] ließen die Magnatenpartei erkennen, wie ernst Maximilian
seine Erbrechte zu verteidigen gedachte. Er wolle nur ihren gemeinsamen Vorteil wahrnehmen, einige Erzrebellen bestrafen und die
Schulden aus dem Preßburger Frieden endlich eintreiben, im übrigen aber ein friedliches Einverständnis herstellen, versicherte er
dem König von Ungarn[5]. Sogar eine persönliche Zusammenkunft

mit Wladislaw zur Festigung der Heiratsverträge war vorgesehen[6].

Die Geburt des ungarischen Thronfolgers machte dem Krieg
bald ein Ende. Dies kam auch dem Römischen König gelegen,
denn es war fraglich, ob es ihm möglich sein werde, die Adelspartei Zapolyas völlig aus dem Felde zu schlagen. Anderseits durfte
er hoffen, den Doppelheiratsvertrag den neuen Verhältnissen an-
passen zu können. Die ungarische Friedenspartei gewann bald die
Oberhand, und der nationale Widerstand um Zapolya vermochte
den Abschluß des Friedens zu Wien (19. Juli 1506), der nach zähen
Verhandlungen zustande kam[7], nicht mehr zu verhindern. Wenngleich Maximilian auch nicht eine neuerliche Bestätigung des Preßburger Friedens und einen Widerruf der Beschlüsse des Rákos vom
Oktober 1505 erreichen konnte, so ließ er dem Friedensvertrag
doch eine feierliche Rechtsverwahrung anfügen, welche die ungarischen Gesandten freilich nicht als Vertragsartikel anerkannten.
Nun bestanden der Preßburger Friede und die Rákos-Beschlüsse
von 1505 nebeneinander — eigentlich gegeneinander. Die Zukunft mußte weisen, was sich durchsetzen werde.

Vor allem wollte Maximilian seine mächtigen Parteigänger
innerhalb Ungarns, darunter die Grafen von Frankopan, Corbavia,
Kanisza, die Städte Preßburg und Ödenburg, schützen[8] und für ein
andermal ermutigen. Seit dem Preßburger Frieden lebte der alte
Streit um mehrere ungarische Herrschaften und Schlösser entlang
der westlichen und südwestlichen Grenze[9] des Königreiches, die
Maximilian als Mitkönig von Ungarn für sich beanspruchte, immer
wieder auf. Kleinere Grenzkriege, Überfälle, Pfand- und Gefan-
gennahmen waren hier an der Tagesordnung und im Rechtswege
kaum zu schlichten; denn die ungarische Ständepartei sah im
Grenzkrieg ein Mittel, die Feindschaft mit Österreich zu schüren.
Aber auch Maximilian wünschte, den Nachbarstaat von der Grenze
her stets unter Druck setzen zu können. Ähnlich, aber etwas besser, war es an der böhmischen Grenze[10], welche die Brüder
Zinispan mit ihren Forderungen und Überfällen lange Zeit beunruhigten. Während da ein friedlicher Vergleich[11] gefunden werden
konnte, zog sich der Kleinkrieg an der ungarischen Grenze ununterbrochen fort.

Maximilian hatte Ursache, dem letzten Frieden mit Ungarn
nicht ganz zu trauen. Noch im September 1506 kamen Warnungen
seiner Gesandten aus Ofen[12]. Die Ungarn seien so wild, daß sich

die deutschen Gesandten nicht auf die Straße wagen dürften. Zwei französische Botschafter, die allerdings erst nach dem Friedensschluß auf verschiedenen Wegen über das Reich und Venedig in Ungarn eingetroffen waren[13], versäumten gewiß nicht, die feindselige Stimmung gegen Habsburg zu schüren; denn Ludwig XII. suchte Maximilian allerorten Hindernisse zu bereiten, um König Philipp an der Besitznahme Kastiliens zu hindern. Dagegen fällt auf, daß die polnischen Jagellonen in keiner Weise in die ungarische Krise der Jahre 1506/07 eingriffen[14]. Erst König Sigismund begann sich um das Königreich Ungarn und seinen Bruder Wladislaw wieder kräftiger anzunehmen; einerseits um Maximilian vom Nordosten abzuziehen, anderseits um die gemeinsamen jagellonischen Interessen im Donauraum zu unterstützen.

Wenn der Preßburger Vertrag gegen die Anfechtungen der ungarischen Ständepartei Zapolyas als Grundlage der habsburgischen Erbfolge bestehen sollte, dann mußte er durch entsprechende Heiratsverträge unterstützt werden. Daher schickte der Kaiser sofort nach Abschluß des Wiener Friedens Cuspinian, einen seiner gewandtesten Unterhändler, nach Ungarn, um den bestehenden Heiratsvertrag den neuen Verhältnissen anzupassen und womöglich zu verbessern. Ersten Anlaß dazu bot die Ratifikation des Friedensvertrages von Wien[15] am 5. August 1506. Außerdem sollte Ungarn auch für ein Bündnis gegen Venedig gewonnen werden[16], da die Signorie dem Kaiser den Durchmarsch nach Italien und Rom sperrte.

Wladislaw antwortete mit einer Gesandtschaft, die der berühmte Franziskaner Johannes, einst Bischof von Großwardein, ein bewährter Freund der Habsburger, anführte, der Maximilian in Konstanz und Innsbruck besuchte, wo man eine Erneuerung des Heiratsvertrages besprach. Gerüchte über diese Geheimverhandlungen erregten die ungarische Ständepartei dermaßen, daß sie sich wegen dieser „landesverräterischen Pläne" weigerte, den Kronprinzen Ludwig an seinem ersten Geburtstag, wie dies üblich war, zum König zu krönen[17]. Wiederholt gingen nun Gesandte nach Ungarn, um Wladislaw auf einen neuen Heiratsvertrag festzulegen. Johann Mrakeš[18], Pfleger von Drosendorf, der sich neben Cuspinian in den ungarischen Verhandlungen besonders hervortat, hielt sich besonders an Kardinal Bakócz von Gran und Bischof Johannes von Großwardein[19]. Von den Kirchenfürsten hatten die Habsburger die kräftigste Unterstützung zu erwarten.

Am 11. Oktober 1507 einigte man sich auf einen neuen Doppelheiratsvertrag[20]: Karl oder Ferdinand, wer von beiden in den österreichischen Ländern nachfolgte, sollte Wladislaws Tochter Anna heiraten; Ludwig von Ungarn aber war Maximilians jüngster Enkelin Katharina oder, falls diese sterben sollte, deren Schwester Maria zugedacht. Um diesen wichtigen Vertrag tiefer zu begründen, verwies Maximilian auf die tödliche Türkengefahr, die das befreundete Ungarn bedrohe; nur dazu sei er von Gott auf den Thron des Reiches berufen worden, um die gefährdete Christenheit zu retten. Für den Fall seines Todes unterstellte Maximilian seine Enkel, deren Königreiche und Länder der Vormundschaft König Wladislaws, um sich dadurch der Gunst der Ungarn besonders zu empfehlen.

Bereits am 17. November 1507 wurde dieser Vertrag von König Wladislaw bestätigt[21] und umgekehrt Anna und Ludwig dem Schutz Maximilians empfohlen. Damit hatte der Kaiser erreicht, was er bereits 1493 anstrebte: den Anspruch auf die Stellung eines Gubernators über Ungarn. Der Doppelheiratsvertrag von 1506 war im neuen Abkommen nicht unwesentlich ergänzt und der Preßburger Vertrag, die eigentliche Grundlage der Erbfolge, dadurch neuerlich verstärkt. Ohne daß die Thronfolge ausdrücklich erwähnt wurde, erfuhr das habsburgische Erbrecht in Ungarn eine neue Stütze, die im Vertragswerk von 1515, zumal in der Adoptionsurkunde, ihre Vollendung fand.

Die Stetigkeit der Ostpolitik Maximilians fällt nicht weniger auf als die Beharrlichkeit seiner Italien- und Kaiserpolitik. Das zähe Festhalten einmal gefaßter großer Pläne, die Beharrlichkeit, womit er seine großen Ziele verfolgte, war etwas vom Besten, was er von seinem Vater ererbt hatte.

Außerdem lag Maximilian sehr am Herzen, Ungarn für den Kampf gegen Venedig und die Liga von Cambrai zu gewinnen[22]. Schon Anfang 1508 hatte er Mrakeš wieder nach Ungarn geschickt[23], um den König zur geplanten Liga einzuladen: Er sollte die Venezianer angreifen und dafür Dalmatien zurückbekommen, das die Signorie im 15. Jahrhundert erobert hatte. Aber das innerlich völlig zerrissene Königreich, das sich der Türken kaum erwehrte, konnte an Kriege und Eroberungen nicht denken[24]. Die Ungarn fürchteten, die Venezianer könnten ihnen die Türken an den Hals hetzen, falls sie der Liga beiträten. Auch wollte Wladislaw die schönen venezianischen Pensionen nicht verlieren, die er seit 1500 regelmäßig bezog. Von allen Seiten bedroht, fürchtete er nichts mehr als das Risiko eines Krieges und verstand es immer wieder, Maximilians Gesandte mit schönen Worten abzuspeisen[25]. Zwar schloß er sich formell der Liga an (1. Oktober 1510), aber zur Ratifikation ließ er sich nie bewegen und hielt sich so völlig aus dem Krieg heraus[26]. Noch viel weniger war Ungarn für das Schisma von Pisa und gegen Papst Julius II. zu gewinnen; nicht einmal Kardinal Bakócz ließ sich durch das heimliche Angebot ködern, man werde ihn bei der Wahl zum Papst unterstützen[27]. So gab es der Kaiser schließlich auf, Ungarn für seine Kriegspläne zu gewinnen.

Seit den Verträgen von 1507 schienen die habsburgischen Erbrechte in Ungarn so weit gesichert, daß sich der Kaiser zunächst auf den Krieg in Italien einstellen konnte. Aber der ständige kleine Grenzkrieg, der auch auf wiederholten Tagsatzungen nicht beigelegt werden konnte[28], war nicht ganz ungefährlich, zumal Besitzungen des Erzbischofs von Gran, Kardinal Bakócz, davon betroffen waren, und die Ständepartei diese Streitigkeit nur allzu gerne benützte, das Einvernehmen des Kaisers mit König Wladislaw zu trüben.

Je größer die Bedrängnisse, in die der Kaiser durch den Krieg in Italien geriet, desto schwieriger wurde auch seine Politik in Ungarn, zumal seit sich der neue König von Polen, Sigismund I., wieder stärker einmischte: einerseits um Maximilian aus Preußen und dem Baltikum zu verdrängen, anderseits um die Stellung seines Bruders Wladislaw und die vereinigte Macht der Jagellonen im Donauraum zu verstärken. Als der König von Polen 1510 eine Eheverbindung mit Barbara, einer Schwester des Johann Zapolya, vorbereitete, war für den Kaiser in Ungarn höchste Gefahr im Verzug. Polen konnte ihn mit Hilfe der mächtigen Zapolya-Familie vielleicht auch aus Ungarn verdrängen[29]. Die weltpolitische Lage, der Zerfall der Heiligen Liga und die Rückschläge Maximilians in Italien kamen König Sigismund sehr gelegen, um die kaiserliche Heiratspolitik in Ungarn wirksam zu durchkreuzen.

Wieder sandte Maximilian einen seiner tüchtigsten Gesandten, Cuspinian, nach Ungarn[30], um den Heiratsvertrag durch ein formelles Verlöbnis noch besser zu sichern — vor allem gegen die Anschläge der Partei Zapolyas. Der Kaiser wußte, daß Wladislaw mit der polnischen Unterstützung für Zapolya, der eben damals Woiwode von Siebenbürgen wurde[31], keine Freude hatte und daher die Doppelheirat zu beschleunigen wünschte, weswegen unablässig Gesandte zwischen den beiden Höfen hin- und herreisten[32] — Cuspinian nicht weniger als 32mal, wie er selbst berichtet.

Im Januar 1511 fand sich Wladislaw bereit, für den Fall, daß Kronprinz Ludwig vorzeitig sterbe, seine Tochter Anna zur Thronerbin zu erklären[33], was in Böhmen dem bestehenden Erbrecht und in Ungarn dem wiederholt geübten Brauch durchaus entsprach. Der Kaiser schlug nun Erzherzog Ferdinand als künftigen Gatten Annas vor[34]. Um König Sigismund von Polen zu gewinnen und von Barbara Zapolya abzuziehen, dachte man sogar an eine Heirat Maximilians mit Elisabeth, der Schwester der beiden Jagellonen-Könige, was der alternde Kaiser aber niemals ernstlich im Sinne hatte[35]. Wladislaw legte jedenfalls auf den Abschluß eines feierlichen Verlöbnisses oder noch besser einer Heirat seiner Kinder ins habsburgische Haus größten Wert, wünschte allerdings, daß sich der Kaiser mit Polen ausgleiche.

Unablässig bearbeitete Maximilian den König von Ungarn, um mit dessen Hilfe die Heirat der Barbara Zapolya mit dem König von Polen zu vereiteln — freilich vergebens[36]. Anfang Dezember 1511 wurde der Ehevertrag, bereits im Februar 1512 die für die Habsburger so gefährliche Heirat abgeschlossen[37] und Barbara zur Königin von Polen gekrönt. Die Anmaßung Zapolyas und seiner Sippschaft kannte nun keine Grenzen mehr, zumal sie sich durch ein Schutz- und Trutzbündnis mit dem König von Polen gesichert fühlten. Durch häufige Gesandtschaften suchte König Sigismund auf seinen Bruder Wladislaw einzuwirken und den habsburgischen Einfluß zurückzudrängen[38]: Insbesondere sollten Pläne des Kaisers vereitelt werden, sich zum Statthalter in Ungarn aufzuwerfen.

Es war nun am Kaiser, den König Sigismund, der ihm immer gefährlicher wurde, politisch und militärisch zu fesseln. Er mußte versuchen, Polen durch eine große Koalition mit dem Deutschen Orden, Rußland, den Tataren, dem Fürsten der Moldau, den norddeutschen Fürsten, Dänemark und Schweden unter Druck zu setzen. Die Gelegenheit schien günstig, da 1512 die Tataren ins südöstliche Polen einfielen, bald darauf Wasilij III. mit einem russischen Heer gegen Smolensk zog[39] und auch der Hochmeister plante, Polen anzugreifen.

Da kaiserliche Waffenhilfe für den Deutschen Orden wegen des großen Krieges in Italien[40] unmöglich war, sollte eine große Koalition aller Nordstaaten unter Führung Dänemarks den russischen Feldzug durch einen Angriffskrieg vom Westen her unterstützen. Wieder gingen kaiserliche Gesandte nach Moskau[41] und schlossen den Bundesvertrag vom August 1514[42], der allerdings nicht lange dauerte, weil sich der „Zar" letzten Endes getäuscht fühlen mußte. In der Hoffnung auf die Hilfe Maximilians hatte er sich bewegen lassen, den Krieg gegen Polen fortzusetzen — war aber schließlich allein geblieben. Immerhin hätte diese Einkreisung König Sigismund gefährlich werden können[43], wenn die vom Kaiser geplante Koalition ihre Aufgabe tatsächlich erfüllt hätte.

Angesichts der allseitigen Umklammerung mußte sich König Sigismund von Polen zu einer Verständigung mit dem Kaiser bereit finden, wenn er nur seine bisherige enge Verbindung mit dem Deutschen Orden und Moskau aufgabe. Es kam der polnischen Diplomatie vor allem darauf an, den Abschluß der ungarischen Heirat von Zugeständnissen des Kaisers in der Nordostpolitik abhängig zu machen.

Als der Kaiser erkannte, daß sich die Höfe von Krakau und Buda nicht völlig trennen ließen, nahm er die Vermittlung des Königs von Ungarn schließlich an. Er zeigte sich grundsätzlich bereit, mit Wladislaw zusammenzukommen, um die bestehenden Gegensätze aus dem Wege zu räumen und die Doppelheirat samt einem Vormundschaftsvertrag in aller Form abzuschließen[44], aus dem dann der berühmte Adoptionsvertrag hervorging.

Mit dem Heiratsvertrag stand stets die Türkenfrage in enger Verbindung. Sie war seit dem Regierungsantritt Selims (April 1512) noch dringender geworden[45] und gab den kaiserlichen Angeboten besonderen Nachdruck. Die Türkengefahr rückte alsbald in den Mittelpunkt der gesamten Ostpolitik.

Die Verhandlungen zogen sich durch Jahre hin und wurden von zahlreichen Gesandtschaften gefördert — insbesondere durch Cuspinian[46], dessen Geschick der Kaiser größtes Vertrauen schenkte. Er vermochte schließlich auch Johann Zapolya zu überspielen, der seine Werbungen um Prinzessin Anna niemals aufgegeben hatte, sogar den König selber mit offener Gewalt bedrohte und die habsburgische Heirat beharrlich zu vereiteln suchte[47]; ebenso konnten polnische Störaktionen ausgeschaltet werden, denn im Grunde schienen Wladislaw der Anschluß an Habsburg und die Doppelheirat wichtiger als die dynastische Union mit seinem Bruder, der sich durch seine Beziehungen zu Zapolya immer wieder verdächtig machte.

Anfang 1514 waren die Verhandlungen so weit gediehen, daß man eine Zusammenkunft zu Preßburg, den Abschluß der Verträge und die Doppelheirat in Aussicht nahm[48], wenngleich es auch jetzt noch Einsprüche der ungarischen Ständepartei gab, die den entscheidungsschwachen Wladislaw verunsicherten[49]. Vor allem die Feindschaft des Kaisers mit Polen schien den Vertrag mit Ungarn noch immer zu gefährden. Aber Maximilian verstand es, Wladislaw in der eingeschlagenen Richtung festzuhalten. Man wußte inzwischen bereits in Venedig[50], Rom und Spanien vom bevorstehenden Kongreß und dem geplanten Heiratsvertrag. Die kaiserlichen Gesandten in Ungarn durften sich schon öffentlich zeigen, wenn sie auch immer noch Mißfallen erregten[51]. Die vorgesehene Braut, Prinzessin Maria, wurde bereits aus den Niederlanden nach Wien befohlen[52], wo sie im Juni 1514 eintraf. Sie mußte allerdings noch ein ganzes Jahr auf die große Heirat warten.

Denn inzwischen war in Ungarn der große Kuruzzenaufstand ausgebrochen. Was als Kreuzzug begonnen hatte, schlug in den größten Bauernkrieg um, den Ungarn je erlebte, der durch Monate die Grundfesten des Königreiches erschütterte. Unsicherheit und Verwirrung im Inneren und die Türkengefahr an den Grenzen ließen dem schwachen König keinen anderen Gedanken. Zwar vermochte Zapolya im Sommer 1514 die Kuruzzen niederzuwerfen; aber das besserte die Lage Wladislaws keineswegs. Der ehrgeizige Thronwerber konnte als „Retter des Vaterlandes" sein Ansehen noch steigern[53]. Seine Parteigänger wollten ihn als Stellvertreter des Königs von Polen zum Gubernator Ungarns erheben, den vorgesehenen Kongreß und die habsburgische Heirat vereiteln. Als Gubernator sollte er die Hand Prinzessin Annas erhalten und den schwächlichen Ludwig beiseite schieben.

Es war ein Glück, daß Cuspinian bei Kardinal Bakócz von Gran[54], vor allem aber bei König Wladislaw selbst[55] Unterstützung fand, der sich von der Magnatenpartei bereits im eigenen Palast bedroht fühlte, so daß er daran dachte, seine Kinder Ludwig und Anna nach Preßburg in Sicherheit zu bringen und die Doppelheirat so rasch als möglich abzuschließen. Wieder legte man dem Kaiser nahe, zum Schutz der königlichen Familie Truppen an die ungarische Grenze zu schicken[56]. Um Wladislaw vollends zu gewinnen, stellte man dem Prinzen Ludwig nicht nur die Vormundschaft des Kaisers für den Fall, daß sein Vater vorzeitig sterbe, sondern geradezu die Adoption in die kaiserliche Familie und die Würde eines Römischen Königs in Aussicht[57]. Cuspinian war in jenen Wochen vom September 1514 bis Anfang 1515 rastlos unterwegs, um die Doppelheirat, den größten diplomatischen Erfolg seines Lebens, an ein gutes Ende zu bringen.

Ein Moment der letzten Spannung brachten die Gegensätze des Kaisers zu Polen in die schwebenden Verhandlungen. Wladislaw wünschte als Bedingung des Vertragsabschlusses immer wieder die Aussöhnung Maximilians mit König Sigismund, denn ohne die Hilfe des Bruders würde er mit seinen widerspenstigen Magnaten, zumal mit Zapolya, kaum fertig geworden sein. Da die antipolnische Koalition sehr bald an der Gleichgültigkeit[58] Dänemarks und an der Verzagtheit der deutschen Fürsten scheiterte, da auch die Russen von den Polen und Litauern bei Orscha zurückgeschlagen wurden, da auch das Bündnis mit dem Zaren sich alsbald zerschlug, konnte nur ein Ausgleich mit Polen, eine persönliche Zusammenkunft des Kaisers mit den Königen Wladislaw und Sigismund die bestehenden Gegensätze bereinigen. Der weitere Weg führte über Vorverhandlungen zu Preßburg zum Wiener Kongreß von 1515, dem größten politischen Erfolg Maximilians im Osten.

2. Maximilians Nordostpolitik (1506—1515).
Die Hanse, Dänemark und Schweden. Der Deutsche Orden, Livland, Polen und Rußland

Die Beziehungen des Kaisers zum Ordensstaat, der im Mittelpunkt dieses Kapitels steht, wurden durch politische Klitterungen späterer Zeiten stark verwischt. Ich möchte durch alle anachronistischen und politisierenden Ideologien hindurch einfach die Tatsachen sehen, wie sie sich zu dieser Zeit in den Dokumenten aller beteiligten Mächte abzeichnen.

Die staatsrechtlichen Beziehungen der Deutschordensländer[1] in Preußen und Livland zum Reich waren im Laufe der Jahrhunderte stets unklar gewesen. Dagegen bestanden denkbar engste Beziehungen des deutschen Adels zu seinem Orden. Seit dem Frieden von Thorn (1466) nahm Polen den Ordensstaat für sich in

Anspruch[2], obwohl dieser Vertrag weder von Kaiser und Reich noch vom Papst als den obersten Schutzherrn des Ordens je bestätigt worden war. Da eine lehensmäßige oder andere staatsrechtliche Bindung des Hochmeisters zu Kaiser und Reich nie bestand, war dies für die Reichsstände Grund genug, sich um die Ordensfrage kaum noch zu kümmern, obwohl der deutsche Adel im Ordensstaat ein „Spital", eine Versorgung für seine jüngeren Söhne erblickte. Daher forderten Kaiser und Reich als Gegenleistung für die Kriegshilfe wenigstens die Lehenshuldigung des Ordens in Preußen und Livland. Erst angesichts der immer drohender anwachsenden Gefahr von seiten der Russen und der Polen suchten die Deutschherren engere Anlehnung an das Reich, die sie in guten Zeiten stets abgelehnt hatten.

Einen schier unlösbaren Knoten bildete die Tatsache, daß der gefährlichste Feind des Deutschen Ordens in Preußen, nämlich Polen, gleichzeitig der natürliche Bundesgenosse des Meisters von Livland gegen den Großfürsten von Moskau war; eine besondere Schwierigkeit für die kaiserliche Nordostpolitik, zumal seit sich die Beziehungen Polens zum Deutschen Orden in Preußen bis zur Kriegsgefahr zuspitzten. Als aufreizenden Widerspruch zur ursprünglichen Berufung des Ordens mußte man es empfinden, wenn er sich mit den russischen Schismatikern gegen das katholische Polen verband, obwohl er zum Kampf gegen die Ungläubigen gegründet war.

Eine eigene Stellung nahmen auch die norddeutschen Hansestädte ein: Lübeck in seinen Handelsstreitigkeiten mit Dänemark und den russischen Großfürsten; desgleichen Danzig und Elbing, die sich den Leistungen für das Reich entschlugen und an den König von Polen anlehnten. Diese stolzen Gemeinwesen, halb Städte, halb Staaten, weniger dem Reich und mehr dem Seehandel und der großen Welt zugewandt, sprachen Kaiser und Reich hochmütig jedes Recht ab, in Handelssachen mitzureden. Nur wenn sie es — was nun immer öfter eintrat — allein nicht mehr schafften, wußten sie Kaiser und Reich zu finden. Begierig ergriff Maximilian solche Gelegenheiten, um seine kaiserliche Oberherrschaft auch im Norden zur Geltung zu bringen, wenn er sich infolge der allgemeinen Lage, insbesondere wegen seiner Kriege in Italien, auch kaum durchsetzen konnte. Er hatte schon zu Beginn seiner Regierung Ansprüche auf Schweden und Norwegen angemeldet, hielt höchst fraglich großmütterliche Anrechte auf Masovien und

Litauen aufrecht und kümmerte sich von Anfang an auf das lebhafteste um die „Reichsrechte" am Deutschen Orden in Preußen und Livland. Danzig und Elbing lud er zu den Reichstagen und vor das Kammergericht und bot sie zum Romzug auf, als ob sie nie aufgehört hätten, Reichsstädte zu sein.

Als nach 1505 neue Streitigkeiten zwischen Dänemark und Schweden ausbrachen, sprach Maximilian zugunsten des Königs Johann von Dänemark über den schwedischen Reichsverweser Sten Sture die Reichsacht aus[3]. Den Hansestädten aber, zumal Lübeck und Danzig, wurde der Handel mit Schweden verboten[4], wovon sie auf das schwerste betroffen waren, besonders deshalb, weil ihnen eben erst (1494) der Großfürst von Moskau den Handelshof in Novgorod, den wichtigsten Umschlagplatz des Rußlandhandels, geschlossen hatte. Da sich der Großfürst weder vom Kaiser noch von den Hanseaten zur Aufhebung dieser Handelssperre bewegen ließ, wollte sich Lübeck doch wenigstens den schwedischen Markt wieder öffnen. In der Tat hob der Kaiser, um den deutschen Ostseehandel nicht zu vernichten, die Sperre für Lübeck wieder auf[5] und bestimmte über Drängen der Hanse auch den König von Dänemark, sein Recht gegen diese Stadt vor Kaiser und Reich zu suchen[6]. Die norddeutschen Fürsten und Städte erhielten Auftrag, die Hanse gegen Dänemark zu schützen[7]. Dadurch sollte der König von Dänemark gefesselt werden, der eben Miene machte, einerseits eine politische Heirat mit Frankreich abzuschließen, anderseits den König von Polen gegen den Deutschen Orden zu unterstützen. Lebhafter als vorher verwendete sich der Kaiser nun auch beim russischen Großfürsten[8], er möge der Hanse ihren Handelshof zu Novgorod und die beschlagnahmten Waren wieder zurückstellen. Aus „Freundschaft mit dem Kaiser" versprach der Großfürst Entgegenkommen[9]; dafür wollte er allerdings den Hanseaten den Handel mit Polen verbieten. Daran scheiterte der ersehnte Kaufmannsfriede.

Die engen Geschäftsbeziehungen der Hanse zu Polen, ihre Zurückhaltung gegenüber dem Deutschen Orden in Preußen, die Feindschaft Lübecks mit dem König von Dänemark, den der Kaiser für sein nördliches Bündnissystem dringend brauchte, waren Ursache dafür, daß Maximilian die Hanse nicht nachhaltiger unterstützte, obwohl ihm der deutsche Ostseehandel sehr am Herzen lag. Daß der Kaiser aus der Hanse — anders als von den großen oberdeutschen Städten — kaum nennenswerte finanzielle Vorteile, keine

Anleihen zu ziehen vermochte, hat ihn zweifellos auch bestimmt. Maßgebend für seine ganze Nordostpolitik war vorderhand aber die Feindschaft mit Polen wegen der Haltung König Sigismunds gegenüber Preußen und Ungarn; zumal als er Barbara Zapolya heiratete und mit der ungarischen Widerstandspartei die engsten familiären Bindungen einging.

Die Wahl König Sigismunds (1506), der die polnischen Forderungen aus dem Frieden von Thorn wieder entschiedener vertrat, stürzte den Deutschen Orden in eine neue, langwierige Krise, die schließlich sein Ende herbeiführen sollte — was aber gewiß nicht Hauptschuld des Kaisers war, wie dies die kleindeutsche Geschichtsschreibung beharrlich behauptete. Nicht der Kaiser hetzte den Orden mutwillig in diesen Kampf hinein, um sich in Ungarn zu entlasten, vielmehr wollte der energische König von Polen den lange schwelenden Streit einer endlichen Lösung zuführen. Er war angetrieben von der nicht unbegründeten Überzeugung, daß es sich um uraltes slawisches Land handle; angefeuert vom erwachenden Nationalismus, der gewiß auch von hussitischen Söldnern aus Böhmen entfacht war, die an der Seite Polens gegen den Orden kämpften. Der allgemeine Widerwille der eigenen Untertanen gegen das schroffe Regiment der Deutschherren, dazu der Haß der nächsten Nachbarn, sogar der deutschen Städte aus dem polnischen Preußen[10], der sichtbare Verfall des Ordens, seine religiöse und ideelle Entleerung, nicht zuletzt aber die Gleichgültigkeit des Reiches und der nächsten Nachbarn, Brandenburg und Sachsen; das alles gab den Polen berechtigte Hoffnung, früher oder später ans Ziel zu kommen.

Der Hochmeister Friedrich von Sachsen, den Maximilian stets in seinem Widerstand bestärkt hatte, wies die neuen Forderungen des Königs von Polen nach Lehenshuldigung entschieden zurück. Er hatte es verstanden, dem Orden mächtige Freunde zu gewinnen. Auch der Kaiser, der keine Veränderungen im Nordosten wünschte, ermunterte den Hochmeister, den Lehenseid weiterhin zu verweigern[11]. Dabei hatte Maximilian nicht nur die Unterstützung des Königs von Ungarn, der bei seinem Bruder Sigismund für das Reich und den Deutschen Orden vermittelte[12], sondern auch die Hilfe des Papstes, der den Kaiser für den Krieg gegen Venedig freimachen wollte.

Gleichwohl lehnte der König von Polen einen Vermittlungstag zu Breslau[13] (1508) glattweg ab, obwohl ihm sein Bruder, der

König von Ungarn, dazu geraten hatte: Für ihn gab es nur den Thorner Frieden, über dessen volle Gültigkeit er nicht mit sich reden lassen wollte. Einen Vorschlag des Ordens, die strittigen Landgebiete Preußens zu teilen, wies er zurück[14]. Die Ordensregierung fürchtete in der Tat einen Angriff Polens und bemühte sich um die Kriegshilfe des Reiches[15], von dem freilich nichts zu erwarten gewesen wäre. Es war ein Glück, daß ein Angriff des Woiwoden der Moldau und der Tataren auf Podolien dem Deutschen Orden zu einer Atempause verhalf.

Persönlich begab sich der Hochmeister auf den Wormser Reichstag (1509), um Kaiser und Reich mit einer wirkungsvollen Werbung zur Kriegshilfe für den Orden zu bewegen: Der deutsche Adel habe Preußen mit dem Schwert für das Christentum und die Kirche gewonnen. Der Orden sei ein „Spital" des deutschen Adels, worin 2000 Ordensritter standesgemäß lebten. Seit 200 Jahren besäßen sie Preußen und seien niemandem als dem Papst und der Deutschen Nation zugehörig. Nun fordere König Sigismund, daß der Orden nicht dem Reich zugehöre, sondern Polen unterworfen sei; daß die Hälfte der Ordensbrüder Polen sein müßten; daß der Orden dem König von Polen kriegspflichtig sei. Der Papst habe diesen Thorner Vertrag niemals bestätigt, weil er dem Heiligen Reich und den Grundsätzen des Ordens widerspräche. Der Hochmeister sei bereit gewesen, den Streitfall durch den Papst, den Kaiser, den König von Ungarn und andere christliche Fürsten rechtlich entscheiden zu lassen. Aber König Sigismund habe den Vermittlungstag von Breslau abgelehnt. Daher erbitte der Orden den Beistand des Kaisers, des Reiches und der gesamten deutschen Ritterschaft gegen Angriffe des Königs von Polen[16].

Der Reichstag, der stets friedliche, möglichst unverbindliche Beschlüsse faßte, riet, mit Hilfe des Papstes und des Kaisers nochmals einen Ausgleich mit König Sigismund zu versuchen: Man solle in einer deutschen oder polnischen Stadt einen neuen Friedenstag ansetzen. Zeige er sich dazu nicht geneigt, so wollten Kaiser und Reich dem Orden Hilfe leisten[17]. Auch die in Worms versammelte Ritterschaft versprach dem Hochmeister tatkräftigen Beistand: Sie wollten mit ihrem Schwert verteidigen, was ihre Väter und Urväter im Ordensland aufgebaut hätten. Aber dies war leeres Gerede.

Wirklich wurde ein Vergleichstag in Posen für Juni 1509 angesetzt. Inzwischen war auch das päpstliche Breve[18] vom 29. März

1509 zugunsten des Ordens bekannt geworden, worin der Papst dem König von Polen jeden Angriff gegen Preußen verbot, um den Kaiser für den Krieg gegen Venedig zu entlasten. König Sigismund mußte wohl oder übel einlenken und die Vermittlung des Papstes und des Kaisers annehmen, zumal Polen auch an der östlichen Grenze von Walachen und Tataren stark bedrängt wurde. Das Reich und der Orden konnten es schon als Erfolg ansehen, daß sich König Sigismund überhaupt bereit fand, die Rechtsfrage des Thorner Friedens zu erörtern.

Der Vergleichstag, der von Kaiser und Reich, den Königen von Ungarn und Polen beschickt war, trat am 5. Juli 1509 in Posen zusammen. Der päpstliche Legat allerdings hatte die Anreise wohl absichtlich so sehr verzögert, daß er den Tag versäumte, um heiklen Entscheidungen auszuweichen. Der Kaiser drängte über seine Anwälte zu einem gütlichen Vergleich[19], Schiedsgericht oder Waffenstillstand; eine Huldigung des Hochmeisters an den König von Polen sollte jedenfalls unterbleiben, weil er dem Papst und dem Kaiser unterstehe[20].

Die harten Wortgefechte, ja Redeschlachten, welche die Anwälte des Ordens gegen Polen führten, vermochten zwar nicht Frieden zu stiften, aber doch die Streitfragen weiter abzuklären[21]. In vertraulichen Gesprächen zeigten sich die Polen bereit, auf manches zu verzichten, was der Thorner Friede enthielt, und einen praktischen Ausweg zu suchen, wie er später zu Wien (1515) zustande kam: und zwar sowohl in der Stellung des Ordens zu Polen wie im Streit um die Städte Danzig[22] und Elbing, die seit Jahrzehnten die Hoheit des Reiches ablehnten, Zahlung der Reichssteuern und Anerkennung des Kammergerichtes verweigerten und deswegen der Reichsacht verfallen waren. Die klugen Städter verhielten sich, wie Maximilian gerne sagte, stets zwiespältig: wurden sie vom Reich herangezogen, flüchteten sie zum König von Polen; hatte Polen Forderungen an sie, beriefen sie sich auf das Reich[23]. Der Tag von Posen führte zu keinem richtigen Vergleich.

König Sigismund verweigerte jede Antwort und meinte, die Gegenseite wolle ihn nur zum besten halten. Die Spannungen waren kaum gemildert. Der Hochmeister rüstete sich für einen Waffengang und hoffte dabei auf den Kaiser.

Zu den Springern auf dem Schachbrett der Ostpolitik rechnete der Kaiser außer den ganz unberechenbaren Tataren stets die Woiwoden der Moldau[24] und der Walachei, die sich ebenso gegen die Polen wie gegen die Türken einsetzen ließen. Wenn nötig konnte man sie auch gegen Johann Zapolya, den Woiwoden von Siebenbürgen, ausspielen, der Maximilians Politik in Ungarn zu durchkreuzen suchte. Während der Verhandlungen in Posen erfuhr man, daß ein kaiserlicher Gesandter beim Woiwoden der Moldau weilte, der die Tataren zu einem Überfall auf Polen reizte[25]. Im Sommer 1513 besuchte eine „walachische" Gesandtschaft den Kaiser zu Worms[26]. Sicher ging es dabei wieder um eine antipolnische Koalition, welche Maximilian diesmal durch eine schöne Frau zu befestigen hoffte, die er dem Hospodaren in Begleitung des Gesandten Harber zusandte[27]. Da der König von Polen dem Fürsten der Walachei die Hand seiner Schwester versagt hatte, durfte Maximilian hoffen, sich den wilden Mann gerade durch die Hand einer Frau zu verpflichten. Wer das anmutige Opfer war, das diesmal der großen Politik gebracht wurde, ist indes nicht bekannt; vielleicht eine alte Liebe, da der Fürst in jüngeren Jahren zeitweilig am Kaiserhof geweilt haben dürfte[28]. Den alten Fürsten, Stephan den Großen, hatte sich Maximilian seinerzeit durch Sendung eines Arztes zu verpflichten versucht — so wichtig schien ihm dieses Land gegen Polen und Türken.

Vereinbarungen und Bündnisse mit Moskau, Livland, Moldau, Walachen und Tataren sollten Polen vor einem Angriff auf Preußen abschrecken. Dies war die Lage, als der Hochmeister Friedrich von Sachsen am 14. Dezember 1510 starb. Er hatte es verstanden, durch hochfürstliche Beziehungen, Zusammenarbeit mit dem Kaiser, der ihm die Hilfe des Papstes und des Königs von Ungarn verschaffte, den Orden selbständig zu erhalten und die polnischen Hoheitsforderungen immer wieder zurückzuweisen.

In seiner bedrängten Lage konnte der Deutsche Orden gar nicht anders, als wieder einen Reichsfürsten zum Hochmeister wählen, um sich der Hilfe einer mächtigen Dynastie, des Kaisers und des Reiches zu versichern. Man entschied sich für den erst zwanzigjährigen Albrecht von Brandenburg-Ansbach, den Sohn des Markgrafen Friedrich, einen Mann von eher mäßigen Gaben, aber mächtigem dynastischen Ehrgeiz, den man erst in den Orden aufnehmen und einkleiden mußte, ehe man ihn wählen konnte[29]. Albrecht hatte über seinen Bruder Markgraf Georg beste Beziehungen zum ungarischen Hof, zumal die Jagellonenkönige Brüder seiner Mutter Sophie waren. Man mochte hoffen, der König von

Polen werde den neuen Hochmeister, den Sohn seiner Schwester, schonender behandeln als den Vorgänger. Außerdem genoß der junge Markgraf Albrecht die volle Unterstützung Maximilians[30]. Markgraf Kasimir, ein anderer Bruder des Hochmeisters, war ein besonderer Freund des Kaisers.

Maximilian hatte den Orden seit Anfang seiner Regierung in stets gleicher Zuneigung gefördert, wie er denn überhaupt ein Freund der Ritterorden war. Er fühlte wohl, daß sie in manchem der neuen Zeit nicht mehr entsprachen, und machte sich Gedanken, wie man sie durch neue Formen und zeitgemäße Aufgaben der Zukunft erhalten könne. Daß er den Orden aus rein dynastischen Gründen in den Krieg gegen Polen hineingehetzt habe[31], ist zumindest weit übertrieben; denn seit mehr als hundert Jahren gab es zwischen ihnen Kämpfe auf Leben und Tod. Auch in der letzten Zeit hatten die Überfälle und Raubzüge[32] aus dem Ordensland gegen die polnischen Preußen nie aufgehört. Auf den Ständetagen sagte man, der Hochmeister dulde dies.

König Sigismund kannte gegenüber seinem Neffen Albrecht keine familiären Rücksichten und forderte sofort die Huldigung[33]: andernfalls werde er zu den Waffen greifen. Schon der verstorbene Hochmeister und auch der neue hatten es mit Geld versucht: Sie boten dem König von Polen einen jährlichen Tribut von 100.000 Gulden und Kriegshilfe gegen alle seine Feinde. Allerdings forderten die Deutschherren dafür ihre verlorenen Ordensgebiete zurück, wofür sie die Lehenshuldigung andeuteten. Sogar die preußischen Stände, allen voran der Vertreter von Danzig, lehnten diesen Vorschlag auf dem Tag zu Danzig (Juni 1511) als „ganz unleidlich" ab[34]. Sie warnten, dieser Vorschlag könne zu nichts Gutem führen: der Orden werde sich dadurch wieder sammeln und stärken, werde die Zahlungen alsbald einstellen und seine gesammelte Macht neuerdings gegen Polen wenden. Natürlich lehnte auch König Sigismund ab. Das erwachende polnische Nationalgefühl spornte den König an. Aber es blieb zunächst bei Drohungen, denn er wurde durch Wirren in Litauen, durch Einfälle der Tataren und drohende Angriffe Moskaus von einem Überfall auf Preußen abgehalten[35].

Der junge Hochmeister hingegen wandte sich in bewegten Aufrufen an Kaiser und Reich[36]: Wenn man den König von Polen gewähren lasse, werde es ohne Gottes und ihre Hilfe binnen kurzer Zeit in Preußen keinen Hochmeister und keine deutschen

Ritter mehr geben. Auch Maximilian forderte die mächtigsten Reichsfürsten für den Fall eines polnischen Angriffes zur Unterstützung des Ordens auf[37]. König Sigismund aber ermahnte er, den Orden bei seinen alten Freiheiten zu belassen, sonst werde er es mit dem Reich zu tun haben[38].

Die Gegensätze spitzten sich zu, als König Sigismund eine Heirat mit Barbara, der Schwester des Johann Zapolya, vorbereitete[39], der als Hauptgegner Maximilians dessen ungarische Politik zu stören wagte. Zwar versuchte Maximilian durch Botschaften nach Ungarn und Polen, diese ihm gefährliche Heiratsverbindung zu vereiteln; er ließ sogar andeuten, daß er geneigt wäre, die noch ledige Schwester Sigismunds, Prinzessin Elisabeth, zu heiraten. Aber alles war vergeblich[40]. Die gefährliche Ehe mit der Familie Zapolya wurde im Februar 1512 feierlich vollzogen[41], die dem Kaiser ein doppeltes Schach bieten sollte: Einerseits trat die Dynastie Zapolya, durch Polen verstärkt, am Hofe Wladislaws den habsburgischen Heiratsplänen entgegen[42]; anderseits sollte über Ungarn Maximilians Preußenpolitik vereitelt werden. Der neue Schwager Johann Zapolya hatte in Ungarn die Sache König Sigismunds und Polen anderseits die Sache Zapolyas zu verfechten. Hoffentlich würde der hochstrebende Zapolya die habsburgische Nachfolge in Ungarn verhindern, die Anwartschaft Polens auf das Königreich verfechten oder selbst den ungarischen Thron gewinnen.

Seit es der Kaiser mit dem Widerstand König Sigismunds sowohl in Preußen als auch in Ungarn zu tun hatte, nahm er sich des Ordens nur noch entschiedener an. Im Februar 1512 traf er den Hochmeister[43] in Nürnberg und Würzburg und gab ihm den Rat, sich künftig mehr als die früheren Hochmeister als Fürsten und Glied des Heiligen Reiches zu verhalten: Wenn die Hochmeister die Reichstage besuchten und da wie andere Reichsfürsten ihren Sitz einnähmen, würden sich die Stände eher verpflichtet fühlen, dem Orden zu helfen. Den nächstgelegenen Reichsfürsten von Brandenburg, Pommern und Sachsen befahl der Kaiser sofort, wie dies älterem Reichsbrauch entsprach, ihrem Nachbarn, dem Hochmeister und dem Orden, zu Hilfe zu eilen, falls er von Polen angegriffen werde[44]. Aber auch von solcher traditioneller Nachbarschaftshilfe wollten die Fürsten damals nichts mehr wissen.

Der Trierer Tag, dem der Hochmeister eine eindrucksvolle Denkschrift über die Lage des Ordens vorlegte[45], fand kaum Zeit, sich damit näher zu befassen, denn er war mit allzu vielen anderen Angelegenheiten befaßt; desgleichen der Kaiser. Die Drohung des Hochmeisters, Preußen und Livland, die „nova Germania", werde an Polen verlorengehen, falls das Reich nicht helfe, verhallte ungehört.

Nicht anders war es in Köln, wohin der Reichstag verlegt wurde, so daß die Ordensregierung mit Recht befürchtete, von Kaiser und Reich sei derzeit nicht viel zu erwarten und man werde sich letzten Endes auf friedliche Verhandlungen mit König Sigismund einlassen müssen. Auch auf die deutsche Ritterschaft war kein rechter Verlaß. Es fehlte nicht an großen Worten, aber wirksame Hilfe blieb aus. Bei den bekannten Eigensüchteleien der Fürsten, Grafen, Herren und Ritter ließ sich eine Reichshilfe für den Orden kaum erwarten[46]. Die Kölner Versammlung verschob die Hilfsbitte schließlich auf den nächsten Reichstag, weil die Haltung des Hochmeisters zu unsicher und auch die Steuereingänge im Reich nicht sicher genug seien[47]. Auch wäre die Sache groß und wichtig und zuwenig Reichsstände versammelt. Dies war die stets gleiche Antwort, welche die Reichstage zu geben pflegten, wenn es ihnen an gutem Willen fehlte.

Daher sah sich der Orden gezwungen, auf dem polnischen Reichstag zu Petrikau im November 1512 neuerdings einen Vergleich mit König Sigismund anzustreben. Der Hochmeister hatte sich vorher der diplomatischen Hilfe des Kaisers[48], der Kurfürsten von Brandenburg und Sachsen vergewissert. Maximilian ließ es an Zusicherungen nicht fehlen und nahm den Ordensgesandten Ludwig von Seinsheim sogar in seinen Hofrat auf[49], um damit die Zugehörigkeit Preußens zum Reich besonders hervorzuheben; anderseits versuchte der Kaiser, dem König von Polen immer noch eine mögliche Heiratsverbindung seiner Schwester Elisabeth mit einem kaiserlichen Prinzen vorzugaukeln, um ihn freundlicher zu stimmen.

Um Eindruck zu machen, erschienen die Deutschherren auf dem Tage zu Petrikau mit prächtigen Abordnungen aus Preußen, Livland und dem Reich. Auch Sachsen und Brandenburg hatten Gesandte geschickt. Markgraf Kasimir von Brandenburg führte namens seines Bruders, des Hochmeisters, die Verhandlungen. Der König von Polen zeigte sich entgegenkommend, obwohl er am liebsten zum Schwert gegriffen hätte, selbstbewußt trat man den Deutschherren mitunter in polnischer Sprache gegenüber. Obschon

König Sigismund auf dem Thorner Frieden von 1466 beharrte, zeigte er sich in Petrikau[50] doch weit entgegenkommender als seinerzeit in Posen: So ließ er die Forderung fallen, daß auch Polen in den Orden aufgenommen werden müßten; auf der Huldigung des Hochmeisters aber bestand er entschieden. Gott weiß, ob es beim freundlichen Abschied bleiben wird, zweifelte Storm, der biedere Berichterstatter und Stadtschreiber von Danzig.

Auch in Ordenskreisen war man inzwischen geneigt nachzugeben[51], nicht hingegen der junge, kämpferische Hochmeister. Er wandte sich wieder an Kaiser und Reich: Wenn man ihm gegen Polen helfe, werde er Widerstand leisten; ohne Reichshilfe sei es ihm nicht möglich, die Übermacht abzuwehren; dann werde der Orden wohl aus Preußen vertrieben werden. Man wandte sich über Serntein an den Kaiser[52], verwies auf die polnischen Drohungen und erinnerte an den Schaden für den Adel deutscher Nation, wenn dieses sein „Spital" zerstört werde.

Wiederum befahl der Kaiser im Februar 1513, der Orden[53] dürfe sich der polnischen Krone auf keinen Fall unterwerfen, den Petrikauer Abschied nicht erfüllen; er solle vielmehr Kaiser und Reich die Treue halten. König Sigismund aber wurde ein neuer Vergleichstermin vorgeschlagen, den er wohl oder übel annehmen mußte[54], weil er sich von seinen östlichen Nachbarn bedrängt sah.

Indes faßte der junge stürmische Hochmeister weit kühnere Pläne: Er wollte gemeinsam mit Brandenburg, Livland und anderen Bundesgenossen 10.000 Soldknechte aufbringen, den König von Polen angreifen, Danzig und Elbing erobern. Sein Bruder, Markgraf Kasimir, versuchte diesen Plan dem Kaiser und den befreundeten Reichsfürsten einzureden[55]: Maximilian solle zusammen mit den deutschen Kurfürsten und Fürsten und einer großen nordischen Koalition dem Deutschen Orden zu Hilfe eilen und den Krieg eröffnen. Wenn der Kaiser persönlich ins Feld ziehe, werde er ganz Preußen und Masovien für das Reich gewinnen, Danzig und die anderen Seestädte wieder dem Reich unterwerfen und von ihnen große Steuern einheben können. Der Kaiser werde den König von Polen bezwingen und vielleicht auch den Moskowiter zum katholischen Glauben zurückführen — das sollte offenbar den Bund mit den schismatischen Russen entschuldigen. Dafür werde der Kaiser auch die Kreuzzugsgelder vom Papst bewilligt erhalten.

Es war nicht schwer, Maximilian für eine Sache zu begeistern, die ihm selbst sehr am Herzen lag. Für ihn war der Deutsche Orden und sein Land immer noch „ein Pfeiler und eine Mauer der Heiligen Christenheit gegen Russen, Tataren und Türken"[56], obwohl diese Aufgabe tatsächlich längst das katholische Polen übernommen hatte. Wenn der Kaiser auch unter dem Druck des großen Krieges in Italien für den Orden derzeit nichts tun konnte, so mußte ein derartiges Unternehmen doch Preußen entlasten, Polen fesseln und die kaiserliche Politik nicht nur im Nordosten, sondern auch in Ungarn fördern. Markgraf Kasimir dachte an ein großes Bündnis des Kaisers mit allen Freunden des Ordens, das außer den mächtigsten deutschen Nachbarfürsten den König von Dänemark, den Meister von Livland, den Großfürsten von Moskau, die Woiwoden der Moldau und Walachei und andere gegen Polen ins Feld führen sollte.

Der ordensfreundliche Kaiser zeigte sich mit dem Kriegsplan des Hochmeisters und seines Bruders Kasimir im Grunde einverstanden, wenngleich er seine persönliche Teilnahme wegen der großen Kriege in Italien nicht versprechen konnte. In manchen Kriegen habe er dem Teufel gedient, sagte der Kaiser; viel lieber diene er der Heiligen Jungfrau Maria (der Schutzheiligen des Deutschen Ordens), denn ihr gehöre seine besondere Liebe. Er versprach Botschaften zum Hochmeister, zum Großfürsten und nach Livland zu schicken; er werde sich um Reichshilfe bemühen; dem König Christian von Dänemark werde er seine Enkelin Isabella zur Gemahlin geben. Der Hochmeister solle die Verhandlungen mit König Sigismund aufschieben, bis man sehe, ob das große Bündnis gegen Polen zustande komme[57].

Dänemark sollte in der antipolnischen Koalition eine führende Rolle spielen. Vermochte man König Christian durch eine politische Heirat an Habsburg zu binden, so hatte man zwei Trümpfe in der Hand: den einen gegen Frankreich, den anderen gegen Polen. Ludwig XII. hatte dem Dänenkönig seine Tochter Renata als Gemahlin angeboten und hoffte, damit die französische Stellung gegen das Reich zu verbessern. Der Kaiser bot König Christian seine Enkelin Isabella[58], verband den Heiratsvertrag mit dem antipolnischen Bündnis und behielt die Oberhand. Die unglückliche Heirat fand im Sommer 1515 statt, fast gleichzeitig mit der großen Doppelhochzeit von Wien. Das lebenslängliche Unglück Isabellas an der Seite des dänischen Wüstlings — Nero des Nordens nannte man ihn — war ein hoher Preis für diese politische Heirat, mit welcher der Kaiser Frankreich und Polen zugleich aus dem Felde zu schlagen hoffte.

Was der Hochmeister und sein Bruder Kasimir so kühn planten und der Kaiser, obwohl selbst in Italien festgehalten, so eifrig unterstützte, fand nicht die Zustimmung der Ordensregierung und des Meisters von Livland. Aus den ritterlichen Haudegen der alten Zeit waren müde Zweifler und satte Genießer geworden. Außerdem gab es allzu viele Widersprüche in der Politik des Ordens. Sogar der Adel, die deutschen Städte und Stände des königlichen Preußen neigten eher Polen zu als den hochfahrenden Deutschherren[59]. Auch Brandenburg und Sachsen hielten sich vorsichtig zurück. Der neue Papst Leo X. warnte vor Türken und Tataren und mahnte zum Frieden unter den christlichen Fürsten und zum Ausgleich mit Polen. Er suchte die Entscheidung vor das Konzil zu ziehen[60]. Ein christlicher Ritterorden im Bündnis mit den „ungläubigen Moskowitern"! Welch ein Widerspruch! Er mußte den Deutschherren allmählich den Glauben an ihre Aufgabe und ihre Lebenskraft rauben. Jähe Wendungen und Abfall, das hatte es seit Tannenberg (1410) wiederholt gegeben. Dies sollte auch das Ende des alten Ordens sein.

Angesichts der drohenden Gefahr mäßigte König Sigismund sein Vorgehen gegen die Deutschherren[61]. Auch der Kaiser blieb nunmehr hart, verbot dem Hochmeister Verhandlungen mit Polen und wollte die Streitsache gemeinsam mit dem Papst entscheiden oder dem Konzil überlassen[62]. König Sigismund sollte nicht aus der Umklammerung entlassen, vielmehr durch die Übermacht seiner Feinde den kaiserlichen Plänen geneigter gemacht werden.

Um die Einkreisung Polens zu vollenden, mußte vor allem der Großfürst von Moskau für das Kriegsbündnis gewonnen werden, was bei seiner unversöhnlichen Haltung gegen die Jagellonen nicht allzu schwer sein konnte. Ein Bruder des Großfürsten war mit einer Tochter Stephans, des Woiwoden der Moldau, verheiratet, eines Erzfeindes der Polen. Rußland erschien dem Kaiser stets als der beste Bundesgenosse gegen die Jagellonen, denn es war vom Gleichgewichtsspiel der mitteleuropäischen Mächte weit entfernt, und peinliche Kompensationsforderungen waren von dieser Seite kaum zu erwarten. Daher hatte Maximilian die Beziehungen zu Moskau niemals ganz abgebrochen, wenn sie auch während der letzten Jahre etwas erkaltet waren. Jetzt schickte er Georg Schnitzenbaumer, seinen Hauptmann von Pettau, als Gesandten nach Moskau[63], um das alte Bündnis von 1490/91 zu erneuern[64] und den Krieg gegen Polen gemeinsam vorzubereiten. Daß auch diesmal wieder von einer „Bekehrung der Moskowiter" die Rede war, sollte den Umgang mit den Schismatikern vor dem Papst und den christlichen Fürsten rechtfertigen.

Da der Kaiser die Last dieses nordischen Krieges, den er wegen seiner Bindungen in Italien nicht selbst führen konnte, auf die Schultern seiner Bundesgenossen abwälzen mußte, wie er das wegen seiner bekannten „Armut" immer wieder tat, legte er dem Großfürsten nahe, dem Bündnis mit dem König von Dänemark, den Herzogen von Sachsen, dem Markgrafen von Brandenburg und dem Hochmeister beizutreten. In Dänemark sollten sich die Abgesandten aller Bundesgenossen treffen. Auf dem Wege nach Rußland hatte Schnitzenbaumer alle befreundeten Mächte zu besuchen und auf das antipolnische Bündnis zu verpflichten. Aber schon bei diesen Vorverhandlungen zeigten sich gerade die deutschen Fürsten, vor allem Sachsen und Brandenburg, aber auch der Meister von Livland sehr zurückhaltend. Livland fürchtete ein allzu starkes Anwachsen der russischen Macht. Durfte man die schismatischen Moskowiter, die eigentlichen Glaubensfeinde, gegen das katholische Polen unterstützen?

Als der kaiserliche Gesandte mit großer Verspätung erst am 2. Februar 1514 in Moskau eintraf[65], begegnete er auch dort vielen Einwänden: Der Großfürst wollte das Bündnis nur mit dem Kaiser schließen und nicht auch mit einigen deutschen Fürsten, die er nicht als ebenbürtig ansah. Auch lehnte er langwierige Verhandlungen in Dänemark oder Deutschland ab, denn er bedurfte sofort eines Vertrages und wirksamer Kriegshilfe, wenn seine Truppen Polen angreifen sollten; andernfalls hätte er eben jetzt günstige Gelegenheit gehabt, mit König Sigismund Frieden zu schließen.

Die russischen Unterhändler setzten dem Gesandten offenbar so sehr zu, daß es anstatt der geplanten großen Koalition wieder zu einem Sonderbündnis zwischen Kaiser und „Zaren" kam[66]: und zwar auf der Grundlage des Vertrages von 1490/91. Es sollte wohl auch wegen des in die Urkunde neu eingeführten Titels eines „Zaren aller Reussen" bei einem Zweikaiserbündnis bleiben. Hatte schon Großfürst Ivan III. seinerzeit Heiratsverhandlungen nur mit dem Kaiser, nicht aber mit einem deutschen Fürsten führen wollen und sogar das kaiserliche Angebot eines Königstitels stolz zurückgewiesen, so setzte nunmehr Wasilij III., des alten Angebotes eingedenk, den Titel eines „Zaren" in die Urkunde ein. In der Tat sollte dieser Vertrag die älteste Rechtsgrundlage für den Zarentitel werden. Ähnlich wie einst 1491 wurde dem Gesandten einfach die fertige Vertragsurkunde übergeben; er sollte zusehen, wie er sie seinem Kaiser schmackhaft machte. Maximilian als alleiniger Bundesgenosse des neuen „Zaren" sollte sich auch verpflichten, gleich gegen Polen loszuschlagen. Der Gesandte mußte sogar beschwören — was er eigentlich gar nicht durfte —, daß der Kaiser den Vertrag ohne Änderung annehmen werde[67].

Schnitzenbaumer war es offenbar daran gelegen, den „Zaren" um jeden Preis zum Krieg gegen Polen zu bewegen und bereits eingeleitete Friedensverhandlungen mit König Sigismund zu sprengen. Daß dies gelang, war zweifellos ein Erfolg des Gesandten. Man vereinbarte außerdem, daß der „Zar" Litauen angreifen solle, während der Kaiser bis Sonnenwende zusammen mit dem Markgrafen Kasimir Danzig erobern werde[68]. Der Kaiser wäre gar nicht imstande gewesen, dieses Versprechen einzuhalten.

Im März 1514 hatte Schnitzenbaumer, von zwei russischen Gesandten begleitet, Moskau wieder verlassen und war Anfang Juli beim Kaiser in Nürnberg eingetroffen. Obwohl Maximilian den Russenvertrag in dieser Form nicht annehmen wollte, entschloß er sich doch, zunächst zum Schein zuzustimmen, und beschwor am 4. August zu Gmunden den Bundesvertrag[69] — allerdings unter Vorbehalt; denn die Russen hatten den Krieg gegen König Sigismund bereits eröffnet, was als großer diplomatischer Erfolg gelten konnte, der auch das antipolnische Bündnis fördern mußte. Da sich der Kaiser außerstande sah, in absehbarer Zeit persönlich in den nordischen Krieg einzugreifen, wollte er zunächst Zeit gewinnen und die Vertragsurkunde, „soweit sie dem Stil des Heiligen Reiches und dem Gewissen widerspräche", abgeändert[70] wissen. Daher schickte er noch im Sommer 1514 andere Gesandte mit dem Vorschlag eines neuen Vertragstextes nach Moskau.

Das kaiserliche Bündnisangebot hatte den „Zaren" ermutigt, das verhaßte Polen neuerdings anzugreifen. Dieser russische Krieg versetzte König Sigismund in die schwierigste Lage. Der Kaiser und der Deutsche Orden hingegen waren wieder einmal auf wunderbare Weise entlastet und der König zu Verhandlungen

Warhafftige abconterfetung des Groß mechtigen Herrn Musitu witers/welcher ser ml ladt vnd leuth vnter yhm hat/ nach laut vñ inhalt des Ti tello/so yhm Kaiserliche Maiestat zuschreibt in ei ner Epistell.

Der aller durch, leuchtigst vnnd großmechtigst fürst/H err Basilius von Gottes gnaden Regierer vñ herscher al ler Reichenorñ vñ ein grosser fürst deß lands Velodomerie/Mosco uie/Nouogard.Pleskouie/Smo lenskie/Iserie/Lugarie/Permie Vuerthfletie vñ Bologarie/Ito uogardie terre inferions/Tserin gouie/Rosauie/Bolam/ic.

Wassilij III.

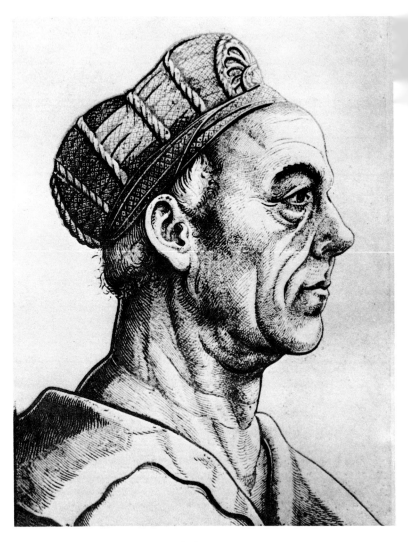

Jakob Fugger

gezwungen, welche auch seine obersten Räte Tomicki und Szydlowiecki empfahlen, die vom ungarischen Hof bereits für ein Bündnis mit dem Kaiser gewonnen waren[71]. Besser zehn Jahre verhandeln als ein Vierteljahr Krieg führen, hatte man auf dem Tag zu Neumarkt hören können. Eine polnische Gesandtschaft, die Maximilian im Mai 1514 besuchte[72], ihn mit Geschenken, Jagdfalken und ausgesuchten Zobelfellen, reich beschenkte und ihm die Ehre einer persönlichen Zusammenkunft mit ihrem König anbot, fand indes noch immer keine gnädige Aufnahme. Der Kaiser kramte vielmehr kleinliche Streitpunkte hervor[73], Wappen-, Siegelfragen und ähnliches, offenbar nur, um eine Annäherung zu verhindern. Nun, da die Koalition aller Staaten rings um Polen zu wirken begann, sollte König Sigismund nicht aus der Umklammerung entlassen werden, bis er für die volle Unterwerfung reif sei. Weder in Preußen noch in Ungarn gedachte der Kaiser nachzugeben. Wie sehr König Sigismund auf einen Ausgleich hindrängte, der Kaiser weigerte sich, seinen Friedenswünschen entgegenzukommen; nicht einmal einen polnischen Gesandten wollte er empfangen[74].

Die Hauptsorge des Königs galt dem Bündnis Maximilians mit Rußland. Im Juli 1514 hatte der „Zar" das polnische Smolensk erobert. Bitter beklagte sich König Sigismund bei seinem Bruder Wladislaw, daß Maximilian den Papst gegen Polen beredet habe, den Deutschen Orden im Besitz Preußens zu bestätigen; auch den Großfürsten von Moskau habe der Kaiser aufgehetzt, zusammen mit deutschen Fürsten und dem Orden in Preußen und Livland die Polen anzugreifen. Wladislaw möge den Kaiser dazu bringen[75], von der Einkreisung Polens abzulassen, denn es zieme sich nicht für den christlichen Kaiser, mit Schismatikern gegen einen christlichen König Krieg zu führen.

Da schlug jedoch das Kriegsglück im Osten überraschend zugunsten Polens um. Ein russisches Heer wurde bei Orscha vernichtend geschlagen[76]. Überglücklich verbreitete König Sigismund übertriebene Siegesnachrichten in alle Welt und sandte vornehme russische Gefangene als Geschenke an die befreundeten Fürsten, zumal an den Papst. Der enttäuschte Kaiser ließ die für den Papst bestimmten Moskowiter allerdings abfangen und seinem Verbündeten, dem „Zaren", zurückstellen[77]. Gleichwohl mußte der Kaiser, über Drängen des Königs von Ungarn und vom großen polnischen Sieg beeindruckt, sich doch endlich bereit finden, auf Verhandlungen mit Polen einzugehen, zumal seit er wußte, daß der „Zar" den abgeänderten Vertrag nicht annehmen wollte. Allerdings bemühte sich Maximilian immer noch, die nordische Koalition zusammenzuhalten und möglichst geschlossen gegen König Sigismund an den Verhandlungstisch zu führen.

Der Kaiser schlug für Lichtmeß 1515 einen Vergleichstag zu Lübeck vor[78]. Er hoffte wohl, die Bundesgenossen Preußen, Livland, Dänemark, Ungarn, Brandenburg, Sachsen und der „Zar" würden Polen zwingen, sich den gemeinsamen Forderungen zu unterwerfen: Sie sollten ihre Ansprüche gegen den Deutschen Orden aufgeben, die Städte Danzig und Elbing dem Reich überlassen. Wenn es zum Krieg komme, sollte der König von Dänemark als oberster Bundeshauptmann die Koalition gegen Polen anführen. Aber das geplante große Schutz- und Trutzbündnis löste sich nur allzu rasch in nichts auf.

Die große Zeit des Deutschen Ordens war längst vorbei. Vom Ruf der Unbesiegbarkeit, der für einen Kriegerstaat die Hälfte seiner Macht bedeutet, war seit Tannenberg (1410) nicht viel geblieben. Manch unnütze Gesellen trugen den weißen Mantel, die im Orden nichts suchten als Versorgung und Wohlleben. Er war in der Tat ein „Spital des deutschen Adels" geworden. Die Ordensregierungen konnten ihre Kriege kaum mehr mit eigenen Schwertern führen, sondern vorwiegend mit angeworbenen Söldnerhaufen. Hochmeister und Gebietiger waren weit entfernt von den alten Ordensidealen und träumten eher von einem freien, fürstlichen Leben.

Wie der Kern, so war auch die Schale. Die nordische Koalition, die den Orden schützend umgeben sollte, begann zu faulen, noch ehe sie reif war. Brandenburg und Sachsen, die als nächste Nachbarn die letzten Hochmeister stellten, entzogen sich dem Bündnis ohne rechte Zusage oder Absage und versteckten sich hinter ihren Landtagen. Der Brandenburger meinte, ein Bündnis[79] mit Moskau sei unangenehm und Polen ein besserer Nachbar als der Großfürst; und schließlich: Was gehe sein Land der Orden an?[80]; man lade nur Gefahren auf sich. Der Kaiser greife zu viele Sachen an.

Maximilian hielt den beiden Kurfürsten den „Schimpf" vor Augen, den der Kaiser vor aller Öffentlichkeit erleide, wenn sie zögerten oder ablehnten. Es rührte sie nicht. Dem Kaiser mußte zu denken geben, wie sich der Bund um den Orden so rasch in nichts auflöste. Was sollte er, der in Italien vielfältig gebunden war, noch weiter für die Deutschherren unternehmen, wenn sich nicht einmal Brandenburg und Sachsen, die nächsten Nachbarn und Anverwandten des Hochmeisters, ihrer annahmen, wie sie dies nach uraltem Reichsbrauch zu tun verpflichtet gewesen wären? Bei solcher Haltung der nächsten Nachbarn konnte auch der König von Dänemark wenig Lust verspüren, sich auf ein Kriegsabenteuer einzulassen[81]. Den Reichstag mit der Sache zu befassen, wäre völlig müßig gewesen, hatte man doch all die Jahre her gesehen, wie wenig man dort für den Orden übrig hatte.

Wenn die Polen von der Schwäche dieser Koalition auch keine genaue Kenntnis hatten, so lehnten sie es dennoch ab, auf einem Tag zu Lübeck der geschlossenen Front ihrer Widersacher zu begegnen. Schwerlich wären am Verhandlungstisch Verzichte zugunsten des Ordens zu vermeiden gewesen. Daher wählte König Sigismund zusammen mit Wladislaw den klugen Ausweg, den Besuch des Lübecker Tages abzuschlagen[82], dafür aber dem Kaiser eine persönliche Zusammenkunft in Preßburg oder Hainburg anzubieten. Maximilian versuchte nun, die Lübecker Verhandlungen sozusagen nach Preßburg zu verlegen[83] und die Gesandten der Bundesgenossen, vor allem Rußlands und des Deutschen Ordens, dahin zu bestellen, um Polen zu einem für den Orden günstigen Vertrag zu zwingen.

Immer noch sträubte sich der Kaiser, dem König Sigismund völlig nachzugeben. Aber König Wladislaw und Kardinal Bakócz drängten beharrlich auf eine rasche persönliche Zusammenkunft, die allerdings ohne Zugeständnisse des Kaisers in der Preußen- und Russenpolitik nicht möglich sein würde. Allzu gerne hätte Maximilian Vertrag und Doppelheirat mit Ungarn ohne König Sigismund abgeschlossen. Als aber im Frühjahr 1515 auch die laufenden Vertragsverhandlungen mit Moskau am Eigensinn des „Zaren" scheiterten, mußte sich der Kaiser endgültig zum Ausgleich mit Polen entschließen.

Noch im Sommer 1514 hatte Maximilian die Gesandten Doktor Ösler und Moritz Burgstaller[84] mit einer abgeänderten Vertragsurkunde nach Moskau geschickt, wo sie im Dezember eintrafen und feierlich empfangen wurden. Der „Zar" zeigte sich indes mit der Änderung des Vertrages keineswegs einverstanden. Der Kaiser wollte auch die Bundesgenossen und Untertanen des Reiches als Partner eingeschlossen wissen. Darüber hätte der „Zar" mit sich reden lassen. Kein Verständnis aber hatte er dafür, daß der Kaiser Polen erst angreifen wollte, wenn sich Friedensverhandlungen als aussichtslos erwiesen hätten; der erste Vertrag hatte den sofortigen Angriff auf Polen vorgesehen. Wasilij weigerte sich, diese neue Urkunde anzunehmen. Er hatte im Vertrauen auf die Kriegshilfe des Kaisers bereits im Sommer 1514 Polen angegriffen und war bei Orscha geschlagen worden. Er dachte nicht an Verhandlungen und Frieden, sondern bestand auf dem ersten Vertrag und auf sofortiger Kriegshilfe. Zwar behandelte der „Zar" die kaiserlichen Gesandten mit erlesener Gastlichkeit[85], aber in der Sache blieb er hart. Der Einwand, daß Schnitzenbaumer im vergangenen Jahr seinen Auftrag überschritten habe, kümmerte ihn nicht.

Im Mai 1515 waren die kaiserlichen Gesandten aus Moskau wieder zurück und berichteten Maximilian und seinem Hofrat zu Augsburg[86] von der Haltung des „Zaren". Der Kaiser aber, der damals bereits sichere Aussicht hatte, mit König Sigismund ins reine zu kommen, beharrte nun mit feierlichem Protest[87] auf dem abgeänderten Vertragstext vom 4. August 1514. Er konnte sich infolge der neuen Lage diese Unnachgiebigkeit gegenüber dem „Zaren" leisten; ja, er mußte es, wenn er den König von Polen nicht abstoßen wollte, der bereits in Preßburg auf die feierliche Zusammenkunft wartete. Durch die großen Wiener Verträge wurde das Bündnis mit Moskau überflüssig.

Kardinal Lang hatte inzwischen Vollmacht erhalten, die Vorverhandlungen in Preßburg zu führen — nicht in Buda, wie es die ungarische Widerstandspartei gewünscht hätte. Maximilian wollte erst auf dem Kongreß erscheinen, wenn bedeutende Ergebnisse gesichert waren. Seine Zurückhaltung rief zwar bei den Jagellonenkönigen Überraschung und Ärger hervor, stimmte sie aber zweifellos entgegenkommender. Wladislaw ließ dem Kaiser versichern, er wünsche den Doppelheiratsvertrag auf jeden Fall abzuschließen, auch wenn es zu keiner Verständigung mit König Sigismund kommen sollte. Immerhin gelang es dem neuen Kanzler Szydlowiecki, einem Freund des Ausgleiches, den sein König erst ernannt hatte, die polnischen Ansprüche mit den Heiratsverhandlungen zu verbinden und gewisse, wenn auch bescheidene Zugeständnisse in der Ordensfrage herauszuschlagen. Der Kaiser stand vor der unvermeidlichen Wahl zwischen zwei nicht gleichzeitig lösbaren Aufgaben. Er konnte nicht übersehen, daß auch die Stände des ehemaligen preußischen Ordenslandes, die deutschen Städte nicht minder als Adel und Prälaten, mehr ihrem neuen Herrn, dem König von Polen, zuneigten als dem Deutschen Orden, was übrigens schon früher auf vielen Ständetagen klar ausgesprochen worden war. Sie hatten ihrem König vor dessen Abreise nach Preßburg auffallend Huldigung geleistet, Gehorsam und Treue versprochen[88] — eine Kundgebung, die sich offenbar gegen den Kaiser und die Deutschherren richtete.

3. Die Verhandlungen von Preßburg und der Kongreß zu Wien 1515. Die habsburgisch-ungarische Doppelheirat

Der Wiener Kongreß[1] war ein Ereignis von weltgeschichtlicher Bedeutung: Er legte den Grundstein zur habsburgischen Donaumonarchie. Erst seit dies klar erkannt wurde, trat die politische Seite des Ereignisses beherrschend in den Vordergrund. Die Zeitgenossen, denen die weltgeschichtlichen Folgen dieses Kongresses noch verhüllt waren, zeigten sich eher geblendet vom äußeren Prunk dieser unvergleichlichen Festtage. Es hieße das Ereignis sehr einseitig sehen, wollte man neben den großen Vertragswerken den Glanz dieser Tage, die großen Zeremonien in St. Stephan, die musikalischen Darbietungen Paul Hofhaimers, die Aufführungen der Humanisten, die Pracht der Festaufzüge, die Empfänge, Gastmähler, Turniere, Feuerwerke usw., übersehen. Um ein volles Bild der Ereignisse zu gewinnen, versuche ich beides: die großen Staatsverträge eingehend zu erläutern, aber auch die Festkultur der Zeit nachzuzeichnen, zumal wir anschauliche zeitgenössische Quellen darüber in großer Zahl besitzen.

Kaum hatte König Wladislaw von der Anreise des kaiserlichen Bevollmächtigten, Kardinal Lang, erfahren, brach er von Ofen nach Preßburg[2] auf, wo er, von den namhaftesten ungarischen und böhmischen Staatswürdenträgern begleitet, am 18. März 1515 eintraf. Der König von Polen hielt schon am 24. März mit großem adeligen Gefolge verschwenderisch prachtvollen Einzug[3] in die Stadt. Er führte zahlreiche polnische, ruthenische, litauische und tatarische Reiter mit, die mit ihren Trachten und ihrer fremdartigen Musik Aufsehen erregten. Einer der Begleiter war Eberhart Ferber[4], der Bürgermeister von Danzig, der über seine Gesandtschaft ausführlich berichtete. Bald darauf traf auch Kardinal Lang bei den Königen ein; als letzter der Kardinal von Gran, Thomas Bakócz. Gesandte des Deutschen Ordens und Moskaus fehlten; sie hätten die Abkommen mit Polen wohl noch schwieriger gestaltet.

Am 2. April 1515 wurden die Preßburger Verhandlungen[5] mit einem Heiligen-Geist-Amt, feierlichen Fürbitten für den Frieden der christlichen Könige und einem vollkommenen Ablaß eröffnet. Lang hatte den Auftrag mit größtem Widerwillen übernommen: Ein andermal würde er sich dazu nicht einteilen lassen[6], schrieb er dem Kaiser; dies, obwohl er nur zu ernten brauchte, was andere, vor allem Cuspinian, gesät hatten.

Am gleichen Tag war die Nachricht eingetroffen[7], der kaiserliche Gesandte Bartholomäus von Münsterberg sei auf der Fahrt nach Preßburg in der Donau ertrunken; außerdem seien zwei andere hervorragende kaiserliche Gesandte, darunter Veit Fürst, plötzlich gestorben. Der abergläubische Wladislaw gab dem Kongreß nur noch wenig Aussichten, zumal sich der König von Polen sehr gereizt zeigte, weil der Kaiser nicht persönlich erschienen war. Maximilian wollte erst kommen, wenn die Vorgespräche günstige Ergebnisse gezeitigt hätten.

In der Tat ließen sich die Verhandlungen schwierig an. Um sie zu vereinfachen, wurde ein kleinerer Ausschuß bestellt, dem neben Lang unter anderen auch Cuspinian angehörte. Für den König von Polen führte der Großkanzler Christoph Szydlowiecki das maßgebende Wort; für Ungarn Kardinal Bakócz.

In der Heiratsfrage war man sich mit König Wladislaw im Grunde zwar einig; aber König Sigismund von Polen verstand es, die Heiratsverträge von der Bereinigung des kaiserlich-polnischen Streites um den Deutschen Orden und von der Beilegung des Krieges mit Moskau abhängig zu machen[8]. Lang wollte die Forderungen Polens gegenüber dem Deutschen Orden den Kurfürsten zur Entscheidung vorlegen, was Sigismund entschieden ablehnte. Auch auf den Vorschlag, daß der Hochmeister dem König von Polen den Huldigungseid unbeschadet der Rechte des Reiches leiste („salvis iuribus Imperii"), ging man nicht ein[9]. König Sigismund forderte sehr hartnäckig die Bedingungen des Thorner Friedens von 1466, wollte seine Oberhoheit über den Deutschen Orden keineswegs mit dem Reich teilen und führte bewegte Klage über die bisherige Haltung des Kaisers. Der König von Polen hatte die Zapolya-Partei an der Hand, die immer noch im Hintergrund lauerte und fest entschlossen war, die habsburgische Heirat zu verhindern. Johann Zapolya war trotz wiederholter Einladungen nicht in Preßburg erschienen und gegen die Türken gezogen, um durch kriegerische Erfolge sein Ansehen zu mehren und vielleicht die Preßburger Verhandlungen zu sprengen. So herrschte ein gespanntes Klima, das zunächst auch durch die üblichen Festveranstaltungen, Reiterspiele, Auszeichnungen und Ehrungen nicht gemildert werden konnte.

Da man trotz langwieriger Beratungen nicht übereinkam[10], reiste Lang wieder nach Wien zurück (13. April) und ließ beim Kaiser neue Weisungen einholen[11], während ihn die Könige um rasches Erscheinen baten[12]. Inzwischen gab es in Preßburg Unruhe und schwankende Stimmung. Die Unsicherheit steigerte sich zur Ratlosigkeit, als ein Großfeuer fast ein Drittel der Stadt vernichtete[13], darunter auch die Herberge des Königs von Ungarn. Man empfand dies allgemein als schlechtes Vorzeichen. War es vielleicht ein Versuch der Zapolya-Partei, den Kongreß zu sprengen? Zu beweisen war es nicht. Immerhin fragte man sich, wie das Feuer an drei Orten zugleich ausbrechen konnte.

Am 11. Mai 1515 kehrte Kardinal Lang mit seinen bewährten Begleitern — die hervorragendsten unter ihnen waren Lorenz Saurer und Johannes Cuspinian — wieder nach Preßburg zurück. Mit neuen Vollmachten und dem Auftrag ausgestattet, auch mit Polen das Einverständnis zu suchen, brachte Lang die Gespräche wieder in Fluß. Er zeigte sich bereit, auf die Unterstützung des Ordens und auf das Bündnis mit Moskau gegen Polen zu verzichten, was dem Kaiser gewiß nicht so leicht fiel, wie dies König Sigismund etwas selbstzufrieden seiner Gemahlin berichtete.

Nach sieben harten Verhandlungstagen konnten am 20. Mai 1515 die Vorverträge über die berühmte Doppelheirat und ein großes Friedens- und Freundschaftsbündnis mit den jagellonischen Königen unterzeichnet werden[14]. Diese Verträge wurden in Wien nur mehr unwesentlich abgeändert und ratifiziert. Die Verzichte, die der Kaiser hinnehmen mußte, wurden weit aufgewogen durch die großen Vorteile, die nicht nur Habsburg, sondern das ganze Reich und die Christenheit durch Sicherung des östlichen Staatensystems gegen die Türken für Jahrhunderte gewannen. Das aber waren die maßgebenden Überlegungen des Kaisers und des Kongresses von 1515. Die kleindeutsche Kritik, die vielfach von den preußischen Wünschen des 19./20. Jahrhunderts ausging, kam da zu wesentlich anderen, allerdings ganz zeitfremden Urteilen.

Bereits am 22. Mai eilte Lang wieder nach Wien, um den Kaiser zur raschen Anreise zu bewegen. Aber Maximilian mußte die ungeduldigen Könige in Preßburg noch viele Wochen warten lassen, da ihn zunächst schwere Krankheit, dann die Sorge um Italien, außerdem die Schwierigkeiten der Geldbeschaffung und Vorbereitungen für den Kongreß im Reich festhielten. Er hatte Mühe, die mit Recht ungeduldigen Könige mit Briefen und stets neuen Gesandtschaften zu beschwichtigen. Die ungarische Opposition fand in der mehr als peinlichen Verzögerung des Kaisers reichlich Stoff, Mißtrauen zu säen. Ein Glück, daß Zapolya von den Türken geschlagen worden war und viel von seinem Ansehen eingebüßt hatte.

Maximilian wollte die Könige des Ostens wahrhaft kaiserlich empfangen[15], wußte er doch, mit welcher Pracht Wladislaw und Sigismund schon in Preßburg aufgetreten waren. Daher befahl er einen festlichen Truppenaufmarsch nach Wien, der an Aufwand einem Feldzug gleichkam und die Macht des Römischen Kaisers zur Schau stellen sollte. Der Schwäbische Bund versprach, 600 Fußknechte, schöne lange Kerle, in prächtiger Kleidung auszurüsten. Die österreichischen Landtage wurden zu entsprechenden Leistungen aufgefordert. Die Reisigen der Erbländer hatten in Turnierausrüstung in Wien zu erscheinen. Auch die Fürsten und Stände des Reiches sollten dem Kaiser zu Ehren möglichst auf eigene Kosten anrücken. Die besten Renner und Stecher aus dem ganzen Reich waren eingeladen worden. Schwärme von Wanderpoeten und Humanisten reisten nach Wien, um dort ihre Gedichte zu verkaufen und ihre Federn vergolden zu lassen.

Der Kaiser ließ seinen Hausschatz nach Wien überführen, um ihn, wie üblich, bei den Festlichkeiten zur Schau zu stellen. Vieles davon war bei den Fuggern und anderen Geschäftsleuten verpfändet und mußte für die Festtage „ausgeliehen" werden[16]. Stabius und Dürer hatten eben die „Ehrenpforte des Hauses Österreich", ein Holzschnittwerk von höchster Kunstfertigkeit, zu Ende gebracht[17], das wohl auf dem Fest vorgezeigt werden sollte. Außerdem wurde Dürer gewonnen, die Festkleider und Hoftrachten zu entwerfen[18]; bezahlen konnte man ihn freilich nicht. Der Aufputz des Stephansdoms, die Ausstattung der Wiener Burg und der Behausungen für die hohen Gäste, die Vorbereitungen der großen Festveranstaltungen, Theateraufführungen, Turniere und Feuerwerke erforderte ein ganzes Heer von Künstlern und Handwerkern; einen kostspieligen Aufwand an Schaugerüsten, Prunkteppichen, Samt, Seide, Damast, Goldbrokat und Dekorationsstoffen. Wie stets regelte der Kaiser auch hier das Größte wie das Kleinste.

Der Kongreß kostete kaum weniger als ein Feldzug. Vor allem mußte Jakob Fugger gewonnen werden, das nötige Bargeld vorzuschießen[19], wozu er nur durch Hingabe großer Pfänder und Sicherstellungen, unter anderem auf die Niederlande und auf die Tiroler Bergwerke, zu bewegen war, was der Innsbrucker Kammer Sorgen bereitete; kam damit doch das ganze Schwazer und Rattenberger Kupfer in Fuggers Hände, der nun samt seinem ungarischen Kupfer den Markt vollkommen beherrschte. Jakob „der Reiche" zierte sich zwar, aber im Hinblick auf seine ungarischen und polnischen Geschäfte konnte ihm dieser Kongreß nicht gleichgültig sein[20].

Indes warteten die Könige von Ungarn und Polen[21] bereits seit Monaten auf die Ankunft des Kaisers und drängten ihn durch wiederholte Gesandtschaften zu rascherer Anreise. Ihre Geduld wurde auf eine harte Probe gestellt. Die Feuersbrunst in Preßburg hatte die Bequemlichkeit der beiden Höfe stark beeinträchtigt. König Sigismund drohte bereits heimzukehren, denn einerseits bereitete ihm die zu erwartende Niederkunft seiner Frau einige Sorgen, anderseits die Angriffe des russischen Großfürsten gegen die polnischen Grenzen. Der Kaiser entschuldigte sein Säumen[22] mit den großen Veränderungen in Frankreich, der Volljährigkeit seines Enkels Karl und der Gefahr für Italien. In der Tat mußte er einen Überfall Franz' I. auf Mailand befürchten. Auch ein Fußleiden — Folge eines Schlagflusses? — behinderte den Kaiser[23]. Andere wollten von anderen Krankheiten wissen. Vielleicht hoffte der Kaiser, sich noch so weit zu erholen, um den Königen hoch zu Roß und nicht wie ein kranker Mann in der Sänfte begegnen zu können. Offenbar wußte er, was er sich leisten durfte, und suchte sich durch sein Zögern noch kostbarer zu machen.

Anfang Juli 1515 war es so weit: Viele Fürsten, Grafen und Herren erwarteten den Kaiser bereits in Wien[24]: darunter Markgraf Kasimir von Brandenburg, die Herzoge von Bayern, Mecklenburg und Württemberg. Graf Berthold von Henneberg mit

150 Reisigen und Kürissern aus Franken, Kardinal Lang mit einigen Erzbischöfen und Bischöfen; außerdem eine große ungarische und polnische Gesandtschaft.

Am 10. Juli 1515 erschien endlich auch der Kaiser in Wien[25]. Es gab feierliche Empfänge, Begrüßungen und große Reden auf den Frieden in der Christenheit und den Krieg gegen die Türken. Das war, sowohl aus der Sicht des Kaisers wie des Königs von Ungarn, der Hauptgedanke, der alle anderen Fragen des Kongresses zurückdrängte. Sondergesandtschaften an die Könige hatten nun die Zusammenkunft mit dem Kaiser vorzubereiten. Er mußte sich allerdings vorher noch mehrere Tage von seinem „Fußleiden" erholen[26], konnte er doch kaum ein Pferd besteigen. Er war kränklich und alt geworden. Gewiß quälte ihn auch die Nachricht, daß die Franzosen mit Feuer und Schwert in die Lombardei eingebrochen seien. Wenigstens der gefährliche Bauernaufstand in der Untersteiermark und Krain war niedergeschlagen[27].

Für den 16. Juli wurde die Zusammenkunft auf dem Hartfeld nächst Trautmannsdorf, auf halbem Weg zwischen Wien und Ungarn, angesetzt[28], wo auf einem Hügel, inmitten des freien Feldes, ein Birnbaum — Zeichen der Fruchtbarkeit und des Glückes — gepflanzt worden war, bei dem sich der Kaiser mit den Königen erstmals treffen wollte. Warum unter einem Birnbaum, den man eigens pflanzte? Erinnerte man sich an den berühmten Birnbaum auf dem Walserfeld, dessen Blühen den wiederkehrenden Kaiser[29] ankündigte? Das Zeremoniell der Zusammenkunft war von Cuspinian mit den beiden Königen bis ins einzelne vorbesprochen.

Frühmorgens brach man von allen Seiten auf und näherte sich dem vereinbarten Hügel; der Kaiser mit glänzendem Gefolge[30]: Die Vorhut von 2000 Reisigen in blitzendem Harnisch mit roten Rennröcklein führte Melchior von Maßmünster. Es folgte der kaiserliche Hofstaat ohne Waffen, etwa 800 Mann zu Pferde, mit goldenen Ketten und kostbarem Geschmeide prächtig ausgestattet; außerdem der Hofstaat des Kardinals Lang und der anwesenden Fürsten; nach diesen die Herolde in ihren prächtigen Wappenröcken, Trompeter und Heerpauker; dann die zahlreich erschienenen geistlichen und weltlichen Fürsten; ihnen folgte des Kaisers persönliches Gefolge, Knappen, Knechte, Türhüter — nicht zu vergessen die herrlich aufgeputzten kaiserlichen Reitpferde. Der kränkliche Kaiser wurde in einer Roßsänfte herangetragen, von den vornehmsten Grafen, Herren und Rittern aus seinen Erbländern begleitet — alle in schwarzen Roben. Der Sänfte folgte Matthäus Lang im Kardinalspurpur inmitten der Gesandten von Spanien und England. Hernach ritten die hohen Hofwürdenträger, Hofkanzler Serntein, Schatzmeister Villinger, der österreichische Kanzler Schnaitpeck, Jakob Fugger der Reiche, die kaiserlichen Räte und der übrige Hofstaat — alle auf das herrlichste gekleidet.

Die Nachhut bildete der Hofmarschall mit seinen Reisigen, Trompetern und Heerpaukern. Ihnen folgten die Reichsfürsten mit ihren reisigen Aufgeboten, alle unter ihren eigenen Bannern; darauf die Mannschaften des fränkischen Adels, angeführt vom Grafen Berthold von Henneberg. Den Schluß bildete der erbländische Adel. Die Nachhut zählte gegen 8800 Reiter mit hohen, wehenden Federbüschen, teilweise auf gepanzerten Pferden; einer herrlicher ausgestattet als der andere, mit goldenen Ketten, Perlen und Edelsteinen geschmückt. Zweifellos sind Ideen der damals in Arbeit befindlichen Holzschnittreihe des „Triumphzuges" in die Gestaltung der Wiener Festzüge eingeflossen.

Nicht minder prunkvoll rückten die Könige von Ungarn und Polen[31] mit ihren Reiterscharen aus dem nahen Zeltlager heran. Ihr Gefolge erregte höchstes Aufsehen sowohl durch die Pracht ihrer Kleider und Waffen als durch ihr fremdartiges Wesen: am meisten die Husarenhaufen mit ihren Fahnenlanzen, die Moskowiter Bogenschützen mit ihren hohen weißen Hüten und die Tataren mit ihrer dröhnenden Trompetenmusik. Dann folgten die ungarischen und böhmischen Hofwürdenträger, Grafen und Herren, deren „schwierige Namen" Cuspinian nicht ganz zu behalten vermochte; dahinter Prinz Ludwig hoch zu Roß, in Gold und Purpur durchwirktem Kleid; und Prinzessin Anna, gleichfalls in Gold gekleidet, in einer vergoldeten Kutsche, die von acht weißen Pferden gezogen wurde; beide von ungarischen und böhmischen Reichsbaronen begleitet.

Ihnen folgte König Sigismund mit den polnischen Prälaten und Herren. König Wladislaw wurde, gleich dem Kaiser, in einer Sänfte herangetragen, begleitet von zahlreichen ungarischen und böhmischen Prälaten, Magnaten und Herren. Ein großartiges Schauspiel[32], übertönt vom ohrenbetäubenden Lärm der Trompeten, Trommeln, Pauken und vom Stampfen der herantrabenden Pferde.

Maximilian, der sich an Höflichkeit von niemandem übertreffen lassen wollte, hatte den Gästen auf das entschiedenste verboten, zur Begrüßung von den Pferden zu steigen, wie er denn auch selbst in der Sänfte sitzen blieb. Als man sich unter dem Birnbaum traf, grüßte der Kaiser, wie wenn ihn eine Ahnung dessen erfüllt hätte, was sich vorbereitete, mit den Worten des Psalmisten: „Dies ist der Tag, den der Herr gemacht hat; freuen wir uns daran und seien wir fröhlich!"[33] Der König von Polen antwortete ebenfalls lateinisch: „Walte Gott, daß unsere Zusammenkunft unseren Untertanen und der ganzen Christenheit zum Heile gereiche." Der kranke Wladislaw, seiner Gefühle nicht mehr mächtig und eigener Gedanken kaum noch fähig, wiederholte nur unter Tränen die Grußworte seines jüngeren Bruders. Prinz Ludwig begrüßte den Kaiser als seinen Vater.

Als der feierliche Empfang vorüber war und Lang die Gäste namens des Kaisers nach Wien einlud, gab es ein kurzes Zögern. Die Ungarn fürchteten wohl einen möglichen Hinterhalt, wenn man sich völlig schutzlos dem Kaiser ausliefere. Die Hofleute warnten ihren König. Ein kritischer Augenblick der Spannung trat ein. Aber Sigismund nahm freudig an; so laut, daß man es hören konnte, wandte er sich an seine Umgebung: vertrauensvoll folge er dem Kaiser nach Wien; wenn sich jemand fürchte, solle er hierbleiben[34]. Damit war der Bann gebrochen. Maximilian erwiderte fröhlich, einem solchen König zuliebe werde er in seinen alten Tagen noch einmal nach Polen reisen, um Auerochsen und Büffel zu jagen. Eine Freundschaft auf den ersten Blick, die Maximilian mit dem König von Polen fortan eng verband. Nur Sigismund allein sei die Verbindung des habsburgischen Hauses mit der ungarischen Erbtochter zu verdanken, urteilte der Kaiser später[35]. Zum Abschluß des ereignisreichen Tages gab es eine Jagd auf der umliegenden Heide.

Anderntags, den 17. Juli, sammelte man sich in Schwechat zum feierlichen Einzug in die Hauptstadt[36], den selbst der starke Dauerregen nicht zu stören vermochte. Die vielen farbenprächtigen Schilderungen der Zeitgenossen, die ein lebendiges Bild vermitteln, sollen nicht ganz unterdrückt werden.

Die Vorhut bildeten berittene Verbände des Kaisers, der deutschen Fürsten, Grafen und Herren. Ihnen folgte der kaiserliche Hof und die österreichischen Grafen, Herren und Ritter. Besonderes Aufsehen erregten wieder die Husaren, Moskowiter und Tataren in ihren fremdländischen Trachten. Bunt gemischt folgten deutsche, ungarische, böhmische, polnische und litauische Fürsten, Prälaten, Magnaten, Grafen und Herren mit ihrer Begleitung und die Gesandtschaften; schließlich die Kardinäle von Gran und Gurk mit ihrem Gefolge; der König von Polen und Prinz Ludwig zu Pferde; Wladislaw und der Kaiser in ihren Sänften und zum Schluß Prinzessin Anna in der „Kutsche" mit ihrem Hofstaat. Die Nachhut bildeten deutsche Reisige und Knechte zu Fuß in grünen, gelben und schwarzen Waffenröcken. Ihnen folgte ein ungeordneter Haufe von Reisigen, Wagen, Knechten und Schaulustigen.

Gegen Abend erreichte der bunte Festzug die Stadt und bewegte sich unter großem Zulauf des Stadtvolkes zwei Stunden lang über den alten Rennweg und die Kärntner Straße nach St. Stephan. Bürgermeister, Stadtrat, Klerus, Universität und die Zünfte mit ihren Fahnen, außerdem 1500 städtische Wachmannschaften und 300 ausgesuchte Landsknechte bereiteten dem Kaiser und seinen Gästen einen glänzenden Empfang. Nach Cuspinian war es der herrlichste Einzug, den man je gesehen[37]. Bischof Slatkonia und das Kapitel empfingen die hohen Herrschaften an den Toren des Domes. Nach kurzer Andacht begaben sie sich völlig durchnäßt in ihre Herbergen: der Kaiser mit König Wladislaw und dessen Kindern in die Hofburg, Sigismund in das „Hasenhaus" auf der Kärntner Straße[38].

Der nächste Tag begann mit einem feierlichen Gottesdienst, den die kaiserliche Hofkapelle begleitete. Im übrigen pflegte man der Ruhe und bereitete sich auf die großen Feste vor. Lang besuchte die Könige, um die Schlußverhandlungen und die Hochzeit zu besprechen. Der Kaiser überraschte seine Gäste mit den ersten Geschenken und ließ es an Aufmerksamkeit nicht fehlen. Am Abend gab es Mummereien, Musik und Tanz.

Am 19. Juli wurde der Kongreß mit einem großen Festakt in der Hofburg eröffnet. Der Kaiser nahm unter dem Thronhimmel inmitten der beiden Könige Platz. Zu beiden Seiten des Saales saßen Prinz Ludwig, die beiden Kardinäle, die anwesenden Botschaften, die deutschen, ungarischen, böhmischen und polnischen Fürsten, Erzbischöfe, Bischöfe, Magnaten, Kanzler und Räte. Cuspinian vergleicht die Versammlung mit dem römischen Senat in den Tagen seiner Blüte.

Maximilian eröffnete die feierliche Sitzung mit einer einstündigen Rede[39]. Er dankte den Königen für ihr Kommen und ihr geduldiges Ausharren; beschwor die Eintracht der christlichen Mächte, den gemeinsamen Kampf gegen die Türken, den er seit Jugendtagen plane, woran er immer wieder und auch gegenwärtig durch den König von Frankreich gehindert werde, der gerade jetzt Italien überfalle. Er zähle auf die Hilfe der Könige von Ungarn und Polen für die Befriedung Europas und den künftigen Kreuzzug. Er nannte sieben Wege, auf denen man die Türken besiegen könne; selbst auf Einzelheiten eines Kreuzzuges ging er ein. Für den Kaiser war, ebenso wie für den König von Ungarn, die Sicherung der Christenheit gegen die Türken der eigentliche Leitgedanke des Kongresses und aller Verträge. Cuspinian meinte, selbst die Gegner hätten sich von der Klugheit und Tatkraft des Kaisers überzeugen lassen.

Kardinal Thomas Bakócz dankte namens seines Königs und versprach, nach Abschluß der gegenwärtigen Verhandlungen einen gemeinsamen Türkenkrieg zu beraten[40].

Für den Abend war ein Empfang und Reigentanz — allerdings nur für die vornehmsten Gäste — in der Hofburg angesetzt[41]. Erzherzogin Maria wurde mit großem Gefolge feierlich eingeholt und ihrem künftigen Gemahl Ludwig, den beiden Königen und den Gästen vorgestellt. Der Kaiser führte Maria und Anna zum Tanz. Der große Saal der Hofburg vermochte die Besucher nicht zu fassen. Ein so beängstigendes Gedränge herrschte, daß man den Saal sperren mußte.

Der 20. und 21. Juli waren den Schlußverhandlungen[42] und der Endfassung der Verträge von Preßburg gewidmet, wobei Kardinal Lang namens des Kaisers Wort und Feder führte. Täglich wurde bis in die Nachmittagsstunden beraten. Zwischendurch gab es Geheimverhandlungen des Kaisers mit den Königen. Im wesentlichen war man sich einig, nur Einzelheiten der Heiratsverträge und gewisse Gegensätze um den Deutschen Orden und Moskau waren noch zu klären. Der Kaiser verstand es, durch den Zauber seiner Persönlichkeit und vollendete Verhandlungskunst auf seine Gäste einzuwirken[43]. Ein Geist der Eintracht und Waffengemeinschaft gegen die Ungläubigen herrschte, in dem sich alle noch offenen Fragen rasch lösten.

In einer streng geheimen Urkunde wurde am 20. Juli 1515, zwei Tage vor den großen Schlußverträgen, Prinz Ludwig von Ungarn vom Kaiser an Sohnes Statt angenommen; außerdem — zwar höchst ungewöhnlich, aber keineswegs ganz neu — zum Generalreichsvikar bestellt[44] und den Kurfürsten zur Königs- und späteren Kaiserwahl empfohlen. Dieser Vertrag war in Preßburg nicht abgeschlossen worden, aber er lag eigentlich auf der Linie der Vorverhandlungen, die Cuspinian seit Jahren mit dem König von Ungarn geführt hatte. Die Echtheit dieses Adoptionsvertrages steht über allem Zweifel. Er war offenbar gedacht als politisches Geschenk des Kaisers, das unter Umständen für beide Teile von weitreichender Wirkung sein konnte; als lockendes Schaugericht zur Eröffnung des Kongresses, als Köder für den ungarischen Ehrgeiz.

Der Vertrag als ganzes war keineswegs so „irreal", wie man dies bei Liske, Ulmann und der ganzen abgeleiteten Literatur lesen kann. Gewiß widersprach der „Generalvikar" dem Reichsrecht. Der Adoptionsvertrag aber hatte bedeutenden politischen Gehalt. Die Aufnahme des ungarischen Prinzen in die habsburgische Familie bei gleichzeitiger Wahrung der Erbrechte Karls und Ferdinands bedeutete praktisch eine familienrechtliche Verstärkung der wechselseitigen Nachfolgerechte: der Habsburger in Ungarn und Böhmen und der Jagellonen in Österreich, Burgund und Spanien; eine Befestigung und Erneuerung des Preßburger Vertrages von 1491, ohne daß die ungarische Opposition die Möglichkeit gehabt hätte, dagegen aufzutreten. Falls Wladislaw vorzeitig sterbe, sollten Maximilian und der König von Polen die Vormundschaft über den Prinzen Ludwig führen und durch einen Regentschaftsrat von drei Prälaten und drei Magnaten unterstützt werden, worüber eine eigene Urkunde aufgesetzt wurde. Mit Prinz Ludwig als dem „Sohn des Kaisers" sollten die Habsburger ihre Herrschaft in Ungarn formell bereits antreten. Wertlos war diese Urkunde, die in mancher Hinsicht neues Recht schuf, keineswegs.

Weniger real war allerdings das Angebot des „Generalreichsvikars" als des Stellvertreters des Kaisers im Reich. Auch diese Würde war nicht ganz neu[45] und bereits 1493 und zuletzt auf dem Konstanzer Tag (1507) in Verhandlung gewesen, aber doch höchst ungewöhnlich. Auch davon konnten — wie 1493 — ähnliche Statthalterrechte innerhalb Ungarns abgeleitet werden.

Keinerlei reichsrechtliche Verbindlichkeit hatte hingegen das Versprechen der Königs- bzw. Kaiserwahl. Aber selbst dieser höchst anfechtbare Punkt hatte den Wert einer persönlichen Willensäußerung des Kaisers, die unter Umständen von Gewicht sein konnte. Wer möchte die jagellonische Diplomatie so völlig unterschätzen und glauben, die Könige hätten sich mit einem ganz wertlosen Scheindokument täuschen lassen? Wie hoch man beiderseits gerade die Adoption einschätzte, zeigt nicht zuletzt das berühmte habsburgisch-jagellonische Familienbild[46], das der Kaiser bei dieser Gelegenheit von seinem Hofmaler Strigel anfertigen ließ.

Noch wichtiger als die Adoptionsurkunde war die Endfassung bzw. die Ratifikation des Doppelheiratsvertrages[47] zwischen Ludwig von Ungarn und Maria von Österreich einerseits und zwischen Maximilian als Stellvertreter seiner Enkel Karl oder Ferdinand und Anna von Ungarn anderseits. Nur wenn Karl oder Ferdinand innerhalb eines Jahres den Heiratsvertrag nicht abschlössen, wollte Maximilian persönlich Prinzessin Anna heimführen. Das Beilager war wegen der Jugend der Kinder auf später verschoben. Die sehr hohen Mitgiften von 200.000 Gulden hoben sich gegenseitig auf und waren daher nicht zu leisten, was sowohl dem armen König von Ungarn wie dem zahlungsunfähigen Kaiser sehr gelegen kam. Das Wittum für die Bräute betrug je 25.000 Gulden und war auf mehrere österreichische bzw. ungarisch-böhmische Herrschaften sichergestellt. Im übrigen wurden alle immer möglichen Pfänder, Entschädigungen und Strafgelder vereinbart, um die Heiraten zu sichern. Anna wurde sogleich zur Erziehung an die Habsburger übergeben, wodurch sie allen Heiratsanschlägen Zapolyas und der ungarischen Opposition entzogen war. Durch diese Doppelheiratsurkunde und den Adoptionsvertrag war die gegenseitige Erbfolge bestmöglich gesichert[48]. Eines weiteren Geheimvertrages[49] hätte es nicht mehr bedurft.

Eingehend wurde offenbar auch die künftige Stellung Prinzessin Annas besprochen. Wladislaw hätte lieber eine Heirat mit dem erstgeborenen Erzherzog Karl gesehen. Für den Fall, daß der zweitgeborene Ferdinand Prinzessin Anna heimführen werde, wollte man seiner königlichen Stellung sicher sein. Maximilian meinte, Ferdinand werde ein Königreich in Italien erhalten. Außerdem sprach man wohl auch davon, die österreichischen Länder für Ferdinand zu einem Königreich zu erheben. Um den ungarischen Ehrgeiz nicht zu verletzen, nannte man Anna wegen ihrer vorläufigen Verbindung mit Maximilian stets nur „Kaiserin".

Auch der Friedens- und Freundschaftsvertrag zwischen dem Kaiser und dem König von Polen[50] erhielt nun seine letzte Fassung und Ratifikation. Der Kaiser mußte sich verpflichten, seine

Die Familie Maximilians

Johann Cuspinian

persönliche Schützerrolle über den Deutschen Orden aufzugeben, und versprechen, auf das Kammergericht einzuwirken, die Städte Danzig und Elbing aus der Reichsacht zu entlassen[51]. Der Thorner Friede von 1466 sollte das Verhältnis des Ordens zum König von Polen regeln. Der Kaiser werde den Hochmeister am Lehenseid gegenüber dem König von Polen nicht hindern; aber er versprach auch nicht, den Deutschmeister dazu zu nötigen[52]. Dafür anerkannte König Sigismund, daß nur Deutsche in den Orden aufgenommen werden dürften, während es nach dem Thorner Frieden wenigstens halbteils Polen sein sollten. Im Streitfall hatten der Kaiser, der König von Ungarn und die Kardinäle Lang und Bakócz zu vermitteln. Damit erhielt der Kaiser doch wieder eine Art Schutzrecht über den Orden zugestanden. Auch war die Unterstützung des Ordens durch die Reichsstände oder die benachbarten Fürsten keineswegs ganz ausgeschlossen. Nur das Bündnis mit Moskau gegen Polen gab der Kaiser in aller Form preis und machte sich erbötig, den Frieden zu vermitteln.

Der König von Polen hatte nur das Versprechen des Kaisers, daß er sich persönlich nicht mehr in die Ordensfrage einmischen wolle, was er bisher allerdings sehr nachdrücklich getan hatte. Sigismund erhielt keine Zustimmung des Reichstages oder Kurvereines, was in einem solchen Fall nötig gewesen wäre; auch keinerlei Zustimmung des Kammergerichtes zur Aufhebung der Reichsacht gegen Danzig und Elbing[53]; natürlich auch keine Zustimmung des betroffenen Ordens. Gesandte der Deutschherren waren zu den Verhandlungen gar nicht erschienen. Somit war der Orden aus dem Schutz des Reiches keineswegs ganz entlassen[54]. Der Kaiser hatte nur eine persönliche Zusicherung für die Dauer seiner Lebenszeit[55] gegeben. Er konnte und wollte das Reich keineswegs für immer binden. Vielmehr versuchte er, die Ordensfrage für die Zukunft offenzuhalten und die Deutschherren nicht für immer preiszugeben. Was König Sigismund darüber seiner Frau berichtete[56], war etwas allzu schön gefärbt.

Polnische Historiker der neueren Zeit haben sich nicht zu Unrecht gewundert[57], wie denn König Sigismund für ein solches „Linsengericht" Ungarn und Böhmen den Habsburgern habe überlassen können. Aber der Grundgedanke, der alle Beratungen und Verträge des Wiener Kongresses beherrschte, war die Türkenabwehr und die Sicherung der östlichen Grenzen. Von diesem Standpunkt aus konnte es für alle Beteiligten nichts Wichtigeres geben als den politischen und militärischen Zusammenschluß der ungarischen, böhmischen und österreichischen Länder. Dafür waren alle Parteien bereit, Zugeständnisse zu machen.

Der Friede der christlichen Mächte nicht nur im Osten, sondern im ganzen Abendland war eines der Hauptanliegen der Wiener Verhandlungen. Wenn man bedenkt, daß die Türken elf Jahre später Ungarn überrannten und 1529 vor Wien standen, wird man den politischen Weitblick des Wiener Kongresses nicht gering einschätzen. Der Kaiser und die Könige berieten über einen allgemeinen Kreuzzug[58] und richteten Briefe an den Papst, den König von Frankreich, den König von Aragon, den Herzog von Mailand, die Signorie von Venedig und an die Eidgenossen mit der Bitte, Frieden zu schließen und sich gegen den gemeinsamen Feind, gegen die Türken, zu wenden. Dieser Friedensschritt der Ostmächte vermochte allerdings den Vormarsch der Franzosen gegen Mailand, ihren Sieg bei Marignano und die Unterwerfung des Papstes nicht aufzuhalten, auch die Friedensverhandlungen des Kaisers mit Frankreich kaum wirksam zu fördern. Zwar redete alles vom gesamtchristlichen Frieden und vom Türkenkreuzzug[59], aber im Grunde glaubte niemand daran.

Die Wiener Verträge waren ein Kompromiß, mit dem alle Partner zufrieden sein konnten. Maximilian war es gelungen, die Erbfolge in Ungarn und Böhmen noch besser als bisher abzusichern. Aber die Adoptions- und Heiratsverträge begünstigten nicht minder die Jagellonen, und niemand konnte wissen, zu wessen Gunsten sie ausgehen würden. Das Wichtigste schien die Einheit der östlichen Länder gegen den Ansturm der Türken. Maximilian hatte dafür persönlich — nicht aber für das Reich — auf die Unterstützung des Deutschen Ordens verzichten müssen. Es war sozusagen ein Waffenstillstand im Nordosten zugunsten der Türkenabwehr im Südosten. Das sei ein „häßlicher Fleck auf seinem Andenken", urteilt Ulmann[60]. Man beschuldigte den Kaiser, den Ordensstaat Preußen, „das neue Deutschland" den Polen als Beute preisgegeben, aus dynastischen Gründen im Stich gelassen zu haben[61]. Aber diese „Preisgabe" war doch mehr als fraglich. Außerdem mußte damals doch auch die Rückgewinnung des Kurfürstentums Böhmen dem Reich zum Vorteil gereichen. Gehörte nicht auch die Sicherung Ungarns gegen die Türken zur Aufgabe des Kaisers und der Christenheit? Dieser Gesichtspunkt vor allen anderen beherrschte die Wiener Verhandlungen. In der Tat haben Ungarn, Böhmen und Österreich durch mehr als 200 Jahre mit großen Opfern die östlichen Grenzen gegen die Türken verteidigt und dadurch auch dem Reich Ruhe und Sicherheit verbürgt[62].

Wer will bestreiten, daß die Sicherung der östlichen Grenzen durch ein mächtiges Bündnis von Dynastien und Ländern ein Zugeständnis an Polen wert[63] war? — Obendrein ein so fragliches Zugeständnis! König Sigismund hatte dafür auf die jagellonische Großmachtpolitik im Südosten und auf sein ungarisches und böhmisches Erbrecht verzichtet, hatte Zapolya und die ungarische Widerstandspartei preisgegeben und bewies Kaiser und Reich fortan eine ebenso verläßliche wie herzliche Freundschaft. Ob er den Preis für sein großes Entgegenkommen, den Ordensstaat Preußen, würde unterwerfen können, blieb nach wie vor fraglich. Würde der König aus Freundschaft gegen den Kaiser den Orden nicht schonlicher behandeln[64] müssen als bisher? Der polnische Vizekanzler Tomicki sah in den kaiserlichen Zugeständnissen nicht viel Greifbares[65].

Auch polnische Historiker der neueren Zeit vertreten den Standpunkt, die Jagellonen hätten in Wien ein schlechtes Geschäft gemacht[66]. Zweifellos brachten sie für die Sicherheit der südöstlichen Grenzen weit höhere politische Opfer als irgendeine andere Macht. Entscheidend trugen sie dazu bei, den ganzen christlichen Osten gegen die türkische Großmacht in einem engen Schutz- und Trutzbündnis zu einigen.

Unter dem 22. Juli 1515 wurden die meisten der großen Vertragsurkunden datiert, wenn auch erst später ausgefertigt. An diesem Tage feierte man auch die große „Doppelhochzeit"[67]. Es war der Höhepunkt des Kongresses.

Am Morgen dieses denkwürdigen St.-Magdalenen-Tages, einem Sonntag, erschien der Kaiser, kostbar in Gold und Hermelin gekleidet, vor den Königen, den hohen Gästen und den Gesandtschaften im großen Saal der Hofburg. Er trug angeblich 200.000 Gulden an Schmuck und Juwelen am Leibe[68]; andere behaupteten gar eine Million, was gewiß maßlos übertrieben ist. Im Sinne des vereinbarten Vertrages erklärte der Kaiser vor Notaren und Zeugen, daß Anna entweder seinem älteren Enkel Karl oder dem jüngeren Ferdinand zugedacht sei; nur wenn diese Ehe nicht zustande komme, solle sie seine Gemahlin sein[69]. Dann setzte ihr der Kaiser vor aller Augen jene goldene Krone auf, mit der einst König Ladislaus Postumus gekrönt worden sein soll — Andeutung ihrer königlichen Würde und der wünschenswerten Vereinigung der österreichischen, böhmischen und ungarischen Länder in der einen oder anderen Hand. Anna dagegen verehrte dem Kaiser ein kostbares Hochzeitskränzlein aus Perlen und Edelsteinen[70]. In einer düsteren Ahnung flüsterte ihr der alte Herr zu: „Kind, bitte Gott um meine Gesundheit!" Er fühlte wohl, daß seine Jahre gezählt seien.

Die künftige Stellung Annas hatte bei den Verhandlungen offenbar eine wichtige Rolle gespielt: Dabei war sicher auch von einer möglichen Erhebung Österreichs zum Königreich die Rede; in jedem Fall werde Anna entweder an der Seite Karls Königin von Kastilien oder an der Seite Ferdinands Königin von Neapel oder Königin von Österreich sein, denn dieses Land sei durch Größe und Reichtum des königlichen Titels würdig. Wenn Österreich diesen Titel auch noch nicht besitze, so wolle es der Kaiser zum Königreich erheben[71], versicherte man den Ungarn; äußerstenfalls werde Anna an der Seite Maximilians Römische Königin und Kaiserin sein.

Von der Burg begab man sich — der Kaiser diesmal hoch zu Roß — in festlichem Aufzug zur Stephanskirche[72]. An den Straßenrändern drängten sich die Menschen, daß man fürchten mußte, erdrückt zu werden. Der Dom war mit burgundischen Teppichen, purpurnen und goldenen Prunkstoffen auf das herrlichste geschmückt, von Landsknechten abgesperrt und nur für die vornehmsten Gäste zugänglich. Der Kaiser, die beiden Könige und Prinz Ludwig hatten zur rechten Seite des Chores Platz genommen; links die Kardinäle, Erzbischöfe und Bischöfe; mitten im Chor an Betschemeln die beiden königlichen Bräute Anna und Maria mit ihren Damen. Ringsum verteilten sich die Fürsten des Reiches, die ungarischen, böhmischen und polnischen Magnaten und führende Hofleute. Der Bischof von Wien feierte das Hochamt, begleitet vom Gesang der Hofkapelle und einer neuartigen Orgel, die Paul Hofhaimer spielte, der anläßlich dieser Festtage in den Adelsstand erhoben wurde[73]. Man weiß, wie sehr der Kaiser Musik schätzte[74].

Nach Beendigung des Hochamtes ließ sich Maximilian für die Vermählungsfeier in den kaiserlichen Ornat einkleiden und die Kaiserkrone aufsetzen. Diese Zwischenzeit sollte nach der Festordnung der Sekretär Kardinal Langs, der Humanist Bartholinus, mit einer großen Hochzeitsrede füllen. Aber niemand achtete seiner. Mit großem Getöse wurde das Throngerüst für den Kaiser zurechtgemacht. Alles redete laut durcheinander, so daß die Festrede im allgemeinen Lärm unterging und abgebrochen werden mußte. Bartholinus vertraute den ganzen Ärger des verhinderten Festredners und den Text, den er den Gästen zugedacht hatte, seinem Tagebuch[75] an: Was sollte seine hohe Kunst bei so ungebildetem Volk? ... „bei diesen Ungarn und Polacken, Leuten, die Pferdefleisch essen und ein Gemisch von Milch und Pferdeblut trinken?"

Nachdem der Kaiser in vollem Ornat unter dem Thronhimmel Platz genommen, gab ihm der Kardinal von Gran durch Ringwechsel anstelle Karls oder Ferdinands die Prinzessin Anna von Ungarn zur Frau. Hierauf vermählte der Kardinal den Prinzen Ludwig mit Maria von Österreich. Am Schluß der kirchlichen Feier wurde allen Teilnehmern nach altem Brauch ein vollkommener Ablaß ihrer Sünden gewährt. Die Sänger stimmten das Tedeum an, in das die Orgel und die Trompeten einfielen. Nachher schlug der Kaiser gemeinsam mit den Königen von Ungarn und Polen 200 Herren aus den verschiedenen Nationen zu Rittern, wobei sich im allgemeinen Getümmel auch viele gemeine Leute zum Ritterschlag drängten, wie der Humanist Cuspinian hämisch bemerkte.

Es folgte ein babylonisches Festmahl; dann ein großes Rennen und Stechen auf dem großen Platz „am Hof"[76], dem der Kaiser und seine Gäste aus den Fenstern der benachbarten Behausungen zusahen; anschließend Reiterspiele der polnischen Kosaken, wie man sie bis dahin in Wien nicht gesehen hatte. Humanisten, die aus allen Himmelsrichtungen herbeigeströmt waren, hielten ihre gelehrten Akademien und Vortragsveranstaltungen und übergossen das Fest mit Lobgedichten, Huldigungsreden und Erinnerungswerken — nicht zuletzt, um klingenden Lohn zu ernten. Zur Vorbereitung des Festes hatte der Schottenmönch Chelidonius sein Drama „Voluptatis cum virtute disceptatio" zur Aufführung[77] gebracht. Die Universität, angeführt von Vadian, machte dem Kaiser ihre Aufwartung, der ihr sein besonderes Wohlwollen und jede Förderung zusicherte.

Abends war wieder große Festtafel[78] in der Burg. Es galt als besondere Ehre, mit dem Kaiser gleichzeitig Hochzeit feiern zu dürfen. Diesmal war es Maximilians Freund Siegmund von

Dietrichstein, der Barbara von Rottal, die einzige Tochter des reichen Georg von Rottal, heimführte; eine Geldheirat, welche der Kaiser, wie er es gerne tat, vermittelt[79] haben dürfte, denn schon anderntags leitete er aus dem neuen Reichtum seines Freundes große Darlehen in seine leere Kassen. Dreihundert Gänge oder mehr wurden auf goldenen und silbernen Schüsseln dargereicht; ein wahrhaft kaiserliches Festmahl[80], wie Bartholinus meinte. Ein großartiges Feuerwerk wurde abgebrannt, das Maximilian bei den Feuerwerkern seines Innsbrucker Zeughauses bestellt hatte[81].

Am folgenden Morgen wurde nach altem Brauch den Bräuten die Morgengabe dargebracht und unter den neuen Verwandten Geschenke ausgetauscht[82]. Seiner Enkelin Maria gab der Kaiser ein goldenes Kreuz im Wert von 20.000 Gulden; Prinzessin Anna erhielt 600 Ellen Samt, Seide und Damast; Prinz Ludwig ein gepanzertes Turnierpferd, einen goldenen Harnisch — ein ausgesuchtes Kunstwerk der Innsbrucker Harnischschläger — und eine kostbare Armbrust[83]. König Sigismund bekam sogar zwei gepanzerte Pferde, eines davon bis auf die Hufe im Harnisch; Wladislaw eine große silberne Kanne von erlesener Kunst.

König Sigismund bedankte sich mit Zobelfellen von hohem Wert[84]. Die ungarischen, böhmischen und polnischen Räte wurden mit Seidengewändern, goldenen Ketten und Silbergeschirr belohnt. Was zum Abschluß verschenkt wurde, war wenig im Vergleich zu dem, was früher an Schmiergeldern ausgegeben worden war. Allein der polnische Großkanzler Szydlowiecki erhielt im ganzen gegen 80.000 Gulden an Handsalben[85], dazu andere Auszeichnungen, die ihm fürstengleichen Rang gewährten. Verschiedene große polnische und litauische Geschlechter, wie die Radziwill, wußte sich der Kaiser für die Zukunft zu verpflichten.

Am 24. Juli gab es letzte Beratungen über die Ausfertigung der Urkunden und den weiteren Festplan[86]: nachmittags große Renn- und Reiterspiele vor den Mauern, bei denen wiederum Polen und Ungarn nach Kosakenart ihre Kunstfertigkeit zu Pferde vorführten. Nach dem Abendessen in der Burg verteilte der Kaiser große goldene und silberne Gedenkmünzen mit seinem Bild, die er in großer Menge bestellt hatte[87]. Mit lautem Vergnügen wurde um diese neuen Münzen Karten gespielt, wobei der Kaiser wohl vorsätzlich das meiste verlor.

Am 25. Juli hielt man nochmals ein großes Massenturnier „am Hof" ab[88], wozu ein riesiges Schaugerüst aus Holz aufgebaut worden war. Ungeheuer war der Andrang des neugierigen Volkes; war doch die Stadt angefüllt von Gästen aus aller Herren Ländern, Deutschen, Ungarn, Polen, Böhmen, Russen, Tataren, Armeniern; voll von Kriegsvolk, Rossen und Wagen. Man zählte gegen 6000 Reiter und 2000 Knechte. Die Stadtväter hatten alles Mögliche vorgekehrt, um eine Feuersbrunst oder Aufläufe unter den Völkerschaften zu verhüten. Aber alles verlief in Ruhe und Ordnung. Zum Abschluß schlug der Kaiser auf dem Turnierplatz in Gegenwart der Könige des Ostens wieder eine große Anzahl junger Herren aus ganz Europa zu Rittern — unter ihnen auch Stabius, vielleicht für seine Arbeiten an der Genealogie und an der „Ehrenpforte". Abends gab es nochmals festlichen Tanz auf der Burg, wobei der Kaiser mit Prinzessin Anna und Prinz Ludwig mit Maria den Reigen anführten.

Während der nächsten Tage wurden die großen Urkunden ins reine geschrieben, unterzeichnet und gesiegelt. Zwischendurch gab es Freundschaftsbesuche und gegenseitige Aufmerksamkeiten aller Art.

Am Abend des 28. Juli fand in der Burg die feierliche Schlußkundgebung[89] statt. Der Kaiser schloß den Kongreß mit einer Dankesrede, worauf Kardinal Bakócz mit Glückwünschen erwiderte. Unter stürmischem Jubel reichten der Kaiser und die Könige einander die Hände. Hierauf verlas Cuspinian von einem Balkon aus dem wartenden Volk in deutscher und lateinischer Sprache die Kundmachung, welche für die Öffentlichkeit des Reiches und der Christenheit bestimmt war: den Abschluß eines ewigen Friedens und unlösbaren Freundschaftsbündnisses und eines Doppelheiratsvertrages zur Ehre Gottes, zur Erhaltung der Christenheit und ihrer Reiche, zu gegenseitigem Schutz und Schirm gegen alle Feinde, zumal gegen die ungläubigen Türken. Trompetengeschmetter, Paukenschlag und Geschrei der begeisterten Massen, welche die Kundgebung schlossen, drangen „bis an die Sterne".

Alles schien gut verlaufen zu sein. Der Friede unter den christlichen Mächten im Osten war gesichert, ein fester Schutzwall gegen die Türken aufgerichtet. Die neuen Heiratsverträge mit Ungarn und die Adoptionsurkunde, die den Wert eines wechselseitigen Erbvertrages hatte, gaben dem alten Erbvertrag von Preßburg (1491) neue Sicherheit. Cuspinian, der sich um die Wiener Verträge besonders verdient gemacht hatte, schloß seinen Bericht mit der Bitte um die Gnade Gottes, der den Brautleuten gesunde Jahre und zahlreiche Kinder schenken möge. Seinem Kaiser wünschte er Sieg über die Feinde, Einheit der christlichen Fürsten und Gelegenheit zum Kreuzzug gegen die Türken.

Zum Abschluß bat der Kaiser seine Gäste nach Wiener Neustadt[90], um ihnen seinen Wildpark zu zeigen und das Vergnügen einer Hirschjagd zu bereiten.

Noch einmal beriet man die Frage des europäischen Friedens und eines allgemeinen Kreuzzuges, wofür sich König Sigismund besonders lebhaft verwendete. Redlich bemühte er sich, den Frieden zwischen dem Kaiser und Spanien einerseits, Frankreich und Venedig anderseits zu vermitteln. In einem Manifest mahnte er die christlichen Könige und Fürsten des gemeinsamen Kreuzzugs wegen zum Frieden; ein letzter Freundschaftsdienst für den Kaiser, dem er sich ehrlich verbunden fühlte.

Rasch verstrichen die schönen Tage, über denen bereits die Stimmung des nahen Abschiedes lag — vielleicht für immer. Anfang August eilte der Kaiser nach Linz[91]. Es gab schlechte Nachrichten aus Italien. Der König von Frankreich hatte die Alpen überstiegen und näherte sich Mailand. Auch Wladislaw nahm tränenreichen Abschied von seiner Tochter Anna, nachdem er sich vorher[92] noch einmal von den österreichischen Landständen eine hohe Entschädigung sicherstellen ließ[93] für den Fall, daß diese Heirat nicht zustande käme.

Auch der König von Polen mußte rasch nach Hause, weil seine Gemahlin Barbara der Niederkunft entgegensah. Eine Überschwemmung der Donau hielt ihn aber für längere Zeit in Niederösterreich fest. Er sollte die Gemahlin, die im Kindbett verstarb, nicht lebend wiedersehen. Daß sie, die Schwester des aufsässigen ungarischen Magnaten Johann Zapolya, starb, war eher geeignet, die neuen Ostverträge noch besser zu sichern. Sofort versuchte der Kaiser, den König von Polen durch eine Heirat mit seiner Enkelin Eleonore noch enger an sein Haus zu binden[94]: Sigismund sei ein kriegerischer König, könne 100.000 Streiter aufbringen und genieße größten Gehorsam in seinem Land. Die Polen liebten die Deutschen und seien ganz anders als die „schlechten" Ungarn.

Cuspinian, sehr glücklich über den Ausgang des Kongresses[95], schloß seinen Bericht: Wann habe es je in der Geschichte eine Zusammenkunft des Kaisers mit zwei gekrönten Königen, zwei Königskindern, zwei Kardinälen und so vielen Fürsten, Grafen und Herren der verschiedensten Nationen gegeben? Alles sei in vollkommener Eintracht, ohne die geringste Störung, in ungetrübter Freundschaft verlaufen. Obwohl das Hochwasser der Donau manches Hindernis bereitet habe — sei doch das Land jenseits des Stromes die eigentliche Kornkammer Österreichs —, so habe es doch an nichts gefehlt. Gegen 200.000 Gulden habe der Kaiser für die Festlichkeiten verbraucht[96]. Dieser Kongreß solle den christlichen Königen und Fürsten ein Beispiel der gegenseitigen Eintracht geben, daß die Religion Jesu Christi sich über die ganze Welt, auch über die neuentdeckten Länder, ausbreite und daß die Brut Mohammeds ausgerottet werde; „denn du allein bist der Herr, du allein der höchste, Jesus Christus".

Der Wiener Kongreß hatte Humanisten und Literaten vornehmlich aus dem Reich, Italien, Österreich, Böhmen, Ungarn und Polen zusammengeführt[97], welche die Ehre ihrer Herrscher besangen, die Festlichkeiten und Zeremonien des Kongresses beschrieben, um sich den Mächtigen zu empfehlen; unter ihnen Cuspinian, Bartholinus, Johannes Dantiscus, Kaspar Ursinus Velius, Joachim Vadianus, Rudolf Agricola u. a. Der Kongreß blieb in der Erinnerung der Zeitgenossen und Nachkommen, nicht nur wegen der Pracht seiner Festlichkeiten, noch mehr wegen seiner politischen Folgen, die man in diesem Ausmaß nicht hatte erwarten können.

Die Wiener Verträge von 1515 waren für Maximilian der Lohn einer lebenslang beharrlich verfolgten Politik, wenn auch damals niemand wissen konnte, daß am 22. Juli 1515 zu St. Stephan die dauerhafteste Schöpfung des Kaisers, die Geburtsstunde der habsburgischen Donaumonarchie, feierlich begangen wurde und daß schon elf Jahre später (1526) der ungarisch-böhmische Erbfall zugunsten der Habsburger eintreten werde[98]. Ranke, der dem Kaiser mit starken Vorbehalten gegenüberstand, sprach ihm doch eine Gabe zu, die er für eine der größten hält: eine „Ahnung" dessen, was kommt.

Die Wiener Verträge wurden in den betroffenen Ländern keineswegs begeistert aufgenommen[99]. Die Ungarn hatten sich stets zurückgehalten, weil sie die straffe habsburgische Herrschaft fürchteten, wenn auch die allgemeine Stimmung seit der Niederlage Zapolyas gegen die Türken etwas freundlicher wurde. Die Böhmen dagegen hatten der österreichischen Heirat Prinzessin Annas ohne weiteres zugestimmt und gegen eine Annäherung der Habsburger nichts einzuwenden[100]. Der polnischen Diplomatie war es immerhin gelungen, die habsburgisch-ungarische Doppelheirat mit den Streitigkeiten um den Deutschen Orden und Moskau zu verbinden und Zugeständnisse zu erreichen, die zwar etwas unsicher waren, aber doch als ein Erfolg gelten konnten[101]. Im Reich hatte man für die Ostpolitik der Habsburger seit je wenig Verständnis. Vom neuen „Generalreichsvikar", Prinz Ludwig, hatte man zunächst sicher nichts erfahren. Man würde diese Neuerung entschieden zurückgewiesen haben. Die Zugeständnisse an Polen wurden vom Kammergericht sofort abgelehnt.

Auffallend geringe Freude mit den Heiratsverträgen zeigte auch der Brüsseler Hof, dessen Blick stets nur nach Westen gerichtet war. Über Wunsch des Kaisers wurde etwa gleichzeitig noch eine andere Familienverbindung geschlossen, welche durch die polnische Politik ausgelöst worden war. Prinzessin Isabella, Schwester Karls (V.), heiratete König Christian von Dänemark[102] und Norwegen (12. August 1515). Dänemark sollte zusammen mit dem Deutschen Orden und Moskau in die antipolnische Front eingegliedert werden, die der Kaiser aufbauen wollte, bevor er mit König Sigismund zu Wien Frieden schloß. Bald wurde man gewahr, wie wenig Vorteile diese Heirat der habsburgischen Politik brachte, welches persönliche Unglück sie hingegen der armen Isabella bereitete. Der Kaiser mußte Gesandtschaften nach Dänemark schicken, um seiner armen Enkelin zu helfen. Beide Damen, Maria und Isabella, zeigten sich über die Heiraten, die ihr Großvater gestiftet hatte, recht unglücklich[103]; nicht minder Erzherzogin Margarethe. Der Kaiser, der Tochter und Enkelinnen sehr liebte, verlor daher den Mut, die Verbindung Eleonores mit dem König von Polen weiterzuverfolgen. Welches Glück, daß die große Doppelheirat geschlossen war, als die niederschmetternden Nachrichten vom französischen Sieg bei Marignano und der Vernichtung des Mailänder Staates am Kaiserhof eintrafen.

Maximilian wandte den Heiratsverträgen alle mögliche Sorgfalt zu, erwirkte die Bestätigung durch den Papst und die Dispens „ab impedimento publicae honestatis" für den Fall, daß der Enkel die Braut des Großvaters heirate[104], und drängte auf baldigen Abschluß der Ehe durch Ferdinand, die bereits am 12. Juli 1516 „per procuram" vollzogen wurde. Die tatsächliche Heirat Ferdinands und Annas, Ludwigs und Marias wurde erst 1521, nach dem Tod des Kaisers, vollzogen.

Bereits 1526 geschah, was niemand ahnen konnte: Durch den

Tod König Ludwigs in der Schlacht bei Mohácz trat der Erbfall Ungarns zugunsten des Hauses Habsburg ein[105]. Anna war in Ungarn nach wiederholt bestätigter Gewohnheit, die man seit den Zeiten der Anjous übte, die rechtmäßige Erbin ihres Bruders im Königreich. Desgleichen bestand in Böhmen weibliches Erbrecht nach der Goldenen Bulle, wenn die Stände auch auf ihr Wahlrecht pochten. Dazu kamen in Ungarn noch die besonderen Rechte des Habsburgers Ferdinand, die sich aus dem Preßburger Vertrag von 1491 herleiteten. All diese Erbrechte waren durch die Adoptionsurkunde und den Heiratsvertrag von 1515 in der Hand ein und derselben Familie vereinigt. Obwohl auf diese Weise doppelt und dreifach gesichert, war es dennoch nicht leicht, sie gegen den Widerstand der nationalen Opposition durchzusetzen.

Folgerichtig und beharrlich hatten die Habsburger, zumal Maximilian, in den Verträgen der Jahre 1463, 1491, 1506/07 und 1515 ihr Erbrecht auf Böhmen und Ungarn verfolgt und damit ihr Übergewicht in Mittel- und Osteuropa und zugleich die starke Abwehrfront gegen die Türken aufgebaut. Diese Weitsicht und Ausdauer fehlte den Jagellonen, die außerdem in zwei Linien gespalten waren. Polen und Litauen suchten ihre Zukunft mehr im Baltikum, während Sein oder Nichtsein der ungarisch-böhmischen Jagellonen ganz und gar von den Türken abhing. Daher mußte sich König Wladislaw gegen den feudalen Widerstand seines Adels und die Bauernaufstände im Innern, gegen die Türkengefahr von außen zum engsten Anschluß an die mächtigen Habsburger entschließen.

Maximilian hingegen, dessen Wiederherstellungspolitik seit 1493 den Deutschen Orden ohne Reichshilfe aus der Oberhoheit Polens zu befreien suchte, stand 1515 vor der großen Entscheidungsfrage, ob er die polnischen Jagellonen sowohl aus dem Donauraum wie aus dem Baltikum werde verdrängen können. Konnte der Kaiser dem König Sigismund von Polen zum Rückzug aus dem Donauraum noch weitere Verzichte im Baltikum zumuten, indem er ihn durch den Deutschen Orden und Moskau weiter bedrängte? Besaß er ohne jede Reichshilfe überhaupt die Kraft und die Möglichkeit, dieses weitabgelegene Land wirksam zu verteidigen? Außerdem war für den Deutschen Orden nach bestehendem Recht ebensosehr oder noch mehr der Papst in Rom[106] zuständig als der Kaiser. Maximilian entschied sich daher — nicht zuletzt im Hinblick auf die Türkengefahr — für den Vorrang der

ungarischen und böhmischen Politik und für den Frieden im Nordosten, ohne indes den Deutschen Orden völlig und auf Dauer
preiszugeben. Daß der Hochmeister bereits 1525 sein Kirchenland
dem König von Polen unterstellte und als weltliches Fürstenlehen
zurückempfing, hatte bekanntlich andere Ursachen, die mit den
Wiener Verträgen wenig oder nichts zu tun haben.

4. Der Deutsche Orden, Polen und Rußland nach dem
Wiener Kongreß (1515)

Seit mehr als einem Jahrhundert gilt in der Geschichtsschreibung die kleindeutsche Formel, Maximilian habe gelegentlich der Wiener Verträge von 1515 im habsburgischen Hausinter-
esse den Deutschen Orden an Polen verkauft. „Der Kaiser opferte
den Jagellonen die deutschen Küstenländer von Pommern bis
Kurland ..."[1] Die Wahrheit ist anders. Maximilian hatte es in
Wien verstanden, den König von Polen mit ganz allgemeinen Zusicherungen, die nur für seine eigene Lebenszeit gelten sollten, abzuspeisen. Tatsächlich hörte er auch nach 1515 nicht auf, den Deutschen Orden diplomatisch zu unterstützen. Kein Verzicht, Erhaltung des gegenwärtigen Friedensstandes zwischen König Sigismund
und dem Deutschmeister, außerdem Zeitgewinn, das war des Kaisers Politik im Nordosten[2]. Wenn jemand von Maximilian 1515
und nachher getäuscht wurde, dann gewiß weniger der Deutsche
Orden als vielmehr der König von Polen, der es sich gefallen
lassen mußte, daß man deutscherseits vom Thorner Frieden nicht
mehr redete. Der Kaiser unterstützte den Orden offen und
heimlich, wo immer er konnte. Eine gewisse Hilfe gewährte er
dem König von Polen nur gegenüber Moskau. Darüber verzieh
König Sigismund wahrscheinlich, was ihm Maximilian in der
Ordensfrage schuldig blieb.

Die kaiserliche Nordostpolitik richtete sich seit den Wiener Ver-
trägen im Wesen zwar nach der neuen Freundschaft mit dem
König von Polen, aber ohne den Deutschen Orden völlig preis-
zugeben. Die allzu freundschaftliche, ja vertrauensselige Haltung
Sigismunds ermutigte den Kaiser geradezu, sich über die Wiener
Versprechungen stillschweigend hinwegzusetzen. Wenn König
Sigismund gehofft hatte, mit Hilfe Maximilians die Preußen- und
Russenfrage rasch lösen zu können, sollte er sich täuschen. Zwar
gab der Kaiser die Unterstützung des „Zaren" gegen Polen fortan

auf und versuchte die Russen für einen Frieden oder Waffenstillstand mit König Sigismund zu gewinnen, konnte aber in jahrelanger, zäher diplomatischer Vermittlung den Widerwillen und das Mißtrauen Wasilijs gegen Polen nicht überwinden.

Der Orden wurde durch die polnisch-russischen Spannungen fühlbar entlastet: Solange Rußland drohend an der Beresina stand, konnte König Sigismund nicht daran denken, gegen die Deutschherren vorzugehen, was dem Kaiser nur recht sein konnte. So übernahm Rußland für die nächste Zeit geradezu den Schutz des Ordens. Unter dem Druck der russischen Waffen versuchte der Kaiser, auch einen Vergleich zwischen Polen und den Deutschherren zu vermitteln, der dem Hochmeister die volle Unterwerfung ersparen sollte. Im übrigen konnte man hoffen, daß der geplante Kreuzzug und der gleichzeitig verkündete Gottesfriede den Orden für viele Jahre schützen werde. Zeit gewonnen, viel gewonnen. Diese Verzögerungspolitik fiel dem Kaiser um so leichter, als Polen die Preußenfrage für viel weniger dringend hielt als den Frieden mit Moskau.

Polen war für den Kaiser einer der wichtigsten Stützpunkte im Osten: sowohl als Garant der Wiener Verträge und der großen Hoffnungen, die er darauf setzte, wie als Inhaber der böhmischen Kurstimme namens des minderjährigen Königs Ludwig, wie auch als Anführer der pannonischen Heeresgruppe im kommenden Kreuzzug. Daher versuchte Maximilian den König Sigismund noch fester an das Haus Habsburg zu binden[3]. Als bald nach dem Wiener Kongreß dessen Gemahlin Barbara Zapolya an den Folgen der Geburt einer zweiten Tochter starb, ohne männliche Erben zu hinterlassen, bot ihm der Kaiser eine Heirat mit seiner Enkelin Eleonore an[4]. Aber die Stände Spaniens und Burgunds, wahrscheinlich auch König Karl selbst, widersetzten sich solchen Plänen. Am burgundischen Hof schienen schon die politischen Heiraten Marias und Isabellas nach Ungarn und Dänemark Unglück genug.

Daher ließ der Kaiser dem König von Polen die Tochter des Gian Galeazzo Sforza, Herzogin Bona Sforza, eine Nichte der verstorbenen Kaiserin Bianca Maria, als Braut empfehlen[5]; eine Frau von ungewöhnlicher Schönheit, die eine Mitgift von 200.000 Dukaten mitbrachte, ein Erbe von 500.000 Dukaten zu erwarten hatte und von allen Seiten lebhaft umworben wurde. Eine wahrhaft königliche Braut. Herberstein sollte den König von Polen auf dem Wege nach Moskau für diese Ehe gewinnen. Sigismund ließ dem Kaiser sagen, er habe sich entschlossen, nach seinem Rat zu heiraten[6]; ein Beweis, wie willig, allzu willig sich der König von Polen dem Kaiser anvertraute. Die Braut wurde von kaiserlichen und polnischen Gesandten in Bari eingeholt, über Fiume im Triumph durch Österreich[7], Wien und Mähren nach Krakau geleitet, wo man am 18. April 1518 die Heirat abschloß[8] und Bona zur Königin krönte. Welcher Erfolg des Kaisers, wenn man bedenkt, daß König Sigismund in erster Ehe mit einer Erbfeindin der Habsburger aus dem Hause Zapolya verheiratet war!

Auf der Krakauer Hochzeit gab es hochwichtige politische Verhandlungen über den Frieden mit Rußland, über den Kreuzzug und die kommende Kaiserwahl. König Sigismund, Maximilians verläßlichster Freund im Osten, sollte im kommenden Kreuzzug mitziehen und womöglich auch die Völker der Moldau, der Walachei und die Tataren für den Türkenkrieg gewinnen. Der König hingegen ließ deutlich wissen, daß er aus vielen Gründen Polen derzeit nicht verlassen könne[9], fand sich aber bereit, das unsichere Ungarn nicht aus den Augen zu verlieren. Auch versprach er ohne weiteres, Karl (V.) namens Böhmens die Kurstimme zu geben. Einen gefälligeren Bundesgenossen hätte der Kaiser kaum finden können.

Eine einzige Frage gab es, welche die Beziehungen zwischen dem Kaiser und dem König von Polen trüben konnte: den Deutschen Orden. Aber auch darin bewies König Sigismund dem Kaiser solches Entgegenkommen, daß Maximilian so gut wie alles vergaß, was er dem Polenkönig in Wien versprochen hatte. Der Kaiser hatte einerseits den Thorner Frieden anerkannt, anderseits aber wurde immer nur von einem Schiedsgericht geredet, um die Streitfragen zu klären, und von Forderungen des Ordens, die den Frieden eigentlich aufhoben. Bekanntlich waren weder das Reich noch das Kurfürstenkolleg, noch das Kammergericht dem König von Polen in der Ordensfrage irgendwie verpflichtet. Obwohl Kurfürsten, Fürsten und Reichstag keine Lust zeigten, für den Orden stärker einzutreten, suchte der Kaiser doch die Frage weiterhin offenzuhalten, die endgültige Entscheidung auf günstigere Zeiten und auf den Nachfolger zu vertagen, dem er dabei nicht vorgreifen wollte. Maximilian wußte, daß es Polen derzeit schon Rußlands wegen nicht wagen konnte, den Orden anzugreifen[10]. Im Frieden aber ließ sich der Hochmeister zur Lehenshuldigung nicht zwingen.

Der Kaiser spielte damit gegenüber Polen eine nicht ganz aufrichtige Doppelrolle. Indem er König Sigismund unablässig mit dem „Zaren" beschäftigte, vermochte er ihn vom Deutschen Orden abzulenken. Die Deutschherren aber suchte er durch guten Zuspruch zu beruhigen, daß sie nach Ankündigung des Kreuzzuges und des allgemeinen Gottesfriedens von Polen nichts zu fürchten hätten[11]. So konnte eine Entscheidung, wie sie die Wiener Verträge verlangt hatten, von Jahr zu Jahr hinausgezögert werden.

Maximilian tat jedenfalls nichts, um den Orden gegenüber Polen gefügiger zu stimmen. Während die Kurfürsten von Brandenburg und Sachsen dem Hochmeister längst rieten, sich mit König Sigismund auszugleichen[12], ermutigte ihn der Kaiser, die polnischen Forderungen mit Gegenforderungen und Drohungen zu beantworten.

Zunächst hatte Maximilian die Wiener Zugeständnisse geheimgehalten. Als im November 1515 Ordensmarschall Georg von Eltz vor ihm erschien, um klare Antwort zu erbitten[13], scheute er sich zu gestehen, daß er den Orden nicht mehr offen unterstützen dürfe[14], ließ es aber an guten Worten nicht fehlen. Im Sommer 1516 versicherte er dem Orden, König Sigismund sei dafür gewonnen worden, die Aufnahme polnischer Ritter nicht weiter zu fordern. Als der Gesandte auf nähere Auskünfte drängte und auf besorgniserregende Gerüchte hinwies, zeigte sich der Kaiser ungehalten. Die Frage, ob er den König von Polen mit Preußen belehnt habe, wies er unwirsch zurück: Er wisse, was er zu tun habe, und werde dem Orden und dem Reich keinen Abbruch tun. Zornig schickte er den Gesandten weg.

Die Sache ließ dem Kaiser, dem alle Ritterorden besonders am Herzen lagen, keine Ruhe. Als er mit Marschall Eltz über den Kreuzzug sprach, versicherte er, nach Mitteln und Wegen zu suchen, um dem Orden zu helfen, und deutete den Plan einer Verschmelzung der Deutschherren mit den Johannitern und den Georgsrittern an[15]. Offenbar dachte der Kaiser an ein großes ordensritterliches Kreuzheer, vielleicht auch an eine neue Ansiedlung der Ordensgemeinschaften an den Grenzen zur Türkei. Im übrigen werde der kommende Kreuzzug sowohl Polen wie auch den Deutschen Orden zur Heeresfolge aufbieten und ihre Streitigkeiten für lange Zeit aus der Welt schaffen. Der Kaiser versäumte nicht, den Orden bei jeder Gelegenheit aufzumuntern. Niemals ließ er eine Mahnung zum Nachgeben oder gar zur Lehenshuldigung hören. Er empfahl dem stürmischen, jungen Hochmeister nur immer wieder, gegen Polen keinen Krieg anzufangen. Mit Waffen hätte ihn der Kaiser nicht unterstützen können; noch weniger würden es die Fürsten getan haben, wahrscheinlich nicht einmal die nächsten Verwandten.

Hochmeister Albrecht von Brandenburg, ein rechter Heißsporn, plante seit 1516 allen Ernstes einen Angriffskrieg gegen Polen[16], stieß damit aber nicht nur auf den Widerstand seiner Ordensregierung, sondern auch auf die Ablehnung der Schwertbrüder in Livland, die wenig Verständnis dafür zeigten, daß man die schismatischen Moskowiter, ihre unmittelbaren Feinde, gegen die katholischen Polen unterstützen wolle. Überhaupt fürchtete man das Wagnis eines Krieges, „der bald angefangen, dessen Ausgang aber ganz unsicher sei", zumal niemand im Reich Hilfe leisten werde. Der ebenso hitzköpfige wie unüberlegte Hochmeister indes wollte von seinem Kriegsplan nicht ablassen und bestürmte den Kaiser um Hilfe — wenigstens um diplomatische Hilfe bei Dänemark und Moskau[17], den alten Bundesgenossen gegen Polen.

Der Kaiser erwies dem Orden ganz ungewöhnliches Entgegenkommen, indem er dessen Forderungen gegenüber Polen immer noch in aller Form vertrat. Herberstein sollte auf seiner Reise nach Moskau mit König Sigismund auch Verhandlungen über die Preußenfrage führen[18]. Die Forderungen, die der kaiserliche Gesandte dem König namens des Ordens vorzutragen hatte, waren geradezu verwegen: nicht mehr und nicht weniger als die Beseitigung des Thorner Friedens, Rückstellung der an Polen abgetretenen Gebiete, des Kulmerlandes und Pomerellens, sogar Schadenersatz für deren Nutzung seit fünfzig Jahren, Überlassung von Litauen und Samaiten an den Orden, Entscheidung des Streites durch Papst und Kaiser, Abschaffung des Artikels über die Aufnahme polnischer Ritter, „damit der Orden wie vormals alle Zeit beim Römischen Reich bleibe". Von einer Lehenshuldigung des Ordens war überhaupt nicht die Rede. Die Zwangslage König Sigismunds und seine Nachgiebigkeit ermutigten den Kaiser offenbar, so zu tun, als ob es die Wiener Vereinbarungen nie gegeben habe.

Der Deutsche Orden hatte bald nach Abschluß der Wiener Verträge unmittelbare Beziehungen zu Moskau aufgenommen[19]; zunächst unter den Augen der kaiserlichen Gesandten. Anstatt den Hochmeister zur Verständigung mit Polen anzuhalten, wie es die

Wiener Gespräche nahegelegt hätten, förderte der Kaiser heimlich ein Bündnis zwischen Moskau und dem Orden. Die Rolle des Schutzherren, die der Kaiser in Wien hatte abgeben müssen, spielte er nun dem „Zaren" zu[20]. Seither tauschten Moskau und Königsberg nicht selten über kaiserliche Botschaften ihre Nachrichten aus[21], ohne daß König Sigismund davon erfuhr. 1517 ging ein Sondergesandter des Hochmeisters, Dietrich von Schönberg, nach Moskau[22] und brachte ein geheimes Angriffsbündnis gegen Polen[23] nach Hause. Der Hochmeister versuchte wohl, über den „Zaren" auch den Kaiser unter Druck zu setzen: Denn dieser forderte mit auffallender Hartnäckigkeit vom Kaiser die Wiederaufnahme des Krieges gegen Polen. Um ihr katholisches Gewissen zu beruhigen, führten die Deutschherren mit dem „Zaren" auch Unionsverhandlungen, obwohl es ihnen längst mehr um ihre weltliche Herrschaft als um die ursprünglichen Aufgaben ihres Ordens zu tun war. Das russische Bündnis bedeutete für den Ordensstaat eine um so stärkere Stütze, als auch die heimliche Hilfe durch den Kaiser fortdauerte[24]. Moskau versprach dem Hochmeister Geldhilfe für mehr als 10.000 Knechte und Reiter — allerdings erst zahlbar, wenn der Orden die preußischen Städte zurückerobert habe und gegen Krakau ziehe.

Es war offenbar in der schwierigen Lage Polens gegenüber Rußland begründet, daß König Sigismund dem Kaiser die ständige Begünstigung des Ordens nachsah, ja sogar das Versprechen gab, gegen die Deutschherren nichts Feindseliges zu unternehmen, ehe ein Schiedsspruch ergangen sei. Allerdings bat er Maximilian, den Hochmeister von seinen zahlreichen Herausforderungen abzubringen und zu seiner Pflicht gegenüber Polen anzuhalten. Als sich der Kaiser auf die Rückkehr Herbersteins aus Moskau ausredete, äußerte der König, es sei beim Kaiser in dieser Sache kein Ernst zu erkennen.

Wenn schon die Friedensverhandlungen mit dem „Zaren" nicht weitergingen, wollte König Sigismund doch wenigstens mit dem Deutschen Orden ins reine kommen, zumal er wußte, daß der Hochmeister zum Kriege rüstete. Angesichts der wachsenden Kriegsgefahr mahnte der Kaiser sowohl den Hochmeister[25] als auch den König von Polen nachdrücklich zum Frieden. Aber mit keinem Wort legte er dem Hochmeister die Unterwerfung unter Polen nahe, versicherte ihn vielmehr seines unverminderten Wohlwollens[26]: Er habe leider vergebens versucht, mit König Sigismund einen gütlichen Vergleich auszuhandeln, und wolle dem Hochmeister nicht widerraten, sich gegen wirkliche und vermeintliche Übergriffe Polens vorzusehen. Angesichts der drohenden Türkengefahr habe der Papst allen christlichen Mächten einen sechsjährigen Frieden geboten. Der Hochmeister solle allen Anschlägen gegen Polen ausdrücklich entsagen, wie dies umgekehrt auch König Sigismund tun werde, der als ein Führer des Kreuzzuges ausersehen sei. Sollte diese Friedensvermittlung scheitern, wären die christlichen Mächte gezwungen, mit Waffengewalt gegen jeden Friedensbrecher vorzugehen. Im übrigen werde man auf dem kommenden Augsburger Reichstag Gelegenheit haben, den Streit in Güte zu schlichten. Der Kaiser wünschte nichts als Frieden und Erhaltung des gegenwärtigen Zustandes, der einerseits den Orden in seiner bisherigen Freiheit schützten, anderseits den König von Polen vielleicht doch für den kommenden Kreuzzug freimachen könnte.

Auch Kurfürsten, Fürsten und Stände unterstützten des Kaisers Friedensgebot[27]. Der Hochmeister dagegen antwortete eher zurückhaltend[28]. Zwar anerkannte er Maximilians große Verdienste um den Orden, bewies aber kein Verständnis für die Verzögerungstaktik der letzten Jahre: Er wolle nicht warten, bis der Orden vernichtet sei. Vielmehr baute er auf das mit dem „Zaren" geschlossene Angriffsbündnis gegen Polen. Auch wollte er die Ordenssache noch einmal vor dem kommenden Augsburger Reichstag vertreten[29]. Der Hochmeister machte die Teilnahme seiner Ordensbrüder am Kreuzzug, obwohl sie zu den ursprünglichsten Ordensaufgaben gehörte, davon abhängig, daß Polen die im Thorner Frieden gewonnenen preußischen Gebiete zurückstelle; nur von einigen kleineren Forderungen wollte er absehen. Wenn König Sigismund binnen Jahresfrist nicht einlenke, wollte der Hochmeister losschlagen.

Vom Kaiser erwartete sich Albrecht von Brandenburg nun nichts mehr, denn er sei ein Feind der Fürsten, wie man an der Behandlung des Ordens sehen könne. Weder für die hinhaltende Politik des Kaisers gegenüber Polen noch für die Rücksichten, die er wegen der Kaiserwahl zu nehmen hatte, bewies der Hochmeister Verständnis. Die ganze Aufmerksamkeit Maximilians sei gegenwärtig nur auf die Wahl Karls gerichtet. Dieses Urteil war nicht ganz unrichtig, übersah aber die vielen heimlichen Dienste, die der Kaiser entgegen den Wiener Verträgen dem Orden bisher geleistet hatte — mehr als irgend einer der nächstverwandten Reichsfürsten oder des unmittelbar betroffenen deutschen Adels.

Noch immer suchte Maximilian dem Orden zu helfen. Er scheute sich nicht, König Sigismund, von dem er gerade damals so viel brauchte, noch einmal mit den Forderungen des Ordens zu reizen. Er schickte den Bruder des Hochmeisters, seinen Vertrauten Kasimir von Brandenburg, auf die große Krakauer Hochzeit (April 1518), um einen Vergleich mit Polen auszuhandeln. So sehr lag ihm an der Sache. Aber der König überhäufte die kaiserlichen Anwälte mit bitteren Vorwürfen gegen die Deutschherren: gegen ihr Bündnis mit dem schismatischen Zaren und gegen die Kriegsrüstungen des Hochmeisters[30]. Auf dem kommenden Augsburger Reichstag wolle er seine Klagen dem Kaiser, den Kurfürsten, Fürsten und Ständen vortragen. Ein Kreuzzug wäre für Polen derzeit unmöglich, weil das Königreich von Moskowitern, Tataren und „anderen Feinden" — damit meinte er wohl den Deutschen Orden — bedroht sei.

Auf dem Augsburger Tag freilich, wo es um so viel anderes, für ihn Wichtigeres ging, suchte Maximilian den leidigen Streit möglichst zu unterdrücken. Der polnische Gesandte, Bischof Erasmus von Plock, hielt den Reichsständen eine feurige Mahnrede zum Kreuzzug[31] (20. August); die Deutschherren wurden dabei nur mit einigen wenigen Anspielungen gestreift: Im weißen Gewand der Unschuld stifteten sie Unruhe in der christlichen Welt. Obwohl sich der Orden höchlich beleidigt fühlte, gab der Kaiser dem Ordensmarschall keine Möglichkeit zur Erwiderung[32], um nicht laute Streithändel zu entfesseln. Auch unter den Reichsständen fand sich niemand, der den Orden unterstützt hätte. Dem Kaiser genügte es, den gegenwärtigen Stillstand in Preußen zu erhalten. Im übrigen mußte ihm damals die Wahl seines Enkels Karl wichtiger sein, weswegen er den König von Polen nicht verärgern konnte, der für den unmündigen Ludwig die böhmische Kurstimme führte. Aber selbst jetzt gab er den Orden nicht preis, sondern empfahl den Reichsständen, die Vergleichsverhandlungen mit König Sigismund an sich zu nehmen: Komme es zu keinem Vergleich, sollten sie Polen im Namen des Papstes und des Kaisers während des Kreuzzuges Frieden empfehlen. Auch der Kardinallegat wurde gebeten, in Rom zugunsten des Ordens zu wirken[33]. Kein Verzicht, den Frieden erhalten und Zeit gewinnen — das war die kaiserliche Politik gegenüber Preußen und Polen. Daß den Orden 1525 unter anderen

Umständen sein Schicksal ereilte, ist wahrlich nicht Maximilian anzulasten.

Gegenüber Rußland änderte der Kaiser seine Politik seit den Wiener Verträgen von 1515 völlig. Der „Zar" sah darin einen glatten Vertragsbruch. Maximilian gab die Schutz- und Trutzbündnisse von 1490 und 1514 auf und wandte sich König Sigismund zu, der ihm während der nächsten Jahre die verläßlichste Freundschaft bewies. Maximilian hatte den Bündnisvertrag mit Wasilij III. von 1514 nur unter gewissen Bedingungen angenommen und, der neuen Lage entsprechend, Abänderungen gefordert[34], die der „Zar" jedoch ablehnte. Wasilij forderte vom Kaiser weiterhin die versprochene Kriegshilfe gegen Polen, was nach dem Abschluß der Wiener Verträge aber unmöglich war; auch der Krieg in Italien hätte dies verhindert.

Um den „Zaren", der dem Kaiser in der Vergangenheit große Dienste geleistet hatte, zu versöhnen, sandte Maximilian im Herbst 1515 Pantaleon von Thurn nach Moskau mit dem Auftrag, sich als Friedensvermittler zwischen Rußland und Polen anzubieten[35]. Der Kaiser plante, den König von Dänemark als Schiedsrichter in den Vordergrund zu schieben, der dem „Zaren" als alter Bundesgenosse recht sein konnte; den wegen seiner ganzen bisherigen Politik auch der Deutsche Orden angenommen hätte. Eine offensichtliche Begünstigung der Deutschherren und der Russen? In verständlichem Mißtrauen lehnte König Sigismund die dänische Vermittlung ab. Auch Wasilij zeigte sich einem Frieden oder Waffenstillstand derzeit ganz abgeneigt, zumal er im Kriege gegen Polen Erfolge zu verzeichnen hatte[36]. Um die Verhandlungen zu fördern, schickte der Kaiser eine neue Gesandtschaft, nämlich Georg Ramschüssel und Balthasar Eder[37], der ersten Botschaft nach. Aber ihr Eifer machte sie dem „Zaren" alsbald verdächtig, und nur mit Mühe entgingen sie dem russischen Kerker.

Nachdem auch diese Versuche fehlgeschlagen, dachte der Kaiser an Christoph Rauber, den Bischof von Laibach[38]. Als dieser verhindert war, ordnete er den Freiherrn Siegmund von Herberstein[39] nach Moskau ab, der später als österreichischer Rußland-Gesandter großes Aufsehen erregte. Herberstein konnte allerdings erst Anfang 1517 seine Reise antreten[40]. Im März 1517 besuchte er den König von Polen in Wilna. Er hatte ihm jene kühnen Forderungen des Deutschen Ordens vorzutragen, die König Sigismund als unzumutbare Begünstigung der Deutschherren zurückweisen mußte. Die Verhandlungen mit Polen verliefen zwar ergebnislos, aber die kaiserliche Warnung, den Orden anzugreifen, dürfte in dieser Lage ihre Wirkung nicht verfehlt haben.

Am 18. April 1517 traf Herberstein mit seiner Begleitung in Moskau ein, wo er über Befehl Wasilijs feierlich eingeholt wurde. Am 21. April wurde er zur großen Audienz vorgelassen[41]. Der Gesandte hatte dem „Zaren" den Plan eines allgemeinen Friedens unter den christlichen Mächten zum Kampf gegen die Türken vorzutragen: Der türkische Kaiser habe eben jetzt den Sultan von Damaskus und Jerusalem besiegt und werde alsbald gegen das Abendland ins Feld ziehen; deswegen sei es nötig, daß sich der „Zar" und der König von Polen aussöhnten. Ebenso sei der Kaiser bemüht, den Streit zwischen Polen und dem Deutschen Orden auszugleichen, damit die christlichen Länder zu Eintracht und Frieden zurückfänden.

Wasilij III. begrüßte das Bündnis des Papstes, des Kaisers, der christlichen Könige und Fürsten. Was seinen Krieg gegen Polen betreffe, so trage die ganze Schuld König Sigismund; wenn er Frieden wolle, solle er Gesandte schicken und um Frieden bitten. Eine unmögliche Zumutung an einen König, der eben erst bei Orscha die Russen besiegt und sich dessen in der ganzen Welt gerühmt hatte. Tatsächlich wollte Wasilij von einem Frieden mit Polen derzeit nichts wissen, hatte er doch mit dem Deutschen Orden ein Angriffsbündnis gegen Polen abgeschlossen, von dem der Kaiser freilich, nachdem er davon erfahren hatte, dringend abmahnte. Erst jetzt begann sich die Politik des Kaisers am Zarenhof von jener des Ordens allmählich zu trennen: Arbeitete der Hochmeister auf einen Krieg gegen Polen hin, so bemühte sich der Kaiser um den Frieden.

Herberstein schlug Riga oder einen anderen Grenzort für Friedensverhandlungen vor, da König Sigismund vom Zarenhof nichts wissen wollte. Wasilij lehnte ab. Erst nach wiederholten Aussprachen[42] einigte man sich, daß Herberstein den König von Polen neuerdings zu Friedensgesprächen nach Moskau einladen werde. Diesmal lehnte König Sigismund ab[43]. Herberstein stellte dem „Zaren" seinen Herrn, Kaiser Maximilian, als Beispiel friedlicher Mäßigung und Nachgiebigkeit vor Augen, der ohne jede Notwendigkeit Verona ausgeliefert habe. Welch diplomatische Erfindung! Das Beispiel des Kaisers konnte den Russen nicht überzeugen. Er spielte vielmehr auf die Unverläßlichkeit Maximilians an, der den alten Bündnisvertrag gegen Polen nicht eingehalten habe, worauf Herberstein seinen Herrn weitläufig entschuldigte: Schnitzenbaumer habe seine Vollmacht überschritten; außerdem gehe der Friede unter den christlichen Mächten über alles andere. Wenn indes aus alleinigem Verschulden Polens der Friede nicht zustande komme, werde der Kaiser nicht zögern, dem Zaren Waffenhilfe zu leisten[44].

Schließlich erfand der kluge Herberstein das Märchen, der Kaiser habe den König von Polen durch einen persönlichen Gesandten bitten lassen, sich mit den Russen zu Friedensgesprächen zu treffen. So gelang es schließlich nach langen Verhandlungen und Hindernissen, den Wall von Haß und Mißtrauen zu überwinden und die Unterhändler beider Parteien in Moskau zusammenzuführen[45].

Nun weigerte sich der „Zar", die Polen zu empfangen, da eben wieder Grenzkämpfe in Litauen ausgebrochen waren: Während König Sigismund Gesandte schicke, lasse er die russischen Grenzen angreifen. Die Polen fühlten sich in Moskau wie „wilde Tiere gehalten" und wollten bereits heimziehen. Auch Herberstein drohte mit der Abreise, bis Wasilij die polnischen Gesandten doch noch empfing[46]. Aber er stellte so hohe Forderungen — Verzicht auf Smolensk, Herausgabe von Plock und von Kiew, Kriegsentschädigungen usw. —, daß jeder Vergleich aussichtslos schien. Man begann sich sogar pöbelhaft zu streiten und erging sich in gegenseitigen Vorwürfen[47], so daß die Verhandlungen abgebrochen und die Gesandten entlassen wurden (12. November 1517). Es war klar, der „Zar" wollte damals von einem Frieden mit Polen noch nichts wissen.

Vergebens suchte Herberstein sein Vermittlungswerk zu retten. Das politische Wetter hatte sich so sehr verschlechtert, daß nichts mehr zu hoffen war. Der „Zar" bezichtigte den kaiserlichen Gesandten unlauterer Künste und Rechtsverdrehungen und wollte weder von einem Frieden noch von einem Waffenstillstand etwas wissen. Herberstein wurde am 21. November in feierlicher Schlußaudienz reich beschenkt, nach Hause abgefertigt und verließ Moskau[48]. Eine russische Gesandtschaft begleitete ihn — angeblich aus Höflichkeit gegenüber dem Kaiser; tatsächlich sollte sie, wohin immer sie kam, gründliche Erkundigungen einziehen[49]. Fast acht Monate hatte Herberstein in Moskau zugebracht und trotz größter Anstrengungen nichts erreichen können. Wasilij wollte vom Kaiser als Schiedsrichter nichts mehr wissen, denn er mißtraute ihm.

Am 22. März 1518 traf Herberstein den Kaiser in Innsbruck, der gespannt seinen reizvollen Berichten[50] aus dem fernen Lande lauschte. Als Maximilian bereits wenige Tage später die russischen Gesandten feierlich empfing[51], versicherte er ihnen, daß er seine Anstrengungen um einen Frieden zwischen Rußland und Polen nicht aufgeben werde. Er umhegte die Gäste mit jeglicher Aufmerksamkeit und veranstaltete zu ihren Ehren große Jagden. Um Ostern führte er ihnen in seiner Hauskapelle zu Hall die katholischen Osterzeremonien vor, obwohl es der Bischof von Brixen den Schismatikern verboten hatte; außerdem den Gesang seiner Hofkapelle, der den Russen tiefen Eindruck machte. Die kaiserlichen Räte hatten die Verhandlungen mit den Gesandten fortzusetzen und suchten ihnen vor allem den Kreuzzug[52] einzureden; ganz vergebens, denn sie hatten keine Vollmacht. Dagegen waren die Russen wie stets bemüht, durch alle möglichen Hintertüren Nachrichten zu sammeln und Facharbeiter für ihren Herrn anzuwerben.

Obwohl der Kaiser gerade die Stürme des Innsbrucker Generallandtages über sich ergehen lassen mußte und den schwierigen Augsburger Tag vorbereitete, lag ihm der Kreuzzug doch so sehr am Herzen, daß er mit den rückkehrenden Russen eine neue Gesandtschaft nach Moskau abordnete. Noch einmal ließ er den „Zaren" dringend bitten[53], dem Frieden zuzustimmen und dadurch den Dank der gesamten Christenheit zu erringen; denn auch Rußland könne schließlich Ziel türkischer Großangriffe werden.

Diesmal schickte der Kaiser Francesco da Collo und Antonio dei Conti[54] auf den Weg, um zunächst den König von Polen, dann Wasilij über alle Einzelheiten des Kreuzzugsplanes zu unterrichten. Der erfahrene Johann von Thurn, der schon Herberstein begleitet hatte, ging als Reiseführer und Dolmetsch mit. Im April 1518 verließen sie Innsbruck und besuchten in Krakau den König von Polen, um dessen Weisungen einzuholen. Die Gesandten hatten Auftrag, sich diesmal ganz an König Sigismund zu halten, den der Kaiser sowohl für die Wahl Karls wie auch als Führer einer Heeresgruppe im Kreuzzug gegen die Türken dringend brauchte. Wie beharrlich Maximilian diesmal zu verhandeln wünschte, erkennt man daran, daß er sogar eine eigene Postlinie vom Reich über Polen bis Moskau einrichten wollte, um jederzeit persönlich in die Verhandlungen eingreifen zu können. Wäre schon kein Friede zu erreichen, so doch wenigstens ein fünfjähriger Waffenstillstand. König Sigismund stellte die Friedensvermittlung den kaiserlichen Gesandten völlig anheim. Seine Bedingung lautete nur: Ohne Herausgabe von Smolensk kein Friede[55]! Die Verhandlungen sollte allein der Kaiser führen, denn König Sigismund wollte den überheblichen Wasilij um nichts mehr bitten.

Am 25. Juli 1518 trafen die Gesandten in Moskau ein[56]. Bei der ersten Audienz (27. Juli) versuchte Collo den „Zaren" mit beredten Worten wieder von der Türkengefahr zu überzeugen: Nur ein Friede der christlichen Mächte und ein gemeinsamer Kreuzzug könnten Hilfe bringen; Türken und Tataren, Völker des gleichen Glaubens, bedrohten Moskau nicht minder als das Abendland; der Kreuzzug der ganzen Christenheit hänge einzig vom Friedensschluß zwischen Moskau und Polen ab. Aber der „Zar" ließ sich nicht beeindrucken. Wie sehr ihn der Kaiser auch durch immer neue Botschaften und Kuriere bedrängte, Wasilij wich von den harten Bedingungen nicht zurück, die er bereits Herberstein gestellt hatte: Vor allem sollte sich König Sigismund demütigen und selbst Friedensgesandte nach Moskau schicken[57], woran freilich nicht zu denken war nach den Erfahrungen, welche die letzte polnische Gesandtschaft hatte machen müssen.

Da in nächster Zukunft ein Friede nicht erreichbar schien, drängten die Gesandten wenigstens auf einen fünfjährigen Waffenstillstand[58], wie ihn der Papst mit den christlichen Mächten vereinbart hatte. Aber auch der Waffenstillstand scheiterte am Streit um Smolensk, um die polnische Friedensgesandtschaft und die Freigabe der Gefangenen. Die Gesandten zweifelten: Sollten sie heimkehren[59] oder bleiben? Sie entschlossen sich, beim Kaiser neue Weisungen einzuholen. Inzwischen überbrachte der Kurier Christoph Pauz den Befehl, unter allen Umständen einen Frieden oder doch wenigstens einen Waffenstillstand durchzusetzen[60]. Der Kaiser wollte die polnische Ostgrenze um jeden Preis entlasten und König Sigismund für den Kreuzzug frei machen; denn die Lage der Türken im Orient, Persien, Ägypten und Nordafrika sei äußerst schwierig; die christlichen Mächte dürften diese günstige Gelegenheit nicht verstreichen lassen. Gerade an den beharrlich und zähe geführten russisch-polnischen Friedensverhandlungen kann man den Ernst der kaiserlichen Kreuzzugspläne erkennen.

Allerdings mußte Wasilij stutzig werden, wenn man ihm gleichzeitig einen Mönch Nikolaus Schönberg ankündigte, der im Auftrage Roms — ob des Papstes oder der Kardinäle war unsicher — den kaiserlichen Plänen in Moskau entgegenwirken sollte, wovor Maximilian den Zaren nachdrücklich warnte[61]. Oder wenn ihm der Deutschmeister einen möglichen Sonderfrieden mit Polen ankündigte[62]. War dies die Eintracht der christlichen Mächte? Solche Zwischenfälle mußten das russische Mißtrauen noch steigern. Überhaupt gab es ständig Verdächtigungen, strengste Überwachung, Klagen, ja offene Streitigkeiten[63]. Endlose Verhandlungen auf Zeitgewinn, langwieriges Herumreden, Unkenntnis des russischen Verhandlungsstiles und ein umständliches Zeremoniell erschwerten jeden Erfolg. Man mußte endlich erkennen, daß der „Zar" damals im Grunde keinen Frieden[64] wollte.

Nachdem letzte Versuche, eine polnische Gesandtschaft nach Moskau zu bringen und den „Zaren" entgegenkommender zu stimmen[65], fehlgeschlagen hatten, erbaten die Gesandten ihren Abschied. Erst im letzten Augenblick gewährte Wasilij einen einjährigen Waffenstillstand[66] bis Weihnachten 1519. Aber selbst in diese bescheidene Urkunde schob er den aufreizenden Titel eines Großfürsten von Smolensk[67] ein. Auch erinnerte man die Gesandten an die Verpflichtung des Kaisers aus dem Bündnisvertrag von 1514 zum Angriff auf Polen.

Als die Gesandten im Januar 1519 Moskau verließen, war Maximilian bereits tot und damit auch der einjährige Waffenstillstand hinfällig. Immerhin hatten während der langwierigen Friedensverhandlungen die Waffen geruht. Dies war der einzige Erfolg.

Wenn auch die beharrlichen Vermittlungsversuche zwischen Polen und Rußland diesmal scheiterten, so brachte die russische Politik dem Kaiser doch bedeutende Vorteile. Ohne Rußland hätte man von König Sigismund die Zustimmung zu den Wiener Verträgen kaum erhalten. Es konnte dem Kaiser übrigens gar nicht so unrecht sein, wenn Polen im Osten weiterhin durch Rußland gebunden blieb, was vor allem auch dem Deutschen Orden zugute kam.

Die russische Diplomatie, die offensichtlich auf Zeit spielte, fühlte sich durch die Verhandlungen mit dem Kaiser des Abendlandes zweifellos geehrt; war doch von dieser Seite der Titel eines „Zaren" erstmals in russische Urkunden gekommen. Man hatte über den Kaiser und den Deutschen Orden auch Beziehungen zu den Weststaaten, zu Frankreich[68] etwa, aufnehmen können. Die zahlreichen Gesandtschaften gaben Gelegenheit, den Westen zu erforschen, Handwerker und Fachleute anzuwerben[69], worauf es dem aufgeschlossenen „Zaren" ganz besonders ankam. Man hoffte, daß der Kaiser, des alten Bündnisses eingedenk, schließlich die Sache Rußlands mehr unterstützen werde als jene Polens; galt doch die alte politische Regel, daß nicht der nächste, sondern nur der übernächste Nachbar ein guter Bundesgenosse sein könne.

Rußland blieb weiterhin ein Turm der habsburgischen Politik im Mächtespiel des Ostens, zumal gegen die Türken, aber auch gegen Polen. Mit Recht kann man fragen, ob die Wiener Verträge von 1515 und damit die Begründung der Donaumonarchie ohne die Verbindung zu Rußland möglich gewesen wären. Das politische Gefühl des Kaisers hatte eine Verbindung entdeckt, die gleichsam in der Natur österreichischer Ostpolitik begründet war. Rußland blieb bis ins 19. Jahrhundert der verläßlichste Bundesgenosse der habsburgischen Monarchie im Osten.

5. Maximilians fernere Politik in Böhmen und Ungarn. Vollzug der Doppelheirat.

Der Wiener Kongreß hatte die Gefahr für die habsburgische Erbfolge in Ungarn[1] keineswegs ganz beseitigt. Kaum war Wladislaw aus Österreich zurückgekehrt, traten ihm Zapolya und dessen Anhang sofort wieder hart entgegen, um die habsburgische Heirat zu verhindern. Der Plan Maximilians, die ungarische Adelspartei, gleich wie 1506, durch einen militärischen Aufmarsch an der Grenze einzuschüchtern, war wegen des großen Krieges in Italien unmöglich. Aus den Augen lassen durfte man Ungarn und Böhmen freilich nicht[2].

Anfang 1516 starben fast gleichzeitig König Ferdinand von Aragon (23. Januar 1516) und König Wladislaw von Ungarn (13. März 1516). Die ganze Last des Italienkrieges, aber auch die Sorge um die Erhaltung Ungarns fielen mit einem Male auf die Schultern Maximilians. Unmittelbar vor seinem Tode hatte König Wladislaw den Kaiser noch gebeten, Prinz Ludwig in seinen Schutz zu nehmen und Anna entsprechend den Wiener Verträgen zu verheiraten[3]. Die ungarischen bzw. böhmischen Magnaten, die deutschen und polnischen Räte, die nach dem Willen Wladislaws unter der Aufsicht des Kaisers und des Königs von Polen die Regentschaft führen sollten, wurden vom heimischen Adel entschieden abgelehnt. Zumal in Ungarn suchte Johann Zapolya neuerdings die Vormundschaft an sich zu reißen. Wieder mußte der gewandte Cuspinian vor dem widerstrebenden Reichstag zu Ofen (Mai 1516) die Rechte des Kaisers vertreten[4]. Von den polnischen Gesandten unterstützt, vermochten die Österreicher die obersten Würdenträger des Königreiches zu gewinnen und die Anschläge der Zapolya-Partei zurückzuweisen[5]. Man einigte sich, die Vormundschaft dem Reichsrat anzuvertrauen[6], weil von ausländischer Einmischung niemand etwas wissen wollte.

Auf dem nächsten Reichstag zu Ofen (Mai 1517) wiederholten sich die Stürme des vergangenen Jahres. Wieder vermochte Cuspinian[7] die Stellung des Kaisers innerhalb der ungarischen Regentschaft zu verstärken und Johann Zapolya noch weiter zurückzudrängen: Aber der Woiwode gab seine ehrgeizigen Pläne noch lange nicht auf. Zum Frühjahrsreichstag 1518 sandte Maximilian den vielfach erprobten Freiherrn Sigismund von Herberstein nach Ofen. Er wies die Anschläge Zapolyas mit der Drohung eines militärischen Einmarsches zurück[8]. Die Wahl des Kaisers zum Gubernator vermochte er freilich nicht durchzusetzen[9]. Aber man verlieh dem Prinzen Ludwig das Goldene Vlies[10], um ihn noch enger auf das habsburgische Haus, vor allem auf die Königswahl Karls, zu verpflichten.

Die ständig wachsende Türkengefahr, die Länge der ungarischen Grenzen, die Schwäche der gesamten Reichsverteidigung, die zahlreichen Türkeneinfälle bald da, bald dort, die gar nicht als Kriegshandlungen galten, brachten die Stephanskrone in solche Zwangslage, daß sie der Hilfe des Kaisers und des Königs von Polen nicht entbehren konnte, zumal man fürchten mußte, der kriegerische Sultan Selim werde nach der Unterwerfung Syriens und Ägyptens seine ganze Angriffskraft alsbald gegen Ungarn richten.

Besser als in Ungarn vermochte Maximilian in Böhmen zusammen mit dem König von Polen und den böhmischen Ständen die oberste Vormundschaft über Prinz Ludwig zu behaupten[11]. Böhmen, Mähren und Schlesien schlossen sogar ein enges Bündnis, wonach sie sich gemeinsam mit den österreichischen Ländern an den Kaiser halten wollten[12].

Noch dringender als die Vormundschaft schienen dem Kaiser die ungarischen Heiraten im Sinne der Wiener Verträge. Seit Ferdinand von Aragon tot war, konnte der Kaiser freier verfügen und drängte auf raschen Abschluß. Nun ging es schnell. Am 29. Januar

1516 erteilte Papst Leo X. dem Kaiser Dispens für den Fall, daß einer seiner Enkel, Karl oder Ferdinand, an seiner Statt Anna von Ungarn heimführen sollten[13]. Am 24. März 1516 bevollmächtigte Erzherzog Ferdinand den Kardinal von Gurk, den Hofkanzler Serntein und andere zum Abschluß der Ferntrauung mit Prinzessin Anna „per verba de praesenti"[14]. Am 12. Juli 1516 entsagte der Kaiser seiner zu Wien abgeschlossenen Verlobung, und am 20. Juli 1516, gerade ein Jahr nach den großen Wiener Festtagen, vollzog Serntein als Stellvertreter Erzherzog Ferdinands vor Bischof Georg Slatkonia die Ferntrauung mit Anna[15]. Damit war Ferdinand gemäß den Wiener Verträgen die Herrschaft über die österreichischen Länder zugesichert. Aber die Ungarn hofften immer noch, daß vielleicht doch König Karl ihre Prinzessin heimführen werde. Endgültig wurde die Vermählung Ferdinands mit Anna bekanntlich erst 1521 vollzogen[16].

Eine Krise der habsburgischen Stellung in Ungarn hätte eintreten können, als der Kaiser auf dem Augsburger Tag (1518) gelegentlich der Königswahlhandlungen sich über die ungarischen Hoffnungen zugunsten Prinz Ludwigs und über die alten Versprechungen von 1515 glatt hinwegsetzte[17]. Nicht einmal Türkenhilfe für das bedrängte Königreich war erwirkt worden; für die Rebellen ein guter Vorwand, die Wahlhandlungen zugunsten Karls als Bruch des kaiserlichen Versprechens an Ludwig zu brandmarken — dies obwohl der ungarische Prinz noch nicht einmal volljährig war. Gerade Zapolyas Adelspartei wäre geneigt gewesen, eher die Wahl des Königs von Frankreich zu unterstützen. Nur das Verständnis und die Freundschaft des Königs von Polen halfen dem Kaiser über diese Schwierigkeiten hinweg.

Gerne hätte Maximilian die brennenden Anliegen Ungarns auf einem neuen Dreimonarchentreffen[18] behandelt. Aber dieser zweite Kongreß, den Maximilian für das Frühjahr 1518 zu Preßburg oder Wien in Aussicht genommen hatte, um die Regierung Ungarns und Böhmens, die Frage des Gubernators, die Reichsverteidigung, die Finanzen, den persönlichen Vollzug der Heirat zwischen Ferdinand und Anna zu regeln, kam nicht mehr zustande. Als der Kaiser starb, war die Haltung der beiden Königreiche gegenüber Habsburg keineswegs ganz sicher. Nur die Türkengefahr verhinderte einen Abfall des ungarischen Adels, der von einer engeren Verbindung mit Österreich wenig wissen wollte.

6. Die Türken

Angst vor den Türken[1] erfüllte das Abendland, besonders die nächsten Nachbarn: Ungarn, Österreich und Italien. Auch während der ruhigen Jahre unter Sultan Bajezid II. traute der Kaiser dem Frieden im Osten niemals ganz, zumal er wußte, daß der letzte Waffenstillstand (1504) nur durch persischen Druck in Mesopotamien und Armenien erzwungen war. Zwar schätzte Maximilian den augenblicklichen Waffenstillstand[2] mit den Türken und ehrte den Sultan sogar durch eine Gesandtschaft[3], die Hans von Königseck anführte; aber der Kaiser zweifelte nicht, daß der osmanische Kriegerstaat nach kurzer Atempause neue Eroberungen im Westen versuchen werde. Vom „frommen" Bajezid, der während seiner letzten Jahre schwermütig und krank, „unbeweglich wie ein Klotz im Bette lag", Bücher las und philosophierte, wäre dies nicht zu befürchten gewesen. Aber wer konnte das wissen?

Gerade seine Friedenspolitik brachte Bajezid vorzeitig um die Herrschaft. Sein mildes Regiment mißfiel den Janitscharen; sie setzten ihn ab, weil sie Krieg und Beute wünschten. Denn die Türken waren ein Volk von ungebrochener Tapferkeit, beseelt von leidenschaftlichem Eroberungswillen, und eine furchtgebietende Großmacht, die über eine gute Kriegsverfassung, ein großes Lehensaufgebot und über die stehende Elitetruppe der Janitscharen verfügte. Die türkische Artillerie, durch italienische und deutsche Geschützmeister ständig fortentwickelt, war auf höchstem Stand. Die türkische Verwaltung, die genaue Fortsetzung der byzantischen Bürokratie, vermochte aus dem großen Reich gewaltige Kriegssteuern herauszuziehen — man schätzte sie auf 12 Millionen Gulden jährlich; das war gut fünfzigmal mehr, als der Kaiser in einem Jahr zu verbrauchen hatte. Stand ein starker Sultan an der Spitze, wie es alsbald Selim I. oder Soliman II. sein sollten, so konnten Kriegs- und Zivilverwaltung in einer Weise zusammenwirken, wie dies nur Erobererstaaten möglich ist. Da zeigte sich der osmanische Staat zu Kraftausbrüchen fähig, welche die nächsten Nachbarn erzittern ließen. In kühnem Selbstbewußtsein forderten die Sultane Anerkennung als Oberhäupter dieser Welt. Sie hielten sich für Lehensherren auch über Italien, Lombardei und Pannonien, offensichtlich die nächsten Ziele ihrer Eroberungen. Eine alte Weissagung versprach ihnen, sie würden den „Roten Apfel"[4], worunter sie Rom verstanden, ihrer Herrschaft unterwerfen. Noch leichter erreichbar mochte ihnen Ofen und Wien erscheinen.

Mit einem Gemisch von Furcht, Haß und Neugierde stand das Abendland diesem Erobererstaat gegenüber. Es gab eine große Türkenliteratur[5] — offenbar ein gutes buchhändlerisches Geschäft: Zeitungen, Chroniken, Flugblätter über Ursprung, Wesen, Staatsverfassung und Kriegswesen der Türken, über die Persönlichkeiten der großen Sultane, Gruselgeschichten über ihre Eroberungen und Grausamkeiten. Auch der Kaiser war über den gefährlichen Nachbar wohlunterrichtet und kannte angeblich „jeden Weg und Steg in der Türkei". Es gab Reiseberichte, Beschreibungen von türkischen Ländern, Leuten und Städten. Zahlreich waren die Türkenklagen und die Mahnungen zum Kreuzzug. Aus der Bibel und aus den Sternen wollte man Aufstieg und Untergang der Türken erforschen[6]. Je ohnmächtiger man sich fühlte, um so mehr nahm man Zuflucht zu Weissagungen und Wunderzeichen. Man beklagte die eigenen Sünden und betrachtete die Türken als „Gottesgeißel" für die eigenen Laster. Man hoffte auf den wiederkehrenden Kaiser Barbarossa, der den grausamen, blutrünstigen türkischen Tyrannen besiegen werde.

Der Friede, den Bajezid 1503 mit Venedig geschlossen hatte, der Waffenstillstand mit Ungarn und dem Römischen König (1504) waren nur Ruhepause in der großen Auseinandersetzung, erzwungen durch den Aufstand des „Propheten" Ismail-al Sâfi (= Sofi)[7], der mit einem Heer von Derwischen, kriegstüchtigen Bergvölkern und Nomadenhorden Bagdad eroberte, die Osmanen aus Mesopotamien und Armenien vertrieb, den Titel eines Schah annahm und ein neupersisches Reich errichtete. Für Ismail-Sofi galt es nicht nur, die türkische Fremdherrschaft abzuschütteln, er verteidigte zugleich die Schiah, die freiere persische Form des Islam, gegen die sunnitischen Osmanen. Kämpfe zwischen Türken und Persern, geführt mit religiöser Glaubenswut und nationaler Raserei, nahmen damit ihren Anfang und sollten durch Jahrhunderte dauern. Der „Sofi" erregte sogar die Aufmerksamkeit des Abendlandes.

Man muß sich über den politischen Weitblick Maximilians wundern, der als einer der wenigen die Tragweite dieses innerasiatischen Glaubens- und Nationalitätenkrieges auf weite Entfernung richtig einschätzte und für die Sache der Christenheit zu nutzen suchte. Der Kaiser hoffte, gemeinsam mit dem neuen Schah von Persien das Osmanische Reich vernichten zu können. Wenn überhaupt — dann wäre dies unter dem schwachen Bajezid vielleicht noch möglich gewesen; aber seine Aufrufe verhallten ungehört, was bei den Gegensätzen unter den abendländischen Staaten nicht zu verwundern war. An den österreichischen Grenzen empfand man die Türkengefahr viel unmittelbarer als im Innern des Reiches.

Schon Friedrich III. hatte zur Sicherung gegen die Türken den St.-Georgs-Orden gegründet[8] und die Südostgrenze mit einem System von Ordensburgen schützend umgeben. Maximilian hatte diese „Militärgrenze" weiter ausgebaut, 1503 die weltliche Ritterschaft vom St.-Georgen-Schild[9] als Kerntruppe für den Türkenkrieg ins Leben gerufen und die Reichsstände aufgefordert, das Kreuz zu nehmen. Der Türkenzug war ein echtes, tiefes Anliegen des Kaisers, wenn er auch stets politische Nahziele damit verband, die erreicht werden sollten, selbst wenn man das Fernziel, Konstantinopel und Jerusalem, nicht erreichte. Mit der Kaiserkrönung in Rom wollte Maximilian den Kreuzzug eröffnen; die Eroberung Friauls und Venedigs sollte den Aufmarsch zur See sichern, die Eroberung Ungarns hingegen den Aufmarschraum zu Lande. Als die Reichssteuern völlig ausblieben, mußten die Cruciatgelder die leeren kaiserlichen Kassen füllen. Diese offensichtlichen Nebenziele erweckten den Verdacht, daß der kaiserliche Kreuzzugseifer stets nur Vorwand für andere Ziele gewesen sei, was jedoch übertrieben ist. Wären die Hemmnisse nicht allzu stark gewesen, würde der Kaiser den „Heiligen Zug" gewiß nicht unterlassen haben, denn der Kreuzzugsplan war wie die Kaiserkrönung etwas Festes in seinem Leben[10]. Nichts hätte sein frommes Gefühl mehr befriedigt, seinem Selbstbewußtsein mehr geschmeichelt, als an der Spitze der christlichen Fürsten und Könige einen Kreuzzug anzuführen. Den Schutz des Abendlandes gegen die Ungläubigen, den allgemeinen Frieden der Christenheit, die Herrschaft über Europa, Asien und Afrika[11] und die Vereinigung Ostroms mit dem Abendland empfand er als seine kaiserliche Aufgabe, zumal seit sich die Vereinigung der österreichischen, burgundischen und spanischen Länder in näherer Zukunft abzeichnete.

Solange Bajezid[12] regierte und Ismail-Sofi mächtig war, glaubte Maximilian an die Waffenruhe, welche durch Tatenscheu, Krankheit und Schwermut des alternden Sultans gesichert schien, die der Kaiser außerdem durch Gesandtschaften zu pflegen und verlängern wußte. Leider erfahren wir fast nichts davon, weil der Verkehr eines christlichen Kaisers mit den Ungläubigen für anstößig, ja unrein galt. Der diplomatische Verkehr mit den Türken wurde möglichst geheimgehalten[13] und die kaiserliche Türken-Registratur später offenbar vernichtet; nicht ein einziges Türkenstück unmittelbar von der Hohen Pforte findet sich in den kaiserlichen Akten, nur beiläufige Erwähnungen haben sich erhalten. Regelmäßige Gespräche mit der Pforte hielt der Kaiser ebenso wie die Signorie von Venedig für unbedingt nötig, mochte sich das christliche Gefühl dagegen auch sträuben. Die Tatsache, daß die osmanische Großmacht ein bestimmender Faktor des europäischen Staatensystems wurde und daß sich über die Ostpolitik zahlreiche Verbindungen nach Konstantinopel zwangsläufig ergaben, war nicht aus der Welt zu schaffen. Nicht nur die Politik, auch das öffentliche Interesse des Abendlandes begann sich mit den Sultanen und der türkischen Großmacht immer eifriger zu beschäftigen[14]. Briefe türkischer Sultane, meist Drohbriefe — durchaus gefälscht —, waren im Abendland weit verbreitet.

Aus dem Jahr 1506 ist zufällig eine Gesandtschaft des Grafen Hans von Frankopan nach Konstantinopel[15] erwähnt. Es dürfte wie stets um Verlängerung des Waffenstillstandes, um die üblichen kleinen Grenzverletzungen, vielleicht auch um Druck gegen Venedig gegangen sein. Aber Bajezid ließ sich weder vom Kaiser noch von Venedig mißbrauchen und hielt sich beide Mächte durch eine verläßliche gegenseitige Feindschaft weit vom Leibe, um den Frieden nicht zu gefährden.

Als Maximilian 1508 im Trienter Dom feierlich zum Römischen Kaiser ausgerufen wurde, vergaß er nicht auf die St.-Georgs-Zeremonie, mahnte zum Türkenzug auf und schlug einige Fürsten, Grafen, Herren und kleine Leute zu St.-Georgs-Rittern[16]. Aber dies war nicht mehr als eine traditionelle Geste.

Auch die Liga von Cambrai versteckte sich zunächst hinter einem angeblichen Bündnis gegen die ungläubigen Türken. Es gab damals kein größeres Vertragswerk ohne einen Türkenartikel. Jedoch ein Körnchen Wahrheit enthielt dieses verlogene Angriffsbündnis: den Plan des Kaisers, nach der Aufteilung Italiens auf Kosten Venedigs zu einem allgemeinen Frieden der christlichen Großmächte zu kommen und mit Hilfe des Papstes und der europäischen Staaten den großen Türkenzug zu unternehmen. Gerade 1509 wäre wieder eine Gelegenheit dazu gewesen: Das türkische Reich, zumal die Hauptstadt Konstantinopel, wurde von einem der fürchterlichsten Erdbeben seiner Geschichte heimgesucht. Nicht nur die Häuser, auch die Mauern der Hauptstadt stürzten ein und begruben Tausende unter den Trümmern. „Hätte man die Stadt stürmen wollen, brauchte man keine Geschütze." Durch mehr als sechs Wochen wiederholten sich die Erdstöße, während Meeresfluten die Stadt überschwemmten[17].

Als der italienische Krieg für den Kaiser immer ungünstiger verlief, versuchte er wiederholt in wahrhaft unchristlicher Weise, die Türken gegen San Marco in den Krieg zu hetzen. Den Venezianern drohte er, der Sultan werde ihnen die östlichen Besitzungen entreißen, wenn sie ihre Politik nicht änderten[18]. Der Wunsch war der Vater des Gedankens. In solch unheiliger Mission ging offenbar Federico di Strassoldo 1510/11 zum Pascha von Bosnien, dann weiter zu den Wesiren und zum Großherrn nach Adrianopel[19]. Wahrscheinlich sollte er den Sultan zum Angriff gegen Venedig ermuntern, denn der Absprung des Papstes hatte die Liga bedeutend geschwächt und den Sieg in weite Ferne gerückt. Julius II. dagegen versuchte, die Türken gegen Ungarn abzulenken, indem er König Wladislaw zum Angriff gegen den Sultan mahnte und ihm das geweihte Schwert und den Hut als Auszeichnung des christlichen Türkenkämpfers übersandte[20]. Wladislaw war indes klug genug, angesichts der Schwäche seines Reiches alles daranzusetzen, den 1510 abgelaufenen Waffenstillstand mit den Türken zu erneuern[21].

Als Ungarn und Polen 1511 eine Verlängerung des Waffenstillstandes auf drei Jahre erwirkten, versuchte auch der Kaiser, sich diesen Verhandlungen anzuschließen[22], hatte aber zunächst keinen Erfolg. Zwar bedachte der Großherr die Gesandten mit Freundschaftsbeteuerungen, setzte aber — offenbar um Stärke vorzutäuschen — den kleinen Grenzkrieg gegen Kroatien und Krain unbekümmert fort; ja, er versuchte, die Angst durch wilde Gerüchte von großen Armeen zu steigern[23], um den Kaiser im Südosten zu binden. Er sollte es sich nicht einfallen lassen, König Ferdinand von Aragon bei seinen afrikanischen Eroberungen zu unterstützen. Wieder suchte der Kaiser, wie so oft, den abendländischen Kreuzzugseifer anzufeuern, indem er den christlichen Fürsten die Annahme des St.-Georgs-Ordens empfahl[24]. Der Papst freilich hätte die Führung des Kreuzzuges lieber dem König von Frankreich anvertraut[25] — vielleicht auch in der Hoffnung, ihn damit von Italien abzulenken.

Inzwischen hatte in Konstantinopel im Frühjahr 1512 der kriegerische Selim I. seinen friedfertigen Vater, Bajezid, „den Heiligen", von der Herrschaft verdrängt[26]. Mit dem „grimmigen" Selim kam die Kriegspartei der Janitscharen wieder zur Herrschaft. Das Abendland schien unmittelbar bedroht. Das Laterankonzil mahnte zum Kreuzzug[27]. Man glaubte in Rom längst nicht mehr, daß es nur eines „bißchen Wassers" bedürfe, um den Islam zu taufen. Selim, der zunächst einen Feldzug gegen Perser, Syrer und Ägypter plante, täuschte gewaltige Rüstungen gegen den Westen vor. Wechselnde Gerüchte steigerten die Schreckvorstellungen[28]. Man sprach von großen türkischen Armeen, die Ungarn erobern sollten. Die ungarischen Gesandten an der Pforte wurden hochmütig abgefertigt. Der Sultan ließ sich nur mehr auf kurzfristige Waffenruhe ein[29]. Er wollte indes nur ablenken; tatsächlich plante er einen Großangriff im Osten.

Auch der Kaiser, der sich den ungarischen Verhandlungen anschließen wollte, wurde stolz abgewiesen: Der Großherr wünsche eine Sondergesandtschaft des Kaisers. Nun trat auch Maximilian an der Pforte schärfer auf: Er drohte dem Sultan die „Freundschaft" aufzukündigen, wenn er Venedig weiter unterstütze[30]. Ja, er forderte ihn geradezu zum Angriff gegen Venedig auf[31]. Der Kaiser tauschte Gesandtschaften mit dem Woiwoden der Moldau; denn seit den Zeiten Stephans des Großen[32] war dies Land ein tüchtiger Bundesgenosse gegen die Türken.

Aber Selim, der den Krieg im Osten vorbereitete, wollte nichts anderes, als die christlichen Mächte abschrecken, gegeneinander ausspielen, um sich den Rücken freizuhalten. Daher verschärfte er den kleinen Grenzkrieg gegen Ungarn: Menschenraub, Brandstiftung, Verwüstung waren das alltägliche Schicksal der Grenzbevölkerung, so daß König Wladislaw endlich einen großen Kreuzzug vorbereitete, den der Papst mit reichen Geldmitteln unterstützte[33]. Man wußte natürlich von Selims Schwierigkeiten mit Ismail-Sofi und wollte sie nützen.

Jetzt wäre für die christlichen Mächte eine günstige Gelegenheit gewesen, wenn sie sich nur hätten einigen können. Kardinal Bakócz von Gran sollte den ungarischen Kreuzzug als päpstlicher Legat begleiten. Aber Ungarn allein? Was hätte es gegen die osmanische Großmacht ausrichten sollen? Das Unternehmen endete mit dem unglückseligen grausamen Kuruzzenaufstand und seinen verheerenden Folgen. Auch Johann Zapolya, der sich in den Grenzkämpfen gern den Ruhm eines Türkensiegers erworben hätte, holte sich nur eine Niederlage, die sein Ansehen — zum Vorteil des habsburgisch-jagellonischen Bündnisses — entscheidend schwächte[34]. Der Kaiser sah keinen Anlaß, vor Abschluß der Wiener Verträge den Ungarn beizustehen — abgesehen davon, daß es die europäische Gesamtlage nicht gestattet hätte.

Die Sorge vor einem türkischen Großangriff trug gewiß nicht wenig dazu bei, den Abschluß der Wiener Verträge von 1515 zu beschleunigen und den Jagellonen ein Bündnis mit dem Kaiser schmackhaft zu machen. In der Tat stand der Wiener Kongreß äußerlich ganz unter dem Zeichen dieses Schutz- und Trutzbündnisses gegen die Türken, was der Papst mit großem Wohlgefallen aufnahm. Aber man beruhigte sich sehr bald mit der Nachricht, daß der Sultan mit dem Sofi zu schaffen habe und ein Großangriff nicht so rasch zu erwarten sei[35]. Leo X. freilich mahnte den Kaiser und seine Verbündeten unablässig, die Gunst der Stunde wahrzunehmen und die Türken anzugreifen, solange sie gegen Persien, Syrien und Ägypten gebunden seien[36]. Aber im Abendland fehlte derzeit jede Voraussetzung für einen Kreuzzug. Der Streit der christlichen Mächte untereinander verhinderte jedes gemeinsame Unternehmen. Der Kriegssturm über Italien steigerte sich eben zu letzter Stärke. Rußland war keineswegs bereit, den Krieg gegen Polen zu beendigen. Maximilian stand alsbald nach dem Hinscheiden König Ferdinands vor neuen Schwierigkeiten in Italien. Ungarn allein aber war den Türken in keiner Hinsicht gewachsen. Gleichwohl wagte es Wladislaw, eine türkische Friedensgesandtschaft hinzuhalten und schließlich mit zweifelhafter Antwort zu entlassen.

Selim I., von diesen, wenn auch schwachen Regungen des Widerstandes gewarnt, fuhr fort, die christlichen Mächte zu schrecken, Bereitschaft und Stärke vorzutäuschen, und suchte die ständigen Angriffe gegen die ungarisch-kroatische Grenze noch zu steigern; ja, eine kleine türkische Flotte überfiel im Frühjahr 1516 sogar die Stadt Rom[37]. Venedig hingegen wurde meist geschont.

Seit dieser Zeit bemühte sich Leo X. noch mehr als bisher um einen allgemeinen Kreuzzug und wandte sich mit Mahnungen und Aufgeboten an die christlichen Mächte. Maximilian antwortete, daß gerade er stets zu einem Türkenzug bereit gewesen sei[38], womit er offenbar zu verstehen geben wollte, daß Leo X. ähnlich einem seiner Vorgänger, Alexander VI., die Führung des Kreuzzuges eher dem König von Frankreich anvertrauen wollte als ihm, dem Kaiser. Der Papst wußte selbst am besten, woran jeder Versuch eines allgemeinen Kreuzzuges derzeit scheitern mußte. Erst als sich die großen Gegner, der Kaiser, Frankreich, Venedig und Spanien, in den Waffenstillstands- und Friedensschlüssen von Noyon und Brüssel (1516) vorläufig verständigten[39], schien eine mäßige Aussicht gegeben.

Ein türkischer Großangriff drohte über das Abendland hereinzubrechen, nachdem Selim I. den neuen Schah Ismail-Sofi von Persien[40] zurückgeschlagen (1514) und auch dessen Bundesgenossen, die Syrer und Ägypter, besiegt, Damaskus, Jerusalem und Kairo erobert hatte (1516/17). In Kairo hatte Selim den letzten Kalifen abgesetzt und auch das höchste geistliche Amt des Islam an sich genommen. Es war zu erkennen, daß der Großherr als „Kaiser und Papst" des universalen islamischen Reiches nun in die Fußstapfen des alten Oströmischen Reiches zu neuen Eroberungen im Westen fortschreiten werde. Das Laterankonzil faßte in seiner letzten Sitzung (März 1517) nochmals feierliche Beschlüsse zum Schutz der Christenheit gegen die Türken[41]. Der Papst gebot in allen christlichen Kirchen Prozessionen, Gebete, Fasten zur Abwendung des Islam. Auch die Großmächte konnten die Gefahr nicht mehr übersehen. Auf dem Tag zu Cambrai (1517) führten der Kaiser, Frankreich und Spanien ernsthafte Verhandlungen über einen Kreuzzug[42]; aber auch diesmal nicht ohne Hintergedanken: Man wollte, wie schon öfter geplant[43], den Kreuzzug mit der Überrumpelung und Besetzung Venedigs[44] beginnen, das den Flottenstützpunkt für die christliche Armada abgeben sollte. Der Kaiser hätte sich nur unter dem Vorwand des Kreuzzuges für die Verluste des letzten Krieges entschädigen wollen, sagte man.

Der Papst wandte sich mit einer Denkschrift[45] an die christlichen Mächte und schlug ein großes Land- und Seeunternehmen gegen Konstantinopel vor. Der Kostenplan schätzte diesen Kreuzzug auf etwa acht Millionen Dukaten, die man nicht schwer aufzubringen hoffte. Das Osmanische Reich sollte vernichtet und je nach Verdienst unter die christlichen Mächte aufgeteilt werden. Der Papst rechnete mit 60.000 Knechten, 4000 Panzerreitern und 12.000 leichten Reitern; die Seestaaten hätten 300 Triremen stellen sollen. Es war im Gunde der alte Dreijahresplan, den drei Heeresgruppen durchzuführen hatten. Polen und Ungarn sollten der Donau entlang über Serbien und Rumelien gegen Konstantinopel vordringen; die zweite Heeresgruppe hätte über Friaul und die dritte unter gemeinsamer Führung des Kaisers und des Königs von Frankreich über Unteritalien und die Adria nach Makedonien und Thrakien gegen Konstantinopel vorstoßen sollen.

Aber der Kaiser machte den päpstlichen Plan[46] auf seine neuen Vorstellungen zurecht. Die Könige von Frankreich und England sollten im ersten Jahr zu Hause bleiben und über den Gottesfrieden im Abendland wachen und erst im zweiten Jahr dem Kreuzzug folgen. Offenbar wünschte Maximilian Frankreich vom Kreuzzug fernzuhalten. Der König von England lachte nur und dachte nicht daran, sich vom Kaiser nach Belieben so oder anders „einteilen" zu lassen[47].

Maximilian wünschte die erste Heeresgruppe der Donau entlang, die zweite über Italien und den Balkan hinweg nach Konstantinopel zu führen, während die dritte Heeresgruppe, die größte und stärkste, unter des Kaisers, König Karls und des Königs von Portugal[48] Befehl mit einer großen Flotte Nordafrika erobern, Syrien und Ägypten vom Sultan befreien und sich mit den anderen Heeresgruppen vor Konstantinopel vereinigen sollte[49]. Der Kaiser, die Könige von Spanien, Polen und Ungarn als enge Verbündete hätten die gewaltige Zangenbewegung zur Vernichtung der Türken an den entscheidenden Fronten führen und den König von Frankreich möglichst ausschalten sollen. Im Osten wollte man Tataren, Moldauer, Walachen, Perser und im Süden Mamelucken und Äthiopier gegen den Sultan aufrufen und gemeinsam mit ihnen das Osmanische Reich vernichten.

Der Kaiser plante damals längst nicht mehr im österreichischen Rahmen, sondern sah den Türkenkrieg bereits in den weltweiten Zusammenhängen Spaniens. Gelang es den Habsburgern, sich des Mittelmeeres zu bemächtigen, dann war das Reich der alten Römer wiederhergestellt. Erst 1453 war Konstantinopel, „das zweite Rom", gefallen, und die Türken faßten bereits Wien, Venedig und Rom als Ziele ihrer Eroberungen ins Auge. War es da völlig irreal, zur eigenen Sicherheit den Gegenstoß zu versuchen? Vertraten damals nicht alle europäischen Mächte ähnliche Pläne?

Nun gebot der Papst[50] allgemeinen Gottesfrieden in der Christenheit, sandte Legaten zu den christlichen Mächten, ordnete Bittprozessionen und Kreuzpredigten an. Der gelehrte Dominikaner Kardinal Cajetan wurde zum Kaiser nach Augsburg abgeordnet. Seine Sendung sollte in ganz anderem Zusammenhang in die Weltgeschichte eingehen. Auch der Kaiser schickte Kreuzzugsgesandte nach Ungarn, Polen und Rußland[51].

In einer eingehenden Denkschrift[52] suchte der Kaiser den päpstlichen Plan richtigzustellen und Leo X. über die Stärke des Großherrn aufzuklären: Er habe im letzten Feldzug gegen Persien und Ägypten 200.000 Knechte und Reiter, gewaltige Mengen von Artillerie aufgeboten und ziehe nunmehr eine Flotte von 300 Triremen zusammen. Dagegen müßten auch die christlichen Staaten, um Sieger zu bleiben, mindestens 180.000 Knechte und Reiter aufbieten. Der Kaiser berechnete die nötigen Ausgaben für alle drei christlichen Heere für ein einziges Jahr auf sieben Millionen Dukaten. Den ganzen Feldzug berechnete er also wesentlich höher als der Papst. Eine Kreuzzugsbruderschaft des Kaisers, der christlichen Könige und Fürsten sollte das oberste Schiedsrichteramt üben. Alles hänge von der Haltung Frankreichs und Spaniens ab, betonte der Kaiser. Die Rivalität zwischen Karl (V.) und Franz I. warf bereits ihre Schatten voraus.

Es kam zunächst darauf an, wie sich die österreichischen Länder und das Reich zu den Plänen des Papstes und des Kaisers stellen würden. Schon der Innsbrucker Generallandtag[53] (1518) wollte von einem Angriffskrieg nichts wissen, obwohl der Kaiser betonte, er wolle nicht mehr über Afrika, sondern über Ungarn ziehen[54]. Nur zur Verteidigung wären die österreichischen Stände bereit gewesen, ein Aufgebot an die Grenze zu stellen. Im übrigen meinten sie, der Kreuzzug sei vorzüglich Sache des Reichstages. Zwar warben zahlreiche Flugschriften im Sinne des Papstes und des Kaisers für den Kreuzzug[55]. Die Türkenreden des Bischofs von Plock, des Gesandten Polens, die Aufrufe Sebastian Brants, Huttens und anderer wurden überall verbreitet; aber sie trafen auf taube Ohren.

Auf dem Augsburger Reichstag wurden diese Kreuzzugspläne unbarmherzig, ja höhnisch zerpflückt. Um sie nicht offen abzulehnen, schob man sie auf die lange Bank. Die offenen und versteckten Absagen der Reichsstände, voll von Ausfällen gegen den Papst, wurden in zahlreichen Flugschriften[56] im Volk verbreitet: Deutschland sei zu arm, die Geistlichen zu einem Kreuzzugszehenten nicht bereit; man zweifelte am Ernst des Papstes; die Gelder flössen schließlich nur in die römischen Kassen. Der eigentliche Türke sei der Papst, ließen manche Flugblätter verlauten. Die Türkengefahr wurde zerredet und verkleinert. Was im Inneren des

Reiches, an Rhein, Mosel oder Main saß, fühlte sich davon kaum berührt. Je eifriger man für die Kreuzzugssteuer warb, desto größer war das Mißtrauen. Unvergessen war das Schicksal der Kruziatgelder nach 1500.

Aber auch die großen Verbündeten zeigten wenig Kreuzzugseifer. Der König von Frankreich wollte von dieser habsburgischen Planung nichts mehr wissen. Er wünschte nicht, daß die Kaiserlichen im Zuge eines Türkenunternehmens so nebenbei Venedig besetzten. Der König von England wiederum warnte vor Frankreich[57], das unter dem Vorwand des Kreuzzuges nur Italien erobern und den Papst unterwerfen wolle. König Karl[58] dagegen versprach dem Papst, Truppen in Sizilien bereitzustellen und bereits im März 1519 persönlich für den Kreuzzug bereit zu sein. Sein Hintergedanke, sich damit den Papst für die Kaiserwahl zu verpflichten, ist offensichtlich. Polen fühlte sich durch innere Schwierigkeiten, insbesondere durch die Feindschaft Rußlands, gebunden[59]. Ungarn[60] freilich wäre einverstanden gewesen mit einem Kreuzzug, den die anderen Mächte bezahlten und führten. Die Reichsstände aber entschuldigten sich, ein Türkenkrieg sei nicht Sache des Reiches allein, sondern aller christlichen Mächte. So schob es jeder auf den anderen. Die Verfilzung mit so viel machtpolitischen Wünschen mußte den Kreuzzug vor der Zeit zu Fall bringen.

Sosehr der Kaiser die Ehre schätzte, an der Spitze der christlichen Könige einen Kreuzzug anzuführen[61], wiesehr er sich durch Monate darum bemühte, er mußte den Plan vor den sich auftürmenden Hindernissen innerhalb der europäischen Staaten und des Reiches schließlich doch aufgeben. Spätestens seit Beginn des Augsburger Tages war ihm die Aussichtslosigkeit wohl klar. Seither standen dem kränklichen Kaiser, der bereits sein Ende nahen fühlte, die Wahlhandlungen wohl näher, zumal seit Leo X. Karls Kandidatur Schwierigkeiten bereitete und die Kaiserkrönung im Reich verweigerte. Entschieden erklärte der Kaiser, daß er nicht „ungekrönt" gegen die Türken ziehen wolle[62].

So zerrannen die großen Pläne in nichts. Die politischen Hindernisse waren unüberwindlich. Der Tod des alten Kaisers aber schuf eine ganz neue Lage. Alle Spannungen richteten sich nun fortan auf die Königs- und Kaiserwahl. Die folgenden Wochen und Monate schienen denen recht zu geben, die an eine echte Türkengefahr nicht glaubten. Noch war es für das innere Mitteleuropa

ein im Grunde behagliches Gefühl, in den zahlreichen Türken-
chroniken zu lesen ... vom Krieg und Kriegsgeschrei, wie hinten
weit in der Türkei die Völker aufeinander schlagen ... Es bedurfte erst der Ereignisse von 1526/29, um dem christlichen Abendland die Augen zu öffnen, wessen man sich von den Türken zu
versehen hatte.

IV. Kapitel

DER ENDKAMPF UM ITALIEN 1515/16

1. Franz I. erobert Mailand zurück. Krise der habsburgisch-spanischen Sache

Der junge, ehrgeizige König von Frankreich, Franz I., zögerte keinen Augenblick, in den Bahnen seiner Vorgänger, Karls VIII. und Ludwigs XII., fortzuschreiten, und setzte sich die Eroberung Italiens, zunächst Mailands, dann Neapels, zum Ziel[1]. Auf diesem Wege würde er zur Vorherrschaft in Europa, vielleicht auch zum Römischen Kaisertum gelangen, das nach den Gesetzen der Macht und eigenen Vorstellungen seinem Land, der Heimat Karls des Großen, eher zu gehören schien als dem verfallenden Reich Deutscher Nation.

Rasch erneuerte Franz I. das alte Kriegsbündnis mit Venedig (27. Juni 1515)[2] und den neuen Freundschaftsvertrag mit Heinrich VIII. (5. April 1515)[3], der an einen französischen Angriff gegen Italien damals noch nicht glauben wollte. Es gelang dem König von Frankreich sogar, den neuen Herrn der Niederlande, Erzherzog Karl, der zum Leidwesen seines Großvaters Maximilian eine ganz andere Politik einschlug als die bisherige Statthalterin Margarethe, durch einen Freundschaftsvertrag zum Frieden an der Nordgrenze zu verpflichten (24. März 1515)[4]. Die Franzosen vermochten auch den Dogen von Genua, Ottaviano Fregoso, der unter den Übergriffen des Herzogs von Mailand zu leiden hatte, alsbald für sich zu gewinnen[5]. So vorbereitet, konnte Franz I. den großen Sprung nach Italien, die Wiedereroberung Mailands getrost wagen.

Der kluge Ferdinand von Aragon hatte die große Gefahr für Mailand, Neapel und ganz Italien sehr rasch erkannt: Bereits am 7. Februar 1515 schloß er mit dem Kaiser, den Eidgenossen und Mailand ein Bündnis[6] zur Erhaltung des gegenwärtigen Besitzstandes in Italien. Unabhängig davon und fast gleichzeitig hatten sich auch Papst, Kaiser, Eidgenossen und Mailand zu einer Liga gegen Frankreich und Venedig zusammengetan[7]. Sie wollten ein Bundesheer unter Cardona aufstellen, zu dem der Papst 20.000 Dukaten, der Kaiser 6000 und die anderen 10.000 Dukaten monatlich beisteuern sollten. Leo X. freilich hielt sich vorsichtig zurück, zögerte mit der Ratifikation[8] und verhandelte heimlich auch mit den Franzosen[9].

Der Kaiser lag zu Jahresbeginn schwer krank in Innsbruck. Die Franzosen wollten wissen, er sei vom Schlagfluß gelähmt. Die Venezianer verbreiteten andere mißgünstige Berichte[10]: er leide an einer geheimen Krankheit, sei nicht mehr imstande, die Gemsen zu jagen, schleiche sich in den Kirchen herum und sei bigott geworden; man habe von ihm in Italien nichts mehr zu befürchten. In der Tat richtete der Kaiser damals seine politische Aufmerksamkeit vorzüglich auf Böhmen, Ungarn und Polen und mußte dieses Jahr alle seine Geldmittel in die Ostpolitik stecken, wo die großen Erbverträge und Hochzeiten mit den ungarischen Königskindern vorbereitet wurden. Aber auch König Ferdinand, an Mitteln völlig erschöpft, wollte lieber andere für sich kämpfen lassen. So blieben die Schweizer in den großen Auseinandersetzungen des Jahres 1515 gegen Frankreich in der Lombardei allein.

Den uneinigen, abgekämpften Mächten trat mit Franz I. ein unternehmungslustiger, wagemutiger und junger König entgegen, der Frankreichs Größe vor allem in Italien, wenn möglich im Kaisertum suchte, der dafür eine so schlagkräftige Armee und so große Geldmittel einsetzen konnte wie kein anderer in Europa. Maximilian verließ sich hingegen ganz auf die Eidgenossen, die er um jeden Preis für ein Kriegsbündnis gegen Frankreich zu bereden versuchte. So wichtig waren dem Kaiser die Verhandlungen mit den Schweizern, daß er ihretwegen sogar die Könige von Ungarn und Polen in Preßburg durch viele Wochen warten ließ[11].

Zunächst mochte der Kaiser hoffen, Italien werde dieses Jahr noch ruhig bleiben. Er hatte Marx Sittich von Ems zum obersten Feldhauptmann in Friaul ernannt[12], wo aber nichts geschah, denn auch die venezianische Armee war erschöpft und keines kräftigeren Schlages fähig. In Verona befehligte Giovanni Battista Spinelli Graf Cariati, ein gewalttätiger, aber rühriger Mann, der nichts unließ, um die Festung gegen jeden Feind zu sichern[13]. Außerdem hatten die Spanier unter Cardona und der Papst unter Marcantonio Colonna Verstärkungen in die bedrohte Stadt geschickt. Der Kaiser dachte nicht daran, das Kriegsvolk von Verona zur Unter-

stützung der Schweizer gegen die Franzosen und Venezianer einzusetzen. Niemand rechnete damit, daß der französische Überfall
Italien so rasch und blitzartig treffen werde.

Nach umfassenden Rüstungen führte Franz I. ein Heer von
etwa 30.000 Knechten, 3000 Lanzen, 2000 Bogenschützen und
60 Geschützen über die Alpen[14] — viel stärker, als dies sein Vorgänger je nach Italien geschickt hatte; so viele deutsche Landsknechte, darunter ausgewählte „schwarze Banden", daß man
später sagte, sie hätten eigentlich den Krieg in Italien gewonnen.
Auch Karl von Geldern und Robert von der Marck zogen mit
ihren Rebellentruppen mit, so daß sich Erzherzog Karl in den
Niederlanden völlig sicher fühlen konnte. Dies war der Preis für
seine Neutralität. Ihnen traten etwa 25.000 Eidgenossen entgegen,
die das französische Heer am Ausgang des Gebirges erwarteten.

Der Kaiser schickte ihnen weder Truppen noch Geld, aber versprach ihnen das Blaue vom Himmel[15]. Freilich brauchte er damals
jeden Pfennig für seinen Kongreß, den er für die Könige von
Ungarn und Polen in Wien vorbereitete. Er habe seine Reiter ins
Elsaß gesandt[16], entschuldigte er sich. Vergebens warteten die
Schweizer auf einen Entlastungsstoß der Reichstruppen durch die
Burgundische Pforte; vergebens auf das Eintreffen eines päpstlichen Hilfsheeres unter Lorenzo dei Medici, das von Modena
heranrücken sollte; vergebens auf die Spanier unter Cardona,
die der Kaiser in Verona so lange zurückhielt, daß sie die Entscheidungsschlacht versäumten.

Mit vier Heeresgruppen stieß der König von Frankreich nach
Genua vor[17], das sofort zu ihm überging; dann gegen den Oberlauf des Po, über Saluzzo, Pinerolo, Turin, Vercelli nach Mailand,
wo er den vom Osten her anrückenden Venezianern die Hand
reichen wollte. Die Franzosen schlugen die Liga bei Villafranca[18]
und nahmen den Führer der päpstlichen Verbände, Pospero Colonna, gefangen; ein schlechtes Vorzeichen, das die Schweizer sehr
entmutigte. Sie wichen fast widerstandslos auf Mailand zurück. Ein
Teil knüpfte bereits Friedensverhandlungen mit dem König von
Frankreich an[19] und zeigte sich bereit, ihm das Herzogtum für eine
größere Geldsumme zu überlassen. Damit war die Sache eigentlich
schon entschieden, wenn auch andere, vor allem die Urkantone, angeführt vom unermüdlichen Kardinal Schiner, einen so schändlichen
Verzichtfrieden ablehnten und eine Entscheidung auf dem Schlachtfeld suchten. Die Uneinigkeit wurde den Eidgenossen zum Ver

hängnis; dazu die Unzuverlässigkeit der Bundesgenossen. Schiner hatte weder Cardona mit seinen Spaniern noch Lorenzo dei Medici mit seinen „Schlüsselsoldaten", die insgesamt mit etwa 10.000 Knechten, 3000 schweren und leichten Reitern bei Piacenza standen[20], zur Vereinigung mit den Schweizern bewegen können. Nicht einmal die anmarschierenden Venezianer waren gebunden und von der Vereinigung mit den Franzosen abgehalten worden. Freilich hatten auch die eidgenössischen Friedensverhandlungen Mißtrauen erregt und den Eifer der Bundesgenossen gelähmt[21]. So standen die Schweizer in der Entscheidungsschlacht allein: ohne Reiterei und ohne Artillerie.

Am 13. September 1515 eröffnete eine eidgenössische Abteilung vor den Toren Mailands, bei Marignano[22], ein Scharmützel gegen die Franzosen, um einen feindlichen Angriff vorzutäuschen, die verdrossenen Landsleute mitzureißen und die Franzosen durch Überraschung zu schlagen. Kardinal Schiner ritt ihnen im Purpur voran. Die Schlacht dauerte bis in die finstere Nacht. Die Franzosen brachten schwere Blutopfer. Die Eidgenossen meinten schon, den König von Frankreich getötet zu haben, und glaubten alles gewonnen. Da fielen am anderen Tag die Panzerreiter der anrückenden Venezianer den Schweizern in die Flanke. Aus Sorge vor völliger Umklammerung zogen sie sich unter schweren Verlusten zurück[23]. Fahnen und Feldzeichen blieben liegen. Die Landsknechte erbeuteten die „Kuh von Schwyz" und den „Stier von Uri", die gefürchteten Kriegshörner der Schweizer, nachdem sie deren Träger erschlagen hatten[24]. Weder Schiner noch die Bundesgenossen konnten die geschlagenen Schweizer zurückhalten. Zwar hielten sie ihre Niederlage zunächst noch für einen „Unfall", den sie bei nächster Gelegenheit rächen wollten. Aber der Mailänderzug des Jahres 1516 war nur ein schwaches Nachspiel. Marignano sei kein Kampf der Menschen, sondern ein Titanenkampf gewesen, urteilte Trivulzio: achtzehn Schlachten habe er erlebt; alle ein Kinderspiel dagegen. In der Tat bedeutete Marignano das Ende der eidgenössischen Macht in der Lombardei.

Den Erfolg dieses Tages schrieben sich vor allem die Landsknechte zu[25], die unter französischer Fahne kämpften. Sie empfanden den Tag von Marignano als ihren Triumph über die Schweizer: „Das Geld hat euch geblendet, in aller Welt geschändet; gedenkt ihr aber nit, daß es Gott die leng nit litt", so schrien sie den geschlagenen Schweizern nach. Die Frage nach der Schuld von

Marignano erschütterte die Eidgenossenschaft. Jeder suchte sie beim andern: Gotteslästerungen, Kirchenraub, Schändungen hätten den Zorn Gottes herausgefordert[26]. Zwar beschlossen sie einen neuen Auszug zur Befreiung Mailands, der aber zu nichts mehr führen sollte.

Während der Kaiser die große Wiener Doppelhochzeit feierte, war die Lombardei verlorengegangen. Er konnte nur seine Festungen Verona und Brescia gegen Venezianer und Franzosen behaupten. Ein Glück für ihn, daß die Sieger unmittelbar nach Marignano ihre eigenen militärischen und politischen Ziele, Mailand, Cremona und die Rückeroberung des gesamten Herzogtums, verfolgten und die Venezianer ihren besten Feldherrn, d'Alviano, verloren, der im Oktober 1515 starb. Trivulzio, den man aus französischen Diensten zurückholte, sollte ihn ersetzen. Verona war nach dem Abzug Cardonas und seiner Spanier fast schutzlos und der Kaiser nicht imstande, die Stadt zu sichern. Da schickte ihm der Papst Marcantonio Colonna mit Knechten und Reitern in die gefährdete Stadt zurück[27]. Jetzt freilich, nach verlorenem Krieg, raffte der Kaiser alle Kräfte zusammen[28], aus den Erbländern, beim Schwäbischen Bund und im Reich, um Tirol zu sichern und die Schweizer weiter im Felde zu halten und für einen neuen Feldzug im nächsten Jahr zu gewinnen, den der Kaiser persönlich anführen wollte. Mit Acht und Aberacht strafte er alle deutschen Landsknechte, die den Franzosen zugelaufen waren[29]. Mit Eifer bereitete er den Feldzug des nächsten Jahres vor.

Die Venezianer wagten sich ohne französische Hilfe nicht an das verstärkte Verona heran und konnten nur einige schwächer besetzte Orte rings um den Gardasee, vor allem Peschiera, erobern. Dann gingen sie an die Belagerung von Brescia[30], das eine deutschspanische Besatzung von 2000 Knechten und 200 Reitern für den Kaiser verteidigte. Im Oktober konnten wiederholte Angriffe der Venezianer zurückgewiesen werden. Im November erneuerten sie, diesmal durch Franzosen verstärkt, ihre Sturmangriffe mit Geschützen und Minensprengungen gegen die Festung. Da sich die deutschen Knechte in französischen Diensten weigerten, gegen eine Stadt des Kaisers vorzugehen, schickte der König von Frankreich Gascogner in den Kampf[31]. Eine französisch-venezianische Truppe, die zur Verstärkung der Belagerer heranmarschierte, wurde von Marcantonio Colonna aus der Stadt Verona heraus überfallen und geschlagen[32]. Obwohl man Brescia nach den schweren Beschießungen Ende November sturmreif wähnte, gelang es auch den Gascognern in wiederholten Sturmangriffen nicht, in die Stadt einzudringen. Die Brescianer gaben schließlich vor, ihre Stadt den Belagerern zu übergeben, wenn bis zum Beginn des nächsten Jahres keine Hilfe eintreffe[33]. Aber sie dachten im Ernst nicht an Übergabe, sondern versuchten lediglich Zeit zu gewinnen, wußten sie doch, daß ein Entsatzheer unter Wilhelm von Rogendorf anmarschierte, das der Kaiser in den Erbländern und beim Schwäbischen Bund in Eile aufgeboten hatte. Am 27. Dezember erreichte es die Stadt. Die Belagerer hatten schon vorher das Feld geräumt[34].

Zwar war die Stadt nun wieder fest in der Hand der Kaiserlichen, aber die Notlage, vor allem der Soldmangel, waren kaum besser geworden, so daß sich die enttäuschten Knechte sogar an ihren Hauptleuten und an den Behörden der Stadt vergriffen[35]. Als die Venezianer im Februar 1516 neuerlich angriffen, fand sich die Besatzung doch wieder einmütig zusammen und schlug die Belagerer mit einem kühnen Ausfall zurück[36]. Erst im Mai 1516, nachdem der Angriff auf Mailand fehlgeschlagen war, fiel auch Brescia endgültig in die Hand der Venezianer.

Die Signorie befahl nun den Wüstungskrieg, der das ganze Gebiet um den Gardasee zwischen Brescia und Verona in verbrannte Erde verwandelte[37], um den Festungen ihr Hinterland zu nehmen und sie allmählich für den Fall reif zu machen. Der Kaiser aber, der aus Verona und Brescia „viele Millionen Gulden" an Renten bezog[38] — mehr als aus allen seinen Erbländern —, wollte diese Städte um jeden Preis behalten.

Der Herbst 1515 brachte dem König von Frankreich die reiche Ernte seines Sieges bei Marignano. Die politische Lage der Halbinsel schlug mit einem Male völlig um. Der Papst meinte, er könne sich nur in die Arme des Königs von Frankreich werfen und Misericordia rufen. Die antifranzösische Liga, die man im Februar 1515 geschlossen hatte, löste sich auf, und der feige Massimiliano Sforza schloß gegen den einmütigen Widerspruch der Mailänder Besatzung bereits am 8. Oktober mit Franz I. einen Vergleich ab, übertrug ihm gegen eine Jahresrente alle seine Ansprüche auf das Herzogtum und überließ ihm die festen Schlösser von Mailand und Cremona. „Auf einem Esel wurde er nach Frankreich geführt, gleich seinem Vater, und dort bis an sein Ende festgehalten."[39]

Der Papst — über den französischen Sieg erschüttert und enttäuscht — mußte sich bereit finden, nach dem Vorfrieden von

Viterbo (13. Oktober 1515) mit dem König von Frankreich in Bologna zusammenzukommen (11.—15. Dezember 1515) und sich dem Diktat des Siegers unterwerfen[40]. Beim öffentlichen Empfang, dem der kaiserliche Gesandte als einziger fernblieb, erwies Franz I. dem Papst alle Ehren[41]; heimlich freilich fuhr er ihn hart an, schalt Julius II. den größten Feind Frankreichs und ermahnte Leo, den Kaiser nicht weiter zu unterstützen, der den Tod von 20.000 Schweizern verschuldet habe, die besser im Kampf gegen die Türken gefallen wären. Der Papst sah den König, der so hochfahrend mit ihm redete, nur durch seine Stielbrille verwundert an[42]. Es gelang ihm, den Sieger zur Mäßigung zu bewegen.

In einem Konkordat, das die alte Pragmatische Sanktion von Bourges ersetzte, konnte Leo X. mit dem König von Frankreich die Rechte der gallikanischen Kirche teilen. Außerdem hatte der Papst Parma und Piacenza herauszugeben und Frankreichs Ansprüche auf Neapel gegen Spanien zu unterstützen — allerdings nicht, solange König Ferdinand lebte — so sehr fürchtete man ihn. Dem Herzog von Ferrara waren die Städte Modena und Reggio zurückzustellen. Für Venedig forderte der König von Frankreich die Städte Verona und Brescia[43], die dem Kaiser durch Geld abgelöst werden sollten. Florenz wurde dagegen ganz den Medici überlassen. Im ganzen hielt sich Franz I. auffallend zurück, um das allgemeine Gerede von einer französischen Weltherrschaft Lügen zu strafen.

Aber der Papst verstand es, sich dem König von Frankreich nach seiner Abreise aus Bologna rasch wieder zu entziehen. Man hatte in Bologna auch über einen „Türkenkrieg" verhandelt, was dem Papst die Möglichkeit gab, die Verhandlungen mit den anderen christlichen Mächten wieder aufzunehmen. Leo X. wagte es sogar, seine Truppen unter Marcantonio Colonna in Verona stehen zu lassen[44]. Vielleicht würde sich die durch den Blitzkrieg der Franzosen zersprengte Liga im nächsten Jahr wieder zusammenfinden. Der Kaiser und Spanien warben mit größtem Eifer für einen neuen Feldzug der christlichen Mächte gegen Frankreich[45], den Maximilian persönlich anführen wollte.

2. Maximilians Feldzug gegen Mailand[1] und der Kampf um Brescia und Verona

Der Kaiser hatte die Erfolge des Wiener Kongresses von 1515 mit dem Verlust der Lombardei[2] bezahlt, die er nun mit Hilfe der verbündeten Mächte, vor allem der Schweizer, zurückerobern wollte. Er versuchte, die zerschlagene Liga gegen Frankreich zu sammeln und Heinrich VIII. von England[3], der durch den Überfall Franz' I. auf Mailand mißtrauisch geworden war, wiederzugewinnen. Auch König Ferdinand, der nach der Eroberung Mailands fürchten mußte, Franz I. werde nun auch Neapel überfallen, bemühte sich um eine neue Liga. Marignano war für die Mächte ein Alarmzeichen gewesen, daß Frankreich sich ganz Italiens bemächtigen könne. So verband den Kaiser mit Spanien und England[4] der gemeinsame Wille, Frankreich aus Italien wieder zu vertreiben.

Vor allem mußte die eidgenössische Kriegsmacht gewonnen werden, ebenso das englische Geld. Der Gesandte Robert Wingfield[5] und Thomas Wolsey[6], den der Papst zum Kardinal gemacht hatte, um England zu gewinnen, gaben den entscheidenden Anstoß zur Rückkehr ihres Herrn in die Liga. Es scheint, als hätte der ehrgeizige Heinrich VIII. davon geträumt, ähnlich dem heldenhaften Heinrich V., als König von England und Frankreich auf das Festland zurückzukehren.

Nun galt es, mit englischem Geld die Eidgenossen zur Wiederaufnahme des Kampfes gegen Frankreich zu bewegen[7]. Beste Helfer waren dabei wie stets Kardinal Schiner von Sitten und der englische Sondergesandte Doktor Richard Pace[8], der sich allerdings allzu einseitig nur für die Unterstützung der Eidgenossen einsetzte. Lang dagegen riet zum Frieden mit Frankreich[9] — vielleicht fühlte er sich von Schiner im Einfluß auf den Kaiser bedroht?

Die Schweizer waren seit Marignano vorsichtiger geworden, wie gerne sie auch die Schmach dieses Tages ausgelöscht, ihre gefallenen Landsleute, die man unbestattet liegen gelassen hatte, gerächt und ihre Schutzherrschaft über den Mailänder Staat erneuert hätten. Erbittert rangen einerseits französische, anderseits kaiserliche und englische Gesandte um die Gunst der Eidgenossen und um die nötigen Werbelizenzen.

Der Kaiser versprach einen gemeinsamen Angriff aller Verbündeten gegen Frankreich. England stellte viel Geld in Aussicht und wollte vielleicht sogar an der französischen Küste landen. Aber es gab zunächst Schwierigkeiten: Ein Teil der Eidgenossen[10] schlug sich auf die Seite Franz' I. Dazu kam der Friedensschluß des Papstes in Bologna, der die Stimmung drückte, Leo X. wollte offensichtlich warten, wer siegte, ehe er noch einmal die falsche Partei wählte[11]. Heimlich unterstützte er bald den Kaiser, bald die Franzosen.

Einen schweren Schlag für die Liga bedeutete der Tod des Königs von Spanien (23. Februar 1516), der Hilfsgelder und machtvollen Einsatz zu Land und zur See versprochen hatte. Dies alles blieb nun aus, denn Karl (V.) und sein niederländischer Rat suchten im Hinblick auf die spanische Erbfolge eher Frieden mit Frankreich[12]; dies, obwohl man wissen mußte, wie sehr Karls Glück von den Erfolgen seines Großvaters abhing[13]. Dringend bat der Kaiser seinen Enkel um Hilfe, sonst würden ihn Spott und Schaden in Deutschland, Neapel und Sizilien treffen; und dies werde in Karls „Cronica" als „boess stückle" unvergessen bleiben[14]. Aber die burgundische Hilfe hielt sich mehr als bescheiden.

Entscheidend war, daß Heinrich VIII. in die Liga zurückkehrte. Der englische Gesandte Doktor Pace[15] und Kardinal Schiner versuchten die Geldangebote des Königs von Frankreich an die Eidgenossen womöglich zu übertreffen: Man bot den Schweizern 100.000 Kronen; sie sprachen zunächst von einer Million und forderten dann 300.000 Kronen. Man einigte sich in der Mitte[16]. Die Schweizer waren Geldsauger und hatten — nach Schiner — „alle Zitzen in ihren Mäulern". Wenn es auch nicht gelang, die Eidgenossen geschlossen für die Liga zu gewinnen, so vermochte man doch, die meisten östlichen Orte an die Seite des Kaisers zu ziehen. Doktor Pace — kein Freund Maximilians — schob freilich den größten Teil der Hilfsgelder den Eidgenossen zu, während der Kaiser im entscheidenden Zeitpunkt des Feldzuges ohne Hilfe blieb. Der kaiserfreundliche Wingfield konnte es nicht verhindern.

Maximilian, kränklich und alt, wollte nun — im Gegensatz zu seinen Räten — alles an einen Feldzug wagen, den er, ähnlich dem König von Frankreich, persönlich vorbereitete und anführte[17]. Die Kriegsbereitschaft vieler Eidgenossen, die sich bereits im Februar 1516 in Chur sammelten[18], stärkte seine Zuversicht. Strengstens verbot er den deutschen Landsknechten, französische Kriegsdienste anzunehmen[19].

16 Wiesflecker IV   241

Die Schweizer sollten nach den ursprünglichen Plänen des Kaisers durch Veltlin und Val Camonica direkt gegen Mailand vorstoßen, um Franzosen und Venezianer zu trennen. Während die Schweizer die Franzosen schlagen sollten, wollte der Kaiser die Venezianer vernichten, was die Engländer keineswegs wünschten. Daher drängten die Bundesgenossen darauf, daß die Eidgenossen, wie im Jahre 1513, durch den Vintschgau nach Trient zögen, sich dort mit den kaiserlichen Truppen vereinigten und dann gemeinsam gegen Mailand vorstießen. Man wollte so die Niederlage einer der beiden Heeresgruppen verhindern und vor allem die Franzosen mit der vereinigten Armee schlagen. Ungern entschloß sich der Kaiser nachzugeben und die Schweizer über Trient zu führen[20]. Auch war der Oberbefehl geteilt, ein Übelstand, der sich auch durch gemeinsamen Kriegsrat kaum überwinden ließ. Galeazzo Visconti wurde von den Schweizern zum Generalkapitän gewählt und von den Engländern bestätigt[21].

Wieder hatte das Land Tirol durch den Aufmarsch der Truppen und die hohen Kriegssteuern besonders zu leiden. Zwar lehnte der Landtag die Fortsetzung des Krieges und die neuerliche Steuer zunächst ab[22], da weder das Reich noch der Schwäbische Bund dafür etwas leisteten; auch das kaiserliche Angebot, Verona zum Lande Tirol zu schlagen, wurde zurückgewiesen. Aber das Land mußte schließlich doch einer Kriegssteuer von 40.000 Gulden zustimmen, deren Bezahlung die Bauern allerdings lange Zeit verweigerten.

Da die spanische Hilfe nach dem Tode König Ferdinands ausblieb und auch die englischen Gelder größtenteils den Schweizern zuflossen, war der Kaiser finanziell fast ganz auf sich selbst gestellt. Der Papst dürfte ihm heimlich etwas beigesteuert haben. Als Maximilian seinen Feldzug begann, hatte er kaum das nötige Geld für die nächsten zwei Wochen. Es war „ein schwer ding, wan man aus ander leut segkl" Krieg führen mußte[23].

Anfang März 1516 trafen 15.000 Schweizer in Trient ein, befehligt von Galeazzo Visconti, einem heimlichen Feind des Kaisers; begleitet von Kardinal Schiner und dem englischen Gesandten Doktor Pace, dem großen Freund der Eidgenossen. Hier fanden sie bereits 4000 Reiter und gegen 10.000 Landsknechte versammelt[24], die der Kaiser persönlich anführte. Er hatte auch schweres Gerät, vor allem Brückenschiffe für die Überquerung der Ströme und Flüsse, in großer Zahl herangebracht; allerdings nur leichte

Artillerie, etwa 100 „Scharfmetzen", die er auf antike Frauen-
namen taufte[25], welche Peutinger ihm vorgeschlagen hatte. Keine
schwere Artillerie, da an schnellen Bewegungskrieg, nicht an Be-
lagerungen gedacht war. Wie stets kümmerte sich der Kaiser um
das Kleinste wie um das Größte: Die klassischen Namen für seine
Geschütze waren für ihn so wichtig wie der ganze Aufmarsch.

Die beiden Heeresgruppen — im ganzen etwa 30.000 Mann —
marschierten getrennt an Verona vorbei, suchten zunächst Asola[26]
zu erobern, damit die Venezianer von diesem festen Platz aus nicht
Verona und die Verbindungslinien der vorrückenden Armee bedrohen konnten. Dies hatten die Verbündeten gegen den Plan des
Kaisers durchgesetzt. Aber die kleine Festung verteidigte sich so
entschlossen, daß der Kaiser die Belagerung bereits nach drei
Tagen abbrach[27], um nicht kostbare Zeit zu verlieren. Die großen
venezianisch-französischen Festungen von Cremona, Crema, Lodi
und Asola im Rücken und in der Flanke, stieß er ebenso kühn
wie rasch gegen Mailand vor, um die Hauptstadt zu überfallen,
noch ehe sie Verstärkungen erhalten hätte. Seine Kühnheit erregte
sogar die Bewunderung der keineswegs freundlichen englischen Beobachter. Die feindlichen Reiterverbände freilich konnten von
ihren festen Plätzen aus dem verbündeten Heer Verpflegung und
rückwärtige Verbindungen jederzeit abschneiden. Aber der Kaiser
rechnete offenbar, daß ihm Sforza-Anhänger und Franzosenfeinde
innerhalb Mailands, vielleicht auch die Schweizer in der französischen Armee, alsbald die Tore öffnen und die Hauptstadt übergeben würden.

Die Franzosen hatten jedoch inzwischen alle ihre Truppen in
Mailand zusammengezogen und außerdem ein Hilfsheer von etwa
10.000 französisch gesinnten Schweizern herangeführt[28]. Obwohl
der Kaiser sehr rasch den Oglio überschritt, den Übergang über die
Adda erzwang und in einem vorbildlich geführten Feldzug bereits
am 26. März 1516 die Hauptstadt erreichte[29], kam er doch zu
spät, weil sich inzwischen der Connetable von Bourbon mit seinen
Franzosen und Schweizern in der Stadt fest verschanzt und jeden
Widerstand innerhalb der Mauern hart niedergeschlagen hatte.
Die Vorstädte wurden verbrannt, damit sich dort die Belagerer
nicht einnisten konnten. Die Franzosen dachten nicht daran, die
stark befestigte und wohlversorgte Stadt zu verlassen und eine
Feldschlacht zu wagen.

Angeblich drohte der Kaiser den Mailändern das gleiche

Schicksal an, das ihnen einst Barbarossa bereitet hatte. Bourbon lud ihn höhnisch ein, doch in die Stadt zu kommen und mit ihm zu trinken. Als der Kaiser sein Heer vor den Mauern aufmarschieren ließ, erregte er damit nur den Spott der Franzosen. Nicht die mindeste Regung der Freunde Sforzas und Viscontis zeigte sich innerhalb der Mauern.

In der nicht ganz unbegründeten Hoffnung, Mailand werde ihm aus Haß gegen die Franzosen die Tore öffnen, hatte der Kaiser den ganz ungedeckten, kühnen Vormarsch gewagt. Nun war das Gegenteil eingetreten[30]: Die Stadt war mit Verteidigern vollgestopft. Für eine längere Belagerung fehlte das schwere, mauerbrechende Geschütz. Maximilian brauchte sich nur an Padua (1509) zu erinnern, um seine Aussichten abzuschätzen, eine stark befestigte, gut verteidigte Stadt zu stürmen. Stand doch die gesamte Kriegsmacht der Venezianer in seinem Rücken und konnte mit ihren schnellen Reitertruppen den Nachschub der kaiserlichen Armee völlig unterbinden. Außerdem blieben seit längerem die englischen Hilfsgelder völlig aus[31]. Die rückwärtigen Verbindungen waren bereits so unsicher, daß Banken und Geldleute die Haftung für die Anlieferung der Soldgelder nicht mehr übernahmen. Der Kaiser konnte weder seine Landsknechte noch die Schweizer bezahlen, die sich von Tag zu Tag unzufriedener und unverläßlicher zeigten.

Das entscheidendste Hindernis für einen längeren Kampf um Mailand war aber die Uneinigkeit der Schweizer[32]. Es gab bereits Verhandlungen zwischen den kaiserlichen und französischen Eidgenossen. Kaum würden Schweizer gegen Schweizer kämpfen[33], das war sicher. Aufgefangene Briefschaften[34] und Gerüchte ließen den Kaiser befürchten, daß man ihn, so wie einst Ludovico Moro, an die Franzosen ausliefern könnte[35]. Eine Gefangennahme der kaiserlichen Majestät wäre nach dem Gefühl der Zeit einem Gottesurteil gleichgekommen. Im Hintergrund stand außerdem die heimliche Sorge vor einem möglichen Frieden zwischen England und Frankreich[36]. Daher entschloß sich Maximilian, die Belagerung der Hauptstadt gar nicht erst zu beginnen, sondern eilends von Mailand abzuziehen und sich von den unverläßlichen Schweizern zu trennen, die er zunächst gegen Lodi schickte. Er ließ ihnen sein Geschütz zurück und versprach, mit Verstärkungen, Reitern und schwerer Artillerie, zum Heer zurückzukehren, wenn es die Lage zulasse.

Auch Kardinal Schiner, der an des Kaisers Ehre appellierte[37], konnte ihn nicht zurückhalten. Maximilian antwortete schroff: „Ich weiß, was ich will." Am härtesten urteilte der englische Gesandte Doktor Pace in seinen Geheimberichten[38] über des „Kaisers Flucht vor Mailand"; er nannte ihn geradezu einen Judas. Indes war gerade das Ausbleiben der englischen Hilfsgelder ein Hauptgrund zur Unzufriedenheit und zum Ungehorsam der Schweizer und der Landsknechte, für die Auflösung der Armee und damit für den Mißerfolg dieses Feldzuges; denn der Kaiser war nicht einmal imstande, den Normalsold, viel weniger den fälligen Sturmsold auszuzahlen. Nur mit eiserner Härte und Todesurteilen konnte er Plünderungen und Gewalttaten verhindern[39]. Überall Anzeichen der Meuterei und der Fahnenflucht. Die Landsknechte, erbittert über den „Verrat der Schweizer", machten sich selbst zu Richtern und jagten fünf Schweizer Hauptleute durch die Spieße[40]. Von einem „hoffnungsfreudigen Unternehmen, das ohne Grund abgebrochen worden wäre", kann keine Rede sein[41].

Als der Kaiser Anfang April 1516 auf seinem Rückzug in Lovere am Iseosee weilte, sperrten ihm die Landsknechte die Tore. Wie einer der Ihrigen trat der Kaiser mit dem Spieß in der Hand in ihren Ring. Sie überhäuften ihn mit Vorwürfen, schalten ihn einen „Strohkönig, einen Apfelkönig". Er aber sprach sie mutig an: Er wolle nicht als ihr Herr mit ihnen reden, denn Gott sei ihr gemeinsamer Herr; sie sollten ihm jetzt Gehör schenken, wie er es stets getan; sollten ihrer Ehre gedenken! Oder seien sie hier in Italien Welsche geworden? Sie seien deutsche Landsknechte und nicht Schweizer. Sie sollten Gott fürchten und die Schande, wenn sie sich an ihrem Kaiser vergriffen! Hätten sie vergessen, welche Gewinne er ihnen verschafft habe? Daß man sie seine „Kinder" nenne? Nicht *er* sei schuld, daß sich die Soldzahlungen verzögert hätten. Nun bedrängten sie ihn mit Aufruhr und wilden Forderungen. Das habe er um sie nicht verdient; er sei von den Schweizern betrogen worden und habe all sein Geld vergebens hingegeben. Sie seien doch redliche Landsknechte, die nicht allein um Geld, sondern auch um Ehre kämpfen! Obwohl er kein Geld habe, sollten sie ihm helfen, Brescia zu verteidigen. Er verspreche ihnen, sein Silbergeschirr samt Kleinodien hinzugeben, um sie zu bezahlen. Aber sie hörten nicht auf ihn, schrien ihn nieder; wenig fehlte und sie hätten ihn erschlagen[42]. Massenweise liefen sie zu den Venezianern über.

Nicht besser verhielten sich die Schweizer, die man den Landsknechten stets und vor allem durch höhere Soldzahlungen vorgezogen hatte. Mit ihren Untaten, Kirchenraub, Plünderungen, Schändungen, befaßte sich sogar der Luzerner Tag[43] und kündigte den Schuldigen harte Strafen an. Ein Teil der Schweizer zog über das Gebirge heim; ein anderer Teil schlug sich mit den Kaiserlichen über Peschiera nach Verona durch. Sie setzten auf ihrem Rückzug sogar Kardinal Schiner, Galeazzo Visconti und den englischen Gesandten Doktor Pace als Geiseln fest[44], bis sie ihren Sold erhalten hätten. Der englische Gesandte gab die Hoffnung bereits auf und schalt den Kaiser in seinen Geheimberichten einen leichtfertigen, unverläßlichen „Geldbettler"[45]. Er hätte sich fragen müssen, ob es ganz richtig war, das ganze Geld den Schweizern zuzustecken. Auch von Galeazzo Visconti wurde der Kaiser hart geschmäht. Die Schweizer drehten den Spieß nun um: Erst der Abzug des Kaisers habe den Feldzug vereitelt. Als Maximilians Gesandte im Sommer nach Zürich kamen, hörten sie kein einziges gutes Wort über ihren Herrn, berichtet Herberstein[46]. Von der alten Liga wollten die Eidgenossen nichts mehr wissen.

Über den jähen Abbruch des Feldzuges ist viel gerätselt worden. Dichtung und Wahrheit sind kaum mehr zu entwirren. Nach einer Sage wären dem Kaiser sein Ahnherr Leopold, der bei Sempach gefallen war, und Karl der Kühne blutüberströmt im Traum erschienen und hätten ihn vor den Schweizern gewarnt[47]. Wenn nicht immer noch der alte Haß gegen Habsburg lebendig gewesen wäre, hätten nicht so viele Eidgenossen an der Seite der Franzosen gekämpft. Der mißtrauische alte Kaiser mußte doch mindestens damit rechnen, daß die Eidgenossen den Kampf gegen ihre Landsleute verweigern würden. Die Spaltung der Schweizer, die Frage ihrer Bezahlung und schließlich ihre Abberufung in die Heimat entschieden diesen Krieg. „Den Kaiser trifft am Mißerfolg des Feldzuges die geringste Schuld ... schwerer ist die Schuld der Schweizer", urteilt ein Eidgenosse[48]. Ebenso schwer jene der Engländer[49]. Heinrich VIII. dachte nicht daran, in diesem entscheidenden Augenblick in den Krieg gegen Frankreich einzugreifen.

Maximilian war vor Mailand auch nicht mehr der alte. Ein Fußleiden, Nachwehen eines Schlaganfalls, machte ihm nun Mühe, zu Pferde zu steigen. Dazu kamen andere schwere gesundheitliche Störungen. Sein Enkel Karl empfahl ihm, sich zu schonen und einen erfahrenen Generalkapitän an die Spitze des Unterneh-

246

mens zu stellen[50], was der Kaiser wohl als verblümte Unfähigkeitserklärung verstehen sollte. Sein Ansehen war durch diesen Rückzug schwer getroffen. Die französische Propaganda rühmte sich eines glänzenden Sieges und trompetete die „Flucht des Kaisers" in alle Welt. Die Liga war schwer getroffen, das Vertrauen des englischen Geldgebers, der sich stets vorsichtig zurückgehalten hatte, nun vollends erschüttert. Auch die Schweizer gaben auf, obwohl sich der Kaiser anbot, einen neuen Angriff gegen Mailand zu versuchen. Die Lombardei befand sich fest in der Hand der Franzosen. Das französisch-venezianische Bündnis war neu gefestigt und Leo X., wie meist, auf der Seite der Sieger.

Nur von 100 Reitern begleitet, zog sich der Kaiser über Bergamo, Val Camonica und Edolo nach Tirol zurück[51]. Ein großer Teil seines Kriegsgerätes war in der Lombardei liegengeblieben. Den geraden Rückweg über Brescia und Peschiera nach Verona konnte er wegen der Venezianer nicht mehr wagen. Überall begegnete er Plünderungen und Widersetzlichkeiten der ungehorsamen Landsknechte. Haufenweise verließen sie das kaiserliche Heer, wandten sich zunächst nach Brescia, wo inzwischen neue englische Hilfsgelder eingetroffen waren, und plünderten dort die Kriegskasse. So endete der 27. und letzte Feldzug Maximilians mit einem Fehlschlag. Franzosen und Venezianer gossen in Flugblättern und Komödien ihren ganzen Hohn über den Kaiser aus.

Damals schlug Hutten in Rom seinen berühmten Degenkampf gegen fünf Franzosen, die seinen Kaiser verspottet hatten. Ein Gegner wurde getötet, Hutten selbst verwundet. Dieser Ehrenhandel hat den Dichter mehr als manches andere bekanntgemacht. Da die Ewige Stadt damals von Franzosen wimmelte und deren Rache zu fürchten war, begab er sich nach Bologna. In einem längeren Gedicht, das er „Italia" in den Mund legte, huldigte er Maximilian: Italien verlange nach dem Kaiser, um von seinen Nöten befreit zu werden; ein Ziel, an das Maximilian, ähnlich seinen Vorfahren, alle Kräfte wenden müsse. Für den Kaiser werde er, Hutten, die Waffen führen, sooft man ihn schmähe; Franzosen und Venezianer verachteten ihn; auf jeder Bühne werde er beschimpft. Der Kaiser solle nach Italien kommen und dieser Schande ein Ende machen. — Schon 1516 wurde dieses Gedicht gedruckt und machte in Deutschland Aufsehen[52]. Aber was einen Hutten erregte, davon blieben Fürsten und Stände des Reiches unberührt.

Es scheint, als hätte der Kaiser diesen Rückzug zunächst nur als

zeitweilige Kriegslist betrachtet, um einen zweiten Überraschungs-
schlag gegen Mailand vorzubereiten[53]. Mit Eifer bemühte er sich,
Soldgelder aufzubringen und die unverläßlichen Knechte durch
neue Anwerbungen zu ersetzen. Matthäus Lang warb um neue
Anleihen bei den Fuggern[54]. Dem Doktor Pace preßte der Kaiser
einen Wechsel über 60.000 Gulden ab[55], weswegen es noch heftige
Aufregungen geben sollte. Sein Tafelsilber ließ der Kaiser aus-
münzen, um die Knechte zu bezahlen. Mit Reitern und schwerer
Artillerie wollte er in die Lombardei zurückkehren. In Lothringen
eröffnete er mit Hilfe Franzens von Sickingen eine zweite Front
gegen Frankreich. Die Schweizer suchte er zu einem neuen Auszug[56]
zu bewegen. Aber der Abmarsch des größten Teiles der Schweizer
machte den Verlust der Lombardei endgültig[57]. Nur Brescia hielt
sich noch eine Weile.

An einen zweiten Vorstoß gegen Mailand war jetzt nicht mehr
zu denken, denn die französische Armee hatte sich durch Über-
läufer sehr verstärkt und eine Abwehrfront entlang der Adda
aufgebaut, während der Kaiser kaum noch über 10.000 Mann verfügte[58]. Um seine Landsleute und den Rest der Schweizer zu bezahlen, nötigte er den englischen Gesandten Wingfield, einen
Wechsel zu fälschen[59], der die fälligen Soldgelder sicherstellen
sollte. Aber Doktor Pace schlug Lärm und ließ sich keinen Gulden
mehr entreißen, so daß ihn der verärgerte Kaiser am liebsten aus
dem Reich verjagt hätte[60]. Die Engländer wollten nur mehr für
sichtbare Erfolge zahlen[61].

Mit höchsten, ja unwahrscheinlichen Angeboten versuchte Maximilian, den ehrgeizigen König von England zum Eintritt in den
Krieg gegen Frankreich zu bewegen, aber auch den Wetteifer seines
Enkels Karl (V.) zu größeren Leistungen anzuspornen. Der Kaiser
bot dem König von England den Titel eines Herzogs von Mailand
und die Nachfolge im Kaisertum. Das sollte wohl Karls Eifersucht
erregen. Wenn König Heinrich nur mit 2000 Reitern und 4000
englischen Bogenschützen über Flandern, Luxemburg nach Trier
und Frankfurt ziehe, werde nichts im Wege stehen, ihn zum Römischen König wählen zu lassen. Zusammen würden sie dann Mailand erobern und weiter zur Kaiserkrönung nach Rom ziehen.
Doktor Pace warnte seinen Herrn vor derartigen Abenteuern,
welche nur die englische Krone gefährden könnten, die doch mehr
wert sei als die Kaiserkrone und das ganze Reich[62]. „Gaukeleien
eines erfindungsreichen Kopfes", meinte Wolsey. England war seit

dem Fehlschlag von Mailand mißtrauisch geworden, und Doktor Pace verteilte die englischen Gelder lieber unter den Eidgenossen, die freilich auch nicht mehr daraus machten als der Kaiser. Anstatt eines neuen Vorstoßes gegen Mailand mußte der Kaiser zusehen, wenigstens Verona und Brescia zu behaupten, denn Franzosen und Venezianer hatten bereits 10.000 Mann vor Brescia geworfen[63] (18. Mai 1516). Als die Besatzung vom Kaiser keine Hilfe erhielt, sah sie sich gezwungen, am 23. Mai den Feinden die Tore zu öffnen[64] — allerdings unter der Bedingung freien Abzuges samt Waffen und Gepäck. Am 26. Mai verließen Deutsche und Spanier die Festung und schlugen sich nach Verona durch. Damit war ein wichtiger Stützpunkt in der Lombardei verloren.

Nun richteten die Feinde die ganze Wucht ihrer Angriffe gegen Verona, dessen Abwehrkraft bereits stark angeschlagen war. Diese Festung, das alte „Dietrichs-Bern", wie es der Kaiser gerne nannte, die „Pforte nach Italien", sollte als einziger Stützpunkt südlich der Alpen um jeden Preis gehalten werden[65]. Das Stadtvolk freilich wünschte nichts sehnlicher als die Befreiung durch die Venezianer. Auch die Besatzung war wegen ständigen Mangels an Sold und Verpflegung unzufrieden. Das Leben in der Stadt schien unerträglich[66]. Massenhaft liefen Landsknechte und Spanier zu den Franzosen und Venezianern über, so daß der Kaiser befahl, alle Verräter, deren man habhaft wurde, entlang den Landstraßen an die Bäume zu hängen. Auf jeden Fahnenflüchtigen setzte er 25 Gulden Kopfgeld[67]. In strengen Musterungen suchte man Verläßliche von Unverläßlichen zu trennen. Graf Cariati führte Stadtverwaltung und Oberbefehl über die Truppen mit rücksichtsloser Härte[68]. Immer wieder verstand er es, Sold und Verpflegung, Getreide und Vieh herbeizuschaffen — und sei es durch Plünderzüge bis in die Gegend von Vicenza und Mantua. Der Kaiser hatte befohlen, die Festung uneinnehmbar zu machen.

Auch im Lager der Feinde gab es Schwierigkeiten[69]. Die Franzosen wollten erst vor Verona ziehen, wenn die Venezianer Soldgeld und genügend schwere Artillerie bereitgestellt hätten. Sie sollten hingehalten werden, bis die Friedensverhandlungen von Noyon abgeschlossen waren. Die Signorie fühlte sich im Stich gelassen.

Die Venezianer legten nun die ganze Umgebung von Verona in Schutt und Asche, verwüsteten die Getreidefelder und sperrten die Berner Klause, um die Festung völlig von ihrer Umwelt abzuriegeln[70]. Ein erster Versuch, Verona zu nehmen (Anfang Juni 1516) schlug fehl. Endlich führten die Franzosen Mitte August 1516 ein Hilfsheer heran[71]. Die schwere Artillerie hatte schon breite Breschen geschossen; alles machte sich zum Sturmangriff fertig, als ein Brand im Lager den Pulvervorrat, die Geschütze und das Kriegsgerät vernichtete.

Erst Mitte September wurde der erste Großangriff möglich[72]. Nach heftigem Geschützfeuer griffen Franzosen und Venezianer von allen Seiten an. Die Besatzung, 4000 Landsknechte, 3000 Spanier und 1200 Schweizer, wehrten sich tapfer, obwohl sie bereits ihre Pferde schlachten mußten, um nicht zu verhungern. Graf Cariati, Kardinal Schiner, Marcantonio Colonna, der nachmals berühmte Jörg von Frundsberg und Colalto taten mehr als ihre Pflicht[73]. Es hätte keine tüchtigere Führung geben können. Ihr Verdienst war es, daß die Stadt bis zum Friedensschluß gehalten werden konnte[74] — ein Trostpflaster für den in seinem Stolz tief verletzten Kaiser.

Maximilian tat alles, um die bedrohte Festung zu entsetzen[75]. Binnen vierzehn Tagen rüstete er einen Hilfszug aus, der unter Führung des Jörg von Liechtenstein Ende September/Anfang Oktober den Sperrgürtel durchbrach, Verona erreichte, die Festung verstärkte und verpflegte. Aber bald wurde die Berner Klause von den Venezianern wieder gesperrt. Der Kaiser versuchte 4000 Polen zum Entsatz heranzuführen[76]. Aber inzwischen waren die Verhandlungen in Noyon und Brüssel so weit gediehen, daß man die Kampfhandlungen um die Stadt einstellte. Immer noch hoffte der Kaiser, mit Hilfe englischer Hilfsgelder wenigstens Verona zu behaupten. Seine Kassen waren so völlig leer, daß er die Kosten für seine Tafel kaum mehr bestreiten konnte. Daher mußte er sich unter dem Druck seiner Räte und nicht zuletzt des Tiroler Landtages, der ihm eine letzte Hilfe verweigerte, auf die Friedens- und Vermittlungspolitik seines Enkels Karl (V.) einlassen[77].

Verona fiel erst dem Vertrag von Brüssel zum Opfer. Am 14. Dezember 1516 übergab der Kaiser die Festung formell an König Karl[78], der sie den Franzosen und diese wieder den Venezianern übergeben sollten, nachdem sie des Treueides gegenüber Kaiser und Reich entbunden war. Jörg von Frundsberg hatte als letzter Befehlshaber den geordneten Abmarsch der Truppen, der Artillerie und die Übergabe vorzubereiten. Damit fand die acht Jahre lang heißumkämpfte Stadt endlich ihren Frieden.

Der Kaiser zog sich mehrere Tage von aller Welt zurück; so sehr erschütterte ihn dieser Verlust. Sogar nach Abschluß des Brüsseler Friedens wollte er die Tiroler Stände noch einmal zu einem Aufgebot für die Erhaltung Veronas mitreißen. Vergebens, der Landtag lehnte ab: Das Land sei am Ende seiner Kräfte. Der Kaiser behielt nur einige kleinere Grenzorte: Rovereto, Riva, Ala und Cortina d'Ampezzo, die sogenannten welschen Confinien, die dem Lande Tirol, das die meisten Opfer gebracht hatte, eine natürliche Berggrenze gaben. Das schien der Gesamterfolg eines achtjährigen, opferreichen Krieges.

Gleichwohl war Maximilians Italienpolitik nicht völlig gescheitert. Er hatte die Ansprüche des Reiches erneuert und an seinen Enkel Karl weitergegeben, der sie als Kaiser und König der spanischen Reiche mit den viel stärkeren Mitteln seiner neuen Großmacht weiterverfolgen konnte. Schon der Zeitgenosse Kirchmair urteilte[70], das Glück Karls in Spanien hätte das Unglück Maximilians in Italien ausgeglichen.

3. König Karls Friedensvermittlung[1]. Die Verträge von Noyon, Brüssel und London

Bald nach Marignano, im Herbst 1515, hatte sich Maximilian ernsthaft bemüht, mit Frankreich einen Frieden auf Kosten Venedigs abzuschließen. Aber Franz I. war klug genug, den Bundesgenossen nicht im Stich zu lassen. Alle Verhandlungen scheiterten an der Forderung, der Kaiser müsse den Venezianern Brescia und Verona zurückstellen.

Noch einmal einigte die gemeinsame Furcht vor einer französischen Vorherrschaft über Europa den Kaiser, die Könige von Aragon und England und die Eidgenossen zu einer mächtigen Liga gegen Frankreich. Aber König Ferdinand starb (23. Januar 1516)[2], ehe er die versprochene Kriegshilfe gegen Frankreich hätte leisten können.

Der Regierungswechsel in Spanien schuf ganz neue Verhältnisse[3]: Auch Maximilian mußte fortan größere Rücksicht nehmen auf Karl (V.) und dessen Sorgen um die spanische Erbfolge. Die franzosenfreundlichen Räte Karls brachten die burgundisch-spanische Politik allmählich in einen stillen Gegensatz zur Liga, zum Kaiser und zu England[4]. Sie wurden dabei auch von manchen kaiserlichen Räten, die schon lange nichts sehnlicher wünschten als den

Frieden, heimlich unterstützt. Der Feldzug von 1516 mußte allein vom Kaiser und einem Teil der Eidgenossen mit Hilfe geringen englischen Geldes bestritten werden.

König Karl unterstützte den Großvater fast gar nicht, obwohl ihn der lombardische Krieg bei der Nachfolge in Spanien fühlbar entlastete. Als ihn der König von England mit großen Angeboten enger für die Liga verpflichten wollte[5], wählte Karl unter dem Einfluß seiner Räte doch lieber den Frieden mit Franz I., um einerseits den französischen Widerstand gegen seine Erbfolge in Spanien und Neapel zu beseitigen, anderseits den geldrischen Rebellen die Hilfe Frankreichs zu entziehen.

Daher leitete König Karl Anfang Mai 1516 mit Franz I. zu Noyon[6] Verhandlungen ein, denen sich der Kaiser zunächst noch fernhielt: Schatzmeister Villinger durfte die Friedensgespräche nur von Brüssel aus verfolgen, um nicht den Verdacht der Engländer zu erwecken, welche diesen „faulen Frieden" zu verhindern suchten. Gleichwohl kam am 13. August 1516 der Friedens- und Freundschaftsvertrag in Noyon[7] zum Abschluß, der das Ende des großen Krieges erwarten ließ.

Zum Zeichen der Eintracht tauschten Franz I. und König Karl ihre höchsten Hausorden: den St.-Michaels-Orden und das Goldene Vlies[8]. Die beiden Könige vereinbarten einen ewigen Friedens- und Bündnisvertrag zur Verteidigung ihrer Staaten, in den auch der König von England eingeschlossen sein sollte[9]. Karl versprach, anstatt Renata, wie bisher vorgesehen, nunmehr die Tochter Franz' I., Louise, zu heiraten, sobald sie zwölf Jahre alt sei; mit ihrer Hand würde er die französischen Anrechte auf Neapel erhalten — der einzige Vorteil dieses Vertrages. Allerdings war Louise erst ein Jahr alt, und Karl sollte dem König von Frankreich bis zum Abschluß der Heirat jährlich 100.000 Kronen bezahlen. Wofür? Außerdem wäre Karl durch diesen Vertrag lange Jahre zur Ehe- und Kinderlosigkeit verurteilt gewesen, worüber Maximilian besonders erbittert war. Über das Schicksal Veronas schwieg der Vertrag. Geheim aber mußte Karl versprechen, seinen Großvater preiszugeben, falls er auf Verona nicht verzichten sollte.

König Karl, der gleichzeitig mit England verhandelte, gab schließlich doch diesem recht ungünstigen französischen Vertrag den Vorzug. Wie hoch muß er die französische Macht eingeschätzt haben, daß er darüber seinen Großvater und den König von England im Stiche ließ.

Der Rückzug des Kaisers aus dem Mailänder Herzogtum hatte die Liga schwer erschüttert. Auch der König von England war stutzig geworden[10]. Er hatte den lombardischen Krieg nur aus verdeckter Stellung mit seinem Geld unterstützt und dachte nicht mehr daran, wie versprochen, in Frankreich zu landen — da er von König Karl nicht die geringste Hilfe zu erwarten hatte. Sein Gesandter Doktor Pace[11] hatte in nicht gerade glücklicher Weise die Eidgenossen mit Geld gefüttert, heimlich sogar die Venezianer begünstigt, den Kaiser aber mit seiner Armee in der Lombardei „verhungern" lassen. Seit Sommer 1516 stellte Heinrich VIII. die Hilfsgelder für den Kaiser völlig ein[12].

Daher mußte sich Maximilian allmählich der Politik Karls und seiner burgundischen Räte unterwerfen. Obwohl er von den üblen Nachreden der Engländer, insbesondere des Gesandten Doktor Pace, wußte und sich in seiner Geldnot von der Geringschätzung Heinrichs VIII. peinlich berührt fühlte, hielt er doch am alten Bundesgenossen fest[13], was gewiß das besondere Verdienst Wingfields war. Fern lag dem Kaiser jeder Verrat, und Heinrich VIII. wurde über die burgundische Vermittlung laufend unterrichtet: Nichts geschah zum Nachteil Englands. Bis zuletzt suchte Maximilian einem englischen Bündnis den Vorzug zu geben. Viel lieber wäre ihm eine englische Friedensvermittlung[14] mit Venedig gewesen als jene König Karls und Frankreichs; der Kaiser wußte freilich nicht, wie wenig England bei diesen Vermittlungsversuchen seine Interessen wahrnahm. Nie würde sich der Kaiser auf den Frieden mit Frankreich eingelassen haben, wenn die englische Hilfe nicht völlig ausgeblieben wäre[15]. Im übrigen war die Erschöpfung so groß und die Friedenssehnsucht nach den langen Kriegsjahren so allgemein, daß sich dieser Forderung niemand mehr entziehen konnte[16].

Im Grunde stand Maximilian den französischen Verhandlungen völlig fern, wenn er auch Beobachter an den burgundischen Hof entsandt hatte. Über die Ergebnisse von Noyon, die ungünstige Heirat und die Preisgabe von Verona, war er erbittert und empört. Er sah darin geradezu Verrat des burgundischen Hofes. Alle Interessen des Reiches und seines Hauses schienen ihm preisgegeben und die Liga vernichtet; aber er war machtlos und mußte auf die Verhandlungen eingehen, doch hoffte er, ihnen eine neue Wendung geben zu können und wenigstens Verona zu behalten[17].

Erst seit England seine Hilfszahlungen ganz einstellte, ließ sich der Kaiser auf Verhandlungen mit Frankreich ein[18]. Er brachte eine einvernehmliche Teilung Ober- und Mittelitaliens ins Gespräch[19]. Vielleicht würde man doch noch Franzosen und Venezianer trennen können und Verona behaupten, eine Hoffnung, die sich bald als aussichtslos erwies, obwohl sich auch die Engländer darum bemühten. Die Signorie dachte nicht daran, Frankreich zu verlassen[20], forderte unnachgiebig die Rückgabe Veronas und wurde dabei von Franz I. mit Nachdruck unterstützt. Ja, sie wollte sich nicht einmal auf kleine Grenzberichtigungen einlassen[21]. Es bedurfte französischen Druckes, um Venedig wenigstens die Abtretung von Rovereto, Riva, Ala und Cortina abzunötigen.

Bis zuletzt wehrte sich der Kaiser gegen die französischen Bedingungen; er verständigte Heinrich VIII. von seinen Verhandlungen mit Frankreich und versicherte ihm, nichts werde geschehen, was der Liga zuwiderlaufe[22]; der französische Friede sollte auch ihm offenstehen. Außerdem drängte der Kaiser, als Gegengewicht gegen den französischen Frieden auch das Bündnis mit England zu erneuern. Persönlich wollte er, zusammen mit seinem Enkel Karl, König Heinrich VIII. in Calais treffen und alles regeln. Schließlich schickte er Kardinal Schiner, einen Freund Englands, zu Heinrich VIII., um den Fortbestand der Liga zu sichern[23]. Man meinte, Schiner werde Kardinal Lang, der den französischen Frieden förderte, aus der Gnade des Kaisers verdrängen. Nochmals suchte Maximilian den König von England durch das Angebot der Kaiserkrone und des Generalvikariats des Reiches zu locken[24]. Die Bestimmungen gingen sogar in das Vertragswerk ein — so sehr lag ihm an England, so verärgert war er über seinen Enkel Karl.

Zwar schlossen der Kaiser und sein Enkel Karl mit Heinrich VIII. am 29. Oktober 1516 den Vertrag von London[25] zur Verteidigung der Kirche, zur Förderung des allgemeinen Friedens und eines Türkenzuges sowie zum Schutze ihrer Staaten. Auch der Papst und die Eidgenossen wurden zum Beitritt eingeladen, aber der Vertrag stand nur auf dem Papier. König Karl brach ihm von vornherein jede Spitze gegen Frankreich ab und verweigerte schließlich sogar die Ratifikation, während der Kaiser unverzüglich unterzeichnete; für ihn war der Londoner Vertrag zumindest ein Gegengewicht gegen Noyon und Brüssel. Von „zynischer Schamlosigkeit", mit welcher der Kaiser das englische Bündnis gebrochen habe[26], kann wohl nicht die Rede sein.

Der Friede von Noyon bedeutete auch für die Schweizer eine ernste Warnung, den Krieg gegen Frankreich noch länger fortzusetzen. Bereits am 29. November 1516 schlossen sie mit Franz I. einen ewigen Frieden[27], der in der Tat durch Jahrhunderte dauern sollte. Damit war die Liga völlig erledigt; denn ohne die Waffenhilfe der Schweizer war ein Krieg gegen Frankreich unmöglich. Kardinal Schiner, der große Freund Maximilians, wurde aus seinem Bistum Sitten verbannt und seine Güter eingezogen. Er starb als Flüchtling in Rom (1522).

Seit Jahren drängten alle zum Frieden. In Brüssel führte König Karl für den Kaiser die Verhandlungen mit Frankreich zu Ende, die er in Noyon begonnen hatte. Obwohl es hauptsächlich um Verona und Friaul ging, lehnte es der Kaiser ab, sich selbst mit den Venezianern an einen Verhandlungstisch zu setzen. Um keinen Preis wollte er Verona herausgeben. Er bot die Stadt König Heinrich VIII. als Pfand an, falls er ihm Geld zu ihrer Verteidigung vorschieße[28]. Man warf dem Kaiser vor, er verderbe lieber die ganze Christenheit, als Verona zu opfern[29]. Der Papst meinte, wenn Maximilian in das Paradies abfahre, wäre es am besten für die Christenheit. Um endlich zu einem Abschluß zu kommen, überschritt König Karl die kaiserlichen Vollmachten[30] und setzte seinen Großvater einfach vor vollendete Tatsachen[31]. Diese Politik wurde wohl auch von Kardinal Lang heimlich unterstützt, der es sich bereits mit König Karl, dem kommenden Herrn, zu richten suchte.

Im Friedensvertrag von Brüssel[32] (3. Dezember 1516) versprachen der Kaiser und König Franz I. über Vermittlung König Karls, den Krieg zu beenden. Kardinal Lang hielt die Festrede auf diesen Frieden. Seine Politik hatte sich durchgesetzt.

Kaiser und König von Frankreich wollten künftig „Freunde ihrer Freunde und Feinde ihrer Feinde" sein. Über die Landzuteilungen in Italien würden sie sich noch verständigen. Nur dies dürfte den Kaiser bewogen haben, schließlich doch zu unterschreiben. Der Kaiser sollte Verona seinem Enkel Karl übergeben, der die Stadt binnen sechs Wochen an den König von Frankreich auszuliefern hatte; der wieder sollte über sie nach Belieben verfügen, das heißt sie an Venedig abtreten. Wenn Venedig die Stadt Verona inzwischen mit Gewalt wegnehme, würde der König von Frankreich dahin wirken, daß sie dem Kaiser verbleibe.

Der König von Frankreich sollte dem Kaiser für die Stadt

Verona 100.000 Goldkronen bar und weitere 100.000 innerhalb eines Jahres bezahlen; davon hatte Venedig die Hälfte zu übernehmen. Außerdem erließ Franz I. dem Kaiser alle alten Darlehensschulden im Ausmaß von 350.000 Goldkronen, die ihm einst Ludwig XII. auf Pfänder in Verona, Valeggio u. a. vorgestreckt hatte. Die Gesamtentschädigung betrug über eine halbe Million Gulden, war aber größtenteils schon durch den Krieg verbraucht.

Die Art der Abtretung war ein dürftiges Pflaster für das verletzte Ehrgefühl des Kaisers, zugleich ein Zeichen maßloser Verachtung der verhaßten Markusrepublik. Aber nicht nur dies: Was man nicht unmittelbar abgetreten hatte, konnte man bei Gelegenheit zurücknehmen; das war der diplomatische Hintergedanke.

Nur Riva, Rovereto, Ala und Cortina gewann der Kaiser. In Friaul behielten beide Seiten, was sie besaßen. Der Kaiser verlor das altösterreichische Pordenone, behielt aber Gradisca, Marano und Tolmein. Zwischen dem Kaiser und der Signorie von Venedig wurde nur ein achtzehnmonatiger Waffenstillstand vorgesehen, währenddessen man den endgültigen Frieden vorbereiten sollte. Das kaiserliche Kriegsvolk in Verona erhielt freien Abzug und durfte Geschütze und sämtliches Eigentum mitnehmen.

Zwar hatte der Kaiser seinem Enkel Karl die Vollmacht erteilt abzuschließen[33], aber zur Ratifikation konnte er sich nur sehr schwer entschließen. Für ihn hatte der englische Vertrag noch immer Vorrang. Bis zuletzt hoffte er, mit Hilfe der Engländer und ihres Geldes wenigstens Verona zu retten — sogar nachdem der Vertrag bereits abgeschlossen war. Aber die englische Hilfe blieb aus. Die Eidgenossen waren größtenteils auf die Seite Frankreichs übergetreten und hatten ewigen Frieden geschlossen. Noch einmal versuchte der Kaiser, das Land Tirol aufzubieten, dem er Verona einverleiben wollte, um diese Stadt zu erhalten. Umsonst. Der Innsbrucker Landtag lehnte entschieden ab[34]. Es bedurfte der vereinten Vorstellungen der einflußreichsten Räte, Kardinal Langs, Renners, Villingers und des spanischen Gesandten Urrea, um dem Kaiser Mitte Dezember 1516 die Unterschrift unter die Ratifikationsurkunde abzuringen[35]; es geschah so heimlich, daß zunächst niemand davon erfuhr. Am 15. Januar 1517 wurde Verona den Franzosen übergeben.

Noch vor dem französischen Vertrag hatte der Kaiser am 8. Dezember 1516 in der Georgskirche zu Hagenau das englische

Bündnis vom 29. Oktober 1516 feierlich ratifiziert[36]. Der Kaiser zeigte sich dabei sehr fröhlich. Mit Heinrich VIII. wünschte er in herzlicher Brüderschaft verbunden zu bleiben[37]. König Karl allerdings lehnte die Ratifikation aus Rücksicht auf Frankreich derzeit ab. Für den Kaiser hingegen war dieser französische Friede nur ein Vertrag auf Zeit; die englische Liga hingegen betrachtete er als Bündnis auf Dauer. Heinrich VIII. aber, der diesen französischen Frieden hatte verhindern wollen, zeigte sich sehr erzürnt, als er von der Bestätigung des Brüsseler Vertrages hörte, und sprach — reichlich übertrieben — vom „Untergang des Christentums... von der ewigen Schande des Kaisers"[38]. Er vergaß wohl, daß er nichts dazu getan hatte, dem Kaiser die Unterwerfung unter den französischen Frieden zu ersparen.

Bis kommende Lichtmeß sollten der Kaiser, König Franz und König Karl irgendwo in den burgundischen Ländern zusammenkommen, um noch andere offene Fragen (Teilung Italiens?) zu regeln. Das Treffen wurde verschoben und kam nicht mehr zustande. Anstatt dessen schloß man über Betreiben Langs nach längeren Verhandlungen am 11. März 1517 einen neuen Vertrag zu Cambrai[39], der in geheimen Zusatzartikeln eine neue Teilung Ober- und Mittelitaliens zwischen Habsburg und Valois in Aussicht nahm. Für Franz I. sollte ein reichslehenbares Königreich Lombardei, für den zweiten Enkel des Kaisers, Infanten Ferdinand, ein reichslehenbares Königreich Italien geschaffen werden, das Venezien, Verona, Padua und auch die Toskana umfassen sollte[40].

Vielleicht glaubten König Karl und Matthäus Lang, einen großen Erfolg errungen zu haben. Der Kardinalminister wurde von Karl sogar zur Tafel geladen, erhielt ein hohes Geldgeschenk, eine Jahrespension und ein einträgliches Bistum versprochen[41]. Aber es ist höchst unwahrscheinlich, daß Franz I. diesen Teilungsplan, der sowohl die befreundeten Venezianer wie die Medici opferte, aufrichtig gemeint haben könnte. Die französischen Gesandten machten den ungeheuerlichen Plan allenthalben bekannt, um die Bundesgenossen Frankreichs durch diese drohende Gefahr noch willfähriger zu machen, um die Habsburger einstweilen zu beruhigen und deren Gegner vor der österreich-spanischen Ländergier zu warnen.

Maximilian hatte im Kampf um Italien vergleichsweise am schlechtesten abgeschnitten: Seine Gebietsgewinne standen in keinem Verhältnis zum Einsatz an Mitteln und Geld, vor allem in keinem Verhältnis zu seinen Erwartungen[42]. Vom alten Reichsitalien war so gut wie nichts erworben; vom altburgundischen Besitz war das Herzogtum Burgund mit seinen benachbarten Herrschaften nach wie vor fest in französischer Hand.

Gerade diese weithin sichtbare, fast beschämende Schwäche des Kaisers, auch die anfangs schwächliche Haltung König Karls täuschten die Großmächte lange Zeit über die Gefahr hinweg, welche ihnen von der in Vollendung begriffenen habsburgischen Großmacht drohte. Denn nun war die Personalunion zwischen Österreich, Burgund und Spanien beinahe erreicht und der Kaiser am allerwenigsten bereit, den gegenwärtigen Zustand für die Dauer anzuerkennen. Die französenfreundliche Politik seines Enkels Karl, der sich in Noyon und Brüssel als sein Vormund aufgespielt hatte, schien ihm zunächst ganz unbegreiflich. Die letzten Friedensschlüsse galten dem Kaiser eher als Waffenstillstände, die das große Duell zwischen Habsburg und Valois um die christliche Universalmonarchie nur unterbrachen. Zumal mit Venedig war kein Friede, sondern nur Waffenstillstand geschlossen worden, den der Kaiser um weitere fünf Jahre verlängerte. In Italien war weiterhin alles offen. Daß gerade Venedig schwer angeschlagen aus diesem Krieg hervorging und kein vollwertiger Gegner mehr war, hatten schon die letzten Kämpfe um Verona klar gezeigt. Der Kaiser rechnete sicher, daß es entweder durch Verhandlungen oder durch neuen Krieg zu einer endgültigen Aufteilung Italiens unter den Großmächten kommen müsse[43]. Er durfte hoffen, die vereinigten Häuser von Österreich-Burgund und Spanien würden diesen Machtkampf schließlich gewinnen. Er sollte recht behalten.

V. Kapitel

DIE INNERE LAGE DES REICHES UND DER HABSBURGISCHEN LÄNDER

1. Der Kaiser und die Reichstage 1509—1517.
Streit um die Reichshilfe für Italien.
Maximilians letzte Reichsreformbemühungen

1.1. Der Wormser Reichstag 1509

Schon Ende Februar 1508 hatte Maximilian den Kriegsschauplatz von Trient enttäuscht verlassen, um Reichshilfe für die bedrohten Grenzen Tirols und Innerösterreichs herbeizuholen. Die österreichischen Länder hatten ihm bereits das Meistmögliche bewilligt, das Reich hingegen nicht einmal die Konstanzer Geld- und Truppenhilfe voll geleistet. „Was die Reichsfürsten dem Kaiser zusagen, das leisten sie nicht, und was er an Einkünften aus dem Reich besaß, haben sie meistenteils in ihre Gewalt gebracht"; das wußte schon Trithemius[1].

Maximilian wandte sich zunächst persönlich an die schwäbische Bundesversammlung[2] um Hilfe für das Nachbarland Tirol, fand aber nur wenig Gehör. Darauf berief er einen Kurfürsten- und Fürstentag nach Mainz[3], um auf raschem Weg zu jener Reichshilfe zu gelangen, welche in Konstanz zwar beschlossen, aber immer noch nicht voll ausbezahlt worden war. Wegen dringender Geschäfte in den Niederlanden — Geldern-Krieg und Vorbereitungen für Cambrai — wollte er nicht auf einen Gesamtreichstag warten. Aber der mächtige Kurfürst von Sachsen beantragte Ablehnung, da es ohne Ladung aller Reichsstände keine wichtigen Beschlüsse geben könne. Der Kaiser, der im Sachsen einen neuen Berthold gesehen haben mag, bezichtigte ihn geradezu des Verrates: Statt den anderen Fürsten ein gutes Beispiel zu geben, wolle er sich von Kaiser und Papst trennen und sie dem neuen Sófi oder Teufel, den Franzosen, ausliefern[4]. Zur Rettung von Tirol und Krain seien sofort 100.000 Gulden nötig[5], welche der Kaiser durch Hingabe von eigenem Kammergut, durch den Verkauf neuer Reichszölle und durch Darlehen der Hansestädte aufbringen wolle. Die Darlehen hätten durch eine zu beschließende Reichssteuer gedeckt werden sollen, was die Versammlung neuerdings ablehnte. Nur zu einer Bürgschaft erklärte man sich bereit. Es ist begreiflich, daß sich die Stände nicht voneinander trennen lassen konnten und in so wichtiger Sache auf einem Gesamtreichstag beharrten.

Die Kurfürsten ließen sich auch nicht bewegen, auf den Kaiser zu warten, der, von Niederlagen in Italien und in Geldern bedrückt, von Verhandlung zu Verhandlung hetzte. Auch eine persönliche Zusammenkunft mit dem Kurfürsten von Sachsen kam nicht zustande, der schließlich erzürnt nach Hause reiste. Sein Widerstand trat immer schärfer hervor. Da war es ein wahres Glück für Maximilian, daß mit seiner Hilfe im September 1508 Uriel von Gemmingen zum Erzbischof von Mainz gewählt werden konnte[6]. Er hatte dem Reich bereits im Kammergericht gedient und war dem Kaiser als Erzbischof von Mainz um so treuer ergeben, seit ihm der Kurfürst von Sachsen die Stadt Erfurt[7] streitig machte. Die Möglichkeit des Teile-Herrsche-Spieles zwischen zwei so hervorragenden Kurfürsten kam dem Kaiser nun sehr gelegen. Uriel, ein gründlicher Kenner des römischen Rechtes, sollte dem Kaiser auf den folgenden Reichstagen wertvolle Dienste leisten. Wie sehr Maximilian die Mitwirkung der Stände und des Mainzer Erzkanzlers an der Reichsregierung auch wünschte — die volle Macht, wie sie einst Berthold besaß, gab er auch Uriel nicht zurück.

Der Kaiser entschloß sich nun, einen „eilenden Reichstag" auf den 16. Juli 1508 nach Worms auszuschreiben, den er noch mehrere Male verschob[8]. Dringende Geschäfte — vor allem Cambrai und der Friede mit Frankreich — zogen ihn vorzeitig in die Niederlande und hielten ihn dort fest, obwohl er gerne nach Worms gekommen wäre. Noch einmal mußte er auf Februar und März 1509 verschieben. Erst im April 1509 konnte er zum Reichstag in Worms erscheinen[9].

Der Kaiser hatte in der Zwischenzeit, im Dezember 1508, den Vertrag von Cambrai abgeschlossen, ein Kriegsbündnis von größter Tragweite. Kein Reichsstand war zu den Beratungen beigezogen worden, wie dies damals den politischen Grundsätzen aller Monarchien entsprach. Im Hinblick auf den ganz andersartigen fürstenstaatlichen Aufbau des Reiches konnte dies nicht ohne verhängnisvolle Folgen bleiben, obwohl das Bündnis dem Reich große Vorteile gebracht hätte, wie schon die ersten Waffengänge zeigten[10]. Mit geringem Einsatz und ohne besondere Anstrengung wäre es möglich gewesen, die alten Reichsrechte in Italien zurückzugewinnen — wahrlich nicht gegen die Entwicklung der Zeit, wenn man bedenkt, daß Italien erst im 19. Jahrhundert selbständig wurde und bis dahin alle europäischen Staaten auf die Erhaltung ihrer Stellung in Italien bedacht waren.

Erst Anfang Januar 1509 machte der Kaiser den Ständen die ersten geheimen Mitteilungen[11] über das neue Kriegsbündnis von Cambrai. Für Mitte Mai erwarteten die Verbündeten den Angriff des Kaisers gegen Venedig. Der Reichstag war aber erst für den 23. April einberufen. Offenbar hoffte Maximilian, unter Zeitdruck mit den Ständen eher zu einem günstigen Abschluß zu kommen.

Am 21. April 1509 zog der Kaiser mit großem Gefolge in die alte Bischofsstadt ein[12]. Eine Schwadron albanischer Stradioten begleitete ihn. Dadurch wollte er den Deutschen vor Augen führen, daß es im Grunde gegen die Türken gehe. Nur wenige Reichsstände hatten sich in Worms versammelt. Allerdings waren mit dem Kaiser mehrere Kurfürsten, außerdem Botschaften des Papstes, Frankreichs und Spaniens eingetroffen. Sachsen, der Führer des kurfürstlichen Widerstandes, ließ sich Zeit. Schon anderntags — an einem Sonntag — eröffnete Maximilian die Gespräche mit den anwesenden Reichsständen, sprach über den Vertrag von Cambrai und über seine Verpflichtung, den Papst zu schützen, wobei er den Venezianern den alten Reichsbesitz in Italien wegzunehmen gedenke. Die Stände sollten ihn dabei unterstützen und selbst den obersten Feldhauptmann für das Reichsheer bestellen; desgleichen den Statthalter für die Zeit seiner Abwesenheit. Er könne in Worms leider nicht verweilen; die Stände aber sollten beisammen bleiben, die Abwesenden erwarten und die Hilfeforderungen erfüllen.

Bereits am 23. April verlieh der Kaiser dem Erzbischof Uriel von Mainz die Regalien[13] — offenbar um ihn für seine Politik zu gewinnen. Er versprach ihm dabei wohl auch schon die Wiederherstellung der Mainzer Privilegien und der Erzkanzlerwürde, die einst Berthold genommen worden waren. Eine Belehnung der Pfälzer aber lehnte er immer noch ab[14]; man sollte sehen, daß der Kaiser nicht so schnell vergaß.

Die Stände redeten sich auf die vielen Abwesenden aus. Maximilian bat sie nochmals, auszuharren, Reichstag und Hilfsbitten zu einem guten Ende zu bringen, und bestellte den Markgrafen Kasimir von Brandenburg-Ansbach, seinen treuen Freund, und den Grafen Adolf von Nassau zu seinen Anwälten, welche die Hilfsverhandlungen mit den Ständen fortführen sollten. Dem Mainzer übertrug er für die Dauer des Reichstages das Erzkanzleramt und das Reichssiegel[15]. Maximilian wollte offenbar zeigen, daß er reichsständische Mitregierung und Erzkanzleramt in der alten Form wiederherstellen möchte. Nachdem er sich kaum vier Tage in Worms aufgehalten hatte, zog er nach Süden[16], auf den Kriegsschauplatz nach Italien.

Kurfürsten, Fürsten und Stände ließen sich nun Zeit. Erzbischof Uriel und den kaiserlichen Anwälten gelang es nicht, den Reichstag für den Kaiser zu gewinnen. Entscheidend war, daß Kurfürst Friedrich von Sachsen, der erst später in Worms eintraf, die kaiserlichen Kriegspläne beharrlich ablehnte. Er war der bedeutendste Kopf, der seit dem Tod Bertholds von Mainz die Rolle des Ständeführers übernommen hatte. Gleich als wolle er mit der kaiserlichen Italienpolitik nichts zu tun haben, lehnte er sowohl die oberste Statthalterschaft im Reich, die ihm der Kaiser schon in Trient feierlich angeboten hatte, als auch die Feldhauptmannschaft[17] nach einigem Zögern ab.

Unter Führung Sachsens wiesen die Stände, nicht nur die Fürsten, sondern auch die Städte, den Krieg gegen Venedig und die damit verbundene Truppen- und Steuerhilfe fast einmütig zurück[18]. Die Begründung war einfach: Die Liga von Cambrai sei ohne Vorwissen der Stände abgeschlossen worden[19]. Die Städte fürchteten außerdem, ein Krieg gegen Venedig werde ihren Italienhandel völlig vernichten. Nicht einmal auf Verhandlungen über Frieden und Recht ließ man sich ein, um nicht auch über Reichshilfe verhandeln zu müssen. Versuche des Kaisers, durch immer neue Bitten und Beschwörungen, durch wiederholte Vorstöße seiner Anwälte die Haltung der Reichsstände zu ändern, schlugen völlig fehl. Sie ließen sich von ihrer Entscheidung nicht mehr abbringen. In einer letzten Erklärung (9. Juni) lehnten sie nochmals jede Hilfe ab[20].

Daran änderte auch die Beschwerdeschrift[21] nichts, die der Kaiser den Ständen von Trient aus zusandte und später sogar als Flugblatt verbreiten ließ: Ihre Ablehnung sei ganz unbegründet und schimpflich; mit ihrer vorgeschützten Armut sei es nichts; diese Hilfe hätte den einzelnen kaum belastet. Dagegen hätten die Erbländer um des Reiches Willen die ganze Bürde allein zu tragen. Wenn die Stände sagten, der Krieg komme nur dem Hause Habsburg zugute, müßten sie bedenken, daß die österreichischen und burgundischen Länder Bollwerke des Reiches seien; fielen sie aus, so wäre das Reich den Einfällen fremder Nationen unmittelbar ausgesetzt. Vergeblich wiederholte der Kaiser die Bitte, ihm ein ausreichendes Kriegsvolk nachzusenden, denn die Reichsstände waren inzwischen ohne einen ordentlichen Abschied nach Hause gegangen[22].

In geschlossener Opposition, wie einst in den Tagen Bertholds von Mainz, waren die Reichsstände dem Kaiser entgegengetreten, so daß dieser Tag so gut wie nichts einbrachte. Es hat für den Kaiser kaum einen fruchtloseren gegeben als diesen. Die Stände hatten gewiß ihre Gründe: Sie konnten sich durch diesen Wormser Tag geradezu überfallen fühlen. Die plötzliche politische Wendung von Cambrai hatte sie überrascht: Eben noch war gegen Frankreich zum Krieg aufgerufen worden, und nun zog der Kaiser mit Frankreich und dem Papst gegen Venedig. Nach manchen Neueren wäre dies ein Höhepunkt des Wankelmutes gewesen. Aber die kluge Margarethe und der strenge Rechner Lang hatten diese neue Richtung eigentlich eingeschlagen. Wer die kaiserliche Politik seit 1501, die Verhandlungen und Verträge von Trient, Blois und Hagenau verfolgte, dem mußte die Folgerichtigkeit seiner Politik einleuchten. Die Stände aber sahen, wie stets, ihre eigentliche Aufgabe im Widerstand.

Die kaiserlichen Anwälte verstanden indes mit Erfolg, von einzelnen gutwilligen Fürsten, Städten und Handelsgesellschaften Anleihen aufzunehmen, die entweder auf alte Steuerschulden oder auf noch zu bewilligende neue Steuern sichergestellt wurden. So auch diesmal: Ein Register des Jahres 1509 bezeugt[23], daß der besonders entgegenkommende Erzbischof Uriel von Mainz und auch einige andere Reichsstände dem Kaiser mit Darlehen aushalfen.

Die Verweigerung einer allgemeinen Reichshilfe hatte für die Kriegführung in Italien freilich schwerwiegende Folgen[24]: Die großen Vorteile, welche die französischen Siege den Kaiserlichen kampflos zugespielt hatten, konnten mangels Truppenhilfe des Reiches nur zum Teil verteidigt werden. So ging Padua sehr rasch wieder verloren. Maximilian vermochte die Städte und Festungen, welche ihm Ludwig XII. sozusagen „schenkte", nicht einmal zu halten.

1.2. Reichstag zu Augsburg 1510

Die militärische Lage des Kaisers Anfang 1510 war eher schlecht. Er hatte die Eroberungen des Jahres 1509 mangels jeder Reichshilfe größtenteils wieder verloren. Nur mit knapper Not konnte er sich in Verona behaupten. Kaum hatte er sein kleines Heer in Italien über den Winter hinwegfristen können, denn seine Kassen waren völlig leer. Darum berief er sowohl die Reichsstände[1] wie auch die Ausschüsse der österreichischen Landtage[2] nach Augsburg, um sie — gleichsam um die Wette — für eine großzügigere Truppenhilfe zu gewinnen. Vielleicht sollte sich auch der Reichstag die Klagen der Österreicher über die allzu geringen Leistungen des Reiches aus nächster Nähe anhören.

Maximilian und Ludwig XII. planten für das Kriegsjahr 1510 immer noch die vollständige Vernichtung Venedigs[3]. Friedensverhandlungen des Kaisers mit der Signorie waren gescheitert, weil der Papst den Venezianern inzwischen Friedensaussichten eröffnet hatte. Denn Julius II. und König Ferdinand begannen sich aus der Liga von Cambrai bereits zu lösen. Mit Sorge verfolgten sie die großen französischen Siege und die militärische Schwäche des Kaisers; mußten sie doch eine Unterwerfung ganz Italiens unter das Joch der Franzosen fürchten. Der Papst und Aragon hatten ihre italienischen Anteile zurückerobert und wünschten nun, Venedig als selbständigen Staat und als Bollwerk für die „Freiheit Italiens" zu erhalten. Daher löste Julius II. die Venezianer im Februar 1510 aus dem Kirchenbann[4], suchte sie mit dem Kaiser auszusöhnen und wurde dabei von Aragon und England unterstützt. Die Liga von Cambrai brach auseinander; aber der Kaiser ließ sich vorerst nicht von Frankreich trennen. In der Tat hatte sich Ludwig XII. als Bundesgenosse im vergangenen Jahr sehr bewährt und dem Kaiser große Landgebiete, Früchte der französischen Siege — man möchte sagen geschenkweise —, überlassen. Nur die Fortführung des Krieges an der Seite Frankreichs schien Maximilian den Sieg über Venedig und die Rückgewinnung der verlorenen Reichsgebiete in Italien zu garantieren.

Bereits im November 1509 hatte der Kaiser die Reichsstände

für Januar 1510 zu einem Reichstag nach Augsburg eingeladen[5]. Das Reich sollte ihm Geld und Truppen stellen, wie dies die Erbländer bereits versprochen hatten. Matthäus Lang weilte schon länger in der Stadt, um den Reichstag für den Kaiser vorzubereiten[6]. Versuche der Kurie und Venedigs, den mächtigen Mann für ihre Politik zu gewinnen, schlugen fehl. Der angebotene „rote Hut" konnte Lang nicht verführen. Das sollte sich noch oft beweisen.

Am 21. Februar 1510 hielt der Kaiser in Augsburg seinen Einzug[7]. Fürsten und Gesandte kamen zwar langsam, aber doch zahlreicher als sonst. Als erster war Erzbischof Uriel von Mainz erschienen, der seine Stellung als Erzkanzler wiederherzustellen hoffte und sich bereit zeigte, den Kaiser nach Kräften zu unterstützen[8], wenn ihm gegen den Kurfürsten von Sachsen geholfen werde, der ihm die Stadt Erfurt streitig machte. Er drohte den Reichstag zu verlassen, wenn ihn der Kaiser nicht unterstütze. Kurfürst Friedrich von Sachsen, der immer mehr in die Rolle des ehemaligen Ständeführers, des Erzkanzlers Berthold, hineinwuchs, ließ Kaiser und Reichstag lange auf sich warten. Versuche, die großen Fehden beizulegen, scheiterten zunächst.

Um den zahlreichen Reichsständen die Zeit zu vertreiben, gab es während der folgenden Wochen große Turniere, Pferderennen, Tanzfeste, Hochzeiten und andere Vergnügungen. Dem Kurfürsten von Sachsen gewährte der Kaiser die Ehre, sich mit ihm in einem Scharfrennen zu messen; es war des Kaisers letztes Turnier. Dieses sogenannte „Perlenrennen" galt als großes Ereignis[9]. Offenbar sollte damit Kurfürst Friedrich von Sachsen und sein Anhang für den Kaiser günstiger gestimmt werden. Eine Totenmesse in St. Ulrich für die in Italien gefallenen Helden deutscher Nation sollte die Reichsstände wohl an die verhängnisvollen Versäumnisse des vergangenen Kriegsjahres erinnern.

Am 2. März wurde der Reichstag eröffnet[10], der sich inzwischen ziemlich gefüllt hatte. Am 6. März ließ der Kaiser den Reichsständen seine Werbung vortragen[11]: Er tadelte ihr Verhalten auf dem letzten Reichstag, ihr Versagen im vergangenen Kriegsjahr und lastete ihnen die Schuld für den traurigen Ausgang des Herbstfeldzuges in Italien auf; alle Kriegslasten hätten seine Erbländer tragen müssen. Der Kaiser erneuerte die Hilfs- und Steuerforderungen für den Krieg gegen Venedig, die auch von den Botschaften Frankreichs und Spaniens unterstützt wurden, während der päpstliche Nuntius Achilles de Grassis eher die Venezianer begünstigte[12]. Der Kaiser forderte eine „eilende Hilfe" (= Soforthilfe) und eine dreijährige „harrende Hilfe" nach dem Augsburger Anschlag von 1500, welche die Soforthilfe ablösen sollte[13]. Die Stände könnten versichert sein, das italienische Reichsgut werde auch dem Reich zugewendet werden. Vor allem wolle sich der Kaiser bemühen, die Steuerlasten gleichmäßig und gerecht zu verteilen. Wenn Reichsitalien erobert sei, würden alle Kriegslasten auf die reiche welsche Nation abgeladen, versicherte der Kaiser immer wieder.

Die Stände sagten zunächst nicht ja und nicht nein[14], verwiesen aber auf ihre Armut. Vor allem die oberdeutschen Städte, die sich ihren blühenden Italienhandel nicht durch den Venezianerkrieg stören lassen wollten, wehrten sich gegen die Fortsetzung des Krieges. Die Signorie von Venedig unterließ nichts, um die deutschen Städte durch geheime Machenschaften zum Frieden zu bewegen[15]. Sogar die Kurfürsten von Mainz, Köln, Trier und Sachsen rieten zu Friedensverhandlungen mit Venedig, insbesondere Friedrich von Sachsen begünstigte zusammen mit dem päpstlichen Nuntius die Sache der Venezianer. Aber der Kaiser lehnte es entschieden ab, venezianische Unterhändler zuzulassen.

Die Zumutung eines Friedens mit Venedig erbitterte den Kaiser über die Maßen: Es sei eine wahre Schande; die anderen Mächte hätten ihre italienischen Besitzungen bereits erobert, das Reich aber zeige sich schwach. Man solle doch zuerst rüsten, dann könne man — im Besitze einer Armee — mit den Venezianern ganz anders reden[16]. Besonders erzürnt war der Kaiser über die Nachricht, der Papst habe die Venezianer bereits absolviert. Angeblich warf er das päpstliche Breve zu Boden und trat es mit Füßen. Einen Kundschafter, der den Reichsständen venezianische Werbeschriften zutrug, ließ der Kaiser kurzerhand verhaften und hinrichten[17].

In dieser Lage schickte der Kaiser den französischen Gesandten Helianus ins Wortgefecht und ließ ihn vor dem Reichstag eine Hetzrede gegen die Venezianer[18] halten (10. April), deren rhetorischer Glanz zwar blendete, deren maßlose Übertreibungen aber wohl kaum überzeugen konnten. Immerhin mochte der Kaiser damit das Ansinnen der Stände, einen venezianischen Gesandten zuzulassen und mit der Signorie zu verhandeln, zurückgewiesen haben.

Aber die Stände weigerten sich schließlich, eine eilende Hilfe im Ausmaß des Konstanzer Anschlags[19] von 1507 zu gewähren. Nach zähen Verhandlungen wollte sich der Kaiser mit dem noch geringeren Kölner Anschlag[20] von 1505 zufriedengeben, wenn dieser nicht nur auf zwölf Monate, sondern auf zwei Jahre beschlossen werde. Aber man versprach ihm den Kölner Anschlag nur ausnahmsweise für ein zweites Jahr, falls der Krieg bis dahin nicht beigelegt werden könne. Dies war freilich nur ein Bruchteil dessen, was der Kaiser sich erwartet hatte: etwas über 298.000 Gulden, die spätestens bis September dieses Jahres in Augsburg oder Frankfurt erlegt werden sollten. Vergeblich hielt ihnen der Kaiser vor, daß sie mit dieser „schimpflichen" Hilfe das Reich dem Spott der Feinde und der Bundesgenossen aussetzten. In der Tat betrug diese Reichshilfe nur einen ganz geringen Bruchteil dessen, was die österreichischen Länder seit Jahren aufzubringen hatten — abgesehen davon, daß diese Steuer nicht oder doch nicht zur rechten Zeit hereinkam.

Um diese „eilende Hilfe" zu ergänzen, kam der Kaiser immer wieder auf seinen alten Plan einer dauernden Kriegsbereitschaft des Reiches zurück, für den er schon in Augsburg (1500) größte Opfer gebracht hatte[21]. Er dachte an eine feste Wehrverfassung[22], an eine „während Hilfe" von 10.000 Reitern und 40.000 bis 50.000 Knechten. Dazu wollte er das ganze Reich, die österreichischen Länder und auch das eroberte Reichsitalien heranziehen. Diese Armee sollte schon im Frieden vorbereitet werden, damit sie im Kriegsfall zur Verfügung stehe. Ähnlich dem König von Frankreich und den anderen europäischen Mächten wollte auch der Kaiser über ein Reichsheer verfügen, ohne Fürsten und Stände immer wieder darum bitten zu müssen. „Nie hat der Kaiser eindringlicher, sachlicher, loyaler zu den Fürsten geredet ... dies war wohl der erleuchtetste Plan einer gründlichen Reichsreform, den das Zeitalter hervorgebracht"; so urteilt Ulmann[23], der dem Kaiser gewiß mehr als kritisch gegenüberstand. Aber die Stände blieben beim Kölner Anschlag, versicherten dem Kaiser jedoch, auf dem nächsten Reichstag ernsthaft über die Handhabung von Frieden und Recht verhandeln zu wollen[24].

Diese stehende Kriegsmacht sollte nicht nur die Reichsgrenze gegen äußere Feinde verteidigen, sondern auch den Landfrieden im Innern sichern. Immer wieder gab es Klagen über Kleinkriege und Fehden innerhalb des Reiches. Man bat den Kaiser, für Friede,

Recht und gutes Gericht zu sorgen[25], aber man verweigerte ihm die Schutztruppe, die er dazu gebraucht hätte. Stets hatte die Vollstreckung der Kammergerichtsurteile größte Schwierigkeiten gemacht, so daß der ewige Landfriede eigentlich wirkungslos blieb. Dem hätte der Kaiser gerne abgeholfen: Er wollte das Reich in Viertel einteilen, wofür der Schwäbische Bund ein Musterbeispiel abgab. An der Spitze dieser Viertel sollte je ein Hauptmann stehen und die Schutztruppe zur Sicherung des Landfriedens anführen. Ein Reichshauptmann aber sollte im Namen des Kaisers das Landfriedensaufgebot des ganzen Reiches befehligen. Ein Ständeausschuß von neun Fürsten und Räten, der aus den vier Vierteln des Reiches und vom Kaiser zu beschicken war, sollte für diese Reichsarmee Sorge tragen[26]. Die Stände aber lenkten ab: Sie wollten jetzt lieber über eine Reform des Kammergerichtes reden, die ihnen weniger bedenklich schien als die Aufstellung einer Reichsarmee.

Daher gingen die Stände in ihrer Antwort auf diese neue Wehrverfassung überhaupt nicht ein[27], sondern verschoben den Vorschlag auf den nächsten Reichstag. Eine Reichskriegsmacht hätte ganz natürlich eine Stärkung des Ganzen — auch der Regierungsgewalt des Kaisers — und eine Zurückdrängung der Fürsten mit sich gebracht. Das schien den Ständen unannehmbar. Gegenwärtig wäre die neue Wehrverfassung auch der Kriegführung in Italien zugute gekommen, was die Stände ebensowenig wünschten.

Im Reichsabschied[28] vom 22. Mai 1510 gewährten die Stände dem Kaiser eine eilende Hilfe nach dem Kölner Anschlag von 1505. Es war nachgerade Tradition geworden, daß die Reichstage Steuern zwar bewilligten, viele Stände aber nicht daran dachten, sie auch zu bezahlen, zumal es dem Kaiser an Mitteln fehlte, die Ausstände zwangsweise einzutreiben. Zahlreiche Fürsten und Stände ließen sich die Zahlungen stunden[29]. Vieles mußte zur Rückzahlung älterer Anleihen verwendet werden. Die Verhandlungen über die Steuerzahlungen zogen sich noch durch das ganze nächste Jahr mühselig hin[30]. Dies alles brachte den Kaiser in größte Schwierigkeiten, denn er hätte das Geld für den Sommerfeldzug 1510 dringend gebraucht; aber es konnte nicht zeitgerecht eingebracht werden.

Die Wehrverfassung, der wichtigste Reformplan des Augsburger Tages von 1510, wurde im Abschied nur kurz gestreift und auf den nächsten Reichstag verschoben. Dagegen erinnerte der Abschied den Kaiser daran, er solle das Kammergericht[31] nicht behindern. Offenbar wurde auf kaiserliche Eingriffe angespielt, die den Ständen lästig waren, wenn sie auch öfter berechtigt sein mochten: so, wenn der Kaiser die Steuerausstände einklagte und diese „fiskalischen Prozesse" zum Verdruß der betroffenen Steuerverweigerer kräftig vorantrieb. Die vorgesehene Visitation und Überprüfung des Kammergerichtes sollte fortgeführt und der Landfriede gewahrt werden. Aber wie, wenn die Stände die Vollstreckung immer wieder verhinderten? Auch das Anliegen einer gemeinsamen Münze wurde wieder verschoben. Einen merklichen Fortschritt machte die Reichsreform auf diesem Reichstag gewiß nicht, wenn auch wichtige Vorschläge auf der Tagesordnung gestanden waren.

Immerhin bewiesen die Stände dem Kaiser in Augsburg ein gewisses, wenn auch bescheidenes Entgegenkommen, das ihnen im Hinblick auf die europäische Lage doch angezeigt erschien. Auch der Kaiser äußerte sich nicht ganz unzufrieden[32]. Freilich lag die gewährte Hilfe weit hinter dem, was Franzosen, Engländer, Spanier und Venezianer für die Neuverteilung Europas, insbesondere Italiens in den Kampf warfen. Die Reichsstände taten so, als ob das Reich im europäischen Kräftespiel auf den Einsatz seiner Macht ganz verzichten könne. Sie bedachten nicht, daß ein Reich, dem man seine jahrhundertealten Rechte in Italien ganz einfach wegnehmen konnte, aufhörte, jene Großmacht zu sein, die es nach seiner Lage, Größe und Tradition zu sein hatte.

Gerne hätte der Kaiser am Ende dieses aufregenden Jahres 1510, das bereits ein Schisma und große Umwälzungen in Italien erwarten ließ, einen neuen Reichstag einberufen[33]. Aber in Straßburg, wo er zunächst vorgesehen war, herrschte die Pest. Auch andere Reichstagspläne zerschlugen sich. Die auswärtigen Spannungen ließen dem Kaiser keine Zeit. Die Unruhen im Inneren, zumal der Streit um Erfurt, gingen weiter[34], und der kaiserlichen Friedensvermittlung fehlte jeder Nachdruck. Vielleicht wollte Maximilian zwischen Mainz und Kursachsen gar nicht allzu rasch und endgültig entscheiden, denn er brauchte beide.

1.3. Der Reichstag von Trier und Köln 1512

Erst 1512 kam es wieder zu einem Tag, und zwar in Trier[1]. Nach längerem Schwanken hatte der Kaiser die Reichsversammlung hierher verlegt, um dem Krieg in Geldern, den Frankreich neuerdings entzündet hatte, näher zu sein. Mit 400 Reitern zog der Kaiser in die Stadt ein (3. April 1512). Der Streit zwischen Mainz und Sachsen um die Stadt Erfurt versetzte den Reichstag in eine gewisse Spannung. Da Sachsen gar nicht erschienen war, wandte der Kaiser diesmal sein ganzes Wohlwollen dem Mainzer zu. Wirklich gelang es Maximilian, Erzbischof Uriel von Gemmingen auf seine Seite zu ziehen[2], indem er ihm für die Dauer des Reichstages das Erzkanzleramt übertrug. Eine zeitgenössische Notiz bekundet[3], der Mainzer habe auf den Tagen zu Trier und Köln das Erzkanzleramt verwaltet und an des Reiches Wohlfahrt nützlich mitgearbeitet. Die übrigen Reichsstände sollten wohl sehen, daß der Kaiser willens sei, die reichsständische Mitwirkung in einem gewissen Umfang wiederherzustellen. Der Zusammenarbeit des Kaisers mit Mainz ist der ansehnliche Erfolg dieses Tages zuzuschreiben. Außer Mainz waren auch Köln, Pfalz und viele angesehene Fürsten, dazu zahlreiche ausländische Botschaften in Trier erschienen[4]. Nur die Städte, welche neue Steuern zu befürchten hatten, ließen sich auffallend Zeit.

Die Karwoche und Ostern vergingen mit großen kirchlichen Feiern: Am Karfreitag wurde dem Kaiser die Leidensgeschichte des Herrn gepredigt und ein Passionsspiel „figuriert"; am Karsamstag zog er barfuß und in härenem Kleid zum Kloster St. Maximin[5]; am Ostersonntag gab es großen Gottesdienst im Dom mit der kaiserlichen Hofkapelle. Nun entschloß sich der Kaiser zu einer religiösen Schaustellung, die großes Aufsehen erregte.

Noch bevor der Reichstag eröffnet wurde, ließ Maximilian am Mittwoch nach Ostern im Dom der alten Bischofsstadt in Anwesenheit des päpstlichen Nuntius und ganz weniger vertrauter Personen den „unzertrennten Rock Christi" zunächst heimlich heben, dann aber, Anfang Mai, öffentlich zur Schau stellen. Der Kaiser hatte den widerstrebenden Erzbischof dazu gedrängt[6], die seit mehr als 300 Jahren im Hochaltar verschlossene Reliquie zu enthüllen und dem Volk zu zeigen, um die christliche Frömmigkeit zu wecken.

Am 3. Mai wurde gelegentlich des feierlichen Totenamtes für die verstorbene Kaiserin Bianca Maria der heilige Rock erstmals zur öffentlichen Verehrung feierlich ausgestellt[7]. Die Volksmassen zeigten sich erschüttert, viele Leute zu Tränen gerührt. Auch der Kaiser war tief ergriffen. Er ließ sich 1517 die Reliquie sogar noch einmal zeigen[8]. Vielleicht hoffte er sich davon die Heilung seiner schweren Krankheit. Die Kunde vom heiligen Rock verbreitete sich mit Windeseile. Schon in den ersten Wochen sollen gegen 100.000 Gläubige herbeigeströmt sein[9], um das ehrwürdige Heiltum zu verehren. So groß war das Gedränge, daß es Tote gab.

Schon Anshelm bezichtigte die Trierer Kirche, die Gläubigen betrogen zu haben, um sich zu bereichern, eine Anschuldigung, die sich durch Jahrhunderte fortspann. Es war wohl eher der Kaiser, der die „wunderbare Wiederauffindung des heiligen Rockes" für seine Kreuzzugswerbung brauchte. Gewiß hoffte er damit den frommen Eifer und die Spendefreude des gläubigen Volkes anzuregen. So ähnlich empfand es auch Serntein in einem Brief an Lang. Was als Reichssteuer größte Schwierigkeiten machte, kam leichter herein, wenn man sich an das Volk um eine fromme Kreuzzugsspende wandte.

Bereits am 16. April war der Reichstag eröffnet worden[10]. Die kaiserliche Vorlage forderte eine Reichshilfe im Dienst des Papstes zum Krieg gegen Venedig. Wieder kam Maximilian auf das stehende Reichsheer von 50.000 Mann zurück, die er schon in Augsburg (1510) vorgeschlagen hatte. Die Stände antworteten wie üblich, daß für eine so wichtige Entscheidung noch zu wenig Vertreter versammelt seien.

Kaum war der Reichstag eröffnet, sah sich der Kaiser wegen des Krieges in Geldern gezwungen, in die Niederlande abzureisen[11], wo er bis Juli verblieb. Seine Abwesenheit mußte die laufenden Verhandlungen verzögern. Eine Seuche, welche wohl die Pilger nach Trier eingeschleppt hatten, verschreckte die Ständevertreter aus der Stadt. Der Kaiser ließ den Reichstag in das dem Kriegsschauplatz näher gelegene Köln verlegen (Ende Juni), fand aber dort bei seiner Rückkehr nur mehr einen Teil der Ständevertreter vor. Viele waren heimgeritten[12], manche kehrten aber wieder zurück, so daß man die Beratungen fortsetzen konnte.

Auch in Trier und Köln kam es wieder zu langwierigen und zähen Verhandlungen über die Reichshilfe. Um die Lasten gleichmäßiger zu verteilen, hatte der Kaiser den Gemeinen Pfennig nach einer abgestuften Höhe und die Stellung des hundertsten Mannes gefordert, was die Stände aber entschieden ablehnten[13]. Zwar nahmen sie den Gemeinen Pfennig hin, aber anstatt des hundertsten Mannes wollten sie lieber eine „eilende Hilfe" in Geld für drei Monate in der Höhe des Kölner Anschlages von 1505[14].

Maximilian verzichtete zwar auf den hundertsten Mann, forderte aber dafür den doppelten Kölner Anschlag; wenn sie dies nicht wollten, einen Anschlag, der eingehoben werden solle, bis eine Million Gulden beisammen sei; und zwar für die Verteidigung des Papstes, zur Erhaltung Gelderns und Mailands und für die Sicherung des Landfriedens.

Nach langen Verhandlungen gewährten die Stände schließlich eine „eilende Hilfe" auf drei Monate und den Gemeinen Pfennig für sechs Jahre. Eine dauernde Reichssteuer aber lehnten sie ab. Der Kaiser setzte für die eilende Hilfe einen zusätzlichen vierten Monat durch[15]. Er sollte Anleihen aufnehmen dürfen und diese vom Gemeinen Pfennig zurückzahlen.

Lebhaft bemühte sich der Kaiser, den Reichstag von der Notwendigkeit seines Rücktrittes aus der Liga von Cambrai zu überzeugen, ihm die Anwerbung von Eidgenossen „zur Unterstützung des Papstes", tatsächlich aber gegen Frankreich[16], außerdem die Rückeroberung der Lombardei und die Wiedereinsetzung Massimiliano Sforzas als Herzog von Mailand schmackhaft zu machen; denn damit hingen die Hilfsforderungen eng zusammen. Dagegen traten die Klagen des Deutschen Ordens gegen Polen zurück[17] und wurden nach bewährter Art auf den nächsten Reichstag verschoben.

Der Kaiser ging auch in der Landfriedensfrage voran, obwohl die Stände gerne so taten, als ob Friede und Recht nur von ihnen verfochten werde. Freilich waren für den Kaiser Landfriede, Kriegsverfassung und Reichssteuer ein und dasselbe, weil es ohne Kriegsmacht und Reichssteuer keine Sicherung des äußeren und inneren Friedens geben konnte. Immer wieder kam er auf das Reichsheer von 50.000 Mann und die dafür nötige Steuer zurück. Die Stände aber verwarfen diesen Plan und forderten einen neuen Vorschlag zur Wahrung von Frieden und Recht[18].

Auch die Reform des Reichsregimentes brachte der Kaiser damit in Zusammenhang: Er empfahl dem Reichstag, zwölf Räte als ständige Regierungsbehörde beizustellen, welche für die genaue Einhebung der Reichssteuer verantwortlich waren und gegen zahlungsunwillige Reichsstände vorzugehen hatten. Ebenso sollten sie während des Kaisers Abwesenheit über Frieden, Recht und alle anderen Regierungsangelegenheiten wachen. Der Kaiser kam auch auf die alte ständische Forderung nach einem jährlichen Reichstag zurück, der als oberstes Organ der reichsständischen Mitwirkung tätig werden sollte. Aber die Standpunkte hatten sich inzwischen völlig verkehrt: Während die Stände in den ersten Regierungsjahren des Kaisers den jährlichen Reichstag als Organ der Mitwirkung beharrlich gefordert hatten, lehnten sie ihn jetzt als Instrument einer strafferen Reichsregierung eher ab.

Zur Sicherung des Landfriedens sollten neue Reichskreise eingerichtet und in jedem Reichskreis als Schutztruppe ein Hauptmann und zwölf Reiter eingesetzt werden[19]. Wie nötig dies gewesen wäre, zeigte der neueste Raubzug des Götz von Berlichingen. Während man zu Trier umständlich Landfrieden und Recht beratschlagte, hatte er Kaufleute und Warenzüge aus Nürnberg, Augsburg und Ulm überfallen. Zwar wurde die Reichsacht über ihn verhängt[20], aber vollstrecken konnte sie niemand. Ebenso ohnmächtig zeigten sich Kaiser und Reich im hessischen Erbstreit, in der Fehde der Stadt Worms gegen ihren Bischof, im Streit um Erfurt; andere Fehdehändel waren seit den Zeiten des bayerisch-pfälzischen Krieges unentschieden. Der Kaiser dachte auch an einen Reichshauptmann, der in seinem Namen das Landfriedensaufgebot des ganzen Reiches befehligen sollte. Dem widersetzten sich die Stände ganz entschieden, weil sie für ihre Sonderrechte fürchteten und von einem Reichshauptmann, der in ihre Länder eingriff, nichts wissen wollten. Die zwölf Räte und der Reichshauptmann sollten auf die nächste Reichsversammlung vertagt werden[21]; aber auf acht Räte und auf die Kreiseinteilung einigte man sich[22].

Mit Recht drängten die Städte auf größeren Einfluß, denn sie hatten bei den Reichssteuern stets die Hauptlast zu tragen. Sie forderten im Kammergericht zwei Beisitzer[23] und für ihre „Pfahlbürger", ehemals grundherrliche Untertanen, welche in die Stadt geflüchtet waren, die Freiheit von Zinsen und Diensten gegenüber der alten Herrschaft, was ihnen der Kaiser nicht zugestehen wollte[24]. Maximilian hatte mit den Städten nur wenig Freude, waren sie doch die entschiedensten Gegner seiner Italienpolitik und der damit zusammenhängenden Steuerforderungen.

Die Ergebnisse der Reichstagshandlungen von Trier und Köln wurden in einem Hauptabschied[25] vom 16. August und in einem Nebenabschied[26] vom 26. August 1512 festgehalten.

Die auf vier Monate gewährte „eilende Hilfe" war als Anleihe von einem Steuerjahr in barem Geld zu erlegen und war aus der restlichen Jahreshilfe des Gemeinen Pfennigs allmählich zu tilgen. „Wenn du den Frieden willst, rüste zum Krieg", hatte der

Kaiser den Ständen bei der Schlußverhandlung gesagt[27]; er dachte dabei ebenso an Geldern wie an Italien.

Außer dieser eilenden Hilfe wurde der Gemeine Pfennig für sechs Jahre angeschlagen und nach Vermögensklassen für alle Reichsglieder angesetzt: Jeder, der bis 50 Gulden Vermögen besitzt, soll ein Drittel Goldschilling Steuer zahlen; also zwanzig Personen zusammen einen Gulden. Die Steuersätze waren bei kleinem Vermögen gewiß sehr niedrig (ein Promille), fielen aber bei größerem Vermögen noch mehr ab. Wer 10.000 Gulden besaß, zahlte einen Gulden Steuer und war somit zehnmal geringer besteuert als die untersten Klassen. Geistliche Personen wurden höher eingestuft als andere; Juden besonders hoch. Geistliche und weltliche Kurfürsten, Fürsten, Grafen und Herren, welche die Reichstage auf eigene Kosten besuchten und auch sonst Auslagen hatten und für den Landfriedensschutz ihre Rüstung, Geschütz und Pulver stellen mußten, sollten für ihre Person steuerfrei sein. Die Reichsritterschaft, die vorgab, dem Reich mit Gut und Blut zu dienen, durfte die Steuerleistung auf ihre Untertanen umlegen. Die Reichssteuern betrugen nur einen Bruchteil dessen, was die Erbländer zu leisten hatten[28].

Auch in der Landfriedensfrage gab es — am Verhandlungstisch wenigstens — Einvernehmen. Freilich verstand der Kaiser unter Landfrieden — wie schon der große Wormser Reformreichstag — den Schutz des Reiches auch gegen äußere Feinde und die Erhaltung der Reichsgrenzen. Der Kaiser werde dem Reich dienen, wie das Reich dem Kaiser zu dienen habe. Er garantierte den Ständen Frieden, Recht, Freiheit und ihre guten alten Gewohnheiten. Kaiser und Reich sollten zum Schutz des Papstes, der Römischen Kirche, zur Verteidigung der Reichsgrenzen und zur Wahrung des Landfriedens im Innern zusammenstehen. Sie sollten die Reichshilfe gegen auswärtige Feinde gleichmäßig auf alle Stände verteilen; die österreichischen Erbländer sollten mit dem Reich mitsteuern. Alle Beschlüsse sollten auch die abwesenden Stände binden. Landfriedensbrecher sollte man gemeinsam verfolgen, mit der Reichsacht und dem Kirchenbann zugleich bestrafen. Nicht ohne Grund fürchteten die Stände, daß der Eifer des Kaisers für den Landfrieden im Innern nur Vorwand sei für die Aufstellung eines Heeres gegen Franzosen und Venezianer; daß die Kreishauptleute und die Kreismiliz nichts anderes sollten, als Länder und Landesfürsten dem Kaiser unterstellen.

Der Erzbischof von Mainz — das war neu — sollte den Kaiser in dessen Abwesenheit bei der Friedenswahrung vertreten. Damit waren die alten Reichsvikare, Kurpfalz und Kursachsen, offensichtlich zurückgestellt und Kurfürst Friedrich der Weise für seinen Widerstand bestraft. Im Streit um Erfurt freilich kam man keinen Schritt weiter. Der Kaiser gebot dem Sachsen zwar Frieden und drohte ihm für den Fall des Landfriedensbruches neuerdings die Reichsacht[29] an; den Streit zu entscheiden vermochte er aber nicht.

Auf dieser Reichsversammlung konnte der Kaiser nach langen Verhandlungen auch eine Art Reichsregiment durchsetzen, wie es ihm seit dem Wormser Tag (1495) vorschwebte und wofür er auf dem Augsburger Tag (1500) ganz ungewöhnliche Opfer gebracht[30] und Zugeständnisse gemacht hatte. Kaiser und Stände einigten sich nun auf acht Hofräte, welche die Einsammlung des Gemeinen Pfennigs betreiben, die Reichsordnung überwachen, bei der gütlichen Beilegung der zahlreichen Streitigkeiten im Reich den Kaiser unterstützen und auch in der Außenpolitik mitreden sollten. Die acht Räte wären vom Gemeinen Pfennig zu besolden gewesen. Alle Gerechtsame einer obersten kaiserlichen Regierungs- und Gerichtsbehörde waren diesem Hofrat zugedacht; aber diese Einrichtung — von Mainz unterstützt — konnte mit dem beharrlichen Widerstand des Kurfürsten von Sachsen und seiner Partei rechnen.

Der folgenreichste Fortschritt dieses Tages war die Einrichtung der zehn Reichskreise[31], ein Gedanke, der seit einem Jahrhundert lebendig war, den schon Nikolaus von Kues in seiner Concordantia Catholica besonders empfohlen hatte. Die Wormser Landfriedensordnung hatte den Gedanken aufgegriffen, und in der Augsburger Ordnung waren sechs Reichskreise eingerichtet worden. Seit dem Konstanzer Tag wählte man auch die Beisitzer zum Kammergericht aus diesen Kreisen. Auf dem Reichstag zu Trier/Köln gewann die neue Kreisverfassung endgültige Gestalt. Der Kaiser vereinbarte mit den Ständen nunmehr zehn Kreise. Unterhauptleute sollten innerhalb dieser Kreise die Kammergerichtsurteile vollstrecken, Verbrechen aufspüren und vor den Kaiser oder das Kammergericht bringen. Freilich verweigerte man ihnen eine reichsunmittelbare Schutztruppe, so daß sie doch wieder vom guten Willen der Landesfürsten abhingen. Die Kreise entwickelten sich zwar nicht sofort, aber späterhin zu lebenskräftigen Rechts- und Wehrgemeinschaften, die sich bis ans Ende des alten Reiches erhielten.

Wichtig war auch das Verbot des Fürkaufes[32] gegen die großen Handelsgesellschaften, welche Spezereien, Erz- und Tuchhandel völlig an sich gerissen hatten und die Preise nach Belieben emportrieben. Zwar wurden diese Gesellschaften nicht verboten, aber ihr Alleinhandelsrecht eingeschränkt. Die Obrigkeiten sollten die Preise überwachen; nötigenfalls durfte der Reichsfiskal eingreifen. Aber da der Kaiserhof mit den Handelsgesellschaften unmittelbar zusammenarbeitete und von ihnen regelmäßig große Darlehen erhielt, blieben diese Verbote auf dem Papier.

Vieles andere, wie die Regelung der Münze, wurde auch diesmal wieder vertagt. Es sollte noch über 300 Jahre dauern, ehe einheitliche Münze, Maß und Gewicht erreicht werden konnten. Kaiser und Reichsstände verpflichteten sich, zur Durchführung dieser Ordnung und zur Beratung aller dringenden Angelegenheiten künftig wieder jedes Jahr eine Reichsversammlung abzuhalten, die aber nicht länger als einen Monat dauern sollte. Die Beschlüsse dieses obersten Sitzes der Gesetzgebung und der Rechtsprechung waren für alle Stände, auch für die abwesenden, verbindlich. Auch die Kammergerichtsordnung, welche in mehreren Punkten ergänzt und verbessert wurde, sollte wie die neue Reichsordnung weitere sechs Jahre dauern. Eine Notariatsordnung[33] wurde erlassen. Auch die Gesetze gegen Gotteslästerer und Zutrinker wurden erneuert, weil man gerade darin ein Grundübel der Zeit zu erkennen meinte.

Trierer und Kölner Tag waren für den Kaiser ein Erfolg, den er nicht zuletzt dem Erzbischof Uriel von Mainz zu verdanken hatte. Der Abschied gewährte ihm die größte Reichshilfe, die es je gegeben hatte: eine „eilende Hilfe" im Ausmaß von vier Steuermonaten in Form von Anleihen in barem Geld. Mainz ging als Steuerzahler mit gutem Beispiel voran. Weiters wurde der Gemeine Pfennig auf sechs Jahre beschlossen. Daß sich der Kaiser zumindest die vorgesehenen Anleihen auf den Gemeinen Pfennig holte, kann als wahrscheinlich angenommen werden.

Der wichtigste Beschluß des Reichstages aber war die Einrichtung der zehn Reichskreise, welche Verteidigung und Landfrieden auf eine neue Grundlage stellten und das Reich handlungsfähiger machten. Ein politisches Hauptziel des Kaisers schien damit erreicht. Mit den vorgesehenen acht Hofräten sollte neuerdings eine Art reichsständischer Mitregierung eingerichtet werden. Der Mainzer Erzbischof wurde wieder als Erzkanzler herangezogen, offenbar um die Reichsstände von der Wiederkehr der alten Ordnung zu überzeugen. Dieser wichtige Ansporn zur Zusammenarbeit von Kaiser und Reich blieb gleichwohl ohne tiefere Wirkung, und die Neuerungen standen zunächst nur auf dem Papier. Kurfürst Friedrich und seine Partei hatten diese Reformgesetze zwar nicht verhindern können, aber deren Durchführung zu hemmen, waren sie offenbar stark genug, zumal sie den größeren Teil der Reichsstände heimlich auf ihrer Seite hatten.

1.4. Der Wormser Reichstag 1513

Gemäß dem Kölner Abschied sollten die Stände fortan wieder alljährlich einmal zusammentreffen. Den nächsten Reichstag hatte der Kaiser für den 6. Januar 1513 nach Worms ausgeschrieben[1] — vielleicht auch in der Hoffnung, den seit Jahrzehnten schwelenden Streit zwischen dieser Stadt und ihrem Bischof beilegen zu können. Aber er fand zunächst nicht die Zeit, den Reichstag zu besuchen, obwohl er ihn dringend gebraucht hätte: Die Reformgespräche waren zu beenden, der beschlossene Hofrat einzusetzen und eine ganze Reihe von Fehden und Unruhen im Reich beizulegen. Vor allem brauchte der Kaiser den Gemeinen Pfennig, wie er in Köln beschlossen worden war, denn die außenpolitische Lage wurde seit dem Tod Papst Julius' II. (Februar 1513) täglich schwieriger[2]. Der Waffenstillstand mit den Venezianern lief Ende März dieses Jahres ab, so daß man mit dem Wiederausbruch des Krieges in Italien rechnen mußte. Mit Spaniern, Franzosen und Engländern gab es schwierige Verhandlungen, deren Folgen niemand abschätzen konnte. Die Niederlande aber wurden von schweren Überfällen Karls von Geldern erschüttert, der eben einen Schlag gegen Amsterdam geführt und dort 300 Schiffe verbrannt hatte[3]. Der Kaiser schwankte und wußte nicht, ob er in Italien oder in den Niederlanden dringender gebraucht wurde. Er wartete in Augsburg, unschlüssig, ob er sich nach Süden oder Nordwesten wenden sollte.

Erzherzogin Margarethe bestürmte den Vater immer wieder, in die Niederlande zu kommen und Karl von Geldern zu bändigen. Er hingegen ersuchte seine Tochter — halb scherzhaft, halb im Ernst? — ihn auf dem Wormser Reichstag zu vertreten[4] und für ihn das Reich zu regieren.

Im März 1513 versammelten sich in Worms einige wenige

Reichsstände[5]. Köln, Trier und vor allem Sachsen waren trotz wiederholter Bitten ferngeblieben und nur Uriel von Mainz schließlich doch erschienen[6]. Auch der kaiserliche Hofrat hatte seine Arbeit in Worms bereits aufgenommen, so daß wenigstens Vorverhandlungen hätten beginnen können. Aber der Kaiser, der den schicksalsschweren Verhandlungen mit Venedig näher sein wollte[7], konnte sich derzeit von Augsburg nicht trennen und hätte den Reichstag gerne dahin verlegt. Ja, er bat die Fürsten, sie möchten eine angemessene Reichshilfe gleich nach Augsburg mitbringen — wohl der übliche Wink, daß ohne Reichssteuer weitere Verhandlungen sinnlos wären. Die wenigen anwesenden Fürsten und Stände gingen darauf nicht ein. Des langen Wartens auf ihre Standesgenossen und auf den Kaiser müde, überlegten sie vielmehr abzureisen. Im Mai verließ auch Erzbischof Uriel von Mainz den Reichstag. Nur einige wenige konnten gewonnen werden zu warten.

Erst der Sieg der Schweizer bei Novara (Juni 1513) machte den Kaiser im Süden so weit frei, daß er nun rasch zum Reichstag nach Worms aufbrach, um von dort auf kürzestem Weg in die Niederlande zu eilen[8], wo er mit dem König von England zusammentreffen und den gemeinsamen Krieg gegen Frankreich eröffnen wollte. Als der Kaiser am 20. Juni in Worms eintraf, war die Reichsversammlung immer noch nicht beratungs- und beschlußfähig[9], weswegen er nur wenige Tage blieb. Vergebens versuchte er, wenigstens die Kurfürsten heranzubringen[10], und meinte erbittert, er müsse wohl jeden persönlich aufsuchen, da seine Boten ja nichts ausrichteten. In der Tat traf er seinen heimlichen Hauptgegner, den Kurfürsten Friedrich von Sachsen, zusammen mit Erzbischof Uriel von Mainz im nahen Frankfurt. Im schwebenden Streit um Erfurt drängte der Kaiser den Erzbischof zu einem Vergleich mit Sachsen, der die Mainzer Interessen eher schädigte — für ein sächsisches Schmiergeld von 6000 Gulden, wie man sagte[11]. Uriel war müde und bereit nachzugeben. Bereits Anfang 1514 starb er, und der Streit um Erfurt blieb ungelöst.

Worms war für die Reichstagshandlungen damals gewiß weniger geeignet. Seit Jahrzehnten tobte hier ein Rechtsstreit zwischen dem Bischof und den Bürgern um stadtherrschaftliche Rechte. Vergebens bemühte man sich, diese alte Sache beizulegen. Den kaiserlichen Hofrat beschäftigten auch Streitigkeiten zwischen der Stadt Landau und dem Bischof von Speyer, ebenso die Fehde zwischen den Grafen von Werdenberg und den Freiherren von Waldburg und zahlreiche andere kleinere Streithändel. Auch die Fehde in der landgräflichen Familie von Hessen konnte nicht beigelegt, sondern nur vertagt werden. Die eigentlichen Reformfragen, Aufstellung des neuen Hofrates, Gemeiner Pfennig usw., wurden wegen des geringen Besuches überhaupt nicht behandelt.

Die Landung der Engländer in Calais, dann die geplante Zusammenkunft mit Heinrich VIII. und die Kriegsereignisse in Frankreich zwangen den Kaiser zu rascher Abreise. Er wollte den Reichstag zunächst noch nach Koblenz verlegen, was die Stände aber wieder ablehnten[12]. Daher löste sich dieser Reichstag im Juli 1513 von selbst auf. Die Stände — voll Sorge über Maximilians kostspieligen Kriegseifer gegen Frankreich — sahen offenbar keinen Vorteil in der Fortführung von Gesprächen, welche hauptsächlich die Einhebung des Gemeinen Pfennigs betreffen würden.

Auf der Rückkehr aus den Niederlanden lud der Kaiser die Stände noch einmal für November 1513 nach Worms[13]. Den Herzog Georg von Sachsen erinnerte er dabei persönlich an die Pflicht, den Tag zu besuchen und den Gemeinen Pfennig mitzubringen[14]. Der Kaiser habe fest vor, persönlich zu erscheinen, wolle den Reichstag aber wegen der Unruhen in Worms lieber nach Frankfurt verlegen[15]. Auch eine ganz persönliche Ladung an den Kurfürsten Friedrich von Sachsen blieb ohne Erfolg[16]. Niemand von den Großen erschien; auch von den Kleinen nur wenige. Da er sich völlig ergebnislos und von selbst aufgelöst hatte, gab es auch keinen eigentlichen Abschied, sondern nur eine kurze Erklärung der Stände, daß sie die großen Anliegen des Reiches, der Kirche und der Christenheit wegen Abwesenheit des Kaisers nicht hätten behandeln können — von der Abwesenheit der meisten Stände schwiegen sie.

Ganz offensichtlich war das Interesse der Stände an jährlichen Reichstagen nun weit geringer geworden. Keinen der beiden letzten Termine hatten sie ausreichend beschickt, während die kaiserlichen Anwälte und zeitweilig auch der Kaiser persönlich auf beiden erschienen waren. Die Stände wußten, daß der Kaiser auf die Ablieferung des beschlossenen Gemeinen Pfennigs drängen werde; darum blieben sie lieber weg und verzichteten gerne auf die Fortsetzung einer Reform des Hofrates, an der ihnen gewiß weniger lag als dem Kaiser. Erst nach vier Jahren (1517) kam unter dem Eindruck der zahlreichen Streithändel und Fehden, insbesondere der Gewalttaten Herzog Ulrichs von Württemberg, Franz von

Sickingens und der Stadt Worms, der nächste Reichstag in Mainz zustande.

1.5. Der Reichstag zu Mainz 1517

Während der Jahre 1514—1516 gab es eine Reihe von Versuchen[1], Reichstage zustande zu bringen: 1514 in Frankfurt und Augsburg, 1515 und 1516 in Freiburg im Breisgau; alle waren vergebens, obwohl die Streitigkeiten im Reich und die auswärtigen Kriege die Zusammenarbeit von Kaiser und Reich dringend nötig gemacht hätten. Im Oktober 1514 beklagte sich der Kaiser, daß er die Kriegskosten des Reiches seit dem Kölner Abschied von 1512 fast allein getragen habe[2] und Hilfe dringend brauche. Aber es war in der Regel so, daß nur ganz wenige Stände der kaiserlichen Ladung folgten, weil sie an der Vollziehung des Kölner Abschiedes, an der Einhebung des Gemeinen Pfennigs und an der Finanzierung des Krieges wenig Interesse hatten. Vergebens lud der Kaiser die Stände 1516, am Vorabend seines letzten großen Feldzuges gegen Frankreich, nach Augsburg[3]. Ende März zog er bereits in die Lombardei. Der Mißerfolg ist bekannt.

Im September-Oktober 1516, nach seiner Rückkehr aus Italien, berief der Kaiser eine Fürstenversammlung nach Augsburg. Herzog Ulrich von Württemberg sollte zur Verantwortung seiner Verbrechen vor das Hofgericht geladen werden. Die längst nötige Reichsversammlung kam aber erst 1517 in Mainz[4] zustande.

Das Fehdewesen im Reich hatte während des langen Krieges immer verheerender um sich gegriffen. Zwischen Schwarzwald und Vogesen rührten sich die Bauern wieder, was angesichts der Verständnislosigkeit und der Uneinigkeit der Reichsstände eine echte Gefahr werden konnte. Vor allem aber waren es die Gewalttaten Franz' von Sickingen, mehr noch der Ehebruch und Meuchelmord des Herzogs Ulrich von Württemberg, welche die Reichsstände zwangen, der Ladung des Kaisers zu einem Reichstag endlich Folge zu leisten. Der Schwäbische Bund beauftragte seine Vertreter ausdrücklich, über das Räuberunwesen und gegen die Mängel des Kammergerichtes Klage zu führen. Offenbar wollte man die Tagesordnung auf die Unsicherheit im Reich beschränkt wissen. Nach den Friedensschlüssen von Noyon und Brüssel, nach dem Abschluß des Waffenstillstandes mit Venedig durften die Reichsstände das sichere Gefühl haben, keine neuen Steuerbitten, Hilfs-

und Truppenforderungen des Kaisers gewärtigen zu müssen. Aber wie sollten Rebellen und Landfriedensbrecher ohne bewaffnetes Aufgebot des Reiches gebändigt werden können?

Die jahrelangen Gewalttaten Sickingens[5] schrieen geradezu nach Abhilfe. Der Ritter hatte im Dienste eines Auftraggebers Wormser Bürger überfallen, erpreßt, mit eigener Hand gemartert; hatte gedroht, dem Kaiser das Schwert in seinen Händen zu zerbrechen. Obwohl über ihn die Reichsacht verhängt worden war, führte er seine Fehde gegen Worms unbekümmert weiter und wagte es 1516 sogar, die Stadt zu belagern. Durch seine Kühnheit erregte Sickingen auch die Aufmerksamkeit des Königs von Frankreich, der ihn gegen eine jährliche Pension in seine Dienste nahm. Ein Werwolf Frankreichs inmitten des Reiches! Die Stände hätten dem Kaiser bei der Vollstreckung der Reichsacht gegen den berüchtigten Landfriedensbrecher wohl Heeresfolge leisten müssen; aber gerade das wollten sie keinesfalls.

Ähnlich und noch gefährlicher stand die Sache mit Herzog Ulrich von Württemberg[6], der seinen Stallmeister Hans von Hutten mit eigener Hand heimtückisch ermordet hatte, um sich dessen Frau zu nehmen. Seine eigene Gemahlin, Sabine von Bayern, eine Nichte des Kaisers, hatte er verstoßen. Da sie um ihr Leben fürchtete, hatte sie den Wüstling verlassen und bei ihren bayerischen Verwandten Schutz gesucht. Die Familie Hutten, in Franken hoch angesehen, hatte den Reichsprozeß gegen den fürstlichen Gewalttäter angestrengt. Nachdem Herzog Ulrich die Ladung vor das Hofgericht mißachtet hatte, wurde über ihn die Reichsacht ausgesprochen, was ihn wenig kümmerte.

Für den Kaiser bestand die Gefahr, daß sich alle diese Landfriedensbrecher gegen ihn zusammenschlossen: Die Herzoge von Württemberg und Geldern, Sickingen und Robert von der Mark, der gefährliche „Ardenneneber", konnten ihn mit französischer Unterstützung in ernste Schwierigkeiten bringen. Aber auch für das Reich hätte dieser Fehdehandel gefährlich werden und im unsicheren Südwesten zu einem regelrechten Krieg ausarten können.

Die Stände durften sich daher der Notwendigkeit eines Reichstages nicht mehr verschließen, den der Kaiser auf den 15. Juni 1517 nach Mainz angesetzt hatte[7]. Er nannte in seinem Ausschreiben die Rechts- und Friedensbrüche Sickingens und Herzog Ulrichs von Württemberg als Hauptgegenstände des Tages. Gleichzeitig forderte er als Reichshilfe wiederum den fünfzigsten Mann und hoffte offenbar auf diesem Weg doch endlich zu jener Kriegsordnung zu kommen, die er im Reich und in seinen Erbländern seit langem anstrebte.

Kurfürst Albrecht von Mainz, dessen Bruder Kurfürst Joachim von Brandenburg und der Kurfürst von der Pfalz, die als erste erschienen waren, nahmen die Verhandlungen mit dem aufsässigen Sickingen in die Hand. Ihnen kam es vor allem darauf an, ihren Standesgenossen, den Herzog von Württemberg, zu retten — und wohl auch Sickingen, der mit dem Württemberger in einem Boote saß.

Am 30. Juni 1517 wurde der Reichstag mit feierlichem Gottesdienst und Verlesung der kaiserlichen Anträge im Mainzer Kapitelhaus eröffnet. Maximilian war — entgegen ersten Zusicherungen — noch nicht persönlich erschienen, sondern hatte nur seine Anwälte geschickt[8]. Er schleppte sich erst aus den Niederlanden heran, wo ihm schwierige Verhandlungen mit König Karl, der eben nach Spanien abreiste, und seine schwere Krankheit[9] viel zu schaffen gemacht hatten. Allmählich erschienen auch andere Reichsstände: die Kurfürsten von Köln und Trier, der Bischof von Speyer und einige städtische Vertretungen[10]. Die Landgräfin von Hessen, arm wie eine Bettlerin, war gekommen, um ihre Verwandten wegen des vorenthaltenen Witwengutes anzuklagen.

Der Kaiser hatte von den Niederlanden her den Mainzer Reichstag zunächst umgangen und in Augsburg die Versammlung des Schwäbischen Bundes besucht und in seinem Sinn bearbeitet[11]. Offenbar hoffte er, dadurch auch den Reichstag für die Aufstellung einer Armee gegen den Herzog von Württemberg williger zu stimmen. Die Verhandlungen zeigten bald, daß Maximilian von den Ständen nichts zu erwarten hatte. Keineswegs wollte der schwerkranke Kaiser sich eine Ablehnung der Stände persönlich anhören und blieb daher fern. Ebensowenig wünschte er durch Steuerforderungen und Verfassungsstreitigkeiten das Klima für die einsetzenden Wahlhandlungen zugunsten König Karls[12] zu verderben. So begannen die Reichstagshandlungen zu versanden. Die Großen, welche von einer Aktion gegen den Württemberger nichts wissen wollten, drängten nach Hause; die Kleinen konnten nichts anderes als ihnen folgen. So löste sich der Reichstag auch diesmal ohne Abschied auf, und die angerissenen Verhandlungspunkte wurden auf den nächsten verschoben.

So beschäftigte sich der Mainzer Tag fast ausschließlich mit den Rechtshändeln Sickingens und des Herzogs von Württemberg. Schon am 19. Juni hatte der Kaiser die anwesenden Kurfürsten angewiesen, Sickingen freies Geleit zu gewähren und das Verhör mit ihm aufzunehmen[13]. Der Ritter erschien persönlich (26. Juni) und antwortete mit einer Darstellung der Ereignisse, wie er sie sah[14]: Die Fehde sei nicht gegen Kaiser und Reich, sondern nur gegen Worms gerichtet; für einen Waffenstillstand oder Frieden setzte er so hohe Bedingungen, daß die Kurfürsten die Entscheidung dem Kaiser überlassen mußten.

Maximilian kam die Friedensbereitschaft des Raubritters nicht ganz ungelegen, da er gegen den viel gefährlicheren Herzog von Württemberg freie Hand und Hilfe brauchte. Er entließ daher Sickingen und dessen Anhänger am 17. Juli aus der Reichsacht[15], ohne daß ein Wort über Bestrafung oder Schadenersatz verloren worden wäre. Ja, er versicherte sich in geheimen Verhandlungen seiner Hilfsdienste gegen den Württemberger. Dahin war es gekommen, daß der Kaiser mit gemeinen Landfriedensbrechern verhandeln mußte, weil die Fürsten bisher jede Reform der Reichsexekutive abgelehnt hatten und eben jetzt auch den fünfzigsten Mann verweigerten.

Zwischen Sickingen und Worms sollte einstweilen Stillstand herrschen, und auch andere Städte, wie Speyer, Landau und Anweiler, die sich vom Räuberhauptmann bedroht fühlten, versuchte der Kaiser zu beruhigen[16], daß ein Ausgleich geschlossen sei. Dieser Vertrag mit Sickingen gab den Städten, vor allem dem Schwäbischen Bund und noch mehr den Reichsfürsten den Vorwand, die Kriegshilfe gegen Württemberg abzuschlagen[17], obwohl der Kaiser wiederholt darum hatte bitten lassen.

Am 16. August kamen die Verhandlungen mit Sickingen zum Abschluß. Er versprach Frieden mit Worms und Hilfe gegen den Herzog von Württemberg. Um Ostern 1518 ließ sich der Kaiser sogar herbei, den Gewalttäter in Innsbruck persönlich zu empfangen, offenbar um ihn für die Unterstützung der Wahl Karls (V.) zu gewinnen. Ohne alle Reichshilfe, wie er dastand, mußte sich der Kaiser bemühen, den gefährlichen Mann von der Partei des Königs von Frankreich und Württembergs abzuziehen.

Der gefährlichste Feind des Kaisers, Herzog Ulrich von Württemberg, trotzte allen kaiserlichen Ladungen. Maximilian hatte ihm in der Reichstagsvorlage[18] die Ermordung seines Stallmeisters

Hutten, seinen Ehebruch, Mißhandlung seiner Gemahlin Sabine von Bayern, Bruch aller Verträge mit dem Kaiser, Zusammenarbeit mit den Feinden des Reiches, mit Geldern und dem König von Frankreich, ja sogar mit dem „Armen Konrad", und Überfälle gegen die kaiserlichen Vorlande vorgeworfen. Der Kaiser forderte Reichshilfe gegen Württemberg.

Die Stände versprachen dem Kaiser zwar Unterstützung, wollten aber vorher dem Herzog die Möglichkeit geben, sich zu rechtfertigen[19]. Der Württemberger hatte unter den Reichsfürsten viele mächtige Gönner und Freunde, welche in seiner Person den Reichsfürstenstand als solchen gegen den Kaiser glaubten verteidigen zu müssen. Maximilian war mit der Rechtfertigung zunächst einverstanden, forderte aber noch einmal Reichshilfe gegen den rebellischen Herzog[20].

Die Stände hofften, das Verfahren mit einem Ausgleich abzuschließen und sich eine Kriegshilfe zu ersparen[21]: Das Land sei gerade jetzt durch Mißernten geschlagen, die Bauern unruhig und zum Aufstand geneigt. Man übersandte dem Kaiser die Rechtfertigungsschrift[22] des Herzogs, die allerdings alles in Abrede stellte, auf die allbekannten Verbrechen gar nicht einging und den Kaiser noch mehr erzürnte. Maximilian empfand diese trotzige Rechtfertigung als persönliche Beleidigung und erneuerte seine Hilfsforderungen an das Reich und an den Schwäbischen Bund[23]. Aber beide ließen ihn im Stich.

In einer eingehenden Erwiderung[24] wies der Kaiser die Rechtfertigung des Württembergers zurück, prangerte dessen Gewalttaten und Kriegsrüstungen an und forderte dagegen nochmals die Hilfe des Reiches: Sie seien nicht beschlußfähig, und der Kaiser solle persönlich erscheinen, erwiderten sie und lehnten ab[25]. Der Kaiser forderte noch einmal mit Nachdruck den fünfzigsten Mann; sei dies bewilligt, werde er persönlich auf dem Reichstag erscheinen und nach dem Rechten sehen. Aber am 12. August lehnten die Stände die Truppenforderungen endgültig ab[26]. Als sie der Kaiser wegen der Württemberger Sache nach Augsburg lud, zogen sie es vor, nach Hause zu gehen[27].

Herzog Ulrich hatte seinen Fürstengenossen überzeugend beigebracht, was jetzt ihm widerfahre, könne später jeden anderen Reichsfürsten treffen. Der Widerstand der Stände verstärkte sich, als der Kaiser an verschiedenen Orten Truppen anwerben ließ[28].

Die Reichsfürsten fürchteten, der Kaiser könnte gegen einen ihrer Standesgenossen einen neuen Vernichtungskrieg führen, so wie einst gegen die Pfälzer, denen man noch immer die Lehen vorenthielt, und die Stellung des Reichsfürstenstandes im ganzen entscheidend treffen. Außerdem mußten sie fürchten, daß dieses Heer, das rund um Frankfurt angeworben werden sollte, für die kommende Königswahl Karls eingesetzt werden könne, weswegen sie allen Aufgeboten entschieden widerstanden. Sie verwiesen auf die schlechte Lage des Reiches, auf die Gefahr eines Bauernkrieges und lehnten beharrlich alle Hilfsbitten des Kaisers ab[29]. Ebenso ergebnislos verliefen die Hilfsaufgebote an den Schwäbischen Bund, der sich stets auf das Reich ausredete. Als die Städte den Kaiser gegen den Württemberger unterstützen wollten, wurden sie von den Kurfürsten daran gehindert[30]. Es war gewiß nicht die Furcht vor einem Bauernkrieg, die den Fürsten den Aufbau einer Reichskriegsmacht untunlich erscheinen ließ, sondern die reichsfürstliche Sorge vor einer Verstärkung der kaiserlichen Macht.

Maximilian fühlte sich offenbar nicht mehr gesund genug, die abschlägigen Antworten der Stände in Mainz persönlich entgegenzunehmen, und blieb daher dem Reichstag fern. Die Stände dagegen hüteten sich, der wiederholten Ladung des Kaisers nach Augsburg Folge zu leisten und sich seinen verstärkten persönlichen Einwirkungen auszusetzen. So ging man erfolglos auseinander.

Das einzig Erspießliche waren Verhandlungen über eine Reform des Kammergerichtes, die wohl vorzüglich der Zusammenarbeit des Kaisers mit den kleineren Reichsständen, den Geistlichen und den Städten, zu danken waren. Mit Recht sah man in den Mängeln des Kammergerichtes eine Hauptursache für die innere Unsicherheit und die dauernden Landfriedensbrüche.

Der Kaiser hoffte durch die Einrichtung von Rittergerichten innerhalb der Reichskreise die Wirksamkeit des Kammergerichtes und damit den Landfrieden entscheidend zu verbessern. Bereits in seiner ersten Reichstagsvorlage[31] hatte er entsprechende Anträge stellen lassen. Es sei alte gute Gewohnheit, daß der rittermäßige Adel Kaiser und Reich Gehorsam schwöre und unmittelbar verpflichtet sei; dies sei aber sträflich vernachlässigt worden. Der Adel glaube, er könne sich nach Belieben gegen Papst, Kaiser und Reich erheben; darin habe die allgemeine Unruhe ihren Grund. Der Kaiser möchte einen Richter einsetzen, dem alle Ritter verantwortlich sein sollten. Jeder Burgfrieden sollte unter einen vom Kaiser ernannten Burghauptmann gestellt werden. Der rittermäßige Adel jedes Kreises unterstehe in Dienst- und Lehenspflicht allein dem Reich. Ein vom Kaiser vorgeschlagener Fürst oder Graf sollte der oberste Richter in diesen Rittergerichten sein; ihm zur Seite eine Anzahl unparteiischer Ritter als Urteiler. Diese Gerichte sollten alle Klagen von Fürsten, Grafen, Herren und Edlen gegen Städte oder andere Fürsten behandeln und entscheiden. Aus diesen Gerichten solle die Berufung an die nächst höhere Instanz (Kammergericht) möglich sein. Der Mainzer Reichstag solle diese neuen Rittergerichte beraten. Damit diese Neuordnung nicht allzulange verzögert werde, sollten inzwischen vier solcher ritterlicher Landgerichte in Oberschwaben und in Franken, diesseits und jenseits des Rheins eingerichtet und erprobt werden. Daneben und darüber solle das Reichskammergericht für Kurfürsten, Fürsten etc. zuständig bleiben.

Was der Kaiser schon öfter geplant hatte, versuchte er hier noch einmal: Er wollte der reichsfreien Ritterschaft eine bedeutende Aufgabe im Reich zuweisen und sie zugleich in seinen unmittelbaren Dienst nehmen. Es war ein schwerer politischer Fehler der Ritterschaft[32], daß sie diesen Vorschlag keineswegs mit Freuden ergriff, sondern geradezu von sich wies. Eine versäumte Gelegenheit, die nicht wiederkehrte. Der Ritterstand wäre berufen gewesen, dem adeligen Fehdewesen, welches das Reich verwüstete, und dem Machtstreben der Fürsten zugleich einen starken Riegel vorzuschieben.

Aber Kurfürsten und Fürsten wußten Verhandlungen dieses kaiserlichen Vorschlages von vornherein zu verhindern; denn sie erkannten wohl, daß die Einrichtung einer solchen reichsunmittelbaren Exekutive durch die Ritterschaft, die unmittelbar dem Kaiser unterstanden wäre, dessen Macht hätte fördern müssen. Auch der kleine rittermäßige Adel vom Schlag eines Sickingen oder eines Götz von Berlichingen lehnte derart enge Bindungen an den Reichsdienst ab.

Es besteht kein Zweifel, daß dieser Plan einer ritterlichen Reichsexekutive, den Maximilian seit 1507 stets verfolgte, die Einheit des Reiches und die königliche Zentralgewalt bedeutend verstärkt hätte, ohne indes die lokalen Gewalten ganz auszuschalten. Aber die Reichsstände, vor allem Kurfürsten und Fürsten, lehnten eine solche Lösung entschieden ab.

286

Um nicht ganz untätig und teilnahmslos zu erscheinen, ließen die Reichsstände die Mängel des Kammergerichtes untersuchen[33]. Ein ständischer Ausschuß, in dem wohl vorwiegend Vertreter der Geistlichkeit und der Städte Wort und Feder führten, gab ein ausführliches Gutachten über die Gebrechen des Kammergerichtes, des Rechtes und des Landfriedens, über die Ursachen der allgemeinen Unzufriedenheit im Reich, dem inneren Zerfall der Nation und Unterjochung von außen her bevorstehe. In der Uneinigkeit liege die Gefahr. Die Stände hätten lang genug geschlafen, sie sollten allmählich erwachen. Das klingt weniger nach einem amtlichen Gutachten, sondern eher nach einer Werbeschrift, die aus dem Kreis der echten Reichsreformer, der Prälaten und Städte, ebenso hervorgegangen sein könnte wie aus der Umgebung des Kaisers. Das Kammergericht sei schlecht besetzt; die Abschiede von Konstanz, Köln und Trier würden nicht eingehalten; es gebe endlose Prozesse und nur selten Entscheidungen. Verfahren und Urteile seien nicht unparteiisch; die Kosten für die kleinen Leute viel zu hoch; die Armen blieben überhaupt ungehört. Immer wieder gäbe es Eingriffe in die Tätigkeit des Kammergerichtes; es sei überlastet und arbeite langsam; kleine Händel verzögerten die Entscheidung der großen; die Finanzen des Kammergerichtes seien nicht in Ordnung: die fälligen Anschläge zu seiner Erhaltung würden nicht bezahlt; nicht weniger als 40.000 Gulden seien ausständig. Auch die unteren Gerichte seien schlecht besetzt. Kein Wunder, daß daher die Leute ihre Zuflucht zu allen möglichen anderen mißbräuchlichen Gerichten nähmen: zu den geistlichen, westfälischen, rottweilischen und anderen Gerichten. Acht und Aberacht des Reiches hätten keine Wirkung und würden nicht vollstreckt. Die Geächteten würden nicht verfolgt, sondern sogar unterstützt. Daher komme die allgemeine Unsicherheit der Straßen und Wege, die Mißachtung des Landfriedens, wodurch Landwirtschaft, Handel und Gewerbe gleichermaßen zu leiden hätten. Wenn der Reichstag dies alles wieder übersehe, müßten die Folgen heillos sein. Der Kaiser möge nach dem Rechten sehen und Abhilfe schaffen! — Wenn er es aber tat, wie in den ausgezeichneten Exekutionsvorschlägen auf mehreren Reichstagen, fielen ihm vorzüglich Kurfürsten und Fürsten in den Arm.

Viele Einzelklagen[34] erhärteten diesen Katalog der Mißstände: Der Rhein könne kaum mehr befahren werden, weil immer wieder Heckenreiter die Kaufmannsschiffe plünderten. Die Forderung der

Bürger von Mainz, ihr Erzbischof möge ihnen einen Stadtrat zugestehen, scheiterte am Einspruch der Kurfürsten. Anna von Braunschweig, verwitwete Landgräfin von Hessen, finde nirgends ihr Recht[35] und müsse wie eine Zigeunerin, nur von einer Magd und wenigen Dienern begleitet, durch das Land ziehen und Kleinodien und Kleider versetzen, um das tägliche Brot zu haben. Solche Äußerungen stammten aus der Feder echter Reichsreformer, die es unter den kleinen Reichsständen zahlreich gab, aber gewiß nicht in den Reihen der Kurfürsten und Fürsten.

Der Kaiser schrieb den Reichsständen begeistert zurück, lobte die „Erleuchtung ihrer Sinne und Herzen", hoffte auf ihre Hilfe, die ihm bisher stets versagt geblieben sei, und wollte diese Mißstände in Augsburg zusammen mit den Reichsständen abstellen. Er versuchte die Opposition zu trennen, indem er den Reichstag nach Augsburg verlegen wollte[36]: Er hätte dann die Gehorsamen gegen die Widerspenstigen ausspielen können. Aber niemand leistete seiner Ladung Folge. Als das kaiserliche Angebot in Mainz eintraf, war der Reichstag bereits ergebnislos auseinandergegangen[37]. Krank, wie er das ganze Jahr gewesen war, wandte sich der Kaiser nach Baden bei Wien, um dort die Kur zu gebrauchen[38] und sich für die schwierigen Geschäfte des kommenden Jahres neue Kraft zu holen. Auf einem neuen Reichstag, den er für nächstes Jahr nach Augsburg ausschrieb[39], wollte er das letzte große Anliegen seines Lebens, die Königswahl, lösen.

Die zwanzig Kammergerichtsartikel blieben die einzige Leistung des Mainzer Tages; schöne Worte über „deutsche Land und Nation", aber Kaiser und Reich erhielten keine Schutztruppe zugestanden, der Württemberger blieb bei seinen Verbrechen völlig ungeschoren, und Sickingen durfte sich im heimlichen Dienst des Kaisers sicher fühlen.

Seit dem Ausbruch des Venezianerkrieges trat der Widerstand der Stände, der mit dem Tod Bertholds von Mainz und dem Sieg im Pfälzerkrieg vorübergehend überwunden schien, wieder stärker hervor. Der Wormser Tag von 1509 brachte dem Kaiser eine glatte Abfuhr; der Augsburger Tag von 1510 nur mäßige Zugeständnisse. Erst der Reichstag zu Trier und Köln (1512) beschloß eine Reichsordnung für sechs Jahre, eine eilende Hilfe, eine während Hilfe nach dem System des Gemeinen Pfennigs, eine Art ständischen Reichshofrates und die Schaffung von zehn Reichskreisen, was alles leider nicht oder nur zum Teil durchgeführt wurde. Nach

1513 vergingen vier Jahre, ehe wieder eine Reichsversammlung zustande kam. Es war im allgemeinen doch der Kaiser, der sich aus vielen Gründen immer wieder um einen Reichstag bemühte, während die Stände durch Fernbleiben, Widerstand oder Verschleppung die Reichstage behinderten, um neuen Truppen- und Hilfsforderungen zu entgehen, die letzten Endes auf die Schaffung eines stehenden Reichsheeres und einer ständigen Reichsexekutive abzielten und die territorialen Sonderrechte zu gefährden schienen.

Es war auch während dieser letzten Jahrzehnte im allgemeinen so, daß der Kaiser auf den Reichstagen nicht nur Geld und Truppen forderte, sondern mit gleichem Eifer die innere Sicherheit, den Landfrieden, Einrichtung der Reichskreise, Aufstellung von ritterlichen Polizeimannschaften, Rittergerichte innerhalb der Kreise, Burgfriedenshauptleute, Kreishauptleute und einen obersten Reichshauptmann durchsetzen wollte. In diesen letzten zehn Jahren tritt des Kaisers echte und umfassende Reformgesinnung so deutlich zutage, daß sich selbst Ulmann dagegen nicht zu verschließen vermochte und wiederholt den kaiserlichen Reformeifer gegenüber dem landesfürstlichen Widerstand anerkennen mußte.

Freilich wurde die Durchführung dieser Reformen durch die Aufgaben des auswärtigen Krieges und eine überspannte Außenpolitik stark zurückgedrängt. Die Hofräte als Organe der ständischen Mitwirkung des Reiches und die Kreiseinteilung, die in Köln durchgesetzt wurden, bedeuten indessen bleibende Fortschritte, wenn sie auch erst nach des Kaisers Tod allmählich zur Entfaltung kamen.

2. Die österreichischen Länder und Landtage unter der Last des Krieges 1508—1516

Im Laufe dieses langen Krieges erfuhr der Kaiser nur allzu deutlich, was er eigentlich längst wußte: daß er von den Reichstagen wenig Kriegshilfe zu erwarten hatte. Vom ersten Kriegsreichstag zu Worms (1509) erhielt er nicht einmal jene wenigen Hilfstruppen, deren er bedurft hätte, um die Gebiete zu besetzen und zu sichern, die ihm der große französische Sieg von Agnadello kampflos — fast als Geschenk — überließ. Was er brauchte, mußte er aus den österreichischen Ländern und aus Burgund herausholen. Aber die Niederlande führten ihren eigenen kostspieligen Krieg in Geldern; so fiel fast die ganze Last eines großen europäischen Krieges auf die österreichischen Länder[1] allein, die neuerdings ganz unter das harte Gesetz des Krieges gerieten, obwohl sie seit Jahrzehnten kaum eine Ruhepause genossen hatten.

Die Landtage der folgenden Jahre hatten sich fast nur mit den laufenden Kriegsforderungen des Kaisers zu beschäftigen, denen sie ihre eigenen Wünsche nach Mitbestimmung und Abstellung der schlimmsten Mißstände in Regierung, Verwaltung und öffentlicher Wirtschaft entgegenstellten. Hauptanliegen der Regierung war die Finanzierung des Krieges; Anliegen der Stände, auf die Regierung mehr Einfluß zu gewinnen und die landesfürstlichen Forderungen zu mäßigen, was ihnen als Hauptsache aller Reformen erschien. So liefen landesfürstliche Geld- und Truppenforderungen einerseits und ständische Wünsche auf Reform der Verfassung, Verwaltung und öffentlichen Wirtschaft andererseits nebeneinander her und führten im Laufe der Jahre doch zu gewissen Vergleichen, welche beiden Parteien und dem Gesamtstaat zum Vorteil gereichten.

Die österreichischen Länder waren zu Beginn dieses Krieges noch weit davon entfernt, eine engere Einheit zu bilden. Selbst die Ländergruppen (Niederösterreich und Oberösterreich) mit ihren Regimenten und Kammern, die Maximilian eingerichtet hatte, stießen auf die grimmige Feindschaft der einzelnen Länder und ihrer landständischen Selbstverwaltung. Aber im Laufe dieses Verfassungskampfes begannen die Stände zu begreifen, daß nur ein engerer Zusammenschluß ihrer Länder sie befähigte, den steten Geldforderungen der Regierung mit einigem Erfolg entgegenzutreten. So lange sie sich nicht einigten, hatte der Landesfürst stets die Möglichkeit, die einzelnen Länder gegeneinander auszuspielen. Daher nahmen immer häufiger sogenannte Ausschußlandtage den gemeinsamen Vorteil aller österreichischen Länder wahr. Ohne daß sie es selber merkten, wuchsen sie im Zuge dieser inneren Verfassungskämpfe und der äußeren Landesverteidigung allmählich zu einem engeren Bund zusammen. Dies war vielleicht eines der wenigen glücklichen Ergebnisse dieses unglückseligen, langen Krieges.

Tirol, an der großen Italienstraße der unmittelbare Nachbar Venedigs, war von diesem Krieg am schwersten betroffen. Daher wurde dieses Land — wohl auch wegen seines Bergreichtums — zur Finanzierung dieses Krieges und zur Verteidigung seiner Landesgrenzen besonders kräftig herangezogen. Die Tiroler brachten von allen österreichischen Ländern weitaus die größten Opfer —

größere als das gesamte Reich[2]. Es ist allerdings auch nicht zu vergessen, daß Tirol und seine Haupt- und Residenzstadt Innsbruck dem Kaiser besonders viel zu verdanken hatten.

Während der Kaiser im Januar 1508 gegen die Veroneser Klause aufmarschieren ließ, berief er einen Landtag nach Bozen, der ihm für den Romzug 1000 Mann, für den Kriegsfall 5000 Mann und im Fall besonderer Landesnot 10.000 Mann zunächst für drei Monate bewilligte[3]. Die Stände bestellten einen Ausschuß, der das Land in den Dienst des Krieges stellen, Aufmarsch und Verpflegung der Truppen zu besorgen hatte. Man dachte sogar daran, Regiment und Kammer von Innsbruck nach Bozen zu verlegen, damit das Kriegswesen besser überblickt werden könne, wozu es indes nicht kam.

Unter dem Eindruck der Niederlage im Cadore und der Gefahr für Trient schrieben die Kriegsräte gemeinsam mit den Hauptleuten und Ständen für den Mai 1508 einen neuen Landtag nach Bozen aus[4], der sozusagen das letzte Aufgebot zur Rettung des Landes aufstellen sollte. 10.000 Mann für drei Monate wurden zum Schutz der Südgrenze bewilligt. Der Kaiser hätte die „Lieferung", die Versorgung des Aufgebotes, zu übernehmen gehabt, vermochte es aber nicht. Da verpflichteten sich Paul von Liechtenstein und das Innsbrucker Regiment, für die Lieferung in anderer Weise aufzukommen[5]: Er dachte an eine Anleihe bei den Tiroler Ständen, deren Rückzahlung das Regiment garantieren wollte. Aber der Waffenstillstand von Santa Maria (11. Juni) setzte dem Krieg vorläufig ein Ende. So blieb den Ständen diesmal der äußerste Einsatz von 10.000 Knechten erspart[6].

Die Tiroler Stände, welche so große Opfer brachten, nahmen sich nun das Recht heraus, auch ihre Beschwerden vorzubringen[7]: Klagen über Machenschaften der fremden Beamten und Juristen, über neue Zölle, über Ausprägung schlechter Münzen, über maßlose Wildschäden und Überhegung etc. Sie wünschten, daß ihre Privilegien bestätigt, außerdem vier Ständemitglieder dem Regiment beigeordnet würden. Dies waren mehr als berechtigte Beschwerden, die sich im Laufe der nächsten Kriegsjahre noch steigerten, von Jahr zu Jahr wiederholt, aber nicht abgestellt wurden, so daß sie auf dem Generallandtag zu Innsbruck (1518) das Einschreiten aller österreichischen Länder herausforderten.

Paul von Liechtenstein[8] war als Marschall des Tiroler Regimentes mit umfassenden Vollmachten ausgestattet worden und hatte die Gelder für die Kriegführung aufzubringen. Obwohl die Innsbrucker Behörden ebenso wie die Landschaft dem Krieg mit Vorbehalt gegenüberstanden, zeigten sie sich dem Kaiser doch treu ergeben. In Tirol trat der Widerstand der Behörden und Stände nie so schroff hervor wie in den niederösterreichischen Ländern, die während des folgenden Krieges nach Meinung des Kaisers fast durchaus versagten. Am liebsten hätte Maximilian den unschätzbaren Liechtenstein als obersten Hauptmann nach Niederösterreich geschickt, um dort ein gutes Regiment einzurichten.

Die niederösterreichischen Länder verhielten sich ganz anders als Tirol. Ihre wirtschaftliche Lage war unterschiedlich. Die beiden Österreich waren zwar recht wohlhabend, hatten sich aber seit den Ungarn-Kriegen noch nie richtig erholen können. Die Gebirgsländer Steiermark, Kärnten und Krain waren hingegen ausgesprochen arm. Die türkischen Grenzüberfälle hatten nie ganz aufgehört, so daß Krain und die Untersteiermark seit Jahrzehnten weithin verödet waren. Fast jeder dritte Hof stand leer. Während Tirol im Jahre 1518 allein 137.000 Gulden Steuer zahlen konnte, waren die niederösterreichischen Länder insgesamt nur auf 120.000 Gulden angeschlagen. Die von Maximilian eingesetzten neuen Ländergruppenbehörden hatten sich hier innerhalb eines Jahrzehnts kaum richtig durchsetzen können. In den östlichen Ländern waren auch die landständischen Freiheiten insbesondere durch die vielen großen Grundherrschaften tiefer verwurzelt als in Tirol und während der langen Jahrzehnte der Verwahrlosung des landesfürstlichen Regimentes üppig in die Halme geschossen. Als erste hatten sich die Niederösterreicher zum Zeichen ihres Selbstbewußtseins in Wien ein festes Landhaus errichtet (1513). Länder und Landherren wollten[9] mit den neuen Regimenten und Kammern nichts zu tun haben. Wenn sie schon nicht aufgehoben wurden, wollten die Stände wenigstens ihre Vertreter in diese neuen Ämter entsenden. Besonders angefeindet war das neue Kammergericht, weil es den eigenen Gerichtsstand der Länder beeinträchtigte. Auch von einem Krieg, der zunächst nur die Tiroler Landesgrenzen gefährdete, wollten die Niederösterreicher zunächst nichts wissen, weil er sie als auswärtiger Krieg nichts angehe.

Die Kriegslage wurde auch für sie, besonders für Kärnten und Krain, gefährlicher, als die Venezianer im Laufe des April/Mai 1508 Friaul, Görz und Istrien eroberten und über Wippach und Adelsberg nach Laibach vorzustoßen drohten. Während sich die

Stände auf den ersten Landtagen zu Linz, St. Veit, Krems und Marburg noch vorsichtig zurückgehalten hatten, sahen sie sich auf dem Ausschußlandtag in Villach (Mai 1508) angesichts der drohenden venezianischen Invasion doch gezwungen, Land für Land das allgemeine Aufgebot zu befehlen[10]. Der Kaiser versprach, dafür das verhaßte Kammergericht aufzuheben[11]. Als der Waffenstillstand von Santa Maria delle Grazie die Gefahr beizulegen schien, verlangten die Stände allerdings Rücksicht auf ihre schwierige Lage[12] und kündigten für die nächste Zeit Forderungen an.

Im November 1508 versammelten sich Ausschüsse aller niederösterreichischen Länder in Mürzzuschlag[13]. Ein landesfürstliches Forderungsprogramm beantworteten sie mit Gegenforderungen und schickten eine Gesandtschaft zum Kaiser: Der Landesfürst solle ohne Zustimmung der Stände keinen Krieg beginnen; sie führten Klage gegen die „unordentliche Regierung", die den Kaiser und das Land verderbe; zwar sei Maximilian selbst „ein hochlöblicher, christlicher, streitbarer, erfahrener und gerechter Römischer Kaiser"; aber ein gutes Regiment von zwölf Personen, zur Hälfte vom Kaiser, zur anderen Hälfte von den Ständen vorgeschlagen, sei dringend nötig. Das Regiment solle aus einem obersten Hauptmann, einem Kanzler, den kaiserlichen Räten und je zwei Räten aus jedem Land bestehen. Das niederösterreichische Kammergericht müsse endgültig eingezogen werden, da jedes Land sein eigenes Landrecht besitze. Das Regiment wünschten die Niederösterreicher in Wien; die Oberhoheit der Innsbrucker Behörden in vielen Angelegenheiten lehnten sie ab. Von diesen Zugeständnissen solle die Bewilligung weiterer Steuern abhängen.

Es ging den Ständen vor allem um Zurückdrängung und Kontrolle der landesfürstlichen Beamten und Juristen, die alles und jedes an sich rissen und die ständische Selbstverwaltung zu vernichten drohten. Es war der in Aufbruch begriffene landesfürstliche Beamtenstaat, den sie leidenschaftlich ablehnten. Diese Mürzzuschlager Artikel bildeten die Grundlage für alle späteren landständischen Reformforderungen. In dieser Kriegszeit, wo der Kaiser, vom Reich verlassen, vorzüglich auf die Hilfe seiner Länder angewiesen war, konnte er deren Wünsche nicht wie bisher einfach übergehen; er mußte Zugeständnisse machen. Insofern bedeuten die Jahre 1508/09 einen Wendepunkt in der inneren Entwicklung der österreichischen Länder.

Die Liga von Cambrai und ihre Kriegsziele erforderten zunächst straffere Regierungsführung[14]. Der Kaiser verlängerte das Innsbrucker Regiment um drei Jahre und ordnete ihm auch vier Ständevertreter bei[15], stattete es mit großen Machtvollkommenheiten aus und versprach, sich in die Finanz- und Geldgeschäfte nicht mehr unbefugt einzumischen. Diese Neuerung sollte die Stände versöhnen und für die gewaltigen Geld- und Truppenforderungen gewinnen, welche der Wiederausbruch des großen Krieges nötig machte. Allenthalben wurden Landtage abgehalten: zunächst in Tirol, das am meisten gefährdet schien, dann in allen anderen Erbländern. Da die Stände über die Politik von Cambrai nicht unterrichtet waren, zeigten sie sich von den hohen Forderungen zunächst überrascht und bestürzt[16]. Die Niederösterreicher setzten schon der Neubestellung des Regimentes größeren Widerstand entgegen als die Tiroler; insbesondere hielten alle an der Generallinie fest: ohne ständische Mitregierung keine Geldhilfe und keine auswärtigen Kriege ohne Zustimmung der Stände.

Der Kaiser berief angesichts der neuen Lage nicht nur die Ausschußmitglieder des Mürzzuschlager Tages, sondern auch die Tiroler und Vorderösterreicher für den Februar 1509 zu einem Generallandtag nach Salzburg[17]. Das Innsbrucker Regiment hatte Paul von Liechtenstein dahin entsandt, damit er den Ständen die Liga von Cambrai und den daraus entspringenden Krieg gegen Venedig mundgerecht mache; denn erst daraus verstanden sich die ungewöhnlich hohen kaiserlichen Forderungen[18].

Die Länder sollten dem Kaiser für jede Grundrente von 100 Pfund Pfenningen einen Reisigen und vier Knechte stellen; und zwar für ein halbes Jahr. Diese Kriegsmacht hatte sich bis längstens Mai 1509 einsatzbereit in Kärnten zu sammeln, um den Schutz der innerösterreichischen Grenzen zu übernehmen, während der Kaiser persönlich mit Hilfe der burgundischen und vorderösterreichischen Länder den Feldzug gegen Venedig eröffnen wollte. Geschütze, schwere Waffen und Kriegsbedarf wollte der Kaiser zur Verfügung stellen.

Die Ausschüsse lehnten so hohe Forderungen zunächst ab, wollten aber mit Paul von Liechtenstein aufgrund der Mürzzuschlager Artikel darüber verhandeln[19] und dabei die Notlage des Kaisers für ihre Forderungen nützen: Die Regimente sollten völlig erneuert und stärker mit Ständevertretern besetzt werden. Die Niederösterreicher forderten ebenso wie die Oberösterreicher einen eigenen Regimentskanzler und dachten an Matthäus Lang. Vor allem lag den einzelnen Ländervertretern an ihrer unabhängigen Rechtspflege. Nach wie vor bekämpften sie das niederösterreichische Kammergericht, dessen Abschaffung stets versprochen, aber nie durchgeführt wurde. Außerdem nahmen sie bereits jetzt besondere Regierungsrechte für den Fall der Abwesenheit des Landesfürsten oder eines Regierungswechsels für sich in Anspruch. Grundsätzlich erklärten die Stände, daß ihre Beschlüsse von der Zustimmung der einzelnen Landtage abhängig seien. An der Selbständigkeit der einzelnen Länder suchten sie beharrlich festzuhalten.

Nach längeren Verhandlungen zeigten sich die Stände bereit, wenigstens ein reisiges Pferd und zwei Knechte und nur für vier Monate auf eigene Kosten ins Feld zu stellen; aber diese Truppen würden erst dann ins Feindesland einrücken, wenn der Kaiser selbst ins Feld ziehe. Der Bezahlung von Söldnern wollten sie nicht zustimmen, einerseits weil sie die größeren Kosten scheuten, andererseits weil sie das Land von fremden Söldnern verschont wissen wollten. Sie hatten das bestimmte Gefühl, daß der Ersatz des landständischen Aufgebotes durch Söldner die landesfürstliche Macht zum Nachteil der Stände verstärken würde. Fremde Söldner im Lande bedeuteten nicht nur eine schwere Plage, sondern auch einen gefährlichen landesfürstlichen Druck auf ihre Freiheit.

Da der Kaiser mit dieser Zusage nicht zufrieden war, hielt er getrennte Landtage in allen Ländern, um sie gegeneinander auszuspielen. Die Niederösterreicher[20], denen der Kaiser auf dem Wiener Landtag (März 1509) 1000 Reiter und 1000 Knechte zugemutet hatte, beharrten zunächst zwar auf dem Salzburger Abschied, schickten dann aber doch eine größere Truppenhilfe, wie sie es nachher nie mehr taten[21]. Der Kaiser sagte öfter, es wären die niederösterreichischen Länder gewesen, die versagt hätten. In der Tat reichte diese Hilfe bei weitem nicht, um die günstige Kriegslage von 1509 für die innerösterreichische Front auszunützen. Im Spätherbst kam es in Friaul und am Karst bereits zu schweren Rückschlägen, weil die niederösterreichischen Verbände schon vor der Zeit heimgezogen waren. Die Stände hingegen hatten das Gefühl, sie hätten etwas geleistet, aber nichts dafür erhalten. Sie wollten nun endlich ihre Forderungen durchsetzen.

Auf einer Reihe von Einzellandtagen, welche noch Ende 1509 gehalten wurden[22], einigten sich die Landschaften, ihre Ausschüsse auf Dreikönige 1510 zu einem großen Generallandtag nach

Augsburg abzuordnen. Sie sollten dem Kaiser die Beschwerden vortragen, ständische Mitregierung fordern und davon ihre Hilfe abhängig machen. Die Vereinbarungen mit dem Kaiser wurden im Augsburger Libell[23] vom 10. April 1510 zusammengefaßt. Maximilian versprach ihnen mehr Einfluß in der Regierung — allerdings nur in ganz allgemeinen Worten und ohne feste Zusicherung. Den niederösterreichischen Ländern sicherte er die Einrichtung eines ordentlichen und guten Regiments zu, das in Wien seinen Sitz haben und mit landsässigen Leuten besetzt werden sollte[24]. Niemand durfte in erster Instanz seinem ordentlichen Richter entzogen werden. Das Wiener Neustädter Kammergericht wurde endgültig abgeschafft und die alten Landrechte wiederhergestellt, damit niemand sein Recht außer Landes suchen mußte. Darin sahen die Stände eine wesentliche Garantie ihrer grundherrlichen und landschaftlichen Gerichtsrechte. Eigen und Lehen sollten in der Hand ihrer Besitzer und Erben fortan sicher sein; ja, der Kaiser dehnte die Lehenserblichkeit sogar auf die Töchter aus[25]. Der Forderung nach Abschaffung des äußerst verhaßten „Fiskals" begegnete der Kaiser, indem er ihn einfach zum „Kammerprokurator" umbenannte.

In fünf eigenen Libellen waren auch die Sonderwünsche und Beschwerden der einzelnen Länder niedergelegt[26]. Österreich ob der Enns wurde erstmals als selbständiges „Fürstentum" behandelt, was keineswegs den einhelligen Beifall der Ausschüsse fand. Die Länder äußerten ihre alten Klagen gegen ungerechte neue Zölle, gegen Wucher und Fürkauf der Handelsgesellschaften, gegen ausländische Hausierer, die keine Steuer zahlten, gegen schlechte Münze, gegen schlechte Straßen, gegen Übergriffe der landesfürstlichen Beamten auf adelige Lehens- und Besitzrechte. Zahlreich waren die Beschwerden der Städte, insbesondere Wiens, gegen die Beeinträchtigung seiner alten Handelsvorrechte.

Die Länder zeigten sich mit dem Augsburger Libell zunächst zufrieden. Obwohl sie bemüht waren, sich dem Kaiser für das Entgegenkommen erkenntlich zu zeigen, vermochten sie seine hochgespannten Forderungen nur teilweise zu erfüllen. So wenig Geld und so wenige Truppen kamen zusammen, daß es mit der Kriegführung an der innerösterreichischen Front in Görz und Friaul jämmerlich aussah. Die Hauptlast des Krieges und des Sommerfeldzuges von 1510 hatte auch diesmal wieder Tirol zu tragen[27].

In Tirol, das durch diesen Krieg weit mehr gefährdet war als die anderen österreichischen Länder, wollte man Landesverteidigung, Aufgebot der Streitkräfte und gleichmäßige Verteilung der Kriegslasten endlich durch ein gutes Gesetz ordnen. Der Innsbrukker Landtag vom Juni 1511 ließ sich die endgültige Fassung dieses Gesetzes angelegen sein. Paul von Liechtenstein vermochte sogar den Kaiser zu bewegen, den Landtag in Anwesenheit der Bischöfe von Brixen und Trient und aller vier Stände persönlich zu eröffnen. Er versprach, alle ständischen Freiheiten und Rechte zu bestätigen und Mängel der Landesverteidigung zusammen mit der Landschaft abzustellen.

Das Ergebnis der Verhandlungen ist im Tiroler Landlibell[28] vom 23. Juni 1511 in 42 Artikeln niedergelegt, welche die Stärke des Aufgebotes, Verteilung auf die Stände, Lieferung und Versorgung betrafen. Der Landsturm, das rasche Aufgebot aller Wehrfähigen, sollte bei plötzlichem Überfall die erste Abwehr leisten. Grundsätzlich war man nur zur Verteidigung der eigenen Landesgrenzen bereit. Gegen den Willen der Stände sollte kein Angriffskrieg geführt werden dürfen. Der Tiroler Landesverteidigung waren auch die Hochstifter Brixen und Trient angeschlossen; außerdem die Herrschaften Lienz und Pustertal, was als Entschädigung für die gewaltigen Kriegsanstrengungen gelten konnte. Die Tiroler betrachteten dies als Einverleibung dieser Gebiete in ihr Land, wogegen die Kärntner heftig ankämpften[29]. Schon längst war Tirol durch sein großes Zeughaus in Innsbruck und durch seine Rüstungsmanufakturen in Mühlau die eigentliche Waffenschmiede der österreichischen Länder und teilweise sogar des Reiches geworden. Durch das Landlibell hatte sich Tirol eine vorbildliche Wehrverfassung gegeben, die bis ins 19. Jahrhundert in Kraft blieb.

Der Kaiser behandelte die Bistümer Brixen und Trient wie eigene Erbländer, besetzte sie mit seinen Günstlingen und forderte ihnen willkürlich hohe Kriegssteuern ab. Als 1509 der reiche Kardinal Melchior, Bischof von Brixen, starb, forderte der Kaiser ganz selbstverständlich dessen ganzes nachgelassenes Vermögen[30], wogegen sich nur Papst Julius II. zu widersetzen wagte.

Auch während der nächsten Jahre 1511/12 hatten vorwiegend die Tiroler die Last des Krieges zu tragen. Auf dem Landtag zu Sterzing (Februar 1512) gab es gegenüber den landesfürstlichen Forderungen bereits Unmut und Widersetzlichkeit[31], selbst im sonst geduldigen Prälatenstand; aber zur Verteidigung Veronas, des Eingangstores nach Tirol, fand man sich immerhin bereit. Die Änderung der Kriegslage und der Waffenstillstand mit Venedig mögen das Land vorübergehend entlastet haben. Außerdem erhielt Tirol endlich die bereits 1511 versprochene Landesordnung.

Die Innerösterreicher einigten sich auf einem Ausschußlandtag zu Graz[32] (Februar 1512) zu gegenseitigem Schutz bei feindlichen Überfällen, ein Gedanke, der gewiß vom Tiroler Landlibell angeregt und im Hinblick auf die Kriegslage in Görz, Friaul und Istrien nötig war. Ganz allgemein begann sich ein Gefühl der Zusammengehörigkeit und gegenseitigen Hilfsverpflichtung unter den Ländern durchzusetzen, zunächst gegen die stets wachsenden Forderungen des Landesfürsten, dann aber auch zur gemeinsamen Grenzverteidigung.

Noch Ende 1512/13 wurde das Innsbrucker Regiment erneuert und bis 1516 verlängert[33]. Paul von Liechtenstein erhielt vom Kaiser seine Allmacht im schwierigen Bereich der Finanzen und der Anleihen noch einmal bestätigt. Seine große, fast unlösbare Aufgabe blieb die Finanzierung des Krieges, im besonderen die Verteidigung Veronas, das der Kaiser nicht nur wegen seiner strategischen Lage, sondern vor allem auch wegen seiner ungewöhnlich großen Einkünfte um jeden Preis behalten wollte. Der Durchmarsch der Schweizer durch die Veroneser Klause zum Kampf gegen die Franzosen in der Lombardei (Novara) zog auch Tirol wieder stärker in Mitleidenschaft. Die Regierung mußte neue höhere Steuern fordern und das allgemeine Aufgebot erlassen[34]. Auch das vorländische Regiment zu Ensisheim wurde erneuert[35]: einerseits wegen des Schweizerzuges gegen Dijon und Frankreich, anderseits wegen der Bauernaufstände um Freiburg im Breisgau.

Die Länder und Landtage beschwerten sich immer häufiger und lauter über die unmäßigen Belastungen durch den Krieg. Tirol klagte besonders über die Schäden, welche durchziehende, plündernde Kriegsknechte verursachten[36]. Schlecht oder gar nicht besoldet, hielten sie sich nicht selten an der armen Bevölkerung schadlos. Mit Recht fürchteten die Stände die vielen Landtage mit ihren stets wachsenden Geldforderungen. Daher der begreifliche Wunsch, „die kaiserliche Majestät wolle eine ehrbare Landschaft mit den vielen Landtagen in Gnaden verschonen"[37]. Gleichwohl wurden während der Jahre 1513/14 stets neue Landtage in Innsbruck, Sterzing, Bozen, Sillian und anderswo abgehalten. Im August 1513 empfahl das Innsbrucker Regiment dem Kaiser, den Krieg endlich beizulegen, denn die Kammer sei völlig erschöpft[38].

Nicht anders war es in den niederösterreichischen Ländern. Auch dort folgte ein Landtag dem andern[39]. Man sträubte sich zwar gegen die Kriegssteuern, aber man bewilligte stets wenigstens einen Teil. Auf dem Tag zu Graz[40] beklagten sich die Steirer gegen die dauernden Steuerforderungen, gegen die Vorladung vor das Wiener Regiment, gegen die Villacher Ochsengesellschaft, welche den steirischen Handel zugrunde richte. Auch die Wiener[41] beschwerten sich über die maßlosen landesherrlichen Steuern; vor allem wehrte sich die Stadt gegen die Aufhebung ihres Niederlagsrechtes, an dem die Wiener Kaufleute gut verdient hatten. Es kam bereits zu Stürmen auf die Warenspeicher der großen Handelsgesellschaften, die man aus der Stadt aussperren wollte. Scharfe Spannungen unter den Bürgern und Studentenaufläufe — Vorboten kommender Rebellion — beunruhigten die Stadt. Ganz unzufrieden war man auch über den neuen obersten Hauptmann, Ernst von Baden[42], der sich aufführe, als ob er der Kaiser höchstpersönlich wäre.

Obwohl der Krieg während des Jahres 1514 wegen völliger Erschöpfung aller Mächte fast ganz ruhte, hörten die Geldforderungen doch nicht auf. Ein gemeinsamer Ausschußlandtag aller österreichischen Länder zu Innsbruck im Januar 1514 scheint nicht zustande gekommen zu sein, weil die Regierung mit den anreisenden Ausschüssen lieber gesondert verhandelte[43]; wohl aber ein Tiroler Landtag[44], der den Kaiser neuerdings Truppen und Geld bewilligen mußte. Grenzenlos war der Widerwille gegen den Krieg. „Gebe Gott", seufzte der Bischof von Brixen, „daß uns noch ein Friede werde; das wäre wahrlich das beste für die kaiserliche Majestät, deren Länder und Leute."[45] Auch Tirol sträubte sich gegen weitere Kriegshilfe. In Krain, wo die Lage weitaus am schlechtesten war, meldeten sich schon Anzeichen eines Bauernaufstandes. Die ausgebeuteten Untertanen riefen nach der „alten Gerechtigkeit". Da sich gleichzeitig die ungarischen Bauern erhoben, wünschte der Kaiser, daß man auch dem König von Ungarn zu Hilfe komme.

Im Laufe des ganzen Jahres 1514 gab es eine Reihe von Einzellandtagen[46]: die bekanntesten in Graz (Mai) und Steyr (August), auf dem die neue niederösterreichische Landgerichtsordnung in Kraft gesetzt wurde. Im übrigen gaben sich alle Ständeversammlungen ähnliche Tagesordnungen: Abstellung der allbekannten Beschwerden als Gegenleistung für Kriegshilfe. Immer lauter erhoben sich die Klagen der Städte über die unerträglichen Steuern. Die kaiserlichen Anwälte traten ihnen aber schroff entgegen und forderten eher noch mehr Rüstungshilfe und größere Steuersummen. Aber der Kaiser versprach, auf einem Ausschußlandtag die Lasten gerechter zu verteilen.

Während des Jahres 1515 gedachte der Kaiser die großen Heirats- und Bündnisverträge mit Ungarn und Böhmen unter Dach und Fach zu bringen, vielleicht auch mit den Königen des Ostens persönlich zusammenzutreffen. Währenddessen sollte der große Krieg in Italien ruhen. Aber der Sieg der Franzosen bei Marignano (September 1515) zwang ihn, auch den Krieg in Italien wieder aufzunehmen. Dazu kam außerdem der Ausbruch des großen Bauernkrieges in Krain; drei große Aufgaben, die ihn gleichzeitig überfielen.

Die Klagen der Bauern, auf die alle schweren Lasten abgewälzt wurden, kamen auf den Landtagen kaum zu Worte, obwohl ihre Lage, besonders im Südosten, geradezu verzweifelt war. Seit Jahrzehnten wurden diese Gebiete von den türkischen Streifscharen auch mitten im „Frieden" regelmäßig heimgesucht. In der Herrschaft Pettau etwa waren um 1500 von 334 Huben nahezu, 100 halb oder ganz verödet[47]. Die Lage konnte sich seither nur verschlechtert haben. Der große ungarische Bauernaufstand des Jahres 1514 griff mit seinen Ausläufern auch auf das österreichische Krain über, wo er 1515 zum vollen Ausbruch kam, auch Südkärnten erfaßte[48] und ganz Innerösterreich in Schrecken versetzte. Die Regierung stellte sich gegen alle Beschwerden der Bauern auf die Seite der Herren[49].

Sicher waren die maßlosen Steuerforderungen der Regierung am Bauernaufstand mitschuld, aber gewiß auch die Grundherrschaften, welche ihre Untertanen nicht nur ungerecht, sondern vielfach auch unwürdig behandelten. Nun stand der ganze windische Südosten in Flammen. Die Bauern forderten „Stara pravda" — das alte Recht. Grundherren wurden erschlagen, Schlösser brannten, kaiserliche und ständische Schlichtungskommissionen richteten nichts mehr aus. Die Stände Krains riefen auf mehreren Landtagen die Nachbarländer und den Kaiser zu Hilfe. Maximilian wollte in Güte vermitteln, aber der Kampf war unver-

meidlich. Georg von Herberstein mußte den Aufstand blutig nie-
derschlagen. 136 Rädelsführer wurden mit dem Tod bestraft,
was den Ständen viel zu wenig schien. Der Rachedurst der Grundherren unterwarf die geschlagenen Bauern harten Strafen. Obwohl der Kaiser bemüht war, die Klagen der Bauern anzuhören
und abzustellen[50], glosten Groll und Unzufriedenheit im Verbor-
genen weiter. Es ist zu wundern, wie der Kaiser neben dem Krieg
in Italien und neben dem gefährlichen Bauernaufstand in Krain
die Kraft fand, seinen Wiener Kongreß durchzuführen, so, als ob
in ganz Österreich die hellste Sonne scheine.

Der Kaiser begann dieses schwierige Jahr mit Haushaltsplanungen, kleinen Reformen der Kammerverwaltung und der Buchführung und großen Vollmachten für seine „Finanzer". Der tüchtige Villinger[51] übernahm nach dem Hinscheiden Liechtensteins
als Generalschatzmeister das gesamte Kammerwesen und damit
auch die Geldbeschaffung für den Wiener Kongreß. Daß die Finanzierung eines neuen Italienfeldzuges hinzukommen werde, war
zunächst nicht vorauszusehen; ebensowenig wie der Aufstand in
Krain. Außer den großen Verpfändungen und Urbarverkäufen,
welche Jahr für Jahr die Kammer aus den ärgsten Verlegen-
heiten retten mußten, führte Villinger neue hohe Geleitgelder ein,
um die Einnahmen aus dem Zoll zu verbessern. Ein neuer Klage-
punkt für die Stände. Den fremden Handelsgesellschaften, von
welchen man Anleihen brauchte, wurde der Wiener Markt wieder
völlig geöffnet und damit die Wiener Kaufleute durch uner-
wünschte Konkurrenz geschlagen — ein aufreizender Bruch des
alten Stadtrechtes. Durch neue Registratur- und Buchhalterei-
ordnungen[52] sollte die Übersicht über Eingänge und Ausgänge der
Kammer etwas verbessert werden. Aber damit war das Finanzchaos wahrlich nicht zu heilen. Was Liechtenstein nicht gelungen
war, konnte auch Villinger nicht zaubern. Es war nun schon so
weit, daß man selbst den Hauptleuten nur mehr den halben Sold
auszahlte und sie aufforderte, „um Weihnachten wiederzukom-
men"[53].

Auf dem innerösterreichischen Generallandtag zu Graz (Februar 1515) setzten die Ausschüsse den üblichen Geld- und Truppenforderungen des Kaisers ihre altbekannten Reformwünsche entgegen[54]. Lang verhandelte mit den Ständen und vermochte sie im
Hinblick auf die Fürstenhochzeit entgegenkommender zu stimmen. Die Niederösterreicher zeigten sich sogar bereit, die Bürg-

schaft für Annas Wittum zu übernehmen[55]. Man konnte sich denken, daß die Wiener Festtage nicht weniger kosten würden als ein kleiner Feldzug. Als die Doppelheirat feststand, richtete sich die ganze Aufmerksamkeit der österreichischen Länder auf die zu erwartenden großen Ereignisse von Wien.

Im Laufe der Verhandlungen des Wiener Kongresses wurde noch einmal der große Plan eines „Königreiches Österreich" in Betracht gezogen. Einerseits sollte einem Wunsch des Königs von Ungarn entsprochen werden, seine Tochter nur einem König zu vermählen; anderseits sollten die österreichischen Länder durch eine Königskrone noch enger zusammengefaßt und dadurch vielleicht auch ausgezeichnet werden. Die Länder und ihre Stände empfanden dies wohl anders.

Maximilian hatte sich mit diesem Plan, den schon sein Vater Friedrich III. flüchtig gehegt hatte[56], zeit seines Lebens beschäftigt. Schon als junger Herr der Niederlande lernte er die burgundischen Königspläne seines hochverehrten Schwiegervaters Karl von Burgund kennen, die am Widerstand Friedrichs III. scheiterten[57]. Seither beschäftigten ihn unablässig Pläne eines burgundischen oder österreichischen Königreiches. Im geheimen Jagdbuch nennt er sich selbst „König von Österreich"[58]. Als er die Liga von Cambrai vorbereitete (1508), eröffnete er zu Mecheln dem Kapitel des Ordens vom Goldenen Vlies seine Absicht, ein Königreich Österreich-Burgund zu schaffen[59], was ganz selbstverständlich am Widerstand des niederländischen Adels scheitern mußte, der einer Unterordnung der burgundischen Interessen unter das Gesamthaus stets lebhaft widerstrebte. 1510 spielte der Kaiser mit dem Gedanken, seinen Enkel Karl zum König von „Austrasien" zu machen[60]. Der ehrwürdige Name, der bis in die Merowingerzeit zurückreicht, und dessen schöner Anklang an Austria hatten für den Kaiser etwas Reizvolles.

Im Jahre 1515 legten die Ereignisse neuerdings ein „Königreich Österreich" nahe — noch dringender als vorher. König Wladislaw wünschte seine Tochter Anna königlich zu verheiraten[61]: Bei Karl wäre dies von vornherein gegeben gewesen; für Ferdinand war damals noch das Königreich Neapel seitens des Königs von Spanien in Aussicht. Wenn dies nicht möglich sei, sollte ein Königreich Österreich geschaffen werden, versicherte der Kaiser[62], was im Hinblick auf die vielen Herzogtümer, Grafschaften und Herrschaften, die es umfaßte, im Hinblick auf „Größe und Reichtum" durchaus begründet gewesen wäre. Allerdings bedurfte man dazu der Zustimmung des Reiches und des Haupterben Erzherzog Karl. Der Kaiser ließ mehrere Entwürfe einer Königserhebungsurkunde[63] ausarbeiten. Das Königreich sollte offenbar das Erzherzogtum Österreich, die Herzogtümer Steiermark, Kärnten und Krain umfassen. Tirol und die Vorlande, die stets mehr gegen Burgund hin ausgerichtet waren und die sich Karl (V.) zunächst ganz besonders vorbehielt, waren wohl ausgeschlossen. Für Tirol war ja schon früher einmal der Titel eines Kurfürstentums vorgesehen gewesen.

Aber es blieb bei den Entwürfen. Obwohl den Kaiser diese Pläne noch weiter beschäftigten, vermochte er diese Frage zu Lebzeiten nicht mehr zu regeln und hat sie auch in seinem Testament nicht berührt. Die Sache scheiterte wohl am Widerstand König Karls[64]. Aber auch die österreichischen Landstände dürften wenig Verständnis dafür gehabt haben, ihre alten Länderfreiheiten und Selbständigkeiten, die ohnehin schon stark angeschlagen waren, einem einheitlichen „Königreich" aufzuopfern. Die österreichischen Stände hatten damals ganz andere Sorgen, wie sich noch zeigen wird.

Der französische Sieg bei Marignano (September 1515) versetzte Tirol neuerdings in höchste Aufregung. Man mußte wieder mit dem Fall von Verona und Brescia und dem feindlichen Einbruch in das Etschtal rechnen[65]. Das Innsbrucker Regiment kratzte die letzten Truppen und Gelder zusammen, um die Südgrenze des Landes zu schützen. Im kommenden Jahr plante der Kaiser, den Krieg in Italien durch einen großen Feldzug, den er persönlich anführen wollte, ein für allemal zu entscheiden.

Die finanziellen Voraussetzungen für diesen letzten Waffengang waren jämmerlich[66] und die zu erwartenden Steuern bereits vorweg verbraucht. Die Besatzung von Verona mußte man anweisen, sich durch Plünderungen aus dem Feindesland zu versorgen. Die Innsbrucker Kammer war so völlig ausgeleert[67], daß sie Aufmarsch und Verpflegung der kaiserlichen Truppen, Durchmarsch und Besoldung für die Schweizer beim besten Willen nicht mehr bezahlen konnte. Da die Engländer ihre Hilfsgelder fast ganz den Schweizern zuwandten, und auch das Reich sich dem Kaiser völlig versagte, mußte er zusehen, wie er sich behalf. Er zögerte nicht, seiner Idee der kaiserlichen Universalherrschaft die größten Opfer zu bringen. Durch Verkäufe und Verpfändung der letzten Reste seines Kammergutes schaffte er doch wieder Geld herbei. Dem Bischof von Brixen entriß er hohe Darlehen. Aber auch der Innsbrucker Landtag (Februar 1516) bewilligte ihm in einer letzten großen Anstrengung die hohe Summe von 40.000 Gulden, gab aber zu verstehen, daß man mit Venedig endlich Frieden schließen müsse[68], denn das Volk verweigerte da und dort bereits die Steuern, wogegen die Regierung Zwangsmaßnahmen ergreifen mußte. Seine Feldhauptleute versuchte der Kaiser mit leeren Versprechungen englischer oder burgundischer Hilfsgelder hinzuhalten[69], damit sich die Armee nicht vor der Zeit völlig auflöste. Nach dem Fehlschlag des Feldzuges und dem Verlust Brescias wurde die Lage noch schwieriger. Der Innsbrucker Herbst-Landtag (November 1516) bestürmte den Kaiser, den bereits geschlossenen Frieden doch anzunehmen[70]. Seine Bitte um neue 70.000 Gulden, um die Lage noch einmal zu wenden, wiesen die Stände zurück. Auch durch das Angebot, die Stadt Verona zum Land Tirol zu schlagen, waren sie nicht zu überreden. Schließlich verließen sie ohne kaiserliche Erlaubnis den Landtag.

Der Kaiser schloß zwar Frieden mit Frankreich und mit Venedig Waffenstillstand, aber die Forderung nach 70.000 Gulden wurde auf dem nächsten Landtag zu Innsbruck (Januar 1517) wiederholt[71]. Die Stände ließen sich nach langen Verhandlungen auf eine Hilfe von 30.000 Gulden ein, aber nur gegen Zusicherung endgültigen Friedens und der Auslösung des verpfändeten Silbers und Kupfers. Immer wieder betonten sie, ihre schweren Opfer nicht aus schuldiger Pflicht, sondern nur aus Zuneigung und Treue zum Landesfürsten gebracht zu haben. Die Tiroler drängten auf eine engere Verbindung unter den Erbländern, damit nicht Tirol allein den größten Teil der Lasten zu tragen habe. Zur Lösung dieser Frage wurde ein Ausschußlandtag aller österreichischen Länder vorbereitet, der in Innsbruck stattfinden sollte.

Die wirtschaftliche Lage nach dem Krieg war gewiß nicht nur angespannt; sie war unerträglich, insbesondere für den „armen Mann", auf den alles abgeschoben wurde. Die österreichischen Länder waren durch die Steuerleistungen der letzten zehn Jahre, die man insgesamt auf etwa drei Millionen Gulden anschlagen kann, völlig ausgepreßt. Tirol allein hatte gegen zwei Millionen aufgebracht. Aufgrund der Defensionsordnung von 1518 läßt sich für alle österreichischen Länder eine Bevölkerung von ungefähr 1 Million errechnen[72]. Das traf pro Kopf und Jahr 0,3 Gulden

Steuer, ein für damalige Verhältnisse ungewöhnlich hoher Satz. Im Reich zahlten nach der Trier-Kölner-Ordnung von 1512 zwanzig Köpfe zusammen einen Gulden; in den österreichischen Ländern dagegen zahlten zwanzig Köpfe gegen 6 Gulden, also etwa das Sechsfache, die kleinen Leute zweifellos noch mehr, weil die Steuerlast erfahrungsgemäß zum größten Teil auf sie abgeladen wurde.

Der Kaiser selbst hatte sich durch Darlehen bei den großen Bankhäusern, hauptsächlich bei den Fuggern, tief verschuldet: Für etwa zwei Millionen Gulden Darlehen hatte er ihnen nach und nach alle Tiroler Bergwerke und Schmelzhütten verpfändet; ebenso war im Laufe der Kriegsjahre fast das ganze österreichische Kammergut, Schlösser, Herrschaften und Liegenschaften, verpfändet oder verkauft worden. Allein aus der Steiermark hatte der Kaiser im Verlauf seiner Regierung durch Verpfändungen und Verkäufe gegen 200.000 Gulden herausgeholt[73]. Der Regierung und den Ständen stellte sich die Frage, wie man den Landesfürsten so weit entschuldete, daß wenigstens Hof und Regierung wieder von den Bergwerken und vom Kammergut leben konnten. So wollte man die alljährlichen außerordentlichen Steuern wieder etwas ermäßigen, welche man im Grunde als lästiges „Servitut" an den Landesfürsten ablehnte. Die Lösung dieser Frage war ein Hauptanliegen des folgenden Generallandtages zu Innsbruck.

3. Der Generallandtag zu Innsbruck (Januar—Mai 1518)

Seit mehr als zehn Jahren, seit den Ausschußlandtagen zu Mürzzuschlag (1508) und Augsburg (1510), waren auf allen österreichischen Ständeversammlungen stets die gleichen Beschwerden vorgetragen, in Libellen gesammelt, aber niemals abgestellt worden. Stände und Ausschüsse hatten Jahr für Jahr hohe Kriegssteuern bewilligt, waren dafür aber nur mit schönen Versprechungen hingehalten worden, die man niemals erfüllte. Nun schien das Maß voll. Der Kaiser, der angesichts des völligen Zusammenbruchs seiner italienischen Kriegspolitik und seiner Finanzen seinen Ländern eine neue Ordnung geben wollte, mußte sich endlich auf die Forderung seiner Länder nach größerer Mitbestimmung einlassen. Er dachte daran, gemeinsam mit den Landständen Einrichtungen zu schaffen, die unabhängig von der Person des Landesfürsten die Länder in Krieg und Frieden zu einer festeren

Staats- und Schicksalsgemeinschaft zusammenfügen würden. Außerdem plante er, auch Regierung und Verwaltung der österreichischen Länder und des Reiches enger miteinander zu verbinden. Die Erfahrungen langer Kriegsjahre hatten ihn gelehrt, daß er die Hauptstütze seiner Macht stets in seinen Ländern suchen müsse.

Zu diesem Zweck berief der Kaiser einen allgemeinen Ausschußlandtag nach Innsbruck[1] — man hat ihn mit Recht einen Generallandtag genannt —, der das Sonderstreben der Länder und Stände zur Einheit zusammenführen und sein Lebenswerk sichern sollte. Der Innsbrucker Generallandtag vereinigte alle österreichischen Länder der Habsburger zu einer Ausschußversammlung, die kein anderes Ziel hatte, als gemeinsame Regierung, gemeinsame Verteidigung und gemeinsame Finanzen in eine feste Ordnung zu bringen — und zwar nicht nur für Österreich, sondern auch für das Reich.

Wie es der Bedeutung dieses Tages entsprach, wurde der Verhandlungsablauf in großer Vollständigkeit aufgezeichnet, so daß die Auseinandersetzungen zwischen Landesfürst und Ständen wie in einem Drama vor uns abrollen. Die Ergebnisse, die drei Innsbrucker Reformlibelle, weisen in die Zukunft: Kaiser und Landstände fanden sich zur Zusammenarbeit und zu gesamtstaatlicher Politik. Der Kaiser erkannte, daß ein Staatsneubau ohne freiwillige Mitwirkung der Landstände unmöglich sei; sie aber begannen ihr gemeinsames Schicksal zu erkennen: das „Haus Österreich" als schützendes Dach für alle, als „Herz und Schild" des gesamten Reiches, wie es der Kaiser plante.

Maximilian wollte die österreichischen Ländervertreter ursprünglich nach Donauwörth berufen, während er den Reichstag ins nahe Augsburg geladen hatte, um beide Geschäfte nebeneinander zu besorgen. Es ging auf dem Landtag auch nicht nur um österreichische Angelegenheiten. Hilfe gegen die Türken, Friede mit Venedig, Kriegsrüstung für den Fall eines neuen Krieges, Regierungs- und Finanzreformen, Auslösung des Kammergutes und Abschaffung vieler Mißstände: das stand auf der Tagesordnung.

Da die Reichsstände in Augsburg lange auf sich warten ließen, entbot der Kaiser die niederösterreichischen Länder zunächst nach Wels[2] und schließlich über Wunsch der Tiroler nach Innsbruck, wo sich Mitte Januar 1518 siebzig Abgeordnete zum gemeinsamen Ausschußlandtag zusammenfanden. Sie sollten Regierung, Verwaltung und Landesverteidigung, die während des letzten Krieges offenbar versagt hatten, völlig reformieren. Landesfürst und Stände, von ganz entgegengesetzten Standpunkten ausgehend, begannen sich in langwierigen, mitunter stürmischen Verhandlungen allmählich auf der Bahn gesamtstaatlicher Zusammenarbeit zu finden und die Grenzen zwischen kaiserlicher und ständischer Gewalt neu abzustecken. Es war ein erster entscheidender Schritt zum österreichischen Gesamtstaat[3].

Schon in der Instruktion für seine Räte hatte der Kaiser Reformen in Aussicht gestellt[4], vor allem einen Hofrat als oberste Regierungsbehörde und gute Regimente für die Ländergruppen, wofür allerdings eine Geldhilfe der Stände nötig sei. Am 22. Januar 1518 legten die kaiserlichen Anwälte den versammelten Ausschüssen diese Vorschläge Maximilians dar[5]. Er brachte die Kriege gegen Frankreich und Venedig in Erinnerung, die er fast ausschließlich mittels seines Kammergutes und der Hilfe seiner Länder geführt habe. Werde das Kammergut nicht wiederhergestellt, habe der Kaiser kaum den Unterhalt für seine Person. Mit Frankreich herrsche nun Friede und mit Venedig Waffenstillstand; der Kaiser wünsche den Frieden mit Venedig mit seinen Ausschüssen zu beraten. Man müsse möglicherweise auch auf die Fortsetzung dieses Krieges gefaßt sein; die Erbländer sollten eine gemeinsame Kriegs- und Hilfsordnung beraten; der Kaiser werde seinen Teil dazu beitragen. Auch müsse das Kammergut, das durch den Krieg völlig erschöpft und verpfändet sei, wieder ausgelöst werden, damit der Kaiser seinen Hofstaat und seine Regierung erhalten könne. Er werde einen Hofrat für die Erbländer und das Reich und in allen Ländern gute Regierungen und gleiches Gericht einrichten. Die Ausschüsse sollten zur Auslösung des Kammergutes, zur Einrichtung einer Hofordnung und der Länderregierungen raten und helfen. Der Kaiser lud die Stände ein, auch von sich aus Anregungen und Beschwerden vorzubringen.

Bereits am 29. Januar 1518 gaben die Ausschüsse dem Kaiser im sogenannten „Libell der achtzehn Blätter" eine ausführliche Antwort[6]. Darin war alles zusammengefaßt, was sie an Beschwerden seit zehn Jahren vorgebracht und in Denkschriften niedergelegt hatten, ohne daß es je abgestellt worden wäre. Mit Nachdruck vertraten sie eine Politik des Friedens und sprachen entschieden gegen jeden Angriffskrieg, der ohne Wissen und Willen der Stände und gegen ihre Freiheiten begonnen werde. Gegenseitige Hilfe der Erbländer gelte nur der gemeinsamen Verteidigung, wozu der Kaiser mit Kriegsvolk, Geschütz, Gerät und Verpflegung beitragen müsse. Nur zu einem Türkenkrieg zeigten sich die österreichischen Stände bereit. Allerdings müsse gegen die Türken auch das Reich und die ganze Christenheit aufgeboten werden.

Die Ausschüsse brachten außerdem eine Reihe von Beschwerden vor: über hohe Steuern, schlechte Münze, Wucher der Kaufmannsgesellschaften, neu eingeführte Geleitgelder und Zölle, Verdrängung der ständischen Gerichtsbarkeit, Mißachtung der adeligen Besitz- und Lehensrechte usw. Würden die vorgebrachten Klagen nicht behoben, so hätte der Kaiser keine Geldhilfe zu erwarten; denn die Verpfändungen seien nicht aus Verschulden der Stände, vielmehr ohne sie und gegen sie geschehen; das Kammergut sei nicht zuletzt im Dienst des Reiches verbraucht worden; also müsse auch das Reich zur Rücklösung beitragen.

Die Ausschüsse erstatteten eingehende Vorschläge für die Einrichtung eines Hofrates, einer Kanzlei und einer Hofkammer für das Reich und die Erbländer — und zwar bis in die kleinsten Einzelheiten. Man merkt, es müssen an diesem Entwurf Fachleute aus Regierung und Verwaltung mitgearbeitet haben. Besonderen Wert legten sie darauf, daß die Ämter unter Mitwirkung der Stände mit Einheimischen besetzt würden und daß die Beamten keinen Anteil an Handelsgesellschaften, Münzprägung und an Geschäftsunternehmungen jeder Art hätten. Außerdem wünschten sie Trennung der erbländischen Angelegenheiten von denen des Reiches. Ganz offensichtlich wollten sie ihren Einfluß auf Regierung und Verwaltung verstärken. Der Kaiser und seine Regierung sollten an einem passenden Ort der Erbländer seßhaft werden. Auch hätten die Stände gern gesehen, wenn Maximilian noch zu Lebzeiten seine Nachfolge regelte. Das gespannte Verhältnis zwischen den Erben machte ihnen offenbar Sorge.

Erst Mitte März 1518, als der Kaiser von Augsburg nach Innsbruck zurückkehrte, kamen die Verhandlungen in vollen Gang. Am 16. März erwiderte er die ständischen Beschwerden: Das Libell der achtzehn Blätter habe er durchgelesen, könne darauf aber erst antworten, wenn er die Hilfsangebote der einzelnen Länder gegen die Türken, gegen Venedig und gegen feindliche Umtriebe in Ungarn, die das österreichische Erbrecht gefährden könnten, gesehen habe[7]; die Ausschüsse sollten ihre weiteren Forderungen rasch vorbringen, denn er müsse noch vor Ostern Innsbruck verlassen. In der Tat wartete auch der Augsburger Reichstag bereits auf das Erscheinen des Kaisers.

Die Ständevertreter zögerten nicht, eine lange Liste von Forderungen nachzureichen: gemeinsame Klagen aller Ländergruppen und Einzelbeschwerden der verschiedenen Landschaften[8]. Entschieden rückten die Ausschüsse den Regierungs- und Wirtschaftssünden des Kaisers während der letzten Kriegsjahre zu Leibe. Sie forderten endlich Frieden mit Venedig, Ordnung des kaiserlichen Hofstaates, Verzicht auf weitere Verpfändungen, Überprüfung von Beamten, die durch Beteiligung an Kaufmannsgesellschaften und Wirtschaftsunternehmungen in kurzer Zeit große Vermögen angesammelt hätten, gutes Gericht und Polizei. Sie beklagten sich besonders über den „Fiskal" und dessen willkürliche Amtsführung und griffen auch den Kaiser ganz persönlich an. Dabei fielen die Forderungen der Niederösterreicher durch besondere Schärfe auf — ein Jahr später, nach Maximilians Tod, gingen sie bekanntlich zu offenem Aufstand über. Gleichzeitig überreichten sie die vom Kaiser geforderte Aufstellung und länderweise Verteilung des Hilfsgeldes. Aber die angebotenen Summen waren ihm viel zuwenig.

Maximilian begab sich daher am 11. April 1518 persönlich vor die Gesamtausschüsse. Um sie günstig zu stimmen, erzählte er ihnen auf seine gemütliche Art eine „gute neue Märe" aus Spanien: König Karl habe die Türken in Afrika geschlagen[9], so daß der Kaiser nun daheimbleiben und den Türkenkrieg an der Donau anführen könne. Sein Plan, den Kreuzzug im Mittelmeer zu befehligen, hatte offenbar besonderes Mißfallen erregt. Was die zahlreichen Beschwerden betraf, machte Maximilian den Ständen große Versprechungen, meinte aber, man solle die Erledigung auf eine bessere Gelegenheit verschieben, denn er müsse rasch zum Reichstag nach Augsburg zurückkehren. Die Ausschüsse drängten aber auf sofortige Behandlung der Klagepunkte, denn seit Jahren hatte er sie mit Versprechungen hingehalten.

Als Geldhilfe forderte der Kaiser 400.000 Gulden, zahlbar in drei Jahren[10], ein Drittel davon zu seinem eigenen Gebrauch, alles andere zur Auslösung der Pfandschaften. Als die Stände sich unwillig zeigten, steigerte er die Forderung sogar auf 450.000 Gulden. So machte er es öfter, wenn sich die Stände widerspenstig zeigten. Man einigte sich schließlich auf 400.000 Gulden in vier Jahren und zu vier Terminen. Davon sollten die Länder unter und ob der Enns 120.000 Gulden, Steiermark, Kärnten und Krain 100.000 Gulden, Tirol 120.000 und die Vorlande 60.000 Gulden beitragen. Außerdem forderte der Kaiser eine „Armada" von 4000 reisigen Pferden und 12.000 Knechten[11].

Die Verhandlungen der Aufgebots- und Verteidigungsordnung der einzelnen Länder und Ländergruppen, die aufeinander abgestimmt werden mußten, machten größte Schwierigkeiten. Während Tirol seit 1511 sein „Landlibell" besaß, mußte eine Verteidigungsordnung für die niederösterreichischen Länder erst geschaffen werden — und zwar gegen den Willen der Stände, die anfangs meinten, darauf verzichten zu können. Erst nach langwierigen, zähen Verhandlungen[12], die zeitweilig unterbrochen werden mußten, weil sie völlig festgefahren schienen, näherten sich die Standpunkte einem allmählichen Einvernehmen[13]. Die Beratungen verliefen langsam und schwierig. Selten gab es gemeinsame Sitzungen; gewöhnlich verhandelten Länder und Ländergruppen für sich allein und verkehrten nur schriftlich miteinander. Es gab manche Zerwürfnisse, manch stürmischen Zwischenfall. Das Gefühl der Zusammengehörigkeit war noch nicht stark. Auch die lange Abwesenheit des Kaisers hemmte den Gang der Verhandlungen. Erst als er eintraf, kamen die Beratungen wieder in vollen Schwung. Auch besaßen einige Ausschüsse keine Generalvollmacht, weswegen andere nach Hause zu gehen wünschten[14]. Mit Mühe konnte sie der Kaiser zusammenhalten. Nur seine Tiroler glaubte er fest in der Hand zu haben.

Hohe Wellen schlug ein merkwürdiger Vorrangstreit[15], der erst jüngst ausgebrochen war: Die Ausschüsse des Landes ob der Enns wünschten neben den Niederösterreichern Platz zu nehmen, während die alten Herzogtümer Kärnten, Steiermark und Krain diesen Vorrang für sich in Anspruch nahmen und trotz kaiserlicher Vermittlung[16] an ihrer Auffassung festhielten. Für sie war das Land ob der Enns überhaupt kein selbständiges Fürstentum, sondern gehörte eben zu Niederösterreich. Die Oberösterreicher wollten daher von einer Verteidigungsgemeinschaft mit diesen mutwilligen Verkleinerern ihrer Landesehre zunächst nichts wissen. Der Streit konnte während dieses Landtages gar nicht geschlichtet werden.

Um die Verhandlungen zu rascherem Abschluß zu bringen, hatte sich der Kaiser am 11. April vor den Gesamtausschüssen auffallend entgegenkommend gezeigt: Am Hofratsplan der Stände hatte er nur wenig geändert[17]. Die Hofräte aus dem Reich sollten aus österreichischen Angelegenheiten nicht ausgeschlossen sein, „denn Österreich gehört doch auch zum Reich"; umgekehrt waren auch die Österreicher zu Reichsangelegenheiten beizuziehen. Neben den achtzehn Hofräten wollte der Kaiser noch sechs „Reformierer" einsetzen, die das Kammergut überprüfen und zusammen mit den Verordneten der Länder das Hilfsgeld einbringen und die Auslösung der Pfandschaften überwachen sollten. Die Raitkammer in Innsbruck sollte als einzige bestehen bleiben; eine eigene niederösterreichische Hofkammer, in der sich ständische Einflüsse allzu breitgemacht hätten, lehnte der Kaiser ab. Am Schatzmeister- und Kammermeisteramt, welche die Stände abschaffen wollten, hielt der Kaiser fest, weil sie sich bewährt hätten. Nicht die Ämter und die Beamten hätten versagt, sondern nur das Geld habe wegen der bekannten Kriegslasten stets gefehlt.

Nun ging es rasch. Nach einer Rückäußerung der Stände folgte am 24. April eine letzte Antwort des Kaisers auf das Libell der achtzehn Blätter. Am 26. April antworteten die Ausschüsse ein drittes Mal, worauf der Kaiser bereits am nächsten Tag erwiderte[18]. Er versprach noch einmal die neue Hofordnung, Abstellung der Beschwerdepunkte, Verzicht auf neue Steuern während der nächsten vier Jahre und Ordnung des Kammergutes.

Mit der Antwort vom 15. Mai schloß der Kaiser die langwierigen Verhandlungen endgültig ab[19]. Man einigte sich auf einen Vergleich, der den Ständen eine ganz neue Stellung im Staate einräumte. Die Ausschüsse lenkten ein, zogen manche Forderung zurück; ja, sie entschuldigten sich sogar, der Kaiser möge ihre untertänigen Gutachten gnädig aufnehmen. Das entsprach der damals üblichen Höflichkeit; ähnlich pflegte man auch auf Reichstagen hitzige Redekämpfe mit einer förmlichen Entschuldigung abzuschließen. Der Kaiser versprach noch einmal gutes Regiment, rechtes Gericht, Ordnung des Kammergutes und, wenn möglich, ständigen Aufenthalt in den österreichischen Ländern.

Am 24. Mai 1518 wurden die Verhandlungsergebnisse in den drei Innsbrucker Libellen über Hofordnung, Rüstung und allgemeine Beschwerden zusammengefaßt[20]. Die Libelle waren von Versicherungsurkunden begleitet, daß der Kaiser das Hilfsgeld nicht als schuldige Pflicht betrachte, sondern als freiwillige Leistung, die den Landesfreiheiten keinen Abbruch tue. Die Länder wurden für ihr Entgegenkommen mit Privilegien belohnt[21]: So erhielt auch der Tiroler Adel für die im letzten Krieg bewiesene Treue eine ganz besondere „Gnade", ein besseres Erbrecht in den ritterlichen Lehen.

Bereits in den nächsten Tagen verließ der Kaiser Innsbruck, um eilends nach Augsburg zurückzukehren[22], wo er vom Reichstag dringend erwartet wurde. Manche Ausführungsgesetze zu den Innsbrucker Libellen wurden erst in Augsburg vollzogen. Die Ausschüsse verhandelten indes in Innsbruck noch bis zum 6. Juni; an diesem Tag wählten sie eine Kommission, welche die widmungsgemäße Verwendung des Hilfsgeldes überwachen sollte[23]. Dann reisten auch sie nach Hause, um auf den Landtagen ihrer Länder, die für den 25. Juli ausgeschrieben waren, die Innsbrucker Reformen zum Abschluß zu bringen.

Das Libell der kaiserlichen Hofordnung[24] war eines der drei Hauptstücke, das am 24. Mai 1518 veröffentlicht wurde. Der Kaiser versprach die Einsetzung eines Hofrates mit achtzehn Räten: davon fünf aus dem Reich, fünf aus den niederösterreichischen Ländern, zwei aus Tirol, zwei aus den Vorlanden; alles geborene Landleute; die Mitglieder seien bereits mit Wissen und Willen der ständischen Ausschüsse bestellt. Sie waren daher, obwohl auch mit der Regierung des Reiches betraut, von den österreichischen Landständen stark abhängig. Der Hofmeister, Marschall, Kanzler und Schatzmeister wurden vom Kaiser selbst bestellt. Die Beamten sollten keine Geschenke und Belohnungen annehmen — auch nicht von auswärtigen Mächten; sie sollten keinen Anteil an Kaufmannsgesellschaften, Münzstätten oder Gewerbeunternehmungen haben; ausgenommen solche Betriebe, die mit den kaiserlichen Bergwerken und Schmelzen zusammenhingen. Dieser Hofrat sollte für alles zuständig sein — allerdings mit kaiserlicher Genehmigung —, ausgenommen die großen geheimen Staatssachen, die sich Maximilian ausdrücklich vorbehielt, und zwar sowohl für die Erbländer wie für das Reich. Es ist bemerkenswert, wie unbekümmert die österreichischen Stände mit ihren Beschlüssen in die Reichsverfassung eingriffen[25]. Dafür wünschte der Kaiser umgekehrt, daß die aus dem Reich gekommenen Räte auch an österreichischen Sachen mitwirken sollten, ebenso wie die Österreicher an Reichsangelegenheiten.

Seine Kanzlei[26] wollte der Kaiser fest in der Hand behalten: sein Kanzler sollte mit drei Sekretären die Anliegen des Reiches, der oberösterreichischen und niederösterreichischen Länder besorgen. Eine ordentliche Registratur sollte eingerichtet und die Kanzleitaxen geordnet werden. Der Betrieb der Kanzlei war bis in die Einzelheiten der zu gebrauchenden Siegelstempel geregelt. Nichts dürfe die Kanzlei verlassen, was nicht vorher im Hofrat beraten und beschlossen sei.

Für die Hofkammer waren ein Schatzmeister[27] und ein Generaleinnehmer vorgesehen, die alle ordentlichen und außerordentlichen Einnahmen der Kammergüter zu verwalten hatten; außerdem sollten auch die niederösterreichischen Länder, gleich wie die oberösterreichischen, einen Kammermeister haben, der die Einnahmen aus den Händen aller niederösterreichischen Viztume übernahm und dem Generaleinnehmer weiterreichte. Der Pfennigmeister hatte über Anweisung des Schatzmeisters die Hofausgaben zu bestreiten. Alle Beamten sollten bei der allgemeinen Raitkammer in Innsbruck abrechnen[28], die als einzige übergeordnete Rechnungsprüfstelle bestehen blieb, doch mit Beamten aus den niederösterreichischen Ländern zu verstärken war. In der Hofkammer und im Schatzmeister war die österreichische Finanzverwaltung mit jener des Reiches[29] eng vereinigt, weil das „Reich" finanziell größernteils von den kaiserlichen Erbländern lebte.

Außer den achtzehn Hofräten sollten für einige Jahre sechs „Reformierer"[30] des Kammergutes bestellt werden, die den Einnahmenfluß von unten nach oben zu beschleunigen und vor allem die Einhebung des Hilfsgeldes zu sichern hatten. Sie waren Vertrauensleute des Kaisers, welche allzu starker ständischer Einmischung entgegenwirken sollten.

Das Libell beschäftigte sich auch mit dem niederösterreichischen Regiment — nur dort habe der Kaiser Mängel finden können. Er empfahl rasche und genaue Arbeit. Das niederösterreichische Regiment wurde — gegen den Protest der Betroffenen — vorläufig für ein Jahr probeweise nach Bruck an der Mur verlegt[31]. Grundsätzlich wollte der Kaiser dessen Sitz selbst auswählen. Er versprach, es wunschgemäß mit Landsleuten zu besetzen, wünschte aber auch einige „Ausländer" (= Tiroler) hineinzunehmen. Es solle auf seine Vollzahl ergänzt werden — aber nicht mit Vertretern der Städte und Gerichte[32], denn die Heranziehung von Bürgern und Bauern lehnte der Kaiser im Grunde ab. Er übertrug den Regimenten zwar die Vollgewalt — aber gegen Widerruf. Er selbst wollte als Landesfürst über den Regimenten stehen, „wogegen die Länder wohl nichts einwenden werden". Ihre Urteile waren mit Hilfe der kaiserlichen Pfleger und Amtleute, mit Unterstützung des gesamten Landvolkes zu vollstrecken; die Kosten dafür trug die Kammer. Allen Verantwortlichen wurden gute Rechtspflege, gleiches und unverzügliches Recht ans Herz gelegt.

So mußte der Kaiser am Ende seines Lebens den Ständen in seinem Regierungs- und Verwaltungssystem eine umfassende Mitwirkung zugestehen. Offenbar erkannte er, daß eine durchgreifende Besserung der Finanzen, die nicht mehr aufzuschieben war, wenn der Staat nicht im Chaos versinken sollte, ohne freiwillige Mitwirkung der Stände nicht erreicht werden könne. Auch wollte er sich von kleineren und unwichtigen Dingen entlasten, um persönlich für Größeres frei zu sein. Darum gab er den Forderungen der erbländischen Stände in vielen Punkten nach und gestand ihnen nicht unbedeutende Rechte der Mitregierung und Mitverwaltung zu, stellte aber stets seine Person als Ursprung aller Herrschaftsrechte in den Vordergrund und hütete sich, ganz eindeutige Versprechungen zu machen[33]. Alle Zusagen blieben eher allgemein und konnten so oder anders ausgelegt werden. Aber der Grundsatz der ständischen Mitbestimmung war doch allenthalben durchgeführt.

Ähnlich grundlegende Änderungen hatte der Kaiser offenbar auch in der Reichsregierung vor, obwohl auf dem Augsburger Tag (1518) aus einsichtigen Gründen davon nicht die Rede war. Schon auf den Reichstagen in Augsburg (1510), in Trier und Köln (1512) hatte er die Reichsstände wieder stärker heranzuziehen versucht; er würde das System seiner Innsbrucker Reformlibelle, die merkwürdigerweise auch die Reichsverfassung berührten, gewiß auch auf das Reich übertragen haben, wenn ihm die Zeit dazu geblieben wäre. Vorderhand war der Reichshofrat noch ganz von österreichischen Landleuten beherrscht, welche den ganzen Einfluß forderten, weil sie die neuen Einrichtungen auch zu bezahlen hatten. An Hofräten aus dem Reich waren allerdings erst Doktor Lamparter[34] aus Württemberg und Paul von Oberstein vorgesehen. Als der Kaiser starb, waren für den Hofrat noch lange nicht alle Mitglieder aus dem Reich bestellt.

Die leitenden Beamten des Hofrates, wie Hofmeister, Marschall, Kanzler und Schatzmeister, wurden vom Kaiser allein ernannt, so daß er sie auch weiterhin fest in der Hand hatte. Maximilian wies jede Kontrolle seiner Person und vor allem seines Schatzmeisters entschieden zurück: dieser habe sich nur an seine

Befehle zu halten wie bisher. Der Beamtengehorsam durfte nicht durch ständische Einwirkung untergraben werden.

Das zweite Hauptstück des Innsbrucker Reformlibells betraf Rüstung und Hilfe[35]. Die Ausschüsse versprachen Maximilian ein Ehr- und Hilfsgeld von 400.000 Gulden, zahlbar innerhalb von vier Jahren in Raten von je 100.000 Gulden. Dafür sollten die österreichischen Stände während dieser vier Jahre von Türkensteuern und allen anderen außerordentlichen Belastungen frei sein. Zwar werde der Kaiser mit Venedig Frieden suchen; sollte es aber zum Krieg kommen, müsse dieses Hilfsgeld ausschließlich für den Krieg verwendet werden.

Damit im engsten Zusammenhang stand die Verteidigungsordnung, wie sie Tirol in seinem „Landlibell" von 1511 bereits besaß, nicht aber die niederösterreichischen Länder. Wir haben die langen, besonders schwierigen Verhandlungen[36] über das Rüstungslibell[37] bereits angedeutet; das Gefühl der Zusammengehörigkeit war noch nicht so stark entwickelt, daß gegenseitige Hilfe selbstverständlich gewesen wäre. Daß eine gemeinsame Defensionsordnung aller Länder zustande kam, war gewiß ein großer Erfolg des Kaisers.

Weil das Land Tirol seine Verteidigungsordnung bereits besaß, spitzte sich alles auf die niederösterreichische Defension zu. Jedes der niederösterreichischen Länder sollte sechs Kriegsräte, darunter einen Feldhauptmann, bestellen, die im Kriegsfall mit dem Landeshauptmann und dem Viztum zusammentraten, um das Aufgebot zu beraten. Der Kaiser oder sein oberster Feldhauptmann würden dann entscheiden, ob das bedrohte Land der Hilfe anderer Länder bedürfe. Den Krieg habe stets der oberste Feldhauptmann nach Rat der Landesfeldhauptleute und beigeordneten Kriegsräte zu führen. Jedes Land müsse im Kriegsfall zwei seiner Kriegsräte nach Bruck an der Mur abordnen; ebenso das niederösterreichische Regiment. Dieser große Kriegsrat solle im Ernstfall dem Aufgebot ins Feld folgen, sich stets in der Nähe des Kriegsschauplatzes aufhalten und für alles Nötige, besonders für die Verpflegung der Truppen, sorgen. In Abwesenheit des Kaisers solle dieser große Kriegsrat zusammen mit dem obersten Feldhauptmann alle Vollmachten haben; nur den Abschluß eines endgültigen Friedens behielt sich der Kaiser vor.

Jedes niederösterreichische Land hatte von je 200 Pfund Pfennige Herrengülte einen Reisigen und zwei Fußknechte zu erhalten;

desgleichen auch der Kaiser von seinem Urbar. Außerdem mußten 50 Feuerstellen zusammen den fünfzigsten Mann, das heißt einen Kriegsknecht auf die Dauer eines Jahres, stellen und erhalten. Im Falle der zweiten und letzten Hilfe müsse der Kaiser als Landesfürst selbst zu Felde ziehen; alle Länder aber müßten ihm entsprechenden Zuzug leisten.

Im nächsten Teil folgte die bekannte Kriegsordnung Tirols und der Vorlande, schließlich die gegenseitige Hilfspflicht der Länder untereinander: Würden Tiroler und Vorderösterreicher vom Feind ernstlich angegriffen, sollten die niederösterreichischen Länder sie mit tausend reisigen Pferden unterstützen; würde umgekehrt eines der niederösterreichischen Länder angegriffen, sollten Tiroler und Vorderösterreicher ebenfalls tausend reisige Pferde zu Hilfe schicken. Diese Hilfe sollte jeweils ein halbes Jahr dauern. Das war nicht gerade viel, aber doch ein guter Anfang. Der Kaiser erwartete sich von allen österreichischen Ländern insgesamt eine „Armada" von 4000 Reisigen zu Pferde und 12.000 Knechten zu Fuß[38].

Diese gemeinsame Verteidigungsordnung aller österreichischen Länder war ein großer Fortschritt, wenn sie zunächst auch nur für fünf Jahre gelten sollte. Das erste Mal hatten sich die Länder zu gegenseitiger Hilfe verpflichtet, ohne welche sie die schweren Heimsuchungen der nächsten Jahrhunderte durch die Türken wohl kaum überstanden hätten.

Als Bedingung für ihre Geldhilfe forderten die Ausschüsse die Abstellung der Mißstände, welche sie auf vielen Landtagen vertreten, auf diesem Innsbrucker Tag in wiederholten Eingaben[39] vorgebracht und im Libell der Beschwerden zusammengefaßt hatten[40]. Neben den allgemeinen Klagen, die alle Landtage — auch die Reichstage — regelmäßig beschäftigten, Klagen gegen die Tuchstrecker und Weinfälscher, gegen Gotteslästerer und Flucher, gegen Kleiderluxus, Fraß und Völlerei, gegen schlechte Polizeiordnung, gab es auch ganz besondere Beschwerden. Ein Sturm des Hasses richtete sich gegen die großen Handelsgesellschaften, welche Güter und Waren im großen aufkauften, um dann die Preise beliebig steigern zu können. Besonders gegen die großen ausländischen Unternehmer, unter anderem gegen die Fugger, wandte sich der allgemeine Zorn. Die Ausschüsse bewiesen dem Kaiser die großen Nachteile, die ihm aus der Verpfändung der Silber- und Kupferbergwerke erwuchsen; aber er schützte die Unternehmer. Ausdrücklich beharrte er darauf, daß die großen Lagerhäuser, vor allem in

Wien, bestehenbleiben müßten, um die Wirtschaftskraft dieser Stadt zu erhalten und dem Land keinen Schaden zuzufügen. Die Villacher Ochsen- und Seifengesellschaft gab er indes preis; auch die kleinen Hausierer und Krämer ließ er den Kleinkaufleuten zuliebe verbieten; aber der große Silber- und Kupfergroßhandel blieben unantastbar. Die Niederösterreicher beschwerten sich besonders gegen den Judenwucher. Der Kaiser aber lehnte eine neue Austreibung aus den wenigen Grenzorten, in denen sie verblieben waren, entschieden ab: Die Münzer Hausgenossen aus Wien — sie standen offenbar hinter dieser Hetze — hätten ihm niemals einen Groschen Geld leihen können, wohl aber die Juden.

Lebhafte Auseinandersetzungen gab es auch um das Geleitgeld, das erst während des Krieges neu eingeführt worden war. Die Ausschüsse behaupteten, dieser Aufschlag schädige den Handel und lenke die Kaufmannszüge von den österreichischen Straßen ab. Der Kaiser sperrte sich zwar gegen eine Aufhebung, mußte aber schließlich nachgeben. Der Handel beschwerte sich gegen den ständigen Münzverfall und die damit zusammenhängende Preissteigerung, die besonders den gemeinen Mann schwer treffe. Aber die Inflation war schon immer ein beliebtes Mittel der Landesfürsten, sich finanziell weiterzufretten.

Eine Fülle von Klagen ergoß sich über die kaiserlichen Beamten: Viele von ihnen seien durch unredliche Geschäfte reich geworden. Die Ausschüsse verlangten gerichtliche Untersuchung. Besonders scharf tadelten sie den „Fiskal" und dessen willkürliche Amtshandlungen, die in der österreichischen Rechtsgewohnheit keinen Platz hätten. Der Kaiser aber stellte sich entschieden vor seine Beamten: Freimütig bekannte er, sie könnten oft nicht bar entlohnt werden und müßten für ihre Arbeit Anweisungen und Pfänder hinnehmen; das werde sich auch in Zukunft nicht ändern lassen; man solle ihnen nicht noch Schwierigkeiten machen[41]. Den führenden Beamten wollte der Kaiser die Beteiligung an wirtschaftlichen Unternehmungen, vor allem an den kaiserlichen Bergwerken und Schmelzen, keineswegs verbieten.

Besonders laut beklagte sich der Adel, der sich in seinen überlieferten Rechten gekränkt fühlte und ganz persönliche Vorwürfe gegen den Kaiser richtete: Die alten ritterlichen Lehen würden durch ein rücksichtslos gehandhabtes Heimfallsrecht eingezogen, dem Adel entfremdet und oft gemeinen Leuten gegen „Exspektanzen" (= Anwartschaftszahlungen) verliehen; er setze sich über rechtmäßige Testamente einfach hinweg. Maximilian wollte sich in Lehenssachen aber nichts vorschreiben lassen: Seine Sache sei es, Dienste und Wohltaten, „von denen aller Adel herkommt", zu belohnen. Mit Recht wurde geklagt, daß der Kaiser Leute von Stand durch ungnädige Schreiben zur Verheiratung ihrer Töchter und Verwandten zwinge[42]. Wie er Geistlichen gegen Geld gute Pfründen verkaufte, vermittelte er Weltlichen gegen Geld reiche Bräute. Auch bei Besetzung von Stiften, Prälaturen und Pfarren wollte der Adel mehr berücksichtigt werden, da die Klöster doch als „Spitäler des Adels" gegründet seien. Die Jagd werde dem Adel fast völlig entzogen; auch solle der Kaiser ein ordentliches Gesetz gegen Wilderer erlassen und sie nicht im Zorn, nach Willkür und über Gebühr bestrafen. Der Adel möchte dem Kaiser auch die Besetzung und Erhaltung der Lehensgerichte aufbürden, was er nach einigem Widerstreben tatsächlich hinnahm. Ganz besonders beklagten sich Herren und Ritter, daß immer wieder Rechtsfälle aus den grundherrlichen und landschaftlichen Gerichten vor das Regiment gezogen würden; sie wollten sich ihre Gerichtsrechte nicht verkürzen lassen. Der Kaiser hingegen legte größten Wert darauf, allen Untertanen seinen unmittelbaren Rechtsschutz angedeihen zu lassen.

Die Prälaten beschwerten sich, daß viel geistliches Gut dem landesfürstlichen Urbar einverleibt worden sei, wodurch der geistliche Stand fortwährend an Besitz und Vermögen einbüße. Der Adel wieder klagte über die kirchlichen Mißstände in Klöstern und Pfarren: Die übertriebenen Stolgebühren, der berüchtigte „Sterbeochse", die geistlichen Wirtshausbetriebe, ihre Raufhändel, ihr unsittliches Leben wurden angeprangert. Diese Beschwerden lassen bereits einigen Zündstoff der ausbrechenden kirchlichen Revolution erkennen.

Dieses Libell der Beschwerden ist ein unschätzbares Dokument der Mißstände, die allerdings vorzüglich die oberen Stände bedrückten; die Klagen der kleinen Leute gingen dabei fast ganz unter.

Die Zeit zur Durchführung der Innsbrucker Reformlibelle war zu kurz, denn acht Monate nach ihrer Veröffentlichung war Maximilian tot. Die Reformen blieben daher zunächst Stückwerk, das erst sein Enkel Ferdinand vollenden konnte. Entscheidend war gewiß auch, daß der Kaiser unmittelbar nach Abschluß des Ausschußlandtages nach Augsburg zurückkehren mußte, wo ihn die schwierigen Wahlhandlungen durch vier Monate fast ganz in Anspruch nahmen.

Die Augsburger Wahlgeschäfte waren nicht dazu angetan, das Innsbrucker Sparprogramm einzuhalten. Schon der Reichstag kostete den Kaiser gegen 60.000 Gulden[43], denn viele Kurfürsten und Fürsten ließen sich Reise und Aufenthalt bezahlen. Dazu kamen die ungeheuren Aufwendungen für die Königswahl. Unbegreiflicherweise übernahm Maximilian auch noch die sogenannten „Sachsenschulden" — 320.000 Gulden, die später auf 160.000 Gulden heruntergehandelt werden konnten —, welche eigentlich die burgundischen Länder den Sachsen-Herzogen für jahrzehntelange Kriegsdienste schuldeten[44]. Während Cortez bereits in das goldene Reich des Montezuma vordrang, versuchte dessen Herr, König Karl von Spanien, seine Wahlausgaben auf den armen österreichischen Großvater abzuschieben, der großzügig genug war, die Existenz seiner Länder an die Wahl seines Enkels zu wagen.

In den österreichischen Ländern traten am 25. Juli die Landtage zusammen, wo ohne viel Umstände die Innsbrucker Libelle bestätigt wurden[45]. Vergebens baten die Landstände den Kaiser, die Versprechungen bis kommenden Michaelstag, dem Fälligkeitstermin der ersten Rate des Hilfsgeldes, zu erfüllen. Es fehlte Maximilian gewiß nicht an gutem Willen: Eine Reihe von Durchführungsgesetzen zu den Innsbrucker Libellen wurden von Augsburg aus erlassen. Ochsenhandels- und Seifengesellschaft sowie Geleitgeld wurden aufgehoben[46] und der Waffenstillstand mit Venedig verlängert. Der Hofrat wurde eingerichtet und Persönlichkeiten aus dem Reich dafür angeworben. Aber das war lange nicht alles, was der Kaiser versprochen hatte. Daher ließen sich auch die Stände Zeit: Die Hilfsgelder gingen nur langsam ein, so daß die Rücklösung des Kammergutes sich endlos verzögerte. Auch die sogenannten „Ordonanzen", die stehenden Truppen gegen die Türken und Venezianer, kamen nur zögernd auf die Beine.

Als sich der Kaiser in Augsburg — entgegen allen Versprechungen — in neue, noch größere Schulden stürzte, wußte das Innsbrucker Regiment keinen anderen Ausweg, als den Dienst aufzukündigen[47]. Der Kaiser drohte seinerseits, alles hinzuwerfen, die Innsbrucker Libelle nicht zu vollziehen und den Hofrat fallenzulassen: Er werde die Sache „Gott befehlen, sich an einen Ort zurückziehen, Gott dienen und seine vergangene Zeit bedenken"[48]. Aber es blieb bei der Drohung.

Auf der Rückreise von Augsburg zog Maximilian über Innsbruck, wo er erstmals den neuen Hofrat versammeln wollte; aber er fand niemanden vor. Nach kurzem Aufenthalt begab er sich nach Österreich, wo er die Stände und den neuen Hofrat in Linz zu treffen hoffte. Vergebens. Krankheit und Tod verhinderten die Vollendung des Reformwerkes, dessen Hauptaufgabe zunächst die Schuldentilgung und die Rücklösung des Kammergutes gewesen wäre. Diese Riesenlast blieb dem Enkel Ferdinand, der sie zusammen mit seinem Generalschatzmeister Salamanca in kaum zu überbietender Härte anpackte.

Der Innsbrucker Ausschußlandtag war nicht ganz ohne Erfolg — wenn auch weniger für den Augenblick, so doch für die Zukunft. Der Kaiser hatte den Landständen in seinen Regierungskollegien eine bedeutende Stellung eingeräumt[49] und sich mit ihnen zu gesamtstaatlicher Politik gefunden. Voll partikularistischen Eigensinns, aber doch angezogen von gutnachbarlichen Gefühlen, überzeugt vom gemeinsamen Schicksal, waren die Länder allmählich zum Bewußtsein einer sie alle umfassenden, gemeinsamen Staatsidee gelangt[50]. Durch ihr gemeinsames Auftreten hatten sie sich als Macht bewährt und ihr Selbstbewußtsein nicht wenig gesteigert.

Als der Kaiser starb, suchten sie sich des Reformwerkes ganz zu bemächtigen und alles an sich zu reißen, was ihnen die Innsbrucker Libelle noch versagt hatte: die ständische Alleinregierung, die Versteinerung ihrer ständischen Privilegien und den Stillstand allen staatlichen Fortschrittes. Mit unbarmherziger Gewalt wurden sie der fürstenstaatlichen Ordnung unterworfen und das Maximilianische Reformwerk vom Enkel Ferdinand wiederhergestellt und vollendet; es überlebte nicht bloß diese Rebellion, sondern bildete durch Jahrhunderte die Grundlage der wachsenden österreichischen Großmacht.

4. Die Niederlande und der ewige Krieg um Geldern

Seit Maximilian die Niederlande betreten, hatte der Krieg in Geldern[1] nie aufgehört. Man sprach von der ewig blutenden Wunde des niederländischen Staates. Zeitweilig bestand sogar Gefahr, daß sich Geldern mit Jülich, Kleve und Berg vereinigte[2], was die Verbindung der Niederlande mit dem Reich fast ganz zerrissen hätte.

Merkwürdigerweise betrachteten die Generalstaaten den Krieg gegen Geldern als reines Anliegen der Dynastie und wehrten sich gegen jede Kriegshilfe. Wäre heutzutage ein niederländischer Staat ohne Geldern geopolitisch überhaupt denkbar?

Der Prätendent Karl von Egmont-Geldern hatte seinen Ansprüchen nie entsagt, und je nach der allgemeinen europäischen Lage wurde er von Frankreich mehr oder weniger kräftig gegen die Habsburger unterstützt. Bevor König Philipp das letzte Mal nach Spanien abreiste, hatte sich Herzog Karl zunächst zum Schein unterworfen[3], sich aber dann der Überfahrt entzogen und den Krieg gegen die Niederlande neuerdings eröffnet.

Nach König Philipps Hinscheiden bestellte der Kaiser Anfang 1507 seine Tochter Erzherzogin Margarethe zur Statthalterin der Niederlande[4]. Der Krieg gegen Geldern wurde für sie die drückendste Last ihrer ganzen Regierung. Selbst der Kaiser fürchtete zeitweilig von seiten Gelderns und Frankreichs eine ernste Gefährdung seiner burgundisch-spanischen Reichspläne[5], denn jetzt ging der rebellische Herzog, von Ludwig XII. unterstützt, zum Großangriff über. Wenn je, dann war jetzt die Stunde, die Habsburger aus den Niederlanden zu vertreiben. Im Norden stieß er dem Südufer der Zuidersee entlang gegen Amsterdam vor, versuchte Holland und Seeland von den habsburgischen Staaten loszureißen; im Süden überschritten seine Streifscharen immer wieder die Maas und stießen gegen Brabant vor.

Die Kaiserlichen mußten froh sein, die Maas-Rhein-Linie mit den Hauptplätzen Roermond, Nymwegen, Arnheim, Wageningen und Poederoyen zu halten. Die Franzosen führten den Rebellen entlang der Maas über Sedan, Namur, Lüttich und Roermond immer wieder starke Hilfsverbände zu, welche die Niederlande in Schrecken versetzten. Vermochte sich Geldern mit Unterstützung Frankreichs unabhängig zu erhalten, bedeutete dies für die Niederlande eine ständige Bedrohung.

Im September 1507 fielen Geldrer und Franzosen gemeinsam in Brabant ein[6]. Vergebens hatte der Kaiser versucht, die Franzosen durch sein laut angekündigtes Italienunternehmen zu binden. Die jämmerliche Wehrverfassung des Reiches vermochte Frankreich an der Unterstützung Gelderns aber nicht zu hindern[7]. Da die Statthalterin Erzherzogin Margarethe weder bei dem benachbarten Fürsten noch bei den niederländischen Generalstaaten die nötige Hilfe fand, hatte ihr der Kaiser einen seiner tüchtigsten

Feldherrn, den Fürsten Rudolf von Anhalt[8], mit 2500 Landsknechten zu Hilfe geschickt (März 1507), der im Frühsommer den
Feldzug gegen Geldern mit großer Zuversicht begann und bald
zu beenden hoffte. Aber der Fürst fand weder bei der niederländischen Regierung noch bei den Generalstaaten jene Truppenhilfe, derer er für seine schwierige Aufgabe bedurft hätte. Ohne
ausreichende Mittel, vom burgundischen Rat auch in der Kriegführung ständig behindert, konnte er mit seinem kleinen Heer
die Rebellen zwar über die Maas auf Nymwegen zurückdrängen[9],
diese wichtige Festung aber nicht erobern, da inzwischen Franzosen
heranmarschierten und Brabant bedrohten. Der König von Frankreich hatte alle seine Kräfte gegen die Niederlande frei, so daß ihm
Anhalt weit unterlegen war[10]. Die Verbündeten stießen bereits ins
Herz des Landes vor und besetzten Thienen (September 1507).

Da höchste Landesnot drohte, berief Erzherzogin Margarethe
die Generalstände und den Orden vom Goldenen Vlies zusammen und bot den Landsturm der bedrohten Provinzen auf. Wie
durch ein Wunder[11] wurde bei Einbruch des Winters das geldrisch-
französische Unternehmen abgebrochen; die Verbündeten trennten
sich und zogen heim[12]: vielleicht unter dem Eindruck des burgundischen Widerstandes, den selbst der Kaiser loben mußte[13]. Vielleicht war es auch eine Folge des kaiserlichen Aufmarsches an der
Veroneser Klause, dessen Armseligkeit von den Franzosen zunächst
noch nicht erkannt wurde. Vielleicht war es bereits ein Ergebnis
der geheimen Verhandlungen, die Erzherzogin Margarethe mit
dem König von Frankreich einleitete. Jedenfalls konnte der Fürst
von Anhalt die Geldrer wieder auf die Maas-Linie zurückdrängen.

Auffallend war immerhin, daß Erzherzogin Margarethe seit
Jahresende 1507 die Kampfhandlungen gegen Geldern einzustellen
versuchte, Anhalts Knechte größtenteils entließ und auch von einer
Kriegshilfe des Markgrafen von Baden nichts mehr wissen wollte,
welche ihr der Kaiser zusandte. Sie arbeitete damals bereits auf
einen Frieden mit dem König von Frankreich hin[14] und erreichte
auch die Vermittlung[15] Englands — nicht nur zugunsten ihrer
völlig erschöpften und geplagten Niederländer, sondern auch zugunsten ihres Vaters, des Kaisers, der in Trient festlag und nicht
die geringste Aussicht hatte, den französisch-venezianischen Sperrgürtel in der Lombardei zu durchbrechen und nach Rom zu gelangen.

Die neue Friedenspolitik Erzherzogin Margarethes fand zunächst nicht die Zustimmung ihres Vaters, der die Franzosen immer noch an der niederländischen Front zu binden wünschte; ebensowenig den Beifall des Fürsten Rudolf von Anhalt und des Herrn Floris von Egmont, der beiden Führer der niederländischen Kriegspartei, die den Feldzug gegen Geldern mit Schwung zu führen und rasch zu beenden hofften, wie dies der Kaiser befohlen hatte[16]. Lieber wolle er sein eigenes Blut opfern, als Geldern aufgeben, sagte Maximilian. Gleiches beteuerte der König von Frankreich.

Die zahlreichen Franzosenfreunde am burgundischen Hof aber lehnten den Krieg gegen Geldern ab. Die Generalstaaten — das unmittelbar bedrohte Holland ausgenommen — verweigerten die nötigen Geldmittel[17]. Die niederländischen Kriegsausgaben überschritten damals bereits die Millionengrenze, so daß man die Knechte nicht mehr besolden konnte, die allerdings durch Plünderungen und Überfälle zu ihrem Geld zu kommen wußten. Die Statthalterin hätte das Kriegsvolk am liebsten entlassen, wenn nicht Herzog Karls Plünderzüge die niederländische Kriegsbereitschaft erzwungen hätten. So konnte Rudolf von Anhalt nur die Maas-Rhein-Linie verteidigen; er nahm die Festung Poederoyen[18], die einen wichtigen Maas-Übergang sicherte. Alles Land nördlich der großen Ströme machte Karl von Geldern unsicher, der den Plan hegte, auch Holland, Seeland und womöglich sogar Friesland zu unterwerfen.

Als Erzherzogin Margarethe im Frühjahr 1508 unmittelbare Friedensverhandlungen mit Frankreich suchte, trat der Kaiser zunächst entschieden dagegen auf[19]; er dachte sogar daran, die Tochter als Statthalterin zu entlassen und durch den Fürsten von Anhalt zu ersetzen, der bereits die Ströme überschritten hatte und erfolgreich gegen Geldern vorrückte. Der Kaiser glaubte, seinem Hauptziel, der Unterwerfung Gelderns, nahe zu sein. Aber die ebenso eigensinnige wie kluge Statthalterin ließ sich von ihren Geheimverhandlungen mit Frankreich nicht abbringen.

Der Waffenstillstand von Santa Maria delle Grazie[20] (Juni 1508) machte die Franzosen in der Lombardei völlig frei, so daß sie ihre Truppen wieder an die niederländischen Grenzen verlegen konnten. Karl von Geldern führte seine Unternehmungen noch kühner fort als bisher. Erzherzogin Margarethe, welche nun die ganze Wucht der französischen Kriegsmacht zu fürchten hatte, erwartete sich alles Heil von Friedensverhandlungen mit Frankreich, welche sie gegen den ausdrücklichen Befehl des Vaters noch hartnäckiger fortsetzte[21]. In eingeweihten Kreisen sprach man geradezu von einer „Meuterei" der Tochter gegen die väterliche Politik[22]. Aber der Erfolg sollte ihr recht geben.

Als Maximilian persönlich in den Niederlanden erschien[23], vermochte ihn die Tochter allmählich von der Richtigkeit ihrer Friedenspolitik zu überzeugen. Wenn der Kaiser angesichts der Erfolge Anhalts zunächst auch noch Geldern zu unterwerfen hoffte, mußte er doch allmählich erkennen, daß er den Widerstand der Generalstaaten und die würgende Geldnot nicht überwinden konnte; daß vor allem das Kriegsbündnis Gelderns mit Frankreich nicht zu unterschätzen war. Der Kaiser entschloß sich daher zur Rückkehr ins französische Bündnis, brach den Feldzug gegen Geldern ab und schickte den bewährten Fürsten Rudolf von Anhalt als Feldherrn wieder nach Italien.

Inzwischen hatte Erzherzogin Margarethe mit stiller Billigung des Vaters ihre Verhandlungen mit Frankreich fortgeführt und durch französische Vermittlung einen Waffenstillstand mit Geldern[24] erreicht (18. Oktober 1508), der den Frieden und die Liga von Cambrai[25] vorbereitete, die auch Karl von Geldern einschloß. Der Herzog mußte seine Eroberungen wieder herausgeben und die Geldernfrage einem Schiedsgericht unterwerfen, das allerdings zu keiner Entscheidung kam. Als Dank für den Frieden gewährten die Niederlande dem Kaiser 500 Reiter und 300.000 Kronen Kriegshilfe[26]: das letzte große Zugeständnis für lange Zeit.

Was die erhoffte Lösung der Geldernfrage betraf, so hatte sich Erzherzogin Margarethe in Cambrai freilich getäuscht. Herzog Karl dachte nicht daran nachzugeben. Die Unterschriften der Vertragsurkunden waren noch nicht trocken, da nahm der rebellische Herzog den gewohnten Kleinkrieg schon wieder auf. Aus Rücksicht auf die gefährlichen Franzosen und auf die empfindlichen Niederländer wagte es der Kaiser nicht, kräftig zurückzuschlagen[27]. Man wußte am Kaiserhof, daß der König von Frankreich den Herzog von Geldern niemals ganz im Stich lassen werde[28]. Jedesmal, wenn der König von Frankreich dem Kaiser Schwierigkeiten bereiten und Fesseln anlegen wollte, ließ er dem Herzog freie Hand. Schon der Abmarsch des kaiserlichen Heeres nach Italien wurde durch die Überfälle Karls von Geldern verzögert. Ähnliches wiederholte sich während der nächsten Kriegsjahre immer wieder. Dem Kaiser gegenüber tadelte Ludwig XII. den rebellischen Herzog zwar des öfteren — allerdings nur mit Worten —, heimlich schickte er ihm ständig Geld und Truppen. Das war auch einer der Hauptgründe, warum das Bündnis des Kaisers mit Frankreich schließlich zerbrach[29], obwohl Maximilian gern daran festgehalten hätte. Ein verläßlicher Verbündeter Gelderns war auch die Abneigung der niederländischen Stände gegen die habsburgische Herrschaft, insbesondere gegen Maximilian, dem man nachsagte, daß er niemals im Land erscheine, ohne größere Steuern einzufordern. Man sah im Geldernkrieg vor allem einen Vorwand zu immer neuen Steuerbitten. Als der Kaiser Ende März 1509 die Niederlande verließ, kam es unter den Generalstaaten zu einem kleinen Aufstand: Unter dem Vorwand der Geldernfehde habe der Kaiser den Ständen nur neue Steuern abgenommen, um dieses Geld außer Landes zu verschwenden[30].

Nach dem Abmarsch des Kaisers setzte Herzog Karl seine Friedensbrüche noch hemmungsloser fort. Die jahrelangen geduldigen Verhandlungen, welche Erzherzogin Margarethe führte, um mit den Rebellen einen Vergleich zu finden, blieben ohne Erfolg. Auch Versuche, Karl von Geldern durch eine Heirat mit einer der burgundischen Prinzessinnen an das habsburgische Haus zu binden, scheiterten am gegenseitigen Mißtrauen[31]. Es fehlte Karl am Friedenswillen, weil Ludwig XII. den geldrischen Widerstand beharrlich schürte[32]. Anderseits war auch das Mißtrauen des Kaisers grenzenlos, so daß die Statthalterin an den Möglichkeiten eines Friedens fast verzweifelte[33].

1511 eröffnete Herzog Karl bereits wieder den offenen Krieg, überfiel Kaufmannszüge und eroberte niederländische Städte[34]. Die Statthalterin mußte sich neuerdings zum aufgezwungenen Krieg entschließen; sie führte ihn mit Mut und Entschlossenheit „wie ein Mann"[35]. Zwar schickten ihr die Engländer Hilfstruppen, auch die unmittelbar bedrohten Provinzen leisteten Hilfe; aber ihre Truppen vermochten Maas und Rhein kaum zu überschreiten, schon gar nicht in die Nester des Widerstandes in Geldern vorzudringen[36]. Nicht besser ging es im folgenden Jahr 1512. Neuerdings verschärfte sich der Widerstand des niederländischen Rates und der Generalstände gegen den Krieg. Das Geld blieb aus, die Truppen liefen davon, alle Nöte des italienischen Kriegsschauplatzes wurden auch hier offenbar. Die Ständeversammlungen forderten Frieden um jeden Preis und lehnten weitere Soldzahlungen ab. Die unbezahlten Knechte brandschatzten dafür die arme Bevölkerung. Auch das gemeine Volk begann nun gegen die Statthalterin zu murren und Schmähschriften gegen sie an den Kirchtüren der Städte anzuschlagen[37]. Erzherzogin Margarethe wußte sich nicht mehr zu helfen: Wenn der Bestand des Staates an 1000 Gulden hinge, der Schatzmeister vermöchte sie nicht aufzubringen; der Kaiser müsse persönlich im Land erscheinen.

Im April 1512 gab es neuerdings Verhandlungen mit Karl von Geldern, die aber zu keinem Ergebnis führten. Der Kaiser war überzeugt, daß ihn der Herzog nur täuschen wolle[38], und hätte den Krieg am liebsten persönlich in die Hand genommen. Tatsächlich verließ er den Trierer Reichstag, der ihm bescheidene Hilfe in Aussicht gestellt[39] hatte, inmitten der wichtigsten Verhandlungen, um in die Niederlande zu eilen. Er glaubte, den feindlichen Herzog bereits in der Falle zu haben; aber die versprochenen Truppen blieben aus, und der Kaiser mußte unverrichteter Dinge abziehen. So blieb auch ihm der Erfolg versagt, obwohl er sich seiner Tochter als den „besten Hauptmann" gegen Geldern empfohlen hatte[40].

Kaum war der Kaiser abgezogen, stießen die Geldrer bis gegen die Residenz der Statthalterin, gegen Mecheln[41] vor, was die Niederländer endlich aus ihrem Schlaf etwas aufrüttelte[42]. Ähnliche Erfolge erzielten die Aufständischen im Norden. Im Dezember stürmten sie sogar den Hafen von Amsterdam und verbrannten 300 Schiffe[43]. Man wußte, daß Herzog Karl an die Seeküste vordringen und den ganzen Norden vom niederländischen Staat abtrennen wollte.

In verzweifelten Hilferufen wandte sich die Statthalterin an den Vater. Maximilian antwortete mit dem Hinweis auf seine vielen Aufgaben: Er wolle gern den Geldernkrieg beendigen, wenn sie bereit sei, ihn auf dem Reichstag zu vertreten und an seiner Stelle die Regierung in Deutschland zu führen; denn man wisse im ganzen Reich, daß sie weise und mächtig sei und sich von niemandem etwas sagen lasse[44]. Das konnte wohl nur einer jener herben Scherze sein, wie sie der Kaiser mit seiner Tochter öfter machte. Für das kommende Jahr 1513 plante Maximilian tatsächlich, den Schwerpunkt des Krieges in die Niederlande zu verlegen und zusammen mit den Engländern das rebellische Geldern völlig zu unterwerfen.

Der Herzog war inzwischen etwas vorsichtiger geworden, da er sah, wie die Franzosen im Sommer 1512 die Lombardei verloren hatten. Seither zeigte er sich entgegenkommender. Erzherzogin Margarethe ließ sich sofort auf Verhandlungen ein, obwohl der

Kaiser noch immer hoffte, die Rebellen dieses Jahr mit Unterstützung der Engländer vernichten zu können[45]. Aber die Statthalterin wollte nicht so lange warten. Im Frühjahr 1513 kam es zu einem Vorvertrag und bald zu einem Waffenstillstand, dem der Kaiser zustimmte[46]. Als die Schweizer die Franzosen neuerdings bei Novara schlugen (Juni 1513) und die Engländer an der Kanalküste landeten, erkannte Herzog Karl die große Gefahr für Geldern und beeilte sich abzuschließen. Am 31. Juli 1513 nahm er einen vierjährigen Waffenstillstand[47] an und ersparte seinem Staat die Gefahren eines gemeinsamen Angriffs der Niederländer, Engländer und des Kaisers.

Als aber Maximilian und Heinrich VIII. im Spätherbst 1513 aus den Niederlanden wieder abzogen und Frankreich aus seiner lebensgefährlichen Umklammerung befreit war, eröffnete Karl von Geldern sofort wieder den Krieg, eroberte Arnheim (März 1514) und Straelen zurück[48] und nahm auch seine Plünderzüge gegen Brabant und Holland wieder auf. Der neuerliche Kriegsausbruch versetzte Erzherzogin Margarethe in größte Sorge, denn die Niederlande standen vor dem Bankrott. Wieder rief sie den Kaiser an[49], der ihr aber nicht helfen konnte. Die Gefahr war um so größer, als Karl von Geldern mit französischer Unterstützung nun auch den Kampf in Groningen und Friesland eröffnete.

Heinrich VIII. und der Kaiser hatten den Franzosen im letzten Feldzug Tournai[50] weggenommen und damit eine neue Wunde an den Grenzen der Niederlande aufgerissen. Zunächst hielten die Engländer die Stadt besetzt und verstärkten so den Grenzschutz der Niederlande gegen Frankreich. Der Kaiser und die Statthalterin wünschten, daß diese wichtige Grenzfestung nicht mehr in französische Hand zurückfalle. Als die Engländer dennoch mit den Franzosen über die Rückgabe der Stadt verhandelten, führte dies zu schweren Spannungen mit dem Kaiser, zu einer Annäherung Englands an Frankreich und zum Abschluß einer neuen Liga, die den Kaiser und seinen Enkel Karl an die Seite zu drängen drohte. Aber die Kaiserwahl Karls gab den Dingen eine neue Wendung.

Die Statthalterschaft Margarethes näherte sich inzwischen ihrem Ende. Sie tat sich in den letzten Jahren um so schwerer, als sie stets mit dem Widerstand der niederländischen Eigenbrötler zu ringen hatte, die weder von Geldern noch vom Kaiser, noch von Spanien etwas wissen wollten. Da seit 1514 die Beziehungen zu England gestört waren, fand sie auch an König Heinrich VIII.

keine Stütze mehr. Daß sie selbst der Vater fallenließ — wenn auch nur kurz —, mochte sie bitter enttäuschen. Der burgundischen Partei war es gelungen, hinter dem Rücken der Statthalterin die Entlassung Erzherzog Karls aus der Vormundschaft durchzusetzen, indem sie dem Kaiser ein einmaliges Geldgeschenk von 150.000 Livres und eine Jahrespension von 50.000 Livres in Aussicht stellte[51]; außerdem sollte er 20.000 Goldtaler unter dem Titel der spanischen Länder erhalten. Den Niederländern war offenbar kein Opfer zu groß, den „teuren" Vormund loszuwerden.

Am 5. Januar 1515 wurde Erzherzog Karl in Brüssel als Herr der Niederlande eingesetzt[52]. Neue, durchaus burgundisch-französisch gesinnte Männer ersetzten die alten Ratgeber. Chièvres triumphierte über Erzherzogin Margarethe, deren Statthalterschaft vorübergehend beendet war. Der Kaiser hatte offenbar nicht vorausgesehen, daß ihm mit der Entlassung seiner Tochter die Niederlande völlig entgleiten und ganz ins französische Fahrwasser steuern würden. Er konnte nur noch Wünsche und Bitten äußern, die kaum beachtet wurden. Erzherzogin Margarethe sah sich von den neuen Herren zunächst völlig verdrängt und sogar genötigt, ihre Statthalterschaft gegen verschiedene Anschuldigungen zu rechtfertigen[53]. Schon bald versuchte der Kaiser, die Stellung seiner Tochter wiederherzustellen[54]; zunächst vergebens. Erzherzogin Margarethe dachte bereits daran, die Niederlande ganz zu verlassen.

Zum burgundischen Erbe Erzherzog Karls gehörte auch der Krieg mit Geldern. Der Herzog begnügte sich schon nicht mehr mit seinem engeren Herzogtum, sondern dehnte seinen Krieg über Seeland und Holland nun auch auf Friesland aus. Um diese Gefahr abzuwenden und die Rebellen auch im Rücken fassen zu können, entschloß sich Erzherzog Karl (1515), Friesland und Groningen dem Herzog Georg von Sachsen abzukaufen[55], der diese ewig unruhigen Länder satt hatte. Die Friedensverhandlungen Erzherzog Karls mit Frankreich während der Jahre 1515/16 benützte der Geldernherzog nur, um seine Macht zu festigen. In Noyon forderte er für den Verzicht auf Friesland 100.000 Gulden. So ging der Krieg zunächst unentschieden weiter[56]. 1518 konnte wieder einer jener kurzen Waffenstillstände abgeschlossen werden, die nie eingehalten wurden. Erst 1528 kam der ständige Kleinkrieg zu einem vorläufigen Ende.

Erzherzog Karl, bald auch König von Spanien, erkannte rasch,

was er an seiner Tante Margarethe besessen hatte. Als er zur Herr-
schaftsübernahme nach Spanien fuhr, überließ er ihr — einem
Herzenswunsch des Großvaters entsprechend — zunächst einen
Teil der niederländischen Regierungsgewalt[57]. Da sie sich auch im
Wahlkampf so erfolgreich für Karl eingesetzt hatte, übertrug er
ihr die volle Statthalterschaft, welche sie bis zu ihrem Tode führen
sollte. Sie erwies sich dem Neffen als ebenso treue Helferin wie
einst dem Vater. Die Ehre und Größe des Hauses war allen habsburgischen Töchtern und Enkelinnen, wo immer sie damals wirkten,
von Maximilian als selbstverständliche Verpflichtung eingeprägt.
Schon sein Vater Friedrich, aber noch mehr Maximilian hatten
einen habsburgischen Mythos begründet, dem sich kein Mitglied des
Hauses ganz entziehen konnte.

VI. Kapitel

MAXIMILIANS WESTPOLITIK.
DIE HABSBURGISCHE ERBFOLGE IN SPANIEN

1. Der Kaiser, die europäischen Mächte und Italien 1508—1515

In der Heiligen Liga von Venedig (März 1495) erhob sich erstmals fast ganz Europa nach dem Gesetz des politischen Gleichgewichtes gegen Frankreichs Versuch, Italien für sich allein in Besitz zu nehmen. Obwohl der Vertrag die „Türken" als eigentlichen Feind nannte, wußte jedermann, wer wirklich gemeint war. Zwar wirkte die Welt des Ostens, der Großfürst von Moskau und noch mehr der Sultan von Konstantinopel, bereits mächtig in die europäische Staatenwelt herein; aber niemand zweifelte, daß die Würfel der Weltgeschichte noch immer im Westen fielen. Maximilian brachte diese Einsicht aus Burgund mit und hielt daran sein ganzes Leben fest, obwohl er die osmanische Macht, die ihm von Kinderzeiten her bekannt war, niemals unterschätzte[1]. In der Tat machte sich dieser Meister der habsburgischen Ostpolitik tiefe Gedanken über den Vorrang zwischen Ost- und Westpolitik. Er maß dem Westen stets das entscheidende politische Gewicht zu; da wieder erschienen ihm gegenüber Frankreich die italienischen Fragen weit wichtiger als etwa der Streit um die burgundischen Grenzländer, das Herzogtum Burgund, Artois u. a., die Frankreich nach dem Frieden von Arras (1482) zunächst als Heiratsgut Erzherzogin Margarethes an sich genommen, nach dem Scheitern dieser Heirat aber hätte zurückstellen müssen. Die Wiederherstellung Reichsitaliens, worauf Reichsidee, Kaisertum und Schutz der Kirche eigentlich beruhten, stand für ihn, seit er Römischer König und Alleinherrscher geworden war, stets im Vordergrund aller politischen Planungen.

Seit 1508 steigerte sich die Weststaatspolitik[2], vor allem der Kampf um Italien, zu einem kleinen „Weltkrieg", wie man ihn bis dahin nicht gesehen hatte. Im Kampf um Italien bildete sich das moderne europäische Staatensystem; Anbruch der Neuzeit auf dem Gebiet der großen Politik. Die Kräfte des Gleichgewichtes sammelten sich gegen jede Art von Vorherrschaft. Der mittelalterliche Universalismus, in Auflösung, mußte den Nationalstaaten weichen; das Papsttum wurde vielfach zum Stein des Anstoßes für die allgemeine Christenheit; die religiöse Revolution erhob ihr Haupt; das Reich war nicht mehr imstande, seine universalen Rechte zu verteidigen. Die jungen Staaten drängten als habgierige Erben auf eine Neuverteilung der Welt. Gerade das politisch gespaltene Italien schien sich dem Zugriff der Mächtigen als leichte Beute anzubieten. Wer Italien besaß, hatte die Vorherrschaft im Abendland.

Das überhitzte politische Getriebe der italienischen Mittel- und Kleinstaaten übertrug sich alsbald auf die größere europäische Staatenwelt. Die zwischenstaatlichen Beziehungen belebten sich wie nie zuvor. Man nahm an allen Aktionen des Nachbarn den unmittelbarsten Anteil. Ständige Gesandtschaften hielten die politischen Verhandlungen in lebhafter Bewegung. Man suchte sich den immer rascheren politischen Veränderungen durch immer neue Koalitionen anzupassen. Die Bündnisse wechselten wie die Laufbilder im Schaukasten: Ehe man sich dessen versah, war die Lage völlig verändert und der Bundesgenosse auf der Gegenseite. Binnen weniger Monate konnte man die Partei wechseln, um sich jener Macht anzuschließen, die den größeren Vorteil zu bieten schien. Manche Vertragswerke suchten ihre Raubgesinnung mit dem „Kreuzzug gegen die Türken" zu tarnen; andere trugen sie offen zur Schau.

Die politische Moral der Zeit, die sich unter dem Einfluß der erwachenden Antike von den Bindungen des Christentums allmählich löste, entwickelte sich zur übersteigerten Staatsraison. Machiavelli hat sie nicht erfunden, sondern nur zusammengefaßt, wie *er* sie sah. Die „Freiheit" Italiens" war für ihn das höhere Ziel, das alle Mittel rechtfertigte. Wenngleich festzuhalten ist, daß auch die Politik den Forderungen des allgemeinen Sittengesetzes zu unterliegen hat, wird man doch zugeben, daß für den Fürsten und den Staat die Rangordnung der sittlichen Pflichten fallweise anders sein kann als für den Einzelmenschen. Aber die zahlreichen Vertragsbrüche und politischen Seitensprünge König Ferdinands von Aragon, Ludwigs XII., aber auch Alexanders VI., Julius' II. oder Leos X. gingen über das zulässige Maß doch weit hinaus, wenngleich man ihnen höhere Ziele nicht absprechen wird.

Demgegenüber erscheint die Politik Maximilians, die nach dem gewiß übertriebenen Urteil Bezolds „von der unfaßbaren Treulosigkeit der Welschen" gewesen sein soll, bemerkenswert moralisch. Im Theuerdank empfiehlt er, allen die versprochene Treue zu halten. Welche Bedenken verursachte ihm doch die Preisgabe des Waffenstillstandes von Santa Maria, obwohl ihm gerade die Venezianer alles immer Mögliche angetan hatten. Als er das französische Bündnis verließ (1512), kündigte er dies Ludwig XII. viele Monate vorher an und bot ihm Neutralität und Vermittlung eines Friedens mit dem Papst. Mit größtem Widerwillen folgte er der doppelzüngigen Politik König Ferdinands von Aragon gegenüber England. Damals wäre er „am liebsten Mönch geworden". Gewiß waren es nicht mönchische Tugenden, mittels deren er große Politik betrieb. Maximilian war ein Meister des Simulierens und Dissimulierens und gab offen zu, seine geheimsten Pläne und Gedanken am besten geheimzuhalten, indem er jedem etwas anderes erzähle; die Mächte sollten es sich daher ersparen, seine Umgebung zu bestechen und auszuhorchen. Wer wollte es dem Staatsmann und Feldherrn verargen, den Gegner hinzuhalten und fallweise zu täuschen? Wenn der Kaiser log, war er sich dessen bewußt. Zu seinem Wesen gehörten Wortbruch und politische Lüge nicht. Auch seine Gegner haben ihm dies kaum vorgeworfen. Nie zu „lügen" ist die Tugend des Mönchs, nicht die des Staatsmannes. Auch der Kaiser konnte der kleinen Künste nicht ganz entbehren, wie sehr er sie auch tadelte und verachtete. Auf der großen Linie wenigstens war er um Ehrlichkeit und Treue bemüht, wenn er sich in schwierigen Lagen auch manchmal gezwungen sah, anders zu handeln, als er gern gewollt hätte.

Gerade beim Kaiser wird man nicht sagen können, daß er Raubpolitik gegen bestehendes Recht getrieben habe. Vielmehr war er durchdrungen vom Gefühl der Verpflichtung zur Wiederherstellung des Reiches und zur Verteidigung seiner alten Rechte, die von seinen Vorgängern seit Jahrhunderten vernachlässigt worden waren. Ähnlich lebte im Papst der Eifer für die Wiederherstellung des Kirchenstaates und für die Vertreibung der „Barbaren" aus Italien. Frankreich war getrieben von der Erinnerung an Neapel und an die italienische Politik der Anjous. Bei den Spaniern war es neben der Überquerung des Ozeans der alte Drang, auch das Mittelmeer zu beherrschen. In allen wirkte die Überzeugung des Humanismus, Italien sei das Herz der Welt, und die Herrschaft über Italien und das Mittelmeer müsse wie zu Zeiten der alten Römer die Weltherrschaft nach sich ziehen. Einzig bei Venedig ging es seit dem Vertrag von Cambrai um die Erhaltung seiner Existenz.

Das Reich stand diesem Umsturz der europäischen Staatenwelt auf Grund seiner eigenartigen Verfassung ohne Kriegsmacht, daher politisch und militärisch fast handlungsunfähig gegenüber. Es war daher als Machtstaat und als Bundesgenosse nicht mehr ernst zu nehmen; nicht einmal zur Wahrung des Gleichgewichtes bereit, geschweige denn zur Erhaltung seiner traditionellen Vormachtstellung.

Der Kaiser dagegen war beseelt vom Gedanken der Wiederherstellung der traditionellen Vorrechte des Reiches in der christlichen Staatenwelt. Aber er konnte sich eigentlich nur auf die schwachen Kräfte seiner Erbländer stützen, welche für die finanziellen und militärischen Anforderungen der großen Weltpolitik kaum zureichten. Die Autorität des kaiserlichen Namens und sein persönlicher Ruf als Feldherr gaben Maximilian allerdings die Möglichkeit zu wirksamen Koalitionen, wobei die Bundesgenossen ihm das an Kriegsmacht ersetzen sollten, was ihm selbst an Geld und Truppen ständig fehlte. Er konnte daher nur an der Seite reicher und schlagkräftiger Bundesgenossen zu Erfolgen kommen. Aber wo fand sich die Großmacht, die sich für fremden Vorteil gebrauchen ließ?

Zunächst war es der König von Frankreich, auf den sich der Kaiser trotz vieler Enttäuschungen lange Jahre beharrlich stützte. Aber die Franzosen konnten kein Interesse haben, für den Kaiser die Ansprüche des Reiches und Österreichs zu verfechten, wenn ihn dabei nicht einmal das Reich unterstützte. Seit sich König Ferdinand von Aragon auf die Gemeinschaft mit Habsburg einzustellen und mit der Nachfolge Karls abzufinden begann — wenn er auch weiterhin eine sehr eigenwillige Politik verfolgte —, trat der Kaiser im Laufe des Jahres 1512 auf die Seite Spaniens über, wo er seinen natürlichen Platz fand. Obwohl an eigenen Mitteln arm, war der Kaiser doch wegen der Autorität seines Namens, aber auch als erfahrener Feldherr von allen Mächten, insbesondere vom Papst, als Bundesgenosse gesucht.

Seit 1503 schien es, als ob sich die Dynastien von Österreich, Frankreich und vielleicht auch Aragon-Kastilien zu einer gesamtchristlichen Einheit finden würden. Aber Ludwig XII., vom Kaiser mit Mailand belehnt, brach das mit so viel Vorsicht und Geduld aufgebaute Friedensbündnis von Hagenau[3] (1505), das alle europäischen Streitfragen aus der Welt schaffen sollte, und vermählte seine Tochter Claudia, die Braut Karls (V.), seinem Vetter Franz (I.). Es schien ihm wichtiger, den französischen Einheitsstaat zu stärken als gesamtchristlichen Einigungsplänen nachzuhängen. Es kümmerte ihn wenig, wenn er damit die Beziehungen zum Kaiser ein für allemal zerschlug — so schien es zunächst. Der König von Frankreich war nur bedacht, das Reichslehen Mailand weiterhin, auch gegen den Willen des geprellten Kaisers, zu behaupten und womöglich von hier aus die französische Vorherrschaft über ganz Italien auszudehnen.

Daher versuchte Ludwig XII., alle Feinde Maximilians zu sammeln und ihm den Romzug, die Kaiserkrönung und jeden Versuch einer Wiederherstellung Reichsitaliens zu verwehren. Frankreich fand nicht nur an Venedig einen willfährigen Bundesgenossen, der den Deutschen den Durchmarsch durch die Veroneser Klause sperrte; auch Ferdinand von Aragon segelte lange Zeit im Kielwasser der französischen Politik, um seine Regentschaft über Kastilien nach König Philipps Tod weiter zu behalten. Eine französische Heirat mit Germaine de Foix konnte ihm vielleicht noch männliche Erben schenken und die Nachfolge der Habsburger auf der iberischen Halbinsel verhindern — dies fürchtete nicht ganz ohne Grund der Kaiser[4].

Eine Zeitlang geisterte der wunderliche Plan[5], nicht nur Karl (V.) mit Maria von England zu vermählen, sondern auch deren Vater Heinrich VII. mit der Witwe nach König Philipp, mit der geisteskranken Juana, zu verheiraten, um mit deutschen und englischen Truppen die Erbrechte Karls gegen Ferdinand von Aragon durchzusetzen. Diese recht dunklen Planungen mußten das Einvernehmen zwischen Habsburg und Aragon gefährlich verschlechtern, wenn dies überhaupt noch möglich war. Anderseits bemühte sich Maximilian in zähen und harten Verhandlungen[6] mit König Ferdinand, besonders in Neapel 1506/07 und auch später, die Erbrechte Karls auf jede mögliche Weise sicherzustellen. Wie sehr sich Ferdinand von Aragon dagegen auch in ebenso freundlichen wie listigen Winkelzügen sträubte, die Beharrlichkeit des Kaisers und dessen Tochter fanden schließlich doch eine gemeinsame Grundlage mit Spanien, auf der man sich in den Jahren 1509/10 — sogar über französische Vermittlung — endgültig verständigte. Die habsburgische Erbfolge gegen Ferdinands mißtrauischen Eigensinn und gegen französische Quertreibereien durchgesetzt zu haben ist nicht geringer einzuschätzen als der diplomatische Erfolg in Ungarn, der die Heiratsverträge von 1515 begründete.

Frankreich wollte den Kaiser fesseln. Ludwig XII. erneuerte das alte Freundschaftsverhältnis mit Venedig und schloß mit König Ferdinand das Abkommen von Savona (Juni 1507)[7], das angeblich den universalen Frieden und den Kreuzzug zum Ziele hatte, tatsächlich aber den Vertrag von Cambrai vorbereitete. Auch Julius II. wirkte beharrlich für einen Ausgleich zwischen dem Kaiser und Frankreich[8], aber auch für einen Frieden mit Ferdinand von Aragon wegen der Regentschaft in Kastilien, weil er hoffte, alle Mächte gegen Venedig einzusetzen und die Signorie zur Rückgabe der geraubten Kirchengebiete in der Romagna zu zwingen. Wenn auch der Konstanzer Reichstag (1507) von lärmenden Kundgebungen gegen Frankreich widerhallte, so gab es doch bereits hinter verschlossenen Türen geheime Verhandlungen mit Ludwig XII., die auf einen Vertrag zunächst mit dem Papst und Spanien, dann vielleicht auch mit Frankreich hinwiesen. Aber zunächst schien eine Versöhnung der Feinde, zumal des Kaisers mit Frankreich, in weiter Ferne.

Ein Versuch Maximilians, gegen den Willen der Venezianer und Franzosen den Romzug zu erzwingen[9], endete mit einer völligen Niederlage. Auch die feierliche Kaiserproklamation in Trient (Februar 1508)[10] konnte diesen Rückschlag nicht verhüllen. Nach schweren Landverlusten in Friaul, Istrien, Triest, Görz und Fiume, nach der blutigen Niederlage im Cadore mußte der Kaiser trachten, den mißglückten Feldzug durch einen raschen Waffenstillstand zu Santa Maria delle Grazie zu beenden[11]. Er sah allmählich ein, daß er sich mit einer der beiden Mächte ausgleichen mußte, wenn er ans Ziel kommen wollte. Viele Gründe förderten den Stimmungswandel des Kaisers zugunsten Frankreichs: Ein Bündnis mit Frankreich würde ihn aus seiner politischen Vereinsamung befreien und ihm die Möglichkeit geben, sich an Venedig zu rächen und die Verluste der letzten Monate zurückzugewinnen. Daher zeigte sich Maximilian geneigt, mit Frankreich auf der Grundlage von Blois und Hagenau (1504) zu verhandeln.

Zwar fühlte sich Ludwig XII. noch an die Venezianer gebunden. Als aber die Signorie, ohne sich um ihn zu kümmern, den

Waffenstillstand von Santa Maria mit dem Kaiser unterzeichnete und dabei auf jede Garantie der französischen Interessen in Geldern „vergaß", benützte dies der König von Frankreich als willkommene Gelegenheit, den Venezianern, die durch ihre Siege über den Kaiser allen Nachbarn noch gefährlicher und verhaßter erschienen, den Rücken zu kehren. Auf Einflüsterung seines Kardinalministers d'Amboise entschloß er sich, die neuen Möglichkeiten eines Bündnisses mit Kaiser und Papst auszunützen.

Auch der Kaiser, an den Grenzen Italiens von den Venezianern zurückgeschlagen, in Geldern durch Karl von Egmont und dessen französischen Verbündeten hart bedrängt, ja, im Besitz der Niederlande geradezu gefährdet, mit König Ferdinand wegen Kastilien ganz zerfallen, entschloß sich nun, dem ständigen Drängen seiner Tochter und seines Beraters Lang, eines besonderen Freundes der französischen Politik, zu folgen und sich mit Ludwig XII. zu versöhnen. Auch durfte man sich über Frankreich vielleicht eine Besserung der Beziehungen zu König Ferdinand und Spanien erhoffen.

In der Liga von Cambrai (10. Dezember 1508)[12] verbündeten sich der Kaiser, Ludwig XII., Ferdinand von Aragon und der Papst zur Vernichtung und Aufteilung Venedigs. In kürzester Zeit war geglückt, was niemand für möglich gehalten hätte: die Aussöhnung des Kaisers mit Frankreich. Das Bündnis, welches seit 1501 so kunstvoll und geduldig ausgehandelt, dann von Ludwig XII. plötzlich gesprengt worden war, schien wiederhergestellt: Der König von Frankreich erhielt Mailand wiederum zugestanden; die Streitfragen um Kastilien, Navarra und Geldern wurden zurückgestellt. Der alte Gedanke einer Teilung Italiens zwischen dem Reich, Frankreich, dem Papst und Spanien stand wieder im Vordergrund.

Julius II., bisher der eigentliche Antreiber dieser Politik, hatte sich allerdings — ähnlich wie einst in Hagenau — auch hier in Cambrai mehr als auffällig zurückgehalten und nur durch einen „simplen Kurtisanen" vertreten lassen[13], was mit Recht Mißtrauen erweckte. England war dem Vertrag ganz fern geblieben[14], weil es eine derartige Vergrößerung Frankreichs, gar eine Vernichtung Venedigs keinesfalls wünschte. Bezeichnend für die politische Verschlagenheit jener Jahrzehnte war es, daß sich drei von den Unterzeichneten der Liga, der Papst, Frankreich und Spanien, gegen den vierten, gegen Maximilian, heimlich verständigten:

Wenn er über seine Rückstellungsansprüche hinaus etwas zum Nachteil der anderen Verbündeten unternehme, wollten sie sich gegenseitig unterstützen[15]. Wie sehr überschätzten sie doch die Kriegsmacht des Kaisers, die nicht einmal zureichte, seine Gebietsanteile zu sichern. Diese Liga war vom Anfang an weder aufrichtig noch fest und mehr als anfechtbar in ihren Zielen, aber der Kaiser durfte hoffen, mit Hilfe der französischen Waffen billig zu den Resten des Reichsbesitzes in Oberitalien zu kommen.

Im Frühjahr 1509 begann der große Krieg[16] der Heiligen Liga von Cambrai gegen Venedig, den in erster Linie wohl der Papst verursacht hatte, um den Kirchenstaat wiederherzustellen. Allzu willig folgten ihm die anderen: Der Kaiser hoffte, die alten Reichslehen in Italien und die Verluste des jüngsten Feldzuges zurückzuerobern. Frankreich dachte nicht nur an die wenigen Plätze in der Lombardei, die es in Cambrai zugesprochen erhielt; es hatte nicht vergessen, daß es einst auch Neapel und Sizilien besaß. Spanien dachte nicht in Unteritalien stehenzubleiben, sondern wollte auch nach Oberitalien vordringen, zumal seit es sich mit den Habsburgern, seinen wahrscheinlichen Erben, abzufinden begann und eine Landbrücke nach Mitteleuropa brauchte. Sogar die kleinen Nachbarn sollten sich auf Kosten Venedigs vergrößern, und dem weit entfernten Ungarn wurde das venezianische Dalmatien angeboten.

Unmittelbar nach dem Ausbruch des Krieges ging die französische Kriegsmacht in Führung, indem Ludwig XII. mit einer überlegenen Armee die Venezianer bei Agnadello vernichtete[17] (14. Mai 1509). Innerhalb von wenigen Wochen hatten die Franzosen alles erobert, was ihnen zustand, da und dort sogar die Grenzen überschritten, welche Cambrai ihnen setzte, und damit das Mißtrauen nicht nur der Feinde, sondern auch der Bundesgenossen erregt. König Ferdinand fürchtete bereits für Neapel und Julius II. für den Stuhl Petri. Heinrich VIII., der junge, ritterliche König von England, wünschte, anders als sein Vater, die Politik seiner Vorfahren, der Heldenkönige des Hundertjährigen Krieges, wiederaufzunehmen, auf das Festland zurückzukehren und den französischen Eroberungen Einhalt zu gebieten[18].

Nach dem Sieg von Agnadello hätte Ludwig XII. wohl mit einem einzigen gezielten Stoß Venedig vernichten können. Aber sollte er angesichts des Neides der Großmächte einen möglichen Bundesgenossen der Zukunft, Venedig, völlig zerstören und die Geschäfte des Kaisers besorgen? Er hielt daher seine Armee zurück, während der Papst seine Städte in der Romagna eroberte und die Spanier die venezianischen Häfen in Apulien besetzten.

Nur der Kaiser, obwohl von Ludwig XII. immer wieder ermahnt, vermochte nicht rechtzeitig im Felde zu erscheinen[19], weil ihm der Wormser Reichstag jede Hilfe verweigert hatte. Mit großer Verspätung und mit einer kleinen Armee rückte er in Italien ein. Mühelos besetzte er die Städte Verona, Vicenza, Treviso und Padua[20], welche ihm die Venezianer unter dem Schock der Niederlage fast ohne Schwertstreich überlassen mußten. Rasch gewann er die Landverluste des vergangenen Jahres in Friaul und Istrien zurück. Aber von den Reichsständen völlig verlassen, vermochte er nicht einmal das zu behaupten, was ihm die französischen Siege als Geschenk fast kampflos zugeworfen hatten. Padua ging wieder verloren (Juli 1509)[21] und konnte auch mit größter Anstrengung nicht mehr zurückgewonnen werden. Wie die Raubtiere fielen die kaiserlichen Heeresbeamten über das besetzte Land her. Gierige Beutemacher brachten die Güter der venezianischen Parteigänger an sich, so daß dem Kaiser, der gehofft hatte, mittels der Eroberungen den Krieg bezahlen zu können, so gut wie nichts blieb. Grausamkeit, Habsucht, kein Geld, keine Kriegsmacht, kein Regiment und völliges Versagen der Reichsfürsten; das waren die Eindrücke eines spanischen Beobachters[22] im besetzten Land.

Sollte Venedig, eine Hauptstütze der Freiheit Italiens, völlig vernichtet werden, fragten sich nun die Nachbarn. Julius II. fürchtete nichts mehr als dies[23]. Auch für ihn war Venedig letztlich doch ein italienischer Staat, „den man schaffen müsse, wenn er nicht bereits bestünde". In der Tat retteten die gegensätzlichen Bestrebungen der Mächte die Markusrepublik. Schon beim Trienter Treffen (Juni 1509)[24] widersetzten sich die meisten Staaten einer Vernichtung und Aufteilung Venedigs. Die Liga zerfiel so schnell, wie sie geschlossen worden war.

Bald nach Agnadello wandte der Papst den Franzosen den Rücken, weil er fürchtete, sie könnten sich Roms bemächtigen und Kardinal d'Amboise zum Papst machen. Ebenso begann König Ferdinand die Venezianer zu begünstigen[25]. Auch England, das bisher eher abseits stand, setzte sich für Venedig ein und forderte einen Ausgleich der Signorie mit dem Kaiser. Der Papst machte sich die venezianische Parole zu eigen: „Hinaus mit den Barbaren!" Mit jugendlicher Tatkraft und einem lebhaften Gefühl für die Freiheit Italiens begann er eine Liga gegen Frankreich vorzubereiten.

Julius II., Spanien und England versuchten mit vereinten Kräften, auch den Kaiser von Ludwig XII. abzuziehen und für eine antifranzösische Liga zu gewinnen: Die Signorie werde ihre Ausdehnung auf Kosten der Nachbarn aufgeben und ein wertvoller Bundesgenosse gegen Frankreich sein, um die Freiheit Italiens zu sichern.

König Ferdinand setzte dem Kaiser unablässig zu[26], er solle sich mit der Signorie ausgleichen, sich mit dem Papst, England und den italienischen Mittel- und Kleinstaaten zur Verteidigung Italiens zusammenschließen und seine Kriegsmacht zur Eroberung der verlorenen burgundischen Länder (Herzogtum Burgund) gegen Frankreich einsetzen. Mailand solle man den Franzosen durch eine habsburgisch-französische Heirat (Ferdinand und Renata) entziehen. Wenn Mailand auf solche Weise ein italienischer Staat und ein Schutzwall gegen französische Angriffe geworden sei, könne der Kaiser immer noch mit Venedig abrechnen. So wäre der universale Friede unter den christlichen Mächten zu erreichen und der Kreuzzug möglich; ein Plan, den der Katholische König mit größter Zähigkeit verfolgte. Zunächst suchte er den Papst dafür zu gewinnen, dann den König von England[27], den er über seine Tochter Katharina, Heinrichs VIII. Gemahlin, stark beeinflußte; vor allem aber den Kaiser.

Entgegen solchen Einflüsterungen hielt der Kaiser unbeirrbar am französischen Bündnis fest und verlieh Ludwig XII. bereits im Juni 1509 unter den günstigsten Bedingungen das Herzogtum Mailand. Nur an der Seite des mächtigen Frankreich hoffte Maximilian, ohne Geld und Truppen, wie er dastand, seine Kriegsziele gegen Venedig zu erreichen: die Wiederherstellung Reichsitaliens, das ihm weit wichtiger schien als die burgundischen Länder.

Aber die Reichsstände waren weit entfernt, des Kaisers französischer Politik zu folgen; sie wären auch einer andern nicht gefolgt. Die Wormser Versammlung (1509) warf ihm vor, das Reich sei mit den Verhandlungen von Cambrai gar nicht befaßt worden, daher in keiner Weise verpflichtet[28]. Eine Vernichtung Venedigs schien den süddeutschen Handelsstädten geradezu als Widersinn. So blieb der Kaiser mit seinem französischen Bündnis allein. Er mußte zusehen, wie er ohne starke eigene Armee mit Hilfe seiner österreichischen Länder und starker Bundesgenossen sein Kriegsziel erreichte.

Aber auch im französischen Bündnis saß von Anfang an der

Wurm. Schon die vorgesehene persönliche Zusammenkunft zwischen dem Kaiser und dem König von Frankreich[29] im Sommer 1509, welche die Freundschaft hätte krönen sollen, kam nicht mehr zustande, einerseits weil sich Maximilian in seiner Armut dem König nicht zeigen wollte, anderseits weil er einen möglichen Anschlag gegen seine Person fürchtete — so groß war das Mißtrauen. Das Botschaftertreffen in Trient (Juni 1509), das die Aufteilung Venedigs beraten sollte, endete ergebnislos. Lang, der große Freund Frankreichs, der Ludwig XII. in Cremona besuchte, um ihn zur völligen Vernichtung Venedigs zu bewegen, vermochte nichts zu erreichen.

Maximilian und Reich waren für den König von Frankreich kaum mehr ernstzunehmende Bundesgenossen. Nur die geheiligte Autorität des Kaisers stellte noch immer eine moralische Macht dar, die sich auch gegen den Papst einsetzen ließ. Wenn Ludwig XII. an Maximilian festhielt, dann vor allem, weil alle anderen Mächte sich von ihm abwandten. Er dachte aber nicht daran, für Kaiser und Reich, die nicht einmal das verteidigen konnten, was ihnen kampflos zugefallen war, etwa Padua wieder zurückzuerobern. Höchstens zu kleineren Hilfsaktionen war er bereit, aber auch diese sollten jeweils durch Faustpfänder bezahlt werden. Nachdem die Franzosen auf solche Art bereits Peschiera und Valeggio besetzt hatten, hofften sie, auch Verona pfandweise an sich zu bringen, das der Kaiser Ende 1509 ohne französische Hilfe wohl an die Venezianer verloren hätte.

Engster Anschluß an Frankreich erschien Maximilian derzeit als einzig mögliche Politik, wenn er Italien nicht ganz verlieren wollte. Ludwig XII. rühmte sich zwar, er tue für den Kaiser weit mehr als seine Pflicht; er werde als „Schützer und Kurator des Kaisers"[30] dafür sorgen, daß er das Seinige behalte. Aber das waren nichts als leere Versprechungen. Der König von Frankreich tat gerade so viel, daß Maximilian nicht, durch Not an Geld und Truppen gezwungen, aufgeben mußte. Der Kaiser mußte drohen, mit Venedig Frieden zu schließen, ehe sich Ludwig XII. herbeiließ, zu Blois einen neuen Hilfsvertrag[31] abzuschließen (26. November 1509), der ihm die Landzuteilungen von Cambrai sichern sollte. Gleichwohl riet ihm der König von Frankreich immerfort zum Ausgleich mit Venedig, was nur einen Verzicht auf seine Gebietsansprüche bedeuten könnte.

Die militärischen Rückschläge, welche ihn immer wieder zwangen, die Kriegshilfe seiner Bundesgenossen zu erbitten, legten dem Kaiser auch einen Ausgleich mit König Ferdinand von Aragon über die Regentschaft[32] in Kastilien nahe. Auch der Katholische König, durch offenen und heimlichen Widerstand der kastilischen Karlisten beunruhigt, wünschte den Ausgleich, den man schon seit 1506 verhandelte; denn viele Kastilier lebten als Heimatvertriebene am Kaiserhof, in Burgund oder England und störten von außen her den Frieden der spanischen Staaten und die Beziehungen zwischen dem Prinzen Karl, seinem spanischen Großvater und dem Kaiser. Ferdinand plante außerdem eine starke spanisch-deutsch-englische Front gegen Frankreich aufzubauen, um Ludwig XII. in seine Grenzen zurückzudrängen. Nicht zuletzt deshalb gab er seine Tochter Katharina dem König von England zur Gemahlin (Juni 1509) und suchte den Frieden mit dem Kaiser, besonders seit sein und Germaines sehnlichst erwarteter Sohn unmittelbar nach der Geburt verstorben war (Mai 1509) und die habsburgische Erbfolge in Spanien unvermeidlich schien.

Ludwig XII. hatte dem Kaiser und dem Katholischen König seine Vermittlung angetragen, um sich beide zu verpflichten. In der Tat wurde der Ausgleichsvertrag, für den es bereits seit 1507 Entwürfe gab, am französischen Hof fertig ausgearbeitet und nach langen Verhandlungen am 12. Dezember 1509 zu Blois abgeschlossen[33]. Dem Frieden und der habsburgischen Erbfolge zuliebe mußte der Kaiser dem König von Spanien Zugeständnisse machen, welche über die Entwürfe von Neapel weit hinausgingen. Man vereinbarte Frieden und Freundschaft. Der Katholische König sollte, solange er lebte, die Regentschaft für seine Tochter Juana führen, welche die rechtmäßige Königin von Kastilien sei. Von einer Mitregentschaft Maximilians war nicht mehr die Rede. Prinz Karl durfte erst mit zwanzig Jahren in der Regentschaft folgen, sollte aber bis dahin jährlich eine Rente von 20.000 Dukaten erhalten. Wenn Prinz Karl nach Spanien komme, dann ohne stärkere Kriegsmacht. Maximilian werde als Kriegshilfe von König Ferdinand 50.000 Dukaten erhalten. Die beiderseitigen Parteigänger sollten straffrei sein. Außerdem versprach König Ferdinand dem Kaiser, die Gebietszuteilungen des Friedens von Cambrai zu unterstützen.

Der Vertrag wurde wiederholt bestätigt, zuletzt am 6. Oktober 1510 im Kloster San Jeronimo in Madrid in Gegenwart der Cortes von Kastilien, Leon etc., die dem Katholischen König feierlich huldigten. Damit war der Friede zwischen dem Kaiser und König Ferdinand hergestellt und die habsburgische Erbfolge in Spanien in aller Form anerkannt. Soweit ihm dies seine eigenen Pläne gestatteten, hat König Ferdinand fortan die gemeinsame spanisch-habsburgische Politik, so wie er sie verstand, im Wesen unterstützt.

Inzwischen hatte Julius II., von Spanien und England heimlich ermuntert, die Signorie von Venedig in aller Form vom Kirchenbann gelöst[34] (Februar 1510) und damit die Liga von Cambrai aufgegeben, worin der Kaiser stets die eigentliche und tiefste Ursache seines Mißerfolges in Italien erblickte. Nie konnte er dem Papst diesen Schritt vergessen. Julius II. lud nun auch Ferdinand von Aragon zu einem Verteidigungsbündnis gegen die Franzosen ein, wofür der König die Belehnung mit Neapel forderte und erhielt (3. Juli 1510)[35], die der Papst so oft versprochen und immer wieder verschoben hatte. Auch löste er ihn vom alten Versprechen, die Hälfte des Königreiches Neapel an Frankreich abtreten zu müssen[36], falls Germaine ohne Leibeserben sterbe. Das kam offenbar auch den Habsburgern als nächsten Erben zugute.

Ferdinand von Aragon war seither der engste Bundesgenosse des Papstes, ja, dessen Retter in schwierigsten Lagen. Kardinal Schiner aber vermittelte dem Papst die Bundeshilfe der Eidgenossen, die sich von Frankreich in ihren lombardischen Plänen bedroht fühlten. Im März 1510 verpflichteten sich die Schweizer dem Papst und der Römischen Kirche zu ausschließlicher Waffenhilfe[37]. Überdies schloß König Ferdinand ein Bündnis mit Heinreich VIII. von England (Mai 1510). In einem gemeinsamen Unternehmen hofften die Bundesgenossen, die Franzosen aus Italien zu vertreiben.

Seit sich Ludwig XII. vom Papst und den Mächten ausgestoßen sah, suchte er den Kaiser noch fester an sich zu binden, um nicht völlig allein dazustehen. Maximilian, über den Parteiwechsel Julius' II. maßlos empört, wollte den Papst für seinen Abfall bestraft sehen: Er sei die Hauptursache für die Hartnäckigkeit der Venezianer und den Verlust Reichsitaliens. Je geringer die Aussicht auf einen Frieden mit Venedig war, desto fester klammerte sich der Kaiser an Frankreich an, bereit, auch den verwegensten Plänen Ludwigs XII. zu folgen, zumal ihm der Reichstag auch im Jahre 1510 nicht jene Kriegshilfe gewährte[38], deren er bedurft hätte. Das französische Bündnis mußte ersetzen, was ihm an eigenen Mitteln fehlte. Durch Anleihen und Truppenhilfen geriet er immer mehr in die Abhängigkeit von Ludwig XII. und lief schließlich sogar Gefahr, Verona an ihn zu verlieren.

Dagegen versuchten der Papst, die Könige von Spanien und England unentwegt, den Kaiser von Frankreich abzuziehen und für einen Ausgleich mit Venedig zu gewinnen[39]; vor allen anderen der Katholische König, der unermüdlich an einer großen antifranzösischen Liga arbeitete. Im Mai 1510 brachte er ein engeres Bündnis mit England zustande[40], das den Papst, die Kirche und die italienischen Staaten schützen sollte. Heinrich VIII. sandte ein Hilfsheer in die Niederlande, um der Statthalterin Margarethe gegen die Franzosen in Geldern zu helfen[41]; außerdem schickte er englische Truppen zur Unterstützung der Spanier gegen die Mauren und zum Kampf gegen die Franzosen in Navarra und Guyenne, die sich allerdings, des Krieges ganz entwöhnt, wenig auszeichneten.

Frankreich erschien allen als der eigentliche Feind und — wenn es so weitergehe — als der kommende Herr Italiens und Europas. Zumal König Ferdinand riet dem Kaiser immer wieder, mit Venedig Frieden zu machen, denn der Venezianerkrieg sei die eigentliche Ursache der Schwäche Italiens. Maximilian solle seine Kräfte lieber gegen Frankreich sammeln und die verlorenen burgundischen Länder (Herzogtum Burgund) zurückerobern. Man müsse Frankreich auf seinem eigenen Boden schlagen.

Aber der Kaiser hielt an Frankreich fest. Italien schien ihm wichtiger als Burgund. Verona, „Dietrichbern", wie er es gerne nannte, und Reichsitalien fesselten ihn mehr als alles andere; davon ließ er sich weder durch das Angebot von burgundischen Eroberungen oder Geldentschädigungen ablenken. Die Teilung Italiens nach den Grundsätzen von Cambrai, mit dem Fernziel eines allgemeinen Friedens und eines Kreuzzuges gegen die Türken, schien ihm jetzt das wichtigste. Als erfahrener Kriegsmann wußte er, daß es schwer, ja fast unmöglich sein würde, Frankreich zu besiegen; aber im Bunde mit Frankreich Venedig zu unterwerfen, mochte er hoffen. Er hätte freilich auf Grund langer Erfahrungen wissen müssen, daß ihm die Franzosen wirksame Kriegshilfe stets versagen würden, wenn er sie am dringendsten brauchte. Aber mußte er nicht mit dem wenigen zufrieden sein, das ihm die Franzosen boten, da er von seinen eigenen Reichsständen noch viel weniger erhielt?

Als der Sommerfeldzug 1510 eröffnet wurde[42], der den Krieg gegen Venedig hätte entscheiden sollen, dachte König Ludwig nicht daran, das kleine kaiserliche Heer so wirksam zu unterstützen, wie er es versprochen hatte. Sollte er dem Kaiser gerade jetzt, da er ihn brauchte, zu billigen Siegen und zu einem günstigen Frieden verhelfen? Was kümmerten ihn die kaiserlichen Schwierigkeiten? Sollten die Franzosen ihm seine Anteile erobern, wenn er nicht einmal bereit war, ihnen als Dank dafür Verona zu überlassen? Da halfen sie lieber ihren kleinen Bundesgenossen, wie dem Herzog von Ferrara, den sie durch einen Vorstoß gegen die Romagna aus höchster Gefahr befreiten. Maximilian, auf sich allein gestellt, nur von kleinen spanischen Verbänden unterstützt, blieb ohne nachhaltigen Erfolg. Was er im Sommer erobern konnte, verlor er im Herbst wieder an die Venezianer. Zwar zeigte er sich darüber tief verstimmt, hielt aber weiter zu den Franzosen und verschloß sich allen Werbungen der päpstlichen und spanischen Diplomatie.

Daß Ludwig XII. es wagte, die päpstliche Romagna zu bedrohen[43], erregte den höchsten Zorn Julius' II. Da zu dieser Zeit Kardinal d'Amboise verstorben war (25. Mai 1510), fühlte sich der Papst von der Sorge befreit, vielleicht abgesetzt zu werden. Nun hielt seinen leidenschaftlichen Kriegseifer nichts mehr zurück: Er wolle nicht zum „Kaplan des Königs von Frankreich" werden, sondern Papst sein, und werde dies durch Taten beweisen[44]; er wolle seine Vaterstadt Genua von den Franzosen befreien und Ferrara bestrafen, das ihm Comacchio streitig mache. Rasch entschlossen wies er dem französischen Gesandten die Türe und erklärte sich mit Ludwig XII. im Krieg (Juli 1510).

Um die Franzosen aus Italien zu vertreiben, hatte Julius II. die Eidgenossen in die Lombardei gerufen. Diesmal vergebens: denn der Kaiser vermochte sie durch Verhandlungen und einen Aufmarsch des Schwäbischen Bundes an den Schweizer Grenzen zurückzuhalten[45] und leistete dem König von Frankreich damit einen unschätzbaren Dienst.

Ludwig XII. plante jetzt einen Hauptschlag, der den Papst auf seinem ureigensten Gebiet, im geistlichen Bereich, vernichtend treffen sollte: Er berief eine Synode der gallikanischen Kirche nach Tours (September 1510)[46], um den Papst mit einem allgemeinen Konzil und der Absetzung zu bedrohen. Julius II. ließ sich aber nicht einschüchtern. Eben von schwerer Krankheit genesen, beteuerte der Papst, er werde sich den Bart, der ihm auf dem Krankenlager gewachsen sei, erst abnehmen lassen, wenn er Ludwig XII. aus Italien vertrieben habe[47]. Sofort antwortete er den Franzosen mit Kirchenbann und Interdikt (Oktober 1510).

Der Kaiser und sein politischer Ratgeber Matthäus Lang ließen sich nach längerem Zögern doch verleiten, dem König von Frankreich auf dem gefährlichen Weg des Kirchenkampfes vorsichtig zu folgen, wenn sie auch den entscheidenden Schritt nicht vollzogen. Immerhin erneuerte Lang namens des Kaisers am 17. November 1510 zu Blois[48] die alte Liga mit dem König von Frankreich. Ludwig XII. wiederholte seine gleißenden Versprechungen: Nicht nur der Kaiser, auch der König von Ungarn sollte die zu Cambrai versprochenen Landgebiete aus venezianischem Besitz endlich zurückerhalten. Maximilian werde „der größte Kaiser nach Karl dem Großen" sein[49], schmeichelte der König. Der Feldzug des nächsten Jahres sollte das vom Kaiser ersehnte siegreiche Ende des Krieges mit Venedig bringen, eine Aussicht, die ein Wagnis wert schien.

Den völligen Bruch mit dem Papst hatte der Kaiser jedoch stets vermieden und sich im Sinne der alten Liga von Cambrai das Recht vorbehalten, mit Julius II. weiterhin zu verhandeln; hatte doch auch die Römische Kurie ihre Werbungen um den Kaiser niemals aufgegeben. Aber Maximilian ließ sich lange Zeit weder vom Papst noch von Spanien oder England umstimmen[50].

Spanien und England lehnten die papstfeindliche Synode und die neue französische Liga entschieden ab. Eindeutig stellten sie sich an die Seite des Papstes gegen Frankreich. Der Katholische König wurde nicht müde, Maximilian vom französischen Bündnis abzuraten; ja, er zog sogar seine spanischen Truppen aus dem bedrohten Verona ab und unterstützte den Feldzug des Papstes gegen Modena, Mirandola und Ferrara[51]. Spanischen Einwirkungen war es offenbar zuzuschreiben, daß sich der Kaiser nicht völlig der französischen Politik auslieferte.

Auf einem Kongreß zu Mantua (März 1511)[52] suchte man noch einmal den allgemeinen Frieden. Der Papst hatte dem Kaiser das Reichslehen Modena überlassen, um ihn zu gewinnen und von Frankreich zu trennen. Vergebens. Ludwig XII. drängte auf Fortsetzung des Krieges, von dem sich auch der Kaiser die Niederwerfung Venedigs und einen siegreichen Frieden erwartete.

Julius II. lud die kaiserliche Partei zu Sonderverhandlungen nach Bologna[53]. Aber Lang, „ein ganzer Franzose", verhandelte wohl vorsätzlich auf Abbruch der Beziehungen. Auch das Angebot des Kardinalshutes rührte ihn nicht. So wurde in Bologna eine Gelegenheit zum Frieden versäumt[54]. Gewiß hätten sich die Venezianer gegen größere Zugeständnisse gesträubt. Aber einsichtige Leute am Innsbrucker Hof zweifelten, ob Lang der richtige Mann[55] für einen Frieden mit Venedig gewesen sei.

Alles, was der Papst und Spanien zu bieten hatten, erschien dem Kaiser und seinem Ratgeber Lang zuwenig im Vergleich zu den wohlberechneten Versprechungen Ludwigs XII.[56] Vor allem hätte Maximilian die Vernichtung Venedigs gewünscht, die ihm Frankreich zwar nur versprach, welche die andere Seite aber weder versprechen konnte noch wollte. Der Kaiser verdächtigte nicht nur den Papst, sondern auch den Katholischen König, ihn aus Italien vertreiben und Karl (V.) enterben zu wollen, zumal als die Spanier ihre Truppen aus Verona abzogen.

Aber auch die Franzosen hielten ihre feierlichen Versprechungen nicht. Sie führten wohl einen kühnen Feldzug gegen den Papst und nahmen ihm Bologna weg (Mai 1511)[57], aber den Kaiser unterstützten sie kaum. Nun, da der Weg nach Rom offen schien, dachten sie gar nicht daran, ihn zur Kaiserkrönung nach Rom zu führen, wie sie es versprochen hatten. Vor Treviso (Oktober 1511) ließen sie ihn ebenso im Stich[58]. Nur bei der Verteidigung von Verona halfen sie — allerdings nicht ohne eigennützige Hintergedanken.

Der König von Frankreich trieb nun den Kirchenkampf dem Höhepunkt entgegen und hoffte, auch den Kaiser mitzureißen. Einige schismatische Kardinäle beriefen, von Ludwig XII. unterstützt, für den 1. September 1511 ein „Konzil" nach Pisa[59], das den Papst absetzen und die Kirche reformieren sollte. Aber Spanien und England lehnten dieses neue Schisma entrüstet ab. Der Papst berief für April 1512 ein allgemeines Konzil in den Lateran[60] und suchte König Ferdinand und Heinrich VIII. für sich zu gewinnen.

In diesen Wochen plante auch der Kaiser, der dem Papst den Friedensschluß mit Venedig nie verzeihen konnte, dem französischen Beispiel zu folgen. Hatte er schon früher einen ständigen Legaten für Deutschland gefordert[61], um die Reichskirche von Rom unabhängiger zu machen und den Abfluß der deutschen Kirchengelder zu hindern, so spielte er jetzt, da der Papst schwer erkrankt war, mit dem Gedanken, als Koadjutor oder Gegenpapst sich entweder *neben* oder *gegen* oder *nach* Julius II. um den Stuhl Petri zu bewerben[62]. Nur die lebhaften Einsprüche des Katholischen Königs, denen er sich nicht ganz verschließen konnte, brachten ihn schließlich von diesem gefährlichen Plan ab, der die Gefahr eines neuen Schismas — in den Augen des spanischen Königs das größte Unglück für die Christenheit — heraufbeschworen hätte. Nicht nur deswegen — auch weil die deutsche Kirche keine Lust zeigte, ein Schisma zu unterstützen, zog sich der Kaiser allmählich aus diesem gefährlichen Spiel zurück. Das Gegenkonzil verließ Mailand und wich bald darauf nach Lyon aus, wo es erfolglos versandete.

Der Katholische König erwies sich in diesen Kämpfen als der treueste Bundesgenosse des Papstes; einerseits, um die christliche Einheit zu retten; anderseits fürchtete er, Ludwig XII. werde einen Franzosen auf den Stuhl Petri setzen. Da er bereits Herzog von Mailand war, könne er über seine Bundesgenossen in Ferrara, Florenz und mit Hilfe eines französischen Papstes auch Neapel zurückerobern und sich zum Herrn ganz Italiens aufschwingen. Spanien wurde nicht müde, auch den Kaiser von seiner gefährlichen Kirchenpolitik zurückzuhalten. Sollte man ein französisches „Konzil", vielleicht gar einen französischen Papst unterstützen? Sollte Ludwig XII. „Herr der Welt" werden und den Kaiser und dessen Enkel Karl beiseite schieben dürfen, gab König Ferdinand zu bedenken[63].

Inzwischen stürmten die Franzosen Bologna (Mai 1511). Die Kaiserlichen eroberten im Sommer und Herbst 1511 fast ganz Friaul. In Pisa aber versammelten sich die Schismatiker zum Gegenkonzil. Das alles beunruhigte nicht nur den Papst, sondern auch den ebenso frommen wie politischen Ferdinand von Aragon[64] in höchstem Maße. Gerade der Fall von Bologna war für ihn die Sturmglocke. Obwohl er eben noch vorhatte, mit Hilfe der Engländer einen Feldzug gegen die Sarazenen in Afrika zu beginnen[65], brach er dieses Unternehmen rasch entschlossen ab und sandte Truppen und Flotte nach Italien, um den Franzosen zu begegnen. Dem Papst bot er 10.000 Knechte und 1000 Reiter an; außerdem 400.000 Dukaten Hilfsgelder.

Der Katholische König übernahm fortan die Führung des Krieges gegen Frankreich. Er schickte Gesandte an alle europäischen Mächte, um sie gegen Frankreich zu gewinnen[66]. Der Autorität des Papstes gelang es bald, Spanien, Venedig und die Eidgenossen in einer neuen „Heiligen Liga" zu sammeln[67], die am 5. Oktober 1511 zu Rom abgeschlossen, vor allem gegen die Franzosen gerichtet, für den Kaiser aber ausdrücklich offengehalten wurde. Alsbald trat auch England dieser Liga bei.

Eine große politische Wende kündigte sich an. Die neue Liga rüstete den Feldzug gegen die Franzosen. Bologna und die Romagna waren die nächsten Kriegsziele. Ramón de Cardona, Vizekönig von Neapel, sollte die spanischen Truppen führen, ein Mann, der dieser Aufgabe kaum gewachsen und dem französischen Feldherrn Gaston de Foix weit unterlegen war. Die Eidgenossen stießen gegen Mailand vor, um die Franzosen im Rücken zu fassen. Ludwig XII. hatte ein hartes Kriegsjahr vor sich.

Auch der Kaiser konnte für das neue Jahr 1512 nichts Gutes erwarten, denn er war mit seinen Kräften völlig am Ende. Frankreich hatte ihn stets im entscheidenden Augenblick im Stich gelassen, so daß er im Spätherbst 1511 alles wieder verlor, was er im Sommer den Venezianern abgenommen hatte. Auch mußte der Kaiser immer wieder feststellen, daß Ludwig XII. heimlich Karl von Geldern unterstützte. Von Frankreich enttäuscht, konnte sich Maximilian in dieser schwierigen Lage nur durch einen raschen Friedensschluß oder die Wahl besserer Bundesgenossen helfen. Daher erwog er nun ernsthaft Friedensverhandlungen mit Venedig und den Übertritt an die Seite Spaniens und des Papstes. Vielleicht würden sie Venedig dazu bringen können, diesen Parteiwechsel des Kaisers zu „bezahlen".

Schon Ende Januar 1512 legte der Kaiser dem König von Frankreich die Karten offen auf den Tisch, und zwar so aufrichtig, wie dies damals in der großen Politik nicht üblich war: Er müsse Frieden schließen, denn es fehlten ihm die Mittel zur Fortführung des Krieges; nicht zuletzt, „weil ihm Frankreich nie rechtzeitig geholfen habe"[68]. Er verhandle mit dem Papst und mit Venedig, wolle aber Frankreich keineswegs im Stiche lassen; vielmehr machte er sich erbötig, auch für Ludwig XII. einen Frieden mit dem Papst zu vermitteln. Seine Truppen ließ der Kaiser sogar noch an der Seite Frankreichs weiterkämpfen.

Noch Ende 1511 hatte der Papst gemeinsam mit den Spaniern seinen Feldzug gegen Bologna eröffnet[69]. In großen Schlachten vermochten Franzosen und Kaiserliche, die ein letztes Mal Seite an Seite kämpften, Brescia und Bologna zu verteidigen, gegen Ravenna vorzustürmen (April 1512) und eine der blutigsten Schlachten seit Jahrhunderten zu gewinnen. Hätte der Kaiser damals ein stärkeres Heer besessen, würde er vielleicht noch an der Seite der Franzosen den Krieg gegen Venedig zu seinen Gunsten entschieden haben. Hätte er auch nur seine Forderungen gegenüber der Signorie gemäßigt, wäre er unter dem Eindruck der französischen Siege gewiß zu einem besseren Frieden gekommen als später. So kam es nur zu einem Waffenstillstand, dem kein Friede folgte.

Schrecken und Kopflosigkeit, welche die französischen Siege in Italien zunächst auslösten, waren rasch überwunden. Julius II. hielt sich unerschütterlich. Im Mai 1512 eröffnete er das Laterankonzil[70], das den Kirchenbann gegen Frankreich erneuerte. Auch der Katholische König trat mit seinen Ländern feierlich dem päpstlichen Konzil bei[71], empfahl den Vätern Frieden in der Christenheit und Krieg gegen die Türken. Er berief die spanischen Kardinäle vom schismatischen Konziliabulum zurück und sperrte ihnen die Einkünfte. Nicht nur große Summen Geldes, sondern auch die Kriegsmacht Spaniens warf er für den Papst in die Waagschale.

In zähen Verhandlungen gelang es König Ferdinand, endlich auch den Kaiser von Ludwig XII. abzuziehen. Über päpstliche, spanische und englische Vermittlung entschloß sich auch die Signorie von Venedig zu einem zehnmonatigen Waffenstillstand mit dem Kaiser[72], der von April 1512 bis zum Januar 1513 dauern sollte; ein großer Erfolg, wie es zunächst schien. Der Kaiser hoffte, diesem Waffenstillstand werde ein Friede mit Venedig folgen, der seine Ansprüche auf Verona und Reichsitalien berücksichtige; dann ein Friede des Königs von Frankreich mit dem Papst, den er für den alten Bundesgenossen vermitteln wollte; schließlich der allgemeine Friede in der Christenheit und der Kreuzzug. „Der Kaiser wolle sich Hände und Füße abschneiden lassen für einen Frieden", sagte sein Gesandter Andrea da Borgo[73].

Der Stellungswechsel des Kaisers entzog den Franzosen die sichere Rückendeckung in Oberitalien, zumal er den Eidgenossen den freien Durchmarsch durch Tirol gestattete, so daß sie die Franzosen in der Flanke und im Rücken fassen konnten. Mit einem Male wandte sich die Kriegslage gegen Ludwig XII. Im Mai erschienen die Schweizer in der Lombardei[74], nahmen den Franzosen Mailand weg und warfen sie rasch über die Alpen zurück. Genua machte sich frei. Der Papst und die Spanier eroberten Bologna zurück (Juni 1512).

Die Niederlage der Franzosen in Italien ermutigte Ferdinand von Aragon, auch gegen das Königreich Navarra[75] einen entscheidenden Schlag zu führen. Ein Vorwand war rasch gefunden: Der König von Navarra hatte sich der Heiligen Liga widersetzt und das Schisma unterstützt. Ferdinand schickte eine Armee, die das Land binnen kurzem eroberte und Spanien einverleibte (Juli 1512). Französische Versuche, es wieder zurückzugewinnen, schlugen fehl. Die Erwerbung Navarras war ein bedeutender Erfolg für die spanische Staatsbildung. König Ferdinands Politik während der letzten Jahre blieb stark von Navarra bestimmt, das er um jeden Preis behalten wollte.

Die Engländer, bereits 1511 von Ferdinand für ein Kriegsbündnis gewonnen[76], landeten in der Vizcaya, um Spanien gegen Navarra zu unterstützen und für sich selbst Guyenne zu erobern. Der Papst belehnte Heinrich VIII. bereits mit dem Königreich Frankreich, während Ludwig XII. dem Kirchenbann verfallen war. Aber die Engländer, die in langen Friedensjahren das Kriegshandwerk völlig verlernt hatten, mußten mit Schande und Spott aus Frankreich abziehen, zumal sie von Spanien in keiner Weise unterstützt wurden; beschämend für den englischen König, der gerne den Schlachtenruhm des Hundertjährigen Krieges erneuert hätte.

Die Niederlage der Franzosen in der Lombardei und an den Pyrenäen schien entschieden. Julius II. feierte bereits die Befreiung Italiens vom französischen Joch. Unter dem Eindruck der großen Siege vollzog auch Maximilian seinen endgültigen Übertritt[77] an die Seite des Papstes, Spaniens, der Eidgenossen und Englands (Juni 1512), wenn er auch zunächst noch hoffte, Frankreich in den allgemeinen Frieden einbeziehen zu können: Vielleicht würde eine politische Heirat zwischen Prinz Karl und Renata, die Mailand als Heiratsgut erhalten sollte, allen Streit zwischen Habsburg und Valois aus dem Wege räumen — so wenigstens lautete Ludwigs XII. lockendes Angebot. Die Möglichkeit einer großen politischen Heirat mit dem Hause Valois, die Maximilian schon 1503/04 getäuscht hatte, sollte ihn noch einmal völlig in die Irre führen.

Die Liga stand nun vor der schwierigen Aufgabe, die oberitalienischen Gebiete, welche die Franzosen hatten räumen müssen, unter den Bundesgenossen aufzuteilen. Die Verhandlungen zu Mantua[78] (August 1512) zeigten, wie schwer dies fiel. Schon die

Mailänder Frage machte größte Schwierigkeiten. Man fand schließlich doch zu einer „italienischen Lösung", indem man das Herzogtum den Sforza zurückstellte, während der Kaiser und die Spanier
lieber Karl oder Ferdinand dort eingesetzt hätten, was Julius II.
und die Eidgenossen aber ganz entschieden zurückwiesen. Florenz,
das stets die Franzosen unterstützt hatte, wurde den Medici zurückgegeben. Der Papst nahm sich Reggio, Parma und Piacenza.

Ganz unlösbar aber schienen die Gegensätze zwischen dem
Kaiser und Venedig. Die Signorie vergaß, daß sie ihre Rettung
dem Papst und den Spaniern verdankte, und kümmerte sich nicht
um deren Wünsche zugunsten des Kaisers. Der Kaiser hingegen
vergaß, daß er von seinen Bundesgenossen nicht die Zerschlagung
Venedigs fordern durfte, zumal er dies mit eigenen Kräften gar
nicht vermochte.

Seit die Franzosen Italien verlassen hatten, begann sich Ferdinand von Aragon als Schiedsrichter der Halbinsel aufzuspielen und
erregte damit das Mißtrauen Julius' II.; der Papst begann die
Spanier, obwohl er ihnen seine Rettung zu verdanken hatte, als
Hauptfeinde und „künftige Herren Italiens" zu fürchten, versuchte
sie vom Kaiser zu trennen[79] und als nächste aus Italien zu vertreiben. Ludwig XII. dagegen verstand es, seine Beziehungen zu
König Ferdinand wieder zu bessern, der sich vom Papst schlecht
belohnt und abgestoßen fühlte.

Außerdem näherte sich der König von Frankreich wieder
seinem natürlichen alten Bundesgenossen, der Signorie von Venedig, die einen Frieden mit dem Kaiser keineswegs durch Landver-
zichte bezahlen wollte. Die Beziehungen des Kaisers zu Venedig
hatten sich seit dem letzten Waffenstillstand kaum gebessert. Maß-
losigkeit auf beiden Seiten verhinderte einen Friedensschluß. Erst
als der Kaiser merkte, daß Ludwig XII. ein neues Kriegsbündnis
mit Venedig vorbereitete, wandte er sich von Frankreich völlig ab,
stellte seine französischen Heiratspläne zurück und ließ sich bewegen, den jungen Sforza als Herzog von Mailand einzusetzen.
Die Wiederaufnahme des Krieges gegen Frankreich und Venedig
schien unvermeidlich.

Matthäus Lang, den der Papst schon früher mit Gnaden überhäufte und auch diesmal gern mit dem Purpur ausgezeichnet
hätte, um ihn zu gewinnen, erschien jetzt in Rom, um den Übertritt des Kaisers zur Heiligen Liga zu besiegeln, dem Schisma von
Pisa abzuschwören, dem Laterankonzil beizutreten und die übliche

Obedienz zu leisten (November 1512)[80]. Die Autorität des Kaisers war für das Laterankonzil eine der wertvollsten Stützen.

Gerne hätte der Papst nun auch den Frieden zwischen dem Kaiser und Venedig vermittelt[81]. Wie sehr er sich auch anstrengte, er scheiterte an den überhöhten Forderungen der einen wie der anderen Partei. Um dem Kaiser zu gefallen, stieß der Papst die Venezianer, deren Widerstand ihn maßlos empörte, aus seiner Liga aus und trieb sie dadurch den Franzosen in die Arme — in den Augen Ferdinands der größte Fehler der päpstlichen Politik und kein Vorteil für den Kaiser.

König Ferdinand suchte neue Wege, um die Hinwendung Venedigs zu Frankreich auszugleichen und Ludwig XII. von Italien fernzuhalten. Er gewann den Kaiser und England für einen gemeinsamen Angriff gegen Frankreich, das von allen Seiten unter Druck gesetzt und zu einem Frieden gezwungen werden sollte, der sowohl Italien wie das eben eroberte spanische Navarra sicherstellte.

Da nahm der Tod Julius' II. (Februar 1513)[82] der Liga ihr Haupt, ihre Einigkeit und Schlagkraft; denn der eher friedfertige Nachfolger, Leo X., gedachte den Krieg beizulegen und die christlichen Mächte zu versöhnen; wenn dies nicht möglich sei, sich zwischen den Großmächten klug hindurchzuschaukeln.

Der Katholische König, den schon Julius' II. Venezianerpolitik, welche die Signorie ins Lager der Franzosen trieb, und manches andere bitter enttäuscht hatte, fühlte sich auch vom neuen Papst, der ihm nicht minder viel verdankte, schlecht belohnt. Daher richtete er nun seine ganze Sorge auf Navarra, „den Schlüssel Spaniens", das ihm mehr gefährdet und wichtiger schien als die päpstlichen Interessen in Italien. Er suchte auch den Kaiser von Italien abzuziehen und zum unmittelbaren Angriff gegen Frankreich und zur Eroberung des Herzogtums Burgund zu ermuntern. England und der Kaiser sollten den Angriffskrieg führen, während sich Ferdinand auf den Schutz Navarras und auf die Verteidigung des spanischen Italien beschränkte.

Seit König Ferdinand im März 1513 wegen eines Stärkungstrankes, den ihm seine Gemahlin gereicht haben soll, schwerer Krankheit verfiel, war seine alte Kraft gebrochen[83], seine Politik zaghafter geworden. Stets hatte er mehr auf Diplomatie gesetzt, den Krieg allerdings nie gescheut. Nun durfte er sich am Ziele fühlen und suchte nur mehr den allgemeinen Frieden, der ihm

Navarra sicherte[84] und die Franzosen von Italien fernehielt. Friede unter den christlichen Mächten, Ende des Schismas, Reform der Kirche und Kreuzzug, das waren für den hochpolitischen und zugleich frömmelnden König die Ziele, die er in seinen Staatsschriften bis ans Ende predigte, von denen niemand genau wußte, was er damit eigentlich verband.

Der Wechsel auf dem Stuhle Petri hatte Frankreich und Venedig fühlbar entlastet. Sie schlossen sich im März 1513 zu Blois[85] zu einem neuen Kriegsbündnis zusammen: Ludwig XII. wollte das eben verlorene Mailänder Herzogtum erobern, die Signorie ihre alten Gebiete, vor allem Verona, zurückgewinnen. Der mörderische Krieg mit Venedig, den König Ferdinand so gerne beendet hätte, begann von neuem.

Der Kaiser antwortete mit der Heiligen Liga von Mecheln (5. April 1513)[86], die er mit dem König von England gegen Frankreich abschloß, die auch den Papst einbezog, ohne daß man sich um dessen Zustimmung gekümmert hätte. Dieses deutsch-englische Angriffsbündnis hätte durch eine Heirat Karls (V.) mit Maria von England abgesichert werden sollen. Innerhalb von zwei Monaten versprachen alle Bundesgenossen, gleichzeitig über Ludwig XII. herzufallen und Frankreich zu vernichten. Der Papst hätte mit Interdikt, Kirchenbann und Absetzung des Königs von Frankreich eingreifen sollen, woran er gewiß nicht dachte. Es war eine neue Auflage des maßlosen Vernichtungsplanes von 1496.

Aber dieses Vertragswerk hielt nur zum Teil, was es versprach. König Ferdinand ging alsbald eigene Wege: Während er einerseits dem Vertrag von Mecheln beitrat, schloß er anderseits mit Ludwig XII. fast gleichzeitig den Waffenstillstand von Ortubia (1. April 1513), den der König von Frankreich über die beiden Königinnen Germaine von Aragon und Anna von Frankreich listig eingefädelt hatte[87]. König Ferdinand versprach Waffenruhe an der Pyrenäenfront — nicht aber in Italien, falls Ludwig XII. die Alpen überschreite. Prinz Ferdinand sollte Renata von Frankreich heiraten, Mailand als Mitgift erhalten und dort ein habsburgisches Königreich Lombardei-Italien aufrichten, das den Franzosen den Zugriff auf Mailand und den Eintritt in die Lombardei verwehrte. Damit schienen Italien und Navarra zugleich gesichert. Daß König Ferdinand zu gleicher Zeit auch einen Angriffsvertrag mit dem König von England gegen Frankreich abschloß[88], ist schwer faßbar. Er entschuldigte sich später mit einem Mißverständnis.

Für König Ferdinand von Aragon waren alle diese Verträge miteinander vereinbar. Er wartete nur, welches von den einander widersprechenden Bündnissen sich besser gebrauchen ließ. Der Kaiser hingegen war bestürzt[89]. Er sah die Interessen des Prinzen Karl gefährdet. Aber Erzherzogin Margarethe tröstete ihn: König Ferdinand sei der erfahrenste Fürst, den niemand täuschen könne. Sie sah in der Dreieinigkeit (trinité) zwischen Kaiser, Spanien und England das Heil Europas und ihres geliebten Burgund.

König Ferdinand, der stets andere zu betrügen suchte, wurde diesmal selbst betrogen. Entgegen dem Waffenstillstand rüstete Ludwig XII. einen neuen Überfall auf Italien[90]. Ferdinands Plan[91] wäre es gewesen, den König von Frankreich mit Friedensschalmeien einzuschläfern, währenddessen die antifranzösische Liga einen allgemeinen Krieg vorbereitete. Der Kaiser sollte sich mit Venedig aussöhnen, zusammen mit England alle Kräfte gegen Frankreich werfen, das Herzogtum Burgund erobern und Ludwig so klein machen, daß er an Italien nicht mehr denken könne; dann werde Maximilian auch mit Venedig leicht fertig werden. Ferdinand liebte es, die anderen vorzuschicken. Stets versicherte er dem mißtrauischen Kaiser, nichts zu tun, was seinem eigenen Blut und der gemeinsamen Sache schaden könnte[92]. Daran war Maximilian alles gelegen.

Aber Ludwig XII. ließ sich nicht täuschen. Er dachte nicht daran, den Waffenstillstand mit Spanien einzuhalten, griff die Pyrenäenfront in Navarra an, um König Ferdinand zu binden, und führte gleichzeitig eine starke Armee über die Alpen nach Italien. Offenbar wollte er den Plänen seiner Feinde zuvorkommen.

Da gaben die Schweizer dem Krieg eine entscheidende Wendung. Sie schlugen die Franzosen, welche Mailand und die Lombardei zurückerobern wollten, bei Novara (Juni 1513)[93] und warfen sie mit Hilfe spanischer, päpstlicher und kaiserlicher Truppen ein zweites Mal über die Alpen zurück. Die spanische Flotte befreite Genua. Ludwig XII. geriet in größte Bedrängnis, zumal ihn die Verbündeten nun auch im Norden seines Reiches angriffen.

Novara löste alle Zweifel und alles Mißtrauen im Lager der Verbündeten und gab das Zeichen zum allgemeinen Überfall auf Frankreich. In einem strategisch groß angelegten Feldzug schlugen der Kaiser und die Engländer, die unter ihrem ehrgeizigen König Heinrich VIII. und seinem noch ehrgeizigeren ersten Minister

Thomas Wolsey auf das Festland zurückkehren wollten, die Franzosen bei Guinegate (August 1513)[94] und eroberten Tournai. Der Kaiser fühlte sich dem König von England so herzlich zugetan, daß er ihn am liebsten zum Römischen König gemacht hätte. Aber der Vorstoß in das Herz Frankreichs unterblieb. Anstatt die Gunst der Stunde zu nützen, feierte Heinrich VIII. große Siegesfeste und kehrte alsbald nach England zurück. Die Schweizer drangen gegen Dijon vor (September 1513)[95], ließen sich aber bald mit französischem Geld und günstigen Angeboten kaufen. Da sie Mailand gesichert glaubten, zogen sie vorzeitig wieder ab — ein unwahrscheinliches Glück für Ludwig XII.

Obwohl der König von Frankreich den Waffenstillstand gebrochen hatte, war Ferdinand diesem Überfall ferngeblieben. Offenbar wollte er die kargen Mittel Spaniens sparen und erst im entscheidenden Augenblick sein Schwert in die Waagschale werfen. So scheiterte der umfassende Angriff von allen Seiten, der Frankreich hätte vernichten sollen, an der Uneinigkeit der Mächte. Zwar vereinbarten der Kaiser, England und Spanien im Vertrag von Lille (Oktober 1513)[96] für das kommende Jahr ein neues Kriegsbündnis. Auch der Heiratsvertrag zwischen Karl (V.) und Maria von England wurde erneuert. Für Margarethe ein Höhepunkt der Erfolge: Während der Kaiser und die Engländer ihre Südgrenze verteidigten, blieben die Niederlande neutral und verdienten an den Kriegslieferungen mehr als eine Million Gulden.

Aber die Sonderpolitik König Ferdinands wies der Entwicklung auch diesmal wieder eine ganz neue Richtung. Bereits im Dezember 1513 begann er den englischen Vertrag zu untergraben, indem er seinen Waffenstillstand mit Frankreich erneuerte und einen überraschenden Umsturz der Bündnisse vorbereitete.

Auch mit Venedig[97] konnte man nicht fertig werden, das durch einen großen Brand- und Plünderzug (September bis Oktober 1513), durch Verwüstung der gesamten Terra ferma und durch eine völlige Hungerblockade und Handelssperre vernichtet werden sollte. Zwar hatte man die Venezianer in der Schlacht bei Vicenza (Oktober 1513) fast so vernichtend wie einst bei Agnadello geschlagen, aber Padua konnte sich behaupten. Hätte diese Stadt erobert werden können, wäre dem Kaiser Verona wohl erhalten geblieben. Der größte und härteste Angriff des ganzen Krieges gegen Frankreich und Venedig war damit zusammengebrochen. König Ferdinand befahl, seine Truppen zurückzuhalten und keinen

Fährnissen auszusetzen. Seine Mittel waren erschöpft. Es sollte versucht werden, mit Hilfe des Papstes Frieden zu schließen — wenigstens mit Venedig.

Alle Staaten waren abgekämpft und müde. Wie schwer die Feldzüge von 1513 Franzosen und Venezianer auch getroffen hatten, der Kaiser war noch stärker angeschlagen. Alle schienen zu einem Frieden bereit. König Ferdinand, der wider Erwarten in Italien seine Kräfte voll eingesetzt hatte[98], empfahl vor allem den Ausgleich des Kaisers mit Venedig als Anfang eines allgemeinen Friedens: er könne nicht ewig gegen „Mauren und Christen" Krieg führen; dazu seien seine Staaten nicht reich genug. In der Tat sehnten sich alle nach Frieden, der aber noch lange auf sich warten ließ. Nichts ist zu allen Zeiten schwieriger gewesen, als der rasenden Kriegsfurie Einhalt zu gebieten.

Die Friedensgesandten des Papstes, die seit Sommer 1513 alle europäischen Großmächte besuchten, schienen anfangs erfolgreich. Ludwig XII. war bereit einzulenken. Um sich zu entlasten, suchte er zunächst Frieden mit dem Papst und Spanien — dann auch mit England. Er stellte den Kirchenkampf ein, gab das Schisma von Pisa preis, trat am 19. Dezember 1513 in Rom feierlich dem Laterankonzil bei[99], bekannte sich zum Frieden unter den christlichen Mächten und zum Krieg gegen die Ungläubigen. Das erschien zunächst wie ein großer Erfolg der päpstlichen Friedenspolitik.

Um die Franzosen von Italien fernzuhalten, sollte auch der Krieg des Kaisers gegen Venedig beigelegt werden. Die Signorie hatte unter dem Schlag von Vicenza eingelenkt. Maximilian schickte seinen ersten Ratgeber Matthäus Lang, den engsten Vertrauten seiner Gedanken und Sorgen[100], nach Rom (November 1513), um die äußerst schwierigen Friedensverhandlungen zu führen[101], die von Spanien und England lebhaft unterstützt wurden. Jetzt endlich ließ sich Lang herbei, den wiederholt angebotenen Kardinalshut anzunehmen; aber seine Bedingungen waren deswegen nicht weniger hart. Er forderte für den Kaiser nach wie vor Verona und Vicenza. Die Venezianer bezeichneten dies als unannehmbare „bestialische Forderungen"; der Kaiser tue, als ob alles ihm gehöre. Die Verhandlungen scheiterten schließlich an der Härte Langs, den man für den eigentlichen Kriegstreiber hielt. Man hielt ihn für fähig, „Dinge zu tun, die Maximilian nicht wollte"[102]. Tatsächlich stand der Kaiser hinter allen seinen Forderungen.

Durch den letzten Sieg bei Vicenza wieder hochmütig geworden, dachten die Kaiserlichen an kein weiteres Zugeständnis. Es kam zwar zu einem Waffenstillstand (März 1514)[103], der aber nie richtig wirksam wurde, weil die Venezianer, durch neue Erfolge ermutigt, den Krieg fortsetzten. Damit war die letzte Gelegenheit zu einem guten Frieden verpaßt. Der Friede mit Venedig war wie ein Truggesicht, das erschien, wieder verschwand und sich niemals erreichen ließ.

Unverrichteter Dinge und kränkelnd — immerhin als Kardinal — verließ Matthäus Lang die Ewige Stadt. In Venedig gab es bereits Gerüchte, Lang sei als Opfer eines Giftmordes aus dem Leben geschieden[104]. Als enger Freund Spaniens und Frankreichs spielte er nun wieder mit dem Gedanken, an die Seite Ludwigs XII. zurückzukehren und mit ihm Frieden zu schließen. Das lockende französische Angebot einer Heirat zwischen Valois und Habsburg aus dem Jahre 1513 wirkte weiter wie ein süßes Gift. Auch 1514 griff man den Plan dieser Heirat[105] zwischen dem Prinzen Ferdinand und Renata von Frankreich gerne wieder auf. Der Katholische König versprach sich von diesem Ehebund eine Verständigung der beiden großen Machtblöcke, Habsburg-Spanien und Frankreich-Valois, eine feste Grundlage für Frieden und Eintracht der christlichen Mächte. Das hätte sich — wenigstens ungefähr — auch mit den Friedensplänen des Papstes getroffen.

Eine Teilung Italiens, die Mailand dem Infanten Ferdinand und seiner französischen Gemahlin zuwies, hätte Spanier und Habsburger an das Ziel ihrer geheimsten Wünsche geführt und ihre Herrschaft über Italien vollendet. Den Papst, dessen Familie bereits Florenz besaß, hoffte man zu gewinnen, indem man seinen Bruder Giuliano die Reichslehen Modena, Parma und Piacenza in Aussicht stellte. Ein wirrer Knäuel von Verhandlungen, echten und unechten Angeboten, ernsten und unernsten Heiratsplänen füllte die nächsten Monate und gab Frankreich, das die Sache nicht ernst meinte und nur die Einkreisung sprengen wollte, die nötige Atempause, einen neuen Feldzug gegen Mailand vorzubereiten, zumal die kaiserliche Diplomatie durch die Vorbereitung der ungarischen Doppelhochzeit abgelenkt war.

Die treibende Kraft dieser „Friedenspolitik" des Jahres 1514 war wieder der Katholische König[106], der, ähnlich wie Kardinal Lang, die Rückkehr an die Seite Frankreichs und die Aufrichtung eines Königreiches Lombardei-Italien empfahl, bevor sich der

Papst etwa mit dem König von Frankreich, den Schweizern und Venezianern verbinde, um Spanier wie Habsburger aus Italien zu verdrängen, was auch der Herzenswunsch Leos X. gewesen wäre[107]. Man hörte außerdem, daß die Venezianer im Bunde mit den Türken in Apulien landen wollten. Dies alles bestimmte König Ferdinand zu jener Politik eines allgemeinen christlichen Friedens, den Frankreich so günstig anzubieten schien. Daher erneuerte er am 13. März 1514 zu Orléans[108] den Waffenstillstand mit Ludwig XII. und verstand es, auch den zögernden Kaiser dafür zu gewinnen. Dieser Waffenstillstand, als Vorstufe eines „ewigen Friedens- und Freundschaftsvertrages" gedacht, widersprach freilich dem Kriegsbündnis mit England, das im vergangenen Jahr zu Lille feierlich beschworen worden war.

Ludwig XII. war damit ein politischer Meisterstreich gelungen: England von Spanien und vom Kaiser zu trennen und die „Dreieinigkeit" zu sprengen. Nachdem er sich durch Preisgabe des Gegenkonzils mit dem Papst ausgesöhnt und dessen Hilfe für heimliche Friedensverhandlungen mit England gewonnen hatte, verstand es Ludwig XII., durch das erneuerte Angebot einer französisch-habsburgischen Heirat König Ferdinand noch einmal zu betören: Prinzessin Renée sollte dem Infanten Ferdinand die französischen Rechte und Ansprüche auf Mailand, Genua und Neapel als Mitgift in die Ehe mitbringen, wodurch die größten europäischen Streitfragen geschlichtet würden. Der König von Frankreich, eben Witwer geworden, versicherte sogar, Prinzessin Eleonore, die Schwester Karls (V.), heiraten zu wollen. Papst, Kaiser und England sollten in den Friedensvertrag eingeschlossen sein. Alles klang wunderbar: Die rasche Beendigung des Krieges, der Friede der ganzen Christenheit und der gemeinsame Kreuzzug standen in Aussicht. Das trügerische Angebot verführte sowohl König Ferdinand wie den Kaiser, das sichere englische Bündnis zu verlassen, die Heirat Karls mit Maria von England aufzugeben und damit den stolzen Heinrich VIII. abzustoßen.

Wenn Infant Ferdinand Prinzessin Renata heiraten sollte, mußte Karl (V.) freibleiben für die nicht minder wichtige ungarische Heirat. Der Katholische König, der in seinen Heirats- und Friedensplänen einen entscheidenden Schritt zum allgemeinen Frieden erblickte, sollte sich gründlich täuschen: Er weckte nur allgemeines Mißtrauen. Der Zorn des Engländers war begreiflich; aber auch der Papst, die Sforza in Mailand, die Eidgenossen und alle italienischen Mittel- und Kleinstaaten waren in Unruhe und Furcht versetzt, denn anstelle der Franzosen drohte nun die ebenso gefährliche habsburgisch-spanische Vorherrschaft über die Halbinsel, die sich immer drohender abzeichnete.

Trotz allen Warnungen Erzherzogin Margarethes — ihr Einfluß war damals schon durch Chièvres stark untergraben — ließ sich der Kaiser von König Ferdinand, wenn auch nach langem Zögern und widerwillig, in diesen verhängnisvollen Bündniswechsel hineinziehen: Dieser Vertrag sei die größte Wohltat[109], die sich ihnen und ihren Enkeln anbiete, hoffte der Katholische König. Matthäus Lang, der stets auf die französische Politik setzte und auch König Ferdinand eng verbunden war, tat sicher das Seinige dazu[110], den Kaiser umzustimmen. Hätte Maximilian den Katholischen König und die spanische Politik im Stiche lassen können? Hätte er seine Ostverträge, zumal die ungarische Heirat, preisgeben können? Beides waren tragende Säulen seiner Gesamtpolitik.

Diese Unterschätzung Englands, diese überraschende Gutgläubigkeit gegenüber Ludwig XII., die König Ferdinand vor allem verschuldete, war zweifellos ein politischer Fehler, der obendrein den Makel des Treuebruchs an sich trug; aber kein Fehler von weitreichenden Folgen, nur ein Fehler auf kurze Sicht, wie sich zeigen sollte.

Sofort benützte Ludwig XII. die Gelegenheit, den enttäuschten König von England für ein französisches Bündnis zu gewinnen. Heinrich VIII., der sich von Kaiser und Spanien „wie ein Knabe behandelt"[111] und auf das tiefste gedemütigt fühlte, war über seine alten Verbündeten, insbesondere Spanien, das ihn schon früher schmählich im Stiche gelassen hatte, maßlos erzürnt und schloß im August 1514 mit Ludwig XII. den Vertrag von London[112], während er mit dem Kaiser und Spanien alle Verhandlungen abbrach. Frankreich erhielt freie Hand gegen Mailand und Navarra. England sollte dafür eine Entschädigung von einer Million Golddukaten bekommen. Dem Kaiser und Erzherzog Karl wurde der Beitritt zum Londoner Vertrag offengehalten, nicht aber König Ferdinand, gegen den sich der ganze Zorn des Engländers richtete; er hätte ihm am liebsten auch Kastilien weggenommen[113]. Dieser außenpolitische Systemwechsel brachte in den Niederlanden die Franzosenfreunde allmählich ans Ruder. Auch dies sollte dem Kaiser noch schwere Nachteile bringen. Die Tage von Margarethes Regentschaft waren nun gezählt, denn Karls

Anhänger drängten an die Macht. Für die Regentin war der Bruch des englischen Bündnisses die größte Niederlage ihres Lebens. Aber auch der Kaiser verlor an seiner Tochter eine Hauptstütze seiner großen Politik. Durch ihre Hände waren die Fäden der gesamten Westpolitik gelaufen. König Ferdinand lobte sie — gewiß nicht ohne etwas Schmeichelei — als die wichtigste Persönlichkeit in der Christenheit. An ihrem Hofe trafen sich die Gesandten vom Kaiserhof, aus Spanien, England und Frankreich. Ihre Sondergesandten an allen europäischen Zentren waren hervorragende Berichterstatter. Sie wußte alles. Groß war ihre diplomatische Geschicklichkeit und ihr Einfluß. Aber es durfte doch nicht das Kleinste ohne oder gegen den Willen des Kaisers geschehen[114]. Wenn die Niederlande unter Erzherzogin Margarethe die Politik Maximilians unterstützt hatten, so wurde dies nach der Großjährigkeit Karls völlig anders.

Den Abschluß des neuen englisch-französischen Bündnisses krönte die Heirat der jugendlichen Maria von England, der verlassenen Braut Karls (V.), mit dem alternden und kränklichen Ludwig XII. Höhnisch bedauerte der Kaiser, daß eine so „tugendhafte Prinzessin einen impotenten, kränklichen und bösartigen König heiraten müsse"[115], und prophezeite angeblich dem alten Mann an der Seite der jungen Frau ein frühes Ende, was nur allzubald eintrat.

Der jähe Bündniswechsel Heinrichs VIII. überraschte den Kaiser und Spanien, die gerechnet hatten, England doch beruhigen zu können, in den Frieden mit Frankreich einzubeziehen und den Krieg beizulegen. Es war vor allem die neuerliche Verschiebung der lange ausgehandelten Heirat gewesen, die Heinrich VIII. besonders beleidigte. Wenn er darüber hinaus das Bündnis mit Spanien und dem Kaiser überdachte, so hatte es ihm bisher nur große Auslagen[116] gebracht: Während der letzten vier Jahre war eine Million Pfund für nichts ausgegeben worden. War es da für England nicht vorteilhafter, mit Frankreich abzuschließen, die von den Habsburgern verschmähte Prinzessin mit Ludwig XII. zu verheiraten, Frieden zu halten und dafür von den Franzosen hohe Pensionszahlungen zu empfangen? Führte diese Politik nicht eher zum allgemeinen Frieden der Christenheit, den Thomas Wolsey, aber auch Papst Leo X. so eifervoll suchten? Der König von England und sein Lordkanzler, alsbald Kardinal der Römischen Kirche, waren damals noch enge Bundesgenossen des Papstes.

Zum „Verrat" König Ferdinands und des Kaisers, der Englands Parteiwechsel verursachte, kamen auch die geheimen Machenschaften des Papstes für einen französisch-englischen Frieden, die Heinrich VIII. stark bestimmten. Entsprach es dem Gesetz des Gleichgewichtes, Frankreich niederzukämpfen und anstatt dessen eine habsburgisch-spanische Großmacht zu fördern? England hatte schon sehr früh Sonderverhandlungen mit Frankreich gegen Spanien und den Kaiser aufgenommen. Gleichwohl fällten die Engländer sehr harte Urteile über Maximilian: Man könne ihm nicht trauen ... er sei ein Verräter, der größte Judas, den es je gegeben[117]. Nicht ganz zu Unrecht vermuteten die Engländer hinter dieser neuen Politik den franzosenfreundlichen Kardinalminister Lang.

Hauptsächlich war es jedoch König Ferdinand, der dies alles eingefädelt hatte. Er hoffte, der Kaiser werde den König von England mit seinen „gewinnenden und höflichen Worten" schon bereden können[118], und versuchte obendrein, die Schuld an allem auf Maximilian abzuschieben. Der Kaiser hatte sich leider allzu sehr auf Ferdinands Geschicklichkeit verlassen[119]: Rücksicht auf Spanien, Eifer für das Kaisertum und für die Größe seiner Enkel Karl und Ferdinand hatten ihn blind gemacht gegen Ludwigs XII. Ränkespiel. Nicht das lange Zögern Maximilians vereitelte den französischen Vertrag, wie die Spanier meinten[120]; der König von Frankreich hatte gewiß niemals daran gedacht, einen Heiratsvertrag abzuschließen, der ihn um Mailand und den Einfluß in Italien bringen mußte.

Diesmal war König Ferdinand der geprellte. Seine Friedenspolitik hatte nicht nur England abgestoßen, sondern auch den Papst, die Schweizer und die italienischen Mächte verunsichert[121] — Frankreich aber nicht gewonnen. Venedig würde damals wohl mit dem Kaiser Frieden geschlossen haben, wenn es nicht durch das französisch-englische Bündnis neuen Mut[122] zur Fortsetzung des Krieges gefaßt hätte. Ludwig XII. hatte durch diesen Bündniswechsel den Einkreisungsring der Feinde sprengen können, stand wiederum im Mittelpunkt einer starken Koalition, hatte seine volle politische und militärische Handlungsfreiheit zurückgewonnen. Die fieberhaften Rüstungen ließen erwarten, daß die französische Armee bald nach Italien zurückkehren werde.

Aber Leo X.[123], der zunächst den Frieden zwischen England und Frankreich gefördert hatte, erwartete kein so enges Bündnis zugunsten Ludwigs XII., das offensichtlich die Wiedereroberung Mailands zum Ziele hatte. Ähnlich dem enttäuschten Papst gerieten auch die italienischen Mittel- und Kleinstaaten in größte Aufregung: Lieber als die Wiederkehr der mächtigen Franzosen sah man den weit schwächeren Kaiser in der Lombardei, hinter dem man sich den habsburgisch-spanischen Universaldominat noch nicht so deutlich vorzustellen vermochte.

Nun suchte Leo X. in der ihm eigenen Schaukelpolitik wieder engeren Anschluß an Spanien und Maximilian, unterhielt aber auch gute Beziehungen zu Venedig und den Eidgenossen, um die Franzosen, die gefährlichsten Feinde der Freiheit Italiens, fernzuhalten. Daß die habsburgisch-spanische Vorherrschaft viel unmittelbarer drohte, merkten angesichts der militärischen Schwäche des Kaisers die wenigsten. Durch regelmäßige Verhandlungen suchte er aber auch die Gunst Ludwigs XII. Sein Ziel war der allgemeine Friede, zumal die Ruhe Italiens, die Größe seines geliebten Florenz und des Hauses Medici[124]. Vom Nepotismus vermochte er sich nie ganz freizumachen. So kaufte er dem Kaiser das reichslehenbare Modena ab (Juni 1514), um daraus zusammen mit Reggio, Parma und Piacenza für seinen Bruder Giuliano einen Staat zu machen[125]. Auch ihm galt der Grundsatz: Italien den Italienern; natürlich auch seinen Brüdern und Vettern. Ähnlich Julius II. hegte auch er keinen größeren Wunsch, als alle Fremden, Franzosen, Spanier und Deutsche, aus Italien zu entfernen.

Der Kaiser und König Ferdinand hatten bereits im Mai 1514 mit Leo X. die Liga von Rom[126] geschlossen, um ihn von den Franzosen und Venezianern fernzuhalten. Aber es war eine laue Sache, ähnlich dem gleichzeitigen Waffenstillstand mit Venedig. Der Papst verpflichtete sich, den Kaiser gegen Venedig zu unterstützen und den Waffenstillstand mit der Signorie zu fördern, der indes gebrochen wurde, noch ehe er begann. Dafür wollten sich Maximilian und König Ferdinand entweder auf Mailand oder auf die Terra ferma beschränken, aber nicht beides in Anspruch nehmen. Der Kaiser und der Appetit der Deutschen seien bekannt; sie wünschten ganz Italien, fürchtete man an der Kurie.

Erst die drohende Rückkehr der Franzosen in die Lombardei infolge des englisch-französischen Bündnisses (August 1514) führte Papst, Kaiser und Spanien wieder enger zusammen. Eine neue Liga[127] wurde vorbereitet, die Leo X., den Kaiser, Spanien, die Eidgenossen, Mailand, Florenz und Genua „gegen die Türken" vereinigen sollte. Man wollte die Franzosen nicht geradewegs als Gegner nennen und diese Liga allen christlichen Mächten offenhalten. Die Einladung zum Abschluß eines allgemeinen Friedens richtete sich also auch an Frankreich und Venedig. Der Kaiser und Spanien verzichteten auf Mailand und erwarteten das gleiche von Frankreich. Maximilian hoffte wohl, sich dafür an Venedig schadlos zu halten.

Der Papst ließ nichts unversucht, die Signorie von Frankreich zu trennen und mit dem Kaiser auszusöhnen. Leo X. versprach dem Kaiser sogar Hilfe für Verona[128] — der einzige Erfolg Kardinal Langs, der durch Monate in Rom verhandelt hatte. Aber Venedig zeigte sich härter denn je und lehnte nunmehr jeden Verzicht auf Verona völlig ab[129], „selbst wenn es darüber den Verlust des ganzen Staates befürchten müsse". Vergeblich hatten sich König Ferdinand beim Kaiser und der Papst in Venedig für den Frieden verwendet. So sehr fühlte sich die Signorie durch das französisch-englische Bündnis ermutigt! Schon im Januar 1514 überfielen die Venezianer die kaiserlichen Plätze in Friaul und brachen damit den Waffenstillstand, so daß der Krieg zwischen dem Kaiser und der Republik von neuem losbrach[130].

Am 21. September 1514 schloß der Katholische König einen Geheimvertrag mit Leo X.[131] zum Schutz der italienischen Staaten. Ein offenes Bündnis gegen Frankreich schien dem Papst nicht geraten. Auch König Ferdinand zog die Heimlichkeit vor, war er doch ebenso wie Leo X. entschlossen, die Geheimverhandlungen mit Frankreich fortzusetzen. So erneuerte er im Oktober 1514 den alten Waffenstillstand mit Ludwig XII.[132]

Das undurchsichtige Spiel König Ferdinands, der als geübter politischer Zauberkünstler stets mehrere Bälle zugleich in der Luft hatte, flößte seinen Bundesgenossen allerdings wenig Vertrauen ein. Selbst der Kaiser zweifelte öfter, ob es der Katholische König mit der Erbfolge Karls ernst meine. Auf keinen seiner Verträge war ganz sicherer Verlaß. Seine Partner mußten jederzeit gewärtigen, plötzlich allein dazustehen.

Was Machiavelli in diesen Jahren in der europäischen Staatenwelt an politischen Praktiken beobachtete und beschrieb, ist als Beispielsammlung politischer Bedenkenlosigkeit unter dem Namen „Machiavellismus" zur „Bibel" der Mächtigen geworden. Manche meinen, Cesare Borgia habe ihm das Modell abgegeben; andere vermuten König Ferdinand von Aragon. Wenn man die kaiserliche Politik im Rahmen der europäischen Staatengesellschaft vergleicht, so fällt sie durch eine gewisse größere, wenn auch keineswegs absolute Ehrlichkeit und Beständigkeit gegenüber den anderen Mächten auf.

2. Maximilians Westpolitik nach dem Regierungsantritt Franz I. und dem Tod Ferdinands von Aragon. Wende des Krieges in Italien

Der Tod Ludwigs XII.[1] (1. Januar 1515) warf nach dem militärischen Stillstand und dem diplomatischen Ringelspiel des Jahres 1514 neue Fragen auf. Seine politische Heirat mit der Engländerin Maria hatte der Tod geschieden, und Heinrich VIII. begann sich von Frankreich allmählich abzuwenden[2], um so mehr als Franz I.[3] alles tat, um jede neue Heirat der Königin-Witwe, welche die französischen Interessen stören konnte, zu verhindern; ihr sogar die Mitgift vorenthielt.

Würde sich der neue König Franz I. vielleicht wieder auf Verhandlungen mit Habsburg-Spanien einlassen, die der Kaiserhof ernsthaft anstrebte[4]? Würde er die Italienpolitik seines Vorgängers fortsetzen oder ändern? Alle Staaten waren zwar vom langen Krieg ermüdet, aber doch nicht so abgekämpft, daß sich ein Friede zwangsläufig hätte durchsetzen müssen. Sie hatten sich während des ganzen Jahres 1514 von ihrer Ermattung etwas erholen können. Selbst der Kaiser, dessen Mittel völlig erschöpft waren, hoffte immer noch auf seine Gebietsanteile aus der Liga von Cambrai.

Franz I. von Valois-Angoulême, zwanzigjährig, ein ritterlicher und kampfeslustiger Mann, begierig, die französischen Niederlagen zu rächen, entschied sich rasch für die Fortsetzung des Kampfes in Italien[5]: Als er den Thron bestieg, nahm er zugleich den Titel eines Herzogs von Mailand an. Die alten Kriegsbündnisse mit Venedig, Genua und England wurden erneuert; nur die Schweizer zeigten sich zurückhaltend. Sogar Erzherzog Karl war bereit, die französische Italienpolitik zu dulden: Hinter dem Rücken des Kaisers und König Ferdinands schloß er einen Friedensvertrag mit Frankreich[6] (24. März 1515), der ihm die Nachfolge in Spanien erleichtern sollte.

König Ferdinand von Aragon erfaßte als erster die große Gefahr, welche die kriegslustige Persönlichkeit des jungen französischen Königs heraufbeschwor. Die spanische Friedenspolitik der letzten Jahre war offenbar vergebens gewesen. Sogleich erneuerte er mit dem Papst, dem Kaiser, den Eidgenossen und Mailand ein Schutzbündnis[7] zur Erhaltung des gegenwärtigen Besitzstandes in Italien (3. Februar 1515). Diese neue Liga hielt formell allen christlichen Mächten, auch dem König von Frankreich, den Beitritt offen und wandte sich wie alle Verträge damaliger Zeit und dieser Art angeblich gegen die „Türken". Unabhängig davon hatten Gesandte des Kaisers, des Papstes und Mailands am 8. Februar 1515 in Zürich ein Verteidigungsbündnis mit den Eidgenossen abgeschlossen[8]. Unverdrossen arbeitete König Ferdinand an der Verstärkung dieser Liga und ihrer Armee, die allein Italien schützen konnte. Das hinderte ihn allerdings nicht, gleichzeitig auch einen Freundschaftsvertrag mit Frankreich zu schließen, um Franz I. besser täuschen zu können. Aber wie stets zog er es vor, die eigenen Truppen möglichst zu schonen und die anderen kämpfen zu lassen. Freilich war auch Spanien infolge jahrzehntelanger Kriege am Ende seiner militärischen Kräfte.

Der Kaiser war damals durch die Verhandlungen mit Ungarn und Polen, durch den Kongreß und die großen Hochzeitsfeierlichkeiten in Wien festgehalten — galt es doch, die Früchte jahrelanger Ostpolitik einzubringen; er kümmerte sich daher um Italien weniger und beschränkte sich darauf, Verona und Brescia zu verteidigen — und auch das sollten andere für ihn besorgen; er hätte nicht das Geld gehabt, in Italien einzugreifen, da sein Wiener Kongreß kaum weniger kostete als ein Feldzug.

Der Papst[9] wußte nicht, wie er sich entscheiden sollte, obwohl er die Franzosen mehr fürchtete als alle anderen. Er hatte zwar in den vatikanischen Stanzen von Raffael den heiligen Papst Leo den Großen aufmalen lassen, wie er Attila aus Italien verwies; aber er wußte selbst nicht genau, wen er damit eigentlich meinte. Wie stets verhandelte er heimlich nach allen Seiten, auch mit dem König von Frankreich, und erregte damit den Unwillen der Spanier. Er warb aber ebenso um die Hilfe des Königs von England gegen Frankreich und erhob dafür Wolsey, den einflußreichen Minister Heinrichs VIII., zum Kardinal. Aber noch ehe diese neue Liga fest beisammen war, fiel die Entscheidung.

Rascher als erwartet überstieg Franz I. mit einer starken Armee die Alpen, erschien vor Mailand und schlug die untereinander entzweiten und von ihren Bundesgenossen verlassenen Schweizer bei Marignano[10] (13. September 1515). Sie hatten den Ruf ihrer Unbesiegbarkeit verspielt, die Lombardei für immer verloren und schieden aus der großen italienischen Politik aus.

Leo X. unterwarf[11] sich dem König von Frankreich. Abtretungen an Franz I. und dessen Bundesgenossen blieben ihm nicht erspart. Als der Papst und der König zusammentrafen, fielen zwar harte Worte; aber Franz I. war klug genug, sich mäßig zu zeigen, um sich den Dank des Papstes zu verdienen. Er verzichtete auf die Pragmatische Sanktion von Bourges und gewährte dem Papst dafür das günstigere Konkordat von Bologna[12]. Der König von Frankreich wollte den Papst gewinnen und die Liga für alle Zeiten sprengen, nachdem sie unter den Schlägen der französischen Waffen ohnehin schwer getroffen war. Um seinen Erfolg für längere Zeit zu sichern, bot Franz I. einen Waffenstillstand von fünf Jahren als Vorbereitung eines „allgemeinen Friedens und Kreuzzuges gegen die Türken" an; dann zog er, um die Lage zu entspannen, über die Alpen nach Frankreich zurück.

König Ferdinand[13], der entschiedenste Gegner Frankreichs, lehnte es ab, die Eroberungen Franz' I. in Italien anzuerkennen. Aber die spanischen Truppen zog er vorsichtig aus der Lombardei zurück und führte sie nach Neapel, das er von Frankreich bedroht hielt. Vergebens hatte der Kaiser gebeten, sie zur Sicherung Veronas dort zu lassen. Maximilian stand nun gegen die Franzosen und Venezianer allein im Felde.

Man fürchtete bereits, daß sich auch der Kaiser, ähnlich dem Papst, mit Frankreich ausgleichen könne. Aber das wäre wohl nur auf Kosten Venedigs möglich gewesen, was Franz I. gewiß abgelehnt hätte. Der Kaiser mahnte indes alle Bundesgenossen zu geschlossenem Widerstand und kündigte an, er werde den Franzosen in Italien persönlich entgegentreten.

Würde sich Frankreich ganz Italiens bemächtigen? Die Gegner behaupteten es, obwohl sich Franz I. nach der Eroberung Mailands sehr mäßig gezeigt hatte. Angesichts der militärischen Rückschläge des Kaisers und der Spanier kam merkwürdigerweise fast niemand auf den Gedanken, daß auch die vereinigten Häuser Habsburg-Aragon ganz Italien in ihre Gewalt bringen könnten. Die Furcht vor der französischen Vorherrschaft einigte fast alle Mächte, die der Kaiser und König Ferdinand zu einer neuen Liga gegen Frankreich zu sammeln versuchten.

Unter dem Eindruck der französischen Siege, aufgerüttelt durch den Fall von Mailand kehrte nach langen Schwankungen auch König Heinrich VIII. ganz zur Liga zurück. Der Kaiser und die Könige von Aragon und England schlossen sich zu einem engen Verteidigungsbündnis[14] zusammen (September 1515). Es war der letzte große diplomatische Erfolg des Katholischen Königs im Kampf gegen Frankreich. Der Parteiwechsel Englands[15] erfüllte die Bundesgenossen trotz der Niederlagen wieder mit Zuversicht. Mit englischem Geld konnten auch die Eidgenossen nochmals gewonnen werden[16], „die Schande von Marignano auszulöschen". Sie waren entschlossen, die Franzosen aus der Lombardei zu vertreiben und die alte Schutzherrschaft über den Mailänder Staat wiederherzustellen. Wenn auch nicht alle, so folgten der neuen Liga doch die meisten Schweizer Orte. Heinrich VIII. spielte nun wieder mit dem kühnen Gedanken seiner Vorgänger, mit Hilfe der Liga, insbesondere der Schweizer, ganz Frankreich zu erobern, wozu ihn der Kaiser immer wieder ermunterte. Maximilian nannte ihn breits wieder „König von Frankreich"[17]. Heinrich VIII. fühlte sich durch die französischen Siege in Italien, aber noch mehr durch die Einmischung Frankreichs in Schottland, durch die schmachvolle Behandlung der Königin-Witwe Maria, durch die Aufstellung eines Prätendenten und durch den Streit um Tournai nicht nur beleidigt, sondern von Frankreich geradezu bedroht.

Der Papst wollte sich erst entscheiden, wenn die Würfel gefallen waren. Immerhin hatten es König Ferdinand und die neue Liga erreicht, daß es die Franzosen nicht mehr wagen konnten, nach Rom und Unteritalien vorzustoßen; sie mußten vorderhand in der Lombardei stehenbleiben.

König Ferdinand[18], der wirksame Kriegshilfe versprochen hatte, wenn der Kaiser seine Armee persönlich nach Italien führe, starb bereits zu Jahresbeginn (23. Februar 1516). Dies machte den Feldzug des Kaisers um vieles schwieriger, denn Karl (V.), der sein spanisches Erbe durch einen Krieg gegen Frankreich zu gefährden fürchtete, ließ den Großvater in Italien ganz im Stich; außer kleinen Taschengeldern, die ohne Wirkung bleiben mußten, hatte der Kaiser von ihm nicht viel zu erwarten. Die burgundischen Räte Karls waren schon immer den Franzosen zugetan und wurden seit einiger Zeit auch von den meisten kaiserlichen Räten unterstützt, die angesichts der Finanzlage nichts sehnlicher wünschten als den Frieden. Karl entzog sich daher dem Einfluß seines Großvaters, seiner Tante Margarethe und der Liga und suchte in den Verträgen von Paris, Noyon und Brüssel Frieden mit Frankreich. Franz I. gab dafür Karl von Geldern preis und erhielt jene Rückenfreiheit im Norden, deren er im Kampf um Italien dringend bedurfte.

Nach dem Ausfall Spaniens, dem völligen Versagen Karls und der Zurückhaltung des Papstes stand der Kaiser in Italien schwächer da denn je. Nur Heinrich VIII. und dessen ehrgeiziger Kardinalminister Wolsey machten ihm Hoffnung, den Kampf gegen Frankreich wirksam zu unterstützen[19]. Ohne persönlich in den Krieg einzutreten, versprach der König von England, seine reichen Geldmittel gegen Frankreich in die Waagschale zu werfen. Aber das englische Geld vermochte das französische nicht aufzuwiegen und konnte nicht ersetzen, was eine spanische Armee in Italien oder eine englische Armee in Frankreich vermocht hätten. Erst für den Fall, daß die Schweizer geschlagen würden, wollten die Engländer eingreifen und in Frankreich landen; aber sie taten es nicht.

Heinrich VIII. hatte zunächst Robert Wingfield als Gesandten zum Kaiser abgeordnet[20], einen Bewunderer Maximilians, der ihm gern seinen Anteil an den englischen Hilfsgeldern gesichert hätte. Wingfield wurde aber in der entscheidenden Zeit vom feindseligen Dr. Richard Pace[21] verdrängt, der ganz auf die Schweizer setzte: Der Kaiser sollte zusehen, wo er das Geld für den Mailänder Feldzug hernahm. Gewiß bedurften Maximilians Finanzpraktiken der Überwachung — aber doch nicht so, wie es der neue englische Gesandte anstellte. Dr. Pace hatte in Padua studiert, liebte Venedig, verachtete den Kaiser als Abenteurer und begünstigte überdies mit der den englischen Humanisten eigenen Bewunderung für Italien heimlich die Venezianer. Ein Bündnis der Schweizer mit der Signorie schien ihm gegen Frankreich wirksamer als die Liga mit dem Kaiser. Welch völlige Verkennung der Möglichkeiten der in Vereinigung begriffenen habsburgisch-burgundisch-spanischen Großmacht! Dr. Paces recht einseitige Berichte haben nicht nur damals den politischen Kredit des Kaisers bei Heinrich VIII. völlig untergraben und das Ende des englischen Bündnisses vorbereitet; sie verfärben bis zum heutigen Tag das Urteil über den Kaiser in der englischen Literatur.

Der Mailänder Feldzug[22] ist geschildert worden. Er scheiterte nicht zuletzt an der Uneinigkeit der Eidgenossen; gewiß auch am Geldmangel: Während Dr. Pace dem Kaiser die nötigen Soldgelder beharrlich vorenthielt, teilte er sie unter den Eidgenossen freigiebig aus. „Die Schweizer hatten alle Zitzen in ihren Mäulern ... und taten nichts ohne Geld", sagte ihr Landsmann Schiner[23]. Bei der feindseligen Haltung des neuen Gesandten mußte der Kaiser außerdem befürchten, daß sich Heinrich VIII. plötzlich mit dem König von Frankreich aussöhnte. Man wußte, daß England die Venezianer begünstigte und auch mit Frankreich verhandelte. Daß eben König Wladislaw gestorben war und die ungarische Nachfolgefrage Aufmerksamkeit erforderte, kam hinzu; außerdem die allgemeine Sehnsucht nach Frieden, der sich niemand mehr verschließen konnte. Es war gewiß ein Glück, daß Karl nun auch für Maximilian den Frieden vermittelte.

Der Abbruch des Mailänder Feldzuges bedeutete das Ende der Liga. Alle Versuche, den Vorstoß gegen die Lombardei zu wiederholen, schlugen fehl. Auch die Eidgenossen gaben auf und zogen sich aus der Lombardei zurück. Zu Unrecht gaben Dr. Pace und die Engländer allein dem Kaiser die Schuld[24] am Mißerfolg dieses Feldzuges und am Bruch des englischen Vertrages. Er sei ein „Esel, ein Bettler, eine Null, ein Wetterhahn"[25], schrieb er nach Hause. Bis zuletzt hatte Maximilian versucht, das Glück dieses Krieges zu wenden. Er bot Heinrich VIII. Adoption und Aufnahme in das kaiserliche Haus, das Herzogtum Mailand und die Römische Krone[26], wenn er mit seiner Armee auf dem Festland erscheine. Offenbar hoffte der Kaiser, durch diese Angebote sowohl Heinrich VIII. wie auch Karl (V.) anzuspornen. Vergebens! Dr. Pace warnte seinen König vor den „Luftschlössern" des Kaisers[27]. Die Engländer dachten nicht mehr daran, in Frankreich zu landen. Heinrich VIII. fürchtete vielmehr einen von Frankreich geschürten Überfall aus Schottland; ja die Aufstellung eines Prätendenten. Er hielt nun sein gutes Geld zurück und stellte die Hilfszahlungen völlig ein: Über eine Million hatte er nutzlos ausgegeben und wollte nun vom Krieg im fernen Italien nichts mehr wissen. Allmählich mochte es den Engländern dämmern, daß Karls (V.) werdende Großmacht nicht minder gefährlich sein könnte als jene Frankreichs. Bisher schienen Maximilians militärische Schwäche und seine Niederlagen dies verhüllt zu haben.

Während der Kaiser von allen Bundesgenossen, auch von seinem Enkel, völlig im Stiche gelassen, bei den Engländern vergebens um Hilfsgelder bettelte und Heinrich VIII. mit unwahrscheinlichen Angeboten bestürmte, besetzten Franzosen und Venezianer die Lombardei und bereiteten sich vor, dem Kaiser auch

Verona, seinen letzten Stützpunkt südlich der Alpen, wegzunehmen.

Nur widerwillig unterwarf sich Maximilian der Friedenspolitik Karls und seiner burgundischen Räte, die ihm über die Verträge von Noyon und Brüssel einen wenig ehrenvollen Abschluß des langen Krieges vermittelten[28]. Nie würde er sich auf diesen Frieden mit Frankreich eingelassen haben, hätte ihm England nur eine kleine Kriegshilfe gewährt. Die Abtrennung Veronas und der völlige Verlust Italiens waren ihm schier unerträglich; bis zur letzten Stunde suchte er sie zu verhindern.

Vergebens klammerte sich der Kaiser an den englischen Bundesgenossen, der ihm immer wieder Anleihen versprach, ohne sie zu gewähren. Auch der Vertrag von London (29. Oktober 1516), der dem Kaiser viel wichtiger schien als jener von Noyon, brachte ihm nichts mehr — weder Geld noch Hilfe[29]. Die Liga hatte sich längst aufgelöst; alles drängte zum Frieden. Seit die Schweizer mit Frankreich „ewigen Frieden" geschlossen hatten (19. November 1516), fehlte der Liga auch der eigentliche Waffenträger. Indem der Kaiser sowohl den Vertrag von London wie jenen von Brüssel unterzeichnete, suchte er einerseits den Frieden mit Frankreich, anderseits aber auch das Bündnis mit England festzuhalten. Vergebens, denn das Vertrauen Heinrichs VIII. zum Kaiser war erschüttert. Man hatte in England das Gefühl, daß die Habsburger dem König von Frankreich den Vorzug gaben[30]. Daher begann auch Heinrich VIII. seine politischen Erfolge wieder an der Seite Frankreichs zu suchen.

3. Karls Regierungsantritt in den Niederlanden und seine Erbfolge in Spanien

Im Dezember 1514 fand sich Maximilian bereit, seinen Enkel Karl aus der Vormundschaft zu entlassen und als selbständigen Herren in den burgundischen Ländern einzusetzen. Da er die Niederlande seinerzeit gegen Ludwigs XI. Eroberungspläne verteidigt hatte, nahm er sie — nach dem Recht des Eroberers — stets als sein Eigentum in Anspruch, forderte daher von den Generalstaaten eine klingende Ablösung von 150.000 und eine jährliche Rente von 50.000 Gulden. Chièvres hatte die Übergabe hinter dem Rücken Erzherzogin Margarethes betrieben, die endlich ihrer Macht entsetzt werden sollte.

Mit großen Festen feierten die Niederländer am 5. Januar 1515 die Großjährigkeit ihres jungen Herzogs Karl[1]. Seine Emanzipation bedeutete für sie die Unabhängigkeit und eine eigenständige niederländische Politik. Erzherzogin Margarethe hatte ihnen allzu sehr die Politik des Kaisers unterstützt. Man freute sich offensichtlich, die engen Bindungen an die gewagte Politik Maximilians und dessen ständige Geldforderungen loszuwerden. Auch Margarethe wurde zunächst ganz aus ihrem Einfluß verdrängt, was auch der Kaiser sehr bald bitter zu spüren bekam. Karl hörte zunächst ganz auf die burgundisch gesinnten Räte Chièvres und Sauvage, die sofort Anschluß an Frankreich suchten. Damit verlor Maximilian die burgundischen Länder völlig aus der Hand, die Margarethe bisher ganz in seinem Sinn regiert hatte. Der hohe Adel, der stark zurückgedrängt worden war, trat wieder mehr in den Vordergrund und damit auch die aufwendige Repräsentation[2] wie zu Zeiten der alten Burgunder Herzoge, die kaum weniger Geld kostete als die kaiserliche Weltpolitik. Die zeitgenössische „Geschichtsprophetie von hinterher", die aus dem jungen Prinzen bereits den künftigen „Herren der Welt" machen wollte[3], übersah die ursprüngliche Enge burgundischer Interessenpolitik. Viele von den Ratgebern und Beamten Erzherzogin Margarethes und Maximilians waren entlassen worden[4], manche wurden allerdings übernommen: Unter ihnen der gewandte Diplomat Naturelli, vor allem aber Mercurino Arborio di Gattinara, ein eifervoller Vertreter des maximilianischen Kaisergedankens, der den jungen Herrn allmählich für den Universalismus Maximilians zu gewinnen verstand.

Zunächst trat Herr von Chièvres, der sich bisher unzufrieden abseits gehalten hatte, an die Spitze der Regierung, riß alles an sich, drängte Erzherzogin Margarethe ganz zur Seite[5], worüber sie bitter Klage führte, und erlaubte sich sogar, die Briefe des Kaisers an seine Tochter zu öffnen. Er vertrat entschieden die alte Politik der niederländischen Stände: das Zusammengehen mit Frankreich, weil er sich davon das Ende des Krieges mit Geldern und eine unbehinderte Erbfolge in Spanien erwartete. Er suchte den jungen Herrn von der Politik seiner beiden Großväter möglichst zu lösen[6]. Beharrlich weigerte sich der Enkel, den Großvater im Reich zu besuchen. Es war wie in den widerspenstigsten Zeiten Erzherzog Philipps. Der Kaiser vermochte gegen diese „verfluchten niederländischen Regenten" nicht anzukommen. Er versprach den Königen von England und Aragon öfter, Chièvres und Sauvage zu stürzen[7]; dazu aber reichte sein Einfluß keineswegs. Ebensowenig vermochte König Ferdinand von Aragon, der vergebens gegen die kastilischen Emigranten am burgundischen Hof ankämpfte, die den jungen Karl im Mißtrauen bestärkten, Ferdinand wolle nur seine Erbfolge in Spanien verhindern. Der Gefährlichsten einer war Don Juan Manuel, den Erzherzogin Margarethe seiner Umtriebe wegen sogar ins Gefängnis hatte werfen lassen[8]. Unter der neuen Regierung wurde die französische Politik am burgundischen Hof für mehrere Jahre Trumpf.

Um so wichtiger war es, daß der Kaiser die im Sommer 1514 zerbrochene Freundschaft mit Heinrich VIII. wieder erneuerte, wobei der Gesandte Robert Wingfield, ein wahrer Verehrer des Kaisers, gute Dienste leistete. Er sah im Bündnis des Kaisers, Erzherzog Karls und Englands geradezu die Zukunft der Christenheit[9]. Heinrich VIII., durch unwürdige Behandlung seiner Schwester, der Königin-Witwe von Frankreich, außerdem wegen Unterstützung der englischen Rebellen und Prätendenten und wegen des Streites um Tournai gegen Franz I. verärgert, war nun wieder zur Rückkehr ins habsburgische Bündnis bereit.

Fast gleichzeitig mit der Großjährigkeit Karls war in Frankreich Ludwig XII. gestorben (1. Januar 1515) und Franz I. zur Regierung gekommen, der als Gegner der Habsburger eine große Rolle spielen sollte. Erzherzog Karl schickte sofort eine Gesandtschaft nach Paris, die dem neuen König nicht nur die besonderen Glückwünsche darbringen, sondern auch über die Lehenshuldigung für Flandern und Artois und über die Rechte Karls am Herzogtum Burgund verhandeln sollte[10]. Der König von Frankreich möge den Friedensstörern Karl von Egmont und Robert von der Marck ihr Handwerk legen und das Herzogtum Burgund zurückstellen. Friede und Freundschaft könnten nicht besser gesichert werden als durch eine Heirat. Vorsichtig wurde eine Verbindung Erzherzog Karls mit Renata, der zweiten Tochter des Verstorbenen und einer Schwägerin des gegenwärtigen Königs, angeregt. Das Herzogtum Mailand sollte die Mitgift sein. Man schlug vor, den Vertrag von Cambrai zu erneuern, womit man offensichtlich Wünsche des Kaisers berücksichtigte. Für den Fall, daß diese Heirat und der damit besiegelte Friede nicht zustande kämen, forderte Karl das Herzogtum Burgund und alle von Frankreich besetzten burgundischen Länder zurück. Franz I. fand die Forderung zunächst hoch und

versuchte, seine Gegner, den Kaiser, König Ferdinand und Erzherzog Karl, zu trennen. Denn gleichzeitig bemühte sich auch König Ferdinand von
Aragon um Prinzessin Renata für seinen Lieblingsenkel, den Infanten Ferdinand[11], den Bruder Karls. Der Spanier wollte aus seinen Königreichen in Neapel und Sizilien und aus der Mitgift Mailand ein Königreich Italien begründen, womit auch der Kaiser einverstanden gewesen wäre. Auf alle mögliche Weise versuchte
Franz I., Spanier und Habsburger gegeneinander auszuspielen. Der
Kaiser hingegen war bemüht, Erzherzog Karl von König Ferdinand nicht trennen zu lassen[12]. Wie die Erfahrung lehrte, mußten sich die Habsburger nicht nur auf Winkelzüge Franz' I., sondern auch Ferdinands von Aragon gefaßt machen.

Ergebnis der langen, zähen Verhandlungen[13], die oft vom
Abbruch gefährdet schienen, war der Pariser Friede[14] vom
24. März 1515. Erzherzog Karl stellte die Interessen seiner Großväter und des Königs von England bedenkenlos zurück und schied
aus dem Kriegsbündnis gegen Frankreich aus. Ein schwerer Schlag
für die Liga. König Karl und seine Räte waren überzeugt, nur ein
langer Friede mit Frankreich würde den Antritt des spanischen
Erbes möglich machen.

Der große Friede wurde zugleich mit dem Heiratsvertrag zwischen Karl und Renata in Notre-Dame feierlich beschworen. Es war
ein Friede nach der Formel: Freund der Freunde, Feind der
Feinde; also wäre Karl unter Umständen sogar zum Kampf gegen
seinen Großvater verpflichtet gewesen, was dem Kaiser wider alles
göttliche und natürliche Recht zu gehen schien. Karl versprach
auch, auf seinen Großvater König Ferdinand einzuwirken, das
Königreich Navarra an „den rechtmäßigen Herrn" zurückzustellen; eine törichte Zumutung, denn König Ferdinand betrachtete
die Erwerbung Navarras als eine der bedeutendsten Leistungen
seines Lebens.

Ebenso versuchte Erzherzog Karl, den Kaiser mit Frankreich
auszusöhnen; aber die Kluft war nicht zu überbrücken, weil
Franz I. für Venedig nicht nur Brescia, sondern auch Verona forderte, Städte, die dem Kaiser trotz des Krieges größere Einkünfte
brachten als irgendeine Herrschaft seiner Erbländer. So ganz und
gar französisch gab sich Erzherzog Karl, daß er für den italienischen Feldzug seines Großvaters nicht einmal 10.000 Gulden übrig
hatte, obwohl dadurch ein Vormarsch Franz' I. gegen das spani-

sche Neapel vereitelt wurde. Ohne einen Finger zu rühren, sah Karl dem französischen Vorstoß gegen die Lombardei zu. „Wir können beim Prinzen (Karl) keine wirklich kindliche Zuneigung zu Eurer Majestät erblicken", berichtete Andrea da Borgo[15].

Wenn sich Erzherzog Karl aus dem Pariser Frieden sofort wohltätige Folgen für seine Länder erwartet hatte, sollte er sich täuschen. Der König von Frankreich unterstützte Karl von Geldern weiter und hielt auch Lüttich, Utrecht und Friesland in ständiger Unruhe. Karl tat gut daran, auch mit Heinrich VIII. zu verhandeln. Erst unter dem Eindruck des französischen Überfalls auf Mailand und über wiederholte Vorstellungen des Kaisers entschloß sich Erzherzog Karl am 24. Januar 1516, einen Bundes- und Handelsvertrag mit England abzuschließen[16], der ihm — neben Handelsvorteilen — die Überfahrt nach Spanien und sogar die Reisekosten sichern sollte. Dieser glückliche Abschluß, der Erzherzog Karl neben politischer Hilfe auch bedeutende englische Geldmittel einbrachte, war nur dem Eintreten des Kaisers zu verdanken.

Die Hauptsorge Karls nach der Regierungsübernahme in den burgundischen Ländern war die bald zu erwartende Nachfolge in Spanien. König Ferdinand dachte nicht daran, bei Lebzeiten die Regentschaft aus der Hand zu geben. Er hatte für Erzherzog Karl wenig übrig, der in Gent geboren, des Spanischen unkundig, in den Niederlanden aufgewachsen, nunmehr unter dem Einfluß seines burgundischen Rates ein ganzer Franzose zu werden schien. Dazu kamen Erinnerungen an Philipp den Schönen, der sich in Spanien keineswegs bewährt hatte. Daher wollte König Ferdinand in seinem ersten Testament Karl nur mit einigen Nebenländern abfinden, während der andere Enkel, Infant Ferdinand, ein geborener und gelernter Spanier, König von Kastilien, Leon, Aragon, Navarra etc. werden sollte. Infant Ferdinand hätte nach dem Tode des spanischen Großvaters auch die Regentschaft wenigstens bis zur Ankunft Karls führen und die Großmeisterwürden der vornehmsten Ritterorden des Landes innehaben sollen[17]. Sonderbestrebungen, die stets von Aragon und Königin Germaine unterstützt wurden, aber den Wünschen Karls ganz und gar widersprachen. Er schickte daher seinen besonderen Vertrauensmann und alten Lehrer Adrian von Utrecht nach Spanien, um dort seine Rechte zu vertreten und nach König Ferdinands Tod die Regierungsgeschäfte zu übernehmen. Erst in seinem letzten Testament, knapp vor seinem Tode, stellte sich König Ferdinand ganz auf die „Universalmonarchie" ein und übertrug das gesamte Erbe an König Karl.

Der Tod[18] König Ferdinands von Aragon (23. Januar 1516) während der entscheidenden Auseinandersetzung mit Frankreich war für Maximilian ein ebenso schwerer Schlag wie die Selbständigkeit der Niederlande unter Karl. Ferdinand war für den Kaiser ein besserer Bundesgenosse gewesen als König Karl, obwohl er vor ihm stets auf der Hut hatte sein müssen. Ferdinand war ein schlauer, gerissener Fürst, von dem man — freilich übertrieben — sagte, er sei niemals in seinem Leben überlistet worden. Von geringer Macht war er zu einem der ersten Fürsten der Christenheit aufgestiegen[19], wobei ihn die Gunst der Zeit und seine erste Gemahlin Isabella als „hilfreicher Engel" förderten. Seinen treuesten Dienern, dem Gran Capitan ebenso wie Columbus, zeigte er sich undankbar; treulos ließ er seine Verbündeten im Stich; wie es ihm paßte, schloß er gleichzeitig ganz unvereinbare Verträge ab. Anderseits war er fromm bis zur Frömmelei — manche hielten ihn für einen Heuchler: Gewiß sah er im Kampf gegen die Ungläubigen nicht nur eine Verpflichtung des frommen Christen, sondern auch ein Mittel zur Ausbreitung Spaniens über Nordafrika und das Mittelmeer. Nur schwer entschloß er sich, die von ihm begründete spanische Großmacht den Habsburgern zu überlassen, die er im Grunde beneidete und haßte; gerne hätte er sie durch seine eigene aragonesische Dynastie verdrängt, was ihm versagt blieb. Während der letzten Jahre hatte er sich allmählich zum kaiserlichen Universalismus „bekehrt" und erblickte — ähnlich Maximilian, mit dem er manchen Zug gemeinsam hatte — in Frankreich den gefährlichsten Feind des Aufstieges ihrer Enkel. Auch für Ferdinand war Italien das Kampffeld, auf dem sich die europäische Vorherrschaft entscheiden mußte.

Mit Ferdinand von Aragon schied ein großer König, der den habsburgisch-spanischen Universaldominat neben Maximilian wesentlich vorbereitet hatte. Ähnlich Maximilian war auch Ferdinand inmitten der vielen Kriege so verarmt, daß es zunächst an Geld fehlte, ihn anständig zu bestatten.

Für Karl war mit dem Tode Ferdinands die Nachfolgefrage noch keineswegs ganz gelöst. Zunächst war alles ungewiß. Das formale Erbrecht zumindest in Kastilien war bei seiner geisteskranken Mutter Juana, für die besonders die Kastilier eintraten.

Viele Granden hätten nicht ungern den Infanten Ferdinand gegen seinen Bruder Karl vorgeschoben. Aber Kardinal Jiménez vollstreckte im Auftrag des verstorben Königs dessen Testament mit Tatkraft und stellte sowohl die geisteskranke Juana wie die Witwe Germaine unter Aufsicht, um Überraschungen auszuschließen. Ein Bastardsohn des verstorbenen Königs, der Erzbischof von Saragossa, verwaltete das Königreich Aragon. Kardinal Adrian von Utrecht aber war Regent nach dem Willen König Karls[20]. Er war klug genug, sich mit dem erfahrenen alten Kardinalminister des verstorbenen Königs zu vertragen. In Neapel regierte als Vizekönig Ramón de Cardona, von dem die Venezianer vergebens hofften, er werde sich selbst die Krone aufsetzen[21], hielten sie ihn doch für einen Bastard des verstorbenen Königs.

Bereits im März 1516 wurde König Karl zunächst in den Niederlanden, dann auch in Kastilien und Aragon feierlich zum König ausgerufen, was indes nicht allgemeinen Beifall fand, da ja Königin-Witwe Juana noch lebte. Auch sonst gab es Mißstimmung und Unruhe, zumal der König nicht im Lande war. Afrikanische Piraten suchten die spanischen Küsten heim; in den großen Städten des Landes gärte es; die Franzosen benützten die günstige Gelegenheit und überfielen Navarra. Aber der rüstige Kardinalminister verstand es, das Land zu verteidigen, die aufsässigen Granden, die rebellischen Städte niederzuhalten und die Königreiche dem rechten Erben zu bewahren.

Es wäre wichtig gewesen, daß König Karl von seinen spanischen Königreichen sofort Besitz ergriff. Aber die Regierung Chièvres hielt es zunächst für dringender, einen festen Frieden mit Frankreich abzuschließen, zumal Franz I. seit seinem großen Sieg bei Marignano (1515) alle Nachbarn in Furcht versetzte. Würde er von Mailand aus über Florenz und Rom gegen Neapel vorgehen? Würde er die niederländischen Grenzen angreifen? Chièvres hütete sich, seinen jungen Herrn in einen Krieg gegen Frankreich hineinziehen zu lassen; ja, er ließ Maximilian während des Mailänder Feldzuges völlig im Stich, obwohl dieser Krieg der burgundischen Politik als Druckmittel gegen Frankreich sehr zugute kam.

Vergeblich versuchte der Kaiser nach dem mißglückten Mailänder Feldzug ein Bündnis mit Spanien, England und den Eidgenossen zustande zu bringen[22], die Engländer zu einer Landung in Frankreich zu bewegen und den Krieg mit Franz I. zu erneuern.

Der burgundische Hof lehnte die Fortführung des Krieges beharrlich ab. Alle Versuche des Kaisers, König Karl an seinen Hof zu laden und enger an sich zu binden — etwa mit dem Angebot einer Wahl zum Römischen König —, scheiterten am Widerstand des burgundischen Rates. Der Kurfürst von Brandenburg meinte verwundert zum Gesandten Herberstein, der Kaiser müsse König Karl doch mit deutschem Wesen anfreunden, wenn er ihn zum Römischen König machen wolle; fügte dann freilich spöttisch hinzu, es gäbe niemanden im Reich, der sich auf „Posterei, Jägerei und Falknerei besser verstehe als der Kaiser"[23].

Bei der bekannten Haltung des eigenen Enkels war es kein Wunder, daß sich nach dem Mißerfolg des Kaisers in Italien auch der Papst ganz auf die Seite der Franzosen und Venezianer schlug[24], daß England seine Hilfsgelder einstellte[25] und das Reich wie stets jede Unterstützung versagte. Die allgemeine Sehnsucht nach Frieden setzte sich nun unwiderstehlich durch. Wie die Dinge lagen, wurde es ein Friede ganz zum Vorteil Frankreichs und Venedigs. Der Kaiser mußte sich Friedensverhandlungen über seinen Kopf hinweg gefallen lassen, wobei von den Landzuteilungen der Liga von Cambrai kaum mehr die Rede war und sogar Verona den Venezianern überlassen wurde.

Mit Ingrimm erörterte der Kaiser den „verfluchten" Vertrag von Noyon (13. August 1516)[26], der eine Heirat Karls, diesmal mit Prinzessin Louise, der einjährigen Tochter Franz' I., vorsah anstatt mit Renée. Dafür sollte König Karl Neapel, das er ohnedies besaß, als Mitgift erhalten — noch dazu gegen einen unzumutbar hohen Jahrestribut; außerdem hätte er das für Spanien so kostbare Navarra herausgeben sollen — und dies alles für eine einjährige Braut, die ihm erst nach vielen Jahren Erben hätte gebären können. Der Kaiser entrüstete sich über diesen „Schandvertrag", der außerdem den Verzicht auf Verona enthielt: „Mein Enkel will also mein Vormund sein", sagte er; aber er hätte nichts mehr dagegen unternehmen können, denn die Hände waren ihm mehr denn je gebunden.

Ähnlich empört war der kluge Kardinal Jiménez in Spanien. Die Hauptschuld gab man Chièvres und Sauvage. Die Burgunder hatten sich seit den Tagen Philipps des Schönen daran gewöhnt, in ihrer Friedenspolitik mit Frankreich bis zum Äußersten zu gehen, wenn man sich auch bemühte, die großen Zugeständnisse durch ein zweites Bündnis mit England auszugleichen. Zumal der

Kaiser sah die einzige Hoffnung in einem Gegenbündnis mit England. Er schickte Kardinal Schiner zu Heinrich VIII., der eine neue Liga gegen Frankreich zustande bringen sollte[27]. Obwohl der Kaiser wenig zu bieten hatte und als ewiger Geldbettler eher lästig fiel, zeigte sich Heinrich VIII. zwar zurückhaltender, aber immer noch voll guten Willens, und er erließ ihm sogar die alten Schulden.

Am 29. Oktober 1516 schlossen Kaiser, Heinrich VIII. und König Karl zu London ein Friedensbündnis[28], das auch dem Papst und den Schweizern offenstehen und den Besitzstand aller Partner sichern sollte; ein Verteidigungsbündnis, das allfälligen französischen Angriffen begegnen, den Frieden aber nicht verhindern sollte.

Der Kaiser bestätigte den Londoner Vertrag bereits am 8. Dezember, während König Karl warten wollte, bis er glücklich in Spanien sei. Wieder bot man dem König von England die Römische Krone an, damit er den Kaiser unterstütze; aber Heinrich VIII. hielt sein Geld fortan zurück.

Am 3. Dezember 1516 wurde für Maximilian in Brüssel auch der Friede mit Frankreich unterzeichnet[29], den Heinrich VIII. um jeden Preis hatte verhindern wollen. Der Kaiser hatte sich der burgundischen Politik unterwerfen müssen, zumal inzwischen nicht nur die Schweizer, sondern auch alle anderen Bundesgenossen die Liga verlassen hatten. Auch der Papst hatte zum Frieden gedrängt. Außerdem wußte man am Kaiserhof von geheimen Verhandlungen Englands mit Frankreich. Der Kaiser, am Ende seiner Mittel, mußte fürchten, zwischen beide Sessel zu stürzen. Indem er sich an beiden Verträgen beteiligte, wollte er sichergehen[30]. Der Londoner und Brüsseler Vertrag sollten einander nicht nur ergänzen, sondern auch entschärfen. Beide Verträge konnten Ausgangspunkt einer Vereinigung aller christlichen Großmächte werden, oder sie blieben nur flüchtige Machwerke, die sich zu neuen Kriegsbündnissen auseinanderentwickelten. Hauptanliegen des Papstes war es, die beiden selbständigen Bündnissysteme zu einer einzigen Liga der christlichen Mächte zu vereinigen. Auf den Kaiser und König Karl, welche beiden Bündnissen angehörten, kam es an, welchen Kurs sie einschlagen würden.

Tanzte der Kaiser auf zwei Hochzeiten[31], indem er beide Verträge unterzeichnete? Es konnte kein Zweifel sein, daß Maximilian im Grunde an der Seite Englands gegen Frankreich stand[32]: Er könne sich nicht innerhalb von dreißig Tagen ändern[33], meinte er. In England sah der Kaiser den großen Verbündeten der Zukunft für seinen Enkel; unaufhörlich drängte er König Karl, den Londoner Vertrag zu unterzeichnen. Zu Robert Wingfield sagte Maximilian, die Engländer sollten doch endlich mit ihrem Mißtrauen aufhören; ihnen habe er doch Herz und Sinn durch Wort und Tat eröffnet, soweit er es vermöge; sie könnten lesen, was darin geschrieben steht. Die Stadt Verona wollte er lieber den Engländern geben, um sie nicht an Frankreich oder Venedig ausliefern zu müssen. Nichts wünschte er inniger als „herzliche Bruderschaft" mit England. Nichtsdestoweniger fühlten sich die Engländer bitter enttäuscht, geradezu „verraten", so daß der englische Gesandte hervorstieß: „Um Geld verkauft der Kaiser sein Blut und seine Ehre."[34] Der König von England sprach von des Kaisers „ewiger Schande" und „vom Untergang der Christenheit".

Heinrich VIII. wandte sich vollends vom Kaiser ab, als ihm dieser im Frühjahr 1517 gestand, daß er die Verträge von Noyon in Brüssel habe unterzeichnen müssen, wenngleich er versicherte, am englischen Bündnis gleichermaßen festzuhalten[35]. Der König von England war über das kaiserliche Doppelbündnis entrüstet, obwohl er vorher und nachher genau das gleiche tat. Man erzählte sich, der Kaiser habe zu König Karl gesagt: „Mein Sohn, betrüge du die Franzosen; ich werde das gleiche mit den Engländern versuchen."[36] Ein schamloses Wort, das in diesem Zusammenhang aber kaum gefallen sein kann, aber gut erfunden ist. Mit der Freundschaft Maximilians und Heinrichs VIII. war es seither aus, und die Engländer zogen sich schön langsam aus dem kaiserlichen Bündnis zurück. Sie ließen bestenfalls König Karl noch gelten. Die Friedensverhandlungen mit Frankreich setzten ein, die 1518 zum Ziele führten. Gleiches sollte mit Gleichem vergolten werden. Der Kaiser dagegen, der am allerwenigsten England betrügen wollte, drängte seinen Enkel Karl noch im Mai 1517 zur Bestätigung des Londoner Vertrages. Als sich im Sommer 1517 Wingfield, der erste ständige Gesandte Englands am Kaiserhof, von Maximilian verabschiedete[37], bedeutete dies das Ende einer engen Freundschaft.

Zu Brüssel hatte Maximilian nur mit dem König von Frankreich Frieden geschlossen, einen Frieden mit Venedig aber entschieden abgelehnt, denn er war weit entfernt, den gegenwärtigen Besitzstand in Italien für die Dauer anzuerkennen. Auch die Belehnung Frankreichs mit Mailand war nicht erwähnt. Der von

allen erstrebte universale Friede der Christenheit als Voraussetzung
für einen Kreuzzug aber hätte eine dauerhafte Lösung der italienischen Frage, vor allem einen Ausgleich zwischen dem Kaiser und
Venedig gefordert.

Man vereinbarte in Brüssel eine Zusammenkunft der drei Herrscher zur Lösung aller offenen Fragen und verstand darunter vor
allem die Neuverteilung Italiens. Aber der Kaiser und die Könige
hatten keine Lust, an diese Frage persönlich heranzutreten. Man
schickte Gesandte nach Cambrai[38], die das habsburgisch-französische Bündnis vollenden und die endgültige Teilung Italiens beraten
sollten, die wiederum auf Kosten Venedigs gegangen wäre. Man
dachte an die Errichtung eines Königreiches Lombardei für Frankreich und eines Königreiches Italien für Habsburg, beide als Lehen
des Reiches, die von den Kurfürsten zu bestätigen waren. Aber die
geplanten Teilungen und Grenzziehungen waren mehr als umstrit-
ten. Jeder mißtraute jedem. Wer würde als erster den Kampf um
Italien wieder aufnehmen, das war die Frage.

Maximilian wartete nur, bis König Karl im Besitze Spaniens
die Machtmittel seiner neuen Königreiche in den Entscheidungskampf werfen konnte; der König von Frankreich dagegen erneuerte am 8. Oktober 1517 das alte Bündnis mit Venedig[39]. Für
den Kaiser und seinen Enkel waren diese Verhandlungen wohl
nur Maske, um die Reise Karls nach Spanien zu sichern[40]. Wenn
er erst in seinen Königreichen wäre, würde man weitersehen.

Die Verhandlungen von Cambrai (Februar—März 1517)[41]
standen bereits in enger Beziehung mit den Kreuzzugsplänen des
Papstes. Schwärmer hofften, daß Cambrai den allgemeinen Frieden
und damit den Kreuzzug vorbereitete. Man entwarf bereits große
Feldzugspläne zu Lande und zur See; der Papst erließ Kreuzzugs-
bullen und schickte Legaten aus, aber der allgemeine Friede ließ
auf sich warten. Der Kaiser und Venedig standen sich unversöhn-
lich gegenüber, wenn man auch den Waffenstillstand auf fünf
Jahre verlängerte (August 1518). Frankreich und England stritten
sich um Tournai[42]. Der Kreuzzug war bestenfalls Vorwand für
Rüstungen mit ganz anderen Zielen.

Da versuchte es 1518 Kardinal Wolsey, um in den Mittelpunkt
der Christenheit zu treten, die Bündnisse von Noyon, Brüssel,
Cambrai und London zu einem universalen Friedensbund zu vereinigen — ähnlich wie es vorher der Kaiser zum größten Ärger
der Engländer versucht hatte. Heinrich VIII. stellte dem König

von Frankreich die Stadt Tournai zurück, wodurch der Weg zum Frieden offen war. In der Tat kam nun ein französisch-englisches Bündnis[43] zustande (4. Oktober 1518), das auch dem Kaiser und König Karl offenstehen sollte. Keinesfalls, so versicherten die Engländer, sollte dieser Vertrag mit Frankreich die Freundschaft zu König Karl beeinträchtigen. Der Vertrag richtete sich zwar formell gegen die „Türken", sollte aber eine Mächtegarantie zur Erhaltung des gegenwärtigen Friedenszustandes sein. Noch auf dem Sterbebett beschäftigte eine englische Gesandtschaft den Kaiser mit dieser Sache[44]. Seine Zustimmung zu Wolseys Vertragswerk aber gab er nicht mehr. Zu sehr schienen ihm dabei habsburgische Interessen übergangen; zu unabsehbar die Folgen, die geradezu einen Umsturz der Bündnisse im Westen erwarten ließen.

König Karl trat dieser allgemeinen Liga von London etwas später bei (14. Januar 1519), schon um ihr die Spitze gegen Habsburg abzubrechen[45]. Denn dieses Bündnis war eher englisch-französisch gefärbt und gegen die habsburgische Universalmonarchie gerichtet, die allmählich gefährlicher erscheinen mußte als das rings eingekreiste Frankreich.

König Karl benützte die kurze Friedenszeit des Jahres 1517, um seine spanischen Königreiche in Besitz zu nehmen. Da er sich unter dem Einfluß seiner Räte stets geweigert hatte, zum Großvater ins Reich zu kommen, beeilte sich der Kaiser, seinen Enkel vor der Abreise noch einmal zu besuchen, obwohl ihn Krankheitsanfälle behinderten. Im Januar 1517 traf er zu Lier mit dem jungen König zusammen[46]. Aber die Unreife, Kälte und Verständnislosigkeit des Enkels für seine Pläne enttäuschten den Kaiser nicht wenig[47]. Karl begegnete ihm „unbeweglich wie eine Statue". Vergeblich hoffte der Kaiser, Chièvres und Sauvage wenigstens etwas stutzen zu können; sie waren stärker als er und verhinderten, daß der Kaiser während der Abwesenheit Karls die Regierung der Niederlande in die Hand bekam. Nicht einmal die Aufforderung, König Karl möge sich um die Römische Krone bewerben, fand zunächst volles Einverständnis; noch weniger der Wunsch des Großvaters, den Infanten Ferdinand mit einem Königreich Österreich zu entschädigen[48]. Krank und abgeschlagen, unzufrieden mit der Haltung Karls und der Behandlung, die ihm widerfahren war, verließ der Kaiser die Niederlande[49]. Es war ein Abschied für immer vom Land seiner Jugend, das ihm den Grund für die Weltherrschaft seines Hauses gelegt hatte.

Das spanische Erbe stellte König Karl vor ganz neue Aufgaben. Schon das Ordensfest des Goldenen Vlieses[50], das er bereits als Herr der spanischen Königreiche feierte (Oktober 1516), zeigte bereits den Wandel der Verhältnisse. Im Hinblick auf die erweiterte Macht des Hauses Burgund wurde die Zahl der Ritter vermehrt, mehrere Deutsche in den Orden aufgenommen, aber auch eine Anzahl Spanier dafür in Aussicht genommen. Die Könige von Frankreich, Portugal und Ungarn wurden mit dem Vlies ausgezeichnet; der König von Dänemark aber, obwohl Schwager König Karls, wegen seines sittenlosen Lebenswandels abgelehnt.

Während man die Abreise nach Spanien vorbereitete, ging eine Liebesromanze zu Ende, die ungewöhnliches Aufsehen erregte. Der junge Pfalzgraf Friedrich[51], am burgundischen Hof erzogen und dort bedienstet, gewann das Herz der achtzehnjährigen Prinzessin Eleonore. Eine Liebesheirat drohte die habsburgischen Pläne zu durchkreuzen. König Karl forderte von seiner Schwester und ihrem heimlichen Liebhaber unnachsichtig den öffentlichen Verzicht vor Notar und Zeugen. Die Prinzessin war für eine Krone bestimmt und für einen jüngeren Fürstensohn zu kostbar. Was jüngst in England geschah, daß ein Sir Brandon die Schwester des Königs und zugleich verwitwete Königin von Frankreich heiratete[52] und so die Dynastie schwerstens schädigte, das sollte bei den Habsburgern vermieden werden. Der junge Pfalzgraf wurde vom Hof verwiesen und konnte sich erst gelegentlich der Königswahlhandlungen durch gute Dienste wieder die Gnade des künftigen Kaisers verdienen. Eleonore heiratete später nach Portugal, das einen Teil der Neuen Welt beherrschte, und begründete zusammen mit der Heirat Karls V. und Isabellas von Portugal die zeitweilige Vereinigung ihres Landes mit Spanien.

In diesen Wochen entschloß sich Karl endlich, wohl unter dem Einfluß Gattinaras, sich um die Römische Kaiserkrone zu bewerben[53]. Er war in dieser Zeit, wie Erzherzogin Margarethe sagte, ein anderer Mensch geworden.

Erst im Herbst 1517 war man zur Ausfahrt nach Spanien bereit[54]. Im September setzte Karl mit seinem ganzen Hofstaat nach Spanien über. Schwierigkeiten der verschiedensten Art stürmten auf ihn ein. Er fand nur wenig Geld vor, so daß es ihm schwerfiel, die hohen Summen für die Wahl zum Römischen König aufzubringen. Die Spannungen zwischen Burgundern und Spaniern machten ihm zu schaffen. Karl fiel es schwer, die rechte Art zu finden. Seine burgundischen Berater suchten ihn von den Spaniern zu trennen; nicht nur von Jiménez, solange er lebte, sondern auch von allen anderen maßgebenden Granden. Die besten Posten und Pfründen wurden Burgundern überlassen. Würden sich die Fehler König Philipps wiederholen? Karl besuchte seine kranke Mutter auf Schloß Tordesillas, um sich von ihrem Zustand zu überzeugen. Den Kardinalminister Jiménez, der ihm manchen guten Rat hätte geben können, traf Karl nicht mehr am Leben. Infant Ferdinand begegnete dem Bruder mit aller Ehrfurcht und fand sich sofort bereit, Spanien zu verlassen und im Reich oder in Österreich eine angemessene Aufgabe zu übernehmen.

König Karl begann allmählich zu erkennen, daß er sich in der großen Politik zu tief mit Frankreich eingelassen und den Friedensschluß zu teuer bezahlt hatte; daß er auf Prinzessin Louise lieber nicht warten sollte; daß er für Neapel, das er besaß, kaum Tribut zahlen brauchte und Navarra, die wichtigste Erwerbung König Ferdinands, „einen Schlüssel des Reiches", nicht herausgeben durfte. Die Versprechungen von Noyon ließen sich nicht halten. Der heftige Wahlfeldzug[55] um die Römische Krone kam dazu, der sich vorzüglich gegen die Umtriebe Frankreichs richtete und bis zu bewaffneter Drohung steigerte. So waren die Verhandlungen über Durchführung des Vertrages von Noyon von vornherein zum Scheitern verurteilt. Auch Cambrai (März 1517) und das große Friedensbündnis vom Oktober 1518 konnten die wachsende Kluft nicht überbrücken.

Für König Karl war es vielleicht eine glückliche Fügung, daß geraume Zeit vor seiner Wahl zum Römischen König der engherzige Burgunder Sauvage starb (7. Juni 1518) und dem Savoyarden Mercurino Gattinara den Platz des Großkanzlers freimachte[56]. Gattinara war in der diplomatischen Schule Maximilians aufgewachsen und hatte sich in den Diensten des Kaisers und Erzherzogin Margarethes als ausgesprochen universaler Politiker bewährt. In wichtigen Sendungen hatte er mehrere Jahre an den Höfen zu Frankreich und Spanien zugebracht, sich das Vertrauen des Kaisers erworben und reiche Erfahrungen sammeln können. Er zeigte sich schon früh von den politischen Ideen des kaiserlichen Universalismus ganz durchdrungen[57] und sollte nun an der Seite König Karls Gelegenheit finden, den maximilianischen Universalismus zu verwirklichen. Anders als die geborenen Burgunder sah der Italiener Gattinara in Frankreich den eigentlichen

Feind des burgundisch-habsburgisch-spanischen Hauses. Mercurino Gattinara ist das lebendige geistige Bindeglied zwischen den universalen Weltreichsideen Maximilians und jenen König Karls. Wenn auch Karl von seiner Tante Margarethe ganz in der politischen Ideenwelt des Großvaters erzogen worden sein dürfte, so waren seine Anfänge doch sehr stark von den burgundisch-ständischen Traditionen seiner ersten Ratgeber und seiner landständischen Umgebung bestimmt[58]. Erst Gattinara befreite ihn aus niederländischer Enge und führte ihn zu jenem Universalismus, der einem Reich entsprach, das sich aus vielen Nationen und Königreichen zusammensetzte.

Das Reich Karls war kein Erobererstaat, vielmehr aufgebaut auf der friedlichen Grundlage des Familienrechtes, begründet auf dem Erbe Maximilians und König Ferdinands, welche diesen Staat durch Heiraten und Vermächtnisse vorbereitet hatten. Fast alle Kronen Europas hatte man auf diese Weise entweder in Besitz genommen oder sich freundschaftlich verpflichtet. Karls Schwestern wurden Königinnen von Dänemark und Norwegen, von Böhmen und Ungarn, von Portugal und Frankreich; Karls Tante war Königin von England. Maximilian wünschte sich die christlichen Staaten als Familienverband, und Karl hat diese Idee übernommen. Künstlerischen Ausdruck fand sie im Grabmal des Kaisers, wo ihm die Könige und Königinnen seiner Sipp- und Magschaft, aber auch die Kaiser der deutschen Vergangenheit und die altrömischen Caesaren das Totengeleite geben sollten.

Es war offenbar Karls eigene politische Überzeugung und wohl auch der Einfluß des Großvaters und Erzherzogin Margarethes, nicht zuletzt Gattinaras hervorragende Verdienste um Karls Kaiserwahl, die ihn als Großkanzler vor allen anderen empfahlen. Gattinaras Glückwunsch an König Karl nach dessen Wahl zum Römischen König bedeutete ein Programm: „Ein Hirt und eine Herde."

VII. Kapitel

DER GROSSE AUGSBURGER REICHSTAG (1518)

1. Äußerer Verlauf

Der Augsburger Reichstag[1], der letzte, den Maximilian abhielt, schien nach außen einer der glänzendsten. Seine politischen Ergebnisse waren aber eher dürftig; über alle Erwartungen hingegen die Folgen, welche die Redekämpfe und Federkriege gegen die Mißbräuche der Römischen Kurie in breiten Kreisen des Volkes zeitigten, bei Kurfürsten und Fürsten ebenso wie beim Kleinadel, bei Humanisten und Bürgern. Hier sammelten und verständigten sich zum ersten Mal alle Feinde Roms in den engen Mauern einer Stadt. Erst die Augsburger Streitgespräche eröffneten Luther volle Einsicht in die Mißstimmung weiter Kreise gegen Rom, die ihn ermutigte, seinen gefährlichen Kampf in die große Öffentlichkeit zu tragen.

Nachdem der Mainzer Tag gescheitert war, lud Maximilian am 1. Oktober 1517 zu einem neuen Reichstag[2], der bereits am 25. November in Augsburg zusammentreten sollte. Auf der Tagesordnung stand die Wiederherstellung von Frieden, Recht und Kammergericht, außerdem die Reichshilfe gegen die Türken. Da die Stände dieser ersten Einladung, wie so oft, keine Folge leisteten, schrieb der Kaiser einen neuen Termin für den 18. April 1518 aus[3] — nicht ohne sich bitter über ihre Säumigkeit zu beschweren: Die Reichsstände dürften nicht länger zögern, da der Großtürke von Indien angefangen bereits ganz Asien, Teile Afrikas und Europas beherrsche und mit drei Heeren zum Großangriff gegen die Christenheit rüste. Eifriger als sonst drängte der Kaiser auf zahlreichen Besuch des Reichstages, ja, er ließ für einzelne sogar die Herbergen vorbereiten; manchen Reichsständen versprach er, den Unterhalt für den ganzen Reichstag zu bezahlen. Er werde nicht nur persönlich erscheinen, sondern auch bis zum Ende der Verhandlungen ausharren, woran er es bisher recht oft hatte fehlen lassen.

Schon Ende Januar 1518 war der Kaiser das erste Mal in Augsburg erschienen, hatte aber niemand von den Ständen vorgefunden. Er nützte die Gelegenheit, mit den Bürgern Fastnacht zu feiern. Auf dem Augsburger Tanzhaus setzte Maximilian eine merkwürdige Neuerung, eine Kleinigkeit, die aber doch den geistigen Wandel eines Zeitalters andeutete: Er gestattete den Bürgersfrauen — nicht ohne ihre Zustimmung einzuholen —, die hohen Stürze und Schleier, welche Kopf, Gesicht und Busen völlig verhüllten und eigentlich nur zu Trauerzeiten getragen werden sollten, beim Tanze abzulegen[4], denn das passe nur für alte Frauen. Die großbürgerlichen Häuser der Fugger und Adler hatten dem Kaiser diese neue Mode eingeredet. Dankbar und begeistert übernahmen die bürgerlichen Frauen nun die Kopfbünde, wie sie die adeligen Damen trugen. An dieser Kleinigkeit wird der Durchbruch einer sinnenfroheren, freieren Mode sichtbar, wie sie Italien, Frankreich oder Burgund längst früher kannten. Die Enthüllung des Weiblichen, die bei Dürer und Cranach kühn hervortritt, kündigt sich auch hier in zaghaften Regungen an.

Anfang Juni 1518 kam der Kaiser wiederum in die Reichsstadt. Da er auch diesmal niemanden vorfand, begab er sich eilig noch einmal nach Innsbruck zurück, wo der stürmisch bewegte Generallandtag der österreichischen Stände seinem Ende zuneigte. Inzwischen fanden sich die Reichsstände und ihre Gesandtschaften allmählich ein. Da erschien am 27. Juni auch der Kaiser wieder in Augsburg[5]. Er nahm in der Pfalz Wohnung, wo schon am anderen Tag Dürer bestellt war und den Kaiser „hoch oben auf dem Turm in seinem kleinen Stüblein porträtierte"[6] — wohl das beste der kaiserlichen Porträts.

Auf diesem letzten Reichstag wollte Maximilian gemeinsam mit den beiden päpstlichen Legaten Cajetan und Lang noch einmal versuchen, das Reich zur großen Kreuzfahrt gegen die Türken aufzubieten, obwohl er angesichts der ganz anderen Interessen der europäischen Mächte das Scheitern seines großen Lebensplanes längst voraussehen mußte. Vielleicht würde ihn der Kreuzzug wenigstens zur Kaiserkrönung[7] nach Rom führen, wodurch der Weg zur Königswahl Karls frei wäre? Vielleicht würde er auf diesem Kreuzzug auch alte Rechnungen mit Venedig begleichen können? Vielleicht würde er durch seinen Kreuzzugseifer vor allem den Papst, aber auch die Kurfürsten zur Wahl seines Enkels Karl bewegen können? Stets verfolgte der Kaiser viele Fährten nebeneinander, und man kann nie genau sagen, ob er das eine gar nicht oder weniger gewollt habe als das andere.

Die Kurfürsten — als erster Erzkanzler Albrecht von Mainz — waren inzwischen fast alle persönlich erschienen[8], ausgenommen der noch unmündige König Ludwig von Ungarn, der die böhmische Kurstimme innehatte und darin von Polen vertreten wurde. Zugleich waren die vornehmsten geistlichen und weltlichen Fürsten, eine große Zahl von Grafen und freien Herrn, Städtevertreter zunächst nur wenige, aber viele Gesandtschaften erschienen; allen voran sogar *zwei* päpstliche Legaten, außerdem Gesandtschaften der Könige von Frankreich, Polen und Ungarn. Neben der „Blüte des deutschen Adels" erschien wie stets ein ganzer Schwarm von Humanisten[9], die solche Gelegenheiten für ihre literarischen Zusammenkünfte suchten. Die Reichsstädte[10], welche wußten, was sie erwartete, ließen sich eher Zeit. Unter den ersten kamen die Frankfurter Gesandten, denen wir die besten Berichte über die Reichstagshandlungen verdanken. Es herrschte ein widerwärtiger, den Franzosen nachgeahmter Prunk und Protz, wie Hutten klagte.

Der Papst hatte den General der Dominikaner als seinen Legaten ins Reich abgeordnet: Thomas de Vio aus Gaeta, Cajetanus genannt, ein kleines, unscheinbares Männlein, aber einen bedeutenden Kopf, der zusammen mit Kardinal Lang als zweitem Legaten den Reichstag zum Türkenkreuzzug bewegen sollte[11]. Es fiel auf, wie sehr der Dominikaner durch anspruchsvolles Auftreten den Vertreter des Papstes hervorkehrte. Die Frage, welcher von beiden Kardinälen als päpstlicher Legat den Vorrang genieße, machte von Anfang an Schwierigkeiten. Cajetan war bereits an den Grenzen des Reiches zurückgehalten worden und hatte angeblich gedroht, nach Rom zurückzukehren, wenn er nicht seiner Stellung entsprechend behandelt werde. Schließlich wurde Kardinal Lang als deutscher Legat vom Kaiser und den Ständen in der Augsburger Domkirche empfangen. Während Maximilian auch Kardinal Cajetan jegliche Ehre erwies, konnten es sich die Augsburger Kleriker nicht versagen, den römischen Legaten nur mit einem schlechten, alten Traghimmel vor der Stadt einzuholen[12] und zum Dom zu geleiten (7. Juli 1518).

Unmittelbar nach Eintreffen Cajetans eröffnete der Kaiser die Reichstagshandlungen (7. Juli). Die Stände sollten sofort mit der Beratung der Mainzer Artikel über Kammergericht, Frieden, Recht und andere Reformen beginnen[13]. Maximilian verzichtete diesmal auf den üblichen Streit früherer Jahre, ob zuerst über Reichssteuer und erst dann über Reformen zu handeln sei oder umgekehrt. Um den Ständen entgegenzukommen, zog er die Reformhandlungen allem anderen vor. Die Stände aber wollten erst in die Beratungen eintreten, wenn sie in größerer Zahl versammelt seien. Der Kaiser hingegen duldete keinen Aufschub: Bald beginne die Jagdzeit auf Gemsen und Hirsche; daran möchten sich der Kaiser, Kurfürsten und Fürsten nicht hindern lassen[14], sagte er im Scherz, meinte es aber ernst.

Mit glänzenden kirchlichen Feiern wurde der Reichstag eröffnet: Am 28. Juli weihte Erzbischof Albrecht von Mainz in Anwesenheit des Kaisers, vieler geistlicher und weltlicher Fürsten Christoph von Braunschweig zum Bischof von Bremen und Verden[15] — den letzten katholischen Bischof dieses Kirchensprengels, was damals niemand ahnen konnte.

Den Höhepunkt bildete das große Doppelfest[16] am 1. August 1518. Im herrlich geschmückten Dom überreichte Kardinal Cajetan dem jugendlichen Erzbischof Albrecht von Mainz die Kardinalsinsignien, welche ihm nicht zuletzt der Kaiser beim Papst erwirkt hatte[17] — eine Ehre, die der alte Ständeführer, Erzkanzler Berthold, niemals erreicht und auf welche selbst ein Matthäus Lang viele Jahre hatte warten müssen. Man konnte merken, was die Gnade des Papstes und des Kaisers doch bewirkte und wie sehr das Ansehen des Reiches an der Kurie gestiegen war. Papst und Kaiser setzten offenbar heimliche Hoffnungen auf den Mainzer. Worüber man sich am meisten wunderte: Den Kardinalshut hatte Mainz taxfrei erhalten. Auch für Lang hatte der Papst eine Gnadengabe: Er bestätigte ihn als Koadjutor und Nachfolger des Erzbischofs Leonhard von Salzburg. Damit war ihm ein glänzender Abgang von der politischen Bühne sicher. Er würde fortan vom Kaiser unabhängiger und dem Papst gefälliger sein können.

Zum Abschluß des Festtages erhielt der Kaiser vom Legaten namens des Papstes den geweihten Hut und das Schwert[18], womit er vor allen europäischen Mächten als Verteidiger des Glaubens ausgezeichnet werden sollte. Der Kardinal wünschte ihm die Eroberung Konstantinopels und Jerusalems, die Ausbreitung des Reiches und der Kirche bis an die Grenzen des Erdkreises. Der Kaiser ließ erwidern, er nehme den Waffenschmuck dankbar entgegen; wenn er auch nicht mehr bei rüstiger Jugendkraft sei, wolle er dennoch auf den Kreuzzug mitziehen, bereit, Blut und Leben für die Kirche und die Christenheit hinzugeben. Ein brausendes Tedeum der Hofkapelle, begleitet von Orgel, Pauken und Trompeten, beschloß die Feier im Dom, die den Reichstag auf die folgenden Kreuzzugsverhandlungen einstimmen sollte. Die hohen Auszeichnungen des Kaisers und des Erzkanzlers sollten das Reich für den Kreuzzug gewinnen. Bitter meinte Erasmus von Rotterdam, der Mainzer Erzbischof sei damit zum „Mönch des Papstes" geworden[19].

Am 2. August ließ der Kaiser die Reichstagsverhandlungen durch seine Räte in aller Form eröffnen[20]. Man war bisher über kleine Vorberatungen nicht hinausgekommen. Die geheimen Wahlgeschäfte hatten alles andere aufgehalten. Man vermutete bereits, der Reichstag werde nach Frankfurt verlegt, weil die Wahlverhandlungen bereits glücklich über den Berg wären.

Kardinal Cajetan verkündete auf Wunsch des Kaisers in einer wohlgesetzten lateinischen Rede die Kreuzzugswerbungen des Papstes (5. August), die ein unerwartet gehässiges Echo auslöste. Einmütig lehnten die Stände die Lasten eines solchen Unternehmens[21] ab. Wieder war es die Verquickung von religiösem Kreuzzugsanliegen mit hohen Steuerleistungen, welche die Zuhörer erregte, schlug doch der Ablaßkrieg, den Luther eben ausgelöst hatte, bereits hohe Wogen nach Augsburg. Alle Welt lachte über die altkirchlichen „Dunkelmänner", deren Briefe in wiederholten Auflagen unter den Gebildeten verbreitet wurden[22]. Die Gravamina der deutschen Kirche[23] erregten die Gemüter. Der Widerstand gegen päpstliche und kaiserliche Steuerforderungen wuchs von Tag zu Tag.

Die folgenden Wochen verstrichen mit recht lahmen Einzelberatungen über Teilfragen der Mainzer Artikel und mit um so hitzigeren Diskussionen der zu erwartenden Kreuzzugssteuer. Während dieser Tage und Wochen steigerte sich die erregte Stimmung gegen Kurie und Papst nicht nur in vertrauten Gesprächen, sondern auch in immer heftigeren öffentlichen Agitationen, die mit ihren zahlreichen Flugblättern den Reichstag gegen den Papst und den Kreuzzug einzunehmen suchten. Hinter den Kulissen, ganz heimlich, aber alles beherrschend, wurde mit den Kurfürsten immer noch die nächste Königswahl abgehandelt.

Am 20. August 1518 trat der Gesandte des Königs von Polen, Bischof Erasmus von Plock, vor die Reichsstände, um mit einer großen Türkenrede[24] für den Kreuzzug zu werben. Es war ein rhetorisches Ereignis, aber nicht *mehr*. Im Gegenteil: Der Widerstand gegen die Türkensteuer wurde immer stärker.

Am 27. August lehnten die Reichsstände die päpstlichen Vorschläge rundweg ab. Die Klageschriften über den Zustand der deutschen Kirche, die Gravamina der deutschen Nation, flogen als Sturmvögel der kommenden religiösen Revolution über Land. Der Versuch, die Kreuzzugssteuer mit dem verhaßten Ablaß zu verquicken und jedem Untertanen beim Empfang der Sakramente einen Zehntelgulden für den Kreuzzug abzunehmen, mußte in jenen Monaten nach Luthers Thesen besonderen Ärger hervorrufen. Schon 1495 hatte die Kirche für das Reich die Steuern einsammeln und dafür Predigt und Sakramente mißbrauchen müssen. Mit dem Kruziatablaß der Jahre 1500 bis 1503 war es ähnlich gewesen, und jedermann wußte, daß diese Gelder nicht dem Kreuzzug zugute gekommen waren; man wußte allerdings nicht, daß sie größtenteils in den Taschen des Kaisers und der Fürsten verschwunden waren[25]; ausnahmsweise nicht in römischen Kassen. Diese Verbindung von weltlichen und geistlichen Anliegen, die aber im Wesen der älteren Reichskirchenverfassung zutiefst begründet war, empfand man allmählich als widerwärtig. Nach wochenlangem Streit über die Art der Kreuzzugssteuer einigte man sich schließlich Mitte September 1518 auf die Leistung eines Doppelschillings: Je zehn gemeine Leute sollten einen Gulden beitragen, die Reichen und die Reichsstände nach ihrem Gewissen etwas mehr. Aber auch dies mußte erst mit den Untertanen beraten und sollte auf dem nächsten Reichstag endgültig beschlossen werden.

Die Mißstimmung über Unfrieden, schlechtes Gericht und Kreuzzugssteuer sollte die geheime Haupthandlung über die Königswahl möglichst nicht beeinträchtigen. Es galt, den Reichstag durch Festlichkeiten, Turniere und große Aufzüge bei guter Laune zu halten. Die hohen Gäste, aber auch die großen Familien der Stadt gaben abwechselnd ihre Einladungen. Jakob Fugger und sein reiches Haus auf dem Weinmarkt bildeten einen gesellschaftlichen und politischen Mittelpunkt[26], nicht nur für Feste, sondern auch für geheime Verhandlungen.

Eines der prächtigsten Feste, das Stadt und Reichstag in seinen Bann zog, war die große Hochzeit Markgraf Kasimirs von Brandenburg mit Susanne von Bayern, einer Nichte des Kaisers, der diese Ehe selbst gestiftet hatte, um seinen treuen Freund zu belohnen und noch enger an das Haus Österreich zu binden. Vom 25. bis 27. August zogen sich die Festlichkeiten hin[27]. Ähnlich wie einst seinen Freunden Dietrichstein und Rottal bei der großen Wiener Doppelhochzeit erwies der Kaiser auch seiner Nichte und dem treuen Haudegen Kasimir die Ehre persönlicher Teilnahme. Mit einem glänzenden Aufzug von 3000 kaiserlichen und brandenburgischen Reitern, wie es einem bewährten Kriegsobristen gebührte, wurden die Brautleute vom Kaiser persönlich eingeholt und verabschiedet, wobei der hohe Herr, wenige Monate vor seinem Tode, noch einmal hoch zu Roß erschien. Kardinal Albrecht von Mainz, ein Vetter Kasimirs, traute das Paar in St. Ulrich.

Anderntags gab es einen Festgottesdienst im herrlich geschmückten Dom, begleitet von der kaiserlichen Hofkapelle. Mit feierlichen Ablässen wurden die Teilnehmer entlassen. Ein großes Turnier auf dem Weinmarkt blieb in allgemeiner Erinnerung, weniger wegen der Waffenkünste der Reiter; vielmehr war es Kunz von der Rosen, „des Kaisers Pakschierer", der mit seinen tollen Späßen wieherndes Gelächter erregte[28]. Anschließend gab es Festmähler, Tanz und Mummereien, wobei der Kaiser an der Seite der Braut mitfeierte. In ganz Augsburg brannten während jener Nächte vor jedem Haus Feuerpfannen, um den späten Gästen „heimzuleuchten".

Am 28. August hatte der Kaiser einen Ruhetag eingelegt, an dem er den Waffenstillstand mit Venedig unterzeichnete[29], der den Krieg mit der Signorie auf fünf Jahre einstellte. Für Maximilian bedeutete diese demütigende Unterschrift keineswegs das Ende des Krieges um Italien; auch nicht für seinen Nachfolger Karl.

Nicht minderes Aufsehen erregte die Belehnung der beiden Pfalzgrafen Ludwig und Friedrich bei Rhein (31. August)[30], ein Fest, das den glücklichen Abschluß der Königswahlverhandlungen ahnen ließ. Nachdem die jungen Pfälzer dem Kaiser ihre Kurstimme für die Königswahl Karls versprochen hatten, war der alte Streit endgültig begraben.

Am 27. August versammelte der Kaiser bereits jene fünf Kurfürsten, die ihm für die kommende Königswahl ihre Stimme zugunsten Karls versprochen hatten, zur feierlichen Unterzeichnung jener Versprechungs- und Bestechungskapitulationen[31], die keiner Seite Ehre machten. Von den Reden, die dabei gehalten wurden — besonders eindrucksvoll vom Kaiser —, hörte man außerhalb des Kurkollegs nur durch Gerüchte. Mitte September empfing auch Erzbischof und Erzkanzler Albrecht von Mainz vom Kaiser seine Lehen.

Zwischendurch hatte es noch vielerlei andere Vergnügungen gegeben[32]: Bogen-, Armbrust- und Büchsenschießen, welche die besten Schützen Oberdeutschlands vereinigten. Der Kaiser stiftete Preise: Geld, Tuch und einen Ochsen. Er schoß auch selbst auf die Scheibe. Wenn der alte Herr noch etwas getroffen hätte, wäre es gewiß erwähnt. Dazu gab es unter großem Zulauf des Volkes Pferderennen, wie sie damals neu aufkamen, und große Turniere. Abschiedsvorstellungen für den alten Kaiser, wie ein Chronist meinte[33].

Nachdem Maximilian die meisten Kurfürsten für die Wahl Karls gewonnen hatte, was ihm nach dem offensichtlichen Fehlschlag des Kreuzzuges als das wichtigste erschien, hatte er kein besonderes Interesse mehr, die Reichsstände in Augsburg festzuhalten. Alles drängte nach Hause. Kurfürst Friedrich von Sachsen, der selbst gerne Römischer König geworden wäre und dem Kaiser in allen Verhandlungen Schwierigkeiten gemacht hatte, entzog sich bereits am 16. September durch rasche Abreise der peinlichen Lage[34]. Ihm folgten im Laufe des Monats alle anderen Kurfürsten, Fürsten und Stände. Mit besonderen Ehren und überreichen Geldgeschenken — obwohl er kaum das Geld für die eigene Tafel aufbrachte — verabschiedete der Kaiser die polnische Gesandtschaft mit dem Bischof von Plock, den er mit besonderen Aufgaben zum Papst nach Rom schickte[35].

Nur einige kaiserliche Räte und Gesandtschaften — ein kleiner Hofrat — blieben in Augsburg zurück, welche die offenen Fragen des Kammergerichtes und den Wortlaut des Reichsabschiedes beraten sollten, der unter dem 14. Oktober ausgefertigt wurde[36]. Der Kaiser hatte Augsburg bereits am 23. September 1518 verlassen[37]. Er sollte die geliebte Stadt nicht wiedersehen. Die lutherische Sache, deren weltgeschichtliche Bedeutung er nicht hatte ahnen können, blieb ungelöst zurück.

2. Reichstagshandlungen: Kreuzzug, Kammergericht und Recht, Unfrieden und Fehden, Reichsabschied

Den angeblichen Hauptberatungspunkt des Tages, der die ganze öffentliche Aufmerksamkeit auf sich zog, bildete der Kreuzzug[1], wozu auch die deutschen Reichsstände wie die übrigen christlichen Mächte das Ihrige beitragen sollten. Kardinal Thomas de Vio aus Gaeta (Cajetanus), der anstatt des erkrankten Kardinals Farnese die deutsche Legation übernommen hatte[2], sollte den Reichstag dafür gewinnen und das tiefsitzende Mißtrauen der Deutschen gegen eine Kreuzzugssteuer zerstreuen. Kardinal Lang, den man in Rom übertriebenerweise als „eigentlichen Herren seines Landes"[3] betrachtete und daher zufriedenstellen wollte, hätte ihm als zweiter Legat dabei helfen sollen. Wahrscheinlich galten seine „unermüdlichen Beratungen"[4] mehr der Wahlwerbung für Karl als dem Kreuzzug.

Der Papst verbürgte sich für zweckgebundene Verwendung der eingesammelten Gelder. Es wäre nicht minder nötig gewesen, den Kaiser und die deutschen Fürsten darauf zu verpflichten, die sich schon einmal (1503) an den Kreuzzugsgeldern übel vergriffen hatten[5].

Man sah den päpstlichen Legaten im Reich nicht sehr gerne; besonders Lang fand sich mit Cajetan erst ab, als er seine Bestellung zum zweiten Legaten in der Hand hatte. Beim Einzug in Augsburg bekundete zwar der Kaiser dem Legaten des Papstes alle Ehren; aber der Klerus ließ es daran offensichtlich fehlen; freilich hatte man in Augsburg auch mit Lang keine besondere Freude; die Kurfürsten warfen diesem verhaßten Emporkömmling vor, er habe sich als Legat vorgedrängt, was gewiß keine böswillige Erfindung war.

Cajetan war noch gar nicht öffentlich zu Wort gekommen, da erschien bereits eine anonyme Hetzschrift[6], die sogenannte „Exhortatio ad principes" oder auch „Dissuasoria", um den Widerwillen gegen Kreuzzugszehnten anzuheizen: In Rom glaube man, die ewig betrunkenen Deutschen würden die List nicht merken, daß man ihnen unter dem Vorwand des Türkenzuges nur Geld entlocken wolle. Der asiatische Türke, der mit seinen Nachbarn beschäftigt sei, habe noch niemandem geschadet; der römische Höllenhund aber könne nur mit Strömen von Geld und Gold gesättigt werden. Die Deutschen sollten sich nicht zu Steuerknechten der habgierigen Florentiner herabwürdigen — Leo X. stammte bekanntlich aus Florenz.

Diese feindselige Flugschrift ging von Hand zu Hand, und die romfeindliche Stimmung[7] hielt während des ganzen Reichstages an, ja steigerte sich von Sitzung zu Sitzung, und Luther war durch die regelmäßigen Berichte Spalatins über alles wohlunterrichtet. Der Kurfürst von Sachsen aber fühlte sich, da Kurmainz völlig im Lager des Kaisers stand, als das eigentliche Haupt der romfeindlichen Kreise. Der Kampf gegen die Reichssteuer, Hauptstreitpunkt jahrzehntelanger Verfassungskämpfe, verband sich nun mit dem Haß gegen Rom.

Erst Anfang August 1518 hatte sich der Reichstag so weit belebt, daß Cajetan seine berühmte Türkenrede[8] halten konnte (5. August). Zwar wurde er feierlich empfangen, aber die große Versammlung, der außer den Reichsständen auch zahlreiche Gäste, Humanisten u. a., beiwohnten, erwartete den „Römer" mit Mißtrauen. Der Redner sparte nicht mit hohem Lob auf die tapferen Deutschen: Die Religion suche bei den Deutschen Zuflucht; alles blicke auf den Kaiseradler; nur das Römische Reich könne der Welt Rettung bringen. Als die Rede auf die Geldmittel kam, die für den Kreuzzug möglichst rasch aufgebracht werden sollten, begannen einige Zuhörer offen zu lachen. Der Kardinal empfahl den Zehnten, den Zwanzigsten und den Fünfzigsten, je nach dem Vermögen. Mit besonderem Nachdruck versicherte er, daß Rom dieses Geld nicht anrühren werde. Vergeblich versuchte er die Vorwürfe der Hetzschriften zu zerstreuen; seine Vorschläge erregten nur Widerwillen. Es war die Verquickung des Kreuzzugsanliegens mit zwar keineswegs hohen, aber ungerecht verteilten Steuerleistungen, die noch dazu durch Ablässe, Almosen und Sakramentsempfang eingetrieben werden sollten, was die Zuhörer besonders aufbrachte. Man antwortete fürs erste nur, die Sache sei groß und schwierig und bedürfe weiterer Beratungen. Ein Ausschuß wurde gebildet, der die päpstlichen Vorschläge prüfen sollte.

Alsbald übermittelte auch der Kaiser den Ständen seinen Vorschlag[9]. Er suchte den allgemeinen Unwillen gegen die festen Steuersätze abzufangen, indem er den Zehnten, Zwanzigsten und Fünfzigsten fallen ließ und eine freiere Selbstbesteuerung empfahl: Jeder Kommunikant, Mann oder Frau, Geistlicher oder Laie, solle drei Jahre hindurch nach seinem Vermögen beisteuern, was ihm sein guter Wille und sein Gewissen befehle. Niemand dürfe sich dem Kreuzzug ganz entziehen, bei Androhung der Reichsacht und des Kirchenbannes.

Zähe und unlustig zogen sich die Beratungen des Ausschusses hin. Man traf sich selten, denn die meiste Zeit widmeten Kaiser und Kurfürsten offenbar den heimlichen Wahlhandlungen, von denen die gemeinen Reichsstände so gut wie nichts erfuhren. Dieser Reichstag koste nur unmäßiges Geld, ohne daß etwas herauskomme, meinte der Frankfurter Gesandte[10]. Immer stärker spürte man den Widerstand der öffentlichen Meinung[11] nicht nur seitens der Reichsstände und der jüngeren Humanisten, sondern auch weiter Kreise des Volkes.

Am 20. August versuchte der eben eingetroffene polnische Gesandte, Bischof Erasmus Vitellius von Plock, in einer Rede, die bald im Druck erschien, die Kreuzzugsbegeisterung noch einmal anzufeuern[12]. Der ganze Reichstag und viele bedeutende Humanisten waren anwesend. Der Redner rührte, was damals nicht selten vorkam, viele zu Tränen — aber nicht jene, auf die es ankam. Andere hingegen lachten über die allgemeine Türkenfurcht, weil sich die widersprechenden Gerüchte gegenseitig Lügen zu strafen schienen. An der Haltung des Reichstages änderte sich nichts.

Erst am 27. August antworteten die Stände[13] auf die Türkenfrage. Sie lehnten die päpstlichen Vorschläge völlig ab: Zwar wollten sie einen neuen Steuervorschlag einbringen; aber jedermann wisse, daß die Türkensteuer auf diesem Reichstag nicht mehr verabschiedet werden könne. Besonders scharf rechneten die Stände der Römischen Kurie die vielfältigen Beschwerden (Gravamina) über die römischen Finanzpraktiken innerhalb der deutschen Kirche vor: Viele Kreuzzugsablässe habe man bereits bezahlt, aber gegen die Türken sei noch nichts geschehen. Man beklagte den Bruch der Fürstenkonkordate, die Höhe der Annaten, Gratien und Kanzleitaxen; zuviel Geld fließe aus dem Reich nach Rom. Das deutsche Volk sei durch Krieg, inneren Aufruhr, Mißwachs, Krankheiten, Hungersnöte und Armut geschwächt. Daher könne man diesmal nichts versprechen. Nicht nur die weltlichen Fürsten, ebenso die geistlichen, ja gerade der Klerus sträubten sich gegen diesen Kreuzzugszehent. Vor allen anderen sei es Kurfürst Friedrich von Sachsen gewesen, der den „falschen, gotteslästerlichen römischen Ablaß zu Fall gebracht habe", lobte Spalatin[14], der enge Freund Luthers, seinen Herrn. Alsbald griff auch Luther, „Eleutherius", das ist der Befreier, wie er sich gerne unterschrieb, die Schlagworte der stürmischen Augsburger Versammlung auf: Der Papst sei schlimmer als der Türke[15].

Wenige Tage nach der ständischen Antwort brachte ein Lütticher Geistlicher eine Beschwerde[16] seiner Diözese gegen den Papst und die Römische Kurie ein — so rüde im Ton, daß man zweifelte, ob die Schrift verlesen oder zu den Akten genommen werden sollte. Aber sie kam den Ständen gerade recht: Die Geldgier sei leibhaftig aus der Hölle gestiegen, um die Kirche auszuplündern; Gottesdienst und Schule lägen darnieder, während römische „Kurtisanen" die Schäflein schinden und scheren. Die römische Pfründenvergabung erregte nicht nur den Zorn der Kleriker, sondern auch den Unmut des deutschen Adels, der die Kirche als „Spital", als eine Art Versorgung des Adels betrachtete. Kein Mißstand erregte den Unmut gerade der einflußreichsten Stände stärker als dieser.

Flugschriften wurden verteilt, die Cajetans Rede Wort für Wort zerpflückten: Der wahre Türke sitze in Italien. Eine eigenhändige Stellungnahme Herzog Georgs von Sachsen[17] zur Kreuzzugssteuer schlug in die gleiche Kerbe und forderte ein allgemeines Konzil zur Abstellung der römischen Mißbräuche.

Am gleichen Tag, an dem der Reichstag die Vorschläge des Legaten leidenschaftlich zurückwies, schloß der Kaiser mit den Kurfürsten im stillen Karmeliterkloster das geheime Wahlabkommen zugunsten Karls. In Rom gewann man mit Recht den Eindruck, der Kaiser billige die Beschwerden der Deutschen Nation gegen die Römische Kurie und habe den Kreuzzug bereits abgeschrieben. Der Papst fühlte sich persönlich beleidigt und wies die Angriffe in mehreren Schreiben zurück. In der Tat wußte Maximilian Ende August 1518, daß ein Kreuzzug angesichts der Haltung der europäischen Mächte in nächster Zeit nicht möglich sein werde. Gleichwohl drängte er weiter, ein Reichsheer aufzustellen, wie er dies seit 25 Jahren ständig forderte; denn ein Reich ohne stehende Kriegsmacht war damals bereits ein politischer Widersinn in Europa.

Der Kaiser und die beiden Legaten suchten nach neuen Wegen zur Geldbeschaffung: entweder die Bereitstellung und Bezahlung von 50.000 Mann zu Roß und zu Fuß oder ein Kreuzzugsablaß für jeden nach seinem Gewissen; oder jedermann opfere für die Aufstellung des Kreuzheeres durch drei Jahre einmal jährlich das Kostgeld für eine ganze Woche[18]. Die Ausrede, man müsse erst die Untertanen fragen, ließ der Kaiser nicht gelten, denn Kurfürsten, Fürsten und Stände seien dem Reich durch ihr Lehen verpflichtet und nicht den Untertanen.

Aber die Stände[19] beharrten auf der Vertagung: Sie möchten nicht zum Gespött der anderen Nationen werden, wenn sie ihre

Beschlüsse nicht einhalten könnten; erst auf dem nächsten Reichstag solle über die Kreuzzugssteuer endgültig beraten und beschlossen werden. Die vorgeschlagene Wochenzehrung könne man als freiwilliges Kreuzzugsalmosen beibehalten; daneben solle aber von den gemeinen Leuten jeder pflichtgemäß und genau festgelegt einen Goldschilling, das ist das Zwanzigstel eines Guldens, zum Kreuzzug beisteuern — also zwanzig gemeine Leute einen Gulden, wovon man die Kriegsknechte in den Orten und Landschaften besolden werde. Kurfürsten, Fürsten und andere Reichsstände sollten „nach ihrer Andacht" entsprechend mehr geben — an der Steuerungerechtigkeit der oberen Stände hatte sich seit dem ersten Wormser Tag von 1495 nichts geändert.

Der Kaiser gab den Ablaß, da er bei allen verhaßt sei, für das Reich wieder auf[20] — nicht aber für seine Erbländer. Den Goldschilling für den gemeinen Mann, der in ungerechter Weise arm und reich kaum unterscheide, lehnte er hingegen ab. Er blieb bei der Wochenzehrung, welche armen und reichen Haushalt gerechter einschätzte.

Die Stände[21] dagegen beharrten auf ihrem Vorschlag: eine runde „ehrenhafte" Summe von den Reichsständen, von jedem „nach seiner Andacht". Aber er müsse sicher sein, daß das Geld wirklich für den Kreuzzug verwendet werde. Der gemeine Mann aber solle den Goldschilling leisten, wovon man sich etwa eine Million Gulden erwartete, was eine ganz unhaltbare Fehlrechnung war[22] — entweder einfältige Selbsttäuschung oder ein gerissener Versuch, den Legaten zu täuschen. Verbesserungsvorschläge, welche die Ungleichheit der Leistungen einigermaßen mildern wollten, wurden abgelehnt. Fürsten und Stände bestanden darauf, den Steuerplan den Untertanen vorzulegen: Man sei von ihnen abhängig und dürfe sie nicht verärgern. Auf Drängen des Kaisers fanden sich die Stände schließlich bereit, dem gemeinen Mann einen Doppelschilling, das ist ein Zehntelgulden, zuzumuten. Dabei blieb es. Gewiß waren dies — gemessen an unseren Vorstellungen — sehr geringe Beträge; aber die Benachteiligungen der Untertanen waren jedermann offensichtlich. Man kann wohl annehmen, daß die Stände von vornherein die Absicht hatten, diese Kreuzzugssteuer durch die Untertanen zu Fall zu bringen. Zwar versprach der Kaiser eine eigene günstigere Antwort; aber war es ihm angesichts der Lage damit ernst?

Am 19. September gaben die Stände ihre Schlußantwort zur

Steuer. Noch schärfer als vorher wurde die Abstellung der Beschwerden der deutschen Kirche als Vorbedingung für einen Kreuzzug gefordert. Alles stand unter dem Eindruck der lärmenden Kundgebungen des hohen Klerus, des mit ihm verwandten Adels und einer breiten Öffentlichkeit gegen die römische Pfründenpolitik. Selbst der Kaiser schloß sich den Beschwerden der Stände gegen den Bruch der Fürstenkonkordate und gegen die kurialen Finanzpraktiken an und erregte damit den Unwillen des Legaten und des Papstes.

Kardinal Cajetan, ebenso prunksüchtig wie schroff — das bemerkten auch die polnischen Gesandten —, war wohl auch nicht der geschickteste Unterhändler; er bezeichnete die Reichshilfe als sparsam und ungewiß, war doch keine Mindestsumme genannt worden. Lang tat sich offenbar nicht hervor. Man verwies den Legaten auf die sagenhafte „Million", aber man weigerte sich, ihm schriftliche Versprechungen zu geben. Der Widerstand, welcher alle Verhandlungen mit dem Legaten beherrschte, trat noch einmal deutlich hervor.

Der Kaiser gab sich etwas zufriedener und wollte in den Steuerberatungen sogar einen „guten Anfang" erkennen. In der schriftlichen Schlußantwort[23] bekundete er in allgemeinen Sätzen seinen guten Willen: Ungeachtet seines hohen Alters wolle er alle seine Kräfte einsetzen, Leib und Leben für die Rettung der Christenheit nicht schonen. Daß Maximilian auf dem Reichstag in einer persönlichen Ansprache für den Türkenkreuzzug geworben habe, ist indes Erfindung[24].

Cajetan entschuldigte sich beim Papst[25] wegen der mageren Ergebnisse. Leo X., der die Zurückhaltung der anderen europäischen Mächte längst kannte, war weniger enttäuscht über den Fehlschlag des Kruziats, vielmehr verärgert über die feindseligen Redestürme gegen die päpstliche Finanzpraxis. In schicksalhafter Verblendung wies er alle Vorwürfe der deutschen Kirche als unbegründet zurück[26]: Gehorsam gegen Papst und Kaiser seien höchste Gebote. In einem freilich hatten die päpstlichen Antwortbriefe recht: Die Kreuzzugsgelder von 1500—1503 waren nicht in Rom, sondern vom Kaiser und den deutschen Fürsten veruntreut worden.

Die dringendste Sache wäre angesichts der täglichen Gewalttaten, Fehden und Kleinkriege innerhalb des Reiches, der Unzufriedenheit und Empörung weiter Volksschichten wohl das Kammergericht[27] gewesen, mit dessen durchgreifender Strenge Friede und Recht zusammenhingen. Als Beratungsgrundlage galten die zwanzig Mainzer Artikel, worüber schon Anfang Juli 1518 die Beratungen eröffnet werden sollten[28]. Es bedurfte eines gewissen Nachdruckes durch den Kaiser, um die Stände, die sich mit den üblichen Einwänden und Ausreden sträubten, an den Verhandlungstisch zu bringen: Sie sollten sich anstrengen, daß etwas Rechtes herauskomme; sonst sei es besser, den Tag gleich zu beschließen und auf die Jagd zu gehen[29]. Die Stände forderten die Mithilfe der Kammerrichter[30] für die Reform, was gewiß richtig war. Der Kaiser bot auch die Mitwirkung seiner Räte an, was angenommen wurde[31]. Die Verhandlungen gingen aber nur zähe und langsam voran, denn hinter verschlossenen Türen gab es Wichtigeres: die Königswahl.

Erst Anfang September, nachdem die Wahlverträge zugunsten Karls abgeschlossen waren, konnte der Kaiser von den Ständen den Entwurf allgemeiner Reformartikel[32] entgegennehmen, der nicht allzuviel Neues brachte: bessere Handhabung der bestehenden Ordnung, zumal bessere Besetzung des Kammergerichtes, bessere Führung der niederen Gerichte, rechten Gebrauch der Reichsacht, Abstellung des Kleiderluxus und der Trinkunsitten, Verbot fremden Solddienstes für deutsche Knechte u. a. Der Vorschlag, den Abfluß deutschen Geldes aus dem Reich zu hindern, richtete sich offenbar gegen Rom und den Legaten. Die großen Mängel und Schäden, welche Reich und Kirche der größten Revolution ihrer bisherigen Geschichte entgegentrieben, wurden von den Reichsständen völlig übersehen. Der Innsbrucker Generallandtag der österreichischen Länder hatte dafür wesentlich schärferen Blick bewiesen.

Vortrefflich waren die Vorschläge des Ständeausschusses zur Verbesserung der Kammergerichtsordnung[33], deren 53 Punkte am 3. September vorgelegt wurden. Kaiserliche und ständische Befugnisse bei Bestellung der Richter und Beamten waren wohl ausgewogen. Den Fiskal bestellte der Kaiser. Die Besoldung sollte endlich in Ordnung kommen, damit gute Kräfte zur Verfügung stünden und das Kammergericht beisammen bleibe. 40.000 Gulden an Beiträgen zur Erhaltung des Gerichtes waren die Stände bisher schuldig geblieben; sie sollten endlich nachbezahlt werden. Fortan hätten drei Audienzen (= Gerichtshöfe) mit eigenen Aufgabenbereichen, unter eigenen Präsidenten nebeneinander sich die Aufgaben teilen und die anstehenden Prozesse rascher erledigen sollen. Mutwillige Streithähne, die mit Armenrecht prozessierten und das Kammergericht belagerten, wollte man in den Hungerturm stecken, um sich ihrer zu erwehren. Die Halsgerichtsordnung wollte man weiter verbessern und in eine endliche Form bringen, denn die Klagen, daß durch die Gerichte „viel unschuldig Blut vergossen werde", häuften sich. Die Vollstreckung der Kammergerichtsurteile erschien mit Recht als besonders wichtig: Alle Obrigkeiten, der Reichsfiskal, der Kaiser und die Reichsstände, sollten mit wirksamen Mitteln, Kaiser und Papst mit Reichsacht und Kirchenbann die Vollstreckung der Urteile gewährleisten. Hier lag ein Hauptmangel der Rechtspflege, der sich nicht leicht beheben ließ, weil die Reichsstände, vor allem die Kurfürsten, sich infolge uralter Privilegien jeden Eingriff in ihre Länder verbaten.

Erst am 27. September, als die meisten Fürsten schon abgereist waren, nahmen die Stände zur Kammergerichtsordnung Stellung[34]. Die meisten Punkte, die sie dagegen einwandten, bedeuteten Verschlechterungen: die drei Audienzen (Gerichtshöfe) wurden abgelehnt; die Vermehrung der Präsidenten und Prokuratoren zur Beschleunigung der Verfahren, die Soldaufbesserung und anderes schienen den Ständen unnötig; ebenso lehnten sie jede Art von Vollstreckung ab, welche in die Rechte der Länder eingreifen konnte. Eine neue Halsgerichtsordnung aber begrüßten sie. Auch wollte man die Besoldung des Kammergerichtes sichern. Viele Kurfürsten und Fürsten, auch die burgundischen und österreichischen Länder waren vom Kammergericht exempt, daher zu keinerlei Beiträgen verhalten. Aber auch manche andere Stände hielten ihre schuldigen Beiträge zurück. Die Geldbeschaffung stieß, wie stets, auf eigennützigen Widerstand. Der Kaiser sollte die Ausstände hereinbringen — und zwar allein; die Stände lehnten Mitarbeit und Mitverantwortung ab. Man dachte daran, die Städte zusätzlich zu belasten, wogegen es natürlich heftigen Widerspruch gab[35]. Es war unmöglich, die Kammergerichtsordnung zu verabschieden. Der Kaiser sah sich außerstande, die „Verbesserungen" anzunehmen und eine endgültige Antwort zu geben[36], zumal die Kurfürsten gegen diese Kammergerichtsordnung protestierten, weil sie ihre Privilegien verletzte, und auch andere Stände sich unzufrieden zeigten. So wurde diese wichtige Sache auf den nächsten Reichstag vertagt[37]; „ad Kalendas Graecas", wie der Frankfurter Gesandte verdrossen meinte[38].

Wie nötig gerade ein durchgreifendes Kammergericht, vor allem wirksame Urteilsvollstreckung gewesen wäre, zeigen die laufenden Streitfälle und Fehdehändel, die auf dem Augsburger Tag auch den Kaiser beschäftigten: Zwei ältere Landgräfinnen von Hessen führten mit dem jungen Philipp von Hessen Rechtsstreit um ihr Wittum[39]. Franz von Sickingen warf sich zum Schützer der bedrängten Witwen auf und schickte dem jungen Landgrafen den Fehdebrief. In Worms und Weißenburg stritten der Klerus und die Bürger gegeneinander, Streitigkeiten, die sich seit Jahrzehnten unentschieden hinzogen. Auch der widerwärtige Krieg Herzog Ulrichs von Württemberg[40] gegen den Kaiser dauerte schon Jahre. Obwohl nicht ganz zurechnungsfähig, ein bekannter Gewalttäter und Blutverbrecher, wurde der Herzog nicht nur vom König von Frankreich, sondern auch von seinen fürstlichen Standesgenossen unterstützt — offenbar nahm man an, der Kaiser trachte nach seinem Lande. Herzog Ulrich konnte es sich leisten, der kaiserlichen Autorität und der Reichsacht zu trotzen. Ungeachtet aller Untaten bestürmten die Fürsten den Kaiser immer wieder, er möge den Herzog in Gnaden aufnehmen, was er aber scharf zurückwies: ungern handle er gegen seine Natur; aber die Untaten dieses Menschen, der Undank gegenüber dem Hause Österreich hätten ihn derart erzürnt, daß er von Gnade nichts mehr wissen wolle. In diesem Falle sei es besser, hart zu bleiben, als neuen Undank zu gewärtigen. Obwohl Herzog Ulrich Kaiser und Reich verachte, zu den Franzosen und Schweizern übergelaufen sei, könne er mit sicherem Geleit vor dem Kaiser erscheinen. Er solle kniefällig um Verzeihung bitten, seine Verbrechen sühnen und werde dann der kaiserlichen Gnade wieder teilhaftig werden. Aber der Herzog hoffte, mit Hilfe seines Anhanges dem Kaiser zu widerstehen.

Mitte September — der Reichstag hatte sich noch nicht aufgelöst — eröffnete Sickingen[41] seine Fehde gegen den Landgrafen von Hessen, die auf einen regelrechten Krieg mit Absagebriefen, Feldzug, Friedensschluß und Schadenersatz hinauslief, wie wenn es nie einen Ewigen Landfrieden gegeben hätte. Mancher Betroffene meinte, der Landfriede sei nichts wert; man könne ihn gleich ins Feuer werfen[42]. Ähnliche Gewalttaten erlaubte sich Sickingen gegen die Städte Frankfurt und Metz. Jedesmal zog der Ritter mit reicher Beute als Sieger ab. Man gewann den Eindruck — nicht ganz zu Unrecht —, der Kaiser trete dem adeligen Räuber nicht mit dem nötigen Ernst entgegen, weil er ihn vielleicht noch für die Wahl Karls brauchen wollte. Als Sickingen Ende September 1518 auch der Stadt Worms die Fehde androhte, wollte Maximilian das Reich aufbieten. Aber die meisten Botschaften hatten Augsburg bereits verlassen, und der Rest lehnte ab, „weil es noch genug andere Empörung im Reich gäbe". Im Norden herrschte Kleinkrieg zwischen dem Bischof von Bremen und seinen friesischen Untertanen[43], die verwüstend in das Bistum eingefallen waren. Recht oder Unrecht waren schwer zu scheiden. Der Kaiser wollte eingreifen, die Stände lehnten wieder ab.

Auch gegen die streunenden Landsknechte, ein Übel, das sich seit dem Ende der italienischen Kriege unerträglich steigerte, wußte man nichts als kaiserliche Mandate[44]. Das abgedankte Kriegsvolk streifte plündernd, raubend und stehlend durch die Länder, rottete sich zu Räuberbanden zusammen und versuchte an verschiedenen Orten die Bauern aufzuwiegeln. Diese Kriegsknechte waren die berufenen Führer des kommenden Umsturzes, denn sie verstanden sich auf das Waffenhandwerk, hatten einige Weltkenntnis und brachten aus dem Krieg den Haß gegen die fürstlichen und adeligen Vorgesetzten und gegen die reichen Pfaffen mit. Redlicher Arbeit entwöhnt, ohne Sold und Brot, mit allem unzufrieden, wurden sie zum Gärstoff der kommenden Revolution. Zum ersten Mal stand man im Reich vor der Aufgabe, größere Massen abgedankter Söldner wieder in die Gesellschaft einzugliedern; man verstand es nicht, versuchte es nicht einmal — hätte es wohl auch nicht vermocht.

Der Reichsabschied[45] wurde erst am 14. Oktober 1518 ausgefertigt und wie üblich von je zwei Vertretern der Reichstagskurien gesiegelt. Die Arenga betonte nochmals die Notwendigkeit eines Kreuzzuges gegen die Türken zur Rettung des christlichen Glaubens: Die Römische Kurie wolle das gesamte Vermögen der Kirche für den Türkenzug einsetzen; der Kaiser als oberster Vogt und Schirmherr der Kirche und die Reichsstände hätten die Aufgabe, bei diesem Unternehmen mitzuwirken, wie sie es dem Legaten versprochen hätten. Jedermann im Reich solle während der nächsten drei Jahre beim Empfang der Sakramente für den Türkenzug einen Zehntelgulden opfern. — Man wollte auf die Mithilfe der Kirche bei der Geldeinhebung offenbar doch nicht verzichten. — Kurfürsten, Fürsten, Stände und wohlhabende Leute sollten ihrem Stande entsprechend mehr opfern. Seitens der Kirche und des Papstes sei die größte Hilfe zu erwarten; aber auch das Reich solle seine christliche Gesinnung und den Gehorsam der deutschen Nation beweisen. Über das eingebrachte Geld werde der nächste Reichstag beschließen. — Tatsächlich geschah nichts.

Auch die Kammergerichtsordnung kam nicht zum Abschluß — dies angesichts der fast täglichen Landfriedensbrüche. Nicht einmal über Kleiderprunk, Zutrinken, allzu üppige Hochzeiten, Geldausfuhr aus dem Reich, Münze und Unordnung bei den unteren Gerichten kam man zu Beschlüssen — geschweige denn über größere und große Dinge, die fällig gewesen wären, wenn es nicht zu einem allgemeinen Aufruhr kommen sollte.

Kammerrichter und Beisitzer wollte man bewegen, in Augsburg zu bleiben, damit das Gericht nicht stillestehe, und die Verbesserungsvorschläge weiter zu beraten. Der Kaiser sollte für die Bezahlung sorgen und die ausständigen Soldgelder eintreiben. Alles andere wurde auf die nächste Reichsversammlung vertagt. Der Kaiser versprach für sich und König Karl von Spanien — wie wenn er bereits zum Mitkönig gewählt wäre — den Abschied, vor allem die Türkenhilfe, zu vollziehen.

Bevor der Kaiser die vertraute Stadt verließ, wünschte er noch einmal „seinem lieben Verwandten", dem heiligen Bischof Ulrich, seine Verehrung darzubringen und an der Stätte seines Grabes dem Gottesdienst beizuwohnen[46]. Diesmal sollte nur der Mönchschor singen, nicht die kaiserliche Hofkapelle. Während des Gottesdienstes habe sich der Kaiser sehr auffallend benommen, berichtet der Chronist: Allenthalben habe er sich umgesehen, jeden einzelnen angeschaut, wie wenn er Abschied nehmen wolle. Der Klosterküche habe er zum Dank einen Ochsen gespendet.

Nur die kommende Königs- und Kaiserwahl schien gut vorbereitet, aber auch sie unsicher, solange die nötigen Gelder nicht vorhanden waren und der Papst Schwierigkeiten machte. Sonst war auf dem Reichstag nichts geglückt: weder Kreuzzug noch Kammergericht, noch Friede und Recht. Alles sei käuflich gewesen, schreibt der Zeitgenosse Scheurl; leider sei alles Mögliche geschehen, nur nichts Gutes[47]! Ähnlich urteilte Erasmus von Rotterdam[48].

Also ein bedeutungsloser Tag wie viele andere? Von dieser Reichsversammlung und ihren Streitgesprächen gingen Wirkungen aus, die im Augenblick niemand ahnen konnte. Der Geist des Widerspruchs, der in Augsburg laut geworden war, die allgemeine Stimmung, die er dort kennengelernt hatte, gaben Luther erst den

Mut, seinen Kampf in die deutsche Öffentlichkeit zu tragen. Luther war in Augsburg noch nicht eingetroffen, als der Kaiser die Stadt am 23. September 1518 für immer verließ.

3. Vorbereitung der Königswahl Karls

Hauptgrund, weswegen der Kaiser den Reichstag nach Augsburg berufen hatte und dafür keine Kosten scheute, war der Plan, hier die Wahl[1] seines Enkels Karl zum Römischen König durchzusetzen. Die Wahlwerbungen, wenn sie auch nicht auf der Tagesordnung standen und durchaus auf der Hinterbühne spielten, waren das wichtigste Geschäft dieses Tages, das der schwerkranke Kaiser während seiner letzten Lebensmonate mit bewundernswerter Kraft und Zielstrebigkeit verfolgte.

Der Kaiser hatte die Wahl seines Enkels seit Jahren auf ungewöhnliche Weise vorbereitet, indem er verschiedenen anderen Königen, so Heinrich VIII. von England[2], dem Prinzen Ludwig von Ungarn[3] (1515) und neuestens, nach Abschluß des Brüsseler Friedens (1517), sogar Franz I. von Frankreich[4] die Kaiserkrone anbot. Wenn man ihn fragte, ob nicht doch Karl als Herr so großer und mächtiger Reiche der beste Römische König und Kaiser wäre, wies Maximilian dies öfter entschieden zurück[5]: Man könne seinem Haus keinen größeren Schaden zufügen, sehe man doch, was das Kaisertum vor allem in Italien an Opfern gekostet habe.

Nach dem Vorbild Ulmanns hat man kühne politische Pläne des Kaisers meist als „Phantasien" oder als politischen Betrug abgetan. Gewiß war Maximilian, das wußte man allgemein, ein Meister der Verstellung, der immer zu verbergen suchte, was er eigentlich wollte. Stets behielt er viele Möglichkeiten nebeneinander im Auge, warf sie auch nebeneinander in die Verhandlungen, um sich erst im passenden Augenblick für das eine oder das andere zu entscheiden.

Daß Maximilian — von Anwandlungen des Weltverdrusses abgesehen — das Kaisertum nicht für alle Zeiten einer fremden Dynastie überlassen wollte, kann man als sicher annehmen. Aber er könnte zeitweilig an ein englisches, französisches oder ungarisches Zwischenkaisertum gedacht haben, um seinem Enkel und dessen Nachkommen eine gewisse Reifezeit und die Hilfe so mächtiger Königreiche zu sichern. Was würde doch Habsburg durch die enge Verbindung mit Spanien, England oder Frankreich nicht alles erreichen können? Ein Weltreich durch dynastische Familienverbindungen; derartige Überlegungen paßten völlig in die politischen Pläne des Kaisers, nach denen freilich auf jede andere Dynastie immer wieder ein Habsburger, im gegenwärtigen Fall König Karl, hätte folgen müssen. Aber mußte diese Rechnung aufgehen?

In diesem Sinne könnte Maximilian auch ein Kaisertum für den König von Ungarn zeitweilig ernsthaft erwogen haben, um Böhmen und Ungarn an das Reich und an seine Dynastie zu bringen. Da Prinz Ludwig seit 1515 durch Adoption zur Familie gehörte[6], wäre dadurch die habsburgische Erbfolge nicht einmal unterbrochen worden. Die bekannte Willensschwäche Ludwigs würde die habsburgischen Erwerbungspläne nur gefördert haben. Der Kaiser spielte sogar mit der Möglichkeit, das Haus Valois mit Habsburg im Kaisertum abwechseln zu lassen. Vielleicht konnte ein so enges Bündnis mit der französischen Familie, ähnlich den erfolgreichen Familienverbindungen mit Spanien und Ungarn, die christliche Weltmonarchie am besten fördern. Aber das alles blieben für den Kaiser Planspiele, von denen man nicht wissen konnte, welches sich verwirklichen ließ.

Eines stand für den Kaiser fest: Niemand sollte gegen seinen Willen zum Römischen König gewählt werden können, und wenn er Gewalt brauchen mußte. Daß er dazu die Macht besaß, sollte sich im Laufe dieses Jahres 1518 zeigen. Es gelang ihm, den mächtigen Sickingen, den gefährlichsten Condottiere im deutschen Südwesten, von Frankreich und Württemberg zu trennen und auf seine Seite zu ziehen[7].

Sicher ist, daß Maximilian durch dieses wechselnde Nachfolgespiel den Widerstand der Gegner von seinen Enkeln Karl und Ferdinand ablenkte. Vielleicht war dies sogar seine eigentliche Absicht. Indem er die verschiedensten Namen nannte, konnte er Kurfürsten und Fürsten den Puls fühlen; abgesehen davon, daß er derartige Angebote — vor allem beim eitlen König Heinrich von England — stets mit Anleihe- und Hilfsforderungen zu verbinden pflegte.

Vielleicht wollte der Kaiser auch den Ehrgeiz König Karls und seiner Niederländer anstacheln[8], die sich zunächst nicht besonders begeistert zeigten, für Königswahl und Kaiserkrone auch Opfer zu bringen. Aus diesem und aus anderen Gründen brachte der Kaiser zeitweilig auch Prinz Ferdinand gegen König Karl ins

Spiel. In der Tat schärfte erst die Gefahr des Verlustes das Verständnis Karls, seiner Niederländer und Spanier für die Vorteile einer Würde, die immer noch die Herrschaft über die ganze Christenheit in sich schloß, wenn man es nur vermochte, dieser Krone wieder Inhalt zu geben. Von ihrem mystischen Schein hatte die Kaiserkrone noch nichts verloren. Verglichen mit der Kaiserwürde waren alle anderen Kronen — ideell gesehen — nur ein schwacher Abglanz.

Mit dem Kreuzzugsplan von 1517 wurde die Wahl eines Römischen Königs unumgänglich. Da entschloß sich König Karl endlich, nachdem er aus Sorge vor der Feindschaft Frankreichs lange gezögert hatte, als Kronwerber aufzutreten und alle seine Mittel für die Wahl einzusetzen; Geld, Pensionen und Geschenke so reichlich zu verteilen, daß ihm die Krone sicher sei[9]. Zunächst hoffte er, mit etwa 100.000 Gulden auszukommen, die er an Kurfürsten, Fürsten und deren Räte verteilen wollte. Die Summe sollte im Laufe der Wahlhandlungen fast auf das Zehnfache ansteigen. Damit er billiger fahre, wollte es Karl auch mit der Verleihung des Goldenen Vlieses versuchen. Er bat den Großvater um tatkräftige Hilfe[10]. Maximilian zögerte auch nicht, österreichische Gelder für ihn einzusetzen, so daß darüber die Innsbrucker Kammer zusammenbrach. Er ließ keinen Zweifel, daß er nötigenfalls entschlossen sei, sogar Gewalt zu gebrauchen, glaubte man doch zu wissen, daß auch die Franzosen rüsteten.

Der König von Frankreich hatte mit seinen Wahlwerbungen unter den deutschen Kurfürsten schon 1516 begonnen und sehr bald den Trierer und den Pfälzer auf seine Seite gezogen[11]. In gleicher Absicht unterstützte er beim Papst die Kardinalserhebung des Erzbischofs von Mainz[12]. Da König Franz natürlich erst nach Maximilians Tod hoffen konnte, ans Ziel zu kommen, mußte der Kaiser zusehen, seinen Vorteil zu nützen und bei Lebzeiten die Kurfürsten für seinen Enkel zu gewinnen. Aber Frankreich arbeitete mit hohen und höchsten Angeboten und schien zunächst den habsburgischen Wahlwerbern stark überlegen. Bald vermochte König Franz auch den Kurfürsten Joachim von Brandenburg zu gewinnen[13] (Dezember 1517), indem er ihm neben sehr hohen Geldsummen auch die Hand seiner Schwägerin Renata von Valois versprach, die einmal als Braut Karls (V.) gegolten hatte. Frankreich sei „eine Quelle des Reichtums, an welcher der Kurfürst seinen Durst löschen könne", versicherte der brandenburgische Gesandte. Kurfürst Joachim versprach König Franz nicht nur seine Stimme für die Königswahl, sondern auch Truppenhilfe wider jedermann, ausgenommen den Papst und das Reich. Auch Joachims jüngerer Bruder, Kurfürst Albrecht von Mainz[14], schien dem König von Frankreich zunächst vorsichtig zu folgen, kehrte ihm aber bald den Rücken. Sachsen[15] wollte die Wahl offenbar über den Tod des Kaisers hinaus verzögern: dann würde Kurfürst Friedrich im Kurkolleg eine führende Stellung haben. Köln[16] hielt sich zurück.

Erst Ende November 1517 nahm auch der Kaiser — etwas spät, weil sich König Karl so lange nicht entschieden hatte — seinen Wahlfeldzug auf. Er begann mit dem Hause Brandenburg, das zusammen mit Mainz über zwei Kurstimmen verfügte. Markgraf Kasimir von Brandenburg von der Ansbach-Bayreuther Linie, ein bewährter Kriegsgefährte, der dem Kaiser in manchem Feldzug gedient hatte, unternahm es, seinen Vetter, den Kurfürsten Joachim, für König Karl zu gewinnen[17]: Nur Karl sei als König von Spanien mächtig genug, das Reich zu regieren. Kurfürst Joachim indes wollte sich so rasch und ohne Absprache mit seinen Standesgenossen nicht entscheiden, versprach aber nach einigem Zögern, auf dem Augsburger Reichstag zu erscheinen, und gab vorsichtig zu verstehen, daß er gegen entsprechende Summen für König Karl zu haben sei[18]. Auf ähnliche Weise, aber rascher und leichter, wurde offenbar auch Kurfürst Albrecht von Mainz gewonnen[19], der in der Folge eine der Säulen der habsburgischen Partei werden sollte, zumal ihm der Kaiser die Kardinalswürde verschaffen oder verhindern konnte.

Ganz undurchsichtig gab sich Kurfürst Friedrich von Sachsen[20]. Zwar hatte er die französischen Werbungen abgewiesen, aber er wollte sich auch auf Karl nicht festlegen lassen. Eine kaiserliche „Verehrung" und mehrere für Sachsen günstige Heiratsvorschläge wies er zurück. Man bot ihm u. a. die ebenso frivole wie reiche Germaine de Foix zur Frau, eine Witwe mit 200.000 Dukaten Mitgift; freilich hatte sie schon ihren ersten Gemahl, König Ferdinand von Aragon, vor der Zeit ins Grab gebracht. Nichts für den alten sächsischen Hagestolz. Kurfürst Friedrich sprach immer nur von der „Freiheit der Königswahl" und verband damit wohl die Hoffnung, selbst gewählt zu werden, was man bis nach Rom wußte. Mit feinem Spott erinnerte er den Kaiser, er habe früher öfter geäußert, daß er niemandem, dem er wohlwolle, die Würde des Kaisertums aufladen möchte[21]; und jetzt dieser Eifer für König Karl? Friedrich wollte nicht einmal nach Augsburg gehen, um sich der zudringlichen kaiserlichen Wahlwerbung zu entziehen. Zunächst wurde nur der sächsische Rat Pfeffinger abgeordnet, der dem Kaiser keinerlei Zusicherungen machte.

Sicher verhandelte Maximilian auch mit allen anderen Kurfürsten, worüber wir allerdings nicht genauer unterrichtet sind[22]. Es dürfte keine besonderen Schwierigkeiten gegeben haben. Der Kaiser ließ in seinen Archiven bereits ein Buch über die Goldene Bulle, über die Wahlhandlungen und das Formular des Wahldekretes suchen[23] (Februar 1518), um für alle Fälle gerüstet zu sein.

Nun drängte König Karl aus Spanien, man dürfe keine Zeit verlieren[24]: Wenn ihm der Großvater die Kaiserkrone sichere, so würden sie gemeinsam erhabene Taten zur Ehre Gottes, zur Erhöhung der heiligen Kirche und des katholischen Glaubens vollbringen, was sie zu ihrer größten Ehre, zum Heile des Leibes und der Seele und zum Thron des Paradieses führen werde[25] — anderseits, wenn Frankreich die Wahl gewinne, drohe die Vernichtung der Häuser Österreich-Burgund. Ein andermal wieder klagte König Karl, daß man ihm schon vor der Wahl große Geldsummen abnehmen wolle: Er müsse das Reich gleichsam kaufen, das doch nach Verwandtschaft, Sprache und Erbrecht ihm zustehe, da der Kaiser sein Großvater sei; er solle Geld auslegen, wo er doch zu Lebzeiten des Kaisers keinen Nutzen aus dem Reich ziehen könne[26]. Man müsse sich daher vorsehen und dürfe das ganze Geschäft nicht allzu hoch treiben lassen. König Karl fürchtete offenbar, das viele Geld könnte vom Kaiser verwirtschaftet werden. Seine Königreiche waren doch nicht so reich, wie man glaubte; er hatte bei seinem Regierungsantritt in Spanien leere Kassen vorgefunden.

Der Kaiserhof gab dem sparsamen jungen König zu verstehen, daß es nicht so wie bisher weitergehen könne: Gegenüber dem großen Geldaufwand des Königs von Frankreich müsse sich auch König Karl entschließen, weit höhere Summen einzusetzen[27]; Frankreich bearbeite nicht nur die deutschen Fürsten, sondern auch die europäischen Mächte. Der Kaiser habe zwar einige Fürsten und Grafen dafür gewonnen, „die Kurfürsten mit Gewalt zur Wahl Karls zu zwingen", falls sie nicht wollten; aber das koste Geld.

Der Kaiser war daher entrüstet, daß der spanische Geschäftsträger Courteville die mitgebrachten 100.000 Gulden nicht sofort, sondern erst nach der erfolgreichen Wahl herausgeben wollte. Es bedurfte ernster Vorhaltungen, um ihm weitere 100.000 Gulden herauszupressen[28], die er aber keineswegs sofort auszahlte. Überall merkte man das spanische Mißtrauen gegen die kaiserliche Finanzwirtschaft. Maximilian mußte Karl in wiederholten Briefen klarmachen, daß diese Summen bei weitem nicht ausreichten und die Gelder *vor* der Wahl zur Hand sein müßten[29]. Der König von Frankreich sei viel großzügiger und werfe das Geld nur so hinaus. Karl müsse die Pensionen für die Kurfürsten wesentlich höher ansetzen. Sie alle bezögen längst französische Pensionen und dürften nicht einfach mit Anwartschaften und schönen Versprechungen abgespeist werden. Der Kaiser übersandte dem Enkel eine Aufstellung der nötigen Summen[30]: im ganzen etwa 450.000 Gulden. Wie sich zeigen sollte, war auch dies viel zu wenig. Außerdem müsse Karl bereit sein, seine Schwester Katharina mit dem Kurprinzen von Brandenburg und Schwester Eleonore mit dem mächtigen Herzog Wilhelm von Bayern zu verheiraten. Die Pfalz müsse man für den Verlust der Landvogtei in der Ortenau entschädigen. Zuallererst wären aber die vielen fürstlichen Räte und Diener zu kaufen, welche die Entscheidungen ihrer Herren beeinflußten. Sickingen müsse man sich verpflichten und für alle Fälle Schweizer Knechte anwerben. Dann werde die Wahl auf diesem Reichstag wohl durchzusetzen sein. Karl müsse viel Geld aufwenden; wenn er es daran fehlen lasse, würde es den Kaiser sehr reuen, sein ganzes Leben lang so sehr für die Erhöhung seines Hauses gekämpft zu haben[31]. Aber Karls Zurückhaltung war zunächst nicht zu überwinden.

Im Mai 1518 teilte eine spanische Sonderbotschaft auch Franz I. mit, daß sich König Karl um die Römische Krone bewerben werde: Er stamme von den Römischen Kaisern ab und fühle sich als mächtiger Herrscher berufen, das Reich zur Ehre Gottes und des christlichen Glaubens gut zu regieren; er wundere sich, daß andere Nationen das Reich dem „deutschen Haus" (Habsburg) entziehen wollten[32]. Das war der Fehdehandschuh für Frankreich. Dem Kardinal Wolsey dagegen stellte Karl eine burgundische Pension in Aussicht, um England für seine Kaiserwahl zu gewinnen[33].

Ende Mai 1518 hatte der kaiserliche Anwalt und Generalschatzmeister Jakob Villinger in Augsburg sein Lager aufgeschlagen, um von hier aus den Wahlfeldzug zu leiten und die nötigen Darlehen aufzutreiben. Er und seine Leute waren nur die kleinen Macher; die großen Fäden behielt der Kaiser selbst in der Hand. Er setzte seine ganze Autorität ein, um die Kurfürsten heranzubringen[34]. Einmal in Augsburg eingetroffen, zog er die schwierigen Verhandlungen völlig an sich. Lang dürfte ihn dabei unterstützt haben. Wenn auf diesem Reichstag die Königswahl nicht gelang, würde es schwer sein, die Kurfürsten noch einmal zu versammeln.

Aber wo blieben die spanischen Gelder? Erst Ende August, im allerletzten Augenblick, erhielt der spanische Geschäftsträger Vollmachten[35] zu unbeschränktem Einsatz des nötigen Geldes. Jetzt endlich taten sich die kaiserlichen Wahlwerber etwas leichter. Jakob Fugger war bereit, gegen gute Wechsel jede Summe bereitzustellen[36]. Das Bankhaus hatte bereits so viel Geld in den Aufstieg Habsburgs hineingesteckt, daß es um die Rückzahlung bangen mußte: Hätten die Habsburger die Wahl verloren, wären die Fugger wohl um den größten Teil ihres Geldes gekommen.

Nun galt es, die Kurfürsten zu gewinnen. Die polnischen Gesandten, welche die böhmische Kurstimme führten[37], machten keine Schwierigkeiten; sie hatten Auftrag, König Karl zu wählen, und erhielten — verglichen mit den anderen — nur eine magere Handsalbe. Sigismund von Polen zeigte volles Verständnis, daß man den allzu jungen Prinzen Ludwig, entgegen dem Versprechen von 1515, bei dieser Wahl überging. Die Polen hatten sogar das Reichssiegel mitgebracht, um das Wahldekret, wenn nötig sofort, zu unterzeichnen. Sicher erwartete der Polenkönig dafür vom Kaiser größeres Entgegenkommen in der Streitsache mit dem Deutschen Orden, erreichte aber nur, daß Maximilian nicht gerade offen für die Deutschherrn eintrat.

Als ersten Kurfürsten konnte der Kaiser den Kardinal-Erzbischof Albrecht von Mainz endgültig kaufen[38], der nach altem Brauch die erste Stimme abzugeben hatte. Der Kaiser hatte dem jungen Erzkanzler eben den Kardinalshut erwirkt. Er half ihm gegen den Landgrafen von Hessen. Gleichwohl stellte Albrecht hohe Forderungen und gab zu verstehen, daß ihm der König von Frankreich eine noch höhere Pension als der Kaiser und bis zu 200.000 Kronen Bargeld angeboten habe[39]. Maximilian versprach namens König Karls 31.000 Gulden Verehrung, ein goldenes Tischchen, silbernes Tafelgeschirr, burgundische Tapisserien und eine jährliche Pension von 10.000 Gulden[40], die allerdings durch

Zuwendung von Bistümern und anderem Kirchengut abgelöst werden konnten. Außerdem versprach er dem Mainzer Bestätigung der alten Privilegien und Schutz und Schirm wider jedermann. Damit war Albrecht von Mainz für König Karl gewonnen und blieb fortan eine verläßliche Stütze der habsburgischen Partei.

Weit schwieriger zeigte sich Kurfürst Joachim von Brandenburg[41]. Er schien bereits von Frankreich um hohe Summen gekauft und außerdem durch das Heiratsversprechen Joachims des Jüngeren mit Renata von Frankreich gebunden. Freilich hatte er Ursache, dem französischen Heiratsversprechen zu mißtrauen. Als der Kaiser dagegen eine Heirat mit seiner Enkelin Katharina, eine Mitgift von 300.000 Gulden und eine einmalige persönliche Verehrung von 30.000 Gulden anbot, gab der Brandenburger dem französischen Unterhändler zu verstehen, der Kaiser habe bereits die meisten Kurstimmen in der Tasche, und schickte ihn weg (16. August 1518).

Bereits am 22. August fand vor Kardinal Albrecht in Gegenwart des Kaisers und des Kurfürsten die Ferntrauung „per verba de praesenti" zwischen Joachim dem Jüngeren und Katharina von Österreich statt, wobei der ältere Kurfürst seine Forderungen noch steigern konnte: Er sollte außerdem eine lebenslängliche Jahrespension von 8000 Gulden erhalten[42].

Die Pfälzer[43], welche eine alte Feindschaft — zumal aus der Zeit des Erbfolgekrieges von 1504/05 — von Habsburg trennte, wurden durch Bestätigung ihrer alten Privilegien, Auslieferung des benachbarten Reichskirchengutes, einen Schadenersatz von 100.000 Gulden für die Verluste aus dem Pfälzer Krieg und durch eine Jahrespension von 6000 Gulden gewonnen. Dabei hatte der jüngere Friedrich von der Pfalz, der dem Kaiser näher stand, als Vermittler gute Dienste geleistet. Am 31. August erhielten die Brüder Ludwig und Friedrich zum Dank in feierlicher Weise ihre Reichslehen.

Rasch und billig machte es der Kölner. Gegen eine Ehrung von 20.000 Gulden und eine jährliche Pension von 6000 Gulden, die unter Umständen durch Verleihung von Kirchen- und Reichsgut abgelöst werden konnte, versprach er seine Stimme[44]. Kurfürst Richard von Trier[45] hingegen hielt weiter fest zu Frankreich.

Nur Friedrich der Weise von Sachsen[46] ließ sich nicht kaufen. Er verschanzte sich hinter sittlichen und rechtlichen Bedenken. Die kaiserlichen Angebote, Bargeld, Jahrespensionen, vorteilhafte Heiraten, Generalstatthalterschaft im Reich, überging er zunächst mit Schweigen. Er bedauerte, daß sich Kurfürsten, Fürsten und Leute von Adel bewegen ließen, für die Königswahl Geld zu nehmen: Dies bedeute das Ende der freien Wahl. Maximilian erwiderte, leider habe der König von Frankreich mit derartigen Praktiken begonnen, weswegen auch der Kaiser die redlichen Kurfürsten nicht leer ausgehen lassen könne. Kurfürst Friedrich redete allenthalben herum, solange Maximilian nicht zum Kaiser gekrönt sei, könne es keine Königswahl geben[47]; der Kaiser habe kein Recht, seinen Nachfolger zu designieren. Doch erregte er damit nur die Schadenfreude seiner Kollegen. Der Mainzer lachte, wie man eben über einen enttäuschten Kronwerber lacht. Ob moralische und rechtliche Bedenken vor allen anderen die Haltung Friedrichs bestimmten oder mehr die Tatsache, daß er sich zunächst selbst für den besten Kandidaten hielt[48], wird immer ungewiß bleiben. Hartnäckig verschloß er sich allen Liebenswürdigkeiten, womit ihn der Kaiser zu gewinnen suchte. Wohl nur die Furcht vor der habsburgischen Kriegsmacht hielt ihn vor offenem Widerstand zurück, traute er doch Maximilian sogar einen Gewaltstreich gegen Sachsen zu[49]. Es erregte Furcht und Staunen, mit welcher Spannkraft der alte Kaiser binnen weniger Wochen den versammelten Kurfürsten seinen Willen aufzwang und Friedrich von Sachsen, den anerkannten Führer der Opposition, samt der päpstlichen und französischen Partei in der Wahlfrage in die Ecke drängte.

Ende August 1518 hatte Maximilian fünf Kurstimmen, also die sichere Mehrheit, gekauft[50]. Die Kosten — etwa 500.000 Gulden für Werbung und Stimmenkauf — überstiegen alle gewohnten Maße und waren noch keineswegs vollständig. Karls schriftliche Zusage, alles zu bezahlen, war zwar eingetroffen, nicht aber das Geld. Der Kaiser warf sein eigenes Geld so maßlos in die Wahlwerbung, daß ihm das Innsbrucker Regiment den Dienst aufkündigte[51]: Er dürfe nicht hoffen, daß ein neues Regiment sich willfähriger zeigen werde; bei solchen Schulden sei dies ganz und gar undenkbar.

Am 27. August versammelte der Kaiser seine Parteigänger, Mainz, Köln, Pfalz, Brandenburg und Böhmen, um unter „schönen Zeremonien" die Wahlverträge abzuschließen[52]. Sachsen und Trier waren ferngeblieben, ließen aber andeuten, daß schließlich auch sie der Wahl Karls zustimmen würden. Nicht nur Berichte der kaiserlichen Anwälte machen dies wahrscheinlich, sondern auch

eine Andeutung Spalatins, eines engen Vertrauten Friedrichs des
Weisen. So schien zunächst alles bestens zu laufen.

Nur des Kaisers nächste Vertraute, Ziegler, Courteville, Villinger und Renner, die sich um den Erfolg höchst verdient gemacht
hatten, durften dieser geheimen Staatshandlung beiwohnen. Warum nicht auch Lang? Bei dieser Gelegenheit könnte Maximilian
jene Ansprache an die Kurfürsten gehalten haben, die uns Kirchmair[53], offenbar aus guter höfischer Quelle, überliefert: Er habe
der Christenheit lange gedient, sei nun müde und alt, weshalb er
die Kaiserkrone wohl nicht mehr einholen könne; die Kurfürsten
sollten nach seinem Tode Karl zum Römischen König und künftigen Kaiser wählen, habe doch Maximilian im Dienste des Reiches
sein ganzes väterliches Erbe „versetzt und vertan" und seinen
österreichischen Ländern damit großen Schaden zugefügt. Die
Kurfürsten sollten bedenken, daß er ihre Freiheiten gemehrt und
niemandem etwas genommen habe.

Diese Rede des alten, offensichtlich schwerkranken Kaisers soll
großen Eindruck gemacht haben. Die Kurfürsten antworteten im
üblichen Hofstil, wie sehr sie der Kaiser mit der Ankündigung
seines Todes betrübe; lieber möchten sie selbst sterben. Er habe in
Ehren regiert; sie würden seine Verdienste nicht vergessen und
das Haus Österreich zum Kaisertum erwählen. Mit Liebenswürdigkeit, Rührung, bewaffneter Drohung und Unsummen Geldes hatte
sich Maximilian die kurfürstlichen Verfassungskämpfer vergange-
ner Jahre binnen weniger Wochen gefügig gemacht — der letzte
große Erfolg dieses Meisters der Verhandlungskunst. Der Kaiser
ließ zur Feier dieses Reichstages sogar eine Gedenkmedaille ausprägen[54].

In fünf Urkunden[55] wurden die wechselseitigen Versprechungen
und Verpflichtungen namens des Kaisers und König Karls besiegelt, den Kurfürsten ihre Privilegien bestätigt und für den Fall,
daß sie wegen der Wahlhandlungen angegriffen würden, Schutz
und Schirm versprochen[56]. Dafür wollten sie König Karl wählen.
Der Kaiser bestätigte namens Karls das freie Wahlrecht der Kurfürsten, das durch diese Absprachen nicht beeinträchtigt sein solle,
und eine Art Wahlkapitulation[57]: die Einrichtung eines Regimentes für den Fall seines Todes und Karls Abwesenheit; es solle nur
mit Deutschen besetzt werden, im Geschäftsverkehr die deutsche
Sprache gebrauchen und auf Karls Kosten ohne Beschwerung des
Reiches unterhalten werden. In einer letzten Urkunde verpflich-

tete sich Maximilian, die Kaiserkrönung innerhalb eines halben Jahres nachzuholen; König Karl habe gerade für den kommenden Kreuzzug alle Vorzüge eines Römischen Königs; er sei mächtig, deutscher Nation und grenze mit seinen Ländern an die Türken.

Der Kaiser schien einen großen Erfolg errungen zu haben. In Rom ging das Gerücht, die Wahl Karls sei bereits vollzogen[58]. Aber die Kaiserlichen konnten die Gunst der Stunde nicht voll nützen. Maximilian hatte anfangs geplant, von Augsburg geradewegs zur Königskrönung nach Frankfurt zu ziehen[59]. Vielleicht wären die Kurfürsten bereit gewesen, die Wahl sofort vorzunehmen und sich über gewisse Bedenken hinwegzusetzen. Das wurde aber unmöglich, weil die spanischen Gelder noch nicht bereitstanden. Hartnäckig untersagte der Papst die Wahl[60], solange Maximilian nicht zum Kaiser gekrönt sei, wobei ihm wahrscheinlich nicht nur Friedrich von Sachsen offen zustimmte. Der vereinigte Widerstand des Papstes, Frankreichs und des Kurfürsten von Sachsen war keineswegs zu unterschätzen.

Auch eine Kaiserkrönung Maximilians im Reich, wie sie einst Papst Julius II. geradezu empfohlen hatte, lehnte Leo X. entschieden ab[61]. Er wollte König Karl nicht als künftigen Kaiser: Dessen Herrschaften in Ober- und Unteritalien sollten den Kirchenstaat nicht in die Zange nehmen können. Vergebens hoffte Maximilian, sich um Weihnachten 1518 in Trient von Kardinal Albrecht von Mainz krönen zu lassen. Vergebens verhandelte der Bischof von Plock[62] für den Kaiser mit dem Papst in Rom. Vergebens bemühte sich der spanische Hof. Leo X. wollte von einer Kaiserkrönung durch einen Stellvertreter außerhalb Roms nichts wissen. Dabei verblieb er mit einer bei ihm ungewöhnlichen Hartnäckigkeit[63]. Obwohl ihn der endgültige Absagebrief des Papstes nicht mehr erreichte, hegte Maximilian gegen Leo X. bittere Gefühle. Damals mag das harte Wort gefallen sein: „Nun ist auch der Papst zu einem Bösewicht an mir geworden, und ich kann sagen, daß mir kein Papst, solange ich gelebt, je die Treue gehalten hat . . ."[64]

Konnte man eine Königswahl gegen den Widerstand des Papstes wagen? Würden die Kurfürsten zu den anderen Schönheitsfehlern dieser Wahl auch diesen offensichtlichen Formfehler verantworten wollen? Es wäre durchaus möglich, daß Maximilian damals, auf der Suche nach einem Ausweg, auch mit dem Gedanken spielte, abzudanken, um Karl den Weg zur Wahl freizumachen. Darüber gab es unsichere Gerüchte[65]: Die Franzosen sollten entschädigt werden, indem man ihnen Oberitalien überließ; das Königreich Neapel werde Karl seinem Großvater Maximilian abtreten; vielleicht würde dies auch den Papst beruhigen. Dazu der übliche Hofklatsch: In Neapel werde der Kaiser noch einmal heiraten und ewig leben. „Neue kaiserliche Hirngespinste", ärgerte sich der französische Gesandte.

Die Wahlfrage beschäftigte Maximilian bis in die letzten Stunden. Immerfort drängte er auf die Anweisung des spanischen Geldes[66]: Die hohen Summen würden sich bezahlt machen, denn es gehe um die „Weltmonarchie". Karl brauche nicht zu fürchten, das Geld werde in den kaiserlichen Taschen verschwinden. Courteville kehrte zu Jahresende 1518 nach Spanien zurück, überbrachte die letzten Berichte und neue Geldforderungen. Nur 50.000 Gulden forderte der Kaiser für sich selbst und seine besonderen Auslagen. Er hatte für die Sache Karls in der Tat Übermenschliches geleistet, z. B. 320.000 Gulden Sachsenschulden übernommen, die doch eigentlich die Niederlande hätten bezahlen müssen. Er hatte nur das „Weltreich" im Auge — wenn unter dieser Last auch die österreichischen Länder zusammenbrachen. Man kann sich denken, was geschehen sein mußte, daß Regiment und Kammer zu Innsbruck jede weitere Verantwortung ablehnten und zurücktraten[67]: Der Kaiser sollte das Finanzchaos, das er angerichtet hatte, persönlich verantworten.

Hatte man in Spanien zunächst über die Erfolge des Kaisers gejubelt, so war man nun über die ungeheuren Geldsummen[68] entsetzt, die auch König Karl nur schwer aufzubringen vermochte. Indes bemühte sich der Kaiser, seine Wahlpartei im Reiche zusammenzuhalten. Im kommenden Februar/März 1519 plante er, die Kurfürsten noch einmal in Frankfurt zu versammeln und die Königswahl Karls an ein gutes Ende zu bringen. Da nahm ihm der Tod das schwierige Wahlgeschäft aus der Hand. Alle Abmachungen waren damit hinfällig. Karl mußte von vorne beginnen.

4. Die lutherische Frage

Der Kaiser ging und Luther[1] kam. Manche Zeitgenossen sahen darin einen ursächlichen Zusammenhang[2] — kaum zu Recht, wie mir scheint. Ein Chronist meinte, hätte der Kaiser länger gelebt, wäre aus Luther nichts geworden; ein anderer dagegen: Der

Kaiser hätte sich gewiß Luther angeschlossen. Beides halte ich für unwahrscheinlich.

Letzten Endes kann niemand sicher sagen, was geworden wäre, wenn ... Der Kaiser war alt, schwer krank und hätte auch bei längerem Leben die religiöse und soziale Revolution kaum aufgehalten. Dagegen wird man mit großer Wahrscheinlichkeit behaupten können, daß der Kaiser die lutherische Reformation wohl nie angenommen haben würde. Zwar tadelte Maximilian die Päpste nicht selten in harten Worten, sprach immer wieder von Kirchenreform, drohte ihnen mit Konzil und Schisma und forderte für die deutsche Kirche ähnliche Freiheiten, wie sie der König von Frankreich besaß. Aber kaum würde er die universal-kaiserliche Idee der Christenheit, der Einheit von Reich und Kirche preisgegeben haben für die neue lutherische Landeskirche, welche nicht nur die universale Einheit auflöste, sondern auch das Landesfürstentum in einer Weise verstärkte, wie es der Kaiser niemals wünschen konnte. Zeitlebens hatte er für die „Christenheit", für die Einheit von Reich und Kirche im Sinne der alten Kaiser gekämpft. Es ist daher undenkbar, daß er nun, da sich sein Enkel Karl mit seiner Hilfe zum Universaldominat erhob, plötzlich für die Landeskirchen und die Länderstaaten, also für die Auflösung, eingetreten wäre.

Der Augsburger Reichstag von 1518 bereitete der lutherischen Sache in der breiten deutschen Öffentlichkeit den Boden wie kaum ein anderes Ereignis. Das ist die weltgeschichtliche Bedeutung dieses Tages.

Am 31. Oktober 1517 hatte Luther an der Wittenberger Schloßkirche seine 95 Thesen angeschlagen, worin er u. a. auch dem Ablaß die dogmatische Grundlage zu entziehen suchte. Zweifellos beeinflußten diese Thesen den Reichstag[3] in der Frage der Türkensteuer. Ein Kreuzzugsablaß für das ganze Reich schien ausgeschlossen, weil sich die führenden Stände, allen voran Kurfürst Friedrich von Sachsen, die lutherische Ablaßkritik bereits zu eigen gemacht hatten — nicht der Kaiser, der für seine österreichischen Länder einen neuen Ablaß erwirkte[4]. Die papstfeindlichen Strömungen von Wittenberg und Augsburg flossen fortan in eins zusammen. Die heftigen Augsburger Proteste, die ausfällige Lütticher Bittschrift, die Gravamina der Deutschen Nation und der Widerhall, den sie fanden, dürften Luthers Angriffslust erst recht ermutigt haben.

Bereits Anfang 1518 hatten die Dominikaner den kühnen

Maximilian verehrt den heiligen Rock zu Trier

Friedrich der Weise

Wittenberger Professor der Ketzerei beschuldigt und Mitte Juni den Ketzerprozeß in Rom gegen ihn durchgesetzt[5]. Papst Leo X. beauftragte Kardinal Cajetan, der sich mit der kirchlichen Ablaßlehre tiefer beschäftigt hatte und als General der Dominikaner von der Sache seines angegriffenen Ordensbruders Tetzel auch persönlich berührt war, Luther vor den Römischen Stuhl zu zitieren.

Dem Kaiser war der Wittenberger Mönch nicht mehr ganz fremd. Als der kurfürstlich sächsische Rat Degenhard Pfeffinger im Auftrag Friedrichs des Weisen in Innsbruck erschien, fragte ihn Maximilian[6], was denn Luther mache; seine Thesen seien nicht zu verachten. Er hatte sie offenbar gelesen. Luther werde den Geistlichen noch viel zu schaffen machen. Der Kurfürst solle sich des Mönchs annehmen, da man ihn vielleicht noch brauchen werde. Der Kaiser brachte antipäpstlichen Regungen stets ein gewisses Verständnis entgegen, wußte er doch nie, ob er solche Kräfte nicht für „Kirchenreform" oder Konzil noch brauchen konnte.

Luthers Ablaßsturm freilich konnte dem Kaiser nicht gefallen, wenn er sich daran erinnerte, wieviel Geld gerade er selbst aus Kruziat und Jubilat gezogen hatte. Daher fiel es Cajetan nicht schwer, den Kaiser für die römische Auffassung und gegen Luther zu gewinnen, zumal Maximilian den Papst auch für Kaiserkrönung und Königswahl dringend brauchte.

Am 5. August 1518 schrieb Maximilian dem Papst jenen Brief[7], in dem er sich grundsätzlich gegen Luther festlegte. Er übernahm offenbar — und dies mit voller Überzeugung — den Text, den ihm der Kardinal aufgesetzt hatte: Er habe von den Thesen des Augustinerbruders Luther gehört, die er, ebenso wie die Kirche, durchaus verurteile. Besonders tadelte er die gefährlichen Ansichten über Ablaß und päpstliche Strafen. Auch die neueren Angriffe des Mönchs gegen die Kraft apostolischer Bannsprüche waren dem Kaiser sicher widerwärtig, ging es dabei doch um die Autorität an sich. Was sollte aus der ohnehin sooft verachteten kaiserlichen Reichsacht werden, wenn man den päpstlichen Bann in Frage stellte? Sollte man über Luther den Kirchenbann verhängen, werde ihn der Kaiser vollziehen, versicherte er dem Papst. Das entsprach ja auch seit den Zeiten Friedrichs II. dem Reichsrecht. Luther habe freilich verschiedene mächtige Verteidiger seiner Lehre gefunden. Jedermann wußte, daß der Kaiser nur den Kurfürsten von Sachsen meinen konnte, den Rom eben als Kandidaten für die Königswahl gegen Karl (V.) ins Spiel brachte.

Als der Kaiser mit dem Kurfürsten Friedrich in Augsburg zusammentraf, ging es auch um Luther[8], der eben vor das römische Gericht geladen worden war und seinen Landesherrn um Hilfe gebeten hatte. Der Kurfürst wollte seinen Professor vor ein deutsches Gericht gestellt sehen. Maximilian, der dem Papst im Wort war, gab Friedrich zwar nur allgemeine Zusicherungen; aber zumindest dürfte er durchgesetzt haben[9], daß Luther zunächst von Cajetan in Augsburg verhört werden konnte. So erinnerte sich später Luther. Vielleicht versprach sich der Kaiser von einer friedlichen Beilegung des „Mönchsstreites" auch den Dank des Kurfürsten von Sachsen.

Der Papst erklärte Luther inzwischen zum notorischen Ketzer: Cajetan solle ihn festhalten und über Aufforderung nach Rom ausliefern[10]. Der Kaiser und die Fürsten, insbesondere Kurfürst Friedrich, hätten dem Legaten dabei helfen sollen. Aber die schwebenden Wahlhandlungen gaben der lutherischen Sache bald eine neue Wendung. Kurfürst Friedrich gewann für die Kurie als Gegenkandidat König Karls immer größeres Gewicht. Der Papst übersandte ihm als besonders hohe Auszeichnung die Goldene Rose. Auffallend freundlich[11] bat Cajetan, der Mönch solle in Augsburg vor ihm erscheinen; er werde ihn „väterlich" behandeln; selbst wenn Luther nicht widerrufe, könne er ungehindert nach Sachsen zurückkehren. Der Kardinal erwartete allerdings, daß der Kurfürst den Mönch nicht gegen ein päpstliches Urteil in Schutz nehmen werde[12].

Am 7. Oktober 1518 erschien Luther in Augsburg. Maximilian hatte die Stadt bereits verlassen, aber seiner Kanzlei befohlen, dem Mönch einen kaiserlichen Geleitbrief[13] auszustellen. Offenbar wünschte der Kaiser diese Aussprache[14], wenngleich man in seiner Umgebung nicht viel Verständnis aufbrachte für die lutherischen Neuerungen, wie sie auf dem Reichstag hervorgetreten waren. Wir ersehen dies aus Äußerungen Bartolinis in seiner Reichstagsgeschichte (Descriptio), die ganz auf den Geschmack des Kaisers und Langs zugeschnitten ist.

Luther, der inzwischen schon ein berühmter Mann geworden war, erhielt Einladungen in die besten Häuser: so bei Peutinger, der dem Kaiser besonders nahe stand. Auch das Volk wollte den „neuen Herostratus sehen, der einen so großen Brand entfacht habe". Vom 12. bis 14. Oktober dauerten die Gespräche und Verhöre Luthers vor Cajetan[15]. Der kleine, aber selbstbewußte Kardinal verlor schließlich die Geduld, wurde heftig und befahl den Widerruf. Luther lehnte ab, wurde grob und schließlich hinausgewiesen. Er berief noch vom „schlecht unterrichteten an den besser zu unterrichtenden Papst" und verließ am 20. Oktober heimlich die Stadt.

Nochmals versuchte der Kurfürst von Sachsen über seinen Gesandten Pfeffinger[16], den Kaiser für Luther einzunehmen: Er solle sich beim Papst dafür verwenden, daß der Prozeß eingestellt werde. Für Friedrich war es zunächst eine Ehrensache seiner jungen Universität. Vor allem solle der Gesandte die kaiserlichen Räte Renner und Ziegler an ihre diesbezüglichen Versprechungen erinnern. Der Kurfürst wußte wohl, daß er vom Kaiser selbst in dieser Sache nichts zu erwarten hatte. Maximilian gab zu verstehen, Luther solle sich dem Papst unterwerfen[17].

Als der Kaiser starb und das Interregnum, die Wahlverhandlungen und die Ankunft des neuen Herrn sich lange hinzogen, gewann die lutherische Bewegung freiere Bahn. Ein Regensburger Chronist meinte[18], solange Maximilian am Leben war, habe sich Luther nicht hervorwagen dürfen; als der Kaiser starb, „brach er mit gwaldt herfür und machet vill unrue".

Es ist mit großer Wahrscheinlichkeit anzunehmen, daß der Kaiser bei längerem Leben die lutherische Revolution zwar kaum aufzuhalten vermochte, aber noch viel weniger unterstützt haben würde. Die Gemeindekirche, wie sie Luther ursprünglich plante, die Auslieferung des Kirchenwesens an bürgerliche und bäuerliche Gemeinden, wäre dem autoritätsbewußten Kaiser wohl verächtlich erschienen; die Übertragung der Kirchenhoheit an die Landesfürsten aber geradezu gefährlich. Kaum würde er sich mit dem Gedanken versöhnt haben, den übermächtigen Reichsfürsten auch noch die Kirchenherrschaft zu übertragen; die Bischöfe, die verläßlichsten Stützen des Kaisers im Reich, abzusetzen. Die nationalen Landeskirchen hätten seiner universalen Reichs- und Kirchenidee völlig widersprochen. Maximilian würde auf Luthers Reformation wohl ebenso geantwortet haben wie Karl V. auf dem Wormser Reichstag[19], der ganz im Geist seines Großvaters dachte, lebte und regierte. Es handelt sich freilich um historische Wahrscheinlichkeitsrechnungen, die allerdings so oft vorgelegt wurden, daß man sie nicht einfach beiseite schieben kann.

VIII. Kapitel

DES KAISERS TOD UND SEINE POLITISCHEN FOLGEN

1. Tod in Wels. Des Kaisers Testament

Viele, voneinander unabhängige Quellen[1] berichten über das tapfere und demütige Sterben des Kaisers. Sie bieten ein ergreifendes Bild — keine Heiligenlegende.

Der Tod ist bitter für den, der ohne Sorgen lebt, gute Tage hat und noch bessere erwartet. Wer zeitlebens in großen Sorgen steckte, abgehetzt, schwer krank und müde ist, ersehnt Ruhe und Frieden. Seit mehr als vierzig Jahren stand der Kaiser im Getriebe der großen Politik und des Krieges. Auf der Jagd nach Macht und Größe war ihm Glück und innerer Friede nur selten zuteil geworden. Nun bedrückte ihn der jämmerliche Ausgang des Krieges um Italien und ein beschämender Friede, begleitet von inneren Unruhen und Fehdehändeln im Reich; auch der Augsburger Tag mit seinen Aufregungen und Enttäuschungen; dazu die schweren wirtschaftlichen und politischen Krisen in den österreichischen Ländern, die auf dem Innsbrucker Generallandtag so stürmisch hervorbrachen; überdies gab es große Sorgen um Testament und Nachfolge in Österreich, im Reich und in den burgundisch-spanischen Ländern. Geruhsame Zeiten hatte der Kaiser während seiner fünfundzwanzig Herrscherjahre kaum erlebt. Nur selten fand er Zeit, länger an einem Ort zu verweilen, es sei denn winters, wenn die Kriege ruhten, oder sommers, wenn er sich einige Tage auf der Jagd erholte. Stets drückten ihn schwere Geldsorgen: Das reiche Tirol war ausgeschöpft. Wie sollte er mit den spärlichen Mitteln seiner Länder die große Weltpolitik bezahlen? Nun war er abgekämpft, fühlte sich schwach und krank. Großes hatte er vorbereitet, das die Enkel, wenn sie Glück hatten, vollenden würden. Es war gesorgt, „daß sein Gedächtnis nicht mit dem Glockenton vergehe". Er fühlte sein Werk vollendet und ging dem Tod mit männlicher Gelassenheit entgegen. Würdig, wie er gelebt, wußte er zu sterben.

Auf der Reise nach Augsburg sah der Kaiser Anfang Juni 1518 zu Kaufbeuren jene ringförmige Sonnenfinsternis[2], die Tanstetter schon vor sechs Jahren vorausgesagt und als Zeichen des Unheils für den Kaiser gedeutet hatte. In gedrückter Stimmung leitete Maximilian seinen letzten Reichstag. Er soll sich mit dem Gedanken getragen haben, nach Regelung der Wahl- und Krönungsfragen abzudanken — ein Plan, den er schon öfter geäußert hatte. Er war müde, krank und weit über seine Jahre gealtert. So hat ihn Albrecht Dürer auf dem letzten Kohleporträt 1518 zu Augsburg, hoch oben auf der Pfalz in seinem kleinen Stüblein, „künterfett"[3]. Als sich Maximilian von Kurfürst Friedrich dem Weisen verabschiedete, bemerkte Spalatin, wie der Kaiser sein Bein nachzog — „am Leib und Gesund ganz baufällig".

Verdrossen verließ der Kaiser Augsburg[4] (23. September 1518), um sich in den Tiroler Bergen vielleicht mit Wasser, Luft und Bewegung noch einmal zu kurieren, denn zeitlebens hatte er der lateinischen Küche der Ärzte mißtraut. Es war weniger die alte Halsentzündung, die ihm zu schaffen machte, auch nicht die Folgen eines Schlaganfalles, die ihn hinderten, zu Pferd zu steigen; vielmehr ein inneres Übel, eine hartnäckige Erkrankung der Verdauungsorgane, die seinem Gesicht allmählich die Farbe entzog, ihn abmagern ließ und immer mehr schwächte[5]; vielleicht auch ein heimliches Leiden, das er verschämt verbarg, obwohl damals alle Welt daran litt.

Auf dem Rennfeld, beim letzten Anblick der Augsburger Mauern und Türme, soll er die geliebte Stadt noch einmal gesegnet und von ihr wehmütigen Abschied genommen haben[6]: „Segne dich Gott, du liebes Augsburg; wohl haben wir manchen guten Tag in dir gehabt, nun werden wir dich nicht mehr sehen." Todesahnungen begleiteten ihn. Bereits in Augsburg hatte er seinen Beichtvater Gregor Reisch von Freiburg nach Wels in Oberösterreich bestellt. Seit Jahren führte er auf allen Wegen seinen Sarg mit[7], in dem er seine Holzschnittwerke, die großen Hauschroniken und wichtige geheime Akten, angeblich die Türkensachen, verschlossen hielt. Niemand kannte den eigentlichen Inhalt und Zweck dieser merkwürdigen Doppeltruhe. Der Kaiser sprach mitunter scherzhaft von seinem „Schatz".

Über seine alten Jagdgründe, Kaufbeuren, Ehrenberg, Imst,

Fragenstein, begab sich Maximilian nach Innsbruck[8]. Er wohnte der St.-Ursula-Prozession gelegentlich des alljährlichen Erntedankes beim Stifte Wilten bei[9], zog sich aber sofort wieder in das nahe Fragenstein zurück. Es wurde immer klarer, daß der Papst die Übersendung der Kaiserkrone ins Reich und die bereits geplante Krönung in Trient verweigerte. Also würde er die Königswahl nicht mehr erleben. Im übrigen gab es Beratungen über den Abschied des Innsbrucker Generallandtages — ärgerliche Dinge für ihn —, Sorgen um Regiment und Raitkammer, politische Vorsorge für die Zukunft der österreichischen Erbländer. Der Generallandtag hatte es an Forderungen und hartem Tadel nicht fehlen lassen. Es wurde angeregt, der Kaiser solle sich „entlasten". Derartige Empfehlungen waren aus dem Kreis um König Karl schon öfter zu hören gewesen. Wollte man den Kaiser bereits „entmündigen"? Man erwartete offenbar eine endgültige Fassung seines Testamentes[10] und eine klare Ordnung der Nachfolge in den österreichischen Ländern; Anlaß genug zu allerlei Ärger und Sorgen.

Das Bitterste aber: Die Innsbrucker Wirte verweigerten dem kaiserlichen Troß alter Schulden wegen Stallungen und Quartiere[11] und ließen die Wagenpferde auf der Gasse stehen. Immerhin waren alte Wirtsrechnungen, etwa 24.000 Gulden, von der Kammer nicht bezahlt worden. Es erging dem Kaiser wie so oft in seinen schlechten Tagen. Die Nachricht über diese Schmach wirkte sicher ungünstig auf sein heftiges, durch Krankheit ohnehin schwankendes Gemüt. Er geriet in polterndem Zorn: Kurfürsten und Fürsten hätten ihn auf dem Augsburger Reichstag geehrt; seine eigenen Untertanen dagegen verachteten ihn[12]. Was waren dagegen seine Augsburger für feine Leute: Da kam ihm ein alter Augsburger Sünder gerade recht, dem der Rat seine Konkubine verboten und mit anderen Dirnen aus der Stadt vertrieben hatte. Der Meister durfte sie zurücknehmen, „da er mit ihr Kinder hatte und sie in seinem Geschäft brauchte".

Trotz ernstem Unwohlsein wünschte der Kaiser sofort abzureisen. Er ließ sich auch von den „Königinnen", so nannte man die Erzherzoginnen Maria und Anna, nicht zurückhalten. Zutiefst empört und verletzt, vor allem über das Regiment, das ihm angesichts des Bankrotts ständig mit dem Rücktritt drohte, verließ er in der Sänfte die undankbare Stadt, reiste zu Lande bis Kufstein, fuhr dann mit dem Schiff innabwärts bis Rosenheim[13] und wandte sich von dort nach Österreich, wo er auf einem Landtag in Linz

Regimentsfragen und Grenzhändel mit Böhmen ordnen wollte. Dort erwartete der Kaiser auch den aus den Erbländern beschickten neuen Hofrat; außerdem die Rückkehr seiner Gesandtschaft aus Moskau, die Frieden oder Waffenstillstand mit Polen hätte vermitteln sollen. Auch aus England wurden Gesandte erwartet, mit denen ein neues System der Westpolitik vorzubereiten war. Die politischen Schwierigkeiten, die zugleich auf den Kaiser einstürmten, hätten nicht größer sein können.

Die Todesahnungen verließen ihn nicht mehr. Seinen treuen Mundkoch, der ihn um kurzen Urlaub zu Frau und Kind anging, bat er, noch eine kleine Weile bei ihm auszuharren, denn er werde helfen müssen, ihn zu begraben[14]. Es ging nun in der Sänfte zunächst nach Salzburg, wo er mit Lang und dem Erzbischof dessen Nachfolge besprach; dann über Straßwalchen und Vöcklabruck nach Gmunden (16. November 1518). Herberstein[15], der neben der Sänfte einherritt, fand den Kaiser schwach, das Gesicht ganz gelb; die schwere Krankheit schaute ihm aus den Augen. Aber er wollte sich nichts anmerken lassen.

In Gmunden gab es längeren Aufenthalt: Die Vorbereitung des Linzer Landtages hielt ihn fest; unter anderem beschäftigten ihn die Innsbrucker Wirte und ihre alten Rechnungen, die ihn aus der geliebten Stadt vertrieben hatten. Er besuchte St. Wolfgang und besprach mit dem Abt nochmals die Pläne für eine klösterliche Grabeskirche[16], die er gerne auf den Höhen des Falkensteins, hoch über dem See, erbaut hätte. Er sah wohl, daß dies nicht mehr ging. Bei diesen Besichtigungen dürfte sich der Kaiser im kalten und feuchten Novemberwetter verkühlt haben. Auch seine alte Fußwunde war wieder aufgebrochen. Vielleicht hatte er sich von einer Wallfahrt zum wundertätigen heiligen Wolfgang Linderung seines Leidens versprochen. In Ischl gebrauchte er das Heilwasser. Eine eigenartige Unruhe trieb ihn von Ort zu Ort, ehe er sich in Wels zum Sterben niederlegen mußte. Müden Auges durchstreifte der alte Jäger noch einmal die Jagdgründe und Fischweiden des Salzkammergutes; besuchte dann Enns, Steyr und Stift Kremsmünster, wo er mit dem besonders befreundeten Abt offenbar letzte Dinge besprach. Am 10. Dezember 1518 traf er in seiner bescheidenen Burg zu Wels ein[17], der letzten Station seiner Lebenspilgerfahrt.

Nach kurzer Besserung wurde der Kaiser von Tag zu Tag schwächer, empfing aber zunächst noch regelmäßig seine Räte und ließ sich auf einem Krankenstuhl zur täglichen Messe tragen. Während der schlaflosen Nächte las ihm Stabius aus der Geschichte seiner Vorfahren, der Heiligen und Seligen seines Geschlechts vor. Bald konnte er das Bett nicht mehr verlassen. Zum schleichenden Wechselfieber kamen Störungen von Galle und Leber, die sich durch Krämpfe, gelbe Verfärbung der Augen und des Gesichtes äußerten. Verstopfungen hatte man durch allzu starke Purgiermittel gelöst; es folgten schwere Durchfälle, Abgang von Blut, Schleim und Eiter, Abmagerung und völliger Kräfteverfall. Cuspinian, selbst Arzt, erkannte auf Ruhr („profluvium ventris, dysenteria") und übernahm wohl die Diagnose der kaiserlichen Leibärzte Tanstetter und Puelinger. Nach heutigen Begriffen war es wohl ein Gallensteinleiden, wahrscheinlich auch eine schwere Dickdarmentzündung, vielleicht Darmgeschwüre, die, von Gelbsucht und Lungenentzündung begleitet, den Kaiser auf das Krankenlager niederwarfen[18]. Reitende Boten sollten den kaiserlichen Leibarzt Johannes Baptista Baldironus aus Mailand, vor allem aber den bevorzugten Beichtvater, den Kartäuser Gregor Reisch, aus Freiburg heranholen[19], den der Kaiser, wiederholt gerufen, ungeduldig erwartete, obwohl er Mönche aus verschiedenen Klöstern um sich hatte.

Allmählich versammelten sich die besten Ärzte aus Österreich und dem Reich um das Krankenbett: die Wiener Professoren Wilhelm Puelinger (Polymnius) und Georg Tanstetter (Colimitius); Baldironus aus Mailand wurde wohl nicht mehr erreicht. Sie alle konnten die fortschreitende Todeskrankheit nicht aufhalten. Obgleich der Kaiser immer wieder seinen nahen Tod ankündigte, suchte er doch seine heftigen Schmerzanfälle, die wohl von der Galle kamen, zu unterdrücken[20].

Elf Tage vor seinem Tod (1. Januar) empfing er sogar noch auswärtige Gesandtschaften: so eine Botschaft des Königs von England[21]. Eine kroatische Gesandtschaft, die um Hilfe gegen die Türken bat, tröstete er mit gutgemeinten Versprechungen: Er werde ihnen schon Geld und Truppen senden. Zu Ehren der Engländer war der Kaiser sogar aufgestanden, hatte sich den Kopf waschen und sich rasieren lassen, besprach mit ihnen durch zwei Stunden die sich überstürzende Westpolitik und sah nebenbei am offenen Fenster dem Flug der Falken zu, wobei er sich nochmals schwer verkühlte. Auch nahm er eine Suppe mit „Krauttascherln", die neue schwere Durchfälle auslöste. Bis zuletzt unterfertigte er

Akten, unter anderem ein Dankschreiben an den Dogen von Venedig für fünfundzwanzig Jagdfalken[22]. Die letzten bekannten Schreiben galten seiner geliebten Tochter Margarethe und der Sorge um seinen Enkel Karl.

Bis zuletzt beschäftigte den Kaiser die große Politik: vor allem Italien, die Kaiserkrönung und die Frage, ob der Papst die Kaiserkrone vielleicht doch noch senden werde[23], wie dies einst Julius II. empfohlen hatte; die Wahl[24] Karls V. und die Sorge, ob er die kaiserliche Politik fortsetzen werde. In seinen Fieberphantasien träumte der Schwerkranke, Anfang Januar 1519 zu einem neuen Wahltag nach Frankfurt aufzubrechen[25]. Der Augsburger Reichstag und die ungelösten Fragen, welche er zurückgelassen, beschäftigten ihn: Luther[26] und die Ablaßfrage, wobei der Kaiser eindeutig den Standpunkt Roms vertrat[27] — gewiß nicht nur wegen der Kaiserkrönung. Der Innsbrucker Generallandtag hatte eine Welle der Unzufriedenheit ausgelöst. Den Erbländern drohte der finanzielle Zusammenbruch. Wie würde man dem begegnen? Man mußte die Regenten, die ihre Ämter zur Verfügung gestellt hatten, zum Bleiben bewegen. Es galt, die Autorität der Regimente und des neuen Hofrates zu stärken und zu sichern. Daneben spielten die Überfälle böhmischer Banden auf die Erbländer[28], denen er auf dem Linzer Landtag begegnen wollte, wohl nur eine geringe Rolle. Die Anstrengungen der englischen Audienz haben offenbar sein Ende beschleunigt.

In der Nacht vom 30. auf 31. Dezember, zwischen zwölf und ein Uhr, diktierte der Kaiser, da er seine Stunde kommen fühlte, dem Sekretär Hans Vinsterwalder allein und geheim sein letztes Testament[29], das er in älteren Entwürfen vorbereitet hatte.

Er gedachte der Worte des Propheten Isaias: „Mensch, versieh dein Haus, denn du wirst sterben ... die Zeit, die einem Menschen zugemessen ist, ist nahent erreicht...“ Der Kaiser verfügte die Beisetzung seines Leichnams in der St.-Georgs-Kirche in Wiener Neustadt. Was von seinem Grabmal fertig sei, solle sofort aufgestellt werden, und zwar so, daß die Standbilder den Blick zum Altar nicht verstellen. Sein eigenes Standbild, das seines Vaters und Karls des Großen sollten vorn bei den Fenstern stehen. Damit das Gewölbe die Last tragen könne, sollten die schweren Erzstandbilder mit Ketten an einem „Dram“ des Oberbodens verankert werden. Die Aufstellung des unfertigen Restes sollten die Testamentsvollstrecker fördern.

Seine österreichischen Erbländer übergab der Kaiser den Enkeln König Karl und Erzherzog Ferdinand als seinen rechten und natürlichen Erben[30]. Damit war Ferdinand gegen Karl gesichert, der am liebsten Spanien mit den Niederlanden und Österreich vereinigt hätte und seinem Bruder nur eine Abfindung in Italien oder anderswo gewähren wollte. Die Brüder sollten alle ausstehenden Schulden bezahlen, alle kaiserlichen Diener und Offiziere ihren Diensten und Leistungen entsprechend belohnen. Das Bistum zu Wiener Neustadt sollte wiederaufgerichtet, die Zahl der Ordensbrüder dortselbst vermehrt und mit 1000 Gulden aus den Salzämtern zu Gmunden und Wien erhalten werden.

Außerdem sollte je ein Spital samt Kirche und Versorgungshaus in Antwerpen, Augsburg, Innsbruck, Wien, Linz, Graz, St. Veit, Laibach und Breisach eingerichtet, aus genannten kaiserlichen Renten erbaut, erhalten und arme Leute darin versorgt werden, damit sie regelmäßig, besonders am Jahrtag seines Hinscheidens, für den Kaiser beten. Im besonderen gedachte er noch der alten Arbeiter „des Salzsiedens" zu Hallstatt und Gmunden. Selbst die Mahlzeiten für die Pfründner wurden bestimmt: Gemüse, Brot und dazu ein „gesotten Wasser" mit Honig, Kranewitt und Peiselbeer, „damit es lieblich zu trinken sei". Offenbar hatte der Kaiser diese Art „Tee" als Jäger und Naturfreund selbst erprobt. Zweimal des Jahres sollten die Pfründner Sommer- oder Winterkleider, Hemden, Schuhe und Mäntel erhalten. Wenn die angegebenen Geldquellen nicht zureichten, sollte man andere suchen. Der Bau dieser Spitäler in den österreichischen Ländern und Burgund sollte die oberste Sorge der Testamentsvollstrecker sein. Das legte er seinen Enkeln, den Regenten und Amtleuten aller seiner Länder besonders ans Herz. In jedem Spital sollte ein ehernes Standbild des Kaisers stehen. Da sollte man bei jedem Hochamt des heiligen Ritters St. Jörg und des Kaisers gedenken. Auch seine Mutter und seine Gemahlin sollten in der gleichen Grabkammer wie der Kaiser beigesetzt werden. In Innsbruck und Wels sollte zu Ehren des heiligen Leopold je eine Kirche gebaut werden. Als Testamentsvollstrecker erwählte der Kaiser Hans Geumann, den Hochmeister des St.-Georgs-Ordens, den Bischof von Wien, den Abt von Kremsmünster, den Hofmarschall Leonhard Rauber, Erhard v. Polheim, Gregor Reisch und seine Sekretäre Johann Renner und Gabriel Vogt.

Dem wurde angefügt, daß alle Regimente, Hauptleute und

Ämter bis zur Ankunft des neuen Landesfürsten in ihren Machtvollkommenheiten verbleiben sollten[31]. Die Testamentsvollstrecker sollten, wenn nötig, die Regimente mit Räten und Landleuten verstärken, ein Artikel, der ein gewisses Entgegenkommen gegenüber den Landständen erkennen ließ und, kaum als Zusatz später eingeschoben, auch nicht dem sterbenden Kaiser abgenötigt wurde, sondern wohl freiwillig schon früher entworfen, aber erst am 11. Januar 1519 unterzeichnet wurde.

Zuletzt fielen dem Sterbenden noch seine Jagdgeräte, Chroniken und Bücher ein, welche für die Enkel gut verwahrt werden sollten. Ebenso gedachte der Kaiser der Heimatvertriebenen aus Italien: Sie sollten versorgt und wieder zu ihrem Recht gebracht werden. Dieser Entwurf blieb zunächst geheim. Erst am 10. Januar 1519 wurde er in Anwesenheit vieler Testamentarier unterzeichnet und gesiegelt[32].

Es war ein mildtätiges, frommes und kein politisches Testament. Die Geschäfte des Weltreiches, das er vorbereitet hatte, überließ der Kaiser der freien Entscheidung seiner Nachfolger; er wünschte allerdings, beide Enkel an der Herrschaft zu beteiligen. Nur der Anhang enthielt Bestimmungen für die Zeit des Überganges. Im übrigen galt seine letzte Sorge der Aufstellung seines Grabmals, der Gründung von acht Spitälern und der Verpflegung der Pfründner, die für ihn beten sollten.

Am 6. Januar 1519 war bekannt geworden, daß die Ärzte für sein Leben nichts mehr gaben[33]. Endlich war auch der heiß ersehnte Kartäuserprior Gregor Reisch eingetroffen[34]. „Du kommst eben zurecht, um mir in den Himmel zu helfen", grüßte ihn der sterbende Kaiser. Nachdem er sich schon vorher einem Benediktiner aus Gleink anvertraut hatte, beichtete der Kaiser am 8. Januar 1519 noch einmal beim vertrauten Prior Reisch und gab ihm genaue Anweisungen[35] über die Behandlung seines Leichnams; er wünschte ein einfaches Begräbnis. Anderntags empfing er das Sakrament, wie es ihm als Diakon zukam, unter beiderlei Gestalt, und zwar mit solcher Demut, daß der anwesende Hofstaat und die Hausleute zutiefst ergriffen waren.

Gerne hätte der Todkranke noch seinen Kardinalminister Lang gesprochen, der durch viele Jahre sein „heiliger Satan" in der großen Politik gewesen war. Da der Kardinal nicht erschien, unterzeichnete der Kaiser das Testament und einen Tag später auch jenen Nachtrag[36], der die Amtsführung des neugeschaffenen Hof-

rates bis zur Übergabe der Länder an die Erben regeln sollte —
ein Dokument, das später angezweifelt wurde und zu vielerlei
Irrungen und Wirrungen führte: Alle Hofräte sollten als Ländervertreter, wie sie auf dem Innsbrucker Landtag eingesetzt worden
seien, weiter im Amt verbleiben und bis zum Eintreffen des neuen
Landesfürsten die Geschäfte führen. Dieser Nachtrag war gegeben
am 11. Januar 1519 zwischen neun und zehn Uhr vormittags. Aber
der Kaiser konnte ihn nur mehr mit einem triangelförmigen Voll-
ziehungsstrich zeichnen.

Daß dieser Zusatz dem klaren Willen des Kaisers entsprach
und nicht von den Testamentsvollstreckern dem Sterbenden unterschoben wurde, ist zwar nicht ganz sicher, aber doch wahrscheinlich. Jedenfalls stimmte die Verfügung mit den Vereinbarungen
des Innsbrucker Generallandtages völlig überein. Es ist nicht ohne
weiteres zu verstehen, warum dieser ständefreundliche Nachtrag
bei den Landherren solchen Anstoß erregte. Mag sein, daß sie, mit
teilweisen Zugeständnissen nicht zufrieden, die Echtheit des ganzen
Testamentes anzufechten suchten, weil sie während des Interregnums die ganze Machtvollkommenheit in den Ländern an sich
nehmen wollten.

Am 11. Januar 1519 empfing der Kaiser vom Prior Reisch
die letzte Ölung[37] — jedoch auf dem Handrücken, denn auf der
Innenseite sei er bereits als Römischer König gesalbt worden.
Dem Abt von Kremsmünster übergab der Kaiser das kleine
Täschchen mit dem Sekretsiegel, um sich damit aller irdischen Aufgaben zu entledigen und christlich zu sterben. Er verbat sich den
kaiserlichen Titel und wollte nur mehr wie ein gemeiner Mann mit
dem einfachen Namen angeredet werden. Alles Weltliche wies er
fortan von sich, um seine Gedanken der Ewigkeit zuzuwenden,
dem großen Frieden, den er zeitlebens nie genossen: Man solle
die Sterbekerze anzünden und gemeinsam mit ihm beten. So ging
er dem letzten Akt des Lebens, dem Tod, der ihm — dessen war
er sich ganz sicher — ein höheres Leben aufschließen werde, ganz
gefaßt entgegen. Er bat die Umstehenden um Verzeihung, wenn
er ihnen unrecht getan, und tröstete sie, daß ein Sterblicher eben
sterben müsse. Jede Todesangst schien von ihm gewichen. Er bat,
man solle ihm aus der Bibel die Bußpsalmen, Leiden und Tod
Christi und die Gebete der heiligen Birgitta vorlesen. Ohnmachten
wechselten mit lichten Augenblicken, während deren sich der Sterbende den Umstehenden durch Flüstern oder Zeichen verständlich

machte. Sein letztes Wort: „Ich bin für diese Reise mit Gottes Gnade ganz gerüstet."[38]

Nachmittags erschienen Vertreter der österreichischen Landstände am Krankenbett. Der Kaiser sprach sie nicht mehr an, obwohl er alles zu verstehen schien. Was hatten die Landherrn mit ihm gestritten! Nun gingen sie weinend fort. Man ließ nun jedermann, Herren, Knechte und einfache Hausleute, an sein Sterbebett. Gegen Abend nahm ihm ein Schlagfluß vollends die Sprache[39]; den Verstand behielt er bis zuletzt. Er schien sein Ende bewußt zu erleben und getrost, ja zufrieden dem großen Feierabend entgegenzugehen. Zur dritten Stunde nach Mitternacht — Kaplan Waldner las eben die Bibelstelle von Christi Tod — hauchte der Kaiser, völlig erschöpft, ohne Todeskampf, sein Leben aus, „still wie ein Kind"[40]. Der Kaplan hatte „all sein Tage keinen geduldigeren Menschen sterben gesehen".

In den Stuben und Kammern nächst dem Krankenzimmer waren indes die Geschäfte weitergeführt worden, die auch während der Krankheit nicht ganz ruhen konnten. Sogar nach des Kaisers Tod wurden noch einige Briefe gesiegelt und ausgefertigt[41], was Verdacht erregte und später den Ständen Anlaß zu Argwohn, Untersuchungen und Anklagen auf Urkundenfälschung gab. Das Testament als ganzes wurde angezweifelt.

Auch in der Welser Burg geschah, was nach dem Tod von Kaisern, Päpsten und Fürsten damals allgemeiner Brauch war: Hofleute, Räte, Schreiber und Diener nahmen unter dem Titel eines Andenkens oder der Entschädigung manches an sich[42], was der Kaiser hinterlassen hatte; keineswegs alles, wie der mißgünstige Grünpeck schreibt. Kein Pfennig Geld war vorhanden, so daß der Gründer eines Weltreiches mit fremdem und geliehenem Geld bestattet werden mußte[43].

Der Kaiser war tot, und alle Bande lösten sich. Es geschah vieles, was Mißtrauen erregte. Zunächst wurden alle Siegel eingesammelt und versperrt; desgleichen Silberkammer und Garderobe[44]. Später aber ließ man doch wieder Briefe schreiben, siegeln und ausfertigen.

Inzwischen war Kardinal Lang eingetroffen. Er hielt eine kurze Trauerrede auf den dahingeschiedenen Kaiser. Nach längeren Beratungen[45] eröffnete er, was das Testament über Begräbnis, Hofgesinde, Regiment und Hofrat bestimmte. Manche zweifelten, ob die Länder diese Verfügungen annehmen würden, meinten

doch die Stände das Recht zu haben, keinen Landesfürsten anzuerkennen, bevor er ihre Freiheiten beschworen hatte. Und nun
sollten sie dem neuen Hofrat gehorchen?

Die Testamentarier hatten zunächst für das Begräbnis zu sorgen, den Hofstaat zu entlassen und die dafür nötigen Lohngelder
aufzubringen. Das Gesinde, zumal die Kantorei, die mittellos
zurückblieben, erregten allgemeines Mitleid. Wer würde sie bezahlen? Man wußte von den ungeheuren Schulden[46], die der
Kaiser hinterließ.

Prior Reisch hatte vor allem darüber zu wachen, daß der letzte
Wille des Kaisers betreffend die Beisetzung genau eingehalten
werde. Die „Blattern" sollten offenbar geheim bleiben. Ein Tuch
war bereitgehalten, damit niemand des Kaisers Blöße sehen könne.
Es fiel auf, daß sich des Kaisers Haut bald nach dem Hinscheiden
„schwarz" verfärbte — vielleicht eine Folge des Blutaustritts unter
die Haut? Man vermutete zunächst Vergiftung, kam aber davon
alsbald ab. Die damals bei Fürsten übliche Balsamierung hatte sich
der Kaiser verbeten, aber in einem grausamen Bedürfnis äußerster
Verdemütigung angeordnet, daß ihm die Haupthaare abgeschnitten, die Zähne ausgebrochen, der Körper gegeißelt werde; von den
Sünden des Leibes geläutert, als ein Büßer wollte er vor seinem
ewigen Richter erscheinen.

Durch zwei Tage wurde der Leichnam offen aufgebahrt und
dem Volk zur Schau gestellt, damit man sich von der Eitelkeit der
irdischen Herrschaft überzeugen könne[47]. Ein guter Welser Meister,
Andre Astel, wurde herbeigerufen und malte des Kaisers Totenbildnis[48] — eines der eindruckvollsten, das die Porträtkunst
kennt —, ein Dokument von erschütterndem Naturalismus. Das
Haupt war von einer roten Kappe bedeckt, das Antlitz fahlgelb,
die Augenlider zugedrückt, die Wangen tief eingefallen, die große
Nase noch mehr hervortretend als zu Lebzeiten, der Mund leicht
geöffnet; die Brust mit einem weiß gesäumten Bahrtuch und dem
roten Kreuz des Georgsordens bedeckt. So wurde der Kaiser dem
Volk gezeigt. Tausende zogen an seiner Bahre vorüber, weinten
und schrien, wie man das heutzutage noch bei Naturvölkern beobachten kann.

Der Leichnam wurde für das Begräbnis in grobes Tuch einge-
näht, dann in einen mattweißen Seidenstoff, Zendel, gehüllt, hierauf in schwarzen Damast und endlich in einen dreifachen weißen,
rauhen Stoff eingewickelt[49]. Auf die Brust legte man ein Blei-

täfelchen, das den Namen und den Tag des Hinscheidens angab[50]. Reisch umwand die Hand des Toten mit einem weißen Kartäuserrosenkranz, legte ihm ein Beutelchen mit Reliquien bei und jenen kostbaren Lieblingsring, dem der Kaiser Wunderkraft zugeschrieben hatte. Dann überschüttete man den Leichnam mit Kalk und Asche und verschloß ihn im mitgeführten doppelten, metallbeschlagenen Eichensarg[51].

Am 16. Januar 1519 wurde der Tote in feierlichem Begängnis, begleitet von den Äbten zu Kremsmünster und Lambach, vom gesamten Hofstaat, dem Klerus und den Bürgern von Wels, durch zwölf Grafen und Herrn, in die naheliegende Pfarrkirche gebracht[52]. Der Streit, wer dabei die Reichskleinodien zu tragen habe, wurde salomonisch geschlichtet[53]: man legte sie auf den Sarg. Kardinal Lang, sonst ganz Hochmut und Härte, folgte der kaiserlichen Bahre „unter Weinen und Trauer". Der Hofklüngel soll ihn durch ein höchst verdächtiges Schreiben vom Sterbebett des Kaisers ferngehalten haben[54]. Manche meinen freilich, er hätte sich absichtlich nicht an den Willen des Sterbenden binden wollen, um für den neuen Herrn frei zu sein. Jedenfalls begrub der Kardinal mit dem Kaiser auch seine Allmacht als dessen erster geheimer Rat. Während der Totenfeier in der Pfarrkirche hielt Johann Faber, Hofkaplan des Kaisers, die bekannte Leichenrede[55].

Der Hirte war tot und die Herde zerstreute sich[56]. Die verantwortlichen Testamentarier und die Vertreter der Länder gingen nach dem Begängnis verstimmt auseinander. Man tuschelte über die Brief- und Siegelgeschichten. Alsbald sollte es darüber zum offenen Streit kommen. Die Hofräte, denen man das Testament kaum gezeigt hatte, äußerten den Verdacht, daß sowohl die Bestimmungen über das Verbleiben der Regimente wie des Hofrates unterschoben seien, was den Tatsachen aber nicht entsprach. Die neuen Hofräte waren selbst Ständeherren und wollten mit dem verrufenen Hofregiment offenbar nichts mehr zu tun haben und sich ihren Standesgenossen nicht widersetzen.

Der Leichenzug, vom Hofstaat und den Ständeherrn begleitet, zog, allenthalben durch Glockengeläute und Massen betenden Volkes eingeholt, durch die Dörfer und Städte Österreichs nach Wien[57], wo der Sarg in St. Stephan drei Tage dem Volke gezeigt wurde und Professor Gundel namens der Universität die Leichenrede[58] hielt. In Wien trat eben jetzt — der Kaiser war noch nicht unter der Erde — der niederösterreichische Landtag zusammen, der entgegen dem Testament Regimenten und Hofräten den Gehorsam aufkündigte.

Am 3. Februar 1519 wurde der Kaiser nach seinen besonderen Weisungen in der St.-Georgs-Kirche zu Wiener Neustadt beigesetzt[59]; und zwar unter der linken Seite des Hochaltars, so daß der Priester bei Lesung des Evangeliums gerade über der Brust des Toten stehe und ihn zur Buße für seine Sünden sozusagen täglich mit Füßen trete.

Schon zwei Tage nach dem Hinscheiden des Kaisers erreichte die Trauernachricht Innsbruck, bald darauf Venedig, Rom und Paris[60]! Zahlreiche fliegende Blätter mit dem Holzschnittbild des Kaisers[61], Leichenreden und Totenklagen[62] verbreiteten die Nachricht im Reich und in ganz Europa. Allenthalben hielt man dem Kaiser feierliche Totengottesdienste[63], besonders in Augsburg, das, wie man gerne sagte, seinen „Bürgermeister" verloren hatte. Der Aberglaube wollte die merkwürdigsten Wunderzeichen gesehen haben, die den Tod des Kaisers ankündigten[64]. In Sachsen beobachtete man zur Mittagsstunde des Todestages angeblich drei Sonnen am Himmel. Spalatin deutete sie auf die Könige von Spanien, Frankreich und England, die nach Maximilian um das Reich kämpfen würden[65]. Seit Julius Cäsar, dessen Tod angeblich von Wunderzeichen begleitet war, durfte nach dem Volksglauben anscheinend kein großer Kaiser mehr sterben, ohne daß sich die Natur auf das tiefste bewegt zeigte.

2. Das Grabdenkmal

Zeit seines Lebens hatte Maximilian der Gedanke bewegt, als großer Kaiser der Christenheit, als ritterlicher Held und als Glied seines habsburgischen Hauses im Andenken der Nachwelt weiterzuleben: „Wer sich im Leben kein Gedächtnis macht, der hat auch nach dem Tode kein Gedächtnis und desselben Menschen wird mit dem Glockenton vergessen[1]. Das Geld, das für das Gedächtnis aufgewendet wird, ist nicht vergeblich ausgegeben..." Dieser Sehnsucht weiterzuleben entsprangen seine großen bildlichen und autobiographischen Ehrenwerke. Dafür plante er sein Reiterstandbild in St. Ulrich und Afra zu Augsburg[2], sein Denkmal in der Kaisergruft zu Speyer[3] und endlich sein Grabdenkmal, das ganz nach seinen Ideen errichtet werden sollte.

Matthäus Lang

Totenbild Maximilians

Während seine Augsburger und Speyerer Pläne über Entwürfe kaum hinausgediehen, wurde sein Innsbrucker Grabdenkmal[4] ein Kunstwerk, das in dieser Art nicht seinesgleichen findet. Der Kaiser hatte bereits seiner ersten Gemahlin Maria, seiner Mutter Eleonore und seinem Vater Friedrich III. kunstvolle Grabdenkmäler gesetzt. Als Vierzigjähriger, in Zeiten tiefster politischer Demütigung, begann er, sein eigenes Grab zu planen[5], und betrieb diese Arbeit während der letzten achtzehn Jahre seines Lebens mit großem Eifer. Beim Neubau der Innsbrucker Burg sagte er einmal: „Die Bauleute machen mir nichts recht"; dann flüsterte er seinem ersten Kämmerer in Anspielung auf sein Grab ins Ohr, er werde sich selbst ein Haus bauen, das Gefallen finden solle[6]. Es war dem Kaiser allerdings nicht vergönnt, das große Werk zu vollenden. Der Riesenplan, der Ideen der Ehrenpforte und des Triumphzuges vereinte, wurde auch in vielen Jahrzehnten nach des Kaisers Hinscheiden nie ganz fertig, obwohl sein Enkel Ferdinand I. das kaiserliche Testament mit größter Gewissenhaftigkeit zu vollziehen suchte.

Man errichtete eine eigene Grabeskirche vor den Toren des alten Innsbruck, die imstande war, die ungeheuer schweren Erzstandbilder aufzunehmen und zu tragen. Als man 1585 das leere Hochgrab mit der Erzstatue des knienden Kaisers krönte — Maximilian hatte sich das etwas anders vorgestellt —, hat man den endlosen Arbeiten einfach gewaltsam ein Ende gesetzt.

In der Mitte der Kirche steht die Tumba, mit vierundzwanzig Marmorreliefs geschmückt, welche die wichtigsten Ereignisse aus dem Leben des Kaisers — meist Kriegstaten — in Anlehnung an den Weißkunig und die Ehrenpforte darstellen; ein Werk des Niederländers Alexander Colin.

Ringsum stehen achtundzwanzig sehr verschiedenartige, unterschiedlich große, natürliches Menschenmaß weit überragende Standbilder[7] der Vorfahren Maximilians: Sagenhelden germanisch-deutscher Vorzeit, römisch-deutsche Kaiser und Könige, österreichische Landesfürsten aus dem babenbergischen und habsburgischen Haus; darunter auch die großen Frauen seines Hauses; Könige von Spanien, Böhmen, Ungarn und Herzoge von Burgund. Der Kaiser dachte an ein weit größeres Programm: vierzig Statuen sollten es werden, die ihm mit Fackeln in der Hand das Totengeleite gaben. Auf der Empore stehen zwanzig Büsten von altrömischen Kaisern[8], die, wie auf der Ehrenpforte, die Einheit des Kaisertums von

Maximilian zurück bis Julius Cäsar anschaulich machen sollten. So weit griff seine Kaiseridee über die deutsche Nation hinaus.

Außerdem waren hundert Statuen von Heiligen aus der habsburgischen Sipp- und Magschaft[9] geplant, die den Kaiser und seine Familie unmittelbar mit dem Himmel verbinden und als Fürbitter an seinem Grabe stehen sollten. Nur ein kleiner Teil davon wurde ausgeführt. Das Totengeleite durch die Sagenhelden der Vorzeit, die großen Heiligen und Herrscher aus dem eigenen Haus, die Kaiser und Könige der altrömischen und deutschen Vergangenheit: das war der Grundgedanke. Wer nur einmal — und sei es kurz — über die Idee des kaiserlichen Grabes nachgedacht hat, kann über die letzten politischen Ziele Maximilians, zumal über die kaiserliche Idee der Wiederherstellung des Reiches der alten Cäsaren, Karls des Großen und der Staufer, im Ernst nicht zweifeln. Auch sein ganzes Lebenswerk ist darauf ausgerichtet.

Vieles freilich ist anders geworden, als es der Kaiser geplant hatte. Einflüsse aus Burgund, Anregungen des antik-humanistischen Leichenpomps[10], ähnlich seinem Triumphzug, sind in die Grabmalpläne eingeflossen. Der Kaiser dachte an eine Grabeskirche in Verbindung mit einem Kloster und Spital für arme Leute, wo sein Grabmal aufgestellt, von einer Mönchsgemeinschaft, von armen Pfründnern betreut und von Wallfahrern besucht werden sollte. Aber wo?

Zunächst drehte sich alles um die großen Erzstatuen. Die ersten Jahre nach 1502 vergingen mit zeichnerischen Entwürfen[11], sogenannten Visierungen, wofür man bedeutende Meister heranzog. Der gesamte wissenschaftliche Stab des Kaisers, vor allen Peutinger[12] und die Hofgenealogen Sunthaym und Stabius[13], hatten lebensnahe Vorlagen herbeizuschaffen. Die literarischen und historischen Forschungen standen nun weithin im Dienste des Grabmals und seiner wissenschaftlichen Vorbereitung. Ein Statuenkodex[14] entstand, der manches festhielt, was entweder nicht ausgeführt oder wieder eingeschmolzen wurde.

Seit 1508 ging man an den Guß, der größtenteils in den kaiserlichen Geschützgießereien zu Mühlau bei Innsbruck durchgeführt wurde. Gilg Sesselschreiber[15] war der eigentliche erste Grabmalmeister, ein hochbegabter Künstler, aber ohne Vorbildung und Erfahrung im Guß von Bronzestatuen; auch etwas sprunghaft und nicht ganz zuverlässig. Neben und nach ihm arbeiteten[16] als Entwerfer, Holzschnitzer und Erzgießer Peter Löffler, Stephan Godl,

Jörg Kölderer, Leonhard Magt, Konrad Meit u. a. In Nürnberg arbeiteten Albrecht Dürer, Peter Vischer und Veit Stoß für den Kaiser; in Landshut Hans Leinberger. In Augsburg suchte Doktor Peutinger Künstler und Gießer zu gewinnen. Was da geschaffen wurde, gehört zum Besten, was auf deutschem Boden in dieser Art entstand.

Schon 1506, nach Abschluß des bayerischen Krieges, hatte der Kaiser das Gebiet von Mondsee und St. Wolfgang besucht[17], das ihm als sein „Interesse" abgetreten werden mußte. Der Gedanke, in einem Land zu liegen, das er selbst erworben hatte, an der Grenze zwischen den vorder- und niederösterreichischen Ländern, sozusagen im Herzen seines „Königreiches" Österreich, hatte etwas Einladendes für den Kaiser; dazu an einem vielbesuchten Wallfahrtsort, nächst dem zahlungskräftigen Salzkammergut, dessen Gülten für den Bau und die Erhaltung des Grabmals herangezogen werden konnten; außerdem auf luftiger Höhe, an einem See, das alles hätte ihm gefallen.

Aber erst in den Jahren zwischen 1511 und 1514 gewann dieser Plan Gestalt: Der Kaiser lud einen „vernünftigen und weisen Mönch" von Mondsee und andere Kleriker österreichischer Klöster nach Linz, um die Aufstellung seines Grabmales testamentarisch vorzubereiten. Bei einer Beratung am 12. März 1514 in Linz entstand wohl jener heute verschollene Testamentsentwurf[18], der die Errichtung eines Grabmals im Gebiet des Abtes von Mondsee vorsah: eine Grabeskirche inmitten einer Ordensburg der St.-Georgs-Ritter[19], eines Versorgungshauses und einer Schule für Chorknaben; und zwar auf dem Falkenstein am Wolfgangsee. Bis zur Fertigstellung der Kirche wollte der Kaiser vorläufig in Wiener Neustadt ruhen; wenn aber die Grabkirche überhaupt nicht zustande kam, dann in der Klosterkirche von Mondsee.

Der St.-Georgs-Orden, vier Priester und sechzehn Ritterbrüder, sollten das Grabkapitel stellen; außerdem vierundzwanzig Chorknaben hier verköstigt und unterrichtet werden und dafür „Tag und Nacht" den Psalter singen. In täglichen Wohltaten und Gebeten wollte der Kaiser im Andenken der Nachwelt weiterleben. Das Salzamt von Aussee, die Herrschaft Steyr, andere Zuwendungen und Gülten hätten den Bau und Unterhalt der Grabeskirche und des Kapitels sichern sollen. Wahrscheinlich gab es auch einen Bauplan[20]. Aber es fehlte wie stets das Geld, ihn auszuführen.

1517 wurde der Kaiser ungeduldig. Der allzu langsame Fortschritt der Gußarbeiten ärgerte ihn. Dem Grabmalmeister Gilg Sesselschreiber und seiner Sippschaft wurde der Dienst aufgekündigt; ja, der Kaiser ließ den ebenso unruhigen wie unverläßlichen Mann vorübergehend in den Schuldturm werfen[21], da die Arbeiten immer wieder stockten und die Abrechnungen nie stimmten. Um rascher weiterzukommen, hatte Maximilian schon andere Werkstätten herangezogen: In Augsburg betreute Dr. Peutinger den Guß der kleinen Kaiserbüsten, die nach römischen Münzbildern gefertigt wurden. Aus Nürnberg wurde Stephan Godl nach Mühlau berufen, der zusammen mit Kölderer und Magt die Arbeit an den Heiligenstatuen aufnahm und den Guß der großen Standbilder fortsetzte. Er sollte Sesselschreiber ersetzen. Der Kaiser versuchte auch niederländische Werkstätten zu gewinnen — indes ohne Erfolg. Peter Vischer und Veit Stoß gossen in Nürnberg nach Dürers Entwurfzeichnungen die Statuen König Artus' und Theoderichs, die schönsten der ganzen Reihe; aber sowie sie fertig wurden, mußten sie dem Bischof von Augsburg verpfändet werden[22]. Darin offenbart sich die Hauptschwierigkeit des ganzen Unternehmens: der dauernde Geldmangel.

Im Spätherbst 1518 besuchte der Kaiser zum letzten Mal Mondsee und St. Wolfgang. Er fühlte sein Ende nahen. Noch einmal überkam ihn die alte Sehnsucht des Jägers, „auf einem hohen Berg des salzburgischen Gebirges" zu ruhen[23]. Das Gebiet war inzwischen allerdings dem Erzbischof von Salzburg verpfändet; er hätte es dem Kaiser zurückstellen müssen, was er gewiß als Zumutung empfand. Die Besichtigungen, bei denen sich der bereits kranke Kaiser auch noch eine folgenschwere Erkältung zuzog, dürften ihm die Untunlichkeit des alten Planes[24] geoffenbart haben. Vielleicht war es Lang, der künftige Salzburger Erzbischof, der seinem Herrn diese Lösung ausredete. Vielleicht liegt auch in diesen Meinungsverschiedenheiten eine der Ursachen, weswegen der Kaiser seinen alten Kardinalminister nicht unter die Testamentsvollstrecker aufnahm.

Als der Kaiser in der Nacht vom 30. zum 31. Dezember 1518 sein Testament diktierte, ordnete er unter dem Zwang der Lage an, das Grabmal in der Wiener Neustädter Georgskirche aufzustellen[25], wohin es aber aus vielen, vor allem technischen Gründen nicht paßte: Einige höchst wunderlich anmutende Einzelbestimmungen haben darin ihre Ursache. Der Kaiser hielt am alten Gesamtplan fest. Ein erlesener Trauerzug sollte ihn zur Gruft geleiten. Er wollte unter dem Hochaltar bestattet sein[26]. Einen ehrwürdigeren Platz hätte seine tiefe Gläubigkeit nicht gewußt. Nur Heilige wurden unter Altären bestattet — übrigens auch die erste Gemahlin, Maria von Burgund. Von einer Tumba war im Testament nicht die Rede. Sein eigenes Standbild, das seines Vaters Friedrich und Karls des Großen sollten an der Stirnwand der Kirche stehen: Karl der Große als Symbol des christlichen Weltreiches, das er, Maximilian, wiederherstellen wollte. Die anderen Erzstatuen sollten an den Längswänden des Chores und im Schiff zwischen den Pfeilern aufgestellt werden; die Heiligen der Sipp- und Magschaft und die Statuen der altrömischen Kaiser hingegen die Brüstung der umlaufenden Galerien schmücken. Der Gedanke des „Begängnisses", von erlesenen Trauergästen zur Gruft begleitet zu werden, in zahlreichen Holzschnitten des Triumphzuges und des Weißkunigs abgewandelt, war offenbar der künstlerischen Phantasie des Kaisers entsprungen und von einem kongenialen Meister, Sesselschreiber, durchgeplant.

Zwar begrub man Maximilian, seinem letzten Willen gemäß, in Wiener Neustadt, mußte aber bald erkennen, daß die St.-Georgs-Kirche, die nicht fest auf der Erde gegründet, sondern über einem Torgewölbe erbaut war, die gewaltige Last der Erzstandbilder nicht werde tragen können. Kaiser Ferdinand, der auch die älteren Testamentsentwürfe seines Großvaters studierte, mußte andere Lösungsmöglichkeiten finden, zumal die Tiroler, die das meiste Geld dafür aufgebracht hatten, auf das Grabmal nicht verzichten wollten; war doch Innsbruck Maximilians eigentliche Hauptstadt gewesen. Man betrachtete des Kaisers letzten Willen, soweit er die Grabesaufstellung in Wiener Neustadt betraf, als Verlegenheitslösung, entstanden in der Verwirrung der letzten Stunden; wußte man doch aus früheren Entwürfen des Testamentes, daß der Kaiser eigentlich nur vorübergehend an Wiener Neustadt gedacht hatte. Die wunderlichen Einzelbestimmungen ließen klar erkennen, daß sich der Kaiser über die Schwierigkeiten der Aufstellung dort selbst im klaren gewesen war. Ferdinand entschied daher, das Grabmal in Innsbruck aufzurichten. Ja, man dachte sogar daran, auch den Sarg dahin zu überführen[27].

Maximilian hatte im Testament auch einen Kirchenbau zu Innsbruck angeordnet. Sein Enkel Ferdinand bestimmte diese neue Kirche zur Grabeskirche und ließ das Bauwerk allen Schwierigkeiten zum Trotz mit größter Pietät und erlesenem Kunstsinn vollenden. Wiener Neustadt behielt die sterblichen Überreste des Kaisers; Innsbruck sein Grabdenkmal, das größte Kaisergrab des Abendlandes[28], das sein Gedächtnis unter den Menschen erhalten wird, wie es der Kaiser so lebhaft wünschte.

3. Rebellion der Landstände und Volksbewegungen nach des Kaisers Tod

Seit der Kaiser tot war, kam alles in Bewegung, wie schon Zasius in seiner Leichenrede bemerkte. Die Unruhe[1], die der Innsbrucker Generallandtag ausgelöst hatte, war keineswegs abgeebbt, sondern während der letzten Monate noch angestiegen. Mit Recht hatten die Landstände geklagt, daß sie durch lange Zeit die Kriege des Reiches hätten bezahlen müssen, ohne daß die Reichsstände dazu entsprechend beitrugen. Maximilian behauptete vor dem Augsburger Reichstag, daß er im Dienste des Reiches fast sein ganzes väterliches Erbgut versetzt hätte; wäre er nicht Kaiser gewesen, hätten seine österreichischen Länder solche Verluste nicht erleiden müssen[2]. Dies war übertrieben, aber gewiß nicht ganz unrichtig. Gleichwohl hatte der Kaiser für die Wahl Karls (V.) wiederum sein Vermögen in solchem Ausmaß eingesetzt, daß es dem Innsbrucker Regiment unverantwortlich schien[3]. Mit Recht fragte man sich, wie man die ungeheuren Schulden abtragen sollte, die der Kaiser während des letzten Jahrzehntes angehäuft hatte. Die Entschuldung der Erbländer sollte die Regierungen noch durch Jahrzehnte beschäftigen. Die Münze war immer schlechter geworden, die Preise waren gestiegen, vor allem durch das Preisdiktat der großen Handelsgesellschaften, denen der Kaiser aus bekannten Gründen allzu freie Hand gewähren mußte. Die jahrzehntelange steuerliche Überlastung der Stände, zumal des „armen Mannes", erzeugte immer größere Erregung. Man forderte allgemein gerechtere, mäßigere Steuern und Ordnung der Münze. Der allgemeine Haß des Volkes — vor allem in den niederösterreichischen Ländern — richtete sich gegen die landesfürstlichen Beamten, weniger gegen den Kaiser, der es verstanden hatte, sein Bild in die Nähe der göttlichen Allgüte emporzuheben.

Der Kaiser war noch nicht unter der Erde, als zunächst in Niederösterreich und Wien bereits der Streit zwischen dem landesfürstlichen Regiment, den Landständen und dem Volk ausbrach.

Eine der schwierigsten und bewegtesten Zeiten unserer älteren Geschichte setzte ein. Das politische Erbe des dahingeschiedenen Kaisers, die Begründung eines Weltreiches, das einer einzigen Generation allzuviel Schweiß, Blut und Tränen gekostet hatte, schien in Frage gestellt. Denn kein Herrscher war da, der die Zügel hätte in die Hand nehmen können. König Karl weilte noch in Spanien, Prinz Ferdinand in den Niederlanden. Mit ihrer Ankunft war längere Zeit nicht zu rechnen. Wer sollte die Statthalterschaft führen? Maximilians Testament bestellte die Regimente der Ländergruppen und in einem Zusatz die neuen Hofräte[4] als Ländervertreter; sie sollten bis zum Eintreffen des Landesfürsten die Geschäfte führen. Außerdem hatten die Testamentsvollstrecker Vollmacht, weitere Stände- und Ländervertreter beizuziehen. Der sterbende Kaiser, der das aufsteigende Unwetter wohl richtig eingeschätzt hatte, wollte den Ständen offenbar entgegenkommen.

Die Landstände aber wünschten nichts weniger, als die politische Macht der Regimente zu verlängern. Vielmehr sollte Maximilians lästige Behördenorganisation beseitigt werden. Die politischen Bestimmungen des Testamentes erschienen ihnen als Verewigung des alten, verrotteten Systems. Fast geschlossen erhoben sich die Stände gegen das Regiment und fochten die Echtheit des kaiserlichen Testamentes in diesen Punkten an. Eine Sturmflut der Rebellion ging über alle österreichischen Länder hinweg, wie es sie seit Menschengedenken nicht mehr gegeben hatte. Der Innsbrucker Generallandtag hatte Einheit und Selbstbewußtsein der Stände mächtig gestärkt und gab ihren Unternehmungen Kraft und Nachdruck. Das ständische Reformwerk sollte nicht unterbrochen, sondern vollendet werden.

Während König Karl seinen österreichischen Vertrauensleuten sofort befohlen hatte, das Testament des Großvaters zu achten, hofften die Stände, während des Interregnums die Regierungsrechte an sich nehmen[5], dem neuen Landesfürsten bei der Erbhuldigung ihre Bedingungen stellen und während der herrenlosen Zeit ihre vom alten Kaiser arg beschränkten Rechte wiederherstellen zu können.

Am unruhigsten war es in Wien, wo das Regiment der niederösterreichischen Länder völlig zur Seite geschoben wurde und die Landstände alle landesfürstlichen Gerechtsame, selbst die Regalien, an sich nahmen. Sie setzten sich über das kaiserliche Testament hinweg und erklärten die Artikel über den Fortbestand der alten

Regimente und des Hofrates als Fälschung. Alsbald nahmen alle Länder die oberste Gewalt für sich in Anspruch.

Etwas besser war die Lage in Tirol[6], Vorderösterreich und Schwaben[7]. Zwar waren auch diese Länder durch jahrelange Kriege völlig ausgebeutet: keine Herrschaft, kein Bergwerk, keine Maut, kein Zoll, der nicht verpfändet gewesen wäre; Handel und Wandel gestört, die guten Münzen verschwunden, die Wucherverträge mit den Fuggern u. a. schier unerträglich. Aber dort hatte das Regiment angesichts des drohenden Bankrotts schon während des Jahres 1518 zurücktreten wollen. Die Regenten wiesen die Verantwortung für den finanziellen Ruin entschieden von sich: Sie hätten den Kaiser immer wieder — leider vergeblich — gewarnt. Der Kaiser hatte sie nur zu einstweiligem Verbleib bis Weihnachten 1518 bewegen können. Immerhin hatten die Regenten die Landschaft von ihrer Redlichkeit überzeugt und ein offenes Zerwürfnis vermeiden können[8].

Gleichwohl erhoben sich auch in Tirol Bauern und Kleinbürger und zeigten bereits da und dort die Bundschuhfahne. Straßenraub und Gewalttaten nahmen überhand[9]. Die Bauern wollten wissen, der Kaiser habe ihnen auf dem Sterbebette das Wild vermacht. Unerträglich waren die Schäden, die sie durch maßlose Überhegung des Wildes hatten hinnehmen müssen. Nun begannen sie Hirsche und das ganze gefreite Wild massenweise abzuschießen, Flüsse und Seen auszufischen, um ihrer Not abzuhelfen, und Drohungen gegen die Obrigkeit auszustoßen[10], als hätten sie keinen Landesfürsten mehr über sich. Man mußte darauf verzichten, die Schuldigen zu verfolgen. Bei einem Vergleichstag in Imst wurde ein städtischer Stutzer, nur weil er sich etwas „adelig" gab, halb totgeschlagen. Soweit man sich zurückerinnerte, hatte es derartiges im Lande nicht gegeben. Man fürchtete bereits, die Tiroler könnten sich mit den Schweizern verbinden, und wagte nicht mehr, dort Hilfsgelder für die Kaiserwahl einzuheben[11]. Bewegungen kündigten sich an, die bald übermächtig wurden. Nur mit Mühe konnten die Behörden das Volk beruhigen. Die Tiroler Stände verhielten sich maßvoller[12] als die Niederösterreicher: Das Innsbrucker Regiment wurde nicht abgesetzt, die Stände huldigten bereits 1520, und ein Strafgericht blieb den Tirolern erspart. Freilich waren die Schwierigkeiten nicht gelöst, sondern nur aufgeschoben. Im Bauernkrieg von 1525 sollten sie zum Austrag kommen.

In Österreich unter der Enns ging indes der Aufstand weiter.

Die Stände unter Führung Dr. Martin Siebenbürgers[13], Vertreters einer radikalen bürgerlichen Richtung, hielten hartnäckig an der Ständeherrschaft fest. Die Stadt Wien stellte sich an die Spitze der Bewegung, weil der Kaiser die Selbstverwaltung der Stadt, wo er konnte, eingeschränkt hatte. Reibungen zwischen kaiserlichen Regierungsbeamten und selbstbewußten Bürgern taten ein weiteres. Dazu kamen die ersten Regungen der Reformation[14], die sich nicht nur an der Universität, sondern auch auf der Kanzel zu St. Stephan, zumal unter dem jüngeren Klerus, den Humanisten und den aufgeweckten Studenten, Gehör verschaffte. Siebenbürger rief zum Widerstand gegen das Regiment, das eben die Statthalterschaft für den abwesenden Landesfürsten in aller Form antrat. Zwar hatten Bürgermeister und Räte der Stadt Wien der Regierung den geforderten Treueid geleistet, aber Siebenbürger und die Seinigen bildeten eine Art Gegenregierung, die breite Kreise des Volkes im Haß gegen das landesfürstliche Regiment sammelte.

Am 28. Januar 1519 trat der niederösterreichische Landtag in Wien zusammen[15] — eben als der Leichenzug mit dem toten Kaiser in der Stadt eintraf und der Sarg in St. Stephan aufgebahrt wurde. Der Regimentskanzler Dr. Schneidpeck forderte unter Berufung auf das Testament Anerkennung des alten kaiserlichen Regimentes; die Stände dagegen verlangten Einsicht in das Testament, was die Exekutoren ebenso hartnäckig wie unklug verweigerten, da sie es nur den Erben Karl und Ferdinand eröffnen dürften und auch nur ihnen verpflichtet seien. Jedoch verbürgten sich die Testamentarier, daß alle Artikel echt seien und der Kaiser gewünscht habe, Regimente und Hofräte sollten nach seinem Tod bis zur Ankunft der Enkel weiterarbeiten.

Die Stände dagegen beharrten darauf, daß dem Regiment keine Regierungsgewalt zukomme[16], solange der Landesfürst nicht geschworen und die neue Regierung bestätigt hätte. Nur der Prälatenstand stellte sich auf die Seite des Regimentes. Die meisten Herren und Ritter stimmten dagegen. Auch die Städte traten geschlossen gegen das Regiment auf, vor allem die Stadt Wien. Der kaisertreue Bürgermeister Kirchhofer wurde nach langen Verhandlungen unter Drohungen gezwungen, sich der Opposition zu unterwerfen[17].

Die Ständemitglieder, die dem landesfürstlichen Regiment angehörten, traten nun fast geschlossen zurück; ausgenommen der

Bischof von Wien, der ja zu den Testamentsvollstreckern zählte, und der Propst von Klosterneuburg. Das Regiment zog sich in die „allzeit getreue" Wiener Neustadt zurück[18]. Nur Bischof Slatkonia hielt die Stellung in der unruhigen Hauptstadt. Lorenz Saurer begab sich zu den Wahlhandlungen nach Augsburg, um bei den Anwälten König Karls, die das alte Regiment in allen Rechten bestätigten, gegen die österreichischen Rebellen Klage zu führen.

Die Ständeopposition forderte nun die Aufrichtung einer neuen Landesordnung[19] in Österreich. Man wählte einen ständischen Ausschuß von vierundsechzig Mitgliedern, daraus wieder eine landständische Regierung aus sechzehn Mitgliedern (vier aus jedem Stand), die als Landräte die Regierung[20] zu führen hatten: an ihrer Spitze Dr. Martin Siebenbürger, die Seele des Widerstandes gegen das alte Regiment. Eine Gewaltherrschaft wurde aufgerichtet: Man bemächtigte sich des Blutbannes, des landesfürstlichen Kammergutes, der Regalien, des kaiserlichen Zeughauses und der Artillerie; man warb sogar Kriegsvolk an.

Die Landtage der anderen Länder schlossen sich im allgemeinen dem niederösterreichischen Beispiel an und traten im Februar 1519 in ihren Hauptstädten Linz, Graz, Klagenfurt, Laibach und Innsbruck zusammen. Sie stimmten ihre Haltung zunächst ganz mit dem Wiener Landtag ab, wählten ihre eigenen Landesregierungen und suchten ständische Landesordnungen einzurichten. Auch die Steirer[21] wählten einen ständischen Ausschuß, schlugen aber angesichts der besonderen Notlage und der Türkengefahr eine gemeinsame Regierung aller österreichischen Länder vor. Sie vermieden Übergriffe und wollten mit einer offenen Rebellion gegen den angestammten Landesfürsten nichts zu tun haben. Der Gegensatz zwischen den Wiener Umstürzlern und den gemäßigten Steirern unter Siegmund von Herberstein, aber auch den Tirolern, wurde bereits offen sichtbar.

Tatsächlich kam es zu einem Generallandtag aller niederösterreichischen Länder, der vom 13. bis zum 27. März 1519 in Bruck an der Mur tagte[22], zu dem auch das vorder- und niederösterreichische Regiment je drei Beobachter sandten. Von den Testamentsvollstreckern Maximilians erschienen der Hochmeister des St.-Georgs-Ordens, Johann Geumann, und der gewesene Hofmarschall Leonhard Rauber.

Der Generallandtag befaßte sich mit Regierung und Verwaltung bis zur Ankunft des Landesfürsten, mit der Türkengefahr, der Absendung einer Ständegesandtschaft an König Karl und Prinz Ferdinand. Die Gesandten sollten den Erben die Trauer des Landes über den Tod des Kaisers ausdrücken, Karl und Ferdinand bitten, möglichst bald im Lande zu erscheinen und über die Lage der Erbländer, insbesondere die Türkengefahr, berichten. Daß in seiner Abwesenheit bereits eine neue Landesordnung beraten würde, mußte den künftigen Landesfürsten ernstlich verstimmen.

Inzwischen traf in Bruck ein Schreiben Kardinal Langs und der obersten Regenten ein, die in Augsburg im Namen Karls für dessen Königswahl wirkten. Es enthielt den Befehl des künftigen Erbherrn, im Sinne des Testamentes den alten Regimenten zu gehorchen. Er führte Klage gegen die Übergriffe der landständischen Regierung auf das landesfürstliche Kammergut, zumal man der Einnahmen für die bevorstehende Kaiserwahl dringend bedürfe. Für die Wahlhandlungen Karls wurden vom Generallandtag 50.000 Gulden gefordert. Aber die Stände ließen sich keinen Pfennig entreißen[23]. Ferdinand sollte sich an den dafür Verantwortlichen noch bitter rächen.

Sigmund Welzer trug den Generalständen die Beschwerden des alten Regimentes vor, worauf sie ausführlich antworteten[24]: Das Testament sei weder publiziert noch bestätigt; eine Erbhuldigung habe noch nicht stattgefunden, und die Macht des Regimentes sei daher nicht Rechtens. König Karl wisse offenbar nicht, was in Österreich Landesbrauch und Ordnung sei. — Für die Stände war die landesfürstliche Gewalt mit dem Tode Maximilians erloschen und bis zur Erbhuldigung in ihrer Hand.

Am 27. März 1519 beschlossen die versammelten Generalstände, die Testamentsvollstrecker, Hofbeamten und Diener aufzufordern, über Siegel, Kleinodien und Geheimsachen des Kaisers, insbesondere über die Tatsache, daß nach seinem Hinscheiden weitere Urkunden und Briefe ausgefertigt und gesiegelt worden seien, genauen Bericht zu erstatten. Daraus ergaben sich zahlreiche, teils ausführliche briefliche Aussagen[25], welche die Umstände beim Tod des Kaisers und die Errichtung des Testamentes ziemlich aufklärten; es war kaum zu bezweifeln, daß das Testament, auch die Bestimmung über den Fortbestand der Regimente und des Hofrates, echt war; daß nach dem Tode des Kaisers zwar noch Urkunden und Briefe ausgefertigt und gesiegelt wurden, allerdings nur Sachen, die noch zu Lebzeiten des Kaisers beraten und von ihm bestätigt waren. Eine offenbare Fälschung ist in diesem Zusammenhang niemals ans Licht gekommen. Gleichwohl meinten die Stände, bei ihrer Untersuchung „nit wenig verdächtickkeit gefunden" zu haben[26].

Das landesfürstliche Regiment war von den Ständen völlig ausgeschaltet. Der neue Hofrat, der im Sinne der Innsbrucker Ordnung von 1518 auch eine Vertretung der österreichischen Länder sein sollte, hatte sich infolge der neuen Ständepolitik ganz zurückgezogen. Machtlos saß das Regiment in Wiener Neustadt und mußte sich darauf beschränken, die Landschaften an ihre Pflichten zu ermahnen, was ganz vergebens war, und über das Gebaren der rebellischen Stände nach Augsburg und an den Hof Karls zu berichten. Es gab keinen Zweifel, daß sich der kommende Landesfürst auf die Seite der Regimente stellen werde. Er hatte bereits dem obersten Regiment in Augsburg vorläufig die Hoheit über die aufständischen Länder übertragen und Markgraf Kasimir von Brandenburg zum obersten Feldhauptmann in Österreich eingesetzt[27]. Bedeutete dies Drohung mit Waffengewalt?

Die Ständeregierung bemühte sich, durch günstige Berichte und Gesandtschaften an den Höfen in Spanien und Brüssel Verständnis zu finden. Wie zu erwarten, stellten sich die jungen Herren entschieden auf die Seite der alten Regierungen[28]. Eine Ständegesandtschaft, die im August 1519 Erzherzog Ferdinand und Margarethe in den Niederlanden besuchte, um das Libell mit den Nachforschungen über das Testament zu übergeben, fand keine freundliche Aufnahme[29]. Margarethe wollte sie in deutscher Sprache gar nicht anhören. Noch unfreundlicher war der Empfang einer anderen Gesandtschaft bei Karl (V.) in Barcelona[30], wo vor allem Siebenbürger schlechten Eindruck machte. Herberstein gelang es, den erzürnten Hof etwas zu besänftigen. Die jungen Herren, die bereits ganz in den Vorstellungen des spanischen Fürstenabsolutismus lebten, empfanden die ständische Bewegung in Österreich als Angriff gegen ihre landesfürstlichen Hoheitsrechte.

Den Ständen dagegen schienen der Tod des alten Kaisers, die lange Abwesenheit der Erben, die allgemeine Mißstimmung gegen die kaiserlichen Behörden, die wirtschaftlichen, sozialen und religiösen Spannungen die beste Gelegenheit zu bieten, die verhaßte maximilianische Ländereinheit wieder abzuschaffen, die mißliebigen Zentralbehörden auszuschalten und durch eine landständische Mitregierung oder — wenn möglich — Alleinherrschaft zu ersetzen. Die jungen Landesherren sollten, wenn sie nach Österreich kamen, vollendete Tatsachen, eine neue ständische Landesordnung, vorfinden. Da die Rechtsstellung der landesfürstlichen Regimente und des Hofrates mit Maximilians Testament stand und fiel, verfochten die Stände so leidenschaftlich die Unechtheit des Testaments, wofür sie nicht den geringsten Beweis in der Hand hatten. Offenbar wünschten die Stände, das auf dem Innsbrucker Generallandtag begonnene, durch den Tod des Kaisers unterbrochene Reformwerk aus eigener Kraft zu vollenden.

Als die landesfürstlichen Huldigungskommissare zu Beginn des Jahres 1520 in Österreich erschienen, verweigerte die Landschaft unter der Enns sogar die Erbhuldigung[31] — der erste Schritt zum Blutgericht von Wiener Neustadt[32].

Acht Führer der ständischen Rebellion, zwei Adelige und sechs Großbürgerliche, starben im August 1522 als Vorkämpfer der Ständefreiheiten von Henkershand. Seit einem guten Jahrhundert fühlten sich die Stände der landesfürstlichen Gewalt fast gleichberechtigt. Während des Interregnums waren die niederösterreichischen Stände allzu unvorsichtig vorgeprellt, hatten sich zum Bruche der überlieferten Landrechte hinreißen lassen, was dem jungen spanisch verbrämten Absolutismus eine einfache Handhabe bot, ein abschreckendes Exempel zu setzen. Im Wiener Neustädter Bluturteil offenbart sich der harte Zusammenprall zweier gegensätzlicher Prinzipien: der neuen, straffen staatlichen Ordnung, dargestellt im Landesfürsten, seinen römisch-rechtlichen Juristen und dem neuen Beamtenregiment, das damals bei allen anfänglichen Mängeln doch den Fortschritt darstellte, und der feudalen grund- und freiherrlichen Ordnung alter Zeit, die sich in dieser Form überlebt hatte, weil sie nur einem kleinen Kreis Privilegierter zugute kam und den Fortschritt zum modernen Staat hemmte. Die Umbildung der mittelalterlichen Länder zum modernen Staat hat sich in der Hauptsache ohne Mitwirkung der Stände, ja, zum Teil gegen sie vollzogen[33]. Gleichwohl wird man im geschichtlichen Ablauf den Kräften der Beharrung nicht mindere Bedeutung zumessen als jenen des Fortschrittes. Vorkämpfer des Liberalismus und der Demokratie, wie dies oberflächliche Betrachter manchmal meinen, waren die Stände in diesem Fall freilich nicht.

Die Wiener Neustädter Urteile waren, formal gesehen, zwar nicht ungerecht, aber doch äußerst hart[34], zumal wenn man bedenkt, daß die Stände wahrlich Gründe genug hatten, in die unglaubliche Schuldenwirtschaft, welche Maximilian hinterlassen hatte, ordnend einzugreifen. Konnte man von den Ständen Verständnis fordern für eine Weltpolitik, welche die österreichischen Länder völlig erschöpfte?

Die neue Zeit gehörte allerdings dem modernen Fürsten- und Beamtenstaat, der sich rücksichtslos durchsetzte. Der alte Kaiser, hätte er gelebt, wäre wahrscheinlich ähnlich verfahren[35]. Hart bestrafte er einst die aufständischen flandrischen Städte, die allerdings — anders als die Österreicher — das Blut ihrer Gegner in Strömen vergossen hatten.

4. Des Kaisers Verlassenschaft. „Unglaubliche Schulden". Salamancas harte Entschuldungspolitik

Maximilian hinterließ seinen Erben ein Weltreich, das die österreichischen, burgundischen und spanischen Länder samt dem „Reich der 1500 Inseln" in Übersee umfaßte, teils habsburgische Erbschaft, teils Erbschaft der Katholischen Könige, die Maximilian den Enkeln manchen Widerwärtigkeiten zum Trotz erhalten hatte. Karl durfte außerdem die römische Kaiserkrone sicher erwarten. Daß Ferdinand binnen kurzem auch Böhmen und Ungarn erben würde, konnte man noch nicht wissen. Dies alles, Idee und Wirklichkeit eines Weltreiches, hatte der Kaiser vorbereitet, gegen viele Anfechtungen verteidigt und seinen Erben übergeben können.

Anderseits waren aus dem Bau dieses Reiches Schulden[1] in einem damals kaum faßbaren Ausmaß erwachsen, von denen zunächst niemand wußte, wie sie bezahlt werden sollten. Den höchsten Beamten schwindelte vor dieser Aufgabe derart, daß sie versuchten abzudanken, um sich der Verantwortung zu entziehen. Auf dem Sterbebett schien selbst der Kaiser, der finanzielle Schwierigkeiten gewohnt war und sich davon sonst kaum berührt zeigte, durch seine horrenden Schulden doch so beunruhigt, daß er deren Abzahlung den Erben wenigstens empfahl. Ferdinand, in dieser Hinsicht weit gewissenhafter als der Großvater, machte sich um dessen Seelenruhe ernste Sorgen, solange die Schulden nicht bezahlt seien.

Die Schuldenlast, welche die Brüder gemeinsam zu übernehmen hatten, mag sich um sechs Millionen Gulden[2] bewegt haben, das war mehr als das Zehnfache der gesamten Einnahmen eines ganzen Jahres aus den österreichischen Ländern; aus dem Reich kam ja nur wenig ein. Etwa zehn volle Jahreseinnahmen waren also vorweg verbraucht[3]. Das war wesentlich schlechter, als nur eine „höchst peinliche pekuniäre Lage"[4]. Maximilian hat Weltpolitik auf Borg betrieben: Was er nicht bar bezahlen konnte, wurde gegen Pfänder oder als Anleihen aufgenommen und so auf die Schultern der nachfolgenden Generationen überwälzt. „Unglaublich hohe Schuldsummen, einen Wald von Schulden"[5] hatte er hinterlassen. Obwohl die Brüder „in der glücklichen Lage waren", die Schuldenlast teilen zu können, traf es dennoch jeden von ihnen äußerst hart.

In der Tat war die Abzahlung der ungeheuren Schulden eine der Hauptschwierigkeiten der ersten Jahre Karls und Ferdinands. Man ließ die Abrechnung zunächst anstehen, um die Forderungen zu überprüfen und Übersicht zu gewinnen. Auch sonst mußte man zuerst über die Länderteilung[6] ins klare kommen, bevor man die Schulden teilen konnte. Indes begannen die Gläubiger bereits die Hofkammer zu stürmen und ihrer Ungeduld in Aufläufen und öffentlichen Schmähungen gegen den Kaiser Luft zu machen[7], obwohl es gerade Ferdinand an gutem Willen nicht fehlte, „die Seele des verstorbenen Kaisers zu erlösen und seine Ehre zu retten".

Des Kaisers Schulden aus dem Venezianerkrieg und seine Aufwendungen für Karls Wahlwerbung betrugen angeblich allein für Tirol und die Vorlande über zwei Millionen Gulden[8]. Dazu kamen die älteren, langfristigen Schulden, für die der größte Teil der österreichischen Kammergüter, Bergwerke, Silber, Kupfer, Salz, Herrschaften, Städte, Schlösser, Mauten und Zölle, verpfändet waren: für ganz Österreich etwa zwei Millionen[9], was eher niedrig berechnet ist. An größeren Posten gab es außerdem die Schulden für den letzten Württembergerkrieg: 800.000 Gulden[10], für die schon Karl verantwortlich war; außerdem die berüchtigten Sachsenschulden[11]. Herzog Albrecht von Sachsen hatte unter beträchtlichem Einsatz eigenen Geldes für Maximilian den burgundischen Erbfolgekrieg geführt und wartete seit 1493 vergeblich auf Bezahlung. In den fast dreißig Jahren, die inzwischen verstrichen, waren die Schulden samt den Zinsen auf 320.000 Gulden angewachsen. Dazu kamen die zahlreichen Schulden aus kleineren und größeren Anleihen im Reich, vor allem bei den Reichsstädten; außerdem kleinere Schuldposten an ausständigen Pensionen, Soldzahlungen, kleinere Darlehen auch von Beamten, Pflegern, wie sie der Kaiser häufig aufnahm[12]. Die genaue Summe ist da kaum feststellbar, weil die Buchführung diesbezüglich nicht genau zu sein pflegte. Aber alles zusammen mag die sechs Millionen Gulden wohl erreicht haben.

Karl (V.) hatte die Schulden aus dem Reich, die burgundischen Schulden König Philipps und einen Teil seiner Wahlschulden bei den Fuggern übernommen — wie es scheint, den kleineren Teil; denn er mußte sich schließlich doch bereit finden, auch die Sachsenschulden zu übernehmen, die ja aus den Kriegen um die burgundischen Länder erwachsen waren. Dafür versäumte er nicht, die Schulden aus dem Württembergerkrieg auf Ferdinand zu überwälzen, als er ihm die Vorlande überlassen mußte[13]. Im ganzen hatte Ferdinand zweifellos den größeren Schuldenanteil zu tragen — abgesehen davon, daß sich Karl bei der Abzahlung der auf ihn entfallenden Schulden als äußerst säumig erwies[14].

Die Brüder setzten eine gemischte Kommission ein[15] — an der Spitze der burgundische Edelmann Herr von Bredam —, welche die Grundsätze der Schuldenteilung und Schuldentilgung zu beraten hatte. Ihr oblag auch die Aufnahme und Teilung des beweglichen Nachlasses, wobei Karl den gesamten Kronschatz für sich forderte. Gemeinsames Anliegen der Brüder war auch die Versorgung der acht unehelichen Kinder[16] des Kaisers. Die tüchtigsten unter ihnen stattete man mit österreichischen, spanischen und burgundischen Bistümern und Pfründen aus, übernahm sie in die Diplomatie oder in den Kriegsdienst des Hauses, während die Mädchen möglichst gut ausgeheiratet wurden.

Erst als Ferdinand den landständischen Widerstand zu Wiener Neustadt gebrochen hatte, konnte er an die Abfindung der Gläubiger schreiten. Es war ihm klar, daß nur ein Ausländer, der keine Rücksichten zu nehmen brauchte, dieses Finanzchaos ordnen konnte. Es entsprach übrigens altburgundischen und neuerdings auch österreichischen Verwaltungsbräuchen, die führenden Finanzposten mit Ausländern zu besetzen, die sich womöglich bereits als Bankfachleute bewährt hatten. Ferdinand bestellte daher den Spanier Gabriel Salamanca, einen ungewöhnlich tüchtigen „Finanzer", der bisher an der Spitze seiner Kanzlei gestanden war, zum allmächtigen Generalschatzmeister[17], dem er Vollmachten erteilte, welche über die eines führenden Beamten weit hinausgingen — ähnlich wie sie einst Maximilian dem Gossembrot[18] gewährte, als er ihn mit der Entschuldung der österreichischen Länder betraute. Da Salamanca seine weitreichenden Beziehungen einsetzte und mit

eigenem Geld aushalf — 1524 schuldete ihm Ferdinand bereits
180.000 Gulden[19] —, durfte er dafür anheimfallende Lehen und
Eigentümer in den österreichischen Ländern als Pfänder behalten.
Der willfährige Spanier scheint auch hinter den Wiener Neustädter
Urteilen[20] gestanden zu haben, wenn man das im einzelnen auch
nicht nachweisen kann. Noch 1555 behauptete die niederösterreichische Kammer, Gabriel Salamanca habe seine hohe Stellung und
die jugendliche Unerfahrenheit Ferdinands ausgenützt und sei
„sträflich und ungestüm" vorgegangen[21], ohne aber ein besonderes
Vergehen zu nennen. In der Tat ging der landfremde Generalschatzmeister, der spanische Emporkömmling, bei der folgenden
Entschuldungsaktion außerordentlich hart zu Werke, wodurch er
sich den tödlichen Haß mancher Reichsstände, aller österreichischen
Landstände und den Neid der unterstellten heimischen Beamten
zuzog — allerdings auch den bleibenden Dank seines Landesfürsten, der wohl wußte, was er an ihm hatte. Das Frühjahr 1524
brachte Salamanca die Erfüllung seines geheimsten Wunsches:
Ferdinand erhob ihn ohne Rücksicht auf den Einspruch des alten
Adels in den Grafenstand und verlieh ihm die alte reichsfreie
Grafschaft Ortenburg[22] in Kärnten, wo er sich durch Schloßbau und
Spitalstiftung als ebenso prachtliebender wie mildtätiger Landes-
herr bewährte.

Erst 1523 begann Salamanca mit der Kommission, insbesondere
Herrn von Bredam, die Schulden aufzuarbeiten und die Gläubiger
abzufertigen[23]. Ein gewaltiger Ansturm auf die Innsbrucker Kammer und den Generalschatzmeister setzte ein. Forderungen ver-
schiedenster Art und Größe, echte und unechte, wurden auf den
Tisch gelegt: Von den Sachsenschulden[24], die auf 320.000 Gulden
angewachsen waren, über die Reichenburger, die 166.480 Gulden
forderten[25], bis hinunter zu den vielen ausständigen Soldgeldern,
Pensionen, kleinen und kleinsten Darlehen, die Maximilian von
seinen Beamten zu nehmen pflegte[26]. Im ganzen wohl über drei
Millionen Gulden, die auf Ferdinand allein entfielen. An die
Rücklösung der zahlreichen Herrschaften, Mauten, Zölle, Ämter,
Wertgegenstände u. a. konnte man zunächst gar nicht denken; noch
1582 gab es Rücklösungsangebote[27] maximilianischer Pfänder. Man
mußte derzeit froh sein, mit den fälligen Schulden und Zinsen
fertig zu werden.

Salamanca verfuhr mit den Gläubigern auf brutale Weise,
wobei ihm die Kommissäre Karls an Härte gewiß nicht nachstan-

den[28]: Einerseits wurden alle Forderungen auf das strengste nachgeprüft, was nicht gründlich belegt war, zurückgewiesen und die Summen, wo immer möglich, beschnitten. Gerade den alten Kriegsobersten, die zweifellos ansehnliche Kriegsgewinne eingeheimst hatten, versuchte man die Forderungen zu beschneiden: mit geringerem Erfolg bei Herzog Georg von Sachsen, der sich um sein Geld wehrte, mit größerem Erfolg bei Hans von Reichenburg, der mindestens fünf Sechstel seiner Ansprüche einbüßte[29]. Im allgemeinen verfuhr Salamanca, wie er glaubte, es sich leisten zu können. Ein Markgraf von Baden, mit dem er sich später verschwägerte[30], erhielt die ganze Summe ausbezahlt; Georg von Sachsen, der immer wieder mit dem Reichstag drohte, bekam fast alles; selbstverständlich auch die Fugger, mit denen Salamanca befreundet war und die man immer wieder brauchte. Andere dagegen mußten sich abfinden, daß man ihnen ein Drittel, die Hälfte oder noch mehr abzog. Karl V. dachte nicht daran, den Kurfürsten von Mainz, Pfalz, Brandenburg und Böhmen die bei der Wahlwerbung versprochenen jährlichen Pensionen auszubezahlen[31], unbekümmert um die üble Nachrede, die ihn und den Generalschatzmeister Salamanca treffen mußte. Am ärmsten waren die vielen kleinen Leute[32], die sich nicht wehren konnten; das entlassene Hofgesinde, die unteren Beamten, deren kleinere Forderungen ihre Existenz betrafen. Aber auch die stark verkürzten Restschulden konnten nicht sofort ausbezahlt werden, sondern wurden wieder auf verschiedene Ämter zur Ratenzahlung angewiesen und nach alter Art von Termin zu Termin hinausgezögert. Gegen Jahresende 1525, als die Entschuldung schon durch zwei Jahre lief, betrug die Summe der auf Renten verwiesenen und unverwiesenen Schulden immer noch zwei Millionen Gulden[33]. Allerdings hatte Salamanca in wenigen Jahren die Schulden wesentlich herabgesetzt und auf dem Papier eine Art Rückzahlungsplan entworfen, der jedoch nie eingehalten wurde. Noch 1547 waren die maximilianischen Schulden keineswegs ganz abgezahlt[34]. Salamancas Entschuldungspolitik glich praktisch einem Konkursverfahren oder einer Art Staatsbankrott, bei dem die meisten Gläubiger um ansehnliche Teile ihrer Forderungen geprellt wurden. Mit der Rückzahlungsaktion dürfte auch zusammenhängen, daß Salamanca hartnäckig an der schlechten Münze festhielt[35]. Zwar hat Ferdinand das „Ingenium" seines Generalschatzmeisters wiederholt gerühmt; aber genial war dieses Vorgehen gewiß nicht, eher wohl rücksichtslos und ungerecht.

Ohne Härte freilich hätte diese Frage niemand lösen können. Salamancas Schuld war es, sich im Dienste seines Landesfürsten dieser Aufgabe anzunehmen.

Zum einen kam das andere: Salamanca mußte nun zusehen, wenigstens für die anerkannten Schuldenreste das nötige Geld aufzubringen, außerdem zusätzliche Finanzmittel für die drohenden Türkenkriege bereitzustellen, was um so schwieriger war, als ordentliche Einnahmen aus dem Kammergut durch die maximilianischen Verpfändungen stark zurückgingen und nur die außerordentlichen Steuern übrigblieben. Salamanca entwickelte ein hartes Geldbeschaffungsprogramm. Zusammen mit den Fuggern plante er, durch umfangreiche Prägung schlechter Münzen dem Geldbedarf des Fürsten nachzuhelfen[36]. Um den landesfürstlichen Kredit zu bessern, sollten die Landstände die Haftung für die gesamten Schulden übernehmen, wogegen sie sich begreiflich wehrten, wenn sie auch fühlbare Erhöhungen der Steuern, Zölle, Mauten u. a. sich gefallen lassen mußten. Was die Stände als Ganzes verweigerten, versuchte man nach alter Methode durch kleinere und größere Zwangsanleihen den einzelnen Landsassen herauszureißen, wobei man sich stets auf die Hilfspflicht des Lehensmannes gegenüber seinem Herrn berufen konnte. In größtem Umfang wurde das Kirchengut herangezogen[37], Kirchengeräte, Gold und Silber eingezogen. So suchte man zum Beispiel den Herzog Georg von Sachsen für eine Ratenzahlung von 50.000 Gulden mit einer goldenen Monstranz abzufinden[38], die tatsächlich nur 11.000 Gulden wert war. Anstatt der alten Schulden, die man auf rücksichtslose Weise abstieß, mußten womöglich noch größere neue Schulden gemacht werden.

Salamancas Finanzpolitik traf breiteste Kreise, Reichsstände ebenso wie österreichische Ständeherren, sehr viele mittlere und kleine Leute, weltliche und geistliche. Er zog den ganzen Haß auf sich, den das von Maximilian hinterlassene Finanzchaos auslöste, stets bemüht, die Erben Karl und Ferdinand in ihrer fatalen Lage zu unterstützen. Eine Flut von Haß- und Schmähschriften[39] ergoß sich über den „stinkenden, räudigen Juden und Maranen", dem man in einem Spottgebet den Aussatz, die gallische Krankheit, Pest und Malaria an den Hals wünschte, den man am liebsten geschunden, gespießt, gesotten und gebraten hätte. Nichts Greifbares findet sich in diesen Schmähschriften, nur allgemeine Verdächtigungen, die einen Kenner dieser Zeit nicht beeindrucken werden;

alles in gemeinstem Gassenton: „Salamanca bescheißt den Fürsten und die ganze Welt."[40] Liest man die amtlichen Anklagen der Stände und die Erwiderung Salamancas[41], so fragt man sich: ist das alles[42]? Daß die öffentlichen Schmähungen und Verdächtigungen neben Salamanca auch so einwandfreie Leute trafen wie Doktor Fabri[43], stimmt vollends mißtrauisch. Markgraf Ernst von Baden würde Salamanca seine Tochter nicht in die Ehe gegeben haben[44], wenn er der gewesen wäre, den die öffentlichen Verleumdungen aus ihm machten.

Gewiß ist Salamanca als Konkursverwalter nicht zu kurz gekommen; daß er sich aber über das damals Übliche hinaus maßlos bereichert hätte, ist nirgends erwiesen und höchst unwahrscheinlich. Vielmehr bestätigte ihm Ferdinand immer wieder seine hervorragenden Dienste bei der „Mehrung des Kammergutes"[45], seine „leuchtend weiße Rechtlichkeit und Sauberkeit, seine einzigartige Treue"[46]. Soweit ich sehe, ist kein schmutziger Finanzhandel Salamancas auf Kosten seines Landesfürsten bekannt geworden; es gab nicht viel mehr als jene unkontrollierbaren üblen Nachreden und allgemeinen Vorwürfe, von denen alle Mächtigen verfolgt wurden. Man klagte über Ämterhäufung in seiner Hand, über Kanzleitaxen, die er an sich riß, daß er Geschütze, Pulver und Blei aus dem Lande habe führen lassen und ganz allgemein über Selbstbereicherung. Die Hofschranzen bezichtigten ihn einmal der Geldannahme gelegentlich des Friedensschlusses mit Venedig[47], was Ferdinand gegenüber Karl auf das entschiedenste zurückwies — abgesehen davon, daß dies nach den Bräuchen jener Zeit eher selbstverständlich, keineswegs unehrenhaft gewesen wäre.

Als Ferdinand seinen Schatzmeister 1526 der allgemeinen Wut der Stände des Reiches und seiner österreichischen Länder opfern mußte, brauchte er gerade einen besonders tüchtigen Unterhändler, um das eben eroberte Mailand dem Reich zurückzugewinnen: Eine günstige Gelegenheit, den tüchtigen Mann dem Haß seiner Feinde zu entziehen und dem Dienst des Hauses Österreich zu erhalten. Mit einem Begleitschreiben[48], das ihm seine hervorragenden Tugenden bestätigte, die er gerade in der Abwicklung schwierigster Geschäfte stets bewiesen habe, entsandte Ferdinand seinen Vertrauensmann mit umfassenden, vor allem finanziellen Vollmachten an den Kaiserhof. Er konnte ihn nun, da der schwierigste Teil der Entschuldung abgeschlossen war, leichter entbehren. Am gleichen Tag, da er Salamanca vom Schatzmeisteramt enthob, bestellte er ihn zum Superintendenten des fürstlichen Kammergutes[49]. Hätte er ihm einen größeren Beweis seines Vertrauens geben können? Salamanca war einer jener bürgerlichen Emporkömmlinge — noch dazu Ausländer —, der an der Seite seines Fürsten als dessen fähigster Beamter und „Finanzer" zu Macht und Größe emporstieg und schließlich der Mißgunst der Reichsfürsten und des landsässigen Adels weichen mußte. Er war nicht besser und nicht schlechter als viele andere, die damals bei Hofe ihr Glück machten.

Die überharten Urteile Lhotskys[50] über diesen Mann entsprechen wohl der aufgeputschten öffentlichen Meinung seiner Zeit, aber gewiß nicht ganz der objektiven Wahrheit. Salamanca hat für seinen Fürsten die schier unlösbare Aufgabe der Entschuldung übernommen, mit ebenso harten wie schäbigen Mitteln durchgeführt und es seinem Herrn erspart, sich mit dieser höchst schmutzigen Sache selbst zu beschmutzen. Im beamteten, sicher auch egoistischen Übereifer hat er seinem Herrn seinen guten Namen geopfert, was ihm Ferdinand in seiner verläßlichen Art niemals vergaß. Geblieben ist dem Salamanca und seiner Familie letztlich nur die eher bescheidene Grafschaft Ortenburg in Kärnten und die Stellung eines Landvogtes im Elsaß. Das ist nicht allzu viel. Von „völlig gewissenlosem Geldraffen auf Kosten des Lebensmarkes ganzer Länder"[51] kann keine Rede sein, wohl aber von brutaler, rücksichtsloser Härte im Dienste seines Landesfürsten, dessen Schuldenlast er binnen weniger Jahre fühlbar verringerte[52]. Der Haß gegen diesen „spanischen Emporkömmling", der in guten Tagen die höchsten Herren kurz abzufertigen wagte, lodert noch aus einem Brief Herzog Georgs von Sachsen an Ferdinand[53]: Er fühle sich behandelt wie einer, der nichts verstehe, sich vom Schatzmeister alles gefallen und mit dem Mundwerk abfertigen lassen müsse — dies, obwohl er ein alter Freund des Königs sei. Ohne die sächsische Hilfe wäre aus dem König nie geworden, was er heute ist; das sage er ohne sich zu rühmen. Was ihm widerfahre, würde manchen Reichsfürsten stutzig machen und dem König zum Schaden gereichen: Wenn es schon dessen Parteigängern so ergehe, was hätten dann die anderen zu erwarten? — Auch der Haß der österreichischen Landstände verfolgte den zugereisten Spanier über das Grab hinaus[54]. Noch die Söhne mußten bei Kaiser Ferdinand Schutz suchen gegen Verleumdungen, mit denen man ihren Vater Gabriel und sie selbst verfolgte.

Mehr Freude erlebte Ferdinand mit Maximilians literarischem Erbe, das ihm ganz überlassen wurde. Der König anvertraute zunächst Stabius die literarischen Werke und Bücher des Kaisers; man übergab ihm das Hasenhaus in der Kärntner Straße zu Wien, wo er alle Historien, Bücher, Druckstöcke, auch das Material für das Grabmal sammeln und verwahren sollte[55]. Manlius übersandte Ferdinand die über Auftrag des verstorbenen Kaisers verfaßte Chronik[56]. Als Stabius starb, wurde Marx Treitzsaurwein angewiesen[57], die Obsorge für den literarischen Nachlaß des Kaisers zu übernehmen. Auch Dr. Peutinger wurde befohlen, alle Entwürfe und Formen, die zu Maximilians Historien gehörten und sich bei Melchior Pfintzing in Nürnberg befänden, nach Wien zu schicken[58], wo alles gesammelt werden sollte, damit man es ordne, verwerte und in Druck bringe.

Gewisse Schwierigkeiten machte auch die Teilung des beweglichen Nachlasses Maximilians, welcher von der dazu bestellten Kommission in allen Residenzen genau aufgenommen und geteilt wurde[59]. Den Kronschatz im engeren Sinn nahm Karl V. grundsätzlich für sich in Anspruch, fand sich aber später bereit, zwei Truhen mit Kronen, Insignien und Ornaten seinem Bruder Ferdinand leihweise zu überlassen; wenn er sie aber ganz besitzen wollte, hätte er den Rest der Maximilianschulden Karls V. übernehmen müssen[60] (1547!), wozu Ferdinand sich nicht entschließen konnte. Die schönsten Stücke nahm Karl V. an sich. Nach dessen Tod entschloß sich Philipp II. infolge finanzieller Bedrängnis, kostbare Teile des Kronschatzes öffentlich zu versteigern[61]: darunter ein Zeremonialschwert, das Papst Innozenz VIII. geschenkt hatte; dazu eine goldene, edelsteinbesetzte Krone aus dem Nachlaß Maximilians; außerdem einen Kaisermantel mit einem großen Doppeladler und breiter Bordüre, die von Gold, Edelsteinen, Perlen und kostbaren Stickereien überladen war — auch aus dem Besitz Maximilians. Man zerriß dieses Prachtwerk, um Perlen und Steine besser und teurer verkaufen zu können. Den Stoff verbrannte man, um das Gold und Silber auszuschmelzen. Pietät und Verehrung gegenüber dem Kaisertum und seinen Würdezeichen hatte Karl V. seinem Sohn offenbar nicht beigebracht.

5. Die Wahl Karls V.

In allzu großer Zuversicht hatte Maximilian gehofft, die Königswahl[1] seines Enkels Karl bereits auf dem Augsburger Tag (1518) durchzusetzen und unmittelbar darauf in Frankfurt vollziehen zu lassen. Durch mühevolle Verhandlungen hatte er alle Kurfürsten nach Augsburg gebracht, sie nacheinander bearbeitet, mit Geld nicht gespart und schließlich sogar fünf von den sieben mittels hoher Bestechungsgelder gewinnen können. Dann aber hatte sich alles am Widerstand des Papstes zerschlagen. „Kein Papst hat mir die Treue gehalten", klagte der enttäuschte Kaiser.

„Wißt ihr", fragte Leo X. den venezianischen Gesandten, „wieviel Meilen es von hier bis zur Grenze Neapels sind? Vierzig! Daher darf Karl niemals Römischer König werden!"[2] Seit dem hohen Mittelalter galt das Axiom der päpstlichen Politik, die Vereinigung des Kaisertums und des Königreichs Neapel in einer Hand um jeden Preis zu verhindern.

Anderseits hing auch die Zukunft des habsburgischen Hauses davon ab, ob es Karl gelingen werde, das Kaisertum seinem Haus zu erhalten, ihm durch die Vereinigung mit Burgund und Spanien neuen Gehalt und größere Macht zu geben, um im Sinne der großväterlichen Pläne das christliche Weltkaisertum anzustreben — eine Utopie, die sich dem Lauf der Welt vergebens entgegenstellte. Oder sollte es Karl umgekehrt geschehen lassen, daß der König von Frankreich als Kaiser Lehensherr sowohl über Burgund als auch über Österreich werde? Daß er sich ganz Italien unterwerfe? Diese Gefahr mußte alle Bedenken zerstreuen, die Maximilian und auch Karl zeitweilig gegen eine Annahme des Kaisertums hegten[3].

Wenn die Krone Karls des Großen auch lange nicht mehr die alte Bedeutung hatte, so gewährte sie doch immer noch den Ehrenvorrang vor allen christlichen Königen und sicherte einem tatkräftigen Kaiser Rechtstitel, die seine Macht schier grenzenlos machen konnten[4].

Daher hatte Maximilian noch bei Lebzeiten die Wahlhandlungen für Karl mit größtem Eifer vorangetrieben[5]. Der Papst aber hatte die Wahl mit dem Einwand verhindert, Maximilian sei selbst noch nicht zum Kaiser gekrönt, daher die Wahl eines Römischen Königs nicht möglich. Nun war Maximilian tot, und der König- und Kaiserwahl stand kein Vorwand mehr im Wege. Aber alles, was man dem alten Kaiser in Augsburg versprochen hatte, war jetzt hinfällig. Der Kampf um die Kurstimmen mußte noch einmal aufgenommen werden. Im April 1519 entband König Karl die Kurfürsten von Mainz, Köln, Pfalz und Böhmen ihrer zu Augsburg eingegangenen Verbindlichkeiten: „Es war wohl nur eine Form, aber eine edle." Man hoffte wohl, die Kurfürsten würden sich weiter verpflichtet fühlen[6]. Noch einmal mußte jede einzelne Kurstimme gekauft werden. Nur Friedrich von Sachsen, der sich selbst Hoffnungen machte, hielt sich aus diesem schmutzigen Handel heraus und predigte immerfort die freie Wahl eines deutschen Fürsten und den Verzicht auf jegliche Bestechung[7].

Schon unmittelbar nach Maximilians Tod hatte Erzherzogin Margarethe den Neffen Karl gemahnt, das Roß, das man für ihn habe zureiten lassen, nicht des hohen Kaufpreises wegen sich entgehen zu lassen, da doch ein anderer Bieter da sei, der keine Kosten scheue[8] — der König von Frankreich. Im Frühling 1519 traten die Wahlhandlungen, die wegen der Rivalität Spaniens mit Frankreich längst keine rein deutsche Angelegenheit mehr waren, für Karl V. in das entscheidende Stadium.

Kardinal Matthäus Lang war nach dem Tod des Kaisers von Wels unmittelbar nach Augsburg geeilt, um als Haupt des obersten Regimentes die Wahlhandlungen für Karl zu führen[9]. Wenn er auch nicht beliebt war, so besaß er doch Durchschlagskraft und Ansehen. Zur Seite standen ihm der Landhofmeister Michael von Wolkenstein, Kanzler Zyprian von Serntein, Vizekanzler Niklas Ziegler; dazu Schatzmeister Jakob Villinger und der Sekretär Hans Renner, welche bereits die Wahlwerbung des Jahres 1518 erfolgreich geführt hatten. Obwohl man von den alten Räten Maximilians nichts wissen wollte, so verhaßt hatten sie sich gemacht, ließ sich Karl doch nicht beirren und hielt zunächst an den erfahrenen Männern seines Großvaters fest. Aus den Niederlanden erschienen als Verstärkung Maximilien de Berghes, Herr von Zevenbergen, Hoyer von Mansfeld und die sehr erfahrenen Hofräte Marnix und Marmier. Jeden französischen Dukaten wollte die habsburgische Partei vielfach aufwiegen.

Erzherzogin Margarethe entwickelte eine fieberhafte Tätigkeit[10] und schickte ihre Agenten aus, um alle einflußreichen Kurfürsten und Fürsten zu gewinnen. Der Wettstreit der französischen und habsburgischen Wahlwerbung erzeugte viel Aufregung und wilde Gerüchte. Die Franzosen redeten von Truppeneinsatz und Waffengewalt, so daß die Wahlfreiheit keineswegs ganz gesichert schien. Man fürchtete bereits, der Herzog von Geldern, der stets die Sache Frankreichs vertreten hatte, könnte unter Umständen Truppen gegen die Wahlstadt Frankfurt führen. Aber Franz I. dachte nicht daran, sich mit Waffengewalt in die Wahl einzumischen, denn die Habsburger hatten seit alters den Schwäbischen Bund an der Hand, der seit der letzten Fehde mit dem tollen Herzog Ulrich von Württemberg (1516/17) Österreich und Bayern kräftig unterstützte. Auch die Eidgenossen standen größtenteils an der Seite Karls. Die Habsburger Partei nahm die freigewordenen Landsknechte in ihren Sold und führte sie in die Nähe Frankfurts. Der Adel am mittleren und niederen Rhein wurde gewonnen. Der gefährliche Franz von Sickingen stand bereit. Die Werber Karls ließen es an Drohungen[11] nicht fehlen, die auch in Frankfurt gehört werden sollten. Schon Maximilian habe „großen Mord" vorhergesagt, wenn Karl nicht gewählt werden sollte; so drohte ein politisches Lied.

Die kleinen Reichsstände, insbesondere die Städte, hätten diese heißumkämpfte Wahl am liebsten in weite Ferne gerückt[12]. Sie wünschten keinen Kaiser wie Maximilian — weder Karl noch Ferdinand —, die ihnen offenbar beide zu mächtig waren. Der künftige Kaiser sollte ihnen keine Lasten mehr auferlegen dürfen, wie es Maximilian getan hatte; überhaupt gab es unter den Reichsständen viele Klagen über den verstorbenen Kaiser: daß er sich um Kurfürsten, Fürsten und Stände wenig gekümmert, ohne sie Bündnisse abgeschlossen, Kriege angefangen, allzu viele Reichstage abgehalten, Steuern eingehoben und die Untertanen ausgebeutet habe. Es ist richtig, daß man das wenige, was die Reichsstände an Steuern aufbrachten, meist auf die schwächsten Mitglieder, auf die Städte, überwälzte.

Aber die Stimmen der kleinen Reichsstände hatten wenig Gewicht; den Ausschlag gaben natürlich die Kurfürsten und bei ihnen wieder — das ist bekannt — der Einsatz des spanischen Geldes, das den ungeheuren Wahlaufwand an Geschenken, Entschädigungen, Pensionen und Bestechungsgeldern deckte. Es war wohl das schändlichste Wahlgeschäft der deutschen Geschichte, selbst wenn man bedenkt, daß derartiges damals milder beurteilt wurde und üblich war. Die Kurfürsten, welche zeitlebens weder für die Erhaltung der Eidgenossenschaft noch des Deutschen Ordens, noch Reichsitaliens, noch für die Bezahlung des Kammergerichtes das

Nötige geleistet hatten, versteigerten nunmehr ihre Kurstimmen dem Meistbietenden. Manche zweifelten bis zum letzten Augenblick, ob es der Habsburger oder der Valois oder ein Dritter sein sollte.

Karl mußte versprechen, die Kurfürsten am Wahltag bar auszubezahlen[13] und manchen darüber hinaus Jahrespensionen auf Lebenszeit aussetzen. Über eine Million Gulden an Werbungs- und Bestechungsgeldern verschlang dieser Wahlfeldzug. Bei derartigen Summen wird man nicht sagen können, daß der Einfluß des Goldes überschätzt worden sei[14]. Die Fugger-Bank machte die hohen Summen, die nicht so schnell von Spanien herangebracht werden konnten, zur rechten Zeit flüssig. Die Firma zeigte sich für jahrzehntelange gute Geschäfte mit dem verstorbenen Kaiser erkenntlich und erwarb damit ein Anrecht auf neue Geschäfte.

Wenngleich die Abwehr der französischen Kandidatur oberstes Anliegen war, so mußte man nicht minder gefaßt sein, Verlegenheitslösungen zugunsten der Kurfürsten von Sachsen oder Brandenburg zu verhindern. Kurfürst Joachim verhielt sich ebenso geschäftig wie schwierig und steigerte laufend seine Forderungen[15]. Auch einer möglichen Kandidatur seines Bruders, des Prinzen Ferdinand, trat Karl fast leidenschaftlich entgegen[16]: Eine Spaltung der habsburgischen Kandidatur wünschten die Franzosen am allermeisten. Er begehre auf dieser Welt nichts mehr als das Kaisertum und werde dafür das Letzte einsetzen. Sei er Kaiser, so wolle er für seinen Bruder auf eine andere Weise sorgen. Außerdem werde er nach seiner Kaiserwahl die Erhebung Ferdinands zum Römischen König vorbereiten. Schon Maximilian sei trotz seiner hohen Fähigkeiten und Erfolge nie aus den schweren Sorgen herausgekommen, weil seine Machtbasis einfach zu klein gewesen sei. Ja, es könne dahin kommen, daß das Imperium verlorengehe und das Haus Österreich zerstört werde[17]. Daher müßten die habsburgischen Länder zunächst vereinigt bleiben, um dem Kaisertum jene Macht zu sichern, die es zur Verteidigung des Glaubens und der Christenheit brauche.

Diese Ziele, die Vereinigung des Reiches, Italiens, der spanischen, burgundischen und österreichischen Länder zu einem gesamtchristlichen Kaisertum, die Idee des Kreuzuges gegen die Ungläubigen und der Eroberung der heiligen Stätten, hatte Karl zunächst von seinem Großvater übernommen. Durch Erzherzogin Margarethe hatte ihn der alte Kaiser dem Einfluß der allzu beschränkten burgundischen Ständekreise entzogen und allmählich auf die Bahn der Universalpolitik hingeführt. Diese Ideen fielen in Spanien auf besonders fruchtbaren Boden. Mit dem neuen Großkanzler Mercurino Arborio di Gattinara, einem Italiener, der im diplomatischen Dienst Maximilians und Margarethes herangebildet worden war, sollte dem künftigen Kaiser ein Mann zur Seite treten, der die politische Richtung Maximilians zum universalen Kaisertum fortsetzte[18]. Die Universalmonarchie (orbis monarchia) hatte für Karl wie für seinen Großvater ihren tiefsten Sinn in der Vereinigung aller Völker unter einem christlichen Kaiser, zur Verteidigung und Ausbreitung des christlichen Glaubens, „wie dies dem Willen Gottes entspreche, von den Propheten vorhergesagt sei, wie es auch Christus und seine Apostel gepredigt hätten"[19]. Freilich war Maximilian so gut wie Karl auch der weltliche Machtgedanke der politischen Universalmonarchie nicht fremd[20] — „zur Erreichung des allgemeinen Friedens, den es nur in der Weltmonarchie geben könne". Für Maximilian wie für Gattinara beruhte die Weltmonarchie in erster Linie auf dem Besitz Italiens und der Kaiserkrone[21].

Der Papst, der auf Königswahl und Kaiserkrönung trotz dem alten Weistum von Rense (1338) noch immer nachhaltigen Einfluß nahm, stand den Plänen Karls ganz und gar ablehnend gegenüber[22]: Er sei als König von Neapel zum Römischen Kaiser nicht wählbar. Auch eine Kandidatur Franz' I. lehnte Leo X. — weil für das Papsttum zu gefährlich — im Grunde ab, wenngleich er den König von Frankreich darüber hinwegzutäuschen versuchte[23]. Dagegen zeigte er sich bereit, den König von England zu unterstützen, dem einst Maximilian, allerdings unter ganz anderen Bedingungen, große Hoffnungen gemacht hatte[24] und dessen Ehrgeiz nichts sehnlicher gewünscht hätte als die Kaiserkrone und damit den Vorrang unter den Königen der Christenheit. Auch der König von Polen wäre genehm gewesen. Am liebsten hätte der Papst aber einen schwächeren deutschen Fürsten, etwa Brandenburg oder Sachsen, als Kaiser gesehen. Aber Kurfürst Friedrich der Weise von Sachsen, dessen Name schon öfter genannt worden war, wagte es nicht, gegen Habsburg-Spanien in die Schranken zu treten, und lehnte schließlich ab[25]. Diese Unklarheiten öffneten Einflüsterungen der Römischen Kurie und französischen Umtrieben lange Zeit Tür und Tor.

Gerade das scheinbare Einverständnis des Papstes mit Frankreich wandelte die öffentliche Meinung und die Stimmung der Kurfürsten zugunsten Karls; denn ein scharfer Antikurialismus, der durch die lutherische Bewegung noch weiter angefacht wurde, bestimmte seit vielen Jahren, zumal seit den Tagen Alexanders VI. und Julius' II., die öffentliche Meinung im Reich. Dazu kam die neue nationale Welle im Elsaß und am Rhein, die sich entschieden gegen Frankreich richtete. Maximilians Haus- und Staatspropaganda hatte seine habsburgische Dynastie und den jungen Erben Karl volkstümlicher gemacht als irgendeinen anderen: Karl sei von kaiserlichem Geblüt und wahrer Deutscher[26]. Den Ausschlag aber gaben die enormen Bestechungsgelder, womit sich die habsburgische Partei die Kurfürsten und ihre Höfe, außerdem den schwäbischen und rheinischen Adel kaufte; nicht zuletzt die habsburgische Kriegsmacht, welche in der Nähe von Frankfurt bereitstand[27]. Sie würde die Wähler in Stücke geschlagen haben, wenn sie sich widerspenstig gezeigt hätten, meinte — etwas übertrieben — der englische Gesandte Pace.

Man war außerdem bereit, den politischen Forderungen der Kurfürsten in jeder Hinsicht entgegenzukommen. Noch zu Lebzeiten Maximilians hatte man in langen Verhandlungen die Wahlkapitulationen[28] vorbereitet und im Juni/Juli 1519 zu Ende beraten. Der Kaiser hatte noch erfahren, was die Kurfürsten an seiner Regierung besonders zu tadeln hatten und wogegen sie sich schützen wollten. Der Erwählte sollte Kurfürsten und Fürsten bei ihren Rechten handhaben, ohne ihre Zustimmung keinen Krieg anfangen, sie gegen aufsässige Untertanen schirmen, ein ehrliches Regiment einrichten und den Landfrieden wahren. Der künftige Kaiser sollte ihre kurfürstlichen Einungen anerkennen, ihre Willensmeinung anhören und ohne ihre Zustimmung keine neuen Steuern, Zölle, Taxen u. a. einheben. Zu Reichs- und Hofämtern solle er nur geborene Deutsche und Personen von Stand befördern, in allen Staatsschriften die deutsche oder lateinische Sprache gebrauchen, keinen Reichstag ohne Zustimmung berufen — vor allem nicht außerhalb der Grenzen des Reiches. Er solle das Reich mehren, kein Reichsgut verpfänden oder verkaufen, Verlorenes zurückbringen, enteignete Güter aber zurückstellen. Vor allem aber solle der künftige Kaiser das freie Wahlrecht der Kurfürsten achten und kein Erbrecht auf das Kaisertum anstreben.

Die Anwälte Karls hatten offenbar auch die Wiederherstellung Reichsitaliens erwähnt, woran Karl nicht weniger gelegen war als seinem Großvater. Man antwortete, die Deutschen hätten dazu deshalb keine Hilfe geleistet, weil Maximilian Italien nicht für das Reich, sondern für sich selbst erobern wollte[29]. Diese Haltung des Reiches sollte offenbar auch für die Zukunft gelten. Daneben wurde noch manch anderer Wunsch laut, der nicht in die Kapitulationen aufgenommen wurde. Vor allem wünschten die Kurfürsten, Maximilians bisherige Hofregierung zu beseitigen[30]. Aber Karl hielt zunächst an den erfahrenen alten Regenten fest. Bald nach der Wahl erhielten die Kapitulationen ihre letzte Form und wurden vom Vizekanzler Niklas Ziegler namens des künftigen Kaisers unterzeichnet[31].

Mit einem aufwandreichen Wahlfeldzug gegen Frankreich und Rom, der die nationalen Gefühle der Deutschen ebenso ansprach wie ihre religiöse Reformgesinnung, verstand es die habsburgische Propaganda, die öffentliche Meinung allmählich ganz für sich zu gewinnen. Aber die Gegenpartei gab bis zum letzten Augenblick nicht auf. Bis zuletzt schien alles unsicher. Nur Kurmainz und Böhmen standen allezeit fest zu den Habsburgern. Die überreich fließenden Bestechungsgelder, der Druck der umfassenden habsburgischen Hausmacht und der herangeführten Truppen verfehlten ihre Wirkung nicht. Allmählich setzte sich doch die Meinung durch, man brauche einen deutschen Kaiser, der gefürchtet sei, das Reich zu schützen vermöge, ohne von ihm etwas zu brauchen[32]. Auf äußerst kluge Weise verstand es die habsburgische Wahlstrategie, den alten Widersacher, Kurfürst Friedrich den Weisen von Sachsen, durch ein rein formelles, aber doch ehrenvolles Wahlangebot zu versöhnen. Man schlug ihn für das Kaisertum vor und bat ihn anzunehmen, wußte Luther später zu berichten; aber man wählte ihn nicht. Offenbar schmeichelte es dem Ehrgeiz des alten Kurfürsten, daß man ihm die ehrende Gelegenheit bot, die höchste Würde der Christenheit abzulehnen[33]. Im letzten Augenblick ließ sogar der Papst den Kurfürsten sagen, daß er gegen eine Wahl Karls nichts mehr einwenden wolle[34]. Damit stand der Stimmeneinhelligkeit für Karl nichts mehr im Wege.

Am 28. Juni 1519 traten die Kurfürsten im Frankfurter Dom zur endgültigen Wahl zusammen[35]. Wie es Brauch war, wurde die Sturmglocke angeschlagen, damit man für die Kurfürsten um Gnade und Erleuchtung bete, „daß sie einen König wählen, der Gott dem Allmächtigen, dem Heiligen Reich und allen zum Nutzen sei". Einstimmig wurde Karl (V.) gewählt und am 23. Oktober 1520 zu Aachen gekrönt[36]. Er trug den ehrwürdigen Namen Karl, zunächst nach seinem burgundischen Urgroßvater Karl dem Kühnen; nun aber sollte dieser Name eher an den von Maximilian hochverehrten Karl den Großen erinnern, an den Vater aller christlichen Kaiser.

Großkanzler Mercurino Gattinara, eifriger Bekenner der Maximilianischen Reichsidee, schrieb nach dem Eintreffen der Nachricht über die glückliche Wahl seines Herrn: „Sire, da euch Gott diese ungeheure Gnade verliehen hat, euch über alle Könige und Fürsten der Christenheit zu erhöhen zu einer Macht, die bisher nur euer Vorgänger Karl der Große besessen hat, so seid ihr auf dem Wege zur Weltmonarchie, zur Sammlung der Christenheit unter einem Hirten."[37]

Welch ungeheurer Abstand zwischen den bescheidenen Anfängen Maximilians und dem, was er für seinen Enkel Karl geschaffen hatte und nunmehr als Idee und geschichtliche Realität ihm so gut wie fertig hinterlassen konnte! Was dazwischen liegt, ist die Leistung seines Lebens.

IX. Kapitel

DAS LETZTE LEBENSJAHRZEHNT. VORBEREITUNG DES WELTREICHES. PERSÖNLICHKEIT UND POLITISCHE IDEEN

Das letzte Lebensjahrzehnt des Kaisers[1] war erfüllt vom Ringen um Reichsitalien und die Kaiserkrone, um das östliche Bündnissystem und die ungarische Doppelheirat, um die Nachfolge seines Enkels Karl in Spanien und im Reich. Als hohes Ziel verfolgte er die Einheit der christlichen Mächte, den gemeinsamen Kreuzzug gegen die Türken unter seiner Führung und den allgemeinen Frieden der Christenheit. In der ihm eigenen Beharrlichkeit auf der großen politischen Linie suchte Maximilian in den letzten Jahren zu vollenden, was er als junger Mann begonnen hatte. Für dieses utopische Ideal eines christlichen Weltreiches, das aus mittelalterlichen und humanistischen Vorstellungen lebte, war er bereit, sein österreichisches Hausgut hinzuopfern. Während sich das Reich kaum heranziehen ließ, haben sich die österreichischen Länder an der Vorbereitung dieses Weltreiches zugunsten Karls (V.) buchstäblich verblutet. Angelpunkt aller Planungen war für den Kaiser Italien. Wer Italien besaß, hatte die Vorherrschaft im Abendland. Diese politische Auffassung hegte nicht nur der Kaiser; sie war allgemein.

Das Reich versagte sich dem Kaiser so beharrlich, daß er versuchen mußte, seine Kaiserpolitik auf die deutschen, burgundischen und spanischen Länder seines Hauses aufzubauen. Da setzte aber König Philipps tragischer Tod in Spanien (September 1506) seinen Plänen ein jähes Ende. Maximilian hatte mit König Philipp seine wichtigste Stütze in der Weltpolitik verloren. „Mein Gott, warum hast Du mich verlassen!" kritzelte er auf den Entwurf einer Denkschrift. Er fürchtete das Ende seines Hauses und des Kaisertums.

Das spanische Erbe schien zunächst fraglich. König Ferdinand, ein Feind der habsburgischen Erbfolge in Spanien — er konnte dem widerwärtigen „Flamenco" Philipp dessen Sonderpolitik nie vergessen —, hatte eine neue Ehe geschlossen, um wenigstens für Aragon eine eigene Dynastie zu begründen. Noch 1509 hoffte er — allerdings vergebens — auf Nachkommen aus seiner Ehe mit der Französin Germaine de Foix. Daß es dem Kaiser gelang, die Abneigung König Ferdinands allmählich zu überwinden und die habsburgischen Erbansprüche auf Kastilien, Aragon, Sizilien und die Neue Welt mit Klugheit und Ausdauer durchzusetzen, war einer der großen und bleibenden Erfolge seines Lebens.

Um auch das englische Bündnis zu festigen, das besonders geeignet war, Frankreich wie Spanien in Schach zu halten, plante Maximilian, seine geliebte Tochter Margarethe mit König Heinrich VII. von England zu vermählen, während Erzherzog Karl mit Prinzessin Maria von England verlobt werden sollte. Dieser Heirat mit dem alternden König widersetzte sich die leidgeprüfte Tochter allerdings, so bereitwillig sie sich sonst den politischen Plänen ihres Vaters geopfert hatte. Als Statthalterin der Niederlande leistete sie dem Kaiser fortan treue und tatkräftige Hilfe, soweit ihr dies die franzosenfreundlichen burgundischen Räte gestatteten.

Nach dem Hinscheiden des Sohnes gab sich der Kaiser in einer großen Denkschrift[2] Rechenschaft über Gegenwart und Zukunft: Er tadelte Frankreich wegen des Bruches des Hagenauer Vertrages (1505) und des Verlöbnisses zwischen Karl und Claudia. Frankreich habe dadurch jedes Anrecht auf das Herzogtum Mailand verwirkt, das beim Reich bleiben müsse. Ludwig XII. habe sich ohnehin schon mit dem Papst und allen italienischen Staaten verbündet, um Maximilian die Kaiserkrönung zu verwehren; er habe auch Karl von Geldern gegen die Niederlande aufgehetzt. Daher sei für 1507 ein Reichstag nach Konstanz angesetzt. Maximilian wollte Antwort, wie er es mit Mailand, mit dem Romzug und der Kaiserkrönung halten solle.

Mit diesem Ausschreiben leitete der Kaiser seinen letzten Lebensabschnitt ein. Der Kampf um Italien, die Kaiserkrone und der Türkenzug traten wieder in den Mittelpunkt seiner Politik. Grünpeck verwies die zögernden Zeitgenossen auf warnende Wunderzeichen: Eine Krone sei am Himmel erschienen und kündige einen „fremden Kaiser" an, wenn man den eigenen nicht unterstütze.

Die neue Richtung der französischen Politik, die Rückkehr

zum Kampf gegen Habsburg, zerstörte alle Hoffnungen Maximilians, auch das Königreich Frankreich der habsburgischen Reichsbildung freundschaftlich zu verbinden. Ludwig XII. konnte es nicht hinnehmen, daß sein Königreich in der einen oder anderen Weise in der habsburgischen Ländermasse aufgehe; da wollte er doch lieber den Zweikampf mit dem Kaiser aufnehmen, der nach den Lebensgesetzen und dem Zeitgeist jener Tage unvermeidlich schien. Einer der Siegespreise war zweifellos die Kaiserkrone, die Oberherrlichkeit über die Christenheit, welche die Valois als Allerchristlichste Könige ebenso beanspruchen durften wie die Deutschen.

Je weiter Maximilians Pläne nach Osten und Westen ausgriffen, desto mehr schienen sie ihm der Sicherung und der Weihe durch die Kaiserkrone zu bedürfen, desto wichtiger erschien es, die Kaiserkrone gegen den Zugriff der Könige von Frankreich zu sichern.

In zähen Verhandlungen und anfeuernden Reden vermochte der Kaiser dem Konstanzer Reichstag (1507) eine allerdings nur geringe Reichshilfe abzuringen. Die heftige Agitation gegen Frankreich[3], die maßlosen Anschuldigungen eines französischen Mordanschlages gegen König Philipp, ja gegen Maximilian selbst ließen das Reich zwar aufhorchen; aber von einem großen Krieg wollte man doch nicht viel wissen. Die bewilligten Truppen erschienen nur zu einem geringen Teil; die Eidgenossen, auf die der Kaiser so sehr gebaut hatte, blieben völlig aus, und die europäischen Großmächte waren sich ohne Ausnahme im Widerstand gegen Maximilians Romzug einig. Vor allem hielt sich der Papst zurück, denn er wünschte keine Großmacht in Rom zu sehen, am allerwenigsten einen Römischen König, der immer wieder mit „Kirchenreform" drohte.

Da der Kaiser den friedlichen Durchmarsch nach Rom im Wege diplomatischer Verhandlungen mit dem Papst und Venedig nicht hatte erreichen können, versuchte er es mit Gewalt, mußte aber bald erkennen, daß seine Kräfte bei weitem nicht zureichten, gegen die vereinigte venezianisch-französische Armee den Eintritt nach Italien zu erzwingen. Außerdem hatte der Kaiser größere Truppenverbände gegen Karl von Geldern absenden müssen, der über Anweisung des Königs von Frankreich die niederländischen Grenzen angriff.

Maximilian richtete nun die ganze Wut seiner politischen Agitation gegen die Venezianer[4], rechnete ihnen die „Schandtaten" der Vergangenheit vor und beschuldigte sie, seinen friedlichen Romzug zu verhindern. Mit Recht mußte die Signorie fürchten, daß der Krönungszug eine Neuordnung Italiens bringen werde, die nur zu Lasten der venezianischen Eroberungen gehen konnte; hatte der Kaiser den Reichsständen doch versprochen, die Steuern zum Unterhalt des Kaisertums auf die reichen Italiener abzuwälzen.

Da der Romzug vor den venezianisch-französischen Sperrlinien liegenblieb, ließ sich Maximilian am 4. Februar 1508 im Trienter Dom von seinem obersten Ratgeber Matthäus Lang zum „Erwählten Römischen Kaiser" ausrufen[5], um den Anspruch auf die Kaiserkrone für sich und die Deutsche Nation zu sichern. Aber Maximilian wollte deswegen auf die altkaiserliche Überlieferung einer römischen Krönung keineswegs für alle Zukunft verzichten; mehr als je ein anderer wollte er ein priesterlicher Kaiser sein und vom Papst in Rom geweiht, gesalbt und gekrönt werden. Die Trienter Proklamation sollte nur den kaiserlichen Rechtstitel gegen fremden Zugriff sichern.

Die schwachen kaiserlichen Truppen, wo immer sie aufmarschiert waren, im Trentino, am Isonzo, um Görz, in Friaul, überall erlitten sie Niederlagen; aus dem Cadore wurden sie mit schweren Verlusten vertrieben; im Osten sogar über Görz und Triest hinaus zurückgeworfen; das österreichische Istrien wurde besetzt, Krain und Innerösterreich bedroht[6]. Nur durch den raschen Waffenstillstand von Santa Maria delle Grazie (Juni 1508) konnte sich der Kaiser weiteren Verlusten entziehen, Zeit gewinnen und dem Krieg eine neue Wendung geben.

Über Anraten des Papstes, über Vermittlung Erzherzogin Margarethes und eifriges Betreiben Matthäus Langs näherte sich der Kaiser wieder dem König von Frankreich; denn nur ungern hatte er sein Bündnis mit Frankreich 1506 scheitern gesehen; längst erkannte Maximilian, daß es eine Vorherrschaft im Abendland ohne oder gegen Frankreich kaum geben konnte.

Papst Julius II., dem die Venezianer die Rückgabe der geraubten romagnolischen Städte verweigert hatten, war es eigentlich, der den Kaiser und die Könige von Frankreich und Spanien zur Heiligen Liga von Cambrai zusammenführte (Dezember 1508), die sich angeblich gegen die Türken, tatsächlich aber gegen die Signorie richtete: Man wollte sie wie „Fische ins Meer zurückwerfen" und ihren Festlandsbesitz unter den Bundesgenossen aufteilen. Er werde sie wieder zu armen Fischern machen, die sie einst gewesen seien, eiferte der Papst. Alle hatten mehr oder minder berechtigte Forderungen an Venedig. Hätte die Signorie nur ein klein wenig Entgegenkommen gezeigt, der Papst wäre nie das Wagnis eingegangen, die Ausländer gegen sie nach Italien zu rufen.

Der Vertrag von Cambrai lag für den Kaiser ganz auf der Linie der französischen Bündnispolitik, die er bereits seit 1501 eingeschlagen hatte, die nur von Ludwig XII. zwischen 1506 und 1508 aus bekannten Gründen durchbrochen worden war. Cambrai setzte aber auch die Versöhnungspolitik des Kaisers mit König Ferdinand von Aragon entscheidend fort und eröffnete der habsburgischen Erbpolitik in Spanien immer bessere Aussichten. Seither begann die spanisch-österreichische Koalition allmählich geschlossener aufzutreten, was der europäischen Politik eine entscheidende Wendung geben sollte. Das Kriegsbündnis mit Frankreich und Spanien ersetzte dem Kaiser jene Truppenmacht, die ihm das Reich beharrlich verweigerte. Der Vertrag hätte nicht nur dem Kaiser, sondern auch dem Reich größte Vorteile gebracht, hätten die Reichsstände nur bescheiden mitgeholfen. So aber mußte die Aufteilung Italiens, die damals fast unvermeidlich, geradezu naturgesetzlich war, allein zugunsten Spaniens ausfallen, das die Reichsansprüche später übernahm und mit Hilfe der vermehrten spanischen Mittel unter Karl V. durchzusetzen vermochte.

Cambrai war anderseits — etwas hart ausgedrückt — ein Raubvertrag auf Kosten Venedigs. Freilich war die Signorie nicht ganz unschuldig; nicht grundlos schlossen sich auch alle italienischen Nachbarn diesem Bündnis an. Die kaiserliche Propaganda wurde nicht müde, die Venezianer als Kirchenräuber und Reichsfeinde den Türken gleichzusetzen und ihre fremdartige Gesellschaftsordnung, „die keinen Fürsten kannte", zu tadeln. Einsichtigen Italienern mußte es allerdings klar sein, daß Venedig ein Bollwerk der Freiheit Italiens war und mehr noch eine Vormauer der Christenheit in der Levante, die nicht leichtfertig zerstört werden durfte.

Der Weg nach Cambrai fiel dem Kaiser zunächst nicht leicht, obwohl er ihm und dem Reich größte politische und militärische Vorteile brachte. Schließlich wollte er doch sein „rotes Buch der Beschwerden gegen Frankreich verbrennen" — so vorteilhaft erschien ihm dieser Vertrag. Freilich stand die unmittelbar vorhergehende

Greuelpropaganda gegen Frankreich als „Erzfeind der Deutschen Nation" in einem schwer verständlichen Widerspruch zum plötzlichen Bündniswechsel. Politik und Diplomatie mit ihren unerwarteten Wendungen hatten sich während der letzten Jahre in einem Maß beschleunigt und vergröbert, daß die ältere Generation solch jähen politischen Umstürzen kaum zu folgen vermochte. Selbst der Kaiser tat sich dabei schwer: Er „litt" noch stark unter älteren Treuevorstellungen, mit denen man in der neuen Politik nicht leicht weiterkam. Des Kaisers Spaßmacher Kunz von der Rosen scherzte angeblich, er sei nun gerade zweihundert Jahre alt geworden, denn er habe sowohl den Vertrag von Hagenau als auch den von Cambrai überlebt, und beide seien auf hundert Jahre abgeschlossen worden. Da bedurfte es schon bedenkenloserer Charaktere vom Zuschnitt eines Matthäus Lang, um den Kaiser zu so raschen Wendungen fortzureißen, welche den moderneren Italienern, aber auch Franzosen und Spaniern, insbesondere König Ferdinand von Aragon, leichter fielen. Der ganze folgende Krieg bietet eine Fülle von Beispielen dieser Art. Der Italiener Machiavelli hat bekanntlich das Lehrbuch dieser neuen Art Politik geschrieben. Während man im allgemeinen stolz war, den Gegner „hineingelegt" zu haben, pflegte der etwas langsamere Kaiser meist die „Treulosigkeit" der anderen zu beklagen. Man wird dabei nicht übersehen dürfen, daß die Beschleunigung des politischen Lebens einerseits, andererseits aber die zeitbedingte Langsamkeit des diplomatischen Apparates jede Großmacht dazu zwangen, stets zwei oder drei Eisen zugleich im Feuer zu haben, damit man im nötigen Augenblick wenigstens eines schmieden konnte. Der wendigere und feinere diplomatische Apparat und natürlich die größere Kriegsmacht blieben Sieger; meistens nicht der Kaiser.

Cambrai löste die achtjährigen italienischen Kriege aus, die gegen Venedig begannen und sich zu einem großen europäischen Kriegsbrand auswuchsen, wie es ihn — solchen Ausmaßes — bisher kaum gegeben hatte. Diese italienischen Kriege waren sowohl militärisch wie diplomatisch die verwirrendsten, de je geführt wurden, weil keine Macht der andern sicher war, und die Bündnisse wechselten wie die Bilder im Kaleidoskop. Julius II., der die „Barbaren" gerufen hatte, damit sie ihm die Venezianer unterwarfen, versuchte sie fortan durch stets wechselnde Kombinationen gegeneinander auszuspielen, um sie wieder loszuwerden, was ihm allerdings nicht mehr gelingen sollte.

Es ist zu verwundern, daß die Türken diese einzigartige Gelegenheit, gleichzeitig über die Venezianer herzufallen, nicht erfaßten. Dies erklärt sich nur mit der Friedsamkeit des „philosophischen" Sultans Bajezid, der außerdem fürchten mochte, daß sich die christlichen Mächte im Falle seines Angriffes augenblicklich gegen ihn zusammenschlössen.

Frankreich führte den ersten vernichtenden Schlag in der Schlacht bei Agnadello (Mai 1509), der das venezianische Hauptheer zerschmetterte, so daß die Terra ferma allen Feinden der Republik offenstand. Die Großmächte holten sich ihre Beuteanteile und dachten nicht daran, Italien wieder zu verlassen. Ohne alle Unterstützung des Reiches, allein mit österreichischen Truppen, vermochte der Kaiser immerhin Verona, Treviso und Padua im ersten Anlauf zu besetzen und im Osten Triest und Görz zurückzuerobern. Hätte das Reich damals nur geringe Hilfsmittel bereitgestellt, würde es leicht gewesen sein, das ganze alte Reichsgut in Italien zurückzugewinnen. So aber ging, mangels an Truppen, Padua sehr rasch wieder verloren, ebenso Treviso; nur Verona konnte mit Mühe und Not behauptet werden. Die Franzosen, die dem Kaiser durch ihre Siege große Landgewinne zugespielt hatten, zeigten — begreiflich — keine Lust mehr, die kaiserlichen Erwerbungen auch noch zu verteidigen, und zogen sich in ihre Winterquartiere zurück. Die ganze militärische Ohnmacht des Kaisers und des Reiches trat voll ins Licht. Er mußte sogar Teile von Verona den Franzosen verpfänden, um die Festung halten zu können.

Einen ganz großen Dienst, dessen Folgen im Augenblick gewiß nicht ganz richtig eingeschätzt wurden, erwies Ludwig XII. dem Kaiser dennoch: Er vermittelte im Dezember 1509 den endgültigen Ausgleich zwischen Maximilian und König Ferdinand von Aragon, wodurch der österreichische Erbgang in Spanien gesichert war — vom französischen Standpunkt aus gesehen gewiß ein schwerer politischer Fehler. Für König Ferdinand trat fortan die Eroberung Italiens und die Vertreibung der Franzosen in den Mittelpunkt seines Interesses, denn ohne das Bindeglied Italien wäre der Zusammenhalt der spanischen und der deutschen Ländermasse der befreundeten Dynastien fraglich gewesen. König Ferdinand wurde seither auch der engste Helfer und Bundesgenosse des Papstes, der mehr als alle anderen auf die Vertreibung der Franzosen aus Italien hinarbeitete. Ferdinand verstand es auch, England für seine neue Politik zu gewinnen, welcher der Kaiser zunächst nur geringes Verständnis entgegenbrachte. Der König von Aragon fürchtete in Frankreich den eigentlichen Feind, den möglichen Herren ganz Italiens und der Welt; darin war er mit dem Papst eines Sinnes.

Kaum hatte Julius II. die romagnolischen Städte den Venezianern abgenommen, machte er mit ihnen Frieden, stieß die Franzosen aus der Liga aus und rief zur Vertreibung der „Barbaren" auf (1510). Der Kaiser sah im Papst den Verräter, der einzig und allein den Sieg über die Venezianer, die Landzuteilungen von Cambrai und die Wiederherstellung Reichsitaliens verhindert habe. Der Papst hingegen schalt den Kaiser einen Schafskopf, nicht geschaffen andere zu regieren; nicht einmal imstande, mit einem Fäßchen Wein fertig zu werden (der Kaiser trank sehr wenig!), geschweige denn mit der großen Weltpolitik. Anstatt der Kaiserkrönung, die sich Maximilian als Lohn für die Unterstützung des Papstes wohl erwartet hatte, mußte er fürchten, aus Italien verdrängt zu werden. Er hielt daher trotz mancher Enttäuschungen weiter am französischen Bündnis fest, denn allein die gewaltige Kriegsmacht Ludwigs XII. schien ihm die Rückeroberung der Reichsgebiete in Italien zu verbürgen, die er inzwischen größtenteils wieder verloren hatte. Der Kaiser schrieb der Tochter, „der verfluchte Pfaffe, der Papst, wolle um keinen Preis gestatten, daß er, von den Franzosen begleitet, zur Kaiserkrönung nach Rom komme, aus Furcht, man werde ihm wegen seiner großen Sünden die Leviten lesen und eine Reform machen"[7].

Auf dem Kongreß zu Blois (November 1510) schloß sich der Kaiser noch enger an Frankreich an; ja, er unterstützte sogar das sogenannte „Konzil" von Pisa, das die Franzosen mit Hilfe schismatischer Kardinäle gegen den „treulosen" Papst zustande brachten. Julius II. gebe den Christen das schlechteste Beispiel, eiferte der Kaiser. Die deutschen Kirchengelder, die täglich an seinen Hof fließen, würden mehr zum „Triumph" als zum Gottesdienst und zur Abwehr der Türken verwendet. Der Papst sei ein reißender Wolf, der alles Göttliche und Menschliche zuschanden mache, den man zur Rechenschaft ziehen müsse. Es war wohl vorzüglich Matthäus Lang, „ein ganzer Franzose", der diese gefährliche Politik vorantrieb und alle Werbungen Julius' II. um den Kaiser auf dem Kongreß zu Bologna (April 1511) zurückwies — allen Angeboten und Bestechungsversuchen des

Papstes und König Ferdinands zum Trotz —, die ihn von Frankreich abziehen und mit Venedig versöhnen wollten.

Die Sommerfeldzüge der Jahre 1510/11, die der Kaiser zur Eroberung Friauls und Trevisos anstrengte, blieben mangels jeder französischen Unterstützung ohne Erfolg. Ludwig XII. schürte vielmehr den Kriegsbrand in Geldern gegen den Kaiser, um ihn noch fester an seine Seite zu fesseln. Vergebens hatte der Kaiser gehofft, den Venezianern „ein Johannisfeuer anzuzünden", wie sie es noch nicht gesehen hätten. Gegen Jahresende 1511 gelang es den Venezianern, fast alles Verlorene zurückzugewinnen und bis unter die Mauern von Verona vorzudringen. Sie spotteten des Kaisers, des Reiches und aller Deutschen[8], „die einmal als die besten Kriegsleute gegolten hätten", klagte Maximilian. Vergebens versuchte er das Volk der Terra ferma durch Flugschriften gegen die Signorie aufzuwiegeln[9]. Stadt und Festland boten ein wunderbares Beispiel von Einheit und Zusammenhalt, wodurch ihr Staat gerettet wurde.

Der Kaiser konnte in diesem weltgeschichtlichen Ringen mit der Hilfe der deutschen Reichsstände keinesfalls rechnen; er war allein auf seine Erbländer angewiesen, unter denen Tirol die Hauptlast trug. Durch die kriegsbedingte Zwangslage des Kaisers gewannen Fürsten und Stände wieder größeren Einfluß; aber es fehlte ihnen der führende Kopf, der fortschrittliche Reformpläne entwickelt hätte. Sie erschöpften sich im Neinsagen. Mit den teilweise ausgezeichneten Reformvorstellungen des Kaisers[10] über Wehrverfassung, Landfrieden, Hofrat und Reichsregierung beschäftigten sie sich gar nicht näher. Die kaiserlichen Hilfsbitten wurden entweder ganz abgeschlagen oder bestenfalls mit halben Zusagen beantwortet. Der Reichstag zu Worms (1509) hatte dem Kaiser jede Hilfe versagt, der Augsburger Tag (1510) nur ganz wenig gewährt. Der Plan eines stehenden Reichsheeres, das in jener kampferfüllten Zeit der Neuverteilung Europas dringend nötig gewesen wäre, war nicht durchzusetzen. Vergebens mahnte der Kaiser, die Stände sollten ihre alte Gewohnheit fallenlassen[11], die Reichstage entweder zu versäumen oder nichts zu beschließen. Niemals habe er dem Reich einen Schaden zugefügt, wohl aber seinen österreichischen Ländern und seinem eigenen Kammergut[12].

Auch der Reichstag von Trier-Köln (1512) ließ sich für die so nötige Reform der Wehrverfassung und des Landfriedensschutzes nicht gewinnen. Das einzige Ergebnis war die Schaffung der zehn Reichskreise, welche sich bis ans Ende des alten Reiches bewähren sollten. Die Reichshilfe blieb auch diesmal mehr als bescheiden: Für einen Erfolg viel zuwenig und gerade recht für eine militärische Niederlage, wie sie die Stände im Grunde wünschten, da ihnen jeder auswärtige Erfolg des Kaisers gefährlich werden konnte. Nicht ohne Erfolg verbreitete der König von Frankreich das begierig aufgenommene Gerücht, der Kaiser wolle Kurfürsten und Fürsten absetzen und sich zum Erbkaiser machen.

Mit Recht hielt Maximilian den Reichsständen vor[13], sie seien sehr wohl imstande, Hilfe zu leisten, die den einzelnen nur wenig belaste, zusammengenommen aber doch sehr viel einbringe. Der Kaiser habe seine Erbländer für das Reich und die Deutsche Nation heruntergewirtschaftet und verpfändet; die Stände hingegen hätten für das Reich so gut wie nichts geleistet. Verliere ein Kaufmann einen Pfeffersack, so solle der Kaiser das ganze Reich aufbieten, gehe es um Kaiser und Reich, so sei niemand zu haben[14]. Sterbe er, Maximilian, so gehe vielleicht sogar das Kaisertum verloren.

Nur mit Hilfe der österreichischen Länder habe er bisher das Reich verteidigt, schrieb der Kaiser den Ständen immer wieder. Hätte es nicht gestimmt, würden sie gewiß widersprochen haben. Das Land Tirol, das dem Kaiser im Landlibell von 1511 für den äußersten Notfall alle Wehrfähigen zur Verteidigung der Landesgrenzen bereitstellte, hatte die Hauptlast dieses Krieges zu tragen. In Innsbruck, wo auch die kaiserliche Regierung saß, war daher der Wunsch nach Frieden besonders stark. Männer wie Liechtenstein, Wolkenstein oder Serntein erblickten das einzige Heil in einem baldigen Friedensschluß. Von Matthäus Lang hat man solches nicht gehört. Auch Statthalterin Margarethe der Niederlande drängte zum Frieden. Fast alle wünschten Frieden, auch der Kaiser selbst; aber niemand fand Kraft und Mittel, den rasenden Lauf des Krieges anzuhalten und aus dem Labyrinth herauszufinden, in das die europäische Politik geraten war.

Als Julius II. schwerer Krankheit verfiel (1511), sah der Kaiser eine Möglichkeit, den Ereignissen eine ganz neue Wendung zu geben. Er wollte sich der päpstlichen Würde bemächtigen, ließ sich doch auch Julius II. den Italienern als Papst-Kaiser Julius Caesar empfehlen, der die Franzosen vertreiben und Italien befreien werde. Lang sollte die Wahlhandlungen in Rom an sich nehmen und Maximilian entweder als Koadjutor des regierenden Papstes oder als Gegenpapst durchsetzen, wozu ihn die schismatischen Kardinäle in Pisa ermunterten und gewiß auch gewählt hätten. Wenn der Kaiser ihr „Konzil" unterstütze, werde er von ihm erhalten, was er wünsche, ließ man ihm sagen. Die apostolische Gewalt über die gesamte Christenheit an sich zu bringen, durfte der Kaiser kaum rechnen; aber als Gegenpapst — wenigstens im Bereich der deutschen Kirche — würde er sich gewiß durchgesetzt haben. Die Tiara hätte ihm entscheidenden Einfluß auf die Reichskirche, insbesondere auf die Kirchengelder, und auf Italien eröffnet. Die schwierigen Krönungs- und Nachfolgepläne, die ihm Julius II. völlig vereitelt hatte, wären dann leicht zu lösen gewesen. Für den persönlich frommen Kaiser waren Päpste wie Alexander VI. und Julius II. „verfluchte Pfaffen ..., Menschen, die Prügel verdienten". Nie konnte er ihnen die beharrliche Störung seiner Pläne ganz verzeihen. Gerne hätte er der Deutschen Nation eine ähnliche Stellung innerhalb der Kirche gesichert, wie sie die gallikanische Kirche besaß: einen ständigen Legaten, ein deutsches „Patriarchat", wie er es einmal nannte. Besonders wichtig war dem Kaiser der Zugriff auf die deutschen Kirchengelder, deren Verwaltung den Fuggern zugedacht war, wodurch die Finanzierung der großen Politik und des Krieges leichter gewesen wäre.

Erst die neuere Literatur lächelte über dieses kaiserliche „Hirngespinst". Die Zeitgenossen hingegen, insbesondere Papst Julius II. selbst, fürchteten die Möglichkeiten des Schismas und scheuten kein Opfer, den Kaiser davon abzubringen, was schließlich nur dem verwandtschaftlichen Einfluß König Ferdinands von Aragon gelang. Für die Tiara wäre er bereit gewesen, „keine nackte Frau mehr anzusehen und unter die Heiligen zu gehen", wie er launig seiner Tochter schrieb.

Als Julius II. mit Hilfe König Ferdinands, der sich mit aller Kraft für den Papst und gegen Frankreich einsetzte, eine neue Heilige Liga gegen Ludwig XII. zustande gebracht hatte (Oktober 1511), welche Spanien, England, Venedig und die Eidgenossen vereinigte, unternahm er größte Anstrengungen, auch den Kaiser für diese Liga zu gewinnen und von Frankreich zu trennen. Die Autorität der Kaiserkrone stellte Maximilian, obwohl er keine starke Armee ins Feld zu führen vermochte, doch in den Mittelpunkt der europäischen Politik und der Werbungen von seiten aller Großmächte.

Die Rücksicht auf Spanien und die dauernden Enttäuschungen durch den König von Frankreich führten Maximilian allmählich auf die Seite der Liga. Der Bündniswechsel fiel ihm, der stets auf Treue hielt, nicht sehr leicht. Am liebsten hätte er einen allgemeinen Frieden aller christlichen Mächte gesehen und den König von Frankreich einbezogen — wohl auf Kosten Venedigs, das ihm Verona und Friaul abtreten sollte. Der Waffenstillstand mit Venedig (April 1512 bis Januar 1513), den die Liga für den Kaiser zustande brachte, führte allerdings zu keinem Vergleich über die beiderseitigen territorialen Ansprüche und schon gar nicht zum ersehnten allgemeinen Frieden. Zwar wollte sich der Kaiser „Hände und Füße abschneiden lassen für einen allgemeinen Frieden der Christenheit"; aber zu größeren territorialen Verzichten war er doch nicht bereit. Hätte er damals seine Forderungen gegenüber Venedig etwas gemäßigt, wäre er gewiß zu einem besseren Frieden gekommen als später.

Ungeachtet der großen französischen Siege im Frühjahr 1512 waren die Tage Ludwigs XII. in Italien gezählt, denn die Eidgenossen erschienen als „Retter des Heiligen Stuhles" in der Lombardei und trieben die Franzosen über die Alpen nach Frankreich zurück. Raffael malte im Auftrag Julius' II. die Befreiung des heiligen Petrus und die Verweisung Attilas aus Italien als Gleichnisgemälde für die Befreiung des Papstes an die Wände der Vatikanischen Stanzen. König Ferdinand besetzte das Königreich Navarra in den Pyrenäen (Juli 1512), weil es Ludwig XII. unterstützt hatte, und setzte damit seinen Fuß in die französische Haustüre.

Nun verließ der Kaiser endgültig das französische Bündnis. Im November/Dezember 1512 erschien Matthäus Lang neuerdings in Rom, um namens des Kaisers feierlich dem Schisma abzuschwören, dem Laterankonzil und der Heiligen Liga beizutreten und den Frieden mit Venedig zu verhandeln. Als sich die Signorie gegen alle Vermittlungsvorschläge des Papstes sträubte, stieß sie Julius II. aus der Heiligen Liga aus. Obwohl der Papst die geringe Kriegsmacht des Kaisers und des Reiches kannte, entschloß er sich doch schweren Herzens zu dieser politischen Wendung. Sicher gab es ihm zu denken, daß König Ferdinand ihn warnte, die Venezianer auszustoßen und den Franzosen wieder in die Arme zu treiben. Aber er brauchte die Autorität des Kaisers im Kampf gegen das Schisma; nichts fürchtete er mehr als einen möglichen Gegenpapst.

Auch Maximilian fiel es nicht leicht, den Reichsständen seinen neuerlichen Stellungswechsel zu erklären[15]. Er berief sich vorzüglich auf die Pflichten des Kaisers und der Deutschen Nation als Schützer des Papstes und der Kirche. Er beklagte sich über das Versagen der Franzosen als Bundesgenossen, insbesondere über deren Umtriebe in Geldern. Werde Geldern französisch, so sei Burgund nicht weiter beim Reich zu halten und die Länder der rheinischen Kurfürsten unmittelbar bedroht. Frankreichs Drang an den Rhein war nicht ganz unrichtig eingeschätzt.

Um die Jahreswende 1512/13 schienen sich dem Kaiser in Italien neue Möglichkeiten zur Wiederherstellung der Reichsrechte zu eröffnen. Frankreich hatte, unter den Schlägen der Verbündeten, Italien räumen müssen und machte Maximilian und König Ferdinand verlockende Angebote: eine Heirat der französischen Prinzessin Renata mit Karl (V.) und das Herzogtum Mailand — Grundlage eines Königreiches Lombardei? — als Mitgift. Aber der Kaiser ließ sich dadurch zunächst nicht betören. Mailand wurde vielmehr dem jungen Massimiliano Sforza zurückgegeben. Der kaiserfreundliche Medici erhielt Florenz, und Venedig schien völlig isoliert. Immer stärker fiel die Koalition zwischen Österreich und Spanien ins Gewicht, besonders seit die beiden Mächte auch im Kampf gegen Frankreich zusammenarbeiteten. Wenngleich die diplomatischen Kunststücke König Ferdinands dem Kaiser nicht immer einleuchteten, brachte er ihnen im Dienst der gemeinsamen Sache manchmal allzu großes Verständnis entgegen. Frankreich war in die Verteidigung zurückgedrängt und schien, von allen Seiten eingekreist, schweren Zeiten entgegenzugehen.

Der Tod Julius' II. (Februar 1513) und die Wahl des friedfertigen Leo X. nahmen der Heiligen Liga Kraft und Bedeutung. Frankreich und Venedig fühlten sich wieder einigermaßen entlastet. Der neue Papst hatte das Ziel, die Großmächte zu versöhnen und womöglich aus Italien hinauszuverhandeln, den allgemeinen Frieden der Christenheit und ihre Einigung gegen die Türken zustande zu bringen. Venedig aber sollte — etwas verkleinert und gedemütigt — als Bollwerk Italiens erhalten bleiben.

Während der Kaiser, die Könige von Spanien und England und die Eidgenossen bereit waren, dem Frieden Italiens und wohl auch dem Papst zuliebe, die Franzosen in ihrem eigenen Land anzugreifen, schlossen Ludwig XII. und die Signorie ein neues Bündnis ab (April 1513), das den Kriegsschauplatz ganz natürlich wieder nach Italien zurückverlegen mußte. Vergeblich hatte man gehofft, Venedig zu isolieren und zu einem Verzichtfrieden mit dem Kaiser zu bewegen.

Der Kaiser und Aragon schlossen zu Mecheln ein Kriegsbündnis mit England (April 1513), um den Hauptfeind Frankreich im eigenen Lande zu treffen. Aber König Ferdinand verhandelte gleichzeitig mit Frankreich und schloß einen Waffenstillstand. Der Kaiser konnte nur hoffen, daß Ferdinand der gemeinsamen Sache nicht schade. Niemand wußte genau, was der alte Fuchs eigentlich wollte: offenbar das abgekämpfte Spanien schonen, Navarra und Italien gegen die Franzosen sichern. Rücksicht auf die Politik König Ferdinands war für Maximilian oberstes Gebot.

In völliger Unterschätzung des Bündnisses zwischen Kaiser, England und Aragon versuchte Ludwig XII. die Lombardei zurückzuerobern. Wieder versagte das Reich jede Hilfe. Die Eidgenossen allein vermochten den König von Frankreich bei Novara (Juni 1513) zurückzuschlagen; für den Kaiser und England das Zeichen, die Franzosen in Flandern anzugreifen, bei Guinegate, in der „Sporenschlacht", zu schlagen, ihnen Thérouanne und Tournai wegzunehmen. Maximilian maß dem schwärmerischen jungen Heinrich VIII. von England als Bundesgenossen größte Bedeutung für die Zukunft bei, wollte ihn sogar zum Römischen König annehmen, um gemeinsam mit ihm das christliche Weltreich zu errichten. Wieder sprach man in übertriebener Zuversicht von einer Aufteilung des Königreichs Frankreich unter die Bundesgenossen. Heinrich VIII. nannte sich bereits König von Frankreich und plante, sich in Reims zu krönen. Die Eidgenossen rückten bereits gegen Dijon vor (September 1513), ließen sich aber durch Geld den Rückzug abkaufen. Auch auf den Angriff der Spanier wartete man vergebens. König Ferdinand hatte zwar die neuerliche Vertreibung der Franzosen aus Italien unterstützt, am umfassenden Angriff gegen Frankreich zur Unterstützung des Kaisers und Englands aber — entgegen allen Versprechungen — nicht teilgenommen. Ohne Fühlung mit den Bundesgenossen schloß er im Dezember 1513 Waffenstillstand.

Der Kaiser dagegen befahl, auch den Krieg in Italien wieder aufzunehmen. In einem verheerenden Plünderzug hoffte er, der

Venezianer endlich Herr zu werden. Seine Truppen rückten an Padua vorbei gegen Mestre. Alles Land wurde verwüstet und die Ernte vernichtet. Von Mestre aus schoß des Kaisers schwere Artillerie nach Venedig, womit freilich wenig getan war. Auch Hungerblockade und Handelssperre konnten der Seestadt nicht beikommen. Bei Vicenza hofften die Venezianer die vereinigte spanisch-kaiserliche Brandstifter- und Plündererarmee einkreisen und schlagen zu können. In einer mörderischen Ausbruchsschlacht erkämpften sich Spanier und Landsknechte den Abzug. Die Venezianer waren so vernichtend getroffen wie einst bei Agnadello, daß sie den Papst bitten mußten, den Frieden mit dem Kaiser zu vermitteln. Da sich im Dezember 1513 auch der König von Frankreich mit dem Papst aussöhnte, dem Schisma abschwor und sich dem Laterankonzil anschloß, schien der von Leo X. ersehnte allgemeine Friede in naher Aussicht.

Das abgelaufene Jahr 1513 war für den Kaiser schwer gewesen. Noch hatte er seine Truppen persönlich in den Kampf geführt; manchmal war er zehn Stunden im Sattel seines Hengstes gesessen. Auf dem letzten Augsburger Tag (1510) hatte er noch ein „Scharfrennen" gegen den Kurfürsten von Sachsen ausgetragen. Aber die Folgen ständiger Überanstrengungen begannen sich zu melden: Das alte Fußleiden machte ihm offenbar zu schaffen; vielleicht auch schon die Beschwerden einer venerischen Erkrankung, von der die Venezianer wußten[16]. Auch drückte ihn die Last einer ganz unabsehbaren Politik und Kriegsführung: Alle Freunde und Bundesgenossen hätten ihn im Stich gelassen, klagte er; das Kaisertum sei eine Bürde[17], unter der schon seine Ahnen und nun auch er selbst fast zusammengebrochen wären; die Schätze seines Hauses habe er völlig aufgebraucht und müsse um Reichshilfe bei jedem einzelnen Fürsten betteln gehen. Man glaubte zu wissen, daß der Kaiser die Fürsten und die großen Hansen haßte; wäre er nicht gesalbt, würde er gerne den einen oder den anderen „schnellen, daß ihnen Nase und Maul abfielen"[18]. Auch die Spanier waren erschöpft, König Ferdinand müde und alt und nur mehr bedacht, Navarra zu verteidigen, die Franzosen aus Italien fernzuhalten, im übrigen aber seine spanischen Länder zu schonen. Alle ersehnten den Frieden, aber niemand vermochte ihn zu bringen.

Auch der Kaiser hätte sehr gerne Frieden geschlossen, „aber nicht ohne Ehre und Gewinn"[19]. Es ging ihm gewiß nicht nur um die Reichsrechte in Italien, sondern auch um sein Haus. Ebenso wie

König Ferdinand dachte auch er an die Landverbindung zwischen den österreichischen und spanischen Ländern seiner Erben. Für ihn war es auch Ehrensache, die Zuteilungen des Vertrages von Cambrai zu behaupten, wo doch auch alle übrigen Mächte ihre Landanteile längst besetzt hatten. Es wäre ihm unerträglich gewesen, als Kaiser vor einer Stadtrepublik zurückweichen zu müssen.

Im Dezember 1513 erschien Matthäus Lang wiederum in Rom, um Obedienz zu leisten und den Frieden mit Venedig zu verhandeln. Diesmal nahm er auch die wiederholt angebotene und stets zurückgewiesene Kardinalswürde endlich an und trat auf, „als ob er mehr sei als der Papst". Aber die Verhandlungen scheiterten an der Starrköpfigkeit beider Parteien. Die Venezianer sprachen von „bestialischen Forderungen" und behaupteten, der Kaiser begehre ihren ganzen Staat. Nachdem sie sich militärisch wieder etwas erholt hatten, zeigten sie sich unnachgiebiger als zuvor und wiesen jede Landabtretung entschieden von sich. Da auch der Papst eher die Sache der Venezianer begünstigte und eine habsburgisch-spanische Übermacht in Italien ebenso verhindern wollte wie eine französische Vorherrschaft, wurde der Waffenstillstand aufgekündigt und der Krieg noch erbitterter wieder aufgenommen. Damit war die letzte Gelegenheit zu einem günstigen Frieden verpaßt.

Da Frankreich während des Jahres 1514 Italien in Ruhe ließ und den Kaiser und König Ferdinand mit verlockenden Angeboten bedrängte, schien die Rückkehr ins französische Bündnis einen Ausweg aus der verworrenen Kriegslage zu bieten. In unübertrefflicher Schlauheit hatte Ludwig XII. dem Kaiser und König Ferdinand von Aragon das verführerische Angebot einer Heirat seiner Tochter Renata mit dem Erzherzog-Infanten Ferdinand vorgegaukelt; er selbst wollte Erzherzogin Eleonore heimführen. An nichts von alledem war ernstlich gedacht. Ein Königreich Lombardei-Italien sollte als Mitgift alle Streitigkeiten zwischen Valois und Habsburg aus der Welt schaffen. Der Kaiser verließ sich allzusehr auf König Ferdinand, dem er sich wegen des spanischen Erbes verpflichtet fühlte, und schlug alle Warnungen Erzherzogin Margarethes in den Wind. Durch diesen Kunstgriff gelang es dem König von Frankreich, den Kaiser und Spanien von König Heinrich VIII. von England zu trennen. Es war das politische Meisterstück seines letzten Lebensjahres.

Während der Kaiser und Spanien mit Frankreich Waffenstillstand schlossen (März 1514) und den erhofften allgemeinen Frieden vorbereiteten, suchte der enttäuschte König von England, über den habsburgisch-spanischen Treuebruch tief verletzt — um dem Spott der Welt zuvorzukommen —, Anschluß an den neuen französischen Bundesgenossen. Er verheiratete seine Schwester Maria, welche die Habsburger hatten sitzen lassen, mit dem alternden König von Frankreich und schloß mit ihm den Vertrag von London (August 1514).

Des Kaisers „Torheit, Verrat und fahrige Politik" sind oft getadelt worden. Maximilian hatte mit Rücksicht auf König Ferdinand und auf das spanische Erbe gehandelt; nicht zuletzt auch im Hinblick auf seine Ostpolitik. Wenn Erzherzog Ferdinand entsprechend den letzten Plänen nach Frankreich heiratete, hätte Erzherzog Karl nicht England zuliebe auf die ungarische Heirat verzichten können. Für den Kaiser mußte die Zusammenarbeit mit Spanien und seine Ostpolitik, die gerade 1514 eine entscheidende Wendung nahm, den ersten Rang behaupten. Daß die wiederholten, lockenden französischen Angebote nichts als Irrlichter waren, hat man zu spät erkannt. König Ferdinand, sonst ein geübter politischer Spieler, hatte sich diesmal völlig verrechnet; vergebens er gehofft, daß des Kaisers sprichwörtliche Liebenswürdigkeit die Engländer über den Vertragsbruch hinwegtrösten werde.

Es war ein völliger Umsturz der Bündnisse: Frankreich hatte die Signorie als Bundesgenossen festgehalten, die Liga seiner Feinde gesprengt und auch England für sich gewinnen können; sogar der Papst unterstützte heimlich das neue englisch-französische Bündnis, da er die Gefahr einer habsburgisch-spanischen Großmacht über Italien nicht minder fürchtete als Frankreich; am meisten aber fürchtete er, daß sich die Habsburger mit den Valois verständigen und Italien einvernehmlich teilen könnten. Gegenüber dem französisch-venezianischen Machtblock, der nun mit der Neutralität Englands rechnen konnte, vermochten der Kaiser und König Ferdinand wenig auszurichten. Daher versuchten sie es noch einmal, Frankreich einen allgemeinen Frieden und die einvernehmliche Teilung Italiens anzubieten.

Eine dauerhafte Koalition war in diesem politischen Wechselspiel nicht abzusehen, als die Nachricht vom Tode Ludwigs XII. und dem Regierungsantritt Franz' I. (1515) eintraf. Vergebens schlug man auch Franz I. eine einvernehmliche Teilung Italiens im Sinne des Vertrages von Cambrai vor; aber die Franzosen, welche stets die gefährliche Umklammerung durch Habsburg-Spanien zu fürchten hatten, ließen sich von Venedig nicht mehr trennen und vertrauten lieber auf ihre Waffen. Brennend vor Ehrgeiz überschritt Franz I. die Alpen. Wie der Blitz schlug er die von allen Bundesgenossen verlassenen Schweizer bei Marignano (September 1515), in der zweitägigen „Gigantenschlacht", wie sie Trivulzio nannte; er gewann Mailand zurück, besetzte die ganze Lombardei, gönnte aber dem Papst, den er für seine italienische Politik künftig brauchte, das sehr günstige Konkordat von Bologna (Dezember 1515). Trotz aller Zurückhaltung Franz' I. erschien das kriegsmächtige Frankreich allen Zeitgenossen weit bedrohlicher als die sich vorbereitende spanisch-habsburgische Großmacht, die man wegen der militärischen Schwäche des Kaisers und der zaghaften Neutralität Karls V. lange Zeit zu gering einschätzte.

Aber die habsburgisch-spanische Partei gab sich noch nicht geschlagen. Mit letzter Anstrengung stellte der alte, bereits vom Tode gezeichnete König von Aragon dem siegreichen Frankreich eine neue Liga des Kaisers, Spaniens, Englands und der Eidgenossen entgegen, die der Papst zwar mit seinen Sympathien begleitete, obschon er sich vorsichtig zurückhalten mußte, denn eine Niederlage hätte für ihn ein neues „Avignon" bedeuten können. Aber König Ferdinand starb, und der Feldzug des Jahres 1516, den der kranke Kaiser in einer letzten Anwandlung von Tatkraft gegen das französische Mailand rasch und kühn vorantrieb, kam vor der gut befestigten Hauptstadt zum Stillstand. Maximilian konnte seine Truppen nicht bezahlen und eine Belagerung der starken Festung nicht wagen. Die Eidgenossen waren gespalten, teils auf seiten der Liga, teils französisch. Für welche Partei würden sie sich einigen? Mußte der Kaiser das Schicksal Ludovico Moros fürchten? Die Spanier waren nach dem Tod ihres Königs überhaupt daheim geblieben, und Heinrich VIII. entzog dem Kaiser seine Hilfsgelder. Der Zusammenbruch der Liga war vollständig. Geldmangel, Enttäuschung und Krankheit hatten den Kaiser zermürbt. Er führte seine Truppen in das Etschtal zurück und versprach zwar wiederzukehren; aber wie sollte er, wo er doch kaum das Geld für seine Tafel aufbrachte? Vergebens bedrängten ihn die Landsknechte um ihren Sold und schalten ihn einen „Strohkönig". Er mußte froh sein, daß sein Enkel Karl die Vermittlung des Friedens mit Frankreich übernommen hatte und ihm einen gangbaren Ausweg aus der Niederlage eröffnete.

Der Sieg Frankreichs schien zunächst überwältigend. Aber von den schweren Niederlagen des Kaisers verdeckt, erhob sich fast unbemerkt die neue Großmacht Karls (V.), der inzwischen auch Spanien geerbt hatte und mit seinen Ländern Frankreich von allen Seiten umklammerte. Karl war klug genug, seine Macht zunächst bescheiden zurückzuhalten und zu unterspielen. Aber er dachte nicht daran, irgend einen Rechtstitel des Großvaters auf die Dauer preiszugeben, am allerwenigsten Italien, das den spanischen und deutschen Machtblock seines Hauses verbinden sollte.

König Karl brachte die Verträge von Noyon (Mai 1516) und Brüssel (Dezember 1516) zustande, wodurch der Friede mit Frankreich und der Waffenstillstand mit Venedig besiegelt wurde. In Rom erhoffte man bereits einen dauerhaften Frieden und die Einheit der christlichen Mächte gegen die Türken. Aber der Vertrag war viel zu einseitig, als daß er längeren Bestand hätte haben können.

Maximilian hatte in Brüssel fast nur Verluste hinzunehmen. Alle Landzuteilungen von Cambrai, selbst Verona, das er bis zuletzt verteidigt hatte und zum Lande Tirol schlagen wollte, wurde ihm abgesprochen. Nur einige bescheidene Grenzplätze wie Rovereto, Riva, Ala und Cortina blieben ihm. Die überlegenen Kriegsmittel der Gegner, die beharrliche Hilfsverweigerung des Reiches und die völlige Erschöpfung seiner österreichischen Länder hatten den Ausschlag gegeben.

Der achtjährige Venezianerkrieg hat den österreichischen Ländern schwere Wunden geschlagen, denn der Kaiser mußte die Truppen und das Geld fast ausschließlich aus seinen österreichischen Ländern nehmen; mußte sein Kammergut, seine Bergwerke, seine Herrschaften, so gut wie alles verpfänden und hat außerdem gewaltige Schuldenlasten aufgehäuft. Die Stände, fast völlig ausgeschaltet, waren unzufrieden; die Bauern murrten, weil die meisten Lasten doch auf sie abgewälzt worden waren. In Krain, an den Grenzen Kärntens und der Steiermark, in der Nähe des hart mitgenommenen Kriegsgebietes, machten die Bauern ihrer Unzufriedenheit bereits 1515 in einem blutigen Aufstand Luft. Es sollte nicht der letzte sein.

In der Literatur ist kaum die Rede von den schrecklichen Folgen dieses langen Krieges, eines des größten und verlustreichsten vor dem Dreißigjährigen Krieg. Erstmals waren Massenheere gegeneinander angetreten. Die Menschenverluste überstiegen zweifellos die Hunderttausend. Fürchterlich waren die Zerstörungen in den oberitalienischen Kriegsgebieten, ganze Landstriche verödet, Dörfer und Städte wiederholt gebrandschatzt oder eingeäschert; die Äcker durch Jahre unbestellt. Dazu kamen die Seuchen, deren Wüten wir aus der Stadt Verona genauer kennen. Der Krieg mußte schon damals den Krieg ernähren, zumal unter Maximilian, dem stets die Soldgelder für seine Truppen fehlten. Von den zahlreichen Greueltaten sind nur die furchtbarsten im Gedächtnis geblieben: so die Ausräucherung flüchtiger Frauen und Kinder in den Höhlen nächst Vicenza. Die Truppen, die schon im Felde vielfach Räuberbanden glichen, trieben es nicht besser, als sie abgerüstet und nach Hause entlassen wurden. Sie kamen aus allen Armeen Europas. Um sie aus dem Reich fernzuhalten, behandelte man sie als „Verräter und Erzschelme", fing sie ein, stach ihnen die Augen aus, hackte ihnen die Hände ab oder verkaufte sie auf die Galeeren — und das war ganz recht, meinte der Chronist aus Villingen[20]. Die abgedankten Landsknechte der italienischen Kriege stellten die Anführer der kommenden ritterlichen, kleinbürgerlichen und bäuerlichen Rebellion. Unabsehbar sind die Auswirkungen dieses Krieges auf die sozialen und religiösen Umwälzungen der nächsten Jahrzehnte.

Die angrenzenden österreichischen Länder waren zwar von der Kriegsfurie nicht unmittelbar betroffen, hatten aber unter dem Ausfall des Handels, Plünderungen durchziehender Truppen, eingeschleppten Seuchen und Hungersnöten nicht minder zu leiden. Vor allem mußten sie den größten Teil der Kriegskosten aufbringen und die meisten Truppen stellen. Die Behörden, welche der Kaiser schon im ersten Jahrzehnt seiner Regierung neu und vortrefflich eingerichtet hatte, zeigten sich den ungeheuren Anforderungen eines langen Krieges nicht mehr gewachsen.

Auf dem Generallandtag zu Innsbruck (1518) machte sich die Unzufriedenheit der österreichischen Länder stürmisch Luft. Man klagte über die ständig steigende Steuerlast, fortschreitende Münzverschlechterung, steigende Preise; über den Wucher der Handelsgesellschaften und üble Finanzgeschäfte der Beamten. Man forderte zeitgemäße Erneuerung der Behörden, des Hofrates, der Hofkammer und der Regimente; außerdem Mitwirkung der Stände an Regierung und Verwaltung, vor allem der Finanzen, und Ordnung des Kammergutes. Für Reichskriege sollten auch das Reich, nicht nur die Erbländer zahlen. Überhaupt wünschte man Frieden und keine auswärtigen Kriege ohne Wissen und Willen der Stände. Dafür waren sie bereit, einer gemeinsamen Verteidigungsordnung für alle österreichischen Länder zuzustimmen und nach dem Vorbild des Tiroler Landlibells eine stehende Armee von 4000 Reitern und 12.000 Knechten aufzustellen. Aber man hatte wenig Verständnis für eine Weltpolitik, welche die österreichischen Länder völlig erschöpfte.

Es ist in der Tat die Frage, ob der Preis, den gerade Österreich für das habsburgische Weltreich zahlte, nicht zu groß gewesen ist, zumal Spanien daraus den eigentlichen Vorteil zog. Aber Österreich wäre seinem Schicksal wegen seiner Lage an den Grenzen Italiens und der Türkei kaum völlig entgangen.

Anders als in Frankreich oder Spanien, wo sogar die kriegerischen Berührungen mit Italien der neuen Renaissancekunst Tür und Tore öffneten, vermochten sich nur wenig künstlerische Anregungen den Weg durch den Kordon des Elends und der Kriegsverwüstungen in die ausgebeuteten österreichischen Länder zu bahnen. Die finanziellen und sozialen Bedingungen waren derart armselig, daß die kostspieligen neuen Künste Italiens in Österreich kaum Mäzene fanden. Es war schon viel, daß am Kaiserhof ein großartiges Grabmal und einige graphische und literarische Ehrenwerke entstehen konnten, an denen allerdings nur heimische Künstler arbeiteten, und daß man die nötigste höfische Repräsentation aufrechterhielt. Mehr hätte die Hofkammer nicht gestattet. Das österreichische Geld war eben in das „Weltreich" geflossen. Mit Ingrimm bemerkte der Kaiser, daß man in Rom die deutschen Kirchengelder für „Triumph" verbrauche und nicht zum Gottesdienst[21]; er meinte damit wohl die Ausschmückung des Vatikanischen Palastes. Ähnliches hätte er sich freilich nie leisten können. Italienische Baumeister, Bildhauer und Maler konnte man erst viel später wieder anwerben.

Angesichts des scheinbar geringen Ergebnisses seines lebenslangen Krieges um Italien erhebt sich die Frage, ob es nicht sinnlos war, daß Maximilian im Zeitalter fortschreitender nationalstaatlicher Sonderung Italienpolitik im Sinne der mittelalterlichen Kaiser trieb. Wäre es nicht richtiger gewesen, die Traditionen des Kaisertums aufzugeben und sich auf das engere Reich zurückzuziehen?

Anstatt einer Antwort einige Gegenfragen: Hätte sich der

Kaiser aus Italien zurückziehen können zu einem Zeitpunkt, da sich die damals „moderne" Frage des europäischen Gleichgewichtes vorzüglich in Italien zu entscheiden begann? Hätte er den Ehrenvorrang in der Christenheit preisgeben sollen, der an die Römische Kaiserkrone gebunden war, nach der gerade jetzt und auch später immer wieder die französischen Könige ihre Hand ausstreckten? Die Machtkämpfe der europäischen Staaten ordneten sich fortan durch Jahrhunderte um eine einzige Frage: um Italien. Das änderte sich erst im 19. Jahrhundert, als Italien endlich imstande war, seine Sache selbst zu bestellen. Maximilian vermochte Reichsitalien zwar nicht wieder herzustellen, aber doch die Ansprüche zu erneuern und an Karl V. weiterzugeben, der sie als spanischer Habsburger für Spanien entschied. Zwei Jahrhunderte spanisch-habsburgischer Vorherrschaft über Italien waren die Folge. Daß es so kam, lag einzig an der Haltung der deutschen Fürsten und Stände während des letzten Krieges.

Die Reihe der militärischen und politischen Mißerfolge des Kaisers hatte auch ihr Gutes: Die Großmächte übersahen in der Schadenfreude über diese eindrucksvollen Niederlagen das allmähliche, aber beständige Wachstum des habsburgischen Weltreiches. Sie trauten dem sieglosen Kaiser und dessen blassem Enkel offenbar nicht allzuviel zu. Wie wäre es sonst möglich gewesen, daß Heinrich VIII. von England zunächst nur die französische Hegemonie bekämpfte und darüber die viel gefährlichere habsburgische Großmacht übersah? Die kaiserlichen Niederlagen schienen alles zu überdecken. Als der habsburgische Phönix aus der Asche stieg, war es zu spät.

Seither vollzog sich die letzte Translatio Imperii auf die Casa de Austria in Spanien und Österreich. Wohl blieb der kaiserliche Name beim Reich, aber die kaiserliche Macht ruhte seit Karl V. durch zwei Jahrhunderte auf den beiden habsburgischen Stämmen, auf Spanien und Österreich; die Welt drehte sich eine Zeitlang um die Achse Madrid-Wien. Der eigentliche Erbe der maximilianischen Vorbereitungen wurde Spanien. Österreich, das die Hauptlast getragen hatte, blieb arm. Die Spanier aber, welche so sehr gefürchtet hatten, unter den Habsburgern ein Nebenland zu werden, stiegen zur Weltmacht auf. Sie übernahmen nun die altkaiserliche Aufgabe der Sicherung Italiens, des Schutzes der römischen Kirche, der Verteidigung des christlichen Glaubens und der Führung der Christenheit gegen die Türken.

Maximilian hat die vom Kaisertum ausgehende „magische" Kraft klar erkannt, hat die Kaiseridee, der sich das Reich und die deutschen Fürsten versagten, wieder aufgewertet und auf das Haus Habsburg übertragen, das dadurch zeitweilig zur europäischen Vorherrschaft aufsteigen sollte. Keiner anderen Krone würden sich die Königreiche des Ostens und Westens, Kastilien und Aragon, Böhmen und Ungarn, so leicht unterstellt haben. Unter der Kaiserkrone aber schienen sich das Reich, Spanien, die Neue Welt und später auch Ungarn und Böhmen gleichsam selbstverständlich zu einem neuen universal-christlichen Reich zusammenzufinden, das Maximilian in seinen politischen „Phantasien", etwa in seinem „Triumphzug", wie etwas Vollendetes den Zeitgenossen vor Augen stellte, indem er neben den Fahnen des Reiches, der österreichischen Länder und Burgunds auch die Fahnen Ungarns, Dalmatiens, Kroatiens, Bosniens und außerdem jene der spanischen Königreiche, Portugals und des „Reiches der 1500 Inseln" (= Amerika) zeigte. Die kaiserliche Politik hatte manches Visionäre, „Phantastische", wie immer wieder gesagt wird; aber doch auch ebensoviel Reales. Schließlich ist es eine alte Wahrheit, daß vieles als Utopie beginnt, was sich als Realität vollendet.

1516 war König Ferdinand von Aragon, Herr der spanischen Länder, Siziliens, Neapels und der Neuen Welt, gestorben. Seit 1508/09 begann er sich allmählich mit dem Erbfall seiner Länder an Habsburg abzufinden. Lange Zeit hoffte er, sich im zweitgeborenen Erzherzog-Infanten Ferdinand den eigentlichen Erben seiner spanischen Länder zu erziehen, denn nichts fürchtete er mehr, als daß Spanien zu einem Nebenland des Reiches werden könnte. Er mißtraute auch den politischen Phantasien des Kaisers, die auf Kosten des spanischen Staatsgedankens gehen könnten. Erst König Ferdinands letzter Wille bestätigte nach langem Schwanken die spanische Erbschaft Karls. So ereignete sich das Merkwürdige, daß der „Spanier" Ferdinand die österreichischen Länder übernahm, während der Flame „Karl von Gent", wie man ihn nannte, über die spanischen Königreiche und Länder herrschen sollte. Maximilian — zusammen mit Gattinara — scheint König Karl entgegen national-spanischen Einflüsterungen überzeugt zu haben, daß er sich um die Kaiserkrone bewerben müsse, wenn er nicht alles in Frage stellen wolle. Seither begann sich die „Universalmonarchie" in Umrissen abzuzeichnen.

Nach der wenig hoffnungsvollen Wendung der italienischen

Kriege wollte der Kaiser doch wenigstens im Osten das bisher Erreichte, den Preßburger Vertrag von 1491 und den Doppelheiratsvertrag von 1506/07, für seine Nachkommen sichern; selbst auf die Gefahr hin, daß Franz I. seine Abwesenheit im Osten dazu benützen könnte, Mailand und die Lombardei zu überfallen und zurückzuerobern. Ein Vermögen steckte der Kaiser in den Wiener Kongreß, denn er pflegte zu sagen, die Erzherzöge von Österreich hätten mit Freigebigkeit mehr gewonnen, als andere mit Sparen.

König Wladislaw, der seine aufsässigen Magnaten, zumal Johann Zapolya, nicht weniger zu fürchten hatte als den kriegslustigen Sultan Selim, sah in einem engen Heirats-, Schutz- und Trutzbündnis mit den Habsburgern die Rettung Ungarns. Auch König Sigismund von Polen, der seinen Bruder Wladislaw stark beeinflußte, zeigte sich entgegenkommender, seit der Kaiser wiederum Verhandlungen mit dem Großfürsten Wasilij III. von Moskau aufgenommen hatte (1514) und außerdem auch eine Familienverbindung mit Dänemark einleitete: Prinzessin Isabella, Schwester Karls V., heiratete König Christian von Dänemark und Norwegen (August 1515). Dänemark sollte zusammen mit Rußland und dem Deutschen Orden die antipolnische Front verstärken und König Sigismund den kaiserlichen Wünschen gefügiger machen. Auch den Hochmeister des Deutschen Ordens hatte der Kaiser stets ermuntert, die polnische Lehenshoheit abzulehnen. Indem Maximilian mit Rußland, dem Deutschen Orden, Dänemark, Polen und Ungarn zugleich verhandelte, gelang es ihm, König Sigismund zum Einlenken zu zwingen.

Wochenlang wurde der Kaiser in Innsbruck von einer schweren Krankheit festgehalten. Man sprach von einem Schlaganfall, wodurch er zeitweilig den Gebrauch der Glieder, sogar die Sprache verloren haben soll, und von manchem anderen. Den Kongreß beging er vorzüglich in der Sänfte — um nicht zu sagen im Krankenstuhl. Nur zum Abschluß des Festes bestieg er noch einmal das Pferd, um sich und seinen Gästen Gesundheit vorzutäuschen. Die Venezianer spotteten, der Kaiser sei bigott geworden. Er war stets fromm gewesen. Schon früher überkam ihn öfter die Sehnsucht, sich in die Einsamkeit oder in ein Kloster zurückzuziehen, Gott zu dienen und die letzten Dinge zu betrachten. Öfter spielte er mit der Frage, bei Lebzeiten abzudanken.

Als der Kaiser und die jagellonischen Könige im Juli 1515

in Wien zu dem großen Kongreß — einem wahrhaft babylonischen Fest — zusammentrafen, war das Einvernehmen durch die geschickten Vorverhandlungen Cuspinians und Kardinal Langs bereits hergestellt. Durch ein „Linsengericht", wie polnische Historiker sagen, konnte König Sigismund für die Doppelhochzeit gewonnen werden, was für Polen die Überlassung des Donauraumes an die Habsburger und damit ein großes Opfer bedeutete. Der Kaiser hatte dafür nur ein höchst unbestimmtes persönliches Versprechen gegeben, den Deutschen Orden nicht weiter zu unterstützen, ohne daß eine Zustimmung des Kurkollegs, des Reichstages oder des Kammergerichtes eingeholt worden wäre. Diese Zusage konnte bestenfalls Maximilian, nicht aber dessen Nachfolger binden; und selbst Maximilian hat es an Unterstützung des Ordens in der Folgezeit nicht fehlen lassen.

Der Ordensstaat ist bekanntlich durch eine ganz persönliche Entscheidung des Hochmeisters, durch die Säkularisierung im Zuge der Reformation, endgültig unter polnische Lehenshoheit geraten und nicht durch Habsburg. Im übrigen mußte für den Kaiser die Rückgewinnung Böhmens als eines Kurfürstentums des Reiches nicht von geringerem Interesse sein als die Selbständigkeit des Ordenslandes, das staatsrechtlich nicht einmal zum Reich gehörte. Wichtiger war für König Sigismund der Verzicht des Kaisers auf das Bündnis mit Rußland gegen Polen.

Im Juli 1515 wurde zu St. Stephan in Wien die weltgeschichtliche Doppelhochzeit abgeschlossen: ein großer Erfolg der maximilianischen Heiratspolitik. Gleichzeitig adoptierte der Kaiser die ungarischen Königskinder für seine habsburgische Dynastie und schloß mit den Ostmächten ein Bündnis gegen die Türken. Mit Prinz Ludwig als „Sohn des Kaisers" hatten die Habsburger ihre Herrschaft in Ungarn formell bereits angetreten. Maximilian bestellte den Prinzen auch zum Generalvikar des Reiches — eine staatsrechtliche Unmöglichkeit; er mochte aber hoffen, dafür zum Vormund und Statthalter in Ungarn eingesetzt zu werden, woran ihm viel gelegen gewesen wäre. „Ewiger Friede und Freundschaft zur Ehre Gottes, zur Erhaltung der Christenheit, zu gegenseitigem Schutz und Schirm, vor allem gegen die ungläubigen Türken", das war der Inhalt der Schlußkundgebung des Kongresses[22]. „Die Brut Mohammeds sollte ausgerottet werden und die Religion Jesu Christi sich über die ganze Welt, auch über die neu entdeckten Länder ausbreiten." Ein beredtes Zeugnis für den christlichen Universalismus des Kaisers, der die neue Welt ebenso einbezog wie den osmanischen Osten.

Die Wiener Festtage boten besondere Gelegenheit, alle Künste zur Verherrlichung des großen Ereignisses aufzubieten. Dürer war als Festgestalter gewonnen worden. Musiker, Dichter, Redner gaben sich in Wien ein Stelldichein, um den Ruhm des Kaisers und seines Hauses zu feiern. Wenn er sie auch nicht immer nach Verdienst bezahlen konnte, so förderte schon sein Beifall ihren Erfolg. Damals ließ der Kaiser auch die ersten Bruchstücke seiner eigenen Werke erscheinen, Zeugen seiner reichen Phantasie, eine eigene Mischung gotischen und humanistischen Geschmacks; Werke, mit denen der Kaiser selbst seine Legende ins Volk zu bringen suchte. Seine literarischen und graphischen Vorstellungen haben in der Tat das künstlerische Leben rings um ihn geprägt. Man wird kaum sagen können, es wäre das Ende eines großen Stiles gewesen, sondern eher der Anfang eines neuen. In der tausendjährigen Reihe der Kaiser gibt es keinen, der als Förderer und selbständiger Künstler so hervorgetreten ist wie Maximilian.

Der Kaiser durfte in der Wiener Doppelhochzeit den Lohn lebenslanger, von außen her oft gestörter, aber stets beharrlich verfolgter Ostpolitik sehen, wenn er auch nicht wissen konnte, daß hier zu St. Stephan seine dauerhafteste Schöpfung, die Donaumonarchie, eigentlich begründet wurde und daß bereits wenige Jahre später (1526) der ungarisch-böhmische Erbfall eintreten werde. „Laß andere Kriege führen, du, glückliches Österreich, heirate!" Sind diese Verse nicht reiner humanistischer Unsinn? Welch ungeheure Mühe kostete es doch, diesen Staat zu begründen — Ungarn zum Beispiel in jahrhundertelangen Kriegen von den Türken zu befreien und wiederherzustellen.

Die Wiener Verträge besiegelten nicht zuletzt den festen Zusammenschluß der Ostmächte gegen die Türken. Wenn man bedenkt, daß Sultan Soliman wenige Jahre später Ungarn überrannte und 1529 vor Wien erschien, wird man den politischen Weitblick des Kongresses nicht unterschätzen. Die Türken waren eine furchtgebietende Großmacht, die sich eben jetzt zu gefährlichen Ausbrüchen gegen das Abendland rüstete. Schon seit langem hatte der Kaiser für den äußersten Fall eine Militärgrenze zum Schutz seiner südöstlichen Erbländer vorbereitet. Er suchte die Türken durch beharrliche Verhandlungen und durch ein ausgeklügeltes Bündnissystem zu fesseln, das außer den nächsten Nachbarn auch den Zaren von Moskau und Ismail-Sofi, den neuen Schah von Persien, einbezog. Es gehörte zu den Eigenarten des Kaisers, zeitlich wie räumlich auf weite Sicht zu planen. Bis an sein Ende gab Maximilian die Absicht nicht völlig auf, als Anführer der christlichen Mächte gegen die Türken zu ziehen, in Konstantinopel das Byzantinische Reich wiederherzustellen, es als christlicher Kaiser mit dem Römischen Reich zu vereinigen und Jerusalem zu befreien.

Die letzten Lebensjahre waren gezeichnet von der rastlosen Tätigkeit dessen, der sein Ende nahen fühlte. Gerne hätte Maximilian seinen Enkel Karl, um jede Gefährdung der habsburgischen Universalmonarchie auszuschließen, bei Lebzeiten zum Römischen König gewählt gesehen. Karl sollte mit den vereinigten Machtmitteln Spaniens und des Reiches das vollenden, was Maximilian versagt geblieben war. Während für ihn, Maximilian selbst, das Kaisertum wegen der Schwäche seiner Hausmacht nur eine Last gewesen sei[23], bedeutete es für Karl, den Inhaber so großer Königreiche und Herrschaften, den Aufstieg zur Weltmonarchie. Erzherzog Ferdinand sollte nach den Wünschen des Großvaters die österreichischen Länder erben, womöglich unter dem Titel eines Königreiches, was dann wohl am Widerstand Karls scheiterte.

Bereits kränkelnd raffte sich der Kaiser zusammen und reiste in die Niederlande, um Karl für seine Pläne zu gewinnen, ehe er nach Spanien abreiste. Er fand den jungen König kalt und teilnahmslos, zunächst nicht einmal für das Kaisertum interessiert. Damals dürfte ihm Maximilian den besonders kostbaren Hosenbandorden Karls des Kühnen geschenkt haben, den er aus der Burgunderbeute erwerben ließ[24]. Es sollte nicht nur ein Abschiedsgeschenk sein, sondern wohl auch eine Erinnerung an den kühnen Urgroßvater und eine Aufforderung, dessen Beispiel zu folgen. Es bedurfte wiederholter Mahnungen des Großvaters, offenbar auch der Einwirkungen Gattinaras[25] und Chièvres, um Karl klarzumachen, daß in diesem Augenblick das Geschick der Dynastie mit dem Kaisertum untrennbar verbunden war.

In den Niederlanden hatte der Kaiser neuerdings unter Anfällen seiner verschiedenen Krankheiten zu leiden gehabt. Auf der Rückreise bereitete ihm der Reichstag zu Mainz (1517) Sorgen und Ärger. Er sollte die durch den Krieg und die entlassenen Söldner geförderten Landfriedensbrüche und Fehden im Reich bekämpfen, insbesondere die Räubereien eines Sickingen, Götz von Berlichingen und anderer; aber die Reichsfürsten versagten ihm die nötigen Truppen; wohl deswegen, weil es auch um einen der Ihrigen ging, um Herzog Ulrich von Württemberg, der zum gemeinen Verbrecher geworden war. Die ganze Masse der inneren Mißstände, Straßenraub und Heckenreiterei, blieben unerledigt. Der Kaiser eilte zurück nach Österreich, wo er in den Heilbädern von Baden bei Wien vergeblich Besserung seiner Leiden suchte.

Noch einmal raffte der Kaiser seine ganze Kraft zusammen, um auf dem Augsburger Reichstag von 1518 die Nachfolgefrage für Karl zu lösen, die inzwischen wichtiger geworden war als alles andere. Wiederholt hatte er das Römische Königtum fremden Königen, bald England, bald Ungarn, angeboten; vielleicht um seinen unschlüssigen Enkel Karl zur Bewerbung herauszufordern, vielleicht auch um die deutschen Kurfürsten seinem Enkel, als einem „Deutschen" aus den Niederlanden, geneigter zu stimmen. In der Tat war die Mehrzahl der Kurfürsten — allerdings nicht ohne reichliche Bestechungen — zur Wahl des Niederländers Karl bereit. Nur Sachsen und Trier, vor allem aber der Papst, lehnten beharrlich ab: Ein Römischer König könne nicht gewählt werden, solange Maximilian nicht selbst zum Kaiser gekrönt sei. Der Papst verweigerte auch eine Krönung im Reich, denn die italienischen Herrschaften Karls würden den Kirchenstaat im Norden und im Süden umschließen. Allmählich begann der Papst zu erkennen, daß die habsburgisch-spanische Vorherrschaft für den Heiligen Stuhl und Italien gefährlicher werden konnte als die französische Großmacht.

Maximilian sollte die Wahl seines Enkels nicht mehr erleben. „Kein Papst, solange ich gelebt, hat mir die Treue gehalten", klagte angeblich der enttäuschte Kaiser, der die Kurie in der Sache Luthers eben noch voll unterstützt hatte.

Während seines ganzen Lebens hatte Maximilian den Türkenkreuzzug als Krönung seines Herrscherlebens geplant. Er sah den Kampf gegen die Ungläubigen mit anderen Augen als die meisten Reichsstände. Die Gefahr drohte unmittelbar an seinen Landesgrenzen und war für ihn auch ein österreichisches und nicht nur recht fernes, gesamtchristliches Anliegen. Daher suchte er sowohl die breiten Massen wie auch Fürsten und Stände mit Angstparolen und Reichsuntergangsvisionen zur Abwehr anzutreiben. Mitunter mag die Türkenabwehr Vorwand für anderes gewesen sein; aber die Gefahr zu unterschätzen, wäre anderseits ein unverzeihliches Versäumnis gewesen. Seit der kriegerische Sultan Selim I. die Perser zurückgeschlagen, Syrien und Ägypten unterworfen hatte, schien er zum Großangriff gegen das Abendland zu rüsten. Angesichts der wachsenden Gefahr versuchte auch der Papst, die christlichen Fürsten gegen die Osmanen zu einigen. Der Kaiser, nicht mehr der jüngste, außerdem schwer krank, zeigte sich gleichwohl bereit, als Anführer eines Kreuzheeres persönlich mitzuziehen, denn „der Christenheit ganzer Trost lag bei der Deutschen Nation"[26]. Aber er mußte bald erkennen, daß dieses Unternehmen nicht nur am Widerstand seiner Deutschen, sondern auch am gegenseitigen Mißtrauen der Großmächte scheitern mußte.

Der Kaiser legte dem Augsburger Reichstag die alten Kreuzzugspläne vor, die er bereits in den neunziger Jahren ausgearbeitet hatte; in der Grundanlage hatte sich nichts geändert: Drei christliche Heere sollten innerhalb von drei Jahren unter Mitwirkung des Großfürsten von Moskau und des Schahs von Persien Konstantinopel und Jerusalem, aber auch die Berberstaaten Nordafrikas und Ägypten erobern und das Osmanische Reich vernichten. Die spanische Mittelmeer-Strategie wird deutlich sichtbar. Gelang es, sich des ganzen Mittelmeeres zu bemächtigen, dann war König Karl von Spanien — gleich den alten Römern — Herr der Welt, und der allgemeine christliche Friede würde allen Kriegen ein Ende setzen. Welche Weite seiner militärischen und politischen Entwürfe!

Diese weitausgreifenden Pläne erregten bei den Reichsständen von Anfang an größtes Mißbehagen. Man glaubte nicht an die Gefahr aus dem Osten und bezichtigte die Römische Kurie eines Plünderzuges auf die deutschen Kreuzzugsgelder. Unter dem Eindruck der Lutherischen Thesen, gehässiger Reichstagsdebatten und Flugschriften gegen die römischen „Türken" schlug die Stimmung völlig um. Gegen die Urgewalt dieser antirömischen Agitation, die am Vorabend der Reformation leidenschaftlich hervorbrach, wäre jeder Kreuzzugsplan hinfällig gewesen. Auch war die Türkengefahr in Jahrzehnten so zerredet worden, daß niemand mehr daran glaubte. Es bedurfte erst der Ereignisse von 1526 und 1529, um das Reich und Europa vom Ernst der Lage im Osten zu überzeugen.

Verdrossen verließ der Kaiser Augsburg. Er war ein gebrochener Mann, abgemagert, fahl und gelb im Gesicht, müden Auges und so krank, daß er kein Pferd besteigen und nur mehr in der Sänfte reisen konnte. Kurfürst Friedrich hatte bemerkt, wie er an einem Fuße hinkte. Über Innsbruck, wo ihn die Wirte wieder einmal an seine katastrophale Mißwirtschaft erinnerten, reiste Maximilian innabwärts nach Rosenheim, dann ins Salzkammergut; vielleicht erhoffte er sich vom hl. Wolfgang Besserung seines Beinleidens, seiner Leibschmerzen und seiner geheimen Krankheit. In der Welser Burg mußte er sich zum Sterben niederlegen. Bis in die letzten Tage verfolgte ihn die große Weltpolitik: vor allem die Krönungs- und Wahlfrage. Als allerletzte belästigte ihn eine englische Gesandtschaft mit neuen französisch-englischen Bündnisvorschlägen, die dem Kaiser ganz und gar mißfielen.

Mehr als alles andere quälte ihn während dieser Wochen wohl seine heimliche Krankheit. Die eben eintreffenden großen Sendungen von „gesundtem yndianischen holtz für die platern", die ihm Jakob Fugger um teures Geld aus der Neuen Welt besorgt hatte[27], vermochten der Syphilis (= „böse Blattern"), die der Kaiser offenbar seit Jahren mit sich herumschleppte, gewiß nicht beizukommen. Gerade diese „französische" Krankheit, die er in früheren Ausschreiben wiederholt als offensichtliche Gottesstrafe hingestellt hatte, mag ihn seelisch bedrückt und gedemütigt haben. Manche der seltsamen Anweisungen für seine Beisetzung fänden darin eine Erklärung. Furchtlos und ruhig begegnete er dem Tod. Er starb wie ein Heiliger.

Des Kaisers Testament war fast unpolitisch: Es beschäftigte sich größtenteils mit dem Grabmal, das nicht nur seinem eigenen Angedenken und der Erinnerung an seine Ahnen dienen, sondern eine Kultstätte des Kaisertums an sich sein sollte. Das Standbild Karls des Großen hätte den Ehrenplatz neben dem Grabe des Kaisers einnehmen sollen; aber auch die Bilder der altrömischen Caesaren durften nicht fehlen; auch nicht die Ahnen und Heiligen aus der kaiserlichen Sipp- und Magschaft. Wer dieses Grabmal näher betrachtet, kann über die politischen Ideen des Kaisers nicht im Zweifel sein.

Die einzige politische Bestimmung des Testamentes setzte Karl und Ferdinand als gleichberechtigte Erben ein; alles Weitere blieb ihnen völlig freigestellt. Am 12. Januar 1519 ist der Kaiser zu Wels verstorben — nach 25 Herrscherjahren, welche trotz vieler Fehler und Schwächen für die weitere Entwicklung nicht nur der österreichischen, sondern der europäischen Geschichte entscheidend waren. Er konnte seinem Enkel Karl nicht nur die Idee, sondern auch die Realität eines Weltreiches fertig übergeben.

Die Trauer um den alten Kaiser war zunächst nicht übermäßig, wenngleich allenthalben im Reich und in Europa Trauergottesdienste für ihn gehalten wurden. Man wird die allgemeine Unzufriedenheit der Erbländer, die Erhebung der Landstände und die Unruhen des gemeinen Volkes nicht übersehen dürfen, die unmittelbar nach seinem Hinscheiden ausbrachen. Nur Schreibern, Jägern, Hirschen und Hunden sei es unter diesem Kaiser gutgegangen[28]. Groß, fast unerträglich waren die Opfer gewesen, welche er seinen Ländern für die Vorbereitung des Weltreiches abgefordert hatte. Ratlos stand man vor der ungeheuren Schuldenlast[29], die ihnen der Kaiser aufgeladen hatte und von der zunächst niemand wußte, wie sie abgezahlt werden sollte.

Nichtsdestoweniger blieb sein Gedächtnis lebendiger als das irgendeines anderen Kaisers. Ohne Zweifel war Maximilian einer der volkstümlichsten, vielleicht der volkstümlichste von allen. In Österreich, Tirol, Bayern, Schwaben, in des Heiligen Reiches „Pfaffengasse" (so nannte der Kaiser die geistlichen Kurfürstentümer am Rhein) bis in die Niederlande war er vielen Leuten persönlich bekannt. Mehr als andere Kaiser hatte er es verstanden, die Würde seiner Majestät mit menschlicher Liebenswürdigkeit zu verbinden. Die zeitgenössischen Chroniken sind voll von Anekdoten[30] über seine verschwenderische Freigebigkeit, den köstlichen Humor, die treffenden Redensarten, seine Vorliebe für Künste und Künstler, die Aufmerksamkeit gegenüber schönen Frauen, die ritterliche Kühnheit und Abenteuerlust, seine Strenge und Gerechtigkeit; sind voll von den Arten und Unarten, welche sich Zeitgenossen und Nachfahren vom Kaiser erzählten; Nachrichten, die sich weithin mit dem decken, was wir aus den besten Dokumenten der Zeit wissen. Aber erst die nächsten Generationen gewannen vollen Abstand und das rechte Verständnis für seine großen politischen Gründungen. Es waren aber nicht Österreicher, sondern der Franke Cuspinian, der Augsburger Zollschreiber Jäger (im Auftrage Hans Jakob Fuggers), der Niederländer van Roo und vor allem der Nürnberger Dichter Siegmund von Birken, der dem Kaiser mit seinem Ehrenspiegel ein unvergängliches Denkmal errichtete.

Bereits am 28. Juli 1519 wurde Karl V. zum Römischen König gewählt. Sein Großkanzler Mercurino Gattinara, der aus dem Dienste Maximilians hervorgegangen war, mahnte seinen Herrn zur Sammlung der Christenheit unter einem Hirten und zur Aufrichtung der Weltmonarchie. Wir besitzen zahlreiche Niederschriften und Äußerungen Gattinaras aus seinen großen Zeiten, die erkennen lassen, wie sehr seine Kaiserideen mit denen Maximilians übereinstimmen[31]. Schon aus dem Jahre 1509 ist ein Brief überliefert[32], der uns nicht nur sein frühes geistiges Naheverhältnis zu Maximilian aufzeigt, sondern damals schon die Grundlinien seiner politischen Weltanschauung erkennen läßt.

Gattinara war es offenbar vor allen anderen, der Maximilians Reichsideen an Karl V. weitergab. Ganz im Sinne des Kaisers wies auch Gattinara — und nach ihm Karl V. — dem Königreich Italien die entscheidende Stellung innerhalb des christlichen Imperiums zu. „Italia, quae mea est"[33], schrieb Maximilian in seinem schwerfälligen Latein. Italien bedeutete ihm das Fundament, von dem aus das Weltreich errichtet werden müsse. Er vermochte Reichsitalien in lebenslangen Kämpfen zwar nicht zu erobern, aber doch den Rechtsanspruch an Karl V. weiterzugeben. Auf Italien, auf dem Schutz der Kirche und des Papstes schien ihm die Obergewalt in der Christenheit hauptsächlich begründet. Die zahlreichen Äußerungen des Kaisers in dieser Richtung können nicht als bloße Phrasen abgetan werden; sie offenbaren sich in Taten und sind Ausdruck einer tiefen politischen Überzeugung, die seine ganze Regierung bestimmt. Die Einheit der Christenheit unter Kaiser und Papst gegen die ungläubigen Türken und die Herrschaft des Kaisers über „Europa, Asien und Afrika"[34] entsprachen jenem christlichen Welt- und Geschichtsbild, das im Reich der altrömischen Kaiser, im Augustinischen Gottesstaat, bei den mittelalterlichen Kaisern und Königen, bei Karl dem Großen, den Ottonen und Staufern das Vorbild sah.

Diese „Weltherrschaft" ist wohl auch weniger konkret-territorial gedacht gewesen, sondern vielmehr als Idee der christlichen Einheit, als politische Vision, wie sie der Kaiser liebte. Die Frage begann für ihn real zu werden, wenn man ihm seinen Vorrang als „Oberhaupt der Christenheit" oder als Anführer des Kreuzzuges oder die Kaiserkrönung streitig machen wollte, wie dies sowohl Ludwig XII. wie Franz I. — nicht ohne zeitweilige Unterstützung der Päpste — versuchten.

Gewiß war auch Rhetorik und Propaganda dabei, die man nicht immer wörtlich nehmen darf, wenn sich der Kaiser als „Dominus totius mundi"[35] bezeichnete oder von seiner „Monarchia orbis" sprach. Er meinte im Wesen die abendländische Christenheit, aber auch schon die Neue Welt, „das Reich der 1500 Inseln"[36]. Daraus leitete er den Vorrang über alle christlichen Fürsten ab, außerdem das Recht, Könige zu erheben oder sogar den Großfürsten von Moskau zum Kaiser zu machen.

Die Idee der Translatio Imperii, der Glaube, daß Gott das „Weltreich" von den Assyrern und Babyloniern über die Römer und Griechen auf die Deutschen übertragen habe, war nicht nur Maximilian, sondern allen seinen Zeitgenossen noch unmittelbar lebendig. Wenn der Kaiser an das „Weltreich" dachte, so pflegte er seinen Phantasien keine Grenzen zu setzen: Er dachte nicht nur an Spanien und an die Neue Welt, sondern zeitweise auch an Portugal, woher seine Mutter stammte; an die Königreiche des Nordens, an Polen und Litauen, woher seine Großmutter kam; an Böhmen und Ungarn und bisweilen sogar an Frankreich, das er wie so viele andere Länder im Erbweg zu gewinnen hoffte, und auch an England. Er blieb auch als Politiker weithin Künstler, der nicht nur aus der Logik, sondern aus der Phantasie gestaltete.

Letztes Ziel hätte der gemeinsame Kampf aller christlichen Könige und Fürsten gegen die Ungläubigen, die Eroberung von Konstantinopel und Jerusalem, die Vereinigung des Byzantinischen mit dem Römischen Reich und der universale Friede sein sollen. In diesen Aufgaben fühlte sich der Kaiser dem Papst gleichgestellt. Daher wohl auch der flüchtige Gedanke einer zeitweiligen Verbindung der Tiara und der Kaiserkrone. Maximilian fühlte sich als möglicher Papst-Kaiser, der das Reformkonzil beruft und die Gläubigen des Gehorsams gegen einen unwürdigen Papst entbinden kann. Er selbst und sein österreichisches, burgundisches und spanisches Haus sollten die Vollstrecker des göttlichen Auftrages auf dieser Welt sein; er hielt sich für größer als Julius Caesar, den er „überpochen" wollte, und stellte sich neben Karl den Großen und Barbarossa.

Diese Vorstellungen vom Imperium Romanum, welche der Humanismus neu belebt hatte, und von seiner Fortsetzung im christlichen Weltreich Karls des Großen, der Ottonen und Staufer und die ganz eigenen, weitausgreifenden Kaiserideen des Großvaters, vor allem dessen hohe Vorstellungen vom habsburgischen Haus, hat Karl V. von seinen Erziehern, später insbesondere von Gattinara übernommen. Die Übereinstimmungen sind bis in die Einzelheiten der staatsideologischen Terminologie zu verfolgen.

Was Maximilians Reichsgedanken wesentlich von dem Karls V. unterschied, war seine Idee der Deutschen Nation, welche ihm als die von Gott berufene Trägerin und Wahrerin des Römischen Kaisertums und des Heiligen Reiches erschien[37]. Die Kaiserkrone bedeutete ihm „die höchste Würde und Ehre der Deutschen Nation, die Zierde und die Pracht Deutschlands und ihre höchste Hoheit"[38]. Sie habe sich durch die Tapferkeit ihrer Ahnen und durch Blutvergießen für den Glauben das Kaisertum und das Reich verdient, das Gott von den Römern und den Griechen endlich auf die Deutschen übertragen habe. Die Kaiserkrone und das Reich den Deutschen zu erhalten, betrachtet Maximilian als seine höchste Aufgabe. Dagegen erscheint ihm die Uneinigkeit der Deutschen und der gegenwärtige Sittenverfall, der den Untergang des Reiches zur Folge haben könne, als besonders verhängnisvoll: Das Reich drohe inwendig auszufaulen und auszudorren. Nur die Rückkehr zu den Vätertugenden könne das Kaisertum bei den Deutschen erhalten. Die Deutsche Nation müsse sich ihrer Aufgabe als erste Nation der Christenheit würdig erweisen, wenn sie den Vorrang und die Weltherrschaft behaupten wolle. Ihr Dienst an der Weltmonarchie, am Schutz der Kirche und des Papsttums hat für den Kaiser geradezu religiösen Charakter: Die Deutschen seien dazu bei ihrer ewigen Seligkeit verpflichtet; sie seien „der Christenheit ganzer Trost"; sie hätten auch im Kreuzzug voranzugehen und seien daher des Kaisertums vor allen anderen würdig.

Christenheit, Römisches Reich, Deutsche Nation, aber auch die Leistungen des Kaisers und seines Hauses treten in zahlreichen Staatsschriften meist als einheitliche politische Idee in Erscheinung. Sie wurzelt sowohl im christlichen Gedankengut des Augustinischen Gottesstaaten, in Dantes Monarchie wie in den neuen Ideen vom römischen Weltreich, welche dem Kaiser seine Humanisten zutrugen.

Man hat oft gesagt, der Kaiser habe die Deutsche Nation „nur im Munde geführt", um sie für seine universale Hauspolitik zu mißbrauchen. Wir konnten vielfach beobachten, wie wenig sich die Reichsstände „mißbrauchen" ließen. Der Kaiser dachte aber auch wirklich nicht an einen deutschen „Nationalstaat", sondern eben an die Wiederherstellung des Reiches der römischen und christlichen Kaiser. In diesem christlichen „Weltreich" allerdings hätte er der Deutschen Nation und seinem habsburgischen Haus den Ehrenvorrang zugedacht — nach seinen idealistischen Vorstellungen das höchste, was man sich denken konnte.

Wir wissen heute genau, daß Maximilian die Opfer für diese Politik fast ausschließlich seinen eigenen Ländern auflud. Österreich, das die Hauptlast zu tragen hatte, blieb völlig verarmt zurück. Spanien aber wurde unter den Habsburgern nicht, wie es gefürchtet hatte, zum Nebenland, sondern gewann zeitweilig die Vorherschaft über die Christenheit. Wenn man vom „Jahrhundert des Hauses Österreich" spricht (Lhotsky), dann gilt das eigentlich für seinen spanischen Zweig. Im übrigen lag die Zukunft nicht in der einheitlichen christlichen Weltmonarchie, sondern in der nationalen und konfessionellen Auflösung.

ANMERKUNGEN

Die im folgenden kurz zitierten Autoren und Werke sind im an-
geschlossenen Quellen- und Literaturverzeichnis mit vollem Titel angeführt. Eine knappe kritische Bibliographie der Quellen und Literatur
ist jedem Hauptkapitel vorangestellt. Die Ziffern am Rand verweisen
auf die zugehörigen Seiten.

I. AUSBRUCH DES VENEZIANERKRIEGES

1. Kriegsvorbereitungen. Aufmarsch an der Etsch

1   [1] Über Vorbereitungen und Ausbruch dieses Krieges unterrichten am
besten die Maximiliana-Akten in *Wien* (HHSA) und *Innsbruck* (TLA);
außerdem die zahlreichen Berichte bei *Sanuto*. Einige gedruckte Dokumente bei *Göbler* und *Chmel* (Urkunden). Interessant ist auch der Bericht *Machiavellis* über die deutschen Angelegenheiten. Verdienstvolle
ältere Darstellungen bieten *Ranke, Wolff* und *Ulmann*. Die neueren Darstellungen von *Skriwan* und *Pernthaller* verarbeiten die Materialien
der Maximilian-Regesten. Über die diplomatische Lage bei Kriegsausbruch und die Vorgeschichte von Cambrai bringt wesentlich Neues *Krendl;*
daneben wären heranzuziehen *Luzio, Pastor, Stelzer, Frieß* und *H. Leipold.* Über die Kriegsfinanzierung findet sich einiges bei *Pölnitz, Ehrenberg* und *Lutz.* Wertvolle Hinweise verdanke ich der Sammlung *Probszt.*
[2] Siehe S. 39, 335; *Wiesflecker,* Maximilian III, 342 ff., 365 ff., 378 f.;
Skriwan, Diss. 3 f.
[3] Siehe S. 335; *Wiesflecker,* Maximilian III, 352, 366, 371; vgl. dazu
Krendl, Verhandlungen 239 ff. (dort Einzelheiten aus neuen, vorzügl.
span. Quellen).
2   [4] KM an EMarg ddo 1507 August 18 Lindau (*Le Glay,* Correspondance I, 5 ff.); *Krendl,* Verhandlungen 243.
[5] Venez. Bericht ddo 1507 November 25 bei *Sanuto* VII, 191; dazu
Luzio, Preliminari 249, 285; *Pastor* III/2, 751 setzt die Kontakte zwischen KM und KF erst im Februar 1508 an; desgl. *Ulmann* II, 334 f.;
Krendl, Verhandlungen 241 f., 243 f., 246 f. (dort Einzelheiten); *Stelzer,*
Diss. 81; *Skriwan,* Diss. 7; *Simon,* Frankreich Diss. 62 f.
[6] Der Text der Bozener Fassung dieser Artikel ddo 1508 Januar 15
(bei *Luzio,* Preliminari 287 ff.); dazu venez. Berichte aus Frankreich ddo
1508 Februar 7 (*Sanuto* VII, 750); dazu auch *Luzio,* Preliminari 258;
Brosch, Julius II., 154 f., 338 f.; *Ulmann* II, 335; *Stelzer,* Diss. 83; *Frieß,*
Diss. 32 f.; *Mader,* Diss. 43 ff.; *Simon,* Frankreich Diss. 63.
[7] *Höfler,* Juana 357 f.

⁸ Luzerner Abschied ddo 1508 Januar 26 Luzern (*Eidgenössische Abschiede* III/2, 417 ff.); vgl. *Ulmann* II, 341; *Dierauer* II, 476 ff.

⁹ 1507 August 14 Augsburg (*Wien* HHSA, MaxAkt 11/2, fol. 63); *Pölnitz*, Jakob Fugger I, 182 (dort falsche Datierung); *Ehrenberg* I, 92; *Schmid*, Diss. 180 f.

¹⁰ 1507 Oktober 16 Innsbruck (*Wien* HHSA, MaxAkt 11/2, fol. 122 f., 125 f.); *Schmid*, Diss. 182.

¹¹ Bericht Machiavellis über Kriegsfinanzierung ddo 1508 Januar ca. (bei *Brosch*, Machiavelli 94 f.); *Lutz*, Quirini 205 f.; *Pernthaller*, Diss. 91; *Schmid*, Diss. 183 f.; *Skriwan*, Diss. 12.

¹² Einzelheiten bei *Skriwan*, Diss. 13 f.

¹³ KM an die Stadt Eßlingen ddo 1508 Februar 8 Bozen (*Datt* 568); *Wiesflecker*, Kaiserproklamation 19.

¹⁴ *Ulmann* II, 332; *Ranke*, Geschichten der roman. und germ. Völker 229; *Pernthaller*, Diss. 90; *Schmid*, Diss. 189; *Skriwan*, Diss. 18.

¹⁵ Hans von Landau an Zyprian v. Serntein ddo 1508 Februar 2 Konstanz (*Wien* HHSA, MaxAkt 12/1, fol. 104); *Pernthaller*, Diss. 90; *Schmid*, Diss. 189; *Skriwan*, Diss. 18.

¹⁶ Abschied der Bundesversammlung ddo 1508 Januar 8 Ulm (*Klüpfel*, Urkunden II, 14 f.).

¹⁷ KMs Mandat ddo 1508 Januar 5 Innsbruck (*Wien* HHSA, MaxAkt 12/1, fol. 18).

¹⁸ Bericht des Hans v. Königseck ddo 1508 Januar 4 (*Chmel*, Urkunden 287, Nr. 220).

¹⁹ *Brosch*, Machiavelli 96 f., 99.

²⁰ *Wolff*, Beziehungen zu Italien 91 ff.; *Huber*, Geschichte Österreichs III, 367; *Skriwan*, Diss. 19 f. (dort Einzelheiten).

²¹ *Egger*, Geschichte Tirols II, 31; *Huber*, Geschichte Österreichs III, 367.

²² *Skriwan*, Diss. 21 f.

²³ Mandat KMs ddo 1508 Januar 18 Bozen (*Wien* HHSA, MaxAkt 12/1, fol. 39, desgl. *Innsbruck* TLA, MaxAkt I/44, fol. 102 ff.).

²⁴ Mandat ddo 1508 Januar 26 Bozen (*Göbler*, fol. 46); desgl. Mandat ddo 1508 Januar 28 Bozen (*Wien* HHSA, MaxAkt 12/1, fol. 73); *Skriwan*, Diss. 22.

²⁵ KM an Bf Georg von Neudegg ddo 1507 November 20 Augsburg (*Innsbruck* TLA, MaxAkt I/44, fol. 22); *Wolff*, Beziehungen zu Italien 90 f.; *Pernthaller*, Diss. 96; *Schmid*, Diss. 196; *Skriwan*, Diss. 24.

²⁶ Verschiedene Berichte ddo 1507 November—Dezember (*Innsbruck* TLA, MaxAkt I/44, fol. 32 f., 36; desgl. *Wien* HHSA, MaxAkt 11/3, fol. 19); *Skriwan*, Diss. 25 f.

²⁷ *Wolff*, Beziehungen zu Italien 94 ff.; *Skriwan*, Diss. 30 f. (dort Einzelheiten).

²⁸ Görzer und Triester Berichte an das Innsbrucker Regiment ddo 1507 November 28 Görz (*Wien* HHSA, MaxAkt 11/3, fol. 21 f.) und ddo 1507 November 26 Triest (ebenda, fol. 20); *Pernthaller*, Diss. 97 f., 102; *Skriwan*, Diss. 26; *Schmid*, Diss. 201.

²⁹ *Wolff*, Beziehungen zu Italien 96 f.; *Schmid*, Diss. 204; *Pernthaller*, Diss. 101; *Skriwan*, Diss. 37 f.

5 **30** Vgl. die Berichte und Mandate ddo 1507 Dezember 24 (*Innsbruck* TLA, MaxAkt I/44, fol. 46 f.) und 1508 Januar 4, 5, 10 (in *Wien* HHSA, MaxAkt 12/1, fol. 8 ff., 18, 23 f.); *Ulmann* II, 336 f.; *Leipold*, Venedig 261 f.; *Wolff*, Beziehungen zu Italien 97; *Pernthaller*, Diss. 101 f.

31 *Eidgenössische Abschiede* III/2 (415 ddo 1508 Januar 5 Luzern).

32 Mandate KMs ddo 1508 Januar 31 Bozen (*Wien* HHSA, MaxAkt 12/1, fol. 79; andere Mandate betreffend Verpflegung ebenda, fol. 10 ff., 53 f., 76, 80 f., 84, 86).

33 Zahlreiche Einzelheiten und Quellen bei *Skriwan*, Diss. 32 ff., und *Pernthaller*, Diss. 93 ff.

34 Venez. Bericht ddo 1508 Januar (*Sanuto* VII, 256).

35 Venez. Berichte ddo 1508 Januar/Februar aus Verona und Rovereto (*Sanuto* VII, 261 272 f., 275, 295); *Skriwan*, Diss. 40; *Pernthaller*, Diss. 89 ff.

36 Vgl. die sehr aufschlußreichen Ausführungen *Machiavellis* (ed. 1813) IV, 153 ff. und 174 ff.

37 Vgl. die Instruktion KMs an Paul v. Liechtenstein ddo 1507 November 19 Augsburg (*Wien* HHSA, MaxAkt 11/3, fol. 10 ff.); desgl. Instruktion KMs an das Innsbrucker Regiment ddo 1507 November ca. (*Innsbruck* TLA, MaxAkt I/44, fol. 3 f.).

6 **38** *Schmid*, Diss. 202; *Stelzer*, Diss. 83 ff.; *Skriwan*, Diss. 32.

2. Kaiserproklamation in Trient

1 Dieses Kapitel folgt im Wesen meinem eigenen einschlägigen Aufsatz in der Hantsch-Festschrift: dort eingehende Angaben über die meist gedruckten Quellen. Die besten Augenzeugenberichte über das Trienter Proklamationsfest verdanken wir den Vertretern der Städte Eßlingen (Rinckenberg und Holdermann) und Frankfurt (Frosch). Die Archivforschungen brachten nur wenig neue Dokumente zutage, die nicht schon im Druck veröffentlicht wären. Wertvolles bieten die venezianischen Berichte bei *Sanuto*, desgleichen *Guicciardini;* weniger *Zurita*, *Machiavelli*, *Petrus Martyr* und *Fugger-Jäger*. Nichts bieten die Venezianer *Bembo* und *Mocenigo*. *Brandis* bietet teils brauchbare, teils entstellte Berichte. An neuen Arbeiten sind besonders heranzuziehen die Dissertationen von *Pernthaller*, *Skriwan* und *Frieß*. Wertvolle Hinweise danke ich der Sammlung *Probszt*.

2 *Wiesflecker*, Maximilian II, 93 f.

3 *Wiesflecker*, Maximilian III, 158 f.

4 *Wiesflecker*, Kaiserproklamation 17 f.; *Eichmann*, Kaiserkrönung I, 275; *Pernthaller*, Diss. 41, 73 f.; *Skriwan*, Diss. 43; *Frieß*, Diss. 1 ff.

5 *Frieß*, Diss. 10 f.

7 **6** *Wiesflecker*, Kaiserproklamation 19 f.; *Pernthaller*, Diss. 103; Itinerar Maximilians bei *Skriwan*, Diss. 314 ff.

7 KM an einen Kurfürsten ddo 1507 Dezember ca. (*Innsbruck* TLA, MaxAkt I/32, fol. 18 f.); KM an die Stadt Frankfurt ddo 1508 Januar 25 Kaltern (*Janssen*, Reichscorrespondenz II, 742, Nr. 931); *Wiesflecker*, Kaiserproklamation 20.

[8] KM an Herzog von Bayern ddo 1508 Januar 24 Bozen (*München HSA*, Geheimes SA, Kasten schwarz 4193, fol. 331); Bayern lehnte allerdings ab; *Pernthaller*, Diss. 101, 108 f.; *Frieß*, Diss. 3 f.

[9] Venezianischer Bericht ddo 1506 Dezember 11 Venedig (*Sanuto* VI, 505); *Frieß*, Diss. 1.

[10] Venezianischer Bericht ddo 1508 Februar 15 Venedig (*Sanuto* VII, 296 f.).

[11] Venezianischer Bericht ddo 1508 Februar 12 Trient (*Sanuto* VII, 293 ff.); *Ulmann* II, 339 ff.

[12] Venezianischer Bericht ddo 1508 Januar 21 Venedig (*Sanuto* VII, 261); dazu *Pernthaller*, Diss. 129; *Wiesflecker*, Kaiserproklamation 20.

[13] Vergl. den eingehenden venezianischen Bericht ddo 1508 Februar 12 Trient (*Sanuto* VII, 293 ff.); *Brandis*, Landeshauptleute von Tirol 390 ff. (mit Fehlern im einzelnen); dgl. Bericht und Bild im *Weißkunig* (ed. Schultz) 331 f.; *Wiesflecker*, Kaiserproklamation 21; *Pernthaller*, Diss. 112 ff.

[14] Über das Datum, das in der Literatur vielfach unrichtig angegeben wird, vgl. *Wiesflecker*, Kaiserproklamation 34, Anm. 15 (dort Einzelheiten und Quellen zur Proklamation); guter Bericht des Frankfurter Gesandten ddo 1508 Februar 8 Borgo (*Janssen*, Reichscorrespondenz II, 742 ff., Nr. 933); Bericht der Eßlinger Gesandten ddo 1508 Februar 15 (ed. *Stälin*, Bericht 71 ff.; desgl. *Klüpfel*, Urkunden II, 18 f.); *Pernthaller*, Diss. 116 f.

[15] Dies berichtet von allen Autoren nur *Brandis*, Landeshauptleute von Tirol 390 f. ausdrücklich; in einem Brief des Kardinals Gonzaga ddo 1508 Februar 12 (ed. *Pastor* III/2, 1132 f., Nr. 122) ist dieser Anspruch des Kaisers angedeutet; der Vorgang wiederholte sich ähnlich im Dom. Es ist anzunehmen, daß diese wichtige Frage vorher bereits abgesprochen war.

[16] *Wiesflecker*, Kaiserproklamation 21 f. und 34, Anm. 16.

[17] *Wiesflecker*, Kaiserproklamation 21 und 34, Anm. 17.

[18] Venezianischer Bericht bei *Sanuto* VII, 275, 293 ff.

[19] *Guicciardini* (ed. Rosini) II, 27.

[20] *Brosch*, Machiavelli 87 ff., 90 ff., 100; *Wiesflecker*, Kaiserproklamation 22 und 34, Anm. 20.

[21] Vgl. dazu *Voltelini*, Bestrebungen 43 f.

[22] *Wiesflecker*, Kaiserproklamation 34, Anm. 21.

[23] *Wiesflecker*, Kaiserproklamation 34, Anm. 22, 23; für die Übersendung von *Lessi*, Guida illustrata del Duomo di Trento, habe ich Herrn Dompfarrer von Trient, Giovanni Bartolotti, herzlich zu danken. Das Werk half mir wesentlich bei der Klärung der Örtlichkeiten der Proklamation.

[24] Die Hauskronen hatten die Form der doppelten Infelkrone, wie sie dem Kaiser gebührte; zum Unterschied von der „Karlskrone", welche eigentlich dem Römischen König zustand.

[25] *Wiesflecker*, Kaiser-Papst-Plan 331, Anm. 4.

[26] Dazu die Berichte von Frosch, Rinckenberg, Holdermann und Haller; vgl. *Wiesflecker*, Kaiserproklamation 35, Anm. 27.

[27] *Wiesflecker*, Maximilian III, 160 f.; *Vodosek*, Diss. 127 ff.

[28] Berichte der Eßlinger Gesandten Rinckenberg und Holdermann, vgl. *Wiesflecker*, Kaiserproklamation 34 f., Anm. 15, 29.

11 [29] Der sonst gute venezianische Bericht bei *Sanuto* VII, 293 ff. „ernennt" den Kurfürsten Friedrich von Sachsen irrtümlich zum Römischen König.

12 [30] In der Literatur finden sich darüber viele Irrtümer; vgl. dazu *Wiesflecker*, Kaiserproklamation 35, Anm. 42.

[31] Diese Tatsache wurde von *Fugger-Birken* und *Müller* (Reichstagsstaat) verwirrt und entstellt; dazu *Wiesflecker*, Kaiserproklamation 23 f., 35, Anm. 43, 44; *Brandis*, Landeshauptleute von Tirol 390 berichtet über die Rolle Carvajals anders und sicher unrichtig.

[32] *Zurita* VI, fol. 158 f.

[33] Bisher bekannt geworden ist mir nur die Mitteilung an die Stadt Eßlingen ddo 1508 Februar 8 Bozen (*Datt* 568 ff., und *Lünig*, Reichs-Archiv, Pars gen., Cont. I, 125 ff.); *Stelzer*, Diss. 156.

[34] Erklärung ddo 1508 Februar 4 Trient (*Diederichs* 111 f., Nr. 52, 53); KM an Frankfurt ddo 1508 Februar 8 Bozen (*Janssen*, Reichscorrespondenz II, 744 f., Nr. 934); KM an Eßlingen ddo 1508 Februar 8 Bozen (*Müller*, Reichstagsstaat 736 ff.).

[35] KM an das Innsbrucker Regiment ddo 1508 Februar 17 Neustift (*Innsbruck* TLA, Geschäft vom Hof 1508, fol. 15 f.).

[36] *Ranke*, Deutsche Geschichte (ed. 1862) I, 117 f., 346; *G. Weitz*, Deutsche Kaiser von Karl dem Großen bis Maximilian I., 92; *Wiesflecker*, Kaiserproklamation 26, 36, Anm. 1, 2.

[37] *Wiesflecker*, Kaiserproklamation 26 f. (dort Einzelheiten).

13 [38] Was *Ranke*, Geschichten der germanischen und rom. Völker (ed. 1885) 230 f. über den „neuen, bisher niemals erhörten Titel eines erwählten Römischen Kaisers" sagt, trifft nicht zu.

[39] Julius II. an KM ddo 1508 Februar 12 Rom (*Pastor* III/2, 1131 f., Nr. 121); Bericht des Kardinals Gonzaga an den Markgrafen von Mantua ddo 1508 Februar 12 Rom (*Pastor* III/2, 1132 f., Nr. 122, Anm. 15); *Wiesflecker*, Kaiserproklamation 23; *Ulmann* II, 340; *Stelzer*, Diss. 197; *Frieß*, Diss. 5.

[40] *Wiesflecker*, Kaiserproklamation 27 (dort Einzelheiten).

[41] *Guicciardini* (ed. Rosini) II, 27: „... nominandolo non piu re dei Romani, ma eletto imperatore, secondo hanno consuetudine di nominarsi i re dei Romani quando vengono per la corona."

[42] *Petrus Martyr*, Opus Epist. (ed. 1966) 467, Nr. 380: „... loco namque aureae secundae coronae Imperatorem electum pontficio chirographo nuncupavit ..."; *Heidenheimer*, Petrus Martyr 173 f.

[43] Siehe S. 408 ff.

14 [44] Volltext bei *Zeumer*, Quellensammlung 184, Nr. 142; *Wiesflecker*, Kaiserproklamation 27; *Voltelini*, Bestrebungen 43 f.

[45] Schon *Müller*, Reichstagsstaat 746 ist das aufgefallen.

[46] Dies geht aus dem Breve Julius II. ddo 1508 Februar 12 Rom (*Pastor* III/2, 1131 f., Nr. 121) hervor.

[47] Vgl. KMs Papst- und Kaiserplan.

[48] *Wiesflecker*, Kaiserproklamation 28, 37, Anm. 22.

[49] *Wiesflecker*, Kaiserproklamation 32, Anm. 19.

3. Kriegsausbruch. Kämpfe im Trentino. Niederlage im Cadore. Verlust von Görz, Triest und Istrien

[1] Eine ausführliche Darstellung der ersten Kriegsereignisse mit Auswertung aller in den Maximilian-Regesten gesammelten Quellen bietet *Skriwan;* etwas kürzer hält sich *Pernthaller.* Verdienstvolle ältere Darstellungen bieten *Wolff* und *Ulmann.* An zeitgenössischen erzählenden Quellen und Berichten erweisen sich vor allem ergiebig *Sanuto, Mocenigo, Guicciardini, Bembo* und Maximilians *Weißkunig.*

[2] Bericht der Frankfurter Gesandten ddo 1508 Februar 8 Borgo (*Janssen,* Reichscorrespondenz II, 742 f., Nr. 933); Bericht der Eßlinger Gesandten ddo 1508 Februar 15 Trient (*Klüpfel,* Urkunden II, 18 f.); venezianische Berichte bei *Sanuto* VII, 276 ff., 294 f.; *Wolff,* Beziehungen zu Italien 97 f.; *Ulmann* II, 341 f.; *Skriwan,* Diss. 53; *Riedl,* Diss. 56.

[3] Venezianischer Bericht ddo 1508 Februar 8 Vicenza (*Sanuto* VII, 280).

[4] Venezianische Berichte ddo 1508 Februar 9—12 (*Sanuto* VII, 282, 293 ff.).

[5] Venezianische Berichte ddo 1508 Februar 4, 5, 9 Rovereto (*Sanuto* VII, 275, 282); *Ulmann* II, 341 f.; *Pernthaller,* Diss. 128; *Skriwan,* Diss. 54.

[6] *Skriwan,* Diss. 55.

[7] Diesbezügliche Korrespondenzen ddo 1508 Februar 23—April 7 (*Wien* HHSA, MaxAkt 12/1, fol. 46, 86 und 12/3, fol. 48 f. und *Innsbruck* TLA, MaxAkt I/44, fol. 142, 205).

[8] Itinerar bei *Skriwan,* Diss. 315 ff.

[9] *Frieß,* Diss. 11 f.

[10] Venezianische Berichte ddo 1508 Februar 28 ff. (*Sanuto* VII, 313, 315 f., 326 f.); *Wolff,* Beziehungen zu Italien 98; *Ulmann* II, 342; *Pernthaller,* Diss. 130; *Skriwan,* Diss. 57.

[11] KM an Ehg Margarethe ddo 1508 Februar 24 Bruneck (*Le Glay,* Correspondance I, 38 f., Nr. 27); *Rossbach* 96; *Frieß,* Diss. 12.

[12] Mandat KMs ddo 1508 März 2 Innsbruck und 4 Hall (*Wien* HHSA, MaxAkt 12/2, fol. 5 f. und *Innsbruck* TLA, MaxAkt I/44, fol. 117); *Göbler,* fol. 1 f.; *Skriwan,* Diss. 57 f.

[13] Die einschlägigen Innsbrucker und Wiener Akten aus der Sammlung der Maximilian-Regesten finden sich geschlossen verwertet bei *Pernthaller,* Diss. 127 ff., und *Skriwan,* Diss. 58 ff., *Wolff,* Beziehungen 101.

[14] Vgl. die Aufstellung über die Kriegsausgaben ddo 1508 März 31 Trient (*Innsbruck* TLA, MaxAkt I/44, fol. 128 f.); *Wolff,* Beziehungen zu Italien 100.

[15] Trienter Räte an KM ddo 1508 März 29 Trient (*Innsbruck* TLA, MaxAkt I/44, fol. 127, 130).

[16] Bericht der Frankfurter Gesandten ddo 1508 März 27 Calliano (*Janssen,* Reichscorrespondenz II, 745).

[17] Verhandlung des Landtages zu Bozen ddo 1508 Mai 18 Bozen (*Jäger,* Landständische Verfassung II, 447 ff.); dazu *Ulmann* II, 351; *Huber,* Geschichte Österreichs III, 371.

[18] *Skriwan,* Diss. 60 f. (dort Einzelheiten).

¹⁹ Kriegsräte an Kasimir von Brandenburg ddo 1508 April 1—3 Trient (*Innsbruck* TLA, MaxAkt I/44, fol. 136 f., 137, 139, 147, 160); venezianische Berichte ddo 1508 April 18 Rom (*Sanuto* VII, 415); *Brosch*, Machiavelli 101 (nach Berichten von Machiavelli und Vettori); *Wolff*, Beziehungen zu Italien 100 f.; *Ulmann* II, 350 f.; *Skriwan*, Diss. 61 ff. (dort Einzelheiten).

²⁰ Berichte ddo 1508 April 4—6 Trient (*Innsbruck* TLA, MaxAkt I/44, fol. 151, 158 und *Wien*, HHSA, MaxAkt 12/3, fol. 38).

²¹ Berichte ddo 1508 April 6—13 Trient (*Wien* HHSA, MaxAkt 12/3, fol. 24 ff., 32, 46 f., 49, 50, 53 f., 56 f., 59, 66 f., 68, 69 f., 80, 83, 86, 92); *Wolff*, Beziehungen zu Italien 103; *Skriwan*, Diss. 62 ff.

²² *Skriwan*, Diss. 63 ff. (dort Einzelheiten).

²³ Korrespondenzen des Trienter Kriegsrates und Kasimirs von Brandenburg ddo 1508 Mai 9 ff. (*Wien* HHSA, MaxAkt 13/1, fol. 33, 40, 43, 44, 53, 57, 59, 62, 63, 66, 76, 81, 83, 87, 88 f., 92, 94 ff., 100, 103 f., 106, 109, 112 f., 115, 120, 162); *Wolff*, Beziehungen zu Italien 106 ff.; *Pernthaller*, Diss. 133.

²⁴ Venezianische Berichte ddo 1508 Februar 28 Venedig (*Sanuto* VII, 315).

²⁵ *Wolff*, Beziehungen zu Italien 98; *Ulmann* II, 342 f.; *Brandis*, Landeshauptleute von Tirol 392; *Skriwan*, Diss. 69.

²⁶ Sehr eingehende Instruktion KMs für die Kriegführung im Pustertal ddo 1508 März 3 Hall (*Wien* HHSA, MaxAkt 12/2, fol. 9 ff. ediert bei *Chmel*, Urkunden 290 ff., Nr. 221); Mandat KMs ddo 1508 März 4 Hall (*Innsbruck* TLA, MaxAkt I/44, fol. 117); vgl. *Göbler*, fol. 1ᵛ f.; *Pernthaller*, Diss. 135 ff.; *Skriwan*, Diss. 69.

²⁷ KM an Kurfürst Friedrich von Sachsen ddo 1508 März 1 Sterzing (nach *Ulmann* II, 343 f., Anm. 3); *Pernthaller*, Diss. 136.

²⁸ KMs eingehender Befehl ddo 1508 März 3 Hall (*Chmel*, Urkunden 290 ff., 292 f.).

²⁹ Bericht des M. v. Wolkenstein an das Innsbrucker Regiment ddo 1508 März 15 Lienz (*Wien* HHSA, MaxAkt 12/2, fol. 47 ff.); venezianische Berichte ddo 1508 März 2 (*Sanuto* VII, 347 ff.); KMs Bericht im *Weißkunig* (ed. Schultz) 331; *Bembo* (ed. 1652) 270 ff.; *Brandis*, Landeshauptleute v. Tirol 393 ff.; *Wolff*, Beziehungen zu Italien 98 f.; *Ulmann* II, 344 ff.; *Skriwan*, Diss. 71 ff.; *Pernthaller*, Diss. 137.

³⁰ KM spricht von 1000 gefallenen Knechten ddo 1508 März 10 Partenkirchen (*Göbler*, fol. 9); *Brandis*, Landeshauptleute v. Tirol 393, zählt 1100 Gefallene.

³¹ KM an die Trienter Kriegsräte ddo 1508 März 10 Partenkirchen (*Göbler*, fol. 9).

³² Venezianischer Bericht ddo 1508 März 26 und 27 Rom (*Sanuto* VII, 379).

³³ Venezianischer Bericht aus Burgos ddo 1508 Mai 30 (*Sanuto* VII, 497: „... il re di Romani non merita governar stato ...").

³⁴ Bericht des Erich von Braunschweig ddo 1508 April 10 Toblach (*Wien* HHSA, MaxAkt 12/3, fol. 76 f.); Bericht des B. Hölzl an Serntein ddo 1508 April 10 „Padl" (*Innsbruck* TLA, MaxAkt I/44, fol. 174); *Wolff*,

Beziehungen zu Italien 103 f.; *Pernthaller,* Diss. 142; *Skriwan,* Diss. 76 f. (dort Einzelheiten).

[35] KM an die Herzogin von Braunschweig ddo 1508 April 21 Speyer (*Innsbruck* TLA, MaxAkt I/44, fol. 180).

[36] Bericht an KM ddo 1508 April 10 Görz (*Göbler,* fol. 38); *Wolff,* Beziehungen zu Italien 104 f.; *Pernthaller,* Diss. 143; *Skriwan,* Diss. 79.

[37] Bericht des Verwesers ddo 1508 März 6 Pordenone (*Göbler,* fol. 17); *Ulmann* II, 346; *Skriwan,* Diss. 78 f. (dort Einzelheiten).

[38] B. Hölzl an Serntein ddo 1508 März 15 Lienz (*Wien* HHSA, MaxAkt 12/2, fol. 56 f.).

[39] *Ulmann* II, 346 f.; *Wolff,* Beziehungen zu Italien 105; *Skriwan,* Diss. 79 f., 82 f. (dort Einzelheiten); *Pernthaller,* Diss. 144 f.

[40] M. v. Wolkenstein an das Innsbrucker Regiment ddo 1508 Mai 2 Lienz (*Wien* HHSA, MaxAkt 13/1, fol. 4); *Skriwan,* Diss. 83.

[41] Bericht an KM ddo 1508 Mai 3 Laibach (*Wien* HHSA, MaxAkt 13/1, fol. 8 f., ed. bei *Chmel,* Urkunden 297, Nr. 223); Bericht Herzog Erichs ddo 1508 Mai 9 Laibach (*Wien* ebenda, fol. 28 f.); *Ulmann* II, 348 f.; *Wolff,* Beziehungen zu Italien 108; *Pernthaller,* Diss. 146 f.; *Skriwan,* Diss. 84.

[42] *Wolff,* Beziehungen zu Italien 108 f.; *Skriwan,* Diss. 85.

[43] Venezianischer Bericht bei *Sanuto* VII, 521 ff.; *Wolff,* Beziehungen zu Italien 108; *Pernthaller,* Diss. 147; *Skriwan,* Diss. 85.

4. Waffenstillstand von Santa Maria delle Grazie

[1] Bericht der Frankfurter Gesandten ddo 1508 April 25 Trient (*Janssen,* Reichscorrespondenz II, 746, Nr. 939).

[2] Schreiben des Innsbrucker Regimentes an KM ddo 1508 April 6 Innsbruck (*Chmel,* Urkunden 300 f., Nr. 225).

[3] Venezianische Berichte ddo 1508 Februar 28—März 1 Venedig (*Sanuto* VII, 313, 326); *Brosch,* Machiavelli 100 f.; *Ulmann* II, 356; *Wolff,* Beziehungen zu Italien 97 ff., 108 ff.; *Pogantsch,* Diss. 205 ff.

[4] Die wichtigsten primären Dokumente enthalten die Maximiliana-Akten in *Wien* und *Innsbruck* und die Berichte *Sanutos;* die zeitgenössischen Historiographen bieten hingegen wenig. Verdienstvolle ältere Darstellungen finden sich bei *Ulmann* und *Wolff,* neuere Darstellung aufgrund der Maximilian-Regesten bei *Skriwan.* — Kaiserliche Vollmacht ddo 1508 März 26 Innsbruck (*Innsbruck* TLA, MaxAkt I/44, fol. 209 f.); *Wolff,* Beziehungen zu Italien 109 f.; *Skriwan,* Diss. 90.

[5] Venezianische Berichte ddo 1508 April 13 und 15 Venedig (*Sanuto* VII, 394 f., 399 f.); *Brosch,* Machiavelli 101; *Pernthaller* 149 f.; *Skriwan,* Diss. 91 f.

[6] Venezianischer Bericht aus Frankreich ddo 1508 April 24—Mai 2 und 8 bei *Sanuto* VII, 437, 439 f., 454 f.

[7] Venezianischer Bericht ddo 1508 Mai 8 Venedig (*Sanuto* VII, 455, desgl. 500 ff.); *Wolff,* Beziehungen zu Italien 109; *Skriwan,* Diss. 92.

[8] Vollmacht ddo 1508 Mai 19 (*Innsbruck* TLA, MaxAkt I/44, fol. 211 f.); *Wolff,* Beziehungen zu Italien 110 (mit unrichtigen Angaben).

[9] Mandat des Tiroler Kriegsrates ddo 1508 Mai 25 Trient (*Wien* HHSA, MaxAkt 13/1, fol. 128).

[10] Venezianischer Bericht ddo 1508 Mai 27 und Juni 6 Riva (*Sanuto* VII, 496, 538, 539, 542); Bericht der kaiserlichen Unterhändler ddo 1508 Mai 28 (*Innsbruck* TLA, MaxAkt I/44, fol. 233 und *Wien* HHSA, MaxAkt 13/2, fol. 3); *Ulmann* II, 357; *Wolff*, Beziehungen zu Italien 111 f.; *Pernthaller*, Diss. 153.

22 [11] Venezianischer Bericht ddo 1508 Juni 2 Riva (*Sanuto* VII, 539); *Wolff*, Beziehungen zu Italien 111 f.

[12] Vertragsurkunde ddo 1508 Juni 6 Santa Maria bei Arco (Org. in *Wien* HHSA, Urkundenreihe); Druck bei *Sanuto* VII, 562 ff.; *Guicciardini* (ed. Rosini) II, 32 ff. und (ed. Forberger) 146; *Bembo* (ed. 1747) 372; *Ulmann* II, 357; *Lavisse* V/1, 82; *Wolff*, Beziehungen zu Italien 112; *Jäger*, Landständische Verfassung II/2, 453 f.; *Samuel*, Rudolf der Tapfere 33; *Skriwan*, Diss. 96 ff.

[13] Venezianischer Bericht ddo 1508 Juni 7 Riva (*Sanuto* VII, 546); *Skriwan*, Diss. 97 f.

[14] Venezianischer Bericht ddo 1508 Juni 7 Riva (*Sanuto* VII, 543); *Pernthaller*, Diss. 156; *Skriwan*, Diss. 99.

[15] Bericht M. v. Wolkensteins an Serntein ddo 1508 Juli 16 Innsbruck (*Wien* HHSA, MaxAkt 13/2, fol. 47); *Ulmann* II, 358; *Skriwan*, Diss. 98.

23 [16] Venezianischer Bericht aus Frankreich ddo 1508 Juni 17—19 (*Sanuto* VII, 558); *Ulmann* II, 357 f.; *Gagliardi*, Anteil 764; *Wolff*, Beziehungen zu Italien 113; *Skriwan*, Diss. 99.

[17] *Brosch*, Machiavelli 103.

[18] Venezianischer Bericht ddo 1508 Juli 9 Venedig (*Sanuto* VII, 577 f.).

5. Die Liga von Cambrai (10. Dezember 1508)

[1] Über die Verhandlungen zu Cambrai unterrichten von kaiserlicher Seite am besten die einschlägigen Briefe Langs. Einzelheiten zur Vorgeschichte vermitteln auch die Briefeditionen von *Le Glay* und dessen Auswertung. Der Bericht *Fugger-Jägers* (Ehrenspiegel) beruht diesmal auf einer etwas entstellten Vorlage. Die venezianischen Berichte bei *Sanuto* sind nur für die allmähliche Information der SVen von größerem Wert, in den Einzelheiten aber schlecht unterrichtet. Die Vertragswerke selbst liegen in guten archivalischen Überlieferungen und in verschiedenen brauchbaren Editionen vor. Die zeitgenössischen Geschichtsschreiber *Guicciardini*, *Bembo* und *Zurita* bieten nicht allzuviel. Die Spezialarbeiten von *Coniglio* und *Luzio* verarbeiten teilweise bisher unbekanntes, wertvolles Material. Eine genauere Darstellung aufgrund der Bestände der Maximilian-Regesten bietet die Diss. von *Skriwan*. Die Rolle Julius' II. behandeln eingehend *Stelzer* und *Frieß*. Ein gutes Bild der Haltung des Papstes gibt *Pastor*. *Ulmanns* Urteile über Maximilians Ligapolitik scheinen in mancher Hinsicht unrichtig. Die Rolle Langs ist neuerdings untersucht von *Wurstbauer*.

[2] *Guicciardini* (ed. Rosini) II, 37.

[3] KM an EMarg (*Le Glay*, Correspondance I, 43 ff., Nr. 30).

[4] Doge an Ebf von Mainz ddo 1508 Mai 26 Venedig (*Gudenus*, Codex 24 diplomaticus IV, 564 ff.).

[5] Zur Vorgeschichte von Cambrai vgl. *Ulmann* II, 359 ff.; *Pastor* III/2, 751; *Frieß*, Diss. 10 ff., 30 ff., 32 ff.

[6] Venezianischer Bericht ddo 1507 November 25 Venedig (*Sanuto* VII, 191); *Pastor* III/2, 751 setzt die ersten Friedenskontakte später an; *Brosch*, Julius II., 154 f.; *Frieß*, Diss. 32; *Skriwan*, Diss. 101.

[7] Instruktion KMs zu Verhandlungen mit KgU ddo 1508 März 26 Augsburg (*Wien* HHSA, MaxAkt 12/2, fol. 114 ff.).

[8] KM an EMarg ddo 1508 Februar 24 Bruneck (*Le Glay*, Correspondance I, 38 f., Nr. 27): empfiehlt ihr einen Gesandten des Kardinals, „der dem Haus Österreich sehr zugetan ist".

[9] Vgl. KM an EMarg ddo 1508 Juni 13 Kreuznach (*Le Glay*, Correspondance I, 63 f., Nr. 46); desgl. KM an die Reichsstände ddo 1508 Juli 14 Köln (*Datt* 513 f.); *Skriwan*, Diss. 102; *Simon*, Frankreich Diss. 63.

[10] Gattinara an KMs Sekretär Marnix ddo 1508 Mai 26 Malines (*Bergh*, Correspondance I, 105 f.).

[11] KM an EMarg ddo 1508 April 24 (*Bergh*, Correspondance I, 98 f.); desgl. *Kreiten*, Briefwechsel 249, Nr. 20; KM an EMarg ddo 1508 Juli 10 Koblenz (*Le Glay*, Correspondance I, 43 f.); KM an EMarg ddo 1508 Juli 16 Düsseldorf (*Le Glay*, Correspondance I, 71 ff., Nr. 55); KM an die Stände des Hennegau ddo 1508 Juli 18 Duisburg, desgl. ddo 1508 September 4 Brüssel (*Gachard*, Lettres II, 118 ff., Nr. 127, 129); KM an EMarg ddo 1508 Oktober 1 Gertruydenberghe (*Le Glay*, Correspondance I, 87 ff., Nr. 71); *Ulmann* II, 361 f.; *Lanz*, Einleitung 93 ff.

[12] *Rossbach* 98 f.; *Frieß*, Diss. 12. 25

[13] *Lanz*, Einleitung 98.

[14] Bericht des burgundischen Gesandten an EMarg ddo 1508 Juni 14 London (*Bergenroth* I, 456, Nr. 584).

[15] Da Borgo an EMarg ddo 1508 Juli 20 London (*Bergh*, Correspondance I, 130 f.); *Ulmann* II, 362 f.

[16] Venezianische Berichte bei *Sanuto* VII, 578, 615, 649; dazu noch *Ulmann* II, 365.

[17] Venezianische Berichte ddo 1508 April 8—9 Rom (*Sanuto* VII, 398 f.).

[18] KM an EMarg ddo 1508 Juli 23 Kalkar (*Le Glay*, Correspondance I, 26 74 ff., Nr. 57): Vorschlag eines Waffenstillstandes an KgF, EMarg an KF ddo 1508 August (*Le Glay*, Négociations I, 216 ff., Nr. 63).

[19] KM an EMarg ddo 1508 September 26 Tournhout (*Le Glay*, Correspondance I, 85 f., Nr. 69); *Stückler*, Diss. 9 ff.

[20] Vgl. den Brief Langs an Serntein ddo 1508 November 9 Brüssel (*Innsbruck* TLA, MaxAkt XIII/256/V, fol. 46, 48, 49).

[21] KM an die niederländischen Stände ddo 1508 August 6 Dordrecht (*Gachard*, Lettres II, 123 ff., Nr. 128); *Ulmann* II, 364 f.; *Skriwan*, Diss. 106.

[22] Urkunde ddo 1508 Oktober 18 Rouen (*Le Glay*, Négociations I, 218 f., Nr. 64); vgl. dazu *Kreiten*, Briefwechsel 253 ff., Nr. 28; Brief des KF an KM ddo 1508 Oktober 4 Blois (*Wien* HHSA, Urkundenreihe).

²³ Bericht Langs an KM ddo 1508 November 15 Valenciennes (*Innsbruck* TLA, MaxAkt XIII/256/V, fol. 61, 63); Ludwig XII. an EMarg ddo 1508 Oktober 29 Rouen (*Godefroy*, Lettres I, 120 ff.).

²⁴ KF an EMarg ddo 1508 Oktober 29 Rouen (*Godefroy*, Lettres I, 120 ff.); EMarg an KE ddo 1508 Oktober 24 Malines (*Godefroy*, Lettres I, 122 ff.); Lang an Serntein ddo 1508 November 13 Mons (*Innsbruck* TLA, MaxAkt XIII/256/V, fol. 58 f.).

²⁵ EMarg an KE ddo 1508 Oktober 24 Mecheln (*Godefroy*, Lettres I, 122 f.); KM an EMarg ddo 1508 Oktober 27 Breda (*Le Glay*, Correspondance I, 97 ff., Nr. 80, 82).

²⁶ KM und KE befehlen die Verpfändung der „fleur de liz" ddo 1508 November 19 Antwerpen (*Voltelini*, Urkunden und Regesten, Nr. 8645, 8646): dabei auch eine Beschreibung des Schmuckstückes; dazu *Reiffenberg* 282.

27 ²⁷ KM an EMarg ddo 1508 Oktober 12 und ddo 1508 Oktober 27 Breda (*Le Glay*, Correspondance I, 93 f., Nr. 76 und 99 ff., Nr. 82; Bericht Langs an Serntein ddo 1508 November 22 Cambrai (*Innsbruck* TLA, MaxAkt XIII/256/V, fol. 64 f.); *Dubos* I, 27 f.; *Ulmann* II, 366; Darstellungen bei *Le Glay*, Correspondance II, 434; *Frieß*, Diss. 37; *Skriwan*, Diss. 108.

²⁸ *Schopf* 18.

²⁹ Venezianischer Bericht ddo 1508 November—Dezember (*Sanuto* VII, 674); vgl. *Ulmann* II, 366.

³⁰ Venezianischer Bericht ddo 1508 Dezember 9 Venedig (*Sanuto* VII, 684); *Frieß*, Diss. 35 (dort Einzelheiten).

28 ³¹ Lang und Gattinara an EMarg ddo 1508 November 19 Cambrai (*Le Glay*, Négociations I, 222 f., Nr. 67): sie berichten über den Empfang des d'Amboise; Lang an Serntein ddo 1508 November 22 Cambrai (*Innsbruck* TLA, MaxAkt XIII/256/V, fol. 64 f.); *Fugger-Jäger* II, fol. 223ᵛ (beruht offenbar auf guten Dokumenten, wenn auch Nebensachen etwas entstellt erscheinen); ähnlich *Fugger-Birken* 1249.

³² Venezianische Berichte ddo 1508 November 29—Dezember 1 (*Sanuto* VII, 687, 692); Lang an Serntein ddo 1508 November 29 Cambrai (*Innsbruck* TLA, MaxAkt XIII/256/V, fol. 55, 66); *Dubos* I, 24 f.; *Lavisse* V/1, 85.

³³ *Carton* 111 f.

³⁴ Lateinische Instruktion KMs ddo 1510 August 5 Innsbruck (*Wien* HHSA, MaxAkt 15 b/3, fol. 4 ff.).

³⁵ Vgl. *Prescott* II, 493.

³⁶ Wingfield an EMarg ddo 1508 November—Dezember ca. (*Godefroy*, Lettres I, 124 ff.); *Ulmann* II, 366 f.

³⁷ Siehe S. 336 f.

29 ³⁸ Venezianischer Bericht ddo 1508 November—Dezember (*Sanuto* VII, 673 ff.); *Ulmann* II, 366; *Leipold*, Venedig Diss. 67; *Frieß*, Diss. 12, 35 f.; *Skriwan*, Diss. 108 f.

³⁹ Bericht Langs an Serntein ddo 1508 November 29 Cambrai (*Innsbruck* TLA, MaxAkt XIII/256/V, fol. 55, 66); *Ulmann* II, 366; *Simon*, Frankreich, Diss. 66; *Skriwan*, Diss. 109.

[40] Bericht EMargs an KM ddo 1508 Dezember Cambrai (*Godefroy*, Lettres I, 133 ff.; desgl. *Le Glay*, Correspondance I, 90); *Ulmann* II, 366; *Simon*, Frankreich Diss. 67 f.; *Skriwan*, Diss. 109.

[41] *Carton* 111 f. (aus mir unbekannter französischer Quelle; die Tonart entsprach ganz dem Kaiser): „... en preuve d'éternelle gratitude il avait brulé son livre rouge, qui étoit gardé a Spire et où il annotait ses griefs contre la France ..."

[42] Insert der Ratifikationsurkunde ddo 1509 März 14 Bourges (*Wien* HHSA, Urkundenreihe 1508); *Du Mont* IV/1, 111 f., Nr. 51; *Leonard* II, 46; *Le Glay*, Négociations I, 225 ff., Nr. 69; *Zurita* VI, fol. 176 f.; *Guicciardini* (ed. Rosini) II, 39 f.; *Jovius* (ed. 1581), fol. 201 f. folgt ganz dem *Guicciardini; Bembo* (ed. 1747) 377; *Pastor* III/2, 754; *Lanz*, Einleitung 54 ff.; *Lavisse* V/1, 85 f.; *Doussinague*, Politica internacional 184 f.; *Ulmann* II, 367 ff.; *Huber*, Geschichte von Österreich III, 375; *Fueter*, Staatensystem 269 f.; *Prescott* II, 493 ff.; *Carton* 111 ff.; *Dubos* I, 27; *Skriwan*, Diss. 110; *Frieß*, Diss. 37; *Wenko*, Diss. 11 ff.; *Simon*, Frankreich Diss. 68 ff.; *Leipold*, Venedig 268 ff.; *Hauser*, Soúrces I, 179 ff. (dort eine Zusammenstellung der Quellen über Cambrai).

[43] Bericht von *Zurita* VI, fol. 157 ff.; vgl. *Lanz*, Einleitung 97 ff.

[44] Geheimvertrag ddo 1508 Dezember 10 Cambrai = ratifiziert 1508 Dezember 26 Mecheln (*Du Mont* IV/1, 113 ff., Nr. 52); desgl. gedruckt bei *Lünig*, Reichs Archiv, Pars specialis, Cont. I, 128 ff., Nr. 57; *Lünig*, Codex Italiae I, 133 ff., Nr. 28; *Le Glay*, Négociations I, 237 ff., Nr. 70; *Leo* V, 198; *Skriwan*, Diss. 116 ff. (dort die ausführlichen Regesten); *Frieß*, Diss. 38 ff.; *Simon*, Frankreich Diss. 70 f.

[45] Vgl. *Wiesflecker*, Maximilian III, 124 ff., 135 ff.; *Fueter*, Staatensystem 267.

[46] Über die Haltung Mantuas berichtet eingehend aufgrund der Dokumente aus *Mantua* SA die Arbeit von *Coniglio* 16 f.

[47] Über die Art und Weise des Beistandes war nichts Näheres bestimmt, damit Ludwig XII. den Kaiser um so besser in der Hand hatte; dazu *Lanz*, Einleitung 97 f.

[48] *Dubos* I, 30; *Simon*, Frankreich Diss. 73.

[49] Über die Haltung König Ferdinands 1508/09 vgl. *Zurita* VI, fol. 182 ff.; *Doussinague*, Politica internacional 184 ff.

[50] *Lavisse* V/1, 85; *Schirrmacher* VII, 561 f.

[51] Venezianischer Bericht ddo 1508 Dezember 10 Cambrai (*Sanuto* VII, 703 ff.); *Skriwan*, Diss. 122.

[52] Ratifikationsurkunde KMs ddo 1508 Dezember 26 Mecheln (*Wien* HHSA, Urkundenreihe; ed. *Du Mont* IV/1, 109 f., Nr. 51, 52); *Leonard* II, 46; *Lünig*, Codex Italiae I, 133 ff., Nr. 28; *Lünig*, Codex Germaniae 537 ff., Nr. 83; *Guicciardini* (ed. Rosini) II, 41; *Skriwan*, Diss. 121; *Wenko*, Diss. 16.

[53] Ratifikationsurkunde des KF ddo 1509 März 14 Bourges (*Wien* HHSA, Urkundenreihe); Edition bei *Du Mont* IV/1, 113 f., Nr. 57; *Simon*, Frankreich Diss. 70.

[54] *Pastor* III/2, 762; *Ulmann* II, 372; *Brosch*, Julius II. 168; *Frieß*, Diss. 50; *Wenko*, Diss. 87.

30

31

32

[55] Venezianische Berichte ddo 1508 November—1509 Januar (*Sanuto* VII, 673, 688, 692 f., 693 f., 700, 703 ff., 720, 724, 729); 1508 Dezember 21 und 30 Venedig (*Sanuto* VII, 693 f., 700); *Kretschmayr* II, 425; *Brosch*, Julius II. 166; *Skriwan*, Diss. 122; *Wenko*, Diss. 19 f.

[56] Venezianische Berichte aus Frankreich ddo 1508 November 29 „Bles" (*Sanuto* VII, 687): „... il re (= KF) dice vol viver in quieto, non vol piu guerra ..."

[57] Venezianischer Bericht aus Frankreich ddo 1509 Januar 19 (*Sanuto* VII, 724).

33 [58] Ddo 1509 Januar 5 Mecheln (*Lünig*, Codex Italiae I, 141 ff., Nr. 29); den Reichsstädten hingegen wurde so gut wie nichts mitgeteilt, Brief KMs an die Stadt Frankfurt ddo 1508 Dezember 26 Mecheln (*Janssen*, Reichscorrespondenz II, 748 ff., Nr. 949).

[59] *Lanz*, Einleitung 102 ff.

[60] *Terrateig* I, 88; *Frieß*, Diss. 42.

[61] Venezianischer Bericht ddo 1509 Februar 3 Rom—März 1 Venedig (*Sanuto* VII, 738, 760 und VIII, 5); *Guicciardini* (ed. Rosini) II, 37 f.: „... ebbero origine dalla temerità e dal procedere troppo insolente del senato veneziano ..."; *Lanz*, Einleitung 103; *Frieß*, Diss. 43, 45 (dort Einzelheiten).

[62] *Pastor* III/2, 755 ff.

34 [63] *Guicciardini* (ed. Rosini) II, 42 ff.

[64] Venezianischer Bericht ddo 1509 April 7 Rom (*Sanuto* VIII, 80); *Frieß*, Diss. 52; *Wenko*, Diss. 37.

[65] *Guicciardini* (ed. Rosini) II, 41 f.; *Pastor* III/2, 762 f.; *Terrateig* I, 98 und II, 67 f.; *Dierauer* II, 473; *Ulmann* II, 372; *Frieß*, Diss. 42 f., Nr. 45 ff.; *Skriwan*, Diss. 125; *Wenko*, Diss. 37.

[66] Dies ist das Urteil Machiavellis bei Betrachtung der deutschen Politik. Über KMs Bündnispolitik von Cambrai urteilen meines Erachtens aus allzu enger Sicht ganz anders und durchaus negativ *Ulmann* II, 370 („grober unverzeihlicher Fehler"), und *Huber*, Geschichte Österreichs III, 375 („großer politischer Fehler").

35 [67] *Ulmann* II, 371 dagegen urteilt, „... daß die Beteiligung Maximilians an jener verrufenen Liga bei den bestehenden Verhältnissen ein grober, unverzeihlicher Fehler gewesen ist". Ulmann bezeichnet KM in diesem Zusammenhang als einen politischen Dilettanten. Ein Weltreichsbaumeister als politischer Dilettant, das dürfte doch wohl ein Fehlurteil sein. Jeder Schritt in politisches Neuland ist gewissermaßen phantastisch und utopisch; daß die weitere politische Entwicklung dem Dilettanten Maximilian in allen wesentlichen Punkten recht gab, dürfte nicht völlig übersehen werden. Auch das Urteil *Hubers*, der offenbar *Ulmann* folgt (Geschichte Österreichs III, 375 f.), daß Maximilian durch dieses Bündnis das französische Übergewicht auf der Apenninenhalbinsel aufrichten geholfen ..., daß er bei aller Überschätzung seiner Kräfte sich nicht darüber hinwegtäuschen konnte, daß sein Einfluß von Frankreich bei weitem überflügelt werden würde, erweist sich im Hinblick auf die weitere Entwicklung unter Karl (V.) als unrichtig. KM wollte nichts anderes, als für Karl V. die künftige Politik vorzeichnen und für ihn alle Ansprüche

offenhalten. — Eine Sammlung aller negativen Urteile über KM bei
Wenko, Diss. 17 ff.

[68] Dieses Urteil fällt auch *Machiavelli* in seinen Betrachtungen über die   36
deutschen Verhältnisse; vgl. *Machiavelli* (ed. 1813) IV, 153 und bes. 158:
„... e però la potenza e grande, ma in modo da non se ne valere...",
ebenso (ed. 1925) IV, 208 ff., bes. 214.

[69] Vgl. den berühmten Streit zwischen Ficker und Sybel über die Italienpolitik der deutschen Kaiser bei Friedrich *Schneider*, Die neueren An-
schauungen der deutschen Historiker über die deutsche Kaiserpolitik des
Mittelalters und die mit ihm verbundene Ostpolitik, 6. Aufl. Weimar
1943.

6. Die Mächte und der Ausbruch des großen Krieges um Italien. Die Frage der Kriegsschuld

[1] Dieses Kapitel versucht das Bisherige zusammenzufassen und zum
Folgenden überzuleiten, insbesondere die Frage nach der Kriegsschuld mit
den Maßstäben jener Zeit zu prüfen. Nur in allerwichtigsten Zusammenhängen schienen mir Hinweise auf die einschlägigen Spezialkapitel nötig.

[2] Die Lage Italiens zu den verschiedenen Zeiten ist in mehreren   37
Kapiteln meines Werkes ausführlich behandelt; vgl. *Wiesflecker*, Maximilian I. 363 ff., 385 ff.; II, 9 ff., 43 ff., 123 ff., 146 ff., 358 ff. und III,
71 ff., 144 ff., 339 ff., 345 ff.

[3] Siehe S. 23 ff.

[4] Vgl. dazu *Wiesflecker*, Maximilian III, 158, 345.   38

[5] Siehe S. 29 ff.   39

[6] Siehe S. 28.   40

[7] Siehe S. 24 ff.   41

[8] Siehe *Wiesflecker*, Maximilian II, 45, 49.   42

[9] Siehe S. 24 ff.

[10] *Rem* (ed. Greiff) 100 f., Anm. 177 (Chronik des Wilhelm Rem).   43

II. DER GROSSE EUROPÄISCHE KRIEG UM ITALIEN

1. Überfall der Heiligen Liga auf Venedig. Der Kaiser besetzt Verona, Padua etc. Sonderpolitik des Papstes

[1] Die umstürzende Bedeutung dieses „Weltkrieges" gerät in den deut-   44
schen, vor allem in den österreichischen Handbüchern im allgemeinen
immer mehr in Vergessenheit. *Fueter* widmet dem Kriegsgeschehen
in seiner „Geschichte des europäischen Staatensystems" entsprechenden
Raum und verständnisvolle Aufmerksamkeit. *Gebhardt* bietet das
Wichtigste; der alte *Huber* (Österreichische Geschichte) etwas mehr,
Hantsch wenig; *Uhlirz* eine brauchbare Bibliographie der Literatur- und
Quellendrucke. *Lavisse* (Histoire de France) erfaßt diesen Krieg in seiner
weitreichenden weltgeschichtlichen Bedeutung weit besser; ebenso die eidgenössischen Darstellungen wie *Dierauer* und *Schauffelberger*. *Ranke* (Geschichten der romanischen und germanischen Völker), obwohl einseitig fast
nur aus erzählenden Quellen gespeist und ganz unmotiviert mit 1514

abbrechend, gehört immer noch zum Besten. Eine gewisse Ausführlichkeit bietet auch *Ulmann*. Unter den Staatengeschichten behandelt *Kretschmayr* (Venedig) das Kriegsgeschehen eher kurz und oberflächlich. In dieser Hinsicht ist *Wolff* weit ergiebiger. Wesentlich genauer arbeitet auch *Pastor* (Geschichte der Päpste), der die Ereignisse naturgemäß aus der Sicht Roms darstellt, aber durch überlegene Kenntnis der Quellen und Literatur hervorragt. *Schirrmacher* (Spanien) beschränkt sich auf die Interessen Spaniens und Ferdinands des Katholischen. Für die Erfassung der Einzelereignisse sind besonders wichtig die einschlägigen Jahrbuchdissertationen und jene von *Frieß* (Maximilian und Julius II.), von *Schaden* (Maximilian und Venedig) und *Simon* (Maximilian und Frankreich) und *Miklautsch* (Maximilian und England), die zum Teil ganz neue Quellenbestände aus den Maximilian-Regesten zur Geltung bringen konnten. Für das Kriegsgeschehen des Jahres 1509 gilt noch immer die hervorragende Arbeit von *Schönherr;* daneben *Mitsche*, Rudolf von Anhalt. — Urkunden, Akten, Briefe und Berichte zur Geschichte des Krieges stehen in Editionen und Archiven reichlich zur Verfügung. Sehr viele Materialien bietet *Sanuto;* Wichtiges findet sich auch in den französischen Editionen von *Godefroy* (Lettres), *Le Glay* (Négociations und Correspondance), *Segesser* (Eidgenössische Abschiede), ebenso in den großen englischen Editionen von *Brown* (Calendar) und *Brewer* (Letters); desgl. beim Spanier *Zurita*, weniger bei *Janssen* (Reichscorrespondenz), *Chmel* (Urkunden) und in den alten Editionen von *Du Mont, Lünig* u. a. Die herangezogenen Archivalien vor allem aus der kaiserlichen Kanzlei (Archive zu *Wien* und *Innsbruck)* eröffnen manchen neuen Einblick: Vor allem eine Denkschrift KMs, welche die Grundlinien der kaiserlichen Politik und Kriegführung von 1509 bis 1512 entwirft. Die zeitgenössischen Geschichtsschreiber, vor allem *Guicciardini* (weniger *Jovius*), wird man stets heranziehen müssen, wie dies bereits *Ranke* in vorbildlicher Weise getan hat. Für die äußere Tatsachengeschichte des Krieges ist vielleicht noch wichtiger *Mocenigo* (Bellum Cameracense), das sowohl von *Guicciardini* als auch von *Jovius* benützt wurde. *Fugger-Birken* beruht hinsichtlich der Darstellung des Krieges stark auf *Guicciardini*. Interessante Momentaufnahmen bietet da und dort *Machiavelli*. Maximilians allerdings sehr verschlüsselte Berichte im *Weißkunig* vermitteln öfter gute Einsichten in seine Gedanken. Auch die Bilder im *Weißkunig* haben mitunter Zeugniswert.

[2] Venezianische Berichte von 1508 Dezember 30 bis 1509 Januar 7—15 (*Sanuto* VII, 700, 713, 720, 724); *Wenko*, Diss. 19.

45 [3] KF an Trivulzio ddo 1509 Februar 3 (*Sanuto* VII, 740): „... deliberamo tagliar la coda a questi venitiani."

[4] Venezianische Berichte ddo 1509 Februar—April (*Sanuto* VII, 741, 751 f.; VIII, 90, 247); *Wenko*, Diss. 22 f.; *Schaden*, Diss. 19; *Pogantsch*, Diss. 215 ff.; *Wurstbauer*, Diss. 67.

[5] Brief Sernteins an Liechtenstein ddo 1509 April 10 Köln (*Wien* HHSA, MaxAkt 14a/2, fol. 31); venezianische Berichte ddo 1509 April 11 Rom (*Sanuto* VIII, 90; desgl. 247); *Pogantsch*, Diss. 219 f.

[6] Lang an Serntein ddo 1509 März 27 Antwerpen (*Innsbruck* TLA, MaxAkt XIII/256/VI, fol. 18); Bericht des venezianischen Gesandten

Stella aus Deutschland (*Sanuto* VIII, 154; *Ulmann* II, 380 f.; *Schaden*, Diss. 154).

[7] Schreiben L. Lauredanus' an P. Liechtenstein ddo 1509 März 20 Venedig (*Innsbruck* TLA, MaxAkt I/44a/19, fol. 22); *Wolff*, Untersuchungen 4; *Wenko*, Diss. 25 f.; *Schaden*, Diss. 19.

[8] Bericht ddo 1509 Mai 7 Zürich (*Eidgenössische Abschiede* III/2, 455).

[9] Venezianischer Bericht ddo 1510 Januar 10 Venedig (*Sanuto* IX, 454).

[10] *Du Mont* IV/1, 116, Nr. 52; *Lünig*, Codex Italiae I, 140 f., Nr. 28; *Ulmann* II, 372; *Pastor* III/2, 762; *Wenko*, Diss. 37.

[11] Bericht aus Venedig an KM ddo 1509 März 30 Augsburg (*Chmel*, Urkunden 312 f., Nr. 232); *Bembo* (ed. 1652) 296; *Wenko*, Diss. 26 (dort Einzelheiten).

[12] Ddo 1509 April 27 Rom (*Rom* VatA, AA, Arm I—XVIII, Nr. 1443, fol. 127v ff.); venezianische Berichte bei *Sanuto* VIII, 53, 95, 169; *Wolff*, Untersuchungen 4; *Pastor* III/2, 763 f.; *Wenko*, Diss. 39 (dort Einzelheiten); *Schaden*, Diss. 19 f.

[13] Spanischer Bericht ddo 1509 Mitte April (*Zurita* VI, fol. 187); *Schaden*, Diss. 45 f. — 46

[14] Bericht KMs an EMarg ddo 1509 Mai 18 Angelberg (*Le Glay*, Correspondance I, 139 f., Nr. 117); Bericht ddo 1509 Mai 21 Innsbruck (*Innsbruck* TLA, MaxAkt I/44, fol. 47); Bericht Maximilians im *Weißkunig* (ed. Schultz) 336 und (ed. Buchner) Nr. 156; dazu *Riedl*, Diss. 63, Nr. 30; *Guicciardini* (ed. Rosini) II, 54 ff.; *Guicciardini* (ed. Forberger) 171 f.; spanischer Bericht bei *Zurita* VI, fol. 193v f.; *Kirchmair*, Denkwürdigkeiten 428; *Herberstein*, Selbstbiographie (ed. Karajan) 73; *Ranke*, Geschichten der roman. und germ. Völker 239 ff.; *Kretschmayr* II, 427 ff.; *Fueter*, Staatensystem 271; *Wolff*, Untersuchungen 6 ff.; *Leo* V, 201 ff.; *Ulmann* II, 379; *Zwiedineck*, Venedig 113; *Schönherr*, Krieg 120; *Havemann* 295; *Lavisse* V/1, 90; *Wenko*, Diss. 32 ff.

[15] Notiz des Paris de Grassis ddo 1509 Mai 27 Rom bei *De Grassis* — 47 (ed. Döllinger) 390 f.

[16] *Guicciardini* (ed. Rosini) II, 61 f. und (ed. Forberger) 176; *Wenko*, Diss. 34 f.

[17] *Ulmann* II, 385.

[18] Venezianische Berichte ddo 1509 Mai 28 Venedig (*Sanuto* VIII, 318); — 48 weitere Berichte bei *Sanuto* VIII, 265, 290, 339, 435, 515; *Ulmann* II, 381; *Schaden*, Diss. 23 f.

[19] *Guicciardini* (ed. Rosini) II, 63 ff. und (ed. Forberger) 175 f.; nach *Guicciardini* auch *Roo-Dietz* (ed. 1592), 443 ff., und *Brandis*, Landeshauptleute von Tirol 398 ff. (er gibt *Guicciardinis* erfundene Rede wieder); *Fugger-Birken* 1260 f.

[20] Vgl. den Brief der SVen an die Stadt Nürnberg ddo 1509 Juli 14 (*Sanuto* VIII, 578 ff.); desgl. den Brief an die Kurfürsten ddo 1509 Juli 9 Venedig (*Sanuto* VIII, 515).

[21] Venezianischer Bericht ddo 1509 Juli 14 Venedig (*Sanuto* VIII, 578 ff.); vgl. auch die Beschwerden KMs ddo 1509 August 31 Padua (*Janssen*, Reichscorrespondenz II, 779 ff., Nr. 978).

[22] Venezianische Berichte bei *Sanuto* IX, 136, 148 f.; *Fessler*, Geschichte v. Ungarn V, 846 ff.; *Huber*, Geschichte Österreichs III, 375; *Szalay* III, 135; *Mur*, Diss. 26 ff.

[23] Spanische Sorgen ddo 1509 Ende Mai (*Zurita* VI, fol. 191 ff.).

49 [24] Vgl. die spanische Stellungnahme von ca. 1509 Mai—Juni (*Zurita* VI, fol. 191 f., 194 f.); *Walther*, Anfänge 83; *Wenko*, Diss. 42 f.; über die Haltung Englands vgl. *Miklautsch*, Diss. 36 ff.

[25] KM an EMarg ddo 1509 April 29 (*Le Glay*, Correspondance I, 130 ff., Nr. 110).

[26] Siehe S. 259 ff.

50 [27] KM an Ebf Uriel von Mainz ddo 1509 Mai 14 Kaufbeuren (*Gudenus*, Codex diplomaticus IV, 573 f., Nr. 272).

[28] Venezianischer Bericht ddo 1509 Juli 11 Venedig (*Sanuto* VIII, 507).

[29] Siehe S. 262; *Ulmann* II, 373.

[30] E. *Rom*, Diss. 128 ff.; *Wenko*, Diss. 169 ff.

[31] Siehe S. 259; *Klüpfel*, Urkunden II, 28.

51 [32] *Ulmann* II, 618.

[33] *Schönherr*, Krieg 120; *Schaden*, Diss. 25 f.; *Wenko*, Diss. 144 f.

[34] Venezianischer Bericht ddo 1509 Januar 24 (*Sanuto* VII, 722): „... il re faria meglio a dispignar soa moglie...“; über die Haltung Tirols vgl. den Bericht des Paul von Liechtenstein an KM ddo 1509 April 7 Innsbruck (*Chmel*, Urkunden 314 ff., Nr. 233).

[35] Siehe S. 292 ff.; *Herberstein*, Selbstbiographie (ed. Karajan) 73.

[36] *Kraus*, Briefwechsel 120 ff.; *Bergh*, Correspondance I, 156 ff.; *Carton* 113.

[37] Siehe S. 334 f., 341.

[38] KM an EMarg ddo 1509 Mai 11—13 Kaufbeuren (*Le Glay*, Correspondance I, 136 ff., Nr. 114 f.).

52 [39] Venezianischer Bericht ddo 1509 Juni 2 Vicenza (*Sanuto* VIII, 339 f.); interessanter Bericht KMs an EMarg ddo 1509 Juni 8 Sterzing (*Le Glay*, Correspondance I, 150 ff., Nr. 121); Bericht des J. von Liechtenstein an Z. von Serntein ddo 1509 Mai 29 Meran (*Wien HHSA*, MaxAkt 14a/2, fol. 169 ff.); Bericht KMs im *Weißkunig* (ed. Schultz) 341 und (ed. Buchner), Nr. 157; *Wolff*, Untersuchungen 11; *Ulmann* II, 382; *Wiesflecker*, Denkschrift 26; *Huber*, Geschichte Österreichs III, 379; *Schönherr*, Krieg 124 ff.; *Schaden*, Diss. 28; *Wenko*, Diss. 46 f.; eine Kartenskizze des Feldzuges von 1509 findet sich als Beilage bei *Schaden*, Diss., und bei *Wenko*, Diss.

[40] Instruktion KMs an Bf Georg von Trient ddo 1509 Juni Trient (*Innsbruck TLA*, MaxAkt I/44b/19, fol. 61 f.); gedr. bei *Wolff*, Untersuchungen 167 ff., Beilage 3; *Wenko*, Diss. 48; *Schaden*, Diss. 27 f.

[41] *Guicciardini* (ed. Rosini) II, 68; *Guicciardini* (ed. Forberger) 176 f.; *Leo* V, 208.

[42] Vgl. das Itinerar bei *Wenko*, Diss. 270.

[43] Hölzl an Peutinger ddo 1509 Mai 27 Füssen (*König*, Peutingers Briefwechsel 104).

[44] Spanischer Bericht ddo 1509 Juni (bei *Zurita* VI, fol. 194 ff.); über den Seekrieg vgl. auch den Bericht des A. Borgo an EMarg ddo 1509 Juli 2 Mailand (*Godefroy*, Lettres I, 175 ff.); desgl. KM an EMarg ddo

1509 Juli 30 Ivano (*Le Glay*, Correspondance I, 166 ff., Nr. 129); *Guicciardini* (ed. Rosini) II, 69 f.; *Guicciardini* (ed. Forberger) 177; *Kretschmayr* II, 432; *Ulmann* II, 384; *Schirrmacher* VII, 568 f.; *Wenko*, Diss. 50 f.; *Simon*, Frankreich, Diss. 80.

[45] Gedr. Rechtfertigungsschrift KMs ddo 1509 Juni 14—26 Trient (*Goldast*, Reichs-Händel 400 ff.); *Lünig*, Reichs-Archiv, Pars generalis, Continuatio I/1, 292 ff., Nr. 81; *Janssen*, Geschichte des deutschen Volkes 541; *Diederichs* 112, Nr. 61; *Ulmann* II, 373. 53

[46] Belehnungsurkunde ddo 1509 Juni 14 Trient (*Du Mont* IV/1, 118, Nr. 52, und *Lünig*, Codex Italiae I, 513 ff., Nr. 57); *Lanz*, Einleitung 105.

[47] *Lünig*, Codex Italiae I, 517, Nr. 56.

[48] Spanischer Bericht ddo 1509 Juni (*Zurita* VI, fol. 194 ff.); venezianischer Bericht ddo 1509 Juni 24—26 (*Sanuto* VIII, 435, 440); Brief KMs an EMarg ddo 1509 Juli 30 Ivano (*Le Glay*, Correspondance I, 166 ff., Nr. 129); *Guicciardini* (ed. Rosini) II, 169 f.; *Guicciardini* (ed. Forberger) 177; *Schönherr*, Krieg 125; *Ulmann* II, 382 ff.; *Schirrmacher* VII, 569; *Wiesflecker*, Denkschrift 27; *Wenko*, Diss. 53 ff.; *Wurstbauer*, Diss. 68 f.

[49] A. da Borgo berichtet vom französischen Hof an EMarg ddo 1509 Juli 2 Mailand (*Godefroy*, Lettres I, 175 ff.).

[50] Lang an Serntein ddo 1509 Juni 29, 30 Verona und Borghetto (*Innsbruck* TLA, MaxAkt XIII/256/VI, fol. 52 und Max Akt I/44, fol. 61); KM an EMarg ddo 1509 Juli 30 Ivano (*Le Glay*, Correspondance I, 162 f., Nr. 127); *Ulmann* II, 384; *Wurstbauer*, Diss. 69. 54

[51] KM an EMarg ddo 1509 Juni 8 Sterzing (*Le Glay*, Correspondance I, 150 ff., Nr. 121).

[52] Venezianischer Bericht ddo 1509 August 17 Rom (*Sanuto* IX, 80).

[53] Vgl. das Itinerar bei *Wenko*, Diss. 271.

[54] KM an EMarg ddo 1509 Juli 30 Ivano (*Le Glay*, Correspondance I, 166 ff., Nr. 129).

[55] *Ulmann*, Aus deutschen Feldlagern 351 ff., 363; *Samuel* 53; *Mitsche*, Diss. 101 ff.

[56] Undatierter italienischer Aufruf KMs an das Volk von Venedig ca. 1509 Juli—August (*Albéri*, Relazioni VI, 59 ff.). 55

[57] Bericht KMs im *Weißkunig* (ed. Schultz) 341 (ed. Buchner), Nr. 158; Berichte ddo 1509 Juli 29 Ivano und 1509 August 7 Bassano (*Le Glay*, Correspondance I, 162 f., 175 ff., Nr. 127, 133); *Schönherr*, Krieg 127 f.; *Wolff*, Untersuchungen 16 f., 22; *Ulmann* II, 389; *Samuel* 53; *Mitsche*, Diss. 102.

[58] Bericht KMs an EMarg ddo 1509 August 4 La Scala (ed. *Kreiten*, Briefwechsel 260 f., Nr. 38): „... les gens de nostredite armée après avoir rué jus envivan VIII°°°° piétous des plus maulvais paysans Venissiens que l'on scaurait trouver ...“

[59] KM an L. von Graben ddo 1509 Juli 14 Marostica (*Innsbruck* TLA, MaxAkt I/44b/19, fol. 63).

[60] *Wolff*, Untersuchungen 19 f.; *Wenko*, Diss. 59 ff.

[61] Venezianische Berichte bei *Sanuto* VIII, 521, 527, 534 f.; KMs Bericht im *Weißkunig* (ed. Schultz) 344 und (ed. Buchner) Nr. 160; Bericht des B. von Firmian an P. von Liechtenstein ddo 1509 Juli 14 Padua (*Inns- 56

bruck TLA, MaxAkt I/44, fol. 65 f.); *Guicciardini* (ed. Rosini) II, 75 f.; *Guicciardini* (ed. Forberger) 178; *Guicciardini* bietet eine gute Schilderung; Bericht KMs an EMarg ddo 1509 Juli 29 Ivano (*Le Glay*, Correspondance I, 162 f., Nr. 127); *Wolff*, Untersuchungen 20 ff.; *Schönherr*, Krieg 131 f.; *Ulmann* II, 386 ff.; *Huber*, Geschichte Österreichs III, 381; *Wiesflecker*, Denkschrift 28 f.; *Zwiedineck* 115; *Cardo* 14; *Kretschmayr* II, 432; *Leo* V, 211 ff.; *Wenko*, Diss. 61; *Schaden*, Diss. 30 f.; *Mitsche*, Diss. 103.

[62] *Sanuto* VIII, 525.

[63] KM an den Bf von Trient ddo 1509 August 12 Padua im Feldlager (*Innsbruck* TLA, MaxAkt I/44b/19, fol. 103); *Guicciardini* (ed. Rosini) 76 f.; *Guicciardini* (ed. Forberger) 170; *Schönherr*, Krieg 133.

[64] Venezianische Berichte und Zeugnisse ddo 1509 Juli 11—August 3 (*Sanuto* VIII, 513 f., 515, 533 ff., 548 f., 573, und IX, 15); der venezianische Gesandte an KM ddo 1509 Juli 25 San Salvatore (*Wien* HHSA, MaxAkt 14b/1, fol. 47); die Nachricht vom Zusammentreffen KMs mit dem venezianischen Gesandten Giustinian bei Bassano ist eine Erfindung *Guicciardinis; Zwiedineck* 116 f.; *Ulmann* II, 384; *Wenko*, Diss. 61 f.; *Schaden*, Diss. 31 ff.

[65] *Wiesflecker*, Denkschrift 28, Anm. 37; *Mitsche*, Diss. 103 f.

[66] Über die Truppenstärken vgl. *Wiesflecker*, Denkschrift 28, und *Wenko*, Diss. 63.

[67] Bf von Trient an KM ddo 1509 August 16 Verona (*Innsbruck* TLA, MaxAkt I/44a/19, fol. 72 f.); venezianischer Bericht ddo 1509 August 17 Rom (*Sanuto* IX, 80).

[68] Undatierter Bericht von 1509 August 10—13 ca. (*Innsbruck* TLA, MaxAkt I/44, fol. 70); KMs Bericht im *Weißkunig* a. a. O.; dort auch die Bilder Nr. 187, 188; *Guicciardini* (ed. Rosini) II, 85 ff.; *Guicciardini* (ed. Forberger) 180 ff.; *Schönherr*, Krieg 133 ff.; *Wolff*, Untersuchungen 21 f.; *Wiesflecker*, Denkschrift 28 ff.; *Wenko*, Diss. 65; *Schaden*, Diss. 33 ff., 35 ff.; *Mitsche*, Diss. 104 f.

[69] KM an EMarg ddo 1509 August 7 Bassano (*Le Glay*, Correspondance I, 175 ff., Nr. 133).

[70] Bericht Sernteins an Mgf Christoph von Baden ddo 1509 August 22 im Felde (bei Padua) (*Innsbruck* TLA, MaxAkt XIV/1509, fol. 96); *Wiesflecker*, Denkschrift 29 f.; *Schönherr*, Krieg 137; *Wenko*, Diss. 66.

[71] *Guicciardini* (ed. Rosini) II, 88 ff.; *Guicciardini* (ed. Forberger) 182 f.

[72] *Schönherr*, Krieg 137; *Wolff*, Untersuchungen 22; *Wiesflecker*, Denkschrift 29, Anm. 44; *Cardo* 14; *Wenko*, Diss. 66; *Schaden*, Diss. 35; *Mitsche*, Diss. 104.

[73] Venezianischer Bericht bei *Sanuto* IX, 169.

[74] *Schönherr*, Krieg 136; *Wiesflecker*, Denkschrift 29; *Wolff*, Untersuchungen 22; *Wenko*, Diss. 68.

[75] Bericht KMs im *Weißkunig* (ed. Schultz) 344; dazu das Bild S. 340, *Guicciardini* (ed. Rosini) II, 85 ff.; *Guicciardini* (ed. Forberger) 182; *Schönherr*, Krieg 136; *Wolff*, Untersuchungen 23.

[76] Bericht KMs an EMarg ddo 1509 August 23 vor Padua (*Le Glay*, Correspondance I, 182 ff., Nr. 138): „... et croyons que pour ce jour

d'huy sont tuez plus de V^m de nosdits ennemis, et prins prisonniers beaucop de mil."

[77] Näheres bei *Schönherr, Krieg* 138 ff.

[78] Bericht der „Newe tzeittung von Padua..." ddo 1509 September s. d. (ed. *Weller* 12 f., Nr. 2); *Ulmann* II, 389; *Schönherr, Krieg* 140 ff.; *Mitsche*, Diss. 105 f.   59

[79] Venezianische Berichte ddo 1509 September 20, 21, 29 Padua (*Sanuto* IX, 175, 177 f., 195, 196 f.); *Schönherr, Krieg* 143 f.; *Ulmann* II, 390 f.

[80] Vgl. Anleihebitten an verschiedene Reichsstände in *Wien* HHSA,   60 MaxAkt 14b/3, fol. 13, 19, 20; desgl. *Janssen*, Reichscorrespondenz II, Nr. 978, 979; Bericht über Pfandgeschäfte an EMarg ddo 1509 August 7 Bassano (*Le Glay*, Correspondance I, 177 f., Nr. 134); *Chmel*, Urkunden 326 f., Nr. 237.

[81] KM an Frankfurt ddo 1509 August 31 Padua (*Janssen*, Reichscorrespondenz II, 779 ff., Nr. 978); *Diederichs* 113, Nr. 63.

[82] Venezianischer Bericht ddo 1509 Oktober 17 (*Sanuto* IX, 259).

[83] Venezianische Berichte aus Rom ddo 1509 August 24, 29, 31 (*Sanuto* IX, 132 f.): „Il papa ... fece un grandissimo rebufo a l'orator di l'Imperatore che li dimandava danari, e lo caziò di camera con cativa ciera."

[84] Venezianischer Bericht ddo 1509 September 30 Rom (*Sanuto* IX, 197).

[85] Venezianischer Bericht ddo 1510 April 24 Rom (*Sanuto* X, 218 f.): „... basta che l' (= KM) à hauto da nui 200 milia ... questo è voragìne e più di la quarta cossa che disse Salomon che mai non suficit..."

[86] Vertragsurkunde ddo 1509 Oktober 24 Verona (*Florenz* AS, Diplomatico, Riformagioni, Atti publici); *Guicciardini* (ed. Rosini) II, 92; *Guicciardini* (ed. Forberger) 184; *Brosch*, Machiavelli 104; *Wenko*, Diss. 82 f.

[87] Vgl. das Mandat KMs ddo 1509 Oktober 1 Padua (*Sanuto* IX, 203): gibt u. a. die Gründe für die Aufhebung der Belagerung an; *Ulmann* II, 382, 392.

[88] Brief von 1509 Oktober 7 bei Limena (*Le Glay*, Correspondance I, 190 ff., Nr. 143); ähnlich äußert sich KM im *Weißkunig* (ed. Schultz) 344; vgl. auch die Darstellung bei *Kirchmair*, Denkwürdigkeiten 430 f.

[89] Briefe ddo 1509 Oktober 19 Venedig (*Sanuto* IX, 284 f.).

[90] Hg Erich von Braunschweig an KM ddo 1509 August 14 Görz, desgl.   61 ddo 1509 Oktober 6 Gradisca (*Wien* HHSA, MaxAkt 14b/2, fol. 16 ff., und 14b/3, fol. 6 f.); *Ulmann*, Aus deutschen Feldlagern 355 ff., 359 ff.; *Berger*, Krieg Maximilians I, 11 ff.

[91] Bericht ddo 1509 Mai 2 Oberburg (*Innsbruck* TLA, MaxAkt I/44a, fol. 36 f.); KM an EMarg ddo 1509 August 23 Padua Feldlager (*Le Glay*, Correspondance I, 182 ff., Nr. 138); venezianischer Bericht ddo 1509 Juni 1 Venedig (*Sanuto* VIII, 334); *Schönherr, Krieg* 134 ff.; *Czoernig* I, 724; *Huber*, Geschichte Österreichs III, 379; *Wiesflecker*, Denkschrift 27; *Wolff*, Untersuchungen 19; *Schaden*, Diss. 38 f.

[92] Bericht des Eck an Serntein ddo 1509 Juni 2 Görz (*Innsbruck* TLA, MaxAkt XIII/256/VI, fol. 44).

62 **93** Befehl KMs ddo 1509 Juli 14 Marostica (*Innsbruck* TLA, MaxAkt I/44a, fol. 63); *Ulmann* II, 386; *Wiesflecker*, Denkschrift 28.

94 *Samuel* 53; *Wenko*, Diss. 159 f.; *Schaden*, Diss. 38 f.

95 Bericht des Chr. Rauber an KM ddo 1509 Oktober 3 Raspurg (*Chmel*, Urkunden 320 ff., Nr. 235); Bericht des *Herberstein*, Selbstbiographie (ed. Karajan) 74; *Ulmann*, Aus deutschen Feldlagern 358; *Ulmann* II, 386; *Wenko*, Diss. 160 f.

96 Bericht KMs an EMarg ddo 1509 August 23 Padua (*Le Glay*, Correspondance I, 182 ff., Nr. 138); Bericht des Chr. Rauber ddo 1509 September 21 bei Udine (*Chmel*, Urkunden 332 f., Nr. 240); *Herberstein*, Selbstbiographie (ed. Karajan) 73; *Guicciardini* (ed. Rosini) II, 92; *Guicciardini* (ed. Forberger) 180; *Czoernig* I, 724 f.; *Schönherr*, Krieg 134; *Wenko*, Diss. 161.

97 Brief des Dogen ddo 1509 September 9 (*Berger*, Krieg Maximilians II, 33): „... incendia, violentiae, rapinae, devastationes, homicidia, nulla aetis, sexus aut locorum ratione, nulla in Deum reverentia .., stupra, incestus virginum, prostitutiones etiam Deo dicatarum, sacrilegia ..."

98 Bericht Hg Erichs ddo 1509 August 14 Görz (*Wien* HHSA, MaxAkt 14b/2, fol. 16 ff.); *Wiesflecker*, Denkschrift 28; *Ulmann*, Aus deutschen Feldlagern 350, 358 ff.

99 Bericht des Erich von Braunschweig an KM ddo 1509 Oktober 6 Gradisca (*Wien* HHSA, MaxAkt 14 b/3, fol. 6 f.; *Chmel*, Urkunden 322 ff., Nr. 236).

100 Bericht des Erich von Braunschweig an KM ddo 1509 Oktober 6 Gradisca a. a. O.; *Roo* (ed. 1592) 445.

63 **101** KM an Hg Erich ddo 1509 November 20 Calliano (*Wien* HHSA, MaxAkt 14b/3, fol. 65); *Ulmann*, Aus deutschen Feldlagern 360, Anm. 2.

102 Bericht KMs an EMarg ddo 1509 Oktober 7 Limena (*Le Glay*, Correspondance I, 143): begründet den Abbruch der Belagerung und der weiteren Unternehmungen.

103 Mandat KMs an Georg von Neudegg ddo 1509 Oktober 18 San Bonifacio (*Innsbruck* TLA, MaxAkt I/44, fol. 75); gedr. bei *Wolff*, Untersuchungen 169 f.; *Guicciardini* (ed. Rosini) II, 92 f.; *Guicciardini* (ed. Forberger) 184; *Janssen*, Reichscorrespondenz II, 782, Nr. 981; *Wolff*, Untersuchungen 25 ff.; *Schönherr*, Krieg 144; *Leo* V, 34; *Samuel*, Rudolf der Tapfere 54; *Wenko*, Diss. 81.

104 Gattinara an EMarg ddo 1509 Oktober 29 Blois (*Le Glay*, Négociations I, 260 ff.), hier: S. 267: „... car l'affection me transporte ...";
dazu *Wolff*, Untersuchungen 27.

105 Venezianischer Bericht über eine Zusammenkunft KMs mit dem Grand Maître bei *Sanuto* IX, 288; Bericht des Gattinara an EMarg ddo 1509 November 8 Blois (*Le Glay*, Négociations I, 268 ff.); *Guicciardini* (ed. Rosini) II, 92 f.; *Guicciardini* (ed. Forberger) 184; *Wolff*, Untersuchungen 26; *Wenko*, Diss. 83 f.

64 **106** Bericht KMs an EMarg ddo 1509 November 22 Calliano (*Le Glay*, Correspondance I, 214, Nr. 160); *Roo* (ed. 1592) 447; *Cardo* 14; *Wolff*, Untersuchungen 27; *Kretschmayr* II, 433; *Wenko*, Diss. 86 f.; *Schodl*, Diss. 12; *Schaden*, Diss. 41; *Samuel* 54; *Mitsche*, Diss. 106 f.

[107] Vgl. die Kaiserbriefe ddo 1509 November 24 Calliano—Dezember 12 Bozen (*Innsbruck* TLA, MaxAkt I/44, fol. 82, 83, 90 ff.); *Guicciardini* (ed. Rosini) II, 96 ff.; *Guicciardini* (ed. Forberger) 187; *Wiesflecker, Denkschrift* 30 f.; *Wenko,* Diss. 88.

[108] Über die Lage in Verona vgl. *Schodl,* Diss. 33 ff. (dort Einzelheiten); vgl. den Bericht Machiavellis ddo 1509 November 29 Verona *(Machiavelli* [ed. 1925] II, 463 ff.); venezianischer Bericht ddo 1509 Dezember 9 Venedig (*Sanuto* IX, 379).

[109] Vgl. die kaiserlichen Mandate ddo 1509 November 21—22 Calliano (*Innsbruck* TLA, MaxAkt I/44b/19, fol. 80 f., 128); KM an EMarg ddo 1509 November 25 Calliano (*Le Glay,* Correspondance I, 214, Nr. 160); *Guicciardini* (ed. Rosini) II, 100 f.; *Guicciardini* (ed. Forberger) 185 f.; Bericht Machiavellis über die Lage der Verbündeten in Verona ddo 1509 November 29 Verona *(Machiavelli* [ed. 1925] II, 463 ff.); *Wolff,* Untersuchungen 27 f.; *Ulmann,* Aus deutschen Feldlagern 352 ff.; *Brosch,* Machiavelli 105 f.; *Wenko,* Diss. 87 f.

[110] Bericht des Gattinara an EMarg ddo 1509 Dezember 11 Blois (*Godefroy,* Lettres I, 215 ff., 222 f.): hier S. 222: „... que le Roy faisoit plus que son debvoir ne portoit et si nous voulions que le Roy feust tuteur ou curateur de l'Empereur pour luy garder le sien."

[111] Bericht des Gattinara an EMarg ddo 1509 Dezember 15 Blois (*Le Glay,* Négociations I, 303 ff.): hier S. 307: KM war nie so „... bas ny en si petite reputacion, ny ses afferes en plus grand azar".

[112] KM an seine Gesandten in Frankreich ddo 1509 November 26 Stein und Dezember 9 Bozen (*Le Glay,* Négociations I, 277 ff., 295 ff.): hier S. 281: „... ne idra (!) renascens resumat vires..."; *Ulmann* II, 397 f.

[113] Über die venezianischen Friedensverhandlungen von 1509 Oktober bis 1510 Januar vgl. die Berichte bei *Sanuto* IX, 268, 382 f., 399, 410, 415, 423, 429, 435, 445, 452 f., 460, 479, 505, 529, 531; Bericht KMs vor dem Reichstag ddo 1510 März 10 Augsburg (*Janssen,* Reichscorrespondenz II, 795 f., Nr. 1004); *Wenko,* Diss. 92 ff.; *Schodl,* Diss. 19 ff.; *Wurstbauer,* Diss. 70.

[114] Vgl. den Werbebrief der SVen an Augsburg und an die übrigen Reichsstädte und Reichsfürsten ddo 1509 Oktober 19 (*Sanuto* IX, 284 ff.); *Schaden,* Diss. 40 f.

[115] Venezianische Berichte ddo 1509 Dezember 4—10 Venedig (*Sanuto* IX, 365 f., 381, 452).

[116] Venezianische Berichte bei *Sanuto* X, 10 ff., 71 ff., 78 ff.; *Guicciardini* (ed. Rosini) II, 107 f.; *Pastor* III/2, 771; *Wolff,* Untersuchungen 33 ff.; *Kretschmayr* II, 435; *Ulmann* II, 407 f.; *Berger,* Krieg Maximilians I, 35 ff.; *Schaden,* Diss. 51 f.; *Schodl,* Diss. 26 ff., 30 f.

[117] Venezianischer Bericht 1510 April 8 Venedig (*Sanuto* X, 113): beruht auf einem Bericht des päpstlichen Gesandten De Grassis aus Augsburg.

[118] Schlußrelation des P. Capello und des D. Trevisano ddo 1510 April 1 (*Albéri,* Relazioni II/3, 17 f.) gibt Übersicht über die gesamte Entwicklung: hier S. 19: der Papst „... dice che è (= KM) una bestia e merita più presto déssere retto che di reggere altri...", der Papst „... Stima l'Imperatore infantem nudum; ma ben stima gli elettori e l'Alemagna" (S. 32 f.).

66 [119] KM an EMarg ddo 1510 Juni 29 (*Le Glay*, Correspondance I, 293 ff., Nr. 223).
[120] Venezianischer Bericht ddo 1510 Februar 25—28 Rom (*Sanuto* X, 33 f.); Schlußbericht der venezianischen Gesandten ddo 1510 April 1 Venedig (*Sanuto* X, 71 ff.).
[121] Brief KMs nach Blois ddo 1509 Dezember 9 Bozen (*Le Glay*, Négociations I, 295 ff., Nr. 82); Bericht des Gattinara an EMarg ddo 1509 November 8 Blois (*Le Glay*, Négociations I, 268 ff., Nr. 78); *Ulmann* II, 396; *Schodl*, Diss. 14; *Schaden*, Diss. 53 f.
[122] *Miklautsch*, Diss. 34 ff.; *Undreiner*, R. Wingfield 10 (die maßgebende Arbeit).
[123] *Brewer* II/1, Introduction 60 ff.; *Mattingly* 160; dazu *Miklautsch*, Diss. 36.

2. Parteiwechsel des Papstes. Der Kaiser bleibt bei Frankreich. Die Sommerfeldzüge 1510/11

67 [1] Die wechselnden Probleme dieses Kapitels erfordern die Heranziehung verschiedener Quellengruppen, die an ihrem Ort jeweils ausgewiesen sind. Für das ganze Kapitel brachten viel Neues die Urkunden und Akten der kaiserlichen Registratur in den Archiven zu *Innsbruck* und *Wien,* außerdem die zahlreichen wertvollen Berichte etc. bei *Sanuto,* insbesondere auch die Briefeditionen von *Le Glay* und *Godefroy* (Lettres); desgl. die reichhaltigen englischen Editionen von *Brewer* und *Brown.* Brauchbare Einzelstücke finden sich bei *Chmel* (Urkunden). Unter den Geschichtsschreibern verdienen wie stets besondere Beachtung *Guicciardini,* außerdem *Mocenigo.* Viel weniger *Bembo.* An älterer Literatur ist immer noch brauchbar *Ulmann, Berger* und *Wolff.* Auf besserem Quellengrund ruhen die Dissertationen von *Schodl, Schaden, Frieß, Strasser* und *Wurstbauer,* die das Material der *Maximilian-Regesten* benützen konnten. Vergleiche außerdem die kritischen Quellenübersichten auf S. 44, Anm. 1.
[2] Dies geht aus den Gesprächen hervor, die der Papst mit dem venezianischen Gesandten führte. Vgl. Schlußbericht der Gesandten Capello und Trevisan ddo 1510 April 1 (*Albéri*, Relazioni II/3, 17 ff., 29 ff.); desgl. bei *Sanuto* X, 71 ff., 78 ff.
[3] Bericht ddo 1510 Januar 8 bei *De Grassis* (ed. Döllinger) 391; venezianischer Bericht ddo 1510 Januar 20 Venedig (*Sanuto* IX, 477 f.); *Berger,* Krieg Maximilians I, 37 f.
68 [4] Venezianischer Bericht ddo 1510 Juni 5 Rom (*Sanuto* X, 540).
[5] *Fueter,* Staatensystem 274; *Ulmann* II, 408 f.; *Pastor* III/2, 777; *Prescott* II, 500.
[6] Bericht Borgos an EMarg ddo 1510 Januar 24 Blois (*Le Glay*, Négociations I, 319 ff., Nr. 88): hier S. 321: „... l'on (KF) ne veult faire son devoir devers l'empereur synon de paroles, et l'on le veult tenir oppresser"; *Ulmann* II, 398 f.
[7] Undatierter Bericht des Borgo und des Dr. Mota an KM ddo 1510 August (*Godefroy*, Lettres I, 282 ff.): hier S. 284: KF will KM helfen,

„... affin qu'il soit le plus grand et renommé Empereur, qui a esté depuis Charlemagne".

⁸ Bericht KMs an EMarg ddo 1510 Februar 14 Mindelheim; desgl. Februar 29 Augsburg (*Le Glay*, Correspondance I, 236 ff., Nr. 178, 241 f., Nr. 182).

⁹ Siehe S. 341.

¹⁰ Siehe S. 341 ff.

¹¹ *Bauer*, Anfänge 15.

¹² Vertrag ddo 1509 Dezember 12 Blois (*Bergenroth* II, 32 f., Nr. 33); 69 vgl. dazu die Berichte des Gattinara ddo 1509 Dezember 15 Blois (*Le Glay*, Négociations I, 303 ff., Nr. 88); *Ulmann* II, 395 ff.; *Bauer*, Anfänge 13.

¹³ Ausführlicher Bericht des Gattinara an EMarg über die Verhandlungen mit Spanien ddo 1510 Juli 26 Monzon (*Godefroy*, Lettres I, 273 ff.).

¹⁴ *Wiesflecker*, Maximilian II, 157, 297 f.

¹⁵ Instruktion Maximilians an seine Unterhändler ddo 1509 November 26 Calliano (*Le Glay*, Négociations I, 277 ff., Nr. 80): Die Verbündeten könnten niemals einen Türkenzug unternehmen, „... nisi destructis et funditus deletis Venetis hostibus nostris" (S. 281).

¹⁶ KMs Ausschreiben ddo 1509 November 8 Rovereto (*Janssen*, Reichscorrespondenz II, 782, Nr. 981); *Diederichs* 113, Nr. 64; siehe S. 264 ff.

¹⁷ Brief KMs an seine Gesandten in Blois ddo 1509 Dezember 9 Bozen (*Le Glay*, Négociations I, 295 ff., Nr. 82); *Schodl*, Diss. 17; *Wurstbauer*, Diss. 71 ff.

¹⁸ KM an seine Hauptleute ddo 1509 November 22 (*Innsbruck* TLA, MaxAkt I/44, fol. 127).

¹⁹ *Berger*, Krieg Maximilians I, 18 ff.; *Ulmann* II, 400 ff.; *Wiesenberger*, 70 Diss. 9 f., 42 ff.; siehe S. 265.

²⁰ Bericht ddo 1510 Februar 21 Augsburg (*Chroniken der deutschen Städte* XXIII [Augsburger Chronik] 127 f.).

²¹ Machiavelli ddo 1509 Dezember 12 Mantua in: *Machiavelli* (ed. 1925) II, 473 ff.; *Brosch*, Machiavelli 120 f.

²² *Berger*, Krieg Maximilians II, 17 ff. 71

²³ *Berger*, Krieg Maximilians I, 20 ff.

²⁴ Bericht KMs an EMarg ddo 1510 April 6 Innsbruck bei *Le Glay*, Correspondance I, 254 f., Nr. 192: „... car il ne souffist point de les mectre á mort par cent, mais y fault besongnier par mille"; *Chroniken der deutschen Städte* XXIII (Augsburger Chronik) 127 f.

²⁵ Dies wußte man am französischen Hof: Bericht Borgos an EMarg ddo 1510 April 5 Melun (*Le Glay*, Négociations I, 335 ff., Nr. 93).

²⁶ Venezianische Berichte ddo 1510 April 18—21 (*Sanuto* X, 159 f., 169, 171).

²⁷ Flugblatt KMs an die Venezianer ddo 1510 April 15 Augsburg (*Venedig* BM, Rara Nr. 394); gedr. bei *Sanuto* X, 345 ff.; desgl. *Albéri*, Relazioni VI, 61 ff.; *Schönherr*, Krieg 128; *Diederichs* 113, Nr. 66; *Schaden*, Diss. 53.

²⁸ Venezianischer Bericht ddo 1510 April 15 Rom (*Sanuto* X, 169 f.); *Bembo* (ed. 1652) 380 ff.; *Wolff*, Untersuchungen 35; *Berger*, Krieg Maximilians II, 15 ff.; *Schodl*, Diss. 35; *Schaden*, Diss. 55.

[29] Eine Kartenskizze dieses Feldzuges findet sich als Beilage bei *Schaden*, Diss.; Darstellung des Feldzuges bei *Mitsche*, Diss. 113 ff.

72 [30] Bericht des Borgo an EMarg ddo 1510 Mai 20 und 31 Lyon (*Godefroy*, Lettres I, 226 ff., 237 ff.); hier S. 230: „... je priè à Dieu que sa tardité ne soit cause de beaucop de maux ..."; *Berger*, Krieg Maximilians II, 19 ff.

[31] Einen übertriebenen, ja falschen Bericht gibt KM an EMarg ddo 1510 Mai 14 Augsburg (*Le Glay*, Correspondance I, 264 f., Nr. 202): Er spricht von 34.000—36.000 Mann Truppen; Borgo an EMarg ddo 1510 Mai 20 Lyon (*Godefroy*, Lettres I, 226 ff.; *Fugger-Jäger* II, fol. 235, nennt 13.000 Mann; *Schodl*, Diss. 41.

[32] Venezianischer Bericht ddo 1510 Mai 13 Badia (*Sanuto* X, 317); *Berger*, Krieg Maximilians II, 20; dazu *Samuel*, Rudolf der Tapfere 57; *Berger*, Krieg Maximilians II, 43; *Guicciardini* (ed. Rosini) II, 191; *Havemann* 335; *Schodl*, Diss. 41; *Schaden*, Diss. 56.

[33] *Ulmann* II, 399; *Berger*, Krieg Maximilians I, 30 ff., und II, 13 ff.

[34] *Guicciardini* (ed. Rosini) II, 115 ff. (ausführliche Schilderung); *Roo* (ed. 1592) 450; *Fugger-Jäger* II, fol. 236v; *Havemann* 335 f.; *Berger*, Krieg Maximilians II, 22; *Ulmann* II, 406; *Schodl*, Diss. 43; *Schaden*, Diss. 57; *Wolff*, Untersuchungen 36; *Mitsche*, Diss. 113 ff. (dort Einzelheiten).

[35] KM an EMarg ddo 1510 Juni 23 Augsburg (*Le Glay*, Correspondance I, 289 f., Nr. 219) schiebt diese Grausamkeiten auf die Franzosen; *Sanuto* X, 437: „... diavoli incarnati ..."; *Berger*, Krieg Maximilians II, 21; *Ulmann* II, 406 f.; *Schodl*, Diss. 44 (dort Einzelheiten und Quellen); *Mitsche*, Diss. 114 f.

[36] Befehl KMs an Neudegg ddo 1510 April 23 Augsburg (*Innsbruck* TLA, MaxAkt I/44b/19, fol. 64); KM an Chaumont ddo 1510 Juni 9 Augsburg (nach *Ulmann*, Aus deutschen Feldlagern 368); *Berger*, Krieg Maximilians II, 25 ff.; *Ulmann* II, 405 f.; *Schodl*, Diss. 42; *Schaden*, Diss. 57 f.

[37] Das berichtet Borgo bereits ddo 1510 April 5 Melun (*Le Glay*, Négociations I, 335 ff., Nr. 93); *Mitsche*, Diss. 115 (dort Einzelheiten).

[38] Bericht des Borgo an EMarg ddo 1510 April 5 Melun (*Le Glay*, a. a. O.): hier S. 337. KF möchte, daß KM selbst seine ganze Armee „... dresser ... par Friole ..."; Bericht des Borgo an EMarg ddo 1510 Mai 20 Lyon (*Godefroy*, Lettres I, 227 ff.); desgl. ddo 1510 Juli 6 Blois (*Le Glay*, Négociations I, 347 ff.); besorgte Berichte des Neudegg an KM ddo 1510 Juni 8—11 Verona (*Innsbruck* TLA, MaxAkt I/44b/19, fol. 6 ff.); KM an Neudegg ddo 1510 nach Juni 8 (*Innsbruck* TLA, MaxAkt I/44b/19, fol. 48 f.); *Berger*, Krieg Maximilians I, 30 ff., und II, 17 ff.; *Ulmann* II, 399; *Schodl*, Diss. 45; *Mitsche*, Diss. 116.

73 [39] Bericht Neudeggs an KM ddo 1510 Juli 2 Verona (*Innsbruck* TLA, MaxAkt I/44b/19, fol. 48 f.); *Berger*, Krieg Maximilians I, 30 ff., und II, 682, 714, 736; *Ulmann*, Aus deutschen Feldlagern 363 ff.; *Schodl*, Diss. 47 (dort Einzelheiten und Quellen); dazu auch *Schaden*, Diss. 58; *Mitsche*, Diss. 117.

[40] Bericht des Jörg von Liechtenstein an Serntein ddo 1510 Juli 4 Feltre (*Innsbruck* TLA, MaxAkt XIII/256/VI, fol. 99 f.); vgl. auch die vene-

zianischen Berichte ddo 1510 Juni—Juli bei *Sanuto* X, 714, 736, 743; *Guicciardini* (ed. Rosini) II, 119 f. und (ed. Forberger) 194.

[41] Bericht KMs an EMarg ddo 1510 Juli 31 Innsbruck (*Le Glay*, Correspondance I, 306 ff., Nr. 232); ein Bericht Peutingers (*König*, Peutingers Briefwechsel 119 f.); *Schodl*, Diss. 52 (dort Einzelheiten und Quellen); *Schaden*, Diss. 59 (dort Einzelheiten); *Mitsche*, Diss. 119 f.

[42] KF an Chaumont ddo 1510 Juli 21 Blois (*Le Glay*, Négociations I, 353 ff., Nr. 102); Neudegg an KM ddo 1510 Juli 9 Verona (*Innsbruck* TLA, MaxAkt I/44b/19, fol. 17).

[43] KM an Kardinal Ferrara ddo 1510 Juli 4 (*Sanuto* XI, 257): „Come vol far armata e unirla con quella di Franza e quella di Spagna, qual vien nel Mar Adriatico . . .“

[44] *Guicciardini* (ed. Forberger) 197; *Berger*, Krieg Maximilians II, 32 ff.; *Wolff*, Untersuchungen 38 f.; dazu auch *Schaden*, Diss. 59; *Mitsche*, Diss. 124.

[45] *Ulmann*, Aus deutschen Feldlagern 370 ff.; *Berger*, Krieg Maximilians II, 29 ff.; *Schodl*, Diss. 247 ff. (dort Einzelheiten und Quellen).

[46] Vertrag zwischen KM und Herzog Erich ddo 1510 Januar 5 Bozen (*Innsbruck* TLA, MaxAkt XIV, fol. 186 ff.); Vertrag KMs ddo 1510 Juni 24 Augsburg (*Wien* HHSA, MaxAkt 20/2 [1512 Februar], fol. 72 ff.); *Ulmann*, Aus deutschen Feldlagern 364 ff.

[47] Diesbezügliche Berichte ddo 1510 April 25 Görz und April 26 Laibach (*Wien* HHSA, MaxAkt 15a/2, fol. 90 f., 92); Bericht KMs an den Krainer Landtag ddo 1510 August 23 (*Chmel*, Urkunden 329 ff., Nr. 239); *Ulmann*, Aus deutschen Feldlagern 365 f.; *Schodl*, Diss. 250.   74

[48] Berichte ddo 1510 April 25—27 Görz (*Wien* HHSA, MaxAkt 15a/2, fol. 90 f., und *Innsbruck* TLA, MaxAkt XIV/1510, fol. 24 ff.); *Schodl*, Diss. 250 f.

[49] *Ulmann*, Aus deutschen Feldlagern 368.

[50] Französischer Bericht an Ludwig XII. ddo 1510 Juni 27 Vararin (*Godefroy*, Lettres I, 245 ff.); hier S. 247: „. . . lesdits Crouaz sont cruels à la guerre, car ils tuent tout ce qu'ils peuvent, et ne prennent jamais prisonniers, aussy on leur a fait . . .“

[51] *Ulmann*, Aus deutschen Feldlagern 372 ff.; *Ulmann* II, 417.

[52] *Guicciardini* (ed. Forberger) 197; *Berger*, Krieg Maximilians II, 32 ff.; *Schodl*, Diss. 92; *Schaden*, Diss. 59 f.

[53] Bericht Liechtensteins ddo 1510 September 3 Verona (*Innsbruck* TLA, MaxAkt XIII/256/VI, fol. 116 f.); KM an EMarg ddo 1510 September 17 Lindau (*Le Glay*, Correspondance I, 332 f., Nr. 248); *Ulmann*, Aus deutschen Feldlagern 375 f.; *Ulmann* II, 417 f.; *Schodl*, Diss. 94; Anhalt wurde 1514 in das Erbgrab der Tiroler Landesfürsten im Kloster Stams überführt (*Schönherr*, Urkunden und Regesten Nr. 1139); *Mitsche*, Diss. 125 ff. (dort Einzelheiten).

[54] Vgl. die Berichte Neudeggs an KM ddo 1510 September 18 und   75 Oktober 1 Verona (*Innsbruck* TLA, MaxAkt I/44b/19, fol. 32 ff.); desgl. Bericht ddo 1510 September 21 Verona (*Wien* HHSA, MaxAkt 15b/4, fol. 40 f.); venezianische Berichte bei *Sanuto* XI, 313 f., 363, 370 f., 374, 392, 395; guter burgundischer Bericht an EMarg ddo 1510 Oktober 9 Blois (*Godefroy*, Lettres II, 52 ff., 57 ff.); *Guicciardini* (ed. Forberger)

198; *Wolff*, Untersuchungen 38 ff.; *Ulmann*, Aus deutschen Feldlagern 376 f.; *Berger*, Krieg Maximilians II, 33 ff., 38 ff.; *Schodl*, Diss. 94 f.; *Schaden*, Diss. 60; *Ulmann*, Aus deutschen Feldlagern 375 ff.; *Berger*, Krieg Maximilians II, 33 ff.

[55] *Ulmann*, Aus deutschen Feldlagern 375 ff.; *Berger*, Krieg Maximilians II, 33 ff.

[56] Vgl. darüber den Briefwechsel mit KM ddo 1510 Oktober 23 Rattenberg—November 16 Breisach (*Innsbruck* TLA, MaxAkt I/44b/19, fol. 76, 79 f.); vgl. das Urteil bei *Herberstein*, Selbstbiographie (ed. Karajan) 76 ff.; *Berger*, Krieg Maximilians II, 35 ff., 40; *Schodl*, Diss. 97 f.

[57] *Wolff*, Untersuchungen 46; *Schodl*, Diss. 98 (dort Einzelheiten und Quellen).

[58] Briefe Neudeggs an KM ddo 1510 November/Dezember in *Wien* HHSA, MaxAkt 16/2, fol. 43 f., 54 f., und *Innsbruck* TLA, MaxAkt I/44b/19, fol. 41 f., 81 f., 188 f.; *Berger*, Krieg Maximilians II, 39 ff.

[59] Siehe S. 344.

76 [60] *Wolff*, Untersuchungen 33 ff.; *Berger*, Krieg Maximilians I, 38 f.

[61] Vgl. den Schlußbericht des venezianischen Gesandten P. Capello ddo 1510 April 1 (*Albéri*, Relazioni II/3, 19 f.); desgl. die Berichte bei *Sanuto* X, 72 f.

[62] Ausführlicher Bericht des Gesandten Borgo und Dr. Mota an EMarg ddo 1510 Juli 21 Blois (*Godefroy*, Lettres I, 252 ff.): hier S. 261: „... utunturque in illis motibus Papae Julii Caesaris (nomine); ... quod nominant eium Papam et Caesarem ... et acclamant nomina libertatis Italiae cum expulsione Gallorum ex Italia ...“

[63] Eidgenössischer Bericht ddo 1510 August 21 Zürich (*Eidgenössische Abschiede* III/2, 500 f.); KM an EMarg ddo 1510 August 21 Landeck; desgl. 1510 September 2 Wiesberg (*Le Glay*, Correspondance I, 318 ff., Nr. 240 und 325 ff., Nr. 243): dort ein sehr hartes Urteil KMs über die Schweizer: „... qu'ilz ont desjà assez maingé des ducatz du pape, et qu'ilz ont grant faim de maingier des escus de France ... lesdits Suyches sont commenaultez qui ne tiennent foy ne léaultez.“

[64] Vgl. den ausführlichen Bericht des kaiserlichen Gesandten Fürst an KM ddo 1510 Oktober 22 Bologna (*Innsbruck* TLA, MaxAkt I/44/19, fol. 68 ff.); Bericht Braunschweigs und Neudeggs an KM ddo 1510 Oktober 21—22 Verona (*Wien* HHSA, MaxAkt 16/1, fol. 57, 59); Bericht an EMarg ddo 1510 Oktober 23 Blois (*Le Glay*, Négociations I, 265 f., Nr. 107); *Fugger-Jäger* II, fol. 236v f.; *Guicciardini* (ed. Rosini) II, 130 ff. und (ed. Forberger) 202 f.; *Brosch*, Julius II., 210 ff.; *Wolff*, Untersuchungen 48; *Schodl*, Diss. 100 ff.

[65] KM an Lang ddo 1510 November 5 Breisach (*Wien* HHSA, MaxAkt 16/2, fol. 5 ff.; desgl. fol. 1 f.).

77 [66] Instruktion KMs an Veit Fürst ddo 1510 August 5 Innsbruck (*Wien* HHSA, MaxAkt 15b/3, fol. 15 ff.; dazu auch fol. 4 ff.); vgl. den Entwurf einer Antwort der kaiserlichen Kanzlei an den Gesandten (Veit Fürst?) ddo 1510 Oktober—November (*Wien* HHSA, MaxAkt 16/1, fol. 50 f.); *Ulmann* II, 410 ff.; *Schaden*, Diss. 61 f.; *Stückler*, Diss. 21.

[67] Vollmacht KMs ddo 1510 August 16 Innsbruck (*Wien* HHSA, MaxAkt 15b/3, fol. 48ᵛ); *Du Mont* IV/1, 132, Nr. 62; *Lünig*, Codex Ita-

liae I, 145 ff., Nr. 30; Berichte und Aufträge KMs an Lang ddo 1510 September 6 Bludenz (*Wien* HHSA, MaxAkt 15b/4, fol. 10 f.); Villingen u. a. über Lang ddo 1510 September 5 Klösterle (*Wien* HHSA, MaxAkt 15b/3, fol. 1); *Ulmann* II, 409 ff.; *Ulmann*, KMs Absichten auf das Papsttum 55 ff.; *Wurstbauer*, Diss. 73 f., 75.

[68] Venezianischer Bericht aus Rom ddo 1510 August 16, 17 (*Sanuto* XI, 188 f.); KM an Lang ddo 1510 September 6 Bludenz (*Ulmann*, KMs Absichten auf das Papsttum 55 ff.).

[69] Venezianischer Bericht ddo 1510 August 25 Rom (*Sanuto* XI, 262): „L'imperador è una bestia, non vol admeter il signor Constantin (= Areniti)."

[70] Borgo an EMarg ddo 1510 August 24 Blois (*Godefroy*, Lettres I, 286 ff.); KM an EMarg ddo 1510 August 30, 31 (*Le Glay*, Correspondance I, 316 f., Nr. 238 und 318 ff., Nr. 240).

[71] Vgl. KM an EMarg ddo 1510 Oktober 7 (*Le Glay*, Correspondance I, 336 ff., Nr. 252).

[72] *Guicciardini* (ed. Forberger) 201; *Raynaldus*, Annales XX, 78; *Zurita* VI, fol. 237; *Pastor* III/2, 786; *Lehmann*, Pisaner Konzil 10; *Hefele-Hergenröther*, Conciliengeschichte VIII, 436; *Strasser*, Diss. 77 f.

[73] Burgundischer Bericht an EMarg ddo 1510 September 19 Tours (*Godefroy*, Lettres II, 32 f.); vgl. venezianische Berichte ddo 1510 April 12, 16, 17 Rom (*Sanuto* X, 163, 170 f.); *Guicciardini* (ed. Forberger) 200; *Zurita* VI, fol. 237; *Brosch*, Julius II, 208 f.; *Hefele-Hergenröther*, Conciliengeschichte VIII, 432 ff.; *Pastor* III/2, 782; *Ulmann* II, 414; *Jäger*, KMs Verhältnis zum Papsttum 414 ff.; *Frieß*, Diss. 113; *Wurstbauer*, Diss. 76 ff.

[74] Bericht der Gesandten Borgo und Mota an KM ddo 1510 September 10 Tours (*Wien* HHSA, MaxAkt 15b/3, fol. 23 ff.); burgundischer Bericht an EMarg ddo 1510 Oktober 1 Amboise (*Godefroy*, Lettres II, 38 ff.); *Jäger*, KMs Verhältnis zum Papsttum 413 f.; *Stückler*, Diss. 26.

[75] *Hefele-Hergenröther*, Conciliengeschichte VIII, 448; *Pastor* III/2, 804 f.; *Ulmann* II, 415 f.; *Berger*, Krieg Maximilians I, 39 ff.; *Ulmann*, KMs Absichten auf das Papsttum 15 f.; *Doussinague*, Cisma 124; Instruktion für Spiegel zu Wimpfeling ddo 1510 September 18 Überlingen (*Knepper*, Wimpfeling 365 ff.).

[76] Genauen Bericht über die Verhandlungen von Blois gibt Borgo an EMarg ddo 1510 Oktober 16 und 18 Blois (*Godefroy*, Lettres II, 64 ff., 76 ff.); Vorschläge Langs an KF ddo 1510 Oktober—November Blois (*Wien* HHSA, MaxAkt 16/1, fol. 52 f.); Berichte des Borgo an EMarg ddo 1510 Oktober 9, 15, 16 Blois (*Godefroy*, Lettres II, 52 ff., 60 ff., 65 ff.); dazu *Le Glay*, Négociations I, 363 f.; *Huber*, Geschichte Österreichs III, 389; *Ulmann* II, 418 f.

[77] *Lünig*, Reichs-Archiv, Pars spec., Continuatio I, 136 ff., Nr. 60; *Du Mont* IV/1, 132 f.; *Strasser*, Diss. 76; *Schodl*, Diss. 114 f.; *Wurstbauer*, Diss. 77 ff.

[78] KM an Lang ddo 1510 November 5, 9 Breisach und November 19 Ensisheim (*Wien* HHSA, MaxAkt 16/2, fol. 5 ff., 17 ff., 37 ff.); *Schodl*, Diss. 114; *Strasser*, Diss. 77.

[79] *Sanuto* XI, 619.

[80] Undatierter Brief KMs an EMarg ddo 1510 (?) bei *Le Glay*, Correspondance I, 392 f., Nr. 300: „... j'e au ceur la matère de mon honneur en la guerre et la perplexité dont je suys ..."

80   [81] Burgundischer Bericht an EMarg ddo 1510 Oktober 19 Blois (*Godefroy*, Lettres II, 76 ff.): hier S. 78: „... l'Emperisse est toute etticque tresfort malade tellement que l'on doubte de la vie"; Bericht KMs an EMarg ddo 1510 Dezember 31 Freiburg (*Le Glay*, Correspondance I, 367 f., Nr. 277): bittet um „Ferndiagnose" burgundischer Ärzte; KM an EMarg ddo 1510 Januar 3 Freiburg (*Le Glay*, Correspondance I, 466 f., Nr. 351 und 481 f., Nr. 361); KM an Grf v. Zollern ddo 1511 Januar 6 Freiburg (*Innsbruck* TLA, MaxAkt XIV, fol. 7); *Brandis*, Landeshauptleute von Tirol 411.

[82] *Sanuto* XVI, 181 und XVIII, 81.

[83] Bericht des Borgo an EMarg ddo 1510 Dezember 21 Blois (*Godefroy*, Lettres II, 81 ff.); venezianischer Bericht ddo 1511 Januar 15 (*Sanuto* XI, 745).

[84] Bericht Borgos an EMarg ddo 1511 Januar 4, 5 Blois (*Godefroy*, Lettres II, 87 ff.); *Pastor* III/2, 793; *Cardo* 19; *Schaden*, Diss. 63 f.

[85] Beschwerde des Grand Maîstre bei KM ddo 1511 Februar 3 Gonzaga (*Godefroy*, Lettres II, 101 ff.); Julius II. an Modena ddo 1511 Januar 29 Mirandola (*Wien* HHSA, MaxAkt 17/1, fol. 74); dazu *Godefroy*, Lettres II, 98 f.; die Stadt Modena an KM ddo 1511 Februar 8 (*Wien* HHSA, MaxAkt 17/2, fol. 150 ff.); venezianischer Bericht ddo 1511 Januar 31 Mirandola (*Sanuto* XI, 785 f.); *Ulmann* II, 424 f.; *Wolff*, Untersuchungen 48; *Strasser, Diss.* 29 ff.

[86] Bericht des V. Fürst an KM ddo 1511 Februar 11 Bologna (*Wien* HHSA, MaxAkt 17/2, fol. 93 ff.); Brief KMs an Modena ddo 1511 April 12 Gengenbach (*Wien* HHSA, MaxAkt 18/1, fol. 26).

[87] KMs Mandat ddo 1511 Februar 21 (*Harpprecht* III, 262 f.).

[88] KM an EMarg ddo 1510 Dezember 31 Freiburg (*Le Glay*, Correspondance II, 262 ff., Nr. 275).

81   [89] Vgl. Brief Sernteins an M. Wolkenstein ddo 1511 Januar 8 Innsbruck (*Innsbruck* TLA, MaxAkt XIII/256/VII, fol. 4 ff.).

[90] Ludwig XII. an KM ddo 1511 Januar 14 Blois (*Wien* HHSA, MaxAkt 15a/1, fol. 23 ff.); *Guicciardini* (ed. Forberger) 209 f.; *Strasser*, Diss. 33 ff.

[91] Bericht des Gattinara an KM ddo 1511 Februar 3 Sevilla (*Wien* HHSA, MaxAkt 17/2, fol. 6 ff.; dazu auch fol. 69 ff., 93 ff., 153 f.); *Ulmann* II, 422.

[92] Venezianischer Bericht ddo 1511 Januar 15 (*Sanuto* XI, 745): Der Papst sagte: „Non voglio, che questi barbari usurpa Italia; li voglio scazar a ogni modo ..."; KM an EMarg ddo 1511 März 23 (*Le Glay*, Correspondance II, 378 ff., Nr. 2): hier S. 378: KM meint: „... cumme le roy d'Aragon a volu enchasser le roy de France et moy hors d'Italy ..."

[93] Gattinara an KM ddo 1511 Februar 20 Sevilla (*Wien* HHSA, MaxAkt 17/2, fol. 128); *Strasser*, Diss. 38 f.

[94] Bericht des Borgo an EMarg ddo 1511 März 23 Bourges (*Le Glay*, Négociations I, 386 ff.); *Ulmann* II, 425 f.; *Strasser*, Diss. 39; *Schaden*,

Diss. 64 f.; *Frieß*, Diss. 130; *Wurstbauer*, Diss. 81 ff.; *Miklautsch*, Diss. 40 ff.

⁹⁵ Dies ist auch die Meinung des französischen Gesandten; vgl. dessen 82 Brief an Ludwig XII. ddo 1511 Mai 5 Piacenza (*Godefroy*, Lettres II, 215 ff.); Lang an Liechtenstein ddo 1511 April 8 Modena (*Innsbruck* TLA, MaxAkt XIII/393, fol. 180).

⁹⁶ Bericht des päpstlichen Zeremonienmeisters *Grassis* ddo 1511 März 30 Bologna (ed. Frati) 260: erwähnt, daß Lang vom Papst heimlich zum Kardinal kreiert worden sei: „... secrete Cardinalis creatus...“; desgl. *Grassis* (ed. Frati) 262 f. (ausführliche Beschreibung des Einzuges); A. Grassis an KM ddo 1511 April 14 Bologna (*Wien* HHSA, MaxAkt 18/1, fol. 38 f.); Bericht Langs an den französischen Gesandten ddo 1511 April 11 Bologna (*Godefroy*, Lettres II, 139 ff.); venezianische Berichte ddo 1511 April 16, 21 (*Sanuto* XII, 117 f., 123 f.); *Guicciardini* (ed. Forberger) 269; *Lehmann*, Pisaner Konzil 12.

⁹⁷ Venezianischer Bericht ddo 1511 Mai 24 (*Brewer* I, 249 f., Nr. 1681): erwähnt irrtümlich 100.000 Gulden jährlich, was völlig unmöglich ist; *Strasser*, Diss. 42.

⁹⁸ Bericht Liechtensteins an Serntein ddo 1511 April 10 Bozen (*Innsbruck* TLA, MaxAkt XIII/393, fol. 181); undatierter Bericht des Borgo ddo ca. 1511 April (*Godefroy*, Lettres II, 106 ff.): hier S. 107: „... mais du tout ... Gurce n'a tenu compte regardant au bien et honneur de l'Empereur...“; Darstellung der Vorgänge und der Person des Papstes in der Instruktion KMs ddo 1511 Juli 27 Bozen (*Ankwicz*, Cuspinians Briefwechsel 192 ff., Nr. 1).

⁹⁹ Venezianischer Bericht ddo 1511 April 18 und Mai 13 (*Sanuto* XII, 122 ff., 127 ff., 176); *Godefroy*, Lettres II, 113 f. (= französischer Bericht); *Hefele-Hergenröther*, Conciliengeschichte VIII, 429; *Ulmann* II, 426; *Kretschmayr* II, 437; *Schaden*, Diss. 65, 67 f.; *Frieß*, Diss. 132 ff.; *Wurstbauer*, Diss. 84 ff.; *Stückler*, Diss. 34 ff.

¹⁰⁰ *Grassis* (ed. Frati) 262 ff.; *Sanuto* XII, 139: „... è più duro che mai 83 in acordarsi...“

¹⁰¹ *Grassis* (ed. Döllinger) 404; Bericht des Lang ddo 1511 April 17 Bologna (*Godefroy*, Lettres II, 163 f.); *Pastor* III/2, 796; *Hefele-Hergenröther*, Conciliengeschichte VIII, 429; *Brosch*, Julius II, 220 f.

¹⁰² Bericht des Borgo an EMarg ddo 1511 April 4 Moulins (*Le Glay*, Négociations I, 389 ff.): hier Nr. 115: Lang schreibt, er wolle den Kardinalshut nicht annehmen, die gründlichste Friedensvorbereitung sei die schnellste Vorbereitung des Krieges; Lang an den französischen Gesandten ddo 1511 April 6, 7 Modena (*Godefroy*, Lettres II, 136 ff.).

¹⁰³ Ausführlicher Bericht des Lang an KM ddo 1511 Mai 18 Trient (*Wien* HHSA, MaxAkt 18/2, fol. 96 f.); *Ulmann* II, 427; *Pastor* III/2, 795 f.; *Lehmann*, Pisaner Konzil 12; *Brosch*, Julius II., 219 f.

¹⁰⁴ Ausführlicher Bericht Borgos an KM ddo 1511 April 12 Lyon (*Godefroy*, Lettres II, 146 f.).

¹⁰⁵ Bericht des Lang an den französischen Gesandten ddo 1511 April 14 und 16 Bologna (*Godefroy*, Lettres II, 153 f., 159 f.).

¹⁰⁶ Bericht des Borgo an EMarg ddo 1511 April 30 (*Le Glay*, Négociations I, 394 ff., Nr. 116); undatierter Sammelbericht der geheimen

Briefe Langs ddo 1511 April ca. (*Godefroy*, Lettres II, 106 ff.); *Ulmann*
II, 427 f.; *Jäger*, KMs Verhältnis zum Pasttum 418 ff.; *Wurstbauer*,
Diss. 86.

[107] Venezianischer Bericht ddo 1511 April 27 Bologna (*Sanuto* XII,
147 ff., 158); *Brosch*, Julius II., 220; *Frieß*, Diss. 136.

84 [108] Liechtenstein an Serntein ddo 1511 März 22 Ulm (*Innsbruck* TLA,
MaxAkt I/44/20, fol. 12); über Liechtensteins Bemühungen um einen
Frieden mit Venedig vgl. den venezianischen Bericht ddo 1511 Juni 14
Venedig (*Sanuto* XII, 240).

[109] Brief Langs ddo 1511 April 16 Bologna (*Godefroy*, Lettres II,
160 ff.).

[110] Lang an KM ddo 1511 Mai 16, 18 (*Wien* HHSA, MaxAkt 18/2,
fol. 81 f., 92, 95 ff.); *Ulmann* II, 429 f.; *Strasser*, Diss. 44; *Schaden*,
Diss. 74 f.

[111] *Guicciardini* (ed. Forberger) 216; *Hefele-Hergenröther*, Conciliengeschichte VIII, 437 f.; *Lehmann*, Pisaner-Konzil 12 f.

[112] Bericht des Trivulzio ddo 1511 Mai 22 (*Godefroy*, Lettres II, 233 ff.);
Bericht des Borgo an EMarg ddo 1511 Mai 31 Grenoble (*Godefroy*,
Lettres II, 247 ff.); Bericht des Lud. Gonzaga u. a. an KM ddo 1511
Mai 25 Verona (*Wien* HHSA, MaxAkt 18/2, fol. 108 ff.); *Grassis* (ed.
Frati) 275 ff.; burgundischer Bericht an EMarg ddo 1511 Mai 26 Fayence
(*Godefroy*, Lettres II, 243 ff.); *Guicciardini* (ed. Forberger) 212 ff.;
Ulmann II, 430 f.; *Wolff*, Untersuchungen 49; *Havemann* 363; *Strasser*,
Diss. 49 f.; *Simon*, Frankreich, Diss. 127.

85 [113] Großer Bericht des Borgo an KM ddo (1511) Juni 22 Grenoble
(*Chmel*, Urkunden 474 ff., Nr. 316); Borgo an EMarg ddo 1511 Juli
Grenoble (*Le Glay*, Négociations I, 398 ff., Nr. 118).

[114] Beschwerde des Trivulzio bei KM ddo 1511 Mai Castelfranco
(*Chmel*, Urkunden 469 ff., Nr. 315); Hauptleute und Räte berichten an
KM ddo 1511 Juni 2 Verona (*Wien* HHSA, MaxAkt 18/3, fol. 4 f.);
Ulmann II, 431; *Strasser*, Diss. 50 f.

[115] Lud. Gonzaga an KM ddo 1511 Mai 25 Verona und V. Fürst an
KM ddo 1511 Mai 22 Modena (*Wien* HHSA, MaxAkt 18/2, fol. 103 ff.,
108 ff.).

[116] Vgl. die Berichte der Hauptleute und Räte in Verona an KM ddo
1511 Juni 2, 7, 8 (*Wien* HHSA, MaxAkt 18/3, fol. 4 f., 8 f., 10).

[117] *Ulmann* II, 561 f.; *Diederichs* 113 f., Nr. 71, 73; *Berger*, Krieg Maximilians II, 41 ff.

[118] *Pölnitz*, Fugger I, 260.

[119] *Jäger*, Landständische Verfassung II/2, 460 ff., 468; *Brandis*, Landeshauptleute von Tirol 411 ff.; *Huber*, Geschichte Österreichs III, 462;
Stolz, Wehrverfassung in Tirol 63 ff., 205 ff.

86 [120] KM an EMarg ddo 1511 Juni 10 Rattenberg (*Le Glay*, Correspondance I, 406 ff., Nr. 310).

[121] KM an die Volkspartei von Venedig ddo 1511 Juni 20 Innsbruck
(*Innsbruck* TLA, MaxAkt I/44/20, fol. 20); *Albéri*, Relazioni VI, 66;
Brandis, Landeshauptleute von Tirol 422 f. (datiert auf 1. August);
Diederichs 114, Nr. 77; *Schaden*, Diss. 68.

528

¹²² Vollmachtsbrief KMs ddo 1511 Juli 10 Innsbruck (*Wien* HHSA, MaxAkt 18/3, fol. 87); KM an die Hauptleute von Verona ddo 1511 Juli 20 Innsbruck (*Wien* HHSA, MaxAkt 19a/1, fol. 66); *Schaden,* Diss. 69 f.

¹²³ Bericht des Jörg von Liechtenstein u. a. an KM ddo 1511 August 1 Verona (*Innsbruck* TLA, MaxAkt I/44/20, fol. 34 f.); Bericht des Borgo an EMarg ddo 1511 August 7 Valence (*Godefroy,* Lettres III, 5 ff., 9 ff.); *Ulmann* II, 432; *Wolff,* Untersuchungen 52 ff.; *Strasser,* Diss. 93 f.; *Schaden,* Diss. 70 f.; *Simon,* Frankreich, Diss. 128.

¹²⁴ Bericht des Gattinara ddo 1511 Juli 7 Innsbruck (*Le Glay,* Négociations I, 416 ff., Nr. 122).

¹²⁵ Innsbrucker Regiment an KM ddo 1511 August 3 Innsbruck (*Innsbruck* TLA, MaxAkt I/44/20, fol. 39); Mandat KMs ddo 1511 August 19 Persen (*Innsbruck* TLA, MaxAkt XIV/1511, fol. 202 f.); Mandate KMs ddo 1511 August 23—25 Pergine (*Innsbruck* TLA, MaxAkt I/44/20, fol. 78, 83, 89).

¹²⁶ Auf Grund der Maximilian-Regesten genauer dargestellt bei *Strasser,* Diss. 102 ff. 87

¹²⁷ Bericht des Giovanni Gonzaga an KM ddo 1511 August 13 Vicenza (*Innsbruck* TLA, MaxAkt I/44/20, fol. 56); Bericht des Borgo an EMarg ddo 1511 August 12 Valence (*Le Glay,* Négociations I, 427 ff., Nr. 127); *Strasser,* Diss. 94.

¹²⁸ Bericht des La Palice an KF ddo 1511 August 12 Longara (*Godefroy,* Lettres III, 13 ff.).

¹²⁹ Bericht des Hans von Weineck ddo 1511 August 29 Verona (*Innsbruck* TLA, MaxAkt I/44/20, fol. 204); Bericht des La Palice an KF ddo 1511 September 16 Nervesa a. Piave (*Godefroy,* Lettres III, 28 f.); *Wolff,* Untersuchungen 54; *Ulmann* II, 432; *Strasser,* Diss. 94 f.

¹³⁰ Mandat KMs ddo 1511 August 11—28 Persen (*Brandis,* Landeshauptleute von Tirol 423); *Jäger,* Landständische Verfassung II/2, 469.

¹³¹ Bericht des Bischofs Rauber, des Jörg von Liechtenstein u. a. an KM ddo 1511 September 16 Nervesa a. Piave (*Godefroy,* Lettres III, 28 ff.); HHSA, MaxAkt 19a/3, fol. 71 f., 95 f.); *Chmel,* Urkunden 332 ff., Nr. 240; *Guicciardini* (ed. Forberger) 217; *Wiesflecker,* Denkschrift 33, Anm. 91; *Havemann* 371 ff.; *Wolff,* Untersuchungen 54; *Strasser,* Diss. 96 f.; *Schaden,* Diss. 71.

¹³² Diese Meinung vertritt der gut informierte Borgo (*Godefroy,* Lettres III, 168 ff.).

¹³³ KM an den Frankfurter Rat ddo 1511 August 12 Pergine (*Janssen,* Reichscorrespondenz II, 840, Nr. 1062).

¹³⁴ Bericht des La Palice an KF ddo 1511 Oktober 2 am Ufer der Piave (*Godefroy,* Lettres III, 61 ff.); *Ulmann* II, 432 f.; *Wolff,* Untersuchungen 54 f.; *Wiesflecker,* Denkschrift 34; *Strasser,* Diss. 100; dazu auch *Schaden,* Diss. 72 f.

¹³⁵ *Dierauer* II, 487 ff.; *Wolff,* Untersuchungen 54 ff. 88

¹³⁶ Burgundischer Bericht an EMarg ddo 1511 Dezember 23 Blois (*Le Glay,* Négociations I, 472 ff., Nr. 142); *Strasser,* Diss. 100; *Wiesflecker,* Denkschrift 30 f.

137 KM an Hg Ulrich von Württemberg ddo 1511 Oktober 10 Toblach (*Sattler*, Geschichte Württembergs I, 124, Nr. 54); *Ulmann* II, 438 (datiert auf 1511 August); *Strasser*, Diss. 119; *Schaden*, Diss. 77.

138 M. Wolkenstein an Serntein ddo 1511 November 2 Lienz (*Innsbruck* TLA, MaxAkt XIII/256/VII, fol. 196 f.); Serntein an Liechtenstein ddo 1511 November 28 Innsbruck (*Innsbruck* TLA, MaxAkt XIV/1511, fol. 341 ff.); *Strasser*, Diss. 107.

139 Friedensvorschläge des Papstes ddo 1511 August (*Godefroy*, Lettres III, 2 ff.); Bericht des Borgo an EMarg ddo 1511 August 7 Valence (*Godefroy*, Lettres III, 5 ff.); desgl. August 26 Lyon (*Le Glay*, Négociations I, 431 ff., Nr. 128); Bericht des Borgo ddo 1511 September 24 Blois (*Le Glay*, Négociations I, 437 ff., Nr. 132); Bericht des Borgo ddo 1511 August 29 Lyon (*Godefroy*, Lettres II, 19 ff.): Der Gesandte berichtet, hier S. 23: „... du Roy (KF) comme il s'est parforcé cest yver de faire le tout pour saulver les Venitiens ..."

140 Undatierte Briefe EMargs an KM ddo 1511 September ca. (*Le Glay*, Correspondance I, 421 f., Nr. 321 und 426 ff., Nr. 323).

141 *Strasser*, Diss. 107 ff. (dort Einzelheiten und Quellen).

142 KM an Bischof Georg von Trient ddo 1511 November 12 Innsbruck (*Wien* HHSA, MaxAkt 19b/2, fol. 61 f.); desgl. 1511 November 27 Drauburg (*Innsbruck* TLA, MaxAkt I/44/20, fol. 193 f.); *Schaden*, Diss. 73 f.

143 Berichte KMs an EMarg ddo 1511 Dezember 27 Linz und Dezember 29 Gmunden (*Le Glay*, Correspondance I, 464 ff., Nr. 349 und 350); *Wolff*, Untersuchungen 57; *Schaden*, Diss. 73 f.; *Rom*, Diss. 20 ff.

144 Serntein an KM ddo 1511 Dezember 14 Innsbruck (*Innsbruck* TLA, MaxAkt I/44/20, fol. 200 f.); vgl. dazu die Akten ddo 1512 Januar 5 bis 26 (*Innsbruck* TLA, MaxAkt I/44/20, fol. 25 f., und MaxAkt XIII/256/VIII, fol. 5 f., 7, und *Wien* HHSA, MaxAkt 20/1, fol. 10 f., 79 f.).

145 Bericht aus Verona an KM ddo 1511 Dezember 20 Verona (*Innsbruck* TLA, MaxAkt I/44/20, fol. 213).

146 Brief KMs an EMarg ddo 1511 Dezember 25 Linz (*Le Glay*, Correspondance I, 463 f., Nr. 348); venezianische Berichte über Friedensverhandlungen ddo 1512 Januar 14 Venedig (*Sanuto* XIII, 391 f.).

147 So urteilt der kaiserliche Gesandte Borgo ddo 1511 September 17 Blois (*Godefroy*, Lettres III, 30 ff.): „... pour la paix ... quel malheur c'est, nous en ont tres grand desir et grand necessité et ne se peult trouver moyen de la faire ..."

148 Vgl. Anm. 121.

3. Der Kirchenkampf gegen Julius II. Schisma von Pisa. Maximilians Kaiser-Papst-Plan von 1511

90 1 Lang an KM ddo 1511 Mai 16 Riva (*Wien* HHSA, MaxAkt 18/2, fol. 81); *Schaden*, Diss. 74 f.

2 Für den Kirchenkampf gegen Julius II., die schismatische Synode von Pisa und das Laterankonzil ist vor allem die eingehende spanische Arbeit

von *Doussinague* (Cisma) mit ihrem Quellenanhang heranzuziehen; daneben die älteren Arbeiten von *Pastor, Hefele-Hergenröther, Lehmann, Brosch* und *Ulmann* (Maximilian); ebenso die Dissertationen von *Frieß* und *Strasser*, die vereinzelt neue Materialien aus den Maximilian-Regesten beizutragen vermochten. Maximilians Kaiser-Papst-Pläne sind speziell von *Jäger, Ulmann, Schulte, Pastor* und zuletzt von *Wiesflecker* behandelt worden, der den bis dahin fraglichen Brief des Kaisers (ddo 1511 September 16 Brixen) an Paul von Liechtenstein aus einer neu-aufgefundenen Quelle endgültig verifizieren konnte. Das Problem ist neuerdings auch in den Dissertationen von *Frieß* und *Strasser* eingehend behandelt. Für den großen Kirchenkampf ergiebig sind vor allem die großen französischen Akten- und Briefeditionen von *Le Glay* (Correspondance und Négociations), außerdem die oft interessanten Berichte bei *Godefroy* (Lettres); wie stets die spanischen Berichte bei *Zurita* und die venezianischen bei *Sanuto*. Unter den zeitgenössischen Geschichtsschreibern haben einiges zu bieten vor allem *Guicciardini*, weniger *Jovius; Bembo* dagegen so gut wie nichts. *Trithemius* berichtet von einer Anfrage des Kaisers in der Konzilssache.

³ Nikolaus de Neuhaus an KM ddo 1511 Oktober 4 Trient (*Innsbruck* TLA, MaxAkt I/44/20, fol. 144); Ausschreiben der schismatischen Kardinäle ddo 1511 Mai 23 Mailand bei *Godefroy*, Lettres II, 235 f.; über das Konzil von Pisa vgl. die große spanische Arbeit von *Doussinague*, Cisma; dazu auch *Hefele-Hergenröther*, Conciliengeschichte VIII, 436 ff., 484 ff.; *Pastor* III/2, 800 ff.; *Ulmann* II, 434 ff.; *Lehmann*, Pisaner Konzil passim; *Jäger*, KMs Verhältnis zum Papsttum 420; *Strasser*, Diss. 74 ff.; *Schaden*, Diss. 74 ff.

⁴ *Trithemius*, Annales Hirsaug. 669 ff.

⁵ Ablehnung Heinrichs VIII. an KM ddo 1511 Juli bei *Godefroy*, Lettres II, 305 ff.; Warnung EMargs an KM ddo 1511 September ca. (*Le Glay*, Correspondance I, 421 f., Nr. 321).

⁶ Ausführlicher Bericht der kaiserlichen Gesandten an KM über die Einstellung Kg Ferdinands ddo 1511 Juli 31 Valladolid bei *Godefroy*, Lettres II, 291 ff.; vgl. auch *Le Glay*, Correspondance I, 422; *Jäger*, KMs Verhältnis zum Papsttum 206.

⁷ Venezianische Berichte bei *Sanuto* XII, 304, 321 f., 330, 362, 371; *Guicciardini* (ed. Rosini) II, 192 f. und (ed. Forberger) 216; *Pastor* III/2, 811 f.; *Ulmann* II, 435; *Wolff*, Untersuchungen 51; *Fueter*, Staatensystem 275 f.

⁸ Bericht des Borgo an EMarg ddo 1511 Juni 23 Grenoble bei *Godefroy*, Lettres II, 272 ff., 275: KM rät dem KF, die Konzilsangelegenheiten auf gute Art zu verfolgen; EMarg warnt KM vor Unterstützung des Konzils ddo 1511 September (*Le Glay*, Correspondance I, 421 f., Nr. 321); *Hefele-Hergenröther*, Conciliengeschichte VIII, 486; *Jäger*, KMs Verhältnis zum Papsttum 420 ff.; *Brosch*, Julius II., 236; *Schulte*, Kandidat 63 f. 91

⁹ Bericht des Gattinara ddo 1511 Juli 7 Innsbruck (*Le Glay*, Négociations I, 416 ff., Nr. 122).

¹⁰ Siehe *Wiesflecker*, Maximilian III, 370; *Ulmann*, KMs Absichten auf das Papsttum passim.

[11] *Wiesflecker*, Kaiser-Papst-Plan 315; *Nägle* 288; *Ulmann*, KMs Absichten auf das Papsttum passim; *Schulte*, Kandidat 4 ff.; *Jäger*, KMs Verhältnis zum Papsttum 196 ff., 422 ff.; *Pastor* III/2, 822 ff.; *Hefele-Hergenröther*, Conciliengeschichte VIII, 459 f.; *Huber*, Geschichte Österreichs III, 394.

[12] KM an Kg Ferdinand ddo 1511 August 25 Pergine (*Doussinague*, Cisma 477, Nr. 21); *Coccinius* (ed. Freher-Struve) 547; KM an Kg Ferdinand ddo 1511 September 1 Trient (*Wien* HHSA, MaxAkt 19a/3, fol. 10 f.), gedr. bei *Schulte*, Kandidat 29 f.; *Ulmann*, KMs Absichten auf das Papsttum 21; *Wiesflecker*, Kaiser-Papst-Plan 323; *Schulte*, Kandidat 44 ff.; *Frieß*, Diss. 169 ff.

[13] 4 lateinische Kredenzbriefe KMs an Kardinäle, Konservatoren, Senatoren und Volk von Rom ddo 1511 August 29, 30 (*Wien* HHSA, MaxAkt 19a/2, fol. 148, 149, 150, 151); dazu *Schulte*, Kandidat 35.

92   [14] Brief des spanischen Gesandten Pedro de Urrea an Kg Ferdinand ddo 1511 September 11 (*Doussinague*, Cisma 485, Nr. 23).

[15] Editionen dieses Briefes von 1511 September 16 Brixen bei *Wiesflecker*, Kaiser-Papst-Plan 329; hier ist auch die Echtheit dieses wichtigen Briefes auf Grund einer neuen, bisher unbekannten Überlieferung nachgewiesen; *Schulte*, Kandidat 13 ff.; *Pastor* III/2, 823 ff.; *Schulte*, Fugger in Rom I, 54.

[16] *Doussinague*, Cisma 482, Nr. 22; *Hefele-Hergenröther*, Conciliengeschichte VIII, 452; über damalige Zusammensetzung und Stimmung des Kardinalskollegiums vgl. *Schulte*, Kandidat 73 ff.; *Frieß*, Diss. 162 f.

93   [17] *Wiesflecker*, Kaiser-Papst-Plan 318; nach *Ulmann* (KMs Absichten auf das Papsttum) war es vorzüglich die Absicht des Kaisers, den Kirchenstaat zu erobern, was gewiß auch, aber doch weniger zutrifft.

[18] Brief ddo 1511 September 18 (*Le Glay*, Correspondance II, 37 ff., Nr. 411); desgl. *Pastor* III/2, 822 f.; dazu auch *Wiesflecker*, Kaiser-Papst-Plan 318 f.

[19] Eine solche Version kennt auch der gut informierte *Zurita* VI, fol. 255; *Schulte*, Kandidat 38 f., 78 f.; *Frieß*, Diss. 164.

[20] Bericht des Kardinals Gonzaga ddo 1511 Oktober 2 Macerata (Teiled. bei *Pastor* III/2, 1137): der Papst bedroht die Kardinäle San Severino etc. mit dem Entzug ihrer Würde: „... et questo faceva per essersi inteso, che havevano proposto allo Imperatore de farlo papa, cosa non mai vista et inaudita ...“; *Schulte*, Kandidat 70 f.; *Pastor* III/2, 822 ff., 1136 ff.

[21] *Schulte*, Kandidat 78 f.; vgl. einen von den Venezianern abgefangenen Brief des KF an KM, der am 21. September 1511 in Venedig verlesen wurde (*Sanuto* XII, 559): „... re di Franza ... a l'imperadore ... persuade andar a Roma et privar il Papa ...“

[22] Bericht Borgos an KM vom französischen Hof ddo 1511 August 18 Baugency (bei *Le Glay*, Négociations II, 439 ff., Nr. 133); *Wurstbauer*, Diss. 88 f., geht auf die Rolle Langs beim Kaiser-Papst-Plan nicht näher ein.

94   [23] Brief des Kardinals Wolsey an den Bf von Winchester ddo 1511 September 30 (*Brewer* I, 420, Nr. 3443); *Nägle* 284; *Jäger*, KMs Ver-

hältnis zum Papsttum 196 ff., 206 ff., 421 ff.; *Gebhardt*, Adrian 23; *Schulte*, Kandidat 48 f.; *Frieß*, Diss. 166 f.

[24] *Zurita* VI, fol. 255.

[25] *Zurita* VI, fol. 255: „. . . para que el Rey de Francia no se apoderasse de todo."

[26] *Zurita* VI, fol. 255v: „. . . que el de Gursa tuuiesse el capelo . . . estando en aquel consistorio, podria servirle mucho en la sucession que desseaua del Summo Pontificado."

[27] *Brosch*, Julius II., 144; *Ulmann*, KMs Absichten auf das Papsttum 44; *Frieß*, Diss. 170.

[28] Brief EMargs an KM ddo 1511 Oktober ca. *Godefroy*, Lettres III, 85 ff.   95

[29] Bericht des Borgo an EMarg ddo 1511 Oktober 15 Baugency (*Le Glay*, Négociations I, 439 ff., Nr. 133; *Zurita* VI, 257 f.; *Doussinague*, Cisma 206 ff.; *Schulte*, Kandidat 61 ff., 65 f.; *Wiesflecker*, Kaiser-Papst-Plan 325; *Frieß*, Diss. 174 ff. (dort Einzelheiten); *Guicciardini* (ed. Rosini) II, 208 ff. und (ed. Forberger) 218 f.; *Schulte*, Kandidat 60 f.; *Ulmann*, KMs Absichten auf das Papsttum 39 ff.; *Pastor* III/2, 828; *Simon*, Frankreich Diss. 135; *Brosch*, Julius II., 234.

[30] Venezianischer Bericht ddo 1511 Oktober 23 (*Sanuto* XIII, 158, 162): KM sagte, dieser Kardinal „era uno grande traditor"; *Desjardins*, Négociations II, 534 f.; *Ulmann*, KMs Absichten auf das Papsttum 40; *Schulte*, Kandidat 65.

[31] *Doussinague*, Cisma 206 ff.; *Schulte*, Kandidat 67 f.

[32] Bericht des Borgo an EMarg ddo 1511 Oktober 15 Baugency (*Le Glay*, Négociations I, 439 ff., Nr. 133).

[33] Burgundische Berichte vom französischen Hof ddo 1511 Dezember 29   96
Blois (*Le Glay*, Négociations I, 475 ff., 478 f.; desgl. *Godefroy*, Lettres III, 103 ff.); Vollmacht KMs für Friedensverhandlungen mit Venedig ddo 1511 Oktober 28 Sterzing (*Wien* HHSA, MaxAkt 19b/1 fol. 134 ff.); *Doussinague*, Cisma 199, 252 f. und 499, Nr. 29; *Frieß*, Diss. 178, 182 ff. (dort Quellen und Einzelheiten).

[34] *Zurita* VI, fol. 260; *Doussinague*, Cisma 210; *Böhm*, Maximilian 17; *Ulmann*, KMs Absichten auf das Papsttum; *Frieß*, Diss. 179 f.

[35] Brief KMs an EMarg ddo 1511 November 18 Innsbruck (*Le Glay*, Correspondance I, 446 ff., Nr. 336): „. . . que ayons quelque bonne paix et fin en noz affaires d'Ytalie . . ."

[36] *Zurita* VI, fol. 261: „. . . y siempre que passase à Italia (der Papst), le daria la Corona del Imperio . . ."

[37] Bericht des Borgo an EMarg ddo 1511 Oktober 20 Baugency (*Le Glay*, Négociations I, 443 ff., Nr. 134); Bericht des spanischen Gesandten Urrea an KFerd ddo 1511 November 7 Innsbruck (*Doussinague*, Cisma 503, Nr. 33); *Zurita* VI, 263.

[38] Vgl. die Berichte des Jean le Veau an EMarg ddo 1511 Dezember 29 Blois—1512 März 5 Blois (*Le Glay*, Négociations I, 475 ff., Nr. 143, 145); *Schulte*, Kandidat 67 f.; *Frieß*, Diss. 180.

[39] *Doussinague*, Cisma 206 ff., 211 f.

[40] Vgl. *Wiesflecker*, Kaiser-Papst-Plan 326 ff.

4. Die Heilige Liga vom Oktober 1511. Vertreibung der Franzosen aus Italien. Der Kaiser tritt zur Heiligen Liga über

1 Vertragstext ddo 1511 Oktober 4 und 8 Rom (*Rom* VatA, AA, Arm. I—XVIII, Nr. 1443, fol. 149 ff.); gedr. bei *Godefroy*, Lettres III, 68 ff.; *Bergenroth* II, 54 ff., Nr. 56; *Brewer* I, 282, Nr. 1880; französischer Bericht ddo 1511 Oktober 1 Rom (*Godefroy*, Lettres III, 60 f.); Bericht des *De Grassis* (ed. Döllinger) 412; *Zurita* VI, 256 (datiert auf 4. Oktober); *Pastor* III/2, 638 f.; *Lavisse* V/1, 97; *Havemann* 376 (datiert auf 11. Oktober); *Prescott* II, 500; *Kretschmayr* II, 438; *Wolff*, Untersuchungen 54; *Ulmann* II, 441 f.; *Miklautsch*, Diss. 45 f.; I. *Rom*, Diss. 17 ff.; *Schaden*, Diss. 76 ff.

97 **2** Vgl. den sehr aufschlußreichen Bericht des Jean le Veau vom französischen Hof ddo 1512 Januar 12 Blois (*Godefroy*, Lettres III, 116 ff.): hier S. 119: „Si l'Empereur rompt ... que le Roy est en dangier de perdre ce qu'il a en Italie ...“

3 Burgundischer Bericht über KMs Vorschläge ddo 1512 Januar 23 Blois (*Godefroy*, Lettres III, 123 ff.); dazu auch *Zurita* VI, fol. 343 f.

4 KM an EMarg ddo 1511 Dezember 25 Linz (*Le Glay*, Correspondance I, 463 f., Nr. 348); KM an Serntein ddo 1512 Januar 1 Linz (*Innsbruck* TLA, MaxAkt I/44/20, fol. 2); Brief KMs an EMarg ddo 1512 Januar 19 Linz (*Le Glay*, Correspondance I, 472 ff., Nr. 355, 356); *Frieß*, Diss. 182 ff.

5 Venezianischer Bericht bei *Sanuto* XIII, 395 f.

98 **6** Punktation ddo 1512 Januar 21 (Rom) in *Rom* VatA, AA, Arm. I bis XVIII, Nr. 2613; *Ulmann* II, 444; *Frieß*, Diss. 184; I. *Rom*, Diss. 27 ff.; *Schaden*, Diss. 83 f.; *Miklautsch*, Diss. 50.

7 *Schaden*, Diss. 79 f. (dort Einzelheiten).

8 *Cuspinian*, Tagebuch (ed. Karajan) 404 (über venezianische Brandstiftungen in ganz Österreich).

9 Brief KMs an EMarg ddo 1512 Februar 7 Nürnberg (*Le Glay*, Correspondance I, 483 f., Nr. 363); Bericht des Borgo an EMarg ddo 1512 Februar 13—16 Innsbruck (*Godefroy*, Lettres III, 155 ff.); venezianischer Bericht aus Rom ddo 1512 März 3 (*Sanuto* XIV, 24 f.); über die englische Vermittlung handelt eingehend *Miklautsch*, Diss. 49 ff.

10 Kartenskizzen der Feldzüge finden sich als Beilage bei *Schaden*, Diss.

11 *Simon*, Frankreich Diss. 145 f.; *Frieß*, Diss. 187.

12 Berichte des V. Fürst an KM ddo 1512 Januar 8—20 Modena und des Somenza an KM ddo 1512 Januar 9 Mantua (*Wien* HHSA, MaxAkt 20/1, fol. 12 f., 21, 59); Bericht des L. Gonzaga an KM ddo 1512 Januar 26 Modena (*Innsbruck* TLA, MaxAkt I/44/20, fol. 33 f.); Bericht des Borgo ddo 1512 Februar 5 Innsbruck (*Godefroy*, Lettres III, 145 ff.); Bericht der venezianischen Gesandten ddo 1512 Januar 18—22 Rom (*Sanuto* XIII, 420); *Guicciardini* (ed. Rosini) II, 227 ff.; *Havemann* 388 f.; *Lavisse* V/1, 99; *Pastor* III/2, 838; *Wolff*, Untersuchungen 61 ff.; I. *Rom*, Diss. 31 ff.; *Schaden*, Diss. 81; *Frieß*, Diss. 185 ff.

13 Französische Nachrichten ddo 1512 Februar—März (*Godefroy*, Lettres III, 124 ff., 148 ff., 151 ff., 155, 160, 162 ff., 170, 185); Bericht des Neudegg an das Innsbrucker Regiment ddo 1512 Januar 30 Trient (*Innsbruck* TLA, MaxAkt I/44/20, fol. 35 f.); französischer Bericht ddo 1512 Februar 11 Blois (*Wien* HHSA, MaxAkt 20/2, fol. 38 f.); *Frieß*, Diss. 186.

[14] Bericht KMs an EMarg ddo 1512 Februar 22 Windsheim (*Le Glay*, Correspondance I, 486 ff., Nr. 366); *Guicciardini* (ed. Rosini) II, 230; *Wolff*, Untersuchungen 63 f.; *Frieß*, Diss. 185; *Schaden*, Diss. 81.

[15] KM berichtet darüber sogar in seiner Proposition an den Reichstag von Trier ddo 1512 April 16 Trier (*Janssen*, Reichscorrespondenz II, 844 ff.).

[16] Dieses Ereignis machte größtes Aufsehen. KMs Bericht im *Weißkunig* 99 (ed. Buchner) 438, Nr. 166; desgl. (ed. Schultz) 353; vgl. auch das Bild Nr. 192; dazu *Riedl*, Diss. 68; Bericht des Borgo an EMarg ddo 1512 Februar 13—16 Innsbruck (*Godefroy*, Lettres III, 156 ff.): hier S. 161: „... si Pater vester (= KM) haberet nunc exercitum mediocrem et Galli mediocriter iuvarent, haberemus omnia ..."; Bericht des *Sanuto* XIII, 512 ff.; florentinischer Bericht ddo 1512 Februar 23 (*Landucci* 207); burgundischer Bericht an EMarg ddo 1512 Februar 26 Blois (*Le Glay*, Négociations I, 479 ff., Nr. 144); Bericht Ludwigs XII. an EMarg ddo 1512 Februar 26 Blois (*Godefroy*, Lettres III, 178 f.); Berichte KMs an EMarg ddo 1512 Februar/März Windheim und Frankfurt (*Le Glay*, Correspondance I, 486 ff., Nr. 366 (Anm. 1, 369); *Kirchmair*, Denkwürdigkeiten 429; eine etwas unklare Nachricht bei *Spalatin*, Nachlaß 149 f.; *Lavisse* V/1, 101; *Havemann* 391 ff., 389; *Wolff*, Untersuchungen 64 f.; *Huber*, Geschichte Österreichs III, 395; *Leo*, Italien 242 f.; I. *Rom*, Diss. 33 f.; *Frieß*, Diss. 187; *Schaden*, Diss. 82.

[17] So urteilt der KF; vgl. einen burgundischen Bericht ddo 1512 Februar 26 Blois (*Godefroy*, Lettres III, 176 ff.).

[18] Bericht des Borgo an EMarg ddo 1512 Februar 5 Innsbruck (*Godefroy*, Lettres III, 145 ff.): hier S. 147: „Ego spero quod res Caesaris bene ibunt ... nisi nos hoc destruat, quod omnes sunt armati et totus mundus in combustione et nos nunc incipimus parare ..."; ähnlich Lang an KM ddo 1512 Februar 12 Innsbruck (*Wien* HHSA, MaxAkt 20/2, fol. 48 ff.).

[19] Venezianischer Bericht aus Rom ddo 1512 März 3 (*Sanuto* XIV, 24 f.).

[20] Bericht des Borgo an EMarg ddo 1512 April 27 Blois (*Godefroy*, Lettres III, 241 ff.).

[21] Berichte Neudeggs, des L. Gonzaga u. a. ddo 1512 April 13—15 100 (*Wien* HHSA, MaxAkt 20, fol. 38, 49, 129); französischer Bericht an EMarg ddo 1512 April 17 Blois (*Le Glay*, Négociations I, 495 f., Nr. 151); venezianischer Bericht ddo 1512 April 17 Chioggia (*Sanuto* XIV, 120 f.); KMs Bericht im *Weißkunig* (ed. Buchner) 438, Nr. 167; (ed. Schultz) 353; dazu die Bilder Nr. 193, 194; *Guicciardini* (ed. Forberger) 234 f.; *Jovius* (ed. Forberger) 79; *Coccinius* (ed. Freher-Struve) 562 ff.; *Kirchmair*, Denkwürdigkeiten 432; *Wolff*, Untersuchungen 71; *Havemann* 397 ff., 402 ff.; *Lavisse* V/1, 102 ff.; *Siedersleben*, passim; *Pastor* III/2, 840 ff.; *Kretschmayr* II, 439 f.; *Hefele-Hergenröther*, Conciliengeschichte VIII, 495; *Ranke*, Geschichten der rom. und germ.

Völker 275 ff.; I. *Rom*, Diss. 35 ff.; *Frieß*, Diss. 187 f.; *Simon*, Frankreich Diss. 146 ff.

[22] Venezianischer Bericht ddo 1512 April 15 Bologna (*Sanuto* XIV, 145 ff.).

[23] Die Angaben über die Gefallenen schwanken zwischen 11.000 und 23.000; Bericht des Carondelet an EMarg über die Toten und Gefangenen ddo 1512 April 19 Rom (*Godefroy*, Lettres III, 227 ff.); venezianischer Bericht ddo 1512 April 18 Vicenza (*Sanuto* XIV, 123 ff.).

[24] *Prescott* II, 528.

[25] *Pastor* III/2, 847 ff.; *Jäger*, KMs Verhältnis zum Papsttum 437.

[26] Venezianischer Bericht ddo 1512 Mai 21 Rom (*Sanuto* XIV, 232 f.): „... il Papa é piú constante che mai contra francesi."

101 [27] Bericht aus Rom ddo 1512 Mai 31 (*Sanuto* XIV, 265 ff.).

[28] Dies ist der Grundtenor einer Denkschrift, die KM über diese Vorgänge verfassen ließ; vgl. *Wiesflecker*, Denkschrift passim; ähnlich äußert sich KM im *Weißkunig* (ed. Schultz) 347, 353 und (ed. Buchner) Nr. 163, 168.

[29] Bericht Borgos ddo 1512 Mai 19 Blois (*Godefroy*, Lettres III, 250 ff.).

[30] Bericht des Borgo an EMarg ddo 1512 März 22 Blois (*Godefroy*, Lettres III, 201 ff.); hier S. 203: „... que pleust à Dieu que vous rompissiez la teste à Messire Charles de Gueldres ... et fut à repos de cette dyable de Gueldres ..."

[31] Berichte an EMarg ddo 1512 Februar 10 und 26 (*Godefroy*, Lettres III, 148 ff., 176 ff.; Bericht des *Trithemius*, Annales Hirsaug. 678; *Siedersleben* 49 f., nennt keine bestimmte Zahl; *Ulmann* II, 448; I. *Rom*, Diss. 38; *Frieß*, Diss. 189.

[32] Vertragstext ddo 1512 April 6 Rom (*Sanuto* XIV, 96 ff.); Text und Ratifikation auch bei *Godefroy*, Lettres III, 217 ff.; *Guicciardini* (ed. Forberger) 233; *Bembo* (ed. 1747) 630; venezianische Ratifikation ddo 1512 Juni 3 (*Sanuto* XIV, 276); *Romanin* V, 267; *Doussinague*, Cisma 276; *Ulmann* II, 444 f.; *Wolff*, Untersuchungen 66 f.; *Brosch*, Julius II., 249; *Hefele-Hergenröther*, Conciliengeschichte VIII, 494 (nennt den 9. April); *Frieß*, Diss. 184 f.; I. *Rom*, Diss. 29; *Schaden*, Diss. 84 f.; *Miklautsch*, Diss. 47 ff., 50, 52 ff.

[33] Bericht des Borgo an EMarg ddo 1512 Februar 13—16 Innsbruck (*Godefroy*, Lettres III, 156 ff.): Man darf den allgemeinen Frieden nicht aus den Augen lassen, denn sonst „... erit unum maximum bellum et diuturnum ...", was Gott verhüte (S. 161).

[34] Bericht des Borgo a. a. O. *Godefroy*, Lettres III, 155 ff. über die Haltung des Landtages von Sterzing.

[35] Bericht Borgos ddo 1512 April 4 Blois (*Le Glay*, Négociations I, 486 f., Nr. 147): „Una pax universalis pro omnibus ... securior res pro omnibus."

102 [36] Bericht des Borgo an EMarg ddo 1512 März 22 Blois (*Godefroy*, Lettres III, 200 ff.): hier S. 208: „... il (= KM) se veult copper ung bras et une jambe pour donner exemple à d'autres et faire une bonne paix universelle ..."

[37] Bericht KMs im *Weißkunig* (ed. Schultz) 335 und (ed. Buchner) Nr. 168; Antwort KMs an Ludwig XII. wegen des Durchzugs der Schweizer ddo 1512 Mai/Juni ca. (*Le Glay,* Négociations I, 505 f., Nr. 155); desgl. Bericht ddo 1512 Mai 27 und 31 Blois (*Godefroy,* Lettres III, 260 ff.); *Dierauer* II, 486; *Ulmann* II, 442 f.

[38] Venezianischer Bericht ddo 1512 Juni 13—14 Rom (*Sanuto* XIV, 401); Bericht Neudeggs an KM ddo 1512 Mai 22 Trient (*Wien* HHSA, MaxAkt 21a, fol. 79 f.); venezianischer Bericht ddo 1512 Mai 21 Vicenza (*Sanuto* IV, 236); *Anshelm* III, 318 f.; *Dierauer* II, 494; *Wolff,* Untersuchungen 73 ff.; *Gisi,* Novara und Dijon 50; I. *Rom,* Diss. 60 ff.

[39] *Katalog der Ausstellung Maximilian* (Innsbruck) 46, Nr. 176, 177, 178, 179; dazu Abb. Nr. 25.

[40] Venezianische Berichte ddo 1512 Mai—Juni (*Sanuto* XIV, 284, 332, 401); *Anshelm* III, 319, 321; *Gisi,* Novara und Dijon 53; *Dierauer* II, 493 ff.; *Huber,* Geschichte Österreichs III, 396; *Pastor* III/2, 854; *Wolff,* Untersuchungen 75; *Schaden,* Diss. 86 ff. (dort auch eine Kartenskizze dieses Feldzuges); *Frieß,* Diss. 189 f.; I. *Rom,* Diss. 61 f.

[41] Siehe unten Anm. 48.

[42] Über die genauere Datierung dieses Ereignisses vgl. I. *Rom,* Diss. 56, Anm. 5 (dort Quellen); *Ulmann* II, 448; *Wolff,* Untersuchungen 74; *Havemann* 397.

[43] Italienischer Bericht bei *Brewer* II, 380 ff., Nr. 3325; *Gisi,* Novara und Dijon 55 ff.; *Wolff,* Untersuchungen 75.

[44] KM an EMarg ddo 1512 Juni 19 Rupelmonde (*Le Glay,* Correspondance II, 12, Nr. 391).

[45] Venezianischer Bericht ddo 1512 September 11 (*Sanuto* XV, 46 f.).

[46] Das Nähere bei *Pastor* III/2, 855 f.

[47] Bericht Borgos an EMarg ddo 1512 Mai 19 Blois (*Godefroy,* Lettres III, 250 ff.).

[48] Daß KM „seinen Frontwechsel gegen Frankreich mit größter Leichtigkeit vollzogen" habe (*Busch,* Geschichte Englands 40), widerspricht allen bekannten Tatsachen; länger als ein halbes Jahr hatten sich die Verhandlungen hingezogen. KM hatte von Anfang an den KF gewarnt und schließlich eine Politik der Neutralität und der Vermittlung zu halten versucht; *Ulmann* II, 448; I. *Rom,* Diss. 56.

[49] Bericht des Borgo an EMarg ddo 1512 April 24 Blois (*Godefroy,* Lettres III, 235 ff.).

[50] Banissis an Serntein ddo 1512 Mai 29 Brüssel (*Wien* HHSA, MaxAkt 21a, fol. 109 f.).

[51] Instruktion KMs ddo 1512 April 13 Trier (*Wien* HHSA, MaxAkt 20/4, fol. 39 ff.); vgl. die Verhandlungen KMs mit den Reichsständen ddo 1512 Juli 20 August 11 Köln (*Janssen,* Reichscorrespondenz II, 867 ff., Nr. 1086, 1090, 1092); *Wolff,* Untersuchungen 60 ff.; *Frieß,* Diss. 191; *Rom,* Diss. 55 ff.

[52] Venezianischer Bericht vom Kaiserhof auf Umwegen über Rom ddo 1512 Mai 24 (*Sanuto* XIV, 241 f.): „... Papa meti una decima a li beneficii tutti di Alemagna, di qual trazerá diti danari..."; der Papst lehnt ab, „... acciò li ecclesiastici alemani non li fusse contrarii".

[53] Venezianischer Bericht ddo 1512 August 23 (*Sanuto* XIV, 606).

103

[54] KM an EMarg ddo 1512 September 1 (*Le Glay*, Correspondance II, 29 f., Nr. 407): „... les Vénéciens, nous anciens et naturels ennemys ... roy de France ... mon ennemy furioes."

104 [55] Berichte Langs ddo 1512 August 3 und 14 Mantua (*Godefroy*, Lettres III, 280 ff., 289 ff.); *Guicciardini* (ed. Rosini) II, 277 f.; *Guicciardini* (ed. Forberger) 244; *Pastor* III/2, 858; *Hefele-Hergenröther* VIII, 522 f.; *Brosch*, Julius 258 ff.; *Fusero* 413 f.; *Gisi*, Novara und Dijon 66; *Wolff*, Untersuchungen 77; *Frieß*, Diss. 191 ff.; *Rom*, Diss. 63 ff., 69 ff.; *Simon*, Frankreich Diss. 164; *Schaden*, Diss. 87 ff.; *Wurstbauer*, Diss. 94 ff.; *Miklautsch*, Diss. 52 f.

[56] Spanisches Urteil von 1512 Sommer—Herbst (*Zurita* VI, fol. 312v f., 332 ff.); I. *Rom*, Diss. 66 f.

[57] Berichte bei *Sanuto* XIV, 561, 574.

[58] Venezianischer Bericht bei *Sanuto* XIV, 515; burgundische Berichte ddo 1512 August 17 Mantua (*Godefroy*, Lettres III, 293 ff.).

[59] Venezianische Berichte bei *Sanuto* XIV, 567, 584; *Guicciardini* (ed. Rosini) II, 278 ff. und (ed. Forberger) 243 f.; *Ulmann* II, 451; *Pastor* III/2, 959; *Rom*, Diss. 70 ff.; *Frieß*, Diss. 192.

105 [60] Burgundischer Bericht ddo 1512 August 17 Mantua (*Godefroy*, Lettres III, 293 ff.).

[61] *Büchi*, Schiner 297.

[62] Bericht Langs ddo 1512 August 14 Mantua (*Godefroy*, Lettres III, 289 ff.); *Rom*, Diss. 71.

[63] Venezianische Berichte ddo 1512 August 29 und September 13 (*Sanuto* XIV, 632, und XV, 63, 65); Peutinger an KM ddo 1512 September 1 Augsburg (ed. *König* 163 ff.) berichtet über das Verhör des venezianischen Gesandten in Landshut; *Buff*, Rechnungsauszüge Nr. 8593; der Doge an KM ddo 1512 Oktober 6 (*Sanuto* XV, 176 ff.); weist die „Verleumdungen" zurück.

[64] Stiller Wunsch Sanutos ddo 1512 Juli 9 (*Sanuto* XIV, 472): „Questa nova nova era perfetissima; Dio voglia che la sia; tamen non fu vera."

106 [65] Ausführlich bei *Frieß*, Diss. 193 ff.; *Havemann* 437.

[66] Liechtenstein und Serntein an KM ddo 1512 Februar 22 Innsbruck (*Innsbruck* TLA, MaxAkt I/44/20, fol. 49 ff.); KM an Liechtenstein ddo 1512 März 29 Trier (*Wien* HHSA, MaxAkt 20/3, fol. 61 ff.); *Guicciardini* (ed. Rosini) II, 274 f., 290 f., 292 f. und (ed. Forberger) 242; *Rom*, Diss. 65; *Simon*, Frankreich Diss. 164; *Frieß*, Diss. 194.

[67] Über diese Verhandlungen, die sich länger hinzogen, vgl. den Bericht P. Liechtensteins ddo 1512 April 11 (*Wien* HHSA, MaxAkt 20, fol. 26 f.); *Ulmann* II, 450; *Rom*, Diss. 65 f.

[68] *Zurita* VI, 309 f., 332v f.; *Wurstbauer*, Diss. 96 f.

[69] EMarg an KM ddo 1512 August (*Le Glay*, Correspondance II, 26 ff., Nr. 403, 406); *Zurita* VI, 337v.

[70] *Zurita* VI, 332 ff.

[71] Über die Schweizer Verhandlungen vgl. Bericht des Lang ddo 1512 Juni 10 Innsbruck (*Wien* HHSA, MaxAkt 21a, fol. 29 ff.); die Berichte der kaiserlichen Räte an KM ddo 1512 August 13—18 Baden/Aargau (*Innsbruck* TLA, MaxAkt XIV, fol. 108 ff., 175 f.); Bericht des Landau an Serntein ddo 1512 August 19 (*Innsbruck* TLA, MaxAkt I/44/20, fol.

99 ff.); weitere Berichte und Akten über Verhandlungen der kaiserlichen Räte mit den Eidgenossen ddo 1512 Oktober 3 und 5 Baden/Aargau und 15 Zürich (*Wien* HHSA, MaxAkt 21 b, fol. 16 ff., 30 f., 68 f.); dazu Abschied ddo 1512 September 20 Luzern (*Eidgenössische Abschiede* III/2, 650 ff.); *Dierauer* II, 502; *Havemann* 433; *Wolff*, Untersuchungen 77; *Ulmann* II, 449; I. *Rom*, Diss. 67 ff.; *Frieß*, Diss. 196.

[72] Instruktion KMs ddo 1512 September 28 Köln (*Innsbruck* TLA, 107 MaxAkt I/44/20, fol. 121 ff.); Glückwunsch Langs an Mass. Sforza zur bevorstehenden Heimkehr ddo 1512 August 11 Mantua (*Godefroy*, Lettres III, 285 f.); *Guicciardini* (ed. Rosini) II, 277, 292 f.; *Guicciardini* (ed. Forberger) 244; *Wurstbauer*, Diss. 99.

[73] M. Sforza an EMarg ddo 1512 Juli 28 Bonn (*Godefroy*, Lettres III, 275 ff.); Bericht des Le Veau an EMarg ddo 1513 März 5 Mailand (*Godefroy*, Lettres IV, 59 ff.).

[74] KFerd an seinen Gesandten in Flandern ddo 1512 Oktober 22 (*Bergenroth* II, 71, Nr. 70); *Zurita* VI, 310 f.

[75] Bericht des M. Sforza an EMarg ddo 1512 August 30 Innsbruck (*Godefroy*, Lettres III, 317 ff.); Bericht Rogendorfs an KM ddo 1512 November 14 „Tschiare" (= Chiari?) (*Innsbruck* TLA, MaxAkt I/44/20, fol. 180r); *Zurita* VI, 342; *Guicciardini* (ed. Rosini) II, 292 ff. und (ed. Forberger) 249v; *Wolff*, Untersuchungen 81; *Frieß*, Diss. 199 f.

[76] *Eidgenössische Abschiede* III/2, 649, 1352 ff.; *Anshelm* III, 356 ff.; *Dierauer* II, 503 f.; *Frieß*, Diss. 197; I. *Rom*, Diss. 74 ff.

[77] Burgundischer Bericht ddo 1512 August 23 Trient (*Godefroy*, Let- 108 tres III, 309 ff.).

[78] Venezianischer Bericht ddo 1512 September (*Sanuto* XV, 146 ff.): Es wird von einer Theateraufführung in Verona in Gegenwart Langs berichtet, wobei „Italia" den Kaiser als „sponsus meus" anspricht; *Wolff*, Untersuchungen 79 f.

[79] Ukde KMs ddo 1512 September 1 Köln bei *Du Mont* IV/1, 149 f., Nr. 70; *Raynaldus*, Annales XX, 126; *Frieß*, Diss. 203; I. *Rom*, Diss. 77 ff.

[80] Berichte Langs an KM ddo 1512 Oktober 11, 13 Modena (*Wien* HHSA, MaxAkt 21b/2, fol. 49 ff., 59 ff.); *Zurita* VI, 335; *Frieß*, Diss. 203.

[81] Bericht Langs an KM ddo 1512 Oktober 11, 13 Modena (*Wien* HHSA, MaxAkt 21b/2, fol. 49 ff., 59 ff.); *Ulmann* II, 452 f.

[82] Venezianische Berichte über die Romreise Langs bei *Sanuto* XV, 109 104 f., 249, 312, 318, 325 f.; *Schopf*, Lang 43 ff.; *Schaden*, Diss. 89 f.; *Wurstbauer* Diss. 101 ff.

[83] Schilderung nach dem Tagebuch des Zeremonienmeisters Paris *de Grassis* (ed. Döllinger) 423 ff.; venezianische Berichte ddo 1512 November 5 Rom (*Sanuto* XV, 324 ff., 326); *Scheurl*, Geschichtbuch 26 f.; Brief Langs an Rogendorf ddo 1512 November 9 Rom (*Innsbruck* TLA, MaxAkt I/44/20, fol. 180v f.); *Martin*, Zeitung über den Einzug Langs 210 ff.; *Pastor* III/2, 862; *Ulmann* II, 453; *Jäger*, KMs Verhältnis zum Papsttum 437 f.; *Frieß*, Diss. 204; *Schaden*, Diss. 90; *Wurstbauer*, Diss. 103 f.

110 ⁸⁴ Venezianischer Bericht ddo 1512 November 20 Rom (*Sanuto* XV,
350 f.); die Angaben über die Geldsummen schwanken; *Guicciardini*
(ed. Rosini) II, 293 f. und (ed. Forberger) 248 f.; *Zurita* VI, 275 f.;
Pastor III/2, 852; *Leo,* Italien 210; *Wolff,* Untersuchungen 80 f.
⁸⁵ Bericht Storchs an Serntein ddo 1512 Dezember 26 Zürich (*Wien*
HHSA, MaxAkt 21b, fol. 76 f.); Bericht Langs an KM ddo 1512 Oktober 11 Modena (*Wien* HHSA, MaxAkt 21b/2, fol. 49 ff.); *Eidgenössische
Abschiede* III/2, 654, 669, 672 ddo 1512 September bis Dezember;
Guicciardini (ed. Rosini) II, 291 f. und (ed. Forberger) 243; *Pastor* III/2,
860; *Frieß,* Diss. 198 f.; *Wurstbauer,* Diss. 104 f.
⁸⁶ Venezianische Berichte ddo 1512 November 4—10 Rom (*Sanuto* XV,
333 f., 336 f.); Bericht Langs an KM ddo 1512 November 14 Rom (*Innsbruck* TLA, MaxAkt I/44/20, fol. 178 f.).
⁸⁷ Lang an Rogendorf ddo 1512 November 9 Rom und Lang an KM
ddo 1512 November 14 Rom (*Innsbruck* TLA, MaxAkt I/44/20, fol.
178 f., 180 ff.).
⁸⁸ *Harnack,* Hutten 463 ff.: „Ad Caesarem Maximilianum ut bellum in
Venetos coeptum prosequatur exhortatorium."
⁸⁹ KM an EMarg ddo 1512 November 28 Weißenburg (*Le Glay,* Correspondance II, 61 f., Nr. 426); *Miklautsch,* Diss. 53.
⁹⁰ Venezianischer Bericht ddo 1512 November 9—12 Rom (*Sanuto* XV,
336 f.).
111 ⁹¹ Venezianischer Bericht ddo 1512 November 20 Rom (*Sanuto* XV,
350 f.); *Konetzke,* Außenpolitik 470.
⁹² *Pastor* III/2, 863; *Brosch,* Julius II., 265 f.; *Hefele-Hergenröther,*
Conciliengeschichte VIII, 524; *Ulmann* II, 454 f.; *Frieß,* Diss. 207 ff.;
I. *Rom,* Diss. 78 f.; *Schaden,* Diss. 90 f.; *Wurstbauer,* Diss. 106 ff.
⁹³ Der Text dieses Bundesvertrages ddo 1512 November 19 Rom (*Rom*
VatA, AA, Arm. I—XVIII, Nr. 2614); Regest bei *Bergenroth* II, 82,
Nr. 76; *Sanuto* XV, 384 ff. (unter dem 3. Dezember verzeichnet); ein
ausführliches Regest bei *Frieß,* Diss. 207 ff., und *Wurstbauer,* Diss. 106 ff.
⁹⁴ *Guicciardini* (ed. Rosini) II, 293 f. und (ed. Forberger) 248v; *Simon,*
Frankreich Diss. 167; *Frieß,* Diss. 206.
⁹⁵ Venezianischer Bericht ddo 1512 November 9 (*Sanuto* XV, 389):
„. . . Pater sancte, la scommunica è ella di jure? Papa con colera: o di
jure o di potentia . . . la faremo . . . El Curzense è uno altro Cesare in
Italia." Das Urteil Leos X. über dieses Vorgehen: „. . . fu fato con colora
e contra raxon" (*Sanuto* XVI, 58).
112 ⁹⁶ Lateinische Punktation ddo 1512 November 19 Rom (*Rom* VatA, AA,
Arm. I—XVIII, Nr. 2616); stark gekürzter Text bei *Bergenroth* II,
79 ff., Nr. 73; *Frieß,* Diss. 210 ff.
⁹⁷ Bericht Langs an EMarg ddo 1512 November 23 Rom (*Le Glay,*
Négociations I, 513 f., Nr. 158); venezianischer Bericht ddo 1512 November 25 Rom (*Sanuto* XV, 375, 380); Eidgenössischer Bericht ddo
1512 November 27 Rom (*Eidgenössische Abschiede* III/2, 670 f.); *Raynaldus,* Annales XX, 125, c. 90; *Scheurl,* Geschichtbuch 26 f.; *Pastor*
III/2, 863; *Hefele-Hergenröther,* Conciliengeschichte VIII, 524; *Ulmann*
II, 453 f.; *Wolff,* Untersuchungen 80 f.; *Frieß,* Diss. 212; *Wurstbauer,*
Diss. 110.

[98] Bericht des Hannart an EMarg ddo 1512 November 23 Rom (*Le Glay*, Négociations I, 515 f., Nr. 159); *De Grassis* (ed. Döllinger) 425; *Ulmann* II, 454.

[99] Diese Nachricht stammt allerdings aus venezianischer Quelle ddo 1512 Dezember 5 Rom (*Sanuto* XV, 410 f.).

[100] *Brosch*, Julius 266; *Frieß*, Diss. 218.

[101] Revokationsurkunde ddo 1512 Dezember 3 Rom (dazu *Sanuto* XV, 389 f., 413; *Du Mont* IV/1, 150, Nr. 70); eine ausführliche Schilderung nach dem Tagebuch des päpstlichen Zeremonienmeisters Paris *de Grassis* (ed. Döllinger) 426 f.; *Raynaldus*, Annales XX, 125 f.; *Hefele-Hergenröther*, Conciliengeschichte VIII, 525 f.; *Pastor* III/2, 864 ff.; *Ulmann* II, 455 f.; *Fusero* 417; *Guglia*, Studien (1906) 19; *Frieß*, Diss. 213; *Wurstbauer*, Diss. 110 f.

[102] *Frieß*, Diss. 215 f.; zum Problem vgl. auch *Stelzer*, Diss. 121 ff.

[103] Venezianischer Bericht ddo 1513 Januar 1 Crema (*Sanuto* XV, 458 ff.); Schweizer Bericht ddo 1512 Ende Dezember Mailand (*Eidgenössische Abschiede* III/2, 674); Schweizer Bericht ddo 1512 Dezember 31 bei *Anshelm* III, 304, 362; Bericht Langs an EMarg ddo 1513 Januar 13 Mailand (*Godefroy*, Lettres IV, 13 ff.); Brief M. Sforzas an Florenz ddo 1512 Dezember 29 (*Florenz SA*, Diplomatico-Riformagioni-Atti publici); *Büchi*, Schiner 317; *Brosch*, Julius II., 270; *Ulmann* II, 457 f.; *Gisi*, Novara und Dijon 83; *Simon*, Frankreich Diss. 166; *Frieß*, Diss. 200 f.; *I. Rom*, Diss. 75 f.; *Wurstbauer*, Diss. 100.

[104] Venezianische Berichte ddo 1513 Januar 1 Crema (*Sanuto* XV, 453, 458 ff.): „... e se pol dir Milano sia governato da Todeschi, da Sguizari et Spagnoli, tutti sitibondi de danari ..."

[105] Interessanter burgundischer Bericht von Jean le Veau an EMarg ddo 1513 Januar 24 Mailand (*Godefroy*, Lettres IV, 23 ff.).

[106] *Borgii*, Historia de Bello Italico fol. 116 (*Venedig* Markus-Bibliothek); vgl. dazu *Brosch*, Julius 271, 297 f.; *Schmid*, Lang 175 ff.; vgl. einen gleichzeitigen interessanten venezianischen Bericht über Lang ddo 1513 Januar 3 (*Sanuto* XV, 451): „... bianco in volto, imo senza color, di statura mediocre, homo ch'era rispetoso e di poche parole, homo liberal; non ha intrada oltre i 10.000."

[107] Venezianischer Bericht ddo 1512 Dezember 5—14 Rom (*Sanuto* XV, 410 ff.): „... Il papa stà di mala voia; è gramo di la Liga facta et è mal contento ..."

[108] *Wiesflecker*, Denkschrift 41.

[109] Kg Ferdinand an Pedro de Urrea ddo 1513 Januar 11 (*Bergenroth*, Calendar II, 85, Nr. 80).

[110] *Miklautsch*, Diss. 54 (dort Quellen).

5. Tod Juliuus' II. Auflösung der Heiligen Liga und wechselnde Bündnisse 1513/14. Maximilians Feldzüge in Flandern und Italien. Vergebliche Friedensbemühungen

[1] Für die Kriegs- und Bündnispolitik der Jahre 1513/14 gilt im allgemeinen die eingehende kritische Quellen- und Literaturschau auf S. 44, Anm. 1. Das meiste und Verläßlichste — nicht nur für die veneziani-

schen Kriegs- und Friedensverhandlungen — bieten die reichen Materialien bei *Sanuto;* außerdem die großen französischen und englischen Aktenpublikationen von *Le Glay, Godefroy, Brewer, Brown* und *Bergenroth*. Im Wendepunkt der päpstlichen Politik (1513) treten naturgemäß Quellen aus dem vatikanischen Archiv und die Darstellungen von *Pastor* und die Dissertationen von *Frieß* (KM und Julius II.), *Plamenig* (KM und Leo X.), *Miklautsch* (KM und England), der die sehr einseitigen englischen Urteile etwas korrigiert, desgl. die Jahrbuchdissertationen von 1513 und 1514 (*Wolfbauer-Heimlich* und *Fauland*) stärker hervor; desgl. Schweizer Quellen und Darstellungen für die Ereignisse von Novara und Dijon und englische Quellen und Darstellungen für den Feldzug in Flandern.

115   ² EMarg an KM, undatierter Bericht ca. 1513 März—April (*Le Glay,* Correspondance II, 122 ff., Nr. 478): hier S. 125: „... le service que ilz vous ont fait et à voz pays ... d'intretenir les gens sur la frontière cest présent yver, sans laquelle ayde, le pays d'Artois et de Haynnault feussent esté destruytz ..."

³ Venezianischer Bericht ddo 1513 Januar 24 (*Sanuto* XV, 510 f.).

⁴ Venezianischer Bericht ddo 1513 April 28 San Bonifacio (*Sanuto* XVI, 191 f.).

⁵ Vgl. den besorgten Bericht des Banissis an EMarg ddo 1513 Februar 21 Landau (*Godefroy,* Lettres IV, 50 ff.).

⁶ KM an den Gesandten Spinelli ddo 1512 Dezember 15 Landau (ed. bei *Sanuto* XV, 490); venezianischer Bericht ddo 1513 März 13 (*Sanuto* XVI, 37).

⁷ Bericht Langs an EMarg ddo 1513 Januar 28 Mailand (*Godefroy,* Lettres IV, 30); venezianischer Bericht ddo 1513 Februar 1 (*Sanuto* XV, 525); interessanter burgundischer Bericht an EMarg ddo 1513 Januar 24 Mailand, desgl. ddo 1513 März 5 Mailand (*Godefroy,* Lettres IV, 24 ff., 59 ff.); *Guicciardini* (ed. Rosini) II, 300 ff. und (ed. Forberger) 252; *Schaden,* Diss. 94 f.

⁸ Der KgFerd an seine Gesandten bei KM ddo 1513 Januar 11 (*Bergenroth* II, 85 ff., Nr. 80).

⁹ *Jäger,* Landständische Verfassung II/2, 473 f.; *Brandis,* Landeshauptleute von Tirol 427 f.

116   ¹⁰ Brief Langs an die steirischen Stände ddo 1513 Juli 24 Legnano (*Bidermann,* Beiträge IV, 75); von den Leistungen der anderen ist mir nichts bekannt geworden.

¹¹ KM an EMarg ddo 1513 Juni 24 Worms (*Le Glay,* Correspondance II, 168 ff., Nr. 507): verlangt Einberufung der burgundischen Stände zur Bewilligung einer Steuerhilfe.

¹² Abschied der Schwäbischen Bundesversammlung ddo 1513 April bis Juni (*Klüpfel,* Urkunden II, 66, 70 ff.).

¹³ Berichte ddo 1513 März—April Zürich (*Eidgenössische Abschiede* III/2, 691, 707 f.).

¹⁴ Brief Johann Storchs an KM über den Verlauf der Krankheit des Papstes ddo 1513 Februar 3 Zürich (*Wien* HHSA, MaxAkt 22, fol. 102 ff.): der Papst erschien ihnen (den Kardinälen) wie ein Heiliger ...; Nachricht der Kardinäle an KM ddo 1513 Februar 21 Rom (*Wien*

HHSA, MaxAkt 22, fol. 151); *Scheurl*, Geschichtbuch 31 f.; *Pastor* III/2, 868 ff.; *Brosch*, Julius II., 272 ff.; *Ulmann* II, 459; *Doussinague*, Cisma 395; *Fusero* 425; *Wolff*, Untersuchungen 83 ff. (sein völliges Aburteil über Julius II. ist übertrieben); *Höfler*, Romanische Welt 512; *Frieß*, Diss. 219 f. (dort Einzelheiten); *Miklautsch*, Diss. 55.

[15] Die venezianische Propaganda goß ihren ganzen Haß über den verstorbenen Papst aus; dazu vgl. *Sanuto* XV, 561: „... è stà causa di la ruina de Italia."

[16] *Hutten* (ed. Böcking) III, 269 f.; *Harnack*, Hutten 470 f.

[17] Bericht des kaiserlichen Gesandten Carpi ddo 1513 März 11 ca. Rom (*Godefroy*, Lettres IV, 72 ff.); *Guicciardini* (ed. Rosini) II, 306 und (ed. Forberger) 254; *Jovius* (ed. Forberger) 166; *Pastor* IV/1, 16 f.; *Schulte*, Fugger in Rom I, 197 ff.; *Höfler*, Romanische Welt 516.

[18] *Sägmüller*, Papstwahlen 139.

[19] Bericht des kaiserlichen Gesandten Carpi an KM ddo 1513 März 11   117 ca. Rom (*Godefroy*, Lettres IV, 72 ff.): hier S. 79: „... potius erit mitis ut Agnus quam ferox ut Leo ..."

[20] Eingehender Bericht des kaiserlichen Gesandten Carpi an KM ddo 1513 März 11 ca. Rom (*Godefroy*, Lettres IV, 72 ff.); Leo X. an seinen Nuntius am Kaiserhof ddo 1513 März nach dem 9. (*Rom* VatA, Arm. 44, tom. 5 [Brevia Leonis X. ad principes] fol. 49); *Plamenig*, Diss. 5 ff.

[21] *Pastor* IV/1, 29.

[22] *Pastor* IV/1, 32.

[23] *Wolfbauer-Heimlich*, Diss. 5 ff. (dort Einzelheiten).

[24] Venezianischer Bericht ddo 1513 Mai 12 Valladolid (*Sanuto* XVI,   118 346): Kg Ferdinand: „... davane colpa grande a l'Imperatore ..."; Cariati ddo 1513 März 28 Venedig (*Sanuto* XVI, 67) schiebt die Hauptschuld auf die Ratgeber KMs.

[25] Ligavertrag von 1513 März 23 Blois (gedr. bei *Du Mont* IV/1, 182 f., Nr. 86); venezianische Berichte darüber bei *Sanuto* XVI, 121 ff., 153, 169; *Guicciardini* (ed. Forberger) 255; *Havemann* 453; *Leo* V, 265; *Wolff*, Untersuchungen 85; *Prescott* II, 506; *Ulmann* II, 458 (bietet falsches Datum); *Schaden*, Diss. 95 f.; *Wolfbauer-Heimlich*, Diss. 8; *Miklautsch*, Diss. 55 f., 59.

[26] Venezianische Berichte ddo 1513 März 22—31 Rom (*Sanuto* XVI, 72, 73, 133, 188, und *Sanuto* XVI, 192): „... il Papa ... vol esser neutral ..."

[27] *Hergenröther*, Regesta I, 136, Nr. 2348; *Pastor* IV/1, 33.

[28] Vertragstext ddo 1513 April 5 Mecheln (*Lünig*, Codex Germaniae 553 ff., Nr. 85); desgl. *Bergenroth* II, 112 ff., Nr. 97; *Přibram* 83 ff., Nr. 13; KM an EMarg ddo 1513 März 16 Ulm (*Le Glay*, Correspondance II, 103 f., Nr. 463); *Ulmann* II, 460 f.; *Scarisbrick* 32; *Fueter*, Staatensystem 277; *Plamenig*, Diss. 9 ff.; *Schaden*, Diss. 97; *Wolfbauer-Heimlich*, Diss. 11; *Miklautsch*, Diss. 58 f., 63 ff., 69 ff., 71 ff.

[29] Es war dem Papst unangenehm, im Zusammenhang mit der Liga von Mecheln genannt worden zu sein, sagte er zum venezianischen Gesandten; venezianische Berichte ddo 1513 April—Mai Rom (*Sanuto* XV, 170 f., 192, 321); *Plamenig*, Diss. 11.

[30] KM an EMarg ddo 1513 Februar 21 Landau (*Le Glay*, Correspondance II, 95 f., Nr. 455): „... comment nous offrons audit roy d'Angleterre de nous mesmes estre chief et capitaine de la nostre et sienne armée; il nous semble que vouldrions bien conduire ceste charge de capitaine à l'honneur et prouffit de nous et de luy"; *Ulmann* II, 467.

[31] KM an EMarg ddo 1513 März 16 Ulm (*Le Glay*, Correspondance II, 101 ff., Nr. 462).

119 [32] Undatierter Bericht von EMarg an KM ca. 1513 März—April (*Le Glay*, Correspondance II, 122 ff., Nr. 478); *Miklautsch*, Diss. 63.

[33] Siehe *Wiesflecker*, Maximilian II, 85 f., 97 f., 120 f.

[34] Über die spanische Sonderpolitik unterrichten am besten die Editionen von *Bergenroth*, *Brewer* und *Le Glay*; vgl. dazu die Darstellungen von *Lanz*, Einleitung 133 ff., *Doussinague* (Cisma und Testamento politico), *Konetzke*, *Bauer*, *Schirrmacher* und die Dissertationen von *Miklautsch* 56 f., 73 f. und *Wolfbauer-Heimlich* (dort Einzelheiten).

[35] Diesbezügliche Anfrage KMs bei EMarg ddo 1513 April 26 Mindelheim (*Le Glay*, Correspondance II, 133 f., Nr. 486); Waffenstillstand zwischen KFerd und KF ddo 1513 April 1 Ortubia (*Bergenroth* II, 103 ff., Nr. 90, 91, 93, 95, 96, 98); venezianische Berichte bei *Sanuto* XVI, 118, 168, 171, 242; *Zurita* VI, 351 ff.; *Lavisse* V/1, 112; *Prescott* II, 517; *Ulmann* II, 461; *Konetzke*, Außenpolitik 443; *Bauer*, Anfänge 16; *Wolff*, Untersuchungen 91; *Pribram* 18, Anm. 3; *Schaden*, Diss. 98 f.; *Wolfbauer-Heimlich*, Diss. 33 ff.; *Miklautsch*, Diss. 56 ff., 73 f. (dort engl. Quellen).

120 [36] KM an EMarg ddo 1513 Mai 17, 18 Augsburg (*Le Glay*, Correspondance II, 143 ff., Nr. 494): hier S. 144: die beiden Verträge „... qui nous semble choses bien contraires".

[37] *Zurita* VI, 351 ff.; *Ulmann* II, 461 f.; *Plamenig*, Diss. 11; *Miklautsch*, Diss. 74 f.

[38] EMarg an KM ca. 1513 März—April, undatierter Entwurf (*Le Glay*, Correspondance II, 159 ff., Nr. 500): hier S. 160 f.: Kg Ferdinand ist „... prince le plus expérimanté du monde, apres vous (= KM), et qui ne fie en chescun". Zur Haltung Langs vgl. *Zurita* VI, fol. 351v ff., 356v ff.

[39] KM an EMarg ddo 1513 Februar 16 Landau (*Le Glay*, Correspondance II, 92 f., Nr. 452): KM mahnt die Tochter, den spanischen Gesandten sehr zuvorkommend zu behandeln: „Car puisque cognoissons par expérience que nostredit bon frère (= Kg Ferdinand) nous est loyal frère, somnes désormais délibéré vivre avec luy comme bon et loyal frère, sans luy riens céler de noz afféres ... user de son bon advis et conseil ..."

[40] Venezianischer Bericht ddo 1513 Mai 3 Venedig (*Sanuto* XVI, 209): „... non avemo fato nè perlongato più le trieve con l'Imperador, licet l'orator yspano ne abbi fato ogni persuasione."

[41] *Schirrmacher* VII, 664; *Konetzke*, Außenpolitik 471 f.

[42] Undatierter Bericht EMargs an KM ca. 1513 Mai (*Le Glay*, Correspondance II, 155 ff., Nr. 498).

121 [43] Ein Lagebericht des Banissis an EMarg ddo 1513 April 27 Augsburg; desgl. Mai 1 Landsberg (*Godefroy*, Lettres IV, 108 ff., 112 ff.).

[44] Schweizerbericht ddo 1513 Mai 9 und 30 (*Eidgenössische Abschiede* III/2, 712 f., 716 f.); über die Verhandlungen KMs mit den Eidgenossen vgl. die Akten ddo 1513 Januar—April (*Wien HHSA, MaxAkt* 28, fol. 5 f., 97 f., 132 f., 162 f., und MaxAkt 29, fol. 16 f., 80 f., 88 f., 93 ff., 108 ff.; außerdem *Innsbruck* TLA, MaxAkt XIV, fol. 59, 66); *Dierauer* II, 432 f.; *Gagliardi*, Novara 39; *Wolfbauer-Heimlich*, Diss. 23 ff.

[45] KMs Bericht an EMarg ddo 1513 Mai 12 Schmiechen bei Schwabmünchen (*Le Glay*, Correspondance II, 141 f., Nr. 492); *Brunner*, Augsburg 47; *Miklautsch*, Diss. 75 ff.

[46] *Dierauer* II, 524.

[47] Eingehender burgundischer Bericht an EMarg ddo 1513 Mai 20 und 25 Mailand (*Godefroy*, Lettres IV, 124 ff., 130 ff.): hier auch die Truppenstärken; über den Vormarsch der Franzosen vgl. *Gagliardi*, Novara 91 ff.; *Dierauer* II, 511 f.; sehr ausführlich bei *Wolfbauer-Heimlich*, Diss. 42 ff. (dort Einzelheiten und Quellen).

[48] *Wolff*, Untersuchungen 87 ff.

[49] Burgundischer Bericht ddo 1513 Mai 28 Lodi (*Godefroy*, Lettres IV, 139 ff.); *Jovius* (ed. Forberger) 168 f.

[50] Burgundische Berichte an EMarg ddo 1513 Mai 14 Piacenza; desgl. Mai 28 Lodi und Juni 2 Como (*Godefroy*, Lettres IV, 116 ff., 139 ff., 146 ff.).

[51] Über den Aufmarsch der Verbündeten vgl. die Berichte des Banissis an EMarg ddo 1513 Mai 1 und 30 desgl. Juni 4 (*Godefroy*, Lettres IV, 112 ff., 143 f., 149 ff.); desgl. burgundischer Bericht an EMarg ddo 1513 Mai 25 Mailand (*Godefroy*, Lettres IV, 130 ff.); Mandate KMs zwecks Unterstützung der Eidgenossen ddo 1513 Juni 21 Worms (*Wien* HHSA, MaxAkt 29, fol. 144, 169).

[52] Abschied der Bundesversammlung ddo 1513 Juni 26 Nördlingen und Juli 27 Ulm (*Klüpfel*, Urkunden II, 70 ff., 72 f.).

[53] So nach *Ulmann* II, 570 f., der aus dem „Würzburger Archiv" ohne nähere Angaben zitiert.

[54] KMs Bericht im *Weißkunig* (ed. Schultz) 358 und (ed. Buchner) Nr. 169, dazu die Bilder Nr. 197, 199; venezianische Berichte bei *Sanuto* XVI, 345, 347; *Guicciardini* (ed. Forberger) 331; *Anshelm* III, 421 f.; ausführliche Darstellung des diesmal gut unterrichteten *Jovius* (ed. Forberger) 170 ff.; eine Kartenskizze dieses Feldzuges bietet *Schaden*, Diss., als Beilage; *Pastor* IV/1, 36; *Gagliardi*, Novara 138 f., 148 ff.; *Dierauer* II, 511 ff.; *Havemann* 460 ff.; *Leo* V, 268; *Ulmann* II, 464 f.; *Wolff*, Untersuchungen 88; *Plamenig*, Diss. 13 f.; *Schaden*, Diss. 100; *Wolfbauer-Heimlich*, Diss. 42 ff.

[55] *Hergenröther*, Regesta I, 182, Nr. 3134; *Hefele-Hergenröther*, Conciliengeschichte VIII, 556; *Plamenig*, Diss. 17.

[56] Venezianische Berichte bei *Sanuto* XVI, 471, 627; *Guicciardini* (ed. Rosini) II, 322 f. und (ed. Forberger) 259; *Jovius* (ed. Forberger) 178; *Wolff.*, Untersuchungen 89 f.; *Havemann* 466; *Schaden*, Diss. 100 f.

[57] Bericht des Banissis an EMarg ddo 1513 Juni 25 Worms (*Le Glay*, Négociations I, 524 ff.); Bilder im *Weißkunig* (ed. Schultz) Nr. 200, 201; Bericht bei *Kirchmair*, Denkwürdigkeiten 432; *Guicciardini* (ed. Rosini)

II, 323; *Havemann* 466 f.; *Wolff*, Untersuchungen 89; *Ulmann* II, 477; ausführlich bei *Wolfbauer-Heimlich*, Diss. 47 f. (dort Einzelheiten).

[58] Burgundischer Bericht an EMarg ddo 1513 Juli 6 Rom (*Godefroy*, Lettres IV, 169 ff.); venezianische Berichte bei *Sanuto* XVI, 425, desgl. XVII, 15.

[59] Für die Beziehungen des Kaisers zu England kommen vor allem die Editionen von *Brewer*, *Brown*, aber auch *Le Glay* und *Godefroy* und wie stets die Berichte *Sanutos* in Frage; an Darstellungen die Handbücher von *Brosch*, *Busch*, *Scarisbrick*, *Mackie* und die Dissertation von *Miklautsch*, welche Quellen und Literatur sehr gründlich verarbeitet.

[60] Venezianischer Bericht ddo 1513 Juni 1 ff. London (*Sanuto* XVI, 427, 449, 456 f.); venezianischer Sammelbericht ddo 1513 Juli (*Sanuto* XVII, 8 f.): die Angaben über Truppenstärken sind maßlos übertrieben; burgundische Berichte ddo 1513 Juli 2 und 27 St. Omer (*Le Glay*, Négociations I, 526 f., 529 f.); *Scarisbrick* 35; *Mackie* 277 ff.; *Brosch*, Geschichte von England 50 f.; *Busch*, Englische Geschichte 17 ff.

125 [61] Über Aufmarsch und Rüstung gibt es zahlreiche Berichte bei *Brewer* I und *Brown* II.; ausführlich bei *Miklautsch*, Diss. 81 ff.

[62] KM an EMarg ddo 1513 April 29 Mindelheim (*Le Glay*, Correspondance II, 135 ff., Nr. 488).

[63] Burgundischer Bericht an EMarg ddo 1513 August 2 Thérouanne (*Godefroy*, Lettres IV, 189 ff.); KMs Bericht im *Weißkunig* (ed. Schultz) 361 und (ed. Buchner) Nr. 173; *Jovius* (ed. Forberger) 182 f.; *Ulmann* II, 466 ff.; ausführlich bei *Miklautsch*, Diss. 84 ff.

[64] KM an EMarg ddo 1513 Mai 25 Augsburg und Juni 22 Worms (*Le Glay*, Correspondance II, 152 ff., Nr. 497, und 166 f., Nr. 505); *Ulmann* II, 466 ff.

[65] *Weller* 22 ff., Nr. 5 bringt eine eingehende, wenn auch kaiserlich gefärbte Darstellung der gesamten Ereignisse der Zusammenkunft des Kaisers mit dem KE und der Schlacht bei Guinegate; die Berichte der Zeitung werden durch diplomatische Berichte durchaus bestätigt; Villinger an Serntein ddo 1513 August 17 Augsburg (*Innsbruck* TLA, MaxAkt XIII/256/IX, fol. 64 f.); *Ulmann* II, 467 ff.; *Busch*, Geschichte Englands 23 ff.; *Katalog der Maximilian-Ausstellung* (Innsbruck) 51 f., Nr. 200, Beschreibung eines Bildes dieser Zusammenkunft aus der Sammlung der Königin von England, Inventarnummer 524 (Hampton Court); eine Wiedergabe dieses ausgezeichneten Bildes a. a. O. Abb. Nr. 29; *Wolfbauer-Heimlich*, Diss. 56; *Miklautsch*, Diss. 84 ff., 88 ff. (dort englische Urteile über KM).

126 [66] Es ist nicht richtig, daß KM keine eigenen Truppen mitgebracht hätte (*Busch*, Geschichte Englands 22 f.); der KE bezeugt, daß KM ihm Truppen zugeführt habe; vgl. Anm. 73.

[67] *Rem* (ed. Greiff) 17; Peutinger ddo 1513 September 30 Augsburg (*König*, Peutingers Briefwechsel 224 f., Nr. 132) berichtet über die Zerstörung der Festung; *Jovius* (ed. Forberger) 182; *Scarisbrick* 35 f.; *Mackie* 279; *Busch*, Geschichte Englands 17 ff.; *Miklautsch*, Diss. 91 (dort Einzelheiten).

127 [68] Burgundischer Bericht an EMarg ddo 1513 August 15 im Lager vor Thérouanne (*Godefroy*, Lettres IV, 192 ff.).

⁶⁹ Burgundischer Bericht an EMarg ddo 1513 August 17 Thérouanne (*Godefroy*, Lettres IV, 196 f.): datiert die Schlacht „gestern Dienstag" = 16. August; Bericht des B. Tassis an EMarg ddo 1513 August 16 Aire (*Brewer* I/2, 657, Nr. 4401) Newe Gezeytung (*Weller*) 25 f.; Bericht KMs im *Weißkunig* (ed. Schultz) 361 (dort ein Bild); *Katalog der Maximilian-Ausstellung* (Innsbruck 52, Nr. 201): Hinweis auf ein Gemälde der Schlacht bei Guinegate, das vermutlich Heinrich VIII. für sich malen ließ; *Busch*, Geschichte Englands 27 ff. (dort S. 25 ein Plan des Schlachtfeldes); *Ulmann* II, 469 ff.; *Huber*, Geschichte Österreichs III, 400 f.; *Brosch*, Geschichte Englands 52; *Miklautsch*, Diss. 91 ff.

⁷⁰ „Ain new lied von der grossen niderlag vor der statt Terwan" (*Hormayr*, Taschenbuch N. F. IV [1833] 335 ff.).   128

⁷¹ Burgundische Berichte an EMarg ddo 1513 August 23 und 25 (*Le-Glay*, Négociations I, 539 f., 541 ff.); dazu *Le Glay*, Correspondance II, 196 f., Nr. 532; *Wolfbauer-Heimlich*, Diss. 57 f.; *Miklautsch*, Diss. 93.

⁷² *Přibram* 19, Anm. 1; KM bestätigt den Empfang ddo 1513 September 4 Aire (*Brewer* I, 666, Nr. 4435).

⁷³ KE an EMarg ddo 1513 August 17 bei Guinegate (*Le Glay*, Négociations I, 531 ff., Nr. 168): hier S. 533: KE fühlt sich KM sehr verpflichtet: „... car il ne nous a pas seulement donné son bon advis saige, vertueux discret, prudent conseil et bonne conduite, màis nous a, en sa propre personne, avec ses gens, donnè assistence ... Et quant il eust esté notre propre pere charnel, il ne nous eust sceu plus faire ..."; Kgn Katharina an Wolsey ddo 1513 August 25 (*Brewer* I/2, 660 f., Nr. 4417); dazu auch *Brown* II, 131 f., Nr. 316; vgl. auch den Lobeshymnus Wingfields ddo 1513 November 16 (*Brewer* I/2, 700 f., Nr. 4563); *Miklautsch*, Diss. 89 f. (dort Einzelheiten).

⁷⁴ Venezianischer Sammelbericht über Nachrichten vom Kaiserhof ddo 1513 Oktober 8 (*Sanuto* XVII, 164): „... speremo de abbassare la superbia de franzesi ..."

⁷⁵ *Brewer* I, 823 f., Nr. 5158; *Miklautsch*, Diss. 228.

⁷⁶ Venezianischer Bericht aus London ddo 1513 September 18 (*Sanuto*   129
XVII, 233): „... non si chiama che padre e fiol, con tanto amore stanno insieme ..."; *Miklautsch*, Diss. 99 f.

⁷⁷ Venezianische Berichte aus Amiens über Rom ddo 1513 September (*Sanuto* XVII, 76, 180).

⁷⁸ *Busch*, Geschichte Englands 32 ff. (deutet die Ereignisse etwas anders).

⁷⁹ Peutinger an KM ddo 1513 Oktober 5 Augsburg (*Buff*, Rechnungsauszüge Nr. 8597); *König*, Peutingers Briefwechsel 225 ff., Nr. 133; *Horn*, Diss. 122.

⁸⁰ Bericht Rogkners an KM ddo 1513 September 23 (*Innsbruck* TLA, MaxAkt XIII/256/IX, fol. 73 f.); Bericht KMs an den Frankfurter Rat (*Janssen*, Reichscorrespondenz II, 895, Nr. 1123); Bericht KMs im *Weißkunig* (ed. Schultz) 363, dazu Bild Nr. 236; Berichte bei *Brewer* I/2, Nr. 4284, 4253, 4464, 4467; *Ulmann* II, 472 ff.; *Busch*, Geschichte Englands 37 ff.; *Havemann* 479; *Gagliardi*, Novara 287; *Wolfbauer-Heimlich*, Diss. 59 f.; *Miklautsch*, Diss. 95 f. (dort Einzelheiten).

⁸¹ Bericht KMs im *Weißkunig* (ed. Schultz) 369 und (ed. Buchner)   130
Nr. 176; *Huber*, Geschichte Österreichs III, 401; *Havemann* 479.

[82] *Chmel*, Monumenta Habsburgica II/1, 1 ff.

[83] Urkunde ddo 1513 Oktober 16 Lille (*Brewer* I/2, 685, Nr. 4510; dazu auch 685, Nr. 4511, und 699, Nr. 4560); desgl. bei *Přibram* 92 ff., Nr. 14 und 15; *Bergenroth* II, 162 ff., Nr. 138, 139, 148; *Ulmann* II, 483; *Busch*, Englische Geschichte 47 ff.; *Wolff*, Untersuchungen 98; *Ranke*, Geschichten der rom. und germ. Völker 317; *Huber*, Geschichte Österreichs III, 402; *Wolfbauer-Heimlich*, Diss. 61, 82 f.; *Miklautsch*, Diss. 97 f.

131 [84] Heinrich VIII. an EMarg ddo 1514 März 4 Westminster (*Godefroy*, Lettres IV, 274 ff.); *Carton* 208 ff., 212 ff.; *Brosch*, Geschichte von England 57 ff.; *Miklautsch*, Diss. 103 ff. (wertet die reichen engl. Materialien bei *Brewer* aus).

[85] Vgl. S. 355, 357 f.

[86] Über Verhandlungen KMs mit den Eidgenossen ddo 1513 Februar bis Juni (*Wien* HHSA, MaxAkt 28, fol. 42 ff., 146 f., 171; MaxAkt 29, fol. 18 f., 96 f., 158—165 kaiserliche Ausführungen über die gesamte Politik seit Cambrai, fol. 201—206); *Gagliardi*, Novara 202 ff., 218 ff., 232 ff.; *Dierauer* II, 433 f.; *Wolfbauer-Heimlich*, Diss. 62 ff.; *Miklautsch*, Diss. 101 ff. (dort die engl. Quellen).

132 [87] Bericht des Banissis an EMarg ddo 1513 Juni 4 Augsburg (*Godefroy*, Lettres IV, 149 ff.); Wingfield an den KE ddo 1513 August „Deysne" (*Brewer* I, 654 f., Nr. 4389); Tagebuchbericht des John Taylor ddo 1513 August 12 (*Brewer* I, 623 ff., Nr. 4284); *Gagliardi*, Novara 224 f.

[88] Bericht KMs im *Weißkunig* (ed. Schultz) 263 und (ed. Buchner) Nr. 175; dazu Bild Nr. 203; Bericht KMs an den Reichstag ddo 1513 September 23 im Lager vor Tournai (*Janssen*, Reichscorrespondenz II, 895, Nr. 1123); Schweizer Berichte ddo 1513 Juli/August (*Eidgenössische Abschiede* III/2, 726 f., 730 ff.; *Anshelm* III, 483, 485; *Dierauer* II, 519 ff.; *Gagliardi*, Novara 203, 216 f., 221, 228, 257, 261; *Wolfbauer-Heimlich*, Diss. 66.

[89] Friedenstraktat ddo 1513 September 13 Dijon (*Eidgenössische Abschiede* III/2, 734 f.); *Anshelm* III, 485; *Gagliardi*, Novara 264 ff., 271; *Ulmann* II, 474 ff.; *Busch*, Englische Geschichte 34 ff.; *Wolfbauer-Heimlich*, Diss. 67.

[90] KM an Carpi ddo 1513 Juni 29 Frankfurt (*Wien* HHSA, MaxAkt 29, fol. 197 f.); über den Wüstungsfeldzug gegen Venedig berichten vor allem *Guicciardini*, *Jovius*, *Mocenigo*, bis ins einzelne vor allem *Sanuto* und auch *Scheurl*; eingehende Darstellungen bieten die Dissertationen von *Wolfbauer-Heimlich* und *Schaden*.

[91] Burgundischer Bericht an EMarg ddo 1513 Juni 26 Mailand (*Godefroy*, Lettres IV, 160 ff.); Urkunde ddo 1513 August 4 Oudenarde (*Rom* VatA, AA, Arm. I—XVIII, Nr. 2676); Berichte ddo 1513 Juli 30 Innsbruck (*Innsbruck* TLA, MaxAkt XIII/256/IX, fol. 58 ff.) und Berichte ddo 1513 August 14, 16, 22 (*Wien* HHSA, MaxAkt 29, fol. 102 f., 111 f., 118 f.); *Guicciardini* (ed. Rosini) II, 328 ff. und (ed. Forberger) 261; *Schaden*, Diss. 101, 107; *Fauland*, Diss. 70 f.

[92] Bericht ddo 1513 Juli 14 (*König*, Peutingers Briefwechsel 243 f.); Mandat KMs ddo 1513 Juli 14 Innsbruck (*Simonsfeld*, Fondaco I, 399 f., Nr. 691); Villinger an Serntein ddo 1513 August 15 Augsburg (*Wien*

HHSA, MaxAkt 29, fol. 104 ff.); M. Pfintzing an Serntein ddo 1513 September 22 Innsbruck (*Innsbruck* TLA, MaxAkt XIII/256/VIII, fol. 64 f.); *Ulmann* II, 619; *Horn*, Diss. 89 f.

[93] Diesbezügliche Korrespondenzen des Innsbrucker Regiments ddo 1513 Dezember (*Wien* HHSA, MaxAkt 30, fol. 117, 136).

[94] Venezianischer Bericht ddo 1513 Juli 3 Venedig (*Sanuto* XVI, 446): Der päpstliche Friedensgesandte T. Bibiena kommt nach Venedig.

[95] Serntein an Dietrichstein ddo 1513 August 27 Innsbruck (*Wien* HHSA, MaxAkt 29, fol. 139); KM an EMarg ddo 1513 September 6 Aire (*Le Glay*, Correspondance II, 201 f., Nr. 539).   133

[96] Die Angaben über Truppenstärken bei *Sanuto, Guicciardini* und *Jovius* schwanken; *Wolfbauer-Heimlich*, Diss. 49 f.

[97] Burgundischer Bericht an EMarg ddo 1513 August 24 Mailand (*Godefroy*, Lettres IV, 198 f.); venezianische Berichte ddo 1513 Juli 4 bis 18 und August 9—17 (*Sanuto* XVI, 455, 472, 495, 497, 516, 603, 635); *Ulmann* II, 478; *Wolff*, Untersuchungen 90 ff.; *Schaden*, Diss. 102; *Plamenig*, Diss. 20; beste Auswertung der *Sanuto*-Berichte bei *Wolfbauer-Heimlich*, Diss. 49 ff.; *Wurstbauer*, Diss. 114 f. (behandelt die Rolle Langs); desgl. *Stückler*, Diss. 87 ff.

[98] Venezianische Berichte ddo 1513 Juni 23 und Juli 19 Rom (*Sanuto* XVI, 409, 415, 542); *Pastor* IV/1, 43 f.; *Plamenig*, Diss. 17.

[99] Burgundischer Bericht an EMarg ddo 1513 Juli 6 Rom (*Godefroy*, Lettres IV, 169 ff.); Mass. Sforza an KM ddo 1513 Juli 27 Mailand (*Godefroy*, Lettres IV, 184 ff.); *Hergenröther*, Regesta I, Nr. 2726; venezianischer Bericht ddo 1513 September 2 Rom (*Sanuto* XVII, 21 f.); *Guicciardini* (ed. Rosini) II, 336 f. und (ed. Forberger) 256; *Jovius* (ed. Forberger) 202; *Plamenig*, Diss. 17 f.; *Wolfbauer-Heimlich*, Diss. 49.

[100] Der Plünderfeldzug von 1513 ist eingehend und mit gründlicher Auswertung von *Sanuto* dargestellt bei *Schaden* und *Wolfbauer-Heimlich* a. a. O.; *Wurstbauer*, Diss. 115 f.

[101] Venezianische Berichte bei *Sanuto* XVII, 102 f., 104; *Kirchmair*, Denkwürdigkeiten 423 f.; *Weißkunig* (ed. Schultz) 347, 361, 369; dazu Bild Nr. 225; *Leo* V, 269 f.; *Wolff*, Untersuchungen 92 f.; *Havemann* 467 ff.; *Ulmann* II, 478 ff.; *Huber*, Geschichte Österreichs III, 401; *Schaden*, Diss. 102; *Plamenig*, Diss. 21; Einzelheiten bei *Wolfbauer-Heimlich*, Diss. 72.

[102] Bericht an KM ddo 1513 Oktober 9 (*Marburg* SA, Bestand 3, Fasz.   134 366, fol. 62 f.); venezianischer Bericht ddo 1513 Oktober 8 Padua (*Sanuto* XVII, 152, 158, 166, desgl. 205, 217); Bericht KMs im *Weißkunig* (ed. Schultz) 369 und (ed. Buchner) Nr. 177, dazu Bild Nr. 208; vgl. auch die plastische Darstellung dieser Schlacht auf dem Sarkophag des Maximiliangrabes in Innsbruck; *Guicciardini* (ed. Forberger) 263; *Jovius* (ed. Forberger) 203 f.; *Mocenigo* (ed. Graevius) 113 f.; *Wolff*, Untersuchungen 93 f.; *Romanin* V, 291; *Kretschmayr* II, 442 f.; *Pastor* IV/1, 44; *Ulmann* II, 480 ff.; *Pachler*, Diss. 102; *Schaden*, Diss. 103; *Plamenig*, Diss. 21; *Wolfbauer-Heimlich*, Diss. 72 ff.

[103] Diese Zahl bietet *Mocenigo* (ed. Graevius) a. a. O.; Bericht ddo 1513 Oktober 9 (*Marburg* SA, Bestand 3, Fasz. 366, fol. 62 f.); *Havemann*

469; *Schaden*, Diss. 103; *Huber*, Geschichte Österreichs III, 401; *Ulmann* II, 481; *Wolff*, Untersuchungen 93.

[104] Vollmacht ddo 1513 November (*Rom* VatA, AA, Arm. I—XVIII, Nr. 2669); venezianische Berichte ddo 1513 Oktober—Dezember (*Sanuto* XVII, 271, 276, 329, 445 f.); *Pastor* IV/1, 45 ff.; *Roscoes* II, 201; *Schaden*, Diss. 107; *Fauland*, Diss. 70.

[105] Eingehender Bericht des Banissis an Karl (V.) ddo 1513 Oktober 17 Lahnstein bei Koblenz (*Le Glay*, Négociations I, 552 ff., Nr. 179).

[106] *Guicciardini* (ed. Rosini) II, 334 f. und (ed. Forberger) 264; *Ulmann* II, 482; *Wolff*, Untersuchungen 95.

[107] Bericht KMs im *Weißkunig* (ed. Schultz) 347 und (ed. Buchner) Nr. 162.

[108] *Hergenröther*, Regesta I, 320, Nr. 5186; venezianische Berichte bei *Sanuto* XVII, 264, 272, 307.

135 [109] Venezianische Berichte ddo 1513 Dezember 13 (*Sanuto* XVII, 372, 433); *Guicciardini* (ed. Forberger) 269; *Jovius* (ed. Forberger) 211; *Fugger-Birken* 1308; *Thode* 39 f.

[110] *Sanuto* XVII, 275; *Simonsfeld*, Fondaco I, 699 ff.; *Ulmann* II, 482; *Fauland*, Diss. 61.

[111] Bericht ddo 1514 Januar 26 Innsbruck (*Wien* HHSA, MaxAkt 30, fol. 116); *Fugger-Birken* 1307; *Fauland*, Diss. 62.

[112] KM an EMarg ddo 1513 Juli (9—14) Koblenz (*Le Glay*, Correspondance II, 186 f., Nr. 521): Der Postmeister Franz von Taxis führt Klage, daß die Post im Reich und in den Niederlanden seit 6 Monaten nicht bezahlt und daher nicht entsprechend gewechselt werden könne; KM befiehlt, die Sache sofort in Ordnung zu bringen, weil die Post sehr dringend sei.

136 [113] KM an EMarg ddo 1513 November 3 (*Le Glay*, Correspondance II, 212 f., Nr. 549): „Sy mon malheur ne fuisset sy grand ... que nous sumus précipité ès Itales et insulté de tant de guerres et leor charges sy asprement et rigorcwscmcnt, pour ce que nous sumus habandoné unifaersalement sans cause de tous nous amys et conuédérés ...“

[114] *Fischer*, Unterredung 213 f.; *Kluckhohn*, Einleitung 5 f. (dort Quellen).

[115] Venezianischer Bericht ddo 1513 Oktober 22 (*Sanuto* XVII, 229): Gurk geht nach Rom: „... per far il mal potrà contra la Signoria nostra“; *Wurstbauer*, Diss. 117 f.

[116] Venezianischer Bericht ddo 1513 August 18 Rom (*Sanuto* XVI, 652 f.); *Plamenig*, Diss. 22; *Fauland*, Diss. 70 f.

[117] Vollmacht für Campeggio ddo 1513 Oktober 11 Rom (*Hergenröther*, Regesta I, 303, Nr. 4928); *Pastor* IV/1, 43; *Plamenig*, Diss. 22 f.

[118] Venezianische Berichte bei *Sanuto* XVI, 616, 652; Bericht des Banissis an EMarg ddo 1514 Januar 17 Innsbruck (*Godefroy*, Lettres IV, 235 f.); *Hefele-Hergenröther*, Conciliengeschichte VIII, 579 ff.; *Lanz*, Einleitung 140 ff.; *Plamenig*, Diss. 26 f.

[119] Venezianische Berichte ddo 1513 November 9—20 Rom (*Sanuto* XVII, 309, 325, 327, 341, 348); *Pastor* IV/1, 47; *Ulmann* II, 488 f.; *Fauland*, Diss. 71; die Rolle Langs behandeln die Diss. *Wurstbauer* 118 ff. und *Stückler*, Diss. 90 ff.

¹²⁰ Anweisung Leos X. an seinen Vizelegaten in der Romagna ddo 1513   137
Oktober 29 (*Rom* VatA, Arm. 44, tom. 5 [Brevia Leonis X. ad principes]
fol. 53); Bericht Langs an KM ddo 1513 November 16 Viterbo (*Wien*
HHSA, MaxAkt 30, fol. 64 f.).
¹²¹ Venezianischer Bericht ddo 1514 April 26 (*Sanuto* XVIII, 157);
Pastor IV/1, 65 ff.; *Ulmann* II, 490 ff.; vgl. die Klage des Papstes über
die Versuche der Könige von Aragon, Frankreich und KMs, die päpst-
liche Macht zu verkleinern ddo 1514 April 15 (*Cian*, Ambasciera Bd. 30,
373, Anm. 1).
¹²² *Ulmann* II, 489; *Stückler*, Diss. 96; *Plamenig*, Diss. 30 ff.; *Wurstbauer*,
Diss. 118 f.
¹²³ Venezianische Berichte ddo 1513 November 24, 25 Rom (*Sanuto*
XVII, 344, 348).
¹²⁴ Bericht Langs an EMarg ddo 1514 Januar 8 Rom (*Godefroy*, Let-
tres IV, 233 ff.); Banissis an EMarg ddo 1514 Januar 17 Innsbruck
(*Godefroy*, Lettres IV, 235 ff.); Bericht Gurks an EMarg ddo 1514
Februar 1 Rom (*Godefroy*, Lettres IV, 237 f.): Lang bat den Kaiser
dringend um größere Verhandlungsvollmachten: „... et non esset semper
super omni articulo tractando sua Majestas consulenda ..."
¹²⁵ Venezianische Berichte ddo Dezember 2—10 Rom (*Sanuto* XVII,
352, 364, 372, 373, 380); *Sanuto* XVII, 352: „... la mala volontà dil
Curzense verso la Signoria nostra, et che Maximilian non vol pace, et
chél Curzense fa dimande bestialissime ..."
¹²⁶ Venezianische Berichte ddo 1513 November 20 (ed. bei *Brosch*, Ju-
lius II., 335, Anm. 17): KFerd habe KM im Dezember 1511 geraten, KM
solle sich von Frankreich trennen; sie sollten Italien unter sich teilen;
KM solle sich zum Papst machen, den Erzherzog (Karl) zum Römischen
König, König von Kastilien, Aragon, Sizilien und Neapel, und der
Bruder (Ferdinand) solle Herzog von Mailand werden; *Bauer*, Anfänge
18 ff.; *Ulmann* II, 485 f.
¹²⁷ Die Angaben über die Entschädigung schwanken zwischen 15.000 und
30.000 Dukaten. Der englische Gesandte Wingfield berichtet dem KE von
einer Entschädigungsforderung von 1 Mill. (*Brewer* I, 700 f., Nr. 4563);
Bericht des päpstlichen Zeremonienmeisters Paris de Grassis (ed.
Pastor IV/1) 47, Anm. 5; *Plamenig*, Diss. 35; venezianischer Bericht bei
Sanuto XVII, 380; *Pastor* IV/1, 46 ff.; *Paris de Grassis*, Diarium (ed.
bei Pastor IV/2) 680, Nr. 9; ähnlich bei *Paris de Grassis*, Diarium (ed.
Delicati-Armellini) 9.
¹²⁸ *Wurstbauer*, Diss. 122 f.; *Stückler*, Diss. 94 ff.   138
¹²⁹ *Pastor* IV/1, 48; venezianischer Bericht ddo 1513 Dezember 13 Rom
(*Sanuto* XVII, 398 f.); *Plamenig*, Diss. 36.
¹³⁰ Venezianischer Bericht ddo 1513 Dezember 10 Rom (*Sanuto* XVII,
373): „... voleva aver el primo loco in consistorio come fosse l'Imperador."
¹³¹ Venezianischer Bericht aus Rom ddo 1513 Dezember 2 (*Sanuto* XVII,
352 f.): Der Kardinal von England sagt zum Papst: „... ch' el vede, che
Curzense vol esser più che Papa, et vol che la cristianità sia sempre in
guerra ..."

[132] Venezianischer Bericht aus Rom ddo 1513 Dezember 6 (*Sanuto* XVII, 364): Der Papst sagt: „Curzense è superbo molto … saria bon far trieva per tre mexi e darli ducati 15.000 …" Über die Salzburger Pläne Langs finden sich Einzelheiten bei *Friedhuber* (Langs Bemühungen um Salzburg); *Fauland*, Diss. 216 f.; *Widmann* II, 356 ff.

139 [133] Eingehender Bericht Langs an KM ddo 1513 November s. d. (*Godefroy*, Lettres IV, 205 ff.); venezianische Berichte aus Rom ddo 1513 November 4 und 23 (*Sanuto* XVII, 276, 342); *Ulmann* II, 459 f.; *Bauer*, Anfänge 18 ff.

[134] Leo X. an Campeggio ddo 1513 Dezember 23 Rom (*Rom* VatA, Arm. 40, tom. 4 [Brev. Min.], fol. 10); venezianische Berichte ddo 1513 Dezember 13, 20, 26, 27 Rom (*Sanuto* XVII, 398, 415, 426); KM an Serntein ddo 1514 Januar 24 Rattenberg (*Wien* HHSA, MaxAkt 30, fol. 113); *Fauland*, Diss. 72; *Wolfbauer-Heimlich*, Diss. 77 ff.; *Wurstbauer*, Diss. 119.

[135] Vgl. Leos X. Vorschläge für 1514 ddo 1514 Anfang (*Rom* VatA, Varia Polit. LI, Miscell. Arm. II, 52, fol. 24 ff.); venezianische Berichte ddo 1514 Januar 4, 7, 8 Rom (*Sanuto* XVII, 454 f., 471 f.); *Plamenig*, Diss. 32 f.

[136] Lang an EMarg ddo 1514 Februar 1 Rom (*Godefroy*, Lettres IV, 237 f.): Der Kaiser hat „… novissime alias etiam limitatas condiciones remisit, in quibus et si plurima sint satis honesta et convenientia; quum tamen unus articulus est satis durus, non parum vereor posse fortasse ex eo Venetos nimium perterreri, et viam pacis ea occasione impediri …"; Korrespondenz zwischen KM und Lang ddo 1514 Januar bis Februar (*Wien* HHSA, MaxAkt 30, fol. 87 f., 194 f.); venezianische Berichte ddo 1514 Februar 3—6 Rom (*Sanuto* XVII, 530 f., 535, 549); *Fauland*, Diss. 73 f.; *Wurstbauer*, Diss. 120 ff.

[137] Ratifikationsurkunde des Papstes ddo 1514 Mai 4 Rom (*Rom* VatA, AA, Miscell., Arm. II, 52, Varia Politica 51, fol. 83v ff.); venezianischer Bericht ddo 1514 März 10 Rom (*Sanuto* XVIII, 31 f.); Lang an KM ddo 1514 März 4 Rom (*Godefroy*, Lettres IV, 273 f.); *Hergenröther*, Regesta I, 456, Nr. 7179; *Wolff*, Untersuchungen 97; *Ulmann* II, 490 ff.; *Plamenig*, Diss. 33 f.; *Fauland*, Diss. 74; die Angaben über Zahlungen schwanken.

[138] Lang an KM ddo 1514 März 4, 7, 14 Rom (*Wien* HHSA, MaxAkt 31, fol. 23 f., 53 f., 79 f.); Petrus Bonomo an KM ddo 1514 März 12 Rom (*Wien* HHSA, MaxAkt 31, fol. 71).

[139] Beschluß von 1514 Januar 6 Innsbruck (*Brandis*, Landeshauptleute von Tirol 429); *Jäger*, Landständische Verfassung II/2, 474.

140 [140] Ratifikation KMs ddo 1514 April 1 Braunau (*Rom* VatA, AA, Arm. I bis XVIII, Nr. 3223); Überlegungen KMs, was zu tun sei, wenn die SVen nicht annimmt ddo 1513 April 7 Linz (*Wien* HHSA, MaxAkt 31, fol. 22); *Wolff*, Untersuchungen 97; *Fauland*, Diss. 75; *Schaden*, Diss. 111 (Schaden, Plamenig und Wurstbauer datieren irrtümlich auf 23. April); *Wolfbauer-Heimlich*, Diss. 86 ff.; *Wurstbauer*, Diss. 121 f.

[141] R. Wingfield an KM ddo 1513 November 16 (*Brewer* I, 700 f., Nr. 4563).

[142] Ratifikation Leos X. ddo 1514 Mai 4 Rom (*Rom* VatA, AA, Arm. I bis XVIII, Nr. 2625).

[143] Venezianische Berichte ddo 1514 April 5—28 Rom (*Sanuto* XVIII, 110 f., 139, 157, 175, 223); *Wolff*, Untersuchungen 97.

[144] Venezianische Berichte ddo 1514 April—Mai Rom (*Sanuto* XVIII, 175, 184, 187, 191, 195); *Plamenig*, Diss. 34.

[145] Ein deutscher Gesandtschaftsbericht aus Rom an Erzbischof Albrecht von Magdeburg ddo 1514 Juni 17 Rom (*Schulte*, Fugger in Rom II, 95 ff.) bezeichnet gewiß etwas übertrieben KM und Lang als „duros adversarios".

[146] Bericht des Gattinara an EMarg ddo 1514 August 24 Augsburg (*Le Glay*, Négociations I, 582 ff., Nr. 190): hier S. 584: EMarg soll Lang ins Vertrauen ziehen, denn „... toutz les gros afferes du monde passeront par ses mains ..."

[147] Venezianischer Bericht ddo 1514 Januar 4, 5 Udine (*Sanuto* XVII, 448, 456); *Guicciardini* (ed. Rosini) II, 351 f. und (ed. Forberger) 269; *Jovius* (ed. Forberger) 216; *Kirchmair*, Denkwürdigkeiten 434; *Fugger-Birken* 1308 f.; *Romanin* V, 294; *Wolff*, Untersuchungen 99 ff.; *Ulmann* II, 499; *Huber*, Geschichte Österreichs III, 402; *Czoernig* I, 729 f.; *Fauland*, Diss. 63 f. (dort Einzelheiten); *Schaden*, Diss. 104.

[148] *Wolff*, Untersuchungen 100; *Thode* 43 ff.; *Fauland*, Diss. 63 f. (dort Quellen und Einzelheiten).

[149] Bericht des V. Fürst an Bischof Georg von Trient ddo 1514 April 3 Vicenza (*Innsbruck* TLA, MaxAkt XIV/2, fol. 39); venezianische Berichte ddo 1514 März 27, 29, 30, 31 (*Sanuto* XVIII, 78, 81, 86); *Kirchmair*, Denkwürdigkeiten 435; *Guicciardini* (ed. Rosini) II, 353; *Schaden*, Diss. 104 f.; *Fauland*, Diss. 64 (dort Einzelheiten).   141

[150] Venezianische Berichte bei *Sanuto* XVIII, 364, 367, 385, 433; *Schaden*, Diss. 105.

[151] *Ulmann* II, 499 f.; *Fauland*, Diss. 66 (dort Einzelheiten).

[152] Venezianische Berichte ddo 1514 Mai—Juli (*Sanuto* XVIII, 128 f., 144, 148, 152, 161 f., 177, 219, 249, 256 f., 289 f., 331 f.); *Herberstein*, Selbstbiographie (ed. Karajan) 81 f.; *Guicciardini* (ed. Rosini) II, 353; *Jovius* (ed. Forberger) 218; *Ulmann* II, 500; *Wolff*, Untersuchungen 102 (hier fehlerhaft).

[153] Graf Salm an KM ddo 1514 August 23 Gradisca (*Wien* HHSA, MaxAkt 32, fol. 186 ff.).

[154] Vgl. die Berichte des Regimentes an Serntein ddo 1514 August 9 Innsbruck (*Wien* HHSA, MaxAkt 32, fol. 76 f.); desgl. ddo 1514 Juli 26 Innsbruck (*Innsbruck* TLA, MaxAkt XIII/256/X, fol. 64); *Jäger*, Landständische Verfassung II/2, 475 f.; *Fauland*, Diss. 68.

[155] Berichte aus Verona ddo 1514 September—Oktober (*Wien* HHSA, MaxAkt 32, fol. 51, 113 f., 117 f.).

[156] Venezianischer Bericht bei *Sanuto* XIX, 291; *Guicciardini* (ed. Rosini) II, 361 f. und (ed. Forberger) 273; *Fauland*, Diss. 68 f.

[157] Gattinara an EMarg ddo 1514 Oktober 22 Innsbruck (*Le Glay*, Négociations I, 589 ff., Nr. 193); Cardona an KM ddo 1514 Oktober 18 Verona (*Wien* HHSA, MaxAkt 32, fol. 132 f.); Spinelli an KM ddo 1514 Oktober 21 Verona (*Wien* HHSA, MaxAkt 32, fol. 149 f.); *Guic-*

ciardini (ed. Rosini) II, 362 ff. und (ed. Forberger) 272; *Jovius* (ed. Forberger) 223 ff.; *Fauland*, Diss. 69 (dort Einzelheiten).

142 ¹⁵⁸ Bericht des Gattinara an EMarg ddo 1514 Februar 12 Dôle (*Godefroy*, Lettres IV, 240 ff.); desgl. *Le Glay*, Négociations I, 558 ff., Nr. 182): hier S. 563: „. . . mutacion de seigneuries, et que finablement le tout reviendra à une monarchie, comme fu faict du temps de Julius Cêsar."

¹⁵⁹ Vorschlag Papst Leos X. ddo 1514 Jahresbeginn (*Rom* VatA, Varia Politica LI [Miscell., Arm. II, 52], fol. 24 ff.); *Plamenig*, Diss. 37; venezianischer Bericht ddo 1514 April 28 Rom (*Sanuto* XVIII, 175); desgl. auch *Sanuto* XVIII, 184, 236, 245 f., 292; Schweizer Bericht über die päpstliche Politik ddo 1514 April 4 Zürich (*Eidgenössische Abschiede* III/2, 782 ff.); *Schaden*, Diss. 114; *Pastor* IV/1, 68.

¹⁶⁰ Venezianischer Bericht ddo 1514 April 28 Rom (*Sanuto* XVIII, 175); desgl. auch *Sanuto* XVIII, 184, 236, 245 ff., 292; Schweizer Bericht über die päpstliche Politik ddo 1514 April 4 Zürich (*Eidgenössische Abschiede* III/2, 782 ff.); *Pastor* IV/1, 68; *Schaden*, Diss. 114; *Miklautsch*, Diss. 124 f.

143 ¹⁶¹ Undatierter burgundischer Bericht ca. 1513 Februar Mailand (*Godefroy*, Lettres IV, 248 ff.); *Ulmann* II, 487 f.

¹⁶² Siehe S. 357 ff.

144 ¹⁶³ Vertrag ddo 1514 März 13 Orleans (*Du Mont* IV/1, 179, Nr. 84); venezianische Berichte ddo 1514 März—April (*Sanuto* XVIII, 84, 99, 168, 176); eingehender burgundischer Bericht an EMarg ddo 1514 März 28 Mailand (*Godefroy*, Lettres IV, 291 ff.); *Le Glay*, Correspondance II, 245 f., Nr. 566; *Scarisbrick* 50 ff.; *Ulmann* II, 484 ff., 492 ff.; *Lanz*, Einleitung 141 f.; *Busch*, Geschichte Englands 51 ff.; *Wolff*, Untersuchungen 98; *Schaden*, Diss. 112 f.; *Plamenig*, Diss. 40; *Miklautsch*, Diss. 107 ff., 111 ff., 114 ff.

¹⁶⁴ EMarg an KM ddo 1514 April 28 Mecheln (*Godefroy*, Lettres IV, 303 ff.); desgl. ddo 1514 Februar 24 (*Le Glay*, Correspondance II, 225 ff., Nr. 555, und Négociations I, 569 ff., Nr. 185); EMarg an KM ddo 1514 Februar 14, März 6 und März 28 bei *Le Glay*, Correspondance II, 221 ff., Nr. 554, und 229 ff., Nr. 556, Négociations I, 564 ff., Nr. 183, und *Godefroy*, Lettres IV, 296 ff.; vgl. dazu *Le Glay*, Correspondance II, 245 f., Nr. 566; *Lanz*, Einleitung 143 f. (dort eingehende Darstellung); *Busch*, Geschichte Englands 53 ff.; *Miklautsch*, Diss. 110, 115.

¹⁶⁵ KE an EMarg ddo 1514 Juni 12 Eltham (*Godefroy*, Lettres IV, 320 ff.): hier S. 323: „. . . l'Empereur nous fit demonstration de l'offre de la Couronne Impèriale et apres du Vicariat . . ."

145 ¹⁶⁶ KE an seinen Gesandten bei EMarg ddo 1514 Februar 27 Lambeith (*Godefroy*, Lettres IV, 253 ff.); *Undreiner* 94; *Miklautsch*, Diss. 110, 115 f., 118 f.

¹⁶⁷ Venezianischer Bericht aus England ddo 1514 Januar 13 (*Sanuto* XVII, 531); undatierter Bericht von EMarg an KM ddo 1514 März bis April (*Godefroy*, Lettres IV, 270 ff., und *Le Glay*, Correspondance II, 119 ff., Nr. 477); *Miklautsch*, Diss. 117, 119.

[168] KE an EMarg ddo 1514 Mai 5 Eltham (*Godefroy, Lettres* IV, 312 ff.); eingehender Bericht über die Stimmung am englischen Hof an KM ddo 1514 Juni 19 London (*Godefroy, Lettres* IV, 328 ff.): hier S. 331: „... cum eo tanquam cum puero ... ludatur ..."; KE an Leo X. ddo 1514 August 12 (*Sanuto* XIX, 29 f.); eingehende Stellungnahme des KE ddo 1514 September 11 Croydon (*Godefroy, Lettres* IV, 355 ff.); eingehender Bericht an EMarg ddo 1514 Juni 30 London (*Godefroy, Lettres* IV, 335 ff.): hier S. 337: „... l'on luy a fait trop de deshonneur ..."; *Guicciardini* (ed. Rosini) II, 354 f. und (ed. Forberger) 271; *Busch*, Englische Geschichte 49 ff.; *Lanz*, Einleitung 140 ff.; *Ulmann* II, 492; *Miklautsch*, Diss. 121 f., 124, Anm. 4, 126 f.
[169] *Scarisbrick* 53; *Busch*, Englische Geschichte 55 ff.; *Ulmann* II, 492 ff.; *Miklautsch*, Diss. 125 f.
[170] Bericht Gattinaras an EMarg ddo 1514 September 11 Innsbruck   146 (*Godefroy, Lettres* IV, 361 ff.); *Lanz*, Einleitung 141, meint meines Erachtens zu Unrecht, Kg Ferdinand habe den Kaiser vorsätzlich von England trennen wollen, um den habsburgischen Universaldominat zu verhindern.
[171] KM an EMarg ddo 1514 April 15 (*Kreiten*, Briefwechsel 284 f., Nr. 79); EMarg an KM ddo 1514 April 28 Mecheln (*Le Glay*, Correspondance II, 147 ff., Nr. 567); *Godefroy, Lettres* IV, 303 ff.; *Ulmann* II, 497.
[172] *Brewer* I, 849 f., Nr. 5282; *Miklautsch*, Diss. 123.
[173] Vertrag ddo 1514 August 7 London (*Du Mont* IV/1, 183 f.); *Bergenroth* II, 230 ff., Nr. 183; burgundische Instruktion ddo 1514 Juli/August ca. (*Godefroy, Lettres* IV, 348 ff.); venezianischer Bericht ddo 1514 August 8 Rom (*Sanuto* XVIII, 428); *Guicciardini* (ed. Rosini) II, 357 f.; *Busch*, Englische Geschichte 57 f.; *Přibram* 21; *Pastor* IV/1, 68; *Ulmann* II, 497 f.; *Schaden*, Diss. 115; *Plamenig*, Diss. 49 f.; *Miklautsch*, Diss. 123 f.
[174] *Brewer* I, 854, Nr. 5307; *Ulmann* II, 492 ff., 497.
[175] *Fugger-Birken* 1311.   147
[176] Bericht des Gattinara an EMarg ddo 1514 September 14 Innsbruck (*Godefroy, Lettres* IV, 368 ff.).
[177] Venezianische Berichte ddo 1514 August 18—22 Rom (*Sanuto* XVIII, 456, 471); außerdem ddo 1514 September 1—7 Rom (*Sanuto* XIX, 5, 27, 33); *Cian*, Ambasciera (Bd. 30) 386; *Pastor* IV/1, 70 f.
[178] Venezianischer Bericht ddo 1514 April 29 (*Sanuto* XVIII, 182); *Schaden*, Diss. 113 f.; *Plamenig*, Diss. 42 f.
[179] Schweizer Bericht über die päpstliche Politik ddo 1514 April 4   148 Zürich (*Eidgenössische Abschiede* III/2, 784); *Bauer*, Anfänge 21.
[180] Punktation und Vertrag Leos X. ddo 1514 April 29 und Mai 4 Rom (*Rom* VatA, AA, Arm. I—XVIII, Nr. 2621, 2663, 2670); *Bergenroth* II, 223 ff., Nr. 174; *Plamenig*, Diss. 44 f.
[181] Venezianische Berichte aus Rom ddo 1514 April 26, 28 Rom (*Sanuto* XVIII, 157, 175); vgl. Klage des Papstes über Versuche der Könige von Spanien und Frankreich und des Kaisers, die päpstliche Macht zu verkleinern ddo 1514 April 15 (*Cian*, Ambasciera [Bd. 30] 373, Anm. 1); *Pastor* IV/1, 65 ff.; *Ulmann* II, 490 ff.

[182] Quittung des päpstlichen Unterhändlers Pio Carpi ddo 1514 März 11 (*Rom* VatA, AA, Arm. I—XVIII, Nr. 3030); venezianische Berichte ddo 1514 August 18 Rom (*Sanuto* XVIII, 456); desgl. Berichte ddo 1514 November—Dezember (*Sanuto* XIX, 284, 324); Übergabsbefehl Leos X. ddo 1514 November 12 Rom (*Hergenröther*, Regesta I, 772, Nr. 12.681); *Guicciardini* (ed. Rosini) II, 359 ff. und (ed. Forberger) 272; *Pastor* IV/1, 70 f.; *Hefele-Hergenröther*, Conciliengeschichte VIII, 613; *Ulmann* II, 489, 501 f.; *Schaden*, Diss. 116; *Plamenig*, Diss. 47.

149 [183] Geht aus einer undatierten Punktation Leos X. von 1515 ca. hervor (*Rom* VatA, Miscell. Arm. II, tom. 52 [Varia Politica 51], fol. 87 ff.).

[184] *Villari*, Machiavelli II, 207; vgl. den Bericht Carpis an KM ddo 1515 Januar 4 Rom (*Wien* HHSA, MaxAkt 33, fol. 5 ff.): darin ein Bericht über die Versuche des Papstes, Venedig von Frankreich abzuziehen; *Ulmann* II, 501; *Pastor* IV/1, 72.

[185] KM an Lang ddo 1514 September 9 Innsbruck (*Marburg* SA, Bestand 3, Fasz. 364, fol. 18 f.); Schweizer Bericht ddo 1514 September 18 Zürich (*Eidgenössische Abschiede* III/2, 818 ff.); Instruktion KMs für seine Gesandten zu den Eidgenossen ddo 1514 Oktober 10 Innsbruck (*Eidgenössische Abschiede* III/2, 831 ff.).

[186] *Roscoes* II, 208 ff.; *Cian*, Ambasciera (Bd. 30) 389 ff.; *Romanin* V, 296; *Pastor* IV/1, 72; *Schaden*, Diss. 116 f.; *Plamenig*, Diss. 51 ff.

150 [187] Venezianischer Bericht ddo 1514 Dezember 15 Rom (*Sanuto* XIX, 326): „... il Senato non faria mai acordo senza Verona et che perderemo il Stato e Padoa e Treviso, e tutti farà liga contra di nui ...“; venezianischer Bericht ddo 1514 Dezember 27 Rom (*Sanuto* XIX, 353); *Schaden*, Diss. 117.

[188] *Bergenroth* II, 236 f., Nr. 188; *Pastor* IV/1, 71; *Plamenig*, Diss. 53.

[189] *Doussinague*, Testamento 9/ ff.; *Schirrmacher* VII, 674 f.; *Fauland*, Diss. 93.

[190] *Guicciardini* (ed. Rosini) II, 365 ff. und (ed. Forberger) 274; *Jovius* (ed. Forberger) 308; *Belcarius*, Rer. Gall. Comm. 433; *Lanz*, Einleitung 162; *Ulmann* II, 502; *Lavisse* V/1, 116; *Jorde*, Diss. 97 f.

[191] Bericht der kaiserlichen Räte an KM ddo 1515 Januar 5 Zürich (*Wien* HHSA, MaxAkt 33, fol. 11 ff.); KM an seine Räte ddo 1515 Januar 14 Innsbruck (*Innsbruck* TLA, MaxAkt I/44); Abschied ddo 1515 Januar 16 Zürich (*Eidgenössische Abschiede* III/2, 847); *Guicciardini* (ed. Forberger) 275; *Harkensee* 7 ff.

[192] KM an Renner ddo 1515 s. d. (*Marburg* SA, Bestand 3, Fasz. 366, fol. 1); desgl. 1515 Februar 16 Innsbruck (*Wien* HHSA, MaxAkt 33, fol. 131 ff.): dort über Verhandlungen Dr. Renners mit dem KF; *Jorde*, Diss. 98.

[193] *Wiesflecker*, Denkschrift 23 ff. (Original der Denkschrift in *Innsbruck* TLA, MaxAkt I/44, fol. 56—101).

III. MAXIMILIANS OSTPOLITIK 1506—1518. GRÜNDUNG DER DONAUMONARCHIE

1. Maximilians ungarische Politik 1506 bis 1515. Vorbereitung des Doppelheiratsvertrages und des Wiener Kongresses von 1515

¹ Vgl. auch die kritische Übersicht über Quellen und Literatur auf 154 Seite 181, Anm. 1, welche auch für dieses Kapitel weithin Geltung hat, desgl. *Wiesflecker*, Maximilian III, 544, 548, 551, und bei *Mur*, Diss. 12. Die neueste Darstellung bei *Mur* zieht weithin neue Aktenmaterialien aus der krl. Kanzlei (*Wien* HHSA und *Innsbruck* TLA) und aus den Archiven zu *München* und *Budapest*, die in den Sammlungen der Maximilian-Regesten enthalten sind, heran; ebenso sind die einschlägigen Jahrbuchdissertationen zu erwähnen. Hervorgehoben seien teils ältere und neuere Arbeiten von *Liske, Ankwicz, Fraknoi* (Ungarn und die Liga von Cambrai), die Wiener Diss. von *Legler* über die österr.-ungarischen Grenzstreitigkeiten und die sehr gründliche neuere polnische Arbeit von *Baczkowski*, der auch die Vorgeschichte zum Wiener Kongreß eingehend behandelt.

² Dazu vgl. die eingehende polnische Arbeit von *Baczkowski* 62 ff.; *Wiesflecker*, Maximilian III, 327; *Mur*, Diss. 12 ff.

³ *Wiesflecker*, Maximilian III, 326; *Mur*, Diss. 13.

⁴ Über den Kriegsverlauf vgl. *Wiesflecker*, Maximilian III, 328 ff.; *Mur*, Diss. 15 ff.

⁵ Vgl. Brief an den KU ddo 1506 April 16 Bruck/Mur und Mai 1 Voitsberg (*Budapest* SA, Diplomatikai lévéltar, Nr. 21/572 und 39/336); vgl. *Pray*, Epistolae procerum I, 53 ff., Nr. 27, 28.

⁶ Brief KMs an den KU ddo 1506 Mai 7 Leoben (*Pray*, Epistolae pro- 155 cerum I, Nr. 29); venezianische Berichte aus Ungarn und dem Reich ddo 1506 Mai 16 (*Sanuto* VI, 338 f.).

⁷ *Wiesflecker*, Maximilian III, 333 ff. (dort Einzelheiten und Quellen); *Baczkowski* 62; *Mur*, Diss. 20 f.

⁸ *Mur*, Diss. 21 (dort Einzelheiten und Quellen).

⁹ Bericht des V. Fürst an KM ddo 1506 November 7 Scharfeneck (*Wien* HHSA, MaxAkt 10 b/2, fol. 1 f.); KM an Seifried von Polheim ddo 1506 Dezember 3 Salzburg (*Budapest* SA, Diplomatikai lévéltar, Nr. 104/36, 104/62); Bericht des Regimentes an KM ddo 1512 April 25 Wien (*Wien* HHSA, MaxAkt 20, fol. 112 f., 115); *Legler*, Diss. passim; *Mur*, Diss. 32 ff. (dort viele Einzelheiten und Quellen), 173 ff.

¹⁰ *Mur*, Diss. 41 ff. (dort viele Einzelheiten und Quellen); *Wenko*, Diss. 133 ff.; *Schodl*, Diss. 256 ff.

¹¹ Vertrag ddo 1511 April 14 (*Lünig*, Reichs-Archiv, Pars specialis I, 22 ff., Nr. 11); *Du Mont* IV/1, 135 ff.

¹² Maßmünster an KM ddo 1506 September 19 Wien (*Innsbruck* TLA, MaxAkt XIV/1506, fol. 40).

156 ¹³ *Sanuto* VI, 445; *Wiesflecker, Maximilian* III, 385 f.; *Ulmann* II, 282; *Mur*, Diss. 21 f. (dort Einzelheiten).
¹⁴ *Baczkowski* 64 f.
¹⁵ KM befiehlt ddo 1506 August 3 seinem Rat Dr. Khuen, die Vertragsurkunden im Innsbrucker „gwelb" so aufzubewahren, damit man sie im Bedarfsfall sofort finden könne (*Wien* HHSA, MaxAkt 10 b/3, fol. 77ᵛ); dazu *Szalay* III/2, 127; *Fessler*, Geschichte v. Ungarn III, 282; *Neuhauser* 20; *Mur*, Diss. 22 f.
¹⁶ Siehe S. 24.
¹⁷ Bericht ddo 1507 August 18 bei *Sanuto* VII, 136; *Szalay* III/2, 128; *Fessler*, Geschichte v. Ungarn III, 283 f.; *Ulmann* II, 282; *Mur*, Diss. 23.
¹⁸ KM an Jhan Mrakes ddo 1507 Juni 1 Konstanz (*Wien* HHSA, MaxAkt 11/2, fol. 1 f.).
¹⁹ Instruktion KMs an Mrakes ddo 1507 Oktober 13 in *Wien* HHSA, Urkundenreihe (unter 1507 November 12); *Mur*, Diss. 24 (dort Einzelheiten).
157 ²⁰ Vertragsurkunden ddo 1507 Oktober 11 (*Wien* HHSA, Urkundenreihe); vgl. dazu *Huber*, Geschichte Österreichs III, 436; *Fessler*, Geschichte v. Ungarn III, 284 f.; *Ulmann* I, 282 f.; *Baczkowski* 64 f.; *Mur*, Diss. 24 f.
²¹ Urkunde ddo 1507 November 12 Buda (*Wien* HHSA, Urkundenreihe); ein Vidimus des Bescheids Christofs von Brixen ddo 1514 Februar 21 in *Wien* HHSA, a. a. O.; *Fessler*, Geschichte v. Ungarn III, 285; *Baczkowski* 64 f.; *Mur*, Diss. 25.
²² *Fraknoi*, Ungarn und die Liga von Cambrai passim; *Mur*, Diss. 26 ff. (dort Einzelheiten), 185 ff.
²³ Instruktion KMs an Mrakes ddo 1508 März 26 Innsbruck (*Wien* HHSA, MaxAkt 12/2, fol. 114 ff.).
²⁴ Vgl. Berichte über die Lage Ungarns an KM oder den krl. Hof ddo 1509 September bis 1510 April (*Innsbruck* TLA, MaxAkt I/44, fol. 32; desgl. MaxAkt XIII/256/VI, fol. 89 f., und MaxAkt I/44b/19, fol. 33); *Mur*, Diss. 28.
158 ²⁵ Vgl. den Bericht der kaiserlichen Gesandten an KM ddo 1510 Juli 13 und 29 (*Wien* HHSA, MaxAkt 15 b/2, fol. 53 f. und 109 ff.); *Fraknoi*, Ungarn und die Liga von Cambrai 43 ff.; *Schodl*, Diss. 138; *Mur*, Diss. 29 f.
²⁶ *Fraknoi*, a. a. O., 61 ff., 77; *Mur*, Diss. 185.
²⁷ KMs Instruktion für seine Gesandten ddo 1511 Juli 27 Bozen (*Wien* HHSA, MaxAkt 19 a/1, fol. 106 ff.); dazu bei *Ankwicz-Kleehoven*, Cuspinians Briefwechsel 192 ff., Nr. 1; *Fraknoi*, a. a. O., 92; *Ankwicz*, Tagebuch 305 f.; *Mur*, Diss. 186 (dort Einzelheiten und Quellen).
²⁸ Antwort KMs auf verschiedene Vorschläge der ungarischen Gesandten ddo 1510 Oktober 15 ca. Konstanz (*Wien* HHSA, MaxAkt 16/1, fol. 40 ff.); *Mur*, Diss. 37 ff.
²⁹ *Baczkowski* 18 ff., 67 ff.; *Mur*, Diss. 133 f.
³⁰ Tagebuchnotiz des Cuspinian ddo 1510 November 16 (*Ankwicz*, Tagebuch 305); Bericht an KM ddo 1511 März 9 (*Innsbruck* TLA, MaxAkt I/44/20, fol. 5 f.); *Mur*, Diss. 133.

[31] *Baczkowski* 71 f.

[32] *Cuspinian*, Diarium (ed. Freher-Struve) 594; Einzelheiten und Quellen bei *Mur*, Diss. 133 ff.

[33] Urkunde ddo 1510 Januar 11 Prag bei *Lünig*, Reichs-Archiv, Pars specialis, Continuatio I/1, 98 f., Nr. 76; *Fessler*, Geschichte v. Ungarn III, 288; *Mur*, Diss. 134.

[34] *Ankwicz*, Tagebuch 315 (Eintragung ddo 1511 August 30).

[35] *Ulmann* II, 542; *Baczkowski* 54, 67 ff.; *Mur*, Diss. 134.

[36] *Liske*, Kongreß 470 f.; *Baczkowski* 38, 53 f.

[37] Venezianischer Bericht ddo 1511 Dezember 31 Buda (*Sanuto* XIII, 405); *Baczkowski* 78, 84 ff.; *Mur*, Diss. 135.

[38] *Baczkowski* 88 ff.; *Mur*, Diss. 135.

[39] *Baczkowski* 101 ff., 104, 136 f.

[40] Siehe S. 139 ff.

[41] Siehe S. 176, 179 f.; *Baczkowski* 108 f., 122 ff., 130.

[42] Ed. *Denkmäler des alten Rußland* II, 1437 ff.; *Mur*, Diss. 122 (dort Einzelheiten und Quellen); *Baczkowski* 123 ff., 125 f., 136 ff.

[43] *Baczkowski* 122 ff.

[44] Vgl. den Bericht des Lorenz Saurer an KM ddo 1512 September 2 Wien (*Wien* HHSA, MaxAkt 21b, fol. 1 f.); *Mur*, Diss. 136 (dort Akten der kaiserlichen Kanzlei).

[45] *Baczkowski* 115 f.

[46] *Ankwicz*, Cuspinian 61 ff., 66 ff.; vgl. zahlreiche diplomatische Korrespondenzen bei *Mur*, Diss. 136 f.; *Baczkowski* 115 f., 118 ff., 131, 152.

[47] *Baczkowski* 116.

[48] Vgl. den Bericht des Lorenz Saurer an Serntein ddo 1514 Januar 9 Wien (*Wien* HHSA, MaxAkt 30, fol. 23); *Baczkowski* 132 f.; *Mur*, Diss. 137 f.

[49] *Ankwicz*, Cuspinian 68 f.

[50] Vgl. venezianische Berichte von 1514 März/April (*Sanuto* XVIII, 31 f., 175, 190, 240); *Mur*, Diss. 138.

[51] Serntein an Cuspinian ddo 1514 März 7 Innsbruck (*Innsbruck* TLA, MaxAkt XIV/2, fol. 17); gedruckt bei *Ankwicz*, Cuspinians Briefwechsel 58 f., Nr. 28; *Mur*, Diss. 138.

[52] Der diesbezgl. Briefwechsel KMs mit EMarg ddo 1513/14 bei *Le Glay*, Correspondance II, 232 ff., Nr. 557, 560, 567, 569; *Cuspinian*, Diarium (ed. Freher-Struve) 594; *Mur*, Diss. 138.

[53] *Mur*, Diss. 138 f.

[54] *Baczkowski* 149 f., 154 f.

[55] Lorenz Saurer an KM ddo 1514 August 30 Wels (*Innsbruck* TLA, MaxAkt XIII/256/X, fol. 78).

[56] Cuspinian an Saurer ddo 1514 September 7 Ofen (*Ankwicz*, Cuspinians Briefwechsel 60 ff., Nr. 30); *Baczkowski* 155 f.; *Ankwicz*, Tagebuch 311; *Ankwicz*, Cuspinian 72 f.; *Mur*, Diss. 139.

[57] *Baczkowski* 158, 160; *Ankwicz*, Cuspinian 74 f.; *Mur*, 140.

[58] *Baczkowski* 158.

159

160

161

162

2. Maximilians Nordostpolitik (1506—1515). Die Hanse, Dänemark und Schweden. Der Deutsche Orden, Livland, Polen und Rußland

1 Recht zahlreiche neue Quellen über die Beziehungen des Kaisers zum Deutschen Orden, Livland, Polen und Rußland finden sich in den Archiven zu *Wien* (HHSA), *Innsbruck* (TLA), *Marburg* (SA, Beuteakten), *Weimar* (SA) und *Merseburg* (DZA). Das eigentliche dokumentarische Fundament für dieses Kapitel bieten aber die großen Editionen der *Acta Tomiciana*, A. *Theiner* (Vet. Monumenta Poloniae), K. *Gorski* - M. *Biskup* (Acta statuum Prussiae), *Joachim* (Politik ... Publikationen aus dem preußischen Staatsarchiv), *Hubatsch-Joachim* (Regesta Ordinis Theutonicorum), L. *Arbusow* (Livländisches Urkundenbuch), die sehr wichtigen und reichhaltigen *Denkmäler des alten Rußland*, *Fiedler* (Allianz), die *Hanserezesse*, *Janssen* (Reichscorrespondenz) und einige andere Editionen, die immer wieder heranzuziehen sind. Die recht große einschlägige Literatur zeigt schon in diesem Kapitel eine sehr unterschiedliche Beurteilung der habsburgischen Ostpolitik (*Droysen, Voigt, Ulmann, Forstreuter, Joachim* und *Hubatsch*, die vorwiegend den preußischen Standpunkt vertreten; daneben vertreten *Liske* und *Zivier* vorwiegend den polnischen Standpunkt; *Übersberger, Fiedler* und *Strahl* sind unentbehrlich für die Geschichte der Beziehungen zu Rußland). Die einschlägigen Jahrbuchdissertationen gehen mit unterschiedlicher Genauigkeit auf die kaiserliche Ostpolitik ein. Eine eingehende Zusammenfassung der kaiserlichen Ostpolitik von 1506—1519 aufgrund der gesamten Materialien der Maximilian-Regesten, der einschlägigen Editionen und einer großen Literatur bietet die Dissertation von *Mur*.

163 **2** *Forstreuter*, Ordensstaat 9 ff.

164 **3** Reichsacht ddo 1506 Oktober 2 Graz (*Wien* HHSA, Reichsregisterbücher TT, fol. 3ᵛ f.; desgl. MaxAkt 10 b/1, fol. 112 ff.); *Ulmann* II, 505 f.; *Mur*, Diss. 77.

4 Mandat KMs ddo 1505 November 14 Passau (*Hanserezesse* III/5, 156 ff., Nr. 70, 76, 78, 85); KM an die Reichsstände ddo 1506 Oktober 23 Rottenmann (*Wien* HHSA, Reichsregisterbücher TT, fol. 5; desgl. MaxAkt 10 b/1, fol. 158 ff.).

5 Mandat KMs ddo 1508 Februar 17 Neustift (*Hanserezesse* III/5, 458, Nr. 346, 347); *Lünig*, Reichs-Archiv, Pars. gen. I, 496; KM an Lübeck ddo 1509 Februar 25 Gent (*Wien* HHSA, MaxAkt 14 a/1, fol. 64); *Mur*, Diss. 79.

6 KM an Kg von Dänemark ddo 1509 Februar 20 Brüssel (*Wien* HHSA, MaxAkt 14 a/1, fol. 65 f.); Kg von Dänemark an KM ddo 1509 Juli 13 (*Hanserezesse* III/5, 542, Nr. 450); *Fels*, Beiträge 198 ff.

7 KM an Heinrich von Braunschweig ddo 1509 Februar 25 Gent (*Wien* HHSA, MaxAkt 14 a/1, fol. 63); KM an Brandenburg ddo 1508 Juni 8 Worms (*Hanserezesse* III/5, 531, Nr. 439); KM an die Ostseestädte ddo 1508 Februar 13 Bozen (*Arbusow* II/3, 240, Nr. 328).

8 KM an den Großfürsten von Moskau ddo 1509 Februar 19 Brüssel (*Denkmäler des alten Rußland* I/1, 154 ff.); *Hanserezesse* III/5, 643, Nr. 538; *Arbusow* II/3, 393 f., Nr. 548; *Mur*, Diss. 81 f.

9 Großfürst von Moskau an KM ddo 1509 August 9 Moskau (*Denkmäler des alten Rußland* I/1, 156 ff.); *Arbusow* II/3, 486 ff., Nr. 670.

10 Darüber finden sich viele Zeugnisse bei *Gorski-Biskup* (Acta Prussiae). 165

11 *Voigt* III, 335 ff.; *Skriwan*, Diss. 186 ff.

12 *Mur*, Diss. 48 ff.

13 Korrespondenzen KMs betreffend den Breslauer Tag ddo 1508 März 10 bis 14 (*Wien* HHSA, MaxAkt 12/2, fol. 19 ff., 35, 36, 41); Bericht auf dem Ständetag zu Marienburg ddo 1508 Mai 30 (*Gorski-Biskup*, Acta Prussiae V/1, 251); *Voigt* III, 352; *Brandl*, Diss. 59; *Skriwan*, Diss. 190 ff.

14 Antwort des Königs von Polen ddo 1508 April 17 (*Gorski-Biskup*, 166 Acta Prussiae V/1, 230 ff.).

15 Instruktion des Hochmeisters für Verhandlungen auf dem Reichstag zu Worms ddo 1509 Juni 5 Worms (*Wien* HHSA, MaxAkt 14 a/3, fol. 34 f., 43 f.); *Voigt* III, 397; *Mur*, Diss. 51 f.

16 Werbung des Hochmeisters Friedrich an den Reichstag zu Worms (*Hubatsch-Joachim*, Regesta I/2, 389, Nr. 19.257); Antwort der kaiserlichen Räte und der Reichsstände an den Hochmeister ddo 1509 Juni 11 Worms (*Wien* HHSA, MaxAkt 14 a/3, fol. 39 ff.); *Voigt* III, 368 ff.; *Wenko*, Diss. 112 ff., 116 f.; *Mur*, Diss. 51 f.

17 Antwort der Reichsstände und kaiserlichen Räte ddo 1509 Juni Worms (*Janssen*, Reichscorrespondenz II, 474 ff., Nr. 974, 975; desgl. *Wien* HHSA, MaxAkt 14 a/3, fol. 39 ff.); *Zivier* I, 95 f.; *Wenko*, Diss. 118.

18 *Forstreuter*, Ordensstaat 40; *Voigt* III, 364; *Wenko*, Diss. 115 f.

19 Instruktion KMs ddo 1510 Mai 17 Augsburg (*Hubatsch-Joachim*, Re- 167 gesta I/2, 390, Nr. 19.276); *Voigt* III, 401; *Ulmann* II, 515; *Schodl*, Diss. 148 f.

20 *Liske*, Kongreß von Posen 293 ff., 348.

21 *Forstreuter*, Ordensstaat 43, 132 f.; *Liske*, Kongreß von Posen 342 ff., 346 ff.; *Zivier* I, 55 ff.; *Mur*, Diss. 59 f.; *Schodl*, Diss. 149 f.

22 *Hoffmann*, Danzig 14 ff., 20 ff.; *Mur*, Diss. 60 ff.

23 Bericht des Königs von Polen ddo 1514 September 25 Wilna (*Acta Tomiciana* III, 185, Nr. 234); zahlreiche Dokumente über die Haltung der Stände finden sich bei *Gorski-Biskup*, Acta Prussiae passim.

24 *Stoy*, Diplomatische Beziehungen 19, setzt diese Beziehungen zwischen 168 Habsburgern und Fürsten der Moldau erst wesentlich später an; über den Aufstieg der Moldau im 15./16. Jahrhundert vgl. S. *Papacostea*, Stephan der Große passim.

25 *Zivier* I, 60, 63; *Mur*, Diss. 132; *Schodl*, Diss. 151.

26 Bericht des Serntein an Lorenz Saurer ddo 1513 Juli 9 Innsbruck (*Innsbruck* TLA, MaxAkt XIII/256/IX, fol. 49 f.).

27 L. Saurer an Serntein ddo 1513 August 27 Wien (*Wien* HHSA, MaxAkt 29, fol. 133 ff.); *Mur*, Diss. 132.

28 *Mur*, Diss. 132 (dort die Quellen).

29 *Forstreuter*, Ordensstaat 13 ff.; *Voigt* III, 404 f.; *Zivier* I, 66 ff.; *Ulmann* II, 515; *Hubatsch*, Albrecht von Brandenburg 2 f.

169 ³⁰ KM an den Deutschmeister ddo 1511 Januar 3 Freiburg (*Wien* HHSA, MaxAkt 17/1, fol. 6); KM an den Deutschen Orden ddo 1511 Januar 3 Freiburg/Breisgau (*Hubatsch-Joachim*, Regesta I/2, 163, Nr. 3); *Voigt* III, 407 f.; *Mur*, Diss. 84; *Strasser*, Diss. 152 f.; *Brandl*, Diss. 65.

³¹ *Liske*, Congreß zu Wien 474; *Szalay* III, 172.

³² Beschwerden des Ständetages zu Elbing an den Hochmeister ddo 1507 Oktober 14 (*Gorski-Biskup*, Acta Prussiae V/1, 122 f., 127, 133, 137 f. u. v. a.).

³³ *Joachim*, Politik I, 174 f., Nr. 21; *Zivier* I, 64; *Strasser*, Diss. 151.

³⁴ Bericht über die Verhandlungen des Tages zu Danzig von 1511 Juni 21 bis 22 (*Gorski-Biskup*, Acta Prussiae V/3, 47 ff.).

³⁵ *Zivier* I, 68 f.

³⁶ Vgl. die Hilfsbitten des Hochmeisters bei *Joachim*, Politik I, 177 ff., Nr. 23, 27; *Voigt* III, 416; I. *Rom*, Diss. 89 ff.; *Strasser*, Diss. 154.

170 ³⁷ KM an genannte Reichsfürsten ddo 1511 Mai 3 Ulm (*Joachim*, Politik I, 184, Nr. 30); *Ulmann* II, 517; *Zivier* I, 71; *Voigt* III, 416 f.; *Krollmann*, Preußen 186.

³⁸ Instruktion KMs für Verhandlungen mit dem König von Polen ddo 1511 Mai 3 Ulm (*Joachim*, Politik I, 183 f., Nr. 29); *Brandl*, Diss. 69; *Strasser*, Diss. 155 f.

³⁹ *Zivier* I, 71, 78 ff.; *Liske*, Wiener Kongreß 458 f.; *Mur*, Diss. 85 f.; *Fauland*, Diss. 32.

⁴⁰ Ablehnende Antwort des Königs von Polen an KMs Gesandte ddo 1512 sine dato (*Acta Tomiciana* II, 12 f., Nr. 16); *Mur*, Diss. 87.

⁴¹ *Mur*, Diss. 86 (dort Einzelheiten); siehe S. 159.

⁴² Gesandtschaft des Königs von Polen an KM ddo 1512 April 6 und Antwort des Königs von Ungarn ddo 1512 April 19 (*Acta Tomiciana* II, 53 ff., 59 ff., Nr. 45, 46); *Engel*, Skizze 169, 181, *Horvath*, Ungarn 435; *Mur*, Diss. 88.

⁴³ Vertrag und Verhandlungen des Hochmeisters ddo 1512 Februar 20 ca. (*Joachim*, Politik I, 200 f., Nr. 46, 47); *Voigt* III, 411 f.; I. *Rom*, Diss. 92 f.; *Zivier* I, 95 f.; *Hubatsch*, Albrecht von Brandenburg 34; *Mur*, Diss. 90 f.

⁴⁴ KMs Mandat an verschiedene Reichsfürsten ddo 1512 Februar 23 Würzburg (*Joachim*, Politik I, 203, Nr. 48); *Voigt* III, 423; das Urteil *Ulmanns*, der Kaiser habe dadurch die Hilfe für den Deutschen Orden „verprovinzialisiert" und dadurch geschwächt, ist völlig unrichtig: denn stets war es Reichsbrauch, daß Grenzkriege vor allem durch die unmittelbaren Nachbarn getragen wurden.

⁴⁵ Eingabe des Ordens an Kaiser und Reichsstände zu Trier ddo 1512 Anfang Mai ca. (*Joachim*, Politik I, 206 ff., Nr. 50); diese Denkschrift („Famosus libellus") erwähnt auch Ferbers Tagebuch ddo 1512 Juni 24 (*Gorski-Biskup*, Acta Prussiae V/3, 222 f.); *Voigt* III, 412, 425 f.; *Hubatsch*, Albrecht von Brandenburg 35 ff.; I. *Rom*, Diss. 94 f.

171 ⁴⁶ Vgl. die Berichte des Ordensgesandten L. Sainsheim ddo 1512 Juli bis September Köln (*Joachim*, Politik I, 212 ff., Nr. 52—57); I. *Rom*, Diss. 95 f.

⁴⁷ Reichsabschied ddo 1512 August 6 Trier und Köln (*Schmauss-Senckenberg* II, 147 ff.); Bericht des Sainsheim ddo 1512 August 27

562

Köln (*Joachim*, Politik I, 213, Nr. 55); *Lünig*, Reichs-Archiv, Pars gen. Cont. I/1, 312 ff., Nr. 85; *Mur*, Diss. 93 f.

⁴⁸ KMs Instruktion für Herzog Georg von Sachsen für die Verhandlungen in Petrikau ddo 1512 September 16 Köln (*Wien* HHSA, MaxAkt 21b, fol. 55 f.).

⁴⁹ Bericht von Sainsheim an den Hochmeister ddo 1512 September 16 Köln (*Joachim*, Politik I, 214, Nr. 57).

⁵⁰ Ausführlicher Bericht des Danziger Stadtschreibers A. Storm (*Gorski-Biskup*, Acta Prussiae VI, 39 ff., 49 ff., 56 ff., 61, 66); Petrikauer Rezeß ddo 1512 Dezember 4 (*Joachim*, Politik I, 216 ff., Nr. 61); *Mur*, Diss. 96 f.; I. *Rom*, Diss. 97; *Brandl*, Diss. 76.   172

⁵¹ *Zivier* I, 103 ff.

⁵² Der Ordensmarschall Graf von Eysenburg an Serntein ddo 1513 Januar 12 Königsberg (*Innsbruck* TLA, MaxAkt XIII/256/IX, fol. 1).

⁵³ KM an den Hochmeister ddo 1513 Februar 27 Landau (*Acta Tomiciana* II, 188, Nr. 229); KM an den König von Polen ddo 1513 Mai 8 Brüssel (*Acta Tomiciana* II, 189 f., Nr. 231); *Ulmann* II, 519; *Voigt* III, 545; I. *Rom*, Diss. 97 f.; *Mur*, Diss. 99.

⁵⁴ König von Polen an KM (*Acta Tomiciana* II, 190 f., Nr. 232).

⁵⁵ Denkschrift Mgf Kasimirs an KM ddo 1513 März und Mgf Kasimir an Hochmeister (*Joachim*, Politik I, 220 f., Nr. 63, 64); *Hubatsch*, Albrecht von Brandenburg 46.

⁵⁶ *Werminghoff*, Hochmeister und Reich 508.   173

⁵⁷ Mgf Kasimir an den Hochmeister ddo 1513 März 15 (*Joachim*, Politik I, 221, Nr. 64).

⁵⁸ KMs Bericht an EMarg ddo 1514 April 30 Linz (*Le Glay*, Correspondance II, 383 f., Anhang 6); Verlöbnisurkunde ddo 1514 April 29 Enns (*Rom*, Vat. Arch. Miscell. 3959; *Wien* HHSA, Familienurkunden 965); *Lünig*, Codex Germaniae I, 571 ff., Nr. 87; EMarg an KM ddo 1514 Juni 12 Brüssel (*Le Glay*, Correspondance II, 256 ff., Nr. 572, 573); *Fauland*, Diss. 40; *Mur*, Diss. 216 ff.

⁵⁹ Dafür gibt es viele Zeugnisse bei *Gorski-Biskup*, Acta Prussiae VI,   174 216 f., 241 ff. u. v. a.

⁶⁰ Leo X. an den Hochmeister ddo 1513 März 16 Rom (*Joachim*, Politik I, 223 f., Nr. 65, 66); *Mur*, Diss. 102.

⁶¹ König von Polen an KM ddo 1513 November 9—10 Wilna (*Acta Tomiciana* II, 262 f., Nr. 360, 361).

⁶² KM an den Hochmeister ddo 1513 September 21 Tournai (*Joachim*, Politik I, 229, Nr. 73); KM an den Hochmeister ddo 1514 März 10 Steyr (*Wien* HHSA, MaxAkt 31, fol. 61).

⁶³ Instruktion KMs für Schnitzenbaumer ddo 1513 August 11 Aire   175 (*Wien* HHSA, Urkundenreihe); *Fiedler*, Allianz 184 ff.; dazu Beilage I, 237 ff.; *Zivier* I, 118; *Ulmann* II, 522; *Übersberger* I, 76 f.; *Forstreuter*, Preußen und Rußland 76; *Jorde*, Diss. 18; *Mur*, Diss. 105, 119 ff.

⁶⁴ Siehe *Wiesflecker*, Maximilian II, 168 ff., und III, 312 ff.

⁶⁵ *Übersberger* I, 77 ff.; *Strahl*, Rußlands Gesandtschaften 543 f.; *Liske*, Wiener Kongreß 465; *Fauland*, Diss. 51; *Mur*, Diss. 121.

66 Org. Pgt. der Bündnisvertragsurkunde 1514 (Februar bis März 7) Moskau (*Wien* HHSA, Urkundenreihe); Faksimile-Druck bei *Santifaller*, 1100 Jahre Österreichische Geschichte, Tafel 34; dort auch auf Seite 53 eine russische Transkription mit deutscher Übersetzung und Erklärungen; *Fiedler*, Allianz, Beilage IV, 247 ff., bietet die russische Fassung, lateinische Fassung 250 ff.; vgl. *Denkmäler des alten Rußland* II, 1431 ff.; *Übersberger* I, 78 ff.; *Ulmann* II, 522 f.; *Mur*, Diss. 122; *Kokalj*, Diss. 151 f.

176 **67** *Denkmäler des alten Rußland* II, 1446 ff.; *Fauland*, Diss. 52.

68 Bericht des Komturs zu Ragnit an den Hochmeister ddo 1514 November 26 Ragnit (*Joachim*, Politik I, 234, Nr. 78): Diese Nachricht hatte der König von Polen von einem gefangenen russischen Staatsrat; *Mur*, Diss. 123.

69 Vertragsurkunde zwischen KM und dem Zaren ddo 1514 August 4 Gmunden (*Denkmäler des alten Rußland* II, 1437 ff.); gedruckte Kopie (*München* HSA, Geheimes SA, Kasten rot 17 b/1): Das gedruckte Blatt mit einem deutschen und niederländischen Text sollte offenbar Propagandazwecken dienen; *Lünig*, Codex Germaniae 575 ff., Nr. 88; *Fiedler*, Allianz, Beilage III, 244 ff., und Beilage V, 253 ff. (= umgearbeitete Fassung des Vertrages); *Fauland*, Diss. 52 f.; *Jorde*, Diss. 19; *Kokalj*, Diss. 151 f.; *Mur*, Diss. 122.

70 Abgeänderte Fassung des Vertrages ddo 1514 August 4 Gmunden bei *Fiedler*, Allianz, Beilage V, 252 ff., und Bericht der beiden Gesandten Beilage VI, 256; *Fiedler* a. a. O. 188 f.; *Übersberger* I, 84 ff.; *Fauland*, Diss. 53 f.; *Jorde*, Diss. 20.

177 **71** *Engel*, Skizze 310 ff., 318; *Zivier* I, 128 ff.; *Liske*, Kongreß zu Wien 476 f.; die Verhandlungen der preußischen Stände mit dem König von Polen ddo 1515 Januar zu Neumarkt bei *Gorski-Biskup* (Acta Prussiae VI, 202 ff., 219); *Mur*, Diss. 105.

72 Beglaubigungsschreiben des Königs von Polen für seinen Gesandten an KM ddo 1514 April 27 Wilna (*Acta Tomiciana* III, 84, Nr. 101); *Fiedler*, Allianz 199; *Fauland*, Diss. 36 f.

73 Antwort der kaiserlichen Räte an den polnischen Gesandten ddo 1514 Juli 2 Linz (*Acta Tomiciana* III, 120 ff., Nr. 170, 174); *Fiedler*, Allianz 200 ff.

74 Klagebrief des Königs von Polen an den König von Ungarn ddo 1514 September 29 Wilna (*Acta Tomiciana* III, 209, Nr. 248); der Kaiser arbeitete konsequent auf ein großes Bündnis gegen Polen hin; vgl. dazu Instruktion KMs ddo 1514 August 18 Gmunden (*Joachim*, Politik I, 228 ff., Nr. 74); desgl. KM an die Brüder Friedrich und Johann von Sachsen ddo 1514 August 18 Gmunden (*Weimar* SA, Reg. C, 929, fol. 72); *Fauland*, Diss. 37 ff.

75 König von Polen an den König von Ungarn ddo 1514 Juli 30 Minsk (*Acta Tomiciana* III, 153 ff., Nr. 216); polnischer Lagebericht ddo 1514 Mai (*Gorski-Biskup*, Acta Prussiae VI, 175 ff., 183 f.); *Engel*, Skizze 322 f.; *Liske*, Kongreß zu Wien 480; *Fauland*, Diss. 39, 55.

76 Polnischer Bericht ddo 1514 September 26 Wilna (*Acta Tomiciana* III, 202 ff., Nr. 246); *Jovius* (ed. Forberger) 243 ff.; *Scheurl*, Geschichtbuch

62, Nr. 90; *Übersberger* I, 75; *Zivier* I, 136 ff.; *Liske*, Kongreß zu Wien 480 f.; *Fauland*, Diss. 41; *Kokalj*, Diss. 152 f.; *Mur*, Diss. 109.

[77] Bericht in Ferbers Tagebuch (*Gorski-Biskup*, Acta Prussiae VI, 238 ff., 261, Nr. 108); *Zivier* I, 141; *Liske*, Kongreß zu Wien 483.

[78] KM an Hochmeister ddo 1514 August 17 Gmunden (*Joachim*, Politik I, 229, Nr. 74).

[79] Bescheid Friedrichs von Sachsen ddo 1514 September 29 Lochau (*Joachim*, Politik I, 232, Nr. 76); *Ulmann*, Conflikt 101 ff.; *Fauland*, Diss. 43; *Mur*, Diss. 113 ff. (dort Einzelheiten).

[80] Bescheid des Kurfürsten Joachim (*Joachim*, Politik I, 233, Nr. 77, 78); KM an die Herzoge Friedrich und Johann von Sachsen ddo 1514 November 21 Innsbruck (*Merseburg* DZA, Rep. XI, 268—270, fol. 75 ff.); *Ulmann* II, 525; *Ulmann*, Conflikt 102; *Fauland*, Diss. 44; *Mur*, Diss. 115.

[81] Bescheid des Königs von Polen ddo 1514 November (*Joachim*, Politik I, 233 ff., Nr. 79); *Übersberger* I, 89 f.; *Ulmann*, Conflikt 105 f.; *Fauland*, Diss. 45 f.

[82] *Liske*, Kongreß zu Wien 482, Anm. 1; *Fauland*, Diss. 42.

[83] KM an M. Maßmünster ddo 1514 Dezember 13 Innsbruck (*Merseburg* DZA, Geheimes SA, Rep. 88 A., Tit. I A. n. 8, fol. 130 f.; desgl. *Joachim*, Politik I, 237, Nr. 82); *Ulmann*, Conflikt 108.

[84] Notiz ddo 1515 Mai 20 Augsburg (*Wien* HHSA, Reichsregisterbücher Y, fol. 296 f.).

[85] Befehl Wasilijs für den Empfang der kaiserlichen Gesandten in Novgorod ddo 1515 (*Denkmäler des alten Rußland* I/1, 173 f.); *Strahl*, Rußlands Gesandtschaften 545; *Fauland*, Diss. 58.

[86] Bericht ddo 1515 Mai 19 (*Fiedler*, Allianz 256 ff.; dazu auch 190 ff.); *Übersberger* I, 86.

[87] Protesturkunde ddo 1515 Mai 19 Augsburg (*Wien* HHSA, MaxAkt 33, fol. 57; vgl. auch *Fiedler*, Allianz, Beilage VII, 260 f.); *Fauland*, Diss. 58; *Jorde*, Diss. 21; *Mur*, Diss. 125.

[88] Darüber ausführliche Berichte in Ferbers Tagebuch (*Gorski-Biskup*, Acta Prussiae VI, 241, 247, 260).

3. Die Verhandlungen von Preßburg und der Kongreß zu Wien 1515. Die habsburgisch-ungarische Doppelheirat

[1] Die Preßburger Vorverhandlungen, die Festlichkeiten und Vertragsabschlüsse des Wiener Kongresses — allerdings mehr die Äußerlichkeiten — behandelt ausführlich *Cuspinian* (Diarium und Tagebuch; letzteres sehr kurz); im Politischen weniger genau, aber kulturgeschichtlich sehr interessant sind *Bartholinus* (Hodoeporicon) und *Fugger-Jäger*. Nicht viel Neues bietet der Bericht des *Decius*, Geheimschreibers des Königs von Polen; mehr hingegen das Tagebuch des Danziger Bürgermeisters Eberhard *Ferber*, der die Anreise aus Polen, die Konferenzen zu Preßburg und Wien vorzüglich aus polnischer Sicht beschreibt; *Ferber* geht mehr als die anderen auf die politischen Verhandlungen ein. Teilweise sehr wertvolle Berichte finden sich beim Venezianer *Sanuto*. Berichte des den Kaiser begleitenden englischen Gesandten Wingfield sind ediert bei *Bre-*

wer (Letters and Papers). Aufschlußreiche persönliche Korrespondenzen des Kaisers enthält *Le Glay* (Correspondance). Die innere Geschichte des Kongresses, Ergebnisse der Verhandlungen und die großen Vertragsurkunden finden sich in den Editionen von *Pray, Du Mont, Lünig* und *Dogiel;* Überlieferungen, Texte und Kritik der großen Verträge bei *Liske* (Wiener Kongreß). Die *Acta Tomiciana* enthalten aufschlußreiche Korrespondenzen des Königs von Polen sowohl mit dem König von Ungarn wie mit dem Kaiser im Verlaufe des Kongresses und seiner Vorbereitung ebenso die Texte der großen Verträge. — An älteren Darstellungen sind hervorzuheben *Isthvanffy* († 1615) und *Katona* († 1811), welche die zeitgenössischen erzählenden und urkundlichen Quellen recht gründlich verarbeiteten; nicht ganz zu übersehen ist die abgeleitete, aber wissenschaftlich brauchbare Darstellung von *Fugger-Birken.* — Unter den neueren Darstellungen verdient besonders Beachtung *Liske* (Congreß, Politik gegenüber Preußen); er bietet auch eine kritische Übersicht über die zeitgenössischen Quellen und die großen Vertragsurkunden. Wichtig ist auch *Ulmann* (Deutscher Orden in Preußen und Polen). *Ankwicz-Kleehoven* behandelt sehr eingehend die Rolle *Cuspinians* sowohl bei der Vorbereitung als bei der Durchführung des Kongresses. Eine gründliche Behandlung der polnischen Quellen und der polnischen Sicht bietet die wertvolle Arbeit von *Baczkowski,* die in der deutschen Literatur bisher noch nie herangezogen wurde. Die Dissertationen von *Jorde* und *Mur* haben den Vorzug, das erste Mal das gesamte Akten- und Urkundenmaterial der kaiserlichen Kanzlei (aus den Sammlungen der Maximilian-Regesten vorzüglich aus den Archiven in *Wien, Innsbruck* und *Marburg*) zu verarbeiten. Die Finanzierungsprobleme des Kongresses behandeln *Pölnitz* und *Jansen* (Jakob Fugger). Beiträge zur Wertung der Deutschordenspolitik KMs finden sich bei *Liske, Ulmann, Droysen, Ubersberger, Forstreuter, Mathis* und zuletzt *Baczkowski.* Unter den einschlägigen Handbüchern bieten das meiste zur Geschichte des Kongresses *Huber* (Österreichische Geschichte), *Fessler* (Ungarische Geschichte) und *Zivier* (Polnische Geschichte). *Lhotsky* (Verträge von Wien und Brüssel) enthält zu den Hauptfragen des Kongresses wenig Konkretes. Wertvolle Hinweise verdanke ich wie stets der Sammlung *Probszt.*

[2] Über die Anreise und das Eintreffen in Preßburg vgl. die ausführliche Schilderung bei *Cuspinian,* Diarium (ed. Freher-Struve) 595 ff.; *Ferber,* Tagebuch 168; *Fugger-Jäger,* fol. 270 f.; *Fugger-Birken* 1319; *Katona* XVIII, 869 ff.; *Ankwicz,* Tagebuch 313; *Liske,* Congreß zu Wien 486; *Ankwicz,* Cuspinian 80 f.; *Baczkowski* 175; *Mur,* Diss. 142 f.; *Jorde,* Diss. 23.

[3] *Baczkowski* 178 f.

[4] *Baczkowski* 173.

182 [5] *Ankwicz,* Tagebuch 313; *Cuspinian,* Diarium (ed. Freher-Struve) 597; *Baczkowski* 180 f.; *Mur,* Diss. 142 f.; *Jorde,* Diss. 25.

[6] Lang an KM ddo 1515 März 20 Wien (*Innsbruck* TLA, MaxAkt XIII/256/X, fol. 27).

[7] Bericht des *Cuspinian,* Diarium (ed. Freher-Struve) 598 f.; Bericht Wingfields an KE ddo 1515 April 4 Augsburg (*Brewer* II/1, 102, Nr. 317); *Jorde,* Diss. 25.

⁸ *Baczkowski* 174, 180.

⁹ *Liske,* Congreß zu Wien 486; *Liske,* Wiener Congreß 448; *Fiedler,* Allianz 208; *Zivier* I, 151; *Baczkowski* 181 ff.; *Mur,* Diss. 143; *Jorde,* Diss. 26.

¹⁰ Über die Beratungen berichtet ausführlich *Ferber,* Tagebuch 112 ff.;   **183** *Bartholinus,* Hodoeporicon 625 f.; *Mur,* Diss. 143.

¹¹ Lang an KM ddo 1515 April 28 Wien (*Wien* HHSA, MaxAkt 33, fol. 149 f.); *Cuspinian,* Diarium (ed. Freher-Struve) 598; *Baczkowski* 183; *Liske,* Congreß zu Wien 500; *Jorde,* Diss. 26.

¹² König von Polen an KM ddo 1515 April 13 Preßburg (*Acta Tomiciana* III, 363 f., Nr. 493).

¹³ *Baczkowski* 186.

¹⁴ Die vier großen Urkunden, Texte und Überlieferungen finden sich bei *Liske,* Congreß zu Wien 489 ff.; für die Ausheiratung der Tochter holte König Wladislaw auch die Zustimmung der böhmischen Stände ein, vgl. *Vysloužil,* Wiener Kongreß 85; *Cuspinian,* Diarium (ed. Freher-Struve) 598 ff.; *Ankwicz,* Tagebuch 313; *Ferber,* Tagebuch 122 ff.; *Acta Tomiciana* III, 394; *Katona* XVIII, 874; *Liske,* Congreß zu Wien 486 ff.; *Ulmann* II, 533 ff.; *Baczkowski* 185 ff. (dort der genaue Verhandlungsgang mit Polen); *Mur,* Diss. 142 ff., 156 ff.; *Jorde,* Diss. 27 ff.

¹⁵ *Fugger-Jäger* II, fol. 270ᵛ f.; *Fugger-Birken* 1321 f.; *Mur,* Diss. 144 f.   **184** (dort Einzelheiten).

¹⁶ Bericht von 1515 Juni 24 in *Chroniken der deutschen Städte* XXIII (Augsburger Chronik) 134; *Jorde,* Diss. 40 f.

¹⁷ Vgl. einen Bericht des Ursinus Velius ddo 1515 Juli 4 Linz (*Giehlow,* Dürers Entwürfe 77).

¹⁸ *Giehlow,* Entstehungsgeschichte des Gebetbuches 73.

¹⁹ Kupfervertrag mit Jakob Fugger ddo 1515 Mai 12 Augsburg (*Wien*   **185** HHSA, Urkundenreihe); *Pölnitz* I, 326 f.; *Baczkowski* 195 f.

²⁰ *Pölnitz* I, 322 ff.; *Jansen,* Jakob Fugger 119 ff., 225 ff.; *Jansen,* J. Fugger und der Wiener Kongreß 185 ff.; *Mur,* Diss. 145 f.; *Jorde,* Diss. 39 ff.

²¹ Vgl. den Briefwechsel des Königs von Polen mit Lang und KM ddo 1515 Juni 4—18 Preßburg (*Acta Tomiciana* III, Nr. 513, 518—521, 523, 525, 527, 528); dazu ein venezianischer Bericht bei *Sanuto* XX, 305 f.; Berichte des englischen Gesandten Wingfield ddo 1515 April bis Juli (*Brewer* II, Nr. 377, 446, 531, 563, 624, 684, 725); *Baczkowski* 194 ff.; *Mur,* Diss. 146; *Jorde,* Diss. 30 ff.

²² *Cuspinian,* Diarium (ed. Freher-Struve) 595; *Ferber,* Tagebuch 122; *Katona* XVIII, 868; *Ulmann* II, 547 f.; *Liske,* Congreß zu Wien 487 f.; Itinerar KMs bei *Jorde,* Diss. 234 ff.

²³ Venezianische Berichte ddo 1515 März 21 und 28 (*Sanuto* XX, 67, 76); *Bartholinus,* Hodoeporicon 646: „Caesar ... cum pedibus laboraret ...“

²⁴ *Mur,* Diss. 147 f. (dort Einzelheiten).

²⁵ *Cuspinian,* Diarium (ed. Freher-Struve) 599 f.; *Bartholinus,* Hodo-   **186** eporicon 646 f.; venezianische Berichte bei *Sanuto* XX, 428, 488; *Acta Tomiciana* III, 394, Nr. 538; Bericht des englischen Gesandten Wingfield an den KgE ddo 1515 Juli 10 (*Brewer* II, 181, Nr. 684); *Ankwicz,*

Tagebuch 313; *Ulmann* II, 548; *Baczkowski* 200 ff.; *Mur*, Diss. 147 f.;
Jorde, Diss. 33.

²⁶ Bericht des Kardinals Bakócz an den Herzog von Ferrara ddo 1515
Juli 23 Wien (*Sanuto* XX, 481 ff.).

²⁷ *Bartholinus*, Hodoeporicon 649 f.; *Mayer,* Bauernkrieg (AföG 85)
84 ff.

²⁸ Kurzer Bericht KMs an Erzherzog Karl ddo 1515 Juli 22 ca. Wien
(*Marburg* SA, Bestand 3, Fasz. 379, fol. 76 ff.); *Cuspinian*, Diarium (ed.
Freher-Struve) 601; *Bartholinus*, Hodoeporicon 650; *Cuspinian*, Tagebuch (ed. Karajan) 407 f.; *Ankwicz*, Tagebuch 313; *Liske*, Congreß zu
Wien 488; *Ulmann* II, 548 f.; *Baczkowski* 202 ff.

²⁹ *Merkel*, Kaiser Friedrich Rotbart am Untersberg und der Birnbaum
auf dem Walser Feld (Abhandlungen des literarischen Vereins in Nürnberg 1862, S. 129 ff.); diesen Hinweis verdanke ich meinem Kollegen
O. Moser.

³⁰ Die Schilderung des Aufzuges bei *Fugger-Jäger* II, fol. 273 f.; desgl.
bei *Fugger-Birken* 1323 f.; *Cuspinian*, Diarium (ed. Freher-Struve)
601 ff.; *Bartholinus*, Hodoeporicon 650 ff.; *Pray*, Annales IV, 374;
Herberstein, Selbstbiographie (ed. Karajan) 83; *Baczkowski* 203 f.; *Mur*,
Diss. 148 f.; *Jorde*, Diss. 33 ff.

187   ³¹ Bericht des *Cuspinian*, Diarium (ed. Freher-Struve) 601 f.; *Bartholinus*, Hodoeporicon 651 f.; Bericht von 1515 Juli 16 f. (bei *Scheurl*,
Geschichtbuch 74 ff.) beruht offenbar stark auf *Cuspinian;* Neue Zeytung
von 1515 Juli 16 (*Weller* 88 f., Nr. 7); *Baczkowski* 203 f.; *Mur*, Diss.
149 f.

³² Genaue Darstellung bei *Cuspinian*, Diarium (ed. Freher-Struve) 602 f.

188   ³³ *Bartholinus*, Hodoeporicon 651 (Bartholinus erwähnt zuerst die Begrüßung der Königskinder, was wahrscheinlich ist, und erst nachher
jene der Könige); *Cuspinian*, Diarium (ed. Freher-Struve) 602; *Mur*,
Diss. 150; *Jorde*, Diss. 35.

³⁴ *Bartholinus*, Hodoeporicon 651 (dort sehr eingehend); *Liske*, Congreß
zu Wien 488; *Baczkowski* 204; *Jorde*, Diss. 36.

³⁵ Brief KMs an EMarg ddo 1515 Oktober ca. bei *Le Glay*, Correspondance II, 299 ff., Nr. 605: „Ly seol (= Sigismund) est la causa que la
fylle héritière d'Ungarie fut marié en nostre maeson d'Osterice . . ."

³⁶ Vgl. die Berichte bei *Cuspinian*, Diarium (ed. Freher-Struve) 602 ff.;
Bartholinus, Hodoeporicon 652 ff. (dort eine genaue Aufzählung der
geistlichen und weltlichen Fürsten, Grafen, Herren, Räte und Diener des
kaiserlichen Gefolges, außerdem der Gesandtschaften und des polnischen
und ungarischen Gefolges); kurzer venezianischer Bericht ddo 1515 Juli 20
und 23 Buda und Wien (*Sanuto* XX, 481 ff., 488); *Pray*, Annales IV, 377;
Baczkowski 204 ff.; *Mur*, Diss. 150 f.; *Jorde*, Diss. 37 ff.

189   ³⁷ *Cuspinian*, Diarium (ed. Freher-Struve) 605; *Cuspinian*, Tagebuch
(ed. Karajan) 407 f.

³⁸ *Cuspinian*, Diarium (ed. Freher-Struve) 605; *Bartholinus*, Hodoeporicon 655 f.; *Acta Tomiciana* III, 394, Nr. 538 (Chronica); *Pray*,
Annales IV, 377; *Baczkowski* 206; *Mur*, Diss. 152.

³⁹ *Bartholinus*, Hodoeporicon 656 f. (dort eine kurze Inhaltsangabe);
Cuspinian, Diarium (ed. Freher-Struve) 605; *Ankwicz*, Tagebuch 313;

Acta Tomiciana III, 334, Nr. 538; *Pray*, Annales IV, 377; *Baczkowski*
206 f.; *Mur*, Diss. 152; *Jorde*, Diss. 41 f.

⁴⁰ *Bartholinus*, Hodoeporicon 657; *Pray*, Annales IV, 377.

⁴¹ *Cuspinian*, Diarium (ed. Freher-Struve) 605; *Mur*, Diss. 152 f.; *Jorde*,
Diss. 42.

⁴² *Cuspinian*, Diarium (ed. Freher-Struve) 607; Bericht des königlichen
polnischen Geschichtsschreibers *Decius*, Liber de Sigismundi regis temporibus (ed. Pistorius 1582) II, 326; Bericht des englischen Gesandten
Wingfield an den KE ddo 1515 Juli 24 Wien (*Brewer* II, 196, Nr. 746);
Ulmann II, 550 f.; *Jorde*, Diss. 43 f.

⁴³ Diese Auffassung vertritt *Baczkowski* 231 f.

⁴⁴ Edition bei *Lünig*, Codex Germaniae 579 ff., Nr. 89; *Pray*, Epistolae
procerum 378 f., Nr. 50; *Katona* XVIII, 900 ff.; ein zeitgenössisches
Urteil über den Adoptionsvertrag bei *Spalatin*, Nachlaß 153; *Liske*,
Congreß zu Wien 481 ff., 498 (behandelt die Frage der Echtheit dieser
Urkunde); *Vysloužil*, Wiener Kongreß 84; *Ulmann* II, 550 f. (schätzt
die Bedeutung der Adoptionsurkunde meines Erachtens nicht richtig
ein); *Huber*, Geschichte Österreichs III, 446, bezeichnet diesen Vertrag als
„glänzende Seifenblase"; *Fessler*, Geschichte Ungarns III, 307; *Bachmann*, Geschichte Böhmens II, 770; *Baczkowski* 208 ff.; *Mur*, Diss. 156 ff.;
Jorde, Diss. 46 f.

⁴⁵ Vgl. dazu *Wiesflecker*, Maximilian I, 350 f. (dort Einzelheiten);
Baczkowski 48 f., 211.

⁴⁶ Das Originalbild in *Wien*, Kunsthistorisches Museum; *Ankwicz*,
B. Strigel 281 ff.; zur Datierung des Bildes *Hilger*, Ikonographie 19;
Katalog der Ausstellung Maximilian (Innsbruck) Nr. 553, dazu Abbil-
dung Nr. 107; Strigel war ein Schwager Cuspinians.

⁴⁷ Dazu Vorurkunde ddo 1515 Mai 20 Preßburg; Ratifikationsurkunde
ddo 1515 Juli 22 Wien (*Wien* HHSA, Familienurkunden); Quellen bei
Liske, Congreß zu Wien 489 f.; Acta Tomiciana III, 394, Nr. 538 (Chro-
nica); *Lünig*, Codex Germaniae, Pars specialis, Continuatio I/2, 38 ff.;
Dogiel, Cod. dipl. Poloniae I, 171 ff.; *Du Mont* IV/1, 211 ff., Nr. 99;
Pray, Annales IV, 381 ff.; *Katona* XVIII, 877 ff.; *Herberstein*, Selbst-
biographie (ed. Karajan) 83; Tagebuch des E. *Ferber* (Script. rerum
Polonicarum IV), 118 f.; *Liske*, Congreß zu Wien 490 ff. (sehr einge-
hend); *Ulmann* II, 551 f.; *Baczkowski* 189 ff.; *Mur*, Diss. 160 ff.; *Jorde*,
Diss. 47 f.

⁴⁸ *Liske*, Congreß zu Wien 522 ff.; der Meinung von *Dopsch*, Westpolitik
59, daß „die Wiener Verträge keine Verstärkung der Erbrechte Habsburgs auf Ungarn bedeuten . . .", kann ich nicht zustimmen.

⁴⁹ Vgl. *Fessler*, Geschichte v. Ungarn III, 307; dagegen *Liske*, Congreß
zu Wien 504; *Jorde*, Diss. 48.

⁵⁰ Urkunde ddo 1515 Mai 20 Preßburg und Ratifikation ddo 1515 Juli 22
Wien (*Wien* HHSA, Familienurkunden Nr. 974); Quellen dazu bei
Liske, Congreß zu Wien 490 f.; *Dogiel*, Cod. dipl. Poloniae I, 173 f.;
Fiedler, Allianz 226 ff., Nr. 9, 10; Acta Tomiciana III, 550 ff.; *Übers-
berger* I, 96 f.; *Liske*, Congreß zu Wien 537 ff.; *Vysloužil*, Wiener Kon-
greß 84 f.; *Baczkowski* 190 ff., 215 f.; *Mur*, Diss. 164 ff.; *Jorde*, Diss. 49 f.

190

191

192

193 **51** *Dogiel,* Cod. dipl. Poloniae I, 200 f.; *Ulmann* II, 535 f.; *Baczkowski* 194, 216.

52 Vgl. *Baczkowski* 220: „Ein besonderes Dokument, in dem Maximilian sich verpflichtet, den Hochmeister zur Ergebenheit gegenüber Polen zu bewegen, wurde faktisch nicht ausgestellt." Nach dem sehr kurzen Bericht des *Decius* (ed. Pistorius II, 329) hätte der Kaiser versprochen: „. . . fratrum Teuthonicorum in Prussiae magister per Caesarem quoque ut Poloniae regno infra certum tempus debitum praestaret inducendus vel deserendus omnino . . ." *Baczkowski* 221.

53 *Baczkowski* 221.

54 Das diesbzgl. Urteil *Ulmanns* II, 535, scheint mir nicht richtig; desgl. jenes von *Werminghoff,* Hochmeister und Reich 511 f.; *Mur,* Diss. 167.

55 Mandat KMs an das Kammergericht ddo 1515 August 4 (*Dogiel,* Cod. dipl. Poloniae IV, 201 f.): KM befiehlt sofortige Abstellung der Reichsacht gegen Danzig und Elbing und verbietet für seine Lebenszeit, die preußischen Städte vor das Kammergericht zu zitieren. *Ferber,* Tagebuch 143; *Hoffmann,* Danzig 32 ff.; *Droysen,* Geschichte der Preußischen Politik II/2, 91, irrt mit der Behauptung, KM habe auch seine Nachkommen gegen den Orden verpflichtet. *Mur,* Diss. 166 ff.

56 *Liske,* Congreß zu Wien 486 f.; König Sigismund an seine Gemahlin (*Acta Tomiciana* III, 532); *Baczkowski* 193; *Jorde,* Diss. 27.

57 *Baczkowski* 241.

194 **58** *Liske,* Congreß zu Wien 547 f.; *Mur,* Diss. 170; *Jorde,* Diss. 50 f.

59 KM an alle Kriegsleute, Beamten, Untertanen etc. ddo 1515 November 10 Augsburg (*Marburg* SA, Bestand 3, Fasz. 379, fol. 86 f.): Türkenaufruf KMs, worin von einem Frieden bzw. Waffenstillstand mit Venedig die Rede ist; *Jorga* II, 325; *Zinkeisen* II, 584.

60 *Ulmann* II, 535 f.; *Liske,* Congreß zu Wien 463 ff.

61 *Liske,* Congreß zu Wien 463 ff. und Wiener Congreß 445 ff.; *Voigt* III, 423; *Droysen,* Geschichte der Preußischen Politik II/2, 90; *Haller,* Auswärtige Politik und Krieg 91; *Ulmann* II, 519, 526, 529; *Ulmann,* Conflict passim; *Ulmann* verteidigt zunächst KMs Ordenspolitik gegen Liske, schließt sich dann aber dessen Urteil an; *Baczkowski* 241 f.; *Jorde,* Diss. 58 ff.

195 **62** Positiver urteilen *Forstreuter,* Preußen und Rußland 77, und *Übersberger* I, 96 ff.; desgl. *Mathis,* Östliche Politik 20; positiv urteilt auch *Buchner,* Maximilian 84 f.

63 Man wird die Deutschordens-Politik des frühen 15./16. Jahrhunderts nicht mit den preußischen oder habsburgischen Interessen des 19./20. Jahrhunderts messen dürfen.

64 Dies ist die Meinung des polnischen Historikers *Baczkowski* 212 f.

65 *Baczkowski* 229 f.

66 Vgl. *Baczkowski* 218 f., 241; *Baczkowski* selbst vertritt dagegen den Standpunkt, daß die Wiener Verträge für Polen doch ein Erfolg gewesen seien.

67 Ausführlicher Bericht bei *Cuspinian,* Diarium (ed. Freher-Struve) 606 f.; *Ankwicz,* Tagebuch 213; venezianischer Bericht ddo 1515 Juli 23 bis 25 Buda/Wien (*Sanuto* XX, 481 ff., 489 ff.).

⁶⁸ Dies berichtet *Fugger-Jäger* II, fol. 274ᵛ; dazu *Cuspinian,* Diarium (ed. Freher-Struve) 606 f., und *Fugger-Birken* 1330, sie übertreiben auf 1 Million Gulden; auch die 200.000 Gulden sind recht unwahrscheinlich; *Cuspinian* a. a. O.: „aestimabatur eius ornatus una millione auri ..."; *Scheurl,* Geschichtbuch 76; *Mur,* Diss. 153 f.; *Jorde,* Diss. 43.

⁶⁹ *Bartholinus,* Hodoeporicon 657; *Dogiel,* Cod. dipl. Poloniae I, 175 ff.

⁷⁰ *Cuspinian,* Diarium (ed. Freher-Struve) 606 (*Cuspinian* berichtet dies-   196
falls kürzer); *Bartholinus,* Hodoeporicon 657; dazu ein böhmischer Bericht des Zdenko Lev von Rošmital bei *Vysloužil,* Wiener Kongreß 82 f., und der Bericht des Bakócz a. a. O.

⁷¹ Bericht an den Herzog von Ferrara ddo 1515 Juli 23 Wien (*Sanuto* XX, 481 ff.): „... regina d'Austria et quantunque questo stato non habia titulo de regno, per essere ben qualificato et de grandeza et de renditi, sua Maestà li vole dare titulo de regno."

⁷² *Bartholinus,* Hodoeporicon 657, gibt eine genaue Schilderung, nennt aber als Datum den 23. Juli, wie er denn öfter die Chronologie verwirrt; *Baczkowski* 212 f.; *Mur,* Diss. 153 f.

⁷³ *Cuspinian,* Diarium (ed. Freher-Struve) 607: „Quae omnia Paulus (= Hofhaimer) musicorum princeps ... aptissime tangebat et simul cum cantoribus diversis vocibus ..."

⁷⁴ *Cuspinian,* Diarium a. a. O.

⁷⁵ *Cuspinian,* Diarium (ed. Freher-Struve) 607 f.; *Bartholinus,* Hodo-   197
eporicon, 658 ff. (dort Einzelheiten); außerdem füllte *Bartholinus* sein ganzes Hodoeporicon mit Lob- und Schmeichelgedichten auf den Kaiser, auf Lang, auf die Brautleute und die Könige des Ostens.

⁷⁶ *Cuspinian,* Diarium (ed. Freher-Struve) 607; *Bartholinus,* Hodoeporicon 663 f.; *Fugger-Jäger* II, fol. 274ᵛ f.; *Mur,* Diss. 153, nennt den „Neuen Markt".

⁷⁷ M. *Dietrich,* Chelidonius Spiel Voluptatis ... Wien 1515, S. 44 ff.

⁷⁸ Genau bei *Bartholinus,* Hodoeporicon 663 f.

⁷⁹ *Eders* Vermutung (Siegmund von Dietrichstein 37), daß Barbara eine   198
uneheliche Tochter Maximilians gewesen sei, ist völlig haltlos. KM liebte es, Ehen zu stiften, entweder zur Versorgung von Personen, die er schätzte, oder um sich dadurch den „Kuppelpelz" in Form von Darlehen etc. zu verdienen; dazu *Mezler-Andelberg,* 668 ff.; *Scheurl,* Geschichtbuch 78.

⁸⁰ Das Festmahl ist sogar im Bilde festgehalten (*Katalog der Maximilian-Ausstellung* [Innsbruck] Nr. 211; dazu Abbildung Nr. 32); *Bartholinus,* Hodoeporicon 664; ausführlich behandelt auch bei *Fugger-Birken* 1331 f.

⁸¹ KM an das Innsbrucker Regiment ddo 1515 Juni 23 Vöcklabruck (*Innsbruck* TLA, Geschäft vom Hof 1515, fol. 42 f.); Hans Schenk soll 200 Feuerwerkkugeln herstellen; (desgl. in *Innsbruck* TLA, MaxAkt XIV/1515, fol. 38).

⁸² *Cuspinian,* Diarium (ed. Freher-Struve) 608; *Bartholinus,* Hodoeporicon 671 (datiert anders); *Fugger-Jäger* II, 275ᵛ; *Fugger-Birken* 1335; *Ferber,* Tagebuch 142 (datiert anders); *Baczkowski* 225.

⁸³ *Wien* HHSA, Reichsregisterbücher Y, fol. 211.

⁸⁴ *Ferber,* Tagebuch 144; *Bartholinus,* Hodoeporicon 671.

[85] *Liske,* Congreß zu Wien 555; *Halecki,* Beziehungen zum litauischen Hochadel 602 ff.; *Baczkowski* 226; *Mur,* Diss. 171, 227 ff.

[86] *Cuspinian,* Diarium (ed. Freher-Struve) 608.

[87] Befehl KMs ddo 1515 Juni 7 Innsbruck (*Schönherr,* Urkunden und Regesten Nr. 1.194); *Domanig,* Medailleure 18; *Fugger-Jäger* II, 275ᵛ.

[88] *Cuspinian,* Diarium (ed. Freher-Struve) 608 f. (genaue Beschreibung); *Bartholinus,* Hodoeporicon 664 f.; *Fugger-Jäger* II, 275ᵛ; *Ankwicz,* Tagebuch 313; Bericht des Zdenko von Rožmital bei *Vysloužil,* Wiener Kongreß 83; *Ferber,* Tagebuch 143; Bericht des englischen Gesandten Wingfield ddo 1515 Juli 30 Wien (*Brewer* II, Nr. 764); vgl. dazu die zeitgenössischen Turnierbilder bei *Leitner,* Freydal passim; *Jorde,* Diss. 44.

199 [89] *Cuspinian,* Diarium (ed. Freher-Struve) 60; Bericht des *Decius* (ed. Pistorius) II, 328; *Bartholinus,* Hodoeporicon 670 f. (datiert 27. Juli); *Baczkowski* 213, 225 f.

200 [90] *Cuspinian,* Diarium (ed. Freher-Struve) 610 f.; *Bartholinus,* Hodoeporicon 670 f.; Bericht des englischen Gesandten Wingfield an den KE ddo 1515 Juli 31 und August 6 Wien (*Brewer* II, Nr. 766); *Ankwicz,* Tagebuch 313; *Baczkowski* 227 ff., 229 f.; *Jorde,* Diss. 44 f.

[91] *Cuspinian,* Diarium (ed. Freher-Struve) 611; *Baczkowski* 231 f.

[92] *Bartholinus,* Hodoeporicon 671.

[93] Verschreibungsurkunde der Landstände beider Österreich ddo 1515 August 1 Wiener Neustadt (*Weimar* SA, Reg. E, fol. 31 b, Nr. 61, fol. 17ᵛ).

[94] Vgl. den Brief KMs an EMarg ddo 1515 Oktober ca. (*Le Glay,* Correspondance II, 299 ff., Nr. 605, und 319, Nr. 619): dort eine interessante Charakteristik des Königs von Polen, wie der Kaiser ihn sieht: *Liske,* Congreß zu Wien 531 ff.

[95] *Cuspinian,* Diarium (ed. Freher-Struve) 612.

201 [96] *Bartholinus,* Hodoeporicon 671, berechnet den Aufwand an Verpflegung, Geschenken etc. für die Seinigen und für die Gäste auf 200.000 Gulden; *Cuspinian,* Diarium (ed. Freher-Struve) 610, dagegen berechnet den Gesamtaufwand auf über 150.000 Gulden; *Jorde,* Diss. 39.

[97] *Baczkowski* 233; über Flugschriften und Volkslieder auf die Wiener Festtage vgl. *Liske,* Congreß zu Wien 471; desgl. *Liliencron,* Volkslieder IV, 166.

[98] Vgl. das Urteil *Hubers,* Geschichte Österreichs III, 446 f.; *Wiesflecker,* Ostpolitik 15 f.

[99] *Liske,* Congreß zu Wien 550 ff.; *Fessler,* Geschichte v. Ungarn III, 308; *Mur,* Diss. 171 f.; *Jorde,* Diss. 53 f.

[100] *Baczkowski* 222 ff.

202 [101] *Baczkowski* 239 f.

[102] *Le Glay,* Correspondance II, 336, Anm. 2.

[103] Vgl. den undatierten Brief EMargs an KM ddo 1515 Jahresende ca. (*Le Glay,* Correspondance II, 319 f., Nr. 619): „. . . nous niepses et fylles soent mal adressés avec leor mariages, Ysabel et Maria . . .“

[104] *Liske,* Congreß zu Wien 529; *Ulmann* II, 553; *Jorde,* Diss. 56.

203 [105] *Lhotsky,* Zeitalter 179 ff.

[106] Dies bemerkt sehr richtig *Baczkowski* 128 ff., 135.

4. Der Deutsche Orden, Polen und Rußland nach dem Wiener Kongreß (1515)

¹ *Droysen*, Geschichte der Preußischen Politik II/2, 89 f., 91; ihm folgen *Liske*, Congreß zu Wien 463 ff.; *Voigt* III, 423; *Haller*, Auswärtige Politik und Krieg 91.   204

² Die Dokumente für die kaiserliche Nordostpolitik, für die Beziehungen zum Deutschen Orden, für Polen und Rußland finden sich für die Zeit nach dem Wiener Kongreß vorzüglich in den großen Editionen der *Acta Tomiciana* IV, *Theiner* (Vet. Monumenta Poloniae II), *Joachim* (Politik des letzten Hochmeisters), *Hubatsch-Joachim* (Regesta Ordinis Theutonicorum), *Denkmäler des alten Rußland*. Manches Neue fand sich in den Urkunden, Akten und Registerbüchern der kaiserlichen Kanzlei (Archive zu *Innsbruck*, *Wien*, *Marburg* a. d. L. = habsburgische Beuteakten). Interessante Einzelheiten bietet auch *Herbersteins* Selbstbiographie. Verhältnismäßig reich ist die Literatur über den Deutschen Orden: Darüber handeln vorwiegend aus preußischer Sicht *Voigt* (Handbuch III; stark veraltet), *Hubatsch* (Albrecht von Brandenburg), *Forstreuter* (Preußen und Rußland). Die Beziehungen zu Polen behandeln vorzüglich *Zivier* (Geschichte Polens I) und *Halecki* (Beziehungen zum litauischen Hochadel); die Beziehungen zu Rußland *Fiedler* (Allianz; mit Dokumenten), *Übersberger*, *Karamsim* (Geschichte des russischen Reiches VII), *Strahl* (Rußlands Gesandtschaften). Die Literatur über *Herberstein* ist reich, behandelt aber vorwiegend seine späteren Rußlandreisen. Die Beziehungen Kaiser Maximilians zu den Nordoststaaten behandelt erstmals geschlossen und aufgrund der gesamten Bestände der Maximilian-Regesten und großen neuen Materials die wertvolle Dissertation von *Mur*.

³ *Zivier* I, 158 ff.; *Ankwicz*, Cuspinian 156 ff. (dort Einzelheiten); *Liske*,   205
Congreß zu Wien 531 ff.; *Weiß*, Diss. 82 f.

⁴ Briefwechsel zwischen KM und EMarg ddo 1515 Oktober bis 1516 April (*Le Glay*, Correspondance II, Nr. 605, 619, 621); *Acta Tomiciana* IV, Nr. 43; *Zeissberg*, Laski 553; *Mur*, Diss. 221 f.

⁵ Villinger und Hannart an KM ddo 1516 Oktober 9 Brüssel (*Marburg* SA, Bestand 3, Fasz. 368, fol. 31 ff.); *Zivier* I, 177; *Liske*, Congreß zu Wien 533; *Mur*, Diss. 222 f. (dort Einzelheiten); *Kokalj*, Diss. 160 f.

⁶ Bericht des *Herberstein* ddo 1516 März Wilna (Selbstbiographie, ed.   206
Karajan) 107, 111 ff.); *Acta Tomiciana* IV, Nr. 242; (dazu auch Nr. 40, 41, 45, 46, 52, 104, 223, 226, 239, 280); *Mur*, Diss. 223 f.

⁷ *Mur*, Diss. 224 ff.; *Weiß*, Diss. 82 ff.

⁸ *Ankwicz*, Cuspinian 159 ff.; *Weiß*, Diss. 84 ff.

⁹ Bericht Kasimirs von Brandenburg und Lorenz Saurers an KM ddo 1518 Mai 1 Auschwitz (*Marburg* SA, Bestand 3, Fasz. 374, fol. 7 ff.).

¹⁰ Brief an den Hochmeister ddo 1516 Februar 11 (*Joachim*, Politik I, 256, Nr. 99); *Kokalj*, Diss. 144.

¹¹ Bericht an den Hochmeister ddo 1516 Juli 4 Konstanz und ddo 1516   207
Oktober 23 (*Joachim*, Politik I, 269 f., Nr. 105, und 277 ff., Nr. 113).

¹² Vgl. die Ratschläge ddo 1515 Oktober 10—16 (*Joachim*, Politik I, 246 ff., Nr. 90, 91, 92); *Mur*, Diss. 240.

[13] Instruktion für Georg von Eltz zwecks Werbung vor dem Kaiser ddo 1515 November 20 (*Joachim*, Politik I, 250 f., Nr. 96); Hochmeister an KM ddo 1515 November 10 (*Joachim*, a. a. O. 249, Nr. 95); *Mur*, Diss. 240 ff. (dort Einzelheiten).

[14] Eltz an den Hochmeister ddo 1516 Februar 11 (*Joachim*, Politik I, 256, Nr. 99); *Zivier* I, 183.

[15] Bericht an den Hochmeister ddo 1516 Juli 4 (*Joachim*, Politik I, 270, Nr. 106); *Kokalj*, Diss. 145.

208 [16] Berichte über Beratungen und Kriegspläne des Hochmeisters und des Meisters von Livland ddo 1516 März 1—5 Memel (*Joachim*, Politik I, 258 ff., Nr. 101, 102, 103); *Mur*, Diss. 243 ff., 262 f.; *Kokalj*, Diss. 146 f.

[17] Instruktion für Dietrich von Schönberg an KM ddo 1516 August 30 (*Joachim*, Politik I, 272, Nr. 109).

[18] Antwort Kasimirs von Brandenburg auf die Werbung des Dietrich von Schönberg ddo 1516 Oktober 17 (*Joachim*, Politik I, 276, Nr. 112); Eltz an Hochmeister ddo 1516 Oktober 17? (*Joachim*, Politik I, 277, Nr. 113); Herberstein an Hochmeister ddo 1517 Dezember 19 Moskau (*Joachim*, Politik I, 314, Nr. 141); *Kokalj*, Diss. 148 f.; *Weiß*, Diss. 76.

[19] *Mur*, Diss. 262 ff.

209 [20] *Forstreuter*, Preußen und Rußland 77 f.

[21] *Mur*, Diss. 263 ff. (dort Einzelheiten).

[22] Kredenz des Hochmeisters für Dietrich von Schönberg ddo 1517 Januar 25 Königsberg (*Denkmäler*, Beziehungen des Moskauer Staates zum Deutschen Orden 5, 7 f., Nr. 2; *Sbornik* 53); vgl. auch *Joachim*, Politik I, 290, Nr. 123; *Mur*, Diss. 265 ff.

[23] *Denkmäler*, Beziehungen des Moskauer Staates zum Deutschen Orden 5, Nr. 1; Bündnis zwischen Deutschem Orden und dem Zaren gegen Polen ddo 1517 März 10 Moskau (*Hubatsch-Joachim*, Regesta II, Nr. 3992); *Forstreuter*, Preußen und Rußland 85 ff.; *Hubatsch*, Albrecht von Brandenburg 61; *Kokalj*, Diss. 150.

[24] Noch im Jahre 1518 rechnete der Hochmeister mit einer Vermittlung des Kaisers beim König von Polen; vgl. die Antwort des Hochmeisters an den kaiserlichen Gesandten ddo 1518 Februar 7 (*Joachim*, Politik II, 167, Nr. 4); *Weiß*, Diss. 64.

[25] Antwort des Hochmeisters auf die Werbung des kaiserlichen Gesandten ddo 1518 Februar 7 Königsberg (*Joachim*, Politik II, 167, Nr. 4); *Mur*, Diss. 248 (dort Einzelheiten); *Weiß*, Diss. 64 f.

[26] Instruktion KMs für seinen Gesandten an den Hochmeister ddo 1518 Februar 14 Augsburg (*Joachim*, Politik II, 168 f., Nr. 6); *Weiß*, Diss. 64 ff.

210 [27] *Joachim*, Politik II, 5 f.; *Zivier* I, 187; *Weiß*, Diss. 67.

[28] Antwort des Hochmeisters auf die Werbung des kaiserlichen Gesandten ddo 1518 April 5 Königsberg (*Joachim*, Politik II, 172 f., Nr. 10); *Mur*, Diss. 252; *Weiß*, Diss. 67 f.

[29] Instruktion des Hochmeisters ddo 1518 Juli 25 (*Joachim*, Politik II, 186 ff., Nr. 25); *Weiß*, Diss. 70 ff.

211 [30] Instruktion des Königs von Polen an seinen Gesandten zum Augsburger Tag (s. d. et l. [1518]); (*Acta Tomiciana* IV, 345 ff., Nr. 362); *Mur*, Diss. 255 f.; *Weiß*, Diss. 75 f.

[31] *Knaake*, Jahrbücher des dt. Reiches I, 269 ff.; *Theiner*, Vet. Monum. Polon. II, 380 ff.; Frankfurter Bericht bei *Janssen*, Reichscorrespondenz II, 974, Nr. 1203; *Joachim*, Politik II, 26 (datiert die Reichstagsrede auf den 23. August); *Weiß*, Diss. 77; siehe S. 389 f.

[32] *Joachim*, Politik II, 27; *Weiß*, Diss. 78.

[33] Ständische Erklärung ddo 1518 Oktober 2 (*Marburg* SA, Bestand 3, Fasz. 181, fol. 56 f.).

[34] *Übersberger* I, 79 ff.; *Fiedler*, Allianz 188 ff., 256 ff., 260 ff.; *Mur*, 212 Diss. 262 ff., 277 ff.; *Jorde*, Diss. 19 ff.; *Kokalj*, Diss. 151 ff.

[35] *Denkmäler des alten Rußland* I/1, 175; *Acta Tomiciana* III, Nr. 592, 593, 601; *Fiedler*, Allianz 227 ff.; *Übersberger* I, 90 ff., 100 ff.; *Zivier* I, 166; *Mur*, Diss. 277 f.; *Kokalj*, Diss. 154.

[36] *Acta Tomiciana* IV, Nr. 53, 56, 60; *Kokalj*, Diss. 156.

[37] *Fiedler*, Allianz 230 ff.; *Übersberger* I, 102 f.

[38] *Fiedler*, Allianz 234 f.; *Übersberger* I, 105; *Mur*, Diss. 279; *Kokalj*, Diss. 157 f.

[39] KM an Herberstein ddo 1516 Oktober 20 Kaufbeuren (*Wien* HHSA, Reichsregisterbücher Z, fol. 182); *Herberstein*, Selbstbiographie (ed. Karajan) 103 ff.; *Weiß*, Diss. 92 ff.

[40] KMs Geleitbrief für Herberstein ddo 1516 November 6 Bregenz (*Luschin*, Herbersteiniana 79 f., Nr. 15); Vollmacht KMs ddo 1516 November 4 Bregenz (*Denkmäler des alten Rußland* I/1, 310); Instruktion KMs ddo 1516 Dezember 12 (*Senckenberg*, Rare Schriften IV, 20); *Adelung*, Herberstein 38 ff. und Beilage II, 441 ff.; *Mur*, Diss. 280.

[41] Russischer Bericht ddo 1517 April 21 Moskau (*Denkmäler des alten* 213 *Rußland* I/1, 195 ff.); *Übersberger* I, 111 ff.; *Adelung*, Herberstein 72 ff.; *Zivier* I, 168; *Mur*, Diss. 283; *Kokalj*, Diss. 158.

[42] Russische Berichte ddo 1517 April 22—27 Moskau (*Denkmäler des alten Rußland* I/1, 201 ff., 211 ff.); *Mur*, Diss. 283 ff.

[43] Russische Berichte ddo 1517 Juli 14—15 Moskau (*Denkmäler des alten Rußland* I/1, 218 ff., 223 ff.).

[44] Russische Berichte über Audienz Herbersteins ddo 1517 Juli 17, 19 214 Moskau (*Denkmäler des alten Rußland* I/1, 227 ff., 232 ff.).

[45] Russische Urkunden, Akten, Berichte etc. ddo 1517 Juli 24 bis Oktober 10 Moskau (*Denkmäler des alten Rußland* I/1, 241 ff., 243 ff., 246 ff., 248 ff.); *Weiß*, Diss. 92 f.

[46] Russischer Bericht ddo 1517 Oktober 29 Moskau (*Denkmäler* a. a. O. I/1, 259 ff.); *Mur*, Diss. 288 ff.

[47] Russische Berichte ddo 1517 November 1—8 Moskau (*Denkmäler* a. a. O. I/1, 262 ff., 268 ff., 272 ff.).

[48] *Herberstein*, Selbstbiographie (ed. Karajan) 130 f.; *Übersberger* I, 130; *Adelung*, Herberstein 95; *Weiß*, Diss. 93.

[49] *Denkmäler* a. a. O. I/1, 316 ff., 320 ff.

[50] *Herberstein*, Selbstbiographie (ed. Karajan) 132; *Adelung*, Herber- 215 *stein* 103; *Weiß*, Diss. 94 f.

[51] Russische Berichte ddo 1518 März 23—26 Innsbruck (*Denkmäler* a. a. O. I/1, 343, 344 ff., 347); *Übersberger* I, 132; *Mur*, Diss. 295.

[52] Russischer Bericht ddo 1518 März 30 Innsbruck (*Denkmäler* a. a. O. I/1, 347 ff.).

53 KM an den Großfürsten ddo 1518 April 16—20 Hall (*Denkmäler a. a. O.* I/1, 341 ff., 352 ff.); *Übersberger* I, 133; *Weiß*, Diss. 95 f.

54 KMs Instruktion ddo 1518 April 20 Hall (*Wien HHSA*, Urkundenreihe); gedruckt bei *Fiedler*, Allianz 276 ff.; Mandat KMs ddo 1518 April 27 Innsbruck (*Innsbruck TLA, MaxAkt* XIV, fol. 2); *Denkmäler a. a. O.* I/1, 340; *Übersberger* I, 138; *Mur*, Diss. 297; *Weiß*, Diss. 96.

216 **55** Undatierte Instruktion des Kgs von Polen für die kaiserlichen Gesandten in Moskau (*Acta Tomiciana* IV, 368 ff., Nr. 380); *Weiß*, Diss. 96 f.

56 Bericht des Collo und da Conti ddo 1518 „Tractatio pacis inter Regem Poloniae et ducem Moscorum per oratores Maximiliani" (*Acta Tomiciana* IV, 371 ff., Nr. 385); russische Dokumente ddo 1518 Juli 27 ca. Moskau (*Denkmäler a. a. O.* I/1, 356 ff., 358 ff.); *Übersberger* I, 139 f.; *Weiß*, Diss. 98 ff.

57 Russischer Bericht ddo 1518 August 1 Moskau (*Denkmäler a. a. O.* I/1, 373 ff.).

58 Russischer Bericht ddo 1518 August 3 Moskau (*Denkmäler a. a. O.* I/1, 388 ff.); „Tractatio" (*Acta Tomiciana* IV, 378 f.).

59 Russische Berichte ddo 1518 August 8—12 Moskau (*Denkmäler a. a. O.* I/1, 390 ff., 403 ff.).

60 Kaiserliche Schreiben ddo 1518 Juli 11 und russische Berichte ddo 1518 September 21 Moskau (*Denkmäler a. a. O.* I/1, 411 ff., 414 ff.); „Tractatio" (*Acta Tomiciana* IV, 385 ff.); *Weiß*, Diss. 103 f.; *Mur*, Diss. 302 ff.

217 **61** KM an den Großfürsten ddo 1518 Juli 22 (*Denkmäler a. a. O.* I/1, 414 ff.); *Übersberger* I, 145, 152 f.; *Weiß*, Diss. 143 ff.

62 Hochmeister an den Großfürsten ddo 1518 August 25 Königsberg (*Denkmäler, Beziehungen des Moskauer Staates zum Deutschen Orden* 5, 78 ff., 81 ff., Nr. 9).

63 Russische Berichte ddo 1518 September 30, Oktober 26 bis November 1 Moskau (*Denkmäler des alten Rußland* I/1, 419 ff., 428 ff.).

64 *Forstreuter*, Preußen und Rußland 91.

65 Russische Berichte ddo 1518 Dezember 12—18 Moskau (*Denkmäler des alten Rußland* I/1, 435 ff., 442 ff.).

66 Russischer Bericht ddo 1518 Dezember 25 Moskau (*Denkmäler a. a. O.* I/1, 460 ff.); „Tractatio" (*Acta Tomiciana* IV, 396 ff.); *Weiß*, Diss. 106.

67 1518 Dezember 28—29 (*Denkmäler a. a. O.* I/1, 463 ff., 466 ff.).

68 *Mur*, Diss. 273 (dort Einzelheiten).

218 **69** *Herberstein*, Selbstbiographie (ed. Karajan) 133, berichtet, daß die russischen Gesandten im April 1518 in Hall und Innsbruck fünf Büchsenmeister anwarben, die sie über Lübeck nach Moskau schickten.

5. Maximilians fernere Politik in Böhmen und Ungarn. Vollzug der Doppelheirat

1 Einschlägige Dokumente finden sich — keineswegs geschlossen — in den Forschungsbänden von *Ankwicz-Kleehoven* über Cuspinian (Tagebuch, Briefwechsel und Documenta Cuspiniana); Einzelheiten bei *Herber-*

stein (Selbstbiographie, Herbersteiniana), in den *Acta Tomiciana* und bei *Katona (*Historia). In den kaiserlichen Archiven fanden sich außer den wichtigen Haupturkunden nur einige wenige, aber recht aufschlußreiche Einzelstücke. Den Rahmen der Darstellung bieten die bekannten Handbücher der ungarischen und polnischen Geschichte. Wertvolle Spezialforschungen verdanken wir *Ankwicz-Kleehoven;* dazu kommen aus dem Arbeitskreis der Maximilian-Regesten die Jahrbuchdissertationen von *Kokalj-Thierrichter* und *Weiß;* desgl. die zusammenfassende Darstellung der Maximilianischen Ostpolitik von *Mur.* Wertvolle Hinweise verdanke ich der Sammlung *Probszt.*

² KM an Lang ddo 1516 Januar 12 Augsburg (*Wien* HHSA, MaxAkt 34, fol. 97); *Kokalj,* Diss. 165.

³ König von Ungarn an KM ddo 1516 März 11 Ofen (*Wien* HHSA, MaxAkt 34, fol. 46).

⁴ Lang an Cuspinian ddo 1516 April 7 Innsbruck (*Ankwicz,* Cuspinians   219
Briefwechsel 76 f., Nr. 35); *Ankwicz,* Tagebuch 214; *Szalay* III, 180 ff.; *Kokalj,* Diss. 167; *Mur,* Diss. 313 f.

⁵ Bericht Cuspinians an KM ddo 1516 nach Juni 12 Wien (*Ankwicz,* Cuspinians Briefwechsel 77 ff., Nr. 36).

⁶ *Szalay* III, 181 f.; *Weiß,* Diss. 108.

⁷ Dazu *Acta Tomiciana* IV, 110 ff., Nr. 120, 123; *Ankwicz,* Tagebuch 315; *Ankwicz,* Documenta Cuspiniana Nr. 52, 53; *Mur,* Diss. 315 f.

⁸ Instruktion KMs an seine Gesandten ddo 1518 April 13 Innsbruck (*Senckenberg,* Rare Schriften IV, 26 ff.); *Herberstein,* Selbstbiographie (ed. Karajan) 134; *Luschin,* Herbersteiniana 80 f., Nr. 17; *Weiß,* Diss. 109 f.; *Mur,* Diss. 317.

⁹ Antwort König Ludwigs an die kaiserlichen und polnischen Gesandten ddo 1518 Juni 16 Ofen (*Acta Tomiciana* IV, 334 ff., Nr. 358).

¹⁰ Instruktion KMs ddo 1518 April 20 Hall (*Luschin,* Herbersteiniana 81 f., Nr. 18, 19, 20); *Mur,* Diss. 321; *Weiß,* Diss. 114 f., 117 f.

¹¹ Urkunde ddo 1517 Oktober 16 Breslau (*Lünig,* Reichs-Archiv, Pars specialis, Continuatio I/1, 99 f.); *Bachmann,* Geschichte Böhmens II, 774.

¹² Schnaitpeck an Serntein ddo 1518 März 3 Wien (*Wien* HHSA, MaxAkt 37, fol. 44).

¹³ Päpstliches Breve in *Wien* HHSA, Urkundenreihe; einschlägige Akten   220
ddo 1516 (*Wien* HHSA, MaxAkt 28, fol. 23, 26 ff., 85 ff.); *Katona* XVIII, 932 ff.; *Kokalj,* Diss. 169; *Mur,* Diss. 324; *Weiß,* Diss. 116.

¹⁴ Vollmacht Erzherzog Ferdinands ddo 1516 März 24 Madrid (*Wien* HHSA, MaxAkt 35, fol. 85 ff.; desgl. Urkundenreihe unter dem gleichen Datum); *Bucholtz* I, 153; *Ulmann* II, 553; *Bauer,* Anfänge 46; *Kokalj,* Diss. 169 f.

¹⁵ Notariatsinstrument ddo 1516 Juli 20/21 (*Wien* HHSA, Urkundenreihe; desgl. MaxAkt 36, fol. 18 ff.); *Katona* XVIII, 935 ff.; Bericht des englischen Gesandten Wingfield an KM ddo 1516 August 9 Innsbruck (*Brewer* II, Nr. 2256); *Kokalj,* Diss. 170; *Mur,* Diss. 324 f.

¹⁶ *Bucholtz* I, 156; *Huber,* Geschichte Österreichs III, 445; *Lhotsky,* Zeitalter 120.

¹⁷ *Weiß,* Diss. 87 ff.

¹⁸ *Weiß,* Diss. 114.

6. Die Türken

221   **1**   Eine sehr gute Übersicht über die zeitgenössische und moderne Türkenliteratur bietet *Göllner* (Turcica I und II); Turcica III, 59 ff., 234 ff.,
251 ff., 279, enthalten eingehende Darstellungen des abendländischen Tür-
kenbildes im 15./16. Jahrhundert: über Staat, Kriegswesen, Türkenmythen
und Türkenprophetien. Für die Beziehungen KMs zu den Türken vgl.
man außerdem die kritischen Übersichten über Quellen und Literatur in
den einschlägigen Kapiteln meiner früheren Bände. Primäre Dokumente
über türkische Beziehungen KMs gibt es aus bekannten Gründen nur
wenige. Einige Zufallsstücke fanden sich in den kaiserlichen Urkunden-
und Aktenbeständen (*Wien*, *Innsbruck* und *Marburg* = habsburgische
Beuteakten). Wiederholte Versuche, die türkischen Archive in Istanbul
für die Geschichte Maximilians auszuwerten, blieben bisher ohne Erfolg.
Gute Nachbarschaftszeugnisse verdanken wir wie stets dem Venezianer
Sanuto; einiges Wenige dem zeitgenössischen Journalisten *Jovius. Kreutel*
legt neuestens zwei altosmanische Chroniken über die Regierung Bayezids
vor. Die modernen türkischen Darstellungen von Selâhattin *Tansel* über
Sultan Bayezid und Selim bieten für unsere besonderen Bedürfnisse
wenig. Unsere älteren Handbücher von *Hammer-Purgstall, Zinkeisen,
Jorga* und *Fisher* bieten den Rahmen. *Ulmann* enthält darüber nichts.
An Spezialuntersuchungen sind außer *Babinger* hervorzuheben die im
Arbeitskreis der Maximilian-Regesten entstandenen Dissertationen von
Mur (sehr eingehend) und *Heinrich;* außerdem die Spezialuntersuchung
von *Gröblacher.* Nur der große Türkenplan 1518 tritt aus dem Gesamt-
zusammenhang der abendländisch-türkischen Beziehungen dieser Zeit
durch Spezialarbeiten deutlich hervor *(Zinkeisen, Wagner, Zeibig,
Böcking, Moncarello, Weiß, Heinrich, Mur).*

  2   *Hammer-Purgstall* 233 f.; *Kreutel*, Bayezid 13; *Mur*, Diss. 6.

  3   Siehe Anm.

  4   *Göllner* I, Nr. 853.

222   **5**   *Göllner* I, Nr. 55, 56, 57 (Chroniken verschiedenen Umfangs, verschiedener Güte ... teilweise mit Holzschnitten); *Cuspinian* behandelte in seinen „Caesares" auch die Sultane Mehmed II., Bayezid II. und Selim I.

  6   Unter anderem der kaiserliche Prognostiker J. Grünpeck (*Göllner* I, 92,
Nr. 146, 147, 148).

  7   *Göllner* I, 29, Nr. 22 (dort zeitgenössische Zeitungen auf vier Blät-
tern); desgl. Nr. 32 (dort eine zeitgenössische „vita del Sophi"); ähnlich
Nr. 76. Über den „Sofi" vgl. neuestens die altosmanischen Chroniken des
Orug und des Anonymus Hanivaldanus (ed. *Kreutel*, Bayezid) 14 f.,
151 ff., 222 ff., 228 ff. (dort sehr ausführlich).

223   **8**   Vgl. *Göllner* I, Nr. 23; *Wiesflecker*, Maximilian III, 152 ff., 156,
162 f.

  9   *Wiesflecker*, Maximilian III, 160 f.

  10   *Wiesflecker*, Maximilian I, 400.

  11   *Wiesflecker*, Maximilian III, 418 f., 422 ff., 440 ff., 445 f.

  12   *Tansel*, Sultan Bâyezit behandelt die Beziehungen zu KM nur über
die bekannte deutsche Literatur; der Artikel über Bayezid II. (*Islâm
Ansiklopedesi* = Islam. Enzyklopädie) II (1970) 392—398 erwähnt KM

nicht. Auch die altosmanischen Chroniken (ed. *Kreutel*) enthalten nichts über KM.

¹³ *Gröblacher*, KMs erste Gesandtschaft zum Sultan 73 ff.; *Pfeffermann*   224
130; *Mur*, Diss. 7.

¹⁴ Vgl. *Göllner* I, 5 ff., 31 f., 42 f., Nr. 26, 46, 47, 53, 61.

¹⁵ Bericht des B. Pernegg an KM ddo 1506 Juni 9 Bruck/Mur (*Wien*
HHSA, MaxAkt 10 a/2, fol. 12); *Mur*, Diss. 6 f.

¹⁶ Siehe S. 10; *Wiesflecker*, Kaiserproklamation 22.

¹⁷ *Göllner* I, Nr. 38 (erwähnt einen zeitgenössischen Einblattdruck über   225
diesen Vorfall). Dazu neuestens die altosmanische Chronik des Anonymus Hanivaldanus (ed. *Kreutel*, Bayezid) 239 ff.

¹⁸ *Göllner* I, Nr. 31 (erwähnt ein gedrucktes Flugblatt auf zwei Blät-
tern dieses Inhalts ddo 1508).

¹⁹ *Babinger*, KMs geheime Praktiken 212 ff., 223 ff. (dort Quellen und
Einzelheiten); *Mur*, Diss. 9 f.

²⁰ *Pastor* III/2, 893.

²¹ *Kupelwieser*, Kämpfe Ungarns mit den Osmanen 193; *Mur*, Diss. 11.

²² Instruktion KMs an Cuspinian etc. ddo 1511 Oktober ca. (*Ankwicz*,
Briefwechsel, Anhang Nr. 3, S. 204 f.); desgl. *Chmel*, Urkunden 338 ff.,
Nr. 213; *Mur*, Diss. 191.

²³ Vgl. Berichte ddo 1511 Juli 25 und Oktober 15 (*Wien* HHSA,
MaxAkt 19 a/1, fol. 87, und 19 b/1, fol. 60).

²⁴ KM an die christlichen Könige ddo 1511 November 10 Innsbruck
(*Wien* HHSA, MaxAkt 19 b/2, fol. 4; desgl. fol. 50); *Mur*, Diss. 192.

²⁵ Vgl. *Göllner* I, Nr. 36 (erwähnt eine Türkenrede des Kardinals
Sadolet an Ludwig XII. ddo 1509—1515 ca.), desgl. Nr. 49 (Türkenaufruf des M. A. Sabinus an Ludwig XII. ddo 1511).

²⁶ S. *Tansel*, Yavuz Sultan Selim passim; Artikel über Selim I. (*Islâm*   226
Ansiklopedisi = Islam. Enzyklopädie) X (1966), 432—434. Altosmanische Chronik des Anonymus Hanivaldanus (ed. *Kreutel*, Bayezid)
244 ff., 268 ff.; *Jovius* (ed. Forberger) 263; *Zinkeisen* I, 562 ff.; *Mur*,
Diss. 192.

²⁷ *Göllner* I, Nr. 52, 54, 58, 60 (mehrere dieser Türkenreden wurden
angeblich vor dem Konzil gehalten).

²⁸ Bericht des Innsbrucker Regimentes an KM ddo 1512 September 3
Hall (*Innsbruck* TLA, MaxAkt I/36, fol. 71).

²⁹ Bericht Cuspinians an Serntein ddo 1513 September 12—14 (*Wien*
HHSA, MaxAkt 30, fol. 55 f., 57 f.; dazu auch 102 f.); dazu vgl. auch
einschlägige Akten aus *Innsbruck* TLA, MaxAkt XIII/256/IX, fol. 49 f.,
und XIV, fol. 135; *Tansel*, Selim 218 ff.

³⁰ Nach *Pfeffermann* 131 (aus *Jorga*, Notes et extraits 67); *Tansel*,
Selim 219 f.

³¹ Venezianischer Bericht bei *Sanuto* XVII, 344.

³² *Papacostea*, Stephan der Große 34 ff.

³³ *Pastor* IV/1, 50; *Mur*, Diss. 197.

³⁴ *Katona* XVIII, 842 ff.; *Jovius* (ed. Forberger) 365; *Kupelwieser* 197;   227
Jorga II, 322; *Zinkeisen* I, 580; *Mur*, Diss. 197.

³⁵ Bericht des Kaspar Herbst ddo 1516 August 26 Toblach (*Wien* HHSA,
MaxAkt 36, fol. 78 ff.); *Szalay* III, 178 f., 183; *Kokalj*, Diss. 173.

[36] *Mur*, Diss. 198.

[37] *Kokalj*, Diss. 173; *Mur*, Diss. 327.

[38] KM an Leo X. ddo 1517 Februar 28 Mecheln (*Hutten* [ed. Böcking] V, 139 ff.); *Plamenig*, Diss. 143 ff.; *Wagner*, Türkenkreuzzugsplan 320.

228 [39] Siehe unten S. 252 ff., 255 f.

[40] Papst Leo X. über die Erfolge Selims I. im Orient ddo 1516 November 6 Rom (*Wirz* 113 f., Nr. 63); vgl. die Zeitungen und Chroniken über den Krieg Selims gegen Ismail I., den Begründer der Ssaffi-Dynastie bei *Göllner* I, Nr. 64, 65, 66, 67, 68, 79, 84, 113, 114, 115, 117, 118, 120; *Jorga* II, 327 ff., 336 ff.; *Zinkeisen* II, 569 ff.; *Weiß*, Diss. 123 ff.

[41] Dekret des Konzils ddo 1516 März 16 Rom (*Göllner* I, Nr. 83: wurde als Flugblatt verbreitet).

[42] *Lanz*, Einleitung 183 ff.; *Weiß*, Diss. 138.

[43] Wie in den Jahren 1498, 1503/04, 1508; vgl. dazu *Wiesflecker*, Maximilian II, 157 f., 294, 297 ff., und III, 160 ff. und S. 30 ff.

[44] Karl an KM ddo 1517 November Valladolid (*Marburg* SA, Bestand 3, Fasz. 379, fol. 169 ff.); KM an Karl ddo 1518 April Innsbruck (*Marburg* SA, a. a. O., fol. 202 ff.); Instruktion Karls an Villinger und Renner ddo 1518 Februar 14 (*Marburg* SA, a. a. O., fol. 157 ff.).

[45] Päpstlicher Kreuzzugsplan ddo 1517 November 12 Rom (*Hutten* [ed. Böcking] V, 146 ff.); *Bzovio*, Annales Ecclesiastici XIX, 331 ff.; *Zinkeisen*, Drei Denkschriften, 38 ff., 106 ff.; *Pastor* IV/1, 153 ff.; *Lanz*, Einleitung 201 f.; *Wagner*, Türkenkreuzzugsplan 322; *Tansel*, Selim 237 ff.; *Weiß*, Diss. 125 f.; *Plamenig*, Diss. 147 ff.; *Mur*, Diss. 328 f.

229 [46] Die große Denkschrift KMs ddo 1517 Dezember 21 ca. (Böcking, Hutten V, 184 ff.); desgl. *Zeibig*, Ausschußlandtag 210 ff.; *Weiß*, Diss. 127 f.; *Mur*, Diss. 329.

[47] Englischer Bericht an Wolsey ddo 1518 März 24 (*Brewer* II/2, Nr. 4023; dazu Nr. 4112).

[48] Schreiben des Königs von Portugal an KM ddo 1518 März 14 Lissabon (*Marburg* SA, Bestand 3, Fasz. 373, fol. 22).

[49] *Zeibig*, Ausschußlandtag 207 ff.; vgl. den „Anschlag wider die Türken" ddo 1518 April 30 mit Wiedergabe des wesentlichen Inhaltes des Türkenabschiedes (bei *Göllner* I, Nr. 112); *Wagner*, Türkenkreuzzugsplan 324 ff.; *Weiß*, Diss. 127 f.; *Heinrich*, Diss. 92; *Mur*, Diss. 329.

[50] *Pastor* IV/1, 159 ff.; *Kalkoff*, Forschungen 115 ff.; *Weiß*, Diss. 129 f.

230 [51] Instruktion KMs für seine Gesandten nach Polen ddo 1518 Januar 18 Braunau (*Ankwicz*, Cuspinians Briefwechsel 206 ff.); *Weiß*, Diss. 85, 132.

[52] Undatiertes, sehr ausführliches Memoriale KMs von 1518 ca. (*Acta Tomiciana* IV, 350 ff., Nr. 367): Dieses sehr aufschlußreiche Stück ist erst von *Weiß*, Diss. 133 ff. näher ausgewertet worden.

[53] *Zeibig*, Ausschußlandtag 207 ff.; *Heinrich*, Diss. 120 ff.; *Weiß*, Diss. 130 f.

[54] Dazu *Zeibig*, Ausschußlandtag 209 f., 270, 272; *Ulmann* II, 559 f.; *Pastor* IV/1, 157; *Weiß*, Diss. 128; *Heinrich*, Diss. 78 ff.

[55] *Göllner* I, Nr. 93—112, 119, 121, 122, 124, 125, 128.

[56] *Göllner* I, Nr. 92.

231 [57] *Lanz*, Einleitung 203 f.

⁵⁸ *Nuñez Contreras,* Registro Nr. 9, 10, 30.
⁵⁹ Siehe S. 211.
⁶⁰ Antwort des Königs von Ungarn auf die kaiserliche Werbung ddo 1518 Juni 16 Ofen (*Acta Tomiciana* IV, 334 ff., Nr. 358); *Weiß,* Diss. 133.
⁶¹ Vgl. das Schreiben KMs von dem König von Polen ddo 1518 August 14 Augsburg (*Liske,* Augsburger Reichstag 640 ff.); *Weiß,* Diss. 143 f.
⁶² Vgl. das Schreiben Bischofs von Plock ddo 1518 Dezember 27 Rom (*Voltelini,* Bestrebungen 617 ff.); *Weiß,* Diss. 146.

IV. DER ENDKAMPF UM ITALIEN 1515/16

1. F r a n z I. e r o b e r t M a i l a n d z u r ü c k.

K r i s e d e r h a b s b u r g i s c h - s p a n i s c h e n S a c h e

¹ Urkunden, Akten und Gesandtenberichte etc. zu diesem Kapitel finden sich gedruckt in besonders reicher Zahl bei *Sanuto,* einiges auch bei *Le Glay* (Correspondance), *Brewer* (Letters), in den *Eidgenössischen Abschieden* und den *Monumenta Habsburgica.* Dazu kommen zahlreiche Dokumente aus der kaiserlichen Registratur in den Archiven zu *Wien* und *Innsbruck* und einzelnes aus anderen Archiven. Unter den erzählenden Quellen überragt *Guicciardini* (Storia d'Italia) weit alles andere; daneben *Jovius* (Historiae) und *Mocenigo* (Bellum Camaracense), die eine und andere wertvolle Nachricht bieten *Anshelm* (für Schweizer Betreffe) und *Kirchmair;* unter den gedruckten Darstellungen ragen hervor *Gisi* (Anteil), der die Rolle der Eidgenossen behandelt, außerdem *Büchi* (Kardinal Schiner). Die päpstliche Politik findet sich bei *Pastor* und in der Dissertation von *Plamenig.* Noch immer heranzuziehen sind die allgemeinen Darstellungen des Venezianerkrieges von *Wolff* und *Marini.* Weniger bietet *Ulmann. Brewer* (Letters, Preface) schildert die Vorgänge vorwiegend aus englischer Sicht. Die kaiserliche Kriegs- und Friedenspolitik behandeln auf Grund eines größeren Materiales die Dissertationen von *Jorde* und *Schaden.* Wertvolle Hinweise verdanke ich wie stets der Sammlung *Probszt.*

233

² Text des Vertrages von 1515 Juni 27 Amboise (*Sanuto* XX, 450); *Gisi,* Anteil 152; *Guicciardini* (ed. Forberger) 275 meint, daß sich Franz I. lieber mit dem Kaiser geeinigt hätte, was aber höchst unwahrscheinlich ist; *Zurita* VI, 388; *Pastor* IV/1, 78; *Jorde,* Diss. 72, 107; *Wolff,* Untersuchungen 106; *Schaden,* Diss. 121 f.
³ Vertragsurkunde bei *Du Mont* IV/1, 204 ff.; *Brown* II, 236; *Lanz,* Einleitung 162; *Scarisbrick* 57.
⁴ *Monumenta Habsburgica* II/1, 7 ff.; *Le Glay,* Négociations II, 78 ff., Nr. 24; *Guicciardini* (ed. Forberger) 274; *Ulmann* II, 668; *Büchi,* Schiner 378; *Lanz,* Einleitung 160 f.; *Schaden,* Diss. 120; *Jorde,* Diss. 65, 98 ff., 134.

⁵ *Guicciardini* (ed. Forberger) 276; *Belcarius*, Rer. Gall. Comm. 438; *Jovius* (ed. Forberger) 308; *Jorde*, Diss. 67 f. (dort Einzelheiten).

⁶ Text des Vertrages von 1515 Februar 7 Zürich (*Eidgenössische Abschiede* III/2, 851, 1393, Beilage Nr. 30); *Anshelm* IV, 45 ff.; *Jorde*, Diss. 63 (dort Einzelheiten und Quellen).

234 ⁷ Text der Liga ddo 1515 Februar 3 Rom (*Monumenta Habsburgiga* II/1, 544 ff.); KM an das Innsbrucker Regiment ddo 1515 Juli Ende (*Innsbruck* TLA, MaxAkt I/44, fol. 79 ff.); *Zurita* VI, 387; *Gisi*, Anteil 149 f.; *Harkensee* 23 f.; *Jorde*, Diss. 64, 87 f.; *Schaden*, Diss. 122.

⁸ Ratifikationsurkunden ddo 1515 August 2 Rom (*Rom* VatA, A.A.I.-XVIII, Nr. 4863, 2675, 2684); venezianischer Bericht ddo 1515 August 3 Rom (*Sanuto* XX, 470 f.); Bericht Carpis ddo 1515 April/Mai aus Spoleto und Rom (*Wien* HHSA, MaxAkt 33, fol. 101, 103 f.); *Pastor* IV/1, 76; *Ulmann* II, 662; *Büchi*, Schiner II, 2; *Jorde*, Diss. 69 ff., 88 f.; *Schaden*, Diss. 122.

⁹ Reichenbach an KM und Serntein ddo 1515 Mai 6 Bern (*Innsbruck* TLA, MaxAkt I/44, fol. 140 ff., 146 ff., 152 ff.); *Guicciardini* (ed. Forberger) 275; *Jorde*, Diss. 66 f., 87.

¹⁰ Venezianischer Bericht ddo 1515 März 5, 21, 78 Venedig (*Sanuto* XX, 39, 67, 76); Bericht Gattinaras ddo 1515 März 14 Paris (*Le Glay*, Négociations II, 78 ff.).

¹¹ Antwort Reichenbachs auf dem Tag zu Luzern ddo 1515 Mai 23 Luzern (*Wien* HHSA, MaxAkt 33, fol. 65 f.).

¹² KMs Befehl ddo 1515 Mai 9 Augsburg (*Wien* HHSA, Reichsregisterbücher Y, fol. 176).

¹³ *Jorde*, Diss. 107 ff.

235 ¹⁴ Venezianischer Bericht ddo 1515 April 23, 26 Paris (*Sanuto* XX, 209 f.); *Guicciardini* (ed. Forberger) 276 f.; *Jovius* (ed. Forberger) 312; *Belcarius* 439; *Ulmann* II, 660; *Lavisse* V/1, 121; *Schaden*, Diss. 123; *Jorde*, Diss. 73, 100 f.

¹⁵ Vgl. Eidgenössische Abschiede ddo 1515 September 12 Zürich (*Eidgenössische Abschiede* III/2, 915 f.); Instruktion KMs für seine Gesandten an die Eidgenossen ddo 1515 September 21 Innsbruck (*Eidgenössische Abschiede* III/2, 920 f.).

¹⁶ KM an Carpi ddo 1515 August 21 Wels (*Wien* HHSA, MaxAkt 34, fol. 84 ff.).

¹⁷ *Jovius* (ed. Forberger) 312, 316; *Brewer* II, Preface 40; *Büchi*, Schiner II, 27; *Harkensee* 35 ff.; *Gisi*, Anteil 116; *Dierauer* II, 440; *Jorde*, Diss. 72 ff.

¹⁸ *Guicciardini* (ed. Forberger) 277; *Jovius* (ed. Forberger) 318; *Gisi*, Anteil 168; *Büchi*, Schiner II, 30; *Harkensee* 39; *Jorde*, Diss. 75.

¹⁹ Friedensverhandlungen Franz' I. und der Schweizer Hauptleute im Felde ddo 1515 August 28—September 9 Vercelli/Gallerate (*Eidgenössische Abschiede* III/2, 907 ff.).

236 ²⁰ Verschiedene Berichte ddo 1515 August (*Innsbruck* TLA, MaxAkt I/44, fol. 77, 115, 128); *Guicciardini* (ed. Forberger) 279 f.; *Jovius* (ed. Forberger) 325; *Lanz*, Einleitung 16; *Gisi*, Anteil 180 f.; *Jorde*, Diss. 79, 109 ff.

[21] Bericht des Hgs von Mailand an die Schweizer Tagsatzung ddo 1515 September 13 Zürich (*Eidgenössische Abschiede* III/2, 916).

[22] Eidgenössischer Schlachtbericht ddo 1515 September 16 Uri (*Eidgenössische Abschiede* III/2, 919); weiters Bericht KMs an EMarg ddo 1515 Oktober 7 Innsbruck (*Le Glay*, Correspondance II, 296 ff., Nr. 603); venezianische Berichte ddo 1515 September 14 Marignano (*Sanuto* XXI, 80 f., 96); *Guicciardini* (ed. Forberger) 280 f.; *Jovius* (ed. Forberger) 326 ff., 334; *Anshelm* IV, 139 ff.; Chronik des *Grumello* (ed. 1856) 200 ff.; die Schlacht behandelt neuerdings ausführlich die grundlegende Arbeit von *Usteri*; *Gisi*, Anteil 184 ff.; *Lavisse* V/1, 122; *Pastor* IV/1, 82; *Büchi*, Schiner II, 53; *Le Glay*, Négociations (Einleitung) 122; *Schodeler* 356 ff.; *Harkensee* 75 ff.; *Schaden*, Diss. 126; *Wolff*, Diss. 106 ff.

[23] Die Angaben über die Schweizer Verluste schwanken zwischen 3000 und 16.000; dazu *Jovius* (ed. Forberger) 334; *Anshelm* IV, 143; *Schodeler* 361; *Harkensee* 109.

[24] Zeitgenössische Zeitung bei *Weller* 29 ff., Nr. 6.

[25] Vgl. das Landsknechtlied von Marignano bei *Liliencron* III, 171 ff., Nr. 292.

[26] Eidgenössischer Bericht ddo 1515 September 24 Luzern (*Eidgenössische Abschiede* III/2, 917 ff.).   237

[27] Carpi an KM ddo 1515 August 21 Rom (*Wien* HHSA, MaxAkt 34, fol. 106 ff.); andere diesbezügliche Berichte ddo 1515 August 12—23 (*Innsbruck* TLA, MaxAkt I/44, fol. 3 ff., 20 ff., 22 f., 68, 72); *Jovius* (ed. Forberger) 311 f.; *Marini* I, 9; *Jorde*, Diss. 89 f.; *Kokalj*, Diss. 15 ff.

[28] Aufgebot KMs an den Schwäbischen Bund ddo 1515 September 28 Innsbruck (*Klüpfel*, Urkunden II, 102 f.).

[29] KMs Mandat ddo 1515 September 28 Innsbruck (*Klüpfel*, Urkunden II, 103 ff.).

[30] Berichte etc. aus Verona und Trient ddo 1515 Oktober/November (*Innsbruck* TLA, MaxAkt I/44, fol. 2 ff., 5 f., 7 ff., 16, 22 f., 28 f., 37, 57 f., 62 f., 63 f., 67 f., 69 f., 76 f., 80 f., 84, 91; desgl. *Wien* HHSA, MaxAkt 34, fol. 32, 62 f., 64 ff., 103 f.); venezianische Berichte bei *Sanuto* XXI, 130, 142, 146, 193 ff., 196, 228, 230 f.; *Scheurl*, Geschichtbuch 86 f.; *Guicciardini* (ed. Forberger) 283; *Jovius* (ed. Forberger) 236 ff., 341 ff.; *Belcarius*, Rer. Gall. Comm. 451; *Ulmann* II, 662; *Wolff*, Unternehmungen 113 f.; *Marini* I, 18; *Jorde*, Diss. 112 ff.

[31] Venezianische Berichte ddo 1515 Oktober/November (*Sanuto* XXI, 268, 284, 290, 310, 336); Berichte aus Trient, Verona etc. ddo 1515 November/Dezember (*Innsbruck* TLA, MaxAkt I/44, fol. 57, 59, 70; desgl. *Wien* HHSA, MaxAkt 34, fol. 5 f., 9, 38 f., 40, 52 f., 61, 99); *Marini* I, 25 f.; *Schaden*, Diss. 129 f.; *Jorde*, Diss. 116.

[32] Venezianische Berichte ddo 1515 November 13—27 (*Sanuto* XXI, 286 f., 288, 310); KM an EMarg ddo 1515 November 27 Memmingen (*Le Glay*, Correspondance II, 302 f., Nr. 607); *Guicciardini* (ed. Forberger) 284.

[33] Cariati an KM ddo 1515 Dezember 21 Verona (*Wien* HHSA, MaxAkt 34, fol. 52 f.); *Guicciardini* (ed. Forberger) 284 f.; *Jovius* (ed. Forberger) 347 f.; *Jorde*, Diss. 117.   238

[34] Bericht KMs an EMarg ddo 1515 Dezember 31 Ulm (*Le Glay*, Correspondance II, 315, Nr. 615); *Marini* I, 26 ff.; *Schaden*, Diss. 131.

[35] *Kirchmair*, Denkwürdigkeiten 33; *Jovius* (ed. Forberger) 348 f.; *Marini* II, 1 f., 5; *Kokalj*, Diss. 17.

[36] Venezianische Berichte ddo 1516 Februar 11—17 (*Sanuto* XXI, 514, 526); *Jovius* (ed. Forberger) 336.

[37] Venezianische Berichte ddo 1516 Februar 1—15 (*Sanuto* XXI, 499, 524); *Schaden*, Diss. 131.

[38] KM an EMarg ddo 1515 Dezember 3 Kaufbeuren (*Le Glay*, Correspondance II, 306 ff., Nr. 610).

[39] Bericht an das Innsbrucker Regiment ddo 1515 Oktober 9 Verona (*Innsbruck* TLA, MaxAkt I/44, fol. 51); *Anshelm* IV, 158.

239 [40] Capitula inter Regem Francorum et Leonem X. ddo 1515 Oktober 13 Viterbo (*Wien* HHSA, MaxAkt 34, fol. 20 ff.); Bericht Carpis an KM ddo 1515 Oktober 12 Viterbo (*Wien* HHSA, MaxAkt 34, fol. 12 ff.); *Du Mont* IV/1, 214; *Pastor* IV/1, 86 f.; *Lanz*, Einleitung 168; *Jorde*, Diss. 93.

[41] Über die Zusammenkunft in Bologna vgl. den Bericht ddo 1515 Dezember 12 Bologna (*Le Glay*, Négociations I, 133 f.); *Guicciardini* (ed. Forberger) 248 f.; *Belcarius*, Rer. Gall. Comm. 452; *Jovius* (ed. Forberger) 344; *Pastor* IV/1, 88 ff., 92 ff.; *Lavisse* V/1, 126; *Lanz*, Einleitung 169 f.; *Le Glay*, Négociations I (Einleitung) 124; *Schaden*, Diss. 134; *Jorde*, Diss. 94 ff.

[42] Venezianische Relation des A. Giustiniani ddo 1516 Januar 15 (*Sanuto* XXI, 456).

[43] Bericht KMs an EMarg ddo 1516 Januar 5 Augsburg (*Le Glay*, Correspondance II, 316 ff., Nr. 616); *Romanin* V, 309; *Gisi*, Anteil 199; *Pastor* IV/1, 98, 106 f.; *Jorde*, Diss. 95.

[44] *Sanuto* XXI, 133, 206; *Pastor* IV/1, 106; *Jorde*, Diss. 111; *Kokalj*, Diss. 16.

[45] Instruktion KMs für seine Gesandten beim eidgenössischen Tag in Luzern ddo 1515 Oktober 18 Innsbruck (*Eidgenössische Abschiede* III/2, 928).

2. Maximilians Feldzug gegen Mailand und der Endkampf um Brescia und Verona

240 [1] Zur Geschichte des Mailänder Zuges gibt es zahlreiche Urkunden, Akten, Gesandtenberichte und erzählende Quellen; vgl. dazu die kritische Quellen- und Literaturüberschau des vorhergehenden Abschnittes. Besonders ergiebig sind die verschiedenartigen Dokumente bei *Sanuto*, außerdem die Editionen von *Brewer* (Letters), der außer italienischen Dokumenten die sehr zahlreichen und interessanten Berichte der englischen Gesandten Wingfield und Pace bietet; in seiner einleitenden Auswertung stützt sich Brewer aber sehr einseitig auf die Berichte des Gesandten Pace und kommt daher zu einem schiefen Bild des Kaisers. Für alle Schweizer Betreffe sind wichtig und ergiebig *Segesser* (Eidgenössische Abschiede) und teilweise *Anshelm*. Viele neue Einzelheiten ergeben sich aus den Akten des kaiserlichen Archivs (*Wien* HHSA, *Innsbruck* TLA

und *Marburg* SA (= Beuteakten). Unter den erzählenden Quellen sind heranzuziehen *Guicciardini, Mocenigo,* weniger *Jovius* und *Grumello. Kirchmair* (Denkwürdigkeiten) bietet einen interessanten und vielbenützten Bericht über den Rückzug des Kaisers. Unter der reichen Literatur zum Italienkrieg betreffen den Feldzug von 1516 direkt die Arbeiten von *Wolff, Schneller* und *Marini,* die Rolle der Schweizer und Kardinal Schiners behandeln die Arbeiten von *Büchi* und *Gisi. Lanz* (Einleitung zur Edition der *Monumenta Habsburgica*), an sich kenntnisreich, ist unterdessen stark veraltet, *Pauli* (Diplomatie) folgt ähnlich *Brewer* sehr einseitig den Berichten des Gesandten Pace, ohne andere Quellen eingehender zu berücksichtigen, und kommt daher zu einem allzu ungünstigen Bild Maximilians. Eine neue Zusammenfassung der Kriegsereignisse 1516 bietet die einschlägige Jahrbuchdissertation von *Kokalj-Thierrichter.*

² *Schneller,* Brüssler Friede 8 ff.; *Jorde,* Diss. 102 ff., 121 ff. (dort Einzelheiten).

³ *Miklautsch,* Diss. 151 f.; *Jorde,* Diss. 126 ff.

⁴ Bündnisvertrag ddo 1515 Oktober 19 (*Du Mont* IV/1, 214 ff.; *Bergenroth* II, 256 f., Nr. 215, 268 f., Nr. 229); *Ulmann* II, 663; *Jorde,* Diss. 138.

⁵ *Pauli,* Diplomatie im Jahre 1516, 272 ff., 276 ff.; *Miklautsch,* Diss. 151 ff., 154.

⁶ Einschlägige diplomatische Korrespondenzen Wolseys 1515 September/Oktober bei *Brewer* II, Nr. 960, 992, 1004, 1021, 1095, 1146, 1265, 2727.

⁷ *Jorde,* Diss. 120 ff. 130 ff. (dort Einzelheiten).

⁸ Berichte des Doktor Pace und Weisungen für ihn etc. ddo 1515 Oktober/Dezember (*Brewer* II, Nr. 1065, 1066, 1067, 1077, 1095, 1135, 1146, 1178, 1179, 1188 1193, 1244, 1258, 1318, 1328, 1329, 1345, 1346; dazu *Brewer* II (Preface), 54 ff.; *Ulmann* II, 664 f.; *Pauli,* Diplomatie 274 ff.; *Jorde,* Diss. 123 f., 130 ff.; *Wolff,* Untersuchungen 118 ff.

⁹ Anonymer Bericht an Villinger ddo 1516 März 17 Brüssel (*Marburg* SA, Bestand 3, Fasz. 390—392, fol. 27 ff.).

¹⁰ Abschied ddo 1515 November 11 Genf (*Eidgenössische Abschiede* 241 III/2, 1398 ff.); *Du Mont* IV/1, 218 ff.; *Anshelm* IV, 159 ff.; *Büchi,* Schiner II, 73; *Dierauer* II, 458; *Jorde,* Diss. 122 f.; *Schaden,* Diss. 136.

¹¹ Venezianische Berichte aus Rom ddo 1516 März 17 (*Sanuto* XXII, 50): Der Papst sagte, er dürfte sich den KF nicht zum Feinde machen, denn im Falle eines Sieges zwinge er ihn nach Avignon zu gehen etc.: „… il Papa degnira da si vincera …"

¹² Vgl. Brief Villingers an Renner ddo 1516 Februar 11 Augsburg (*Ulmann* I, 822, Anm. 2: aus „Marburger Archiv"); *Kokalj,* Diss. 36 ff., dort auch der Briefwechsel KMs und seiner Räte mit dem Burgundischen Hof aus *Marburg* SA; *Brandi* I, 65.

¹³ Bericht Hacquenays an Villinger ddo 1516 Mai 26 Lille (*Marburg* SA, Bestand 3, Fasz. 390—392, fol. 95 ff.); *Kokalj,* Diss. 113.

¹⁴ Anonymer Bericht an Villinger und Renner ddo 1516 Juni 15 Löwen (*Marburg* SA, Bestand 3, Fasz. 390—392, fol. 46 ff.).

¹⁵ *Brewer* II (Preface) 54 ff., 89; *Wegg,* R. Pace passim; *Miklautsch,* Diss. 152 f., 165 f. (dort zahlreiche englische Quellen).

[16] *Miklautsch,* Diss. 161 ff.; die Summe variiert, dazu *Brewer* II, Nr. 1095.

[17] *Schneller,* Feldzug 261 f.; *Kokalj,* Diss. 17 ff.; *Pauli,* Diplomatie 277 ff. (mit allzu starker antikaiserlicher Tendenz); *Schaden,* Diss. 137.

[18] Mandat KMs an Rogendorff ddo 1516 Februar 10 Nassereith, ed. bei *Schneller,* Feldzug 262 f.; *Wolff,* Untersuchungen 119 f.; *Kokalj,* Diss. 19 ff.

[19] Mandat KMs ddo 1516 Januar 16 Augsburg (*Koch,* Beiträge 103; desgl. *Janssen,* Reichscorrespondenz II, 902, Nr. 1142 f.; *Diederichs* Nr. 86).

242   [20] *Schneller,* Feldzug 263 f.; *Ulmann* II, 667 ff.; *Brandis,* Landeshauptleute von Tirol 434; *Marini* II, 10 f.; *Brewer* II, Preface 67; *Kokalj,* Diss. 19; *Schaden,* Diss. 137.

[21] *Brewer* II, Nr. 1443, 1482, 1484, 1485, 1521; *Miklautsch,* Diss. 155.

[22] Bericht über den Innsbrucker Landtag ddo 1516 Januar 18 ca. (*Brandis,* Landeshauptleute von Tirol 435 ff.); *Klüpfel,* Urkunden II, 121; *Jäger,* Landständische Verfassung II/2, 480 f.; *Kokalj,* Diss. 18.

[23] Villinger an Renner ddo 1516 Juni 21 Seifritsberg (*Marburg* SA, Bestand 3, Fasz. 390—392, fol. 79 ff.).

[24] *Miklautsch,* Diss. 155 (dort die zahlreichen englischen Quellen).

243   [25] Brief Peutingers an KM ddo 1516 Februar 2 Augsburg (*König,* Peutingers Briefwechsel 268, und *Buff,* Rechnungsauszüge Nr. 8609).

[26] Venezianische Berichte bei *Sanuto* XXII, 20, 24 f., 32 f., 38, 42 f., 45, 51, 53; desgl. bei *Brewer* II, Nr. 1697, 1701; *Lanz,* Einleitung 164 ff.; *Gisi,* Anteil 207; *Büchi,* Schiner II, 91 f.; *Schneller,* Feldzug 212 ff.; *Schaden,* Diss. 138 (dort auch eine Karte); *Kokalj,* Diss. 23.

[27] Venezianische Berichte ddo 1516 März 11—17 Asola (*Sanuto* XXII, 42, 47 f.); *Guicciardini* (ed. Forberger) 286 und (ed. Rosini) II, 404; KMs undatierte Denkschrift (*Wien* HHSA, MaxAkt 41, fol. 120); *Romanin* V, 311; *Schaden,* Diss. 138; *Kokalj,* Diss. 23 f.

[28] *Anshelm* IV, 167 f.; *Gisi,* Anteil 209 f.

[29] Berichte eidgenössischer Hauptleute ddo 1516 April 5 Lodi (*Eidgenössische Abschiede* III/2, 970); zeitgenössischer Bericht von *Scheurl,* Geschichtbuch 93 f.; Chronik des *Grumello* (ed. 1856) 209 f.; *Guicciardini* (ed. Forberger) 286 und (ed. Rosini) II, 404 f.; KM an Carpi ddo 1516 März 26 Pioltello vor Mailand (*Wien* HHSA, MaxAkt 38, fol. 101 f.); *Hug,* Villinger Chronik 63 (gibt im Wesen Landsknechtserzählungen wieder); *Pauli,* Diplomatie 178 ff.; *Ulmann* II, 669 ff.; *Wolff,* Untersuchungen 121 ff.; *Schneller,* Feldzug 257 f.; *Huber,* Geschichte Österreichs III, 407 ff.; *Dierauer* II, 460; *Brewer* II (Preface), 70 ff.; *Kokalj,* Diss. 25 ff.; *Miklautsch,* Diss. 157 f. (dort zahlreiche englische Quellen).

244   [30] Venezianische Berichte bei *Sanuto* XXIII, 167: Der Kaiser sprach in zornigen Worten: „. . . mi havete facto venir con dir aproximato saro Milan mi mandera la chiave, et ho visto il contrario . . .“

[31] *Miklautsch,* Diss. 162 ff. (dort englische Quellen).

[32] *Gisi,* Anteil 211 f.

[33] *Miklautsch,* Diss. 160.

[34] Briefe an die Schweizer im Dienste KMs und Schiners ddo 1516 April 2 Mailand (*Eidgenössische Abschiede* III/2, 969): KM ziehe ab und

lasse die Schweizer allein zurück, „... sie sollten lieber die Sache des Kaisers verlassen und für ihren eigenen Nutzen und Ehre sorgen".

[35] *Lanz*, Einleitung 175; *Wegg*, Pace 97 f.

[36] *Miklautsch*, Diss. 159 (dort Quellen).

[37] Chronik des *Grumello* (ed. 1856) 211: „A, Sacra Maiestas, quid dicetur de vobis?"

[38] Ausführliche Berichte des Doktor Pace an Wolsey ddo 1516 April 1 Lodi (*Brewer* II, Nr. 1721); venezianische Berichte bei *Sanuto* XXII, 101 f., 106 f.; die englischen Darstellungen sind sehr einseitig von den Berichten des Gesandten Doktor Pace beeinflußt; *Büchi*, Schiner II, 94 ff., 98; *Marini* II, 16; *Schneller*, Feldzug 251; *Wolff*, Untersuchungen 122 f., bekundet kein Verständnis für die Lage des Kaisers, gerechter urteilt diesmal *Ulmann* II, 671 ff.; *Scarisbrick* 60; *Miklautsch*, Diss. 157 ff.

[39] Venezianischer Bericht ddo 1516 April 9 (*Sanuto* XXII, 115).

[40] Venezianischer Bericht ddo 1516 April 14 (*Sanuto* XXII, 128): „... li sguizari hanno voluto far tradimento a l'Imperador, et che erano stà presi 5 capi e fati passar per le piche di lanzinech ..."

[41] *Wolff*, Untersuchungen 121 ff.

[42] Ausführlicher Bericht von *Kirchmair*, Denkwürdigkeiten 436 ff., der sagt, daß er darüber „wahrhafft geschrifften gesehen"; venezianischer Bericht ddo 1516 April 14 Crema (*Sanuto* XXII, 145); KMs undatierte Denkschrift (*Wien* HHSA, MaxAkt 41, fol. 117 ff.); *Ulmann* II, 675 ff.; *Büchi*, Schiner II, 99.

[43] Protokoll der Tagung ddo 1516 Mai 13 Luzern (*Eidgenössische Abschiede* III/2, 973: Beim Abzug der Eidgenossen aus dem kaiserlichen Heer habe es großen Unfug, Beraubung von Kirchen, Mißhandlung von Greisen, Frauen und Kindern gegeben, kein Wunder, wenn Gott solche Zerstörung bis zur Zerstörung der Eidgenossenschaft rächen werde. Man wolle die Schuldigen ausforschen und strafen.

[44] *Miklautsch*, Diss. 163.

[45] Pace an Wolsey ddo 1516 Mai 12 Trient (*Brewer* II, 539, Nr. 1877: „Imperator est levis et inconstans alienae pecunae mendicus ..."; *Pauli*, Diplomatie 281 f. (aus den Berichten von Doktor Pace).

[46] *Herberstein*, Selbstbiographie 102; Eidgenössische Tagsatzung ddo 1516 Juli 7 Zürich (*Eidgenössische Abschiede* III/2, 985 f.).

[47] *Guicciardini* (ed. Forberger) 286; *Le Glay*, Négociations I (Einleitung), 126; *Le Glay*, Correspondance II, 411; *Kokalj*, Diss. 28 f.; *Schaden*, Diss. 139; *Brosch*, Geschichte Englands 88; *Miklautsch*, Diss. 166.

[48] *Gisi*, Anteil 211.

[49] *Brewer* II, 72 ff.; *Romanin* V, 312; *Scarisbrick* 60; *Wegg* 97 ff.; *Lanz*, Einleitung 174 f.; *Ulmann* II, 671 ff.; *Undreiner* 109 ff.; *Schneller*, Feldzug 259; *Schaden*, Diss. 139 ff.

[50] *Ulmann* II, 681 f.

[51] Bericht des K. Trapp an das Regiment zu Innsbruck ddo 1516 April 5 Borgo di Terzo (*Wien* HHSA, MaxAkt 35, fol. 75 ff.); zeitgenössischer Bericht *Kirchmairs*, Denkwürdigkeiten 436 ff.; venezianischer Bericht bei *Sanuto* XXII, 115, 164; *Ulmann* II, 863 ff.; *Wolff*, Untersuchungen 123 ff.; Itinerar bei *Kokalj*, Diss. 268 f.

245

246

247

[52] Brief Huttens ddo 1516 Juli 31 Bologna bei *Hutten* (ed. Böcking) I, 105 ff.: „finguntur mediis in te omnia turpia scenis..."; *Harnack, Hutten* 485.

248 [53] KMs undatierte Instruktion an Mgf Kasimir von Brandenburg in *Marburg* SA, Bestand 3, Fasz. 366, fol. 29 ff.; KM an das Innsbrucker Regiment ddo 1516 April 9 Edolo (*Innsbruck* TLA, MaxAkt XIV, fol. 25 f.; KM an die Schweizer Hauptleute in Lodi ddo 1516 April 4 (*Eidgenössische Abschiede* III/2, 969): KM habe das Heer nur verlassen, um das eigene Heer zu sichern; erwartet alsbald Hilfe von verschiedenen Seiten und wird mit Reisigen und Artillerie zurückkehren; *Pauli,* Diplomatie 208 f. (nach Berichten Wingfields); venezianischer Bericht ddo 1516 April 28 (*Sanuto* XXII, 168); *Ulmann* II, 677 ff.; *Kokalj,* Diss. 31 ff.; *Miklautsch,* Diss. 164 f.

[54] Wingfield an KM ddo 1516 April 28 (*Brewer* II, 523, Nr. 1033).

[55] *Miklautsch,* Diss. 163, 166.

[56] Bericht über die Handlungen der kaiserlichen Gesandtschaft bei den Eidgenossen ddo 1516 Mai 26 Zürich (*Eidgenössische Abschiede* III/2, 978 ff.).

[57] Englischer Bericht bei *Brewer* II, Nr. 1054, 1877; krl. Begehren an die Eidgenossen ddo 1516 Juni 3 Baden (*Eidgenössische Abschiede* III/2, 979 ff.); *Büchi,* Schiner II, 105 ff.; *Guicciardini* (ed. Forberger) 287; *Gisi,* Beziehungen 251; *Kokalj,* Diss. 33 ff.

[58] Bericht des aus Italien kommenden H. v. Dießbach aus dem Luzerner Tag ddo 1516 Mai 13 Luzern (*Eidgenössische Abschiede* III/2, 973 ff.).

[59] *Pauli,* Diplomatie 281 ff. (nach Berichten des englischen Gesandten Doktor Pace); Berichte Paces ddo 1516 Mai—Juli (*Brewer* II, Nr. 1965, 2016).

[60] *Ulmann* II, 683; *Miklautsch,* Diss. 163 f.

[61] Vgl. Äußerungen Heinrichs VIII. zum venezianischen Gesandten in London ddo 1516 Oktober 27 (*Sanuto* XXIII, 125 f.).

[62] Bericht des Doktor Pace ddo 1516 Mai 17—21 (*Brewer* II, Nr. 1902, 1923); *Pauli,* Diplomatie 283 f.; *Ulmann* II, 678 f.; *Lanz,* Einleitung 176 ff.

249 [63] *Wolff,* Untersuchungen 124 ff.; *Marini* II, 19 f.; *Schaden,* Diss. 142; *Kokalj,* Diss. 41 ff.

[64] Venezianischer Bericht ddo 1516 Mai 23 Lager bei Brescia (*Sanuto* XXII, 233); Bericht der englischen Gesandten etc. bei *Brewer* II, Nr. 1921, 1931, 2044; Chronik des *Grumello* (ed. 1856) 212 f.; *Guicciardini* (ed. Forberger) 287; *Romanin* V, 313; *Schaden,* Diss. 172.

[65] *Kokalj,* Diss. 43 ff. (dort Einzelheiten).

[66] Berichte über die Lage in der Stadt Verona ddo 1516 Mai/Juni in *Wien* HHSA, MaxAkt 35, fol. 42 ff., 46 f., 57, 77 f., 104.

[67] Gedrucktes Mandat ddo 1516 Juli 24 (*Wien* HHSA, Urkundenreihe); Mandat ddo 1516 November 15 Breisach (*Diederichs* Nr. 87); *Hug,* Villinger Chronik 65; *Ulmann* II, 679.

[68] Venezianischer Bericht ddo 1516 Juli 15 (*Sanuto* XXII, 364).

[69] *Guicciardini* (ed. Forberger) 289 und (ed. Rosini) II, 412 f.; *Marini* III, 1; *Schaden,* Diss. 143.

⁷⁰ Venezianischer Bericht ddo 1516 Juni 10 (*Sanuto* XXIII, 286); 250
Guicciardini (ed. Forberger) 289 und (ed. Rosini) II, 413; *Brandis*,
Landeshauptleute von Tirol 434 f.; *Jovius* (ed. Forberger) 424; *Wolff*,
Untersuchungen 125 ff., 128 ff. (gute Darstellung der Lage in Verona);
Marini III, 3; *Kokalj*, Diss. 45 ff.

⁷¹ Bericht an KM ddo 1516 August 24 Verona (*Wien* HHSA, MaxAkt
36, fol. 74 f., 80 f.); venezianische Berichte bei *Sanuto* XXII, 447;
Schneller, Brüssler Friede 36; *Marini* III, 5; *Kokalj*, Diss. 48 ff.

⁷² *Wolff*, Untersuchungen 130 f.; *Marini* III, 13; *Schaden*, Diss. 145;
Kokalj, Diss. 49 f.

⁷³ Bericht an EMarg ddo 1516 Juni 13 Reutte bei *Le Glay*, Négociations
II, 111 ff., Nr. 34; über Unruhen in Verona vgl. Bericht ddo 1516 Juli 15
(*Sanuto* XXII, 364).

⁷⁴ *Wolff*, Untersuchungen 128.

⁷⁵ Hilfsbitten an das Innsbrucker Regiment und den Augsburger Rat
ddo 1516 Oktober 6 (*Wien* HHSA, MaxAkt 36; fol. 44 f., 48 f.); *Guicciardini* (ed. Forberger) 290 und (ed. Rosini) II, 413 f.; *Jäger*, Landständische Verfassung II/2, 485 ff.; *Wolff*, Untersuchungen 130 ff.; *Marini*
III, 6 ff.; *Kokalj*, Diss. 39 ff., 50; *Schaden*, Diss. 145 f.

⁷⁶ Venezianischer Bericht aus Ungarn ddo 1516 September 13 (*Sanuto*
XXII, 556).

⁷⁷ *Jäger*, Landständische Verfassung II/2, 485 ff.; *Wolff*, Untersuchungen
136.

⁷⁸ Bestätigungsurkunde des französischen Generals Lautrec ddo 1517
Januar 15 Verona in *Wien* HHSA, Urkundenreihe; *Marini* III, 19, 26 f.;
Wolff, Untersuchungen 138 f.; *Kokalj*, Diss. 53 f.

⁷⁹ *Kirchmair*, Denkwürdigkeiten 439 f.   251

3. König Karls Friedensvermittlung.
Die Verträge von Noyon, Brüssel und London

1 Über die Friedensverhandlungen von Noyon, Brüssel und London
vorwiegend aus burgundisch-spanischer Sicht vgl. die kritische Literatur-
und Quellenschau bei *Brandi* (Karl V., II, 89 f.). Die Texte der Vertragswerke bei *Du Mont* und den *Monumenta Habsburgica*. Wertvolle
Korrespondenzen etc. finden sich in den Akten der kaiserlichen Kanzlei
(*Wien* HHSA, *Innsbruck* TLA und *Marburg* SA [= Beuteakten]).
Brewer bietet eine fast geschlossene Dokumentenreihe, u. a. wertvolle Berichte der englischen Gesandten am burgundischen und kaiserlichen Hof
und andere einschlägige Quellen. *Le Glay* enthält wie stets interessante
persönliche Korrespondenzen des Kaisers. *Sanuto* bietet reiches Material
zur Veroneser Frage, aber auch interessante Berichte venezianischer Gesandter vom französischen und englischen Hof. *Pauli* (Diplomatie) kommt
auf Grund einseitiger Benützung nur englischer Quellen zu einem sehr
negativen, den Tatsachen nicht ganz entsprechenden Urteil über die politische Haltung des Kaisers im Jahre 1516. Eine ausführliche Darstellung
mit Quellenanhang bietet A. *Schneller* (Brüssler Friede). Etwas veraltet,
aber immer noch brauchbar ist die Einleitung von *Lanz* (Monumenta

Habsburgica). Daneben war auch *Ulmann* noch heranzuziehen. Eine Auswertung der englischen Quellen bietet die Einleitung von *Brewer* (Letters and Papers = stark antikaiserlich). Eine eingehende Darstellung auf Grund des gesamten bisher bekannt gewordenen Materials bieten die Dissertationen von *Kokalj-Thierrichter* und von *Miklautsch.*

² *Prescott* II, 538 ff., 541 ff.; *Höfler*, Juana 364 ff.; *Bauer*, Anfänge 26 f.; *Kokalj*, Diss. 6 ff.

³ Venezianisches Urteil ddo 1516 Februar 11 (*Sanuto* XXI, 511): „... questa nova (= Tod König Ferdinands) è molto a proposito a le cosse nostre, e fara forsi mutar pensier di le cosse di qui a l'Imperador per voler andar ajutar sui nepoti di Borgogna ...“

⁴ *Schneller*, Brüssler Friede 14 ff.; *Ulmann* II, 663 f.; *Lanz*, Einleitung 173 ff.; *Bauer*, Anfänge 43 ff.

252 ⁵ Bündnisvertrag zwischen Heinrich VIII. und Karl ddo 1516 April 19 Brüssel (*Monumenta Habsburgica* II/1, 11 ff., Nr. 5).

⁶ Protokoll ddo 1516 Mai 13 Noyon (*Monumenta Habsburgica* II/1, 24 ff., Nr. 6); Renner (?) berichtet an Hackenay über KMs Einstellung zu den Verhandlungen ddo 1516 Mai 14 (*Marburg* SA, Bestand 3, Fasz. 366, fol. 37 ff.); zahlreiche Berichte ddo 1516 Juni—Juli (*Brewer* II, Nr. 2027, 2044, 2075, 2089, 2150, 2189, 2206); *Guicciardini* (ed. Rosini) II, 474; *Romanin* V, 315; *Lavisse* V/1, 128 f.; *Pastor* IV/1, 10 f.; *Schneller*, Brüssler Friede 20 ff.; *Lanz*, Einleitung 176 ff.; *Brewer* II (Einleitung) 104 ff.; *Le Glay*, Négociations I (Einleitung) 126; *Jäger*, Landständische Verfassung II/2, 484 f.; *Pauli*, Diplomatie 289 ff.; *Kokalj*, Diss. 112 f.; *Schaden*, Diss. 148 f.; *Miklautsch*, Diss. 167 ff.

⁷ Original ddo 1516 August 13 Noyon und Ratifikation Karls ddo 1516 Oktober 29 (*Wien* HHSA, Urkundenreihe); *Du Mont* IV/1, 224 ff.; *Monumenta Habsburgica* II/1, 27 ff., Nr. 7; Bericht Karls an KM ddo 1516 August 22 Brüssel (*Marburg* SA, Bestand 3, Fasz. 379, fol. 127 f.); Bericht Villingers an KM ddo 1516 August 21 Brüssel (*Marburg* SA, Bestand 3, Fasz. 368, fol. 5 ff.); *Schneller*, Brüssler Friede 22 ff., 69 ff.; *Lanz*, Einleitung 177 f.; *Fueter*, Staatensystem 281; *Ulmann* II, 683 ff.; *Bauer*, Anfänge 47; *Kokalj*, Diss. 115 ff.; *Schaden*, Diss. 148.

⁸ *Reiffenberg* 299 ff., 310 ff.

⁹ *Brewer* II, 725, Nr. 2340; *Miklautsch*, Diss. 169 ff.

253 ¹⁰ Vgl. den Bericht des B. Ticioni an EMarg ddo 1516 Mai 6 London (*Le Glay*, Négociations II, 101 ff.).

¹¹ Die englischen Darstellungen stützen sich ganz einseitig auf die Berichte von Pace.

¹² *Miklautsch*, Diss. 168 f.

¹³ Dies zeigt deutlich die Instruktion KMs an seinen Gesandten in England ddo 1516 September 9 Füssen (*Monumenta Habsburgica* II/1, 556 ff.); venezianischer Bericht ddo 1516 Oktober 3 (*Sanuto* XXIII, 12): Der Papst sagte: „... quando udi la nova l'Imperador di la pace fata tra quelli do reali ... stete molto meniconico ...“; das Urteil von *Pauli* (Diplomatie) über KMs englische Politik, das sich einseitig auf die Berichte des Gesandten Pace stützt, ist zweifellos übertrieben; *Wolff*, Untersuchungen 134; *Lanz*, Einleitung 178 f.; *Ulmann* II, 680 ff.; *Kokalj*, Diss. 118 f.

[14] Wingfield an Heinrich VIII. ddo 1516 Mai 17 (*Brewer* II, 549 f., Nr. 1902); *Miklautsch*, Diss. 187.

[15] Villinger an Renner ddo 1516 Oktober 17, 28 Brüssel (*Marburg SA*, Bestand 3, Fasz. 390—392, fol. 113 ff., 126 f.).

[16] Vgl. die Haltung des Innsbrucker Landtages ddo 1516 Juli 6 (*Jäger*, Landständische Verfassung II/2, 482 f.).

[17] KMs Anweisung an Villinger ddo 1516 September 1 Ehrenberg (*Marburg SA*, Bestand 3, Fasz. 368, fol. 20 ff.).

[18] Bericht Villingers etc. an KM ddo 1516 August 29 Brüssel (*Marburg SA*, Bestand 3, Fasz. 368, fol. 23 ff.); *Kokalj*, Diss. 121, 124; *Schaden*, Diss. 150. 254

[19] Pace an Wolsey ddo 1516 Oktober (*Brewer* II, 777 ff., Nr. 2495); Villinger und Renner an KM ddo 1516 September 6, 24 Brüssel (*Marburg SA*, Bestand 3, Fasz. 390—392, fol. 98 ff., 102 ff.); *Kokalj*, Diss. 121.

[20] Pace an Wolsey ddo 1516 Mai/Juni ca. (*Brewer* II, 569 f., Nr. 1964).

[21] Venezianische Berichte ddo 1516 September bis Oktober (*Sanuto* XXIII, 60 f.): „... ma l'Imperador non vol far senza restarli Roverè (to) ..."; *Schneller*, Brüssler Friede 39 f.; *Kokalj*, Diss. 121 f.; *Schaden*, Diss. 150 f.

[22] Heinrich VIII. an die Eidgenossen ddo 1516 September 16 (*Eidgenössische Abschiede* III/2, Nr. 1013).

[23] Venezianischer Bericht ddo 1516 Oktober 16 London (*Brewer* II, 764, Nr. 2449; vgl. auch die Nr. 2444, 2451, 2484, 2637).

[24] Vertragspunkte ddo 1516 Oktober s. d. Greenwich (*Brewer* II, 767 f., Nr. 2463); vgl. auch Heinrich VIII. an Wolsey ddo 1516 Juli 27 (*Brewer* II, 675 f., Nr. 2200).

[25] Original des Vertragstextes in *Wien HHSA*, Urkundenreihe; *Přibram*, 106 ff., Nr. 16; *Monumenta Habsburgica* II/1, 29 ff., Nr. 8; *Brewer* II, 775, Nr. 2486; *Pauli*, Diplomatie 291 ff. (stark antikaiserlich); gerechteres Urteil bei *Ulmann* II, 685; *Schneller*, Brüssler Friede 38 ff.; *Lanz*, Einleitung 180 ff.; *Mackie* 306 ff.; *Pastor* IV/1, 110; *Schaden*, Diss. 149; *Miklautsch*, Diss. 173 ff., 178 ff.

[26] *Pauli*, Diplomatie 294.

[27] Bericht an die Eidgenossen ddo 1516 Dezember 1 Zürich (*Eidgenössische Abschiede* III/2, Nr. 1026 f., 1406); *Du Mont* IV/1, 248 f.; *Guicciardini* (ed. Rosini) II, 417; *Dierauer* II, 91; *Lavisse* V/1, 127; *Fueter*, Staatensystem 281; *Gisi*, Anteil 216; *Ulmann* II, 685; *Schaden*, Diss. 149. 255

[28] KM an Heinrich VIII. ddo 1516 November 2 (*Brewer* II, 782, Nr. 2501); venezianischer Bericht über eine Unterredung des Kardinals Schiner mit venezianischen Gesandten in London betreffend Verona ddo 1516 November 13 London (*Sanuto* XXIII, 272); *Miklautsch*, Diss. 188.

[29] Venezianischer Bericht ddo 1516 Oktober 29 Rom (*Sanuto* XXIII, 173 f.), der Papst sagte: „... Dio perdoni al Re di Romani, col so mal governo ha ruinato la christianità con questo voler Verona..."

[30] Brief Karls an KM ddo 1516 Dezember 6 Brüssel (*Wien HHSA*, Urkundenreihe); *Monumenta Habsburgica* II/1, 31, Nr. 9; *Kokalj*, Diss. 130.

[31] Verhandlungsberichte Villingers ddo 1516 Oktober 17 und November 1, 6, 13 Brüssel (*Marburg SA*, Bestand 3, Fasz. 390—392, fol. 113 ff., 128 f., 130 ff., 136 f.); König Karl an KM ddo 1516 November 12

Brüssel (*Wien* HHSA, MaxAkt 36, fol. 104 f.); Friedensvorschläge des KF an KM ddo 1516 November 12 (*Le Glay*, Négociations II, 114 ff., Nr. 36); KM an seine Räte 1516 sine dato (*Wien* HHSA, Urkundenreihe): KM erbittet Rat betreffend Annahme des Brüssler Friedens; abgedruckt bei *Schneller*, Brüssler Friede 88 ff.; *Kokalj*, Diss. 124 ff.

[32] Original des Vertrages von 1516 Dezember 3 (*Wien* HHSA, Urkundenreihe); Kopie des Vertrages (*Wien* HHSA, MaxAkt 38, fol. 720 ff.); *Monumenta Habsburgica* II/1, 31; *Schneller*, Brüssler Friede 6 ff., 43 ff., 51 ff.; *Ulmann* II, 686 f.; *Pauli*, Diplomatie 292 f.; *Lanz*, Einleitung 182 f.; *Pastor* IV/1, 110; *Wolff*, Unternehmungen 137 f.; *Bauer*, Anfänge 47; *Kokalj*, Diss. 127 ff.; *Miklautsch*, Diss. 180 ff.

256 [33] KM an Villinger ddo 1516 September 1 Ehrenberg (*Marburg* SA, Bestand 3, Fasz. 368, fol. 20 ff.).

[34] *Jäger*, Landständische Verfassung II/2, 486 f.

[35] *Schneller*, Brüssler Friede 53 ff.; *Kokalj*, Diss. 131.

257 [36] Vertrag ddo 1516 Dezember 8 Hagenau (*Brewer* II, 829, Nr. 2647); *Lanz*, Einleitung 189; *Scarisbrick* 64; *Miklautsch*, Diss. 184.

[37] KM an Heinrich VIII. ddo 1516 Dezember ca. (*Brewer* II, 870, Nr. 2731).

[38] Wolsey an Wingfield ddo 1516 Dezember 16 (*Brewer* II, 843 f., Nr. 2678).

[39] *Ulmann* II, 688 f.; *Weiß*, Diss. 13 ff.; *Stückler*, Diss. 118 ff.; *Miklautsch*, Diss. 200 ff.

[40] *Du Mont* IV/1, 256, Nr. 115; *Monumenta Habsburgica* II/1, 31 ff., Nr. 10; *Schneller*, Brüssler Friede 50; *Ulmann* II, 688 ff.; *Kokalj*, Diss. 131.

[41] Spinelli an KE ddo 1517 März 30 (*Brewer* II, 909, Nr. 3076).

258 [42] Vgl. das zeitgenössische Urteil in *Kirchmairs* Denkwürdigkeiten 439 f.

[43] *Lanz*, Einleitung 186 f.

V. DIE INNERE LAGE DES REICHES UND DER HABSBURGISCHEN LÄNDER

1. Der Kaiser und die Reichstage 1509—1517. Streit um die Reichshilfe für Italien. Maximilians letzte Reichsreformbemühungen

1.1. Der Wormser Reichstag 1509

259 [1] Nach *Janssen*, Geschichte des deutschen Volkes I⁶ (1880), 570.

[2] *Klüpfel*, Urkunden II, 19, 21 ff.; *Ulmann* II, 353; *Skriwan*, Diss. 258 ff.

[3] *Ulmann* II, 353 f.; *Skriwan*, Diss. 261 ff.

[4] *Ulmann* II, 354.

[5] Instruktion KMs an seine Räte ddo 1508 Mai 7 Linz a. Rhein (nach *Ulmann* II, 355, Anm. 2); *Skriwan*, Diss. 264.

⁶ Frau *Chalopek* bereitet eine Untersuchung über das Verhältnis KMs 260 zu den geistlichen Kurfürsten vor, der ich manchen Hinweis zu verdanken habe.

⁷ Über den Streit um Erfurt vgl. die Arbeiten von *Burkhardt* (Das tolle Jahr zu Erfurt und seine Folgen 1509—1523. In: Archiv für sächsische Geschichte 12 [1874], S. 337—426) und *Mehl* (Die Mainzer Erzbischofswahl im Jahre 1514 und der Streit um Erfurt. Diss. Bonn 1905).

⁸ Frankfurter Berichte ddo 1508 Juni 26—Juli 14 (*Janssen,* Reichscorrespondenz II, 746, Nr. 941, 942).

⁹ Die Quellen für den Wormser Tag finden sich vorzüglich bei *Janssen* (Reichscorrespondenz). Einschlägige Korrespondenzen aus der kaiserlichen Kanzlei gibt es nur ganz wenige. Kurze Darstellungen des Reichstages enthalten *Ulmann* und die Dissertationen von *Wenko* und E. *Rom.* Die Politik des Erzbischofs von Mainz und die zugehörigen Quellen behandeln *Seeliger, Harpprecht* und die Dissertationen von *Faulde* und *Chalopek.* Über das Eintreffen KMs in Mainz vgl. *Janssen,* Reichscorrespondenz II, Nr. 949, 951, 952; *Wenko,* Diss. 192.

¹⁰ Siehe S. 44 ff. 261

¹¹ Siehe S. 33.

¹² Frankfurter Berichte ddo 1509 April 21—29 Worms (*Janssen,* Reichscorrespondenz II, 750 f., Nr. 952, 954, 956, 957); *Harpprecht* III, 65; *Ulmann* II, 373; *Wenko,* Diss. 195 ff.; E. *Rom,* Diss. 123.

¹³ Bericht des Frankfurter Gesandten bei *Janssen,* Reichscorrespondenz II, 754 f., Nr. 954; *Würzburg* SA, Mainzer Ingrossaturbücher 50, fol. 24 f.; die Ausfertigung der Lehensurkunde für Mainz scheint erst im Oktober 1509 erfolgt zu sein; dazu *Faulde,* Diss. 86.

¹⁴ Vgl. ein Bittschreiben der in Worms versammelten Kurfürsten etc. an KM ddo 1509 Juni 9 Worms (*Wien* HHSA, MaxAkt 14 a/3, fol. 31 ff.); *Faulde,* Diss. 91.

¹⁵ *Seeliger,* Erzkanzler 85 ff., 88 f.; KM an Erzbischof Uriel ddo 1509 262 Mai 14 Kaufbeuren (*Harpprecht* III, 174).

¹⁶ Frankfurter Bericht ddo 1509 April 26 Worms (*Janssen,* Reichscorrespondenz II, 756, Nr. 955).

¹⁷ Einschlägige kaiserliche Korrespondenz ddo 1509 Mai 4, 28 (*Wien* HHSA, MaxAkt 14 a/2, fol. 120 f., 166 f.; desgl. *Innsbruck* TLA, MaxAkt I/44, fol. 40 ff., 49 f.); *Wenko,* Diss. 198 f.

¹⁸ Frankfurter Berichte ddo 1509 April 27—Mai 28 (*Janssen,* Reichscorrespondenz II, 757 ff., Nr. 957, 958, 962, 963, 968).

¹⁹ Frankfurter Bericht ddo 1508 Juni 2 Worms (*Janssen,* Reichscorrespondenz II, 768 ff., Nr. 970).

²⁰ Frankfurter Bericht ddo 1508 Juli 9 Worms (*Janssen,* Reichscorrespondenz II, 778 ff., Nr. 976); *Ulmann* II, 373; *Wenko,* Diss. 202.

²¹ Beschwerdeschrift ddo 1509 Juni 14 Trient (*Lünig,* Reichs-Archiv Pars generalis, Cont. I/1, 292 ff.); *Goldast,* Reichshändel 405 ff.; *Ulmann* II, 374 ff.; *Diederichs* 53 f.; *Wenko,* Diss. 203 f.

²² *Wenko,* Diss. 254; E. *Rom,* Diss. 130. 263

²³ Vgl. *Janssen,* Reichscorrespondenz 782, Nr. 979, 980; *Faulde,* Diss. 90.

²⁴ Siehe S. 47 ff.

264 **1** Die Quellenlage für den Augsburger Tag ist relativ gut. Größere einschlägige Aktenbestände finden sich in den Archiven zu *Wien, Frankfurt, Nürnberg, Bamberg, Würzburg, München* und *Innsbruck*. Am besten zugänglich und sehr aufschlußreich sind die Frankfurter Akten bei *Janssen* (Reichscorrespondenz). Diesmal sind auch die venezianischen Berichte bei *Sanuto* nicht zu übersehen. Über die äußeren Vorgänge unterrichten die Augsburger Chronik von Clemens *Sender* und *Fugger-Jäger;* davon abgeleitet *Fugger-Birken* und später *Brunner*. Unter der neueren Literatur ist *Ulmann* zu gebrauchen, der kurz die Hauptakzente setzt und sehr überraschende Urteile fällt; desgl. die Dissertationen von E. *Rom, Schodl* und vor allem *Wiesenberger*, welche diesen Reichstag entsprechend der besonderen Problemstellung mehr oder weniger ausführlich behandeln und dabei die Sammlungen der Maximilian-Regesten auswerten konnten.

2 Sehr ausführlich bei *Wiesenberger*, Diss. 21 ff.; siehe S. 295 f.

3 Siehe S. 68 ff.

4 Siehe S. 65.

265 **5** Ladungsschreiben ddo 1509 November 8 Rovereto (*Janssen*, Reichscorrespondenz II, 782, Nr. 981); *Harpprecht* III, 75; E. *Rom*, Diss. 137; *Schodl*, Diss. 150; *Wiesenberger*, Diss. 4 f.

6 *Wurstbauer*, Diss. 71 f.

7 Frankfurter Bericht ddo 1510 Januar 19—März 3 Augsburg (*Janssen*, Reichscorrespondenz II, 783 ff., Nr. 983, 986, 988, 992, 993, 995, 996, 997); *Chroniken d. deutschen Städte* XXIV (Augsburger Chronik) 127; *Fugger-Jäger* II, fol. 233; *Brunner*, Augsburg 42; *Wiesenberger*, Diss. 6 ff.

8 *Wiesenberger*, Diss. 53.

9 *Leitner*, Freydal (Einleitung) S. XCV; *Wiesenberger*, Diss. 12 f.

10 Frankfurter Bericht ddo 1510 März 5 Augsburg (*Janssen*, Reichscorrespondenz II, 787, Nr. 999). *Schodl*, Diss. 155; E. *Rom*, Diss. 138; *Wiesenberger*, Diss. 9 f., 42 ff.

11 Frankfurter Berichte ddo 1510 März 6—9 Augsburg (*Janssen*, Reichscorrespondenz II, 787 ff., Nr. 1000, 1002, 1003); desgl. in *Wien* HHSA, Reichstagsakten, 1/F, fol. 165 ff., desgl. *Dresden* HSA, Loc. 10.180, Reichstag zu Augsburg 1510, fol. 67 ff.; desgl. *Würzburg* SA, Reichstagsakten 1510, Nr. 5, fol. 182 ff.; *Fugger-Jäger* II, fol. 233 ff.; *Berger*, KMs Krieg mit Venedig I, 19 f.; *Wiesenberger*, Diss. 42 ff., 55 ff.; *Schodl*, Diss. 157 ff.

266 **12** Venezianische Berichte bei *Sanuto* X, 64 f., 87, 113, 193 f.; *Frieß*, Diss. 75 f.

13 Frankfurter Berichte ddo 1510 März 17 Augsburg (*Janssen*, Reichscorrespondenz II, 799 ff., Nr. 1005); *Wiesenberger*, Diss. 59 ff.

14 Frankfurter Berichte bei *Janssen*, Reichscorrespondenz II, 802 ff., Nr. 1006, 1007, 1009; *Schodl*, Diss. 162; *Wiesenberger*, Diss. 46 ff., 60 ff.

15 Vgl. Brief des Dogen von Venedig an den Rat von Nürnberg ddo 1509 Februar 11 Venedig (*Nürnberg* SA, Rep. 17 a, Nr. 72); vgl. *Lutz*, Peutinger 86 ff.; desgl. *Horn*, Diss. 82 ff.

[16] Frankfurter Bericht bei *Janssen*, Reichscorrespondenz II, 795 ff., Nr. 1004; venezianische Berichte bei *Sanuto* X, 113, 162, 193 f., 276; *Wiesenberger*, Diss. 56 f.

[17] *Fugger-Jäger* II, fol. 235; *Fugger-Birken* 1273; *Brunner*, Augsburg 42 f.; *Wiesenberger*, Diss. 12, 57.

[18] Gedruckt bei *Hutten* (ed. Böcking) III, 167 ff.; *Schubert*, Reichstage in der Staatslehre 203; *Schodl*, Diss. 160 f.; *Wiesenberger*, Diss. 47 ff.

[19] *Wiesflecker*, Maximilian III, 370 ff., 373.

[20] *Wiesflecker*, Maximilian III, 214 ff.

[21] *Wiesflecker*, Maximilian II, 370 ff.

[22] Frankfurter Berichte bei *Janssen*, Reichscorrespondenz II, 810 ff., Nr. 1011, 1014, 1018, 1020; *Wiesenberger*, Diss. 64 ff., 73 ff.

[23] *Ulmann* II, 402 f.

[24] Protokoll ddo 1510 Mai 14 Augsburg (*Wien* HHSA, Reichstagsakten 1/F, fol. 223); *Wiesenberger*, Diss. 71 f.

[25] Frankfurter Berichte bei *Janssen*, Reichscorrespondenz II, 805 ff., Nr. 1009, 1010, 1011, 1018; vgl. auch Reichstagsprotokolle *Wien* HHSA, Reichstagsakten 1/F, fol. 192 ff., 194 ff., 200 ff., 217 ff.; *Schodl*, Diss. 166; *Wiesenberger*, Diss. 101.

[26] Protokoll ddo 1510 April 29 Augsburg (*Wien* HHSA, Reichstagsakten 1/F, fol. 207 ff.); desgl. Frankfurter Bericht bei *Janssen*, Reichscorrespondenz II, 818 ff., Nr. 1018; *Ulmann* II, 404 f.; *Wiesenberger*, Diss. 72 ff.

[27] Frankfurter Bericht ddo 1510 April 23 Augsburg (*Janssen*, Reichscorrespondenz II, 816 f., Nr. 1015); Protokoll ddo 1510 Mai 14 Augsburg (Wien HHSA, Reichstagsakten 1/F, fol. 223); dazu auch Wiesenberger, Diss. 75 f.

[28] *Schmauss-Senckenberg* II, 132 ff.; *Lünig*, Reichs-Archiv, Pars generalis, Cont. I/1, 302 ff., Nr. 83; E. *Rom*, Diss. 150; *Wiesenberger*, Diss. 81 ff., 85 f.

[29] Dr. Topler an Serntein ddo 1511 März 3 Frankfurt (*Wien* HHSA, MaxAkt 17/3, fol. 10 f.); *Wiesenberger*, Diss. 86 ff., 97; (dort finden sich die zahlreichen Korrespondenzen KMs zur Eintreibung des Steuergeldes).

[30] *Strasser*, Diss. 159. Zahlreiche einschlägige Korrespondenzen KMs aus den Archiven in *Wien* und *Innsbruck* finden sich in den Sammlungen der Maximilian-Regesten.

[31] *Smend* 103; *Wiesenberger*, Diss. 76 ff.

[32] Serntein an Liechtenstein ddo 1510 Juni 5 Augsburg (*Innsbruck* TLA, MaxAkt I/44, fol. 19 f.).

[33] Gedrucktes Ausschreiben ddo 1510 September 9 Feldkirch (*Bergmann*, KMs gedrucktes Ausschreiben 41 ff.); *Janssen*, Reichscorrespondenz II, 824 f., Nr. 1029; *Schodl*, Diss. 171 f.

[34] Mandat KMs ddo 1510 Juni 3 Augsburg und Uriel von Mainz an KM ddo 1510 Juni 12 Mainz (*Wien* HHSA, MaxAkt 15b/1, fol. 8 f., 27 f.); weitere einschlägige Korrespondenzen KMs mit Kurmainz und Kursachsen aus dem Wiener HHSA finden sich in den Sammlungen der Maximilian-Regesten; *Schodl*, Diss. 188.

267

268

269

1 Ausschreiben ddo 1512 Januar 25 Worms (*Janssen*, Reichscorrespondenz II, 843, Nr. 1068); die Quellen über den Trierer Tag fließen recht gut; weniger gut für den anschließenden Kölner Tag. Über die äußeren Ereignisse berichtet recht verläßlich der Sekretär des Erzbischofs von Trier P. *Meyer*. Für den inneren Gang der Verhandlungen sind besonders aufschlußreich die Frankfurter Berichte bei *Janssen* (Reichscorrespondenz); dazu einige einschlägige Korrespondenzen der kaiserlichen Kanzlei (*Wien* HHSA) und die Reichsabschiede (bei *Schmauss-Senckenberg* und *Lünig*). Über die Hebung des heiligen Rockes, die für den Kaiser sehr viel bedeutete, gibt es zahlreiche Quellen und Darstellungen, die *Beissel* (Geschichten der Trierer Kirchen) zusammenfaßt. Die mehrfachen Holzschnittdarstellungen beweisen das große Interesse des Kaisers an diesem Ereignis. Eine Darstellung der Geschichte dieses Reichstages versucht erstmals I. *Rom*, der *Freidl* im Wesen folgte. Eine kurze Darstellung auch bei *Ulmann*. Die Edition der Reichstagsakten wird diesen Reichstag genauer zu untersuchen haben.

270 **2** Über eine Zusammenkunft KMs mit Erzbischof Uriel berichtet Rockner an Serntein ddo 1512 Februar 28 Frankfurt (*Wien* HHSA, MaxAkt 20, fol. 107); dazu auch KM an EMarg ddo 1512 Februar 7 Nürnberg (*Le Glay*, Correspondance I, 483 f., Nr. 363).

3 Notiz bei *Faulde*, Diss. 99 (aus einer Handschrift des badischen General-Landesarchivs Karlsruhe).

4 Frankfurter Bericht ddo 1512 Mai 4 (*Janssen*, Reichscorrespondenz II, 851, Nr. 1074) und *Egersdörfer* 49; zeitgenössischer Bericht von *Meyer* (ed. Stramberg) 345, 348 f.; *Scheurl*, Geschichtbuch 21.

5 Darüber berichtet eingehend der erzbischöfliche Sekretär *Meyer* (ed. Stramberg) 349 ff.

6 *Iserloh*, Heiliger Rock 272 ff.; *Beissel*, Geschichten der Trierer Kirchen II, 110 f.; *Brower*, Antiquitatum (ed. 1657) II, 328; *Anshelm* III, 298 (berichtet Unrichtiges); *Scheurl*, Geschichtbuch 21; zeitgenössische Berichte von J. *Rechberg* (ed. Ehses) 284 f.

7 Vgl. Anm. 6; vgl. auch die Holzschnitte im *Weißkunig* (ed. Schultz) 390; vgl. auch den Holzschnitt in der *Ehrenpforte* (ed. Chmelarz), Tafel 11; die Datierungen bei *Freidl*, Diss. 10, und I. *Rom*, Diss. 107, sind unrichtig.

271 **8** *Beissel*, Geschichten der Trierer Kirchen II, 115.

9 Bericht Serntein an Lang ddo 1512 Juli 5 (*Wien* HHSA, MaxAkt 21a, fol. 33 ff.); Frankfurter Bericht ddo 1512 Juni 30 (*Janssen*, Reichscorrespondenz II, 862, Nr. 1082).

10 Vorschlag ddo 1512 April 16 Trier (*Janssen*, Reichscorrespondenz II, 844 ff., Nr. 1072); zeitgenössischer Bericht von P. *Meyer* (ed. Stramberg) 353; *Kentenich*, Geschichte der Stadt Trier 318 f.; I. *Rom*, Diss. 123; *Freidl*, Diss. 11.

11 Frankfurter Bericht ddo 1512 Mai 14—18 (*Janssen*, Reichscorrespondenz II, 851, Nr. 1075, 1076).

12 Frankfurter Bericht ddo 1512 Juli 17 Köln (*Janssen*, Reichscorrespondenz II, 864 f., Nr. 1084); I. *Rom*, Diss. 109; *Freidl*, Diss. 13.

[13] Frankfurter Berichte ddo 1512 Juni 4—30 (*Janssen, Reichscorrespon-*
denz II, 581 ff., Nr. 1077, 1078, 1080, 1081, 1082); I. *Rom,* Diss. 124;
Freidl, Diss. 15.

[14] Frankfurter Berichte ddo 1512 Juli 12—21 (*Janssen, Reichscorrespon-*
denz II, 862 ff., Nr. 1083, 1086, 1087); *Egersdörfer* 52.

[15] Frankfurter Bericht ddo 1512 August 16—26 Köln (*Janssen, Reichs-*   272
correspondenz II, 881 ff., Nr. 1093); I. *Rom,* Diss. 131; *Freidl,* Diss. 19.

[16] Serntein an Lang ddo 1512 Juni 11 Trier (*Innsbruck* TLA, MaxAkt
I/44, fol. 152 ff.); Instruktion KMs für seine Gesandten an die Eidgenossen ddo 1512 April 13 Trier (*Wien* HHSA, MaxAkt 20, fol. 39 ff.); *Eid-*
genössische Abschiede III/2, 612 ff.; *Anshelm* III, 291 ff.

[17] Siehe S. 170 f.

[18] KMs Antwort auf ständische Vorschläge ddo 1512 Juni 19 Trier
(*Janssen,* Reichscorrespondenz II, 852 ff., Nr. 1080); I. *Rom,* Diss. 132 f.;
Freidl, Diss. 27.

[19] *Langwerth von Simmern,* Kreisverfassung 31.   273

[20] KM an das Kammergericht ddo 1512 August 30 Köln (*Wien* HHSA,
MaxAkt 21a, fol. 75 ff.).

[21] Frankfurter Berichte ddo 1512 Juni 24 Trier—Juli 21 Köln (*Janssen,*
Reichscorrespondenz II, 862 ff., Nr. 1081); I. *Rom,* Diss. 136 f.; *Freidl,*
Diss. 30.

[22] Frankfurter Bericht ddo 1512 August 2—10 Köln (*Janssen,* Reichscorrespondenz II, 874 ff., Nr. 1090).

[23] Frankfurter Bericht ddo 1512 Juli 29 Köln (*Janssen,* Reichscorrespondenz II, 873 f., Nr. 1089).

[24] Frankfurter Berichte ddo 1512 Juni 19 Trier und August 24 Köln
(*Janssen,* Reichscorrespondenz II, 852 ff., Nr. 1080, und 887, Nr. 1096);
Ulmann II, 615 f.; *Egersdörfer* 54; I. *Rom,* Diss. 144 f.; *Freidl,* Diss.
34 f.

[25] Reichsabschied ddo 1512 August 16 Trier - Köln (*Wien* HHSA,
Mainzer Reichstagsakten 3a, fol. 619 ff.); *Schmauss-Senckenberg* II,
136 ff.; *Lünig,* Reichs-Archiv, Pars generalis, Cont. I/1, 305 ff., Nr. 84;
Ulmann II, 564 f.; *Freidl,* Diss. 48, 52 ff.

[26] *Schmauss-Senckenberg* II, 147 ff.; *Lünig,* Reichs-Archiv, Pars generalis, Cont. I/1, 317 ff., Nr. 85; *Freidl,* Diss. 48 ff.

[27] Frankfurter Bericht ddo 1512 August 11 Köln (*Janssen,* Reichs-   274
correspondenz II, 880, Nr. 1092).

[28] Siehe S. 289 ff.

[29] KM an die Herzoge Friedrich, Johann, Georg und Heinrich von Sach-   275
sen ddo 1512 September 17 Köln (*Wien* HHSA, MaxAkt 21b, fol. 59 f.).

[30] Vgl. *Wiesflecker,* Maximilian II, 371 ff.

[31] *Langwerth von Simmern* 46; *Schröder-Künßberg* 909 f.; *Ulmann* II,
566 f.; *Moser,* Teutsches Staats-Recht 26, 225 ff., 244 ff.; *Freidl,* Diss.
54 ff.

[32] *Ulmann* II, 620 ff.; *Freidl,* Diss. 59 f.; *Horn,* Diss. 24 ff. (dort weiter-   276
führende Literatur).

[33] *Schmauss-Senckenberg* II, 151 ff.

277 ¹ KM an Frankfurt ddo 1513 Juni 4 Ulm (*Janssen,* Reichscorrespondenz II, 890, Nr. 1111); auch dieser Reichstag, der in der Literatur bisher nur wenig behandelt wurde, wird in allen Einzelheiten erst durch die Edition der Reichstagsakten zu untersuchen sein. Die hier benützten Dokumente fanden sich bei *Janssen* (Reichscorrespondenz) und in den einschlägigen Korrespondenzen der kaiserlichen Kanzlei (aus den Archiven zu *Wien, Innsbruck, Marburg, Würzburg, Dresden* und *Merseburg),* die sich auch in den Sammlungen der Maximilian-Regesten finden. Darauf beruhen auch die Dissertationen von *Wolfbauer-Heimlich* und *Freidl.* Eine kurze Darstellung enthält auch *Ulmann.*

² Siehe S. 116 ff.

³ Siehe S. 326.

⁴ Instruktion KMs an Loys Maraton, EMargs Sekretär, ddo 1512 November 17 Landau (*Marburg* SA, Bestand 3, Fasz. 367, fol. 22 ff.).

278 ⁵ Einschlägige Dokumente ddo 1513 Januar—Juli (*Wien* HHSA, MaxAkt 28, fol. 47 ff., 52, 107, 185, und MaxAkt 29, fol. 45 f., 50 f.; desgl. *Innsbruck* TLA, MaxAkt XIV, fol. 5, 9, 142); KMs Räte zu Worms an KM ddo 1513 März 10 Worms (*Wien* HHSA, MaxAkt 29, fol. 50 f.); Frankfurter Berichte ddo 1513 März—Juli (*Janssen,* Reichscorrespondenz II, 890 ff., Nr. 1108, 1110, 1111, 1114, 1118, 1120); dazu auch *Freidl,* Diss. 72.

⁶ Vgl. Korrespondenzen KMs ddo 1513 Januar 6—29 (*Wien* HHSA, MaxAkt 28, fol. 3, 26, 47 ff., 63, 85 f.).

⁷ Vgl. das Schreiben KMs an EMarg ddo 1513 März 7 Speyer (*Le Glay,* Correspondance II, 99 f., Nr. 459).

⁸ Itinerar bei *Wolfbauer-Heimlich,* Diss. 213.

⁹ Frankfurter Bericht ddo 1513 Juni 3 Worms (*Janssen,* Reichscorrespondenz II, 890, Nr. 1110).

¹⁰ KM an die Stände ddo 1513 Juni 10—14 (*Merseburg* SA, Reichstagsakten Repertorium 10/2, fol. 3 ff.); *Ulmann* II, 569 f.

¹¹ *Faulde,* Diss. 74.

279 ¹² KMs Instruktion an seine Räte in Worms ddo 1513 Juli 16 Kehlheim/ Mosel und Antwort der Stände auf die kaiserliche Instruktion sine dato (*Marburg* SA, Reichstagsakten Rep. 10/2, fol. 6 ff., 8; desgl. *Würzburg* SA, Reichstagsakten 6, fol. 150 f.).

¹³ KM an Herzog Georg von Sachsen ddo 1513 August 20 Aire (*Dresden* HSA, Reichstagsakten III/111, Locate 10.181, fol. 2), dazu ein Schreiben Uriels von Mainz an Frankfurt ddo 1513 September 12 (*Janssen,* Reichscorrespondenz II, 895, Nr. 1122).

¹⁴ KM an Herzog Georg von Sachsen ddo 1513 September 12 (*Dresden* HSA, Reichstagsakten III/111, Locate 10.181, fol. 10).

¹⁵ KM an Herzog Georg von Sachsen ddo 1513 Oktober 28 Frankfurt (*Dresden* HSA, a. a. O., fol. 13).

¹⁶ KMs Instruktion für Verhandlungen mit dem Kurfürsten Friedrich von Sachsen ddo 1513 November 1 (*Marburg* SA, Bestand 3, Fasz. 363, fol. 1 f.).

1 Vgl. dazu die Frankfurter Berichte bei *Janssen,* Reichscorrespondenz   280
II, 899 ff., Nr. 1135 ff.; desgl. *Freidl,* Diss. 83 ff.; *Fauland,* Diss. 122 ff.;
Jorde, Diss. 140 ff., und *Kokalj,* Diss. 189 ff.

2 KM an die Stadt Frankfurt ddo 1514 Oktober 18 Innsbruck (*Janssen,*
Reichscorrespondenz II, 899 ff., Nr. 1135); *Freidl,* Diss. 84.

3 KM an Herzog Georg von Sachsen ddo 1516 Januar 10 Augsburg
(*Dresden* HSA, Reichstagsakten III/135, fol. 1); KM an die Stadt Frank-
furt ddo 1516 Januar 10 Augsburg (*Janssen,* Reichscorrespondenz II,
901 ff., Nr. 1141); Ritterschaft vom St.-Jörgen-Schild in Schwaben an
KM ddo 1516 Februar 27 (*Wien* HHSA, MaxAkt 35, fol. 80); *Freidl,*
Diss. 86; *Kokalj,* Diss. 189 f.

4 Die eingehende Reichstagsgeschichte ist Sonderaufgabe der Reichs-
tagsaktenforschung. Der Mainzer Reichstag wurde nur so weit be-
handelt, als er für die politische Haltung des Kaisers charakteristisch ist.
Grundlegend waren die Mainzer Reichstagsakten und die einschlägigen
Korrespondenzen aus der kaiserlichen Kanzlei (größtenteils *Wien* HHSA).
Daneben sind unentbehrlich die gedruckten Frankfurter Berichte bei
Janssen (Reichscorrespondenz) und die Urkunden und Akten des Schwäbischen Bundes (*Klüpfel*). Zur Geschichte der Rechtshändel des Herzogs
von Württemberg und Sickingens verdanken wir Grundlegendes den
Forschungen von *Ulmann, Böcking, Heyd* und *Münch. Freidl* gab auf-
grund der neuen Materialien der Maximilian-Regesten eine erste Übersicht
über die Reichstagsentwicklung von 1510—1517.

5 *Ulmann,* Sickingen 24 ff., 72 f.; *Janssen,* Geschichte des deutschen Vol-   281
kes I⁶ (1880), 564 ff.

6 *Janssen,* Geschichte des deutschen Volkes I⁶ (1880), 566 f.

7 Frankfurter Bericht ddo 1517 Juni 6 (*Janssen,* Reichscorrespondenz II,
903, Nr. 1151); *Freidl,* Diss. 105.

8 Kaiserliche Instruktion ddo 1517 Juni 27 Rothenburg (*Janssen,* Reichs-   282
correspondenz II, 904, Nr. 1157); *Ulmann* II, 650 ff.

9 Englischer Bericht ddo 1517 Mai 12 Brüssel (*Brewer* II/2, Nr. 3233).

10 Frankfurter Bericht ddo 1517 Juni 24—Juli 1 (*Janssen,* Reichscorrespondenz II, 905 f., Nr. 1158).

11 *Ulmann* II, 650 ff.; *Brunner,* Augsburg 53.

12 Vgl. die Instruktionen Karls (V.) für Villinger ddo 1517 August Anfang ca. (*Monumenta Habsburgica* II/1, 52 f., 54); *Kluckhohn,* Einleitung 61 ff.

13 Kaiserliche Instruktion an seine Räte sine dato über Verhandlungen   283
mit Sickingen (*Wien* HHSA, Mainzer Reichstagsakten 3 b, fol. 14 ff.).
Ulmann, Sickingen 78, Anm. 1 (aus Bayerischen SA); Klagen des Wormser Rates ddo 1517 Juli 10 Worms (*Janssen,* Reichscorrespondenz II,
913 f.); Klagen des Schwäbischen Bundes über Sickingen ddo 1517 Mai 10
Ulm (*Klüpfel,* Urkunden II, 143 f.); *Ulmann* II, 598; *Freidl,* Diss. 107.

14 *Wien* HHSA, Mainzer Reichstagsakten 3 b, fol. 82 ff.; Bericht ddo
1517 März 4 (*Klüpfel,* Urkunden II, 140 f.); *Ulmann,* Sickingen 80;
Münch, Sickingen I, 60 ff., 64 ff.; *May,* Erzbischof Albrecht 106 f.

[15] *Ulmann*, Sickingen 82 ff.; *Janssen*, Geschichte des deutschen Volkes I⁶ (1880), 569.

[16] Frankfurter Bericht ddo 1517 Juli 16 Mainz (*Janssen*, Reichscorrespondenz II, 919, Nr. 1168); kaiserliches Schreiben ddo 1517 Juli 31 (*Wien HHSA, MaxAkt* 37, fol. 109ᵛ); *Freidl*, Diss. 110.

[17] Abschied des Schwäbischen Bundes ddo 1517 Juli 25 Ulm (*Wien HHSA, MaxAkt* 37, fol. 91 ff.); Frankfurter Bericht ddo 1517 August 17 Mainz (*Janssen*, Reichscorrespondenz II, 949 ff., Nr. 1179); *Ulmann* II, 651 ff.

[18] KMs Proposition ddo 1517 Juni 26 Rothenburg (*Wien HHSA, Mainzer Reichstagsakten* 3 b, fol. 14 ff.); KM an den Schwäbischen Bund über die Verbrechen des Herzogs von Württemberg ddo 1517 Juni 24 Augsburg (*Klüpfel*, Urkunden II, 145 ff.); *Ulmann* II, 588; *Freidl*, Diss. 112.

284 [19] Herzog Ulrich an die Reichsstände ddo 1517 Juli 5 Stuttgart (*Wien HHSA, Mainzer Reichstagsakten* 3 b, fol. 22 ff.); Stände an KM ddo 1517 Juli 8 (*Wien HHSA, Mainzer Reichstagsakten* 3 b, fol. 26).

[20] KM an die Reichsstände ddo 1517 Juli 13 (*Wien*, a. a. O. fol. 26); *May*, Erzbischof Albrecht 98 f.

[21] Die Stände an KM ddo 1517 Juli 16 (*Wien*, a. a. O. fol. 29).

[22] *May*, Erzbischof Albrecht 100 f.; *Heyd*, Ulrich zu Württemberg I, 499; *Freidl*, Diss. 114.

[23] Abschied des Schwäbischen Bundes ddo 1517 Juli 25 Ulm (*Wien HHSA, MaxAkt* 37, fol. 91 ff.); Schriftwechsel KMs mit Schwäbischem Bund ddo 1517 Juli 23 (*Klüpfel*, Urkunden II, 148 ff.).

[24] Erwiderung KMs ddo 1517 Juli 28 (*Wien HHSA*, Urkundenreihe); desgl. bei *Klüpfel*, Urkunden II, 151; *Hutten* (ed. Böcking) I, 91 ff.; *Heyd*, Ulrich zu Württemberg I, 500 ff.; *May*, Erzbischof Albrecht 108 ff.

[25] Frankfurter Bericht ddo 1517 Juli 6—13 (*Janssen*, Reichscorrespondenz II, 908, 917, Nr. 1160, 1167).

[26] Stände an KM ddo 1517 August 12 (*Wien HHSA, Mainzer Reichstagsakten* 3 b, fol. 163 f.).

[27] KM an Reichsstände ddo 1517 August 17 (*Wien HHSA*, a. a. O. fol. 175).

[28] KMs Proposition sine dato (*Wien HHSA, Mainzer Reichstagsakten* 3 b, fol. 14 f.); KM an die Reichsstände ddo 1517 Juli 16 (*Wien HHSA*, a. a. O. fol. 26 f.).

285 [29] Frankfurter Berichte ddo 1517 Juli 27, August 12 Mainz (*Janssen*, Reichscorrespondenz II, 926, 945 ff., Nr. 1171, 1177); *Ulmann* II, 651 ff.

[30] Dazu *Janssen*, Reichscorrespondenz II, 940, Nr. 1174; *Egersdörfer* 59.

[31] *Wien HHSA, Mainzer Reichstagsakten* 3 b, fol. 2 ff.; *Ulmann* II, 598 f.; *Freidl*, Diss. 121.

286 [32] Ähnlich urteilt *Ulmann* II, 598 f.

287 [33] Bericht des ständischen Ausschusses über die Mängel des Kammergerichtes ddo 1517 August 17 (*Wien HHSA, Mainzer Reichstagsakten* 3 b, fol. 118 ff.; desgl. *Dresden HSA*, Reichstagsakten 10.181, fol. 139 ff.); *Harpprecht* III, 363 ff., Nr. 237; *Ulmann* II, 654 f.; *May*, Erzbischof Albrecht 103 ff.; *Freidl*, Diss. 122.

³⁴ Dazu vgl. Dokumente aus *Wien* HHSA, Mainzer Reichstagsakten 3 b, fol. 27, 30 f., 40 ff., 42 ff., 91 ff., 97 ff.; *Freidl*, Diss. 124 ff.

³⁵ Bericht an Frankfurt ddo 1517 August 5 Mainz (*Janssen*, Reichs- **288** correspondenz II, 941 f., Nr. 1175).

³⁶ Frankfurter Berichte ddo 1517 August 1, 8, 17 (*Janssen*, Reichs-correspondenz II, 937 ff., 953 ff., Nr. 1174, 1180); *Ulmann* II, 655.

³⁷ *Ulmann* II, 655 f.

³⁸ Vgl. Schreiben KMs ddo 1517 Oktober 6—8 Baden bei Wien (*Schönherr*, Urkunden und Regesten Nr. 1287); desgl. *Kink*, Geschichte der Universität Wien II, 330 f.

³⁹ KM an Frankfurt ddo 1517 Oktober 1 (*Janssen*, Reichscorrespondenz II, 936, Nr. 1182); *Diederichs* Nr. 89.

2. Die österreichischen Länder und Landtage unter der Last des Krieges 1508—1516

¹ Die Geschichte der österreichischen Länder während des Venezianer- **290** krieges vor dem Innsbrucker Generallandtag und dem Ausbruch der großen Rebellion ist verhältnismäßig wenig erforscht; am besten noch für Tirol (*Wopfner*). Reiche Materialien an Urkunden und Akten über die Beziehungen der Länder zum Kaiser als ihrem Landesfürsten enthält der Fonds der Maximilian-Regesten, der in den Jahrbuchdissertationen teilweise, aber nicht gleich eingehend ausgewertet wurde. Außerdem sind besonders zu erwähnen für Tirol: die Arbeiten von *Wopfner* (Lage Tirols), *Brandis*, *Jäger*, *Egger*, *Huber*, *Stolz* und *Adler*; außerdem *Krones*, *Vancsa*, *Pirchegger*, *Aelschker*, *Dimitz* und die Dissertationen von *Jankovits* und *Dragarič*.

² Es ist oft behauptet worden, Maximilian habe seine Kriege und seine **291** große Politik vorzüglich mit Reichsgeldern geführt, was durch einen Vergleich der Steuerleistungen der Erbländer und des Reiches leicht zu widerlegen ist.

³ *Brandis*, Landeshauptleute von Tirol 390; *Jäger*, Landständische Verfassung II/2, 443; *Egger*, Geschichte Tirols II, 31; *Huber*, Geschichte Österreichs III, 367; *Skriwan*, Diss. 198 f.

⁴ Einschlägige Dokumente ddo 1508 Mai finden sich in *Wien* HHSA, MaxAkt 12/1, fol. 49, und MaxAkt 13/1, fol. 21 f., 31 f.; *Brandis*, Landeshauptleute von Tirol 395 f.; *Jäger*, Landständische Verfassung II/2, 447 f.; *Huber*, Geschichte Österreichs III, 371; *Ulmann* II, 351; *Skriwan*, Diss. 200 f.

⁵ *Brandis*, a. a. O. 396; *Jäger*, a. a. O. II/2, 448; *Egger*, Geschichte Tirols II, 34.

⁶ *Jäger*, a. a. O. 448 f.; *Egger*, a. a. O. 34; *Adler* 407; *Skriwan*, Diss. 203.

⁷ *Jäger*, a. a. O. 451 f.; *Skriwan*, Diss. 202 f.

⁸ *Mader*, Diss. passim; *Jankovits*, Diss. 34, 89; *Schodl*, Diss. 213 ff.

⁹ *Vancsa* II, 596, 608 f. **292**

¹⁰ Instruktion KMs ddo 1508 April 12 Ulm (*Göbler*, fol. 39ᵛ ff.); Man- **293** date KMs ddo 1508 April 19 (*Wien* HHSA, MaxAkt 12/3, fol. 131, 143 f.); *Chmel*, Urkunden 296, Nr. 222; *Skriwan*, Diss. 208.

[11] KM an Polheim und ähnlich an alle österreichischen Länder ddo 1508 März 16 Kaufbeuren (*Wien* HHSA, MaxAkt 12/2, fol. 63).

[12] Christoph Rauber an Serntein ddo 1508 September 16 Obernburg (*Innsbruck* TLA, MaxAkt XIII/256/V, fol. 45).

[13] *Adler* 266 ff.; *Krones*, Vorarbeiten (Beiträge 2, 1865) 106; *Jankovits*, Diss. 75 ff.; *Skriwan*, Diss. 211 ff.

294 [14] *Adler* 406 f.

[15] *Jankovits*, Diss. 27 ff.; *Skriwan*, Diss. 203.

[16] Venezianische Nachrichten bei *Sanuto* VII, 722, 745 f.; *Jäger*, Landständische Verfassung II/2, 455 ff.; *Huber*, Geschichte Österreichs III, 377 ff.; *Ulmann* II, 378; *Wenko*, Diss. 140 ff.

[17] *Adler* 266 ff.; *Krones*, Vorarbeiten (Beiträge 2, 1865) 107; *Jankovits*, Diss. 78; *Wenko*, Diss. 145 ff.

[18] Instruktion KMs an die Innsbrucker Regenten ddo 1509 März 1 Gent (*Wien* HHSA, MaxAkt 14 a/1, fol. 73 f.); *Adler* 270; *Schönherr*, Krieg 90 f.; *Aelschker* I, 667; *Dimitz* II, 11; *Dragarič*, Diss. 140 f.

[19] *Adler* 269 ff.; *Dimitz* II, 11.

295 [20] KM an die niederösterreichischen Länder ddo 1509 März 14 Antwerpen (*Wien* HHSA, MaxAkt 14 a/1, fol. 109); *Adler* 270; *Wenko*, Diss. 149 f.

[21] Einschlägige Dokumente betreffend Hilfeleistung der niederösterreichischen Länder ddo 1509 März—November ca. (*Wien* HHSA, MaxAkt 14 a/1, fol. 108, und 14 a/2, fol. 27 f., 36 f., 92 f., 101, 108, 129; desgl. *Innsbruck* TLA, MaxAkt I/44, fol. 16 f., 34, 117 ff., und MaxAkt XIV, fol. 66); *Herberstein*, Selbstbiographie (ed. Karajan) 73; *Wenko*, Diss. 152.

[22] *Schodl*, Diss. 244.

296 [23] *Adler* 276 f.; *Lustkandl* 326 ff.; *Krones*, Vorarbeiten (Beiträge 2, 1865) 107 f., Nr. 161/8; *Vancsa* II, 594 ff.; *Dimitz* II, 34 f.; *Jankovits*, Diss. 82 ff.; *Schodl*, Diss. 225 ff.; *Wiesenberger*, Diss. 21 ff.

[24] Mandat KMs ddo 1510 April 15 (*Wien* HHSA, MaxAkt 15 a/2, fol. 76); *Adler* 228 f., Anm. 1; *Schodl*, Diss. 232.

[25] Urkunde KMs ddo 1510 April 8 Augsburg (*Wien* HHSA, MaxAkt 15/2, fol. 31 ff.); *Schodl*, Diss. 231 f.

[26] *Landhandveste des Herzogthums Steyr* ddo 1510 April 10 Augsburg (ed. 1697) fol. 34 ff.; über das steirische Libell vgl. *Dragarič*, Diss. 82 f.; Beschwerde von Niederösterreich ddo 1510 April 10 Augsburg (*Wien* HHSA, MaxAkt 15 a/2, fol. 53 f.); *Pirchegger*, Geschichte Steiermarks II (1931), 31 ff.; *Schodl*, Diss. 227.

[27] *Schodl*, Diss. 221 ff., 224 ff.

297 [28] *Stolz*, Wehrverfassung in Tirol 63 ff., 205 ff.; *Jäger*, Landständische Verfassung II/2, 460 ff.; *Brandis*, Landeshauptleute von Tirol 411 ff.; *Egger*, Geschichte Tirols II, 38; *Stolz*, Geschichte Tirols I, 514 ff.; *Egg-Pfaundler*, Maximilian 96; *Strasser*, Diss. 256, 272; siehe S. 85 f.

[29] *Wutte*, Vereinigung Osttirols 239 ff.

[30] *Sparber*, Brixner Fürstbischöfe 164 ff.; *Wenko*, Diss. 222.

[31] *Jäger*, a. a. O. 469 ff; I. *Rom*, Diss. 209 f.

298 [32] Einschlägige Dokumente ddo 1512 Januar—Oktober (*Innsbruck* TLA, MaxAkt XIII/256/VIII, fol. 3 f., 8, 32, 50; desgl. *Wien* HHSA, MaxAkt

20, fol. 10, 48 ff., und MaxAkt 21b, fol. 72); *Adler* 304, *Krones*, Vorarbeiten (Beiträge 6, 1869) 85 f., Nr. 52, 55; I. *Rom*, Diss. 211.

[33] *Adler* 411 f.; *Wolfbauer-Heimlich*, Diss. 167 ff., 177 f.; I. *Rom*, Diss. 211 f.

[34] *Mairhofer*, Tirols Anteil 25 ff.

[35] Dokumente ddo 1513 März—Oktober (*Wien* HHSA, MaxAkt 29, fol. 52, 71 ff., 104 ff.; desgl. *Innsbruck* TLA, MaxAkt XIV, fol. 301 f.).

[36] *Jäger*, Landständische Verfassung II/2, 401.

[37] *Jäger*, a. a. O. 474.

[38] Serntein an Villinger ddo 1513 August 22 Innsbruck (*Wien* HHSA, MaxAkt 29, fol. 118).   299

[39] *Wolfbauer-Heimlich*, Diss. 175 f.

[40] *Krones*, Vorarbeiten (Beiträge 6, 1869) 86 f.; *Wolfbauer-Heimlich*, Diss. 182 f.; *Dragarič*, Diss. 88 ff.

[41] Instruktion der Stadt Wien ddo 1513 Dezember 21 Wien (*Chmel*, Urkunden 349 ff., Nr. 246).

[42] Einschlägige Dokumente ddo 1513 Juni—Oktober (*Innsbruck* TLA, MaxAkt XIII/256/IX, fol. 40 f., 45, 53 ff., 62; desgl. *Wien* HHSA, MaxAkt 29, fol. 57 ff., und MaxAkt 30, fol. 60, 96); *Vancsa* II, 597; *Wolfbauer-Heimlich*, Diss. 177 f.

[43] Einschlägige Akten aus dem Jahre 1514 (*Wien* HHSA, MaxAkt 30, fol. 78 f., 80 ff., 96, 116, 203, und MaxAkt 31, fol. 1, 4 ff., 48 ff., 81, 186, und MaxAkt 32, fol. 75 ff., 78, 84, 91 ff.; desgl. *Innsbruck* TLA, MaxAkt XIII/256/X, fol. 16, und MaxAkt XIV, fol. 21 f., 129 f.; desgl. MaxAkt V/21, fol. 107 f.); *Jäger*, a. a. O. 475.

[44] Einschlägige Dokumente ddo 1513 Oktober—Dezember (*Innsbruck* TLA, MaxAkt XIII/256/IX, fol. 101 f., und MaxAkt XIV, fol. 197, 256, 305, 313; desgl. *Wien* HHSA, MaxAkt 30, fol. 80, 100 ff., 105 ff.); *Brandis*, Landeshauptleute von Tirol 428 f.; *Jäger*, a. a. O. 474; *Egger*, Geschichte Tirols II, 41; *Wolfbauer-Heimlich*, Diss. 171 f.

[45] Zitat bei *Mairhofer*, Tirols Anteil 28, Anm. 19.

[46] *Vancsa* II, 595, 607; *Fauland*, Diss. 260.

[47] *Pirchegger*, Geschichte der Steiermark II (1931), 121.   300

[48] Der Bauernkrieg wird im letzten Band ausführlicher behandelt. Grundlegend die ausgezeichneten Arbeiten von *Mayer; Pferschy*, Bauernaufstände; *Dimitz* II, 21 ff.; *Pirchegger*, Geschichte der Steiermark II (1931), 329; *Aelschker* I, 669 ff.; *Jorde*, Diss. 200.

[49] Spruch der kaiserlichen Kommissare ddo 1514 September 14 Rann (*Wien* HHSA, MaxAkt 32, fol. 53 ff.); *Fauland*, Diss. 250 ff.

[50] Bericht an KM ddo 1516 Januar 10 Laibach (*Wien* HHSA, MaxAkt   301 34, fol. 61 ff.).

[51] Eine Spezialuntersuchung über ihn ist in Arbeit.

[52] Hofregistratur- und Buchhaltereiordnung ddo 1515 Januar 1 Innsbruck (*Wien* HHSA, Urkundenreihe); *Jorde*, Diss. 176 f.

[53] KM an die Innsbrucker Kammer ddo 1515 Mai 14 Augsburg (*Wien* HHSA, Reichsregisterbücher Y, fol. 295v).

[54] *Krones*, Vorarbeiten (Beiträge 2, 1865) 108, Nr. 164; *Mayer*, Bauernkrieg (AfÖG 65) 70 f.; *Jorde*, Diss. 190; *Dragarič*, Diss. 93.

[55] *Jorde*, Diss. 202.   302

[56] *Koller,* Königreich Österreich 28 f.; *Schrötter,* Abhandlungen 192.
[57] *Wiesflecker,* Maximilian I, 98 f., 100 ff.
[58] *Maximilians Geheimes Jagdbuch* (ed. Karajan) 1, 22.
[59] *Redlich,* Pläne einer Erhebung Österreichs zum Königreich 93.
[60] *Redlich,* a. a. O. 93.
[61] Siehe S. 162, 192 und 196; *Bauer,* Anfänge 69; *Redlich,* a. a. O. 94; *Turba,* Thronfolgerecht 368.
[62] Siehe S. 196.

303   [63] *Redlich,* a. a. O. 94 f.; *Lhotsky,* Zeitalter 169; *Kokalj,* Diss. 255.
[64] *Koller,* Königreich Österreich 28; *Turba,* Thronfolgerecht 155, 157; *Bauer,* Anfänge 124; *Redlich,* a. a. O. 99.
[65] *Jorde,* Diss. 204.
[66] Die Finanzen betreffende Anfrage KMs an Regiment und Kammer zu Innsbruck ddo 1516 Januar 16 Augsburg (*Innsbruck* TLA, MaxAkt XIV/1, fol. 5); *Kokalj,* Diss. 224 ff.
[67] Dorsalvermerk der Raitkammer ddo 1516 Juni 5 (*Innsbruck* TLA, MaxAkt XIV/1, fol. 62).

304   [68] *Jäger,* Landständische Verfassung II/2, 480; *Kokalj,* Diss. 227.
[69] KM an seine Räte in Trient ddo 1516 Juni 19 Konstanz (*Innsbruck* TLA, MaxAkt XIV/2, fol. 63).
[70] Regiment an Serntein ddo 1516 November 16 (*Innsbruck* TLA, MaxAkt XIII/256/X, fol. 101); *Brandis,* Landeshauptleute von Tirol 435 f.; *Jäger,* a. a. O. 485 ff.; *Egger,* Geschichte Tirols II, 44.
[71] *Brandis,* a. a. O. 440.
[72] Ich werde diese Berechnung demnächst in der Festschrift für F. *Posch* vorführen.

305   [73] *Dragarič,* Diss. 145.

3. Der Generallandtag zu Innsbruck
(Januar—Mai 1518)

306   [1] Grundlegend für dieses Kapitel ist der von *Zeibig* herausgegebene eingehende Bericht des Klosterneuburger Propstes Georg Hausmannstätter, der dem Innsbrucker Tag als Ausschußmitglied des Landes Niederösterreich beiwohnte. Dazu kommen die neuen Materialien aus den Sammlungen der Maximilian-Regesten. Die einschlägigen Arbeiten von *Nagl, Adler* und *Fellner* beruhen im Wesen auf *Zeibig. Jäger* und *Hirn* benutzen darüber hinaus auch Tiroler Quellen. *Brandis* bietet die Drucke der großen Innsbrucker Libelle. Unter den Handbüchern verdient die kurze Darstellung *Hubers* (Geschichte Österreichs III, 460 ff.) Erwähnung. Eine neue Zusammenfassung, die den Ausschußlandtag im Rahmen des Gesamtgeschehens dieses Jahres darstellt, bietet *Weiß.* Wertvolle Hinweise verdanke ich der Sammlung *Probszt.*
[2] *Zeibig,* Ausschußlandtag 207.

307   [3] *Fellner,* Geschichte (MIÖG VIII, 1887) 267.
[4] Instruktion ddo 1518 Januar 7 Wels (*Brandis,* Landeshauptleute von Tirol 449 ff.; desgl. *Zeibig* 217 ff.); *Adler* 448 ff., 472 ff.
[5] *Zeibig* 217 ff.; *Brandis,* a. a. O. 449 ff.; *Adler* 448; *Jäger,* Landständische Verfassung II/2, 494 ff.; *Weiß,* Diss. 151.

[6] Gesamtantwort ddo 1518 Januar 29 (*Zeibig* 225 ff., 230 ff.); *Adler* 457, 472 ff.; *Hirn*, Landtage 8 ff.; *Jäger*, a. a. O. 496 ff.; *Weiß*, Diss. 153, 158, 171 f., 176 f.

[7] Antwort KMs ddo 1518 März 16 (*Zeibig* 236); *Jäger*, a. a. O. 497 ff.;   308 *Weiß*, Diss. 154, 172.

[8] *Zeibig* 236 ff., 259 ff.; *Adler* 461 ff.; *Weiß*, Diss. 172 f.   309

[9] *Zeibig* 270 f.; *Adler* 464 f.

[10] *Zeibig* 270 f., 286, 289 f.; *Weiß*, Diss. 174.

[11] *Zeibig* 257 f.; *Jäger*, a. a. O. 498 ff., 500 ff.   310

[12] *Zeibig* 204 ff., 220 f.; *Weiß*, Diss. 177 f.

[13] *Zeibig* 262 ff.; *Weiß*, Diss. 177 ff.

[14] *Zeibig* 220, 235 f.; *Hirn*, Landtage 9 f.

[15] *Zeibig* 267 ff.; *Nagl*, Generallandtag 17 ff.; *Zibermayr*, Oberösterreichisches Landesarchiv 78 ff.; *Wutte*, Rangstreit 103 ff.; *Weiß*, Diss. 156.

[16] KM an die Ausschüsse ddo 1518 Januar 19 Braunau (*Wien* HHSA, Urkundenreihe); *Zeibig* 267 f., 271 f.; *Weiß*, Diss. 156.

[17] *Zeibig* 273 f.; *Adler* 474 f.   311

[18] *Zeibig* 285 f., 291 ff.; *Jäger*, Landständische Verfassung II/2, 503 ff.

[19] *Zeibig* 313 ff.; *Jäger*, a. a. O. 503 ff.; *Adler* 470 ff., 476 ff.; *Weiß*, Diss. 164 f.

[20] *Brandis*, Landeshauptleute von Tirol 456 ff.; *Jäger*, a. a. O. 507 ff.; *Weiß*, Diss. 157, 165 ff., 171 ff., 176 ff., 195 ff.

[21] *Jäger*, a. a. O. 507 f.; *Hirn*, Landtage 9 ff.; *Weiß*, Diss. 195.

[22] Das Itinerar KMs bei *Weiß*, Diss. 409.   312

[23] *Jäger*, a. a. O. 509.

[24] *Brandis*, Landeshauptleute von Tirol 469 ff.; *Zeibig* 273 ff.; *Jäger*, a. a. O. 505 ff.; *Adler* 472 ff.; *Weiß*, Diss. 165 f.

[25] *Adler* 473 ff.

[26] *Adler* 477 f.

[27] *Adler* 465 f., 478 f.   313

[28] *Adler* 467 f.

[29] *Adler* 458 f.

[30] *Adler* 466 f., 479 f.

[31] Instruktion der steirischen Landschaft an ihre Vertreter in Innsbruck sine dato (*Wien* HHSA, MaxAkt 38, fol. 560 ff.); *Zeibig* 275, 283, 285, 288, 297, 299, 313.

[32] *Zeibig* 255, 304, 310; *Adler* 451 ff., 480 f.; *Weiß*, Diss. 169.

[33] *Adler* 453 ff.   314

[34] Dienstvertrag ddo 1518 August 10 Augsburg (*Innsbruck* TLA, MaxAkt XIV, fol. 63 f.).

[35] Kopie ddo 1518 Mai 24 (*Wien* HHSA, Urkundenreihe; desgl. ein   315 Auszug in MaxAkt 37, fol. 108 f.); *Zeibig* 270 ff.; *Weiß*, Diss. 173 ff.

[36] *Zeibig* 204, 207, 220 ff., 236, 257 ff., 259 ff., 262 ff., 266 f., 269 ff., 271, 279, 286; *Weiß*, Diss. 176 ff.

[37] Original ddo 1518 Mai 24 (*Wien* HHSA, Urkundenreihe; ebenda Kopien in MaxAkt 31 a, fol. 113—144); gedruckt bei *Brandis*, Landeshauptleute von Tirol 456 ff., desgl. bei *Frauenholz*, Heerwesen II/2, 191 ff.; *Weiß*, Diss. 183 ff.

[38] *Zeibig* 257 f.   316

³⁹ *Zeibig* 230 ff., 236 ff., 240 f., 249, 252 ff., 274 ff., 277 f., 281 ff., 293 f., 297 ff., 300 ff., 304 ff., 308 ff.; *Adler* 450 ff.; *Weiß*, Diss. 187 ff.
⁴⁰ *Brandis,* Landeshauptleute von Tirol 477 ff.

317 ⁴¹ *Adler* 467 f.

318 ⁴² Diese Gewohnheit des Kaisers ist durch zahlreiche Dokumente erwiesen. Maximilian pflegte auf diese Weise verdiente Herren und Damen durch Vermittlung vorteilhafter, meist reicher Heiraten zu entlohnen oder für Verluste zu entschädigen.

319 ⁴³ *Moné,* Anzeiger V (1836), 407 ff.
⁴⁴ Siehe S. 447 und 449; *Weiß*, Diss. 215 ff.
⁴⁵ *Hirn,* Landtage 11 ff.
⁴⁶ KMs Mandat an alle Landeshauptleute ddo 1518 Juli 1 Augsburg (*Brandis,* Landeshauptleute von Tirol 491 f.); *Jäger,* Landständische Verfassung II/2, 508 f.; *Weiß*, Diss. 197.
⁴⁷ Regiment und Kammer an KM ddo 1518 September 1 Innsbruck (*Innsbruck* TLA, MaxAkt XIV, fol. 78 ff.).
⁴⁸ Erwähnt im Schreiben der Innsbrucker Räte an KM im Herbst 1518 ca. sine dato (*Marburg* SA, Bestand 3, Fasz. 393, fol. 20 ff.); *Weiß*, Diss. 220.

320 ⁴⁹ *Adler* 469 f.
⁵⁰ *Hirn,* Landtage 10 f.

4. Die Niederlande und der ewige Krieg
um Geldern

¹ Das Hauptmaterial für dieses Kapitel liefern die großen Editionen von *Le Glay* (Correspondance und Négociations), *Bergh* (Correspondance), *Brewer* (Letters and Papers) und *Nijhoff* (Gedenkwaardigheden uit ... Gelderland). Einige Ergänzungen fanden sich in den Urkunden und Akten der kaiserlichen Kanzlei (Archive *Wien, Innsbruck* und *Marburg*). Den großen Rahmen bieten die bekannten Handbücher, den engeren Rahmen die ausführlichen Arbeiten von *Duncker, Struick* und *Stier.* Dazu kommen die einschlägigen Jahrbuchdissertationen; desgl. die Spezialuntersuchungen von *Mitsche* (Fürst Rudolf von Anhalt) und von *Königsberger* (Erzherzogin Margarethe).
² *Struick* 122 f.
³ Vgl. *Wiesflecker,* Maximilian III, 285 ff.

321 ⁴ Siehe *Wiesflecker,* Maximilian III, 304 f.; *Wenko,* Diss. 168.
⁵ Vgl. *Wiesflecker,* Maximilian III, 288, 354 f.
⁶ *Pirenne* III, 94; *Busch,* Geschichte Englands I, 230; *Schmid,* Diss. 81 ff.; *Königsberger,* Diss. 30 ff.
⁷ *Duncker* 20 f.

322 ⁸ *Mitsche,* Diss. 77 ff.
⁹ Einschlägige Korrespondenzen ddo 1507 Juli 15—24 (*Bergh,* Correspondance I, 81 ff., Nr. 24, 25, 27, 28); *Duncker* 28; *Mitsche,* Diss. 80 ff.
¹⁰ *Duncker* 28 ff.; *Mitsche,* Diss. 80 ff.; *Königsberger,* Diss. 32 f.
¹¹ So ungefähr äußert sich KM an den Kurfürsten von Trier (?) ddo 1507 Dezember ca. (*Innsbruck* TLA, MaxAkt I/44, fol. 18).

[12] *Duncker* 34 ff.; *Mitsche*, Diss. 84; *Königsberger*, Diss. 33.

[13] KM an EMarg ddo 1507 September Innsbruck (*Le Glay*, Correspondance I, 377 f., Anhang Nr. 1).

[14] *Duncker* 42 ff.; *Mitsche*, Diss. 86 f.

[15] Bericht aus England an EMarg ddo 1508 Juli 20 London (*Bergh*, Correspondance I, 123 ff., Nr. 47; desgl. *Gairdner*, Letters I, 352 f., Nr. 66); *Skriwan*, Diss. 218.

[16] KM an EMarg ddo 1508 Juni 10 Koblenz—Juni 13 Kreuznach (*Le Glay*, Correspondance I, 61 ff., Nr. 43, 44, 46).   323

[17] *Duncker* 48 ff.; *Skriwan*, Diss. 220 f.

[18] *Nijhoff* VI/1, S. CV; *Duncker* 61 ff.; *Skriwan*, Diss. 226 ff.; *Mitsche*, Diss. 89 f.

[19] KM an EMarg ddo 1508 März 25 Augsburg—Juni 5 Boppard (*Le Glay*, Correspondance I, 43 ff., Nr. 30, 40, 46); *Duncker* 54; *Struick* 129 f.; *Skriwan*, Diss. 244 f.; *Mitsche*, Diss. 92.

[20] Siehe S. 20 ff.

[21] Einschlägige Korrespondenzen ddo 1508 August—Oktober (*Le Glay*, Correspondance I, Nr. 76; desgl. *Le Glay*, Négociations I, Nr. 83; desgl. *Godefroy*, Lettres I, 120 ff.); *Duncker* 55 f.; *Skriwan*, Diss. 222 f.   324

[22] Gattinara an Marnix ddo 1508 Mai 26 Mecheln (*Bergh*, Correspondance I, 104 ff., Nr. 37); *Duncker* 65 ff.; *Skriwan*, Diss. 223 ff., 229; *Königsberger*, Diss. 36.

[23] *Duncker* 73 f.; *Skriwan*, Diss. 236 ff., 242 ff.; *Mitsche*, Diss. 91 ff.

[24] 1508 Oktober 18 Rouen (*Le Glay*, Négociations I, 218 f., Nr. 64); KM an EMarg ddo 1508 Oktober 12 Schonhoven (*Le Glay*, Correspondance I, 93 f., Nr. 76); venezianischer Bericht aus Frankreich ddo 1508 Oktober 21 Rouen (*Sanuto* VII, 656); *Duncker* 75; *Skriwan*, Diss. 250; *Wenko*, Diss. 172 ff.; *Schodl*, Diss. 261 f.; *Königsberger*, Diss. 38; *Mitsche*, Diss. 95.

[25] Siehe S. 23 ff., 29 ff.

[26] *Wenko*, Diss. 153 f.

[27] Bericht Langs an Serntein ddo 1509 März 29 Antwerpen (*Innsbruck* TLA, MaxAkt XIII/256/VI, fol. 21 f.); *Wenko*, Diss. 172.

[28] KM an EMarg ddo 1509 März 22 Berghen op Zoom (*Le Glay*, Correspondance I, 113 ff., Nr. 94); *Wenko*, Diss. 173.

[29] Vgl. *Wiesflecker*, Denkschrift 35 f. passim.   325

[30] Lang an Serntein ddo 1509 März 29 Antwerpen (*Innsbruck* TLA, MaxAkt XIII/256/VI, fol. 21 f.); KM an EMarg ddo 1509 April 29 (*Le Glay*, Correspondance I, 130 ff., Nr. 110).

[31] Vertragsentwurf bei *Le Glay*, Correspondance I, 281 f., und einschlägige Korrespondenzen a. a. O. Nr. 174, 193, 206, 212, 224, 237, 242, 256, 262, 266, 271, 274, 297; *Struick* 166 ff.; *Schodl*, Diss. 262 ff.; *Skriwan*, Diss. 239 ff.; *Königsberger*, Diss. 40, 95 ff.

[32] Bericht an Lang (?) ddo 1511 April 13 Offenburg (*Wien* HHSA, MaxAkt 18/2, fol. 36); EMarg an KM ddo 1511 April 15 Gent (*Le Glay*, Correspondance I, 390 ff., Nr. 299); *Strasser*, Diss. 278 ff.; *Schodl*, Diss. 267 f.

[33] EMarg an KM ddo 1510 Ende März ca. (*Le Glay*, Correspondance I, 387 f., Nr. 297); *Schodl*, Diss. 267.

³⁴ EMarg an KM ddo 1511 April 15 Gent (*Le Glay*, Correspondance I, 390 ff., Nr. 299); KM an KF ddo 1511 März 17 (*Le Glay*, Négociations I, 383 ff., Nr. 113); *Königsberger*, Diss. 41.

³⁵ Gattinara an EMarg ddo 1511 Juli 7 Innsbruck (*Le Glay*, Négociations I, 416 ff., Nr. 122): der Kaiser meinte, sie zeige „un courage d'homme non de femme"; einschlägige Korrespondenzen ddo 1510 Dezember—1511 November (*Le Glay*, Correspondance I, Nr. 299, 305, 322, 323, 325, 331, 340; desgl. *Bergh*, Correspondance I, Nr. 114, 118, 119, 133, 138, 139, 142, 151, 152; desgl. *Godefroy*, Lettres II, 209 ff.); *Königsberger*, Diss. 41 f.

³⁶ Vgl. die Berichte EMargs an KM ddo 1511 September—November (*Le Glay*, Correspondance I, Nr. 322, 323, 325, 333); *Walther*, Anfänge 97.

326 ³⁷ EMarg an KM ddo 1512 April 9 ca. (*Le Glay*, Correspondance I, 504 ff., Nr. 380; desgl. *Bergh*, Correspondance I, 31 ff., Nr. 179); *Pirenne* III, 97; I. *Rom*, Diss. 82 f.; *Königsberger*, Diss. 43.

³⁸ KM an EMarg ddo 1512 März 13 Trier (*Le Glay*, Correspondance I, 499 f., Nr. 375).

³⁹ KM an EMarg ddo 1512 August 20 Köln (*Le Glay*, Correspondance II, 22 ff., Nr. 402); I. *Rom*, Diss. 85 ff.; siehe S. 269 ff.

⁴⁰ KM an EMarg ddo 1511 November 29 Gmünd (*Le Glay*, Correspondance I, 451 ff., Nr. 340; desgl. *Bergh*, Correspondance I, 363 ff., Nr. 159).

⁴¹ Englischer Bericht ddo 1512 Oktober 3 Mecheln (*Brewer* I, 421, Nr. 3446); I. *Rom*, Diss. 86; *Königsberger*, Diss. 43.

⁴² Geldrischer Bericht ddo 1512 Dezember 27 Geldern (*Bergh*, Correspondance II, 61 ff., Nr. 195); I. *Rom*, Diss. 86.

⁴³ Geldrischer Bericht wie oben; desgl. *Godefroy*, Lettres IV, 12 f.

⁴⁴ KMs Instruktion ddo 1512 November 17 Landau (*Marburg SA*, Bestand 3, Fasz. 367, fol. 4 ff.); I. *Rom*, Diss. 87; *Königsberger*, Diss. 44.

327 ⁴⁵ KM an EMarg ddo 1513 März 16 (*Le Glay*, Correspondance II, 101, Nr. 461; desgl. *Bergh*, Correspondance II, 69 f., Nr. 198); *Struick* 215 f.; *Fauland*, Diss. 274; *Wolfbauer-Heimlich*, Diss. 188 f.

⁴⁶ Korrespondenzen KMs an EMarg ddo 1513 März 16—Juli 23 (*Le Glay*, Correspondance II, Nr. 461, 494, 513, 517); *Fauland*, Diss. 274.

⁴⁷ Vertragsurkunde ddo 1513 Juli 31 inseriert unter dem Datum 1513 August 28 (*Wien HHSA*, Niederländische Urkunden); *Nijhoff* VI/1, 446 ff., Nr. 720; *Struick* 215 ff., 220 ff.; *Pirenne* III, 98; *Fauland*, Diss. 274 f.; *Königsberger*, Diss. 45.

⁴⁸ *Nijhoff* VI/2, 4; *Struick* 225; *Kampen* I, 272; *Fauland*, Diss. 276.

⁴⁹ EMarg an KM ddo 1514 April 28 Mecheln (*Brewer* I, 792, Nr. 5015; desgl. Le Glay, Correspondance II, 247 f., Nr. 567; dazu auch Nr. 571).

⁵⁰ Über den Konflikt um Tournai handelt ausführlich *Miklautsch*, Diss. 149 ff., 202 ff., 216 ff.

328 ⁵¹ Ehg Karl an KM ddo 1514 Dezember 23 ca. (*Marburg SA*, Bestand 3, Fasz. 379, fol. 53 ff.); *Pirenne* III, 99; *Walther*, Anfänge 134; *Fauland*, Diss. 272 ff.; *Königsberger*, Diss. 118; *Jorde*, Diss. 209.

⁵² KM ddo 1514 Dezember 23 Innsbruck (*Marburg SA*, Bestand 3, Fasz. 379, fol. 47 ff.); *Königsberger*, Diss. 118 f.; siehe S. 371.

[53] *Königsberger,* Diss. 120 ff.

[54] Einschlägige Korrespondenzen ddo 1516 März 17—August (*Marburg* SA, Bestand 3, Fasz. 390—392, fol. 21 ff., 27 ff., 35 ff., 86 ff.); KM an Karl ddo 1516 Mai 26 (*Marburg* SA, a. a. O., fol. 39; *Kokalj,* Diss. 247 ff.

[55] *Blok* II, 454 ff.; *Ulmann* II, 581; *Jorde,* Diss. 218 f.

[56] *Wenzelburger* I, 241 ff.

[57] *Königsberger,* Diss. 122.   329

VI. MAXIMILIANS WESTPOLITIK. DIE HABSBURGISCHE ERBFOLGE IN SPANIEN

1. Der Kaiser, die europäischen Mächte und Italien 1508—1515

[1] *Wiesflecker,* Weststaatspolitik 42 ff.   330

[2] Die folgende Übersicht über Maximilians Weststaatspolitik während der Jahre 1508—1515 stützt sich im Wesen auf die reichen Quellen und Literaturen, die schon in den einschlägigen Kapiteln über die Kriegsgeschichte dieser Zeit genauer angegeben sind. Besonders hervorgehoben seien die hervorragenden spanischen Forschungen von *Doussinague* und *Terrateig* sowie das italienische Übersichtswerk von *Pontieri;* für die englischen Betreffe verdient besondere Erwähnung *Miklautsch* (Diss.), welche die reichen englischen Editionen und Literaturen, dazu die Materialien der Maximilian-Regesten voll zur Geltung bringt. Die Rolle Ehg Margarethes und der Niederlande behandelt *Königsberger* (Diss.); dazu kommen die einschlägigen Jahrbuchdissertationen. Wie stets verdanke ich wertvolle Hinweise der Sammlung *Probszt.*

[3] *Wiesflecker,* Maximilian III, 124 ff., 135 ff.   334

[4] *Terrateig* I, 85 f.; *Krendl,* Verhandlungen passim.

[5] *Bergenroth* I, 408 ff., Nr. 511 ff., und Suppl. I/II, 85 ff., Nr. 13 ff.; *Gairdner,* Memorials I, 338 ff., Nr. 62 f.; *Höfler,* Juana 354 ff.; *Krendl,* Verhandlungen 221, 227.

[6] *Krendl,* Verhandlungen passim.

[7] *Pontieri* 123.   335

[8] Julius II. an Kg Ferdinand ddo 1507 Juli 21 (*Terrateig* I, 77 f.): Entsendung des Legaten an KM zur Vorbereitung des Friedens mit KF; *Ulmann* II, 360 f.

[9] *Simon,* Frankreich Diss. 51 ff.

[10] *Wiesflecker,* Kaiserproklamation passim.

[11] Siehe S. 20 ff.

[12] Siehe S. 23 ff.; *Aguado Bleye* II, 127 ff.; *Terrateig* I, 86 f. (sehr ein-   336
gehende Darstellung); *Pontieri* 124; *Lavisse* V/1, 85 ff.; *Ulmann* II, 367 ff.; *Simon,* Frankreich Diss. 64 ff.; *Wenko,* Diss. 11 ff.

[13] *Terrateig* I, 87, 94.

[14] *Brosch,* Geschichte Englands 35 f.; *Miklautsch,* Diss. 13 f.

337   **15** *Aguado Bleye* II, 128.
    16 *Terrateig* I, 95 ff.; *Havemann* II, 288 ff. (noch immer wichtig für die Geschichte der italien.-französischen Kriege).
    17 Siehe S. 46; *Havemann* II, 283 ff.; *Pontieri* 127; *Terrateig* II, 96; *Simon*, Frankreich Diss. 77 f.
    18 *Scarisbrick* 21 f.; *Miklautsch*, Diss. 16 ff., 23 ff.
338   **19** Siehe S. 47 ff.
    20 *Terrateig* I, 103 ff.; siehe S. 47.
    21 Siehe S. 55 f.
    22 Bericht des spanischen Gesandten an Kg Ferdinand ddo 1509 Juli 4 Vicenza (ed. *Doussinague*, Politica internacional 542 ff., Nr. 14): „... y los del imperio valen tan poco y se curan tan poco de las cosas...“; vgl. *Krendl*, Spanische Gesandte 118 f.
    23 *Pontieri* 128; *Terrateig* I, 107.
    24 Siehe S. 52 f.; *Havemann* II, 304; *Schirrmacher* VII, 569; *Terrateig* I, 105 f.; *Ulmann* II, 382; *Simon*, Frankreich Diss. 82 f.
    25 *Pastor* III/2, 769 f.; siehe S. 53.
339   **26** *Terrateig* I, 109 f.
    27 *Windelband* 50; *Wenko*, Diss. 91; *Miklautsch*, Diss. 23 ff.
    28 Siehe S. 49 f.; *Ranke*, Geschichten der roman. und germ. Völker 93 ff.
340   **29** Siehe S. 53.
    30 Siehe S. 64.
    31 *Terrateig* I, 131 ff.
341   **32** *Simancas* AG, Patronato Real, Legajo 56, fol. 48; ed. bei *Bergenroth*, Suppl. I/II, 32 f., Nr. 33; *Terrateig* I, 127 f.; *Bauer*, Anfänge 13 ff.; *Ulmann* II, 395.
    33 *Terrateig* I, 130 ff. (dort Einzelheiten); *Schirrmacher* VII, 570; *Simon*, Frankreich Diss. 99.
342   **34** Siehe S. 65; *Pastor* III/2, 771; *Pontieri* 124 f.; *Terrateig* I, 134 f.; *Miklautsch*, Diss. 29.
    35 *Terrateig* I, 149 ff., 170 f.; *Schirrmacher* VII, 577.
    36 *Aguado Bleye* II, 128 f.
    37 *Pastor* III/2, 777 ff.; *Lanz*, Einleitung 109; *Pontieri* 129.
    38 *Wiesenberger*, Diss. 58 ff., 70 ff.
343   **39** *Terrateig* I, 139 ff. (sehr eingehend), 223.
    40 *Terrateig* I, 145 f.; *Brosch*, Geschichte Englands 39 f.; *Miklautsch*, Diss. 33.
    41 *Scarisbrick* 27; *Mackie* 273; *Miklautsch*, Diss. 61 f.
344   **42** Siehe S. 71 ff.; *Terrateig* I, 183 ff.; *Simon*, Frankreich Diss. 107 ff.
    43 Siehe S. 48 ff.
    44 *Terrateig* I, 146 f.
    45 Siehe S. 75 ff.
    46 Siehe S. 78; *Pastor* III/2, 782 f.; *Pontieri* 131; *Terrateig* I, 199 ff., 211 ff.
345   **47** *Terrateig* I, 221.
    48 *Schmidt*, Geschichte Frankreichs 565; *Simon*, Frankreich Diss. 117 ff.; siehe S. 78 f.
    49 Siehe S. 78.
    50 *Terrateig* I, 191 ff.; *Miklautsch*, Diss. 39 ff.

51 Siehe S. 80; *Simon*, Frankreich Diss. 119 ff.
52 Siehe S. 81 f.; *Terrateig* I, 227 f.; *Simon*, Frankreich Diss. 124.
53 Siehe S. 82 f.; *Pastor* III/2, 795.
54 *Terrateig* I, 230 f.   346
55 Siehe S. 84.
56 *Terrateig* I, 213 f.
57 Siehe S. 84.
58 Siehe S. 87; *Havemann* II, 372.
59 *Aguado Bleye* II, 130 ff.; *Pontieri* 131; *Terrateig* I, 232.
60 Siehe S. 90; *Terrateig* I, 233 f.
61 *Wiesflecker*, Hermansgrün 26.
62 Siehe S. 91 ff.; *Terrateig* I, 246 ff.   347
63 *Terrateig* I, 209.
64 *Aguado Bleye* II, 128.
65 *Scarisbrick* 28; *Miklautsch*, Diss. 77 f.
66 Siehe S. 95 ff.; *Pontieri* 131 f.; *Schirrmacher* VII, 594; *Aguado Bleye* II, 129 ff.; *Terrateig* I, 221 ff., 249 f.; *Simon*, Frankreich Diss. 138.
67 *Doussinague*, Politica internacional 169 ff.; *Miklautsch*, Diss. 45 f.   348
68 *Wiesflecker*, Denkschrift 33 ff.
69 *Havemann* II, 384 ff., 402 ff.; siehe S. 98.
70 *Aguado Bleye* II, 132 ff.; *Terrateig* I, 303 f.   349
71 *Aguado Bleye* II, 123; *Doussinague*, Politica internacional 225 ff.; *Terrateig* I, 304 f.; *Goñi Gaztambide* passim.
72 *Terrateig* I, 278 f.; *Ulmann* II, 445; *Simon*, Frankreich Diss. 150; *Miklautsch*, Diss. 47 ff.; siehe S. 101.
73 Siehe S. 101 f.
74 Siehe S. 102 f.; *Dierauer* II, 412 ff.
75 *Terrateig* I, 333 ff.; *Aguado Bleye* II, 134 ff.; *Schirrmacher* VII,   350 608 ff.
76 *Scarisbrick* 29; *Mackie* 273; *Brosch*, Geschichte Englands 40 ff., 43 ff.; *Lanz*, Einleitung 124; *Windelband* 50; *Schirrmacher* VII, 625; *Pauli*, Heinrich VIII. als Bundesgenosse Maximilians 50; *Miklautsch*, Diss. 43 ff., 48 ff.
77 Siehe S. 103.
78 Siehe S. 104; *Pontieri* 133; *Terrateig* I, 318 f., 325; *Dierauer* II, 421.
79 *Terrateig* I, 373 f.   351
80 *Terrateig* I, 359 ff., 375 ff.; *Pontieri* 134 f.; *Ulmann* II, 455; *Simon*,   352 Frankreich Diss. 167; *Miklautsch*, Diss. 52 f.
81 Siehe S. 104 ff.
82 Siehe S. 116; *Terrateig* I, 405 ff.; *Pontieri* 135.
83 Diese Haltung vertritt auch Petrus Martyr (*Brewer* I, 757, Nr. 4845); *Terrateig* I, 444 f.
84 *Terrateig* I, 386 ff., 395 f.   353
85 *Pontieri* 136 f.; *Terrateig* I, 418; *Schmidt*, Geschichte Frankreichs 575; *Lavisse* V/1, 112; siehe S. 118.
86 Ed. bei *Lünig*, Codex Germaniae 553 ff., Nr. 85; *Pontieri* 137; *Terrateig* I, 424 f.; *Doussinague*, Cisma 401; *Scarisbrick* 32 ff.; *Miklautsch*, Diss. 58, 71.
87 *Terrateig* I, 395 ff., 402 f.; *Schirrmacher* VII, 665.

⁸⁸ *Terrateig* I, 425 f.; *Miklautsch*, Diss. 73 ff.

354 ⁸⁹ *Terrateig* I, 421 ff.; die politische Rolle EMargs hebt deutlich hervor *Königsberger* (Diss.).

⁹⁰ *Terrateig* I, 419 ff.

⁹¹ *Terrateig* I, 389 ff., 420 f.

⁹² Instruktion Kg Ferdinands für seine Gesandten Urrea beim Kaiser ddo 1513 November (*Doussinague*, Cisma 451 und Anhang 668 ff., Nr. 143 f.); *Aguado Bleye* II, 137.

⁹³ *Terrateig* I, 419 ff.; *Pontieri* 138; *Dierauer* II, 425; *Havemann* II, 457 ff.; *Gagliardi,* Novara und Dijon 148 ff.; siehe S. 122 f.

355 ⁹⁴ Siehe S. 127 f.; *Havemann* II, 476 f.; *Miklautsch*, Diss. 91 ff.

⁹⁵ Siehe S. 132; *Gagliardi*, Novara und Dijon 216, 258 ff., 274; *Dierauer* II, 434 ff.; *Havemann* II, 482.

⁹⁶ *Terrateig* I, 459 f.; *Schirrmacher* VII, 668; *Pirenne* III, 98; *Miklautsch*, Diss. 97 ff.; siehe S. 130 f.

⁹⁷ Siehe S. 132 ff.; *Pontieri* 138.

356 ⁹⁸ *Terrateig* I, 487.

⁹⁹ *Terrateig* I, 443 ff., 479 f.

¹⁰⁰ So nennt ihn *Zurita* VI, 333v f.: „... de cuyo consejo pendia todo lo del govierno del estado del Emperador ...", und 356v: „... que era el fiel de todos sus (KMs) pensamientos; y cuydados, y por quien se governauan todas sus cosas ..."

¹⁰¹ *Terrateig* I, 473 ff.; *Stückler*, Diss. 86 ff., 90 ff.; *Plamenig*, Diss. 29 ff.; *Fauland*, Diss. 70 ff.; weitere Quellen bei *Miklautsch*, Diss. 60 f.

¹⁰² Venezianischer Bericht ddo 1513 vor November 9 Rom (*Sanuto* XVII, 309 f.); *Terrateig* I, 506, 513: Leo X. mißtraut KM: „... que todo decía que era suyo."

357 ¹⁰³ Siehe S. 139 f.; *Ulmann* II, 490.

¹⁰⁴ Venezianischer Bericht ddo 1514 Juni 10 (*Sanuto* XVIII, 259); *Wurstbauer*, Diss. 123.

¹⁰⁵ *Terrateig* I, 488 f., 490 f.

¹⁰⁶ Briefe und Instruktionen Kg Ferdinands an seine Gesandten beim Kaiser, in England, Frankreich und bei Ehg Margarethe ddo 1513 Dezember—1514 April (*Bergenroth* II, Nr. 154, 156, 157, 159, 161, 162, 163, 166, 167, 169, 170); *Miklautsch*, Diss. 107 ff., 112 f.

358 ¹⁰⁷ *Terrateig* I, 502, 524.

¹⁰⁸ Siehe S. 144; *Bergenroth* II, 207 f., Nr. 164; *Terrateig* I, 490 ff., 505 f., 545 f.; *Ulmann* II, 493; *Lanz*, Einleitung 134 f.; *Brosch*, Geschichte Englands 62.

359 ¹⁰⁹ *Terrateig* I, 494.

¹¹⁰ *Terrateig* I, 499, 510.

¹¹¹ *Miklautsch*, Diss. 121; siehe S. 145.

¹¹² *Bergenroth* II, 230 ff., Nr. 183; *Terrateig* I, 517 ff., 546 ff.; *Miklautsch*, Diss. 123 ff.

¹¹³ *Scarisbrick* 55 ff.; *Miklautsch*, Diss. 125.

360 ¹¹⁴ Die Rolle Ehgin Margarethes findet sich bei *Königsberger*, Diss. passim; *Dumont*, Histoire 241 f.; *Kreiten*, Briefwechsel 295 ff.; *Walther*, Anfänge 125.

[115] Bericht Wingfields an Heinrich VIII. ddo 1514 September 13 Brüssel (*Brewer* I, 879, Nr. 5404).

[116] *Miklautsch,* Diss. 124.

[117] Bericht des Worcester an Wolsey ddo 1514 August 24 (*Brewer* I,   **361** 864 f., Nr. 5353); *Miklautsch,* Diss. 126.

[118] *Bergenroth* II, 229, Nr. 181.

[119] *Scarisbrick* 51 ff.

[120] So nach *Terrateig* I, 546.

[121] Über die Aufnahme dieses Vertrages vgl. *Terrateig* I, 518 f.

[122] Badoer an die SVen ddo 1514 September 2 (*Brown* II, 189 f., Nr. 482); Bericht und Urteil Spinellis ddo 1514 September 6 Mecheln (*Brewer* I, 874, Nr. 5387).

[123] Über seine Haltung vgl. das spanische Urteil bei *Terrateig* I, 568 f.

[124] *Terrateig* I, 570 ff.   **362**

[125] Siehe S. 148 f.; *Terrateig* I, 581 f.

[126] *Terrateig* I, 519 ff., 527 ff.

[127] *Terrateig* I, 532 ff.

[128] Siehe S. 149.   **363**

[129] *Terrateig* I, 559 ff. (dort Einzelheiten).

[130] Siehe S. 140; *Terrateig* I, 540 f.

[131] *Terrateig* I, 549 ff., 554 ff. (dort Einzelheiten).

[132] Siehe S. 150.

2. Maximilians Westpolitik nach dem Regierungsantritt Franz' I. und dem Tod Ferdinands
von Aragón. Wende des Krieges in Italien

[1] *Lavisse* V/1, 116; *Terrateig* I, 583.   **364**

[2] *Lanz,* Einleitung 159 ff., 162 ff.

[3] Siehe S. 150 f., 233.

[4] *Wiesflecker,* Denkschrift 38 ff.

[5] *Pontieri* 139 f.; *Terrateig* I, 584 f.; *Schmidt,* Geschichte Frankreichs 582 f.; siehe S. 233 ff.

[6] Bericht an Heinrich VIII. ddo 1515 April 2 Gent (*Brewer* II, 91 f., Nr. 291); *Terrateig* I, 591 ff.; *Weiß,* Diss. 4 f.

[7] *Monumenta Habsburgica* II/1, 544 ff.; *Bergenroth* II, 252 f., Nr. 208;   **365** *Pontieri* 141; *Terrateig* I, 586 ff. (dort Einzelheiten); *Lanz,* Einleitung 152 ff.; *Schirrmacher* VII, 676; *Dierauer* II, 441; Lope de Soria, der für Kg Ferdinand die Schweizer Kantone für diesen Vertrag gewonnen hatte, wurde offenbar zur Belohnung dafür von KM am 22. März 1515 zum „eques auratus" ernannt (Org-Pgmt in *Madrid* BRAH, Colección Lope de Soria, Nr. 263); unter Ferdinand I. wird er als Gesandter und Truppen- führer besonders in Italien hervortreten (diesen Hinweis verdanke ich Dr. Krendl).

[8] *Terrateig* I, 589 ff.; *Dierauer* II, 529.

[9] *Terrateig* I, 617.

[10] Siehe S. 236 f.; *Pontieri* 141; *Dierauer* II, 449, 461; *Terrateig* I, 617 f.   **366**

[11] *Terrateig* I, 624 ff., 652 ff.; *Weiß,* Diss. 5.

[12] Siehe S. 239.

¹³ *Terrateig* I, 623 f., 628 ff., 633.

367 ¹⁴ *Terrateig* I, 637 ff.; *Schirrmacher* VII, 679.
¹⁵ Eingehende und ausführliche Darstellung des allmählichen Wandels bei *Miklautsch*, Diss. 138 ff., 146 ff., 151 ff.
¹⁶ *Terrateig* I, 656 f.
¹⁷ Bericht Wingfields an Wolsey (*Brewer* II, 386 f., Nr. 1398); *Miklautsch*, Diss. 146 f.
¹⁸ *Terrateig* I, 651.

368 ¹⁹ *Pauli*, Diplomatie im Jahre 1516, 271 f.
²⁰ *Pauli*, Diplomatie 272 ff.
²¹ Über Pace vgl. die Arbeit von Jervis *Wegg*, Richard Pace (1932); *Brewer* II, Einleitung 54 ff., 86 ff.; *Pauli*, Diplomatie 275 ff., 280; *Scarisbrick* 59 ff.; *Dierauer* II, 459; *Miklautsch*, Diss. 153 ff., 165 ff.
²² Siehe S. 240 ff.

369 ²³ Schiner an Wolsey ddo 1516 Februar 4 Konstanz (*Brewer* II, 413 f., Nr. 1482; 507 ff., Nr. 1792).
²⁴ *Miklautsch*, Diss. 158 ff.
²⁵ Berichte des Pace ddo 1516 Juni (*Brewer* II, Nr. 2034, 2076, 2089, 2095, 2111).
²⁶ Wingfield an Heinrich VIII. ddo 1516 Mai 17 (*Brewer* II, 549 f., Nr. 1902); *Scarisbrick* 97 f.; *Miklautsch*, Diss. 146 ff.
²⁷ Pace an Wolsey ddo 1516 Mai 21 Trient (*Brewer* II, 557, Nr. 1923).

370 ²⁸ Siehe S. 252 ff.
²⁹ *Miklautsch*, Diss. 216 ff.
³⁰ *Miklautsch*, Diss. 194 ff., 202 ff.

3. Karls Regierungsantritt in den Niederlanden und seine Erbfolge in Spanien

371 ¹ Vollmacht KMs ddo 1514 Dezember 23 Innsbruck (*Marburg* SA, Bestand 3, Fasz. 379, fol. 44 ff.); *Lanz*, Einleitung 155 ff.; *Ulmann* II, 658 f.; *Brandi* I, 47; *Weiß*, Diss. 4.
² *Brandi* I, 48 f. (die Summen, welche Brandi vermutet, scheinen mir stark übertrieben).
³ Vgl. *Scheurl*, Geschichtbuch 65: „... custodite puerum hunc, quoniam ipse erit monarcha mundi."
⁴ Über die burgundischen Verhältnisse nach Karls Emanzipation vgl. den spanischen Bericht bei *Terrateig* I, 595 ff.
⁵ Memoire EMarg an Kg Karl ddo 1515 August 20 Brüssel (*Bergh*, Correspondence II, 117 ff.).
⁶ Vgl. diesbezüglich Äußerungen KFerds gegenüber Cardona ddo 1515 Anfang (*Terrateig* I, 594); desgl. *Ulmann* II, 661.

372 ⁷ *Miklautsch*, Diss. 179 f., 194 (dort englische Quellen).
⁸ *Carton* 137 ff.
⁹ Wingfield an Heinrich VIII. ddo 1515 Februar 7 Innsbruck (*Brewer* II, 45, Nr. 131).
¹⁰ Bericht an EMarg ddo 1515 Januar 3 Paris (*Le Glay*, Négociations I, 593 ff.); Instruktion Karls (V.) an seine Gesandten zu Verhandlungen

mit dem KF ddo 1515 Januar 19 bis 26 Löwen (*Le Glay*, Négociations II, 2 ff., 21 ff.; dazu weitere Dokumente 29 ff., 41 ff., 52 ff.); *Le Glay*, Négociations I (Einleitung), 120.

[11] Berichte Gattinaras an EMarg ddo 1515 Februar 16, 17 Paris (*Le Glay*, Négociations II, 59 ff., 64 ff.).   373

[12] KM an EMarg ddo 1515 Februar 6 Innsbruck (*Kreiten*, Briefwechsel 286 f., Nr. 82).

[13] Einschlägige Dokumente und Berichte Gattinaras finden sich in großer Zahl bei *Le Glay*, Négociations II, 59 ff., 64 ff., 73 ff., 76 f., 78 ff., 82.

[14] *Monumenta Habsburgica* II/1, 7 ff., Nr. 2; *Lanz*, Einleitung 161; *Pauli*, Diplomatie im Jahre 1516, 289 ff.; *Terrateig* I, 592 ff.; *Ulmann* II, 660; *Weiß*, Diss. 4.

[15] Bericht ddo 1516 März 5 (bei *Bauer*, Anfänge 45 f.).   374

[16] Vertragstext bei *Bergenroth* II, 276 f., Nr. 244; *Monumenta Habsburgica* II/1, 9 f., Nr. 3; *Lanz*, Einleitung 172 ff.; *Miklautsch*, Diss. 140 ff., 144 f., 176, 209 (dort zahlreiche englische Quellen); *Weiß*, Diss. 5.

[17] *Brandi* I, 51; *Prescott* II, 541 f.; *Höfler*, Juana 365 f.; *Bauer*, Anfänge 28 ff., 31 ff.

[18] *Zurita* VI, 402; *Terrateig* I, 659 f.; *Schirrmacher* VII, 683 f.; *Prescott* II, 538, 544 ff.; *Höfler*, Juana 363, 369; *Brandi* I, 52; *Aguado Bleye* II, 138; *Kokalj*, Diss. 6 f.; *Weiß*, Diss. 6.   375

[19] *Machiavelli*, Principe (ed. 1925) III, 90 (Kapitel 21).

[20] *Prescott* II, 559; *Brandi* I, 63 f.; *Aguado Bleye* II, 152; *Kokalj*, Diss. 9 f.   376

[21] Venezianischer Bericht ddo 1516 Januar/Februar (*Sanuto* XXI, 482 ff., 510 f.).

[22] Bericht des Barth. Tizzone vom englischen Hof ddo 1516 Mai 6 London (*Le Glay*, Négociations II, 101 ff., Nr. 32); *Miklautsch*, Diss. 164 f.

[23] Bericht des Herberstein ddo 1516 Februar/März (*Herberstein*, Selbstbiographie [ed. Karajan] 90); *Bauer*, Anfänge 64.   377

[24] Venezianischer Bericht aus Rom ddo 1516 Mai 9 (*Sanuto* XXII, 200); der Papst sagte: „... basta son con il Christianissimo re e la Signoria ...“

[25] *Přibram* 22 f.; *Miklautsch*, Diss. 167 ff.

[26] *Brewer* II, 761, Nr. 2441, und 896, Nr. 1790: „the detestable peace ... the detestable treaty of Noyon"; KM an seine Gesandten in England ddo 1516 September 9 Füssen (*Monumenta Habsburgica* II/1, 556 ff.); *Le Glay*, Négociations I (Einleitung), 126 ff.; *Brandi* I, 65 f.; *Schneller*, Brüsseler Friede 25 f., 35; *Ulmann* II, 648 f., 683 ff.; *Bauer*, Anfänge 47; *Pontieri* 145 f.; *Schmidt*, Geschichte Frankreichs 595; *Miklautsch*, Diss. 169 ff.; *Weiß*, Diss. 8 f.

[27] *Scarisbrick* 64 ff.; *Miklautsch*, Diss. 177 ff., 179 f.   378

[28] *Monumenta Habsburgica* II/1, 29 f., Nr. 8; *Büchi*, Schiner II, 123; *Schneller*, Brüsseler Friede 41 f.; *Lanz*, Einleitung 180; *Miklautsch*, Diss. 173 ff., 178 f., 182, 184, 197 f.

[29] *Schneller*, Brüsseler Friede 48 ff.; *Brandi* I, 66; *Miklautsch*, Diss. 180 ff.; *Weiß*, Diss. 10 f.

[30] *Miklautsch*, Diss. 181.

[31] *Miklautsch*, Diss. 167 ff.

[32] *Miklautsch,* Diss. 175 f.

379 [33] *Brewer* II, Nr. 2865; *Miklautsch,* Diss. 194.

[34] *Miklautsch,* Diss. 181 f., 194 f. (dort Einzelheiten und Quellen).

[35] *Miklautsch,* Diss. 192 ff., 194 f., 211 ff.

[36] Bericht des Knight an Wolsey ddo 1517 Februar 16 Brüssel (*Brewer* II, 945 f., Nr. 2930): „Mon filz, vous ales trumper les Francoiz, et moy je va trumper les Anglois ...“; *Miklautsch,* Diss. 194 f.

[37] *Undreiner* 116 f.; *Miklautsch,* Diss. 198 ff.

380 [38] Undatierte Instruktion KMs für Villinger zwecks Verhandlungen mit Karl (*Marburg* SA, Bestand 3, Fasz. 379, fol. 149 ff.); Instruktion KMs für Chièvres und Villinger für Verhandlungen zu Cambrai (*Marburg* SA, Bestand 3, Fasz. 366, fol. 50 ff.); öffentlicher Bundesvertrag ddo 1517 März 11 sowie geheime Zusatzartikel ddo 1517 Mai 14 und 1517 Juli 14 (*Du Mont* IV/1, 256 f., Nr. 125, und *Monumenta Habsburgica* II/1, 37 f., Nr. 12); *Büchi,* Schiner II, 179 ff.; *Ulmann* II, 689; *Weiß,* Diss. 13 f.; vgl. auch Anm. 41.

[39] *Du Mont* IV/1, 263 f., Nr. 119; *Weiß,* Diss. 16.

[40] Bericht des Kardinals Schiner an den kaiserlichen Gesandten in England (*Brewer* II, 917, Nr. 2856); *Weiß,* Diss. 16.

[41] *Scarisbrick* 71; *Brewer* II, Introduction 144 f.; *Miklautsch,* Diss. 200 ff.

[42] *Miklautsch,* Diss. 202 ff., 213.

381 [43] *Lanz,* Einleitung 198, 209 ff.; *Ulmann* II, 692; *Schmidt,* Geschichte Frankreichs 596; *Busch,* Vermittlungspolitik 3 f.; *Scarisbrick* 17 ff.; *Mackie* 308; *Miklautsch,* Diss. 206 f., 213 ff., 216 ff., 218 f.; *Weiß,* Diss. 27 ff.

[44] Siehe S. 424.

[45] *Miklautsch,* Diss. 219.

[46] Englische Berichte bei *Brewer* II, Nr. 2861, 2862, 2921; Itinerar KMs bei *Kraus* 312 f.; *Miklautsch,* Diss. 192 ff. (dort die zahlreichen englischen Berichte); *Weiß,* Diss. 16.

[47] Englischer Bericht bei *Brewer* II, Nr. 2532, 2707, 2910, 3301; *Weiß,* Diss. 16.

[48] Englischer Bericht bei *Brewer* II, Nr. 3174; *Weiß,* Diss. 17.

[49] Englischer Bericht bei *Brewer* II, Nr. 3300.

382 [50] *Reiffenberg* 293 ff., 299 ff., 310 ff.; *Brandi* I, 67 f.

[51] *Brandi* I, 68.

[52] *Brewer* II (Introduction), 8 ff., 17 ff.; *Mackie* 284; *Miklautsch,* Diss. 134 ff. (dort englische Quellen).

[53] *König,* Monarchia mundi 3, 60, 63, Anm. 2, 3; *Brandi,* Der Weltreichsgedanke 263.

[54] *Brandi* I, 69; *Prescott* II, 566; *Höfler,* Juana 370 f. (setzt die Abreise irrtümlich in den September 1516 anstatt 1517); der gleiche Fehler bei *Carton* 142; *Aguado Bleye* II, 153; *Kokalj,* Diss. 14; *Miklautsch,* Diss. 209 ff. (dort die zahlreichen englischen Quellen).

383 [55] Siehe S. 404 ff.

[56] *Brandi* I, 77 ff.

[57] Siehe oben S. 63.

384 [58] *Brandi* I, 42 ff.

616

VII. DER GROSSE AUGSBURGER REICHSTAG (1518)

1. Äußerer Verlauf

¹ Für die äußeren Ereignisse des Reichstages bieten das meiste die Berichte der Frankfurter Gesandten (*Janssen*, Reichscorrespondenz); daneben die etwas gefärbte Descriptio *Bartholinis* (ed. Knaake). *Manlius-Mennel* (ed. Knaake) beschreibt die feierliche Verleihung von Schwert und Hut an den Kaiser. Brauchbare zeitgenössische Einzelberichte finden sich in den städtischen Chroniken von *Rem* und *Sender;* auch in *Fuggers Ehrenspiegel;* desgl. bei *Scheurl* und *Spalatin;* ebenso in den Berichten *Huttens* und der polnischen Reichstagsgesandten (ed. Theiner); dazu einige venezianische Berichte bei *Sanuto*. Über die viel wichtigeren politischen Verhandlungen des Reichstages vgl. den Quellen- und Literaturbericht auf S. 404, Anm. 1. 385

² *Janssen*, Reichscorrespondenz II, 939, Nr. 1182; *Freidl*, Diss. 129 f.

³ Ausschreiben ddo 1518 Februar 9 (*Janssen*, Reichscorrespondenz II, 956 ff., Nr. 1185); *Knaake*, Jahrbücher des deutschen Reiches I, 184 ff.; *May*, Albrecht von Mainz I, Beilage XI, 52 ff.; *Diederichs* Nr. 90; *Brunner*, Augsburg 54 f.; *Weiß*, Diss. 309.

⁴ Bericht ddo 1518 Februar 11 Augsburg in *Chroniken der deutschen Städte* XXV (W. Rems Augsburger Chronik) 83 f.; *Brunner*, Augsburg 53 f. 386

⁵ Frankfurter Bericht ddo 1518 Juni 29 (*Janssen*, Reichscorrespondenz II, 963, Nr. 1192); *Ranke*, Deutsche Geschichte I (ed. 1934), 155 ff.; *Weiß*, Diss. 307 ff., 310 ff. (sehr eingehende Darstellung).

⁶ *Laschitzer*, Artistisches Quellenmaterial Nr. 3039.

⁷ Venezianische Berichte aus Rom ddo 1518 Februar 18 und März 17 (*Sanuto* XXV, 254 f., 303).

⁸ Über den Besuch des Reichstages vgl. *Weiß*, Diss. 310 f. (nach den Frankfurter Berichten); Anwesenheitsliste bei *Hutten* (ed. Böcking) I, 184 ff.; desgl. *Haselbergs* Liste in: Die Stend des ... Reichs, bei *Hutten* (ed. Böcking) V, 281 ff., 284 ff. (bietet eine genaue Aufstellung); *Reichstagsakten* (Jüngere Reihe) I, 91; *Bartolinus*, Descriptio 198, 201 f.; *Fugger-Jäger* fol. 288; *Fugger-Birken* 1358; *Freidl*, Diss. 131. 387

⁹ Spiegel an Erasmus ddo 1518 August 31 Augsburg (bei *Hutten* [ed. Böcking] IV, 687 f.): zählt die anwesenden Humanisten auf.

¹⁰ *Egersdörfer* 65 f.

¹¹ *Hutten* (ed. Böcking) IV, 29 ff., 272 ff.; *Weiß*, Diss. 311.

¹² Bericht der Frankfurter Gesandten ddo 1518 Juli 10 Augsburg (*Janssen*, Reichscorrespondenz II, 965, Nr. 1195); *Chroniken der deutschen Städte* XXV (W. Rems Augsburger Chronik) 90; und *Chroniken* a. a. O., XXIII (Senders Augsburger Chronik) 135 ff.; venezianischer Bericht ddo 1518 August 1 (*Sanuto* XXV, 575); *Bartolinus*, Descriptio 197; *Scheurl*, Geschichtbuch 117 f.; *Ulmann* II, 714; *Pastor* IV/1, 167 f.; *Kalkoff*, Forschungen 107 f.; *Brunner*, Augsburg 56 f.; *Weiß*, Diss. 311 f.; *Freidl*, Diss. 132.

¹³ Bericht der Frankfurter Gesandten ddo 1518 Juli 9 (*Janssen*, Reichscorrespondenz II, 965, Nr. 1194); *Freidl*, Diss. 132.

388   ¹⁴ Frankfurter Bericht ddo 1518 Juli 10 und 17 Augsburg (*Janssen,* Reichscorrespondenz II, 965 f., 967 f., Nr. 1196, 1198).

¹⁵ *Schlecht,* Briefwechsel 86.

¹⁶ *Manlius,* De actu (ed. Knaake) 219 ff., 223 ff.; *Manlius,* Historiola (ed. Freher-Struve); *Chroniken der deutschen Städte* XXIII (Senders Augsburger Chronik) 136 ff.; *Fugger-Jäger* fol. 289; *Fugger-Birken* 1359; venezianischer Bericht bei *Sanuto* XXV, 623; *Haselberg,* Die Stend (ed. Böcking) 298; *Weiß,* Diss. 312 f., 314 f.

¹⁷ Päpstliches Breve ddo 1518 Mai 8 Rom (*Gudenus* IV, 596 ff.); Bericht Huttens an J. Pflugk ddo 1518 August 24 Augsburg (*Hutten* [ed. Böcking] I, 184 f., 186): enthält eine Charakteristik des ganzen Augsburger Tages; *May,* Albrecht von Mainz I, 181 f.

¹⁸ Päpstliche Verleihungsurkunde ddo 1518 Mai 5 Rom (*Knaake,* Jahrbücher des deutschen Reiches I, 231 ff.).

389   ¹⁹ *May,* Albrecht von Mainz I, 179; *Hutten* (ed. Böcking) I, 184 ff.

²⁰ Bericht der Frankfurter Gesandten ddo 1518 August 2 Augsburg (*Janssen,* Reichscorrespondenz II, 970, Nr. 1199); *Bartolinus,* Descriptio 198; *Freidl,* Diss. 132.

²¹ *Knaake,* Jahrbücher des deutschen Reiches I, 247 ff.; dazu auch *Freidl,* Diss. 133.

²² *Geiger,* Reuchlins Briefwechsel 387 ff.

²³ *Freher-Struve* II, 673 ff.

²⁴ Frankfurter Bericht ddo 1518 August 20 Augsburg (*Janssen,* Reichscorrespondenz II, 974 ff., Nr. 1203); *Bartolinus,* Descriptio 204 ff.; *Theiner,* Vetera Monumenta Polon. II, 380 ff.; *Sanuto* XXVI, 131; *Mur,* Diss. 233 ff.; *Weiß,* Diss. 316.

390   ²⁵ Dies hat *Ulmann* II, 711 ff. übersehen; vgl. dazu *Wiesflecker,* Maximilian III, 49 ff., 54 ff.

²⁶ *Pölnitz,* Jakob Fugger I, 397 f.

391   ²⁷ *Bartolinus,* Descripto 206 ff.; *Fugger-Jäger* fol. 290; *Fugger-Birken* 1359; venezianischer Bericht bei *Sanuto* XXV, 620; *Chroniken der deutschen Städte* XXIII (Senders Augsburger Chronik) 140 f.; *Hutten* (ed. Böcking) V, 281 ff., 290 ff.; *Freidl,* Diss. 133 f.; *Weiß,* Diss. 317.

²⁸ *Fugger-Jäger* fol. 290; *Fugger-Birken* 1360.

²⁹ Siehe S. 380; *Sanuto* XXVII, 59.

³⁰ *Haselberg,* Die Stend (ed. Böcking) 298 f.; *Bartolinus,* Descriptio 210 f.; *Fugger-Jäger* fol. 291; *May,* Albrecht von Mainz I, 193; *Weiß,* Diss. 320 f.

³¹ Siehe S. 412 f.

392   ³² *Haselberg,* Die Stend (ed. Böcking) 297 ff.; Bericht ddo 1518 September 5 in *Chroniken der deutschen Städte* XXV (W. Rems Augsburger Chronik) 94 f.; *Fugger-Jäger* fol. 291; *Brunner,* Augsburg 57 f.; *Weiß,* Diss. 321.

³³ *Zimmersche Chronik* (ed. 1869) II, 303 f.

³⁴ Für die Abreise des Kurfürsten vgl. den Notizzettel Chr. Hitzhofers (*Marburg* SA, Bestand 3, Fasz. 181, fol. 64v); desgl. *Spalatin,* Nachlaß I, 51; *Liske,* Augsburger Reichstag 642 ff.; *Freidl,* Diss. 134 f.

³⁵ Abfertigung für die polnische Gesandtschaft ddo 1518 September 23 Augsburg (*Wien* HHSA, Reichsregisterbücher BB fol. 575v); *Theiner,*

Vetera Monumenta Polon. II, 393 f.; *Liske*, Augsburger Reichstag 643 ff.; *Mur*, Diss. 236.
[36] Org. Perg. in *Wien* HHSA, Urkundenreihe; *Marburg* SA, Bestand 3, Fasz. 181, fol. 28 ff.; *Schmauss-Senckenberg* I, 169 ff.
[37] Siehe S. 392, 421; *Fugger-Jäger* fol. 291; *Weiß*, Diss. 322.

2. Reichstagshandlungen: Kreuzzug, Kammergericht und Recht, Unfrieden und Fehden, Reichsabschied

[1] Vgl. die Übersicht über Quellen, Literatur und wichtige Editionen auf 393 S. 385, Anm. 1, und S. 404, Anm. 1. Zu den Türkenverhandlungen ist neben *Weiß*, Diss., auch noch besonders zu erwähnen *Heinrich*, Diss.; außerdem G. *Wagner* (Türkenkreuzzugsplan); unter den Quellen sei besonders hervorgehoben *Bartolini* (Descriptio), die einzige Darstellung der gesamten Reichstagshandlungen, welche außerdem die Türkenfrage hervorhebt, aber etwas gefärbt erscheint. Zur Kritik des für den ganzen Reichstag nicht unwichtigen Bartolini-Berichtes vgl. *Schubert*, R. Bartolini 95 ff., 114 ff., 118 ff.
[2] Päpstliche Instruktion ddo 1518 März 28 Rom (*Kalkoff*, Forschungen 115 ff.); *Kalkoff*, Luthers römischer Prozeß 94 ff.; *Ulmann* II, 709, 713; *Weiß*, Diss. 323 f.; *Freidl*, Diss. 147.
[3] *Sanuto* XXIV, 425 ff.
[4] *Bartolinus*, Descriptio 207; Bartolini möchte Lang geradezu in den Mittelpunkt der ganzen Reichstagshandlungen stellen; dazu *Schubert*, R. Bartolini 124 f.; *Wurstbauer*, Diss. 139 ff.
[5] *Wiesflecker*, Maximilian III, 54 f., 156 ff.
[6] Exhortatio viri cuiusdam doctissimi ad Principes, ne in Decimae praestationem consentiant (*Knaake*, Jahrbücher des deutschen Reiches I, 254 ff., desgl. *Hutten* [ed. Böcking] V, 168 ff.).
[7] *Andreas*, Deutschland vor der Reformation (1959[6]) 70: „... einer der romfeindlichsten (aller Reichstage), den es je gegeben hat."
[8] *Knaake*, Jahrbücher des deutschen Reiches I, 247 ff.; *Bartolinus*, Des- 394 criptio 199 ff.; *Janssen*, Reichscorrespondenz II, Nr. 973 f., 1202; *Chroniken der deutschen Städte* XXIII (Senders Augsburger Chronik) 136 ff.; *Ulmann* II, 714 f.; *Schubert*, R. Bartolini 124 f.; *Weiß*, Diss. 301 f., 316, 326 f.
[9] KM an die Reichsstände ddo 1518 August 5 ca. (*Janssen*, Reichscorrespondenz II, 971 ff., Nr. 1201); *Heinrich*, Diss. 158; *Weiß*, Diss. 329 f.; *Freidl*, Diss. 149.
[10] Frankfurter Bericht ddo 1518 August 20 Augsburg (*Janssen*, Reichs- 395 correspondenz II, 974 f., Nr. 1203).
[11] *Voltelini*, Bestrebungen 70 f.
[12] Rede ddo 1518 August 20 (*Knaake*, Jahrbücher des deutschen Reiches I, 269 ff.); *Theiner*, Vetera Monumenta Polon. II, 380 ff.; Bericht des J. Spiegel an Erasmus ddo 1518 August 31 Augsburg (*Hutten* [ed. Böcking] IV, 687 f.); *Bartolinus*, Descriptio 204 ff.

[13] Antwort der Stände ddo 1518 August 27 Augsburg (*Janssen*, Reichscorrespondenz II, 978 ff., Nr. 1204); *Bartolinus*, Descriptio 193 f.: dort auch die „Responsio principum Germaniae", welche Bartolini außerdem gesondert herausgab; vgl. dazu *Schubert*, R. Bartolini 97 f., 124; *Pastor* IV/1, 169 f.; *Ulmann* II, 716; *Weiß*, Diss. 331 ff.

[14] *Spalatin*, Nachlaß I, 50, 159.

[15] Luther an Spalatin ddo 1518 Dezember 21 Wittenberg (*Luthers* Briefwechsel I, 282 f., Nr. 125).

[16] Frankfurter Bericht ddo 1518 September 4 Augsburg (*Janssen*, Reichscorrespondenz II, 982 ff., Nr. 1207); *Bartolinus*, Descriptio 209 f.; *Kapp*, Kleine Nachlese II, 397 ff. (dort Volltext); *Weiß*, Diss. 302 f.

396   [17] *Gess*, Akten und Briefe I, 41 ff., Nr. 53.

[18] Frankfurter Bericht ddo 1518 September 9 (*Janssen*, Reichscorrespondenz II, 984 ff., Nr. 1209); Polnischer Bericht an König Sigismund ddo 1518 September 27 Augsburg (*Liske*, Augsburger Reichstag 642 ff.); *Ulmann* II, 717 ff.; *Voltelini*, Bestrebungen 71 ff.; *Weiß*, Diss. 333 f.; *Freidl*, Diss. 150.

[19] Reichsstände an KM ddo 1518 September 14 (*Janssen*, Reichscorrespondenz II, 989 ff., Nr. 1212); *Heinrich*, Diss. 194; *Weiß*, Diss. 335.

397   [20] KMs Antwort an die Reichsstände ddo 1518 September 14 (*Janssen*, Reichscorrespondenz II, 992 f., Nr. 1213).

[21] Polnischer Bericht ddo 1518 September 27 (*Liske*, Augsburger Reichstag 642 ff.); *Voltelini*, Bestrebungen 72 f.; *Ulmann* II, 718 f.

[22] Danach hätte das Reich weit über 20 Millionen Einwohner zählen müssen, was gewiß nicht annähernd zutraf.

398   [23] Undatierte Schlußantwort KMs (*Theiner*, Vetera Monumenta Polon. II, 389 ff.); *Weiß*, Diss. 339 ff., 341 f.

[24] Narratio deliberationis Maximiliani ... de bello Turcico (*Knaake*, Jahrbücher des deutschen Reiches I, 279 f., 282 ff., 289 ff.). Vielleicht liegt eine Verwechslung mit der Rede vor, die KM vor den Kurfürsten gehalten hat; vielleicht rednerische Stilübung eines Humanisten?

[25] Cajetans Bericht an den Papst ddo 1518 September 20 (*Kalkoff*, Forschungen 211); *Ulmann* II, 719 f.

[26] Breven Leos X. ddo 1518 August 22—23 (*Evers*, Martin Luther II, 445 ff., 449 ff.); *Pastor* IV/1, 171 f.; *Ulmann* II, 720 f.; *Heinrich*, Diss. 216; *Weiß*, Diss. 304 f., 343 ff.

399   [27] *Smend* 23 ff., 113 f.; *Weiß*, Diss. 348 ff.; das Kammergericht wird von Ulmann in diesem Zusammenhang merkwürdigerweise überhaupt nicht erwähnt. — Die Quellen zur Kammergerichtsfrage enthält hauptsächlich Harpprecht. Die maßgebende Darstellung bietet *Smend*.

[28] Frankfurter Bericht ddo 1518 Juli 7—10 (*Janssen*, Reichscorrespondenz II, 964 ff., Nr. 1193, 1195, 1196, 1197); Bericht der hessischen Räte ddo 1518 Juli 9 (*Marburg* SA, Bestand 3, Fasz. 177, fol. 7 f.); Sächsisches Protokoll ddo 1518 Juli 7 (*Dresden* SA, Reichstagsakten 10.181, fol. 122 ff.); *Weiß*, Diss. 351 f.; *Freidl*, Diss. 136.

[29] Frankfurter Bericht ddo 1518 Juli 10 Augsburg (*Janssen*, Reichscorrespondenz II, 967 f., Nr. 1197).

[30] Antwort der Reichsstände an KM ddo 1518 Juli 15 (*Harpprecht* III, 380 ff., Nr. 242).

[31] Frankfurter Bericht über kaiserliche Antwort und ständische Erklärung ddo 1518 Juli 17—28 (*Janssen*, Reichscorrespondenz II, 967 ff., Nr. 1197, 1198, 1199); *Weiß*, Diss. 353 ff.

[32] Reformvorschläge der Stände ddo 1518 September 1 (*Harpprecht* III, 383 ff., Nr. 243, 244); *Weiß*, Diss. 354 ff.; *Ulmann* II, 656 f.

[33] Ratschlag der Stände über das Kammergericht ddo 1518 September 3 ca. (*Marburg* SA, Bestand 3, Fasz. 181, fol. 134 ff.); *Harpprecht* III, 391 ff., Nr. 244; *Ulmann* II, 656 f.; *Smend* 113; *Weiß*, Diss. 357 ff.

[34] Antwort der Stände und Bericht über Exemtionen ddo 1518 September 27 (*Marburg* SA, Bestand 3, Fasz. 181, fol. 16 ff., 18 ff.); Frankfurter Bericht ddo 1518 September 4—27 (*Janssen*, Reichscorrespondenz II, 982 ff., Nr. 1207); *Harpprecht* III, 402 ff., Nr. 245, 246; *Smend* 113; *Weiß*, Diss. 361 f.; *Freidl*, Diss. 144.

[35] Frankfurter Bericht ddo 1518 September 9 (*Janssen*, Reichscorrespondenz II, 984 ff., Nr. 1209).

[36] KM an die Reichsstände und ständische Antwort ddo 1518 Oktober 3 bis 5 (*Marburg* a. a. O., fol. 26 ff.); *Harpprecht* III, 424 f., Nr. 247; *Weiß*, Diss. 362 ff.

[37] Frankfurter Bericht ddo 1518 September 15 (*Janssen*, Reichscorrespondenz II, 993, Nr. 1214).

[38] Frankfurter Bericht ddo 1518 September 15 Augsburg (*Janssen*, Reichscorrespondenz II, 393 ff., Nr. 1215); *Weiß*, Diss. 302, 337 f.

[39] Über die hessischen Streitigkeiten vgl. *Weiß*, Diss. 231 ff.; I. *Rom*, Diss. 180 ff.; *Strasser*, Diss. 185 ff.; *Schodl*, Diss. 180 ff.

[40] Siehe S. 280 f.

[41] Bericht des Bartolinus ad 1518 September 8 Augsburg (*Hutten* [ed. Böcking] I, 95); Frankfurter Bericht ddo 1518 September 9 Augsburg (*Janssen*, Reichscorrespondenz II, 984 f., Nr. 1209); *Herberstein*, Selbstbiographie (ed. Karajan) 135 f.; *Reichstagsakten* (Jüngere Reihe) I, 60; *Weiß*, Diss. 253 f.

[42] *Marburg* SA, Bestand 3, Fasz. 178, fol. 68, 93.

[43] *Ulmann* II, 582 ff.; *Weiß*, Diss. 239; *Freidl*, Diss. 173 f.

[44] *Janssen*, Reichscorrespondenz II, 962 f., Nr. 1190.

[45] Org. Perg. ddo 1518 Oktober 14 Augsburg (*Wien* HHSA, Urkundenreihe); Kopie in *Marburg* SA, Bestand 3, Fasz. 181, fol. 28 ff.; *Schmauss-Senckenberg* II, 169 ff.; *Weiß*, Diss. 347 f., 365 f.; *Freidl*, Diss. 175 f.

[46] *Brunner*, Augsburg 59 f.

[47] *Scheurl*, Briefbuch II, 51 f., 55 ff., Nr. 170, 174; ähnlich urteilt Rem (*Chroniken der deutschen Städte* XXV [Augsburger Chronik]) 89.

[48] *Brewer*, Letters II/2, 1386 f., Nr. 4523.

3. Vorbereitung der Königswahl Karls

[1] Grundlegend sowohl als Darstellung der Wahlvorbereitungen KMs wie als Dokumentation ist die Einleitung zu den *Deutschen Reichstagsakten* (Jüngere Reihe) I, 3 ff. von *Kluckhohn* (Die Wahlhandlungen bis zum Tode KMs); er bietet ein sehr eingehendes quellengetreues Bild des Wahlkampfes. Wichtig sind auch die Quellendrucke in den Jahrbüchern

des deutschen Reiches (ed. *Knaake).* Einige wichtige Dokumente bieten auch die *Monumenta Habsburgica* II; desgl. die Editionen von *Le Glay* (Négociations), *Moné* (Briefwechsel) und die Berichte der Frankfurter Gesandten *(Janssen,* Reichscorrespondenz). Neues enthalten die Bestände des kaiserlichen Archivs *(Wien* und *Innsbruck),* insbesondere die sogenannten „Beute-Akten" *(Marburg* SA), die vor allem Korrespondenzen zwischen KM und Spanien betreffen und von *Kluckhohn* nicht durchaus verwertet wurden. Entsprechend der Bedeutung Friedrichs des Weisen waren auch die sächsischen Archive *(Weimar* und *Dresden)* heranzuziehen. Brauchbare Einzelnachrichten bieten die zeitgenössischen Geschichtsschreiber *Scheurl, Spalatin, Kirchmair, Anshelm* und insbesondere *Sanuto,* der auch von den großen englischen Editionen von *Brown* und *Brewer* gründlich ausgewertet wurde. — *Kalkoff* (Kaiserwahl I ff.) gibt eine kritische Übersicht über die ältere Literatur *(Roesler, Mignet, Höfler, Droysen, Baumgarten),* welche überholt erscheint. *Kalkoff* sebst behandelt nur die Kaiserwahl von 1519, läßt aber partienweise scharfe Tendenz erkennen. *Schubert* (Deutsche Reichstage) untersucht die einschlägige zeitgenössische Geschichtsschreibung. Abgesehen von der grundlegenden Darstellung *Kluckhohns* sind heranzuziehen *Pölnitz* (J. Fugger), *Hering* (Fugger), *Voltelini* (Bestrebungen KMs). Die älteren Darstellungen von *Ranke* (Deutsche Geschichte), *Janssen* (Geschichte d. deutschen Volkes) und *Ulmann* sind immer noch lesenswert. Geschlossene Darstellungen des Reichstages auf Grund eines sehr großen primären Dokumentenmaterials bieten die Dissertationen von *Weiß* und auch *Freidl.*

² Siehe S. 128.
³ *Kluckhohn,* Einleitung 4, Anm. 1.
⁴ *Kluckhohn,* Einleitung 3 ff., 11 ff.
⁵ *Kluckhohn,* Einleitung 5 f., 12 f.; *Wiesflecker,* Maximilian III, 421.

405 ⁶ Siehe S. 190 f.
⁷ Punktation über den Vergleich zwischen KM und Sickingen ddo 1517 Juli/August in *Marburg* SA, Bestand 3, Fasz. 371, fol. 13 f.
⁸ *Kluckhohn,* Einleitung 8 ff.

406 ⁹ Undatierte Instruktion Kg Karls an Villinger ddo 1517 August ca. (*Monumenta Habsburgica* II/1, 52 f., Nr. 19, und *Jahrbücher der Literatur* Bd. 111, 186 ff.); *Kluckhohn,* Einleitung 61 ff.; *Weiß,* Diss. 367 f.; *Freidl,* Diss. 154.
¹⁰ Kg Karl an KM ddo 1517 Ende November ca. Valladolid (*Marburg* SA, Bestand 3, Fasz. 379, fol. 169 ff.); *Weiß,* Diss. 368; *Freidl,* Diss. 154.
¹¹ *Kluckhohn,* Einleitung 19 ff., 23 ff. (dort reiche Quellen); *Weiß,* Diss 369.
¹² Vgl. dazu *Chalopek,* Diss. 136 f. (dort Einzelheiten).
¹³ *Kluckhohn,* Einleitung 29 ff., 32, 42 (dort reiche Quellen); *Weiß,* Diss. 369.

407 ¹⁴ *Kluckhohn,* Einleitung 44 ff. (dort reiche Quellen).
¹⁵ *Kluckhohn,* Einleitung 47 ff., 54.
¹⁶ *Kluckhohn,* Einleitung 58.
¹⁷ Instruktion KMs ddo 1517 November 20 Wiener Neustadt (*Marburg* SA, Bestand 3, Fasz. 374, fol. 1 ff.); *Kluckhohn,* Einleitung 12 f., 63 ff. (dort Quellen); *Ulmann* II, 701; *Weiß,* Diss. 370 ff.

[18] *Kluckhohn,* Einleitung 65 f.; *Ulmann* II, 701; *Weiß,* Diss. 371.

[19] Die Einzelheiten der kaiserlichen Werbung bei Albrecht von Mainz sind indes nicht bekannt; vgl. *Weiß,* Diss. 362.

[20] *Kluckhohn,* Einleitung 14 ff., 17 ff., 67 ff.; *Weiß,* Diss. 371 f.

[21] *Kluckhohn,* Einleitung 69 f.; vgl. *Wiesflecker,* Maximilian III, 421.   408

[22] KM an Albrecht von Mainz ddo 1517 November 20 Wiener Neustadt (*Marburg* SA, Bestand 3, Fasz. 374, fol. 5 f.); Kg Karl an KM ddo 1518 Februar 14 Valladolid (*Marburg* SA, Bestand 3, Fasz. 379, fol. 177 ff.); *Fugger-Jäger* fol. 291 f.; *Fugger-Birken* 1358.

[23] Serntein an Villinger und Renner ddo 1518 Februar 16 Innsbruck (*Marburg* SA, Bestand 3, Fasz. 390—392, fol. 228 f.); *Weiß,* Diss. 373; *Freidl,* Diss. 156.

[24] Kg Karl an KM ddo 1518 Februar 14 Valladolid (*Marburg* SA, a. a. O.); *Kluckhohn,* Einleitung 72; *Bauer,* Anfänge 65 f.; *Ulmann* II, 697 f.; *Weiß,* Diss. 373.

[25] Instruktion Karls an Villinger und Renner ddo 1518 Februar 14 Valladolid (*Marburg* SA, Bestand 3, Fasz. 379, fol. 157 ff.); *Kluckhohn,* Einleitung 73 f. (dort Quellen); *Weiß,* Diss. 373.

[26] Kg Karl an Villinger und Renner ddo 1518 März 8 Valladolid (*Marburg* SA, Bestand 3, Fasz. 392, fol. 239 ff.); Kg Karl an KM ddo 1518 April 15 (*Marburg* SA, Bestand 3, Fasz. 379, fol. 65 ff.); Chièvres an Villinger ddo 1518 April 15 Aranda (*Marburg* SA, Bestand 3, Fasz. 392, fol. 265 ff.); *Kluckhohn,* Einleitung 74 f.; *Weiß,* Diss. 364 f.

[27] Villinger etc. an Chièvres ddo 1518 April 14 Innsbruck (*Marburg* SA, Bestand 3, Fasz. 392, fol. 259 ff.).

[28] *Kluckhohn,* Einleitung 75, 78, 81 ff.   409

[29] KM an Karl ddo 1518 Mai 18 Innsbruck (*Le Glay,* Négociations II, 125 ff., Nr. 40); *Kluckhohn,* Einleitung 76 ff.; *Ulmann* II, 698 ff.; *Weiß,* Diss. 375 ff.

[30] Hauptüberschlag über die Wahlkosten Karls und Finanzierungsplan ddo 1518 ca. bei *Moné,* Briefwechsel (5. Bd., 1836) 410 f.

[31] KM an Kg Karl ddo 1518 Mai 24 Innsbruck (*Moné,* Briefwechsel [5. Bd., 1836] 13 f., und *Le Glay,* Négociations II, 134, Nr. 41); *Kluckhohn,* Einleitung 80.

[32] Instruktion Kg Karls für Ph. Naturelli an den KgF ddo 1518 Mai (*Monumenta Habsburgica* II/1, 58 ff., Nr. 24).

[33] Instruktion EMarg an ihre Gesandten nach England ddo 1518 Juli 24 Brügge (*Monumenta Habsburgica* II/1, 64 ff., Nr. 25).

[34] *Kluckhohn,* Einleitung 78, 85 ff.; *Weiß,* Diss. 378 f.   410

[35] Bericht des Courteville an EMarg ddo 1518 August 6—23 Augsburg (*Le Glay,* Négociations II, 148 f., Nr. 43, 44).

[36] *Pölnitz,* J. Fugger I, 389.

[37] Instruktion KMs für Verhandlungen mit dem Kg von Polen ddo 1518 April 15 Innsbruck (*May,* Albrecht von Brandenburg I, 57 ff., Beilage 22); *Kluckhohn,* Einleitung 88 ff.; *Ulmann* II, 702; *Mur,* Diss. 235 f.

[38] Bericht Villingers und Renners ddo 1518 September 30 Kaufbeuren (*Marburg* SA, Bestand 3, Fasz. 374, fol. 34 ff., 41 ff.); *Kluckhohn,* Einleitung 98 ff.; *Weiß,* Diss. 308 f.

³⁹ Sehr eingehender Gesamtbericht über die geheimen Wahlhandlungen von Villinger und Renner ddo 1518 August 22 Augsburg (*Marburg SA,* Bestand 3, Fasz. 374, fol. 14 ff., 27 ff.); *Weiß,* Diss. 380 f.; *Freidl,* Diss. 160.

⁴⁰ Urkunde für Mainz ddo 1518 August 22 (*Marburg SA,* Bestand 3, Fasz. 374, fol. 74 ff.); *Kluckhohn,* Einleitung 99 f.; *Weiß,* Diss. 381; *Chalopek,* Diss. 139 f. (dort Einzelheiten).

⁴¹ Bericht Villingers und Renners ddo 1518 August 22 Augsburg (*Marburg* SA, a. a. O.); *Kluckhohn,* Einleitung 86 f., 104 ff.; *Ulmann* II, 701; *Weiß,* Diss. 379, 381 ff.; *Freidl,* Diss. 161.

⁴² Verschreibungen für Brandenburg ddo 1518 August 22 (*Marburg SA,* Bestand 3, Fasz. 374, fol. 68 ff.).

⁴³ Verschreibung für die Pfalz ddo 1518 August 22 (*Marburg SA,* Bestand 3, Fasz. 374, fol. 20 ff.); *Kluckhohn,* Einleitung 84 ff., 100 ff.; *Weiß,* Diss. 378, 383 f.

⁴⁴ Bericht Villingers und Renners ddo 1518 August 22 Augsburg (*Marburg* SA, Bestand 3, Fasz. 374, fol. 14 ff., 27 ff.); Urkunde KMs ddo 1518 September 2 Augsburg (*Lacomblet,* Urkundenbuch Niederrhein IV, 630 f., Nr. 512); *Kluckhohn,* Einleitung 108 f.; *Weiß,* Diss. 384 f.

⁴⁵ *Kluckhohn,* Einleitung 97 f.

⁴⁶ *Spalatin,* Nachlaß I, 45, 50 ff.; *Kluckhohn,* Einleitung 87, 91 ff., 97 f., 120 f. (sehr eingehend und quellentreu); *Weiß,* Diss. 378 f., 385 f.

⁴⁷ *Kluckhohn,* Einleitung 94 ff., 96, 97, Anm. 1.

⁴⁸ Venezianischer Bericht ddo 1518 September 21 (*Sanuto* XXVI, 51): Sachsen „... è stato et è molto contrario, volendo questa dignita resti in Alemagna et averla lui" (= Friedrich von Sachsen)".

⁴⁹ *Spalatin,* Nachlaß I, 52.

⁵⁰ Bericht des Courteville an EMarg ddo 1518 September 1 Augsburg (*Le Glay,* Négociations II, 151 f., Nr. 45).

⁵¹ Das Innsbrucker Regiment an KM ddo 1518 September 1 Innsbruck (*Innsbruck* TLA, MaxAkt XIV, fol. 78 ff.); *Voltelini,* Bestrebungen 57 f.; *Ulmann* II, 760.

⁵² Eingehender Gesamtbericht Villingers und Renners über den Stand der Wahlhandlungen und die nötigen Gelder ddo 1518 September 30 Kaufbeuren (*Marburg SA,* Bestand 3, Fasz. 374, fol. 34 ff., 41 ff., 86 ff.); *Kluckhohn,* Einleitung 109 ff.; *Ulmann* II, 703 f.; *Weiß,* Diss. 386 f.; daß auch Friedrich von Sachsen eine mündliche Zusage gegeben haben dürfte, geht nicht nur aus dem Bericht der kaiserlichen Anwälte, Villinger und Renner, hervor, sondern auch aus einer Andeutung *Spalatins* (Nachlaß I, 50).

⁵³ *Kirchmair,* Denkwürdigkeiten 440 f. (die Angabe scheint aus guter Quelle zu stammen. Der mehrere Inhalt der Rede stimmt ganz mit bekannten Äußerungen des Kaisers überein); *Sanuto* XXVI, 198, bietet einen ähnlichen Bericht aus offenbar guter Quelle, der die Antwort der Kurfürsten auf die Rede des Kaisers andeutet und zum *Kirchmair*schen Bericht sehr gut paßt.

⁵⁴ *Katalog der Maximilian-Ausstellung* (Wien) 234: Als Geburtsstunde der deutschen Renaissancemedaille wird der Augsburger Reichstag 1518 gefeiert, aber auch die Wiener Doppelhochzeit von 1515.

[55] Die Urkunden ddo 1518 September 1 Augsburg (Originale und Kopien) befinden sich in *Wien* HHSA, Urkundenreihe; zum andern Teil in *Marburg* SA, Bestand 3, Fasz. 374, fol. 48 f., 50 f., 56 f., 66 f., und andere Kopien in *Merseburg* DZA, Hausarchiv, Rep. 29, fol. 17 ff.); Drucke bei *Bucholtz* I, 665 ff., 668 f., 669 f.; *Gudenus*, Codex diplomaticus IV, 599 ff.; *Theiner*, Vetera Monumenta Polon. II, 384 ff.; *Kluckhohn*, Einleitung 113 ff.; *Voltelini*, Bestrebungen 51; *Weiß*, Diss. 387 f.; *Freidl*, Diss. 164 f.; auch die venezianischen Quellen wissen bald von „schriftlichen Zusagen" für eine Wahl Karls: vgl. *Sanuto* XXVI, 194 f.; dazu *Brown* II, 469, Nr. 1092, 472, Nr. 1099; *Chalopek*, Diss. 140 f.

[56] Kopien der gegenseitigen Schutz-, Hilfe- und Versicherungsurkunden des Kaisers und der Kurfürsten von Mainz, Köln, Pfalz, Brandenburg und des Kaisers und Königs von Polen als Vormünder des Königs von Böhmen ddo 1518 (*Marburg* SA, Bestand 3, Fasz. 374, fol. 48 f., 50 f., 56 f.).

[57] Originalurkunde ddo 1518 September 1 Augsburg (*Wien* HHSA, Urkundenreihe); *Kluckhohn*, Einleitung 111 ff. und 864 ff., Nr. 387: dort die endgültige Wahlverschreibung Karls V. ddo 1519 Juli 3; *Ulmann* II, 705 ff.; *Weiß*, Diss. 389; *Freidl*, Diss. 165.

[58] Venezianischer Bericht ddo 1518 September 21 (*Sanuto* XXVI, 51); *Weiß*, Diss. 393. 414

[59] *Kluckhohn*, Einleitung 114 ff.

[60] Über die Haltung des Papstes vgl. *Pastor* IV/1, 178 ff.; desgl. *Voltelini*, Bestrebungen 41 ff., 49 ff., 574 ff., 584, 592 ff., 596 ff., 599 ff.; *Kluckhohn*, Einleitung 124 ff.; *Ulmann* II, 706 ff.; *Bauer*, Anfänge 65 ff.; *Weiß*, Diss. 392 f.

[61] Text bei *Voltelini*, Bestrebungen 615 f., Beilage I; *Weiß*, Diss. 394 ff.

[62] Ausführlicher Bericht des Bischofs von Plock an KM ddo 1518 Dezember 27 Rom (*Voltelini*, Bestrebungen 83 f., 617 ff.); *Kluckhohn*, Einleitung 126 ff., 130 ff.; *Kalkoff*, Forschungen 33, 130; *Weiß*, Diss. 394 ff.

[63] Venezianischer Bericht aus Rom ddo 1519 Januar 15 (*Sanuto* XXVI, 380).

[64] *Haltaus* 262.

[65] Bericht des päpstlichen Gesandten in Frankreich an Kardinal Medici 415 ddo 1518 Dezember 21 Paris (*Lettere* 45 f.): „Madama (= Königin von Frankreich) mi ha detto in massimo secreto, che Cesare torna su nuove sue chimere strane, cioè, che egli vuole il Regno di Napoli durante la vita sua, ove gli è stato persuaso, che non morirà mai, vuol dare al Catolico (= König Karl) la magior parte della Magna (= Allemagna = Deutschland) et al Christianissimo le magior parte d'Italia . . . Cesare è in stretta pratica di tor . . . moglie la Duchessa di Bari." *Ulmann* II, 707, nimmt diesen ganz gegenstandslosen und windigen Bericht als gesicherte Tatsache.

[66] Vgl. den eingehenden Gesamtbericht Villingers und Renners ddo 1518 September 30 a. a. O.; Instruktion KMs für Jean de Courteville ddo 1518 Oktober 27 Augsburg (*Le Glay*, Négociations II, 170 ff., Nr. 50).

67 Vgl. Anm. 51. Vgl. Denkschriften des Innsbrucker Regimentes und der Kammer ddo 1518 September 1, 27 Innsbruck (*Innsbruck* TLA, MaxAkt XIV, fol. 78 ff. und 97 ff.).

68 Instruktion KMs für Courteville an Karl ddo 1518 Oktober 27 Augsburg (*Le Glay*, a. a. O.); *Kluckhohn*, Einleitung 116 ff.

4. Die lutherische Frage

1 Die wichtigsten Quellen zur Luther-Sache auf dem Augsburger Reichstag und danach (Begegnung mit Kardinal Cajetan) finden sich in der Weimarer Ausgabe der Werke *Luthers*, aber auch in der älteren Luther-Edition von *Walch*. Etwas wenig bieten die zeitgenössischen Geschichtsschreiber *Scheurl* und *Spalatin*. — Während die Zusammenkunft Luthers mit Cajetan häufig dargestellt ist, wurde die Rolle des Kaisers in der Luther-Sache erstmals von *Weiß* (Diss.) ausführlich behandelt. Bisher unbekannte Dokumente fanden sich zu dieser Frage nicht. Die reformationsgeschichtliche Seite behandeln vor allem *Kalkoff* (Forschungen) und *Pastor*.

2 Vgl. Anm. 18.

416 **3** Siehe S. 389 f.

4 *Voltelini*, Bestrebungen 84 f., 601 ff.

417 **5** *Kalkoff*, Forschungen 140 ff.; *Pastor* IV/1, 248 ff.; Einzelheiten bei *Borth*, Luthersache 33 ff.

6 *Luthers* eigener Bericht in Tischreden (Weimarer Ausgabe) V, 74, Nr. 5343; *Weiß*, Diss. 287.

7 *Hutten* (ed. Böcking) V, 246 (dort Volltext); *Raynaldus*, Annales XX, 263; *May*, Albrecht von Mainz I, 145; *Kalkoff*, Forschungen 142, 145 f.; *Borth*, Luthersache 49; *Pastor* IV/1, 248, 251 ff.; *Ulmann* II, 728; *Köhler*, Luther 395 f.; *Weiß*, Diss. 288 f.; *Freidl*, Diss. 166 f.

418 **8** Luthers Hilferuf an Spalatin ddo 1518 August 8 Wittenberg (*Luthers* Briefwechsel [Weimarer Ausgabe] I, 188 f., Nr. 85); Spalatin an den kaiserlichen Rat J. Renner ddo 1518 Mitte August ca. (*Walch*, Luthers Schriften XV, 668); *Kalkoff*, Forschungen 152, Anm. 1; *Weiß*, Diss. 290 f.

9 Späte Aussage Luthers ddo 1540 in *Luthers* Werke, Tischreden (Weimarer Ausgabe) V, 80, Nr. 5349; M. Pfinzing berichtet, daß KM zugunsten Luthers an den Papst geschrieben habe, was von *Scheurl* (Briefbuch II, 50 f., Nr. 169) überliefert wird; dazu *Ulmann* II, 730 f.; *Weiß*, Diss. 292 ff., 296.

10 Päpstliches Breve an Cajetan ddo 1518 August 23 Rom (*Luthers* Werke II, 23 ff.); *Kalkoff*, Forschungen 61, 145; *Pastor* IV/1, 252; *Borth*, Luthersache 49.

11 Vgl. Brief Spalatins an Luther ddo 1518 September 5 Augsburg (*Luther*, Briefwechsel I, 200 ff., Nr. 92): Bericht über die freundliche Haltung Cajetans gegenüber dem Kaiser und den Fürsten; *Borth*, Luthersache 50.

12 *Kalkoff*, Forschungen 153 f., 158, 160; *Weiß*, Diss. 293 f.

13 Geleitbrief ddo 1518 Oktober 11 (*Luthers* Werke, Briefwechsel I, 210, Anm. 7, und 238, Nr. 97); vgl. auch Tischreden V, 79; *Walch*, Luthers Schriften XV, 676; *Köhler*, Luther 397; *Weiß*, Diss. 294 f.

[14] *Luthers* Werke, Tischreden V, 80, Nr. 5349.
[15] *Luther* schildert Gespräche und Verhör an mehreren Stellen seiner Werke selbst: *Luthers* Tischreden II, 595 f., Nr. 2668, und V, 77 f., Nr. 5349; desgl. *Luther,* Briefwechsel I, 209 f.; *Pastor* IV/1, 255 ff.; *Köstlin,* Martin Luther 214 ff.; *Hefele-Hergenröther,* Conziliengeschichte IX, 71 ff.; *Borth,* Luthersache 50 ff. (dort Einzelheiten).
[16] Instruktion Kurfürst Friedrichs von Sachsen für seinen Gesandten Pfeffinger an KM ddo 1518 November 19 (*Walch,* Luthers Schriften XV, 807 ff., Nr. 247); *Weiß,* Diss. 295 ff.   419
[17] Scheurl an Luther ddo 1518 Dezember 20 (*Luther,* Briefwechsel I, 272 ff., Nr. 122).
[18] Widmanns Regensburger Chronik zum Jahr 1518 (*Chroniken der deutschen Städte* XV, 30).
[19] *Brandi* I, 106 ff., 112 ff.

VIII. DES KAISERS TOD UND SEINE POLITISCHEN FOLGEN

1. Tod in Wels. Des Kaisers Testament

[1] Unter den zeitgenössischen Quellen über den Tod des Kaisers sind 420 besonders hervorzuheben die kurzen Berichte *Herbersteins* (Selbstbiographie und Herbersteiniana), der den Kaiser in den letzten Wochen begleitete; außerdem *Herzheimers* „Neue Zeitung" (von Frau Dr. H. Egger erst unlängst aufgefunden und bisher noch kaum ausgewertet; sie hat mir die Fotokopien unentgeltlich zur Verfügung gestellt); bisher unbekannt ist auch der Bericht des mantuanischen Gesandten Cappino; ebenso unbekannt waren bisher zwei Rechnungen des Generalschatzmeisters J. Villinger ddo Dezember 1518 über Lieferung von „gesundem yndianischen holtz ... für die plattern", die Schlüsse auf die geheime Krankheit des Kaisers zulassen; dazu die Berichte *Cuspinians* (De Caesaribus); außerdem *Waldners* Briefbericht an den Abt von Füssen über die letzten Stunden des Kaisers; desgl. der Bericht des Nürnberger Gesandten H. *Löschinger* an den Nürnberger Stadtrat; brauchbare, eingehende Nachrichten enthält auch die Leichenrede von *Faber,* der für vieles Augen- und Ohrenzeuge war; *Fabers* Angaben über Einzelheiten des Sterbens werden durch die panegyrische Tendenz der Leichenrede kaum beeinträchtigt. Gute Einzelnachrichten bieten auch *Scheurl, Spalatin, Fugger-Jäger,* die *Zimmersche Chronik* und *Burglechner;* desgl. der meist gut informierte Venezianer *Sanuto.* — Die eingehendste moderne Darstellung über den äußeren Verlauf der Krankheit und des Todes bietet Robert *Srbik,* der Quellen und Literatur recht gründlich, wenn auch nicht ganz vollständig verarbeitete. Eine gute ältere Darstellung findet sich bei *Stülz.* Das kaiserliche Testament, von *Srbik* kaum behandelt, untersucht sehr eingehend *Zimmermann.* Dort finden sich auch die handschriftlichen und gedruckten Korrespondenzen über die Anfech-

tung des Testamentes durch die Stände. Korrespondenzen, Testament und Kodizill (bei *Spieß* und *Seuffert*) enthalten wertvolle Aussagen über gewisse Vorgänge beim Tod des Kaisers. Eine wenig bekannte Variante des kaiserlichen Grabmalplanes behandeln *Brauneis* und *Mayr*. Eine kritische Übersicht über Quellen und Literatur bietet *Lhotsky* (Zeitalter des Hauses Österreich 72 ff.); dort auch eine gute Darstellung. Wertvolle Hinweise verdanke ich der Sammlung *Probszt*.

421 ² *Cuspinian*, De Caesaribus (ed. 1601) 491; *Scheurl*, Geschichtbuch 113; *Lhotsky*, Zeitalter 65.

³ *Baldass*, Bildnisse KMs 280 f., Bild 21; *Katalog der Ausstellung Maximilian* (Innsbruck) 65, Nr. 256; Dürer an den Nürnberger Rat ddo 1519 April 24 Nürnberg (*Lange* 61, 67, 387, und *Thausing*, Dürers Briefe 40 f., 43, 175 f.); *Petz*, Urkunden und Regesten Nr. 5826; Dürer berichtet in seinem Tagebuch ddo 1521 Juni 6 Mecheln (*Lange* 169 f., 175), er habe EMarg „seinen Kaiser" sehen lassen und schenken wollen; aber er habe ihr nicht gefallen, weswegen ihn Dürer wieder mitnahm. Dürer vertauschte „sein conterfetten Kaiser" dann gegen ein weißes englisches Tuch!!

⁴ Itinerar bei *Weiß*, Diss. 414; vgl. auch *Herzheimers* „Neue Zeitung" (ed. Dornik-Eger) 26 f., 33 f.; über den Abschied des Kaisers von Kurfürst Friedrich dem Weisen vgl. *Spalatin*, Nachlaß I, 51.

⁵ *Srbik-Lhotsky*, Maximilian I. und Gregor Reisch 39 f.; vgl. Anm. 18.

⁶ *Fugger-Jäger* II, fol. 291v; *Fugger-Birken* 1362; *Stülz*, KMs Hinscheiden 88 ff.; *Srbik-Lhotsky*, Maximilian I. und Gregor Reisch 44 f.; *Brunner*, Augsburg 49 f.

⁷ *Faber*, Leichenrede (ed. Freher-Struve) 738 f.; *Faber*, Leichenrede (dt. Übersetzung ed. Zinnhobler) 70 f.; ein Druck der Rede sogar in *Sevilla*, Biblioteca Capitular y Colombina; *Zimmersche Chronik* (ed. 1869) III, 353; *Scheurl*, Geschichtbuch 126 f.; *Waldners* Bericht ddo 1519 Januar 15 Wels (*Österreichisches Archiv* ed. *Ridler* I [1831], 324); die Frage nach dieser hölzernen Kiste beschäftigte auch den mantuanischen Gesandten Cappino in seinem Bericht ddo 1519 Januar 28 Trient (*Mantua SA*, Archivio Gonzaga, Dipartimento affari esteri, Trento, Busta 1408, Nr. 1); *Stülz*, KMs Hinscheiden 87 ff.

422 ⁸ Itinerar bei *Weiß*, Diss. 414 f.

⁹ *Srbik-Lhotsky*, Maximilian I. und Gregor Reisch 47 f.

¹⁰ *Bauer*, Anfänge 70 ff.

¹¹ *Kirchmair*, Denkwürdigkeiten 441; *Chroniken der deutschen Städte* XXV (Augsburger Chronik) 97; *Brandis*, Landeshauptleute von Tirol 500; *Cuspinian*, De Caesaribus (ed. 1601) 491; *Zimmersche Chronik* (ed. 1869) III, 352 ff.: „Schidt also in grosem unmuet und widerwillen hinweg . . .“; *Fugger-Jäger* II, fol. 292; *Fugger-Birken* 1363; *Burglechner*, Ausführliche Beschreibung fol. 425v; *Srbik-Lhotsky*, Maximilian I. und Gregor Reisch 48 ff. (dort Einzelheiten); *Stülz*, KMs Hinscheiden 89 ff.; *Jäger*, Landständische Verfassung II/2, 510 f.; *Ulmann* II, 760 f.

¹² Mandat KMs an den Augsburger Rat ddo 1518 November 5 Rattenberg (*Buff*, Rechnungsauszüge Nr. 8639).

¹³ Itinerar bei *Weiß*, Diss. 414 f.; *Srbik-Lhotsky*, Maximilian I. und Gregor Reisch 51 ff.; *Ulmann* II, 761 f.

¹⁴ *Scheurl*, Geschichtbuch 127 f.; *Faber*, Leichenrede (ed. Freher-Struve) 738 und (ed. Zinnhobler) 72 f.; *Srbik-Lhotsky*, Maximilian I. und Gregor Reisch 54 (dort Einzelheiten); *Stülz*, KMs Hinscheiden 89 ff.

¹⁵ *Herberstein*, Selbstbiographie (ed. Karajan) 136 ff., 141; *Srbik-Lhotsky*, Maximilian I. und Gregor Reisch 55.

¹⁶ *Herzheimers* „Neue Zeitung" (ed. Dornik-Eger) 27, 34; dazu vgl. den Bericht von *Scheurl*, Geschichtbuch 126 ff.: „... durchbrüchigkeit oder zuhailung eines offen painschadens oder vileicht aus erfrirung in besichtigung einer grabstat auf einem sher hohen perg des salzburgischen gepirgs...“; auch der Bericht des mantuanischen Gesandten Cappino (*Mantua* SA) erwähnt das Beinleiden; über die Grabmalpläne in St. Wolfgang vgl. auch *Brauneis*, Kaisergrab 169 ff., 175 ff.; dergl. *Lhotsky*, KMs Grab 28 ff.

¹⁷ Das Sterbezimmer war wohl das äußerste linker Hand mit dem prächtigen Erker; *Bergmann* sah 1836 über der Tür eine einfache hölzerne Tafel von einem unbekannten Sebastian Tombner aus dem Jahre 1543 mit einer Erinnerung an den Sterbeort und einer Huldigung an den Kaiser (*Bergmann*, Tombners Epitaphium 15 f.); der Kaiser ist tatsächlich in der Welser Burg gestorben und nicht im Kremsmünsterer Haus (*Seuffert*, Drei Register 367, Anm. 2); *Zinnhobler*, Leichenrede 35, Anm. 1; *Lhotsky*, Zeitalter des Hauses Österreich 67.

¹⁸ Die Andeutung in der *Zimmerschen Chronik* (III, 353), der Kaiser sei wahrscheinlich vergiftet worden, beruht auf einem unglaubwürdigen Gerücht, das auch der mantuanische Gesandte Cappino hörte, aber nicht ernst nahm; eine ebenso törichte Klatschnachricht über die Todesursache bietet *Petrus Martyr* (ed. 1966) 588, Nr. 637: Der Verkehr mit einem jungen Mädchen habe den Tod des Kaisers beschleunigt; venezianische Berichte über die Todesursache bei *Sanuto* XXVI, 377 f., 386, 434: „da colico et fluxo ..., soprazonto fluxo. In hore 24 andó 180 volte (!) et expiroe"; *Cuspinian*, De Caesaribus (ed. 1601) 492; *Herzheimers* „Neue Zeitung" (ed. Dornik-Eger) 34; *Srbik-Lhotsky*, Maximilian I. und Gregor Reisch 73 ff., 78 ff. Auf Grund der zeitgenössischen Texte ein Bild über das Wesen der Krankheit zu gewinnen, ist selbst für den Arzt schwierig. Schon R. *Srbik* (S. 75) hatte ärztliche Gutachten eingeholt. Dr. Franz *Spath*, emeritierter Professor der Chirurgie an der Universität Graz, hatte die Freundlichkeit, die Todeskrankheit des Kaisers auf Grund eines vollständigeren Quellenmaterials noch einmal eingehend zu untersuchen; er gab darüber folgendes Gutachten: Von einem Katarrh der Luftwege (auch als Halsentzündung bezeichnet) und einem Beinleiden, das 1497 durch einen Sturz vom Pferde entstanden war, von kleinen Schlaganfällen und von einem fallweisen „Kränkeln" ist zeitweilig schon Jahre vor dem Entstehen der Todeskrankheit des Kaisers die Rede. Da Maximilian stets bestrebt war, diese Beschwerden vor seiner Umgebung und vor den auswärtigen Gesandten zu verheimlichen, fehlen durch lange Zeit genauere Angaben über seine Leiden. Sicher ist aber, daß eine gewisse Empfindlichkeit der Verdauungsorgane — vielleicht mütterliches Erbteil? — schon längere Zeit bestanden hat. Nach Josef Grünpeck hat der Kaiser „viele Jahre in der Anzündung der Leber gelitten" (*Srbik-Lhotsky* 74). Venezianische Gesandte beobachteten schon lange die fahle,

grünliche Blässe seines Gesichtes. Im Frühjahr 1515 erkrankte der Kaiser
sehr ernst. Am französischen Hof sprach man von einem Schlaganfall
mit halbseitiger Lähmung und herabhängendem Mund (*Le Glay,* Négociations II, 78 ff.). Die Venezianer berichteten von einem dick ange-
schwollenen Bein (Berichte vom März 1515 bei *Sanuto* XX, 67, 76); sie
brachten dies mit einer Geschlechtskrankheit in Zusammenhang, die sich
auf dem Bein zeige („mal di la lova in una gamba"). Auch andere Indi-
zien weisen auf eine Erkrankung dieser Art. Im Jahre 1517 wiederholte
sich auf der Reise in die Niederlande der Schlaganfall. Der Kaiser war
zusammengebrochen. Der wohlunterrichtete Papst meinte, daß Schlag-
anfälle dieser Art in diesem Alter binnen Jahresfrist zum Tode führten
(venezianischer Bericht aus Rom ddo 1517 Juni 2 bei *Sanuto* XXIV,
322). Obwohl der Kaiser nach der schweren Krankheit genas, behielt er
doch das offene Bein. Es muß auch andere Komplikationen gegeben
haben, denn seine Umgebung warnte vor einem Aufenthalt an Orten, wo
Luft und Wasser, Speise und Trank dem Kaiser nicht zuträglich sein
könnten; auch sollte er geschont werden. Fest steht auch, daß der Kaiser
viele Jahre an Verstopfung zu leiden hatte, der er durch Wassertrinken
und reichliche Bewegung entgegenzuwirken versuchte. Damit scheinen die
zunächst unbestimmten „Verdauungsbeschwerden" auf die Leber bzw.
richtiger auf die Gallenwege bezogen. Wie der weitere Verlauf erkennen
läßt, dürfte eine Gallenwegerkrankung, zunächst wohl eine akute Erkrankung der Gallenblase, unterwegs gewesen sein. Der Kaiser dürfte als
Steinträger zum Gallensteinkranken geworden sein. Er litt offenbar an
einem chronisch-entzündlichen Reizzustand, der stets zum Ausgangspunkt
für weitere Komplikationen werden konnte. Nach den gehäuften Aufregungen des Jahres 1518 (Augsburger Reichstag) verfiel der Kaiser (nach
Cuspinian) in Innsbruck in ein „geheimes Fieber". War das Fieber bisher
nur zeitweilig aufgetreten, so steigerte es sich seit Innsbruck zu einer
ständigen Erscheinung. Als der Kaiser Anfang Dezember 1518 nach
einer Erkältung im Salzkammergut endlich nach Wels kam, war der Ge-
sundheitszustand bereits erheblich verschlechtert. Er mußte sich zu Bette
legen. Ein Wechsel von „geheimer Kälte" (Frostgefühl) und Hitze trat
ein, so daß der Kaiser selbst den Ernst der Lage erkannte. Der Infekt
hatte offenbar zugenommen und war bis in die kleinen Gallenwege, auch
leberwärts, bei zunehmendem Verschluß des großen Gallenganges vorge-
drungen. Immer noch war der Kaiser bestrebt, sein Leiden zu verheim-
lichen und die Kolikschmerzen, die er unter dem Herzen empfand („quem
sub corde gerebat"), zu unterdrücken. Als ihn englische Gesandte in
hochwichtiger Sache besuchten (1. Januar 1519), stand der Kaiser vom
Bette auf und unterhielt sich mit ihnen durch eine lange Zeit am offenen
Fenster, wodurch er sich neuerlich stark verkühlte. Dazu kam der Diät-
fehler mit den „Krauttascherln". Seither trat eine rasche Verschlechterung
ein. Mit den Koliken „unter dem Herzen" ist ein Linksschmerz ausgedrückt. Daraus kann eine weitere Komplikation, eine Mitbeteiligung des
Pancreas (Bauchspeicheldrüse) erschlossen werden, da die Gallengang-
koliken zunächst in die rechte Brust oder rechts in den Rücken auszu-
strahlen pflegen. Es muß somit ein Verschluß der Papille des tiefen Gallenganges stattgefunden haben, der zu einem Verschluß bzw. Verengung

des Bauchspeicheldrüsenganges geführt hat. Sämtliche Zeichen wie Schmerzen (Koliken), das Gelbwerden der Haut und besonders des „Weißen" in den Augen infolge des Stau-Icterus, das Fieber, das bereits septischen Charakter (Frost — Hitze) von intermittierendem oder remittierendem Charakter hatte, und die chronische Verstopfung sind eindeutige Zeichen eines infizierten Steinleidens der Gallenwege, so daß es zur eitrigen Cholangitis und zur Miterkrankung der Bauchspeicheldrüse gekommen sein dürfte. Für die Cholangitis ist der septische Fiebertyp charakteristisch. Dazu gehört die Einwanderung der Steine aus der Gallenblase in den großen Gallengang, die wohl zum völligen Verschluß desselben geführt hat. In einem Brief des kaiserlichen Rates Jakob Spiegel, der während der Krankheit und des Hinscheidens des Kaisers zugegen war (*Srbik-Lhotsky* 73), wird bereits im wesentlichen dieselbe Diagnose für die Todeskrankheit angeführt. Es heißt dort: „Zuerst litt der Kaiser an einer Verstopfung des Gallenkanals, der zu den Gedärmen hinführt ... dann auch an einer Darmverstopfung. Diese wurde durch gewisse Hausmittel allmählich behoben. Bald darauf machte sich die Natur in ihrem Bestreben, sich der heftigen Leibschmerzen und des brennenden, eitrigen Schleimes zu entledigen, von selbst in einer Entleerung Luft." In den letzten Tagen, nach der anstrengenden englischen Audienz, der neuerlichen schweren Verkühlung und der verfehlten Krauttascherl-Mahlzeit, kam es zu dauernden Durchfällen („profluvium ventris"), eitrigen, mit Blut vermengten Schleimes. Man sprach von „dysenteria". Bis 180 Entleerungen in 24 Stunden wurden gezählt, das wären 7—8 Entleerungen in der Stunde. So kam zu der an sich schon schweren und komplizierten Gallenwegerkrankung noch eine weitere Komplikation mit den hartnäckigen Durchfällen hinzu, die das Stoffwechselgefüge zusätzlich ungünstig beeinflußte. Mit dem großen Flüssigkeitsverlust infolge der Durchfälle, der Negativbilanz im Wasser und Elektrolythaushalt mußte es zur ständig steigenden Abnahme der Körperkräfte, zur Schädigung der Herz-, Kreislauf- und in weiterer Folge auch der Nierenfunktionen kommen und zuletzt zum Tode führen. Als Ursache für diese zweite Komplikation im Ablauf der Todeskrankheit, für die zunehmende schwere Dickdarmentzündung (Colitis, wegen ihrer Schwere und Hartnäckigkeit als „dysenteria" bezeichnet), darf wohl ein schwerer Darminfekt (pathologische Colistämme?) angenommen werden, der zuletzt durch die verfehlte Krauttascherl-Mahlzeit verschlimmert worden sein dürfte. Der dabei beobachtete Blutabgang mit den schleimig-eitrigen Stühlen ist bei entzündlicher Auflockerung der Schleimhaut (eventuell bei vorhandenen Geschwüren) gut denkbar, wobei zufolge der vorhandenen Leberschädigung gleichzeitig wohl auch eine Blutgerinnungsstörung vorlag (vgl. *Srbik-Lhotsky* 75, Anm. 159). Vielleicht war diese Gerinnungsstörung Ursache für den Blutaustritt unter die Haut und das sogenannte „Schwarzwerden" der Leiche? Die Annahme, daß es zur Ausbildung eines Mastdarmkrebses gekommen sein könnte, darf demnach wohl als unwahrscheinlich ausgeschieden werden. Auch die These, daß die Gelbsucht durch eventuell aus dem Darmkrebs stammende Metastasen ausgelöst sein könnte, darf abgelehnt werden, da solche Metastasen gar keine Gelbsucht hervorzurufen brauchen (zu *Srbik-Lhotsky* 79). Ob auch eine venerische Erkrankung („pese Plattern", wie der damalige Fachausdruck lautete) den Gesamtzustand verschlimmerte, sei dahingestellt. Neben den venezianischen Gerüchten, denen zunächst nicht viel Bedeutung beizumessen wäre, weist die Hauptabrechnung des Generalschatzmeisters Villinger unter dem 8. Dezember 1518 zwei große und sehr kostspielige Ausgabenposten für „gesundt yndianisch holtz" zur Kur „für die plattern" aus (Principalraittung Jakob Villingers, *Brünn* SA, Dietrichsteinisches Familienarchiv, Historisches Archiv Inventar-Nr. 298, Karton 99, fol. 189, 191). Trotz der Schwere des Krankheitszustandes blieb das Bewußtsein des Kaisers eigentlich bis zum letzten Tag erhalten. Kurze Ohnmachten wechselten mit hellen Augenblicken. Schließlich nahm ihm ein letzter Schlaganfall die Sprache. Langsam, ohne großen Kampf, erlosch in völliger Erschöpfung das Leben des Kaisers.

[19] *Srbik-Lhotsky,* Maximilian I. und Gregor Reisch 58 ff. (dort Einzelheiten).

[20] Nach der Beschreibung des *Cuspinian,* De Caesaribus (ed. 1601) 491, der selbst Arzt war, fühlte der Kaiser Schmerzen „sub corde"; ähnlich berichtet *Fugger-Jäger* II, fol. 292; *Srbik-Lhotsky,* Maximilian I. und Gregor Reisch 63.

[21] *Herberstein,* Selbstbiographie (ed. Karajan) 140; über diese Gesandtschaft vgl. auch den Brief Renners an EMarg ddo 1519 Januar 13 Wels in *Reichstagsakten* (Jüngere Reihe) I, 216, Anm. 3; über die englische Audienz und deren Folgen berichtet ausführlich der mantuanische Gesandte Cappino (*Mantua* SA) aus verläßlicher höfischer Quelle: Die tödliche Mahlzeit war: „una suppa in crauti come seria in capuzi..."; Cappino erwähnt auch das Gerücht von der Vergiftung des Kaisers, nimmt es aber nicht ernst; über die englische Gesandtschaft berichtet eingehend *Miklautsch,* Diss. 223 ff.

425 [22] Der Doge an KM ddo 1518 November 29 Venedig (*Sanuto* XXVI, 231 f.); Brief KMs ddo 1518 Dezember 23 Wels (*Sanuto* XXVI, 372 f.).

[23] Venezianischer Bericht aus Rom ddo 1519 Januar 11 (*Sanuto* XXVI, 379): Der Kaiser will, daß ihm die Krone nach Deutschland geschickt werde, während der Papst wünscht, daß der Kaiser sie sich holen solle: „... azió non vegni armato in Italia..."; es ist die alte List! *Voltelini,* Bestrebungen 596 ff., 601 ff., 605 ff.; *Reichstagsakten* (Jüngere Reihe) I, 124 ff.

[24] Vgl. die Werbung des kaiserlichen Sekretärs Kesinger bei Kurfürst Joachim von Brandenburg ddo 1519 Januar 31 (*Reichstagsakten* [Jüngere Reihe] I, 162 f., Nr. 15): Noch zwei Tage vor seinem Tod empfahl der Kaiser seinen Enkel Karl dem Erzbischof — Kurfürsten von Mainz.

[25] *Kluckhohn* 119 ff.

[26] *Anshelm* IV, 289, meint, daß KM bei längerem Leben zu Luther übergetreten sein würde, was meines Erachtens aus vielen Gründen höchst unwahrscheinlich ist.

[27] *Köhler,* Luther 401; vgl. den diesbezüglichen Brief KMs an den Papst ddo 1518 August 5 Augsburg (*Raynaldus,* Annales XX, 263; desgl. gedruckt bei *Hutten* [ed. Böcking] V, 246); *Pastor* IV/1, 252 ff.

[28] Die Vorgeschichte der österreichisch-böhmischen Grenzhändel bei *Mur,* Diss. 41 ff.

[29] Das Original dieses Testamentes befindet sich heute im Steirischen Landesarchiv zu *Graz* (Urkundenreihe); *Zimmermann*, Diss. 18 ff., 31 ff., 36 f., enthält Angaben über alle Überlieferungen und Drucke, desgl. eine Kopie des Testamentstextes; gedruckt bei *Bucholtz* I, 477. Zur Geschichte dieses wertvollen Originals vgl. *Seuffert*, Drei Register 340; im Jahre 1554 suchte Ferdinand I. eine authentische Kopie des Testamentes, da die bei den drei Testamentsvollstreckern befindlichen es nicht sind (vgl. Brief Ferdinands I. an Karl V. ddo 1554 Februar 12 Wien bei *Voltelini*, Urkunden und Regesten Nr. 6464); über die Testamentserrichtung, zeitgenössische Akten und Briefe vgl. *Zimmermann*, Diss. 38 ff., 63 ff., 66 ff.; Bericht Herbersteins über das Testament in *Herberstein*, Selbstbiographie (ed. Karajan) 140; Bericht Raunachs (*Spieß*, Anekdoten 58 ff.); die Ausführungen bei *Ulmann* II, 764, sind fehlerhaft und überholt; Bericht des G. Vogt an die Brucker Landtagsausschüsse ddo 1519 April 7 Wien (*Spieß*, Anekdoten 54 ff.); *Stülz*, KMs Hinscheiden 90 ff.; *Seuffert*, Drei Register 312 ff., 366 ff.; *Lhotsky*, Zeitalter 67.

[30] *Zimmermann*, Diss. 56 ff., 61 f. (dort ein französischer Bericht über das Testament KMs); *Bauer*, Anfänge 72 ff.   426

[31] *Zimmermann*, Diss. 59 ff.   427

[32] Bericht G. Vogts an die niederösterreichischen Ständeausschüsse zu Bruck ddo 1519 April 7 Wien (*Spieß*, Anekdoten 54 ff.); *Zimmermann*, Diss. 43 f.; über die Echtheit der kaiserlichen Unterschrift auf dem Grazer Original vgl. *Zimmermann*, Diss. 33 ff.; vgl. auch *Seuffert*, Drei Register, Tafel 42, 47.

[33] Bericht *Herbersteins* (bei *Seuffert*, Drei Register 325 f.).

[34] *Scheurl*, Geschichtbuch 127 ff.; *Faber*, Leichenrede (ed. Zinnhobler) 73; *Fugger-Jäger* II, fol. 292; *Fugger-Birken* 1364; *Herzheimers* „Neue Zeitung" (ed. Dornik-Eger) 28; *Srbik-Lhotsky*, Maximilian I. und Gregor Reisch 61; *Stülz*, KMs Hinscheiden 90 ff.

[35] *Herzheimers* „Neue Zeitung" (ed. Dornik-Eger) 28, 34; *Faber*, Leichenrede (ed. Zinnhobler) 74; *Cuspinian*, De Caesaribus (ed. 1601) 491 f.; *Srbik-Lhotsky*, Maximilian I. und Gregor Reisch 70 f.

[36] Dieser Nachtrag ist im überlieferten Original nicht enthalten, wohl aber in den Abschriften des *Wiener* HHSA, Familienurkunden 1117; Bericht des Raunacher (*Spieß*, Anekdoten 58 ff., und *Zimmermann*, Diss. 46); *Kraus*, Österreich unter Ferdinand I., 12 f., und nach ihm *Ulmann* II, 764, vertreten eine unrichtige Auffassung über dieses Kodizill; ebenso unrichtig *Starzer*, Beiträge 17; desgl. *Vancsa* II, 620; ausführlich bei *Zimmermann*, Diss. 34 ff.; *Seuffert*, Drei Register 367 ff.

[37] Bericht Herbersteins an den Landtag zu Bruck ddo 1519 März 27/   428
April 6 (bei *Seuffert*, Drei Register 326 f.); *Herzheimers* „Neue Zeitung" (ed. Dornik-Eger) 34 f.; Bericht des mantuanischen Gesandten Cappino ddo 1519 Januar 28 Trient (*Mantua* SA) auf Grund von Informationen, die ihm Bannissis mitteilte, den Ablauf im Wesen bestätigen. *Scheurl*, Geschichtbuch 127 ff. (ausführliche gute Nachricht); *Faber*, Leichenrede (ed. Zinnhobler) 74; *Stülz*, KMs Hinscheiden 91 ff.; *Ulmann* II, 763.

[38] *Faber*, Leichenrede (ed. Zinnhobler) 76.   429

[39] *Herzheimers* „Neue Zeitung" (ed. Dornik-Eger) 35; Bericht des Hans Löschinger an den Rat von Nürnberg ddo 1519 Januar 12 Wels: „ge-

schrieben zwei Stunden vor tags" (*Baader*, Kaiser Maximilians I. Hinscheiden 15 f.); der Blutaustritt infolge von Gerinnungsstörungen dürfte die Haut teilweise „schwarz" gefärbt haben, wie dies der mantuanische Gesandte Cappino (*Mantua* SA) berichtet. *Stülz*, KMs Hinscheiden 91.

⁴⁰ Bericht des W. *Waldner*, KMs Hofkaplan, an den Abt von Füssen ddo 1519 Januar 15 Wels (Kopie bei *Burglechner*, Tyroler Adler, HS in *Innsbruck*, Tiroler Landesmuseum Ferdinandeum, I/3, fol. 681 f.); *Österreichisches Archiv* (ed. Ridler) I (1831), 324; Bericht in *Fabers* Leichenrede (ed. Zinnhobler) 76 f.; *Stülz*, KMs Hinscheiden 91 ff.; *Ulmann* II, 763; *Srbik-Lhotsky*, Maximilian I. und Gregor Reisch 68.

⁴¹ Siehe S. 443.

⁴² *Grünpeck* (ed. Moser) 99; *Seuffert*, Drei Register 315 f.

⁴³ Venezianische Berichte, die über Innsbruck kamen ddo 1519 März 15 (*Sanuto* XXVII, 66): „... quando morite Massimiliano, non si trovó danari per farli le exequie et alcuni di la corte imprestano danari per farle..."

⁴⁴ Bericht des Raunacher an den Landeshauptmann in Krain ddo 1519 Mai 4 (*Spieß*, Anekdoten 58 ff.); anonymer undatierter Hofratsbericht (*Spieß*, Anekdoten 63 f.); *Zimmermann*, Diss. 44 ff., 47 f.

⁴⁵ Bericht Vogts an den Brucker Landtagsausschuß ddo 1519 April 7 Wien (*Spieß*, Anekdoten 55 ff.); *Zimmermann*, Diss. 49 ff.

430 ⁴⁶ Siehe S. 446 ff.

⁴⁷ *Scheurl*, Geschichtbuch 129; *Faber*, Leichenrede (ed. Zinnhobler) 77; *Srbik-Lhotsky*, Maximilian I. und Gregor Reisch 72 (dort Einzelheiten).

⁴⁸ Original in *Graz*, Alte Galerie am Landesmuseum Joanneum; dazu *Baldass*, Bildnisse KMs 290 ff.; *Ankwicz*, Das Totenbildnis KMs 59 ff.; *Katalog der Ausstellung Maximilian* (Innsbruck) 1969, S. 66, Nr. 259; *Srbik-Lhotsky*, Maximilian I. und Gregor Reisch 80.

⁴⁹ *Scheurl*, Geschichtbuch 129; dazu auch der Bericht *Waldners* ddo 1519 Januar 16 Wels; über die Art der Hüllen, die den Leichnam umgaben, stimmen die Quellen nicht durchaus überein; *Faber*, Leichenrede (ed. Zinnhobler) 77; *Stülz*, KMs Hinscheiden 91 f.

431 ⁵⁰ *Srbik-Lhotsky*, Maximilian I. und Gregor Reisch 93 f. (dort Einzelheiten).

⁵¹ *Herzheimers* „Neue Zeitung" (ed. Dornik-Eger) 28 f., 35 f.; *Srbik-Lhotsky*, Maximilian I. und Gregor Reisch 99 f. (so fand man die Beigaben bei der Grabesöffnung im Jahre 1770). So wurde der Leichnam schon bei der ersten Exhumierung (1573) gefunden; vgl. *Mayer*, Wiener Neustadt III, 90, und IV, 300; *Kenner*, Porträtsammlung 129.

⁵² Bericht des Hofkaplans W. *Waldner* ddo 1519 Januar 16 Wels (*Burglehner*, Tiroler Adler fol. 682v ff.); *Herzheimers* „Neue Zeitung" (ed. Dornik-Eger) 30; *Herberstein*, Selbstbiographie (ed. Karajan) 140 f.; *Stülz*, KMs Hinscheiden 92 f.; *Srbik-Lhotsky*, Maximilian I. und Gregor Reisch 81 ff.; *Zinnhobler*, Leichenrede 36 f.

⁵³ Herbersteins Bericht an den Ständeausschuß des Brucker Landtags ddo 1519 April 27 (*Seuffert*, Drei Register 326 ff.); *Herberstein*, Selbstbiographie (ed. Karajan) 141; *Luschin*, Herbersteiniana 83 f.

⁵⁴ *Brunner*, Augsburg 60 f.; *Stülz*, KMs Hinscheiden 92 f.; *Lhotsky*, Zeitalter 70.

634

⁵⁵ Lateinischer Text bei *Freher-Struve* (ed. 1717) II, 718 ff., 721 ff.; deutsche Übersetzung in *Faber*, Leichenrede (ed. Zinnhobler) 44 ff.; *Srbik-Lhotsky*, Maximilian I. und Gregor Reisch 10 f. (dort auch über die Persönlichkeit Fabers und die wiederholte Verwechslung desselben mit dem späteren Bischof von Wien); dazu auch *Zinnhobler*, Leichenrede 37 ff.; *Stülz*, KMs Hinscheiden 93 f.; *Brunner*, Augsburg 60 f.

⁵⁶ *Herzheimers* „Neue Zeitung" (ed. Dornik-Eger) 36.

⁵⁷ *Cuspinian*, Tagebuch (ed. Karajan) 411; venezianischer Bericht bei *Sanuto* XXVI, 484.

⁵⁸ *Srbik-Lhotsky*, Maximilian I. und Gregor Reisch 89; *Aschbach*, Geschichte der Universität Wien III, 136 ff.; *Stülz*, KMs Hinscheiden 93 f.

⁵⁹ *Srbik-Lhotsky*, Maximilian I. und Gregor Reisch 84.   432

⁶⁰ Dazu *Voltelini*, Bestrebungen 611 f., Anm. 4; *Reichstagsakten* (Jüngere Reihe) I, 143.

⁶¹ *Katalog der Ausstellung Maximilian* (Innsbruck) 66 ff.: Flugblatt des Manlius mit drei Holzschnitten; die Annahmen von *Lanckorónska* (Dürers Antonius-Stich als Sterbebild für Kaiser Maximilian I.) erscheinen mir in jeder Hinsicht als unwahrscheinlich.

⁶² Totenklage des Sebastian *Brant* (ed. Zarncke) 198, Nr. 18; Christoph Weilers Lied vom Absterben KMs (*Hormayr*, Taschenbuch N. F. VII [1836], 77 ff.); Volkslieder bei *Liliencron* III, 216 ff.; *Zasius*, Oratio (ed. Freher-Struve) II, 770 ff.; Totenklage des Johann Alexander Brasicanus an Peutinger ddo 1519 Mai 15 Tübingen (*König*, Peutingers Briefwechsel 311 ff.); *Srbik*, Drei Lieder auf den Tod KMs 39 ff.; *Zinnhobler*, Leichenrede 35 f.; *Srbik-Lhotsky*, Maximilian I. und Gregor Reisch 86 ff.

⁶³ Über die Trauer um KM am sächsischen Hof vgl. *Herzheimers* „Neue Zeitung" (ed. Dornik-Eger) 26; über die Totenfeiern in Augsburg vgl. *Brunner*, Augsburg 60 ff.; *Fugger-Jäger* II, fol. 292v f.; *Fugger-Birken* 1366; *Reichstagsakten* (Jüngere Reihe) I, 143: Die Kosten der Totenfeier in Augsburg betrugen ca. 85 Gulden (*Buff*, Rechnungsauszüge Nr. 8640); über die Totenfeier in Frankfurt vgl. *Janssen*, Reichskorrespondenz II, 998 f.

⁶⁴ *Srbik-Lhotsky*, Maximilian I. und Gregor Reisch 89 f.; *Herzheimers* „Neue Zeitung" (ed. Dornik-Eger) 30 f., 36 f.

⁶⁵ *Spalatin*, Nachlaß 57.

2. Das Grabdenkmal

¹ *Weißkunig* (ed. Schultz) 66 und (ed. Musper) 225 f.

² *Brunner*, Augsburg 62 f. (berichtet über das Schicksal dieses Denkmals); *Baltl*, Diss. 99 ff.

³ *Halm*, Valkenaue 176 ff.; *Baltl*, Diss. 101 f.

⁴ Die grundlegende Arbeit über das Grabmal verdanken wir V. *Ober-*   433 *hammer* (Bronzestandbilder des Maximilian-Grabes in Innsbruck), die auch die historische Seite gründlich berücksichtigt; eine kürzere Zusam-

menfassung bietet *Oberhammer* im *Katalog der Ausstellung Maximilian* (Innsbruck 1969); vgl. außerdem die Arbeiten von *Öttinger* (Bildhauer Maximilians am Innsbrucker Kaisergrabmal) und *Ringler* (Das Maximiliangrab in Innsbruck); *Egg-Pfaundler* (Maximilian und Tirol) bieten eine gute Zusammenfassung des Wesentlichen; über die einschlägigen Stellen des Testamentes und die wechselnden Aufstellungspläne vgl. *Zimmermann* (Diss.), *Lhotsky* (Maximilians Grab), *Mayer* (Das Grab Kaiser Maximilians), *Brauneis* (Das Kaisergrab auf dem Bürgelstein).

[5] *Oberhammer*, Bronzestandbilder 13 ff., 242.

[6] *Faber*, Leichenrede (ed. Zinnhobler) 70.

[7] *Oberhammer*, Grabmal 107 ff.; *Katalog der Ausstellung Maximilian* (Innsbruck), Tafeln Nr. 601, 602, 603, 606, 607.

[8] *Oberhammer*, Bronzestandbilder 22 ff.; *Katalog der Ausstellung Maximilian* (Innsbruck) 161, Tafeln Nr. 594, 595.

434 [9] *Oberhammer*, Bronzestandbilder 23 f.; *Katalog der Ausstellung Maximilian* (Innsbruck) 161 f., Nr. 596, 608, 609; *Laschitzer*, Die Heiligen der Sipp-, Mag- und Schwägerschaft Maximilians 117 ff., 134 ff.

[10] *Oberhammer*, Bronzestandbilder 19 ff.

[11] *Oberhammer*, Bronzestandbilder 134 ff., 138 f.

[12] *Horn*, Diss. 104 ff.

[13] Über die genealogischen Sammler im Dienste Maximilians vgl. *Lhotsky*, Quellenkunde 443 ff., 449 ff.

[14] *Oberhammer*, Bronzestandbilder 14 f., 42 ff., 163 f.; *Katalog der Ausstellung Maximilian* (Innsbruck) 164, Nr. 606, 607.

[15] *Oberhammer*, Bronzestandbilder 134 ff., 138 f., 300 ff.; *Schönherr*, Geschichte des Grabmals 159.

[16] *Oberhammer*, Bronzestandbilder 139 f., 329 ff., 399 ff.

435 [17] Vgl. das Itinerar bei *Fuchs*, Diss. 192 f.

[18] *Mayer*, Grab Maximilians 470 ff.; *Brauneis*, Kaisergrab 172 f., 175 f.; *Zimmermann*, Diss. 16 f.

[19] *Winkelbauer*, Maximilian I. und St. Georg 523 ff.

[20] Vgl. dazu *Brauneis*, Kaisergrab 129 ff., 172; dazu Abbildung 1 (Freskenzyklus für die kaiserliche Grabkirche von einem Hofmaler Maximilians um 1512); *Katalog der Ausstellung Maximilian* (Innsbruck) Nr. 251.

436 [21] *Oberhammer*, Bronzestandbilder 24, 93 f.; *Egg-Pfaundler*, Maximilian und Tirol 168; *Öttinger*, Bildhauer 60.

[22] *Oberhammer*, Bronzestandbilder 415 f.

[23] *Scheurl*, Geschichtbuch 126; *Herzheimers* „Neue Zeitung" (ed. Dornik-Eger) 33 f.; *Brauneis*, Kaisergrab 175.

[24] *Lhotsky*, KMs Grab 28 ff.; *Brauneis*, Kaisergrab 175 f. (dort Einzelheiten).

[25] Siehe S. 425 f.; *Oberhammer*, Bronzestandbilder 25 f. (dort Einzelheiten).

437 [26] *Oberhammer*, Bronzestandbilder 30 f.

[27] *Srbik-Lhotsky*, Maximilian I. und Gregor Reisch 92 ff.

438 [28] *Egg-Pfaundler*, Maximilian und Tirol 168.

3. Rebellion der Landstände und Volksbewegungen nach des Kaisers Tod

[1] Eine eingehende kritische Übersicht über Quellen und Literatur bietet *Lhotsky*, Zeitalter 91 f.; über einschlägige Quellen handelt auch *Vancsa*, Geschichte der Stadt Wien IV, 1 ff., 17 ff., 109 ff.; ich hatte dem nur weniges hinzuzufügen, denn folgendes Kapitel leitet bereits zu Ferdinand und Karl V. über. Hervorzuheben waren die Untersuchungen des Brucker Generallandtages über die Machenschaften der Beamten beim Tode KMs; eine kritische Bibliographie und Problemgeschichte findet sich bei *Novotny*, Ringen um ständische Autonomie 354 ff.; die ungedruckte Wiener Diss. von H. *Lahoda*, Der Ständekampf in den niederösterreichischen Erblanden nach dem Tode Maximilians I. bis zu seiner Beendigung im Blutgericht von Wiener Neustadt (1949), war mir nicht zugänglich.

[2] *Kirchmair*, Denkwürdigkeiten 440 f.

[3] *Voltelini*, Bestrebungen 57.

[4] *Kraus*, Österreich unter Ferdinand 12; *Seuffert*, Drei Register 337; *Vancsa*, Geschichte Niederösterreichs II, 620; *Starzer*, Beiträge 17.

[5] *Hirn*, Landtage 16 ff.

[6] *Hirn*, Landtage 14 ff., 24 f.; *Lhotsky*, Zeitalter 89 f.; *Voltelini*, Bestrebungen 57; über die Tiroler Ereignisse im allgemeinen unterrichten *Wopfner* (Lage Tirols), *Stolz* (Geschichte Tirols), *Brandis* (Landeshauptleute von Tirol) und *Egger* (Geschichte Tirols II).

[7] Vgl. den Abschied des Schwäbischen Bundes ddo 1519 Januar 17 Augsburg (*Klüpfel*, Urkunden II, 158 ff.): Der Bund will auch nach dem Tode KMs gegen jede Drohung treu zusammenhalten.

[8] *Egger*, Geschichte Tirols II, 79; *Hirn*, Landtage 19 ff.; *Jäger*, Landständische Verfassung 494 ff.

[9] *Kirchmair*, Denkwürdigkeiten 458.

[10] *Kirchmair*, Denkwürdigkeiten 443 ff.; *Hirn*, Landtage 18 ff., 43 ff., 51 f., 63 ff.; *Egger*, Geschichte Tirols II, 80; *Wopfner*, Lage Tirols 199 ff.

[11] *Reichstagsakten* (Jüngere Reihe) I, 653; *Wopfner*, Lage Tirols 202.

[12] *Lhotsky*, Zeitalter 131 ff.

[13] Über die Rolle Siebenbürgers handelt und urteilt eingehend *Novotny*, Ein Ringen um ständische Autonomie zur Zeit des erstarkenden Absolutismus 1519—1522. Bemerkungen über Bedeutung und Untergang Doktor Martin Siebenbürgers 354 ff.; *Lhotsky*, Zeitalter 85 f.; über die niederösterreichischen Ereignisse unterrichten weiters *Kraus* (Österreich unter Ferdinand), *Illing* (Regierungsantritt), *Bauer* (Anfänge), *Bucholtz* (Geschichte Ferdinands), *Vancsa* (Geschichte Nieder- und Oberösterreichs), *Oberleitner* (Parteikämpfe), *Neck* (Erinnerungen des Wiener Bürgermeisters Kirchhofer), *Pritz* (Landesgeschichte II), *Eder* (Die Stände des Landes ob der Enns).

[14] *Tomek*, Kirchengeschichte II, 199 ff., 202 ff., 213 ff., 221 ff.; *Mecenseffy*, Geschichte des Protestantismus in Österreich 9 ff.

[15] Anonyme Narratio (*Pez*, SS rer. Austriacarum II, 987 f.); *Zeibig*, Ausschußlandtag 201 ff.; *Lhotsky*, Zeitalter 85 f.; *Neck*, Erinnerungen 8 f.; *Zimmermann*, Diss. 74.

439

440

441

[16] *Kraus*, Österreich unter Ferdinand (Anhang) III ff.; *Lhotsky*, Zeitalter 86.

[17] Anonyme Narratio (*Pez*, SS rer. Austriacarum II, 989); *Vancsa*, Geschichte der Stadt Wien II, 581; *Lhotsky*, Zeitalter 86 f.; *Neck*, Erinnerungen 129; *Zimmermann*, Diss. 75, Anm. 1.

442 [18] *Kirchmair*, Denkwürdigkeiten 445 f.; *Herberstein*, Selbstbiographie (ed. Karajan) 142; *Kraus*, Österreich unter Ferdinand 18.

[19] *Lhotsky*, Zeitalter 86; *Zimmermann*, Diss. 76; *Kraus*, Österreich unter Ferdinand (Anhang, VI ff., Blg. II).

[20] *Herberstein*, Selbstbiographie (ed. Karajan) 142; *Huber*, Geschichte Österreichs III, 187; *Kraus*, Österreich unter Ferdinand 14 f.; *Illing*, Regierungsantritt 4; *Neck*, Erinnerungen 17 f.; *Pein*, Diss. 22, 24.

[21] *Herberstein*, Selbstbiographie (ed. Karajan) 142 ff., 167; dazu *Lhotsky*, Zeitalter 95; *Zimmermann*, Diss. 77.

[22] Erstes Brucker Libell ddo 1519 März 27 (*Lünig*, Reichs-Archiv, Pars spec., Cont. I, tom. VI, 44 ff.); zweites Brucker Libell ddo 1519 Mai 9 (*Krones*, Landtagswesen 91, 112); *Herberstein*, Selbstbiographie (ed. Karajan) 151 ff., 163 f.; *Mell*, Grundriß 386; *Kraus*, Österreich unter Ferdinand 101 ff.; *Lhotsky*, Zeitalter 88 f.; *Bauer*, Anfänge 84; *Zimmermann*, Diss. 78.

443 [23] *Reichstagsakten* (Jüngere Reihe) I, 537, 653.

[24] Ständische Antwort ddo 1519 März 24 Bruck (*Kraus*, Österreich unter Ferdinand 24); *Lhotsky*, Zeitalter 88; *Zimmermann*, Diss. 79 f.

[25] Bericht E. Polheims ddo 1519 April 3 Leibnitz (*Spieß*, Anekdoten 53 f.); Bericht Johann Geumanns ddo 1519 April 12 (*Spieß*, Anekdoten 49 f.); *Seuffert*, Drei Register 315 ff., 325 ff.; *Spieß*, Anekdoten 49 ff., 54 ff., 65 f.; *Zimmermann*, Diss. 38 ff., 41 ff.

444 [26] Die Vertreter der niederösterreichischen Länder über eine Botschaft an ihre Erbherren ddo 1519 Mai 21 Bruck an der Mur (*Seuffert*, Drei Register 322).

[27] *Bauer*, Anfänge 92 f.; *Zimmermann*, Diss. 80.

[28] *Kraus*, Österreich unter Ferdinand (Anhang) XIV f.; *Zimmermann*, Diss. 81.

[29] Bericht ddo 1519 August 17 Mecheln (*Seuffert*, Drei Register 322).

[30] Antwort des Großkanzlers Gattinara ddo 1519 November 25 Molins del Rey (*Seuffert*, Drei Register 324); *Herberstein*, Selbstbiographie (ed. Karajan) 171 ff., 191 ff., 193 ff., 199 f., 210; *Brandi* II, 107; *Bucholtz* I, 171; *Lhotsky*, Zeitalter 92 ff., 96 (dort Einzelheiten); *Bauer*, Anfänge 84 f.; *Kraus*, Österreich unter Ferdinand 32 ff.

445 [31] *Kraus*, Österreich unter Ferdinand 44; *Bauer*, Anfänge 94; *Neck*, Erinnerungen 79 ff., 87, 97; *Pein*, Diss. 45.

[32] Recht eingehend bei *Lhotsky*, Zeitalter 98 ff., 124 ff. (dort Einzelheiten), Lhotsky fällt ein sehr hartes Urteil über die Führer der österreichischen Ständebewegung, bietet aber auch Urteile anderer Autoren; *Herberstein*, Selbstbiographie (ed. Karajan) 256 f., 261; *Bauer*, Anfänge 181; *Kraus*, Österreich unter Ferdinand 81; *Neck*, Erinnerungen 130, 145; *Bucholtz* I, 191; *Starzer*, Beiträge 182 ff.; *Pein*, Diss. 49 ff.; *Novotny*, Ringen 358.

[33] *Wopfner*, Lage Tirols 125; *Novotny*, Ringen 365.

[34] Anderer Auffassung ist diesfalls *Lhotsky,* Zeitalter 124 ff., 130; zur Beurteilung Siebenbürgers vgl. die Überlegungen von *Novotny,* Ringen 360 ff., 368 f.
[35] *Wiesflecker,* Maximilian I, 176 ff.   446

4. Des Kaisers Verlassenschaft. „Unglaubliche Schulden". Salamancas harte Entschuldungspolitik

[1] Über KMs hinterlassene Schulden wird nirgendwo eingehender gehandelt; sie können zwar nicht genau errechnet, aber doch annähernd erschlossen werden. Außer einzelnen, verstreuten Dokumenten bietet einiges Material *Bauer* (Korrespondenzen Ferdinands); die Darstellungen von *Bauer* (Anfänge Ferdinands), *Huber* (Finanzielle Verhältnisse Österreichs unter Ferdinand), *Thorsch* (Österreichische Staatsschulden), *Gess* (Habsburgs Schulden), *Lhotsky* (Zeitalter des Hauses Österreich) bieten zur Frage der hinterlassenen Schulden nur ganz allgemeine Aussagen. *Pein,* Diss. 53 ff., greift die Frage der hinterlassenen Schulden zwar auf, ohne sie aber zu lösen. Im Zusammenhang mit der Entschuldungsaktion nach KMs Tod werden auch Persönlichkeit und Tätigkeit Salamancas etwas gerechter beurteilt werden müssen als bisher. Zweifel gegen die maßlosen Verurteilungen haben bereits *Stern* und *Hollaender* geäußert.
[2] Man hat sich bisher stets mit allgemeinen Bemerkungen über die maximilianischen Schulden begnügt. Ihre Höhe läßt sich nicht genau errechnen, aber doch aus verschiedenen Einzelangaben annähernd erschließen. Diese Frage ist in der einschlägigen Literatur nie in ihrer vollen Bedeutung erfaßt worden; auch nicht in der sonst hervorragenden Darstellung von *Lhotsky* (Zeitalter).
[3] Bericht Ferdinands an Karl ddo 1524 Juni 13 Stuttgart (*Bauer,*   447 Korrespondenzen I, 22, Nr. 21): „... ni en long temps pourrons lever ni des pays de Tyrol, Ferrette, Wirtemberg et aultres ung seul patart. Si en summes chargéz de grandes et grosses despences et de jour en jour nous surviengnent de plus, et pour à icelles furnir ne scavons comme bonnement en faire"; ein durchschnittliches Jahreseinkommen KMs aus den österreichischen Ländern und dem Reich betrug in mittleren Jahren etwa 400.000 bis 600.000 Gulden, die späterhin durch laufende Erhöhung der außerordentlichen Steuern etwas anstiegen. Vgl. dazu *Wiesflecker,* Maximilian II, 195, und III, 398; vgl. auch *Huber,* Finanzielle Verhältnisse 181 ff., 188, 197 ff., 213 ff.
[4] *Lhotsky,* Zeitalter 109; *Huber,* Finanzielle Verhältnisse 206, meint meines Erachtens unrichtig: „... die Lage der Finanzen in den österreichischen Ländern beim Regierungsantritt Ferdinands I. scheint trotz der massenhaften Verpfändungen keine ungünstige gewesen zu sein."
[5] Instruktion Ferdinands für de Bredam an Karl V. ddo 1524 Juni 13 Stuttgart (*Bauer,* Korrespondenzen I, 147 ff., Nr. 76): hier S. 178: „... ob incredibilia debita magnarum summarum, quarum aliquot iam solvimus et quotidie solvere aut desuper componere cogimur tam ad honorem defuncte M^{tis} quam nostrum ac tam ad exonerandam animam suam quam nostram etiam conscientiam ... Quantum autem debitorum silvam intraverimus..."

[6] Über die Worms-Brüsseler Teilungen von 1521/22 handelt sehr eingehend *Lhotsky*, Zeitalter 105 ff., 118 f.

[7] Instruktion Ferdinands an Claude Bouton für EMarg ddo 1523 Mai 25 Innsbruck (*Bauer*, Korrespondenzen I, 62 ff., Nr. 38).

[8] *Huber*, Finanzielle Verhältnisse 213, schätzt zu Beginn der Regierung Ferdinands die nur auf Tirol und den Vorlanden lastenden Schulden und Verpflichtungen auf 2,300.000 Gulden. Nach einer anderen, nicht ganz zuverlässigen Angabe Ferdinands auf dem Tiroler Landtag von 1523 soll Maximilian allein der Tiroler Kammer eine Schuldenlast von mehr als 500.000 Gulden hinterlassen haben; *Hirn*, Landtage 7.

[9] *Huber*, Finanzielle Verhältnisse 214 f., gibt den Pfandschilling während der letzten Lebensjahre Ferdinands für die gesamten österreichischen Länder (ohne Böhmen und Ungarn) mit über 4,000.000 Gulden an; wenn man diese Summe mit jener des Jahres 1519 vergleicht, muß man allerdings eine gewisse Geldabwertung in Rechnung setzen; an der Tatsache der Verpfändung fast des gesamten Kammergutes aber dürfte sich nicht viel geändert haben; vgl. auch *Wiesflecker*, Maximilian III, 397 f., die Summe von 2 Millionen nennt Ferdinand auch auf dem Landtag zu Wiener Neustadt 1523, allerdings für die niederösterreichischen Länder allein; vgl. *Elvert* 47.

[10] *Bauer*, Anfänge 146 f.

[11] *Bauer*, Korrespondenzen I, 21 ff., Nr. 21; vgl. darüber die Spezialuntersuchung von *Gess*, Habsburgs Schulden passim.

[12] *Wiesflecker*, Maximilian III, 246; *Gaenser*, Diss. 120 ff., bes. 122.

448 [13] *Bauer*, Anfänge 192; *Gess*, Habsburgs Schulden 231 ff.; *Lhotsky*, Zeitalter 116.

[14] Brief Karls an Ferdinand ddo 1524 April 15 Burgos (*Bauer*, Korrespondenzen I, 103 ff., Nr. 62).

[15] *Bauer*, Korrespondenzen I, Nr. 26, 34, 35, 38, 43, 50; *Bauer*, Anfänge 194 f., 256, Beilage V.

[16] KM hatte vier uneheliche Söhne und vier uneheliche Töchter. Dies ergibt sich aus einem Brief Ferdinands an Karl ddo 1523 Juni 25 Innsbruck (*Bauer*, Korrespondenzen I, Nr. 42, 76); über KMs uneheliche Kinder wird im letzten Band ausführlicher die Rede sein. Zu dieser Frage vgl. vorderhand *Granichstaedten* (Uneheliche Kinder der Tiroler Landesfürsten), *Wolfram* (Herr Corneli), *Mezler-Andelberg* (Barbara von Rottal), *Igalffy* (Barbara von Rottal), *Eder* (Dietrichstein und die Anfänge Ferdinands), *Kerler* (Grafen von Helfenstein).

[17] *Allgemeine Deutsche Biographie* (unter Ortenburg); *Stern*, G. Salamanca 19 ff. (recht eingehend); *Bauer*, Anfänge 167 ff.; *Mayr*, Innsbrucker Generallandtag, Exkurs II: Zur Biographie Salamancas; *Wopfner*, Innsbrucker Landtag 105 f.; *Macek*, Tiroler Bauernkriege passim; *Lhotsky*, Zeitalter 137 ff.; *Hollaender*, Gabriel Salamanca 9 ff.; *Türk*, Spittal a. d. Drau 63 ff., 67, 83.

[18] *Wiesflecker*, Maximilian III, 232 ff.

449 [19] *Stern*, Salamanca 23; *Bauer*, Anfänge 169; *Lhotsky*, Zeitalter 138.

[20] *Stern*, Salamanca 21; *Kraus*, Geschichte Österreichs unter Ferdinand I., 78; *Lhotsky*, Zeitalter 137.

[21] *Türk*, Spittal a. d. Drau 83 (aus Hauptarchiv Porcia im Kärntner Landesarchiv 2044, fol. 80 ff.).

[22] *Stern*, Salamanca 26; *Lhotsky*, Zeitalter 138; *Türk*, Spittal a. d. Drau 64 f.; *Erläuterungen* zum historischen Atlas der österreichischen Alpenländer I/4: Landesgerichtskarte Kärnten, Krain, Görz und Istrien 205 ff.; Erläuterungen zum historischen Atlas der österreichischen Alpenländer II/8: Die Kirchen- und Grafschaftskarte, Kärnten 92 f.

[23] Bericht Ferdinands an Karl ddo 1524 Juni 13 Stuttgart (*Bauer*, Korrespondenzen I, 176 f., Nr. 76); *Bauer*, Anfänge 202.

[24] *Gess*, Habsburgs Schulden passim; *Bauer*, Korrespondenzen I, 29, Nr. 21; *Bauer*, Anfänge 145.

[25] Bericht des Hans von Reichenburg über seine und seines Vaters Reinprecht Dienste ddo 1521 Januar 7 Worms (*Graz* StLA, Sachabt. d. Innerösterr. Hofkammer, Karton 18, Heft 2, fol. 199 f.).

[26] *Wiesflecker*, Maximilian III, 246.

[27] Rücklösungsangebot an Rudolf II. ddo 1582 Juli 16 (*Kreyczi*, Urkunden und Regesten Nr. 11.629): Es betraf von Maximilian verpfändete Kleinodien im Wert von 22.000 Gulden.

[28] Vgl. Ferdinands Klage über das harte Vorgehen der Kommissäre gegen alte Beamte ddo 1523 Mai 8 Innsbruck (*Bauer*, Korrespondenzen I, 50 f., Nr. 34).   450

[29] Urkunde Karls V. für sich und Erzherzog Ferdinand ddo 1521 Januar 7 Worms (*Graz* StLA, Meiller-Akten XI-d-2, fol. 58—60); Brief Karls an Ferdinand ddo 1521 Mai 23 Worms (*Graz* StLA, fol. 66 f., hier weiteres Material); vgl. auch *Pein*, Diss. 54 f.

[30] *Stern*, Salamanca 36 f.

[31] *Bauer*, Korrespondenzen I, 27, Nr. 21, und II, 323, Nr. 240.

[32] Bericht ddo 1524 August 22 Innsbruck (*Reichstagsakten* [Jüngere Reihe] IV, 694 f., Anm. 1): „Salamanka regiert alles, ist der first ... pricht dem armen hofgesind seinen lidlon ab, desgleichen mit allen schuldnern von weiland kaiser Maximilian herurend pricht man den dritten tail ab, allain Fucker, Georg von Sachsen und des punds schuld die pleiben in irer kreftigen verschreibungen"; *Bauer*, Anfänge 202 f.

[33] *Thorsch*, Österreichische Staatsschulden 24; diese Summe nennt Ferdinand 1525 dem zu Augsburg versammelten Generallandtag der österreichischen Länder.

[34] Vgl. Kodizill zum Testament Ferdinands ddo 1547 Februar 4 Prag (*Voltelini*, Urkunden und Regesten Nr. 6385).

[35] *Stern*, Salamanca 22 f.; *Hirn*, Landtage 53, 59.

[36] *Hollaender* 26 (dort Hinweis auf *Innsbruck* TLA, Landtagsakten „de anno 1525" Fasc. 2, Konvol. 2, fol. 148r).   451

[37] *Eder*, Die Stände des Landes ob der Enns 87 f.; *Lhotsky*, Zeitalter 34, 161.

[38] *Gess*, Habsburgs Schulden 235 f.

[39] *Stern*, Salamanca 28 ff.; *Hollaender* 12 ff.

[40] *Hollaender* 15.   452

[41] Ausführlich bei *Hollaender* 17 ff., 23 ff. (dort erstmals der Volltext der Rechtfertigungsschrift Salamancas).

[42] Diese Frage stellt *Hollaender* 16 f., 18 und zieht die Anschuldigungen vorsichtig in Zweifel.

[43] *Tomek*, Kirchengeschichte II, 255 ff.

[44] *Stern*, Salamanca 36 f.

[45] So heißt es im Verleihungsbrief Ferdinands für Salamanca betreffend Verleihung der Grafschaft Ortenburg ddo 1524 März 10 Wien (ein Auszug bei *Türk*, Spittal 64 f.).

[46] Vgl. das Schreiben Ferdinands an Karl ddo 1526 Januar 9 Augsburg (*Bauer*, Korrespondenzen I, 360 ff., Nr. 175): „quod iam olim cognitam et perspectam habemus industriam eius, ingenium et experientiam, in quibus nos per omnia negotia et tractationes nostras, quas ipse hactenus obivit, suam sinceram fidem, candidam legalitate et rerum agendarum prudentia omni dexteritati et integritati coniuncta, sicut compertum habemus ex multis eximie bonis operibus, que in rebus nostris tractandis fidelissime praestitit."

[47] *Bauer*, Korrespondenzen I, 91 f., 147, 177; *Hollaender* 13.

[48] Begleitschreiben ddo 1526 Januar 9 Augsburg (*Bauer*, Korrespondenzen I, 360 ff., Nr. 175); vgl. auch die zahlreichen persönlichen Schreiben Ferdinands an seinen Bruder Karl, worin er Salamanca gegen böswillige Verleumdungen in Schutz nimmt (*Bauer*, Korrespondenzen I, Nr. 51, 62, 72, 75, 76, 82, 121, 139, 151, 166, 174, 175, 187, und II, 82).

[49] *Stern*, Salamanca 31; *Hollaender* 27 f.

[50] *Lhotsky*, Zeitalter 134 f., 137 ff., 143, 144 f.

[51] *Lhotsky*, Zeitalter 135.

[52] Bericht Ferdinands ddo 1524 Juni 13 (*Bauer*, Korrespondenzen I, 178, Nr. 76): „ob incredibilia debita magnarum summarum, quarum aliquot iam solvimus et quotidie solvere aut desuper componere cogimur tam ad honorem defuncte M^{tis} quam nostrum ac tam ad exonerandam animam suam quam nostram etiam conscientiam". Die Meinung *Lhotskys*, Zeitalter 145: „finanzieller Ruin, das traurige Ergebnis der Künste Salamancas", entspricht wohl nicht den Tatsachen.

[53] Brief Herzog Georgs an Ferdinand ddo 1528 September 28 (*Gess*, Habsburgs Schulden 241 f.).

[54] Kammerbericht der niederösterreichischen Regierung ddo 1555 (bei *Türk*, Spittal a. d. Drau 83, aus Kärntner Landesarchiv Klagenfurt, Hauptarchiv Porcia 2044, fol. 80 ff.).

[55] Mandat Ferdinands an Stabius ddo 1521 September 30 Graz (*Zimermann*, Urkunden und Regesten Nr. 2691).

[56] Bericht des Manlius ddo 1523 Oktober 2 (*Zimerman*, Urkunden und Regesten Nr. 2977).

[57] Instruktion Ferdinands an Treitzsaurwein ddo 1526 März 1 Augsburg (*Zimermann*, Urkunden und Regesten Nr. 2868).

[58] Mandat ddo 1526 März 6 Augsburg (*Zimermann*, Urkunden und Regesten Nr. 2869, 2870; desgl. *König*, Briefwechsel 411 ff.).

[59] *Lhotsky*, Zeitalter 111, sogar über den Nachlaß der längst verstorbenen Königin Bianca Maria wurde nachgeforscht (*Zimerman*, Urkunden und Regesten Nr. 1419, 2963); Inventar der ansehnlichsten Kleinodien KMs, welche von Wiener Neustadt nach Graz geführt wurden, ddo 1525 Oktober 16 Graz (*Jobst* 297 ff.).

[60] Vgl. Kodizill zum Testament Ferdinands ddo 1547 Februar 4 Prag (*Voltelini*, Urkunden und Regesten Nr. 6385).

[61] Ein Bericht über den Verkauf von Ornaten und Insignien KMs nach dem Tode Karls V. ddo 1559 bei Pedro de *Madrazo;* über Krönungsinsignien und Staatsgewänder Maximilians I. und Karls V. und ihr Schicksal in Spanien. Deutsch von Rudolf *Beer,* in: Jb. Kunsthist. Samml. 9 (1889), 446—464; Rudolf *Beer:* Acten, Regesten und Inventare aus dem Archivo General zu Simancas, in: Jb. Kunsthist. Samml. 12 (1891), 91—204; Herrn Univ.-Prof. Dr. Hans Martin *Schaller* (München) möchte ich für diese Hinweise und besonders für Ablichtungen des Verkaufsprotokolls in *Simancas* AG, Contadurias generales, 1ª época, Legajo 1145, fol. 328—409, danken.

5. Die Wahl Karls V.

[1] Für vorliegende Biographie KMs bedeutet dieses Kapitel nur Abschluß und Überleitung, weswegen in der Hauptsache, aber nicht nur, gedruckte Materialien herangezogen wurden. Bisher ganz unbekannt war der recht ausführliche Bericht Hans Herzheimers (Hs in *Wien,* Museum für angewandte Kunst), worauf mich Herr Univ.-Prof. Dr. Karl Amon (Graz) aufmerksam machte. Frau Dr. H. Egger danke ich für Lieferung der einschlägigen Fotokopien. Literatur und Quellen zur Wahlfrage sind (allerdings auch nicht vollständig) zusammengefaßt bei *Brandi,* Karl V., Bd. II (Quellen und Erörterungen), 100 ff., dort finden sich auch Quellenauszüge. Eine kritische Übersicht über die älteren Darstellungen findet sich bei *Kalkoff* (Kaiserwahl 1 ff.), dessen Annahme einer vorübergehenden Königs- und Kaiserwahl Friedrichs des Weisen von Sachsen mit Recht allgemein abgelehnt wurde. Er stützt seine kühne, aber unhaltbare Hypothese auf *Sanuto* XXVII, 608 f. („Il duca de Saxonia stete 3 hore electo rè di Romani, ma vi abdicò, dicendo era impotente a questo grado.") Die Dokumente, Editionen etc. zu den Wahlhandlungen bietet fast vollständig *Kluckhohn (Deutsche Reichstagsakten* [Jüngere Reihe], I. Band). *Kluckhohns* auswertende Darstellung der Wahlhandlungen schließt leider mit KMs Tod ab. Spanische Korrespondenzen mit Rom über die Wahlhandlungen finden sich bei Luis *Nuñez Contreras* (Registro de Cancilleria de Carlos V.). Zeitgenössische Darstellungen finden sich besonders bei *Spalatin* (Nachlaß) und bei *Scheurl* (Geschichtbuch); weniger brauchbar sind *Anshelm* und der *Fuggersche Ehrenspiegel.* Neben der Darstellung Brandis wurden herangezogen *Voltelini* (Bestrebungen Habsburgs um die Kaiserkrone), *Pastor* (Papstgeschichte), *Lhotsky* (Zeitalter des Hauses Österreich) und *Weicker* (Stellung). Über das Fortwirken der maximilianischen Kaiseridee bei Gattinara und Karl V. vgl. S. 494 ff.

[2] Bericht des Marco Minio ddo 1519 März 13 Rom bei *Brown* II, 503 f., Nr. 1175; *Pastor* IV/1, 176 ff.

[3] Über KMs Zweifel vgl. *Wiesflecker,* Maximilian III, 421, und siehe S. 404 ff.; vgl. *König,* Monarchia 160 f.

[4] *Hirsch,* Recht der Königserhebung durch Kaiser und Papst 249; *König,* Monarchia passim.

⁵ KM an seinen Enkel Karl ddo 1518 Mai 18 Innsbruck (*Le Glay*, Négociations II, 125 ff.): Dieser sehr aufschlußreiche Brief gibt Einsicht in den gesamten Wahleinsatz des alten Kaisers; vgl. dazu *Reichstagsakten* (Jüngere Reihe) I (Einleitung), 3 ff., 61 ff., 91 ff.

456 ⁶ *Bucholtz* I, 104; *Weiß*, Diss. 398.

⁷ Vgl. die sieben Gutachten aus der sächsischen Kanzlei über die Wahl eines Römischen Königs ddo 1519 April ca. (*Reichstagsakten* [Jüngere Reihe] I, 621 ff., Nr. 262).

⁸ *Ulmann* II, 698, Anm. 2.

⁹ Mandat Kg Karls ddo 1519 Februar 5 Igualada (*Reichstagsakten* [Jüngere Reihe] I, 193 f., Nr. 28).

¹⁰ Vgl. den Bericht über die bisher unternommenen Aktionen ddo 1519 Februar 14 Augsburg (*Reichstagsakten* [Jüngere Reihe] I, 232 ff., Nr. 61); *Kalkoff*, Kaiserwahl 59 ff., 90 ff., 95 ff.; *Lhotsky*, Zeitalter 79; *Brandi* I, 88 ff.

457 ¹¹ *Kalkoff*, Kaiserwahl 146 ff., 202 ff.; *Kluckhohn*, Reichstagsakten I, 387 f., Nr. 373; dazu *Scheurl*, Geschichtbuch 141; *Liliencron* III, 234 f., Nr. 311.

¹² Venezianischer Bericht ddo 1519 Februar 17 (*Sanuto* XXVI, 475): „... le terre franche non voleno l'Imperatore si fazi per simonia ... non volevan ni un, ni l'altro (weder Karl noch Ferdinand), et voriano fusse electo uno Imperatore che non li desse cargi, come ha fato questo re Maximiano ... et voriano la eletion andasse in longo ...“

458 ¹³ Denkschrift der Augsburger Kommissarien für König Karl ddo 1519 April 9 (*Reichstagsakten* [Jüngere Reihe] I, 533 ff., 537, Nr. 208); *Kalkoff*, Kaiserwahl 19 ff., 72 f.

¹⁴ So bei *Kalkoff*, Kaiserwahl 44; eine Wahlkostenrechnung, die aber sicher nicht alle Ausgaben enthält, bei *Reichstagsakten* (Jüngere Reihe) I, 863, Anm. 3; *Scheurl*, Geschichtbuch 140 f., nennt als Bestechungssumme ohne die jährlichen Pensionen 1,2 Millionen Gulden.

¹⁵ Vgl. den Bericht an König Karl über die Verhandlungen mit dem Kurfürsten von Brandenburg ddo 1519 Mai 8 (*Reichstagsakten* [Jüngere Reihe] I, 667 ff., Nr. 279); dazu auch *Scheurl*, Geschichtbuch 139 ff.

¹⁶ Brief König Karls an EMarg ddo 1519 März 5 (*Reichstagsakten* [Jüngere Reihe] I, 352 ff., Nr. 127); Instruktion König Karls ddo 1519 März 5 Barcelona (*Le Glay*, Négociations II, 303 ff., Nr. 82); *Brandi* I, 91, und II, 103 f.; *Lhotsky*, Zeitalter 79 f.

¹⁷ Diese Gedankengänge Karls erinnern an gewisse Befürchtungen KMs (siehe S. 404).

459 ¹⁸ Es ist sehr unwahrscheinlich, daß Gattinara sein politisches Konzept aus Dantes Monarchia schöpfte, die er erst spät kennenlernte, oder aus dem geistigen Erbe Karls des Kühnen bezogen habe, den er gar nicht mehr kannte, wie dies *Brandi* II, 104 f., und nach ihm *Lhotsky*, Zeitalter 80, annehmen. Das Nächstliegende ist der Einfluß Maximilians, mit dem Gattinara jahrelang diplomatisch zusammenarbeitete und korrespondierte (vgl. S. 63, 494). Die geistigen und politischen Zusammenhänge zwischen KM und Gattinara sind bisher nicht erkannt worden. Über Gattinaras und Karls V. politische Ideen vgl. die sehr klaren Ausführungen in der Diss. von *König*, Monarchia mundi 58 ff., 192 f.; *Menendez Pidal*, Formación

144 ff., 150, 156, schätzt den ideologischen Einfluß Gattinaras auf Karl V. sicher zu gering ein und hat keine Kenntnis von den fortwirkenden politischen Ideen KMs; die Arbeit betont allzu einseitig die spanischen Einflüsse auf Karls V. Kaiseridee; dazu vgl. zur Korrektur vor allem *König*, Monarchia passim.

[19] Dies ist die Meinung Gattinaras: vgl. *Brandi* II, 104.

[20] *Menendez Pidal*, Formación 156 ff., 162, übertreibt offensichtlich die Gegensätze zwischen der Kaiseridee Gattinaras (welche sich mit jener KMs deckt) und der politischen Ideenwelt Karls V. Bei KM und Karl V. finden sich fast das gleiche ideologische Vokabular und die gleichen außenpolitischen Bestrebungen.

[21] *König*, Monarchia 71 ff.

[22] Vgl. die zahlreichen Weisungen der Römischen Kurie an den Legaten und den Nuntius in Deutschland, dgl. Berichte über die Haltung des Papstes in der Wahlfrage aus dem Jahre 1519 in den *Reichstagsakten* (Jüngere Reihe) I, Nr. 4, 12, 14, 69, 80, 85, 151, 197, 271 u. a.; vgl. auch *Voltelini*, Bestrebungen 597 ff., 613 f.; *Brandi* I, 93; *Pastor* IV/1, 186; *Ulmann* II, 706 ff.; *Lhotsky*, Zeitalter 80 f.

[23] Schreiben der Römischen Kurie an Legaten und Nuntius in Deutschland ddo 1519 Februar 19—20 (*Reichstagsakten* [Jüngere Reihe] I, 264 ff., Nr. 80, 85).

[24] *Reichstagsakten* (Jüngere Reihe) I (Einleitung), 3 ff., siehe S. 128, 404.

[25] Vgl. dazu *Reichstagsakten* (Jüngere Reihe) I, 828 f., Anm. 1; diese Tatsache wurde von *Kalkoff*, der sich auf eine sekundäre Aussage *Sanutos* stützt, stark entstellt; er vertritt die Meinung, daß Friedrich der Weise zum Römischen König gewählt worden und drei Stunden König gewesen, dann aber zurückgetreten sei; vgl. dagegen *Brandi* I, 94, und II, 106; über die Haltung des Kurfürsten von Sachsen bei der Wahl Karls V. und über seinen Briefwechsel mit den europäischen Fürsten in der Wahlsache vgl. *Spalatin*, Nachlaß I, 40 f., 92 ff., 106 ff.; *Lhotsky*, Zeitalter 81; vgl. unten Anm. 33.

[26] *Reichstagsakten* (Jüngere Reihe) I, 526, Anm. 3, dazu 547, Nr. 216;   460
Lhotsky, Zeitalter 78; *König*, Monarchia 162 f.; *Scheurl*, Geschichtbuch 140 f.

[27] Englische Berichte ddo 1519 Juni 9—22 (*Reichstagsakten* [Jüngere Reihe] I, Nr. 335, 344, 350, 365); diesen Gesichtspunkt betont vor allem *Kalkoff*, Kaiserwahl; venezianischer Bericht aus guter englischer Quelle (R. Pace) ddo 1519 September 1 Melun bei *Brown* II, 551 ff., Nr. 1270.

[28] Text bei *Spalatin*, Nachlaß I, 111 f.; *Reichstagsakten* (Jüngere Reihe) I, 864 ff., Nr. 387; *Bucholtz* III, 668 f.; *Weicker*, Stellung 369 ff.; *Weiß*, Diss. 367 ff.

[29] Bericht des venezianischen Gesandten aus Rom ddo 1519 August 16   461
Rom (*Sanuto* XXVII, 577): Der Papst sagte, in den Wahlkapitulationen sei die Rede von der Rückeroberung Reichsitaliens, aber die Reichsgebiete, welche in Kirchenbesitz sich befinden, sollten nicht angerührt werden: „... Maximilian volea tuor le terre per lui e non per l'Imperio et però la Germania non l'aiutava ..."

[30] Vgl. die Wahlverschreibung Karls V. für die Kurfürsten ddo 1519 Juli 3 (*Reichstagsakten* [Jüngere Reihe] I, 864 ff., 871, Zl. 1 ff., Nr. 387).

³¹ Urkunden ddo 1519 Juli 3 (gedruckt: *Reichstagsakten* [Jüngere Reihe] I, 864 ff., Nr. 387, und *Zeumer,* Quellensammlung 309 ff., Nr. 180); dazu *Kalkoff,* Kaiserwahl 209 ff., 228 ff., 234 ff., 239 ff., 251 ff., 258.

³² Vgl. die interessanten Überlegungen des Kardinal-Erzkanzlers von Mainz, wen man wählen solle, ddo 1519 Juni 27 ca. (*Reichstagsakten* [Jüngere Reihe] I, 843 f., Nr. 378).

³³ Dies und nicht mehr dürfte an der Hypothese *Kalkoffs* von der zeitweiligen Wahl Friedrichs des Weisen richtig sein; vgl. dazu auch *Reichstagsakten* (Jüngere Reihe) I, 828 f., Anm. 1, und 841, Anm. 1; desgl. *Weicker,* Stellung 356 ff.; *Brandi,* I, 94 ff.; die zeitweilige „Wahl" Kfst Friedrichs unter recht merkwürdigen Umständen (Auszug des böhmischen Vertreters) wird auch erwähnt in den handschriftlichen Conportata Hans Herzheimers (Hs *Wien,* Museum für angewandte Kunst) fol. 296 bis 302. Nach der ganzen Art der Darstellung Herzheimers verbleibe ich bei meiner ursprünglichen Auffassung, daß es sich nur um ein ehrenvolles, aber nicht ernstgemeintes Angebot an Kfst Friedrich gehandelt haben kann, von dem man vorweg wußte, daß er es nicht annehmen werde. Diese Auffassung stützt sich auch auf eine Erinnerung Luthers aus dem Jahre 1523, die ganz klar sagt: „Friedrich wurde im Kurkolleg einstimmig zum Kaiser designiert und gebeten (designatus et petitus est in Imperatorem); er wäre wahrhaftig Kaiser geworden, wenn er nicht abgelehnt hätte"; vgl. *Kalkoff,* Wormser Reichstag 384. Eine Spezialuntersuchung dieser Ereignisse ist von Prof. *Amon* zu erwarten.

³⁴ Brief Cajetans an die Kurfürsten ddo 1519 Juni 24 Mainz (*Reichstagsakten* [Jüngere Reihe] I, 849 ff., Nr. 370); *Spalatin,* Nachlaß I, 99 f.

³⁵ Protokoll über die am 28. Juni 1519 erfolgte Wahl (*Reichstagsakten* [Jüngere Reihe] I, 849 ff., Nr. 380); *Spalatin,* Nachlaß I, 101 ff. (dort genaue Schilderung des Wahlverlaufes); *Weicker,* Stellung 362 ff., 366 ff.; *Brandi* I, 96; *Kalkoff,* Kaiserwahl 271 ff.

462   ³⁶ *Brandi* I, 105 ff. und 111 ff.

³⁷ *Brandi* II, 106 (dort der französische Wortlaut); dazu auch *König,* Monarchia 62 ff., 65.

IX. DAS LETZTE LEBENSJAHRZEHNT.
VORBEREITUNG DES WELTREICHES.
PERSÖNLICHKEIT UND POLITISCHE IDEEN

463   ¹ Folgende Dokumentation enthält nur, was in den Spezialkapiteln weniger hervortrat bzw. was neu ist; vor allem Zeugnisse für die Persönlichkeit des Kaisers, seine Staatspropaganda und seine politischen Ideen.

464   ² Reichstagsausschreiben ddo 1506 Oktober 27 Oberzeiring bei *Datt* 562 ff.; *Wiesflecker,* Maximilian III, 354 f.; *Diederichs* 47 f.; *Hönig,* Diss. 82, 130 ff.

465   ³ *Wiesflecker,* Maximilian III, 358 ff.; *Hönig,* Diss. 133 ff.

466   ⁴ KM an die niederösterreichischen Landstände ddo 1507 Dezember 15 Memmingen (*Wien* HHSA, MaxAkt 11, fol. 51 ff.); *Diederichs,* 51 f., urteilt ohne genaue Kenntnis der Tatsachen; *Hönig,* Diss. 142 ff.

646

⁵ Siehe S. 9 ff.

⁶ Gedrucktes Ausschreiben KMs ddo 1514 Juli 14 Köln (*Datt* 571 ff.).

⁷ Brief KMs an seine Tochter EMarg ddo 1510 Juni 29 bei *Le Glay*, 470
Correspondance I, 293 ff., Nr. 223: „... le maudit pretre pape pour nulle
chose du monde peult souvrir que nous alions en armes pour nostre
coron imperial à Rome, accompaigné de Francoes ...“

⁸ KMs Schreiben an die Stadt Frankfurt ddo 1509 August 31 im Felde 471
vor Padua (*Janssen*, Reichscorrespondenz II, 779 ff., Nr. 978).

⁹ Siehe S. 86; *Hönig*, Diss. 154 ff.

¹⁰ Siehe S. 267 ff., 271 ff., 285 ff., 392 ff.

¹¹ KMs Ausschreiben ddo 1511 Mai 20 Weilheim (*Lünig*, Reichs-Archiv,
Pars spec., Cont. IV/1, 811 ff.); *Neroutsos-Hartinger*, Diss. 53.

¹² KM an die Reichsstände ddo März 26 Trient bei *Fugger-Birken*
1254 ff.; *Neroutsos-Hartinger*, Diss. 44.

¹³ KMs Ausschreiben ddo 1509 Juni 14 bzw. 26 Trient (*Lünig*, Reichs- 472
Archiv, Pars gen., Cont. I/1, 292 ff., Nr. 81); *Diederichs* 53 f.; *Hönig*,
Diss. 153 f.

¹⁴ Lebensbeschreibung des Götz von *Berlichingen* (ed. 1775), 117, 154.

¹⁵ KM an die Reichsstände ddo 1512 Juni 19 Trier (*Janssen*, Reichs- 475
correspondenz II, 852 ff., Nr. 1080); *Hönig*, Diss. 85 ff.

¹⁶ *Sanuto* XX, 67, 76 (venezianische Berichte vom März 1515). 477

¹⁷ Vgl. *Wiesflecker*, Maximilian III, 421.

¹⁸ *Ulmann* II, 570.

¹⁹ Siehe S. 136.

²⁰ *Hug*, Villinger Chronik 65 f. 482

²¹ KM an die Reichsstände ddo 1511 Mai 20 Weilheim (*Lünig*, Reichs- 483
Archiv, Pars spec., Cont. IV/1, 811 ff.).

²² Siehe S. 199. 487

²³ Siehe S. 136, 458. 489

²⁴ Darüber wird eine Arbeit von Peter *Krendl* in der Zeitschrift des
Historischen Vereines für Steiermark 72 (1981) erscheinen.

²⁵ *König*, Monarchia 63 f., 164 (dort Einzelheiten).

²⁶ Vgl. KMs Aufruf ddo 1518 Februar 9 Augsburg (*Janssen*, Reichs- 491
correspondenz II, 956 ff., Nr. 1185); *Hönig*, Diss. 113 ff.

²⁷ Aus Jakob Villingers *Principalraittung* ddo 1518 Dezember 8 492
(*Brünn* SOA, a. a. O., fol. 189, 191: „... 167 fl. Rh. für 58 Pfund india-
nisch holtz für die platern ... so der Fugger für ...“ KM bezahlt hat,
und „... Jakob Fugger für 10 Pfund des gesundten yndianischen holtz
das er zu geld für 25 fl. Rh. angeschlagen hat ...“ und auf KMs Befehl
KMs Trommler Jakob Schad gegeben hat = 25 fl. Rh.

²⁸ *Kirchmair*, Denkwürdigkeiten 444 f. 493

²⁹ Siehe S. 446 ff.

³⁰ Die Sammlung *Probszt* beschäftigt sich auch mit den Anekdoten und
Schnurren um den Kaiser besonders eingehend.

³¹ *König*, Monarchia 58 ff., 71 ff. 494

³² Siehe S. 63.

³³ *Ulmann*, Hermansgrün 90: „... imperium orbis aliter vos retinere non
posse, nisi Italiam ex hostium manibus eripiatis ...“; *Wiesflecker*, Italien

in der Kaiserpolitik 271; *Wiesflecker*, Maximilian II, 26, 353, 384.
Neroutsos-Hartinger, Diss. 13 f.; *Hönig*, Diss. 130 ff., 162.

[34] *Wiesflecker*, Maximilian III, 278 f.

[35] Vgl. *Neroutsos-Hartinger*, Diss. 71, 77 f., 80 (dort einige Belege für die übrigens sehr zahlreichen Nennungen dieser Art).

495 [36] Maximilians *Triumphzug* (ed. Winzinger), Kommentarband Nr. 16; *Ehrenpforte*, Tafel 31.

496 [37] *Diederichs* 85 ff.; *Neroutsos-Hartinger*, Diss. 4 ff., 22, 25, 66; *Hönig*, Diss. 157 ff.

[38] *Neroutsos-Hartinger*, Diss. 4 ff., 24 f., 69, 72 f.

QUELLEN- UND LITERATURVERZEICHNIS

1. Archivalische Quellen

Angeführt werden nur jene Archivbestände, die für den IV. Band benutzt wurden.

Brünn/Brno
Státní Oblastní Archív   Brünn SOA
  Dietrichsteinisches Familienarchiv
  Historisches Archiv, Inv. Nr. 298
  Jakob Villingers Principalraittung

Budapest
Ungarisches Staatsarchiv   Budapest SA
  Diplomatikai lévéltar

Dresden
Hauptstaatsarchiv
  Reichstagsakten   Dresden HSA

Florenz
Archivio di Stato   Florenz AS
  Diplomatico
  Riformagioni - Atti publici

Graz
Alte Galerie am Landesmuseum Joanneum   Graz AG

Graz
Steiermärkisches Landesarchiv   Graz StLA
  Meiller Akten
  Sachabteilung der Innerösterreichischen
    Hofkammer
  Urkundenreihe

Graz
Universität, Institut für Geschichte,
Abteilung für Österreichische Geschichte
  Maximilian-Regesten 1486—1519   MaxReg
  (Regesta imperii XIV), Maschinogramm
  Arbeitsapparat der Maximilian-Regesten:
  Sammlung G. *Probszt* (Regesten und Exzerpte aus gedruckten Quellen und Literaturen über Maximilian 1473—1519).

Bibliographie zur Geschichte der Erbländer, des Reiches und Europas zur Zeit Maximilians I.

Itinerar und Diar Maximilians I. 1477—1519

Maschinogramme einschlägiger Arbeiten, die im Literaturverzeichnis näher ausgewiesen werden.

Größere photokopische und xerokopische Bestände historiographischer und urkundlicher Quellen.

Innsbruck
Tiroler Landesarchiv Innsbruck TLA
Maximiliana-Akten MaxAkt
Geschäft von Hof
Cod. 5467: *Burglechner*, Matthias: Ausführliche Beschreibung der gefürsteten Graffschafft Tyrol ... verfaßet: Durch Herrn Mathiam Burcklechner ... Ynnsprugg anno 1642.

Innsbruck
Tiroler Landesmuseum Ferdinandeum Innsbruck TLF
Fb Nr. 2094: *Burglechner*, Matthias: Tyrolischen Adlers erste Beschreybung und Verbindtnus mitt dem roten Habsburgischen Löben ... (1619).

Lille
Archives départementales du Nord Lille ADN
Lettres Missives

Madrid
Real Academia de la Historia Madrid RAH
Colección Lope de Soria

Mantua
Archivio di Stato Mantua AS
Archivio Gonzaga
Dipartimento affari esteri

Marburg
Staatsarchiv Marburg SA
Bestand 3 (Beuteakten)

Merseburg
Deutsches Zentralarchiv Merseburg DZA
Geheimes Staatsarchiv Geheimes SA
Repositur Rep.
Hausarchiv
Reichstagsakten

München
Hauptstaatsarchiv München HSA
Geheimes Staatsarchiv Geheimes Staatsarchiv
Kasten schwarz
Kasten rot

Rom
Vatikanisches Geheimarchiv   Rom VatA
  Archivum Arcis, Armaria I — XVIII
  Miscellanea, Armarium II (Varia
    Politicorum)

Simancas
Archivo General   Simancas AG
  Patronato Real

Venedig
Biblioteca Nacionale Marciana   Venedig BM
  Rara

Weimar
Staatsarchiv   Weimar SA
  Registrande C
  Registrande E

Wien
Haus-, Hof- und Staatsarchiv   Wien HHSA
  Urkundenreihe
  Maximiliana Akten (bis 1512   MaxAkt
    alte, ab 1513 neue Zählung)
  Reichstagsakten
  Reichsregisterbücher
  Familienarchiv   FamArch
  Mainzer Erzkanzlerarchiv   MainzArch
    Reichstagsakten

Wien
Hofkammerarchiv   Wien HKA
  Gedenkbücher

Wien
Kunsthistorisches Museum

Wien
Museum für angewandte Kunst

Wien
Österreichische Nationalbibliothek   Wien ÖNB
  Codices vindobonenses palatini   Cvp

  Cvp 8613 und 8614: *Fugger* Hans Jakob (- *Jäger* Clemens): Wahr-
    haftige Beschreibung Zwaier in ainem Der aller Edlesten ...
    Geschlechten der Christenhait, deß Habspurgischen vnnd Öster-
    reichischen gebluets ... biß auf ... Carolum den Fünfften vnnd
    Ferdinandum den Ersten. 1555 (Zitiert: *Fugger - Jäger*)

Würzburg
Staatsarchiv   Würzburg SA
  Mainzer Ingrossaturbücher
  Würzburger Reichstagsakten

2. Gedruckte Quellen und Literatur

Unsere Bibliographie bietet jeweils nur die für den laufenden Band anfallenden Literaturen und Quellendrucke. Von den bereits in den zuvor erschienenen Bänden zitierten Werken sind nur jene auch in dieses Verzeichnis aufgenommen, die für die behandelten Kapitel von primärem Wert sind. Im Zuge des Erscheinens des gesamten Werkes soll nach Möglichkeit bibliographische Vollständigkeit wenigstens hinsichtlich der Maximilian-Forschung im engeren Sinn angestrebt werden. Spezialliteratur wird fallweise in den Anmerkungen zusätzlich angegeben. Die Kenntnis von Handbüchern wird im allgemeinen vorausgesetzt.

Die Abkürzungen und Sigel entsprechen im allgemeinen Dahlmann-Waitz, Quellenkunde, 10. Aufl. (1965), Verzeichnis der allgemeinen Kürzungen und Sigel. Allfällige Abweichungen sind schon in den vorigen Bänden angeführt worden.

Acta Tomiciana T. I—IV. epistolarum, legationum, responsorum, actionum et rerum gestarum serenissimi principis Sigismundi I., regis Polonie et magni ducis Lithuanie, per Stanislaum Gorski, 1507 bis 1518. Posen 1852—1855.

Adelung, Friedrich: Siegmund Freiherr von Herberstein, mit besonderer Rücksicht auf seine Reisen in Rußland. Petersburg 1818.

Aelschker, Edmund: Geschichte Kärntens von der Urzeit bis zur Gegenwart mit besonderer Rücksicht auf Culturverhältnisse. Bd. 1: Von der Urzeit bis zum Tode Kaiser Maximilians I. Klagenfurt 1885.

Ammann, J. J.: Ursprünglicher Druck des Joring Pleyer'schen Liedes auf den Tod Maximilians I. In ZÖsterrGymn 42 (1891), S. 865—881.

Ankwicz-Kleehoven, Hans von: Das Tagebuch Cuspinians. In: MIÖG 30 (1909), S. 280—325.

Ankwicz - Kleehoven, Hans von: Bernhard Strigel in Wien. In: Kunst und Kunsthandwerk 19 (1916), S. 281—321.

Ankwicz - Kleehoven, Hans von: Das Totenbildnis Kaiser Maximilian I. In: JbKunstG 11 (1937), S. 59—68.

Ankwicz - Kleehoven, Hans von: Documenta Cuspiniana. Urkundliche und literarische Bausteine zu einer Monographie über den Wiener Humanisten Dr. Johann Cuspinian. In: AÖG 121 (1957), S. 181—323.

Ankwicz - Kleehoven, Hans von: Der Wiener Humanist Johannes Cuspinian, Gelehrter und Diplomat zur Zeit Kaiser Maximilians I. Graz-Köln 1959.

Ankwicz-Kleehoven, Hans von: Johann Cuspinians Briefwechsel. Gesammelt, herausgegeben und erläutert von Dr. Hans Ankwicz v. Kleehoven, München 1933 (Veröffentlichungen der Kommission zur Erforschung der Geschichte der Reformation und Gegenreformation. Humanistenbriefe 2).

Baader, Joseph: Zur Geschichte des Römerzugs Kaiser Maximilians im Jahre 1507 und 1508. In: AnzKdeDtVorzeit NF. 17 (1870), Sp. 41—49.

Baader, Joseph: Kaiser Maximilians I. Hinscheiden. In: AnzKdeDtVorzeit NF. 17 (1870), Sp. 15—16.

Babinger, Franz: Kaiser Maximilians I. „geheime Praktiken" mit den Osmanen (1510/11). In: SüdostdtForsch 15 (1956), S. 201—236.

Bachmann, Adolf: Geschichte Böhmens. Bd. 2 (bis 1526). Gotha 1905 (AllgemStaatenG 1. Abt. 31. Werk).

Baczkowski, Krysztof: Zjazd Wiedeński 1515. Geneza, przebieg i znaczenie. Warschau 1975.

Bartholinus, Riccardus: Hodoeporicon . . . In: Freher-Struve, RerGermScript 2 (1717), S. 613—672.

Bartholinus, Riccardus: Richardi Bartholini viri eruditissimi de conuentu Augustensi concinna descriptio rebus etiam externarum gentium, quae interim gestae sunt, cum elegantia intersertis. In: J. K. F. Knaake, Jahrbücher des deutschen Reichs und der deutschen Kirche im Zeitalter der Reformation 1. Leipzig 1872. S. 195—218.

Bauer, Wilhelm: Die Anfänge Ferdinands I. Wien-Leipzig 1907.

Bauer, Wilhelm (Hg.): Die Korrespondenz Ferdinands I. Bd. 1: Familienkorrespondenz bis 1526. Wien 1912 (VKommGNÖsterr 11).

Beissel, Stephan: Geschichte der Trierer Kirchen, ihrer Reliquien und Kunstschätze. 2. Teil: Geschichte des hl. Rockes, 2. Aufl. Trier 1889.

Beissel, Stephan: Die Ausstellung des hl. Rockes zu Trier. In: Dt. Hausschatz in Wort und Bild 17 (1890/91), S. 683—686.

Belcarius, Franciscus: Rerum Gallicarum Commentarii. Lyon 1625.

Berger, Franz: Der Krieg Maximilians I. mit Venedig 1510. 2 Teile. In: 7. und 8. JberBischPrivatGymnPetrinum Urfahr 1904, 1905.

Bergh, L. P. C. van den: Correspondance de Marguerite d'Autriche, Gouvernante des Pays-Bas, avec ses amis sur les affaires des Pays-Bas de 1506 à 1528. 2 Bde. Leyden 1845.

Bergmann, J(oseph): Sebastian Tombners Epitaphium auf Kaiser Maximilian I. in der Burg zu Wels. In: ÖsterrZGStaatskde 3 (1837), S. 15—16.

Bergmann, Joseph: Kaiser Maximilian's I. gedrucktes Ausschreiben von Feldkirch in Vorarlberg, ddo. 9. September 1510. In: NZFerdinandeum 10 (1844), S. 40—54.

Berlichingen, Götz von: Lebens-Beschreibung Herrn Goetzens von . . . 2. Aufl. Nürnberg 1775.

Bidermann, Hermann Ignaz: Das Innsbrucker Statthalterei-Archiv und dessen Inhalt an Styriacis. In: BeitrrKdeSteiermGQ 4 (1867), S. 69 bis 84.

Borth, Wilhelm: Die Luthersache (Causa Lutheri) 1517—1524. Die Anfänge der Reformation als Frage von Politik und Recht. Lübeck-Hamburg 1970 (Historische Studien 414).

Brandi, Karl: Kaiser Karl V. Werden und Schicksal einer Persönlichkeit und eines Weltreiches. 2 Bde., 4. Aufl. München 1942.

Brandi, Karl: Der Weltreichgedanke Karls V. In: Ibero-amerikanisches Archiv 13 (1940), S. 259—269.

Brandis, Jakob Andrä von: Die Geschichte der Landeshauptleute von Tirol. Innsbruck 1850.

Brauneis, Walther: Das Kaisergrab auf dem Bürglstein im Wolfgangland. Ein Grabmalprojekt Maximilians I. In: JbObÖsterrMusV 121 (1976), S. 169—178.

Brewer, John Sherren: Letters and Papers, foreign and domestic of the Reign of Henry VIII. preserved in the Public Record Office, the British Museum, and elsewhere in England. Bde. 1—3, London 1865.

Brosch, Moritz: Papst Julius II. und die Gründung des Kirchenstaates. Gotha 1878.

Brosch, Moritz: Geschichte von England. Bd. 6. Gotha 1890 (Allgemeine Staatengesch. 2. Abt.).

Brosch, Moritz: Machiavelli am Hofe und im Kriegslager Maximilians I. In: MIÖG 24 (1903), S. 87—110.

Brower, Christoph: Antiquitatum et Annalium Trevirensium libri XXV., 2 Bde., Lüttich 1670, 1671.

Brown, Rawdon: Calendar of State Papers and Manuscripts, relating to English affairs, existing in the Archives and Collections of Venice, and in other libraries of Northern Italy. 2 Bde., London 1864—1867.

Brunner, Luitpold: Kaiser Maximilian I. und die Reichsstadt Augsburg. Augsburg 1877 (Progr. Studienanstalt St. Stephan in Augsburg).

Bucholtz, Friedrich Bernhard von: Geschichte der Regierung Ferdinand des Ersten. 9 Bde. Wien 1831/32. Neudruck, Graz 1968 bis 1971.

Büchi, Albert (Hg.): Korrespondenz und Akten zur Geschichte des Kardinals Matthäus Schiner. 2 Bde. Basel 1920, 1925 (QSchweizG 5, 6).

Büchi, Albert: Kardinal Matthäus Schiner als Staatsmann und Kirchenfürst. Ein Beitrag zur allgemeinen und schweizerischen Geschichte von der Wende des XV.—XVI. Jahrhunderts. 2 Bde. Zürich 1923, 1937 (Collectanea Friburgensia N. F. 18, 23).

Burglechner, Matthias: Tiroler Adler ... siehe: Archivverzeichnis, Innsbruck.

Busch, Wilhelm: England unter den Tudors. 2 Bde. Stuttgart 1892.

Busch, Wilhelm: Englands Kriege im Jahre 1513. Guinegate und Flodden. In: HistVjschr 13 (1910), S. 1—69.

Bzovius, Abrahamus: Annalium ecclesiasticorum ... post illustriss. et reuerendiss. D. D. Caesarem Baronium ... T. 17—19. Coloniae Agrippinae 1625—1630.

Cardo, Giulio: La lega di Cambray: contributo di documenti già rinvenuti nell' archivio di Cologna Veneta. Venedig 1895.

Carlen, Louis: Kaiser Maximilian I. und Kardinal Matthäus Schiner. In: AnzAkad. Wien 117 (1980), S. 1—17.

Carreri, E.: Dominio imperiale in Verona durante la lega di Cambrai (1509—1517). Verona 1907.

Carton de Wiart, Henry Victor M. G.: Marguérite d'Autriche, une princesse belge de la Renaissance, Paris 1935.

Chalopeck, Gertrude: Die Beziehungen Maximilians I. zu den geistlichen Kurfürsten. Ungedr. phil. Diss. Graz 1980.

Chastonay, Paul de: Kardinal Schiner, Führer in Staat und Kirche. Luzern 1938.

Chmel, Joseph (Hg.): Urkunden, Briefe und Actenstücke zur Geschichte Maximilians I. und seiner Zeit. Stuttgart 1845 (BiblitV 10).

Chmel, Joseph (Hg.): Monumenta Habsburgica. Sammlung von Actenstücken und Briefen zur Geschichte des Hauses Habsburg in dem Zeitraum von 1473—1576. Abt. 1: Das Zeitalter Maximilians I. 3 Bde. Wien 1854, 1855, 1858.

Cian, Vittorio: A proposito di un'ambascieria di M. Pietro Bembo (dicembre 1514). Contributo alla storia della politica di Leone X nei suoi rapporti con Venezia. In: ArchVeneto 30 (1885), S. 355—407; und 31 (1886), S. 71—128.

Coccinius, Michael: De bello Maximiliani imperatoris cum venetis gesto anno M.D.XI. In: Freher-Struve, RerGermScript 2 (1717), S. 537 bis 568.

Coniglio, Giuseppe: Francesco Gonzaga e la Lega di Cambrai. In: ArchStorItal 120 (1962), S. 3—31.

Corona, Carlos E.: Fernando el Católico, Maximiliano y la Regencia de Castilla (1508—1515). In: Universidad (Zaragoza), 3/4 (1961), S. 311 bis 374.

Cuspinian, Johannes: De Caesaribus atque Imperatoribus Romanis. Frankfurt 1601.

Cuspinian, Johannes: Diarium ... de congressu Caesaris Maximiliani Aug. et trium regum, Vladislai Hungariae, Ludovici Bohemiae et Sigismundi Poloniae in urbe Viennensi facto ... In: Freher-Struve, RerGermScript 2 (1717), S. 593—612.

Cuspinian, Johannes: Tagebuch 1502—1527. Hg. v. Th. v. Karajan. In: FontRerAustr I/1 (1855), S. 397—416.

Czoernig, Carl von: Das Land Görz und Gradiska (mit Einschluß von Aquileja). Wien 1873.

Dierauer, Johannes: Geschichte der Schweizerischen Eidgenossenschaft. 5 Bde. Gotha 1887—1922.

Dimitz, August: Geschichte Krains von der ältesten Zeit bis auf das Jahr 1813. Mit besonderer Rücksicht auf Culturentwicklung ... T. 1, 2. Laibach 1874, 1876.

Decius, Jodocus Ludovicus: Liber de Sigismundi regis temporibus. In: Johannes *Pistorius* (Hg.): Polonicae historiae corpus: hoc est Polonicarum rerum latini recentiore et veteres scriptores, quotquot extant, uno volumine compraehensi omnes et in aliquot distributi ... Basilae 1582, 2. Bd., S. 297—340.

De Grassis, Paris: Das Pontifikat Julius II. Auszug aus dem Tagebuch des Grossceremoniars Paris de Grassis. In: Beiträge zur politischen, kirchlichen und Cultur-Geschichte der sechs letzten Jahrhunderte hrsg. von Joh. Jos. Jgn. v. Döllinger, 3. Bd., Wien 1882, S. 363 bis 433.

De Grassis, Paris: Il Diario di Leone X, ed. Delicati — Armellini. Rom 1884.

De Grassis, Paris: Le due spedizioni militari di Giulio II. tratte dal Dario di Paride Grassi, ed. Luigi Frati. Bologna 1886.

(*Denkmäler* der diplomatischen Beziehungen des alten Rußland mit den auswärtigen Mächten) *Pamjatniki* diplomatičeskich snošenij drevnej Rosii s deržavami inostrannymi. 10 Bde., St. Petersburg 1851—1871.

Dietrich, Margret: Chelidonius' Spiel: „Voluptatis cum virtute disceptatio", Wien 1515. Versuch einer Rekonstruktion der Inszenierung. In: Maske und Kothurn 5 (1959), S. 44—59.

Dodgson, Campbell: A German-Russian Alliance in 1514. In: The Burlington Magazin 76 (1940), S. 139—144.

Dogiel, Matthias: Codex diplomaticus Regni Poloniae et magni Ducatus Lituaniae. 4 Bde. Wilna 1758.

Domanig, Karl: Älteste Medailleure in Österreich. In: JbKunsthistSamml 14 (1893), S. 11—36.

Doussinague, José M.: La política internacional de Fernando el Católico. Madrid 1944.

Doussinague, José M.: Fernando el Católico y el cisma de Pisa. Madrid 1946.

Doussinague, José M.: El testamento político de Fernando el Católico. Madrid o. J.

Dragarič, Dietmar: Die Lage der Steiermark zur Zeit Maximilians I. (1493—1519). Beiträge zur Geschichte der Verfassung, der Verwaltung, der Wirtschaft und Gesellschaft. Ungedr. phil. Diss. Graz 1971.

Droysen, Johann Gustav: Geschichte der preußischen Politik. Bd. 1, 2. Berlin 1855, 1857.

Dubos, Jean Baptiste: Histoire de la ligue faite à Cambray ... 2 Bde. Paris 1728.

Dumont, Jacques: Marguerite d'Autriche, une grande dame de chez nous. Brüssel 1953.

Duncker, Ludwig: Fürst Rudolf der Tapfere von Anhalt und der Krieg gegen Herzog Karl von Geldern (1507—1508). Ein Beitr. zur Entstehungsgeschichte der Liga von Cambrai. Dessau 1900.

Eder, Karl: Siegmund von Dietrichstein und Kaiser Maximilian I. In: ZHistVSteierm 46 (1955), S. 34—49.

Eder, Karl: Siegmund von Dietrichstein und die Anfänge Ferdinands I. In: MittGVKärntCarinthia I, 146 (1956), S. 620—652.

Egersdörfer, Konrad: Die Städte auf den Reichstagen Maximilians I. seit dem Tode Bertholds von Mainz (1505—1518). Diss. (Masch.) Freiburg/Br. 1913.

Egger, Josef: Geschichte Tirols von den ältesten Zeiten bis in die Neuzeit. 3 Bde. Innsbruck 1872—1880.

Elvert, Franz von: Zur österreichischen Finanzgeschichte mit besonderer Rücksicht auf die böhmischen Länder. Prag 1881 (Schriften der hist. statist. Sektion 25).

Eichmann, Eduard: Die Kaiserkrönung im Abendland. Ein Beitrag zur Geistesgeschichte des Mittelalters mit besonderer Berücksichtigung des kirchlichen Rechts, der Liturgie und der Kirchenpolitik. 2 Bde. Würzburg 1942.

Eidgenössische Abschiede: Amtliche Sammlung der älteren Eidgenössischen Abschiede. Bearb. v. Anton Philipp Segesser. Bd. 3, Abt. 2 aus dem Zeitraume von 1500 bis 1520. Luzern 1869.

Engel: Actenmäßige Skizze der Unternehmungen Johann Zapolya's vom Jahr 1507—1515. In: Schedius Zeitschrift von und für Ungarn, zur Beförderung der vaterländischen Geschichte, Erdkunde und Literatur. Bd. 1, Heft 2, Pesth 1802, S. 147—183.

Evers, Georg G.: Martin Luther. Lebens- und Charakterbild, von ihm selbst gezeichnet in seinen eigenen Schriften und Correspondenzen. H. 1—9. Mainz 1883—1886.

Faber, Johannes: Oratio funebris in despositione Imperatoris Maximiliani in oppido Wels Austriae praesentibus Matthaeo cardinale episcopo Salzpurgense, episcopo Tergestino . . . per Joannem Fabrum habita 1519 die 16. Januarii . . . In: Freher-Struve, RerGermScript 2 (1717), S. 721—743.

Faber, Leichenrede (ed. Zinnhobler) siehe: Zinnhobler, Rudolf.

Fauland, Renate: Kaiser Maximilian I., die Erbländer, das Reich und Europa im Jahre 1514. Ungedr. phil. Diss. Graz 1977.

Faulde, Horst: Uriel von Gemmingen, Erzbischof von Mainz (1508 bis 1514). Beiträge zu seiner Geschichte. Ungedr. phil. Diss. Erlangen 1955.

Fellner, Thomas: Zur Geschichte der österreichischen Centralverwaltung (1493—1848). 1. Bis zur Errichtung der österreichischen Hofkanzlei. In: MIÖG 8 (1887), S. 258—352.

Ferber, Eberhard: Das Tagebuch des Danziger Bürgermeisters Eberhard Ferber. Hrsg. v. Franz Xaver Liske. Krakau 1878 (Scriptores Rerum Polonicarum 4), S. 90—146.

Feuerstein, Heinrich: Ein Besuch Kaiser Maximilians am Fürstenbergischen Hofe zu Donaueschingen 1516. In: SchrrVGBaar 14 (1920), S. 133—134.

Fichtenau, Heinrich: Reich und Dynastie im politischen Denken Maximilians I. In: Österreich und Europa. Festgabe für Hugo Hantsch zum 70. Geburtstag, Graz-Wien-Köln 1965, S. 39—48.

Fiedler, Joseph: Die Allianz zwischen Kaiser Maximilian I. und Wasilji Ivanovic, Großfürsten von Rußland, von dem Jahre 1514. In: Sbb AkadWien 43 (1863), S. 183—289.

Fischer: Merkwürdige Unterredung zwischen Kaiser Maximilian I. und Friedrich von der Pfalz. In: ÖsterrZGStaatskde 2 (1836), S. 213 bis 214.

Fischer, Sydney Nettleton: The Foreign Relations of Turkey, 1481 bis 1512. Urbana 1948 (Illinois Studies in Social Siences 30, 1).

Forstreuter, Kurt: Vom Ordensstaat zum Fürstentum. Geistige und politische Wandlungen im Deutschordenstaate Preussen unter den Hochmeistern Friedrich und Albrecht (1498—1525). Kitzingen/Main 1951.

Forstreuter, Kurt: Preußen und Rußland von den Anfängen des Deutschen Ordens bis zu Peter dem Großen. Göttingen 1955 (Gött-Bausteine GWiss 23).

Fraknói, Wilhelm: Ungarn und die Liga von Cambrai 1509—1511. Nach unbenützten Quellen. Budapest 1883.

Frauenholz, Eugen von: Entwicklungsgeschichte des deutschen Heeres. Bde. 2/1—2, München 1936, 1937.

Freidl, Josefa: Kaiser Maximilian I. und die Reichstage von 1511 bis 1518. Ungedr. phil. Diss. Graz 1975.

Friedhuber, Inge: Kaiser Maximilian I. und die Bemühungen Matthäus Langs um das Erzbistum Salzburg. In: Festschrift Hermann Wiesflecker zum 60. Geburtstag. Hg. von A. Novotny und O. Pickl. Graz 1973, S. 123—131.

Frieß, Christa: Die Beziehungen Kaiser Maximilians I. zur Römischen Kurie und zur deutschen Kirche unter dem Pontifikat Papst Julius II. (1508—1513). Ungedr. phil. Diss. Graz 1974.

Frisch, Ernst von: Jörg Pleyers Flugblatt von Kaiser Maximilians Abschied und Tod. In: Gutenberg-Jb. 1935, S. 150—153.

Fugger, Johann Jacob: Spiegel der Ehren des Hochlöblichsten Kayser- und Königlichen Erzhauses Oesterreich ... erstlich vor mehr als hundert Jahren verfasset durch ... Johann Jacob Fugger ... nunmehr aber aus dem Original neuüblicher umgesetzet und in Sechs Bücher eingeteilet durch *Sigmund von Birken*. Nürnberg 1668.

Fusero, Clemente: Giulio II. Milano 1965.

Gagliardi, E(rnst): Novara und Dijon. Höhepunkt und Verfall der schweizerischen Großmacht im 16. Jahrhundert. Zürich 1907.

Gagliardi, Ernst: Der Anteil der Schweizer an den italienischen Kriegen 1494—1516. Bd. 1: Von Karls VIII. Zug nach Neapel bis zur Liga von Cambrai 1494—1509. Zürich 1919.

Gebhardt, Bruno: Adrian von Corneto. Ein Beitrag zur Geschichte der Curie und der Renaissance. Breslau 1886.

Gess, Fabian: Habsburgs Schulden bei Herzog Georg. In: Neues Archiv für Sächsische Geschichte und Altertumskunde 19 (1898), S. 213 bis 243.

Gess, Felician (Hg.): Akten und Briefe zur Kirchenpolitik Herzog Georgs von Sachsen. Bd. 1, 1517—1524. Leipzig 1905.

Giehlow, Karl: Beiträge zur Entstehungsgeschichte des Gebetbuches Kaiser Maximilians I. In: JbKunsthistSamml 20 (1899), S. 30—112.

Giehlow, Karl: Dürers Entwürfe für das Triumphrelief Maximilians I. im Louvre. Eine Studie zur Entwicklungsgeschichte des Triumphzuges. In: JbKunsthistSamml 29 (1910/11), S. 14—84.

Gisi, Wilhelm: Die Beziehungen zwischen der Schweiz und England 1515—1517. In: ArchSchweizG 15 (1866), S. 221—231.

Gisi, Wilhelm: Der Anteil der Eidgenossen an der europäischen Politik in den Jahren 1512—1516. Schaffhausen 1866.

Godefroy, Jean (Hg.): Siehe: Lettres du roi Louis XII.

Göbler, Justin: Chronika der Kriegßhändel ... Maximiliani I. gegen die Venediger und Franzosen. Frankfurt 1566.

Göllner, Carl: Turcica. Die europäischen Türkendrucke des XVI. Jahrhunderts. 3 Bde. Bukarest-Berlin 1961—1978 (Bibliotheca bibliographica Aureliana).

Goldast, Melchior: Politische Reichs Händel. Das ist allerhand gemeine Acten, Regimentssachen und weltliche Discursen. Frankfurt 1614.

Goldast, Melchior: Collectio Constitutionum Imperalium. Bd. 1—3. Frankfurt a. M. 1673.

Goñi Gaztambide, José: España y el Concilo V de Letrán. In: Annuarium Historiae Conciliorum 6 (1974), S. 154—222.

Gorski, Carolus - *Biskup*, Marianus (Hg.): Acta statuum terrarum Prussiae Regalis: Akta stanow Królewskich. 6 Bde. Torún 1955 bis 1979 (Societas scientiarum Torunensis Fontes 41, 43, 50, 54, 57, 59, 64, 65, 68).

Granichstaedten, Rudolf: Uneheliche Kinder der Tiroler Landesfürsten. In: AdlerZGenealHerald 74 (1956), H. 1/2, S. 33—40.

Gröblacher, Johann: König Maximilians I. erste Gesandtschaft zum Sultan Baijezid II. In: Festschrift Hermann Wiesflecker zum 60. Geburtstag. Hg. v. A. Novotny und O. Pickl. Graz 1973, S. 73—80.

Grube, Walter: Geschichtliche Würdigung des Tübinger Vertrags vom 8. Juli 1514, Faksimile — Ausgabe aus Anlaß der 450-Jahr-Feier der Errichtung des Tübinger Vertrags. Stuttgart 1964.

Grumello, Antonio: Cronaca 1463—1527. Hg. v. Giuseppe Müller. Milano 1856 (Raccolta di cronisti e documenti storici Lombardi inediti 1).

Guglia, Eugen: Zur Geschichte des zweiten Conciliums von Pisa (1511 bis 1512). In: MIÖG 31 (1910), S. 593—610.

Guglia, Eugen: Studien zur Geschichte des V. Lateranconcils 1512 bis 1517. In: SbbAkadWien N. F. 140 (1899), 10. Abh. und N. F. 152 (1910), S. 593—610.

Guicciardini, Franciscus: Gründtliche und wahrhafftige Beschreibung aller fürnemen Historienn (1493—1533). Übersetzt v. Forberger o. O. 1574.

Guicciardini, Francesco: Storia d'Italia. Hg. v. Rosini. 3 Bde. Mailand 1843—1845.

Halecki, Oskar von: Die Beziehungen der Habsburger zum litauischen Hochadel im Zeitalter der Jagellonen. In: MIÖG 36 (1915), S. 595 bis 660.

Halm, Philipp Maria: Hans Valkenaue und die Salzburger Marmorplastik. In: Kunst und Kunsthandwerk 14 (1911), S. 145—193.

Hammer-Purgstall, Joseph Frh. von: Geschichte des Osmanischen Reiches. 10 Bde. 2. Bd.: Von der Eroberung Constantinopels bis zum Tode Selims I. 1453—1520. Pest 1828.

Hanserezesse von 1477—1530, bearbeitet von Dietrich Schäfer, hrsg. v. Verein für Hansische Geschichte, III. Abt., Bd. 5—7, Leipzig 1894—1905.

Harkensee, Heinrich: Die Schlacht bei Marignano (13. und 14. September 1515). Phil. Diss. Göttingen 1909.

Harnack, Otto: Ulrich von Hutten. In: Im Morgenrot der Reformation. Hg. v. Julius Pflugk-Harttung. Lörrach 1925, S. 451—554.

Haselberg, Johann: Die Stend des hailigen Römischen Reichs. In: Böcking, Huttens Schriften 5, Leipzig 1861, S. 281—299.

Hauser, Henri (Hg.): Les sources de l'histoire de France. XVIe siècle (1494—1610). Paris 1906. (Manuels de bibliographie historique 3).

Havemann, Wilhelm: Geschichte der italienisch-französischen Kriege von 1494—1515. 2 Bde. Hannover 1833, Göttingen 1835.

Hefele, Carl Joseph von: Conciliengeschichte. Nach den Quellen bearbeitet. Bd. 8. Fortgesetzt von J. Cardinal Hergenröther (= 1. Bd. der Fortsetzung). Freiburg/Br. 1887.

Heidenheimer, H(einrich): Petrus Martyr Anglerius und sein Opus Epistolarum. Ein Beitrag zur Quellenkunde des Zeitalters der Renaissance und der Reformation. Berlin 1881.

Heinrich, Ferdinand: Die Türkenzugsbestrebungen Kaiser Maximilians I. in den Jahren 1517 und 1518. Ungedr. phil. Diss. Graz 1958.

Herberstein, Siegmund von: Selbst-Biographie 1486—1553. Hg. v. Th. v. Karajan. In: FontRerAustr I/1 (1855), S. 67—396.

Herding, O. - *Stupperich*, R.: Die Humanisten in ihrer politischen und sozialen Umwelt. Bonn 1976 (Kommission für Humanismusforschung, Mitteilung 3).

Hergenroether, Jos(eph): Leonis X. pontificis maximi regesta. 2 Bde. Freiburg/Br. 1884, 1891.

Hering, Ernst: Die Fugger. Leipzig 1940, 2. Aufl., Leipzig 1942.

Herzheimer, Hans: Hans Herzheimers „Neue Zeitung" zum Tode Kaiser Maximilians I. In: Dornik-Eger, Hanna: Albrecht Dürer und die Druckgraphik für Kaiser Maximilian I. Wien 1971, S. 24 bis 38.

Heyd, Ludwig Friedrich: Ulrich, Herzog zu Württemberg. Ein Beitrag zur Geschichte Württembergs und des deutschen Reichs im Zeitalter der Reformation. Bd. 1, Tübingen 1841.

Hilger, Wolfgang: Ikonographie Kaiser Ferdinands I. (1503—1564). Wien 1969 (VeröffKommGÖsterr 3).

Hirn, Ferdinand: Geschichte der Tiroler Landtage von 1518 bis 1525, ein Beitrag zur sozialpolitischen Bewegung des 16. Jahrhunderts. In: L. v. Pastor, Erläuterungen und Ergänzungen zu Janssens Geschichte des deutschen Volkes, Bd. 4, H. 5, Freiburg/Br. 1905.

Hirsch, Hans: Das Recht der Königserhebung durch Kaiser und Papst im hohen Mittelalter. Weimar 1940. Nachdr. Darmstadt 1964 (libelli 85).

Höfler, Constantin von: Karls I. (V.), Königs von Aragon und Castilien, Wahl zum römischen Könige (28. Juni 1519). In: Sbb-AkadWien 74 (1873), S. 5—118.

Höfler, Constantin von: Die romanische Welt und ihr Verhältnis zu den Reformideen des Mittelalters. In: SbbAkadWien 91 (1878), S. 257—538.

Hoffmann, Ernst: Danzigs Verhältnis zum deutschen Reich in den Jahren 1466—1526. Diss. Halle 1910.

Hollaender, Albert E. J.: Gabriel Salamanca, Graf von Ortenburg, und die tirolische Empörung 1525. In: Innerösterreich 1564—1619. Graz 1968 (Joannea 3) S. 9—36.

Horn, Christine Maria: Doctor Conrad Peutingers Beziehungen zu Kaiser Maximilian I. Ungedr. phil. Diss. Graz 1977.

Horvath, Michael: Geschichte der Ungarn. 2 Bde. Pesth 1851—1855.

Hubatsch, Walter: Albrecht von Brandenburg-Ansbach, Deutschordens-Hochmeister und Herzog in Preußen 1490—1568. Heidelberg 1960 (StudGPreußens 8).

Hubatsch, Walter - *Joachim,* Erich: Regesta historico diplomatica Ordinis S. Mariae Theutonicorum 1198—1525. Teil 1 (1. u. 2. Halbbd.). Göttingen 1948, 1950. Teil 2. Göttingen 1948.

Huber, Alfons: Studien über die finanziellen Verhältnisse Oesterreichs unter Ferdinand I. In: MIÖG Erg.-Bd. 4 (1893), S. 181—247.

Huter, Franz: 450 Jahre Tiroler Wehrverfassung. Das Landlibell von 1511, ein Wahrzeichen und Mahnmal der Wehrfähigkeit und Wehrfreiheit. In: Tiroler Heimat 25 (1961), S. 137—142.

Hutten, Ulrich v.: Schriften. Hg. v. Eduard Boecking. 7 Bde. Leipzig 1859—1869.

Jäger, Albert: Über Kaiser Maximilians I. Verhältnis zum Papsttum. In: SbbAkadWien 12 (1854), S. 195—236, 409—441.

Jäger, Albert: Geschichte der landständischen Verfassung Tirols. 2 Bde. Innsbruck 1881, 1885.

Jahrbücher der Literatur. Bd. 111 (Wien 1845).

Jansen, Max: Jakob Fugger der Reiche. München 1910 (StudFuggerG 3).

Jansen, Max: Jakob Fugger und der Wiener Kongreß 1515. In: Festgabe Hermann Grauert zur Vollendung des 60. Lebensjahres. Freiburg 1910, S. 182—190.

Janssen, Johannes (Hg.): Frankfurts Reichscorrespondenz nebst anderen verwandten Aktenstücken von 1376—1519. Bd. 2: Aus der Zeit Kaiser Friedrichs III. bis zum Tode Kaiser Maximilians I. 1440 bis 1519. Freiburg/Br. 1872.

Igálffy - Igáli, L.: Über die Abstammung der Barbara von Rottal und die Versippung österreichischer und schlesischer Landeshauptleute. In: Adler. Zeitschrift für Genealogie und Heraldik 73 (3., XVII Bd.) (1953/55), S. 243—251.

Illing, Wilhelm: Der Regierungsantritt Ferdinands I. in den niederösterreichischen Ländern. In: 1. Jahresbericht des k. k. Staatsgymnasiums Wien XXI, Wien 1903.

Joachim, Erich: Die Politik des letzten Hochmeisters in Preußen Albrecht von Brandenburg. 2 Bde. Leipzig 1892, 1894 (PublPreußStaatsarch 50, 58).

Jobst, Johann: Die Neustädter Burg und die k. und k. Theresianische Militärakademie. Wien 1909.

Jones, Rosemary: Some observations on the relations between Francesco Vettori and Niccolò Machiavelli during the embassy to Maximilian I. In: Italian Studies 23 (1968), S. 93—113.

Jorde, Helga: Kaiser Maximilian I., die Erbländer, das Reich und Europa im Jahre 1515. Ungedr. phil. Diss. Graz 1977.

Jorga, Nicolas: Notes et extraits pour servir à l'histoire des croisades au XVe siecle. Cinquieme serie (1476—1500). Bucarest 1915.

Jorga, Nicolas: Geschichte des osmanischen Reiches, nach den Quellen dargestellt. Bd. 2: bis 1538, Gotha 1909 (AllgStaatenG Abt. 1, 37. Werk).

Iserloh, Erwin: Der Heilige Rock und die Wallfahrt nach Trier. In: Geist und Leben. Zeitschrift für Aszese und Mystik. 32 (1959), S. 271 bis 279.

Kalkoff, Paul: Zu den römischen Verhandlungen über die Bestätigung Erzbischof Albrechts von Mainz i. J. 1514. In: ArchRefG 1 (1903/04), S. 381—389.

Kalkoff, Paul: Forschungen zu Luthers römischem Prozess. Rom 1905 (Bibliothek des Kgl. Preuss. Histor. Instituts in Rom 2).

Kalkoff, Paul: Kardinal Cajetan auf dem Augsburger Reichstage von 1518. In: QForschItalArchBibl 10 (1907), S. 226—230.

Kalkoff, Paul: Zu Luthers römischem Prozeß. Der Prozeß des Jahres 1518. Gotha 1912.

Kalkoff, Paul: Die Kaiserwahl Friedrichs IV. und Karls V. Weimar 1925.

Kampen, Nicolas Godfried von: Geschichte der Niederlande. Bd. 1: Von den ältesten Zeiten bis zum Jahre 1609. Hamburg 1831 (AllgStaaten-G 1. Abt., Werk 6a).

Katona, Stefan (István): Historia critica regum Hungariae. T. 16—19 (1476—1526). Buda 1792, 1793.

Kentenich, Gottfried: Geschichte der Stadt Trier von ihrer Gründung bis zur Gegenwart. Trier 1915.

Kerler, H. J.: Geschichte der Grafen von Helfenstein nach den Quellen dargestellt. Ulm 1840.

Kirchmair, Georg: Denkwürdigkeiten seiner Zeit. 1519—1553. Hg. v. Th. G. v. Karajan. In: FontRerAustr I/1 (1855), S. 417—534.

Kluckhohn, August: Die Wahlverhandlungen bis zum Tode Maximilians I. (Einl. zu Bd. 1 der Deutschen Reichstagsakten unter Kaiser Karl V.). Gotha 1893.

Klüpfel, Karl (Hg.): Urkunden zur Geschichte des Schwäbischen Bundes (1488—1533). 2 Bde. Stuttgart 1846, 1853 (BiblLitV 14 u. 31).

Knaake, J. F. K. (Hg.): Jahrbücher des deutschen Reiches und der deutschen Kirche im Zeitalter der Reformation. Bd. 1, Leipzig 1872.

Koch, Matthias: Beiträge zur neueren Geschichte aus unbenützten Handschriften. In: DenkschrAkadWien 1 (1850), S. 65—186.

Köhler, Walther: Luther und das Luthertum in ihrer weltgeschichtlichen Auswirkung. Leipzig 1933 (Schriften des Vereins für Reformationsgeschichte 155).

König, Erich: Zur Hauspolitik Kaiser Maximilians I. in den Jahren 1516 und 1517. In: Festgabe Hermann Grauert. Freiburg/Br. 1910, S. 191—204.

König, Hans-Joachim: Monarchia mundi und res publica christiana. Die Bedeutung des mittelalterlichen Imperium Romanum für die politische Ideenwelt Kaiser Karl V. und seiner Zeit, dargestellt an ausgewählten Beispielen. Phil. Diss. Hamburg 1969.

Königsberger, Gerda: Erzherzogin Margarethe im politischen Dienst ihres Vaters, Kaiser Maximilians I., von 1506—1515. Ungedr. phil. Diss. Graz 1980.

Köstlin, Walther: Martin Luther. Sein Leben und seine Schriften. 2 Bde. Berlin 1903.

Kokalj, Karin: Kaiser Maximilian I., das Reich, die Erbländer und Europa im Jahre 1516. Ungedr. phil. Diss. Graz 1973.

Koller, Heinrich: Das „Königreich" Österreich. Graz 1972 (Kleine Arbeitsreihe des Instituts für Europäische und Vergleichende Rechtsgeschichte an der Rechts- und Staatswissenschaftlichen Fakultät der Universität Graz 4).

Konetzke, Richard: Die Außenpolitik König Ferdinands des Katholischen von Spanien. In: HZ 175 (1953), S. 463—482.

Kraus, Victor von: Zur Geschichte Österreichs unter Ferdinand I. 1519 bis 1522. Ein Bild ständischer Parteikämpfe nach Quellen bearbeitet. Im Anhange: Briefe und Aktenstücke dieser Periode. Wien 1873.

Kreiten, Hubert: Der Briefwechsel Kaiser Maximilians I. mit seiner Tochter Margareta. Untersuchungen über die Zeitfolge des durch neue Briefe ergänzten Briefwechsels. In: AÖG 96 (1907), S. 191—318.

Krendl, Peter: Die dynastisch-politischen Verhandlungen Maximilian I. mit Ferdinand dem Katholischen im Jahre 1507; mit Anhang: Zur Zurita-Kritik: Die Auswertung des Protokolls von den Verhandlungen über die Regentschaft in Kastilien 1507. In: HJb 97./98. (1978), S. 213—250.

Krendl, Peter: Spanische Gesandte berichten über Maximilian I., den Hof und das Reich. In: MIÖG 87 (1979), S. 101—120.

Kreutel, Richard F.: Der fromme Sultan Bayezid. Die Geschichte seiner Herrschaft (1481—1512) nach den altosmanischen Chroniken des Oruc und des Anonymus Hanivaldanus. Graz-Wien-Köln 1978 (Osmanische Geschichtsschreiber 9).

Kreyczi, Franz: Urkunden und Regesten aus dem k. und k. Reichs-Finanz-Archiv. In: JbKunsthistSamml 15 (1894), S. I—XLVIII.

Krollmann, Christian: Politische Geschichte des Deutschen Ordens in Preußen. Königsberg 1932.

Krones, Franz: Vorarbeiten zur Quellenkunde und Geschichte des mittelalterlichen Landtagswesens der Steiermark. In: BeitrKdeSteiermGQ 2 (1865), S. 26—113; 3 (1866), S. 63—104; 6 (1869), S. 94—104.

Kupelwieser, Leopold: Die Kämpfe Ungarns mit den Osmanen bis zur Schlacht bei Mohács 1526. 2. Aufl. Wien 1899.

Lanckorónska, Maria: Dürers Antonius-Stich als Sterbebild für Kaiser Maximilian I. In: GutenbergJb 1973, S. 369—374.

Lange, K. - *Fuhse*, F. (Hg.): Albrecht Dürers schriftlicher Nachlaß auf Grund der Originalhandschriften und theilweise neu entdeckter alter Abschriften herausgegeben von K. Lange und F. Fuhse. Halle 1893.

Langwerth von Simmern, Ernst: Die Kreisverfassung Maximilians I. und der schwäbische Reichskreis in ihrer rechtsgeschichtlichen Entwicklung bis zum Jahre 1648. Diss. Heidelberg 1896.

Lanndhanduest deß Herzogthumbs Steyer . . . Graz 1697.

Lanz, Karl (Hg.): Monumenta Habsburgica. Sammlung von Actenstücken und Briefen zur Geschichte des Hauses Habsburg im Zeitraum von 1473—1576. Abt. 2: Actenstücke und Briefe zur Geschichte Kaiser Karl V. 2 Bde. Wien 1853, 1857.

Lanz, Karl: Geschichtliche Einleitung zur zweiten Abtheilung der Monumenta Habsburgica. Das Zeitalter Kaiser Karls V. und seines Sohnes König Philipp II. Wien 1857 (Monumenta Habsburgica II/1).

Laschitzer, Simon: Artistisches Quellenmaterial aus der Albertina. In: JbKunsthistSamml 4/2 (1886), S. I—II.

Le Glay, André Joseph Ghislain (Hg.): Corréspondance de l'empereur Maximilien Ier et de Marguerite d'Autriche, sa fille, gouvernante des Pays-Bas, de 1507 à 1519. 2 Bde. Paris 1839.

Le Glay, André Joseph Ghislain (Hg.): Négociations diplomatiques entre la France et l'Autriche durant les trente premieres années du XVIe siècle. 2 Bde. Paris 1845.

Legler, Anton: Grenzlandstreitigkeiten zwischen Österreich und Ungarn. Ungedr. phil. Diss. Wien 1955.

Lehmann, Paul: Das Pisaner Konzil von 1511. Diss. Breslau 1874.

Leitner, Freydal: siehe Maximilian I.

Leo, Heinrich: Geschichte der italienischen Staaten, Bde 3—5. Hamburg 1829—1832 (AllgStaatenG 1. Abt., 2. Werk).

Léonard, Frédéric: Recueil des traitez de paix, de trève, de neutralité, de confédération, d'alliance et de commerce, faits par les rois de France, avec tous les princes et potentats de l'Europe, et autres, depuis près de trois siècles . . . 6 Bde. Paris 1693.

Lettres du roi Louis XII, et du cardinal George d'Amboise. Avec plusieurs autres lettres, Mémoires et Instructions écrites depuis 1504 jusques et compris 1514. Hrsg. v. Jean Godefroy. 4 Bde, Bruxelles 1712.

Lhotsky, Alphons: Kaiser Maximilians I. Grab. In: Unsere Heimat 18 (1947), S. 28—30.

Lhotsky, Alphons: Das Zeitalter des Hauses Österreich. Die ersten Jahre der Regierung Ferdinands I. in Österreich (1520—1527). Wien 1971 (VeröffKommGÖsterr 4).

Lhotsky, Alphons: Die Verträge von Wien und Brüssel. In: Alphons Lhotzky, Aufsätze und Vorträge 5, Wien 1976, S. 157—177.

Liske, Franz Xaver: Der Wiener Kongreß von 1515 und die Politik Maximilians gegenüber Preußen und Polen. In: ForschDtG 18 (1878), S. 445—467.

Liske, Xaver: Der Congreß zu Wien im Jahre 1515. In: ForschDtG 7 (1867), S. 463—558.

Liske, Xaver: Zjazd w Poznaniu w roku 1510. In: Rozprawy i Sprawozdania z Posiedzen, Hist. phil. Reihe Bd. 3, Krakau 1875, S. 190—350.

Liske, Xaver: Zur Geschichte des Augsburger Reichstages 1518. In: ForschDtG 18 (1878), S. 638—648.

Ludolphy, Ingetraut: Die religiöse Einstellung Friedrichs des Weisen, Kurfürst von Sachsen, vor der Reformation als Voraussetzung seiner Lutherschutzpolitik. In: JbGProtÖsterreich 96 (1980), S. 74—89.

Luschin von Ebengreuth, Arnold: Herbersteiniana. In: BeitrKde-SteiermGQ 24 (1892), S. 67—122.

Lustkandl, Wenzel: Abhandlungen aus dem österreichischen Staatsrecht. Wien 1866.

Luther, Martin: D. Martin Luthers Werke. Kritische Gesamtausgabe. Weimar 1883 ff. 1. Abteilung: Werke, Bd. 1—57, 2. Abteilung: Briefe, Bd. 1—10, 3. Abteilung: Tischreden, Bd. 1—6, 4. Abteilung: Bibel, Bd. 1—12.

Lutz, Heinrich: Conrad Peutinger. Beiträge zu einer politischen Biographie. Augsburg 1958 (AbhhGAugsburg 9).

Lutz, Heinrich: Vincenzo Querini in Augsburg 1507. In: HJb 74 (1955), S. 200—212.

Luzio, Alessandro: I preliminari della lega di Cambray concordati a Milano ed a Mantova. In: ArchStorLomb 4. Ser. 16 (1911), S. 245 bis 310.

Macek, Josef: Der Tiroler Bauernkrieg und Michael Gaismair. Berlin 1965.

Mackie, John Duncan: The Earlier Tudors, 1485—1558. Oxford 1952 (Oxford History of England).

Madrazo, Pedro de: Über Krönungsinsignien und Staatsgewänder Maximilians I. und Karls V. und ihr Schicksal in Spanien. Dt. v. Rudolf Beer. In: JbKunsthistSamml 9 (1889), S. 446—464.

Manglano y Cucalo, Jesús, Baron de Terrateig: Politica en Italia del Rey Católico 1507—1516, Correspondencia inédita con el Embajador Vich. 2 Bde. Madrid 1963.

Manlius, Jakob: Jacobi Manlii Friburgensis . . . historiola duorum actuum anno M.D.XVIII. Augustae habiturum . . . In: Freher-Struve, RerGermScript 2 (1717), S. 709—716.

Manlius, Jakob: Jacobi Manlii de actu ecclesiastico Kalendis Augusti a 1518 Augustae celebrato historia. In: Jahrbücher des deutschen Reichs und der deutschen Kirche im Zeitalter der Reformation hrsg. v. J. K. F. Knaake, 1. Bd. (Leipzig 1872), S. 219—235.

Marini, Josef: Beiträge zum Venetianerkrieg Maximilians I. 1515/16, mit besonderer Berücksichtigung der Tätigkeit des Trienter Bischofs Bernhard II. von Cles. 3 Teile. In: Programm des Reform-Realgymnasiums Bozen 1909—1912.

Martin, Franz: Eine Zeitung über den Einzug Matthäus Langs in Rom. In: MIÖG 41 (1926), S. 210—215.

Mathis, Johannes: Kaiser Maximilians I. östliche Politik, hauptsächlich in den Jahren 1511—1515 (Der deutsche Ritterorden Polen. Rußland. Ungarn). In: XVI. (LII) Jahresbericht des K. K. Staatsgymnasiums in Leoben. Leoben 1914.

Mattingly, Garrett: Renaissance Diplomacy. London 1955.

Maximilian I. Kaiser Maximilians I. geheimes Jagdbuch und Von den Zeichen des Hirsches, eine Abhandlung des vierzehnten Jahrhunderts. Hrsg. v. Theodor v. Karajan. Wien 1858.

Maximilian I. Freydal. Des Kaisers Maximilian I. Turniere und Mummereien. Hrsg. v. Quirin v. Leitner. Wien 1880—1882.

May, Jacob: Der Kurfürst, Cardinal und Erzbischof Albrecht II. von Mainz und Magdeburg, Administrator des Bisthums Halberstadt, Markgraf von Brandenburg und seine Zeit. Ein Beitrag zur deutschen Cultur- und Reformationsgeschichte (mit 82 Urkunden und Beilagen). 2 Bde. München 1865, 1875.

Mayer, Franz Martin: Die ersten Bauernunruhen in Steiermark und den angrenzenden Ländern, ihre Ursachen und ihr Verlauf. In: MittHistV-Steierm 23 (1875), S. 107—134.

Mayer, Franz Martin: Materialien und kritische Bemerkungen zur Geschichte der ersten Bauernunruhen in Steiermark und den angrenzenden Ländern. In: BeitrKdeSteiermGQ 13 (1876), S. 1—32.

Mayer, Franz Martin: Der innerösterreichische Bauernkrieg des Jahres 1515. In: AÖG 65 (1884), S. 55—136.

Mayer, F. M. - *Bischoff*, F. - *Zahn*, J.: Kleinere Mitteilungen zur Geschichte der Bauernunruhen in Steiermark 1478—1525. In: BeitrKde-SteiermGQ 14 (1877), S. 117—125.

Mayer, Josef Karl: Das Grab Kaiser Maximilians I. In: MittÖsterrStaatsarchiv 3 (1950), S. 467—492.

Mayr, Michael: Venetianische Bandstiftungen in Österreich im Jahre 1516. In: MIÖG 14 (1893), S. 656—666.

Mecenseffy, Grete: Geschichte des Protestantismus in Österreich. Graz-Köln 1956.

Melanchthon, Philipp: Oratio funebris dicta divo Maximiliano Caes. Wittenbergae. Anno 1519 mense Februario. Basel 1519.

Mell, Anton: Grundriß der Verfassungs- und Verwaltungsgeschichte des Landes Steiermark. Graz-Wien-Leipzig 1929.

Menendez Pidal, Ramon: Formación del fundamental pensamiento politico de Carlos V. In: Humboldt. Revista para el mundo ibérico 1 (1960), S. 11—19.

Meyer, Peter: Bericht über den Reichstag 1512 zu Trier. In: Rheinischer Antiquarius. Hrsg. v. Christoph v. Stramberg. 1. Abt., 2. Bd. (Coblenz 1853), S. 336—357.

Miklautsch, Karl: Die Beziehungen zwischen Kaiser Maximilian I. und König Heinrich VIII. von England (1509—1519). Ungedr. phil. Diss. Graz 1980.

Mitsche, Wilhelm: Die Fürsten von Anhalt im Dienste Kaiser Maximilians I. Ungedr. phil. Diss. Graz 1976.

Mocenigo, Andrea: Libri VI belli Cameracensis, quod Veneti cum quatuor regibus, cum Helvetiis et tota Italia gesserunt ab a. 1505 ad a. 1508. In: J. G. Graevius, Thesaurus antiquitatum et historiarum Italiae . . . Bd. 5/4, Lugduni-Batavorum 1725.

Moncarello, G. L.: La politica di Leone X e di Francesco I nella progetteta crociata contro i Turchi e nella lotta per la successione imperiale. In: Rinascimento 8 (1957), S. 61—109.

Mone, Franz Joseph: Briefe des Kaisers Maximilian I. und seiner Tochter Margareta. Von 1499 bis 1518. In: AnzKdeDtVorzeit Bd. 4 (1835), Sp. 287—297 u. Sp. 396—405.

Monumenta Habsburgica: siehe Chmel, Joseph oder Lanz, Karl.

Moser von Filsek, Johann Jakob: Teutsches Staats-Recht. 53 Bde in 48 geb. Nürnberg-Leipzig 1737—1754.

Müller, Johann Joachim (Hg.): Des Heil. Römischen Reichs, Teutscher Nation, Reichs-Tags-Staat, von anno MD. biß MDIIX. So wohl unter Keysers Maximiliani I selbsteigener höchsten Regierung. Jena 1709.

Müller, Johannes: Die Entstehung der Kreisverfassung Deutschlands von 1383 bis 1512. In: DtGBll 15 (1914), S. 139—169.

Münch, Ernst: Franz von Sickingens Thaten, Plane, Freunde und Ausgang. 3 Bde, Stuttgart-Tübingen 1827—1829.

Mur, Marianne: Die Ostpolitik Kaiser Maximilians I. in den Jahren 1506 bis 1519. Ungedr. phil. Diss. Graz 1977.

Nägle, August: Hat Kaiser Maximilian I. im Jahre 1507 Papst werden wollen? In: HJb 28 (1907), S. 44—60 u. 278—305.

Nagl, Alfred: Der Innsbrucker Generallandtag vom Jahre 1518. In: JbLdKdeNdÖsterr N. F. Bd. 17/18 (1919), S. 12—36.

Neck, Rudolf: Die Erinnerungen des Wiener Bürgermeisters Wolfgang Kirchhofer (1519—1522). Ungedr. Hausarbeit am Institut für Österreichische Geschichtsforschung. Wien 1948.

Neuhauser, Joseph: Kaiser Maximilians I. Beziehungen zu Ungarn. In: Jahresbericht der selbständigen niederösterreichischen Landesrealschule Waidhofen a. d. Ybbs für das Schuljahr 1864/65. Wien 1865.

Nijhoff, J. A.: Gedenkwaardigheden uit de geschiedenis van Gelderland. 8 Bde. Arnhem 1830—1875.

Novotny, Alexander: Ein Ringen um ständische Autonomie zur Zeit des erstarkenden Absolutismus (1519—1522). In: MIÖG 71 (1963), S. 354 bis 369.

Nuñez Contreras, Luis: Un registro de Cancilleria de Carlos V. El ms 917 de la Biblioteca Nacional de Madrid. Madrid 1965.

Oberhammer, Vinzenz: Das Grabmal des Kaisers. In: Katalog der Ausstellung Maximilian I. (Innsbruck 1969), S. 107—112.

Oberhammer, Vinzenz: Die Bronzestandbilder des Maximiliangrabmales in der Hofkirche zu Innsbruck. Innsbruck 1935.

Oberleitner, Karl: Die Parteikämpfe in Niederösterreich 1519 und 1520. Wien 1864.

Obersteiner, Jakob: Zwei Briefe des Gurker Archives aus dem 16. Jahrhundert (Bericht des Bischofs Christof von Rauber über den Wiener Kongreß 1515). In: MittGVKärntCarinthia I, 147 (1957), S. 517 bis 524.

Obersteiner, Jakob: Die Trauerfeier für Kaiser Maximilian I. in Spanien. In: MittGVKärntCarinthia I, 148 (1958), S. 668—672.

Oesterreichisches Archiv für Geschichte, Erdbeschreibung, Staatenkunde, Kunst und Literatur. Hrsg. v. J. W. Ridler. Jg. 1—3, Wien 1831 bis 1833.

O'Reilly, Clare: "Maximus Caesar et Pontifex Maximus." Giles of Viterbo proclaims the alliance between Emperor Maximilian I. and Pope Julius II. In: Augustiniana. Tijdschrift voor de studie van Sint Augustinus en de Augustijneorde. Institutum historicum Augustinianum Lovanii 22 (1972), Fasc. 1—2, S. 80—117.

Öttinger, Karl: Die Bildhauer Maximilians am Innsbrucker Kaisergrabmal. Nürnberg 1966 (Erlanger Beiträge zur Sprach- u. Lit.Wiss. 23).

Pachler, Helmut: Der Venezianerkrieg Maximilians I. von 1509—1516. Ungedr. Lehramtsprüfungshausarbeit, Innsbruck 1963.

Papacostea, Serban: Stephan der Große, Fürst der Moldau 1457—1504. Bukarest 1975.

Pastor, Ludwig von: Geschichte der Päpste seit dem Ausgang des Mittelalters. Bd. 3/1: Freiburg i. Br.-Rom, 11. Aufl. 1955; Bd. 3/2: Freiburg i. Br.-Rom, 11. Aufl. 1956.

Pauli, Reinhold: Englands Verhältniß zu der Kaiserwahl des Jahres 1519. In: ForschDtG 1 (1862), S. 411—436.

Pauli, Reinhold: Heinrich VIII. als Bundesgenosse Maximilian's I. und als Bewerber um die Kaiserkrone. In: R. Pauli, Aufsätze zur englischen Geschichte. Leipzig 1869, S. 48—97.

Pauli, Reinhold: Diplomatie im Jahre 1516; ein Beitrag zur Charakteristik Maximilians I. In: HZ 14 (1865), S. 269—294.

Pein, Sonnelind: Ferdinand I. und die Übernahme des maximilianischen Erbes. Ungedr. phil. Diss. Graz 1971.

Pernthaler, Theresia: Die Bestrebungen Maximilians I. um die Römische Kaiserkrone und die Kaiserproklamation zu Trient im Jahre 1508. Ungedr. phil. Diss. Graz 1962.

Petz, Hans: Urkunden und Regesten aus dem kgl. Kreisarchiv zu Nürnberg 1436—1612. In: JbKunsthistSamml 10 (1892), S. 20—72.

Pfeffermann, Hans: Die Zusammenarbeit der Renaissancepäpste mit den Türken. Winterthur 1946.

Pferschy, Gerhard: Die Bauernaufstände. In: Katalog der Ausstellung: Der Steirische Bauer. Leistung und Schicksal von der Steinzeit bis zur Gegenwart. Graz 1966 (Veröffentlichungen des Steiermärkischen Landesarchivs 4), S. 126—151.

Pirenne, Henri: Histoire de Belgique. Dt. Übersetzung v. F. Arnheim: Geschichte Belgiens. 4 Bde, Gotha 1899—1913 (AllgStaatenG Abt. 1, 30. Werk).

Plamenig, Anita: Die Beziehungen Kaiser Maximilians I. zur römischen Kurie und zur deutschen Kirche unter dem Pontifikat Papst Leo X. (1513—1519). Ungedr. phil. Diss. Graz 1976.

Pölnitz, Götz von: Jakob Fugger. Bd. 1: Kaiser, Kirche und Kapital in der oberdeutschen Renaissance. Bd. 2: Quellen und Erläuterungen. Tübingen 1949, 1952.

Pontieri, Ernesto - *Cantimori*, Delio: Le lotte per il predominio europeo tra la Francia e la potenza ispano-absburgica (1494—1559). La riforma (1517—1555). Milano 1972.

Pray, Georgius: Epistolae procerum regni Hungariae. T. 1: Ab anno MCCCCXC. ad MDXXI. Posonii (Preßburg) 1806.

Prescott, William H.: Geschichte der Regierung Ferdinands und Isabellas der Katholischen von Spanien. 2 Bde. Leipzig 1842.

Rau, Reinhold: Zum Tübinger Vertrag 1514. In: ZWürttLdG 9 (1949/50), S. 148—174.

Rechberg, Johannes: Bericht vom 31. Mai 1512 an den Bischof von Chur. Hrsg. von Stefan Ehses. In: Pastor Bonus. Zeitschrift für kirchliche Wissenschaft und Praxis. 3. Jg. (Trier 1891), S. 284—297.

Redlich, Oswald: Die Pläne einer Erhebung Österreichs zum Königreich. In: ZHistVSteierm 26 (1931), S. 87—99.

Reichstagsakten, Deutsche: Deutsche Reichstagsakten. Mittlere Reihe. Deutsche Reichstagsakten unter Maximilian I., Bde. III/1—2, VI, Göttingen 1972—1979. Jüngere Reihe. Deutsche Reichstagsakten unter Kaiser Karl V. Bd. 1 ff., Göttingen 1893 ff.

Riedl, Kurt: Der Wert des „Weißkunig" als Geschichtsquelle (untersucht nach dem dritten Teil 1499—1514). Ungedr. phil. Diss. Graz 1969.

Ringler, Josef: Das Maximiliangrab in Innsbruck. Aufnahmen von Ingeborg Limmer. Königstein 1958.

Rom, Ingrid: Kaiser Maximilian I., das Reich, die Erbländer und Europa im Jahre 1512. Ungedr. phil. Diss. Graz 1973.

Romanin, S(amuele): Storia documentata di Venezia. Bd. 5. Venezia 1856.

Roscoe, Wilhelm: Leben und Regierung Leos X. Aus dem Engl. übertr. v. A. F. G. Glaser-Henke. 3 Bde. Wien 1818.

Rossbach, Hugo: Das Leben und die diplomatisch-kirchliche Wirksamkeit des Bernaldino Lopez de Carvajal Kardinals von S. Croce in Gierusalemme in Rom und das schismatische Concilium Pisanum. T. 1. Diss. Breslau 1892.

Saegmüller, Johannes Baptist: Die Papstwahlen und die Staaten von 1447 bis 1555. Eine kirchenrechtlich historische Untersuchung über den Anfang des staatlichen Rechtes der Exklusive in der Papstwahl. Tübingen 1890.

Samuel, Viktor: Fürst Rudolf der Tapfere von Anhalt und der Krieg Maximilians I. gegen Venedig in den Jahren 1509—1510. Ein Beitrag zur Liga von Cambray. Diss. Halle 1914.

Sanuto, Marino: I Diarii. 40 Bde. Venezia 1879—1894.

Sattler, Christian Friderich: Allgemeine Geschichte von Würtemberg und dessen angränzenden Gebieten unter der Regierung der Graven. 4. Teil. 2. Aufl. Stettin 1772.

Scarisbrick, J. J.: Henry VIII. Berkeley-Los Angeles 1968.

Schaden, Elfriede: Die politischen Beziehungen Kaiser Maximilian I. zu Venedig in den Jahren 1508—1519. Ungedr. phil. Diss. Graz 1975.

Schauffelberger, Walter: Der Alte Schweizer und sein Krieg. Studien zur Kriegführung, vornehmlich im 15. Jahrhundert. Diss. Zürich 1952.

Scheurl, Christoph: Geschichtbuch der Christenheit von 1511 bis 1521. In: Jahrbücher des deutschen Reiches und der deutschen Kirche im Zeitalter der Reformation 1 (1872), S. 1—179.

Scheurl, Christoph: Briefbuch. Ein Beitrag zur Geschichte der Reformation und ihrer Zeit. Hrsg. v. Franz von Soden und J. K. F. Knaake. Bd. 1: 1505—1516, Bd. 2: 1517—1540. Potsdam 1867 und 1872.

Schmid, Josef: Des Cardinals und Erzbischofs von Salzburg Mattheus Lang Verhalten zur Reformation. In: JbGesGProtÖsterr 19 (1898), S. 171—205; 20 (1899), S. 28—50, 154—184; 21 (1900), S. 1—41, 138—158; 22 (1901), S. 113—147.

Schmidt, Ernst Alexander: Geschichte von Frankreich. 2. Band. Hamburg 1840 (AllgemStaatenG 1. Abt. 12. Werk).

Schneller, Adelheid: Feldzug Maximilians I. gegen Mailand im Jahre 1516. In: ÖsterrUngarRev 36 (1909), S. 212—222, 257—267.

Schneller, Adelheid: Der Brüssler Friede von 1516. Berlin 1910 (Hist-StudEbering 83).

Schodeler, Werner: Beschreibung der Schlacht von Marignano (1515). Hrsg. v. Th. v. Liebenau. In: Anzeiger für Schweizerische Geschichte N. F. 4 (1882—1885), S. 356—361.

Schodl, Barbara: König Maximilian I., die Erbländer, das Reich und Europa im Jahre 1510. Ungedr. phil. Diss. Graz 1975.

Schönherr, David von: Geschichte des Grabmals Kaiser Maximilians I. und der Hofkirche zu Innsbruck. In: David von Schönherr, Gesammelte Schriften, Bd. 1, Innsbruck 1902, S. 149—364.

Schönherr, David von: Der Krieg Kaiser Maximilians I. mit Venedig 1509. In: David von Schönherr, Gesammelte Schriften. Bd. 2, Innsbruck 1902, S. 86—145.

Schopf, Alois: Ein Diplomat Kaiser Maximilians I. Nach Quellen dargestellt. Wien 1882.

Schubert, Friedrich Hermann: Riccardo Bartolini. Eine Untersuchung zu seinen Werken über den Landshuter Erbfolgekrieg und den Augsburger Reichstag von 1518. In: ZBayerLdG 19 (1956), S. 95—127.

Schubert, Friedrich Hermann: Die deutschen Reichstage in der Staatslehre der frühen Neuzeit. Göttingen 1966 (Schriftenreihe der Historischen Kommission der Bayerischen Akademie der Wissenschaften 7).

Schulte, Aloys: Die Fugger in Rom 1495—1523. Mit Studien zur Geschichte des kirchlichen Finanzwesens ihrer Zeit. 2 Bde, Leipzig 1904.

Schulte, Aloys: Kaiser Maximilian I. als Kandidat für den päpstlichen Stuhl 1511. Leipzig 1906.

Seeliger, Gerhard: Erzkanzler und Reichskanzleien. Ein Beitrag zur Geschichte des Deutschen Reiches. Innsbruck 1889.

Seneca, Sofia: Venezia e Massimiliano in lotta per Gorizia (1462—1523). In: StudGoriziani 28 (1960), S. 47—112.

Serafini, Ferdinando: La battaglia di Cadore, 2 marzo 1508. Feltre 1953.

Seuffert, Burkhard (Hg.): Drei Register aus den Jahren 1478—1519. Untersuchungen zu Politik, Verwaltung und Recht des Reiches, besonders des deutschen Südostens. Innsbruck 1934.

Siedersleben, Erich: Die Schlacht bei Ravenna (11. April 1512). Diss. Berlin 1907.

Simionescu, Stefana: Legaturile dintre Stefan cel Mare si Maximilian I. de Habsburg in lumina unui nou izvor (= Die Beziehungen zwischen Stefan dem Großen und Maximilian I. von Habsburg im Lichte einer neuen Quelle). In: Revista de istorie 28 (Bukarest 1975), S. 91—97.

Simon, Bodo: Die politischen Beziehungen Kaiser Maximilians I. zu Frankreich in den Jahren 1506—1512. Ungedr. phil. Diss. Graz 1971.

Simonsfeld, Henry: Der Fondaco dei Tedeschi in Venedig und die deutsch-venetianischen Handelsbeziehungen. 2 Bde., Stuttgart 1887, Neudruck: Aalen 1968.

Skriwan, Johannes: Kaiser Maximilian I., die Erbländer, das Reich und Europa im Jahre 1508. Ungedr. phil. Diss. Graz 1971.

Smend, Rudolf: Das Reichskammergericht. Teil 1: Geschichte und Verfassung. Weimar 1911 (QStudVerfGDtReich Bd. 4, H. 3).

Sparber, Anselm: Die Brixener Fürstbischöfe im Mittelalter. Bozen 1968.

Spalatin, Georg: Historischer Nachlaß und Briefe. Aus den Originalhandschriften hrsg. v. G. Neudecker und L. Preller. Bd. 1: Friedrichs des Weisen Leben und Zeitgeschichte. Jena 1851.

Spiess, Philipp Ernst: Anekdoten von Kaysers Maximilian I. Absterben. In: Philipp Ernst Spiess, Archivalische Nebenarbeiten und Nachrichten vermischten Inhalts mit Urkunden Bd. 2. Halle 1785, S. 49—66.

Srbik, Robert v. - *Lhotsky*, Alphons: Maximilian I. und Gregor Reisch. Wien 1961 (AÖG 122, Heft 2).

Stälin, Christoph Friedrich: Bericht über die Annahme der Kaiserwürde durch Maximilian im Jahre 1508. In: ForschDtG 1 (1862), S. 67—73.

Stern, Alfred: Gabriel Salamanca Graf von Ortenburg. In: HZ 131 (1925), S. 19—40.

Stier, Gottlieb: Herzog Rudolf der Tapfere in Italien. In: MittVAnhG 3 (1881), S. 62—81.

Stolz, Otto: Wehrverfassung und Schützenwesen in Tirol von den Anfängen bis 1918. Innsbruck 1960.

Stoy, Manfred: Diplomatische Beziehungen zwischen den Habsburgern und den Hospodaren der Moldau und Walachei sowie die Rückwirkung dieser Kontakte auf die Ereignisse in Ungarn und Siebenbürgen, vom Ende des 15. Jahrhunderts bis zum Jahre 1563. Ungedr. Hausarb. Inst. f. Österr. Geschichtsforsch. Wien 1968.

Strahl, Christoph: Rußlands älteste Gesandtschaften in Deutschland, deutsche Gesandtschaften in Rußland und erstes Freundschafts-Bündniß zwischen Rußland und Österreich unter Friedrich III. und Maximilian I. In: ArchGesÄltereDtGKde 6 (1838), S. 523—546.

Strasser, Wilfriede: Kaiser Maximilian I., das Reich, die Erbländer und Europa im Jahre 1511. Ungedr. phil. Diss. Graz 1973.

Struick, Jules Edouard Anne Louis: Gelre en Habsburg. 1492—1528. Phil. Diss. Nimwegen (Werken uitgegeven door „Gelre" 30). Arnheim 1960.

Stückler, Karl: Kardinal Matthäus Lang. Ein Staatsmann Kaiser Maximilians I. im Dienste der Wiederherstellung der Reichsrechte in Italien. Ungedr. theol. Diss. Graz 1955.

Stülz, Jodok: Kaiser Maximilians Hinscheiden in der Burg zu Wels. In: Ber. des vaterld. Vereins zur Bildung eines Museums für das Erzherzogtum Oesterreich o. d. Enns und Salzburg 3 (1839), S. 87—94.

Sydow, Jürgen: „Söllich brocken komen nit all tag." Neue Überlegungen zum Tübinger Vertrag vom 8. Juli 1514. In: TübBll 57 (1970), S. 3—9.

Sydow, Jürgen: Zum Problem kaiserlicher Schiedsverfahren unter Maximilian I. Der Tübinger Vertrag von 1514. Graz 1973 (Kleine Arbeitsreihe des Inst. für europäische und vergleichende Rechtsgeschichte an der Rechts- und Staatswissenschaftlichen Fakultät der Universität Graz 5).

Szalay, Ladislaus von: Geschichte Ungarns (aus dem Ungarischen übersetzt v. H. Wögerer). Bd. 3, T. 1 u. 2. Pest 1873, 1874.

Tansel, Selâhattin: Sultan II. Bâyezit'in siyasî hayati. Istanbul 1966.

Tansel, Selâhattin: Yavuz Sultan Selim. Ankara 1969.

Terrateig: siehe Manglano y Cucaló, Jesús

Theiner, Augustin: Vetera Monumenta Poloniae et Lithuaniae gentiumque finitimarum historiam illustrantia, maximam partem nondum edita, ex tabulariis Vaticanis. 4 Bde. Romae 1860—1864.

Thode, Henry: Der Ring des Frangipani. 2. Aufl. Frankfurt am Main 1895.

Thorsch, Otto: Materialien zu einer Geschichte der oesterreichischen Staatsschulden vor dem 18. Jahrhundert. Inauguraldissertation an der phil. Fak. der Universität Leipzig. Berlin 1891.

Trathnigg, Gilbert: Zum Totenbildnis Kaiser Maximilians I. In: JbMusealVWels 1957, S. 188—190.

Türk, Franz: Spittal an der Drau. Eine Chronik. Klagenfurt 1959.

Turba, Gustav: Geschichte des Thronfolgerechtes in allen habsburgischen Ländern bis zur pragmatischen Sanktion Kaiser Karls VI. 1156—1732. Wien 1903.

Ulmann, Heinrich: Franz von Sickingen. Nach meistens ungedruckten Quellen. Leipzig 1872.

Ulmann, Heinrich: Kaiser Maximilian I. Auf urkundlicher Grundlage dargestellt. 2 Bde. Stuttgart 1884, 1891. Nachdruck: Wien 1967.

Ulmann, H(einrich): Margarete von Oesterreich, Regentin der Niederlande. In: ZAllgGKulturLitteraturKunstG 2 (1885), S. 289—306.

Ulmann, Heinrich: Maximilian I. in dem Conflicte zwischen dem deutschen Orden in Preußen und Polen, besonders in den J. 1513 bis 1515. In: ForschDtG 18 (1878), S. 89—109.

Ulmann, Heinrich: Kaiser Maximilian's I. Absichten auf das Papstthum in den Jahren 1507—1511. Stuttgart 1888.

Ulmann, Heinrich: Aus deutschen Feldlagern während der Liga von Cambray. In: DtZGWiss 1 (1889), S. 346—380.

Undreiner, Georg J.: Robert Wingfield. Erster ständiger englischer Gesandter am deutschen Hofe (1464?—1539). Phil. Diss. Freiburg/Schweiz 1932.

Usteri, Emil: Marignano. Die Schicksalsjahre 1515/16 im Blickfeld der historischen Quellen. Zürich 1974.

Vancsa, Max: Quellen und Geschichtsschreibung. In: Geschichte der Stadt Wien hrsg. v. Alterthumsvereine zu Wien, red. v. A. Mayer, 4. Bd., Wien 1911, S. 1—108.

Villari, Pasquale: Niccoló Machiavelli e i suoi tempi. 2 Bde. Mailand 1882.

Voigt, Johannes: Handbuch der Geschichte Preussens bis zur Zeit der Reformation. Bd. 3, Königsberg 1850.

Voigt, Klaus: Die Briefe Antonio de' Costabilis und Cesare Mauros von der Gesandtschaft Ferraras zu König Maximilian I. (1507/08). In: RömHistMitt 13 (1971), S. 81—136.

Voltelini, Hans von: Die Bestrebungen Maximilians I. um die Kaiserkrone 1518. In: MIÖG 11 (1890), S. 41—85 u. 574—626.

Vysloužil, Jan: Der Wiener Kongreß des Jahres 1515 im Spiegel tsche-
chischer Quellen und Literatur. In: Wien an der Schwelle der Neuzeit.
Wien 1974, S. 79—86.

Vysloužil, Jan: Das älteste Ölgemälde, das die Hochzeit von Mitgliedern
des Kärntner und Steiermärkischen Adels am Kaiserhofe darstellt. In:
BllHeimatkdeSteierm 48 (1974), S. 52—65.

Wagner, Georg: Der letzte Türkenkreuzzugsplan Kaiser Maximilians I.
aus dem Jahre 1517. In: MIÖG 77 (1969), S. 314—353.

Waitz, Georg: Deutsche Kaiser von Karl dem Großen bis Maximilian I.
Berlin 1862 (Deutsche National-Bibliothek 5).

Walch, Georg: D. Martin Luthers Sämtliche Schriften. Halle 1745.

Walther, Andreas: Die Anfänge Karls V. Leipzig 1911.

Wegg, Jervis: Richard Pace; a Tudor diplomatist. London 1932.

Weise, Erich: Die Beurteilung des Zweiten Thorner Vertrages von 1466
durch die Zeitgenossen bis zum Ende seiner Rechtswirksamkeit im
Jahre 1497. In: ZOstforsch 15 (1966), H. 4, S. 601—621.

Weicker, Bernhard: Die Stellung der Kurfürsten zur Wahl Karls V. im
Jahre 1519. Berlin 1901 (HistStudEbering 22).

Weiß, Sabine: Kaiser Maximilian I., das Reich, die Erbländer und Europa
im Jahre 1518. Ungedr. phil. Diss. Graz 1962.

Weißkunig: Nach den Dictaten und eigenhändigen Aufzeichnungen
Kaiser Maximilians I. zusammengestellt von Marx Treitzsauerwein
von Ehrentreitz. Hrsg. v. A. Schultz. Wien 1888 (JbKunsthist-
Samml 6). Nachdruck: Graz 1966.

Weißkunig: Kaiser Maximilian I. Weißkunig. Hrsg. v. H. Th. Musper
in Verbindung mit R. Buchner, H.-O. Burger und E. Petermann.
2 Bde. Bd. 1: Textband. Bd. 2: Tafelband. Stuttgart 1956.

Weller, Emil (Hg.): Die ersten deutschen Zeitungen. Mit einer Bibliographie (1505—1599). Stuttgart 1872 (BiblLitV 111).

Wenko, Ute: Kaiser Maximilian I., die Erbländer, das Reich und Europa
im Jahre 1509. Ungedr. phil. Diss. Graz 1969.

Werminghoff, Albert: Die Hochmeister des Deutschen Ordens und das
Reich bis zum Jahre 1525. In: HZ 110 (1913), S. 473—518.

Widmann, Hans: Geschichte Salzburgs. Bde. 2 und 3. Gotha 1909, 1914
(AllgemStaatenG 3. Abt., 9. Werk).

Wiesenberger, Dorothea: Kaiser Maximilian I. und der Augsburger
Reichstag im Jahr 1510. Ungedr. phil. Diss. Graz 1976.

Wiesflecker, Hermann: Eine Denkschrift der kaiserlichen Kanzlei über die
Politik und Kriegsführung der Heiligen Liga von Cambrai von
1508—1512. In: Siedlung, Wirtschaft und Kultur im Ostalpenraum.
Festschrift zum 70. Geb. von Fritz Popelka. Graz 1960, S. 23—42
(VeröffStmkLandesarchiv 12).

Wiesflecker, Hermann: Neue Beiträge zur Frage des Kaiser-Papstplanes
Maximilians I. im Jahre 1511. In: MIÖG 71 (1963), S. 311—332.

Wiesflecker, Hermann: Maximilians I. Kaiserproklamation zu Trient
(4. Februar 1508). Das Ereignis und seine Bedeutung. In: Österreich
und Europa. Festgabe f. Hugo Hantsch zum 70. Geb. Graz-Wien-Köln
1965, S. 15—38.

Windelband, Wolfgang: Die auswärtige Politik der Großmächte in der Neuzeit von 1494 bis zur Gegenwart. Hrsg. v. K. Flügge. 5. Aufl. Essen 1942.

Wirz, Caspar (Hg.): Akten über die diplomatischen Beziehungen der römischen Curie zu der Schweiz 1512—1552. Basel 1895 (QSchweizG 16).

Wolfbauer-Heimlich, Ilse: Kaiser Maximilian I., das Reich, die Erbländer und Europa im Jahre 1513. Ungedr. phil. Diss. Graz 1979.

Wolff, Max von: Die Beziehungen Kaiser Maximilians I. zu Italien 1495—1508. Innsbruck 1909.

Wolff, Max von: Untersuchungen zur Venezianer Politik Kaiser Maximilian I. während der Liga von Cambray mit besonderer Berücksichtigung Veronas. Innsbruck 1905.

Wolfram, Herwig: Des herren Corneli unzimblich begeren. Der Versuch eines unehelichen Sohnes Kaiser Maximilians I. auf Kosten Klosterneuburgs versorgt zu werden. In: JbStiftKlosterneuburg N. F. 4 (1964), S. 77—97.

Wopfner, Hermann: Der Innsbrucker Landtag vom 12. Juni bis zum 21. Juli 1525. In: ZFerdinandeum, III. Folge, 44 (1900), S. 85—151.

Wopfner, Hermann: Die Lage Tirols zu Ausgang des Mittelalters und die Ursachen des Bauernkrieges. Berlin-Leipzig 1908 (AbhhMittlNeuerG 4).

Wurstbauer, Lotte: Matthäus Lang in Diensten Maximilians I. Ungedr. phil. Diss. Graz 1979.

Wutte, Martin: Zur Vereinigung Osttirols mit Kärnten. In: MittGVKärntCarinthia I, 129 (1939), S. 239—261.

Wutte, Martin: Ein Rangstreit zwischen Ober- und Innerösterreich. In: ZHistVSteierm 15 (1917), S. 102—113.

Zasius, Huldrich: Udalrici Zasii Oratio, Friburgi in funere Maximiliani imp. Aug. habita, anno M.D.XIX. VII Idus Febr. In: Freher-Struve, RerGermScript 2 (1717), S. 770—773.

Zeibig, H(artmann) J(oseph): Der Ausschuss-Landtag der gesammten österreichischen Erblande zu Innsbruck 1518. In: AÖG 13 (1854), S. 201—316.

Zeissberg, Heinrich: Johannes Laski, Erzbischof von Gnesen (1510—1531) und sein Testament. In: SbbAkadWien 77/3 (1874).

Zeumer, Karl: Quellensammlung zur Geschichte der Deutschen Reichsverfassung in Mittelalter und Neuzeit. 2. Aufl. Tübingen 1913 (Quellensammlungen zum Staats-, Verwaltungs- und Völkerrecht 2).

Zimmermann, Edmund: Das Testament Maximilians I. Ungedr. phil. Diss. Graz 1949.

Zimmern, Grafen von: Die Chronik der Grafen von Zimmern. Hrsg. v. Hansmartin Decker-Hauff unter Mitarbeit v. Rudolf Seigel. 3 Bde. Konstanz-Stuttgart 1964—1972.

Zimmersche Chronik: Hrsg. v. Karl August Barack. 4 Bde. Tübingen 1869 (BiblLitV 91—94).

Zinkeisen, Johann Wilhelm: Drei Denkschriften über die orientalische Frage von Papst Leo X., König Franz I. von Frankreich und Kaiser Maximilian I. aus dem Jahre 1517. Gotha 1854.

Zinkeisen, Johann Wilhelm: Geschichte des osmanischen Reiches in Europa. Bd. 2: 1453—1574. Hamburg 1854 (AllgStaatenG Abt. 1, 15. Werk).

Zinnhobler, Rudolf: Johannes Fabers Leichenrede auf Maximilian I. (gehalten in Wels am 16. Jänner 1519). In: Jb. d. Stadt Wels 15 (1968/ 69), S. 35—87.

Zivier, E(zechiel): Neuere Geschichte Polens. Bd. 1: Die zwei letzten Jagellonen (1506—1572). Gotha 1915 (AllgStaatenG Abt. 1, 39. Werk).

Zurita, Gerónimo: Anales de la coroña de Aragon. 6 Bde. Zaragoza 1610.

Zwiedineck-Südenhorst, Hans von: Venedig als Weltmacht und Weltstadt. Bielefeld-Leipzig 1906 (MonogrWeltG 8).

REGISTER

In das Register nicht aufgenommen wurden wegen zu häufiger Nennungen Maximilian I., England, Frankreich, Italien, Mailand (= Herzogtum), Niederlande (= burgundische Länder), Österreich (= österreichische Erbländer), Reich, Spanien, Venedig (= Signorie). Der Anmerkungsapparat wurde nicht berücksichtigt. Der Text wird außerdem durch das ausführliche Inhaltsverzeichnis aufgeschlossen. Das Register hat freundlicherweise Frau Wiss.-Oberrat Dr. Inge Friedhuber erstellt, wofür ich besonders danke.

Abkürzungen

Bf = Bischof	Gf = Graf	Kfst = Kurfürst
Btm = Bistum	Gfin = Gräfin	Kg(in) = König(in)
Ebf = Erzbischof	Gft = Grafschaft	Kr(in) = Kaiser(in)
Ebtm = Erzbistum	Gfst = Großfürst	Lgf = Landgraf
Ehg(in) = Erzherzog(in)	Gfstm = Großfürstentum	Mgf = Markgraf
Fst = Fürst	Hg(in) = Herzog(in)	Pfgf = Pfalzgraf
Fstm = Fürstentum	Hr = Herr	Pz(in) = Prinz(essin)

685

689

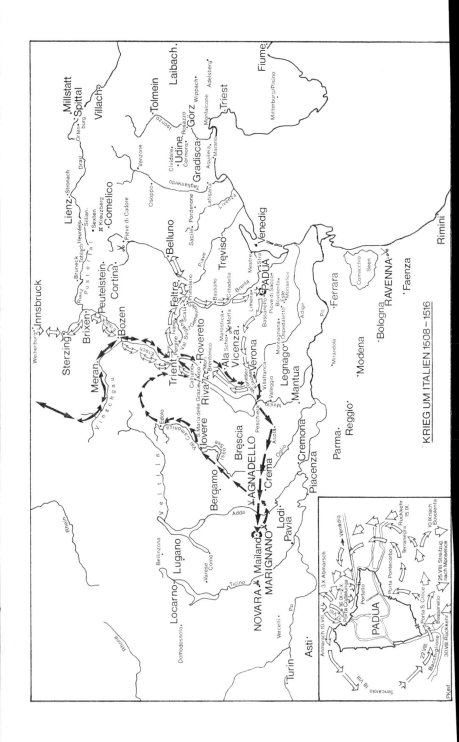

KRIEG UM ITALIEN 1508–1516

9783486499711.4